JONAS VERLAG

© 1989 Jonas Verlag
für Kunst und Literatur GmbH
Rosenstraße 12/13
D-3550 Marburg
Druck Fuldaer Verlagsanstalt
ISBN 3-922561-37-3

Friedrich Gross

Jesus, Luther und der Papst im Bilderkampf 1871 bis 1918

Zur Malereigeschichte der Kaiserzeit

Jonas Verlag

*Glück des Schreibens,
in sichern materiellen und liebevollen Verhältnissen
alle Kraft der Analyse und Phantasie aufzubieten,
sie in klaren Formulierungen zu spiegeln!
Roger Frissdich*

*Meinen Eltern
Lüneburg 1982*

Inhaltsverzeichnis

Erster Teil. Einführung 7
1. Christliche Bildkunst als „Sonderkunst? 8
2. Der Säkularisierungsprozeß seit dem Ende des 18. Jahrhunderts und die christliche Bildkunst 14
3. Kritik der idealistischen Auffassung religiöser Bildkunst.
   Die Voraussetzungen einer historisch-kritischen Gestaltungsanalyse 27

**Zweiter Teil. Der Wirklichkeitsbezug christlicher Bilder und die Entwicklung der künstlerischen Gestaltungsmittel.
Hoher und niederer Stil im Gegenkampf der Kaiserzeit** 37
1. Im Zeichen von Kulturkampf und Säkularisation 38
   Kulturkampf und Liberalismus 38
   Kulturkampf in der Kunst 51
   Exkurs: „Selbstzersetzung" und Kritik des Christentums im Zweiten Deutschen Kaiserreich 60
   Die Negation der Neuzeit durch die Beuroner Schule 64
   Freizügigkeit und christliche Moral 74
2. Geschichte und Religion zum Nutzen der Gegenwart? Luther und die Reformation im Historienbild 88
3. Christentum, Antike und Moderne 136
   „Die Kreuzigung Christi" von Max Klinger 136
   Exkurs zur Opposition gegen die traditionelle Bildkunst und zur Hellmalerei-Debatte 146
   Max Klingers „Christus im Olymp" 161
   Exkurs: Klingers Zweiweltenkonzeption 174
   Das Verhältnis von Christentum und Antike an weiteren Beispielen der zeitgenössischen Bildkunst und Literatur .. 181
4. Der proletarische Christus 196
   Abendmahl, Tischgebet, Mittagessen 197
   Vom Volksprediger-Jesus zum neuidealistisch-einsamen Heiland 225
   Exkurs zur Deutung der neuidealistischen Formalgestaltung am Themenbeispiel des Todes Christi 253
   Grundformen 253
   Flächigkeit 256
   Ornamentalität 257
   Unbestimmtheit / romantisch-mystische Lichtgestaltung 258
   Expressivität 264
   Historismus 267
   Religiöse Handwerkerdarstellungen 270
   Christus und die Armen. „Soziale" Gleichnisse Christi 289
   Christliche Land- und Industriearbeit 312
   Der christliche Sozialismus 334
5. Naturalismus, Realismus, Idealismus 342
   Naturalismus 342
   Realismus 357
   Der traditionelle Idealismus 379
   Der Neuidealismus 392
6. Das Künstler-Genie als Heiland oder Märtyrer 424
7. Ideologie und sozialer Bezug von Stillagen 457

Schlußteil. Die Frage des „Endes" der christlichen Bildkunst im neunzehnten Jahrhundert 465

Anhang 473

Anmerkungen 474
Verzeichnis der Bildkunstwerke 513
Literaturverzeichnis nach Sachgebieten 531
Allgemeine Geschichte christlicher Kunst 531
Geschichte der christlichen Kunst im 19. Jahrhundert 532
Christliche Kunst 1871-1918 533
Nazarener 535
Beuroner Schule 535
Religiöse Trivial- und Volkskunst 536
Religion und Kunst 536
Theorie christlicher Kunst 537
Über die Darstellung des Heilands 538
Deutsche Malerei im 19. Jahrhundert 538
Deutsche Malerei 1871-1918 542
Genremalerei 544
Historienmalerei/Historismus 546
Bildgattungen und Stillagen 549
Gründerzeit/„Salon"-Kunst 550
„Moderne Kunst" 551
Naturalismus 552
Realismus 553
Impressionismus 555
Neuidealismus 555
Expressionismus 557
Kaiser, Staat und Kunst 560
Künstler/innen-Problematik 561
Künstler/innen-Äußerungen 562
Historie des Zweiten Deutschen Kaiserreiches 564
Kulturkampf 566
Personen-, Begriffs- und Sachregister 567

Erster Teil. Einführung

1. Christliche Bildkunst als „Sonderkunst"?

Es ist die Frage, ob die religiöse Bildkunst durch einen Bezug zum Transzendenten eine Sonderstellung beanspruchen, als „Sonderkunst" gelten darf. Dagegen spricht, daß die christliche Malerei und Graphik teilhaben am „Bilderkampf" im Zweiten Deutschen Kaiserreich. Dem rückwärtsgewandten Spät-Nazarenertum trat der religiöse „oppositionelle Naturalismus" entgegen, der die „soziale Frage" berührte und sich dem Niederen Stil verschrieb. Bilderkämpferische Tendenzen zeigten auch Werke, die in den Kulturkampf eingriffen, in den Streit zwischen Katholizismus und Liberalismus während der siebziger Jahre. Am Ende des 19. Jahrhunderts setzte sich die Strömung des stark religiös gefärbten Neuidealismus durch, der antitraditionelle Abstraktionen anwendete und entschieden die ästhetische Innovation vorantrieb. So war die religiöse Bildkunst mit allem Widerstreit und Wandel einbezogen in den malereigeschichtlichen Gesamtprozeß, und dieser wurde geprägt durch gesellschaftliche und politische Entwicklungen. Mithin konnte die christliche Bildkunst Stadien der sich verändernden sozialen Wirklichkeit „spiegeln".

Ein Grundproblem des Christentums und seiner Kunst behandelte der katholische Nazarener Edward von Steinle (1810-1886) in der Bleistiftzeichnung *Schaukelengel* (1861, Abb. 1). Die Zeichnung zeigt das Jesuskind und mehrere mit ihm spielende Engel auf einer Schaukel, die aus Werkteilen des heiligen Zimmermanns Joseph, des „Nährvaters" Christi, aufgebaut ist. Mit ihren vereinten Gewichten und Kräften können die Engel das göttliche Kind, das ruhig mit der christlichen Weltkugel in seiner Rechten am Schaukelende sitzt, nicht in die Höhe zwingen. Der zuschauende Joseph, der sich auf seine Axt stützt, sinnt über das „Wunder" nach. Steinle notierte zu einer 1858 entstandenen Vorstufe dieser Zeichnung: „Versinnlichung der Menschwerdung Gottes durch die Annahme unserer Natur: das Gewicht, welches von Engeln, die reine Geister sind, nicht aufgewogen werden kann."[1] Während die „gewichtlosen" Engel der Sphäre des reinen göttlichen Geistes angehören und deshalb die Schaukel nicht bewegen können, ist Christus als Mittler Gottes in die irdische Menschenwelt eingetreten und hat an ihren physisch-sinnlichen Eigenschaften teil. Analog bedienen sich in der christlichen Kunst die „körperlosen" christlichen Ideen der sinnlich faßbaren Gestalt gegenständlicher Bilder, um in Erscheinung treten und die göttliche Botschaft an die Betrachter vermitteln zu können. Der protestantische Nazarener Julius Schnorr von Carolsfeld veranschaulichte diesen künstlerischen Vermittlungsprozeß in einer Titelillustration (1858, Abb. 2) der bedeutendsten evangelischen Kunstzeitschrift *Christliches Kunstblatt für Kirche, Schule und Haus* (1858-1919). Unter dem Regenbogen, dem Symbol des göttlichen Bundes mit den Menschen[2], kniet die kreuzbandgeschmückte weibliche Figur der Kunst und empfängt in einem runden Spiegel das Bild einer nimbusumschlossenen Taube, das sie mit dem Zeichenstift festhält. Zur Erläuterung dieser Darstellung heißt es im Vorwort der ersten Nummer des *Christlichen Kunstblattes* (1858): „Wir erkennen die höchste Aufgabe der Kunst nicht bloß im freien Bunde mit der Religion, sondern im willigen Dienste des Christenthums und in der demüthigen Anbetung des heiligen Gottes, von dessen Geiste der Spiegel durchleuchtet ist, aus welchem sie ihre Anschauungen schöpft, um das urbildliche Wesen der vollkommenen Schönheit in jedem ihrer abbildlichen Werke annähernd zu offenbaren, ob sie dazu die ihr bereitliegenden Werkzeuge der einen oder anderen Darstellungsweise wählt."[3] Der Spiegel, der im Holzschnitt Schnorrs das Bild des durch die Taubenfigur versinnbildlichten Heiligen Geistes reflektiert, bedeutet die sichtbare Natur als göttliche Schöpfung.[4] Nur vermittelt über die konkreten Erscheinungen der Natur vermag die Kunst als „christliche" Kunst ihre Werke zu verwirklichen, den göttlichen Geist, das „urbildliche Wesen der vollkommenen Schönheit" zu erfassen und anschaulich darzustellen. Die Trennung zwischen einer „profanen" Kunst, die ausschließlich die visuelle Erfahrungswirklichkeit gestaltet und einer „christlichen" Kunst, die primär religiöse Ideen verbildlicht, wird von der Titelillustration und dem Erklärungstext ausdrücklich geleugnet: die höchste Aufgabe der Kunst besteht im Dienst am Christentum, und die visuelle Erfahrungswirklichkeit spielt innerhalb dieses „Gottesdienstes" lediglich die Rolle eines „spiegelnden" Mediums.

Weniger streng als Schnorr von Carolsfeld faßte der Berliner Akademieprofessor Carl Gottfried Pfannschmidt das Verhältnis von Kunst und Religion in seiner 1874 geschaffe-

Abb. 1 Edward von Steinle: Schaukelengel, 1861

Abb. 2 Julius Schnorr von Carolsfeld: Die Kunst realisiert die christliche Idee im Spiegel der Natur, 1858

Abb. 3 Carl Gottfried Pfannschmidt: Bund von Religion und Kunst am Altar des Christentums, 1874

Abb. 4 Max Klinger: Christus unter dem Fuß der Zeit, 1879

Abb. 5 Max Klinger: Integer vitae scelerisque purus, 1885

nen „moderneren" Titelillustration des *Christlichen Kunstblattes* auf (Abb. 3). Die beiden gleichwertigen Symbolfiguren der Religion und Kunst reichen sich vor einem Licht ausstrahlenden Kreuz die Hände. Im kurzen Erklärungstext des *Christlichen Kunstblattes* heißt es: Die Zeichnung Pfannschmidts „veranschaulicht in eben so klarer als edler Weise den unter dem Panier des Kreuzes geschlossenen Bund der Religion mit der Kunst und ist nicht blos ein Sinnbild vergangener Jahrhunderte, in welchen die Künste sich ausschließlich dem Dienste der Religion widmeten, sondern auch ein Wahrzeichen für Gegenwart und Zukunft. Denn auch in einer Zeit, in welcher das Christenthum vielfach mit einer materialistischen Wissenschaft und einer ihm feindlich gesinnten, fleischlichgerichteten Weltansicht zu kämpfen hat, wird die Kunst stets die Nothwendigkeit ihrer Verbindung mit dem religiösen Gefühl empfinden und daher unwillkürlich danach streben, jenes Bündniß festzuhalten oder in richtiger Weise zu erneuern."[5] Während die Vignette Schnorrs die Ausschließlichkeit des christlichen Dienstes der Kunst betont und damit in die Gefahr gerät, „blos ein Sinnbild vergangener Jahrhunderte" zu sein, zeigt die Vignette Pfannschmidts, indem sie die säkularisierten Verhältnisse des 19. Jahrhunderts zu berücksichtigen scheint, einen immerhin noch wunschbildhaften „freien Bund" der Religion mit der völlig selbständigen und gleichberechtigten Kunst. Im Kontrast zu der strengen Verhüllung der „Frau Religion" ist der sinnliche Ausdruck der „Frau Kunst" mit ihrem offenen langen Haar, ihren nackten Armen und Füßen, ihrem freieren Ausschnitt und ihren deutlichen Brüsten hervorgehoben. Die Religion hält demonstrativ die Bibel auf ihrem Schoß, dagegen arbeitet die Kunst mit dem handfesten Material der Zeichentafel und des Stiftes. Gegensätzliche Prinzipien der vergeistigenden Askese und der sinnenfrohen Weltzugewandtheit gehen hier in einer materialistischen, religionsfeindlichen Zeit (so der Erklärungstext) eine problematische Verbindung ein. Durch die einander entgegengesetzten Sitzstellungen der beiden Frauenkörper scheint die Schwierigkeit dieses Bundes ihren Ausdruck zu finden.

Die allgemeine Gültigkeit des Christentums (und damit einer christlichen Kunst) bestritt radikal der Graphiker, Maler und Bildhauer Max Klinger in einem Jugendwerk von 1879 (Abb. 4). Die Federzeichnung zeigt den gewaltigen Flügelfuß der Zeit, unter dem der dornengekrönte Erlöser zusammenbricht. Hinten ragen drei leere Kreuze in die Öde. So wie der Wandel der Epochen die Relativität der Kulturen und Weltanschauungen erweist, so geht die Zeit auch über das Christentum hinweg.[6] Bereits Hegel hatte das historische „Ende" der Kunst und Religion verkündet. Der französische Philosoph Auguste Comte lehrte das Ende aller Metaphysik zugunsten eines Zeitalters der rein empirischen Wissenschaft. Durch einen vielfältigen Säkularisierungsprozeß, der seit der Großen Französischen Revolution an Boden gewann, wurde der klerikale Einfluß in Staat, Gesellschaft und Kultur zunehmend zurückgedrängt. Ursachen, Formen und die Wirkung der Säkularisierung auf die Inhalte, Ausdrucksweisen und allgemeine Stellung der christlichen Bildkunst im 19. Jahrhundert, speziell im Zweiten Deutschen Kaiserreich, werden in einem eigenen Kapitel einleitend skizziert.

Der Kunsthistoriker Hans H. Hofstätter leugnete in seinem Aufsatz *Das Christliche in der Malerei des 19. Jahrhunderts* (1978) für diese Epoche die Existenz einer „Geschichte der christlichen Kunst"; möglich sei allein „eine Suche nach den Spuren des Christlichen in der Kunst des 19. Jahrhunderts".[7] Zweifellos beherrschte die profane Malerei mit einer Vielzahl bedeutender Kompositionen das Feld, und selbst die „christlichen" Bildwerke waren häufig von einer Religiosität im Sinne christlich-theologischer Prinzipien weit entfernt. Beträchtliche Unterschiede ihrer Formgestaltungen[8] und inhaltlichen Aussagen konnten die religiösen Bilder voneinander trennen. Beispielsweise zeigt das Aquarell *Madonna mit den Heiligen Adolf, Ida und Johannes* (1871, Abb. 6) von Edward von Steinle, Professor an der Städel-Schule in Frankfurt am Main, die nazarenische Gestaltungsweise. Die 1809/10 in Wien und Rom gegründete deutsche Künstlergruppe der Nazarener, die eine Erneuerung der christlichen Malerei erstrebte und bis in die achtziger Jahre des 19. Jahrhunderts einen starken Einfluß ausübte, orientierte sich an der Kunst Raffaels und Dürers.[9] Demgegenüber prägen vereinfachende, ornamentale und die Raumillusion aufhebende Abstraktionen das Wandgemälde *Madonna mit dem hl. Benedikt und der hl. Scholastika* in der Torretta des Klosters Montecassino (Gesamtausmalung 1876-1880), ein Werk der katholischen Beuroner Kunstschule.[10] Zur strengen Hieratik

Abb. 6 Edward von Steinle: Madonna mit den Heiligen Adolf, Ida und Johannes, 1871

Abb. 7 Beuroner Schule: Madonna mit dem hl. Benedikt und der hl. Scholastika, um 1876-1880

Abb. 9 Erich Heckel: Ostender Madonna, 1916

Abb. 8 Georg Papperitz: Madonna, 1886

dieser Darstellung (Abb. 7) kontrastiert extrem die *Madonna* (1886, Abb. 8) des Münchener Malers Georg Papperitz; die psychologisch fein beobachteten Figuren der Mutter-Kind-Gruppe wirken zwar porträthaft-realistisch, jedoch süßlich-gerundet und konventionell. Dagegen bietet der bereits der klassischen Moderne angehörende Holzschnitt *Madonna von Ostende* (1916) von Erich Heckel, Mitglied der 1905 gegründeten Künstlergemeinschaft „Brücke", harte kubistische und expressive Formen.

Dieser exemplarische Vergleich läßt drei Grundprobleme hervortreten. Erstens sind höchst unterschiedliche Arten des Rückgriffs auf historische Gestaltungsweisen der Bildkunst festzustellen; während die Nazarener sich bestimmter Formen der raffaelischen Renaissance bedienen, lehnt die Beuroner Schule die Malerei der Neuzeit ab. Der Expressionismus (*Madonna von Ostende* von Heckel, Abb. 9) vollzieht einen Bruch mit der malereigeschichtlichen Tradition des 19. Jahrhunderts. Die Frage nach den weltanschaulichen und historischen Gründen der tiefgreifenden Differenzen christlicher Bildwerke in der Auseinandersetzung mit der Kunstgeschichte stellt sich.

Zweitens bilden die sakrale Beuroner Madonna mit dem strengen kleinen Christus und die porträthafte Mutter-Kind-Gruppe von Papperitz Gegensätze hinsichtlich der darstellerischen „Realitätsnähe". Das letztlich der visuellen Wirklichkeit entnommene Anschauungsmaterial der menschlichen Figuren wird im einen Fall starken Veränderungen, vergeistigenden Abstraktionen unterworfen, im anderen wird es nur leicht idealisiert. Die realistischen Gestaltungsmomente erscheinen bei der Beuroner Madonna zugunsten der christlich-ideellen erheblich zurückgenommen, bei der Madonna von Papperitz verhält es sich umgekehrt. Doch auch die Mutter-Kind-Beziehung ist in beiden Bildwerken völlig verschieden aufgefaßt. Der Beuroner Christus thront steif mit segnend erhobenen Händen auf dem Schoß der Maria, die anbetend ihre Hände emporhält und liebevoll zum göttlichen Kind herabblickt. Trotz aller Innigkeit bestimmt jedoch eine Distanz schaffende Verehrung die Zuwendung der Muttergottes, und Christus repräsentiert gegenüber der Welt wie ein Herrschersohn, der bereits im Kindesalter die Pflichten seiner adeligen Abkunft und seines Ranges erfüllen muß; die Anlehnung an romanische oder byzantinische Gestaltungsweisen erzeugt eine anachronistische inhaltliche Übereinstimmung mit den Verhältnissen jenes feudalen Zeitalters. Demgegenüber schmiegt sich das Kind des Madonna-Bildes von Papperitz eng an die Mutter, die diese Bewegung kosend erwidert und lächelnd ihre Augen dem Kind zuwendet. Unter dem liebevollen Schutz der Mutter kann der kleine Sohn den Betrachter prüfend und ein wenig fremdelnd ansehen. Es ist eine intime, von repräsentativen Zwängen freie Beziehung nicht zwischen einer hochgestellten Dame und ihrem Sprößling, sondern zwischen einer „Frau des Volkes" und ihrem Jungen. Diese Bilder verdeutlichen beispielhaft, daß das Material menschlicher Gefühle und Verhältnisse auf sehr unterschiedliche Weise verwendet und umgeformt werden kann und daß es möglich ist, die bestimmenden Faktoren dieser Gestaltungsprozesse zu erfassen.

Die Untersuchung des Wirklichkeitsbezuges der christlichen Bildkunst setzt indessen ein Nachdenken über das Verhältnis von Kunst und Religion sowie Religion und Wirklichkeit voraus. Bilden die Inhalte des Christentums sozusagen eine geistige Realität für sich, die unabhängig von der „weltlichen" Wirklichkeit besteht, oder ist die christliche Religion, etwa der Auffassung Max Klingers entsprechend, letztlich nur ein weltanschauliches Produkt der Menschheit? Leistet die religiöse Kunst mit Hilfe des Mediums konkreter visueller Wirklichkeitserfahrung als „Sonderkunst" eine Verbildlichung autonomer christlicher Ideen, wie die christlichen Künstler es verstanden, oder werden Natur und Gesellschaft durch die religiöse Kunst nur in einer bestimmten weltanschaulichen Brechung „widergespiegelt"? Im Unterschied zu neueren kunsthistorischen Arbeiten über die christliche Malerei des 19. Jahrhunderts, die stillschweigend von religiösen Voraussetzungen ausgehen[11], sollen eine Entscheidung dieser Fragen versucht und Grundzüge einer entsprechenden kunsthistorischen Methodologie der Bildanalyse entworfen werden.

Drittens ergibt sich aus dem exemplarischen Vergleich der Madonnen-Darstellungen die Frage, in welcher Weise die christlichen Bildwerke auf den Prozeß der zeitgenössischen malereigeschichtlichen Entwicklung bezogen sind. Die Kunst der Nazarener erreichte in den zwanziger bis vierziger Jahren des 19. Jahrhunderts einen Höhepunkt ihrer Entfaltung, die Kunst des „bürgerlichen Realismus" in den fünfziger bis siebziger Jahren, die Beuroner Schule in den sechziger bis achtziger Jahren, und in den achtziger und neunziger Jahren des 19. Jahrhunderts vollzog sich bereits der Umbruch zur Klassischen Moderne. Die christliche Bildkunst hatte an dem historischen Entwicklungsprozeß teil, entweder indem sie sich ihm anpaßte, oder indem sie „die Moderne" ablehnte und sich in traditionelle Ausdrucksformen flüchtete. Da die zeitgenössische malereigeschichtliche Entwicklung von den Veränderungen der Gesellschaft und Kultur abhängig war, hatte die christliche Bildkunst direkt oder indirekt auch an diesen teil. Die Analyse der malereigeschichtlichen und damit im weiteren Sinne historischen Bedingtheit der christlichen Bildwerke bedeutet zugleich eine Teilanalyse ihres Wirklichkeitsbezuges.

Der Hauptteil der Untersuchung (Zweiter Teil) behandelt eine Auswahl historisch bedeutsamer christlicher Gemälde, Handzeichnungen und Graphiken, die im wechselseitigen Vergleich oder im Vergleich mit profanen Bildwerken einer verwandten Thematik analysiert werden. Die Einbeziehung profaner Bildwerke dient dazu, die darstellerischen Wirklichkeitsbezüge und zeitgenössischen malereigeschichtlichen Positionen kontrastreich und umfassend zu klären. Dabei sollen die Ursachen der historischen Entwicklungsprozesse mit Hilfe entsprechender bildkünstlerischer Beispiele bis in die Anfänge des 19. Jahrhunderts zurückverfolgt werden. Eine besondere „Geschichtsnähe", ja „historische Treue" wird durch die Diskussion der Stellungnahmen, Urteile, Debatten der zeitgenössischen Kunstkritik und ästhetischen Theorie erstrebt; im Kontext dieser „Erstrezeption" werden zumindest die wichtigsten christlichen und profanen Bildwerke analysiert.

Sorgfältige Zitate auch längerer historischer Texte erweisen sich als notwendig.[12] Abschließend wird die Darstellung von Künstlern als christusgleiche Erlöser, Heilsbringer oder Märtyrer untersucht. Die Bildwerke, die diese Thematik der Sakralisierung des Künstlers behandeln, lassen höchst unterschiedliche Vorstellungen über die Aufgaben des Künstlers und seine gesellschaftliche Funktion erkennen; diese Vorstellungen sollen auf ihren soziologischen Wirklichkeitsgehalt hin geprüft werden.

Der Schlußteil der Untersuchung diskutiert das von der neueren Forschung aufgeworfene Problem eines „Endes" der christlichen Bildkunst im 19. Jahrhundert.[13] Ergebnisse werden zusammengefaßt und die Behauptung erscheint bewiesen, daß die christliche Bildkunst im malereigeschichtlichen Prozeß keine Sonderstellung einnimmt, nicht „Sonderkunst" ist.

2. Der Säkularisierungsprozeß seit dem Ende des 18. Jahrhunderts und die christliche Bildkunst

Mit der wachsenden Zurückdrängung des klerikalen Einflusses in Staat, Gesellschaft und Kultur seit dem Ausgang des 18. Jahrhunderts verlor auch die christliche Bildkunst zunehmend an Boden. Die Ausbreitung und Popularisierung weltanschaulicher Ansätze, die Natur und Gesellschaft mit Hilfe rein innerweltlicher Prinzipien zu erklären suchten und metaphysische Spekulationen ablehnten, trug dazu bei, daß sich die Produktion profaner Bildwerke erheblich steigerte und sich die Kritik an christlichen Bildwerken verschärfte. Der vielfältige Säkularisierungsprozeß, der die Entstehungs-, Existenz- und Rezeptionsbedingungen der christlichen Bildkunst im 19. Jahrhundert entscheidend mitbestimmte, kann im Rahmen dieser Untersuchung nicht umfassend dargestellt, sondern nur exemplarisch skizziert werden.

Einen Markstein der endgültigen Emanzipation der Naturwissenschaften von der Theologie und metaphysischen Spekulation bildete die durch Kant (*Allgemeine Naturgeschichte und Theorie des Himmels*, 1755) und Laplace (*Darstellung des Weltsystems*, 1796/1797) entwickelte Kosmogonie, die jenseits biblischer Schöpfungsmythen die Entstehung der Welt aus einem „Urnebel" der Materie annahm („Nebularhypothese") und die Genese von Sternen und Sternsystemen auf der Grundlage der Mechanik Newtons erklärte.[14] Von der Theologie und idealistischen Weltanschauung besonders scharf angegriffen wurde Darwins Lehre der Evolution der Lebewesen (*Der Ursprung der Arten durch die natürliche Zuchtwahl*, 1859), insbesondere die Lehre der natürlichen Entwicklung des Menschen aus dem Tierreich, seiner Abstammung vom Affen. Darwins Deszendenztheorie widersprach der biblischen „Genesis", die eine Weltschöpfung in „sieben Tagen" und die Gottebenbildlichkeit des Menschen durch den Schöpfungsakt Gottes lehrte. In Deutschland wurde der Darwinismus durch Ernst Haeckel popularisiert (*Natürliche Schöpfungsgeschichte*, 1868; *Anthropogenie oder Entwicklungsgeschichte des Menschen*, 1874 usw.). Ein einheitliches Weltbild des „Monismus" auf naturwissenschaftlich-materialistischer Grundlage vertrat Haeckel in seinem Buch *Welträtsel* (1899). Die rasche Entfaltung der naturwissenschaftlichen Einzeldisziplinen (Mathematik, Physik, Astronomie, Chemie, Biologie, Medizin) im 19. Jahrhundert förderte insgesamt die Loslösung der Naturwissenschaft von der Theologie und Philosophie, die Aufspaltung der Wissenschaften in „Natur"- und „Geisteswissenschaften", den endgültigen Verlust jener Totalität wissenschaftlicher Bemühungen, wie sie der Idealismus Hegels noch verwirklicht hatte. Besonders charakteristisch für die antispekulative, naturwissenschaftliche Ausrichtung des 19. Jahrhunderts, die auch die „Geisteswissenschaften" stark beeinflußte, ist die bereits erwähnte Dreistadienlehre („loi des trois états") von Auguste Comte, die der Schüler Saint-Simons in der Einleitung seiner *Abhandlung über die Philosophie des Positivismus* (1830-1842) entwickelte.[15] Danach sucht das menschliche Denken im „theologischen Stadium" (état théologique) Ursachen, Wesen und Zweck der Phänomene mit Hilfe der Vorstellung eines Einwirkens übernatürlicher Mächte zu erklären. Im folgenden „metaphysischen Stadium" (état métaphysique, état abstrait), das nur eine Weiterführung des ersten Zustands ist, löst sich das Denken vom Glauben und spekuliert über abstrakte Kräfte (abstractions personnifiées), die alle Erscheinungen aus sich heraus hervorbringen können. Im dritten, dem „positiven Stadium" (état positif) verzichtet der Mensch auf metaphysische Spekulationen und ermittelt die tatsächlichen Naturgesetze aufgrund von Erfahrungen, Beobachtungen, die durch die Vernunft geordnet und systematisiert werden. Nach Comte haben die zeitgenössischen Naturwissenschaften das positive Stadium (den Positivismus) bereits erreicht, nur die Philosophie der sozialen Phänomene (physique sociale) bleibt noch zurück; sie gilt es voranzutreiben. In Deutschland brachen Marx und Engels entschieden mit allen religiösen und idealistisch-spekulativen Voraussetzungen des Denkens und begründeten den dialektischen und historischen Materialismus.

Die Ergebnisse der Naturwissenschaften wurden in einem Maße, das in früheren Epochen unbekannt war, der praktischen Anwendung durch die Technik dienstbar gemacht. Der Historiker Hans Herzfeld charakterisierte in seinem Buch *Die moderne Welt 1789-1945* (1973) die industrielle Revolution: Durch den mechanischen Webstuhl, Dampfmaschine, Schienenweg und Lokomotive, Dampfschiff, Straßen- und Kanalbau, durch Auswertung der Steinkohle im Kokshochofen, Erfindung des Telegrafen und der Fotografie, Anwendung der Gasbeleuchtung usw. gewinnt die Technik im Laufe des 19. Jahrhunderts als Grundlage des täglichen Lebens eine Bedeutung, die keine frühere Epoche geahnt hatte. Die Landwirtschaft erschließt sich seit Thaer und Liebig in einem Ausmaße der wissenschaftlich-technischen Rationalisierung, die weit über die Vorarbeit des englischen 18. Jahrhunderts mit seinem Ersatz der Dreifelder- durch die Anfänge der geregelten Fruchtwechselwirtschaft hinausgeht. Der Bau der Eisenbahnen wird in allen Ländern nacheinander zum entscheidenden Hebel für die Entwicklung des modernen Finanzkapitalismus, während das industrielle Erfinder- und Unternehmertum sich noch lange in schrittweiser zäher Arbeit, zu einem erheblichen Teil aus dem Handwerkerstand, emporarbeitet oder den Aufstieg erkämpft.[16] Spiegel des wissenschaftlich-technischen Fortschritts, der gerade auch die Güter des täglichen Gebrauchs zunehmend formte, waren die seit 1851 stattfindenden Weltausstellungen.[17] Die grundlegende Veränderung der urbanen und ländlichen Umwelt durch die Kraft empirisch-rationalen Erfindens, Weiterentwickelns schränkte die christliche Vorstellung vom beständigen Wirken Gottes in der Welt ein, relativierte sie erheblich.

Der Prozeß der Entklerikalisierung des Schulwesens verlief im Deutschland des 19. Jahrhunderts höchst widerspruchsvoll. Zwar wurden die allgemeine Schulpflicht, die in Preußen seit 1717 bestand, schrittweise verwirklicht, das Volksschulwesen und die Lehrerausbildung in Seminaren ausgebaut, das Analphabetentum erheblich zurückgedrängt, dennoch behielten die protestantische und katholische Kirche bis in die siebziger Jahre des 19. Jahrhunderts die Schulaufsicht; die Verbreiterung und Verbesserung der elementaren Bildung führte mithin nur bedingt zu einer allgemeinen Zunahme der geistigen Freiheit und Selbständigkeit. Im höheren Schulwesen, an den Hochschulen und Kunstakademien war der klerikale Einfluß weniger direkt als im Volksschulwesen. Die Grundforderungen des bürgerlichen Liberalismus, die in der revolutionären Periode des Vormärz mit besonderer Energie erhoben wurden, drangen auf eine einheitliche, die Schranken der feudalen Kleinstaaterei überwindende Nationalerziehung, auf eine Verstärkung der naturwissenschaftlichen Bildung, auf eine Säkularisierung der Schulaufsicht und Schulverwaltung.[18] Die nach dem Scheitern der Revolution von 1848 in Preußen 1854 erlassenen Stiehlschen Regulative, die die religiöse Erziehung stark betonten und die Unterrichtsinhalte weitgehend auf das beschränkten, was für die Bildung und Festigung der evangelisch-christlichen Lebensgemeinschaft nützlich erschien, bedeuteten einen reaktionären Rückschlag in der Volksschulentwicklung und sollten den gesellschaftlichen Umwälzungen entgegenwirken, die durch die industrielle Revolution bedingt waren.[19] Erst im Oktober 1872 wurden die Stiehlschen Regulative aufgehoben und die sogenannten Allgemeinen Bestimmungen erlassen, um eine Anpassung des Schulwesens an die Erfordernisse der industriellen und wissenschaftlich-technischen Entwicklung zu erreichen. Die Stellung der Mittelschulen, der Schulen für das „mittlere Bürgertum", wurde gestärkt, der naturwissenschaftliche Stoff und der Stoff der Realfächer (Geographie, moderne Fremdsprachen) verbreitert.[20] Bereits am 11. März 1872 war im Zuge des Kulturkampfes das Schulaufsichtsgesetz (für das gesamte Reichsgebiet) verabschiedet worden, das dem Staat die Aufsicht über die öffentlichen und privaten Unterrichts- und Erziehungsanstalten übertrug und sich insbesondere gegen den katholischen Einfluß auf das Schulwesen wandte.[21] Trotz dieser Liberalisierungen blieb indessen der Einfluß des Protestantismus auf das Bildungswesen im „evangelischen" Kaiserreich beträchtlich.[22] Um 1900 wurden die Realgymnasien (Schwerpunkt Naturwissenschaften und Neue Sprachen) und die Oberrealschulen hinsichtlich der Berechtigung zum Studium mit den humanistischen Gymnasien gleichgestellt; dies bedeutete, daß der Vorrang der „Geisteswissenschaften" und Theologie im höheren Schulwesen abgebaut wurde.

Die sich in mehreren Phasen im Deutschland des 19. Jahrhunderts vollziehende philosophisch-kritische Emanzipation vom Christentum besaß eine gesellschaftlich-politische Bedeutung. Bereits der Spinozismus und Pantheismus der Goethezeit bildete mit seiner neuartigen Welt- und Naturzuwendung[23] nicht nur eine Vorstufe des Materialismus, sondern war von demokratisch-republikanischen Impulsen durchdrungen: die pantheistische Idee von der Gotterfülltheit auch des kleinsten Bestandteils des Universums, die der christlichen Vorstellung eines außerhalb der Welt existierenden persönlichen Gottes widersprach, konnte im Sinne einer rousseauisch-natürlichen und gotterfüllten Gleichartigkeit und damit Gleichrangigkeit aller Menschen verstanden werden. Dieser Egalitätsgedanke richtete sich gegen die „unnatürlichen", „widergöttlichen" Privilegien des Adels und gegen die absolute Herrschaft der Fürsten „von des christlichen Gottes Gnaden" (Forster, Hölderlin, Schiller, Goethe usw.).[24] Der den Feudalklerikalismus bekämpfende Pantheismus als „Pancivismus" beherrschte auch das Denken im revolutionären Vormärz.[25] Insbesondere trug die vormärzliche Religionskritik von David Friedrich Strauß, Ludwig Feuerbach und Bruno Bauer zur liberalistischen, ja radikaldemokratischen Kritik des Bündnisses der Throne mit den christlichen Altären und des christlichen Untertanengeistes bei. Scharfsinnig analysierte Strauß in seinem Hauptwerk *Das Leben Jesu kritisch bearbeitet* (1835) die Widersprüche und Irrationalismen der Evangelien und kam zu dem Schluß, daß die ersten Jünger Christi in den evangelischen Berichten nicht historischen Tatsachenstoff wiedergegeben, sondern den Meister und Stifter ihrer Gemeinschaft im „Mythos" als Urform aller religiösen Überlieferung verherrlicht hätten.[26] Strauß knüpfte kritisch an die Schrift *Von dem Zwecke Jesu und seiner Jünger* von Hermann Samuel Reimarus an (1778 als siebtes und letztes der *Fragmente eines Wolfenbüttelschen Unbekannten* von Lessing herausgegeben). Als Deist und Gegner des christlichen Offenbarungsglaubens vertrat der Orientalist Reimarus die These, daß die Jünger nach der gescheiterten Befreiung des jüdischen Volkes von der Römerherrschaft durch Christus den Leichnam des Meisters gestohlen, die Nachricht von der Auferstehung des Heilands verbreitet und allmählich zum Christusbild der Evangelien und Apostelgeschichte ausgebaut hätten, um so ihre Hoffnungen der von Jesus versprochenen Teilhabe an der weltlichen Herrschaft auf einer anderen Ebene bewahren zu können.[27] Reimarus stellte damit die Frage nach dem historischen Sachverhalt des neuen Testaments und legte gleichsam den Grund für die „Leben-Jesu-Forschung" des 19. Jahrhunderts. Einer der bekanntesten Beiträge auf diesem Gebiet war *Das Leben Jesu* (1863) von Ernest Renan, das quasi „positivistisch" eine von allem Übernatürlichen befreite, psychologisch durchdachte Entwicklungsgeschichte nicht des Gottessohnes, sondern des Genies Christus aus den Evangelien herausdestillierte. – Den Übergang zum Materialismus vollzog Ludwig Feuerbach mit seinem Buch *Das Wesen des Christentums* (1841), in dem er die Existenz Gottes verneinte und die göttlichen Attribute sowie alle christlichen Ideen als mystifizierte Projektionen von menschlichen Wunschvorstellungen auffaßte; die Analyse der natürlichen Bedeutungen dieser Projektionen zerstöre die religiöse „Weltverdopplung" und führe zur Erkenntnis des wahren sinnlich-diesseitigen Wesens des Menschen zurück.[28] Die Philosophie Feuerbachs wirkte auf breiteste Schichten des deutschen Bürgertums und verursachte eine Wende im geistigen Bewußtsein. Beeinflußt wurden auch Schriftsteller des bürgerlichen Realismus wie Gottfried Keller, Anzengruber, Storm, Dahn.[29] Der Materialismus der fünfziger Jahre des 19. Jahrhunderts, der mit dem sogenannten Materialismusstreit[30] einen Höhepunkt seiner Entfaltung und ein weites Echo erreichte, fußte ebenfalls auf Feuerbach. Heftige Kritik gegen das Christentum, alle Theologie und jede Art des Gottesglaubens richtete Bruno Bauer in seinem Werk *Das entdeckte Christentum* (1843), eines der wichtigsten Zeugnisse der religiösen Diskussion im Umkreis des jungen Marx.[31] Das Buch wurde sofort verboten, von den Schweizer Behörden konfisziert und eingestampft. Eine kolorierte Lithographie aus dem Anfang der vierziger Jahre des 19. Jahrhunderts (Abb. 10) zeigt einen Bauern mit der Mistgabel (Bruno Bauer), der auf einem wütenden Vogel Strauß reitet (David Friedrich Strauß) und die vier Evangelistenfiguren Engel, Stier, Adler und Löwe in den feurigen Bach jagt (Ludwig Feuerbach).[32] Die Schriftsteller des Vormärz (Börne, Chamisso, Herwegh, Heine usw.) entlarvten die politische Funktion des Christentums als ideologisches Machtinstrument der Fürsten; beispielsweise kritisierten Herwegh und Heine den Bau des Kölner Doms, der insbesondere von den Dynastien Bayerns und Preußens intensiv gefördert wurde. Die vormärzliche Malerei und Dichtung faßte die Kämpfe der Albigenser und Hussiten gegen die katholische Hierarchie und für ihre religiöse Unabhängigkeit im Sinne der antifeudalistischen Freiheitsideen auf. Die Religionskritik von Marx und Engels ging in ihren gesellschaftlichen und politischen Konsequenzen weit über Strauß, Bauer und sogar Feuerbach hinaus. – Als eine dritte Etappe der bürgerlichen Christentumskritik können Nietzsches Werk *Der Antichrist. Fluch auf das Christentum* (1895), auf das noch einzugehen ist[33] und die „Sozialtheologie" des Bremer Pastors Albert Kalthoff bezeichnet werden (*Das Christus-Problem. Grundlinien einer Sozialtheologie*, 1903[2]). Jesus ist für Kalthoff nicht der Sohn Gottes, ja nicht einmal eine historische Persönlichkeit, sondern lediglich der ideologische Exponent einer sozialen Bewegung unterer Schichten und Klassen zu Beginn der römischen Kaiserzeit; in der Figur Christi konzentrieren sich allgemeinmenschliche humane und ethische Vorstellungen. Ein solcher Prozeß der sozialen Ideologiebildung kann nach Kalthoff auch auf ganze andere Weise in der Moderne stattfinden und die Figur Christi umbilden. Kalthoff, der auf Feuerbach fußte, gründete noch kurz vor seinem Tode 1906 zusammen mit Haeckel den Monistenbund.

Gefördert wurden Atheismus, Materialismus, religiöser Indifferentismus und scheinheiliges „Fassadenchristentum" durch die allgemeine, „säkularisierende" Entwicklung der bürgerlichen Gesellschaft im 19. Jahrhundert. Marx und Engels schrieben im *Manifest der Kommunistischen Partei* (1848): „Die Bourgeoisie, wo sie zur Herrschaft gekommen, hat alle feudalen, patriarchalischen, idyllischen Verhältnisse zerstört. Sie hat die buntscheckigen Feudalbande, die den Menschen an seinen natürlichen Vorgesetzten knüpften, unbarmherzig zerrissen und kein anderes Band zwischen Mensch und Mensch übriglassen als das nackte Interesse, als die gefühllose 'bare Zahlung'. Sie hat die heiligen Schauer der frommen Schwärmerei, der ritterlichen Begeisterung, der spießbürgerlichen Wehmut in dem eiskalten Wasser egoistischer Berechnung ertränkt. Sie hat die persönliche Würde in den Tauschwert aufgelöst und an die Stelle der zahllosen verbrieften und wohlerworbenen Freiheiten die *eine* gewissenlose Handelsfreiheit gesetzt. Sie hat, mit einem Wort, an die Stelle der mit religiösen und politischen Illusionen verhüllten Ausbeutung die offene, unverschämte, direkte, dürre Ausbeutung gesetzt. (...) Die fortwährende Umwälzung der Produktion, die ununterbrochene Erschütterung aller gesellschaftlichen Zustände, die ewige Unsicherheit und Bewegung zeichnet die Bourgeoisepoche vor allen anderen aus. Alle festen eingerosteten Verhältnisse mit ihrem Gefolge von altehrwürdigen Vorstellungen und Anschauungen werden

Abb. 10 Anonym: Der antiklerikale Kampf von Bruno Bauer, David Friedrich Strauß und Ludwig Feuerbach, um 1840

aufgelöst, alle neugebildeten veralten, ehe sie verknöchern können. Alles Ständische und Stehende verdampft, alles Heilige wird entweiht, und die Menschen sind endlich gezwungen, ihre Lebensstellung, ihre gegenseitigen Beziehungen mit nüchternen Augen anzusehen."[34]

Als Säkularisierungsprozeß kann die Herausbildung des Proletariats und Entwicklung der Arbeiterbewegung nicht nur deshalb angesehen werden, weil die marxistisch und antiklerikal eingestellte Sozialdemokratie zunehmend von der Arbeiterschaft unterstützt wurde, sondern auch deshalb, weil die evangelische und katholische Kirche die Tragweite der „sozialen Frage" nicht erkannten und das Proletariat weder ideologisch noch in praktischer Tätigkeit zu erreichen wußten. Das protestantische Summepiskopat der Landesfürsten, nach der Reichsgründung von 1871 des deutschen Kaisers („Cäsaro-Papismus"), die staatliche Erhebung der Kirchensteuern, die klerikale Schulaufsicht und die lutherische Obrigkeitslehre wirkten zu einer weitgehenden Identifizierung von staatlichen und evangelisch-kirchlichen Interessen zusammen; der Protestantismus war die religiöse Ideologie herrschender Klassen. Über das Verhältnis der evangelischen Kirche zum Proletariat schrieb Hans-Ulrich Wehler in seinem Buch *Das Deutsche Kaiserreich 1871-1918* (1975[2]): „Die Kehrseite dieser weithin ungebrochenen Identifizierung von staatlichen und kirchlichen Interessen zeigte sich jedoch in den Industriestädten und Industriegebieten. Hier trat am krassesten zutage, daß die evangelische Kirche eine Kirche der Besitzenden und Herrschenden geworden war, die den Proletarier gewissermaßen 'ausfällte'. Auf dem Wege der Inneren Mission, des 'Rauhen Hauses', der Bodelschwinghschen Arbeiterkolonien usw. ist versucht worden, wenigstens auf eine punktuelle Besserung hinzuarbeiten. Aber so sehr der noble Impuls dieser Bemühungen von Außenseitern Anerkennung verdient, so wenig konnten diese doch den Gesamteindruck beseitigen, daß die Kirche es eher mit dem satten Bürgertum und dem gnädigen Herrn auf dem Rittergut hielt als mit den Landarbeitern oder den Ausgebeuteten der Städte. Die schnell zunehmende Entkirchlichung und Entchristlichung der Industriezentren hing mit diesem Einstellungsversagen der Kirche auf engste zusammen."[35] – Die antisozialistische, damit antisozialdemokratische und im Grunde antiproletarische Haltung des Katholizismus fand im *Syllabus Errorum* (1864) einen deutlichen Ausdruck. Diese Sammlung weltanschaulicher „Irrtümer", die vom reaktionären Papst Pius IX. verabschiedet wurde, zählte neben „Pantheismus", „Naturalismus", „Rationalismus" auch „Sozialismus" und „Kommunismus" auf.[36] Die Politik der ultramontan eingestellten Zentrumspartei des Zweiten Deutschen Kaiserreiches war konservativ und antisozialdemokratisch. Die christlichen Gewerkschaften, die unter starkem katholischen Einfluß standen und ebenfalls gegen den Sozialismus kämpften, besaßen innerhalb der Gewerkschafts- und Arbeiterbewegung nur eine geringe Bedeutung.[37] Sorgfältig zu untersuchen bleibt die Ideologie protestantischer und katholischer Bildwerke der Kaiserzeit, die das Leben von Menschen aus den unteren Schichten und Klassen, von „Armen und Elenden", Handwerkern, Bauern und Arbeitern thematisieren.

Einen Teilbereich des Säkularisierungsprozesses im 19. Jahrhundert bildet auch die Säkularisation durch den Reichsdeputationshauptschluß von 1803 nach dem Verlust des Zweiten Koalitionskrieges gegen das revolutionäre Frankreich und dem Frieden von Lunéville (1801). Nahezu alle deutschen geistlichen Fürstentümer wurden in weltlichen Besitz überführt und zahlreiche Abteien, Stifte und Klöster aufgehoben. Mit Hilfe der gewonnenen Territorien wurden Preußen und die zum Teil neu formierten süddeutschen Mittelstaaten für die Abtretung linksrheinischer Gebiete an Frankreich entschädigt. Das katholische Österreich verlor sehr viele süddeutsche Besitzungen.[38] Die Säkularisation bewirkte eine erheblich Schwächung insbesondere der katholischen Kirche als Auftraggeberin für Künstler.

Demgegenüber veränderten sich die Produktions- und Rezeptionsbedingungen der Kunst jedoch viel einschneidender – gerade auch in der Form einer Säkularisierung – durch die gesellschaftlichen Umwälzungen gegen Ende des 18. Jahrhunderts. Das ständische Zunftwesen verlor an Boden, der feudale Merkantilismus wurde zunehmend durch die freie Marktwirtschaft des prosperierenden Bürgertums ersetzt – ganz im Sinne des Liberalismus beispielsweise eines Adam Smith (*Eine Untersuchung über Natur und Ursachen des Volkswohlstandes*, 1776). Die Künstler lösten sich aus dem feudalklerikalen Ämter- und Mäzenatenwesen und traten als freie Produzenten auf einem durch Angebot, Nachfrage und Konkurrenz bestimmten Kunstmarkt dem mehrheitlich bürgerlichen Publikum gegenüber. Die weltanschaulichen Interessen der Bourgeoisie beeinflußten zunehmend die Inhalte und Formen der künstlerischen „Waren"-

Abb. 11 Louis Ammy Blanc: Die Kirchgängerin, 1834

Abb. 12 Benjamin Vautier: Kartenspielende Bauern, während des Gottesdienstes von ihren Frauen im Wirtshaus überrascht, 1862

Abb. 13 Johann Sperl: Kirchgang am Sonntag, 1890

Produkte[39], ein sensualistisches „Zurück zur Natur", ein naturwissenschaftlich orientierter Rationalismus und eine prosaische Realistik in der Schilderung des alltäglichen Lebens erfaßten weite Bereiche der Kunst des späten 18. und des 19. Jahrhunderts. Bereits der „heidnisch-natürliche" bürgerliche Klassizismus um 1800 und die pantheistischen Landschaftsdarstellungen der Romantik erschienen als gewaltiger Schub einer bildkünstlerischen Säkularisierung. Die Entwicklung der Genremalerei in der ersten Hälfte des 19. Jahrhunderts und zwar besonders sprunghaft seit den dreißiger Jahren verdeutlicht die Zunahme des Interesses an rein innerweltlich-realistischen Alltagsdarstellungen. Selbst die religiöse Bildkunst mußte sich bequemen, in die „Niederungen" des Genre hinabzusteigen. Die vergleichende Betrachtung von drei religiösen Genrebildern mit dem Thema „Kirchgang" zeigt paradigmatisch die Zerstörung christlicher Illusionen im malereigeschichtlichen Prozeß des 19. Jahrhunderts: Das Gemälde *Die Kirchgängerin* (1834, Abb. 11) von Louis Ammy Blanc stellt eine schöne junge Frau in rheinischer Tracht dar, die fromm den Blick senkt und ein Gesangbuch an ihre Brust drückt. Hinter der Balustrade, an der die Kirchgängerin steht, ragt in der Ferne die im Mittelalter unvollendet gebliebene westliche Turmfassade des Kölner Domes auf. Eine klare, leuchtende Farbgebung und ideale Glätte beherrschen die Gestaltung. Das Bild drückt einerseits die sehnsuchtsvolle Rückwendung zum Mittelalter als

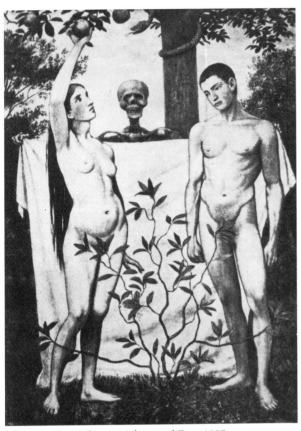

Abb. 14 Hans Thoma: Adam und Eva, 1897

Abb. 15 Eduard von Gebhardt: Christus am Kreuz, 1866

einem heroischen Zeitalter der Kirchlichkeit aus, andererseits die sentimentalische Trauer darüber, daß die echte Religiosität gleichsam nur noch in der Form einer mittelalterlichen Ruine in die nüchterne und säkulare Gegenwart hereinragt. Das Gemälde blieb nicht unangefochten, es wurde durch die zeitgenössische Darstellung eines Mädchens parodiert, das zum Tanz geht und die Kirche zur Seite liegen läßt.[40] Übrigens war der Aufbau des Kölner Doms, der 1885 abgeschlossen wurde, wie bereits erwähnt, weniger eine Sache des Bürgertums als der Fürsten, die erhebliche finanzielle Mittel zur Verfügung stellen. – Das Gemälde *Kartenspielende Bauern während des Gottesdienstes von ihren Frauen im Wirtshaus überrascht* (1862, Abb. 12) von Benjamin Vautier zeigt die moralische Pantoffelherrschaft der Bauernfrauen, die ihre dem Sinnengenuß des Biers und dem Glücksspiel ergebenen Männer vorwurfsvoll zum Kirchenbesuch auffordern. Im desillusionierenden Spiegel des Humors erscheint hier die christliche Religion lediglich als sonntägliches Brauchtum der Landbevölkerung und zudem als asketisches, wirklichkeits- und lebensfeindliches Prinzip. Im Gegensatz zur schönlinigen Idealität des Gemäldes von Blanc sind die „Typen" bei Vautier scharf charakterisiert und alle Details „realistisch" beobachtet. Die gebrochenen, zurückhaltenden Farben ordnen sich der wirklichkeitsnahen Licht- und Schattenverteilung unter. Der religiöse Aspekt tritt in Johann Sperls *Kirchgang am Sonntag* (1890, Abb. 13) völlig

hinter das rein malerisch-visuelle Vergnügen an der blühenden Wiese, den Sonnenflecken der Bäume und den prächtigen Sonntagstrachten der Dorfmädchen im Mittelgrunde zurück; die sinnlich-äußerliche Naturwirklichkeit, nicht ein Innerlich-Religiöses ist das Thema des Bildes. – Von der Säkularisierung erfaßt wurde auch die Historienmalerei, die sich seit den dreißiger und vierziger Jahren des 19. Jahrhunderts immer konsequenter der positivistischen Tatsachenforschung bediente und die geschichtlichen Ereignisse mit immer perfekterer Illusionskunst veranschaulichte. Die Religionsgeschichte verlor in diesen gleichsam wissenschaftlich-nüchternen Darstellungen völlig ihre übersinnliche Weihe; zurückblieb der Eindruck, daß hier rein innerweltliche gesellschaftliche und politische Ereignisse allerdings oft mit repräsentativem Prunk festgehalten waren.

Es ist möglich, innerhalb der christlichen Bildkunst des 19. Jahrhunderts sozusagen eine „Säkularabstufung" festzustellen: Den zentralen Bereich des Religiösen und Sakralen bilden die eigentlich biblischen Darstellungen von Szenen des Alten und Neuen Testaments, beispielsweise Bilder wie *Adam und Eva* (1897, Abb. 14) von Hans Thoma (Altes Testament) und *Christus am Kreuz* (1866, Abb. 15) von Eduard von Gebhardt (Neues Testament). Darstellungen aus dem Neuen Testament rangieren wegen der eigentlich „christlichen" Inhalte des Neuen Bundes höher als solche aus dem Alten Testament (selbst als solche aus der Genesis) und tre-

Abb. 16 Matthäus Schiestl: Der Heilige Georg, 1904

Abb. 17 Fritz Kunz: Der Heilige Fridolin, um 1908

Abb. 18 Albert Weisgerber: St. Sebastian, 1910

Abb. 19 Gustav Spangenberg: Luther, die Bibel übersetzend, 1870

Abb. 20a Edward von Steinle: Konzil unter Karl dem Großen, um 1880-1885, linke Hälfte

Abb. 20b Edward von Steinle: Konzil unter Karl dem Großen, um 1880-1885, rechte Hälfte

Abb. 21 Ernst Karl Georg Zimmermann: Geistliches Konzil, um 1895

Abb. 22 Gabriel von Max: Die Nonne im Klostergarten, 1869

ten ungleich häufiger auf. Innerhalb des Neuen Testamentes bildet das im 19. Jahrhundert so intensiv durchgearbeitete Leben Jesu als eigentliche Heilsgeschichte wiederum einen zentralen Bereich, und zwar begründen die Stationen des Marienlebens, der Geburt Christi, der Bergpredigt, der Passion und Auferstehung die Hauptdogmen des Christentums; diese Stationen liefern den Stoff zu den meisten neutestamentlichen Bildern. Darstellungen aus der Apostelgeschichte oder Offenbarung des Johannes sind seltener. Einen zweiten Bereich der „Säkularabstufung" innerhalb der christlichen Malerei und Graphik bilden Gestaltungen der auf das Heilszeitalter folgenden Religionsgeschichte; Bildwerke, die das Leben von Heiligen und Märtyrern thematisieren, wie beispielsweise der *Hl. Georg* (1904, Abb. 16) von Matthäus Schiestl, *Der Heilige Fridolin* (um 1908, Abb. 17) von Fritz Kunz oder *St. Sebastian* (1910, Abb. 18) von Albert Weisgerber besitzen dabei einen „tieferen" religiös-metaphysischen Gehalt als solche, die lediglich kirchenhistorische Ereignisse darstellen, wie zum Beispiel *Konzil unter Karl dem Großen* (zwischen 1880-1885, Abb. 20) von Edward von Steinle oder *Luther, die Bibel übersetzend* (1870, Abb. 19) von Gustav Spangenberg. – Einen dritten Bereich der „Säkularabstufung" innerhalb der christlichen Bildkunst bilden Darstellungen des Klerus sowie von Nonnen und Mönchen, beispielsweise die Gemälde *Geistliches Konzil* (neunziger Jahre des 19. Jahrhunderts, Abb. 21) von Ernst Karl Georg Zimmermann oder *Die Nonne im Klostergarten* (1869, Abb. 22) von Gabriel Max. – Zuletzt folgt der sehr große Bereich der religiösen Genremalerei mit Bildern der Laiengläubigen beim Kirchgang, Gottesdienst, Abendmahl, bei der Beichte, beim Segen des Papstes. Als Beispiele seien folgende Bildwerke genannt: *Abgabe der Beichtzettel* (Holzschnitt, 1873, Abb. 23) von Mathias Schmid, *Abendmahl in einer hessischen Dorfkirche* (Ölgemälde, 1889-1892,

Abb. 23 Mathias Schmid: Abgabe der Beichtzettel, 1874

Abb. 24 Carl Bantzer: Abendmahl in einer hessischen Dorfkirche, 1889-1892

Abb. 24) von Carl Bantzer, *Einsegnung von Lützows Schwarzen Freiwilligen in der Kirche zu Rogau bei Zobten in Schlesien im Jahre 1813* (Ölgemälde, 1891, Abb. 25) von Arthur Kampf und *Leo XIII. erteilt in der Sixtinischen Kapelle den Pilgern den Segen* (1906, Abb. 26) von Max Liebermann. Da die religiöse Genremalerei mit ihren häufig wie brauchtumskundliche oder verhaltenspsychologische Studien wirkenden „unpoetischen" Darstellungen weit von der Veranschaulichung der christlichen Heilslehre und Dogmatik entfernt war, wurde sie von einigen zeitgenössischen Theoretikern schlichtweg der profanen Bildkunst zugerechnet.

Doch auch Bildwerke, die den neutestamentlichen Kernbereich des Christentums behandelten, konnten das Heilsgeschehen gleichsam säkularisiert als rein innerweltlich-historischen Vorgang gestalten. Während beispielsweise Franz Hofstötter in dem Gemälde *Christus vor Pilatus* (um 1912, Abb. 27) die Passionsrolle des Gottessohnes mystisch verklärte, schilderte Mihály von Munkácsy in seinem Monumentalgemälde *Christus vor Pilatus* (1881, Abb. 28) die gleiche Szene als geschichtliches Ereignis der Römerzeit; der Schauplatz mutet wie eine historische Rekonstruktion an, die Personen treten in historischen Kostümen auf, und die Hauptfiguren Jesus und Pilatus erscheinen im Sinne des hi-

Abb. 25 Arthur Kampf: Einsegnung von Lützows Schwarzen Freiwilligen in der Kirche zu Rogau bei Zobten in Schlesien im Jahre 1813, 1891

Abb. 28 Mihály von Munkácsy: Christus vor Pilatus, 1881

Abb. 26 Max Liebermann: Leo XIII. erteilt in der Sixtinischen Kapelle den Pilgern den Segen, 1906

Abb. 29 Eduard von Gebhardt: Die Hochzeit zu Kana, um 1884-1891

Abb. 27 Franz Hofstötter: Christus vor Pilatus, 1881

Abb. 30 Fritz von Uhde: Lasset die Kindlein zu mir kommen, 1885

Abb. 31 Eugène Burnand: Jesus auf dem Weg nach Golgatha, 1904

Abb. 34 Fritz von Uhde: Das Abendmahl, 1886

Abb. 32 Georg Papperitz: Kreuztragung, 1883

Abb. 33 Lovis Corinth: Kreuztragung, 1909

Abb. 35 Fritz von Uhde: Tischgebet, 1897

storischen Leben-Jesu-Romans von Ernest Renan als rein menschliche Geschichtshelden. Eine andere Art der „Historisierung" wählte der evangelische Maler Eduard von Gebhardt, der die Heilsgeschichte in die Reformationszeit, die heroische Entstehungsepoche des Protestantismus verlegte und beispielsweise alle Beteiligten der *Hochzeit zu Kana* (zwischen 1884 und 1891, Abb. 29) außer Christus mit Kostümen aus dem 16. Jahrhundert bekleidete. Das Gemälde *Lasset die Kindlein zu mir kommen* (1885, Abb. 30) von Fritz von Uhde versetzte demgegenüber Christus in eine holländische Bauernstube der achtziger Jahre des 19. Jahrhunderts. Alle diese Formen der Historisierung und Aktualisierung des Evangeliums wurden von der katholischen und zunächst auch von der protestantischen Kirche als unzulässige Tendenzen einer Verweltlichung und Vermenschlichung des neutestamentlichen Heilsgeschehens scharf verurteilt.

Ein säkularisierender Effekt bestimmte auch Darstellungen, die den Gefühlsausdruck der am neutestamentlichen

Abb. 36 Adolph von Menzel: Vor der Kirchentür, 1890

Abb. 37 Fritz von Uhde: Um Christi Rock, 1895

Abb. 38 Peter Janssen: Kommet alle zu mir, um 1904

Geschehen beteiligten Personen steigerten oder psychologisch verfeinerten, so daß der Betrachter mit besonders sensibler Einfühlung und großer Anteilnahme reagieren konnte. So zeigen Bilder wie *Jesus auf dem Weg nach Golgatha* (1904, Abb. 31) von Eugène Burnand oder *Kreuztragung* (1886, Abb. 32) von Georg Papperitz das verzweifelte Mitleid der Frauen und die höchst unterschiedlichen Interpretationen des Leidensweges Christi durch die Bevölkerung, Richtknechte und Soldaten; manche Geste und Miene wirken allzu pathetisch. Extrem übersteigerte, ja teilweise grimassenhaft verzerrte Züge des Erschreckens, der aufgewühlten Teilnahme, der henkersknechtischen Grausamkeit prägen die Gesichter der *Kreuztragung* (1909, Abb. 33) von Lovis Corinth. Die Erregung der Haltungen und Gebärden gerade auch des unter dem Kreuz zusammengebrochenen Christus wird durch die expressive, fleckaufgelöste Malweise verstärkt. Sind die ausdruckspsychologischen Momente christlicher Darstellungen besonders herausgearbeitet, treten die sakralen, theologisch-metaphysischen Gehalte in ihrer Bedeutung zurück, und der Betrachter erfaßt die gezeigte Situation oder Handlung primär von einer rein menschlichen Seite.

Auch durch die ästhetische Betonung des sozialen Milieus, der sozial bedingten äußeren Erscheinungsformen und Verhaltensweisen werden säkularisierende Tendenzen in der christlichen Bildgestaltung gefördert. Eines der umstrittensten neutestamentlichen Gemälde der Kaiserzeit, nämlich Fritz von Uhdes *Das Abendmahl* (1886, Abb. 34) zeigte Christus gleichsam als schlichten Dorfpfarrer, den an einer einfachen bäuerlichen Tafel Landarbeiter umgeben. Die Frömmigkeit der Proletarierfamilie in Uhdes *Tischgebet* (um 1895, Abb. 35) wirkt wegen der Kargheit der dennoch begehrten Mahlzeit und des Zimmers, wegen der Armut der Leute besonders rührend. Soziale Gegensätze, die berechnende „christliche" Demut eines Bettlers und die Herzenskälte einer reichen Dame differenzieren kritisch das Thema der christlichen Nächstenliebe, das Menzels Aquarell *Vor der Kirchentür* (1890, Abb. 36) behandelt.

Die Kehrseite des Problems der inhaltlichen Abschwächung der religiösen Momente durch die Hervorhebung des Historischen, Psychologischen, Sozialen bildet die Frage, inwiefern die Realität menschlicher Beziehungen und sozialer Verhältnisse durch eine entschieden religiöse Gestaltung möglicherweise verfremdet, ja verzerrt und verfälscht erscheinen kann. Die kunsthistorische Forschung hat es bisher versäumt, diese wichtige Frage zu stellen, die auf eine Analyse der *ideologischen* Implikationen christlicher Bildwerke abzielt.

Eine ideologiekritische Untersuchung der christlichen Malerei, Handzeichnung und Graphik muß davon ausgehen, daß die einzelnen Darstellungen unterschiedlichen „*Stillagen*" angehören können. Der Begriff des „hohen Stiles" faßt Gestaltungsweisen, die die zentralen Stoffe des Christentums möglichst würdevoll, ideal veranschaulichen und ihre Sakralität hervorheben. Analog behandeln in der profanen Bildkunst Werke des hohen Stiles bedeutende Stoffe aus der Mythologie, Historie, aus dem höheren gesellschaftlichen und Geistesleben in einer idealisierenden, repräsentativen Form. Der Begriff des „niederen Stiles" faßt dagegen prosaische, wirklichkeitsnahe Gestaltungsweisen, die das Religiöse im Lebensalltag einfacher Menschen aufsuchen (religiöse Genremalerei). Wiederum analog behandeln in der profanen Bildkunst Werke des niederen Stils Stoffe aus der Alltagsrealität unterer Schichten und Klassen mit möglichst „schlichten" künstlerischen Mitteln. Zu unterscheiden sind höhere, mittlere und niedrigere Stillagen, die sowohl die ästhetischen Formen als auch die Bildinhalte bestimmen und ähnlichen Themen weit voneinander abweichende Interpretationen verleihen können. Beispielsweise gehören die konventionell wirkende *Kreuztragung* (1886, Abb. 32) von Georg Papperitz einer hohen, die ästhetisch progressive *Kreuztragung* (1909, Abb. 33) von Lovis Corinth einer niedrigeren Stillage an. Das Stillagenproblem wird in dieser Untersuchung durchgängig und im siebten Kapitel des Vierten Teils gesondert behandelt.

Hermann Beenken wies in seinem Buch *Das neunzehnte Jahrhundert in der Kunst* (1944) darauf hin, daß der Traditionsbruch gegenüber der Kunst des Barock und Rokoko und der Kampf gegen die Säkularisierung die Erfindung völlig neuer „subjektivistischer" Bildmotive der christlichen Kunst verursachte.[41] Auch die profane Kunst des 19. Jahrhunderts wurde von neuartigen Themen und Phantasien überschwemmt. Ein wichtiger Grund lag in dem problematischen Verhältnis der Künstler zur kapitalistischen bürgerlichen Gesellschaft, das entsprechende Kompensationen verlangte. Als Beispiele neuer christlicher Bilderfindungen der Kaiserzeit sind die Gemälde *Um Christi Rock* (1895, Abb. 37) von Fritz von Uhde und *Kommet alle zu mir* (um 1904, Abb. 38) von Peter Janssen zu nennen. Uhde zeigte eine Nebenszene der Kreuzigung, die das Würfeln der Kriegsknechte um die Kleider Christi darstellt, als selbständiges Bild. Janssen ließ Menschen aus allen Lebensbereichen vom Papst bis zum Arbeiter ihre Kreuze zum Erlöser tragen.

Renate Liebenwein-Krämer behandelte in ihrer Dissertation *Säkularisierung und Sakralisierung. Studien zum Bedeutungswandel christlicher Bildformen in der Kunst des 19. Jahrhunderts* (1977)[42] die umdeutende Aneignung christlicher Motive und Gestaltungsweisen durch die profane Bildkunst des 19. Jahrhunderts, ein Thema, das in dieser Untersuchung generell nur gestreift werden kann. Eine Ausnahme bildet der Komplex der „Sakralisierung des Künstlers"[43] (vgl. 6. Kapitel des Zweiten Teils). Der enge Zusammenhang zwischen Säkularisierung und Sakralisierung *innerhalb* der christlichen Bildkunst ist indessen zu berücksichtigen, das Bedingungsverhältnis zwischen verschiedenen Formen der Säkularisierung des Heiligen und der Sakralisierung des Weltlichen.

3. Kritik der idealistischen Auffassung religiöser Bildkunst. Die Voraussetzungen einer historisch-kritischen Gestaltungsanalyse

Zwar prägt der Expressionismus historisch unverwechselbar die religiöse Ästhetik, die der Kunsthistoriker Gustav Friedrich Hartlaub in seinem Buch *Kunst und Religion. Ein Versuch über die Möglichkeit neuer religiöser Kunst* (1919) entwickelte, doch kann eine Analyse der Hauptprinzipien dieser Lehre exemplarisch das Wesen der idealistischen Auffassung religiöser Bildkunst und die entsprechenden kunstgeschichtlich-methodologischen Konsequenzen verdeutlichen. Das Buch Hartlaubs verdient besonderes Interesse, denn es behandelt in einem eigenen Kapitel das Verhältnis von Kunst und Religion im 19. Jahrhundert.

Hartlaub stellt seinem Buch zwei prägnante Kurzdefinitionen von Religion und Kunst voran: „Religion ist uns Wiederverbindung der fühlenden, denkenden, wollenden Menschenseele mit dem übersinnlichen Urgrunde, den sie als ihre Heimat und dessen Mittelpunkt sie als das individuelle Wesen Gottes (und der Götter) erkennt. Aus diesem Verbundensein ergibt sich die verpflichtende, religiös-sittliche Willensbestimmung der Menschen in ihrem Verhältnis zueinander und zu Gott. – Kunst ist die schöpferische Tätigkeit des Menschen zur Hervorbringung sinnenfälliger Symbole der Gefühle, die durch äußere oder innere Eindrücke und Vorstellungen in seiner Seele hervorgerufen sind, gestaltet innerhalb gewisser ewig gültiger Gesetze künstlerischer Formung, ewig gültiger Ansprüche des menschlichen Gefühles, die man mit einem altmodischen Wort als die Normen der 'Schönheit' bezeichnen kann."[44] Ein Kunstwerk ist nach Hartlaub religiös, wenn die von ihm ausgedrückten Gefühle „in einer Verknüpfung mit Vorstellungen religiöser Natur stehen. Es ist religiös, wenn es Empfindungen ausdrückt, welche der reine Gedanke an Gott und das Heilige erweckt, Empfindungen des Verklärtseins und der Seligkeit, Gefühle der Kontemplation und Versenkung, der Andacht, des frommen Gebetes. Es ist auch religiös, wenn es Gefühle leidenschaftlichen Ringens mit und um Gott, Ekstase, Verzückung, Raserei versinnlicht, religiös, wenn es Empfindungen der Reue und Buße, der Pein und Zerknirschung, Angst und Not der Seele vor Gott anschaulich werden läßt, religiös im Ausdruck von allem, was die Seele fühlt, wenn sie des Göttlichen inne wird oder nach ihm verlangt."[45] Diese Definitionen gehen von der *objektiv-idealistischen* Voraussetzung aus, daß ein geistiger Urgrund sui generis jenseits der sinnlich wahrnehmbaren Welt als selbständige Wesenheit existiert; ihn „erkennt" die menschliche Seele als ihre „Heimat", ist also mit ihm durch eine substantielle Verwandtschaft verbunden. Die Kunst bestimmt Hartlaub (mit idealistischer Betonung) produktionstheoretisch, nicht von den ästhetischen Objekten oder der Rezeption her: es gibt zwei Arten der schöpferisch-künstlerischen Tätigkeit, nämlich einerseits das Bemühen, die durch äußere visuell-sinnliche Eindrücke und Vorstellungen hervorgerufenen Emotionen symbolisch zu veranschaulichen, andererseits das Bemühen, die durch innere Eindrücke und Vorstellungen erzeugten Gefühle symbolisch zu gestalten; die religiöse Kunst beschäftigt sich mit den Gefühlen, die durch innere Eindrücke und Vorstellungen entstehen.

Hartlaub entwirft mit expressionistischen Wendungen und Ausdrücken eine neuplatonistische Schöpfungslehre, die analog zur Emanationsvorstellung Plotins[46] eine vom geistigen Urprinzip des Logos ausgehende und in verschiedenen Stufen gegliederte „Bildprojektion" annimmt; „Bilder" einer höheren Stufe seien Mythen, aus „Bildern" einer niederen Stufe bestehe die „festgewordene Welt der sinnlichen Erscheinungen und derer, die sie wahrnehmen und vorstellen". In einer Art „Sündenfall" habe der Mensch die in ihm wirkende imaginative Kraft gleichsam „abgefangen", sie sich als Phantasie unterworfen und damit die „Freiheit" gewonnen, im Spiel der persönlichen Einbildungskraft „einen neuen Kosmos hervorzubringen, dem Menschen, nicht Gott zum Gleichnis".[47] Die Kunst könne sich einerseits der sinnlichen Fülle der Wirklichkeit hingeben, andererseits wieder zur höheren Bildwelt der Mythen hinstreben, deren Anamnesis die Seele bewahre. Ähnlich wie Richard Wagner in seiner Abhandlung *Religion und Kunst* 1880 vertritt Hartlaub die Auffassung, daß die mythische Sphäre durch Dogmatik und Kultus des Christentums und anderer tradierter Religionen verdeckt, ja verfälscht erscheine und daß es gelte, künstlerisch die Ursprünge zurückzugewinnen. Anders als Hartlaub machte jedoch Wagner – wohl im Rückgriff auf die vormärzlich-revolutionäre Religionskritik – die Herrschsucht von Priesterkasten für die Depravation der Religionen verantwortlich.[48] Auch suchte Wagner in deutlicher Anlehnung an Feuerbach einige der christlichen Hauptdogmen auf ihre ursprünglichen mythischen Bedeutungen zurückzuführen und diese rational zu analysieren; beispielsweise sah er (als Pazifist) in der Abendmahlslehre ein mythisches Verbot des alle Formen von Gewalt und Krieg bedingenden Fleischessens.⁴⁹ Während Wagner zwar daran festhielt, daß die Kunst ursprünglich religiöse Mythen gestalten und wieder zu den „Gefilden hoher Ahnen" finden müsse⁵⁰, die Mythen jedoch tendenziell rationalistisch als bloße „Pathosformeln"⁵¹ deutete, sind für Hartlaub die religiösen Mythen spirituelle Entitäten, Eidola des Logos, und die religiöse Kunst bildet somit eine Art „Gottesdienst".

Die Entwicklung verschiedener Formen des latenten Spannungsverhältnisses zwischen dem ästhetisch-sinnlichen und dem religiösen Gestaltungswillen bestimmt nach Hartlaub die gesamte Geschichte der europäischen und außereuropäischen Kunst.⁵² Das 19. Jahrhundert sei von den beiden Gegenbewegungen des Impressionismus und der Romantik beherrscht. Die Weltansicht des „Impressionismus" charakterisierte Hartlaub wie folgt: „Der Impressionist malte bekanntlich nicht die Dinge an sich, sondern ihre Erscheinungen, und er malte sie, wie er sie sah; nur in dieser Berührung und Umschmelzung durch das Subjekt des Künstlers, welches dem Gefühl des sinnlichen Erlebnisses Ausdruck gibt, wurden sie ihm *Geist*; und den Raum dieses Geistigen hätte er nirgendswo sonst gesucht, als im selbstentzündeten Lichte des persönlichen schöpferischen Bewußtseins. Die Dinge als solche drückten ihm nichts aus, verbargen nichts. Indem der Künstler ihre optische Erscheinung zerlegte und die Atome in persönlicher Anwendung der Kunstgesetze zu dem Organismus des Kunstwerkes wieder zusammensetzte, erhob er sie zum Wert. Lediglich dies rein Künstlerische, dieses 'Wie' der Darstellung, die 'Qualität' – nichts anderes war 'Geist'. Daher keine Inhalte und Bedeutungen, welche die Kunst auszudrücken hätte! (...) Der Künstler stand da, jenseits von Gut und Böse, Niederstes und Höchstes, Gemeines wie Erlesenes gleichermaßen adelnd durch die Kraft der Form. Und eine gut gemalte Rübe war ihm soviel wie eine gut gemalte Himmelfahrt. Seine Aufgabe schien, den Wert des Diesseits zu vermehren; was brauchte er da ein Jenseits?"⁵³ Der unreligiösen Welt- und Gegenwartszugewandtheit des impressionistischen l'art pour l'art steht nach Hartlaub im 19. Jahrhundert das religiöse Suchen der Romantik gegenüber, das in Traum, Ahnung und ekstatischer Schau des Absoluten, Unendlichen im Endlichen innezuwerden trachtet, das jedoch einem „archaisierenden Historismus" (Nazarener, Präraffaeliten) verhaftet bleibt: „Es handelte sich immer um ein Aufsuchen des Alten, als des angeblich Besseren – aus dem richtigen Instinkt heraus, daß alle positiven, zeit- und raumbeherrschenden Stile der Vergangenheit noch aus dem sicheren Bewußtsein hervorgegangen waren, daß ein Objektiv-Geistiges bestand, welches dem Stoff formend voranging, mithin auch noch auf dem Grunde einer, wenn auch zuletzt nur formelhaft anerkannten Religiosität beruhten. Diese selbstverständliche Überzeugtheit war aber nun durch die Aufklärung des 18. Jahrhunderts endgültig verloren gegangen; das Denken hatte sie getötet und keine Theologie schien fähig, sie wieder aufzuerwecken. Gerade in den schöpferischen Geistern war sie nicht mehr Voraussetzung und infolgedessen nicht mehr stilbildend. Ganz selbstverständlich mußte sie so darauf verzichten, den *Stoff ihrer Gegenwart* zu formen; der war ihnen geistverlassen, endgültig gottlos. Sondern die 'besseren' Zeiten vergangener Kunst sollten wieder heraufgeholt werden. Kunst war Fiktion, Flucht aus der Gegenwart, schöner Schein. Welche Phase der vergangenen Geistgebundenheit freilich man im ästhetischen Scheinbereiche wieder beschwor, ob die Gotik und Frührenaissance, ob Rafael oder den handfesteren Realidealismus alter Niederländer, darin spiegelte sich die Jahrhundert-Entwicklung des langsam erstarkenden bürgerlich-sozialen Selbstbewußtseins und seiner Ideale."⁵⁴ Die idealistische Ästhetik Hartlaubs mißt die Kunst mit dem Maßstab der Religiosität; die negative Wertung von „Impressionismus" und „Romantik" verdeutlicht, daß nur ein bestimmter Kanon künstlerischer Ausdrucksformen den Kriterien einer echten, tiefen gestalterischen Beziehung zum objektiven, geistig-göttlichen Urprinzip genügt; die idealistische Ästhetik impliziert notwendig *gewisse ästhetische Normen*.

Hartlaub unterscheidet vier prinzipielle Gestaltungsrichtungen der Kunst, nämlich Realismus und Idealismus, Impressionismus und Expressionismus; die „besonderen Stilgrundlagen religiöser Kunst" gehen aus dem Idealismus und dem Expressionismus hervor.⁵⁵ Verhält sich der Impressionist nach Hartlaub doppelt unreligiös, einerseits, indem er seinen Stoff der visuellen Wirklichkeit entnimmt und damit der Sphäre der äußeren Sinnlichkeit verhaftet bleibt, andererseits, indem er die Fleckelemente, in die er den sinnlichen Stoff zunächst auflöst, wieder neu zusammensetzt und damit ausschließlich seine vom geistigen Urgrund abgelöste subjektive Schöpferkraft betätigt, so sucht der Realist in noch entschiedenerer Einseitigkeit jene volle Wirklichkeit zu gewinnen, „die sich ihm erst bei nahsichtiger Untersuchung eines Gegenstandes nach allen seinen sichtbaren und tastbaren Eigenschaften und nach seiner gesetzmäßigen Verknüpftheit mit anderen Objekten ergibt", sucht sich „möglichst an die Wirklichkeit selbst als Erlebniserreger anzuschließen"⁵⁶ und wendet sich damit allein der Sphäre der „niederen Bilder" zu.

Demgegenüber bedeutet dem Idealisten „jene Wirklichkeit, wie sie *ist*, nur einen Anlaß, ihr im Geiste Vorstellungen entgegenzuhalten, wie sie sein *sollte*, wenn die Natur mit ihr zur Vollendung gekommen wäre; erst das an solchen Vorstellungen entzündete Gefühl scheint ihm würdig, künstlerisch in vollkommenen Bildungen gestaltet zu werden."⁵⁷ Zwar entspringe der Idealismus einer Weltansicht, „der das Geistig-Göttliche nichts außerhalb der organischen Körperwelt Befindliches oder doch nichts im grundsätzlichen Gegensatz zu ihre Stehendes bedeutet, sondern nur ein vollkommeneres Urbild und Zielbild des Physischen, das in diesem veranlagt ist und erst mit ihm und durch es zur Verwirklichung gelangt"⁵⁸, doch gelinge es in gewissen Epochen und einzelnen Kunstwerken, „das Sinnliche zu entsühnen" und die zunächst in der antiken Kunst verwirklichte „heidnisch-künstlerische" (nicht ursprünglich religiöse) idealistische Anschauung dem „christlichen Gefühlsausdruck" zu erschließen; als Beispiel führt Hartlaub die Sixtinische Madonna Raffaels an.⁵⁹ – Die zweite Gestaltungsrichtung, die fähig sei, religiöse Kunst auszubilden, bestehe im Expressionismus mit seinen verschiedenen historischen Spielarten. Die expressionistische Kunst weiche von der Wirklichkeit, wie sie ist und wie sie sein sollte, gleichermaßen ab, bediene sich also starker Abstraktionen. In einem „Expressionismus der ersten Art" stelle sich der Urtyp des Geistigen aufgrund eines „zwangsläufigen" imaginativen Prozesses als vorindividuelle, gattungsgemäße, abstrakt-gesetzmäßige Form dar (Kunst der Ägypter). Die wandelbaren Erscheinungen unterlägen einem reinigenden, jedoch „versteinernden", „abtötenden", den Ausdruck der Dauer verleihenden Formungsprozeß. Dagegen drücke der „Expressionismus der zweiten Art" als „barocker" Expressionismus die Ekstase, die bewegteste Durchseelung und unnatürliche Übersteigerung aus, die Aufhebung des Gleichgewichts infolge übermächtiger psychischer Erregung[60] (Kunst von El Greco). – Religiöse Kunst setze zwar die „präreligiösen" Stilarten des Idealismus oder Expressionismus voraus, entstehe jedoch nur, falls religiöse Gegenstände behandelt würden und falls der Künstler im Schaffensprozeß einer religiösen Gesinnung folge.[61]

Hartlaubs Ästhetik religiöser Kunst stimmte hinsichtlich ihres objektiven Idealismus (im philosophischen Sinne) und hinsichtlich der Ablehnung des Realismus und Impressionismus mit der deutschen christlichen Kunsttheorie des 19. Jahrhunderts überein, die lediglich die idealistische, „präreligiöse" (Hartlaub) Darstellungsweise für die religiöse Bildkunst gelten ließ (der Expressionismus wurde sowohl von der katholischen als auch von der protestantischen Kirche und Ästhetik scharf bekämpft). Eine extrem begrenzte Normativität prägte den „Kanon" des Paters Desiderius Lenz, des Hauptmeisters der Beuroner Schule, der sogar das Nazarenertum als zu „realistisch" ablehnte. In einem Brief kurz vor seinem neunzigsten Geburtstag (1922) umriß Lenz noch einmal die Hauptprinzipien seiner „hieratischen Kunst": „In das Ideal der klassischen Alten, der Griechen und Ägypter, haben sich zwei fremde Elemente eingedrängt und eingeschlichen, dieses scheinbar bereichernd, aber den edlen, rein idealen Charakter dieser erhabenen Kunst hinausdrängend, vernichtend. Das sind die mit der Frührenaissance erscheinenden zwei Elemente: erstens der Perspektive, (...) zweitens, in der Malerei, der Schattierung aufs höchste Licht in Bildern auf der Fläche. Und beide führen konsequenterweise zum Helldunkel, für beide aber ist das geometrische Messen aufgehoben, weil nun Verkürzungen die Herrschaft haben, vor allem als Vorder-, Mittel- und Hintergrund in der Farbe die klassische Einfalt, Einfachheit vernichtend, aufhebend und unmittelbar zum Materialismus hindrängend. Das ist die Geburt der Renaissance in allen ihren Abarten, die große Konfusion, in der sich heute die ganze Kunst windet und dreht, nach einem sichern Fundament suchend." Lenz wandte sich gegen jede Art von „armseligem Verismus" und strebte zurück zur „Zahl- und Maßkunst" der Ägypter, der griechischen Vasenmalerei des strengen Stils. „Das war es, was für Form und Maß wir in Beuron, in der ersten Arbeit der Kapelle von St. Maurus, dann in Montecassino und in St. Gabriel bei Prag wieder einzuführen und festzuhalten und zu erproben suchten: ohne Perspektive, ohne Schattierung aufs höchste Licht, was als Darstellung des Göttlichen, Heiligen, als Weisheit der Alten sich uns empfohlen, das richtig zu treffen, was nun vor der Zeit zur Beurteilung steht. (...) Solange diese Bahn eingehalten wird, wird die ideal religiöse, überhaupt jede edle Kunst ihren sichern Weg vorgezeichnet haben. Es ist dies aber die höhere edlere, geistige Kunst, mehr als das Kopieren der Modelle, das der Tod alles Ideals ist."[62]

Die Auffassung von Pater Desiderius Lenz, daß die Renaissance gleichsam einen Sündenfall künstlerischer Verweltlichung und Konfusion erzeugt habe, stand nicht nur im Gegensatz zum religiösen Raffaelismus der Nazarener, sondern vor allen Dingen zur liberalistischen Lehre von der Emanzipation der Renaissancekunst durch eine neuartige, wissenschaftlich fundierte Natur- und Weltzuwendung. Diese Emanzipationslehre, die dem naturwissenschaftlich begründeten Fortschrittsoptimismus des 19. Jahrhunderts entsprach, vertrat besonders prägnant der Holbeinforscher Alfred Woltmann im ersten Band seines Werkes *Holbein und seine Zeit* (1874[2]): „Das Wesen dieser ganzen Epoche des Umschwungs besteht in der Befreiung der herangereiften Menschheit von den Fesseln des mittelalterlichen Geistes, nachdem dessen Aufgaben erfüllt, dessen Ideale abgestorben, dessen Mächte verfallen waren. An Stelle des demüthigen Gefühls, von einer höhern, geheimnißvollen Macht abzuhängen, welches die Menschheit regiert hatte, tritt das frohe Gefühl der eigenen Kraft, das Bewußtsein des freien Willens. Der Mensch, welcher bisher nur durch den Zusammenschluß mit seines Gleichen, in Familie, Stand und Corporation, Kraft sich zutraute und Rechte beanspruchte, beginnt sich als freies, selbstberechtigtes Individuum zu fühlen. Damit im Zusammenhang steht ein neues Verhältniß zur Natur. Statt sich aber scheu vor ihr wegzuwenden, wie im Mittelalter, statt, unbefriedigt von der wirklichen Welt, seine Ideale in einer höhern Welt der Vorstellung zu suchen, giebt der freigewordene Mensch der Natur sich hin. Er sucht ihre Gesetze zu ergründen, ihre Kräfte zu erforschen und erfinderisch sich nutzbar zu machen. Weniger als je fühlt er sich an die Scholle gebunden, er dringt bis in alle Fernen, durchzieht kühner die Meere, findet neue Theile der Erde auf und vollendet gerade hierdurch seine eigene Befreiung."[63]

Nach Woltmann offenbart sich der „moderne Geist" im „*Realismus*" der Renaissancekunst. – Es ist fraglich, ob eine im philosophischen Sinn objektiv-idealistische und christlich-normative Ästhetik, selbst wenn sie sich „liberaler" gibt als der Beuroner Kanon, die Umwälzungen in der Kunst der Neuzeit seit der Renaissance in ihren ursächlichen Zusammenhängen und historischen Konsequenzen adäquat zu erfassen vermag. Zumindest scheint eine von normativen ästhetischen Beschränkungen und Verdikten freie Untersuchungsmethode, wie sie beispielsweise Wolfgang Kirchbach in seinem Aufsatz *Religiöse Kunst* (1898) anwandte, den unterschiedlichen geschichtlichen Kunstphänomene weit eher gerecht zu werden. Kirchbach schrieb über die Kunst Giottos und der italienischen Frührenaissance: „So ergibt sich schon hier der Kampf, dass das Bild, je mehr es dem Zwecke der Kirche, dem Cultus dient, je religiöser es im engeren Sinne ist, desto mehr an seiner rein künstlerischen Qualität verliert. Es ist nicht für sich, sondern für Andere ausserhalb. Je mehr dagegen innerhalb der Religion das rein Menschlich betont wird, je mehr im Christentum die Lehre vom Menschensohn Christus sich Bahn bricht und mit ihr das Princip der Humanität des menschgewordenen Gottes im Menschen, von der Vergöttlichung des Menschen, desto mehr gewinnt die Kunst Kraft auf sich selbst zu ruhen, dieses Menschliche um seiner selbst willen zu bilden und es zu einer höheren künstlerischen Naivität zurückzuführen."[64] Mit der größten Freizügigkeit versucht Kirchbach auch die widersprüchlichen Ausdrucksformen religiöser Bildkunst im 19. Jahrhundert zu klären; sein Standpunkt erweist sich letztlich als nicht christlich-idealistisch fixiert: „Das Bild der Kunst in diesem letzten Jahrhundert ist bunter, widerspruchsvoller, weil der Geist der Zeiten überall ein neues Verhältnis zur Religion zeitigte und diese zu ganz anderen wissenschaftlichen, gesellschaftlichen, poetischen Vorwänden gebrauchte und zu brauchen fortfährt. – Wir aber sagen uns am Ende dieser Betrachtung, die nur einen ganz allgemeinen Ueberblick geben wollte, dass die religiöse Kunst gerade in ihrer nachgewiesenen Abhängigkeit von den ethischen Trieben der allgemeinen Culturentwicklung sicher auch einem tiefen Bedürfniss der Menschheit entspricht, das sich von innen heraus die Formen model, deren es zu seiner Erbauung bedarf."[65]

Die grundsätzliche Problematik einer objektiv-idealistischen Ästhetik, wie sie Gustav Friedrich Hartlaub entwarf, liegt in dem Zwang, die künstlerischen Gestaltungen letztlich nach dem Grad ihrer Religiosität werten zu müssen; entscheidend ist die „Reinheit und Intensität" des Bezuges zum objektiven geistigen Prinzip: „echte" Kunst erscheint ausschließlich in der Form religiöser Kunst, profane Kunst gilt tendenziell als „sündig", als Abirrung vom rechten Weg des Geistes.

Die objektiv-idealistische Kunstauffassung ist versucht, bestimmte Gestaltungsmöglichkeiten als verbindlichen, „echte" Kunst garantierenden Kanon festzusetzen und damit die Fülle der übrigen Gestaltungsmöglichkeiten als „minderwertig" oder sogar als „moralisch schlecht" zu diffamieren. Eine solche normativ-ästhetische Einschränkung, sei sie nun enger oder liberaler gefaßt, begrenzt notwendigerweise ganz allgemein das Verständnis für künstlerische Erscheinungsformen, insbesondere für jene, die nicht religiös, nicht metaphysisch ausgerichtet sind.

Der latente Dualismus der objektiv-idealistischen Ästhetik, wie sie Hartlaub in gewisser Übereinstimmung mit der christlichen Kunstauffassung des 19. und beginnenden 20. Jahrhunderts entwickelte, hat zur Folge, daß alle sinnlich-„weltlichen" Tendenzen der Kunst als problematisch angesehen werden. Diese Auffassung bewirkt eine verzerrte Beurteilung kunstgeschichtlicher Entwicklungen: beispielsweise können die emanzipatorische Stoßrichtung der Renaissancekunst nicht in ihrer vollen Bedeutung gewürdigt, Realismus und Impressionismus des 19. Jahrhunderts nicht in ihrer kulturgeschichtlichen Dimension erfaßt werden. Künstlerische Gestaltungen, die den Fortschritt in der Eroberung und Beherrschung der Naturkräfte, in der Humanisierung gesellschaftlicher und politischer Verhältnisse, in der Befreiung und Ausbildung der menschlichen Sinnlichkeit ausdrücken, werden tendenziell mit Mißtrauen betrachtet und abgewertet. Die christliche Ästhetik des 19. und beginnenden 20. Jahrhunderts war darüberhinaus konservativ ausgerichtet: da ihr die zeitgenössische Gegenwart und deren Kunst „verweltlicht", ja religionsfeindlich erschien, orientierte sie sich an den großen Epochen religiöser Kunst der Vergangenheit. Der Hauptstrom der kaiserzeitlichen Kunstgeschichtsschreibung gerade auch über das 19. Jahrhundert hielt sich allerdings frei von den Beschränkungen der christlichen Ästhetik. Beispielsweise betonte Cornelius Gurlitt, der Verfasser des bedeutenden Werks *Die deutsche Kunst des Neunzehnten Jahrhunderts. Ihre Ziele und Thaten* (1899, 1900²), in einer Rede über Kirche und Kunst (1904) die prinzipielle Gegensätzlichkeit beider: „Die christliche Kirche ist ihrem innersten Wesen nach weltabgewandt, *asketisch*. Soweit sie ihre höchste Aufgabe darin sieht, die Menschenseele von der Welt abzuziehen und auf Gott zu lenken, widerspricht sie dem, was sie irdische Freuden nennt. Sie fürchtet, sie bekämpft die Sinnlichkeit, das, was auf die äußeren Sinne des Menschen sich bezieht. Sie ist geistig, wendet sich dem sinnlich nicht Wahrnehmbaren zu."[66] Dagegen vertrete die Kunst das Prinzip der Sinnlichkeit: „Die Kunst ist *sinnlich*. Ihre Aufgabe ist, den menschlichen Sinnen wahrnehmbare *Darstellungen* zu geben. Sie wird erst Kunst, wenn sie ein innerlich Erschautes für Andere sinnfällig macht. (...) Sie ist also eine Betätigung der Sinne, deren letzter Zweck ist, jene Freude, die das Wahrnehmen und Erschauen erweckt, auf Andere zu übertragen. Die *eigene* Freude ist die unbedingte Vorbedingung. Wer lediglich darauf ausgeht, *Anderen* Freude zu bereiten, wer also nicht rein das wiedergibt, was ihn erfreut; wer dem 'Geschmack', der 'Schönheit' entgegenkommt, *wider* das eigene Empfinden – der ist auf dem Wege zur Unkunst. Daher kann die Kunst niemandem *dienen*, auch nicht der Kirche. Sie ist in ihren höchsten Zielen Sinnenbetätigung, also Betätigung der *eigenen*, menschlichen Sinne. Ihr Ziel ist Lust, eine weltlich, wenn auch reine Lust; sie stirbt am Verzichten; sie lebt dem Vergnügen; sie ist aus Freude geboren und will Freude bringen."[67] Gurlitt behauptete also entschieden die absolute Freiheit der Kunst, übrigens nicht nur gegenüber der Kirche sondern ebenfalls gegenüber dem Staat; auch lehnte der liberale Kunsthistoriker jede „feste Kunstlehre"[68] ab, insbesondere jede „theologische Ästhetik".[69] Dennoch gestand er zu, daß Kirche und Kunst sich in einem Gebiet vereinen können, „im Kultus, das heißt in der gottesdienstlichen Form".[70] Die Kirche müsse aber jede Gestaltungsweise, die dem freien religiösen Empfinden des Künstlers entspringe, tolerieren.[71]

In seinem bis in die siebziger Jahre unseres Jahrhunderts auflagenstarken Buch *Verlust der Mitte. Die bildende Kunst des 19. und 20. Jahrhunderts als Symptom und Symbol der Zeit* (1948, 1965⁸) wendete Hans Sedlmayr eine extrem „offene" Untersuchungsmethode auf objektiv-idealistischer Grundlage an. Der Autor, dessen christliche Gebundenheit zunächst nicht erkennbar ist, bezeichnete seine Vorgehensweise als „Methode der kritischen Formen"[72] und verstand sie als exemplarische Analyse von „radikal" neuen" künstlerischen Phänomenen: „Es ist vielmehr geradezu zum heuristischen Prinzip zu machen, daß sich in solchen absonderlichen Formen Eigentümlichkeiten enthüllen, die in gemäßigter und deshalb weniger auffallender Weise auch sonst das Schaffen einer Zeit bestimmen, dessen Eigenart in ihnen gleichsam auf die Spitze getrieben wird."[73] Sedlmayrs Untersuchung ergab eine Fülle treffender Einzelbeobachtungen, die Kunst und Kultur des 19. und 20. Jahrhunderts in ihrer Eigenart charakterisierten und in ihrer Verschiedenheit von früheren Kunstepochen abhoben. So stellte der Kunsthistoriker fest, daß die noch im Barock und Rokoko vorherrschenden künstlerischen Aufgaben des Kirchen- und Schloßbaus durch eine Vielzahl „neuer führender Aufgaben der Kunst" abgelöst wurden, des Landschaftsgartens (englischen Gartens) mit seiner pantheistisch-„säkularen" Naturauffassung, des architektonischen Denkmals mit seiner Reduktion der Baugestalt auf elementare geometrische Formen, des Museums, das als „Heiligtum" einer verselbständigten Kunst fungiere, der Oper und des Theaters, die den „dionysischen" Gegenpol zum „apollinischen" Museum bildeten, der Ausstellungsbauten, die die Entwicklung der Eisen-Glas-Betonbauweise dokumentierten und insbesondere auf den Weltausstellungen Kunst und Industrie eng miteinander verbunden hätten, der Fabriken, die das neue Maschinenzeitalter in seiner Seelenlosigkeit ausdrückten.[74] Insgesamt sei die Kunst des 19. und 20. Jahrhunderts durch sieben symptomatische Tendenzen bestimmt[75]: Erstens zeige sich die „Aussonderung 'reiner' Sphären (Purismus, Isolation)" in einer Verselbständigung der Kunstgattungen, die als reine Architektur, reine Zeichnung, reine Malerei usw. alle gattungsfremden Momente auszuscheiden suchten, sich gegeneinander abgrenzten und einseitig spezialisierten. Damit sei die Möglichkeit eines Zusammenwirkens der Künste im Gesamtkunstwerk, auf der die vorbildliche Einheit früherer Stilepochen beruht habe, endgültig verloren. Zweitens bestehe das „Auseinandertreiben der Gegensätze (Polarisation)" in der Neigung, die künstlerischen Gestaltungseigenarten zu Extremen, unversöhnlichen Gegensätzen auszuformen und damit zugleich die Einheit der menschlichen Seelenkräfte wie Verstand und Gefühl, Glauben und Wissen, Geist und Sinnlichkeit zu zerreißen. Drittens fördere die „Neigung zum Anorganischen" die Macht künstlicher Werkstoffe, die organisches Material durch anorganisches ersetzten und damit die Herrschaft des Kalten und Spröden, des Leblosen über das Lebende befestigten. Zwar seien die anorganischen Elemente in höchstem Maße unter menschlicher Kontrolle, aber das Organische werde auf Schritt und Tritt zerstört. Viertens werde die „Loslösung vom Boden" nicht nur durch die Architektur erreicht, deren Gestaltungen die Erdbasis zu verlassen strebten, sondern auch durch die extremen Abstraktionen der Malerei, durch die Entwicklung des Luftverkehrs, durch die Landflucht und „Umsiedlung". Fünftens präge ein „Zug zum Unteren", zum Unbewußten, Urtümlichen, zum Dunklen und Dumpfen, zu den chaotischen Abgründen die Kunst des 19. und 20. Jahrhunderts. Sechstens bestehe die „Herabsetzung des Menschen" in den künstlerischen Deformationen des Menschenbildes, in der Reduktion des Menschen auf das Biologische, Tierhafte, in der Verselbständigung der sexuellen, ökonomischen, politischen Sphäre. Das wissenschaftliche Interesse wende sich besonders den problematischen Zonen des Humanen zu, der Psychologie der Primitiven, der Geisteskranken, der Verbrecher, des Rausches, Traumes, der Masse, der Affen. Siebtens zeige sich eine „Aufhebung des Unterschieds von 'Oben' und 'Unten'", eine chaotische Relativierung und Vertauschung aller Werte, ein „Surrealismus" des Daseins. Sedlmayr versieht die sieben diagnostizierten Tendenzen mit deutlich negativen Vorzeichen, betrachtet sie als „Symptome" einer Krankheit, als Ausdruck eines *„Verlustes der Mitte"*. Diese Mitte bestimmt der Autor *objektiv-idealistisch*: „Es gehört zum Wesen des Menschen, Natur *und* Übernatur zu sein. Menschliches und Göttliches in ihm lassen sich nicht ohne Schaden für das Menschliche trennen. Der Mensch ist Vollmensch nur als Träger des göttlichen Geistes."[76] Gott ist für Sedlmayr nicht ein abstraktes spirituelles Prinzip, nicht eine Art „Gott der Philosophen", sondern der trinitarische, persönliche Gott des Christentums.[77]

Sedlmayr unterscheidet vier kunsthistorische Epochen.[78] Im „Ersten Zeitalter: Gott – Herrscher. 'Vorromanik' und 'Romanik' (550-1150)" kenne die Kunst als Zweck allein den Gottesdienst. Ausschließlicher Gegenstand der Kunst sei das Überweltliche, die Herrschaft und Majestät Gottes, das Gesamtkunstwerk der Kirche. Im „Zweiten Zeitalter: *Gottmensch*. 'Gotik' (1140-1470)" komme Gott dem Menschen näher, trete die Gestalt des menschgewordenen Erlösers in den Vordergrund. Entsprechend werde das „Natürliche" überhaupt darstellungswürdig und ergreife nach und nach *alle* Bereiche der Welt. Der ganze Bereich der den Menschen umgebenden Welt werde Schritt für Schritt entdeckt und geheiligt. Im „Dritten Zeitalter: *Gott*mensch und 'göttlicher' Mensch. Renaissance und Barock (1470-1760)" werde aus der Doppelnatur des Menschen ganz einseitig die Größe des Menschen herausgehoben, seine Niedrigkeit, sein Elend geflissentlich übersehen. Der göttliche Mensch, der Heilige und in anderer Weise der Fürst bildeten einen Übergang vom Menschen zu Gott. Der Leib des Menschen erfahre eine gewaltige Verklärung, die ohne den Glauben an die Auferstehung des Fleisches unverständlich sei. Das „Vierte Zeitalter: Autonomer Mensch. 'Moderne' (seit 1760 bis ?)" stehe im Zeichen der Kluft zwischen Gott und dem Menschen und unterscheide sich infolgedessen grundlegend von den vorhergehenden drei Zeitaltern. Der Mensch versuche in der „Moderne" seine Autonomie zu behaupten, den ursprünglichen Bezug zum trinitarischen, persönlichen Gott durch den Bezug zu neuen Göttern, Götzen, Idolen zu ersetzen, zur Natur und Vernunft (Pantheismus, Deismus), zur Kunst (Ästhetizismus), zur Maschine (Materialismus), zum Chaos (Antitheismus, Nihilismus). Sedlmayrs Methode der „kritischen Formen" erweist sich als Methode der „gottesfernen, gestörten" Formen: „So gesehen wäre die Störung, die wir als 'Verlust der Mitte' gekennzeichnet haben, eben in der wesensunmöglichen Trennung des Göttlichen und Menschlichen im Menschen zu suchen, in dem Auseinanderreißen von Gott und Mensch und im Verlust des Mittlers zwischen Mensch und Gott, dem Gottmenschen. Die verlorene Mitte des Menschen ist eben Gott: der innerste Kern der Krankheit ist das gestörte Gottesverhältnis (I.F. Görres)."[79]

Die Normativität der christlichen Ästhetik Sedlmayrs läßt sich ex negativo bestimmen: im „Vierten Zeitalter" gehen *Hierarchie, Einheit, Ordnung* und *Maß* der Künste durch das gestörte Verhältnis zum christlichen Gott verloren. Ein Vorbild dieser normativen Hierarchie, dieser Einheit, dieser Ordnung und dieses Maßes findet der Autor ausschließlich in der Vergangenheit der ersten drei Zeitalter. Es wäre interessant zu wissen, wie Sedlmayr die *christliche* Kunst des 19. und 20. Jahrhunderts beurteilt, wie er die unterschiedlichen Positionen einzelner christlicher Künstler einschätzt.

Die Schwäche der christlichen Ästhetik Sedlmayrs liegt darin, daß sie die Kunst des „Vierten Zeitalters" einseitig unter dem negativen Aspekt der Störung betrachtet, daß sie die rasch fortschreitende soziale Umschichtung seit dem Ende des 18. Jahrhunderts nicht berücksichtigt, die eine Verbürgerlichung der Kunst zur Folge hatte, daß sie die gesellschaftlichen, politischen und kulturellen Emanzipationsbewegungen gegen den Feudalklerikalismus insbesondere zur Zeit der Großen Französischen Revolution und im Vormärz außer acht läßt, daß sie die Entwicklung neuartiger zukunftsweisender künstlerischer Weltansichten und Gestaltungsformen übergeht, die der wissenschaftlich-technische Fortschritt der Zivilisation erzeugte (Realismus, Impressionismus usw.). Die von Sedlmayr behauptete Stileinheit der Kunstepochen des Feudalismus (Romanik und Gotik, Renaissance und Barock) erweist sich bei näherem Zusehen als wirklichkeitsferne Konstruktion; vielmehr liegen in diesen Zeitaltern ein niederer Stil, der extreme Ausdrucksweisen nicht scheut, im Widerstreit mit einem idealen, hohen Stil, bürgerlich-realistische Tendenzen opponieren gegen die höfische Kunst, und selbst diese wird durch gegensätzliche Strömungen zerteilt.[80]

Die objektiv-idealistische Ästhetik verkennt prinzipiell die Wirkungen, die von der Sozialentwicklung auf Kunst und Kultur ausgehen. So schreibt Sedlmayr: „Da mit Gewißheit erkannt ist, daß die Störung anthropologisch-kosmologischen Charakter hat, daß heißt das Ganze des Menschen und seiner Umwelt betrifft, ist es nicht mehr möglich, die *wesentliche* Ursache in wirtschaftlichen oder sozialen Verhältnissen des Menschen zu suchen; eine solche Erklärung zeigt nur, daß sie unfähig ist, sich über die untere Ebene der Weltbeobachtung zu erheben: sie ist selbst noch Symptom. Was immer auch an anderen Teilfaktoren mitwirken mag, eines steht jetzt schon fest: Der wesentliche Faktor ist in einer Wandlung im Inneren des Menschen selbst zu suchen, wo es allein 'Ursache' im vollen Sinne des Wortes gibt: in einem Akt freier Entscheidung. Und als eine durch den bisherigen Gang der Untersuchung wohlbegründete Hypothese darf man annehmen, daß diese Wandlung, dieser Akt in einem Sich-Absperren der Menschen gegen die 'obere Realität' besteht."[81] Entsprechend erklärt Sedlmayr zum Beispiel die Industrialisierung des 19. Jahrhunderts aus einer widerchristlichen Zuwendung der Menschen zur Sphäre des Anorganischen, „die endlich den Menschen selbst mehr und mehr 'anorganisch' und 'amorph' macht, zum Diener seines Geschöpfes, der Maschine, die aber selbst wieder nur als Schöpfung eines mit allen Fasern dem Anorganischen zugewandten Geistes zu verstehen ist."[82] Maschine, Fabrikarchitektur, industrielle Arbeitswelt erscheinen in diesem Sinne als Ergebnis einer Störung, die auf die „Hypertrophie der niederen Geistesformen im Menschen auf Kosten der höheren"[83] zurückgeht, auf den Verlust der christlich-göttlichen Mitte; in der objektiv-idealistischen Verkehrung erscheinen die sozialen Probleme letztlich als religiös-moralische des Einzelmenschen und seiner „freien Willensentscheidung". Konsequenterweise müßten jene Bildwerke auch der *christlichen* Kunst des 19. Jahrhunderts, die die „soziale Frage" thematisieren, daraufhin untersucht werden, in welcher Weise sie den „Verlust der Mitte" als individuelles Symptom widerspiegeln.

Die kritische Aufhebung des religiösen objektiven Idealismus befreit von den Beschränkungen und Verzerrungen, die die „christliche Ästhetik" der wissenschaftlichen Analyse von Kunstwerken oktroyiert. Es ist die historische Leistung der Religions- und Christentumskritik von Feuerbach, Marx und Engels, die Grundlagen für die kritische Aufhebung des religiösen Idealismus geschaffen zu haben. Die antiidealistische Kritik, die auf den englisch-französischen Materialismus zurückgreifen konnte, entzündete sich am Widerspruch gegen das System Hegels. Über die befreiende, den Hegelschen Bann brechende Wirkung von Feuerbachs „Das Wesen des Christentums" (1841) schrieb Friedrich Engels in seiner Abhandlung *Ludwig Feuerbach und der Ausgang der klassischen deutschen Philosophie* (1886): „Während der Materialismus die Natur als das einzig Wirkliche auffaßt, stellt diese im Hegelschen System nur die 'Entäußerung' der absoluten Idee vor, gleichsam eine Degradation der Idee; unter *allen* Umständen ist hier das Denken und sein Gedankenprodukt, die Idee das Ursprüngliche, die Natur das Abgeleitete, das nur durch die Herablassung der Idee überhaupt existiert. (...) Da kam Feuerbachs 'Wesen des Christentums'. Mit *einem* Schlag zerstäubte es den Widerspruch, indem es den Materialismus ohne Umschweife wieder auf den Thron hob. Die Natur existiert unabhängig von aller Philosophie; sie ist die Grundlage, auf der wir Menschen, selbst Naturprodukte, erwachsen sind; außer der Natur und den Menschen existiert nichts, und die höhern Wesen, die unsere religiöse Phantasie erschuf, sind nur die phantastische Rückspiegelung unsers eignen Wesens."[84] In diesem Sinne enthält die christliche Gottesvorstellung nach Feuerbach das dem Menschen entfremdete, zu einer selbständigen Wesenheit erhobene gattungsmäßige Selbstbewußtsein; als göttliche Attribute erscheinen die Eigenschaften und Fähigkeiten des Menschen in einer nur der Gattung, nicht den Individuen zukommenden höchsten Vollkommenheit und Werterfülltheit: So ist Gott die Apotheose der allgemeinen menschlichen Intelligenz, der menschlichen Liebe, die nach Feuerbach letztlich auf die Geschlechtsliebe zurückgeht, des menschlichen Leidens. Feuerbach schreibt: „Was nämlich die Religion zum *Prädikat* macht, das dürfen wir nur immer zum *Subjekt*, und was sie zum *Subjekt*, zum *Prädikat* machen, also die Orakelsprüche der Religion *umkehren*, als contre-véritez auffassen, so haben wir das Wahre. Gott leidet – Leiden ist Prädikat –, aber für die Menschen, für andere, nicht für sich. Was heißt das auf deutsch? Nichts andres als: *Leiden für andere ist göttlich*; wer für andere leidet, seine Seele läßt, handelt göttlich, ist den Menschen Gott."[85] – Das Attribut der Allmacht Gottes führt Feuerbach zurück auf „die Macht des Vermögens, subjektiv alles Wirkliche als ein Unwirkliches, alles Vorstellbare als ein Mögliches zu setzen", auf die „*Macht der Einbildungskraft* oder des mit der Einbildungskraft identischen Willens, die *Macht der Willkür*."[86] Ähnlich ist die Macht des religiösen Wunders „nichts andres als die *Macht der Einbildungskraft*".[87] In der Lehre von der Auferstehung Christi realisiere sich im Grunde der Wunsch nach unmittelbarer Gewißheit von der persönlichen Fortdauer nach dem Tode; der Wunsch, nicht zu sterben, sei letztlich Ausdruck des Selbsterhaltungstriebes.[88] Das Sakrament der Taufe enthalte die menschliche Wertschätzung des Wassers als reine Naturkraft. Das Sakrament des Abendmahls enthalte die Wertschätzung der menschlichen Fähigkeit, aus den rohen Naturstoffen mit Hilfe der Erfindungskraft ein Genießbares wie Brot und Wein herzustellen. Auch würden im Abendmahl jene Akte geheiligt, die zur Befriedigung der Grundbedürfnisse des Hungers und Durstes dienten, das Essen und Trinken.[89]

Sein religionskritisches Vorgehen begründete Feuerbach wie folgt: „Es handelt sich also im Verhältnis der selbstbewußten Vernunft zur Religion nur um die Vernichtung einer *Illusion* – einer Illusion aber, die keineswegs indifferent ist, sondern vielmehr *grundverderblich* auf die Menschheit wirkt, den Menschen, wie um die Kraft des wirklichen Lebens, so um den Wahrheits- und Tugendsinn bringt; denn selbst die Liebe, an sich die innerste, wahrste Gesinnung, wird durch die Religiosität zu einer nur *scheinbaren, illusorischen*, indem die religiöse Lehre den Menschen nur um Gotteswillen, also nur scheinbar den Menschen, in Wahrheit nur Gott liebt."[90] Deshalb sei der Inhalt der Schrift *Das Wesen des Christentums* ein pathologischer, aber doch ihr Zweck zugleich ein therapeutischer.[91] Seine kritische Methode umreißt Feuerbach mit den Worten: „Und wir dürfen nur die religiösen Verhältnisse umkehren, das, was die Religion als Mittel setzt, immer als Zweck fassen, was ihr das Untergeordnete, die Nebensache, die Bedingung ist, zur Hauptsache, zur Ursache erheben, so haben wir die Illusion zerstört und das ungetrübte Licht der Wahrheit vor Augen."[92] Die kritische Aufhebung der Religion ist nach Feuerbach gleichbedeutend mit der Aufhebung der verderblich-illusionären religiösen Selbstentfremdung des Menschen und mit der Wiedergewinnung seines natürlich-sinnlichen Wesens.

Friedrich Engels verdeutlichte die materialistischen Konsequenzen, die sich für Feuerbach aus seiner Religionskritik ergaben: „Mit unwiderstehlicher Gewalt drängt sich ihm schließlich die Einsicht auf, daß die Hegelsche vorweltliche Existenz der 'absoluten Idee', die 'Präexistenz der logischen Kategorien', ehe denn die Welt war, weiter nichts ist als ein phantastischer Überrest des Glaubens an einen außerweltlichen Schöpfer; daß die stoffliche, sinnlich wahrnehmbare Welt, zu der wir selbst gehören, das einzig Wirkliche, und daß unser Bewußtsein und Denken, so übersinnlich es erscheint, das Erzeugnis eines stofflichen, körperlichen Organs, des Gehirns ist. Die Materie ist nicht ein Erzeugnis des Geistes, sondern der Geist ist selbst nur das höchste Produkt der Materie."[93] Marx und Engels blieben jedoch nicht bei der Erkenntnis der biologisch-physiologischen *Heteronomie* des menschlichen Bewußtseins stehen, sondern sie deuteten die Hegelsche „Begriffsdialektik" als Reflex der dialektischen Bewegung der wirklichen Welt: „Wir faßten die Begriffe unsres Kopfs wieder materialistisch als die Abbilder der wirklichen Dinge, statt die wirklichen Dinge als Abbilder dieser oder jener Stufe des absoluten Begriffs. Damit reduzierte sich die Dialektik auf die Wissenschaft von den allgemeinen Gesetzen der Bewegung, sowohl der äußern Welt wie des menschlichen Denkens – zwei Reihen von Gesetzen, die der Sache nach identisch, dem Ausdruck nach aber insofern verschieden sind, als der menschliche Kopf sie mit Bewußtsein anwenden kann, während sie in der Natur und bis jetzt auch großenteils in der Menschengeschichte sich in unbewußter Weise, in der Form der äußern Notwendigkeit, inmitten einer endlosen Reihe scheinbarer Zufälligkeiten durchsetzen."[94] – Die Möglichkeit, religiöse „Phantasien" in ihrer Zusammensetzung und Genese kritisch zu analysieren, beruht auf der Fähigkeit des menschlichen Bewußtseins, seine eigenen emotionalen und kognitiven Gegebenheiten, Prozesse unterscheidend zu apperzipieren, also beispielsweise das Fühlen vom Denken, das Träumen vom Wachen, phantastische Erfindungen von wirklichkeitsadäquaten Vorstellungen („Abbildern" im Engelsschen Sinne) zu trennen und aufgrund dieser Apperzeptionsfähigkeit seine Tätigkeiten und Hervorbringungen in letzter Konsequenz wissenschaftlich-psychologisch darstellen zu können.

Marx und Engels gingen über Feuerbachs materialistische Religionsauffassung und Konzeption des Menschen weit hinaus.[95] Während Feuerbach im Banne seiner religionskritischen Methode nur einzelne Eigenschaften, allgemeine Fähigkeiten, moralische und Gefühlsverhältnisse des Menschen als Gattungswesen auf einem hohen Abstraktionsniveau völlig unhistorisch behandelte und den wichtigen Bereich der Befriedigung von Grundbedürfnissen nur streifte, faßten Marx und Engels die Naturbezogenheit, Natürlichkeit und Sinnlichkeit des Menschen als tätig-praktische, den elementaren und abgeleiteten Bedürfnissen entsprechende Auseinandersetzung des Menschen mit der anorganischen und organischen Natur. Diese Aneignungstätigkeit, die sich stets im arbeitsteiligen gesellschaftlichen Zusammenhang vollzieht und sich in die Bereiche der Herstellung von Gütern (Produktion), der Güterverteilung (Distribution), des Austausches und Verbrauchs (Konsumtion) gliedert[96], ist durch geschichtliche Entwicklungsphasen mit besonderen Gesetzmäßigkeiten geprägt. Als Folge der historisch verschiedenen materiellen Produktions- und Verkehrsverhältnisse ergeben sich bestimmte Formen des Rechts, der Politik, der Moral, Religion, Wissenschaft, Kunst, des gesellschaftlichen Bewußtseins insgesamt. In ihrem Buch *Die deutsche Ideologie. Kritik der neuesten deutschen Philosophie in ihren Repräsentanten Feuerbach, B. Bauer und Stirner, und des deutschen Sozialismus in seinen verschiedenen Propheten* (verfaßt 1845-1846) hoben Marx und Engels mit antiidealistischer Betonung die Abhängigkeit (Heteronomie) des gesellschaftlichen Bewußtseins von den materiellen Lebensverhältnissen hervor: „Das Vorstellen, Denken, der geistige Verkehr der Menschen erscheinen hier noch als direkter Ausfluß ihres materiellen Verhaltens. Von der geistigen Produktion, wie sie in der Sprache der Politik, der Gesetze, der Moral, der Religion, Metaphysik usw. eines Volkes sich darstellt, gilt dasselbe. Die Menschen sind die Produzenten ihrer Vorstellungen, Ideen pp., aber die wirklichen, wirkenden Menschen, wie sie bedingt sind durch eine bestimmte Entwicklung ihrer Produktivkräfte und des denselben entsprechenden Verkehrs bis zu seinen weitesten Formationen hinauf. Das Bewußtsein kann nie etwas Andres sein als das bewußte Sein, und das Sein der Menschen ist ihr wirklicher Lebensprozeß. (...) Auch die Nebelbildungen im Gehirn der Menschen sind notwendige Sublimate ihres materiellen, empirisch konstatierbaren und an materielle Voraussetzungen geknüpften Lebensprozesses. Die Moral, Religion, Metaphysik und sonstige Ideologie und die ihnen entsprechenden Bewußtseinsformen behalten hiermit nicht länger den Schein der Selbständigkeit. Sie haben keine Geschichte, sie haben keine Entwicklung, sondern die ihre materielle Produktion und ihren materiellen Verkehr entwickelnden Menschen ändern mit dieser ihrer Wirklichkeit auch ihr Denken und die Produkte ihres Denkens."[97]

Hinsichtlich der Erklärung der gesellschaftlichen und historischen Genese, Entwicklung, Funktion von Religionen gingen Marx und Engels ebenfalls weit über Feuerbach hinaus. Religion entsteht auf einer primitiven gesellschaftlichen Entwicklungsstufe zunächst durch eine kollektive Verständigung über *Naturkräfte* und *sinnlich wahrnehmbare* Phänomene, die eine entscheidende Bedeutung für das gesellschaftliche Leben haben, die jedoch in ihrer Ursache-Wirkungsbestimmtheit noch nicht rational faßbar, noch nicht wissenschaftlich-technisch beherrschbar sind und deshalb mit Hilfe der reinen Einbildungskraft in einer irreal-phantastischen Weise (zum Beispiel durch übernatürliche Personifikation) deutbar gemacht werden. Engels schrieb: „Nun ist alle Religion nichts andres als die phantastische Widerspiegelung, in der die irdischen Mächte die Form von überirdischen annehmen. In den Anfängen der Geschichte sind es zuerst die Mächte der Natur, die diese Rückspiegelung erfahren und in der weitern Entwicklung bei den verschiednen Völkern die mannigfachsten und buntesten Personifikationen durchmachen."[98] Auf weiteren Entwicklungsstufen erhalten auch nicht erklärbare und kontrollierbare *gesellschaftliche* und *psychische* (emotionale, kognitive) Kräfte und Phänomene eine religiöse Deutung. Engels fuhr fort: „Aber bald treten neben den Naturmächten auch gesellschaftliche Mächte in Wirksamkeit, Mächte, die den Menschen ebenso fremd und im Anfang ebenso unerklärlich gegenüberstehn, sie mit derselben scheinbaren Naturnotwendigkeit beherrschen wie die Naturmächte selbst. Die Phantasiegestalten, in denen sich anfangs nur die geheimnisvollen Kräfte der Natur widerspiegelten, erhalten damit gesellschaftliche Attribute, werden Repräsentanten geschichtlicher Mächte. Auf einer noch weitern Entwicklungsstufe werden sämtliche natürlichen und gesellschaftlichen Attribute der vielen Götter auf Einen allmächtigen Gott übertragen, der selbst wieder nur der Reflex des abstrakten Menschen ist."[99]

Die religiösen Deutungssysteme enthalten auf der einen Seite Wert- und Normvorstellungen, die durch den Willen transzendenter Mächte sanktioniert erscheinen, in Wirklichkeit jedoch aus der Sakralisierung sozial bestimmter Werte und Normen hervorgegangen sind und die die Funktion einer moralischen Orientierung des menschlichen Verhaltens erfüllen. Auf der anderen Seite enthalten die religiösen Deutungssysteme metaphysisch begründete Anleitungen und Hilfen zur psychischen Bewältigung von naturgegebenen Widrigkeiten, Unglücksfällen sowie gesellschaftlich oder individuell bedingten Übeln und Konflikten, die zunächst unverständlich, sinnlos erscheinen. Diese *Kompensationsfunktion* der Religion umriß Marx wie folgt: „Aber *der Mensch macht die Religion*, die Religion macht nicht den Menschen. Und zwar ist die Religion das Selbstbewußtsein und das Selbstgefühl des Menschen, der sich selbst entweder noch nicht erworben oder schon wieder verloren hat. Aber *der Mensch*, das ist kein abstraktes, außer der Welt hockendes Wesen. Der Mensch, das ist *die Welt des Menschen*, Staat, Sozietät. Dieser Staat, diese Sozietät produzieren die Religion, ein *verkehrtes Weltbewußtsein*, weil sie eine *verkehrte Welt* sind. Die Religion ist die allgemeine Theorie dieser Welt, ihr enzyklopädisches Kompendium, ihre Logik in populärer Form, ihr spiritualistischer Point d'honneur, ihr Enthusiasmus, ihre moralische Sanktion, ihre feierliche Ergänzung, ihr allgemeiner Trost- und Rechtfertigungsgrund."[100] Im Kapitalismus sind Ausbeutung, soziale Unsicherheit, Entfremdung und Verdinglichung gesetzmäßig wirksame gesellschaftliche Faktoren, die eine ständige Bekräftigung der religiösen Kompensation verursachen. Engels schrieb: „Wir haben aber mehrfach gesehn, daß in der heutigen bürgerlichen Gesellschaft die Menschen von den von ihnen selbst geschaffenen ökonomischen Verhältnissen, von den von ihnen selbst produzierten Produktionsmitteln wie von einer fremden Macht beherrscht werden. Die tatsächliche Grundlage der religiösen Reflexaktion dauert also fort und mit ihr der religiöse Reflex selbst. Und wenn auch die bürgerliche Ökonomie eine gewisse Einsicht in den ursächlichen Zusammenhang dieser Fremdherrschaft eröffnet, so ändert dies der Sache nach nichts. Die bürgerliche Ökonomie kann weder die Krisen im ganzen verhindern noch den einzelnen Kapitalisten vor Verlusten, schlechten Schulden und Bankrott oder den einzelnen Arbeiter vor Arbeitslosigkeit und Elend schützen. Es heißt noch immer: der Mensch denkt und Gott (das heißt die Fremdherrschaft der kapitalistischen Produktionsweise) lenkt."[101]

Die religiösen Deutungssysteme, die Trost, seelische Hilfe und eine allerdings metaphysisch-illusorische Sinnerfüllung anbieten, eignen sich dafür, gleichsam kompensatorisch der ideologischen Festigung, ja Rechtfertigung der herrschenden schlechten Verhältnisse zu dienen. In der christlichen Interpretation erscheint das irdische Jammertal als unabänderliche Gegebenheit, von Gott eingerichtet und für „gut" befunden, während das „bessere Leben" dem göttlichen Jenseits angehört. Das Christentum konnte innerhalb der Klassengesellschaften des Feudalismus (Mittelalter, Renaissance, Manierismus, Barock, Rokoko) und des Kapitalismus (19. und 20. Jahrhundert) wegen seiner Kompensationsfunktion zum ideologischen Machtinstrument der herrschenden Klassen werden. Doch auch die christlichen Norm- und Wertvorstellungen, die eine Funktion der moralischen Orientierung des menschlichen Verhaltens erfüllen, konnten der religiösen Legitimierung, Absicherung der Normen und Werte der herrschenden Klassen dienen und auf diese Weise die Gläubigen in ihrem Handeln moralisch an die jeweils bestehende gesellschaftlich-politische Herrschaftsform binden. Karl Marx schrieb: „Die sozialen Prinzipien des Christentums haben die antike Sklaverei gerechtfertigt, die mittelalterliche Leibeigenschaft verherrlicht und verstehen sich ebenfalls im Notfall dazu, die Unterdrückung des Proletariats, wenn auch mit etwas jämmerlicher Miene, zu verteidigen. Die sozialen Prinzipien des Christentums predigen die Notwendigkeit einer herrschenden und unterdrückten Klasse und haben für die letztere nur den frommen Wunsch, die erstere möge wohltätig sein. (...) Die sozialen Prinzipien des Christentums erklären alle Niederträchtigkeiten der Unterdrücker gegen die Unterdrückten entweder für gerechte Strafe der Erbsünde und sonstigen Sünden oder Prüfungen, die der Herr über die Erlösten nach seiner unendlichen Weisheit verhängt."[102] Um den Effekt der religiösen Herrschaftsstabilisierung zu verstärken, förderten die herrschenden Klassen, wie Richard Sorg in seinem Buch „Marxismus und Protestantismus in Deutschland" (1974) ausführte, „z.B. die Institutionalisierung des religiösen Einflusses durch die Unterstützung entsprechender Aktivitäten der Kirchen oder anderer religiöser Organisationen und Institutionen. Eine entscheidende sozialgeschichtliche Ursache für die enge Verbindung der institutionalisierten Religion und ihrer 'Funktionäre' (Priester, Theologen) mit den herrschenden Klassen war durch die Teilung der Arbeit in körperliche und geistige geschaffen worden, wobei die geistige Arbeit das Privileg der herrschenden Klassen wurde und die Priester als geistige Arbeiter an der Privilegierung teilnahmen."[103]

Obgleich die Religion generell „der Seufzer der bedrängten Kreatur", „das Gemüt einer herzlosen Welt", „der Geist geistloser Zustände", „das *Opium* des Volks" ist, enthält sie nach Marx dennoch zugleich „die *Protestation* gegen das wirkliche Elend"[104] und konnte in bestimmten historischen Phasen unter bestimmten gesellschaftlichen Bedingungen revolutionäre ideologische Strömungen hervorbringen. So bildeten urchristlich-proletarische Ideen der Gleichheit der Menschen vor Gott, des gotterfüllten demütigen Lebens in Armut, der nächstenliebenden Güterteilung und die Idee des Protestantismus das ideologische Rüstzeug der frühbürgerlichen deutschen Revolution, die im Bauernkrieg 1524-1526 kulminierte und sich gegen die Herrschaft von Adel, Fürsten, Klerus und Patriziat richtete. Engels verfolgte in *Ludwig Feuerbach und der Ausgang der klassischen deutschen Philosophie* die historische Entwicklung der revolutionären Funktion christlicher Ideen bis zur Großen Französischen Revolution und konstatierte abschließend: „Statt Protestanten saßen Freigeister in den Nationalversammlungen. Dadurch war das Christentum in sein letztes Stadium getreten. Es war unfähig geworden, irgendeiner progressiven Klasse fernerhin als ideologische Verkleidung ihrer Strebungen zu dienen; es wurde mehr und mehr Alleinbesitz der herrschenden Klassen, und diese wenden es an als bloßes Regierungsmittel, womit die untern Klassen in Schranken gehalten werden. Wobei dann jede der verschiednen Klassen ihre eigne entsprechende Religion benutzt: die grundbesitzenden Junker die katholische Jesuiterei oder protestantische Orthodoxie, die liberalen und radikalen Bourgeois den Rationalismus; und wobei es keinen Unterschied macht, ob die Herren an ihre respektiven Religionen selbst glauben oder auch nicht."[105]

Der historische Prozeß der Säkularisierung und fortschreitenden Aufhebung der religiösen Entfremdung beruht einerseits darauf, daß die Fortschritte der Wissenschaften und die Ausbreitung religionskritisch-materialistischer Ideen die metaphysischen Deutungssysteme allmählich unterhöhlen. Zum Beispiel stellte Engels (1874) fest: „Von den deutschen sozialdemokratischen Arbeitern kann man sogar sagen, daß der Atheismus bei ihnen sich schon überlebt hat; dies rein negative Wort hat auf sie keine Anwendung mehr, indem sie nicht mehr in einem theoretischen, sondern nur noch in einem praktischen Gegensatz zum Gottesglauben stehen: Sie sind *mit Gott einfach fertig*, sie leben und denken in der wirklichen Welt und sind daher Materialisten."[106] – Andererseits lösen sich die christlich-religiösen Illusionen im historischen Prozeß zunehmend dadurch auf, daß die gesellschaftlichen Verhältnisse einer beständig vervollkommneten kollektiven Steuerung unterworfen werden und mit der Abschaffung der Klassenherrschaft im Sozialismus die Möglichkeit einer radikalen Reduzierung der sozialen Grundlagen der religiösen Kompensation eintritt.

Die religionskritische Aufhebung der christlich-idealistischen Ästhetik befreit die kunsthistorische Bildanalyse von dem Zwang, einen spezifisch religiösen Gehalt christlicher Darstellungen als substantiellen Bezug zu einer metaphysischen Realität berücksichtigen zu müssen. Die Schranken zwischen einer sozusagen „privilegierten" Kunst, die eine Art gottesdienstlicher Weihe zu beanspruchen habe und einer „profanen" Kunst, die grundsätzlich von einem „spirituellen Defizit" betroffen sei, fallen insofern, als festgestellt wird, daß die christliche Bildkunst ebenso wie die profane eine gleichermaßen „weltwiderspiegelnde" Ideologie transportieren; die religiöse Ideologie der christlichen Bildkunst ist allerdings prinzipiell durch die *verkehrte Widerspiegelungsform* des objektiven Idealismus gekennzeichnet.

Hartlaubs Voraussetzung, nach der ein „echtes" religiöses Kunstwerk nur entstehen kann, wenn der Künstler im Augenblick des Schaffens von einer „religiösen Gesinnung" durchdrungen ist, muß unter materialistischen Gesichtspunkten in der Weise verstanden werden, daß *jeder mögliche* künstlerische Inhalt, also auch ein religiöser Bildgedanke zu seiner gestalterischen Realisierung spezifische Motivationen und Kenntnisse erfordert; keinesfalls ist jedoch die „religiöse Schaffensgesinnung" durch den substantiellen Bezug zu einer metaphysischen Realität bestimmt.

Eine objektiv-idealistisch begründete Kritik der Kunst, Definition eines besonderen Gestaltungskanons „echter" religiöser Kunst, Ablehnung bestimmter Kunstrichtungen entfallen. Demgegenüber werden die christlichen Bildwerke in ihren unterschiedlichen ästhetischen Konstitutionen empirisch erfaßt und untersucht. Von den drei Festlegungen Hartlaubs, daß religiöse Kunst einen bestimmten „präreligiösen Stil" voraussetze, daß der Künstler im Schaffensprozeß eine „religiöse Gesinnung" entwickeln müsse und daß die religiöse Kunst an bestimmte Motive, Inhalte gebunden sei, gilt nur die letzte Festlegung ohne Einschränkungen: christliche Bildwerke behandeln biblische und religionsgeschichtlich-christliche Themen, stellen Laiengläubige bei Kulthandlungen oder Kleriker dar, zeigen christliche Gebäude, Innenräume, Einrichtungen im Zusammenhang ihrer religiösen Benutzung.

Es würde im Rahmen dieser Untersuchung zu weit führen, die spezifisch religiös-metaphysischen Gehalte der christlichen Bildwerke, die zu analysieren sind, einer speziellen materialistischen Religionskritik zu unterwerfen. Vielmehr kommt es darauf an, die anschaulich-wirklichkeitsbezogenen Momente der religiösen Darstellungen auf ihren Realitätsgehalt und ihre Realitätsadäquanz hin zu prüfen. Dies ist unter der Voraussetzung möglich, daß die historischen und zeitgenössischen gesellschaftlichen Verhältnisse und die allgemeinen Gegebenheiten und Gesetzmäßigkeiten der Realität, die direkt oder indirekt die christlichen Darstellungen fundieren, sie bestimmen, reflektiert werden. Auf dieser Grundlage können die besonderen Wirklichkeitsauffassungen christlicher Bildwerke, ihre Ideologien, geprüft werden. Das Ziel der Untersuchung besteht darin, die Fragen zu beantworten, auf welche Weise eine spezifisch christliche Gestaltung in formal – wie auch in inhaltsästhetischer Hinsicht die bildkünstlerische Wirklichkeitsauffassung beeinflußt und ob bestimmte Ideologien der Kaiserzeit im Medium christlicher Bildwerke ihren Ausdruck finden.

Der Realitätsgehalt und die Realitätsadäquanz christlicher Darstellungen können nur mit Hilfe *wertender* Urteile über die bildkünstlerisch widergespiegelten und damit zu untersuchenden Realitäten geprüft werden. Der Eingriff in den Streit der Meinungen und Parteien, ein standpunktgebundenes Einschätzen der zeitgenössischen Wirklichkeit und bildkünstlerischen Wirklichkeitsauffassungen, Ideologien, erscheint unverzichtbar, sollen die Ergebnisse der wissenschaftlichen Bemühungen nicht auf der niederen Qualitätsstufe einer reinen Reproduktion historischer und kunstgeschichtlicher Fakten verbleiben, auf der Stufe eines leidenschafts- und interesselosen Historismus. Die Gesellschaft und Kunst im Zweiten Deutschen Kaiserreich bestimmenden Realitäten müssen kritisch daraufhin befragt werden, ob sie praktische oder ideologische Tendenzen zur Humanisierung der menschlichen Existenz enthalten, ob sie Entwicklungen fördern oder unterdrücken, die einer Verbesserung der menschlichen Lebens- und Arbeitsverhältnisse dienen, ob sie die menschliche Selbstverwirklichung tendenziell beschränken oder erweitern, ob sie das menschliche Glücksverlangen ignorieren oder zu befriedigen trachten. Nur wenn die Untersuchung *zugleich* mit historischer Sorgfalt und im Rahmen der gegenwärtigen wissenschaftlichen Erkenntnismöglichkeiten parteilich wertend verfährt, können ihre Ergebnisse die bloße Geschichtsgebundenheit überschreiten und für die Gegenwart nutzbar gemacht werden.

Eine Analyse des Wirklichkeitsbezuges und der Ideologie christlicher Darstellungen, die darauf abzielt, den zeitbedingten Kern der Bildaussagen freizulegen, setzt die Klärung des Verhältnisses von christlich-metaphysischen zu „realistischen" Gestaltungsmomenten voraus. Es kommt darauf an festzustellen, ob in den christlich-religiösen Bildwerken die Momente der sinnlichen Konkretion und Stofflichkeit gegenüber den abstrahierenden, spirituellen betont sind, die Momente der Ethik und Moral gegenüber den fundamentaltheologischen und dogmatischen, die Momente der psychologischen Einfühlung, der interpersonalen Kommunikation und des sozialen Verhaltens gegenüber denen des Supranaturalen und der gläubigen Verehrung, die Momente historischer Aufklärung und subjektiver Auffassung gegenüber denen des Anspruchs auf objektive, zeitlose Gültigkeit, oder ob im Gegensatz dazu die Momente der christlich-asketischen Vergeistigung die Oberhand gewinnen. Es gilt die materialistische Hypothese zu prüfen, daß die Verzerrung des bildkünstlerischen Realitätsbezuges und der ideologischen Bildaussage umso geringer ist, je stärker die spezifisch religiösen Gestaltungstendenzen und Darstellungsgehalte in den christlichen Bildwerken sowohl thematisch-motivisch als auch formalästhetisch zurückgedrängt erscheinen. Beispielsweise fragt es sich, unter welchen Bedingungen ein bildkünstlerisches Streben nach „Naturtreue" mit der Veranschaulichung übersinnlicher Gehalte zu vereinbaren ist und ob formalästhetische Abstraktionen prinzipiell die Tendenzen einer entmaterialisierenden Vergeistigung fördern. Aufschlüsse über den Wirklichkeitsbezug und die Ideologie der christlichen Bildkunst kann auch eine Untersuchung der Frage geben, auf welche Weise die christlichen Bildwerke an den zeitgenössischen künstlerischen Richtungskämpfen teilhaben, wie sie sich zu den avantgardistischen Strömungen der Malerei verhalten, ob sie den malereihistorischen Prozeß vorantreiben, ihn lediglich begleiten oder ihm entgegenzuwirken suchen; die malereigeschichtlichen Tendenzen, Richtungen und Entwicklungen spiegeln ihrerseits die unterschiedlichen historischen Prozesse der gesellschaftlichen Realität in unterschiedlichen Brechungen wider.

Nur verhältnismäßig wenige der zu untersuchenden christlichen Bildwerke gehören dem engeren Bereich der Kunst zur Ausstattung von Kirchen und kirchlichen Gebäuden an, der größte Teil besteht aus Produkten für den Kunstmarkt. Im Unterschied zur protestantischen und insbesondere katholischen Kirchenmalerei, die generell eine gewisse Einheitlichkeit bewahren, sind die christlichen Bildwerke des „freien" Kunstmarktes stark von den Spannungen und Gegensätzen in der zeitgenössischen profanen, ebenfalls größtenteils marktgebundenen Bildkunst beeinflußt. Aus verschiedenen, noch näher zu untersuchenden Gründen steht die protestantische Malerei den zeitgenössischen künstlerischen Auseinandersetzungen relativ aufgeschlossen gegenüber.

Der ohnehin schwierig zu behandelnde Bereich der direkten Rezeption christlicher Bildkunst durch das Publikum auf öffentlichen und privaten Ausstellungen, in staatlichen und privaten Gemäldegalerien kann innerhalb des thematischen Rahmens dieser Untersuchung ebensowenig berücksichtigt werden wie der sehr weite Bereich der Publikumswirksamkeit christlicher Darstellungen als Graphik zur Ausstattung von Bibeln, Gesangbüchern, Konfirmationsscheinen usw., als auflagenstarke Reproduktion religiöser Bildwerke in Öldrucken für den Wandschmuck, auf Postkarten, in Erbauungsbüchern usw.[107] Die Bildanalysen beschränken sich auf Werke, vor allen Dingen Gemälde der sogenannten „hohen" Kunst, deren bildungsmäßige wie ökonomisch bedingte Rezeptionsschranken die unteren Schichten und Klassen als betrachtendes und kaufendes Publikum weitgehend ausschließen. Dennoch erweist sich der Bereich der zu untersuchenden christlichen Bildwerke als außerordentlich inhomogen, so daß gewisse Grundprobleme der durch unterschiedliche ästhetische Codierungen bedingten schichten- und klassenspezifischen Wirkung und Rezeption durchaus angeschnitten werden können.

Die Untersuchung fußt auf der Methode der *vergleichenden Bildanalysen*. Einerseits muß das zu vergleichende Bildmaterial insgesamt eine gewisse Breite, „statistische" Menge der Werke und Künstler aufweisen, damit die verallgemeinernden Aussagen und Schlußfolgerungen nicht aus Mangel an Überblick schief, verkürzt geraten, andererseits müssen mit Hilfe sorgfältig ausgewählter exemplarischer Einzelanalysen und Vergleiche Grundprobleme hervorgehoben, bedeutsame ästhetische Positionen (auch Extrempositionen) und Tendenzen markiert werden. Die vergleichende Einordnung christlicher Bildwerke in das Gesamt der profanen Bildkunst, im Rahmen dieser Untersuchung allerdings nur exemplarisch zu leisten, bewahrt vor einer „christlich-ästhetischen" Spezifik, Einseitigkeit, Beschränktheit der Interpretationsergebnisse.

Während der längsschnittliche Vergleich malereihistorische Entwicklungen herausarbeitet und interpretiert, lotet der querschnittliche Vergleich verschiedene künstlerische Positionen innerhalb eines begrenzten Zeitabschnittes aus. Grundlage des bildanalytischen Vergleichens sind entweder thematisch-motivische und formalästhetische Gleichheiten, Ähnlichkeiten, Übereinstimmungen der Bildwerke (Affinitätsprinzip des Vergleichs) oder Unterschiede, Gegensätze, deren wissenschaftliche Bestimmung und Deutung zur wechselseitigen Erhellung der ästhetischen Konstitutionen beitragen (Kontrastprinzip des Vergleichs). Die vergleichenden Bildanalysen werden jeweils in „Reihen" stufenförmig aufgebaut, so daß ein Fortschreiten der Argumentation von einfachen zu komplexen Sachverhalten und Problemlösungen möglich ist (Argumentationsprinzip). In eingeschobenen Exkursen und in gesonderten theoretischen Abschnitten werden eine begriffliche Durchdringung der materialgebundenen Interpretationen auf einer höheren Abstraktionsebene und eine Zusammenfassung der Ergebnisse versucht.

Zweiter Teil. Der Wirklichkeitsbezug christlicher Bilder und die Entwicklung der künstlerischen Gestaltungsmittel. Hoher und niederer Stil im Gegenkampf der Kaiserzeit

1. Im Zeichen von Kulturkampf und Säkularisation

Kulturkampf und Liberalismus

Der mit Kohle gezeichnete großformatige Karton *Der deutsche heilige Michel gewidmet dem tapferen deutschen Volke* (1873, Abb. 39) von Wilhelm von Kaulbach, „Hofmaler" zugleich in München und Berlin, zeigt den mit Schwert, Helm, Panzer und Schild bewaffneten Erzengel Michael als Triumphator des deutsch-französischen Krieges von 1870/71; durch die Niederlage Frankreichs wurde die nationale Einheit der Deutschen im Zweiten Kaiserreich ermöglicht. Lichtumstrahlt tritt der Erzengel „finstere" Mächte zu Boden, den französischen Kaiser Napoleon III., dessen Krone fortrollt und seinen Sohn, den Prinzen Eugène Louis Napoleon, einen Türken links und rechts den Kaiser von Österreich, der krampfhaft seine Krone festhält; auf der einen Seite stürzen Jesuitenpatres nieder, auf der anderen fliehen der Papst und Bischöfe. Der liberale, protestantische Künstler sah die katholischen Mächte besiegt, Frankreich, das die weltliche Herrschaft des Papstes garantiert hatte, Österreich, das mit seinen Hegemonieansprüchen und süddeutschen Interessen der „realistischen" kleindeutschen Lösung im Wege stand (die Niederlage Frankreichs und Schwächung Österreichs bedeutete zugleich eine Schwächung der von beiden Mächten gestützten Türkei), die Jesuiten und den katholischen Klerus im *Kulturkampf*, der durch die Reichsgründung bedingt war.

Auf politischer Ebene wurde in Preußen und im Deutschen Reich der Kulturkampf zwischen dem konservativen, katholisch-konfessionellen Zentrum und den mit Bismarck zusammengehenden Liberalen ausgetragen. Bereits bei der Eröffnung des Reichstages erregte das Zentrum, das anläßlich der preußischen Landtagswahlen 1870 gegründet worden war, mit seiner klerikalen Politik Anstoß. Nach der Niederlage Frankreichs gegen Deutschland und dem Zusammenbruch der französischen Garantien für die Erhaltung des Kirchenstaates hatten Truppen des italienischen Königs Viktor Emanuel II. diesen besetzt und die weltliche Herrschaft des Papstes beendet. Nun forderte das Zentrum gegen den auch vom vorsichtigen Bismarck gutgeheißenen Adressentwurf der Mehrheit, der sich im Sinne einer Ablehnung der Einmischung in die inneren Angelegenheiten fremder Völker aussprach, ein Eintreten des Deutschen Reiches für die Unabhängigkeit des Heiligen Stuhles. Weitere Schritte im Sinne einer klerikalen sowie partikularistischen Politik folgten. Immer, wenn es galt, die Eigeninteressen der katholischen Kirche in den einzelnen Ländern des Reiches herauszustreichen und regionale Sonder- sowie Autonomiebestrebungen zu unterstützen, wurde das Zentrum aktiv. Im Zuge der Verfassungsdiskussion hatte es die Übernahme der kirchenpolitischen Artikel der preußischen Verfassung in die bundesstaatliche Verfassung des Reiches verlangt; die preußische Verfassung garantierte weitestgehende religiöse Freiheiten, so daß die katholische Kirche in Preußen gegenüber anderen deutschen Ländern äußerst günstig gestellt war. Eine Aufnahme der preußischen Grundrechte in die Reichsverfassung hatte jedoch Bismarck absichtlich unterlassen, um die Bundesstaaten nicht vor den Kopf zu stoßen. Durch seine partikularistische Politik weckte und schürte das Zentrum die Ängste des Reichsgründers um die Einheit des Reiches. Außerdem fürchtete Bismarck eine Koalition katholischer Mächte, bezüglich der das Zentrum eine bedeutsame Rolle spielen konnte. In den Augen des Kanzlers war das Zentrum für die Gesellschaft ähnlich gefährlich wie der Kommunismus, da es subversive, aller Autorität feindliche Tendenzen förderte. Die Möglichkeit eines Bündnisses der Schwarzen mit den Roten in seine Überlegungen einbeziehend, hoffte Bismarck, da er von den Nachteilen eines solchen Bündnisses für die katholische Kirche überzeugt war, daß der Vatikan mit dem Zentrum brechen würde.[108] Dies geschah jedoch nicht, und so versuchte der Reichskanzler eine politische Schwächung oder sogar Zerschlagung des Zentrums auf dem Wege staatlicher Maßnahmen zu erreichen. Wider Willen nahm Bismarck die Unterstützung der Liberalen, der stärksten Fraktion des Reichs- und auch preußischen Landtags in Kauf.

Die Liberalen (Nationalliberale und Fortschrittspartei) zielten darauf ab, den Einfluß des Katholizismus mit seiner konservativen Einstellung in allen Fragen der Politik, Gesellschaft und Wissenschaft zurückzudrängen, die Entklerikalisierung des öffentlichen Lebens, insbesondere auch des Schulbildungsbereichs, voranzutreiben.

Ein erster Schritt auf dem Wege der staatlichen Maßnahmen gegen das Zentrum war die Auflösung der katholischen Abteilung im preußischen Kultusministerium am 8. Juli 1871. Der Reichskanzler und preußische Ministerpräsident wollte mit diesem Schritt die direkte Abhängigkeit der katholischen Abteilung einerseits von Rom sowie von Zentrumseinflüssen, andererseits von antipreußischen politischen Interessen durchkreuzen. In Posen und Westpreußen gab es nach Bismarck Tausende von Deutschen und ganze Ortschaften, die in der vorigen Generation amtlich deutsch waren, durch die Einwirkung der katholischen Abteilung jedoch polnisch erzogen und amtlich „Polen" genannt worden waren.[109]

Nach der Auflösung der katholischen Abteilung bestand nur noch eine gemeinsame Abteilung für kirchliche Angelegenheiten, die im Verhältnis 10:2 von protestantischen und katholischen Räten besetzt war.

Als Reichsgesetz angenommen wurde am 10. Dezember 1871 der sogenannte „Kanzelparagraph", der das Verbot für Geistliche enthielt, in Ausübung ihres Amtes staatliche Angelegenheiten in einer den öffentlichen Frieden gefährdenden Weise zu behandeln.[110] Der konservative Publizist Constantin Frantz, der bissig das Gesetz „Priesterstrafgesetz" nannte, bezeichnete es als ein Meisterstück des Reichskanzlers[111], daß das vorwiegend katholische Bayern im Bundesrat den Gesetzesantrag eingebracht hatte.

Am 11. März 1872 folgte in Preußen das Schulaufsichtsgesetz, das die geistliche Orts- und Kreisschulinspektion beseitigte; die Schulaufsicht ging in ausschließlich staatliche Hände über. Diese Maßnahme traf vor allen Dingen das kulturelle Leben der polnischen Bevölkerung in der Provinz Posen.

Gegen die Societas Jesu richtete sich das Reichsgesetz zum Verbot und zur Ausweisung der Jesuiten vom 19. Juni 1872; innerhalb von sechs Monaten waren ihre deutschen Niederlassungen und jene der ihnen verwandten Orden aufzulösen; ausländische Mitglieder wurden ausgewiesen; deutschen Jesuiten konnten bestimmte Aufenthaltsorte zugeteilt werden.

Abb. 39 Wilhelm von Kaulbach: Der deutsche Michel gewidmet dem tapferen deutschen Volke, 1873

Am 5. April 1873 erfolgte eine entscheidende Abänderung der preußischen Verfassung: die Kirchen wurden den Staatsgesetzen und der staatlichen Aufsicht unterstellt. Damit waren die Voraussetzungen für die „Maigesetze" geschaffen, mit denen der Kulturkampf einen Höhepunkt erreichte.

Die vier Gesetze vom 11. bis zum 14. Mai 1873 enthielten folgende Bestimmungen: Die Ausübung eines geistlichen Amtes wurde von der Staatszugehörigkeit und einem dreijährigen Studium an deutschen Universitäten abhängig gemacht. Geistliche mußten ein „Kulturexamen" in Philosophie, deutscher Literatur und Geschichte ablegen. Priesterseminare wurden staatlicher Aufsicht unterstellt. Bei der Anstellung von Geistlichen mußte eine Anzeige an die staatlichen Behörden erfolgen, die Einspruch erheben konnten. Die Disziplinargewalt durfte nur von deutschen kirchlichen Behörden (also nicht von Rom her) ausgeübt werden, letzte disziplinarische Entscheidungen traf ein spezieller königlicher Gerichtshof. Insgesamt wurde die kirchliche Disziplinargewalt auf Mittel beschränkt, die lediglich dem religiösen Gebiet angehörten. Kirchenaustritte konnten nunmehr vor dem Richter des Wohnortes erklärt werden.

Das Ziel dieser Gesetzgebung ging über eine bloße Trennung von Staat und Kirche mit der Tendenz, die Religion in den Bereich des Privaten zu verweisen, weit hinaus: angestrebt wurde vielmehr die Zerstörung der letztlich von Rom ausgehenden katholischen Hierarchie und die Umwandlung der Kirche in eine nationale Staatskirche. Obgleich solche Maßnahmen den liberalen Grundprinzipien der freien Religionsausübung und der Einschränkung staatlicher Macht zugunsten möglichst großer Freiräume des Individuums widersprachen, wurden sie von den kämpferisch-antiklerikal eingestellten Liberalen aller Schattierungen voll unterstützt.[112] Im Verlauf der Kulturkampfgesetzgebung verstärkte sich jedoch der Widerstand der Bischöfe, katholischen Kleriker insgesamt und der katholischen Bevölkerung; das Zentrum gewann in den Wahlen von 1873 und 1874 hinzu. Durch die unbeirrte Erlassung weiterer Kampfgesetze hoffte man diesen Widerstand dennoch zu brechen.

So wurden den Maigesetzen von 1873 die Folgegesetze vom 4., 20. und 21. Mai 1874 hinzugefügt, die jenen Nachdruck verleihen sollten.

Das 1848 gegründete, linksliberale Berliner illustrierte Wochenblatt *Kladderadatsch*, das ein ideologisches Zentrum des Kulturkampfes bildete, brachte am 24. Mai 1874 eine Karikatur (Holzstich, Abb. 40), die zugleich die europäische Dimension des Kulturkampfes deutlich werden läßt. Denn auch in Ländern wie Frankreich, Österreich, der Schweiz und Italien bestand eine ähnliche Frontstellung von Liberalismus gegen Klerikalismus wie in Preußen und im Deutschen Reich. „Maigesetze" wurden 1874 auch in Österreich und vergleichbare Gesetze im selben Jahr in der Schweiz verabschiedet. *Auf dem Tanzboden der Mai-Gesetze* zeigt die Karikatur dralle Damen (Germania, Helvetia, Austria), die sich sträubende, entsetzte Kleriker zum tollen Volkstanz zwingen, einen Bischof die Germania, im Vordergrund einen Jesuitenpater die Schweiz, einen Mönch die Austria. Im Hintergrund versucht ein frecher Mönch Anbiederungsmanöver bei der France und ein weiterer will dem Zugriff der tanzenden Italia entfliehen. Die Pauke schlägt oben das „Kladderadatsch-Männchen", die Titelfigur der Illustrierten. Der aus „Figaros Hochzeit" abgewandelte Vers

Abb. 40 „Auf dem Tanz-Boden der Maigesetze", 24.5.1874

läßt die Länderfrauen resolut sagen: Wenn die Katholischen den „Tanz" wollen, wir zeigen es ihnen! Die Schuld am Kulturkampf wird also der klerikalen Partei in die Schuhe geschoben.

Da der Widerstand des katholischen Klerus weiterhin ungebrochen blieb und der der Bevölkerung stetig wuchs, folgten bis 1876 weitere gesetzliche Maßnahmen, hauptsächlich in der Form von Strafgesetzen.

Im März 1874 wurde die obligate Zivilehe in Preußen eingeführt, ein Jahr darauf auch im Reich. Überall schossen die Standesämter aus dem Boden. Bismarck wollte „(...) zur Abstellung der Autoritätskränkungen ein Gesetz oder eine authentische Interpretation bestehender Gesetze dahingehend, daß alle Amtshandlungen der gesetzwidrig angestellten Geistlichen ungültig, ohne rechtliche Wirkung seien, daß die von ihnen geschlossenen Ehen vor dem Gesetz Konkubinate, deren willkürliche Trennung zulässig, die Eingehung anderer Ehen nicht ausschließend, die Kinder solcher Ehen als uneheliche anzusehen, ohne Erbrecht in den Nachlaß des Vaters".[113] Der *Kladderadatsch* kommentiert die „erste Zivilehe" mit einer Karikatur (11. Oktober 1874, Abb. 41), die folgerichtig die Ehe als ausschließlich staatliche Institution darstellt. Die Pointe liegt darin, daß die katholische Kirche als Frau mit einiger Bitterkeit dem grimmig-patriarchalischen Staat in der Person des liberalen preußischen Kultusministers Adalbert Falk, den Bismarck begleitet, ehelich untertan wird. Den Bund schließt die den Standesbeamten dar-

Abb. 41 „Die erste Civil-Ehe", 11.10.1874

stellende Titelfigur des *Kladderadatsch* mit dem Ehestandsregister anstelle der Bibel in der Hand. Ein Engel bringt den Segen wie in der religiösen Idealkunst vom Himmel herab; die Rolle mit den drei Kirchengesetzen vom 4., 20. und 21. Mai 1874, gleichsam ein „pandorahaftes" Geschenk an die Braut, trägt er in einem halb aufgedeckten Flechtkorb. Das Ganze fungiert als säkularisiertes „Altarblatt" für das Bureau eines kulturkämpferischen Standesbeamten.

Neben Ludwig Windthorst, dem Führer des Zentrums, war Papst Pius IX. mit seiner stark von der Societas Jesu beeinflußten Kirchenpolitik der zweite große Gegner Bismarcks im Kulturkampf. Unter der Ägide dieses Papstes war 1854 das Dogma von der Unbefleckten Empfängnis verkündet worden, das das Mysterium der Virginität der Christusmutter Maria kanonisierte. Zehn Jahre später folgte die Verabschiedung der Enzyklika „Quanta cura" und des „Syllabus errorum". In der Enzyklika wurde der staatlichen Kirchenhoheit widersprochen und für die vom Liberalismus scharf bekämpften öffentlichen Lehr- und Zwangsrechte der Kirche eingetreten. Der „Syllabus" enthielt eine offizielle Zusammenstellung von achtzig Sätzen, die von der katholischen Kirche allerdings bereits vorher verurteilt worden waren. Als zu verdammende Irrlehren führte der „Syllabus" unter anderen auch Pantheismus, Naturalismus, Rationalismus, Sozialismus, Kommunismus auf. Mit Recht wertete der Kulturkampf-Historiker Georg Franz-Willing die Enzyklika und insbesondere den Syllabus errorum als „Kriegserklä-

rung an die Moderne Welt".[114] Auf dem Vatikanischen Konzil von 1870 wurde überdies die Unfehlbarkeit des Papstes bei Lehrverkündungen ex cathedra (vom Stuhle Petri aus) verkündet, was nicht nur bei den „aufgeklärten" Liberalen ganz Europas einen Sturm der Entrüstung auslöste. Immerhin bildeten sich Gruppen der sogenannten „Altkatholiken", geführt von hohen Klerikern, die die Unfehlbarkeit des Papstes nicht anerkannten.

Pius IX. erklärte die Maigesetze von 1873 und 1874 im Februar 1875 für ungültig und schürte auf diese Weise die Kulturkampfstimmung in ihrer Mischung aus liberalistischem Staatspathos und streitbarer „Verteidigung" des liberalen „Kulturprotestantismus".[115] Als empfindliche Maßnahme erfolgte hierauf die Verabschiedung des „Sperr- oder Brotkorbgesetzes" vom 22. April 1875, das die Einstellung staatlicher Geldzuwendungen an die katholische Kirche bestimmte und des „Klostergesetzes" vom 31. Mai 1875, das die Auflösung aller Orden und verwandten Kongregationen verordnete; dies letztere Gesetz zielte auf die Säkularisation der Klöster.

In diesem Stadium stellte eine *Kladderadatsch*-Karikatur vom 16. Mai 1875 (Abb. 42) den Kulturkampf als Schachspiel zwischen Berlin (Bismarck) und Rom (Pius IX.) dar. Auf der weißen Bismarckseite stehen als Königin die bewehrte Germania, flankiert vom Kultusminister Falk (Läufer) mit der Fahne des zu diesem Zeitpunkt noch in der Beratung befindlichen Klostergesetzes und an der Vorderkante des Brettes die liberale Presse als Turm. Gedeckt sind diese Hauptfiguren durch Paragraphen-Bauern, während die schwarzen Bischofsbauern der Gegenseite in der Schachtel mit der Aufschrift „internirt" liegen, was auf die polizeiliche Verhaftung der widersetzlichen katholischen Bischöfe anspielt. Pius IX. rückt an seiner Königin herum, der Enzyklika von 1864, die aber hilflos mit den Armen schlenkert. Daneben befinden sich der Syllabus mit jesuitischem Profil und weiter vorne der Zentrumsführer Windthorst, durch ein „W" gekennzeichnet. Bismarck zeigt sich siegesgewiß und überlegen, der Papst verlegen lächelnd, wenn auch weiterhin kampfeswillig. Trotz der realen Stärkung des Zentrums und des fortdauernden gesamtkatholischen Widerstandes geben also die Liberalen nach der Aussage dieser Karikatur ihre Sa-

Abb. 42 „Zwischen Berlin und Rom", 16.5.1875

che keineswegs verloren. – Eine ähnliche Schachspielkarikatur war bereits 1874 im *Kladderadatsch* erschienen (Abb. 53).

Im Jahre 1876, in dem die letzten beiden Kulturkampfgesetze verabschiedet wurden, befanden sich alle katholischen Bischöfe Preußens in Haft oder waren ausgewiesen, und fast ein Viertel aller Pfarreien war unbesetzt; dennoch wurde die katholisch-partikularistische Opposition immer stärker und auch der Widerstand der katholischen Bevölkerung blieb ungeschwächt.

Als „Realpolitiker" sah Bismarck bald die Aussichtslosigkeit des Kulturkampfes ein, der zu dem Gegenteil dessen führte, was der Reichskanzler beabsichtigt hatte. Eine zweite Front ergab sich für Bismarck außerdem im Inneren durch die ständig wachsende Sozialdemokratie. Auch drängte es ihn, das Zusammengehen mit den Liberalen, das immer schon seinem konservativen Geschmack widerstrebt hatte, zu Ende zu bringen.

In der Vergeblichkeit des Kulturkampfes hatte der Liberalismus im Grunde genommen Schlappe auf Schlappe hinnehmen müssen. Zudem war die liberalistische Wirtschaftspolitik der Vermeidung staatlicher Eingriffe durch die große Depression 1873 bis 1876 diskreditiert worden. Der Ruf der Schwerindustrie und der Großgrundbesitzer nach Schutzzöllen wurde vom Zentrum aufgenommen, während die Mehrheit der Nationalliberalen, Bismarcks bisheriger Regierungspartei, die schutzzöllnerische Gesinnung ablehnte. Die Deutsch-Konservative Partei, die die gleichen wirtschaftli-

Abb. 43 „In Liebe und Güte", 13.10.1878

Abb. 44a Hermann Wislicenus: Heinrich IV. in Canossa

chen Interessen verfolgte wie die vielfach dem Zentrum angehörigen Großgrundbesitzer, drängte Bismarck zur Aufgabe des Kulturkampfes. Dies war jedoch erst nach dem Ableben von Pius IX. im Februar 1878 möglich, da sich die Fronten diesem streitbaren Papst gegenüber allzu sehr verhärtet hatten. Mit dem Nachfolger auf dem Stuhle Petri, Leo XIII., der versöhnlich gesinnt war und den Kirchenfrieden sobald als möglich wiederhergestellt zu sehen wünschte, begann Bismarck sogleich Verhandlungen, die in den achtziger Jahren allmählich zum Abbau der Kulturkampfgesetze führten. Gleichsam symbolisch zeigte der Rücktritt des liberalen Kultusministers Falk am 19. Juli 1879 sowohl das Ende des Kulturkampfes als auch das der Ära des Liberalismus an. 1881 verloren die Nationalliberalen ihre Stellung als stärkste Partei an das Zentrum, und die Ära des Konservatismus begann.

In der liberalen Presse wurde der Rückzug Bismarcks als „Gang nach Canossa" gewertet und so mit Bitterkeit an die zu Beginn des Kulturkampfes vom Reichskanzler ausgegebene Parole „Nach Canossa gehen wir nicht" angeknüpft. Der *Kladderadatsch* bezeichnete die erste diplomatische

Abb. 44b Hermann Freihold Plüddemann: Heinrich IV. in Canossa, 1863

Abb. 44c August von Heyden: Heinrich IV. in Canossa

Abb. 44d Otto Friedrich: Kaiser Heinrich IV. vor Canossa, 1890

Fühlungnahme Bismarcks mit dem Vatikan zur Beilegung des Kulturkampfes, nämlich das Treffen mit dem Münchener Nuntius Aloisia Masella in Bad Kissingen, wo sich der Fürst nach dem für ihn sehr erfolgreichen Berliner Kongreß (13. Juni bis 13. Juli 1878) aufhielt, als Canossingen. Dort wird eine Eselsherde gehütet. Die Karikatur (Abb. 43) präsentiert einen bösen Jesuiten am Eingang dieses „Paradieses", der zu dem Ort hinweist, wo die Eselsohren wachsen. Bismarck hatte zu Aloisia Masella gesagt: „Ich bin bereit, Ihnen viel zu geben und auch ein wenig nach Canossa zu gehen (...)."[116]

Auf die Tradition der Darstellung des Canossa-Bußganges Kaiser Heinrich IV. in der deutschen Bildkunst des 19. Jahrhunderts verwies Monika Arndt in ihrem Buch *Die Goslarer Kaiserpfalz als Nationaldenkmal* (1976).[117] Nach Arndt faßte der Düsseldorfer Akademieprofessor Hermann Wislicenus seinen Entwurf *Heinrich IV. in Canossa* (Abb. 44 a) für ein Wandbild des 1878 bis 1897 ausgemalten Kaisersaales in der Goslarer Kaiserpfalz kulturkämpferisch auf: der Künstler wollte das Verderbliche der übernationalen und nach der weltlich-geistlichen Oberherrschaft strebenden Italienpolitik der mittelalterlichen Kaiser verdeutlichen. Infolge dieser Politik seien Kaisermacht und Einheit zerbröckelt, endlich habe der Geist Roms triumphiert: „Die verfälschte Kirche im Bunde mit dem Partikularismus, welchen sie hetzt und besticht, an sich fesselt und von den gottgewiesenen Bahnen der Treue löst – diese Mächte haben über Heinrich gesiegt, nicht die Unschuld über die Schuld, nicht reine Waffen über unreine."[118] Der Entwurf von Wislicenus, der jedoch lediglich als Sockelbild des Gemäldes *Kaiser Heinrich IV. in Mainz 1105* (vollendet 1890) ausgeführt wurde[119], zeigt im Vordergrund auf der Burgtreppe den barfüßig im

Schnee stehenden Kaiser, der sich verbittert sinnend auf einen Mauervorsprung am Eingang lehnt. Fünf ebenfalls gebannte Gefährten umgeben Heinrich IV.; einer zieht den Glockenstrang am Tor, andere rufen den unbeugsamen Papst an, der in dem offenen Arkadengang eines Seitenflügels der Burghofanlage sitzt. Die Markgräfin Mathilde von Tuszien, Herrin von Canossa und Gastgeberin des Papstes, fleht bei diesem um Gnade für Heinrich IV. Der antipapistische Akzent des Bildes ist deutlich. – Den einsam am Toreingang der Burg büßenden und voller Grimm wartenden Kaiser, der Rachegedanken zu schmieden scheint, stellte ein Gemälde des Düsseldorfer Akademieprofessors Hermann Freihold Plüddemann dar, das als Holzschnittillustration in der *Gartenlaube* 1877 reproduziert wurde (Abb. 44 b). – Der Berliner Akademieprofessor August von Heyden zeigte den trotzig ans äußere Burgtor von Canossa pochenden Heinrich IV., dessen Gefährten beten und frieren (Abb. 44 c). Das Canossa-Thema behielt auch nach Beendigung des Kulturkampfes seine Aktualität. So zeigte der Schüler Lindenschmits an der Münchener Akademie und spätere Wiener Secessionist Otto Friedrich auf seinem Gemälde *Kaiser Heinrich IV. vor Canossa* (1890, Abb. 44 d) gleichsam anklagend den harten, jedoch erschütterten Papst Gregor VII., der endlich am dritten Tag den im Schnee büßenden, jedoch in seinem Stolz ungebrochenen Kaiser zu empfangen geruht.

Legislativ eingeleitet wurde der Abbau des Kulturkampfes durch das erste Milderungsgesetz vom 14. Juli 1880, das der Regierung Vollmacht gab, von der Anwendung der Maigesetze abzusehen. In der entsprechenden *Kladderadatsch*-Karikatur vom 30. Mai 1880 (Abb. 45) hält der konservative Innenminister Robert von Puttkammer den eben fertiggeschriebenen Milderungsgesetzentwurf (Mai-Gesetz-Entwurf) in der Hand, während der Zentrumsführer Windthorst als päpstlicher Kutscher bereits fragt, ob er die Kutsche nach Canossa anspannen lassen kann.

Ein Ausdruck der sich schnell verbessernden Beziehungen Bismarcks zum Vatikan ist übrigens auch darin zu sehen, daß der Bismarck-Porträtist Lenbach 1885 ein Bildnis des Kanzlers für Leo XIII. anfertigen sollte. Die Karikatur *Lenbach als Maler Papst Leos XIII.* (um 1885, Abb. 46) des Münchener Akademieprofessors Friedrich August von Kaulbach

Abb. 45 „Der Mai-Gesetz-Entwurf", 30.5.1880

Abb. 46 Friedrich August von Kaulbach: Lenbach als Maler von Papst Leo XIII., um 1885

stellt Lenbach dar, der devot kniend dem Papst die Pantoffelsohle küßt. Gnädig hat Leo XIII. das Bismarck-Bild des Malers empfangen und segnet ihn durch Handauflegen. Im Hintergrund ist ein Lenbach-Porträt des Papstes sichtbar, das für Bismarck bestimmt ist.[120]

Ein unrühmliches Kapitel in den Annalen des Liberalismus bildet die Zustimmung zum Sozialistengesetz (18. Oktober 1878), das die Erstarkung und Ausbreitung der Sozialdemokratie bekämpfen sollte. Allerdings hatten insbesondere die Nationalliberalen von Anfang an und gerade nach der Reichsgründung Front gegen die Arbeiterbewegung gemacht, weil die revolutionären Ideen des Sozialismus der liberalen Auffassung vom parlamentarischen Rechtsstaat mit seiner freien Marktwirtschaft widersprachen. Vor allen Dingen seit den Ereignissen der Pariser Commune wurde die Angst vor „anarchistischen Greueltaten", vor der Herrschaft des „rohen, ungebildeten Pöbels" geschürt. In gewisser Weise parallelisierten dabei die Liberalen die Bestrebungen des partikularistisch-katholischen Zentrums, das im Verlauf des Kulturkampfes ja paradoxerweise in eine Politik der Verteidigung wichtiger bürgerlicher Freiheiten hineingeriet, mit denen der Sozialdemokratie. Eine Karikatur des *Kladderadatsch* mit der Überschrift „Das schwarz-rothe Turnier des neunzehnten Jahrhunderts" von 1874 (Abb. 47) macht deutlich, daß in den Augen der Liberalen der katholische Klerikalismus und die Sozialdemokratie im Kampf gegen den Staat gleiche Positionen einnehmen. Dargestellt ist ein Lanzenturnier zwischen dem als Ritter gerüsteten Bismarck, für den ein Knappe die Lanze der Mai-Gesetze bereithält und dem Papst, der die Lanze der „ecclesia militans" eingelegt hat. Vorn im Eingang zum Turnierplatz steht ein herkulisch-roher Sozialdemokrat, der sich auf eine gedrehte Keule

Abb. 47 „Das schwarz-rothe Turnier des neunzehnten Jahrhunderts", 29.3.1874

stützt und eine Hand auf den Sattelknauf seines Gauls legt; an dessen Seite baumelt ein Faß der Pétroleurs der Pariser Commune. Der „Social-Democrat" wird also als unberechenbarer Kämpfer karikiert, der sich nicht an die Regeln des ritterlichen Turniers halten wird. Nach dem Papst will dieser ungeschlachte Bursche gegen Bismarck antreten, was durch die Unterschrift angedeutet ist: „Wenn dieser Gang vorüber ist, komm' ich an die Reihe!"[121] Tatsächlich haben am 18. Oktober 1878 Zentrum und Sozialdemokratie gemeinsam gegen das Bismarcksche Ausnahmegesetz gestimmt, sekundiert von Angehörigen der linksliberalen Fortschrittspartei und von kleinen Oppositionsgruppen. Eine andere Karikatur des *Kladderadatsch*, betitelt „Jesuit und Socialdemokrat", vom 7. Juli 1878 (Abb. 48) läßt den als unrasierten Affen-Menschen diffamierten Sozialdemokraten mit brüderlicher Geste beim Jesuiten anfragen, wie man trotz Verfolgungen und Ausweisungen wieder so stark wird wie eben die Soldaten der Societas Jesu. Der Jesuit rügt die Grobheit der Sozialdemokratie und rät zu „weniger Geschrei und mehr Wolle".

Aus beiden Karikaturen tritt paradigmatisch die Kulturkampfideologie des Liberalismus hervor, wird jedoch auch seine Tragödie deutlich. Indem die Liberalen bereits bei der Reichsgründung sich mit dem bonapartistischen Machtstaat Bismarcks „realpolitisch" aus Sorge um die Einheit der Nation arrangierten, taten sie den ersten verhängnisvollen

Schritt. Der kulturkämpferische Bund mit dem konservativen Junker, in den Augen der Liberalen im Zeichen von Aufklärung und Fortschritt geschlossen, hielt sie davon ab, zielstrebig auf weitere Parlamentarisierung und Demokratisierung zu dringen. Unter dem Deckmantel der „Ausnahmegesetzgebung" stimmten überdies die Liberalen der Einschränkung wichtiger bürgerlicher Freiheiten zu und verrieten einige ihrer wesentlichen Grundprinzipien. Die letzte Glaubwürdigkeit wurde mit der Zustimmung zum Sozialistengesetz einer längst zweifelhaften „Staatsraison" geopfert. Von Bismarck auf diese Weise ausmanövriert, verlor der Liberalismus, vor allen Dingen der Linksliberalismus, in den folgenden Reichstagswahlen erheblich an Stimmen und büßte seine führende Stellung ein.

Wichtige parteipolitische Spannungen im bürgerlichen Lager versucht das Gemälde *Ungelöste Fragen* (1877, Abb. 50) des Düsseldorfer Malers Emil Schwabe auf den Begriff zu bringen. Dargestellt ist ein alltäglicher Vorgang, den Friedrich Pecht in der *Kunst für Alle* (1888) wie folgt charakterisiert: „Der unmittelbarsten Gegenwart hat Schwabe seine 'Ungelösten Fragen' entnommen, in welchen er die Hauptparteien des deutschen Reiches in drei vortrefflich gewählten Vertretern sich unter Anfeuchtung durch einige Flaschen Weißen und Roten über die schwebenden Probleme der Politik auseinandersetzen läßt. Der stark semitisch angehauchte Advokat oder Journalist als Vertreter des 'Fortschritts' ist denn auch höchst gereizt über die kaltblütige Abweisung des nationalliberalen oder freikonservativen Gutsbesitzers, der für die Segnungen des Freihandels nur mäßige Sympathien zu besitzen scheint. Der geistliche Herr oder Professor aber, der als Repräsentant des Zentrums so zugeknöpft und überlegen lächelnd dasitzt, glaubt sichtlich über beiden Parteien zu stehen und sie ebensoweit zu übersehen als er von ihnen abgerückt ist. Daß sie alle drei wohl die Entscheidung dem Kanzler überlassen müssen, der über ihnen an der Wand hängt, das hat der Künstler sehr witzig angedeutet. Man kann das Stück ungefähr so in allen eleganten Restaurants von Königsberg bis Konstanz am Bodensee spielen sehen, obwohl unser Maler seine Originale offenbar in Westphalen oder am Rhein ge-

Abb. 48 „Jesuit und Socialdemokrat", 7.7.1878

Abb. 49a Hermann Wislicenus: Karl der Große zerstört die Irminsäule, 1894 - um 1896

Abb. 49b Hermann Wislicenus: Luther auf dem Reichstag zu Worms 1521, 1894 - um 1896

holt hat."[122] Anders als Irene Markowitz im Katalog des Düsseldorfer Kunstmuseums (1969) identifiziert Pecht richtig den Pfarrer als Vertreter des Zentrums, nicht der Nationalliberalen.[123]

Übrigens spiegelt auch die Garderobe die Situation. Unter dem hellen, modisch-sportlichen Hut des Fortschrittlers, an dessen Seite sich der Zylinder des Konservativen breitmacht, liegen dunkler konservativer Ausgehmantel und heller Fortschrittsüberzieher gewissermaßen im Clinch. Mantel und Hut des Pfarrers bewahren abseits eine eigene Position.

Selbstverständlich bleibt aus diesem bürgerlichen Milieu die Sozialdemokratie ausgeschlossen. Sie war zur Zeit der Entstehung des Gemäldes zwar stärker als jemals vorher im Reichstag vertreten, dennoch aber zahlenmäßig dort eine kleine Gruppe und stand immer noch unter dem Verdikt des ständig erneuerten Sozialistengesetzes. In bürgerlichen Augen war die Sozialdemokratie nicht „salonfähig".

Der Verismus des Gemäldes, das in seinem unprätentiösen Alltagscharakter noch durch das sparsame Kolorit der weiß- und graubraunen Töne unterstützt wird, sichert ihm Glaubwürdigkeit und eine quasi dokumentarische Aktualität. Durch die Steigerung der lebensvollen Charaktere ins Typische wird eine Vertiefung erreicht, die über das bloß Zufällig-Anekdotische hinausreicht.

Die bühnenhaft-distanzierte Komposition und kühl-exakte Zeichnung lassen das Bild als objektive Aufnahme wirken; Anzeichen eines kommentierenden Standpunktes des Autors sind vermieden, so daß jede der dargestellten Parteiungen Identifizierungsmöglichkeiten zu finden vermag. Nicht umsonst lautet der Titel „Ungelöste Fragen".

Der Sozialisationsbezug des Gemäldes läßt sich unschwer auf den Bereich des wohlsituierten Bürgertums eingrenzen. Trotz des analytischen Verismus ist mit der geglätteten, akademischen Behandlung eine gehobene Stillage gegeben, die durch die feinsinnig gedämpfte und differenzierte „Alltagsfarbigkeit" unterstützt wird.

Ein Abriß der bloßen politischen Maßnahmen und Schachzüge vermag die historische Dimension des Kulturkampfes nur unzureichend anzudeuten. Für den Mitbegründer der Fortschrittspartei, den Berliner Medizinprofessor Rudolf Virchow, der als Mitglied des preußischen Abgeordnetenhauses und deutschen Reichstages den Begriff des „Kulturkampfes" prägte, geht die Auseinandersetzung zwischen Staat und Kirche letztlich auf die Ausbildung eines wissenschaftlichen Laientums im Zuge der mittelalterlichen Kloster- und Klosterschulentwicklung zurück. Dadurch, „daß eine größere Menge von Personen an dem Wissen teilnahm, daß die Laien als gleichberechtigte Träger der Kultur sich erheben konnten"[124], ergab sich ein Konflikt mit Kirche und Papsttum. Zugleich trat damit der Gegensatz von weltlichem Staat und Kirche auf; denn das wissenschaftliche Laientum fand seinen erhabensten Ausdruck im Herrscherge-

Abb. 49c Hermann Wislicenus: Wiedererstehung des Deutschen Reiches, 1880-1882

schlecht der Hohenstaufen und speziell in Kaiser Friedrich Roger II., der versuchte, „in staatlichen Formen den humanen Charakter zu fixieren".[125] Gegen die Hohenstaufen aber siegte in blutigen Kämpfen die klerikale Hierarchie, deren Dogmatisierung im weiteren Verlauf der Entwicklung zunahm. Auch bildete sich ein spezifischer Ultramontanismus der katholischen Hierarchie heraus, da die Kardinalskollegien zunehmend nur aus italienischen Mitgliedern zusammengesetzt und auch die Päpste überwiegend Italiener waren. Diese Konstellation bildete nach Virchow den Boden des modernen Ultramontanismus, gegen den eine Emanzipation, Verweltlichung des Staates in allen Richtungen in diesem „großen Kulturkampf" errungen werden mußten.[126]

Ebenfalls bezeichnend für eine kulturkämpferisch-antikatholische Geschichtsauffassung war die Legitimierung des „evangelischen Kaisertums" im 1871 neugegründeten kleindeutschen Reich durch die Reformation und den Aufstieg des Hauses Hohenzollern. Hermann Wislicenus rahmte seinen Wandbildzyklus historischer Darstellungen aus dem mittelalterlichen Heiligen Römischen Reich Deutscher Na-

tion im Kaisersaal der mit preußischen Staatsmitteln und Zuschüssen Kaiser Wilhelms I. wiederhergestellten Goslarer Kaiserpfalz mit einem „Prolog", dem Gemälde *Karl der Große zerstört die Irminsäule* (1894 begonnen) und einem „Epilog", dem Gemälde *Luther auf dem Reichstag zu Worms* (1894 - 1895).[127] Das „Prolog"-Bild (Abb. 49 a) stellt einen der Höhepunkte des Krieges Karls gegen die Sachsen dar, die Zerstörung der Irminsul, des heiligen Kultbildes dieses Stammes; im Hintergrund erhebt sich die eroberte Feste Eresburg an der Diemel. Die Figur des Mönchs mit dem Kreuzstab deutet auf das Ziel Karls des Großen hin, die Sachsen zu christianisieren und damit auch ideologisch in das Fränkische Reich einzugliedern. Das „Prolog"-Bild veranschaulicht mithin einen wichtigen Abschnitt der Begründung des späteren christlich-universalen Kaiserreichs. – Das „Epilog"-Bild (Abb. 49 b) zeigt Martin Luther, der nach der Verbrennung der päpstlichen Bannbulle auf dem Reichstag in Worms am 18. April 1521 statt des geforderten Widerrufs ein erneutes Bekenntnis zu seinen Ideen leistet. Für Wislicenus war die Reformation das „Morgenlicht" nach dem Nie-

Abb. 50 Emil Schwabe: Ungelöste Fragen, 1887

dergang des mittelalterlich-katholischen Kaisertums. Über die programmatische Bedeutung der beiden Gemälde schrieb Monika Arndt in ihrem Buch *Die Goslarer Kaiserpfalz als Nationaldenkmal* (1976): „In der 'Zerstörung der Irminsäule' führt Wislicenus dem Betrachter das universale theokratische Kaisertum vor Augen. Im Gemälde 'Luther auf dem Reichstag zu Worms' wollte er in einer Glorifizierung der Reformation das Ende dieser Universalmacht darstellen. Karl der Große als der Vertreter des katholischen und universalen Prinzips und Luther als der des protestantischen und nationalen stehen sich hier gegenüber."[128] Das protestantisch-nationale Prinzip verkörperte sich historisch nach der „antiultramontan-kleindeutschen" Geschichtsauffassung in der Hohenzollern-Dynastie und dem Aufstieg Preußens. Carl Ludwig Leimbach, der Interpret des historischen Wandbildzyklus schrieb (1878): „In Karl dem Fünften erreichte die Kraft des deutschen Kaisertums ihr Ende, und aus dem Geiste der neuen Zeit stieg langsam und immer kräftiger trotz des gewaltigen 30jährigen Krieges die feste Burg der Hohenzollern empor. Wie unter Karl dem Großen die weltliche Macht mit dem religiösen Geiste des Mittelalters sich vermählte, so stieg aus den friedensreicheren Anschauungen der Religion unseres Zeitalters ein neues Kaisertum empor, welches eine andere Mission nicht haben kann, als mit dem milden aber festen Sinn ihres ersten Hauptes, des Kaisers Wilhelm, als dessen größten Vermächtnisses eine starke Schutzmacht zu werden zur Versöhnung der religiösen wie weltlichen Gegensätze Deutschlands, und mittelbar der übrigen Welt."[129] Entsprechend verherrlicht das Hauptbild des Kaisersaal-Zyklus die *Wiedererstehung des Deutschen Reiches* mit einer Fülle feudalistischer Allegorien und Symbole (1880-1882, Abb. 49 c).[130]

Der Kulturkampf-Historiker Georg Franz-Willing faßt den Konflikt als einen solchen zwischen dem Liberalismus, der um die Wende der fünfziger und sechziger Jahre des 19. Jahrhunderts seinen Siegeszug antritt, und der rückwärtsgewandten, vom reaktionären Papst Pius IX. angeführten katholischen Kirche. Der Aufstieg des Liberalismus ist für Franz-Willing mit dem Fortschritt auf naturwissenschaftlichem und industriell-technischem Gebiet eng verbunden. Die Ablösung der Philosophie als Symbol ganzheitlichen Denkens durch die naturwissenschaftliche Empirie bewirkte eine Spaltung der geistigen Welt in Natur- und Geisteswissenschaften. Diese Entwicklung bekämpfte der Papst in der Enzyklika *Quanta cura* und im *Syllabus errorum*. Demgegenüber führte der Liberalismus sein in der Tradition der kritischen Aufklärung wurzelndes, naturwissenschaftlich begründetes Fortschrittsdenken ins Feld. Der Antagonismus von Kurie und Liberalismus war dabei nicht nur auf Deutschland beschränkt, sondern ereignete sich in ähnlichen Formen in fast allen Ländern Europas.[131]

Soziologisch gesehen wurde der Liberalismus getragen von der Industrie-, Handels- sowie Finanzbourgeoisie und dem Bildungsbürgertum. Wichtige Forderungen des Wirtschaftsliberalismus im Deutschland des 19. Jahrhunderts waren der Ausbau des Verkehrswesens, die Vereinheitlichung des Marktes und des Finanzwesens, die Befreiung des Handels und Gewerbes von staatlicher Kontrolle und den einengenden Zunftordnungen, die möglichst freie Entfaltung privater Unternehmerinitiativen. Der politische Liberalismus, ideologischer Rammbock zum Beispiel auch in der Revolution von 1848, forderte die staatliche Einheit Deutschlands, die Abschaffung des Absolutismus mit seinem Legitimitätsprinzip, die Gewährung von Konstitutionen, die freie Wahl von Parlamenten, in konstitutionellen Monarchien die Parlamentsverantwortlichkeit der Minister, Kontrolle vor allen Dingen der Militärausgaben durch die Volksvertreter, eine unabhängige Tätigkeit von Schwurgerichten, ein von kirchlicher Bevormundung freies Bildungswesen, eine von jeder Art der Zensur freie Presse, insgesamt eine möglichst hohe Einschränkung staatlicher und klerikaler Kompetenzen zugunsten bürgerlich-individueller Freiheiten.

Die Auseinandersetzung zwischen dem fortschrittsorientierten Rationalismus der Liberalen und dem katholischen Irrationalismus veranschaulicht paradigmatisch eine Karikatur des *Kladderadatsch* zu der Verkündung des Dogmas von der Unfehlbarkeit des Papstes auf dem Vatikanischen Konzil von 1870, betitelt *Der neue Sündenfall* (Abb. 51). Während der echte Apfel wahrer Erkenntnis weiterhin am Baum verbleibt, reicht die jesuitische Schlange dem Papst die Versuchungs-Frucht der Unfehlbarkeit mit den alten Teufelsworten „Eritis sicut Deus, scientes bonum et malum". Der Papst steht dort im Adamskostüm; seine bloße Menschenhaftigkeit können auch der Bäffchen-Lendenschurz und die topfartige Tiara nicht verbergen. Rechts erscheint die Wahrheit als nackte Frau („nackte Wahrheit") im Aufklärungsfeuer der Vernunft, bewaffnet mit dem Flammenschwert des Geistes und hütet, vergleichbar dem Engel Gabriel, der den Eingang des Paradieses bewacht, den Apfel der Erkenntnis. Der Glaube an die lokal und zeitlich begrenzte Unfehlbarkeit eines Menschen (bei Verkündigungen des Papstes ex cathedra) wird als neuer Sündenfall und widervernünftiger Rückfall in den naiven Urzustand der biblischen Zeit des ersten Menschenpaares karikiert. In einer Epoche, in der die Naturwissenschaften den Ton angaben, der Mensch als Glied einer phylogenetischen Abstammungsreihe und der menschliche Geist als Funktion der Gehirnsubstanz erkannt worden waren, mußte die Vorstellung einer direkten Inspiration durch den Geist Gottes sowie einer Unfehlbarkeit, die sich auf keinerlei wissenschaftliche Methode und Arbeit stützen konnte und einer Ausnahme von biologisch begründeten Gattungseigenschaften des Menschen gleichkam, grotesk anmuten. Zudem bewies die moderne Geschichtswissenschaft, die auf die Grundlage exakter Quellenforschung und -kritik gestellt worden war, daß es unfehlbare Wahrheiten im stetig sich wandelnden Fluß der historischen Verhältnisse und Ereignisse nicht geben konnte. Auch war das Prinzip des Gottesgnadentums der Fürsten, das möglicherweise eine stützende Parallele zum katholischen Unfehlbarkeitsprinzip hätte bilden können, durch Konstitutionalismus und Parlamentarismus relativiert.

Die Ungereimtheiten, die das Dogma der Unfehlbarkeit der menschlichen Vernunft zumutet, sind in dem Spottgedicht des *Kladderadatsch*: „Wann ist der Papst unfehlbar?" aufs Korn genommen:

„Hat er am Sonntag gut dinirt,
Kommt's wohl, daß er den Trieb verspürt,
Zum Heil und Wohl der ganzen Erden
Ein Stündchen *unfehlbar* zu werden.
Dann schreitet er zur *Cathedra*,
Er steigt hinauf – schon sitzt er da.
Vernehmlich zählt er: 'Eins, Zwei, Drei!'
Und sieh, schon kommt der *Geist* herbei.
Und wenn er spürt des Geistes Nah'n,
So ist er selbst nur noch *Organ*,
Drauf spielt der Geist zu dieser Frist
Als *unfehlbarer* Organist.
Wenn das *Piano* mild ertönt,
So segnet er die Welt versöhnt;
Doch oftmals schallt ein frisches *Forte*,
Dann tönen Flüche, harte Worte.
Bald donnernd geht, bald mit Geflüster
Also das ganze Blechregister.
Glaubt er, es ist für heut genug
Sowohl vom Segen als vom Fluch,
So zählt er wieder: 'Eins, Zwei, Drei!'
Der Geist entfleucht – es ist vorbei."[132]

Abb. 51 „Der neue Sündenfall", 26.6.1870

Bereits 1869 hatte Emanuel Geibel ein Gedicht verfaßt, das die Unberührtheit des Weltenlaufs von der Absetzung des Papstes Benedikt XIII. durch Kaiser Sigismund auf dem Konzil zu Konstanz 1417 beschreibt. Der Papst, der sich auf die Burg Peniscola zurückgezogen hat, verflucht Fürstenmacht und Erdkreis. Die beiden Schlußzeilen lauten: „Dumpf erschallt der Chor der Mönche: Tag des Zornes brich heran! –/ Doch die Sonne wallt wie gestern ruhig lächelnd ihre Bahn."[133] Die Ohnmacht des christlichen Oberhauptes gegenüber weltlicher Gewalt und dem Wirken der Naturgesetze wird in diesem Gedicht ganz im Sinne des Liberalismus deutlich, hier in historischer Verkleidung.

Den Gegensatz zwischen „Clericalismus und Liberalismus" faßt ein satirisches Gedicht, ein *Tenzonen-Kranz* im *Kladderadatsch* 1874 als Kampf des Obskurantismus, der dem bloßen Wunderglauben verhaftet bleibt, mit dem Fortschritt wissenschaftlicher Erkenntnis, mit der menschlichen Vernunft schlechthin:

„Liberalismus.
Die Wissenschaft erschrickt nicht vor dem Strahl
Des Blitzes; denn mit starken Eisenfäden
Umspannt den Erdkreis sie, und zwingt zumal
Den Blitz, als wie mit Menschenmund zu reden.
In Höh'n und Tiefen dringt sie unverzagt,
Und in des Berges Schacht erblitzt ihr Zunder.
Der Berg zerreißt. Was sind – ihr Gläub'gen, sagt –
Der *Vorwelt* Wunder gegen *eure* Wunder?
Clericalismus.
Daß dir die Zung' verdorr' im Lästermund!
S' ist Alles Lug, was eure Weisen sagen;
Was von der Schöpfung einst geschrieben stund,
Das gilt als Wahrheit auch noch unsren Tagen.
Doch kommen wird die Stund', da Schreckensbrunst
Dich und die Ketzer tilget in favilla;
Dann magst du flehn zu *deiner* Götter Gunst,
Zum Urfrosch und dem Urahn, Herrn *Gorilla*!
Liberalismus.
Dank für den Wunsch! Einstweilen fahr' ich fort,
Die Welt zum Heil der Menschheit zu gestalten,
Daß sie erkenne so in That als Wort
Der ew'gen Weisheit unvergänglich Walten. (...)"[134]

Die Errungenschaften der Wissenschaft und Technik, die der fortschreitenden Ausgestaltung der Welt zum Wohle der Menschheit dienen, wie Telegraph und Telephon und die Er-

Abb. 52 „Schreckliche Folgen", 17.5.1874

Abb. 53 „Schach-Turnier zwischen Berlin und Rom", 11.1.1874

schließung und Förderung von Bodenschätzen, sind konfrontiert mit altem Schöpferglauben und dem ohnmächtigen Zorn des die Ketzerei verdammenden Klerikalismus. Die Ablehnung des Darwinismus durch die katholische Dogmatik und den strengen Bibelglauben wird als eines der Hauptmotive der christlichen Orthodoxie persifliert.

Die Karikatur *Schreckliche Folgen* (1874, Abb. 52) im *Kladderadatsch* behandelt den realen Sieg der Deszendenz-Theorie, der in spaßhaft-widersprüchlicher Weise die Vertreibung ihrer namhaftesten Vertreter im Deutschland der fünfziger bis siebziger Jahre zur Folge hat. Der wie Zeus gottähnlich von der Unfehlbarkeits-Cathedra herabblitzende Papst, der die Materialisten und Darwinisten Karl Vogt sowie Ludwig Büchner in die Flucht jagt, bildet den höchsten Punkt in der Abstammungslinie seit dem Affen. Vorn in einem Dschungel von Gras und Kraut ereifern sich die äffischen Vorfahren des Menschen darüber, daß einer ihrer Nachkommen es bereits bis zur Unfehlbarkeit gebracht hat. Der Kontrast zwischen modernem Papst-Zeus und vorweltlichen Affen-Menschen pointiert die Satire.

Der Kampf der wissenschaftlich-aufklärerischen Vernunft gegen die religiöse Weltanschuung und den klerikalen Einfluß in Gesellschaft und Staat wird, wie die folgenden Untersuchungen zu zeigen bemüht sind, von der Verteidigung des Rechts auf freie Sinnlichkeit und ein individuelles erotisches Gefühlsleben gegenüber den Ansprüchen christlicher Weltverneinung begleitet. Die Karikatur *Der neue Sündenfall*, die dem Papst-Adam die nackte Vernunft als Eva gegenüberstellt, zielt implizit auch auf die Verdrängung geschlechtlicher Sinnlichkeit durch den Katholizismus.

Einen weiteren zentralen Themenbereich der Untersuchung bildet die Auffassung der „sozialen Frage" in der bürgerlich-christlichen Ideologie. Während sich im erstarkenden Proletariat die Ideen des Sozialismus ausbreiten und zu einer Entchristlichung der unteren Schichten und Klassen führen, verbindet sich das Christentum mit den herrschenden Schichten des bestehenden Gesellschaftssystems im Zweiten Deutschen Kaiserreich und verdrängt die Realität der sozialen Gegensätze. Dies gilt weitgehend auch für die christliche Bildkunst, die jedoch durch die allgemeine Weiterentwicklung „realistischer Gestaltungsprinzipien", die tendenziell die Darstellung des Alltagslebens auch der unteren Schichten und Klassen einschließen, „säkularisierend" beeinflußt wird. Am Beispiel von Luther- und Reformationsdarstellungen soll ein Aspekt dieses Prozesses gerade auch im Hinblick auf die Einwirkung liberalistischen Ideengutes untersucht werden. Durchgängig stehen dabei die ideologie- und sozialisationsanzeigenden Stillagen der zu behandelnden Bildwerke zur Diskussion.

Kulturkampf in der Kunst

Die Leben-Jesu-Forschung förderte einerseits den rationalistischen liberalen Protestantismus, andererseits die Kritik an den konfessionellen Kirchenlehren, die das „ursprüngliche" Christentum historisch „verfälscht" hätten. Kulturkämpferisch konnte in einem reformatorischen Sinn der wahre Christus gegen den „depravierten" katholischen Klerus ausgespielt werden. Der Karton *Tempelaustreibung* (1869, Abb. 54) von Wilhelm von Kaulbach zeigt die von Christus aus dem Tempel gewiesene katholische Geistlichkeit, den Papst, Bischöfe, Jesuiten, Mönche, die davonziehen, zum Teil mit Spendengeldkasten beladen, zum Teil trotzig Kreuzstäbe und Kirchenfahnen hochhaltend. Zwei Bischöfe und zwei Jesuiten sind im Vordergrund zu Boden gestürzt; abwehrend strecken die Bischöfe ihre Hände gegen Arme aus, Frauen, Kinder und Männer, die dort um Almosen bitten. Andere Arme und Bettler jubeln Christus als ihrem Befreier zu. – Der Welt des Reichtums verhaftet ist der Kardinal einer Skizze von Friedrich Geselschap, einem Berliner Historienmaler (1868, Abb. 55); an den Stufen des Palastes, aus dem der fette Kleriker tritt, von Dienern geleitet und von hohen Herrschaften verabschiedet, liegt eine in Lumpen gehüllte Mutter mit ihren Kindern, eine „Madonna aus dem Volke", die ein Mann mit der Laterne der „Aufklärung" beleuchtet. Der Kardinal, den das Evangelium der Mühseligen und Beladenen nicht kümmert, riskiert zwar einen Seitenblick, geht jedoch unbeirrt seines Weges.

Bezeichnend für Wilhelm von Kaulbachs engagiert-liberalistische und antikatholische Einstellung war seine Reaktion auf die Heiligsprechung des 1485 in der Kathedrale von

Abb. 54 Wilhelm von Kaulbach: Tempelaustreibung, um 1869

unten links:
Abb. 55 Friedrich Geselschap: Der Kardinal, 1868

Saragossa ermordeten Inquisitors von Aragón, Pedro Arbués. Fritz von Ostini schrieb in seiner Kaulbach-Monographie (1906): „Als im Jahre 1868 Pius IX. den fluchbeladenen Ketzerrichter Peter Arbuez heilig sprach, traf diese Tatsache den freigesinnten Künstler wie ein Schimpf, den man der ganzen modernen Kulturwelt angetan und er entlud seinen heiligen Zorn in der bekannten Komposition, die er gleich direkt mit wuchtigen Strichen an die Wand seines Ateliers in der alten Münchener Akademie zeichnete."[135] Anklägerisch stellte dann Kaulbach 1869 den Heiligen als unmenschlichen Richter dar, der seine Opfer ungerührt dem Feuertode überantwortete.[136] An die Ketzer- und Hexenverbrennungen der Inquisition konnte in der Kulturkampfzeit auch ein Gemälde wie die Grisaille *Christenverfolgung unter Nero* (1872, Abb. 56) von Kaulbach erinnern, das im Vordergrund die Kreuzigung und Verbrennung von Christen zeigt. Ein ähnliches Thema behandelte das Monumentalgemälde *Die Fakkeln Neros* (1876) von Henryk Siemieradzki, das eine Hauptattraktion der Berliner Akademischen Ausstellung von 1879 war. Der Berliner Kunstkritiker Gustav Heil interpretierte das Bild satirisch: „Alles ist fertig zum Beginn der Feuerlichkeit; vom nahen Capitol hat die festgesetzte Stunde geschlagen, *Nero* als Vorsitzender der Antichristenliga winkt, und der im Mittelgrunde harrende Brennereiinspektor *Stöckerius* löst mit seinem rothen Tuche die drei bekannten Kanonenschläge. Eine muntere Geschäftigkeit bemächtigt sich der bereitstehenden Illuminateure; der Vorderste in der Reihe der lebenden Fackeln, ein hartgesottener Christ, bittet den nächststehenden Calfactor um etwas Feuer und intonirt dann als Vorsänger mit erhobener Stimme das bekannte Bundeslied: '*Brüder, Brüder* etc.', mit welchem abwechselnd hierauf das wohlgeschulte kaiserliche Quartett sein '*integer vitae*' in die milde italienische Nacht hinaus erschallen läßt. Kein Mißton stört das schöne Fest, nur der links am Hydranten aufgestellte Wache haltende Feuerwehrmann,

Abb. 56 Wilhelm von Kaulbach: Christenverfolgung unter Nero, 1872

wahrscheinlich auch ein nationalliberaler Nazarener, zeigt eine, wenn auch verschämte Mißbilligung über den Vorfall."[137] Die von Nero zum Feuertod bestimmten Christen erscheinen in Heils Satire als die im Kulturkampf verfolgten Katholiken; ein römischer Soldat der linken Bildseite wird zum abtrünnigen, „nazarenischen", also prokatholischen Nationalliberalen, und der konservative, zwar nicht gegen die Katholiken, sondern gegen die Juden hetzende Hofprediger Adolf Stoecker erscheint als „Brennereiinspektor" auf der Seite der liberalen Christenverfolger, eine zwar witzige, aber grobe Verkehrung realer politischer Positionen.

Antikatholische Tendenzen der Malerei wertete Gustav Heil in seiner Rezension der Berliner Akademischen Ausstellung von 1876 ironisch als Unterstützung der Regierung und der „freiheitlichen Bestrebungen".[138] Über ein Werk des Hanauer Malers Georg Cornicelius schrieb der Kritiker: „Zarter und allegorischer faßt *Cornicelius* die Sache an. Sein Bild: *Germanisches Mädchen, erbeutete römische Waffen tragend*, zeigt eine über Lebensgröße stämmige, blonde Dame, welche von kunst- und culturkampfverständiger Hand so gehängt ist, daß man die römischen Waffen nicht recht erkennen kann, und der kurzsichtige, fanatische reichstreue Kunstkenner sie sehr wohl für Krummstäbe, Encykliken, Bischofsmützen, gesperrte Temporalien und andere hierarchische *S.P.Q.R.*'s halten kann. Dank der Commission, die manches andere vortreffliche Werk nicht für die National-

galerie angekauft hat, könnte dasselbe leicht von einem noch zu gründenden Verein zur sittlichen Hebung des Culturkriegsministers angekauft werden; dasselbe würde als Votivgemälde dem Unterrichtsministerium sowohl zur Zierde als zur Aufmunterung dienen."[139] Heil verspottete die kulturkämpferischen Eiferer, die historische Siege der Germanen über die Römer, beispielsweise den Sieg des Cheruskerfürsten Arminius in der Varusschlacht, als Ausdruck einer Verteidigung der deutschen Nation und Bestätigung des reichspatriotischen Kampfes gegen den katholischen Universalismus (Internationalismus) auffaßten.

In seiner Besprechung eines Gemäldes von Emil Löwenthal bezog sich Gustav Heil spöttisch auf das Unfehlbarkeitsdogma: „*Löwenthal* ist auch so Einer, der die Gelegenheit bei der Stirnlocke herbeizieht, um einen Papst in den Kerker, und wenn es auch der eines Andern ist, zu werfen: *Papst Paul III. besucht Benvenuto Cellini im Gefängniß*. Dem ehrwürdigen Nachfolger Petri scheint trotz seines unfehlbaren Knotenstockes vor seiner Unfehlbarkeit bange zu werden gegenüber der drohenden Miene des berühmten Künstlers, welcher an der Hand eines äußerst spitzen Dolches nicht übel Lust zu haben scheint, auf ihn zu sticheln."[140] – Das Gemälde *Brandschatzung eines Klosters* (1876) von Gustav Gaupp deutete der Kritiker satirisch im Sinne kulturkämpferischen Wunschdenkens: „Eine noch entschiedener altkatholische Richtung verfolgt *Gaupp* in seiner *Brand-*

Abb. 57 Heinrich Stelzner: Verfolgte Protestanten halten in einem unterirdischen Gewölbe Gottesdienst ab, um 1880

Abb. 58b Adolph von Menzel: Die einwandernden Salzburger Protestanten 1732, 1836

Abb. 58a Fritz Neuhaus: König Friedrich Wilhelm I. begegnet Salzburger Emigranten, 1882

schatzung eines Klosters; ein staatstreuer Landrath legt eben unter Mitwirkung etlicher kirchenfeindlicher Landgendarmen Beschlag auf das äußerst interessante Kirchenvermögen, welches die ziemlich renitenten Geistlichen ausliefern müssen, – über dem Ganzen ruht ein ungemein wohltuender Hauch von Temporaliensperre."[141] Heil hatte bei dieser „Interpretation" das „Sperr- oder Brotkorbgesetz" (vom 22. April 1875) und das „Klostergesetz" (vom 31. Mai 1875) im Auge.

Die inhumane, unchristliche Grausamkeit des Katholizismus konnte kulturkämpferisch nicht nur in Darstellungen von Märtyrern der Heiligen Inquisition angeprangert werden, sondern auch in Bildern, die die Verfolgung und Aussiedlung von Protestanten behandelten. „Wahrhaft herzerwärmend" fand Gustav Heil das Gemälde *Autodafé* des Berliner Malers Karl Stürmer, das auf der Berliner Akademischen Ausstellung von 1872 gezeigt wurde. Heil schrieb: „Johannes Gonzales und seine beiden Schwestern werden

Abb. 59 Hugo Vogel: Der große Kurfürst empfängt französische Réfugiés, 1885

Abb. 60 Albert Anker: Protestantische Flüchtlinge, 1886

doch nicht schließen, ohne dem Oberkirchenrath unsre Meinung dahin ans Herz zu legen, daß es besser um unsern persönlichen Glauben, wie um den eines großen Theils der geehrten Leser stehen würde, wenn wenigstens Daumenschrauben und spanische Stiefel nicht ganz aus der kirchlichen Disciplin verschwunden wären."[142] – Der Professor an der Münchener Kunst- und Gewerbeschule Heinrich Stelzner stellte in einem Gemälde, vermutlich der achtziger Jahre des 19. Jahrhunderts, verfolgte Protestanten dar, die in einem unterirdischen Gewölbe Gottesdienst abhalten; die bewaffneten Männer sind im Falle der Entdeckung zum Kampf bereit (Abb. 57). – Einen lohnenden Historienbildstoff bot die Ausweisung von zwanzigtausend Protestanten, die ihren Glauben nicht aufgeben wollten, aus dem Erzstift Salzburg im Oktober 1731; König Friedrich Wilhelm I. von Preußen hatte sogleich eine Einladung zur Ansiedlung in den Städten und Dörfern seines Landes ausgesprochen. Der Düsseldorfer Maler Fritz Neuhaus zeigte in einem repräsentativen Gemälde (1882, Abb. 58 a) die Begegnung zwischen dem preußischen König, der sich gnädig aus seiner Kutsche herauslehnt, eine aufgeschlagene Bibel in seiner Hand und einem Zug Salzburger Emigranten mit Fußgängern und Pferdewagen, angeführt von einem Mann und einem Jungen, die wie der König aufgeschlagene Bibeln in den Händen halten; das protestantische Bekenntnis eint König und Einwanderer. Bereits 1836 hatte Adolph von Menzel einwandernde Salzburger Protestanten in einer Lithographie dargestellt (Abb. 58 b). Auch bei Menzel halten einige aus dem Zuge, der durch das Stadttor einzieht, aufgeschlagene Bibeln in den Händen. Beide Darstellungen verdeutlichen eindrucksvoll die große Anzahl der aus ihrer Heimat Ausgewiesenen und ihre zuversichtlich-gläubige Haltung. – Das Thema der Hugenottenverfolgung behandelte der Berliner Historienmaler Hugo Vogel in seinem Bilde *Der große Kurfürst empfängt französische Réfugiés* (1885, Abb. 59). Friedrich Wilhelm

des evangelischen Bekenntnisses halber von der heiligen Inquisition verbrannt, in Sevilla am 24. September 1559 †. Auf einem Platz, den Jeder, der nach Sevilla sich mit Erfolg hingesehnt hat, mit Vergnügen wieder erkennen wird, sind drei Bratspieße errichtet, an welchen die drei Bratgeschwister eben über leichtem Feuer gesengt werden. (...) Und wenn auch bei dem Widerwillen der jetzt lebenden Generation gegen Brandwunden und sengerischen Geruch der Scheiterhaufen nicht mehr opportun sein möchte, so können wir von Brandenburg erscheint hier als Schutzherr des evangelischen Glaubens. – *Protestantische Flüchtlinge* (1886, Abb. 60) im winterlichen Wald stellte der Schweizer Historienmaler Albert Anker dar, eine erschöpfte Mutter mit ihrem Kind, denen vom Vater der Familie Brot und Trank angeboten wird.

Vor dem Hintergrund eines Artikels aus den *Preußischen Jahrbüchern* vom Mai 1886 stilisierte Eduard Daelen in seinem Buch *Ueber Wilhelm Busch und seine Bedeutung. Eine lustige Streitschrift* (Düsseldorf 1886) den Kulturkämpfer Bismarck zur Verkörperung des mythischen Ahnen der Deutschen, Teut, hoch, sowie zum Drachenkämpfer Michael, dem deutschen Schutzpatron, der das Untier des Jesuitismus erschlägt. Auch erhielt der Reichskanzler die Züge eines neuen Luther, dem die Vollendung des Werkes der Reformation, nämlich die Bändigung Roms, zugetraut wird. An die Seite des eisernen Bismarck stellt Daelen „in diesem gigantischen Geisteskampfe" den zum Titanen wachsenden Wilhelm Busch, der „Streiche von weithinreichender vernichtender Wucht" führt; diese Streiche verkörpern sich in den drei Bildgeschichten *Der heilige Antonius von Padua* (1870), *Die fromme Helene* (1872) und *Pater Filuzius* (1872).[143]

Das „Tendenzstückerl"[144] *Pater Filuzius*, eine Satire gegen Jesuitismus und Ultramontanismus, entstand auf Anregung Otto Bassermanns, des Verlegers und Freundes von Wilhelm Busch. Die Konjunktur der kulturkämpferischen Hochstimmung, auf deren Flut *Der heilige Antonius* und *Die fromme Helene* Auflage um Auflage erlebten, sollte genutzt werden. Eduard Daelen erzählt in seinem Buch über Wilhelm Busch einleitend die Anekdote eines Kleinstadt-Buchhändlers, der durch die Hölle und Verdammnis gegen den *Pater Filuzius* schleudernde Predigt des Pfarrers das beste Geschäft seines Lebens macht.[145] Im Unterschied zum *Heiligen Antonius* und der *Frommen Helene* haben die Figuren des *Pater Filuzius* von vornherein festgelegte allegorische Bedeutungen. Das Stück spielt im Hause des Junggesellen Gottlieb Michael, der als deutscher Michel den Staat verkörpert. Seinen Haushalt führen die beiden bejahrten, frommen Tanten Petrine und Pauline. Die beleibte Petrine mit dem Kreuz auf der Brust und ihrer großen Haube stellt die katholische Kirche dar, während die hagere, schwarzgekleidete Pauline mit dem pastorhaften Bäffchen die protestantische Kirche symbolisiert. Wegen des häufigen Zankes der Tanten ruht die Last der Hausarbeit fast ganz auf den Schultern der hübschen Base Angelika, der von aller ultramontanen Bevormundung freien Staatskirche der Zukunft. Unfrieden bringt der Pater Filuzius, denn er hat es zum Heil der Kirche auf das Vermögen von Gottlieb Michael abgesehen und scheut „nach jesuitischer Art" kein Mittel, um seinen Zweck zu erreichen (Abb. 61). Während Base Angelika den zudringlichen Jesuiten abwehrt und ihm Apfelmus um die Ohren schlägt, kommt er bei der Tante Petrine gut an, zumal er ihr den kleinen Kläffer Schrupp mitbringt, die ultramontane Presse. Auf das Kommando „Wo ist Ketzerl?" sträubt Schrupp sein Fell und knurrt die Tante Pauline an. Diese und Gottlieb leiden sehr unter den Flöhen des Hundes, bis Gottlieb kurz entschlossen den Köter in ein Faß mit Tabakslauge taucht, was die Plage beendet. Weitere Bestrafungen Schrupps, der von seinen Streichen gegen Pauline und Gottlieb nicht lassen kann, folgen. Der „Filou" Filuzius versucht

Abb. 61 Wilhelm Busch: Pater Filuzius, 1872

nun, Gottlieb zu vergiften; dieser aber bemerkt, wie der Jesuit etwas in die Suppe schüttet und stülpt die volle Schüssel dem im Fliederbusch am Fenster lauernden Pater auf den Kopf. Schrupp bekommt auch sein Teil, denn als er etwas von der verschütteten Suppe aufleckt, wühlt ein „namenloser Jammer" in seinem Leib herum. Filuzius schwört Rache und verbündet sich mit zwei finsteren Gestalten, die für Geld alles tun. Es sind der Inter-Nazi mit der Keule, Verkörperung der international eingestellten Sozialdemokratie und Jean Lecaq, der französische Erbfeind (Abb. 62). Zum Glück belauscht Angelika das Komplott der Bösen, und Gottlieb kann seine Freunde, Hiebel, den Wehrstand, Fibel, den Lehrstand und Bullerstiebel, den Nährstand, zur Hilfe rufen. In der Nacht schleichen sich Filuzius und seine Gesellschaft zu Gottliebs Bett, um ihn zu morden, treffen aber nur Schrupp, der sich dort zum Schlafe verkrochen hat. Hiebel, Fibel und Bullerstiebel, die nebenan gewacht haben, verprügeln die Eindringlinge und werfen sie zum Fenster hinaus in den Dreck. Nur Tante Petrine wehklagt über den Fall des Jesuiten. Zum Schluß heiratet Gottlieb die Base Angelika. Damit ist das Traumziel der Liberalen erfüllt, nämlich die Verbindung des Staates mit einer von Rom unabhängigen, nationalen Kirche. Busch hat sich brieflich zur Interpretation des *Pater Filuzius* geäußert.[146] Auch Daelen, der für sein Buch direkt von Busch Material und Hinweise erhielt, bringt dazu einiges Authentische.[147]

Typisch liberal erscheint das Motiv des bösen Bundes der klerikalen, partikularistischen und internationalistischen Kräfte, von Jesuit und Sozialdemokrat, die sich noch mit

Abb. 62 Wilhelm Busch: Inter-Nazi und Jean Lecaq, 1872

dem reichsfeindlichen Franzosentum zusammentun. Busch liegt hier ganz auf der Linie der Bismarckschen Kulturkampfvorstellungen. In die liberale Polemik mischen sich allerdings auch ständisch-konservative Elemente, wenn der Staat von den militanten Ständen unterstützt wird, von Wehr, Lehr- und Nährstand. Die Figur des Inter-Nazi[148] mit ihrer verwegenen Physiognomie, den Triefaugen, der Knubbelnase, dem struppigen Schnauzbart und Haar ist die Alptraumfigur des Bourgeois, der die Kraft des revolutionären Proletariats seit der Pariser Commune fürchten und denunzieren gelernt hat. Hier wird die Sozialdemokratie, für deren Forderungen nicht das geringste Verständnis besteht, in einem käuflichen Verbrechertyp mit dem Knüppel als Faust- und Argumentationswaffe abqualifiziert. Dieser Inter-Nazi von Busch kann die Verwandtschaft mit seinem affenhaften Nachfahren der Kladderadatsch-Karikatur vom 7. Juli 1878 nicht verleugnen.

Zentrales Anliegen der Satire ist der Angriff auf den Jesuitismus. Otto Bassermann, der Verleger, schickte Busch zur Vorbereitung des *Pater Filuzius* den *Jesuitenspiegel* von Adolf von Harleß, eine aus älteren Schwank-Sammlungen kompilierte antiklerikale Episodenkollektion sowie Otto von Corvin-Wiersbitzkis *Pfaffenspiegel* (1845). Mit Genugtuung registriert Joseph Kraus den Vorbehalt Wilhelm Buschs gegen den *Pfaffenspiegel*. Der Humorist hatte den „rationalistisch-vormärzlerischen Freischärlerton" gerügt. Kraus sieht im *Pfaffenspiegel* ein „Hetzbuch", das nach anfänglichem Verbot unter dem Regime des Dritten Reiches deshalb nach wenigen Monaten wieder freigegeben wurde, weil man „in Corvin einen gleichgearteten Ungeist" entdeckt hatte.[149] Es gibt nichts stärker von Ungeist Geprägtes als dieses Verdikt gegen den aufrechten Demokraten Corvin-Wiersbitzki, der wegen seiner freiheitlichen Gesinnung und seines politischen Engagements im badischen Volksaufstand von 1848 ein Opfer der Justiz wurde und später nach Amerika emigrierte. Die *Historischen Denkmale des christlichen Fanatismus*, so lautet der Titel der Erstausgabe des *Pfaffenspiegel*, stehen in der besten Tradition der deutschen Aufklärung seit Lessing, was insbesondere die Einleitung zeigt, die einen rationalistischen Abriß der Entstehung der Religionen und der feudalklerikalen Herrschaft gibt, und es erscheint gerechtfertigt, Corvin-Wiersbitzki gegen die ignorante, unflätige Abqualifikation durch Kraus selbst zu Wort kommen zu lassen. So heißt es in der Vorrede des Verfassers zur zweiten Auflage von 1868 am Beginn: „Es sind nun mehr als zwanzig Jahre verflossen, seit die erste Auflage dieses Buches in Leipzig erschien. Es begann damals sich überall zu regen. Der sich mündig fühlende Geist der Menschheit empörte sich gegen die ihm vom Despotismus vergangener Jahrhunderte aufgezwängten Formen, und die Regierungen wandten die schon oft erprobten Mittel an, ihn zur Unterwürfigkeit zu bringen. Die Zensur übte ihr Amt mit borniter Strenge; Zeitungen wurden widerrechtlich unterdrückt und Schriftsteller gemaßregelt und eingesperrt, denn durch sie sprach der Geist der Zeit zum Volk, welches nicht wissen sollte, daß es der Kinderstube entwachsen war."[150] Die Intention des *Pfaffenspiegels* richtete sich im Geist der Vormärzdemokraten gegen die feudalklerikale Bevormundung des Volkes. „Der religiösem Glauben entspringende Fanatismus zeigte sich überall als der entsetzlichste Feind der Freiheit, und um ihn zu bekämpfen und zu vernichten, schien es mir nötig, dem Volke nicht allein die gräßlichen Folgen des Fanatismus durch historische Beispiele vorzuführen, sondern auch zugleich die trüben Quellen des Glaubens selbst nachzuweisen, dessen Folge er ist."[151] Der vielgelesene *Pfaffenspiegel*, der 1869, 1870 und 1885 neue Auflagen erlebte, enthält Kapitel über Mißbräuche der katholischen Heiligenverehrung, des Papsttums, des Mönchswesens, der Beichte usw. Durch viele Kapitel zieht sich das Thema der jesuitischen Schlechtigkeit.

Der Pater Filuzius aus Buschs Satire handelt ausschließlich zum Vorteil der Societas Jesu nach dem verwerflichen, den Jesuiten von der allgemeinen Meinung untergeschobenen Grundsatz: Der Zweck heiligt die Mittel. Dieser Satz ist in Wirklichkeit die Verballhornung der Maxime: „Wenn der Zweck erlaubt ist, sind auch die Mittel erlaubt", die aus dem sehr oft wieder aufgelegten lateinischen Buch *Kern der Moraltheologie* (1650) des Jesuiten Hermann Busenbaum stammt. Der Autor verwirft ausdrücklich eine Anwendung unguter Mittel. Dennoch konnten die perfekte Organisation, anpassungsfähige Weltläufigkeit, Raffinesse in Wiedereroberung und Ausbau katholischer Positionen wie allerdings auch häufige Mißbräuche ihrer Machtstellungen den Jesuiten insbesondere von protestantischer Seite den Ruf einer Gesellschaft eintragen, die vor keiner Schändlichkeit zurückschreckt.

Einen berühmten Vorläufer besitzt die Figur des Pater Filuzius in der des Paters Rodin aus dem Feuilletonroman *Der ewige Jude* (Paris 1844/45 in *Le Constitutionel*) von Eugène Sue. Dieser Roman wurde mehrfach ins Deutsche übersetzt. Der Jesuitenpater Rodin versucht mit allen bösen und guten Mitteln, vor allen Dingen aber mit den Mitteln raffiniertester psychologischer Beeinflussung und ausgeklügelter Spitzelei das durch Zinseszins ins Unermeßliche angewachsene Erbe des Hugenotten Marius Rennepont, eines erbitterten Jesuitengegners, den Nachfahren der Familie zu entreißen. Durch die Schuld Rodins kommen fast alle erbberechtigten Renneponts ums Leben. Jedoch die Pläne des Jesuiten, den Schatz der Societas Jesu zu übereignen und selber zum General des Ordens aufzusteigen, scheitern. Der durch die Anstrengungen und Aufregungen seiner eigenen Machenschaften entkräftete Rodin stirbt, als die Wertpapiere aufgrund eines Geheimmechanismus der Kassette durch Brand zerstört werden. Die hugenottische Voraussicht trägt sozusagen den Sieg über die jesuitische Geldgier und Machtgier davon, zugleich rächt das Schicksal die jesuitische Verdrehung der Prinzipien der christlichen Ethik. Das Thema des protestantisch-jesuitischen Gegensatzes, auch populär durch den Antijesuitismus der Großen Französischen Revolution, wird zum zugkräftigen Reizmittel in diesem Abenteuerroman säkularisiert. Seinen zeitgenössischen Erfolg verdankte dieser Roman auch der antiklerikalen öffentlichen Meinung des Julikönigtums, die sich gegen die Wiedererrringung jesuitischer Machtpositionen richtete.¹⁵²

Einen antijesuitischen Akzent kann auch das Gemälde *Gründung der Gesellschaft Jesu* (Abb. 63) des protestantischen Historien-, Genre- und Landschaftsmalers Wilhelm von Lindenschmit d. J. nicht verleugnen. Es herrscht die düstere Atmosphäre einer verschworenen Geheimgesellschaft in einem dunklen Kabinett. Distanziert ist die hagere, asketische Figur des stehenden Ignatius von Loyola mit den fanatischen Raubvogelzügen in den Hintergrund gerückt. Vom hellerleuchteten, lebensgroßen Kruzifix, dem sich Loyola mit erhobenen Händen segenheischend zuwendet, ist nur das Unterteil mit den Beinen sichtbar, so als entzöge sich der wahre, ganze Christus diesem fanatisierten Kreise. Forcierte Andächtigkeit prägt mehrere der anwesenden Gründungsmitglieder, vor allen Dingen jedoch den rechts im Vordergrund sitzenden dürren Pater, der die Hände auf dem Knie des übergeschlagenen Beins zusammengelegt hat und das ausgemergelte Gesicht emphatisch ins Licht nach oben richtet. Man glaubt einen Zug von Heuchelei in dieser theatralischen Pose zu entdecken. Links vorn sitzt in Rückenansicht ebenfalls eine Repoussoirfigur, mit einem gewaltigen ausladenden Gewand bekleidet, mehr repräsentativ den Raum füllend als innern religiösen Geist auffassend und ausdrükkend. Diesen Gestalten ist zuzutrauen, daß sie sich über alle Bedenken nach dem Grundsatz: „Der Zweck heiligt die Mittel" hinwegsetzen. Die Züge protestantisch-kulturkämpferischer Propaganda sind deutlich. Zudem wird hier die Societas Jesu nicht als geistliches Glied der Kirche sondern als Menschenwerk im Augenblick des Entstehens empirisch erfaßt. Der rational greifbare äußere Augenschein des historischen Ereignisses triumphiert säkular über religiöse Gehalte. Vorrangig wird jedoch der Sinn für Abenteuer und Sensation durch das prickelnde Thema der dunklen Gegenreformationszeit sowie durch die „Katakombenatmosphäre" und die mystifizierende Lichtgestaltung angesprochen. – Ein antijesuitisches Gemälde des Weimarer Akademieprofessors Alexander Struys aus Antwerpen, das 1876 auf der Berliner Akademischen Ausstellung gezeigt wurde, rezensierte Gustav Heil auf seine ironisch-witzige Art: „Unter Denen, welche ihr Leinöl in das Feuer des Kampfes gießen, steht *Struys* mit seinen *Raubvögeln* obenan, sowohl durch die Leinwandbreite, als durch die Verständlichkeit des Gegenstandes. Wir befinden uns in einem Sterbezimmer, von Wacholderbeeren und Weihrauch umduftet; zwei schwarze Gesellen ex S.J. *gründen* eben einen sterbenden älteren Herrn, der Eine hält ihm mit süßlich dringender Ueberredung den *Prospectus* vor, während der andere Leichenvogel die schon kalte Hand des Opfers ergreift, um die für den Peters- oder Loyolapfennig nothwendige eigenhändige Unterschrift zu erzwingen. Daß die beiden schwarzen Verwaltungsräthe der *Actiengesellschaft Jesu* dem armen Himmelsactionär die Hölle mit eben so drastischen als gräulichen Farben gemalt haben werden, wie *Struys* es thut, läßt sich denken, dafür

Abb. 63 Wilhelm von Lindenschmit d. J.: Gründung der Gesellschaft Jesu, siebziger Jahre des 19. Jahrhunderts

stellen sie aber auch demselben die höchste Fructificirung seiner Unterschrift in Aussicht und schwören das Blaue vom Himmel dafür herunter. Das Bild, welches wie ein von einem gewiegten Criminalrath gemalter Steckbrief aussieht, eignet sich vortrefflich für das Panopticum und würde auch, auf Staatskosten in derselben Größe in Oeldruck vervielfältigt, auf Jahrmärkten und Wallfahrtsorten seine aufklärende Wirkung nicht verfehlen, und da der betreffende Künstler Professor an der Kunstschule in Weimar ist, unterliegt es auch keinem Zweifel, daß derselbe bald eine Reihe junger ölbeflissener Culturkämpfer in die Welt setzen wird, welche besser als Staatsanwalt und Landgendarmen es dem verehrten Culturfeind schon anstreichen werden."¹⁵³

Als „protestantischer Jesuit"¹⁵⁴ entpuppt sich in dem Roman *Kinder der Welt* (1872) von Paul Heyse der evangelische Kandidat Lorinser, der dem heuchlerischen Doktor Alopecius aus Buschs *Heiligem Antonius* ein wenig ähnelt. Die jesuitische Weltläufigkeit des Kandidaten und späteren Vikars drückt sich in der schmiegsamen Gewandtheit aus, mit der er in niederen, bürgerlichen und sogar Kreisen des Adels Eingang findet. Während Lorinser das philosophische Gespräch dazu benutzt, einer begeisterten Mystik jenseits protestantischer Konfessionsenge zu huldigen und alles, was uns „aus dem Beruhen in Gott herauslockt, um uns auf uns selbst zu stellen", mag es „weltlich betrachtet noch so verdienstlich scheinen", als „Sünde gegen den heiligen Geist"¹⁵⁵ diffamiert, macht sich dieser Heuchler unter dem Deckmantel eines honigsüßen evangelischen Pastoralstils an junge Mädchen aller Kreise heran, um sie zu verführen und bringt wohlhabende Damen um beträchtliche, zu karitativen Zwecken überlassene Summen. Auch dem guten Essen ist der „gottselige Teufel"¹⁵⁶ Lorinser mit seinem schleichenden Gang und einem Blick, der entweder fest auf dem Boden haftet oder gegenstandslos an der Zimmerdecke schweift¹⁵⁷, ergeben, und der mystisch-asketischen Fassade, ausgedrückt in der stark ausgeprägten Stirn, entspricht der beständig regsame, schmeckende große Mund¹⁵⁸, der die weltliche Genußfreudigkeit der Sinne als eigentliche Triebkraft verrät. Die literarische Lorinser-Figur mit ihrer chamäleonartigen sozialen wie religiösen Anpassungsfähigkeit und mit ihrer

Benutzung der Religion als Mittel zur Erreichung rein weltlich-sinnlicher Zwecke kennzeichnet eine Zeit, in der religiöses Denken und Empfinden in weiten Lebensbereichen relativiert, ja außer Kraft gesetzt sind.

Lorinser ist in diesem Roman jedoch nicht die einzige Figur, die liberale antiklerikale Tendenzen anzeigt und damit in der Kulturkampfargumentation einen bestimmten Stellenwert erhalten kann. Die Hauptfigur, Edwin Walter, Doktor der Philosophie und als philosophischer Schriftsteller tätig, verneint die Existenz eines nach christlichem Muster persönlichen Gottes, der in die Weltgeschichte wie ein Monarch permanent eingreift; denn das Leiden der Welt, das Regiment des Bösen, die Ungleichheit der Güter und Gaben bestehen ungehindert fort, und die Organisation ihrer Gemeinwesen müssen die Menschen selbst bestreiten. Wo aber die staatliche und gesellschaftliche Hilfestellung fehlt, ist das Individuum auf sich selber angewiesen. In einem Feuerbachschen Sinne wird die Gottesvorstellung als Produkt gesteigerter menschlicher Wunschbilder kritisiert.[159]

Der Freigeist Edwin bekräftigt vor der Professorenfrau Valentin seine Forderung nach Toleranz gegenüber den Zweifelnden, Ungläubigen, Irreligiösen, ja er verlangt sogar Lehrfreiheit für solche Geister. Die evangelische Frau Valentin, die als literarische Figur den Bereich der protestantischen Orthodoxie repräsentiert, kann solchen Gedanken nicht zustimmen und tritt für eine Beendigung des Unterrichtes ein, den Edwin ihrer Nichte Lea, seiner späteren Frau, erteilt.[160] Mit auktorialer Emphase ausgestattet, verficht der Philosoph einen Standpunkt, der jenseits des liberalen Protestantismus liegt und sich am ehesten in das Auffassungsspektrum der linksliberalen Fortschrittspartei einordnen läßt, wobei insbesondere das wichtige kulturkämpferische Ziel dieser Gruppierung, den Einfluß der christlichen Orthodoxie erheblich einzuschränken, um dem wissenschaftlich-technischen Fortschritt weiteren Raum zu verschaffen, berücksichtigt werden muß.

Auch das von Freud später so eindringlich aufgegriffene Problem der Gefahr einer Mißleitung der Masse durch Irreligiosität[161] wird zugunsten einer Erziehung zur wissenschaftlich gesicherten Wahrheit und damit in progressiv-liberalem Sinne entschieden. Denn das morsche Trümmerwerk des Glaubens vermöge die Verflachung und schlimme Verweltlichung jener breiten Schichten zwischen den Bereichen der mehrheitlich irreligiösen Bildung und des christlich-naiven Volksgemüts nicht zu bekämpfen. Es gehe jedoch darum, gerade in Bezug auf jene Schichten, der Übermacht des gedankenlosen Genusses und des „schnöden Materialismus unserer Tage" zu steuern.[162] Was die Arbeiter betrifft, würden diese durch christliche Lehren von ihrem Streben nach Bildung, die frei macht und Wissen, das die Welt beherrscht, abgehalten. In einer Versammlung des Arbeiterbildungsvereins erscheint das halb demütige, halb höhnische Jesuitengesicht des Kandidaten Lorinser, der die Arbeiter beschwört, es gehe nicht um das Reich dieser Welt, um Bildung und Wissen, sondern um das christliche Heil der Seele im Himmel. Der Buchdrucker Franzelius, Arbeiterfreund und Agitator, vertritt die Gegenposition. Er öffnet den Arbeitern die Augen, warnt sie vor dem „Bildungsstürmer" und „Himmelspächter" Lorinser, dem Feinde allen Erdenglücks, und malt überschwenglich die irdischen Freuden insbesondere der geistigen Genüsse an Kunst und Dichtung.[163]

Die „Kinder der Welt", die das Dasein mit seinen Leiden und Freuden ohne geistliche Bevormundung immanent weltlich erleben und auskosten wollen, stehen im Roman den Kindern Gottes gegenüber, die entweder wie der Kandidat Lorinser in sich widersprüchlich existieren und der Heuchelei und Korruption verfallen sind oder einer letztlich intoleranten christlich-beschränkten Orthodoxie frönen wie die Professorin Valentin. Das Glück allerdings, das die Kinder der Welt in ihrem diesseitsbezogenen Leben erringen, ist kein freischwebend-allgemeinmenschliches, sondern determiniert durch den Rahmen der bürgerlichen Ehe und Familie. Aus dem „Venusberg" eines Schlosses, wo er seiner früheren Geliebten Toinette wiederbegegnet, flieht Edwin Walter zurück zu seiner Ehefrau Lea, zurück in den beschränkten Kreis seines Mathematiklehrerdaseins in einer Provinzstadt, denn er kann sich dem Sinnengenuß nicht in dem Bewußtsein ergeben, die Gefühle seiner Frau damit tief zu verletzen. Auf diese Weise also findet das irdische Glück dieses Kindes der Welt seine bürgerlich-moralische Begrenzung.

Das gesellschaftliche Grundthema des Zweiten Deutschen Kaiserreiches, der große soziale Antagonismus zwischen Bürgertum und erstarkender Arbeiterbewegung, bleibt in Heyses Roman zugunsten einer klassenversöhnenden Perspektive ausgeblendet. Als Subjekte der Romanhandlung treten Arbeiter nur am Rande in Erscheinung. Indirekt ist die Arbeiterschaft repräsentiert durch die Figur des Buchdruckers Franzelius, der Flugschriften und Broschüren zur Verbesserung der Lage der Arbeiter verfaßt, druckt und unentgeltlich verteilt, der als Agitator für die Interessen der arbeitenden Bevölkerung eintritt und sich in einem Arbeiterbildungsverein betätigt. Franzelius wird als Bürgerschreck, als schwarzbärtige, trotzige Gestalt beschrieben, der alle wohlerzogenen und wohlgekleideten Freunde des Bestehenden auf der Straße lieber ausweichen, besonders im Winter, wenn er einen roten Schal trägt. Obwohl Franzelius neben seiner Buchdruckerlehre allerlei volkswirtschaftliche Studien an der Universität betrieben hat, ist er Edwin geistig unterlegen. Durchaus scheidet hier ein bildungsbürgerliches Gefälle die Geister. Sobald die Agitatorennatur des Franzelius von einer Menge angeregt wird, verkündet er mit leidenschaftlichem, dogmatischem Sinn die wenigen Kardinalsätze seiner Überzeugung.[164] Als unmittelbar handelnde Person tritt der Buchdrucker jedoch nur in den bürgerlichen Kreisen auf, die den hauptsächlichen Ort der Romanhandlung ausmachen. Auch diese Brechung bestimmt die indirekte Perspektive, unter der die Arbeiterschaft in Erscheinung tritt. Und Franzelius ist selber gar kein richtiger Arbeiter, sondern Handwerker wie sein Freund, der kunstdrechselnde Balder, der Bruder Edwins. Balder und Edwin, mithin der Handwerker und der bürgerliche Intellektuelle, hausen zusammen in einem Raum, der gleichzeitig als Schlaf- und Eßzimmer sowie als Werkstatt fungiert. Diese „proletarische" Lebensweise verbindet die Brüder, die aus einem wohlsituierten Bürgerhaus stammen, mit Franzelius.

Der Schluß des Romans läßt die klassenversöhnende Tendenz besonders deutlich hervortreten. Der Buchdrucker ist zum Kleinunternehmer mit eigenem Haus avanciert und wohnt mit seiner Familie neben dem Lehrerehepaar Edwin und Lea. Sowohl Franzelius als auch Edwin sind im Arbeiterverein des Städtchens tätig; Edwin hält dort Vorträge. Die Harmonie des Zusammenlebens von Bürgern, Handwerkern und Arbeitern, die alle frei ihren Interessen nachgehen können, manifestiert sich auch in der „Ständchen-Szene". Als wegen Unstimmigkeiten mit dem Hauptpastor Götze[165] dem Freigeist Edwin die Entlassung aus dem Gymnasialdienst droht, vereinigen sich die Bürger der Stadt zu einer abendlichen Ehrendemonstration vor dem Hause des Mathematiklehrers. Eine Gymnasiastengruppe singt Lieder. Anwesend sind die angesehensten Bürger der Stadt, Lehrer, Handwerker und Kollegen des Arbeitervereins. Konfliktfreie Solidarität bildet das gesellschaftliche Klassenziel des liberalen Bürgers Heyse.

In diesem Licht erhält auch die erwähnte Szene der Niederlage des Klerikalismus gegen den Bildungsoptimismus im Arbeiterbildungsverein eine spezifische Bedeutung: Die Arbeiter sollen mit der bürgerlichen Bildungswelt insbesondere von Kunst und Dichtung versöhnt und zu ihr emporgehoben werden.

Heyses Roman verdeutlicht paradigmatisch die bürgerlichen Begrenzungen einer nichtchristlich-freigeistigen Weltansicht, die zwar mit kulturkämpferischen Akzenten die asketische Einstellung, Wissenschaftsfeindlichkeit und Arbeiter-Demagogie (Lorinser-Figur) des Christentums angreift, jedoch trotz der Beseitigung religiöser Illusionen die realen Gegensätze der Klasseninteressen nicht zu erfassen vermag. – Es besteht eine gewisse Verwandtschaft zwischen der Kritik Heyses am protestantischen „Jesuitismus", der sich in der Welt der Wohlhabenden gleichsam schmarotzerisch einrichtet und die Religion heuchlerisch zu seinen Zwecken benutzt und der Katholizismuskritik Kaulbachs in der bereits behandelten *Tempelaustreibung* (Abb. 54); die katholischen Kleriker erscheinen in der Darstellung Kaulbachs als die von Christus fortgejagten Wechsler und Händler, die ihre geistliche Vermittlerrolle mißbrauchen und das ursprüngliche Evangelium der Armen und Elenden mit Füßen treten. – Die wichtigsten Positionen der bürgerlichen Christentumskritik im Zweiten Deutschen Kaiserreich sollen am Beispiel der Werke *Die Selbstzersetzung des Christentums und die Religion der Zukunft* (1874) von Eduard von Hartmann, *Der alte und der neue Glaube* (1872) von David Freidrich Strauß und *Der Antichrist* (1895) von Friedrich Nietzsche in dem folgenden Exkurs untersucht werden.

Exkurs: „Selbstzersetzung" und Kritik des Christentums im Zweiten Deutschen Kaiserreich

Die Erfahrungen der Religionskritik im 19. Jahrhundert und des Kulturkampfes ließen Eduard von Hartmann in seinem Buch *Die Selbstzersetzung des Christentums und die Religion der Zukunft* (1874) die grundsätzliche Frage stellen, „ob wir nicht am Ende an einem jener Punkte in der Geschichte stehen, wo eine grossartige Idee *alle* Phasen ihrer Entwicklung durchlaufen hat und unwiderruflich dazu verurteilt ist, zu Gunsten neueintretender leitender Ideen vom Schauplatze abzutreten." Nach Hartmann hat sich das Christentum mit seiner absoluten Entgegensetzung von Diesseits und Jenseits, Verlegung des Schwerpunktes des Interesses in das Jenseits und Ächtung des Diesseits in der urchristlichen Zeit und im Mittelalter erschöpft. Die Verfälschung des Christentums habe zu der Zeit begonnen, in der es Staatskirche und damit weltliche Macht geworden sei, denn seitdem habe

sich neben dem „esoterischen" Christentum ein rein „exotirisches Weltchristentum" etabliert: „Mit dem zunehmenden extensiven Uebergewicht dieses exoterischen Christenthums flüchtete sich das esoterische in die Freistatt der Orden und Klöster, um sich rein von weltlicher Befleckung zu erhalten. Aber mit der Decadence des Mittelalters verfielen auch die Orden und Klöster, die mannichfachen Versuche der Restitution des esoterischen Urchristenthums (Huss, Savonarola u.s.w.) scheiterten an der zunehmenden Entfremdung der Zeit von der christlichen Idee, die Reformation endlich zerstörte durch Aufhebung der religiösen Orden das leere Gehäuse, in dem das esoterische Christenthum am längsten gewohnt hatte, und behielt nur das exoterische Weltchristenthum übrig, das sie energisch fortfuhr, immer mehr zu verweltlichen."[166] Der Katholizismus, der nach Hartmann in der Enzyklika *Quanta cura* und dem *Syllabus errorum* den höchsten Errungenschaften der modernen Geistesentwicklung den „Krieg auf's Messer"[167] erklärt habe, sei bereits zu Beginn der Reformation erledigt gewesen, die Gegenreformation „war nur die künstliche Galvanisation eines innerlich bereits erstorbenen Leichnams".[168] Im Sinne des Liberalismus faßte Hartmann die Reformation als geistige Emanzipationsbewegung auf: „In der That ist das Leben des Katholicismus seit der Reformation nur ein Scheinleben; die katholischen Völker sind geistig *todt*, soweit nicht *antikatholische* und *antichristliche* Strömungen in ihnen aufgetaucht sind. Der Culturfortschritt seit der Reformation ruht in geistiger Hinsicht *ausschließlich* auf den Schultern des *Protestantismus* und auf jenen Strömungen in katholischen Völkern, die sich mit mehr oder weniger Bewusstsein auf die Errungenschaften des Protestantismus stützen."[169] Das den Kulturfortschritt fördernde protestantische Prinzip besteht nach Hartmann einerseits in der freien Forschung, die als Wissenschaft bestrebt ist, ihren eigenen rationalen Gesetzen zu folgen und deshalb den religiösen Glaubenssätzen widerspricht, andererseits in der religiösen Gewissensfreiheit, die in letzter Konsequenz eine Negation jener Moralgesetze fordert, die aus dem göttlichen Willen abgeleitet sind; die religiöse Gewissensfreiheit verlangt im Grunde die ethische Selbstbestimmung, Autonomie des Menschen.[170] Das protestantische Prinzip negiere demnach nicht allein die dogmatische Autorität der katholischen Kirche sondern auch die christlich-dogmatischen Grundlagen des Protestantismus selber und befördere die Selbstzersetzung des Christentums: „Der Protestantismus ist nichts als das Uebergangsstadium vom abgestorbenen echten Christenthum zu den modernen Culturideen, die den christlichen in den wichtigsten Punkten diametral entgegengesetzt sind, und deshalb ist er durch und durch widerspruchsvoll von seiner Geburt bis zu seinem Tode, weil er sich auf allen Stufen seines Lebens mit der Vereinigung von Gegensätzen abquält, die ihrer Natur nach unvereinbar sind."[171]

Hartmann plädierte dafür, das Christentum als überlebt aufzugeben, doch war er weit von einem gänzlich unreligiösen Standpunkt entfernt, wie ihn Heyse in dem untersuchten Roman *Kinder der Welt* vertrat. – Der Philosoph konstatierte zwei weltanschauliche Extreme der zeitgenössischen Gegenwart: „(...) die katholische Kirche erhob sich in Staunen und Schrecken erregender Gewalt und bewies, wie sehr sie noch im Stande sei, die Massen zu fanatisiren, wenn sie dieses Ziel energisch und consequent verfolgt, und als Gegenstück zeigte uns die nackte Bestialität der Socialdemokratie in ihrem cosmopolitischen Jubel über die Gräuel der Commune, bis zu welchem Grade der Roheit das Volk gelangt, wenn ihm mit der Religion die einzige Gestalt abhanden kommt, in welcher ihm der Idealismus zugänglich ist."[172] Wie selbst der Linksliberalismus brachte Hartmann für die revolutionären Ereignisse 1870/71 in Paris kein Verständnis auf und verurteilte als Bourgeois die „cosmopolitisch", mithin nicht „national", nicht „reichspatriotisch" eingestellte Sozialdemokratie, die durch ihre Solidarität mit der Pariser Commune ihr wahres, „irreligiös-bestialisches" Gesicht offenbart habe. Während Marx und Engels in der sozial und politisch fundierten Religionskritik ein Mittel sahen, über die Religion als ideologisches Machtmittel der herrschenden Klassen aufzuklären, hielt Hartmann, dessen Idealismus auch in der rein geistesgeschichtlichen Auffassung der Religionsentwicklung deutlich wurde, die Religion als „Haupterziehungsmittel" des Volkes zu einer „idealen Weltanschauung" für unentbehrlich und betonte, daß der „Culturfortschritt" dieses Erziehungsmittel nicht preisgeben dürfe, da er sonst „dem Ueberwuchern culturfeindlicher, die Religion zum Deckmantel nehmender Tendenzen Vorschub leiste".[173] Da jedoch das Christentum am Ende und keinesfalls mit den „modernen Culturideen" zu vereinbaren sei, müsse eine „neue Religion" gefunden werden, die vor allen Dingen auf den anthropomorphen, „anthropopathischen" Begriff des persönlichen Schöpfergottes zu verzichten habe. Der bürgerliche Idealist Hartmann hielt einen „Panmonotheismus" als Religion der Zukunft für geeignet.[174]

Im Unterschied zu Hartmann zog David Friedrich Strauß aus seiner Kritik des Christentums die Konsequenz eines radikalen Atheismus. An Scharfsinnigkeit der antichristlichen Argumentation ist der „Freigeist" David Friedrich Strauß dem „Freigeist" Heyse weit überlegen. In seinem Buch *Der alte und der neue Glaube* (1872), das von Friedrich Nietzsche als Ausdruck bildungsphilisterhafter Mittelmäßigkeit abgelehnt wurde[175], das jedoch einen Einblick in charakteristische Gedankengänge des zeitgenössischen Bildungsbürgertums vermittelt und aufgrund seiner eingängigen Sprache rasch populär wurde, vernichtet der gelernte protestantische Theologe Strauß in einer systematischen Kritik das die christliche Lehre fundierende apostolische Symbolum Artikel für Artikel. Die historisch-philosophische Kritik der Evangelien und ihrer zentralen Figur Jesus Christus vervollständigen das Werk der Zerstörung des alten Kirchenglaubens, so daß die den ersten Teil des Buches überschreibende Frage „Sind wir noch Christen?" entschieden verneint werden muß.

In der Situation des Kulturkampfes, in der nach der Ansicht des Verfassers der römische Katholizismus als Antwort auf das Erstarken des Protestantismus im Norddeutschen Bund sowie die Ausschaltung Österreichs seine ganze geistlich-weltliche Macht diktatorisch in der Hand des für unfehlbar erklärten Papstes zusammenfaßt und die Staatsgewalt des neugegründeten Deutschen Kaiserreiches den drohenden ultramontanen kirchlichen Übergriffen entgegentritt[176], will Strauß seine Stimme zugunsten der modernen Weltanschauung erheben, die man „das mühsam errungene Ergebnis fortgesetzter Natur- und Geschichtsforschung, im Gegensatz gegen die christlich-kirchliche nennt".[177] Von einem atheistisch-irreligiösen Standpunkt aus, der als „Religion" nur noch das Gefühl der Abhängigkeit der Menschen gegenüber dem umgreifenden Weltgetriebe und Universum gelten läßt[178], entwickelt Strauß seine Ansichten über Wissenschaft, Gesellschaft, Staat und Kunst. Herausgehoben seien hier zwei zunächst sehr disparat erscheinende Bereiche, die Fragen der menschlichen Sinnlichkeit und des vierten Standes, die „Arbeiterfrage".[179] Die abrißhafte Auseinandersetzung mit den Auffassungen von Strauß bildet dabei nur den vorläufigen Einstieg in eine insbesondere aufgrund bildkünstlerischen Materials christlicher Darstellungen differenzierter zu führende Diskussion.

Strauß lehnt ein Abtöten der Sinnlichkeit in der christlichen Askese und damit implizit Zölibat sowie Mönchstum ab. Zunächst faßt er den Begriff der Sinnlichkeit allgemein als Einrichtung zur Empfindung äußerer Reize und zur Anregung sowie Determination von Tätigkeiten durch Empfindungen.[180] Die Hauptfrage bildet für Strauß die sittliche Kontrolle und Veredelung der Gewalt der Sinnlichkeit im menschlichen Zusammenleben. Der Verfasser verfolgt also von vornherein eine privativ-moralisierende Perspektive: so bleiben Probleme wie die der unbeschränkten Selbstverwirklichung des Menschen in sinnlich-praktischer Tätigkeit und Produktion oder der Herstellung von Reizkonstellationen, die ein unmittelbar freies, komplexes Genießen sinnlicher Eindrücke ermöglichen, a priori ausgeklammert. Wenn als gattungsgemäß menschlich die Vermitteltheit der Reiz-Reaktionsfolge durch vergleichende Erfahrung und abstrahierend gewonnen Prinzipien dem unkontrollierten, unmittelbaren Verhalten der Tiere gegenübergestellt und als Beispiel für tierhaftes Verhalten der Messerstich des durch den leichtesten Schlag oder nur ein böses Wort gereizten rohen Bauernjungen oder Arbeiters angeführt werden[181], hüllt sich die verdikthafte Beschränkung der Sinnlichkeit in ein moralisierendes klassenmäßig-bildungsbürgerliches Vorurteil. Ein solches Denken könnte in die Konsequenz münden, daß man gegen die rohe Macht der „Sinnlichkeit" unterer Schichten und Klassen den Schutz von Staats- und Polizeigewalt aufbieten muß.

Außer der Fähigkeit, dem sinnlichen Reiz durch Vergleichen und Denken zu widerstehen, besitzt der Mensch nach Strauß im Unterschied zur Tiergattung das Vermögen, sich in solidarisch verbundenen Gemeinschaften über die Natur zu erheben und in ihnen die Sinnlichkeit durch die Anerkennung der anderen Mitglieder als gleiche Wesen sowie durch die Achtung vor den Einrichtungen der Familie, des Staates usw. zu begrenzen.[182] Das Problem, ob die sinnlichen Bedürfnisse in jedem Fall durch die Anpassung an bestehende gesellschaftliche und politische Ordnungen befriedigt werden können, fällt Strauß nicht ins Auge.

Unter den sinnlichen Reizen ist der geschlechtliche einer der stärksten und deshalb am meisten der sittlichen sowie ästhetischen Veredelung bedürftig. Der Verfasser entwickelt skizzenhaft eine Kulturgeschichte der Geschlechtsverhältnisse und betont den asketischen Zug des Christentums in Abhebung zur Sinnenfreudigkeit der Antike. Christus und Paulus stehen mit ihren Ansichten über die Sinnlichkeit der jüdischen Sekte der Essener nahe, die Fleisch- und Weingenuß sowie die Ehe ablehnen. Das Christentum opponiert gegen die dekadente Ausschweifung und Sittenverderbnis am Ende der römischen Republik und Beginn der Kaiserzeit. Christen- und Germanentum sind es, die die Ehe sittlich und

61

im Gemüt veredeln, obgleich der christlich-asketische Zug hinderlich bleibt. „Der gesunde germanische Geist hatte lange Zeit und die Unterstützung durch die antike Denkweise im Humanismus nötig, ehe er in der Reformation wenigstens die Askese abzuwerfen imstande war; ohne jedoch, weil die verkehrte Grundanschauung vom Sinnlichen blieb, sich der Heuchelei und des Muckertums gründlich entledigen zu können."[183] Ähnlich wie Heyse hält Strauß an der bürgerlich-sittlichen Ehe fest, die er sogar mit hymnisch-religiösen Worten zu preisen vermag: „Der Vielweiberei haftet durchaus etwas Tierisches an: die Grundlage alles wahrhaft menschlichen Zusammenlebens wird immer der heiligen Zirkel bleiben, den Mann, Frau und Kind, gleichsam das sittliche Universum im kleinen, die unmittelbarste Gegenwart des Göttlichen in der Menschenwelt, miteinander bilden."[184]

Nähert sich Heyse mit seiner milden Versöhnungsperspektive, die den bürgerlichen Freigeist, den Handwerker und Arbeiter solidarisch zu verbinden sucht, der Ideologie der liberalen Fortschrittspartei, so rückt seine antisozialistische Einstellung Strauß auf die Seite des Nationalliberalismus. Der Sozialdemokrat Franz Mehring konstatiert das eklatante Auseinanderfallen der fortschrittlichen Religionskritik und der reaktionären Gesellschafts- und Staatsauffassung in Strauß' Spätwerk: „Das Buch von David Strauß über den alten und neuen Glauben predigt in seiner ersten Hälfte den entschlossensten Atheismus, in seiner zweiten Hälfte aber den reaktionärsten Reichspatriotismus."[185] Der vierte Stand wird von Strauß, für den die Pariser Commune ein Auswuchs der in Frankreich seit Jahrzehnten heranschwellenden sozialistischen Beule ist, als „ungesundester Fleck der jetzigen Gesellschaft" bezeichnet. Die Arbeiter trifft der moralisierende Vorwurf, sie seien von Neid gegen den Besitz und rohesten Haß gegen Kunst und Wissenschaft als Luxus des Besitzes erfüllt.[186] Der Verfasser plädiert für eine Abschaffung des allgemeinen Wahlrechts und die Wiedereinführung eines nach Besitz abgestuften Zensuswahlrechts, denn man darf „durchschnittlich annehmen, daß der Besitzende besser unterrichtet, vielseitiger gebildet sei als der Besitzlose"[187] und deshalb eher fähig und berechtigt, die gesellschaftlich-politischen Geschicke mitzubestimmen. Da die Ungleichheit des privaten Besitzes geradezu die Voraussetzung jeden Bildungsfortschritts ist[188], müssen Bestrebungen zur Umkehrung der bestehenden sozialen und Besitzverhältnisse, wie sie die Erste Internationale Arbeiterassoziation, von Strauß als „auswärtige Gesellschaft" apostrophiert, in allen Ländern verfolgt, durch das Eingreifen der Staatsgewalt verhindert werden. „Wahrhaftig, Aufforderung genug für die neue deutsche Staatsgewalt, ihres Amtes zu warten und zuzusehen, daß das gemeine Wesen nicht Schaden nehme."[189] Im Sinne kulturkämpferisch-nationalliberaler Doktrinen sind der sozialistische und ultramontane, speziell jesuitische Internationalismus, mithin „schwarze Kappe" sowie „rothe Mütze" die zusammengehörigen Feinde des von Strauß begrüßten monarchischen Nationalstaates[190] mit so „erhabenen Gestalten" wie Moltke und Bismarck[191] sowie der Dynastie der Hohenzollern, die „in allen deutschen Herzen tiefe unaustilgbare Wurzeln geschlagen hat"[192], an der Spitze.

Der Affekt des Hasses durchdringt Friedrich Nietzsches Verdikt gegen das Christentum, die verachtungswürdige Weltsicht der Schwäche, in *Der Antichrist. Fluch auf das Christentum* (1888, publiziert 1895). Der Kulturkampf-Historiker Georg Franz-Willing bezeichnet Nietzsche als den bedeutendsten Vertreter radikalen Freidenkertums und antichristlicher, heidnischer Gesinnung in der zweiten Hälfte des 19. Jahrhunderts.[193] Entgegen der Auffassung von Harald Landry ist Nietzsches Lebensbegriff, der den antichristlichen Angriff fundiert, nicht als einfach gesetzter philosophischer Kardinalbegriff eingeführt.[194] Sondern Leben bedeutet für Nietzsche das naturwissenschaftlich zu fassende, durch den biologischen Lebenstrieb bestimmte Dasein des Menschen als Glied in der Abstammungsreihe der Tiere, die vom Darwinschen Entwicklungsgesetz der Selektion beherrscht wird. Der Mensch ist für den Philosophen eine physiologisch zureichend erklärbare, letztlich durch Instinkte determinierte „machina".[195] Bewußtsein und Geist werden als Organ aufgefaßt, das mit seinem „Versuchen, Tasten, Fehlgreifen" ein Symptom der relativen Unvollkommenheit des Lebewesens Mensch und seines Organismus darstellt.[196] Der Wille ist nicht frei, sondern das Handeln erfolgt notwendig als Resultante eines komplizierten Musters aus Reizen und Reaktionen.[197] Nietzsche wendet sich mit solchen Thesen, die allerdings im Banne der positivistischen Wissenschaftsgläubigkeit seiner Zeit stehen, gegen jede Art der idealistischen Menschenlehre. Es gilt im Einklang mit dem großen Gesetz der Entwicklung, dem der Selektion, einen höherwertigen Typus Mensch zu züchten, der die schwächeren Individuen beherrscht und in dem der Lebenstrieb als Wille zur Macht besonders ausgeprägt ist. Ethisch gut ist in diesem Sinn „Alles, was das Gefühl der Macht, den Willen zur Macht, die Macht selbst im Menschen erhöht", schlecht, „Alles was aus der Schwäche stammt". Glück ist „Das Gefühl davon, daß die Macht *wächst* – daß ein Widerstand überwunden wird."[198]

Das Christentum, das Partei für alles Schwache, Niedrige, Mißratene ergreift und dessen Ideal im Widerspruch zu den Erhaltungsinstinkten des starken Lebens steht, tut die Grundinstinkte des höheren Typus Mensch, der im Verhältnis zur Gesamt-Menschheit als Übermensch erscheint, in den Bann.[199] Das Mitleid, zentraler Begriff der christlichen Religion der Nächstenliebe, steht im Gegensatz zu den tonischen Affekten, die die Energie des Lebensgefühls erhöhen. Das Mitleid vervielfältigt die Einbuße an Kraft, die das Leiden sowieso dem Leben bringt, es erhält, was zum Untergang reif ist, es wehrt sich zugunsten der Enterbten und Verurteilten des Lebens, es durchkreuzt als depressiver und kontagiöser Instinkt die Instinkte, die auf Erhaltung und Werterhöhung des Lebens aus sind. So wirkt das Mitleid als Multiplikator des Elends und Konservator alles Elenden, als Hauptwerkzeug der „décadence", gegen die sich Nietzsche mit Nachdruck und Emphase wendet.[200]

Das Christentum entspringt, wiederum „physiologisch" erklärt, einer extremen Leid- und Reizfähigkeit, die jedes Berührtsein fluchtartig meidet, weil sie zu tief empfindet. Alle Abneigung, Feindschaft, alle Grenzen und Distanzen im Gefühl verursachen eine unerträgliche Unlust und werden ausgeschlossen. Die höchste Seligkeit besteht darin, niemandem mehr Widerstand entgegensetzen zu müssen, alle zu lieben. Dies ist der Gipfel der „décadence", die auch hier letztlich biologisch-„physiologisch" begründet erscheint.[201] Die Evangelien bieten eine seltsame und kranke Welt wie aus einem russischen Roman: der Auswurf der Gesellschaft,

Nervenleiden und kindliches Idiotentum geben sich dort ein Stelldichein.²⁰² Nietzsche greift die breite, zumeist positive zeitgenössische Tolstoi- und Dostojewski-Rezeption an, wiederum als „Unzeitgemäßer".

Als Folge der krankhaften Leid- und Reizfähigkeit ergibt sich ein „Instinkt-Haß" gegen die Realität, gegen Sinnlichkeit, Vernunft und Wissenschaft. Die Verachtung des Leibes, der Sinnenfreuden, der Freude überhaupt stimmt mit der Verlegung des Schwergewichts des Lebens ins Jenseits, damit ins Nichts, überein.²⁰³ Das Christentum lehrt im Gegensatz zur Wissenschaft eine Fiktionswelt, nämlich lauter imaginäre Ursachen wie Gott, Seele, Ich, Geist, freier Wille, lauter imaginäre Wirkungen wie Sünde, Erlösung, Gnade, Strafe, Vergebung der Sünden, den Verkehr zwischen imaginären Wesen wie Gott, Geistern, Seelen, eine imaginäre Psychologie mit Entitäten wie Reue, Gewissensbiß, Versuchung des Teufels, die Nähe Gottes, das Jüngste Gericht, das ewige Leben. Diese Fiktionswelt unterscheidet sich von der des Traums darin, daß sie nicht wie jene die Wirklichkeit widerspiegelt, sondern sie fälscht, entwertet, verneint, ihre Naturgesetzlichkeit ad absurdum führt.²⁰⁴

Wie es seine Geschichte zeigt, hegt das Christentum eine Todfeindschaft gegen die Weisheit der Welt, gegen die Wissenschaft. Der christliche Wunderglaube, der die Voraussetzungen wahrer, natürlicher Erkenntnis zerstört, ist das Veto gegen die Wissenschaft. Zudem resultiert der Glaube aus der Schwäche der Masse, der „Herdentiere", die ein von außen her bindendes Regulativ nötig haben, das ihnen Halt gibt so wie der Zwang der Sklaverei die einzige und letzte Bindung ist, unter der der willensschwache Mensch gedeiht. Der starke Antagonist des Gläubigen ist der sein Selbst behauptende und die Schwierigkeiten der autonomen wissenschaftlichen Wahrheitsfindung nicht meidende Skeptiker.²⁰⁵

Nietzsches aristokratische Aversion gegen den „niederen Typus Mensch" drückt sich auch in seinem Antisozialismus aus. Das christliche Prinzip der Unsterblichkeit der Seele schafft eine unerträgliche Ranggleichheit der Menschen. „Das Gift der Lehre 'gleiche Rechte für alle' – das Christentum hat es am grundsätzlichsten gesät; das Christentum hat jedem Ehrfurchts- und Distanz-Gefühl zwischen Mensch und Mensch, das heißt die *Voraussetzung* zu jeder Erhöhung, zu jedem Wachstum der Kultur einen Todkrieg aus heimlichsten Winkeln schlechter Instinkte gemacht – es hat aus dem *ressentiment* der Massen sich seine *Hauptwaffe* geschmiedet gegen *uns*, gegen alles Vornehme, Frohe, Hochherzige auf Erden, gegen unser Glück auf Erden...".²⁰⁶ Vom Christentum hat sich das Verhängnis bis in die Politik geschlichen. Niemand hat mehr den Mut zum Aristokratismus, zu Sonderrechten, Herrschaftsrechten, im Gegenteil, man hat dem niederen Typus des Arbeiters Zugeständnisse gemacht: „Die Hoffnung ist vollkommen vorüber, daß hier sich eine bescheidene und selbstgenügsame Art Mensch, ein Typus Chinese zum Stande herausbilde: und dies hätte Vernunft gehabt, dies wäre geradezu eine Notwendigkeit gewesen. Was hat man getan? (...) Man hat den Arbeiter militärtüchtig gemacht, man hat ihm das Koalitionsrecht, das politische Stimmrecht gegeben: was Wunder, wenn der Arbeiter seine Existenz heute bereits als Notstand (moralisch ausgedrückt als *Unrecht* –) empfindet? Aber was will man? nochmals gefragt. Will man einen Zweck, muß man auch die Mittel wollen: will man Sklaven, so ist man ein Narr, wenn man sie zu Herrn erzieht. –"²⁰⁷ Es ist interessant, daß Nietzsche hier das im Kulturkampf verschriene jesuitische Zweck-Mittel-Denken für die Ziele seiner Argumentation dialektisch umformt und ausbeutet. Ein aristokratisch-konservativer Ständebegriff tritt zutage, der die Gesellschaft in einem Stufengefälle niederer und höherer Stände fixiert sehen möchte, wobei die niederen zugleich die dienenden Stände sind. Der Haß des bürgerlich-antibürgerlichen Philosophen des „Unzeitgemäßen" trifft vor allen Dingen die Führer des Sozialismus: „Wen hasse ich unter dem Gesindel von Heute am besten? Das Sozialisten-Gesindel, die Tschandala-Apostel, die den Instinkt, die Lust, das Genügsamkeits-Gefühl des Arbeiters mit seinem kleinen Sein untergraben – die ihn neidisch machen, die ihn Rache lehren ... Das Unrecht liegt niemals in ungleichen Rechten, es liegt im Anspruch auf 'gleiche' Rechte ..."²⁰⁸ Von der marxistischen Religions- und Feuerbachkritik hat Nietzsche keine Kenntnis, sonst würde er nicht die Sozialisten mit Aposteln identifizieren und den Sozialismus in die Nähe der christlichen Religion des Mitleids, der Nächstenliebe und der gleichmachenden Unsterblichkeit der Seele rücken. Der Biologismus Nietzsches, der nur die „Physiologie" als Anthropologie gelten läßt und höchst großzügig mit dem Begriff des „guten und schlechten Instinkts" verfährt, nivelliert den Unterschied zwischen dem instinktgebundenen Tier, das unmittelbar in seine natürliche Umwelt eingepaßt ist und dem Menschen, der seine Umwelt und sein Zusammenleben bewußt verändern kann. Nietzsches antiidealistischer Biologismus verhindert die adäquate Einsicht in gesellschaftliche, ökonomische, soziale und politische Zusammenhänge.

Dieser Abriß bürgerlich-antichristlicher Äußerungen mag den geistesgeschichtlichen Prozeß der Relativierung christlicher Ideen und Prinzipien innerhalb des Bürgertums während der Zeit des Kulturkampfes in den siebziger und achtziger Jahren veranschaulichen. Diese Relativierung kommt einem Verzicht auf ideologische Illusionen gleich, der durch die voranschreitende Verwissenschaftlichung und die immer stärkere Entwicklung prosaischer Lebensverhältnisse durch die Industrialisierung, Technisierung und Kapitalisierung ausgelöst wird. Dennoch bleibt mit diesem Illusionsverzicht die Schranke der bürgerlichen Weltsicht undurchbrochen. Dies zeigt sich in der verschiedengestaltigen Verdrängung der dem historischen Prozeß zugrundeliegenden gesellschaftlichen Antagonismen. Parallel zur bürgerlichen Entchristlichung verläuft die der unteren Schichten und Klassen, vor allen Dingen der Arbeiterschaft in den Großstädten, durch die rasche Ausbreitung des Sozialismus. Im Gothaer Programm der Sozialdemokraten (1875) wurde die Religion zur bloßen Privatsache des Einzelnen erklärt. Den Hauptrückhalt besaßen die Kirchen in den mittleren und gehobenen, zugleich den „staatstragenden" Schichten des Bürgertums. Das Bündnis von Thron und protestantischem Altar bestand seit dem Niedergang des Liberalismus und dem Umschwung zur Herrschaft konservativer Kräfte und Ideologien verstärkt als „Cäsaropapismus" fort, wobei der Konfessionalismus der Kirchen zunahm.

Der im Kulturkampf einen Höhepunkt erreichende Prozeß der Aufspaltung der bürgerlichen Ideologie in ein christliches und ein indifferent-weltliches oder betont antichristliches Lager setzte sich auch im Bereich der Bildkunst durch. Die stillagenhohen Gattungen der religiösen und Historienmalerei wurden seit den dreißiger Jahren des 19. Jahrhunderts durch einen sich rasch verbreiternden Strom der Genremalerei relativiert; der von der offiziellen Kulturpolitik geförderte Idealismus mußte seit Beginn der fünfziger Jahre eine sich stetig verstärkende Konkurrenz des Realismus, seit Beginn der siebziger Jahre des „oppositionellen Naturalismus" hinnehmen.[209] Die allgemeine Säkularisierung bewirkte einen bis in die siebziger Jahre des 19. Jahrhunderts anhaltenden Rückgang der Produktion religiöser Gemälde, der insbesondere auf den öffentlichen Kunstausstellungen, wichtigen Umschlagplätzen des Kunsthandels, deutlich wurde. Dennoch unterstützte die staatliche Kulturpolitik gerade auch im neugegründeten „evangelischen" Kaiserreich unvermindert den Ankauf religiöser Bildwerke, vergab Aufträge zur Ausstattung von Museen und Schulen mit christlichen Wandbildern[210] und förderte den Neubau und die künstlerische Ausgestaltung von Kirchen.[211] Im „Gegenkampf" zur Säkularisierung etablierte sich, wenn auch in bescheidenem Rahmen, ein spezielles Expositionswesen christlicher Kunst, das in den neunziger Jahren und im ersten Jahrzehnt des 20. Jahrhunderts, mithin in der noch zu behandelnden Phase des Neuidealismus, kulminierte.[212] Ähnlich bestanden seit der zweiten Hälfte des 19. Jahrhunderts neben den profanen gesondert christliche Kunstzeitschriften. Neugründungen erfolgten hauptsächlich in den achtziger und neunziger Jahren sowie zu Beginn des 20. Jahrhunderts.[213] Das Pendant zu den Kunstvereinen bildeten im Zweiten Deutschen Kaiserreich Assoziationen zur Förderung christlicher Kunst.[214] Eine eigene Geschichtsschreibung christlicher Kunst entwickelte sich.[215] Das von der kunsthistorischen Forschung ins 19. Jahrhundert verlegte „Ende" der christlichen Kunst trat erst nach der Periode des Neuidealismus, also mit dem Ausklang des Expressionismus ein.[216] Allerdings verschärften sich während der siebziger bis neunziger Jahre des 19. Jahrhunderts die Auseinandersetzungen zwischen Wissenschaft und Glauben, Vernunft und Phantasie, Weltzuwendung und Askese, Sinnlichkeit und Vergeistigung, zwischen einem „sozialen" Evangelium der Mühseligen und Beladenen und einem der „allgemeinen christlichen Offenbarung", zwischen idealistischen, realistischen und naturalistischen, traditionellen und innovativen Gestaltungsweisen der profanen und christlichen Bildkunst.

Die Negation der Neuzeit durch die Beuroner Schule

Die St. Mauruskapelle nahe bei dem Ort und Benediktinerkloster Beuron im Süden Baden-Württembergs ist sowohl architektonisch als auch hinsichtlich der Ausmalung und Ausstattung eines der zentralen Werke des Paters Desiderius (Peter Lenz) und damit der von ihm begründeten Beuroner Kunstschule. Die Kapelle wurde im Auftrage der Stifterin des Klosters Beuron, der Fürstin Caterine von Hohenzollern 1868 bis 1870 errichtet und von Lenz unter der Mitarbeit des Malers Jakob Wüger und dessen jungem Schüler Fridolin Steiner ausgestaltet, die ähnliche Kunstansichten vertraten.[217] Das Wesen des antinaturalistischen, im Einklang mit den Prinzipien der katholischen Fundamentaltheologie stark abstrahierenden Beuroner Stils ist in den Worten des Peter Lenz prägnant auf den Begriff gebracht: „An aller körperlichen formalen Schönheit, soweit sie nicht aus dem Geiste geboren ist, liegt nichts, weil sie blos die Sinne zu ergötzen vermag, der Geist aber leer ausgeht. Diesen zu heben ist aber die Aufgabe der hohen Kunst."[218] Mit seiner religiösen „Stilkunst" bezog Lenz Position in der Auseinandersetzung des Katholizismus seiner Zeit. Pointiert schreibt Harald Siebenmorgen, einer der besten Kenner Beuroner Kunst: „Wie er bei der Rechtfertigung seines Stiles auch auf das Vergleichbare im Autoritativen und Zwingenden der katholischen Dogmen verwies, so sind seine Absichten ebenso dem von Pius IX. u.a. mit dem 'syllabus errorum' 1864 geführten Kampf gegen Materialismus, Darwinismus und Liberalismus verpflichtet."[219]

Eine vergleichende Konfrontation des Kreuzigungs-Freskos von der Altarwand (Rückwand) der St. Mauruskapelle (Abb. 64) mit dem wenige Jahre später entstandenen Gemälde *Die Kreuzigung Christi* (1873, Abb. 65) des Protestanten Eduard von Gebhardt[220] soll in exemplarischer Weise Aufschluß über das unterschiedliche Verhältnis von Geistigkeit sowie Askese und Sinnlichkeit in der streng katholischen Beuroner und der evangelischen Bildgestaltung eines „realistischen" Meisters geben.[221]

Die Beuroner Kreuzigung ist symmetrisch angelegt. Vor einem einfarbig-homogenen Hintergrund füllt das Kreuz mit dem sterbend das Haupt senkenden Christus die gesamte Bildhöhe in der Mitte des querformatigen Rechtecks. Der Körper, der wegen des geringen Neigungswinkels der ausgestreckten Arme zu schweben scheint, ist in die obere Bildhälfte gerückt. Die geflügelten und wie Christus mit Heiligenscheinen versehenen Evangelistensymbole sind gleichmäßig rechts und links etwa in der Brusthöhe des Gekreuzigten verteilt. Über die untere Bildhälfte reihen sich parataktisch mit gleichen Abständen und ohne Überschneidungen je drei Heiligenfiguren mit Auren zu beiden Seiten des Kreuzstammes. Die Aura der Maria links neben dem Erlöser ist entsprechend der überragenden Bedeutung des Marienkults im Katholizismus besonders groß. Die Heiligen stehen auf einer schmalen und niedrigen Erdzone. Die Wahl einfachster Kompositionsformen bestimmt die in prägnante Bildareale eingeteilte Gestaltung, die von senkrechten und waagerechten Richtungslinien beherrscht wird, den Eindruck höchster Klarheit sowie Ruhe vermittelnd. Am Fuß des Kreuzes entspringt eine vierfache Quelle, die das durch den Erlösertod gewonnene ewige Leben bezeichnet. Aus ihr trinkt ein Hirsch, Symbol der Lebenserneuerung, ja des Heilands selber. Auf beiden Seiten oberhalb einer Schrifttafel mit den letzten Worten Christi, „Es ist vollbracht", vereinigen sich je zwei der paradiesischen Quellströme zu einem Wasserband. Am oberen Bildrand in den Ecken erscheinen Schriftfelder. Oberhalb des Hauptes Christi befindet sich die den Nazarener als Judenkönig bezeichnende Tafel. Die Kombination von Bild und „heiliger Schrift", die auf romanische Gestaltungsweisen zurückgreift, verstärkt den abstrakten Sakralcharakter der Gesamtgestaltung.

Die bis auf den Heiligen Joseph durchgehend frontale Anordnung der Figuren in einer Ebene erzeugt den Eindruck kruder Flächigkeit. Der gleiche Kontrast heller Figuren auf dunklem Grund bestimmt überall das Bild. Es herrscht ein gleichmäßiges abstraktes Licht. Der Christus erscheint heller als die übrigen Gestalten. Wie ausgeblendet sind die Körpervolumina wegen der sparsamen, schwache Helligkeitskontraste bevorzugenden Schattierung. Ein überirdisches inneres Licht scheint die Figuren zu erleuchten, so daß die Schwere der Materie sich auflöst. Auch die Heiligenauren unterstützen mit ihrer geometrischen Abgezirkeltheit die Durchgeistung. Die Figuren wirken, da ihre Konturen kaum durch modellierende Zonen gegen den Grund abgedunkelt sind, wie ausgeschnitten. Auf diese Weise wird die Umrißlinearität sozusagen entstofflichend betont. Auch die Binnendifferenzierung zeigt beispielsweise zur Andeutung der Gewandfalten äußerst sparsame, schmale Schattierungszüge, so daß der Eindruck einer zeichnerischen Linienhaftigkeit sich mit dem der Entkörperlichung verbindet. Entweder beherrschen ein ruhiges, paralleles Fallen oder eine ornamentale Struktur die Faltenführung. Die Gestaltung ist von einer konstruktiven, geometrisierenden Gesetzmäßigkeit durchdrungen.

Die langen Gewänder mit ihrer bevorzugt senkrechten Faltenführung lassen den Körperbewegungen der gelängten, statuarisch ruhigen Heiligenfiguren wenig Spielraum. Besonders deutlich ist die Bewegungsbeschränkung der Ponderationsstellung des Heiligen Joseph durch das straffe Gewand. Die Körperformen werden durch die Kleider verdeckt, negiert. Zum Vorschein kommende nackte Arme, Beine, Füße und der Leib des Heilands zeigen äußerst ausgeglichene Umrisse. Die Muskulatur ist nicht etwa prägnant ausgeformt, sondern möglichst zurückgenommen, nivelliert. Dem fast schwebenden Gekreuzigten mangelt jeder Zug physischer Anspannung, Zerrüttung, Erschöpfung. Die Hände und schematisch nebeneinandergelegten Füße sind in gleichmäßiger Lage ausgestreckt, fast tänzerisch leicht beugt sich ein wenig das rechte Bein und lockert die strenge Symmetrie.

Schlichtheit und Ruhe prägen die zeremonielle, kultische Gestik der Heiligen. Das gedämpfte, senkrechte Emporstreben der Unterarme mit den geöffneten Händen (Hl. Katharina mit dem zerbrochenen Folterrad als Attribut links und Hl. Cäcilia rechts) stellt einen Gestus des Empfangens der göttlichen Gnade und zugleich des Verweisens in die höhere, transzendente Sphäre dar. Das Kreuzen der Handgelenke mit den flach auf der Brust ruhenden Händen (Maria) deutet auf frommes, dulderisches Leiden. Magdalena faltet als heilige Büßerin und Trauernde ergebungsvoll die Hände. Die Heiligen Joseph und Johannes der Täufer weisen prophetisch zum Erlöser hin.

Die Häupter der weiblichen Heiligen sind nur leicht geneigt, ein verhaltenes Zeichen des in Hoffnung aufgelösten Leids. Nicht der physische Tod des Nazareners, sondern der das Heil der Menschheit begründende Erlösungstod des Gottsohnes determiniert das Erscheinungsbild der psychischen Reaktionen. Ohne individuelle Eigenart zeigen die ebenmäßig schönlinigen Gesichter in ihrer weichen Erstarrung den Zustand einer beruhigten Melancholie und mystischen Versunkenheit. Jede wirklichkeitsbezogene mimischpsychologische Differenzierung, jeder Ausdruck anteilnehmender seelischer Spannung und Erregung sind vermieden.

Durch den Gleichklang der kultisch gezügelten und gesteuerten Haltungen, Gestik und Mimik, durch die Ausschaltung jeder Art von Antagonismen entsteht eine äußerst einheitliche Harmonie, die den abstrakten Bildraum erfüllt. Die Figuren kommunizieren nicht miteinander, so daß sich keine natürlich-veristische Handlung und Szene ergeben, sondern sie sind alle sozusagen in abgeschiedener Parallelität auf die tranzendente Sphäre bezogen. Nicht das körperlich-räumliche Sein von Menschen, die in ein Netz realer Lebensbezüge eingebunden sind, interessiert, sondern allein das geistige Sein, das auf Ewig-Göttliches, auf die christlichen Ideen ausgerichtet ist.

Die Figuren stellen kein historisch-konkret faßbares Ereignis dar, sondern sie symbolisieren verschiedene Aspekte des Heilsgeschehens und der mystisch-heiligen Vereinigung mit Gott. Sie weisen zeichenhaft über sich selber hinaus auf die intendierten religiösen Bedeutungskomplexe. In diesem Prozeß wird die sinnlich faßbare Konkretion der figuralen Zeichengestalten sozusagen asketisch verzehrt, so daß der Eindruck der Kargheit, ja Leere entsteht. Andererseits führen die Figuren die Haltung der religiösen Meditation vor, diese im Betrachter wiederum evozierend, und veranschaulichen eine extreme Geistigkeit der stationären mystischen Versenkung, der passiven Hingabe an die Transzendenz Christi. Eine solche im philosophischen Sinn idealistische Geistigkeit ist jener eines die sinnliche Wirklichkeit tätig erforschenden und aktiv gestaltenden Denkens diametral entgegengesetzt. Der kulturkämpferische Vorwurf der Negation der Sinnlichkeit, der rigoristisch-asketischen Weltverneinung konnte hinsichtlich dieser Art der katholischen Bildgestaltung ins Schwarze treffen.

In der Schrift *Zur Ästhetik der Beuroner Schule* (1912) kritisiert Lenz die Kunst seiner Werdejahre etwa zwischen 1850 und 1860, eine Kunst, die steuerlos an Naturalismus und Individualismus ausgeliefert gewesen sei. Ohne festen, objektiven Standpunkt war der Einzelne der Natur mit ihren tausenderlei wechselnden Erscheinungen, ihren unendlichen Variationen der Menschengestalt preisgegeben, permanent in Gefahr, vor lauter Bäumen den Wald, vor „lauter Spezies" die Gattung nicht mehr zu sehen wie ein mechanisch arbeitender Reproduktionsapparat, der mit der Photographie rivalisieren will.[222] Lenz hat hier offenbar die um historische Exaktheit bemühte Geschichtsmalerei, die in jener Zeit stark florierende Genrebildkunst und die realistische Landschaftsmalerei im Auge. Es fehlt ihm das Gegengewicht, das Haltgebende, der objektive Lebensgrund der Kunst, das Typische, Normale, der Stil, der auf Grundzahlen, Grundformen, auf festen Maßen beruht: „Nur dieses Element der sogenannten ästhetischen Geometrie vermag das Meer der Variationen in der Natur zum Stillstand zu bringen, ordnend, scheidend, vereinfachend in die überquellende Fülle der Erscheinungen einzudringen. Dies erst befähigt den einzelnen, nicht mechanisch nachbildend, sondern als vernünftig erkennender und unterscheidender Geist der Natur gegenüberzutreten."[223] Der an Nachrichten über Polyklet, an den Zahlen- und Proportionssystemen eines Vitruv, Leonardo, Dürer jedoch erst nach der Fertigstellung der St. Mauruskapelle entwickelte „Kanon" bildete das Zentrum der ästhetischen Geometrie von Pater Desiderius. Der „Kanon" enthält ein in der theologischen Trinität wurzelndes Maßsystem, das vordringlich der religiösen Durchbildung der menschlichen Gestalt dient. „Das Einfache, Abgeklärte, Typische, das seine Wurzeln in den einfachsten Zahlen und Maßen hat, bleibt daher die Grundlage aller Kunst, und das Messen, Zählen und Wägen bleibt ihre wichtigste Funktion; das Ziel aller hohen Kunst ist die Übertragung, die charakteristische Anwendung der geometrischen, arithmetrischen, symbolischen Grundformen aus der Natur im Dienste großer Ideen. Den

Menschen selbst, Adam, das Ideal aller Kreatur, hat Gott nach seinem Ebenbild geschaffen, aus dem Geheimnis jener Zahlen, welche sein eigenes Wesen ausdrücken: drei in eins und eins in drei, aus der Grundfigur des Dreiecks; welche das Gerade und Ungerade, das Männliche und Weibliche, die Zwei- und Dreiteilung, nach Keplers Ausdruck 'das Mann-Weib' in sich schließt."[224] Der christliche Idealismus der Desiderianischen Ästhetik, der das ideale, gewissermaßen deifizierte Maß über die konkrete Vielfalt der Erscheinung, das Typische über das Individuelle, die Gattung über die Spezies, den allgemeinen über den speziellen Begriff stellt, nimmt Züge der mittelalterlich-scholastischen Lehre von der jeweils höheren Seinshaltigkeit, Substantialität des jeweils allgemeineren Begriffes an. Diese Lehre des „Realismus" wurde durch die von Pius IX. unterstützte und geförderte Philosophie der Neuscholastik, die in der Zeit des Kulturkampfes besondere Bedeutung gewann, im Kampf gegen Materialismus und Darwinismus wiederbelebt. Lenz beschäftigte sich mit Werken des deutschen Hauptes der Neuscholastik Joseph Kleutgen S.J.[225] Es scheint, als erhielten die Figuren der Beuroner Kunst des Peter Lenz „ganz neuscholastisch" umso mehr theologischen Seinsgehalt, je mehr sie vom Fleische sinnlich-konkreter Wirklichkeitserfassung fallen.

Die *Kreuzigung Christi* von Eduard von Gebhardt folgt den Gestaltungsprinzipien einer seit dem Barock bekannten szenischen Figurenkomposition und Raumauffassung; im 19. Jahrhundert wurden diese Gestaltungsprinzipien nach der Seite der veristischen Illusion hin ausgebaut, verfeinert. – Anders als im Beuroner Gemälde ist das Kreuz Christi von den beiden Schächerkreuzen flankiert, und der am Leidensgeschehen beteiligte Personenkreis geht weit über jenen des Lenzschen Wandbildes hinaus.

Gestalterisch hervorgehoben sind die vier Marien, als Mittelgruppe die von Johannes Evangelista getröstete Mutter Christi. Entgegen der Auffassung des Kataloges der Hamburger Kunsthalle und im Sinne der Vermutung von Rosenberg stellt die links kniende Frauengestalt mit dem unbedeckten Haar Maria Magdalena dar.[226] Wegen der Ähnlichkeit der Gesichtszüge dürfte die links eingeknickt stehende, hell beleuchtete Maria die Mutter des Johannes, Maria Salome, sein. Dann könnte an ihrer Seite der etwas korpulente Fischer Zebedäus, ihr Gatte, stehen. Die am Fuße des Kreuzes liegende Frau wäre folglich Maria Kleophas als vierte der in Kreuzigungen häufig zusammen dargestellten Marien. Möglicherweise handelt es sich bei den beiden Männern hinter dem Ehepaar Zebedäus um dessen Sohn Jakobus den Älteren, den Bruder des Johannes und den jüngeren Jakobus, Sohn der Maria Kleophas. Der Altersunterschied der beiden Männer könnte eine solche Identifizierung plausibel machen.

Sogleich fällt im Kontrast zu Beuron die veristische Szenik, charakterisiert durch eine kommunikativ abgestimmte einheitliche Handlung, die in einem landschaftlichen Tiefenraum mit Fernblick stattfindet, ins Auge. Während Lenz im Einklang mit dem konservativen Katholizismus die Errungenschaften der Malerei der Neuzeit negiert und in die feudale romanische, byzantinische, ja in die ägyptische Epoche zurückblickt, wo er das Hieratische in reinster Ausprägung aufzufinden hofft[227], entwickelt von Gebhardt die Darstellungsmittel seiner Zeit in Abhebung zur religiösen Malerei der Nazarener weiter. Den Nahraum des Gerichtshügels bestimmt anschaulich das in die Tiefe schneidende Eck der Fußlinien von der schräg liegenden Maria Kleophas zur Gruppe Johannes/Mutter Christi sowie von Maria Magdalena zum Ehepaar Zebedäus. Auch die ungefähre Fußlinie der Kreuze weist von vorn schräg nach links in die Tiefe. Der räumliche Eindruck wird zusätzlich durch die gegenüber dem Kreuz Christi etwas nach vorn gerückten Schächerkreuze, durch die perspektivische Verkleinerung des weiter

Abb. 64 Beuroner Schule: Kreuzigung in der St. Mauruskapelle beim Kloster Beuron, um 1868-1870

rechte Seite:
Abb. 65 Eduard von Gebhardt: Die Kreuzigung Christi, 1873

entfernten guten Schächers links sowie durch die Richtungsunterschiede der Kreuze, insbesondere die Querstellung des bösen Schächers vorn, erheblich verstärkt. Zwischen den Kreuzstämmen Christi und des bösen Schächers öffnet sich der Blick auf den tieferliegenden Landschaftsteil, den nach hinten führende, rechtwinklig aufeinanderstoßende Wege augenfällig durchschneiden und über zwei Repoussoirbäume auf einen fernen Bergzug. Ebenso öffnet sich die Fernsicht zwischen der Gruppe Maria/Johannes und dem Zebedäuspaar.

Die wechselnde Höhe der stehenden Figuren, der im Kontrast zu diesen knieenden und liegenden Marien sowie die raumschaffenden Überschneidungen und verkleinernden Tiefenstaffelungen der Personengruppen auch des Hintergrundes erzeugen anschauliche Räumlichkeit von höchster Wirklichkeitssuggestion. Ebenfalls betont wird die Tiefenillusion durch die perspektivische Modellierung der Figuren, von denen keine einzige in bloßer Frontal- oder Seitensicht gegeben ist, durch ausgreifende Gestik oder Haltung wie bei der die Hände erhebenden Mutter Maria oder der knieenden Magdalena und durch die schräg liegende, ihren Kopf auf dem geschaufelten Fußhügel des Nazarenerkreuzes bergende Maria Kleophas, deren Obergewand überdies quer zum ausgestreckten Körper die vordere Bildecke in diagonaler Richtung schneidet. Die andere raumschaffende Diagonale in der gegenüberliegenden Ecke wird durch den schattenwerfend über eine Bodenvertiefung und die Essigschüssel geführten Bambusstab mit dem Trinkschwamm gebildet.

Alle genannten Momente der figuralen sowie Umgebungs-Raumillusion summieren sich, bilden einen äußersten Gegensatz zur flächig reihenden, reliefartig beschränkten Beuroner Komposition und helfen den eindrucksvollen Verismus der Gestaltung mitzubegründen. Dieser Verismus zieht jedoch seine Hauptkraft aus der psychologischen, und soweit es die gerichteten Körper betrifft, fast medizinischen Durchdringung der Figuren. Während im Desiderianischen Werk die obere Zone sozusagen „objektiv" das „Allerheiligste" faßt, den Erlösungstod des Gottsohnes und die Offenbarung Gottes durch die Evangelien, zeigt der obere Bildteil der Hamburger Kreuzigung mit subjektivem Engagement das elende Sterben des Menschensohnes und die irdische Qual der Schächer vor einem korrespondierend zerrissenen Himmel, in dem sich dunkles Gewölk zusammenballt. Im Kontrast zur ruhigen Typik der gleichmäßig hintermalten Kreuzform des Heilands und dem Einklang von fast unversehrtem Leib und Leidenskreuz im Beuroner Fresko hängt der strapazierte Körper des Nazareners bei von Gebhardt zusammengeknickt und mit weit vornübergesunkenem Kopf an seinem geometrisch starren Martergerüst. Die auf Darstellungen wie die Münchener Kreuzigung von Lucas Cranach d.Ä. (1503)[228] zurückgehende perspektivische Verzerrung mit der starken Verkürzung des rechten Armes, die eine extreme Betonung des vorrangenden Halses und von Schatten und Tod gezeichneten Hauptes bewirkt, veranschaulicht die Physis eines menschlichen Körpers in einer realen räumlichen Situation und in Relation zum Standpunkt des betrachtenden Subjekts. Dies bedeutet ein Zurückdrängen supranaturaler Momente innerhalb des Bereichs der dargestellten sichtbaren Wirklichkeit. Wie Rosenberg richtig bemerkt, erinnert die Gestaltungsform des sterbenden Leibes Christi mit dem eingefallenen Fleisch, den durch das Hängen verkrampften Händen und ausgemergelten Armen sowie Füßen an jene „verweltlichte" im Grabe ruhenden Christus von Holbein d.J.[229]

Mit einer gewissen Drastik ist der Unterschied zwischen dem grobschlächtigen, in der Sicht schräg von hinten perspektivisch „verstümmelten" Körper des bösen und dem feiner durchgearbeiteten des guten Schächers markiert. Das Gesichtsprofil des bösen Schächers prägen Grobheit, Härte, in dem Christus zugewendeten Antlitz des guten Schächers malen sich gequälte Reue und Hoffnung. Auch die Haltungen, Gestik, Physiognomien und Mimik der Trauernden zeigen höchst verschiedene individuelle Eigenart und tiefen seelischen Ausdruck. Scharf und porträthaft erfaßte Charaktere, die sich in Alter und Temperament realistisch unterscheiden, kontrastieren zueinander und gewiß zu den abstrakten melancholischen Heiligentypen der Beuroner Kreuzigung. Versteinerte, im halb geöffneten Mund fassungslose Trauer, dennoch gehalten durch einen gläubigen Hoffnungsschimmer der qualvoll nach oben gerichteten Augen zeichnet das starre Antlitz der Mutter Maria, die dem ihr sterbend am Kreuz entgegengesunkenen Sohn mit emporgehobenen Händen zu Hilfe kommen will. Der jugendliche und doch feste Johannes umfängt stützend und tröstend die Wankende mit dem Ausdruck innigsten Mitleidens auf den zerquälten Brauen. Ein solcher Akt der trostgebenden Kommunikation kennzeichnet auch die hintere Frauengruppe. Der stämmige Zebedäus, dessen volle Züge mit der gedrungenen Nase, dem breiten Mund, den ausgeformten Wangen und dem Doppelkinn manche scharfe Falte zeigen und dessen große Augen unter der schmerzlich gerunzelten Stirn gläubig zu Christus aufblicken, ist wie seine Söhne und der jüngere Jakobus ein einfacher Charakter des Fischer- und Handwerkermilieus. Ihre durch körperliche Arbeit geprägten, beinahe derben Physiognomien zeigen unvermittelte, schlichte Anteilnahme, weit entfernt von der idealisierenden, fast aristokratischen und doch naiven Melancholie Beurons. Von Gebhardt hatte seine veristisch-porträthafte Menschendarstellung durch Studien gerade auch an den Bauern und der einfachen Bevölkerung seiner estnischen Heimat fundiert.[230] Außerdem orientierte sich der Maler an der präzisen Charakterisitik von Köpfen aus der niederländischen Malerei des 15. Jahrhunderts.[231] Das strenge, asketisch hagere Antlitz des älteren, durchdringend gläubigen Jakobus mit den scharfen Wangen- sowie Mundfalten und den voll Pein zusammengekniffenen schmalen Lippen kontrastiert auch durch den seltsamen Widerstreit des lang herabfallenden Haars und der hohen, kahlen Prophetenstirn ausdrucksvoll zum breiten Gesicht des Zebedäus und den jugendlich-weicheren Zügen des Johannes und jüngeren Jakobus. Ähnliche physiognomische und mimische Unterschiede heben die individuellen Persönlichkeiten der Frauen gegeneinander ab. Vor allen Dingen fällt das ekstatische Leid der schönen Magdalena ins Auge, deren Gesicht durch die heftig zusammengezogenen Brauen, Stirnfalten, eingekniffenen Lider und den schmerzlich verzogenen Mund grimassierend entstellt ist. Dagegen wirkt die in Schmerz zerfließende, am Kreuz hingestreckte ältere Maria Kleophas, die den unaufhörlichen Tränenstrom mit ihrem Kopftuch trocknet, weich und erschöpft. Ihre schlaffe Rechte signalisiert widerstandslose Verzweiflung. Gerade die Hände sind es, die den unterschiedlichen Ausdruck pointieren, so die feingliedrigen Hände der Zimmermannsfrau ihren Mutterschmerz, die über dem Bauch streng gefalteten starken, arbeitsamen Hände des Zebedäus dessen festgefügten Charakter, die betend gerungenen Hände der zierlichen Maria Salome ihr feines Mitleiden mit dem Sterbenden, das sich auch in der eingeknickten Körperhaltung zeigt, die ans Kinn gedrückten, zusammengepreßten Hände der Magdalena ihre wilde Trauer.

Genrehafte Tendenzen verstärken noch den Verismus der Gestaltung, so in der detailreichen Schilderung einerseits der Glieder des Bambusstabes im Vordergrund, des porigen Schwammes, des metallischen Glanzes der Essigschüssel, der Würfel auf dem Rock Christi, von Gras, Kraut, Erde, Steinen, andererseits in der narrativen Beschreibung der stark perspektivisch verkleinerten Schaulustigen, die heraneilen, sowie des abziehenden Soldatentrupps mit den berittenen Offizieren an der Spitze. Auch die prosaisch-schlichte Darstellung der heimatlichen Landschaft, die jeden Zug des Heroischen oder Romantischen vermeidet, trägt zu einer ungekünstelten Wahrhaftigkeit der Szenerie bei.

Anders als die gleichmäßig glatte Beuroner Malerei weist die Pinselführung von Gebhardts große Unterschiede auf. Locker und fleckenhaft ist die Malstruktur von Gras, Erde, Steinen, deren materielle Stofflichkeit andeutend. Die Gewänder haben zumeist eine stark geglättete Oberfläche, obgleich Konturenlinien und gestrichene Licht- oder Schattenpartien vorkommen, insbesondere bei den Lendentüchern der Gerichteten. Die Antlitze der Frauen und Hände sind besonders dicht und fein gemalt, bei den männlichen Gesichtern gibt es manchen scharfen Pinselstrich. Die Körper der Gekreuzigten weisen ebenfalls eine gelockerte Feinstruktur auf mit zeichnenden Konturenzügen und gelegentlich scharfgerandeten Fleckflächen. Der Leib Christi ist am glattesten gehalten. Eine unruhige, flockige Fleckverteilung prägt die obere Wolkengestaltung. In die darstellerische Fernrichtung nimmt die Grobheit dieser Struktur perspektivisch folgerichtig ab. So beherrscht keine akademische Glätte die Malerei, sondern die Pinselführung paßt sich den jeweiligen Oberflächengegebenheiten bedeutungsmäßig an, unterscheidet das beseelte Gesicht vom weich fallenden Stoff, die luftige Wolke vom aufgegrabenen Sand. Ebenfalls hier also das Bemühen um eine möglichst suggestive Wirklichkeitsillusion.

„Naturalismus" im Sinne des ihn verdammenden *Syllabus errorum* Pius IX. und der Kritik von Pater Desiderius bescheinigen die Zeitgenossen dem Düsseldorfer Meister. Vor allem die Körper der Gekreuzigten und der vom Tode gezeichnete Kopf des Zimmermannssohns mit dem unter der Dornenkrone wirr herabhängenden Haar mußten die Gemüter erregen.[232] Schaarschmidt zählt 1898 die Hauptmerkmale der sich nach dem Gemälde *Christi Einzug in Jerusalem* (1863) Bild um Bild weiterentwickelnden Kunst von Gebhardts auf: „Eine gesunde, unbestechliche Naturbeobachtung, die hier und da freilich noch mit dem Ausdruck ringt, ein tiefes und starkes Gefühl, das zur deutlichen Aussprache keine Mittel scheut, ein gelegentlich bis zur Härte gesteigerter Widerwille gegen alles Konventionelle ..."[234] Den an den älteren Niederländern orientierten „überaus eigenartigen, feinen Kolorismus" sieht Schaarschmidt als antagonistischen Faktor innerhalb dieses Gestaltungssystems: „Scheint dieser Kolorismus somit zu dem absoluten, auch das Häßliche nicht scheuenden Wahrheitsdrang in Bezug auf zeichnerischen Ausdruck in Mienen und Gebärden im Gegensatz zu stehen, so ist er das recht eigentlich neben dem geistigen, idealen Inhalt rein künstlerisch-ideale Moment in der Kunst Gebhardts."[235] Die hohe Stillage ist demnach für Schaarschmidt inhaltlich und formal gerettet. Ähnlich, jedoch mit kritischer Wendung, denkt der „Realist" Theodor Fontane in seiner sprachlich prägnant formulierten Rezension der Berliner Kunstausstellung 1874: „Noch größeres Aufsehen bei den Malern hat Eduard *v. Gebhardts* 'Kreuzigung' gemacht. Nur eine Minorität beklagt eine vorhandene Häßlichkeit, die angetan sei, den eigentlichen Maler-Heiligen der Jetztzeit, den *Sankt-Realismus*, der sonst so schöne Triumphe auf diesem Bilde feiere, um seinen Heiligenschein zu bringen. Wir können dem weder nach der Seite des Lobes noch des Tadels unbedingt zustimmen. Wir finden beispielsweise in dem nach vorn fallenden Oberkörper des Gekreuzigten keine uns störende Häßlichkeit, andererseits, in der Totalität des Bildes, ebensowenig einen sonderlich hervortretenden wirklichen und konsequent durchgeführten Realismus. Gestalten, die sich durch die ganze Kunst des 15. Jahrhunderts hinziehen, mehr oder weniger typisch waren und damals als realistisch gelten konnten, können heute nicht mehr dafür angesehen werden, einfach deshalb nicht, weil jedes Jahrhundert seine besonderen Menschen schafft. Realistische Gestalten von damals sind es heute nicht mehr. Auf dem berühmt gewordenen Abendmahlsbilde von Gebhardts lagen die Dinge sehr anders. Auch auf dieser 'Kreuzigung' sind einzelne Figuren neu, so namentlich die beiden Gestalten, die zu Füßen des einen Schächers stehen; *ihnen* gegenüber kann man von Realismus und originellem Gepräge sprechen. Im ganzen aber hat dies Bild keinen besonderen Überschuß an dem, was ihm vor allem nachgerühmt wird, an – *Originalität*."[236] Trotz einzelner „realistischer" und „origineller" Momente wie der „neuen" Sicht offenbar des Zebedäus und Jakobus ist für Fontane das Gemälde durch seine kunsthistorischen Anleihen der konventionellen Kunst stark verhaftet. Anders als Schaarschmidt kritisiert der Dichter den mangelnden Realismus, die fehlende Originalität. Allerdings verkennt Fontane die antinazarenische Sprengkraft, die eine neuformulierte Aneignung der präzisen bürgerlich-realistischen Porträtkunst der frühen niederländischen Malerei für die zeitgenössische religiöse Kunst prinzipiell bergen mußte. Aufgrund des analysierten Verismus der Gestaltung muß der *Kreuzigung* Gebhardts im Unterschied zum Beuroner Fresko eine deutlich niedrigere Stillage zugebilligt werden, mag auch „freilich manches gemacht, 'arrangiert'" erscheinen, „namentlich der kunstvoll zurechtgelegte Faltenwurf in den Gewändern der am Fuße des Kreuzstammes im tiefsten Schmerz niedergesunkenen Frauengestalt", wie Rosenberg schreibt.[237] Und er fährt fort, des Künstlers insgesamt hohe Stillage gleichsam entschuldigend: „Man hatte aber Gebhardt schon so oft den Vorwurf der Gleichgültigkeit gegen die Gesetze kunstvoller Komposition gemacht, daß er vielleicht einmal zeigen wollte, daß er sich auch darauf verstände."[238]

Im Vergleich der beiden Kreuzigungsbilder stehen sich eine streng katholische, auf fundamentaltheologische Gehalte dringende, entsinnlichend-asketische Bildgestaltung und die protestantische gegenüber, die die subjektive menschliche Erfahrung und Auffassung des Heilsgeschehens in den Vordergrund rückt.

Die phänomenologisch herausgearbeiteten Züge sinnlicher Restriktion, die das Beuroner Kreuzigungsfresko prägen, beruhen zu einem nicht unerheblichen Teil auf der abstrakten Raumgestaltung. Demgegenüber verwendet von Gebhardt in seiner Kreuzigung das komplizierteste System der bildkünstlerischen Darstellenden Geometrie, nämlich das der zentralprojektiven Eck-Sicht. Nicht wie in der Renaissance-Perspektive beispielsweise eines Paolo Uccello, gekennzeichnet durch die Frontal-Sicht, besitzen horizontale, in Blickrichtung verlaufende Tiefenlinien auf der Bildfläche im Hauptpunkt einen einzigen Fluchtpunkt[239], sondern die Raumorientierung erfolgt durch verschiedene Bündel paralleler, horizontal verlaufender Tiefenlinien, die auf der Bildfläche mehrere Fluchtpunkte haben, so daß die anschauliche Funktion des Hauptpunktes (Horizontpunkt der Blickrichtung) relativiert wird. So besitzen beispielweise die Langseitenlinien der Querbalken der drei Kreuze drei verschiedene, die Kurzseitenlinien wiederum drei eigene Fluchtpunkte. Oder die Parallelen, die als ideale Begrenzungen der sich rechtwinklig kreuzenden beiden Wege im tiefergelegenen Landschaftsteil angenommen werden können, haben pro Weg je einen anderen Fluchtpunkt. Die Eck-Perspektive (so genannt, weil sie kubische Körper nicht mit einer bildparallelen Frontalseite, sondern „über Eck" darstellt) bietet prinzipiell die meisten Möglichkeiten, mit Hilfe anschaulicher Linearsysteme sinnenfällig Raum zu gestalten. Auch die Möglichkeiten der Richtungsmarkierung durch in die Tiefe führende Überschneidungsstaffelungen von Figuren, der deutlichen Kennzeichnung figuraler Positionen vermittels ihrer Fußfelder (das Aufliegen der unteren Gewandpartien auf dem Boden erhöht die Anschaulichkeit), der ausgiebigen Anwendung der Verkürzungs- und Verkleinerungsgesetze sind von Gebhardt ebenso genutzt wie jene der unterschiedlichen, kontrastreichen figuralen Erfüllung der Höhen- und Breitendimension, des Kontrastes von Nah- und Fernraum (besonders wirksam durch die unvermittelte Fernblicklücke zwischen den Kreuzen Christi und des bösen Schächers), der Luft-Fernperspektive und last not least der Herausmodellierung der figuralen Volumina. Die Fülle konkreter raumgestaltender Momente schafft eine freizügige Sinnlichkeit der haptischen Bewegungs- und optischen Raumtiefenerfahrung.

Selbstverständlich muß im Auge behalten werden, daß das System der ikonischen Eckperspektive prinzipiell auf die Darstellung einer fixierten Ansicht begrenzt bleibt, die ebenso wie die Stellung der Figuren zum Betrachter unter vielen Möglichkeiten vom Künstler ausgewählt werden muß. Diese grundlegende Einschränkung der in gegenständlichen Bildwerken zu vermittelnden räumlich-ikonischen Sinnlichkeit bietet jedoch wiederum Vorteile der unterschiedlichen Gewichtung: eindeutig können Figuren in repräsentativen Ansichten in den Vordergrund gerückt (Maria-Johannes-Gruppe), andere vermittels perspektivischer Verzerrungen (der böse Schächer) bedeutungsmäßig relativiert werden. Mit Hilfe der bildkünstlerischen subjektiven Regie der Ansicht und figuralen Positionen im Raum vermag der Autor wesentliche Momente seiner individuellen Auffassung zu äußern.

Nun vermittelt die reichhaltige ikonische Raumgestaltung der Hamburger Kreuzigung nicht allein den Eindruck freizügiger Sinnlichkeit, sondern auch den einer wirklichkeitsbezogenen Rationalität. Die perspektivischen Konstruktions- und Darstellungsprinzipien lassen eine naturgesetzlich bestimmte Erfahrungswirklichkeit sozusagen Punkt für Punkt in „lückenloser" Kontiguität vor den Augen entstehen. Sinnliche Fülle und Rationalität bilden dabei keine Antagonismen, sondern ausgleichend bedingen sie einander.

Demgegenüber zielt die abstrakte Raumgestaltung der Beuroner Kreuzigung auf Geistigkeit und Irrationalität. Die schmale, in einer Art Parallelprojektion gegebene Bodenzone mit den schematisierten Pflanzen und Paradiesesflüssen endet irreal gegen die „transzendente" Hintergrundsfläche. Zu dieser kontrastieren die modellierten Figuren, deren anschauliche Räumlichkeit gleichwohl durch Linearität und stark verminderte Schattierungskontraste erheblich reduziert ist. Die Fußfelder der in einem reliefhaften Flachraum aufgereihten Heiligenfiguren besitzen eine äußerst geringe Ausdehnung, was den „unirdischen" Abstraktionseffekt erhöht. Oben schweben auf Wolken, gleichmäßig verteilt, die phantastischen Evangelistensymbole mit ihren Namensbändern im spirituellen Nichts. Der entsinnlichte, sowie irrational gebrochene Relief- und Flachraum transformiert sich zum platonischen Ideenbezirk, nicht zuletzt auch wegen der schematisch-symmetrischen Komposition.

Im Gegensatz zur kontrastreich gewichtenden figuralen Anordnung von Gebhardts, die die Mutter-Sohn-Beziehung mit auktorialem Engagement in den Mittelpunkt rückt, bewahren die ohne Höhendifferenzierung gegebenen Heiligenfiguren des Freskos eine gleichmäßige Distanz, die sozusagen „objektivierend" auf die ewige religiöse Seinsphäre verweist.

Abschließend sei auf das Problem der unterschiedlichen Stillagen beider Bildwerke eingegangen. Der Benediktinerpater Pöllmann charakterisiert den Beuroner Christus (1905) wie folgt: „Der Mittelpunkt dieses wundersamen Heiligtums ist natürlich der gekreuzigte Heiland. Von dem tiefen, blauen Hintergrunde hebt er sich leuchtend ab; es ist die reine Hostie, das unblutige Opfer, das da hängt. Das feine, männliche Haupt hat sich leise nach vorn geneigt, und von ihm ausstrahlt Ruhe, Frieden, Glück. Die Augen sind geschlossen, aber in Christi Tod liegt ja das Heil der Welt: durch sein Sterben ist Christus lebendig geworden in den Menschenherzen ... Die Glieder des Beuroner Heilands sind von durchsichtiger Schönheit, ein jungfräulicher Liebreiz ist darüber ausgegossen, es ist die Frucht eines jungfräulichen Schoßes, die da am Stamm des Kreuzes zur Reife gelangt ist, es ist das Lamm Gottes, auf dessen Spuren die unversehrten Naturen wandeln; darum stehen sechs Jungfräuliche hier unter dem Kreuze: Maria, Joseph, die beiden Johannes, Katharina, Cäcilie ... sie kennen die Sünde nicht und wissen nicht wie das geschah. Vor ihrem vorwurfsvollen Blick schlägt man unwillkürlich die Augen nieder."[240] Die verfeinerte, durchgeistigte Schönheit des göttlichen Heilands, die das priesterlich-monastische Ideal der Askese in sich aufgenommen hat, bildet den stärksten Gegensatz zur sinnlich konkreten „Häßlichkeit" des mit naturwissenschaftlich-medizinischer Akribie gemalten Hamburger Christus. Entsinnlichte religiöse Idealität und verwissenschaftlichte Naturwahrheit stehen gegeneinander, somit auch kultische Irrationalität, die den physischen Zerstörungsprozeß in der Darstellung leugnet und szientistische Rationalität. Die sehr hohe Stillage des Beuroner Christus ist gebunden an die Momente einer extremen sinnlichen Restriktion, die auf der *formalen* Ebene durch vergeistigende Abstraktionen erzeugt wird. Demgegenüber ergibt sich die niedrigere Stillage des Hamburger Gekreuzigten aus einer *inhaltlichen* sinnlichen Restriktion, die durch die konkrete, naturwahre Anschaulichkeit physischen Verfalls bedingt ist. Da die ehemals sehr kräftige, wenn auch leptosom-hagere Konstitution des hochgewachsenen Körpers Christi erkennbar bleibt, wird ein Ausdruck der Erhabenheit des heroischen Ringens mit dem Tode erzeugt, der stillagenmäßig ebenso „erhöhend" wirkt wie der athletische Körper des viel weniger angegriffenen guten Schächers. Auch sollten insgesamt die willkürliche Lichtregie, die den Christus und die drei dem Kreuz am nächsten befindlichen Marien stark akzentuiert und die immerhin gehobene Distanzierung durch die historischen Kostüme bedacht werden. Dennoch muß man in Betracht ziehen, daß die weitgehend veristische Gestaltung von Gebhardts kunsthistorisch ein Novum in der Szene der durch nazarenische Prinzipien bestimmten zeitgenössischen Kreuzigungsdarstellungen war.

Im Vergleich zu seinen flämischen Vorbildern der zweiten Hälfte des 15. Jahrhunderts bietet der Düsseldorfer Meister nicht nur scharf gestochene charakteristische Physiognomien sondern darüber hinaus eine empfindungsreiche Mimik. Gebhardts Kunst spielt innerhalb des historischen Prozesses der Individualisierung und Psychologisierung der Menschendarstellung in der deutschen Bildkunst des 19. Jahrhunderts eine wichtige Rolle. Dieser Prozeß begann mit der Wendung der Nazarener gegen die idealtypische „Maskenhaftigkeit" des heidnischen Klassizismus. So schrieb der evangelische Spätnazarener Johann Heinrich Carl Koopmann 1867 als Karlsruher Malereiprofessor: „Es galt vor Allem den Sieg und die Herrschaft des *Geistes* über die *Materie*, d.h. die *Form*, wieder zu erringen; diese und die Farbe nur als *Mittel*, den Inhalt, die Idee als *Zweck* und *Hauptsache* herzustellen, und die *Verflachung* und *Nivellierung* der Charaktere oder Persönlichkeiten durch *Bestimmte Individualisirung zu überwinden*."[241] Koopmann kritisiert rückblickend die Bindung des Klassizismus an die Materie und will die Form- sowie Farbgestaltung der christlichen Idee unterworfen sehen. Dabei muß jedoch die Individualisierung der Menschendarstellung gewahrt bleiben, denn wenn das Christentum „uns auch alle zu Brüdern macht, so will es doch keine Individualität aufheben, sondern, namentlich nach evangelischer Kirchenlehre, jede zu ihrer vollen Geltung bringen, indem es sie durch Ertödtung der Selbstsucht verklärt und dabei selbstverantwortlich macht."[242] Nun hatten sich vor allen Dingen im Bereich der Genremalerei der Düsseldorfer Schule bereits seit den dreißiger Jahren durchaus antinazarenische Tendenzen einer zunehmend realistisch beobachtenden Ausdrucksdifferenzierung und situationsbezogenen Mimik entwickelt, die von Malern wie Knaus und Vautier in den fünfziger und sechziger Jahren fortgeführt wurden. Gebhardt übertrug solche Gestaltungsprinzipien in die religiöse Bildkunst und trieb dies auf die Spitze, indem er auch in der Hamburger Kreuzigung Menschen der unteren Schichten und Klassen als in gewisser Weise derbe, von körperlicher Arbeit geformte Charaktere mit starken Gefühlen darstellte. Die phänomenologisch analysierte sinnliche Fülle der Haltungen, Gestik, Physiognomien und Mimik der an der Hinrichtung Teilnehmenden geht mit einer sozialisa-

Abb. 66 Beuroner Schule: Madonna über dem Eingang der St. Mauruskapelle beim Kloster Beuron, um 1868-1870

tionsbedingten Tendenz „nach unten" zusammen. Auch die Schlichtheit der historischen Kleidung, die jeden höfischen Akzent vermeidet, intendiert die niedrigere Stillage.

Der elaborierte Code der Abstraktionsgestaltung in der Beuroner Kreuzigung bildet dagegen die Figuren der jungfräulich-sündlosen Heiligen, wie P. Pöllmann sie beschreibt, zu kultisch-religiösen Symbolen um, entfernt sie weit von jeder Erinnerung an sinnlich-praktische Selbstverwirklichung, löst sie aus den Bezügen der menschlich-konkreten Kommunikation und entrückt sie in eine Sphäre der bürgerlich-theologischen Bildung. Damit deutet die Sozialisation der stilmäßig hochgelagerten Darstellung auf gehobene Klassen und Schichten.

Die höchst konsequent ornamentalisierte, in einer Zakkengloriole thronende Himmelskönigin über dem Eingang der St. Mauruskapelle (Abb. 66) zeigt einen äußersten Abstraktionsgrad der Beuroner Stilkunst. Möglicherweise ist hier der stets mildernde Einfluß von P. Gabriel Wüger wesentlich geringer als hinsichtlich des Kreuzigungsfreskos.[243] Innerhalb der katholischen Bildkunst insgesamt nimmt jedoch die Beuroner Malerei vor allen Dingen des Peter Lenz eine Extremposition ein. Im Vergleich fällt die quasi „naturalistische" Räumlichkeit einer *Himmelskönigin* (Abb. 67) des 1885 gestorbenen Düsseldorfer Professors Ernst Deger ins Auge. Dieses Gemälde wurde 1909 auf der repräsentativen Ausstellung christlicher Kunst in Düsseldorf gezeigt, die

Abb. 67 Ernst Deger: Madonna

Abb. 68 Wilhelm Busch: Mariae Bildnis, 1871

unter dem Protektorat des königlich-preußischen und kaiserlichen Kronprinzen stattfand. Trotz aller monarchischen Hoheit der feudal gekrönten und höfisch-graziös das himmlische Szepter haltenden Maria, die auf einer Wolkenbank inmitten einer Lichtmandorla thront, die Erdkugel zu ihren Füßen, deutet doch die liebevolle Kopfneigung zu dem in ihrem Schoß sitzenden Jesuskind auf eine innigere Mutter-Kind-Beziehung als sie im Beuroner Fresko mit dem steif auf der Thronlehne stehenden Christus gegeben ist.

Bei der Muttergottes von Deger sind mit poetisch-feiner Plastizität die schönlinigen nazarenisch-raffaelischen Faltenschwünge der kostbaren Gewänder herausmodelliert. Hier herrscht nicht die asketische Kargheit der Beuroner Kunst sondern ein verfeinerter Illusionismus, der die phantastische Erscheinung in ihrer gereinigten, idealen Schönheit greifbar vor Augen führt.

Wilhelm Busch parodiert im *Heiligen Antonius* kulturkämpferisch den katholischen Marienkult, der 1854 in dem unter Pius IX. eingeführten Dogma von der Unbefleckten Empfängnis neuen Auftrieb erhielt. Das von Antonius gemalte *Mariae Bildnis* (Abb. 68) zeigt lustig übertrieben in leichter Untersicht eine barocke Himmelskönigin mit gewaltiger Schnörkelkrone und üppigem Gewand, die inmitten eines drängenden Lichtschwalls herabkommt. Der überwunden ächzende Satan, der voller Wut die Fäuste ballt, trägt das einem gebauschten Federbett gleichende Wolkenkissen, auf dem die Maria steht.

Durch wenige Striche grob angedeutet ist die puppenhafte Schönheit des geneigten, etwas verzeichneten ovalen Gesichts. Karikierend verzerrt ist die „halb drohend, halb zum Gnadenwinke" erhobene Rechte. Der kleine und spitze, zierlich vorgesetzte Schnallenschuh kontrastiert witzig zum starren Glockenkleid, das oben die Brustformen mühsam verdeckt. Ein Engelchen hilft den Mantelumhang tragen. Der süßliche Eindruck wird durch die geflügelten Engelsköpfchen am Torbogen, das üppig eingekleckste Gelb des Lichtes und Gewandrot, die reiche Mehrfachrahmung des Bildes und den Ziertext bewirkt. Parodistisch deutet das Stilgemisch aus romanischen Pfeiler- und Bogenformen, satanbesiegender Marienfigur des Barock und mittelalterlicher Mönchshandschrift auf den epigonalen Eklektizismus historisch überlebter feudaler Gestaltungsweisen. Auf der formalen Ebene zerstört der sinnlich-informelle und humorvoll-barocke Strich jede Art religiöser Geistigkeit und frommer Andacht.

Buschs Madonnenkritik richtet sich nicht speziell gegen das Nazarenertum, doch mag sie auch die spätnazarenische Marienverehrung treffen. Einen Prototyp der Kritik an der

Abb. 69 Johann Friedrich Overbeck: Der Triumph der Religion in den Künsten, 1832-1840

Abb. 70 Johann Friedrich Overbeck: Die Religion, Ausschnitt aus Abb. 69

nazarenischen Darstellung der Muttergottes bildet der scharfe Angriff von Friedrich Theodor Vischer, dem bedeutendsten Ästhetiker der Hegelschule, auf die Maria aus dem Frankfurter Gemälde *Der Triumph der Religion in den Künsten* (1832-1840, Abb. 69) von Friedrich Overbeck, dem Haupt der Nazarener in Rom. Vischer verfaßte seine grundlegende Kritik an Overbecks Madonna, die in einer Aura auf Wolken thront und das Magnificat schreibt, während sie den kleinen Christus auf dem Schoß hält, im Vormärz, in jener Zeit der radikalen Religionskritik und Kritik des Feudalklerikalismus. Der Ästhetiker schrieb: „Ja, sie ist schön, diese Madonna, diese reizende Taube sonder Galle. Und doch – es ist etwas darin, ich weiß nicht was, etwas Almanach, etwas Vielliebchen und Vergißmeinnicht. Es ist ein Zug, der in allen neueren Madonnen unverkennbar ist; man sieht ihnen eben eine Zeit an, wo es Stammbücher, viele Spiegel, Modejournale und Titelkupfer von Taschenbüchern gibt. (...) Nein, eure Madonnen sind nicht Madonnen der alten Kirche; sie haben in den Stunden der Andacht gelesen, sie sind in einer Pension, in einer Töchterschule aufgewachsen, ein Jährchen wenigstens, ja sie trinken Tee, wenig, aber etwas. Diese hier hält ja gar eine Schreibfeder in der Hand; gebt acht, sie nimmt ein Blatt aus einem Album mit Rokokoarabesken am Rande und schreibt etwas aus Jean Paul darauf – nein, schönes Mädchen, ich glaube es nicht, daß dies Kind Ihr Kind ist, Sie sind zu sittlich, auch hat der Heilige Geist einen andern Geschmack, etwas derber; einen Zimmermann hätten Sie schwerlich geheiratet; vielmehr ein Ideal von einem sittlichen, höchst musterhaften jungen Mann, angestellt etwa beim Kirchen- und Schulwesen, irgend einen Oberhofprediger, der Glockentöne geschrieben hat – den würde ich Ihnen empfehlen. Aber wie frevle ich! Das Bild ist doch so schön! Und ich habe doch recht; eine Madonna ist für uns eine Unmöglichkeit."²⁴⁴

Vier Momente dieser Kritik sind zu unterscheiden. Zum einen ist es der moderne Geist bürgerlicher Empfindsamkeit, der die Madonnendarstellungen durchdringt. Für Vischer haben die nazarenischen Marien etwas von der sittsamen Jungfräulichkeit höherer Bürgerstöchter, die ihr Äußeres in Spiegeln prüfen, die in einer Pension, einer Töchterschule aufgewachsen sind und Teegeselligkeit sowie Almanach- und Albumspoesie pflegen. Vischer trifft hier den restaurativen Geist der biedermeierlichen Innerlichkeit und jungmädchenhaft-eskapistischen Vorspiegelung einer idealen Sphäre, die der prosaischen Alltagswirklichkeit des bürgerlichen Frauen- und Ehelebens entrückt ist. Zweitens kritisiert Vischer den literatur- und kunstmarktbedingten Abstieg der hohen Mariendarstellungskunst zu den niederen Gründen der Illustrationsgraphik auflagenstark herausgebrachter Stammbücher, Modejournale, Almanache, Taschenbücher. In der massenhaften Vervielfältigung und Verbreitung gehen Kraft und Originalität verloren, und diese Verflachung wirkt auf die „hohe" Malerei zurück. Drittens gilt die Kritik der überfeinerten, gehoben-bürgerlichen Kultur und Sittlichkeit der Madonnendarstellung, die den doch bibelgerechten Gedanken einer Heirat der Maria mit einem derben Zimmermann nicht aufkommen läßt, die mithin die wirklichkeitszugewandte Sinnlichkeit unterer Schichten und Klassen ausschließt. Hier wird eine Spitze des vormärzlichen Antiaristokratismus und Volkstümlichkeitsstrebens deutlich. Und schließlich zielt die liberale rationalistische Kritik auf den Wunderglauben der unbefleckten Empfängnis, die nach Vischer eine ernsthaft-gläubige Darstellung der katholischen Muttergottes ebenso verhindert wie das fromme Anschauen solcher dem „Zwang gegen das Zeitbewußtsein", der „unkünstlerischen Absichtlichkeit" unterliegenden Malwerke. Im weiteren Textverlauf macht Vischer klar, daß es ein Zurück weder in die bereits der Verweltlichung unterworfene Renaissance geschweige denn ins katholische Mittelalter geben kann; die Künstler jener Zeiten hatten die Prinzipien, die Grundstimmung des Katholizismus mit der Muttermilch eingesogen, „wir neueren aber, Katholik wie Protestant, wir Kinder einer Zeit, wo es Fräcke und Krawatten gibt, haben die entgegengesetzte Stimmung in allen Nerven und Adern, und jede Mühe ist vergeblich, uns auf dem Wege der Überzeugung, der Dogmatik in jene zurückzuversetzen. Dahin kommt man nicht mit Dampfkraft, es ist aus und vorbei."²⁴⁵

Die meisten der Kritikpunkte Vischers treffen die viel später entstandene Himmelskönigin von Deger noch härter, nicht nur weil sie im Unterschied zu Overbecks Maria durch Krone, Szepter, prunkendes Gewand und weltherrscherliche Position ganz offen feudalaristokratisch ausgerichtet ist, sondern weil sie durch eine überfeinerte haptisch-räumliche Sinnlichkeit, die von der eher kargen, strengen Schönheit der Frankfurter Madonna fast kitschhaft absticht, das verlorene Glaubensterrain mit forciertem Illusionismus zurückzugewinnen sucht und deshalb in ein umso stärkeres Widerstreben gegen die fortschrittsorientierte Säkularisierungsbewegung der Epoche und zugleich jedoch Affiziertsein von ihr gerät.

Mit dem Aquarell *Madonna an der Mauer* (1878, Abb. 71) von Edward von Steinle vergrößert sich der Abstand zur Beuroner göttlichen Jungfrau hinsichtlich des Vorhanden-

71 Edward von Steinle: Madonna an der Mauer, 1878

seins sinnlich-realistischer Momente erheblich, so daß die Spannweite katholischer Bildgestaltungen am Beispiel dieses Themas deutlich wird. Weder geometrisierend-asketische Geistigkeit (Lenz), feudalaristokratische Disposition und Attribute (Lenz, Deger), entrücktes Schweben auf Wolken (Overbeck, Deger) oder die Plazierung inmitten des abstrakten Alls (Deger) noch die segnende Herrscherpose eines unkindlichen Christus (Lenz, Overbeck, Deger) charakterisieren die Gruppe von Steinle, sondern die Madonna sitzt mit dem „naturwahr" wiedergegebenen Kleinkind-Christus auf ihrem Schoß ganz real im irdischen Gras eines Erdhügels, der sich vor einer niedrigen Mauer aus Natursteinquadern befindet. Dahinter schweift der Blick zu einer fernen Gebirgslandschaft. Die Mutter-Kind-Beziehung, durch den direkten Blickkontakt hier im Vergleich zu den übrigen Bildern am innigsten gestaltet, wiederholt sich symbolisch in der Gruppe eines unter dem Schutz des alten aufwachsenden jungen Baumes. Trotz der auf sorgfältige Einzelbeobachtungen bedachten Naturschilderung behält jedoch die Gesamtgestaltung wegen der ein wenig kargen und montagehaften kompositorischen Klarheit, zurückhaltenden Körpermodellierung, akademisch-historisierenden Gewandgestaltung und religiösen Anbetungsgestik der durch einen Heiligenschein erhöhten Maria den Charakter der hohen Stillage. Einen stilistischen Bruch dieses Nazarenertums bildet allerdings die perspektivisch-veristische Darstellung des strampelnden, mit Blümchen spielenden Kindes, die eine Konzession an den „Naturalismus" bedeutet. In einem solchen Detail zeigt sich unverhüllt die tiefe Diskrepanz zu dem von Steinle abgelehnten Extremismus der Beuroner Richtung.²⁴⁶

Freizügigkeit und christliche Moral

Das historisch Verbrauchte, ästhetizistisch Verfeinerte und körperverhüllend Keusche prägen die sinnliche Restriktion der jungfräulichen Madonnenbilder der katholisch-nazarenischen Kunst. Die im Kulturkampf nicht zu Unrecht unterstellte Verdammung erotisch-sexueller Sinnlichkeit durch den Katholizismus wird jedoch im Themenbereich des vom Papste hartherzig verfluchten Tannhäuser, der im Venusberg sündigte und für den liberale Stimmen Partei ergreifen, besonders augenfällig. So läßt Eduard Kaempffer in einem

Abb. 72 Eduard Kaempffer: Tannhäuser vom Papste verflucht, 1859

Wandgemälde des Rathauses von Erfurt, betitelt als *Tannhäuser vom Papste verflucht* (1895, Abb. 72) seinen zerknirschten Helden erbarmungswürdig an der rechten Bildseite vor einer kahlen Steinwand auf den Knien kauern. Als ob sie eine Ausgeburt der Hölle zu fürchten hätten, eilen zwei hohe geistliche Würdenträger in möglichst weitem Abstand an dem zusammengesunkenen Ritter im monastischen Büßergewand vorbei, dessen Kopf tief herabhängt und streben wie ein bereits voraneilender Ornierter dem nahen vatikanischen Bau zu. Der Kontrast der stark verwitterten, jedoch grell beleuchteten Sündermauer und der reich verzierten dunklen Marmorschale, die die hartherzigen Priester in ihrem ausweichenden Abscheu zu streifen gezwungen sind, zerreißt das Bild. Hier werden Tannhäuser mit liberaler Menschlichkeit „gerettet" und die verstockten katholischen Gerechten der protestantischen Gegenanklage überantwortet. So entsteht ein kulturkämpferisches „Feindbild" des Katholizismus.²⁴⁷

Schon in der Periode des Jungen Deutschland und Vormärz steht der Tannhäuser-Stoff im Kontext einer zumeist antichristlichen „Emancipation des Fleisches".²⁴⁸ Heinrich Heine läßt in der Ballade *Der Tannhäuser. Eine Legende* (1836) den Ritter aus dem Venusberg aufbrechen, weil er der einsinnigen Wollust der Liebes- und Geschmacksgenüsse überdrüssig ist.²⁴⁹ Ihn gelüstet es nach Bitternissen und einer Dornenkrone. Jedoch malt der vor dem Papst in Rom beichtende Tannhäuser die Schönheit der Frau Venus und die nur einem unaufhaltsamen wilden Wasserfall gleichende Allgewalt der Liebe in den kräftigsten Farben. Auf seine Frage, ob die verzehrenden Liebesflammen schon ewiges Höllenfeuer seien und auf die Bitte nach Lösung von der Macht des Bösen antwortet der Papst, der selbstverständlich den asketischen Standpunkt der Theologie vertritt, mit der Verdammung des Tannhäuser, den er aus den schönen Krallen des schlimmsten Teufels Venus nicht erretten zu können vorgibt.

„Mit deiner Seele mußt du jetzt
Des Fleisches Lust bezahlen,
Du bist verworfen, du bist verdammt
Zu ewigen Höllenqualen."²⁵⁰

Greift Heine auch die sinnliche Restriktion des Katholizismus an, so scheint er zugleich mit der Schilderung des Venusberges, dessen Hausherrin den heimgekommenen Tannhäuser pflegt und ihm eine Suppe kocht, die Eheidylle des deutschen Spießbürgers zu karikieren. Der läßt sich von seiner Frau sexuell befriedigen, pflegen und bekochen und leidet dabei jene miserabeln Zustände unter Deutschlands „sechsunddreißig Monarchen", von denen der zurückgekehrte Tannhäuser seiner Frau Venus berichtet. Die antichristliche Emanzipation des Fleisches wird trotz aller ironischen Brechung von Heine zusammengesehen mit der politischen Emanzipation des deutschen Bürgers, der sich aus dem christlich sanktionierten Eheschlaf ebenso befreien soll wie aus dem Joch der feudalabsolustistischen Misere.

Im Zweiten Deutschen Kaiserreich hat jedoch das Bürgertum (anders als die Sozialdemokratie) den revolutionären Aufbruch der Vormärzzeit verdrängt oder vergessen. So ist freizügige Sinnlichkeit, die das Band der christlich-bürgerlichen Ehe lockern oder gar relativieren könnte, selbst in atheistisch-liberalen Kreisen umstritten, wenn nicht verpönt. Erinnert sei an die religiös-ehetreuen Vorbehalte von David Friedrich Strauß gegen die „tierhafte Vielweiberei" in *Der alte und der neue Glaube* (1872) oder die christlich-moralische Tannhäuser-Assoziation angesichts der Möglichkeit einer außerehelichen Beziehung in Heyses freigeistigem Roman *Kinder der Welt* (1872). Hier erscheint dem jungverheirateten Edwin Walter die Flucht aus dem Adelsschloß, in dem er seine nunmehr ebenfalls verheiratete frühere Geliebte nackt baden sah und später unter glühenden Küssen umhalste, wie eine Errettung aus den Verstrickungen des Venusberges. Erleichtert kehren der „liberale" Philosoph Edwin und mit ihm Autor und Leser in den sicheren Port der bürgerlichen Kleinstadtehe zurück.

Kulturkämpferische Töne durchklingen auch Eduard Rudolf Griesebachs Dichtung *Tannhäuser in Rom* (1875).[251] – Antipapistisch grundiert ist das Epos *Tannhäuser. Ein Minnesang* (1880) von Julius Wolff. Ähnlich wie Wagner in seiner Oper *Tannhäuser und der Sängerkrieg auf der Wartburg* (1845, Pariser Fassung 1861) verschmilzt Wolff die ursprünglich getrennten Sagen von Tannhäuser im Venusberg und vom Sängerkrieg auf der Wartburg. Bei Wolff gehört der Minnesänger und Ritter Tannhäuser als Freund Walthers von der Vogelweide, dessen Wahlspruch „Schutz dem Kaiser! Trutz dem Papste!"[252] lautet, zur Partei der gegen die vom Papst unterstützten Welfen kämpfenden Staufer. Diese Auseinandersetzung schildert Wolff in einem historischen Abriß und beurteilt darin die Rolle Roms im Sinne des Liberalismus:

„Rom aber blieb zäh und fischte im Trüben
Und spielte wie immer sein falsches Spiel
Und bannte und segnete hüben und drüben
Die Herrschaft der Welt war sein einziges Ziel.-"[253]

Das Versepos bringt zweibändig die Bildungsgeschichte Tannhäusers vom Sieg der im Schwellen des Frühlings und der Jugend symbolisierten weltlichen Triebe gegen Klausnerleben und Noviziat über verschiedene Stufen der Niederen und Hohen Minne bis zur Opferung des Seelenheils im Venusberg. Genüßlich und episch breit sind die Liebesabenteuer des Ritters ausgemalt. Der von bürgerlich-christlicher Ehemoral weitgehend unbeschwerte ästhetisch-liberale Standpunkt ermöglicht dem Autor eine „vorurteilsfrei-historische" Schilderung des vor- und außerehelichen Minnetreibens der höfischen Oberschichten.

Als Sänger vertritt Tannhäuser, der sich nicht zum ausschließlich reinen Dienst an der Jungfrau Maria entscheiden mag, das Prinzip der irdischen Minne und ritterlichen Bewährung. Wolfram von Eschenbach dagegen verurteilt buhlerische Künste, Liebeszauber und üppige Weltlust und besingt im Streit auf der Wartburg die himmlische Liebe sowie ein ritterlich-christliches Leben im Dienste Gottes. Der Sängerkrieg endet unentschieden, da beide Gegner die Überlegenheit des anderen versöhnt anerkennen. Der Konfliktstoff des Antagonismus von weltlichem und geistlich-christlichem Sänger- sowie Dichtertum wird auf diese Weise durch die ästhetische Versöhnung der Repräsentanten beider Richtungen überspielt, verschleiert.

Einen Höhepunkt bildet die Lebensbeichte des büßenden Tannhäuser vor dem feindlichen Papst Innozenz III. Dieser kann zwar dem tapferen Ritter seine Anerkennung nicht vorenthalten, verdammt jedoch dessen gegen die „göttliche Ordnung" gerichtetes unersättliches Streben sowohl nach freier Liebe ohne einschränkende Scham als auch nach Wesenserkenntnis der Liebe. Endgültig versagt der finstere Papst dem Bereuenden und Bußfertigen eine Absolution, als er die anschauliche Beschreibung der lustvollen Vorgänge im Venusberg und die Absage Tannhäusers an die Hl. Dreifaltigkeit sowie die Jungfrau Maria anhören muß. Ein liberalistischer Ton kritisch-anklagender Humanität wird hier gegen die unmenschliche Strenge des Hauptes der kirchlichen Hierarchie laut.

Zum Eintritt in den Hörselberg ließ sich Tannhäuser aus Trotz hinreißen, als die letzte Geliebte, die seine leidenschaftlich tiefen Gefühle erwiderte, ihm aus moralischer Rücksicht auf ihren im Krieg vermißten Gemahl eine Liebesnacht verweigerte. Im vorwortartigen „Minnegruß" wirbt der Autor bei den Frauen um Verständnis für die Erotik Tannhäusers mit den Worten:

„Seid gnädig und versöhnlich seiner Minne,
Und schickt ihn damit nicht zur Valandinne!"[254]

Eine solche Toleranzauffassung kann der Autor nur erwarten, wenn die Leserinnen entweder liberal eingestellt sind und die Institution der Ehe nicht für unumstößlich halten oder wenn sie Leben und Historie sowie Leben und Dichtung streng voneinander trennen und ihre bürgerlichen Lebensprinzipien nicht auf jene Gebiete übertragen. Auch in diesem Fall müßten sie allerdings eine Relativierung dieser Prinzipien zugestehen. So könnte das Epos einerseits die erotisch-sexuelle Emanzipation der Frau befördern helfen, andererseits ein Abenteuer- und Traumreich für frustrierte Ehefrauen und noch unerfahrene Jungfrauen bieten. Ein ungetrübtes Verständnis der sorglos-höfischen Minnewelt des Epos, dies sei einschränkend angemerkt, ist allerdings nur bei Adressaten zu erwarten, die selber einer materiell reichlich gesicherten und gebildeten Oberschicht angehören oder ihr zumindest nahestehen.

Das nach Tannhäusers Beichte erfolgte Verdikt des Papstes besagt, daß ein Wiederbegrünen des dürren päpstlichen Hirtenstabes eher möglich sei als eine Vergebung der „Buhlschaft mit der Hölle".[257] Die Wirkung des päpstlichen Spruches wird allerdings dadurch relativiert, daß Tannhäuser angesichts der im Frühling auf den antiken Trümmern Roms blühenden Rosen seinen Lebensmut wiedergewinnt, zu Jugendfreunden heimkehrt und dort, wo ihn auch die Nachricht vom Gotteswunder des dennoch begrünten Hirtenstabes erreicht, seine erotische und religiöse Frustration mit der Abfassung des von Heldenliebe, Heldenstreit und -tod handelnden Nibelungenliedes kompensiert. Das ästhetische Reich unsterblicher Poesie ist offenbar für Wolff das zuhöchst erstrebenswerte Gut, und so wird Tannhäuser die wahre Absolution durch seine eigene dichterische Schöpferkraft zuteil.

Grundierend wirken zwar im Epos ein freizügiger Sensualismus und liberalistischer Antipapismus, jedoch ist die Dichtung letztlich durch eine allseitige Offenheit und Toleranz gegenüber verschiedenartigsten Ereignissen und Ausprägungen des Lebens bestimmt. Die entscheidende Begrenzung bildet allerdings die elaborierte Höhenlage des Oberschichtbezuges. Und der Autor behauptet als Bildungs-Künstler eine gewissermaßen fürstlich-aristokratische Über-Position jenseits aller Höhen sowie von Gut und Böse. Ein solcher Standpunkt jedoch, der das liberalistische Prinzip des „laissez faire, laissez aller" einschließt, macht blind gegenüber den durch die Klassenherrschaft determinierten sinnlichen Restriktionen und deren ideologischer Realität in Geschichte und Gegenwart. Deshalb ist ein tiefergreifendes Plädoyer für freizügige Sinnlichkeit und eine ideologiekritische Entlarvung des christlich-asketischen Moralprinzips von einem bürgerlichen Autor und Butzenscheibendichter wie Wolff trotz des hohen Anspruchs auch kaum zu erwarten.

In Felix Dahns *Tannhäuser. Ein Cyklus* (1878) gibt der deutsche Kaiser selbst den Sänger nach seiner verzweifelten Heimkehr aus Rom dem Leben wieder, indem er ihn auf sein

Abb. 73 Otto Knille: Venus und Tannhäuser, 1873

Volk als höchsten Wert, auf den Dienst am Vaterland hinweist. Der Ritter stirbt preußisch-treu im Kampf für Kaiser und Reich und erntet einen Heldenkranz von seinem geliebten Monarchen.[256]

Wird in den meisten Dichtungen des 19. Jahrhunderts, die den Tannhäuser-Stoff thematisieren, die Hörselberg-Welt von der asketisch-christlichen Verdammung getroffen, vermag Adorno deshalb den Willen des Wagnerischen Tannhäuser, das Bild der Lust aus der Venusberg-Grotte auf die Erde zu tragen, es im Sängerkrieg der Welt vorzuhalten, als „einen der echten politischen Momente in Wagners Werk" zu begreifen.[257] Allein verfällt, anders als bei Heine und Wolff der Wagnersche Tannhäuser einer „Erlösung" durch die rein geistige Liebe der Elisabeth-„Maria" im Augenblick des Sterbens. Wiederum triumphiert die Negation der Sinnlichkeit, hier in der Form des romantisch spiritualisierten Liebestodes.

Eine andere Variante der Verneinung erotisch-sexueller Lust bietet das von Adolf Rosenberg in seiner *Geschichte der modernen Kunst*, Band III (1889) brillant beschriebene „Hauptwerk" des späteren Berliner Akademieprofessors Otto Knille *Tannhäuser und Venus* (1873, Abb. 73). Der Text Rosenbergs lautet: „Den Schauplatz der dargestellten Szene bildet die zauberische Grotte der Venus. Auf einem prächtigen, mit Perlmutter und edlen Steinen ausgelegten Sitz hat Tannhäuser geruht und seiner Laute liebliche Weisen entlockt. Die Göttin auf einem niedrigeren Sitze ihm zu Füßen hat den Melodien gelauscht, und als die Töne mächtiger und mächtiger anschwollen, brach ihre dämonische Liebesgluth mit unbezähmbarer Gewalt hervor. Ueber diesen

Ausbruch entsetzt, ist Tannhäuser aufgesprungen. Er hat plötzlich die Teufelin erkannt, in deren Netze er sich verstrickt, und scheint in den Abgrund zu blicken, der sich vor ihm aufgethan. Die Göttin, durch sein leidenschaftliches Gebahren erschreckt, hebt sich, von Liebessehnsucht durchschauert, zu ihm mit bittender Geberde empor. Das gelbseidene Gewand ist ihr von der Schulter geglitten, und unverhüllt zeigt sich die Pracht des nackten Götterleibes. (...) Der Körper der Venus ist keine akademische Abstraktion der Natur, keine kalligraphische Umschreibung gleich den Quellnymphen und den weiblichen Allegorien der modernen Franzosen, sondern eine vollkommen naturalistisch durchgebildete, lebensvolle, aber durch ein vornehmes Stilgefühl der Trivialität des Modells entrückte Gestalt."[258] Der endlich doch noch zu moralischer Reflexion sich erhebende Tannhäuser erkennt die im Spiegel seines Lautespiels provozierte Venus als Teufelin, aus deren Netzen es sich zu „emanzipieren" gilt. Das bürgerliche Rollenspiel des letztlich nach Geist und Tat strebenden Mannes und rein sinnlichen Weibes, das zugleich bittet und durch Nacktheit reizt, wird bildkünstlerisch affirmiert. Und doch ist die Frauengestalt kein bloß fleischlich-triviales „Modell"! Doppelseitig wird also Sinnlichkeit gelähmt, negiert, sowohl durch männliche Tugendhaftigkeit und Herrschaft als auch durch die aristokratische Distanz des mit „vornehmem Stilgefühl" sittlich geadelten weiblichen „Götterleibes".

Gegen das asketische Ideal eines christlichen Heiligenlebens, das die Sinnlichkeit bezwingt, wandte sich Wilhelm Busch in den Bildgeschichten *Der heiligen Antonius von Padua* (1870) und *Die fromme Helene* (1872). Beim Erscheinen des *Heiligen Antonius* wurde gegen den Verleger Moritz Schauenburg vor dem Offenburger Kreisgericht ein Prozeß angestrengt. Im Schlußkapitel schien mit der Szene der gemeinsamen Himmelfahrt des Heiligen und seines Wildschweines eine Verunglimpfung der Lehre von der Unsterblichkeit der Seele, eine Herabwürdigung der Religion gegeben. Der Tatbestand der Erregung öffentlichen Ärgernisses durch unzüchtige Schriften deutete sich mit dem Kapitel über die Versuchung des Antonius an, wo Satan in der Gestalt einer verführerischen Balletteuse auftritt.[259] Der Verleger wurde jedoch 1871 freigesprochen. In Bayern und Rußland blieb der *Heilige Antonius* eine Zeitlang verboten. In Österreich wurde das Verbot erst 1902 durch eine Interpellation der Alldeutschen im Österreichischen Reichsrat praktisch unwirksam.[260]

Die Bildergeschichte gliedert sich in ein Vorwort und zehn Kapitel. Im Vorwort wird ironisch der Gegensatz des prosaischen, in der Zeitung ausschließlich dokumentierten Alltagslebens zu dem Bereich wahrer, christlicher, auf das Jenseits gerichteter Frömmigkeit beschworen. Von Frömmigkeit ist in der Zeitung nirgends die Rede, während man alles andre groß und breit druckt, nämlich auf reißerische Unterhaltung angelegte Liebesromane und frivole Gedichte für jedermann, Kursberichte der Börsen, Reklameseiten, auf denen diverse, aus entlegensten Bereichen zusammengewürfelte Marktartikel angepriesen werden vom Malzextrakt bis zu Garten- und Hausmaschinen, popularisierte neueste Erkenntnisse der Wissenschaft über so inferiore Dinge wie Klauenseuche und Trichinen. Die Spitze richtet sich gegen die konservative Argumentationsfigur, daß das moderne Alltags- und insbesondere Staatsleben nicht an den höchsten Grundsätzes des Geistes, vor allen Dingen des Christentums ausgerichtet ist, sondern quasi heidnischen, ganz und gar niederen innerweltlichen Prinzipien folgt.[261] Ja, es ist sogar so weit gekommen, daß die weltliche Gewalt über die geistliche triumphiert! Selbst im frommen Österreich, der Bastion des Katholizismus, greift die Polizei frech in ein Nonnenkloster, wo man eine Schwester im Kellerverlies unter Spinnen, Fröschen, Schlangen und Mäusen verschmachten läßt. Doch alle Frevler und Feinde der Heiligen Religion werden in Höllenkochtöpfen sieden. Im Ton eines kirchlichen Mahntraktates wird dagegen nun das christlich-asketische Leben des Heiligen Antonius als Beispiel des rechten Weges zum Heil vorgeführt.

Im ersten Kapitel „Frühe Talente" wird das darwinistisch-naturwissenschaftliche Gesetz „Wer mal so ist, muß auch so werden!"[262], das die Natur des Menschen determiniert und die Willensfreiheit ausschließt, an der Entwicklungsgeschichte des Kindes Antonius erprobt unter der Prämisse: Heiligkeit ist angeboren. Dabei erweist sich jedoch auf witzig-widersprüchliche Weise der sekundäre Charakter der Heiligkeit, die nur angelehnt an ursprünglichere Wesensbestandteile des Menschen wie Genußstreben, Raub-, Jagd- und Liebestrieb sowie Faulheit zu existieren vermag. So bereitet dem jungen Antonius das Muß der kirchlichen Fastenzeit wie einem Heiligen nur Vergnügen, da er nun umso mehr seinen Drang nach Naschwerk wie Mandeltorten und Krapfen befriedigen kann. Nicht wie ein Heiliger sondern wie ein Lausbub hält sich Antonius für die Abstinenz von Fleischgerichten schadlos, indem er am Freitagmorgen die Henne Piccola vom frischen Gelege vertreibt, ein Ei aufschlägt und austrinkt oder indem er Obst klaut und Fische fängt. Regelmäßig geht er zu den Messen und hält sich immer in der Nähe der lieben, andachtsvollen Julia. Die Neigung zu Einsamkeit und Klausnerleben zeigt sich im Winter, wenn Antonius „entfernt vom Schul- und Weltgewühle"[263] den Tag sinnend im Bett verbringt und dabei gemütlich Zigaretten raucht.

Das zweite Kapitel „Liebe und Bekehrung" verdeutlicht, daß der Mensch allein durch schwere Schicksalsschläge zum widernatürlichen Heiligenleben zu bekehren ist. Nur ein großes Liebesunglück kann das asketische Mönchsleben für Antonius attraktiv machen. Bei der inzwischen verheirateten Julia wird nämlich Antonius, noch bevor beide sündigen konnten, durch die Schuld einer bissigen Katze vom vorzeitig heimkehrenden Ehemann entdeckt. Der unglückliche Liebhaber kann sich dem sicheren Degenstoß des Wütenden nur durch einen Sprung in den Abort entziehen. Kottriefend flüchtet sich Antonius ins Kloster, um sich fortan nur noch der Jungfrau Maria zu widmen.

Im dritten Kapitel „Unserer Frauen Bildnis" avanciert Antonius zum Madonnenmaler. Mit dem gut getroffenen Bild der hoheitsvoll und gnädig herabschwebenden Himmelkönigin, deren Last der überwundene Satan auf einem Wolkenkissen zu tragen hat, vermag der Künstler das Wohlgefallen wie auch die Eitelkeit der Jungfrau Maria zu erregen und sich ihres Dankes zu versichern (Abb. 74). Der gekränkte Teufel jedoch schwört Rache. Als die von Antonius hochgeschätzte Jungfrau Laurentia des nahen Karmeliterinnenklosters verkleidet, erscheint Satan nachts bei dem Mönch. Laurentia, die das Silbergerät des Klosters eingepackt hat, verführt Antonius, ebenfalls heilige Gefäße zu stehlen und

Abb. 74 Wilhelm Busch: Mariae Bildnis, 1870

Abb. 75 Wilhelm Busch: Doktor Alopecius und das Bauernmädchen, 1870

mit ihr zu fliehen. Im freien Feld verläßt der Teufel hohnlachend den Verzweifelten und weckt die Brüder, den Dieb zu fangen. Doch die Himmelskönigin rettet ihren Schützling, indem sie ihn aus dem Kerker vor seine Staffelei versetzt und den Teufel stattdessen in die Fesseln steckt. Am anderen Morgen wird Satan vom Prior und den Mönchen entdeckt und durch Weihwasser vertrieben. Das rettende Wunder der Jungfrau Maria, das einer Wunschvorstellung des in die Enge getriebenen Sünders entspricht, kaschiert also wie ein Feigenblatt die ursprüngliche Geld- und Liebesgier des Antonius. Als Drapierung, als bloßer Schein erweist sich das mönchische Heiligenleben. Die Gewalten des Himmels und der Hölle entpuppen sich in einem Feuerbachschen Sinne als Triebgewalten der menschlichen Natur selber.

Bei einer Fußwanderung in Sachen des Klosters (viertes Kapitel „Zwei Stimmen von oben") wird Antonius von Doktor Alopecius, einem losen Vogel, begleitet. Dieser Theologe weiß die Schönheiten der Natur zu würdigen: er schäkert mit den Landmädchen und streicht ihnen „Dominus vobiscum!"[264] über das Mieder (Abb. 75). Auch verhöhnt der aufgeklärte Humanist die Naturgewalten, die in Form eines aufziehenden Gewitters drohen. Er spannt einfach seinen großen Regenschirm gegen den Platzregen auf. Da ertönen von oben zwei schreckliche Stimmen, die Rache fordern, und der ruchlose Doktor wird von einem Donner- und Blitzkeil getroffen und verschmort elendiglich samt seinem Paraplü. Währenddessen ist der heilige Antonius unbeirrt im Gebet an die Himmelskönigin vorangeschritten, und diese rettet ihn vor dem Grimm der beiden Stimmen. Aufs Korn genommen wird hier der mit christlichen Elementen vermischte Aberglaube an eine strafende Gerechtigkeit, die sich des Wirkens der Natur bedient.

Im fünften Kapitel „Kirchweih" läßt Unvorsichtigkeit das Wirtshaus von Padua, in dem die Bruderschaften und Jungfernverbände bei ihren Kirchweihwallfahrten trinken und rasten, in Brand geraten. Die Anrufung der Himmelskönigin durch Antonius rettet den Weinkeller des benachbarten Klosters vor dem Übergreifen der Flammen. Das Gebet des Antonius lautet:

„Ave Maria mundi spes!
Erhalt uns armen Mönchen –
– Du weißt es ja, wir brauchen es –
Den Wein in unseren Tönnchen!"[265]

Die Mönche bedanken sich durch Trinken, bis sie „voller Gnaden" sind. – Nur mit Hilfe des fröhlichen Zechens läßt sich das asketische Mönchsleben ertragen. Wieder sind es die leiblichen Genüsse, die trotz aller Verleugnung ihr Recht fordern.

Der fromme Antonius, der mit wunderbarer Kraft predigt und Zeichen und Wunder tut, wird von Neidern beim Bischof Rusticus wegen Zauberei verklagt (sechstes Kapitel „Bischof Rusticus"). Vor dem Bischof hängt Antonius seine Kappe an einen Sonnenstrahl, allein Rusticus vermutet Teufelsblendwerk. Da bringt der Heilige einen im Sand herumspielenden Findelknaben, der bis dato taub und stumm war, zur Aussage, daß der Bischof sein Vater sei. Rusticus bedeutet dem Jungen Schweigen und erkennt jetzt die Gottesknechtschaft des Antonius an. Dieser wird von nun an nur noch mit Heiligenschein gesehen. Das Zölibat als widernatürliche Einrichtung der katholischen Kirche ist nicht wirklich einzuhalten. Die unabweisbaren Forderungen der Fleischeslust und ihre sichtbaren Folgen offenbaren die Heuchelei des Klerikers.

Antonius widersteht im siebten Kapitel „Die Beichte" den Verführungskünsten der schönen Monica, die den Mönch unter dem Vorwand des Beichtverlangens an ihr vorgespiegeltes Krankenlager rief. Monica, die so manchen Frommen kennt, ist verwundert über die Widerstandskraft des Heiligen.

Später muß Antonius noch einmal seine Heiligkeit in einer starken erotischen Versuchung bewähren (neuntes Kapitel „Letzte Versuchung"). Als hübsche, dralle Balletteuse verkleidet, erscheint Satan. Das Mädchen bietet alle Verführungskünste auf. Zuletzt setzt sie sich in den Schoß des ungerührten Antonius und umschlingt und küßt den Heiligen. Doch mit Hilfe seines Kreuzes entlarvt dieser den Teufel und verjagt ihn durch das Ofenrohr. Furcht vor der Weiblichkeit aufgrund seiner schlechten Erfahrungen, lange asketische Übung und das Alter machen es Antonius leicht, die Liebesbefriedigung abzuweisen. Die Identifikation des Teufels mit einer Balletteuse zielt gegen spießbürgerliche wie christliche Prüderie und Theatervorurteile.

Endlich zieht sich Antonius als Eremit in die Waldeinsamkeit zurück (zehntes Kapitel „Klausnerleben und Himmelfahrt"). Vögel nisten in seiner Kapuze, Ameisen wohnen in seiner Kutte (Abb. 80). Er will ruhig ausharren, bis sich ihm ein glaubhaftes Zeichen darbietet. Da erscheint ein Wildschwein und wühlt eine reine Quelle auf sowie ein Häuflein Trüffeln. Nun dankt Antonius für dieses Wunder, ißt und trinkt und schließt Freundschaft mit dem braven Wildschwein, das für immer bei ihm bleibt. Das Einsiedlerleben, der asketische Weg zu Gott, wird hier als ein Weg fort von menschlicher Kultur und Zivilisation, als eine Regression zum primitiven Dasein unter Bäumen und Tieren karikiert. Der Verzicht auf jede Aktivität, das Verharren im Sitzen, so daß die Natur von Antonius Besitz ergreift, bezeichnet die Stufe künstlicher, inhumaner Wildheit, die nun erreicht ist. In dieser Situation machen sich jedoch die elementaren Bedürfnisse nach flüssiger und fester Speise sowie nach Kommunikation geltend. So erscheint das nahrungsbringende Wildschwein als wunderbarer Freund. Zugleich verweist dies Wunder und Zeichen ironisch auf die Unmöglichkeit, ohne arbeitsame Aktivität nur im Glanz asketischer „Heiligkeit" zu leben. – Nach ihrem gleichzeitigen Tod fahren Heiliger und Schwein auf zum Himmelreich, wo sie trotz Protests von Juden und Türken aufgenommen werden.

Eduard von Daelen bescheinigt Wilhelm Busch mit Recht eine gewissermaßen freidenkerische Position: „Wenngleich durch Erziehung Protestant, stellte er sich doch nicht auf den einseitigen Standpunkt des Protestantismus oder des Racenunterschieds, sondern auf den freien allgemein menschlicher Vernunft."[266] Als tragender Grundgedanke der antiklerikalen Satire fungiert die gewissermaßen naturwissenschaftlich abgesicherte Prämisse, daß unabweisbare, elementare Bedürfnisse nach Nahrung, Liebe und Kommunikation die menschliche Natur determinieren und daß alle übrigen Strebungen sekundärer Art sind. Die leiblich-seelische Askese des katholischen Mönchstums widerspricht dem Gefüge der ursprünglichen Bedürfnisse. Die Enthaltsamkeit des Heiligenlebens ergibt sich nur auf dem Wege schlimmer Erfahrungen und einschneidender Unglücksfälle, die eine Flucht vor dem Leben bewirken. Durch ständige asketische Übungen und den natürlichen Alterungsprozeß wird ein Verzichtsgefälle erzeugt, so daß man später den Versuchungen des Fleisches leichter zu widerstehen vermag. Der Lebenslauf des Antonius verdeutlicht dies in seiner Entwicklung bis zum Höhepunkt des Eremitendaseins in der Wildnis.

Ein mehr theologischer Aspekt der Satire besteht im Zweifel an der Möglichkeit, ein die katholische Tugendlehre voll erfüllendes christliches Leben zu führen und nach dem Tode in der Vereinigung mit Christus den Status eines Heiligen zu erreichen. Wilhelm Busch äußert sich zu dieser Frage in einem als entkräftendes Prozeß-Material gedachten Brief an seinen Verleger Moritz Schauenburg: „In protestantischen Anschauungen aufgewachsen, mußte es mir sonderbar erscheinen, daß es im Ernste einen wirklichen Heiligen, einen Menschen ohne Sünde geben sollte. Aus dem Kontraste dieser weitverbreitetsten Anschauung mit dem Begriff eines richtigen Heiligen ging, unter Benutzung vorgefundener Legenden, die mehr oder weniger komische Lebensskizze hervor, wozu dann ein bestimmter Name als Repräsentant der Gattung nicht eben unpassend schien."[267] Zusammen mit den satirischen Hieben gegen das Zölibat in der Rusticus-Episode sowie gegen den Marienkult mußte diese im *Heiligen Antonius* ausgedrückte Auffassung den ultramontanen Kampfgeist in der Weise anheizen, wie das Daelen mit witzigen Anekdoten zu schildern weiß.[268] Fraglich ist, ob Busch wirklich vom Boden einer christlichen Sündenlehre aus seine Pfeile der Komik als streitbarer Protestant verschießt. Die ironische Skepsis gegen jede Art des Wirkens transzendenter Mächte des Guten und Bösen, deren Personifikationen als Maria und Satan vielmehr in einem Feuerbachschen Sinn allzumenschliche Regungen der Eitelkeit oder des Hasses zeigen, weist Busch eher als Materialisten aus, zumal er mit seltener Vorurteilslosigkeit die Bedingtheit des Menschen durch seine materiellen Bedürfnisse bloßzulegen weiß. Die Spitzen gegen Wunder- und Aberglauben sowie gegen spießbürgerlich-christliche Prüderie jeglicher Konfession verstärken diesen Eindruck. Der Kinder- und Kirchenglaube an Himmel, Hölle, Unsterblichkeit und Heiligkeit geht in der Satire gründlich zu Bruch.

Der Zeichenstil von Busch wendet sich entschieden gegen jede Form des Idealisierens ebenso wie gegen sklavische, quasi szientistische Naturtreue. Der Titel der Erstauflage des Heiligen Antonius (Abb. 81) zeigt nicht die durchgeistigten Züge eines feinsinnigen Asketenantlitzes, sondern einen hügeligen, tonsurierten Mönchsschädel von hinten mit Klumpohren dran. Eine riesige Heiligenaura scheint dem Armen auf „blendende" Weise die Aussicht zu versperren. Die Strahlen der Aura gehen nach unten zu in schwärzestes Dunkel über im Sinne des Goethewortes „Wo viel Licht ist, ist starker Schatten".[269] Der Hinterkopf wirkt inmitten des sonnenhaften Strahlenkranzes und gewaltigen Lichtkreises sowie im Kontrast zur gewaltigen Kapuze winzig. Das Heilige und das Menschliche bilden einen extremen Gegensatz. Die äußerst schmalen Schultern karikieren den hageren Asketen.

Radikal sind die zeichnerischen Mittel reduziert. Reine Linienzüge umgrenzen die simplen Formen. Die sparsamen Schattierungsschraffuren an der rechten Schulter und Kapuzenseite sind so grob geführt, daß ihre Struktur auf den ersten Blick offenliegt. Ein informelles Zickzack dieser Schraffierung vermittelt den Eindruck der Spontaneität, ebenso die unregelmäßigen Strichelungen an den Ohren und des Haarkranzes. Einerseits also Rückführung auf Elementarformen, auf einfachste Symmetrie und Geometrie, auf schlichteste Prägnanz, andererseits Zufallsstrukturen und expressive Unregelmäßigkeiten. Jeder Anklang an ein feines, veristisches Modellieren, an die Herausarbeitung eines szenenhaften Illusionsraumes ist konsequent vermieden. Auf diese Weise wird höchste Unmittelbarkeit, radikale Offenlegung erreicht; die Prinzipien der Desillusionierung, der Entlarvung wahrer Wesenszüge und Motive, die Zertrümmerung des schönen Scheins herrschen. Die prosaische, niedere Stillage der Gestaltung tritt in eine bewußte Antithese zur akademischen Konvention, Perfektion, zu repräsentativer Fassadenhaftigkeit, zu Heroik und Idealität.

Auf dem Bild der Begegnung der beiden frommen Wanderer mit dem drallen, breit grinsenden Bauernmädchen aus dem Kapitel „Zwei Stimmen von oben" (Abb. 75) wird der fromme, im Gebet pendelnde Gang des Mönches Antonius und des Theologen Dr. Alopecius durch eine leichte Krümmung der von Kutte und Gelehrtentalar verhüllten, in Rückenansicht gegebenen Körper sowie durch die Schrittstellung der Füße angedeutet. Der lose Charakter des Alopecius kommt nicht nur durch die riesigen, den Busen der ländlichen Schönen betätschelnde Hand sondern auch durch das forsche Ausschreiten der dürren, elegant beschuhten Beine zum Ausdruck. Das erotische Manöver des heuchlerischen Doktors geschieht sozusagen en passant, denn der Blick bleibt auf den Weg gerichtet; nur neigt sich das Haupt vertraulich dem verschmitzt unter ihrer Kopflast herüberblinzelnden Mädchen mit den gestauchten, derben Proportionen zu. Wichtig ist dem Zeichner das riesige Paraplü des Theologen mit dem Schneckengriff. Dieses regenverhindernde Instrument einer aufgeklärten modernen Zeit „versteckt" er, deutlich sichtbar, auf dem Rücken. Die greifende Hand ist dabei ebenso stark verzeichnet wie der muskulöse, eingestemmte rechte Arm des Bauernmädchens. Unbekümmerte Übertreibungen, Verzeichnungen und starke Proportionsabstraktionen dienen zur treffsicheren Charakterisierung des menschlichen Verhaltens mit all seinen Widersprüchen und Schwächen. Informelle, rasche Kritzelzüge lassen die Binnenformen hervortreten, erzeugen aber auch den Eindruck freier Spontaneität. Präzise Beobachtung und Auflockerung sind zeichenhaft komprimiert. Das Allzumenschliche tritt so in satirischer Verschärfung hervor und relativiert die höhere Sphäre von Religion und Moral.

Wie unumschränkt die Phantasie von Busch arbeitet, zeigt das Bild der verkohlten Reste des strafend vom Blitz getroffenen Alopecius (Abb. 76). Nur die großen spitzen Schuhe und dürren Beine des Doktors sind in einer zusammengeschmorten, verkrunkelten, schwarzen Formlosigkeit noch übrig und liegen aber schön perspektivisch parallelisiert da, während zwei Dunstwolken als Seelenersatz aus der früheren Leibesmitte nach oben steigen. Der wunderbare Regenschirm windet sich in grotesken Verkrümmungen. Eine fast surreale Dimension des Schwarzen Humors ist mit diesen Abstraktionsformen erreicht.

Auch als Physiognomiker und Mimiker stellt der Zeichner die Kraft seiner unvermittelten realistischen Beobachtung und seines verdichtenden Witzes unter Beweis. Die Szene der Runde der trinkenden Mönche aus dem Kirchweihkapitel (Abb. 77) gibt die Charaktertypen, auf die der Wein in unterschiedlichster Weise wirkt. Da ist der grinsende Kahlkopf mit dicken Wangen und Doppelkinn, der fröhlich das Glas schwenkt. Da hockt der Unbedarfte, dessen Prophetenbart sich in zwei Spitzen teilt und der naiv die Augen eindrückt. Der Mund steht unter der klobigen Nase zum Mitsingen weit offen. Da ist der durch den Trunk in Verzückung Geratene, der die gefalteten Hände mit den selig gespreizten Daumen auf der Tischkante ruhen läßt und sich weit zurücklehnt. Genußvoll sind die Augenlider zusammengekniffen. Und da sitzt mit verquälten Brauen der Typ des melancholischen Grüblers. Er gerät beim Trinken in wilde tragikomische Verzweiflung.

Die Stimmung einer überreizten Lustigkeit wird durch die expressiven Kritzelzüge und Strichelpartien intensiviert. Es sind derbe Typen, die sich auf engstem Raum im Gewölbe drängen. Elementare Bedürfnisse, Gefühle und Charaktere stehen hier in übersteigerter Lebendigkeit vor Augen. Der Rahmen einer bloß veristisch schildernden Genredarstellung, die auf Einfühlung abzielt, ist gesprengt.

Die niedere Stillage dieser satirischen Zeichnung wird im Vergleich mit einem Gemälde trinkender Mönche des Spe-

Abb. 76 Wilhelm Busch: Bestrafung des Doktor Alopecius, 1870

Abb. 77 Wilhelm Busch: Trinkende Mönche, 1870

zialisten dieses Genres Eduard von Grützner deutlich (Abb. 78). Im Unterschied zu Busch, der seine Typen mit Hilfe der Ausschnitttechnik nahe an den Betrachter heranrückt und so die Unmittelbarkeit des Schnappschusses erreicht, bewahrt Grützner zur Gruppe seiner ganzfigurig gegebenen sitzenden und stehenden Mönche eine überlegte Distanz. Mit niederländischer Stofflichkeit des Farbauftrags wird der Raum beschrieben. Es schimmern die alten rissigen Bretter der offenen Pforte, auf den Steinstufen schimmert das einfallende Licht, das bejahrte Holz der riesigen Fässer schimmert und traulich dämmern die Mauern des Gewölbes. In idyllischer Geruhsamkeit prüfen und kosten die Meister Küfner mit ihren Schürzen den goldklaren Trank. Gepflegte Kennerschaft und das Vergnügen eines erlesenen Genusses vereint die Brüder um das kleine, hell angestrahlte Reifenfaß in der Mitte, das dem delikaten Stilleben des Deckelkruges und Trinkbechers als Tisch dient. Die Welt der mönchischen Askese, des gottsucherischen Gebets, des Ringens um reine christliche Demut und Tugend ist weit zurückgelassen. Wie anders konnte noch zu Beginn des Jahrhunderts Caspar David Friedrich den durch tiefe Sehnsucht nach Gott und Freiheit in die Einsamkeit hinausgetriebenen Eremiten mit den Elementargewalten des ewigen Meeres, der Wolken und des Lichtes konfrontieren (Abb. 79)! Gegenüber der rauhen und scharfen Satire von Busch, die ironisch das Recht des freien Genusses behauptet, wirkt Grützners Genrebild wie akademisch gefrorene hohe Idealkunst. Zwei gegensätzliche Rezeptionsweisen der niederländischen Genremalerei des 17. Jahrhunderts scheiden sich hier.

Daelen betrachtet die *Fromme Helene* (1872) als kulturkämpferisches Gegenstück zum *Heiligen Antonius*: „Wie dort der Lebensgang des heiligen *Mannes* vorgeführt wird, so hier derjenige der frommen *Frau*, und wie jener auf die ergötzlichste Weise in den Himmel aufgenommen wird, so fährt zur Abwechslung jene in nicht minder erheiternder Art zur Hölle; es bleibt nur die offene Frage, welcher von beiden besser gefahren ist."[270] Ähnlich wie im Vorwort zum *Heiligen Antonius* wird im einleitenden Ersten Kapitel der *Frommen Helene* die Großstadtpresse humoristisch angeprangert. Schon am frühen Morgen verkünden nämlich die sittenlosen Blätter die sündlichen Exzesse der urbanen Welt, als da sind Bälle, Konzerte, Opern zum Studium weiblicher Formen durch das Glas, Theater und das Treiben an den

Abb. 78 Eduard Grützner: Goldklar

Abb. 79 Caspar David Friedrich: Der Mönch am Meer, um 1810

Abb. 80 Wilhelm Busch: Der heilige Antonius als Eremit, 1870

Börsen, wo seelenlose Juden ihr Wesen treiben. Vor allen Dingen aber:
„Schweigen will ich von Lokalen,
Wo der Böse nächtlich praßt,
Wo im Kreis der Liberalen
Man den Heil'gen Vater haßt."[271]
Das großstädtische Laster gipfelt also in den antikatholischen Umtrieben des Liberalismus. Die junge Helene wird deshalb auf das Land ins Exil geschickt, denn dort herrschen noch Zucht, Sitte, Ordnung, Religion.

Busch schlägt hier das Thema des Stadt-Land-Antagonismus an, das nicht nur in der deutschen Kunst des 19. Jahrhunderts einen breiten Raum einnimmt. Im Zeitalter der raschen Industrialisierung und Landflucht in die Großstädte, in denen sich die sozialen und ideologischen Spannungen verschärfen, erklärt der Konservatismus die ländlich-agrarische Region, wo sich die Lohnarbeiter noch kaum zur kämpferischen Klasse zusammenschließen, zum Hort von Religion und Sitte.

Die moralischen und religiösen Lehren, die das ländliche Rentier-Ehepaar Helene erteilt, haben ihren Ursprung nicht so sehr darin, daß den Alten „das Pläsir des unmoralischen Lebens durch den Verdruß unliebsamer Konsequenzen vergällt ist", wie Joseph Kraus es interpretiert[272], sondern vielmehr darin, daß sie wegen des erreichten Alters gar nicht mehr sündigen können wie die Jugend und deshalb tugendhaft leben. So sagt die Tante:
„Drum soll ein Kind die weisen Lehren
Der alten Leute hochverehren!
Die haben alles hinter sich
Und sind, gottlob! recht tugendlich!"[273]

Abb. 81 Wilhelm Busch: Titelbild der Erstausgabe des „Heiligen Antonius von Padua", 1870

Bereits der Lebensweg des Heiligen Antonius zeigte eine ähnliche Konsequenz. Sicher sind darüberhinaus die Lehren von Onkel Nolte und der Tante durch spießbürgerliche Enge und Moralfuchserei geprägt. Das Gebot der Tante, vor allen Dingen fleißig den Rosenkranz zu beten, befolgt Helene treu, nachdem sie jedoch Ärmel und Hals von Onkel Noltes Nachthemd zugenäht hat, was für diesen ziemlich unangenehme Folgen zeitigt. So erzeugt die beschränkte Tugendhaftigkeit der Alten mit sicherer Dialektik die revoltierenden, boshaften Streiche des Mädchens.

Älter geworden, verbündet sich Helene mit dem Gymnasiasten Franz, ihrem Vetter, der in den Ferien zu Besuch gekommen ist. Helene darf auf das Geheiß der Tante zwar nicht das grüne Kleid tragen, „was so ausgeschnitten"[274], doch erringt sie auch so die Liebesgunst ihres Vetters, dem sie erlaubt, sie heimlich zu küssen. Zur Betrübnis von Helene wendet sich Franz auch der Küchenmagd Hannchen zu. Onkel Nolte ist froh, als die Ferien zu Ende sind und Franz wieder abreisen muß. Helene schreibt nun Liebesbriefe und kann es nicht lassen, die Alten auf alle erdenkliche Weise zu ärgern. Endlich jagt der Onkel seine Nichte aus dem Haus.

Der Liebestrieb und der Hang zu bösem Schabernack erweisen sich als die eigentlich wirkenden Kräfte. Diese Auffassung klingt an die Schopenhauersche Lehre vom Primat des Willens an. Nach Schopenhauer ist der Wille als dranghaftes blindes Streben, als Gier und ungestümes Begehren das Grundprinzip des Universums. In widerstreitenden Objekten und egoistischen Einzelwesen verkörpert sich dieser Wille zum Leben, in einer Natur und Menschenwelt, die durch einen beständigen Kampf ums Dasein erfüllt ist (homo homini lupus). Der Wille wirkt jenseits der Sphäre der Moral und besitzt Vorrang vor dem Intellekt, der quasi nur die Befehle des Willens mit verfeinerten Mitteln erfüllt.[275] Daß Helene trotz aller guten Vorsätze von ihrem Hang zum boshaften Schabernack nicht zu lassen vermag und ihren Charakter auch später nicht ändert, kann als Manifestation des Schopenhauerschen Willens zum Leben gedeutet werden ebenso wie der amoralische erotische Drang des Vetters Franz. Busch scheint mit diesem Theorem auch das von der unausweichlichen Determination des menschlichen Verhaltens durch eine Vielzahl sich gegenseitig bedingender Motive des Wankelmuts, Undanks, Neides und Egoismus' zu übernehmen. Diese Lehren lassen sich kaum mit den Prinzipien der christlichen Menschenauffassung und Ethik vereinbaren. Seit seiner Frankfurter Zeit von 1869 bis 1872 hatte sich Wilhelm Busch auch unter dem Einfluß seines als Hauslehrer tätigen Bruders Dr. Otto Busch intensiv mit dem Denken Schopenhauers, des Modephilosophen jener Epoche, auseinandergesetzt.[276]

Auch die Episode mit den mörderischen Katzen, die Helenes Kanarienvögeln die Hälse lang ziehen, mit der Jagd auf den Kater Maunzel, bei der allerlei Gegenstände in Scherben gehen und mit der Rache der jungen Dame, die am Schwanz des gefangenen Katers eine Tüte mittels Siegellack befestigt, diese anzündet und das brennende Tier freiläßt, scheint Schopenhauerschen Ansichten verpflichtet. Außerdem enthält diese Episode mit der Zerstörung der Venus von Medici aus Gips sowie des kostbaren Lüsterleuchters durch die Tierjagd einen Angriff auf die Bildungs- und Prunkwelt des wilhelminischen bürgerlichen Salons, deren Scheinfassade hier durch die in Aggressionen verwandelte Triebverdrängung von Mensch und Tier zu Bruch geht.[277]

Helene beendet endlich ihr jungfräuliches Dasein und heiratet den reichen Unternehmer G.J.C. Schmöck und Companie, einen dickbäuchigen kleinen Herrn. Die Ehe, nach katholischer Auffassung Sakrament, bringt Helene viel Verdruß. Bereits auf der Hochzeitsreise muß sie stundenlang mit ihrem trinkenden Mann in der Schenke ausharren, ihn dann zum Hotel zurückbringen und zusehen, wie er ins Bett fällt, um sich nicht mehr zu rühren. Offenbar ist es die Wirkung dieses heiligen Ehestandes, die Helene zur frommen Kirchgängerin, zur strengen Erzieherin des trinkfreudigen Bedienten Jean und zur mildtätigen Gabenspenderin der Armen werden läßt: der warme Wein, in dem die Herrin des Hauses auf Anraten ihres Arztes ihren Leib badet, wird anschließend auf Flaschen gefüllt und an Waisenmädchen, Krüppel, Bettler verteilt. Eine schärfere Parodie der christlichen Nächstenliebe der Reichen läßt sich kaum denken.

Auch in dieser Bildergeschichte karikiert Busch den katholischen Wunderglauben. So rät ein weiser Kirchenmann der kinderlosen Helene zu einer Wallfahrt nach Chosemont de bon secours, wo die Wiege der Fruchtbarkeit stehe. Sogar eine fromme Jungfer, die aus Unbedacht und kindischem Vergnügen die Wiege schaukelte, bekam ebenso ein kleines Kind wie ein vorwitziger, frecher Pilgersmann... Hier stockt der geistliche Ratgeber erschrocken. Helene tritt nun mit

Abb. 82 Wilhelm Busch: Die Zwillinge, 1872

dem wieder aufgetauchten, inzwischen zum katholischen Pfarrer avancierten Vetter Franz die Wallfahrt an. Der Erfolg ist verblüffend. Das Zwillingspaar, das zur Welt kommt, gleicht nämlich bis aufs Haar nicht Herrn Schmöck, sondern dem „heil'gen" Vetter Franz (Abb. 82).

Ähnlich wie im *Heiligen Antonius* wirken sich Schicksalsschläge günstig auf die Entwicklung einer asketischen Haltung aus. Helenes Ehemann verschluckt sich tödlich an einer Gräte, und der Vetter Franz, der nach alter Weise ein Techtelmechtel mit der Küchenmagd angefangen hat, stirbt, tief in das „Gedankenfach" getroffen, unter dem Flaschenhieb des eifersüchtigen Bedienten Jean. Die vereinsamte Witwe verwandelt sich darauf in eine schwarzgekleidete schlanke Büßerin mit Bibel und Rosenkranz.

Helene jedoch greift nicht allein zum Betbuch, sondern, trotz der Mahnung der als Erscheinung auftauchenden jüngstverstorbenen Tante, auch zur Flasche, denn „Wer Sorgen hat, hat auch Likör!"[278] Aber die Strafe wartet nicht. Unfähig zur Selbsthilfe verbrennt die völlig betrunkene Helene, als sie taumelnd die Petroleumlampe umstößt. Den Kampf um ihre Seele, die durch Kamin und Schornstein entweicht, gewinnt Satan, der den guten Genius über eine Wolke hinabstößt. Nun muß Helene neben dem heil'gen Franz im Höllenkochtopf sieden.

Zum Schluß spricht der philisterhafte Onkel Nolte, froh darüber, daß er nicht so ist wie die böse Helene, die berühmten weisen Worte: „Das Gute – dieser Satz steht fest – ist stets das Böse, was man läßt."[279] Busch spielt hier auf die Schopenhauersche Ethik des Unterlassens an. Der ewig unstillbare und unbefriedigte Wille zum Leben, der stets das „Böse" stiftet, ist nach Schopenhauer auf ein bescheidenes Maß zurückzudrängen. Dies kann durch den Verzicht auf Lebensgüter, durch die Einschränkung von Wünschen und Leidenschaften, durch Resignation erreicht werden.[280] Daß jedoch Busch diese Philosophie in den Mund des spießigen Moralisten Nolte legt, zeigt, daß er sie in seine Satire einbezieht. Somit wird der ironische Kampf gegen kleinbürgerliche Triebverdrängung und Prüderie, gegen frömmelnde Tugendhaftigkeit, gegen die Selbstgeißelung in asketischem Verzicht nicht relativiert. Die quasi materialistische Reflexion auf elementare Bedürfnisse und das aus dieser Reflexion zu fordernde „Zurück zur Natur" bleiben bestehen. Dabei karikieren jedoch die Entwicklungsgänge der frommen Helene ebenso wie des heiligen Antonius mit ihrer Einschränkung der Selbstverwirklichung den Optimismus des bürgerlichen Bildungsromans.

Sehr viel stärker als im legendenhaften *Heiligen Antonius* ist die niedere Stillage von Bild und Text in der *Frommen Helene* durch treffsichere Beobachtungen prosaischer Alltagstypen, -situationen und -verhaltensweisen geprägt. Erinnert sei nur an die Schilderungen der Morgentoilette des Vetters Franz im Hause von Onkel und Tante (Abb. 83), der Hochzeitsreise des Ehepaares Schmöck, der Behandlung des Dieners Jean durch die gnädige Frau usw. Breite Schichten der Bevölkerung bis ins Kleinbürgertum hinein konnten in dieser Fülle von Einfällen, die sich unvermittelt zu Grotesken steigerten, immer jedoch auf realistischen Analysen fußten, Anknüpfungspunkte finden. Der große Publikumserfolg der Werke von Wilhelm Busch stützt diese These.

Die *Fromme Helene* ist durchwirkt von antiklerikalen Angriffen – Wasser auf die Mühlen des kulturkämpferischen Liberalismus. Die Leistung der Satire geht jedoch im Gegensatz zur Meinung des Busch-Apologeten Eduard Daelen weit über bloße Kulturkampf-Polemik hinaus. Der bürgerlichen Gesellschaft jener Zeit, getrieben von dem Erwerbsstreben, das auf der Grundlage der liberalistischen Marktgesetze funktionierte, zieht Busch die Prunkgewänder ab. Zum Vorschein kommen die schopenhauer-darwinsche Desillusion des Kampfes ums Dasein, individualistischer Egoismus, Neid, Boshaftigkeit, philiströser Triebverzicht, die von der Beschränktheit bürgerlicher Konventionen angekränkelten Versuche, eben diese Konventionen zu brechen, ihnen zu entfliehen, Kaskaden von Katastrophen des unsolidarisch zugebrachten Alltagslebens. Entgegen der konservativen Illusion ist auch das Land vom Bösen beherrscht. Ebenso wird dem Pathos des liberalen Fortschrittsglaubens an die unaufhaltsame Entwicklung von Wissenschaft, Technik und Kultur die schlechte Alltagsrealität vorgehalten. Die christliche Religion und ihre Ethik entpuppen sich als schöner Schein, der die widersprüchlichen Verhaltenssysteme in der bürgerlichen Gesellschaft, vor allen Dingen der Familie, apologetisch verbrämt.

Das in einer Holzstichillustration der *Gartenlaube* 1874 wiedergegebene Gemälde *Am Beichtstuhl* (Abb. 84) von Heinrich von Angeli prangert die Hartherzigkeit eines Priesters an, der ohne die Absolution erteilt zu haben an einer ihn auf den Knien anflehenden Frau vorbei aus dem Beichtstuhl tritt, den Blick starr aufwärts gerichtet, mit verkniffenem Mund und mit der Rechten eine abwehrende Geste des Hinunterstoßens vollführend. Das entsprechende Gedicht von Ernst Scherenberg ist ganz im Jargon des Kulturkampfes gehalten und zeigt in den letzten drei Strophen eine Wunschperspektive des antichristlich orientierten Liberalismus:

Abb. 83 Wilhelm Busch: Morgentoilette des Vetters Franz, 1872

Zum ersten: ist es mal so schicklich,

Zum zweiten: ist es sehr erquicklich,

Zum dritten: ist man sehr bestaubt

Und viertens: soll man's überhaupt,

„Genug, o Weib! Hör' auf, dich zu erniedern!
Wenn Pfaffenhaß ein Mutterglück zertrat:
Der Gott der Liebe wird dein Fleh'n erwidern,
Und sprießen läßt er der Vergeltung Saat.

– Auch Du, mein Volk, jahrhundertelang im Staube
Hast Du gekniet vor röm'scher Tyrannei;
Der Kirche ward dein bestes Theil zum Raube –
Mach' endlich dich von ihrem Joche frei!

Steh' auf und stürme mit des Geistes Speeren
Die Zwingburg Roms in raschem Siegerlauf!
Will man die *alten* Himmel uns verwehren,
So schließen wir uns *neue* Himmel auf."[281]

Der freigeistig-himmelstürmerische Autor will offenbar sagen, daß der das Mutterglück vordergründig störende „Pfaffenhaß" nicht verhindern kann, daß das im kirchlichen Sinn sündig gezeugte Kind als Geschenk des Liebesgottes in einer antiklerikalen Haltung aufwächst (wie viele mit ihm als Saat der Vergeltung) und somit die priesterliche Verdammung der Mutter gerächt wird. Aus dem menschlichen Unglück, das im Bild veranschaulicht ist, zieht der Aufruf zur Brechung der römischen Tyrannei seine Kraft und verbindet sich wirkungsvoll mit jenem zur Aufschließung neuer Himmel. Darf man diese „neuen Himmel" als solche einer freizügigen Sinnlichkeit verstehen, in denen die außereheliche Liebe und ihre Folgen nicht mehr religiös sowie gesellschaftlich sanktioniert sind? Angesichts der ungebrochenen Wirksamkeit des zeitgenössischen bürgerlich-christlichen Moralkodex klingen diese Töne eines sinnlichen Liberalismus äußerst abstrakt und utopisch.

Abb. 84 „Am Beichtstuhl", nach Heinrich Angeli, 1874

Abb. 85 Alexander Bertrand: Diener des Herrn, um 1909

Die gegen Unmenschlichkeit, Sinnenfeindlichkeit, Verderbnis und Heuchelei des katholischen Klerus gerichteten Angriffe reißen im Zweiten Deutschen Kaiserreich auch nach der offiziellen Beilegung des Kulturkampfes nicht ab. Auf der großen Ausstellung für Christliche Kunst 1909 in Düsseldorf zeigte der aus Darmstadt gebürtige Genremaler Alexander Bertrand ein *Diener des Herrn* betiteltes Gemälde (Abb. 85), das deutliche Kritik übt. Flankiert von zwei Meßdienern schreitet ein ornierter Pfarrer vorwärts, dessen Frömmigkeit durch eine blendende Küche gepolstert ist und dessen feistes Antlitz von heiligem Wohlleben glänzt. Dennoch liegt so etwas wie strenge Prinzipientreue über dem Gesicht mit der scharfen Nase. Vor dem Bauch hält dieser selbstzufriedene Priester gewissermaßen als Ersatzphallus eine Statuette der Jungfrau Maria, der er alles opfert, außer dem, was seinem Magen zugutekommt. Der hintere Meßdiener, der die vorgewölbte Haltung des Priesters als heiliges Vorbild nimmt und eine Hand devot auf der Brust plaziert, blickt mit aufgerissenen Augen aus dem Dunkel. Offenbar haben ihn fromme Drohungen ebenso erschüttert wie den verschüchterten vorderen, der in angestrengtem Gebet das Gesicht senkt. Die satirische Kraft schöpft das Bild aus dem Gegensatz des im vollen Licht stehenden Priesters und seiner dunklen christlichen Helfer, deren Jugendblüte geknickt ist. Der undifferenzierte dunkle Hintergrund und ein wenig hellere Boden bilden ohne scharfe Trennung eine trostlose Umgebung fast der Verdammnis. Die innerhalb gewisser Grenzen informelle Technik gibt nicht die präzise Ikonizität von Oberflächen, sondern psychische Gehalte. Das Bild zeigt

Abb. 86 Fidus: Pax vobiscum, 1910

symbolistische Tendenzen. Auf die Entwicklung vom genauen Detailrealismus der sechziger bis achtziger Jahre bis zum Symbolismus, der zugunsten des spirituellen Wesens die greifbare Formkonstanz auflöst, wird noch einzugehen sein.

Abschließend sei das antipapistische Aquarell *Pax vobiscum* (1910) von Fidus behandelt (Abb. 86). Die christliche Triptychonform dient zwar der Erhöhung und Verallgemeinerung der Darstellung, wird jedoch entsakralisiert und als kettengerahmte Zwangsform umgedeutet. Der als grinsender Herrscher karikierte Papst Pius X. triumphiert inmitten der sakralen Architekturwelt des Petersdoms mit der zum „Segen" erhobenen Krallenhand über die ursprüngliche Sinnlichkeit der nackten Körper eines Menschenpaares, die in den engen Seitenzellen widernatürlich getrennt und vor engmaschigen Netzen festgesetzt sind. Mann und Frau werden als Adam und Eva von einem lebensfeindlichen Greis verdammt und in Gefangenschaft gehalten, wo sie sich in den Verstrickungen ihrer Sehnsüchte quälen müssen. Fidus, der der Lebensreformbewegung angehörte und für eine freizügige erotisch-sexuelle Praxis sowie für ein in jeder Beziehung naturhaftes Leben eintrat, protestierte mit dieser Darstellung gegen die „von reaktionärem und antiliberalem Geist erfüllte Kirchenpolitik Pius X."[282], der in der Tradition von Pius IX. jede Form des Modernismus ablehnte. In der Gestaltung von Fidus bildet der Papst jedoch darüberhinaus eine Symbolfigur für die von der Lebensreformbewegung bekämpften asketisch-spirituellen Tendenzen des Christentums, insbesondere des Katholizismus.[283]

2. Geschichte und Religion zum Nutzen der Gegenwart? Luther und die Reformation im Historienbild

Unter dem Motto *Gegen Rom* stellt eine ganzseitige Holzstichillustration des *Kladderadatsch* zur Enthüllungsfeier des Hermann-Denkmals am 16. August 1875 (Abb. 87) die neue Cheruskerfürsten-Statue[284] neben den Wormser Luther von Ernst Rietschel.[285] Der Vergleich beider Monumente vor dem Hintergrund der Petersdomkuppel sollte den antiultramontanen Nationalismus befördern helfen.[286] Wie Armin einst die römischen Legionen des Varus vernichtet und damit die weitere Romanisierung der Germanen verhindert hatte (Vici, Ich habe gesiegt!), so weist nun der erste Protestant Luther den Weg zur kulturkämpferischen Befreiung von der Vormundschaft des Papstes in Rom (Vicam, Ich werde siegen!). Mit der Kampfparole *Gegen Rom* war auch ein Vormärzgedicht von Georg Herwegh (1845) überschrieben. Die zweite Strophe lautet:

„Weh dir! Europas Kanaan,
Das einen Brutus einst gezeugt
Und jetzt sich vor dem Vatikan
Mit feigem Sklavengruße beugt;
Im Fleisch der Menschheit wird zum Pfahl
Die Wiege des Rienzi Cola,
Seit Luthern traf des Bannes Strahl
Und seit loyal dort nur Loyola."[287]

Wenn der Dichter hier Italien, das gelobte Land der Freiheit, das den Tyrannenmörder Brutus zeugte, und insbesondere Rom, das doch den „Tribun der Freiheit, des Friedens und der Gerechtigkeit" Rienzi Cola hervorbrachte, in der Sklaverei des Vatikans sieht, so muß diese Verurteilung des katholischen Herrschaftssystems im Kontext von Herweghs linksliberaler Kritik am Feudalklerikalismus seiner Zeit gesehen werden.[288] Auch das rationalistische Motiv des Angriffs auf den Wunderglauben als System falscher Vorspiegelungen fehlt in dem Poem nicht:

„Du wirst erliegen, Lügenhirt,
Empören werden sich die Denker,
Das Brausen des Jahrhunderts wird
Zertrümmern seine letzten Henker!"[289]

Während für den Vormärzautor der vom Vati Luther eine revolutionäre Identifikationsfigur g   d politischer Freiheit im bürgerlich-demokratischen Sinne ist, bemächtigt sich das neuerstandene Deutsche Kaiserreich des Reformators als einer nationalen Galeonsfigur der monarchischen Reichseinheit.

Der Kirchenhistoriker Karl Kupisch zeichnet scharf das neue protestantische Geschichtsbewußtsein, das mit dem deutsch-idealistischen Erbe des Zusammenfalls nationaler und christlicher Ideen aus der Zeit der Befreiungskriege belastet ist. Im Sinne der kleindeutsch-preußischen Reichsidee gelangt die Geschichte als Geschenk der Vorsehung in ihrem Gang von Luther (Jahr des Thesenanschlags) zu Bismarck (Jahr der Reichsgründung) an ihr Ziel. So ruft der spätere

Abb. 87 „Zur Enthüllungsfeier des Hermanns-Denkmals am 16. August 1875. Gegen Rom." 15.8.1875

Abb. 88 Eduard Eichens: Das Zeitalter der Reformation, nach Wilhelm von Kaulbach, 1867

Hofprediger, Judengegner und Begründer der Christlichsozialen Partei Adolf Stoecker nach der Versailler Kaiserproklamation aus: „Das heilige evangelische Reich deutscher Nation vollendet sich (...) in dem Sinn erkennen wir die Spur Gottes von 1517 bis 1871."[290] In Meßners *Neuer Evangelischer Kirchenzeitung* hieß es 1871: „Die Wege des Höchsten in unserem Volke ebnen sich, die Epoche der deutschen Geschichte, welche mit dem Jahre 1517 begann, kommt unter Krieg und Kriegsgeschrei zu einem geordneten Abschluß."[291] Auch die Luther-Figur der Kladderadatsch-Illustration strahlt etwas von diesem pathetischen Reichspatriotismus aus. Übrigens wirken im Holzschnitt die Denkmalsfiguren wie *belebt*, so daß sich in ihnen statuarische Festigkeit und Bewegung mischen im Sinne eines Zusammengehens von Beharrung und Fortschritt. Zugleich verbinden sich Macht (Kriegsheros Armin) und Geist (Gedankenheros Luther). Diese Kombination lassen an den realpolitischen Pakt des Liberalismus mit dem durch „Eisen und Blut" geschaffenen Kaiserreich denken, das auch fähig schien, den Kampf mit Rom zu bestehen.

Um ein vertieftes Verständnis der Reformations- und Lutherdarstellungen im Zweiten Deutschen Kaiserreich, ihrer Geschichtsauffassungen und sich wandelnden Korrespondenz mit liberalistischen Ideen zu gewinnen, soll ein Blick auf den Entwicklungsprozeß der Historienmalerei seit den fünfziger Jahren zunächst am Beispiel der Gemälde *Das Zeitalter der Reformation* (1863, Abb. 88) von Wilhelm von Kaulbach und *Disputation zwischen Luther und Eck auf der Pleißenburg zu Leipzig 1519* (1867, Abb. 89) von Carl Friedrich Lessing geworfen werden.

Das Gemälde Kaulbachs[292] gehört zur Serie der von ihm 1847 bis 1864 geschaffenen Wandbilder im Treppenhaus des 1945 zerstörten Neuen Museums in Berlin.[293] Diese Werke wurden in der zeitgenössischen Kritik stark beachtet; insbesondere das letzte Bild *Das Zeitalter der Reformation* entfachte den Streit der Meinungen. Auch gab es im zuständigen Kultusministerium, das seit 1862 der konservative Heinrich von Mühler leitete, eine „gewisse kleinliche konfessionelle Strömung"[294], die gegen Kaulbachs Konzept der Reformation als Beginn der Neuzeit opponierte. Man wollte den Ma-

Abb. 89 Carl Friedrich Lessing: Disputation zwischen Luther und Eck auf der Pleißenburg bei Leipzig 1519, 1867

ler auf eine rein politische oder religiöse Darstellung festlegen und schlug als Ersatzthemen die „Erneuerung des Landfriedens unter Maximilian I." und im Weigerungsfalle den „Ausbau des Kölner Doms" vor.²⁹⁵ Das erstere Thema bot Gelegenheit, durch die repräsentative Darstellung des Wormser Reichstages von 1495 mit der Verkündung des Ewigen Landfriedens unter Vorsitz des deutschen Kaisers massive nationale Befriedungspropaganda zu betreiben. Das zweite Thema bot Gelegenheit, ein weiteres Mal den vom preußischen Königshaus stets mit höchstem Einsatz geförderten Kölner Dombau ideologisch als Symbol der Versöhnung von Monarch, Kirche und Volk zu nutzen.²⁹⁶ Dem bürgerlich-liberalen Kaulbach, der auch Widerstände wie den des katholischen Malereiprofessors Peter von Cornelius und des einflußreichen Kunsthistorikers Obertribunalrat Karl Schnaase überwinden mußte²⁹⁷, gelang es jedoch mit der Hilfe von ebenfalls einflußreichen Persönlichkeiten, die Allerhöchste Zustimmung zu seinem Vorhaben zu gewinnen. Im Zweiten Deutschen Kaiserreich blieben die Wandbilder im Gespräch. 1872 wurden sie durch eine aufwendige Publikation erneut gewürdigt²⁹⁸ und bildeten danach einen festen Bestandteil der Kunstgeschichtsschreibung über das 19. Jahrhundert in Deutschland. Eine großformatige Reproduktion des Refomationsgemäldes zierte als Titelillustration die 1909 in sechster Auflage erschienene populäre *Illustrierte Geschichte der Reformation in Deutschland* des Potsdamer Hofpredigers Bernhard Rogge.²⁹⁹

Zunächst seien in Anlehnung an die Beschreibung Frenzels (1872)³⁰⁰ die wichtigsten Figuren des *Zeitalters der Reformation* benannt. Die Szene spielt in einem dreischiffigen gotischen Raum riesigen Ausmaßes. Luther steht mit demonstrativ geöffnetem Evangelium in den hoch erhobenen Händen in der Mitte auf einem Podest der obersten der Stufen, die zu dem Chorraum und den Seitenräumen hinaufführen. Hinter Luther befindet sich an der Stirnwand des Chores das Abendsmahlsbild von Leonardo da Vinci. Erhöht sitzen an den Chorwänden die Vorläufer Luthers, darunter ganz links Wiclif, Johannes Huß links hinter dem Reformator, rechts hinter diesem Petrus Waldus und mit erhobenem Arm Savonarola. Neben Luther stehen ebenfalls in Talaren die Reformatoren Justus Jonas links und der das Abendmahlsbrot knieenden Ratsherren aus Genf und elsässischen Städten austeilende Calvin, rechts Zwingli und der den Abendmahlswein den sächsischen Fürsten Johann Friedrich und Johann dem Beständigen spendende Bugenhagen.

An den Pfeilern befinden sich als „Pfeiler der Reformation" links Königin Elisabeth I. von England, rechts König Gustav Adolf von Schweden. Neben Elisabeth betet mit geneigtem Haupt der Hugenottenführer Admiral Coligny. Im Gefolge der Königin befinden sich die kühnen Abenteurer und Seefahrer, die Englands Freiheit gegen die Armada des katholischen Spanien verteidigten, Lord Essex im Federhut, Walter Raleigh und Francis Drake. Weiter vorn und tiefer stehen Thomas Morus im Gelehrtentalar sowie vor ihm auf einer höheren Stufe der Erzbischof Cranmer.

Die Verbindung zum Vordergrund stellt eine Gruppe von zwei Männern in Rückenansicht her; es sind der schlanke Wilhelm von Oranien mit der Stirnglatze, Befreier der Niederlande und der Kanzler der holländischen Republik Oldenbarneveld. Vor diesem schließen der greise protestantische Reichsritter Eberhard von der Tann im Samtmantel und der katholische Reichskanzler Ulrich Zasius über einem mit Pergamenten bedeckten Sockel einen Bund, den der zu Luther hindeutende Philipp Melanchthon segnet. Auf den Pergamenten liest man: „Augsburger Confession 1530" und „Augsburger Religionsfriede 1555".

Um den Globus im Vordergrund der linken Seite scharen sich Columbus als hochgewachsener bärtiger Mann mit der Kette, der die Rechte auf die Weltkugel legt, der den Kompaß haltende Seefahrer Martin Behaim links, auf der anderen Seite hinten der Botaniker Leonhard Fuchs mit seiner *Historia Plantarum*, der die Hände hebende kahlköpfige Arzt Pa-

Abb. 90 Carl Friedrich Lessing: Hussitenpredigt, 1836

racelsus, mit ausgebreiteten Armen und einem Buch in der Rechten der Gelehrte Sebastian Franck, der ein Professorenbarett trägt und kniend der Kosmograph Sebastian Münster von Basel mit dem Meßzirkel sowie vorn der englische Philosoph und Naturforscher Baco von Verulam, sein *Novum Organum* aufgeschlagen auf den Knien. Hinter dieser Gruppe links sieht man den Anatom Andreas Vesalius aus Kleve sowie den Entdecker der Blutkreislaufgesetze Wilhelm Harvey. Ganz im Vordergrund auf dem Boden sind südamerikanische Pflanzen, Waffen, ein Federschmuck und ein Papagei arrangiert.

In der linken Kapelle zeichnet Kopernikus ein Schema des Sonnensystems an die Wand. Hinter ihm steht Galilei am Fernrohr, rechts diskutieren die Astronomen Tycho de Brahe und der junge Kepler. Der Mathematiker Cardanus stützt nachdenklich den Kopf in die Hand und am Bildrand steigt der Philosoph Giordano Bruno empor.

Auf einem Gerüst sitzt in der rechten Kapelle Albrecht Dürer bei der Arbeit an den *Vier Aposteln*. Wilhelm von Kaulbach hat sich selber als der zu Dürer hinaufklimmende Farbenreiber dargestellt. Unterhalb des Gerüstes geben sich Leonardo da Vinci und Raffael, der einen Entwurf der *Schule von Athen* in der Linken hält, die Hände. An der Mauer hinter ihnen lehnt Michelangelo mit verschränkten Armen. Auf dem kleinen Podest links neben dieser Gruppe steht Gutenberg vor seiner Presse und hält ein fertiges Druckblatt empor. Die verwachsene Gestalt mit dem grotesken Gesichtsausdruck gemischt aus Freude, Spott, Humor und Bosheit, die die Farbwalze betätigt, symbolisiert vermutlich die satirische Flugschriftenliteratur der Zeit. Dahinter sieht man Lorenz Koster, den holländischen Erfinder der Buchdruckerkunst und neben ihm den Nürnberger Bronzegießer Peter Vischer, den Verfertiger des Sebaldusgrabes.

Im Vordergrund ebenfalls der rechten Bildseite stehen auf einer Erhöhung der lehrende Erasmus von Rotterdam mit einem kleinen Cicero-Band in der Linken und neben ihm Reuchlin. Vor den beiden deutschen Humanisten sitzen die Dichter Shakespeare und Cervantes mit seinem *Don Quijote* auf den Knien. Hinten kniet gerüstet und lorbeerbekränzt Ulrich von Hutten. Über den antiken Sarkophag mit einem Relief des menschenschöpfenden Prometheus, dessen geformter Figur Athene die Seele verleiht, beugt sich Petrarca und hält den Dichtern die *Ilias* des Homer entgegen. Andere Bücherrollen hat Pico della Mirandola dem Kasten entnommen, darunter ein Werk von Plato. Hinter ihm stehen Macchiavelli und Campanella, Autor der *Civitas Solis*. In die Lyra der Musenstatue, die über einer zerbrochenen griechischen Jünglingsfigur liegt, greift der neulateinische Dichter Jacob Baldus. Auch eine tragische Theatermaske befindet sich dort.

Vorn in der Mitte sitzt an einen Bücherstapel gelehnt, schreibend und das Versmaß skandierend, der Meistersinger Hans Sachs mit seinem Schusterschurzfell. Von ihm führt eine kompositorische Stufenreihe über die Melanchthon-Gruppe zu Luther. Auf der Empore vor der Orgel drängen sich Zuschauer, keine Fürsten und Geistliche sondern Bürger, die an der Abendmahlsfeier und der Gesamtszene Anteil nehmen.

Die Luthergestalt erinnert an Carl Friedrich Lessings ebenfalls bildzentrale Hauptfigur der *Hussitenpredigt* (1836, Abb. 90), die den Kelch des Laienabendmahls emporhält, das Symbol der Hussitenbewegung, ähnlich wie das von Luther emporgehaltene, für jedermann ohne Vermittlung einer kirchlichen Hierarchie zugängliche deutsche Evangelium Symbol des Protestantismus ist. Lessings *Hussitenpredigt* konnte auch die bürgerlich-liberalen Freiheitsideen des Vormärz befeuern. So schreibt Müller von Königswinter (1854): „Es klingt einem daraus entgegen wie der Choral: Ein feste Burg ist unser Gott, oder wie die Marseillaise, wenn sie in der heißesten Begeisterung und von den vollsten Instrumenten begleitet ertönen."[301] Übrigens bildet die reformatorische Austeilung des Laienabendmahls in beiderlei Gestalt ebenfalls eine Parallele zu Lessings *Hussitenpredigt*, wenngleich bei Lessing die Empfänger des Sakramentes eine Schar Aufständischer, im Treppenhausbild dagegen Ratsherren und Fürsten sind.

Kaulbach greift überdies mit der Figur des hochaufgerichteten Luther und der symmetrischen Abendmahlsszene offenbar auf druckgraphische Darstellungen der Reformationszeit zurück, so auf den Holzschnitt *Lutherus Triumphans* (1568, Abb. 91) und das Holzschnitt-Unikat *Die falsche und die rechte Kirche* (1546, Abb. 92) von Lucas Cranach d.J.[302]

Kaulbach berücksichtigt in seiner Darstellung auch die Vorläufer Luthers, die mit der Papstkirche in Konflikt gerieten, so den urchristlichen Prinzipien folgenden Petrus Waldensius (geb. um 1175, gest. vor 1218), der die später calvinistische, kirchliche Autorität und Hierarchie ablehnende Sekte der Waldenser begründete, den englischen Professor John Wiclif (geb. um 1320, gest. 1384), der aufgrund der alleinigen Autorität der Heiligen Schrift die Oberherrschaft des Papstes, das Zölibat, das Mönchstum, die Transsubstantiation etc. verwarf sowie den tschechischen Kirchenreformator Jan Huß (geb. um 1370, verbrannt 1415), der auf Wiclif fußte. Rechnet man noch Hutten, Gustav Adolf von Schweden und den Repräsentanten des französischen Protestantismus, Admiral Coligny hinzu, so ergibt sich eine ähnliche Traditionslinie, wie sie Lenau im Schlußgesang seiner Dichtung *Die Albigenser* (1838-1842) zieht:

„Das Licht vom Himmel läßt sich nicht versprengen,
Noch läßt der Sonnenaufgang sich verhängen
Mit Purpurmänteln oder dunklen Kutten;
Den Albigensern folgen die Hussiten
Und zahlen blutig heim, was jene litten;
Nach Huß und Ziska kommen Luther, Hutten.
Die dreißig Jahre, die Cevennenstreiter,
Die Stürmer der Bastille, und so weiter."[303]

Die Albigenser, eine durch Kreuzzüge des Papstes Innozenz III. ausgerottete südfranzösische und oberitalienische Sekte des 12./13. Jahrhunderts, die ein Leben in Armut forderte und die kirchliche Hierarchie ablehnte, werden von Lenau als weiteres Glied der antipapistischen Bewegungen an den Anfang gestellt. Der Dichter verknüpft im zitierten Passus des Schlußgesangs die Ideen des aufklärerischen Rationalismus mit denen der antifeudalen Freiheitsbewegung, wenn er auf die Große Französische Revolution anspielt. Das „und so weiter" stellt ganz im Sinn des Linkshegelianismus den zeitgenössischen Gegenwartsbezug der Dichtung (zum Vormärz) her.[304] Auch Kaulbach thematisiert in seinem *Zeitalter der Reformation* den Emanzipationskampf gegen die Bevormundung des Kirchenglaubens und die katholische Hierarchie, jedoch fehlt eine klare (vormärzliche) Betonung des politisch-revolutionären Aspekts.

Der explizit religiöse Bereich des *Reformationszeitalters*, der sich auf die Darstellung des Laienabendmahls, der Luthervorläufer, der Melanchthon-Gruppe und weniger weiterer Figuren beschränkt, ist größtenteils in den Bildhintergrund gerückt und durch andere Bereiche wie die der Natur-

Abb. 91 Anonym: Lutherus Triumphans, 1568

Abb. 92 Lucas Cranach d. J.: Die falsche und die rechte Kirche, um 1546

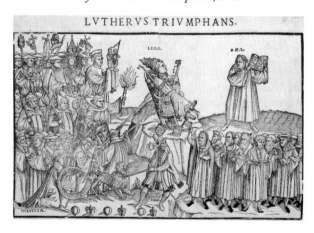

wissenschaft, Philosophie, Dichtung, bildenden Kunst etc. relativiert. Es herrscht keine theologische, geschweige denn feudal-klerikale Geschichtsauffassung wie beispielsweise im nazarenisch-katholischen *Triumph der Religion in den Künsten* von Overbeck, wo als zentrale Figuren die in den Wolken thronende Madonna sowie Kaiser und Papst fungieren, sondern der religiöse Umschwung wird als ein Moment innerhalb eines die *gesamte* Geistes- und politische Geschichte erfassenden historischen Prozesses gesehen, der vom Mittelalter bis ins 17. Jahrhundert reicht. Dieser Prozeß ist fundamental mitbestimmt durch die Säkularisierungsbewegung der Naturwissenschaften, deren eine Vertretergruppe der Maler repräsentativ in den Vordergrund rückt. Geographische Forschungsreisen und Entdeckungsfahrten (Columbus, Martin Behaim, Sebastian Münster) bildeten ebenso einen Ausdruck erstarkender Weltzuwendung und Loslösung aus katholischer Anschauungsenge wie die Bemühungen der neuen wissenschaftlichen Botanik (Leonhard Fuchs), Medizin (Paracelsus, Andreas Vescalius, Wilhelm Harvey) und realistischen, empirisch orientierten Philosophie (Baco von Verulam). Der Heliozentrismus der Astronomen Kopernikus, Galilei, Kepler (dargestellt in der linken Kapelle) überwand das traditionelle ptolemäische Weltsystem der Theologie. Weitere Hauptfiguren bilden die deutschen und italienischen Humanisten rechts im Vordergrund (Erasmus, Reuchlin, Petrarca, Pico della Mirandola etc.), die durch Erforschung, Wiedererweckung und Pflege der antiken Sprache und Kultur die Herrschaft der mittelalterlichen Scholastik brachen und Ansätze für ein von klerikaler Autorität unabhängiges, auf Vernunft und Wissenschaft gegründetes Welt- und Menschenbild schufen.

Den Rückgriff auf die Antike verdeutlichen die tragische Maske, die auf das griechische Theater verweist, die Jünglingsfigur und die Statue der Muse, deren Lyra durch Jacob Baldus wieder angeschlagen wird. Das Sarkophagrelief mit der prometheischen Erschaffung des Menschen, dem Athene (möglicherweise für Kaulbach eine Allegorie der antiken Kultur überhaupt) Leben in Gestalt eines Schmetterlings verleiht, symbolisiert den Aufbruch des Renaissance-Humanismus. Demgegenüber bildet in Overbecks katholischem *Triumph der Religion in den Künsten* ein frühchristlicher Sarkophag, der über einer zerbrochenen antiken Statue steht und ein Relief der zwei zum Grabe Christi gehenden Marien zeigt, eine Allegorie der auferstehenden und über das heidnische Altertum triumphierenden christlichen Kunst. Während also die liberale bürgerliche Geschichtsauffassung die Überwindung des Mittelalters durch die Wiedergeburt der Antike thematisiert, hebt das katholische Verständnis der Historie die Überwindung des antiken Heidentums durch die christliche Kultur hervor. Paradigmatisch veranschaulicht ist diese Ansicht des Katholizismus in dem vatikanischen Deckengemälde *Thomas von Aquin und die Kirche* (achtziger Jahre, Abb. 93) des „Hofmalers" der Päpste Pius IX. und Leos XIII., Ludwig Seitz (1844-1908).³⁰⁵ Hier kniet der Heilige Thomas inmitten seiner Buchwerke vor der thronenden Jungfrau Ekklesia, die in prächtige Gewänder gekleidet ist. Die gekrönte Dame hält das Kruzifix als Szepter in der Linken, den Zweig des ewigen Lebens in der Rechten. Devot schlägt der Aquinate ein Buch vor ihr auf. Seine Produktion findet offenbar Anklang, denn der unter dem Regenbogenzeichen des Neuen Bundes und der herabschwe-

Abb. 93 Ludwig Seitz: Thomas von Aquin und die Kirche, um 1885

benden Taube des Heiligen Geistes geschriebene Spruch lautet: „BENE SCRIPSISTI DE ME THOMA" (Gut hast du über mich geschrieben, Thomas!). Im Vordergrund auf einem gemeißelten Steinsessel, der sich über dem Felsboden erhebt, sitzt nach antiker Manier mit nacktem Oberkörper Aristoteles, das Haupt mit der hohen Denkerstirn und dem wirren Haar in die Rechte gestützt, grüblerisch zu Boden blickend und in der Linken eine dürftige Schriftrolle balancierend. Während sich der heidnische Philosoph, dessen von Schatten und Licht zerrissenes Gesicht einen leicht karikierend-mephistophelischen Zug trägt, vergebens abmüht, die Gesetze der Welt zu ergründen, blickt Thomas geradewegs ins strahlende Antlitz der Ekklesia oder Religio. Diese wird auch durch die knieenden Assistenzfiguren (Engel) als Regentin inszeniert, so daß Kirche und Papsttum hier in eines gesetzt erscheinen.

Die protestantische Abendmahlsausteilung mit der heroischen Lutherfigur in der Mitte wird zu einem der berühmtesten Gemälde der Neuzeit in Beziehung gesetzt, nämlich zu Leonardos *Abendmahl* (1495-1498), das durch die Stiche von Raffael Morghen (Abb. 94) und Rudolf Stange im 19. Jahrhundert (gewissermaßen kunsthistorisch-wissenschaftlich) erneut rezipiert wurde.³⁰⁶ Kaulbach beschränkt sich in der Wiedergabe des Renaissancegemäldes auf dessen unteren Bildteil, der in völlig neuartiger, bereits von Goethe treffend gewürdigter Weise³⁰⁷ unterschiedlichste Charaktere bei die-

Abb. 94 Raffael Morghen: Abendmahl, nach Leonardo da Vinci, 1800

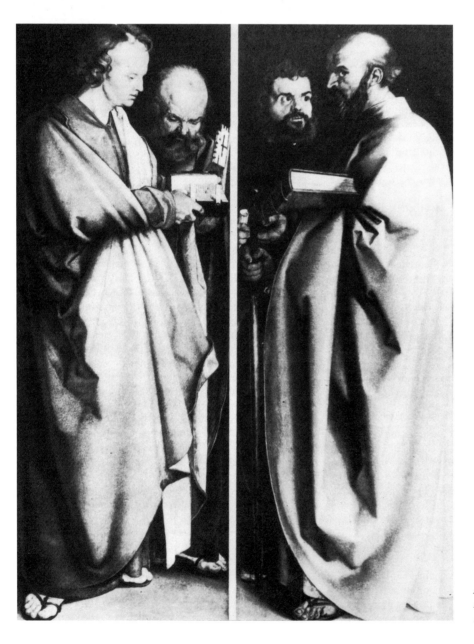

Abb. 95 Albrecht Dürer: Die Heiligen Johannes und Petrus, 1526

sem Gedächtnismahl in situationsbezogener Reaktion auf die Verratsankündigung Christi zeigt. Die „verweltlichte" Darstellung individueller Persönlichkeiten mit verschiedenen Temperamenten bieten auch Dürers *Vier Apostel* (1526, Abb. 95), die Kaulbach unter der Hand des lutherischen Meisters als Wandgemälde in der rechten Seitenkapelle des *Reformationszeitalters* entstehen läßt. Hervortritt die fast ganz sichtbare Gruppe des schwerthaltenden Paulus und des Markus. Es sind wirklichkeitszugewandte Idealcharaktere der Reformation, eigenständige „Humanisten", die nur der Schrift und ihrer Vernunft vertrauen und sich kämpferisch zu behaupten wissen. Das dritte für Kaulbach vorbildliche Renaissancegemälde ist im Unterschied zu den frommen Nazarenern nicht Raffaels *Disputà* sondern seine *Schule von Athen* (1509-1510, Abb. 96). (Der jugendliche Raffael des *Reformationszeitalters* hält einen Entwurf dieses Werkes spielerisch in der Rechten.) Auch in der *Schule von Athen* geht es um die Gestaltung freier, selbständiger Persönlichkeiten. Jeder dieser Philosophen erschafft in der Bemühung um die realistische Erkenntnis der Wirklichkeit eine eigene Welt, realisiert seine volle Natur in dem Forschungs- und Kommunikationsprozeß der antiken Weisheitsschule.

Und ebenso verhalten sich die Heroen des *Reformationszeitalters* selber. Sie alle verwirklichen sich durch prägnante, raumgreifende Gesten und Haltungen, sie alle besitzen psychologisch durchgeformte, ausdrucksstarke Charakterköpfe, sie alle sind Individuen, die bis an die Grenze theaterhafter Posen eine eigene Sphäre beanspruchen. Man braucht nur auf den unverrückbaren Luther zu sehen, auf den hohen Greis Columbus, der schlicht und doch imperial trotz der Fesselkette den Globus faßt und dessen wissender Forscherblick unter der markanten Stirn hervorsticht oder auf den gelehrten Schuster Hans Sachs mit den knorrigen Zügen, der konzentriert und doch freizügig mit einem angewinkelten und einem weit ausgestreckten Bein dasitzt, in die Versarbeit vertieft und über dem Knie das fixierend, was die emphatisch skandierende Zeigehand erprobte. Eine Vielfalt starker Kontraste von Individualitäten in verschiedensten Haltungen, Gruppenbildungen und Einzelpositionen durchdringt die Gesamtszene. Berücksichtigt man die allgemeine Darstellungsthematik der Emanzipation vom Mittelalter, so stimmt die Auffassung des Renaissance-Individualismus Kaulbachs mit Jacob Burckhardts Renaissancebild in *Die Kultur der Renaissance in Italien* überein. Auch Burckhardt, dessen Buch 1859 zur Zeit der Konzeption des *Reformationszeitalters* erschien, faßt die Renaissance als Zeit des Heraustretens des individuellen Bewußtseins aus den kollektiven Bindungen des Mittelalters sowie der Entfaltung des Individuums im Sinne der modernen Persönlichkeit, fundiert auf die Wiedererweckung des Altertums und die wissenschaftliche Erschließung der äußeren Welt.[308] Kaulbach bezieht, kunsthistorisch gesehen, eine gegenüber Klassizismus und Nazarenertum neue Position auf dem Wege zu verstärkter Individualisierung und psychologischer Durchdringung der menschlichen Figur. Diese Entwicklung kann mit der des Liberalismus, der trotz des reaktionären Zwischenspiels der fünfziger Jahre stetig erstarkte, parallelisiert werden. Die von Kaulbach in der Epoche der Reformation und Renaissance als vorbildhaft aufgefundene Ideologie der freien, autonomen Persönlichkeit wurde auch vom zeitgenössischen Liberalismus vertreten. Als Grundprinzipien liberaler Politik galten „die Beförderung und Befestigung der persönlichen, der wirtschaftlichen und der allgemeinen bürgerlichen Freiheit aller Staatsgenossen ohne Unterschied, der möglichst freien Entfaltung der physischen und geistigen Kräfte des einzelnen innerhalb der vernünftigen Gesetze der Gesamtheit".[309]

Der prozeßhafte Fortschritt der Historie wird im *Reformationszeitalter* dadurch ausgedrückt, daß Personen aus verschiedenen Jahrhunderten gleichzeitig versammelt sind

Abb. 96 Raffael: Die Schule von Athen, 1511

und sogar miteinander kommunizieren: Zum Beispiel lehren die Humanisten Petrarca (1304-1374), Reuchlin (1455-1522) und Erasmus von Rotterdam (1466-1536) den Dramatiker Shakespeare (1564-1616), der Figuren mit komplexer Psychologie in organisch entfalteten Handlungsabläufen schuf und im 18. Jahrhundert für die Emanzipation des deutschen Theaters von der Vorherrschaft der höfischen französischen Bühne Bedeutung erlangte, sowie den Dichter Cervantes (1547-1616), dessen Don Quijote humorvoll mit der Glorifizierung der feudalaristokratischen Ritterwelt aufräumte. Kaulbachs Anspruch, den historischen Prozeß der Entwicklung der Neuzeit in seiner Totalität zu vergegenwärtigen, wird darin deutlich, daß über die Erfassung der Bereiche der Religion, Naturwissenschaft, des Humanismus, der bildenden Kunst und Dichtung hinaus die politisch-religiösen Auseinandersetzungen bis ins 17. Jahrhundert einbezogen sind, so der Kampf Englands gegen Spanien (Elisabeth I. etc.), die Hugenottenkriege in Frankreich (Admiral Coligny), der bereits von Schiller, Goethe und Hegel gewürdigte Freiheitskampf der Niederlande[310] (Wilhelm von Oranien, Kanzler Oldenbarneveld) und der Dreißigjährige Krieg (Gustav Adolf von Schweden).

Den Totalitätsanspruch Kaulbachs nach seiner quantitativen Seite hin verspottet der Schriftsteller Berthold Auerbach in einem Brief (1860) an den Maler, in dem er als vergessene, weitere Figur den Philosophen Spinoza vorschlägt: „Wäre Ihnen indes in der Tat die Gestalt Spinozas entgangen, so brauche ich Ihnen nur den Namen ins Gedächtnis zu rufen, um Sie zu veranlassen, den Schöpfer der neuzeitlichen Philosophie, den Schleiermacher den Göttlichen nennt, jetzt, da es noch Zeit ist, in die gebührende Position zu bringen. – Es bedarf gewiß keiner weiter motivierenden Auseinandersetzung.-"[311] Auerbach als poetisch-realistischer Verfasser von Dorfgeschichten war kein Freund der historischen Monumentalkunst. Kritisch anzumerken ist jedoch, daß Kaulbach den Totalitätsanspruch in der Tat nach zwei Seiten hin nicht realisiert hat und in seiner Stellung als Münchener und Berliner „Hofmaler" sowie integrierter Angehöriger der gehobenen Bourgeoisie wohl auch nicht zu realisieren vermochte.

Zum einen fehlt mit der Figur des Thomas Münzer, des Gegenspielers von Luther, eine Erfassung der realen Situation der Klassenkämpfe im Reformationszeitalter, wie sie Friedrich Engels bereits 1850 in seiner Schrift *Der deutsche Bauernkrieg*, gestützt auf Wilhelm Zimmermanns *Allgemeine Geschichte des großen Bauernkrieges* (1841 - 1843) analysiert hatte. Engels unterscheidet drei große Lager, „das katholische oder reaktionäre, das lutherische bürgerlich-reformierende und das revolutionäre"[312] und parallelisiert diese mit jenen der deutschen Revolution von 1848. Er charakterisiert die Lager wie folgt: „Während sich in dem ersten der drei großen Lager, im *konservativ-katholischen*, alle Elemente zusammenfanden, die an der Erhaltung des Bestehenden interessiert waren, also die Rechtsgewalt, die geistlichen und ein Teil der weltlichen Fürsten, der reiche Adel, die Prälaten und das städtische Patriziat, sammeln sich um das Banner der *bürgerlich-gemäßigten lutherischen* Reform die besitzenden Elemente der Opposition, die Masse des niederen Adels, die Bürgerschaft und selbst ein Teil der weltlichen Fürsten, der sich durch Konfiskation der geistlichen Güter zu bereichern hoffte und die Gelegenheit zur Erringung größerer Unabhängigkeit vom Reich benutzen wollte. Die Bauern und Plebejer endlich schlossen sich zur *revolutionären* Partei zusammen, deren Forderungen und Doktrinen am schärfsten durch Münzer ausgesprochen wurden."[313]

Luther entscheidet sich in den Bauernkriegen mit seiner Ideologie des Obrigkeitsgehorsams gegen die revolutionäre Partei, deren Repräsentant eben Thomas Münzer ist und verbindet sich mit den reformerischen Besitzbürgern und Fürsten. Die „lutherische bürgerlich-reformierende" Opposition faßt Engels als „Vorgängerin unserer heutigen Liberalen"[314] und sieht ihre Rolle darin, daß sie sich im Bauernkrieg ähnlich wie die konstitutionelle Partei in der Revolution von 1848 aus Angst vor dem revolutionären Druck der unteren Schichten und Klassen mit der reaktionären Partei arrangierte, ohne allerdings ihre Reformpositionen aufzugeben. Kaulbach stellt als Repräsentanten der Reformation (in der Abendmahlsszene) ausschließlich die bürgerlich-reformierende Opposition mit Luther als Mittelpunkt dar: auf der linken Seite empfangen die Ratsherren und Patrizier das Laienabendmahl, auf der rechten die protestantischen Fürsten. Die Geschichtsauffassung Kaulbachs ist demnach eine liberal-bürgerliche, antirevolutionäre. Dennoch darf nicht aus den Augen verloren werden, daß der Künstler diese Geschichtsauffassung gegen den Widerstand der Behörden durchsetzte und damit seinen Teil zum Aufschwung des Liberalismus nach dem Regierungswechsel in Preußen 1858 beitrug.[315] Den Gegenwartsbezug von Kaulbachs *Zeitalter der Reformation* erkannten übrigens auch Zeitgenossen. So schreibt der Kunstkritiker und -historiker Julius Meyer in seinem Aufsatz *Die deutsche Kunst, und Kaulbachs Zeitalter der Reformation* (1863): „Der Umschwung der Dinge, welcher die Reformation bezeichnet, ist jedem Gebildeten gegenwärtig; die frische Strömung des wieder erwachenden Geistes, welcher jene Epoche durchzieht, die glückliche Stimmung, mit welcher er von der Erde Besitz ergriff, um von nun an die Welt mit sich in Einklang zu bringen, empfinden wir umso lebhafter, als sie auch in uns noch fortwirken. Das neunzehnte Jahrhundert hat entschiedner als jedes andre das Erbe des sechzehnten angetreten."[316]

Die zweite Seite, nach der hin Kaulbach den Totalitätsanspruch nicht einlöst, ist die der idealistischen Beschränkung auf die Geistesgeschichte und deren Repräsentanten als dominierende, treibende Kräfte. Selbst die politische Historie erscheint im Schlepptau religiöser Auseinandersetzungen; ihre Hauptvertreter sind im Rahmen und Bereich der protestantischen Abendmahlsszene dargestellt. Engels dagegen faßte die theologischen Fraktionierungen des Reformationszeitalters als bloße „religiöse Schibboleths"[317] der Klassenkämpfe auf. Im Sinne des Hegelschen Idealismus äußerte sich Kaulbach gegenüber dem Schriftsteller K. A. Dempwolff über die Konzeption seiner Treppenhausbilder: „*Der Geist Gottes in der Geschichte* ist es, den ich malen wollte, einerlei ob er zu uns aus den religiösen Anschauungen der Griechen oder Juden spricht; die Allgegenwart des unsagbaren Etwas, das über den Wassern der Genesis schwebte, das aus den Bildwerken der Hellenen uns so deutlich redet, das die Hunnen Attilas aus ihren fernen asiatischen Steppen bis an die Küsten des Mittelländischen Meeres trieb, wie die Kreuzfahrer in die glühenden Wüsten Palästinas."[318] Allerdings besteht ein gravierender Unterschied zwischen dem *Reformationszeitalter* und den übrigen Treppenhausbildern: Anders als zum Beispiel auch in Overbecks *Triumph der Religion in den Künsten* fehlt die oberste transzendente Zone (beim *Turmbau zu Babel*: strafender Jehova mit Engeln; bei der *Blüte Griechenlands*: Zug der Götter; bei der *Zerstörung Jerusalems*: Propheten und strafende Engel; bei der *Hunnenschlacht*: Geisterkampf; bei den *Kreuzfahrern vor Jerusalem*: Christus, Maria, Heilige und Märtyrer). Mit seinem letzten Museumsbild, das einen einheitlichen zentralprojektiven Frontal-Sicht-Raum zeigt (Renaissance-Perspektive), in dem Zuschauer völlig rational die Empore des hinteren Chorteils besetzen, scheint sich Kaulbach endgültig von der religiösen Romantik gelöst zu haben etwa in dem Sinne des Hegelschen Geschichtsfortschritts von der Dominanz der Religion zu jener der philosophischen Reflexion. Und es sind, wie bereits gesagt, nicht Repräsentanten einer höheren weltlichen oder geistlichen Instanz, die die obere Etage füllen, sondern dort sitzen und stehen schlichte, wenn auch gutgekleidete Bürger, dort ist „realistisch" das „Volk" versammelt.

In der Gestaltung der historischen Figuren zollt Kaulbach zweifellos dem „état positif" (Comte) der modernen zeitgenössischen Geschichtswissenschaft seinen Tribut. Die Kostüm- und sonstigen historischen Studien führten den Maler im Zuge der Vorbereitungen für das *Reformationszeitalter* beispielsweise auch nach Nürnberg.[319] – Einen fast „naturalistisch"-genrehaften Zug weist die liebevoll-detaillierte Schilderung der südamerikanischen Waffen, Pflanzen und des Federschmucks sowie Papageis in der linken Ecke des Vordergrundes auf. Diese szientistisch-prosaischen Requisiten, die übrigens auch die Forschungsreisen des mit Kaulbach befreundeten Alexander von Humboldt in Erinnerung rufen, bilden einen starken Kontrast zu den Überresten des heroischen Zeitalters der Antike in der gegenüberliegenden Bildecke.

Unter den wenigen, das *Reformationszeitalter* rückhaltlos positiv beurteilenden Stimmen sind der Kunsthistoriker Ernst Förster in der *Deutschen Kunstgeschichte* (1860)[320] und später Fritz von Ostini in seiner Kaulbachmonographie (1906).[321] Drei Hauptpunkte der überwiegend negativen Kritik der Zeitgenossen seien herausgegriffen:

Erstens wird der gotische Kirchenraum als Ort eines Geschehens moniert, das gerade die Loslösung von klerikaler Vormundschaft zum Inhalt hat. Der Kunstkritiker und -historiker Julius Meyer verweist in seiner Abhandlung *Die deutsche Kunst, und Kaulbachs Zeitalter der Reformation* (1860) auf den Widerspruch, der darin liegt, daß Männer, die sich von der Kirche befreien wollen, friedlich in einem gotischen Dom vereint seien. Es liege vielmehr im Wesen jedes neuen Aufschwungs, daß durch Opposition und Kampf ein Bruch mit der abgängigen Weltordnung erzeugt werde.[322] Jedoch wird gerade durch den gotischen Raum, der im Gegensatz zu Raffaels *Schule von Athen* nach oben hin offen ist, sozusagen aufgebrochen, die Auflösung des Mittelalters in den Blick gerückt. Ein der *Schule von Athen* ähnlicher Stufenaufbau, der quer durch den Raum schneidet, stört zudem die gewohnte sakrale Anordnung. Auch werden die Kirchenwände zu Bildträgern astronomischer Zeichnungen und protestantischer Kampffiguren (Dürers *Vier Apostel*) umfunktioniert. Ein Altar ist nicht sichtbar, und die Orgelempore ist mehr Zuschauertribüne als Ort frommen Kirchengesangs. H. von Blomberg kritisiert im *Christlichen Kunstblatt* (1863) von einem klerikalen Standpunkt aus die „Localität", die nicht einer heiligen Handlung vorrangig Raum biete, sondern profanem Tun: „Kaulbach hat eine *Kirche* gewählt, nicht ihren Eingang, sondern ihren Abschluß, und für den Hintergrund aus dieser Wahl erhebliche Vortheile für seine Komposition gezogen. Auch dort schon freilich treibt man Erd- und Himmelskunde, druckt Aushängebogen und ruft sie aus, oder steht und kniet *bedeckten* Hauptes neben einer heiligen Handlung, die doch eigentlich den Mittelpunkt und die Weihe des ganzen Bildes darstellen möchte."[323] Im umgekehrten Sinn kann für Eduard Dobbert in seinem Buch *Die monumentale Darstellung der Reformation durch Rietschel und Kaulbach* (1869) ein gotischer Dom zwar Ort einer religiösen Handlung sein, paßt jedoch keinesfalls als Lokalität für die dargestellten Gruppen der Astronomen, Künstler, Naturforscher, Gelehrten etc. „So sehr ein Dom, der sich über einer religiösen Handlung wölbt, den Eindruck dieser Handlung ergänzt und stärkt, so kalt lassen uns hier die gothischen Pfeiler und Bogen, da sie mit demjenigen, was sie umschließen, großentheils nichts zu thun haben."[324] Doch der gotische Raum steht in einer gewollt widersprüchlichen Spannung zu dem in ihm stattfindenden Geschehen, weil er den bereits überwundenen, jedoch immer noch machtvoll präsenten mittelalterlichen Katholizismus symbolisiert.

Zweitens wird von der zeitgenössischen Kritik die angeblich zusammenhanglose Vielfalt und fehlende Einheit der dargestellten Personen und Gruppen aufs Korn genommen. Für Meyer ist der Dom ein Bazar, in dem alle Gewerbe betrieben werden, die den menschlichen Geist während dreier Jahrhunderte beschäftigt haben.[325] Von Blomberg vermißt sowohl die innere Notwendigkeit als auch das gemeinsame Interesse der zusammenkomponierten Figuren: „Wie in einem chinesischen Park wandeln wir von Ueberraschung zu Ueberraschung, und eine mehr künstlerische als künstlerische Willkür gibt uns Räthsel auf, deren Auflösung uns schließlich keineswegs befriedigt."[326] Dobbert endlich sieht jede Hauptgruppe in ihren Interessen vereinzelt, jede als ein Gemälde für sich. Ein einheitlicher Geist herrsche nicht, denn die Humanisten kümmerten sich nicht um die Geographen, diese nicht um die Reformatoren, diese wiederum nicht darum, was in den Seitenräumen geschehe. Ja, selbst die Einheit der einzelnen Gruppen sei hier und da gestört oder in bloß äußerer Weise herbeigeführt. Ein überzeugender Mittelpunkt fehle dem Ganzen völlig.[327] Jedoch veranschaulichen die verschiedenen Personen und Gruppen nur verschiedene Aspekte eines letztlich einheitlichen historischen Prozesses, nämlich des Aufbruchs zur Emanzipation von der Herrschaft des „feudalklerikalen Mittelalters".

Der dritte Hauptpunkt der Kritik betrifft die vermeintlich unstatthafte Vermischung von religiösen, symbolischen und historischen Momenten. Während es nach der Meinung von Meyer früher in der Anschauung des Zeitalters lag, die reale und die Phantasiewelt ineinandergreifen zu lassen, denke die Gegenwart anders: „(...) sie hat die Seele des Lebens und der Geschichte ganz in das Diesseits verlegt, im Reich der Mythe das bloße Spiegelbild des menschlichen Innern erkannt, das daher nur noch wie ein Phantom vor dem geistigen Auge steht."[328] Die Religionskritik von David Friedrich Strauß und Ludwig Feuerbach schimmert durch diese Äußerung. Jedoch trifft die Kritik nicht eigentlich das *Reformationszeitalter* sondern vielmehr die übrigen Treppenhausbilder.

Dennoch wird man auch im letzten Wandgemälde Symbolismen entdecken wie beispielsweise die Kette des Kolumbus, die auf dessen schweres Schicksal deutet, das antike Relief als Symbol der Auferstehung des Altertums, die Umfunktionierung des gotischen Kirchenraums als eines „Bazars" für den Anbruch der Neuzeit und schließlich die einfache Tatsache, daß Personen gleichzeitig auftreten, die sich nicht kannten und nicht im selben Zeitraum lebten. Von einer historischen Darstellung im strengen geschichtswissenschaftlichen Sinn kann somit keine Rede sein. Eine solche Darstellung jedoch forderte die nüchterne Zeit der fünfziger und sechziger sowie siebziger Jahre. Von Blomberg moniert die Unentschiedenheit des Gesamteindrucks. Weder bestehe eine religiöse Einheit, da die Abendmahlsszene durch verschiedene profane Darstellungsteile relativiert werde, noch eine historische, da die Diskrepanz der Einzelszenen zu stark sei. Darüber hinaus gebe es geschichtliche Ungereimtheiten: So sei auf die Darstellung des historischen Zwiespalts der Reformationsepoche verzichtet. Der Friedensschluß zu Augsburg, in der Melanchthon-Gruppe veranschaulicht, hätte nur einen Waffenstillstands-Übergang zur eigentlichen Kampfphase gebildet, nicht aber das signifikante Zeichen eines erreichten Religionsfriedens. Einzelne Gestalten seien in ihrer historischen Charakteristik nicht getroffen.[329] Für Dobbert ist das *Reformationszeitalter* in seiner Hauptanlage verfehlt, weil es einerseits der unkünstlerischen, rein geschichtswissenschaftlichen und -theoretischen Reflexion entspringt und damit die Grenzen der Malerei verläßt, andererseits in der Komposition keinem klaren, scharfen Gedanken gehorcht, da weder die religiöse Reformation im engeren noch die Renaissance im weitesten Sinne verbildlicht sind. Die Gestaltung ist eine Zwitterschöpfung, die zwischen beiden Möglichkeiten hin- und herschwankt.[330]

Diese Kritikpunkte zeugen für einen noch näher zu untersuchenden Wandel der Ansichten, der auch die religiöse und Historienmalerei des Zweiten Deutschen Kaiserreiches bestimmte. Die idealistische geschichtsphilosophische Fundierung der Darstellung des *Reformationszeitalters* wird in einer Zeit der zunehmend spezialisierten exakten Wissenschaften und des Historismus nicht mehr verstanden, obgleich die Autoren die liberale Auffassung des Reformationszeitalters als einer Epoche der geistigen und politischen Emanzipation mit Kaulbach teilen. Abgelehnt werden aufgrund einer szientistischen Einstellung alle Formen der religiösen Transzendenz im Historienbild, der Mythologisierung, Symbolisierung und geschichtlichen Unwahrscheinlichkeit; verstandesmäßig-säkulare Nüchternheit fordert ihr Recht, zumindestens wird scharf unterschieden zwischen dem religiösen, mythologischen und historischen Bereich. Die Malerei darf ihre Grenzen nicht überschreiten, sie darf nicht in geschichtsphilosophische Reflexionen verfallen. Zwar zählt Dobbert scheinbar neutral drei prinzipielle Möglichkeiten der Bewältigung des Themas der Reformationsepoche auf, nämlich erstens die Beschränkung auf ein einziges weltgeschichtliches Ereignis aus der Reformationszeit wie beispielsweise in Carl Friedrich Lessings Gemälden der *Verbrennung der Bannbulle* oder *Disputation Luthers mit Eck* etc., zweitens eine Darstellung der rein religiösen Reformation durch deren Hauptvertreter, wie das im Lutherdenkmal von Rietschel der Fall ist (das Dobbert im ersten Teil seines Buches behandelt), drittens endlich eine symbolisch-geschichtliche Gestaltung im weitesten Sinne des Wortes.[331] Allein, die Sympathien des Autors liegen, wie seine Kritik an Kaulbachs Wandgemälde verdeutlicht, bei der ersten Verbildlichungsmöglichkeit.

Im Sinne von Dobberts optimaler Beschränkung auf ein einzelnes, historisch bedeutsames Ereignis der Reformation, stellt Carl Friedrich Lessing in seinem letzten Historienbild 1867 die *Disputation zwischen Luther und Eck auf der Pleißenburg zu Leipzig 1519* dar (Abb. 89). An zwei Kathedern stehen sich auf der linken Bildseite der junge Mönch Luther, auf der rechten der orthodoxe Theologe Dr. Eck gegenüber. In der Bildmitte sitzen erhöht der antireformatorisch eingestellte Herzog Georg von Sachsen vor einem Wappenteppich und der jugendliche Herzog Barnim von Pommern, zu jener Zeit ein Schüler Luthers. Links gruppieren sich hinter Luther Anhänger, Freunde und Schüler, darunter Bugenhagen, der in heftigster innerer Erregung seine Hand auf die Schulter des vor ihm stehenden Gelehrten mit den konzentriert eingeschlagenen Armen legt. Links vorn haben Melanchthon und hinter ihm Dr. Karlstadt Platz genommen; letzterer als der eigentliche Gegner Ecks hält ein offenes Buch auf den Knien, zum Eingreifen in den Disput bereit. Im Vordergrund der rechten Bildseite sitzen der Hofnarr auf einem Schemelchen sowie der Schreiber. Neben und hinter Eck sind weitere Luthergegner und Zuhörer versammelt.

Das Einstämmen der Arme des Herzogs Georg, der die Disputation auf seiner Pleißenburg zuließ, die heftige Arm- sowie Handbewegung Luthers, die starre Pose Ecks und die angespannten Haltungen der Zuhörer könnten auf jene Situation der radikalen Kritik Luthers am Anti-Huß-Konzil von Konstanz deuten, die Ranke in seiner *Deutschen Geschichte im Zeitalter der Reformation* (1839 - 1847) beschreibt: „Ein allgemeines Staunen erfolgte. Herzog Georg, der zugegen war, stemmte die Hände in die Seite; kopfschüttelnd rief er seinen Fluch aus: 'das walt die Sucht'."[332]

Zunächst sei die von der zeitgenössischen Kritik bestätigte Realistik des Gemäldes auch als ein allgemeiner Zug der Lessingschen Hussiten- und Reformationsbilder hervorgehoben. Friedrich Pecht würdigt in seiner deutschen Kunstgeschichte des 19. Jahrhunderts (Dritte Reihe 1881) die „technisch vollendetste" Leistung[333] des Künstlers mit einer im Unterschied zu früheren Arbeiten besseren Charakterisierung der Parteien, einem feineren Naturstudium und größeren malerischen Reiz.[334] Pecht rügt jedoch die „stoffliche Wahrheit des Details", die „die Schwächen dieser ganzen naturalistischen Richtung" erst recht verdeutlicht[335] und bemerkt, daß „unsere neuere Historienmalerei diese photographische Art der Darstellung wieder aufgegeben hat und sich mehr bemüht, die Aufmerksamkeit des Beschauers auf die Hauptsache zu konzentrieren."[336] Zwei Momente der Lessingschen Realistik sind festzuhalten, einerseits die treffend beobachtete Charakterisierung der Personen, die sich beispielsweise in der feinen psychologischen Gesichtsanalyse des sicheren etablierten Dr. Eck zeigt, wie er gewissermaßen von oben herab disputiert (Kaulbachs Figuren leiden dagegen oft an theatralischer Überspanntheit, so der Hans Sachs, der nach Dobberts Meinung aus des Künstlers Zeichnung *Das Narrenhaus* stammen könnte[337]), andererseits die historische Treue. Rudolf Redtenbacher datiert in seinen *Erinnerungen an Karl Friedrich Lessing* (1881) die durch den Künstler geleistete Reformierung der „modernen Malerei" bezüglich des vernachlässigten Gebiets des Kostümswesens auf die *Hussitenpredigt* (1836) zurück.[338] Vielleicht sollte man Lessing in dieser Hinsicht Adolph von Menzel mit seinen Darstellungen zur Geschichte Friedrichs II. von Preußen an die Seite stellen.[339] Für Moritz Blanckarts (Lessing-Nekrolog 1880) war der Maler „in gewissen Sinne zweifellos der reformatorische Neuerer, der durch seine realistische Auffassungsweise historischer Gegenstände, durch sein gründliches Studium des Kostüms und anderen geschichtlichen Beiwerks die deutsche Malerei auf neue Bahnen führte."[340] Die zusammen mit dem Dichter Friedrich von Uechtritz betriebenen historischen Studien, so die Lektüre von Wolfgang Menzels *Geschichte der Deutschen* (1824 - 1825) hatten Lessing schon früh auf das Gebiet der Hussiten- und Reformationsdarstellungen geführt.[341]

Bis zum Beginn des Zweiten Deutschen Kaiserreiches war Lessing der bedeutendste Gestalter von Themen des „Kirchenstreites"[342] in Deutschland. Lessings Bruch mit der katholischen Romantik der Düsseldorfer Malerschule und des Düsseldorfer Akademiedirektors Wilhelm Schadow erfolgte bereits zu Anfang der dreißiger Jahre, während Kaulbach sich erst mit seinem *Reformationszeitalter* Ende der fünfziger Jahre von der Überhöhung durch romantische Religiosität freimachte. Moritz Blanckarts schreibt über den jungen Lessing: „Dem Zuge der Zeit folgend, die damals auch eine Art 'Kulturkampf' aufzuweisen hatte, trat er mit Pinsel und Palette in die deutsch-nationale Bewegung ein, als Apologet der Kaisermacht und der Helden der Reformation, Huß und Luther."[343] Jene von Blanckarts gemeinte Art „Kulturkampf" bestand im Mischehenstreit, der mit der Einsetzung des orthodoxen katholischen Erzbischofs von Köln Clemens August Droste zu Vischering 1835 einen Höhepunkt erreichte. Auch verschärfte sich der Konflikt zwischen dem Erzbischof und dem preußischen Staat wegen des Kampfes Droste zu Vischerings gegen den liberalen, von Kant und dem deutschen Idealismus beeinflußten katholischen Dogmatiker Georg Hermes und dessen Anhänger.[344] Signifikant für die kulturkämpferische Sicht Blanckarts' ist seine Schilderung der Auseinandersetzungen um Lessings Gemälde *Johann Hus zu Konstanz* (1842)[345]: „Dies Bild setzte ihn den heftigsten Angriffen der Klerikalen aus, obwohl die Darstellung durchaus maßvoll und würdig gehalten ist. Gegenstand und Auffassung des Bildes wurden als eine Verspottung des Katholicismus getadelt. Angriff und Vertheidigung füllten Monate lange die Spalten der Zeitungen. Als die Verwaltung des Städel'schen Institutes das Gemälde sodann ankaufte, trat Philipp Veit bekanntlich von der Leitung dieser Anstalt zurück und verlegte seinen Wohnsitz von Frankfurt nach Mainz."[346] Der katholische Historienmaler Philipp Veit, wie Overbeck in Rom und Cornelius in München sowie später Berlin Nazarener, hatte sich bezeichnenderweise aus dem Prinzip der Verteidigung der „hohen Kunst" heraus 1841 allerdings erfolglos gegen die Berufung des Genremalers Jakob Becker als Lehrer an das Städelsche Kunstinstitut gewandt. Adolf Rosenberg sieht den Städel-Steit um Lessings Huß-Bild mit Recht in der Dimension eines historischen Wandels: „Immer siegreicher drang der Kolorismus und mit ihm als trauter Bundesgenosse der Realismus vor, und die grosse Menge jauchzte den neuen Sternen Beifall. Die alten gingen unter. Einsamer und einsamer ward es um das Triumvirat Cornelius, Overbeck und Veit, die da geglaubt hatten, der Welt eine neue Kunstanschauung und Auffassung aufzwingen und die Kunst zur ausschließlichen Dienerin der Religion machen zu können."[347] Sicher muß als ideologische Schubkraft dieses Veränderungsprozesses das Vordringen des bürgerlichen Liberalismus in seiner vielfältigen Facettierung angenommen werden. Liberale Ideen förderten die bildkünstlerische Säkularisierung und Kritik des Feudalklerikalismus, insbesondere die Lösung von der katholischen Romantik. Ein Gespräch Kaulbachs mit dem preußischen Minister Heinrich von Mühler 1857 macht indessen ebenso wie der Reformationszeitalter-Streit deutlich, daß die staatlichen Stellen an einer Verbindung von Religion und Geschichte zum Zweck der feudalklerikalen Einwirkung „auf die guten Sitten und die 'Büldung' des Volkes" festhielten.[348]

Es stellt sich nun die Frage, ob säkulare Historie oder Religion das Feld in Lessings *Disputation Luthers mit Eck* behaupten. Was die Raumsituation betrifft, so besteht im Gegensatz zur irrealen Gestaltung der Beuroner Schule und zu Kaulbachs zwar anschaulich-zentralprojektivem, jedoch symbolisch aufgeladenen Großraum eine nüchterne, historisch mögliche räumliche Umgebung der Figuren. Die Beleuchtung, die eine von links oben und vorn sowie außerhalb des Bildausschnitts einstrahlende Lichtquelle voraussetzt, ist veristisch durchgestaltet. Bei Kaulbach dagegen gibt es eine von Willkürlichkeiten nicht freie Lichtregie, die Figurengruppen trennt oder zusammenfaßt, Einzelpersonen heraushebt und die Wände des Chorraums unbegreiflich erhellt. Die stärkste Diskrepanz besteht jedoch zwischen Lessings „naturwahrer" Beleuchtung und dem idealen, gleichmäßigen Licht der Beuroner Schule oder nazarenischer Bilder wie Overbecks *Triumph der Religion in den Künsten*.

Die Figuren Lessings sind keine Heiligen mit Auren, geschweige denn phantastische Symbole, auch nicht in der Darstellung geschichtlicher Rollen symbolisch-theatralisch überfrachtete Charaktere wie teilweise bei Kaulbach, sondern glaubwürdige Menschen in einer realen, historisch definierten Situation. Interessant ist nun, daß der veranschaulichte theologische Disput durch die Thematik des gegen etablierte Autorität angehenden Wahrheitssuchers, des Kampfes eines freien Geistes gegen den Vertreter der Tradition überlagert ist. So schöpft der Mönch Luther mit den jugendlich-derben Zügen originär aus seinem eigenen Verständnis, was die zugleich Mut und Freiheit des Denkens verbildlichende Geste des ausgestreckten Arms und der aufrufenden Hand demonstriert. Luther steht „im Dunkeln"; seine Gestalt ist gegenüber der grell beleuchteten Hintergrundsmauer verschattet, doch die von unten ausholende Hand bahnt sich einen Weg ins Licht; Eck dagegen steht hochaufgerichtet, Luther überragend, in voller Beleuchtung da; seine geistreichen Entgegnungen, aus sicherer Stellung hingeworfen, bedürfen keiner Arbeit und Anstrengung. Luther stützt sich in seiner wissenschaftlichen, gründlichen Argumentation auf das Evangelium sowie verschiedene Bücher, die vor seinem Pult am Boden liegen. Eck dagegen hat keinerlei Legitimation seines Wissens nötig; ohne Hilfsmittel und gedeckt durch die tradierte Meinung kann er seine Gedanken entfalten. Luther zeigt ursprüngliches, naives Engagement, Eck, herrscherlich die Faust ballend und den Kopf zurückwerfend, pariert „mit dem Blicke des gewandten Fechters, der die Waffen des Verstandes mit glänzender Routine führt, dessen Herz aber völlig unbetheiligt ist", (so der Rezensent des Gemäldes 1867 im *Christlichen Kunstblatt*[349]). Gerade die allgemeinere Problematik des Kampfes gegen die Autorität, die Lessing in allen seinen Huß- und Reformationsbildern zugunsten des ursprünglichen, freien Denkens entscheidet, konnte auch dem nicht religiös orientierten und erst recht dem kulturkämpferischen Liberalismus Identifikationsmöglichkeiten bieten.

Zur vergleichenden Einschätzung der Stillage der großformatigen *Disputation Luthers mit Eck* muß die gegenüber dem Kaulbachschen Monumentalgemälde schlicht wirkende, auf wenige übersichtlich angeordnete Figuren und Figurengruppen beschränkte Komposition ebenso berücksichtigt werden wie die einfache bildparallele Zweistufigkeit des Raums, die ruhigen, mit ihrem fleckigen und stellenweise abbröckelnden Verputz karg wirkenden Wandflächen, die desillusionierend den Blick auf die Personen zurückwerfen sowie die unprätentiös gegebenen Figuren, von denen der junge kämpferische Luther gegenüber dem erhöhten, repräsentativ übersteigerten Reformationsheros Kaulbachs besonders natürlich wirkt. Der auf seinem Schemel hockende Narr im Vordergrund bildet ein Genremotiv, das zur Gelehrten- und Fürstenwelt auflockernd kontrastiert. Unentrinnbar egalitär wirkt bei Lessing die Isokephalie (der Figuren-Hauptebene), der selbst die gleichwohl sitzenden (nicht so sehr thronenden) Fürsten eingefügt sind. Während die äußerst freizügige Sinnlichkeit der in Stufen und Etagen sich entfaltenden Berliner Komposition Kaulbachs mit der anschaulich den Tiefenraum füllenden Figurenmenge einen hochgestochenen geschichtsphilosophischen Totalitäts- und Repräsentationsanspruch vermittelt, konzentriert sich Lessing im Rahmen einer einheitlichen veristischen Szenik auf die momentgebundene Schilderung weniger agierender Individualitäten und weiß seiner Gestaltung einen Hauch historischer „Hautnähe", Intimität zu geben.

Die niedrigere Stillage der *Disputation Luthers mit Eck* wird jedoch durch das historische Genre der Luther- und Reformationsdarstellungen weit unterboten. Ein bekanntes und beliebtes Gemälde dieser Art war in der Wilheminischen Zeit *Luther im Kreise seiner Familie* (1866, Abb. 97) von dem Berliner Akademieprofessor (seit 1869) und „Reformationsmaler" Gustav Spangenberg. In der Form einer ganzseitigen Holzstichreproduktion diente das Bild als eine der Illustrationen in Bernhard Rogges verbreiteter *Illustrierter Geschichte der Reformation in Deutschland* (1899, 1909⁶)[350], die den Lesern laut Verfasser „eine in ihrer Art einzig vorhandene Sammlung der besten Reformationsbilder aus alter und neuester Zeit"[351] zu bieten hatte. Die Zeitschrift *Die Kunst für Alle* gibt im 13. Jahrgang 1897/98 eine ebenfalls ganzseitige fotografische Abbildung des Gemäldes, das den Künstler im Leipziger Museum „mit einer seiner besten Leistungen auf dem von ihm mit Vorliebe gepflegten Gebiete des 'historischen Genres' vertritt", wie es im Text der Rubrik „Personal- und Atelier-Nachrichten" heißt.[352] 1877 hatte die *Zeitschrift für Bildende Kunst* auch eine ganzseitige Reproduktion (Kupferstich) des Luther-Familienbildes mit einer ausführlichen Besprechung gebracht.[353] Hier wird gesagt, daß das Gemälde „ohne Zweifel zu den gelungensten und reizendsten Werken der sogenannten historischen Genremalerei gezählt werden darf".[354]

Dargestellt sind der im Talar sitzend Laute spielende Luther (Bildmitte), rechts von ihm die Gruppe der stehend in ihren Gesang vertieften Kinder verschiedenen Alters, zur linken Seite hin und weiter vorn Mutter Katharina mit dem jüngsten schlafenden Kinde auf dem Schoß und hinter dem Tisch mit Blumenvase und Geschirr der wenig von der Frau überschnittene Melanchthon, die Rechte am Krug, mit der Linken dem Takt folgend. Keine Haupt- und Staatsaktion der Religionsgeschichte ist thematisiert, kein repräsentatives Ereignis der Öffentlichkeit, in dem der Held seine Fähigkeiten, Kraft und Persönlichkeit bewähren muß, sondern der „Innenbereich" der Familie in ihrer Häuslichkeit; der große Reformator tritt hier als Mensch und Vater im Kreise seiner

Abb. 97 Gustav Adolph Spangenberg: Luther im Kreise seiner Familie, 1866

Abb. 98 Adolph von Menzel: Luther als Familienvater, 1830

Abb. 99 Carl August Schwerdgeburth: Luther im Kreise seiner Familie am Christabend 1536, 1843

Lieben in Erscheinung. Nur der Talar, der auf einen Sonn- oder Festtag mit Predigtverpflichtungen hindeutet, erinnert an Luthers geistliche Bestimmung. Man kann sich vorstellen, daß die Kinder unter Anleitung des Vaters nach der Vespermahlzeit eines von dessen protestantischen Liedern singen, in das die Mutter einstimmt, doch überwiegt die Atmosphäre familiärer Hausmusik vor jener der religiösen Pädagogik. Und selbst der kleine Junge, der mit konzentriert gefalteten Händen vor der Gruppe der vom Blatt absingenden älteren Geschwister steht, ist ein Bild nicht so sehr der Frömmigkeit als vielmehr der Artigkeit und Gelehrigkeit, wie er auf seine „vorsingende" Mutter und die taktangebende Hand des „guten Onkels" Melanchthon blickt, in der Bemühung, dem Gesang zu folgen. „So lebensvoll erscheint die Darstellung", schreibt der Rezensent anläßlich der Ausstellung des Gemäldes im Leipziger Kunstverein 1867, „daß man den dreistimmigen Choral jeden Augenblick vernehmen zu müssen glaubt. Nicht weniger glücklich ist die schön gezeichnete Figur der Katharina erfunden, die den Mund leise wie zum Mitsingen öffnet, – das ächte Bild einer frommen, durch liebe Kinder beglückten deutschen Mutter."[355]

An dieser vorbildlich-heilen deutschen Familienwelt kann man friedvoll teilnehmen, die Innigkeit des an die Mutterbrust geschmiegten schlafenden Jüngsten genießen oder jene des gemeinsam das Liederblatt haltenden Geschwisterpaares mit der liebreichen brüderlichen Umarmung. Dem Rezensenten scheint es sogar, als passe das „Priestergewand" Luthers nicht zu der dargestellten Familienszene.[356] Klerikale Assoziationen, vielleicht auch solche, die die Berufstätigkeit des Vaters betreffen, stören sein Geborgenheit und Glück suchendes bürgerliches Identifikationsstreben. Denn in einer Gesellschaft mit strenger Trennung des öffentlichen Bereiches der Erwerbstätigkeit vom emotionalen Schutzraum der Familie soll letzterer allen äußeren Einwirkungen möglichst unzugänglich bleiben, seien es nun die von Wirtschaft, Staat oder Kirche.

Ein Vorbild könnte Spangenberg in Adolph Menzels Lithographie *Luther als Familienvater* (Abb. 98) aus dem Jugendbilderbuch über das Leben des Reformators (1830) gefunden haben.[357] Hier musiziert Luther, der übrigens gleichfalls einen protestantischen Talar trägt, auf dem Spinett, und der älteste Sohn spielt die Laute. Die Familie ist eng um den Vater herumgruppiert. Das durch die Butzenscheiben einfallende Licht erzeugt die Stimmung einer biedermeierlichen Idylle. Die Kostüme der Frau und Kinder entsprechen nicht wie bei Spangenberg exakt der historischen Realität, sondern eher der Mode des 18. Jahrhunderts.

Auch muß Spangenberg die Serie von sechs Stahlstichen zum Leben Luthers bekannt gewesen sein, die vom Weimarer Hofkupferstecher Carl August Schwerdgeburth in den Jahren 1843 bis 1852 angefertigt und später (bis 1862) um zwei Blätter erweitert wurde.[358] Diese Stiche genossen noch zu Beginn der sechziger Jahre große Beliebtheit. Die Beschreibung des hier interessierenden Blattes V (Abb. 99) im *Deutschen Kunstblatt* von 1858 lautet: „Dieß ist nun vollends das schönste der Bilder, so recht menschlich schön: *Luther im Kreise seiner Familie am Christabend 1536*. Da ist nur reines Familienglück, kein Haß, kein Hader, kein Streit, keine Arbeit; Feierabend, *heiliger* Abend. Des Weihnachtsbaumes Kerzen brennen hell, die beglückten Kinder sind freudevoll, das Jüngste sitzt der Mutter auf dem Schooße, Luther hält noch die Laute, auf der er vielleicht ein frommes Danklied oder Christnachtlied spielte, vielleicht sein unsterbliches: 'Vom Himmel hoch, da komm ich her.' Zwei Freunde nehmen Theil an dem heiter gemüthlichen Familienfest des großen Mannes, den hier nichts daran erinnert, daß er der große Mann ist. Muhme Lehne wärmt sich etwas fröstelnd am Ofen, der, wie die ganze Stube, treu nach der Lutherwohnstube zu Wittenberg abgebildet ist, und ein sich putzendes Kätzchen theilt ihre Liebe zu dem warmen Freund."[359] Bezeichnenderweise ist es die Ausklammerung des Arbeitsbereiches, die den Rezensenten entzückt; Arbeit rangiert für ihn auf der gleichen Stufe mit Übeln wie Haß, Hader, Streit. Das gemütliche, intim-familiäre Interieur (der Ofen als „Freund"!) mit dem ebenfalls bei Spangenberg in den Vordergrund gerückten Motiv der ihr Jüngstens auf dem Schoß haltenden Mutter genügt gleichwohl nach Meinung des Rezensenten den unvermeidlichen Ansprüchen historischer Treue.

Hinsichtlich Spangenbergs Luther- und Melanchthondarstellung wird von den Kritikern das Fehlen einer treffenden, situationsbezogenen Mimik bei allzu starrer physiognomischer Treue gerügt.³⁶⁰ Eine Kritik dieser Art macht wieder das zeitgenössische Bedürfnis nach einem einfühlsamen psychologischen Verismus deutlich. Offenbar wird dabei vorausgesetzt, daß die Bildnisse Luthers und Melanchthons der Reformationszeit, also von Cranach d.Ä. und d.J., Dürer usw.³⁶¹ zwar in den physiognomischen Hauptzügen erfaßt, jedoch vom authentischen Gestaltungsstil der Epoche befreit und entsprechend den Forderungen des jeweiligen Situationsbezuges verlebendigt werden sollten.

Gegenüber der stillagenhohen *Disputation Luthers mit Eck* von Lessing (Abb. 89) fällt auf den ersten Blick das Bemühen um Schilderungen charakteristischer Kleinigkeiten wie das zur Seite geglittene „Nuckelhändchen" des Kindes auf dem Mutterschoß, die perspektivisch verkürzte Beobachtung des schlafenden Gesichtchens, die beim Spielen und Toben heruntergerutschten Strümpfe, die drollige Nachahmung der das Jüngste haltenden, gefalteten Hände der Mutter durch den stehenden Jungen etc. ins Auge. Obgleich sich sehr viel weniger Figuren auf dem immerhin noch als großformatig zu bezeichnenden Gemälde (125 x 179) befinden als bei Lessing, ist doch die sorgfältige Beschreibung der engräumigen Wohnstubenumgebung kleinteilig-analytisch an-

Abb. 100 Gustav Adolph Spangenberg: Frau Cotta nimmt den jungen Martin Luther in ihr Haus auf, 1872

Abb. 101 Konrad Weigand: Luthers Hochzeitsfeier zu Wittenberg

gelegt, was in der harten Holzstichreproduktion in Rogges *Illustrierter Geschichte der Reformation in Deutschland* allerdings besonders hervortritt. Mit großer Liebe sind die Einzelheiten der Kleidung, des Musikinstruments, des gedeckten Tisches, des Kachelofens, des Hockers, auf dem sich der Wollfaden des herabgefallenen Knäuels kräuselt, des Fußbänkchens Luthers, der Maserung und Riefelung des Bretterfußbodens ausgearbeitet. Die Dinge gewinnen eine haptisch-konkrete Existenz für sich. Die Diskrepanz zwischen einer „Anspruchs-Historie" wie der *Disputation Luthers mit Eck* und diesem prosaischen historischen Genre könnte kaum krasser sein.

Eine andere Variante des Spangenbergschen reformatorisch-deutschen Familienbildes ist das der Eisenacher Kaufmannsfamilie Cotta, in die der junge Martin von der Frau des Hauses eingeführt wird (1872, Abb. 100). Durch die Eckperspektive des Eßtisches, um den sich die Familie samt der Großmutter, die das Kleinste auf seinem Kinderstühlchen hütet und der auftragenden Magd schart, gewinnt die Idylle Geschlossenheit. Umso treffender konnte der Künstler die vielfältigen Reaktionen der Gruppe auf den von der guten und schönen Mutter herbeigebrachten Neuling charakterisieren: die durch Güte gemilderte Strenge des Familienoberhauptes, das wohlwollende Prüfen der Großmutter, das freundliche Entgegenkommen der Magd, die fragend-ängstliche Neugier des Kleinen, die kameradschaftliche Einladung des beiseiterückenden älteren Mädchens, das sich zu Martin hinwendet und ihm den Familienkreis öffnet.

Durch das Anschneiden der vorderen Möbel und des Gewandes der Hausfrau sowie die bildfüllende Anordnung der Menschengruppe ist die Darstellung dem Betrachter noch näher gerückt als in dem Gemälde von 1866. Auch der Verismus des präzise beobachteten Lichteinfalls von der linken Bildseite her und der sich auf diese Weise ergebende abwechslungsreich detaillierte Rhythmus von Licht und Schatten verstärken die „lebendige Wahrheit" gegenüber dem Luther-Familienbild. Die dichte, weiche Modellierung verleiht der Szene einen an die Düsseldorfer Malerei der dreißiger und vierziger Jahre erinnernden poetisch-idealen Hauch. Das religiöse Moment, das vielleicht im übertragenen Sinne in der hilfreichen Nächstenliebe der Hausfrau und nur entfernt im kuttenartigen Gewand des jungen Lateinschülers Martin anklingt, löst sich beinahe im Bereich des rein Familiären, Gruppendynamischen auf.

Noch in der veristischen Anschaulichkeit gesteigert erscheint das 1897 in der Zeitschrift *Die Kunst unserer Zeit* abgebildete Gemälde *Luthers Hochzeitsfeier zu Wittenberg* des Nürnberger Malers Konrad Weigand (Abb. 101). Das vielfigurige Bild zeigt im Zentrum das frischgebackene Ehepaar Katharina von Bora und Luther, der die Glückwünsche des Ratsherren Leonhard Koppe durch einen Händedruck empfängt. Dieser hatte die Flucht Katharinas und anderer Nonnen aus dem Kloster Nimptschen bei Grimma mitorganisiert und die Frauen bei sich aufgenommen. Hinter Koppe steht Bugenhagen. Weiter vorn hält der Professor Melanchthon den Hochzeitsbecher in der Hand, ein Geschenk der Universität Wittenberg an Luther. Links hinter der Hochzeitstafel hat sich der Maler Lucas Cranach d.Ä. erhoben. Neben ihm sitzen Luthers Eltern; der Mutter spricht der Reformator Justus Jonas zu.

Gegenüber der auf Blatt IV des Zyklus von Schwerdgeburth dargestellten religiösen Vermählungszeremonie (Stahlstich von 1849, Abb. 102), die den protestantischen Impetus des Kampfes gegen Zölibat und Mönchstum zeigt[362], schildert Weigand den Beginn der Hochzeitsfeier im Familien- und Freundeskreis, die historisch zwei Wochen nach der Vermählung stattfand. Hier steht die Schilderung des Festauftakts durch die Begrüßung von Gästen und des historischen Brauchtums im Vordergrund.

Während Schwerdgeburth seine schlichte Szene treuherzig, ein wenig steif und verklärt durch biedermeierliche Poesie sowie ein transzendentes Strahlenlicht in eine Raumzone mit geringer Tiefenerstreckung einbindet, bedient sich Weigand aller Mittel der anschaulich-räumlichen figuralen Überschneidungsstaffelung, der Repoussoireffekte, der vielfältigen Charakterisierung von Einzelfiguren sowie sitzenden und stehenden Personengruppen in unterschiedlicher perspektivischer Verkleinerung, einer mit Hilfe der sichtbaren Lichtquelle des Fensters rational determinierten, äußerst komplexen Hell-Dunkel-Verteilung, die auch den Fußboden durch den Wechsel unregelmäßiger Licht- und Schattenareale lebendig gliedert.

Genrehaft eingeführt wird die Szene mit der sitzenden weiblichen Rückenfigur links und den niedlichen Blumenmädchen im Vordergrund. Musikanten und Mägde ergänzen auf der rechten Bildseite den Bereich der mehr „offiziellen" Personen. Die Haupthandlung wird durch erzählerische Nebenszenen umrahmt. So erhebt sich der zum Zutrunk bereite Cranach, seinen Krug umfassend, beugt sich Jonas im Gespräch zu Luthers Mutter, verständigen sich die Mägde im Hintergrund, prüft der Musikant Noten und Instrumente. Gegenständliche Konkretion, fabulierende Vielfalt, Reichtum an Kontrasten aller Art und psychologische Differenzierung erreichen in dieser Darstellung einen Höhepunkt. Die erlebnishaft-veristische Unmittelbarkeit wird mit Hilfe einer gelockerten Struktur scharfrandiger Flecken, die in der fotografischen Reproduktion der *Kunst unserer Zeit* von 1897 gut herauskommt, noch gesteigert.

Die zum Vergleich gestellten Beispiele historischer Genredarstellungen aus dem Leben Luthers machen zunächst deutlich, daß einem Bedürfnis nach nationaler Identifikation mit dem Reformator, der die deutsche Sprache, Kultur und

Abb. 102 Carl August Schwerdgeburth: Dr. Martin Luther's Vermählung am 13. Juni 1525 zu Wittenberg, 1849

Familie „antirömisch" beförderte, Rechnung getragen wurde. Unzweifelhaft konnten kulturkämpferisch-liberale Interessen hier Nahrung finden. Die Veranschaulichung gerade der persönlich-familiären Erlebniswelt des „großen Mannes" schuf dabei Anknüpfungspunkte für Betrachter, die nicht nur aus dem engen Kreis des gehobenen Bildungsbürgertums stammten. Auch transportieren die Luther-Familiendarstellungen zumindestens für die Gläubigen die protestantische Familienideologie, die Ernst Troeltsch prägnant wie folgt charakterisiert: „An erster Stelle steht das Grundelement aller Gesittung, die *Familie*. Hier hat der Protestantismus die mönchische und klerikale Betrachtung des Geschlechtslebens aufgehoben, die dem entstehenden modernen Staat so wichtige Population gesteigert, im Pfarrstande einen neuen Stand und einen Typus des Familienlebens geschaffen, wie er es verstand. Durch die Aufhebung des Sakramentscharakters der ehelichen Begattung hat er die Ehe mehr in das moralisch-persönliche Verhältnis verlegt, die Scheidung und Wiederverheiratung ermöglicht und damit eine freiere Bewegung des Individuums angebahnt. Das Ideal der Virginität scheidet ganz aus der Religion und Ethik aus. Ehe und Familie sind vielmehr die höchste und spezialisierteste Form der Nächstenliebe, die Keimzelle alles Berufswesens, das Urbild aller menschlichen soziologischen Verhältnisse, die Urform der Kirche, der allgemeinste von Gott im Paradies gestiftete Orden, in den zu treten eines jeden Pflicht ist. Sie ist mit Staatsordnung und Eigentum zusammen die vom Naturgesetz gestiftete Form, in der die christliche Liebe betätigt werden soll."[363] Wie eine solche Ideologie im Zweiten Deutschen Kaiserreich wirksam sein konnte, bleibt noch zu untersuchen. Andererseits zeigt sich, daß die religiösen Momente der genrehaften Lutherdarstellungen durch einen zunehmend suggestiven Illusionismus der ikonischen Wirklichkeitsgestaltung gewissermaßen aufgesaugt wurden. Übrig blieb eine aktualisierte, fast völlig säkulare Historie, deren Prosa allgemein verständlich war.

Eine gehobenere Stillage prägt das historische Genrebild *Cranach malt Luther* (ca. 1890, Abb. 103) des Professors der Kunstgewerbeschule in München Heinrich Stelzner. Das Thema besitzt einen Vorläufer in einem Blatt des achtundvierzig Darstellungen umfassenden Reformations-Geschichtsbuches *Dr. Martin Luther, der deutsche Reformator. In bildlichen Darstellungen von Gustav König. In geschichtlichen Umrissen von Heinrich Stelzner* der fünfziger Jahre.[364] Nur drei Personen befinden sich in dem von Stelzner dargestellten Atelierraum des größerformatigen Gemäldes (138 x 187 cm), nämlich Luther, der ihn malende Reformationsmeister Lucas Cranach d.Ä. links an der Staffelei und hinter ihm der Humanist Melanchthon mit einem aufgeschlagenen Buch in der Hand. Es bleibt genug Raum, um die bedeutenden Einzelpersönlichkeiten in ihrer individuellen Eigenart wirken zu lassen. Insbesondere hebt sich der im rechten Bildteil als gelehrter Reformator neben dem Lesepult sitzende Luther mit den ausdrucksvollen Zügen in repräsentativer Isolation vom hellen Hintergrund der beleuchteten Wände ab.

Vorn steht ein Werktischchen mit Malutensilien, an den Wänden hängen in regelloser Studienmanier Werke Cranachs und Kupferstiche Dürers.[365] Eine Atmosphäre der künstlerischen Arbeit und Kunstbildung, der humanistischen Gelehrsamkeit, reformatorischen Kraft und Schlichtheit, ja Kargheit erfüllt den mit historischer Sorgfalt durchgestalteten Atelierraum (auch die obligaten „altdeutschen" Butzenscheiben fehlen nicht). In diesem Bild, das sich an den Adressatenkreis des liberalen, individualistisch eingestellten Bildungsbürgertums wendet, tritt die Religion völlig hinter der Historie zurück.

Kennzeichnend für einen Hauptstrang der Entwicklung seit Beginn der fünfziger Jahre ist die säkularisierend wirkende Zunahme und Verfeinerung veristischer Gestaltungsweisen wie der historischen und kunsthistorischen Treue, der konkreten Gegenstandsbeschreibung, des Raum- sowie

Abb. 103 Heinrich Stelzner: Cranach malt Luther, um 1890

Beleuchtungsillusionismus und der psychologischen sowie soziologischen Differenzierung. Dieser Prozeß, der bis in die neunziger Jahre des 19. Jahrhunderts anhält, geht auf eine neue „realistische" Einstellung in der bürgerlichen Gesellschaft nach dem Scheitern der Revolution von 1848 zurück. Einerseits triumphiert politisch die feudalklerikale Reaktion, so daß zunächst selbst gemäßigte liberale Bestrebungen keine Chance haben, andererseits sehen sich die herrschenden Kräfte aufgrund des Revolutionsschocks und nüchterner Einschätzung der Wirtschafts- und Finanzmacht des Bürgertums zu Zugeständnissen gedrängt, die Schritt für Schritt seit langem erhobene wirtschaftlich-ökonomische Forderungen des Liberalismus erfüllen. So werden die dirigistischen Zwänge des Konzessionswesens, der staatlichen Genehmigung zum Bau neuer Fabriken und zur Aufstellung von Maschinen erheblich gelockert, das Regelsystem der Zunftbindungen wird im Sinne der Gewerbefreiheit reduziert, günstigere Steuersätze werden in einzelnen Bereichen gewährt.[366] Durch Goldfunde in Kalifornien (1848) und Australien (1851) belebt sich der Weltmarkt, was günstig auf die Binnenwirtschaften der Länder mit wachsender Industrie zurückwirkt. In Deutschland ergibt sich auch im Zuge der Entwicklung des Aktiengesellschafts- und Bankwesens sowie der Beteiligung der Banken am Investitionsgeschäft ein Aufschwung in Bergbau, Stahlerzeugung, Maschinenherstellung etc.[367] Große Fortschritte auf dem Gebiet der Naturwissenschaften treiben die Industrialisierung und Technisierung voran.

Albert Lange formuliert in seiner *Geschichte des Materialismus und Kritik seiner Bedeutung in der Gegenwart* (1865) eindrücklich das Zusammengehen der politischen Reaktion nach 1849 mit wirtschaftlichem Wachstum und indirekt auch mit der Ausbreitung des weltanschaulichen Materialismus: „Mit besonderer Energie erhoben sich aber nach der idealpolitischen Sturmflut des Jahres 1848 mit den ersten Zeichen der entschiedenen Ebbe die *materiellen Interessen*. (...) In einer Periode von kaum zehn Jahren stieg die Kohleproduktion im Königreich Sachsen auf das Doppelte, am Rhein und in Westfalen auf das Dreifache; Schlesien hielt die Mitte. Der Wert des produzierten Roheisens verdoppelte sich in Schlesien; in der westlichen Hälfte der preußischen Monarchie stieg er aufs Fünffache. Der Wert der gesamten Bergwerksproduktion stieg auf mehr als das Dreifache; ähnlich die Erzeugnisse der Hütten. Die Eisenbahnen wurden dem massenhaften Gütertransport dienstbar gemacht und gewannen dadurch eine Frequenz, die man nie geahnt hatte. Die Reederei gedieh, und die Exportgeschäfte gewannen zum Teil einen schwindelhaften Umfang. Die *deutsche Einheit* suchte man nach Verlust des Parlaments durch *Gewicht* und *Münze* zu fördern, charakteristisch genug war eine *Wechselordnung* so ziemlich das einzige, was aus der großen Einheitsbewegung gerettet war. Mit dem materiellen Fortschritt ging wieder ein erneuter Aufschwung der *Naturwissenschaften* Hand in Hand, und namentlich trat die Chemie in immer engere Beziehungen zum Leben."[368] Lange sieht es als einen idealen Zug an, wenn es in dieser Zeit der Hinwendung zum Praktischen und Materiellen sowie der „tiefsten Versumpfung der Philosophie" wenigstens den sogennanten Materialismus-Streit gab, „als eine Erinnerung für die leicht befriedigten Massen der 'Gebildeten', daß jenseits der täglichen Gewohnheit des Arbeitens und Existierens noch ein endloses Gebiet liegt, dessen Durchwanderung den Geist erfrischt und das Gemüt veredelt."[369] Allein auch der Materialismusstreit kann als ein Symptom des Bruches mit dem deutschen Idealismus (Linkshegelianismus der Vormärzzeit) angesehen werden. Der fortschrittliche Religionshistoriker Bruno Bauer beschreibt die Situation 1853, ein Jahr vor Ausbruch des Materialismusstreits, wie folgt: „Die Katastrophe der Metaphysik ist unleugbar. Es sind jetzt zwölf Jahre her, daß die philosophische Literatur als für immer geschlossen und beerdigt angesehen werden kann. Die Universitäten, die früher jeden Gebildeten in die Kämpfe ihrer Entwicklung hineinzogen, reizen die Aufmerksamkeit nicht mehr und sind nur noch eine Vereinigung von Vorbereitungsseminaren für einen praktischen Lebensberuf."[370] Für Richard Falkenberg ist in seiner oft aufgelegten Philosophiegeschichte von 1885 das Aufkommen des Materialismus „die Folge einerseits der Erschlaffung des philosophischen Geistes, andererseits der Unbefriedigtheit der Vertreter der Naturwissenschaft durch die Konstruktionen der Schelling-Hegelschen Schule."[371]

Der Materialismusstreit datiert von der Göttinger Naturforscherversammlung 1854, wo der Physiologe Rudolf Wagner gegen den Baseler Professor Karl Vogt in seinem Vortrag *Über Menschenschöpfung und Seelensubstanz* ausführte, „daß die Physiologie keinen Grund habe, die Abstammung des Menschen von einem Paare und eine stofflose unsterbliche Seele zu leugnen. *Vogts* Antwort ist betitelt 'Köhlerglaube und Naturwissenschaft'"[372], wie Falkenberg es formuliert. Der Historiker des deutschen Liberalismus, Friedrich C. Sell, konstatiert im Zusammenhang mit dem wirtschaftlich-technischen Aufschwung und Fortschritt der Reaktionszeit eine ideologische Wandlung, die den alten Glauben und Idealismus zurückläßt und als neue materialistische Aufklärung zu definieren ist. „Symbol für die neue Aufklärung", schreibt Sell, „war der sogenannte Materialismusstreit der fünfziger Jahre in Deutschland. Er ging aus von dem Anspruch eifriger Naturwissenschaftler, die Welträtsel lösen zu können, über die Philosophen und Theologen nur unzulänglich spekulieren konnten. Geist und Leben wurde abgeleitet aus der Materie und ihrer Bewegung. Kein Stoff ohne Kraft, keine Kraft ohne Stoff, predigte Ludwig Büchner in dem leichtverständlichen Propagandabuch *Kraft und Stoff* (1855) einem ständig wachsenden Publikum. Der Stoff ist der Träger aller geistigen Kraft, aller menschlichen und irdischen Größe. Alles beruht in der Welt auf mechanischen Naturgesetzen. Jakob Moleschott bewies, daß Geist nur das Produkt der phosphorhaltigen Fettschicht im Gehirn sei – ohne Phosphor kein Gedanke. Als der Physiologe Rudolf Wagner Naturwissenschaft und orthodoxes Christentum in Einklang bringen wollte, erschien Karl Vogt auf dem Plan, einst der sarkastische Redner der Linken in der Paulskirche. In der Schrift *Köhlerglaube oder Wissenschaft* vernichtete er die kindlichen Versuche, die biblische Schöpfungssage mit den Ergebnissen der Naturwissenschaft in Einklang zu bringen. Die historische Lücke in der materialistischen Theorie, wie sich denn das Leben aus der Materie entwickelte, wurde wenige Jahre später durch Darwins *Entstehung der Arten* geschlossen."[373] Die Wortführung des Materialismus übernahm Büchners *Kraft und Stoff*, das Auflage um Auflage erlebte und wegen der leichtverständlichen Sprache besonders auf das Laienpublikum wirkte. Für Franz Mehring war das

Buch „ein kecker Trompetenstoß, womit die aufblühende Industrie des deutschen Bürgertums der philosophisch spintisierenden Vergangenheit dieser Klasse absagte."[374]

Bezeichnend für die realistisch-szientistische Einstellung in der zweiten Hälfte des 19. Jahrhunderts ist die Orientierung der Geistes- und Gesellschaftswissenschaften im Sinne des état positif von Comte an der stürmisch fortschreitenden Naturwissenschaft.[375] Comte selbst legt im „positivistischen" Verständnis die Grundlagen der sich rasch entwickelnden Soziologie. Eine auf naturwissenschaftlicher Empirie fußende Experimentalpsychologie, die ihre Beobachtungsergebnisse mathematisch-statistisch auswertet, wird durch Forscher wie Helmholtz, Hering, Ebbinghaus, Wundt begründet. Fechner und Weber entwickeln in ihrer „Psychophysik" eine mit quantitativen Methoden arbeitende Wissenschaft von den Beziehungen physikalischer Reize zu psychischen Empfindungen sowie psychischer Empfindungen zu physiologischen Prozessen.[376] Sicher korreliert das Voranschreiten der wissenschaftlichen Seelenkunde mit dem veristischen Psychologisieren in der bildkünstlerischen Menschengestaltung. Mit Hilfe der Faktoren Rasse, Zeit, Milieu (Taine) glaubt die Literaturwissenschaft im Sinne des Darwinismus, der Vererbungslehre und Soziologie die dichterische Produktion exakt analysieren zu können.[377] Die Ausbildung einer Geschichtsschreibung, die frei von spekulativen Hegelschen Konstruktionen überlieferte Quellen kritisch sichtet und untersucht, beeinflußte entscheidend die Entwicklung der Historienmalerei. So ist ohne Grundlagenwerke wie die *Vorlesungen über Wesen und Geschichte der Reformation in Deutschland und in der Schweiz mit stärkerer Beziehung auf die Richtungen unserer Zeit* von Karl Rudolf Hagenbach (Leipzig 1834, überarbeitet 1869⁴) oder Leopold von Rankes *Deutsche Geschichte im Zeitalter der Reformation* (1839 - 1847) der seit Beginn der fünfziger Jahre anschwellende Strom historisch treuer Reformations- und Lutherdarstellungen ebensowenig denkbar wie beispielsweise das bildkünstlerische Thema *Cranach malt Luther* ohne die kunsthistorische Vorarbeit des Weimarer Bibliothekars Christian Schuchardt in seinem zweibändigen Werk *Lucas Cranach des Aelteren Leben und Werke nach urkundlichen Quellen bearbeitet* (Leipzig 1851).[378]

Die Verbreitung naturwissenschaftlich-materialistischer Ideen, die dem Wirklichkeits- und Nützlichkeitssinn der Bourgeoisie entsprachen, höhlte selbstverständlich die feudalklerikale Ideologie weiter aus, die schon in der Achtundvierziger Revolution einen entscheidenden Stoß erhalten hatte. Den „Realismus" der fünfziger und sechziger Jahre charakterisierte auch eine neue, antitheoretisch eingestellte Politikauffassung des Liberalismus, deren Repräsentant der Publizist Ludwig August von Rochau war. In seinem Buch *Grundsätze der Realpolitik. Angewendet auf die staatlichen Zustände Deutschlands* (1853, 1859²) kritisiert Rochau die Spekulation als Grundlage der Politik: „Die Politik als Lehre vom Staat hat wenig oder nichts gemein mit der philosophischen Forschung, sie ist vielmehr eine Erfahrungswissenschaft wie die Naturkunde und demgemäß kann auch die *praktische Politik* nicht die Verwirklichung irgend eines spekulativen Systems zur Aufgabe haben (...)."[379] Rochau mißt, dem Zuge der Zeit folgend, die praktische Politik am Vorbild der Naturwissenschaft: „Wie die Naturwissenschaft sich ausschließlich mit der sinnlichen Erscheinung beschäftigt, so hat es auch die praktische Politik lediglich mit sachlichem Stoff zu tun, nämlich mit den im öffentlichen Leben vorhandenen Kräften der Bewegung und des Widerstandes, des Aufbaus und der Zerstörung. (...) Die geistigen Faktoren gelten in der Politik nicht nach Maßgabe irgendeiner metaphysischen oder religiösen oder ethischen Abschätzung, sondern nach dem Marktpreis des Lebens. (...) Mit schönen Idealen und reizenden Phantasiebildern als solchen hat die praktische Politik lediglich gar nichts gemein."[380] Diese Absage trifft den weltfremden Idealismus der antifeudalistischen linkshegelianischen Tat- und Freiheitsideologie ebenso wie sozialistische und demokratisch-republikanische Theoreme, die anscheinend in der Achtundvierziger Revolution gescheitert waren. Bezeichnend für den Rochauschen Realismus und prinzipiell die „realpolitische" Anpassung des Liberalismus an die bestehenden gesellschaftlichen Rahmenbedingungen ist der Kampf gegen jede Art des Radikalismus, der dem Denken halbwüchsiger Knaben entspreche, „der absolutistische und ultramontane sowohl wie der republikanische."[381]

In der Literatur folgt auf die Vormärzperiode jene des sogenannten poetischen Realismus, die mit Exponenten wie Gustav Freytag bis weit in die achtziger Jahre hineinreicht. Freytag gab seit 1848 zusammen mit dem Literaturkritiker Julian Schmidt die Zeitschrift *Grenzboten* heraus, das Organ der poetisch-realistischen Literaturkritik. Hier wurde auch Rochaus Konzept der „Realpolitik" zustimmend begrüßt und die Verbindung zum literarischen Realismus hergestellt. „Die Anerkennung des Bestehenden unter seiner evolutionären Perspektive ist die Leitlinie hier wie dort", schreibt Helmuth Widhammer in seiner Analyse der Literaturtheorie des deutschen Realismus.[382] Zugunsten eines naiven Wirklichkeitsbegriffs zerschneidet die „realistische Kritik" die Verbindung von Kunst und philosophischer bzw. wissenschaftlicher Theorie.[383] Für den realistischen Roman wird die Forderung nach „Objektivität" erhoben. Nicht Ideen, Reflexionen, nicht die Innenräume der Subjektivität (Romantik) sollen in der Gestaltung erscheinen, sondern „das Leben", die Wirklichkeit sind detailrealistisch genau abzubilden.[384] Allerdings darf die Nachahmung nur das „ideale" Wesentliche betreffen; das Zufällige muß ebenso wie das Extreme ausgeschieden werden. Widhammer stellt fest, daß die in der literarischen Darstellung erstrebte „Idealität" der Wirklichkeit dem bildungsliberalen Realitäts-Konsens entspricht und die Literatur somit zum Spiegel bürgerlicher Tugenden und Werte wie Sparsamkeit, unablässige Strebsamkeit, Züchtigkeit usw. wird, wie das paradigmatisch Gustav Freytags Roman *Soll und Haben* (1855) demonstriert. Die liberale Komponente liegt dabei darin, daß wie auch in der Gattung der Dorfgeschichte (Berthold Auerbach), der die Genremalerei eines Ludwig Knaus und Benjamin Vautier entsprechen, Liebe und Poesie auch im Leben der kleineren Kreise herausgearbeitet und deren hartes Dasein verklärt werden.[385] Der poetische Realismus leistet nach Widhammer eine Affirmation der Weltsicht des nachrevolutionären Bürgertums, das die Extreme des heraufdrängenden Proletariats und des Adels praktisch-politisch und ideologisch zu neutralisieren trachtet.[386]

Die säkularisierend-veristische Tendenzen der bürgerlichen Bildkunst in der zweiten Hälfte des 19. Jahrhunderts sind im Zusammenhang des Bezugssystems der skizzierten

Abb. 104 Wilhelm Beckmann: Luther nach seiner Rede auf dem Reichstag zu Worms, um 1885/1886

"Realismen" zu sehen. Allgemein kann darüberhinaus konstatiert werden, daß in der kapitalistischen Gesellschaft, deren rationell-ökonomische Zwänge bis in die Familienstrukturen auch der herrschenden bürgerlichen Klasse hineinreichen, warenhafte Verdinglichung und Entfremdungen aller Art das hochdifferenziert-arbeitsteilige Leben der Individuen bestimmen und deshalb in der bürgerlichen Ideologie ein permanenter Grund-Trend zur unheroischen, prosaisch-nüchternen Weltsicht besteht.

Im Vergleich zu Heinrich Stelzners *Cranach malt Luther* erreicht das Gemälde *Luther nach seiner Rede auf dem Reichstag zu Worms* (ca. 1885/86, Abb. 104) des Berliner Malers und Bendemann-Schülers an der Düsseldorfer Akademie Wilhelm Beckmann stillagenmäßig wieder die hohe Ebene der Gestaltung eines bedeutenden Öffentlichkeitsereignisses der „großen" Geschichte. Dargestellt ist Luther in der Mönchskutte, wie er vor der Schranke der hohen Geistlichkeit im Reichstagssaal die legendären Worte ausspricht: „Hier stehe ich, ich kann nicht anders, Gott helfe mir, Amen!" Die aufgewühlte Menge umwogt den Reformator.

Das Bild war 1886 auf der Permanenten Ausstellung des Wiener Künstlerhauses[387] und 1888 auf der Internationalen Kunstausstellung in Antwerpen[388] zu sehen, was für eine gewisse Resonanz spricht. Der Rezensent der Wiener Künstlerhaus-Ausstellung beurteilt das Werk wie folgt: „Das räumlich größte Gemälde der Ausstellung ist *Beckmanns* 'Luther nach seiner Rede auf dem Reichstag zu Worms'. Dasselbe vermag sich jedoch, trotz mancher Vorzüge, nicht die Wirkung zu verschaffen, welche man von dem Vorwurfe an und für sich erwartet. Es ist allerdings viel Pathos in den einzelnen Gestalten, aber zu äußerlich gegeben und ohne die notwendige Korrespondenz der Figuren mit einander. Dabei stört die zu auffällige Vergrößerung derselben im Vordergrunde, wodurch die Hauptgestalten im Mittelgrund an Bedeutung verlieren. Einzelne große Effekte in den Köpfen des Volkes vermögen das Ganze nicht zu beleben."[389] Wenn dieser Kritik noch die von Adolf Rosenberg aus dem dritten Band seiner Geschichte der modernen Kunst von 1889 hinzugefügt wird, die besagt, daß der Künstler die Hauptfigur nicht so machtvoll zu gestalten wußte, daß sie gleichgültige Personen des Vordergrundes überragt „und zu einer ihrer geistigen Bedeutung entsprechenden Geltung gelangt"[390], so sind damit die Vorbehalte gegenüber dem Bild umrissen.

Die Komposition der perspektivisch stark vergrößerten und ebenso stark angeschnittenen Vordergrundfiguren, die intensiv diskutieren oder ihrer Erregung in drastischen Gesten Luft verschaffen, gehorcht dem von Horst Ludwig herausgestellten Prinzip der „gründerzeitlichen Nahbildlichkeit".[391] Die Situation wird mit Hilfe dieses Gestaltungsmittels dem Betrachter in der Art einer Sensations-Reportage sozusagen „hautnah" auf den Leib gerückt. Das Bild bietet nicht mehr eine Schaukastenbühne, die mit distanzierter Objektivität ein Thema vor Augen führt; sondern subjektiv „aufgeschnappte", zufällige Beobachtungen in der Umgebung des Teilnehmerstandortes (Rosenbergs „gleichgültige Personen des Vordergrundes") erscheinen überbetont, damit der Betrachter sich als Mitakteur fühlen kann, sozusagen in die Situation hineingeworfen, eingetaucht in den Strom der Ereignisse. Buchstäblich fehlt durch das starke Anschneiden der Vordergrundpersonen, deren Standflächen nicht sichtbar sind, „der Boden unter den Füßen". Mit Hilfe der unmittelbaren Teilhabe am Zeitgeschehen stets präsent und auf der Höhe zu sein, so könnte ein historisch verschlüsselter fortschrittsgläubig-liberaler Imperativ der Gestaltung lauten.

Auch wird durch die nahbildliche Empirie des Miterlebens, die selbstverständlich durch weitere Mittel der Vergegenwärtigung fundiert ist (historische Kostüm-, Requisiten-, Interieurtreue, illusionistische Raum- und Beleuchtungsgestaltung, Psychologismus der Menschendarstellung), nicht so sehr auf die geistige Bedeutung eines religionsgeschichtlichen Vorgangs abgehoben als vielmehr auf äußerlich faßbare Erscheinungsformen.

Ein weiterer Kritikpunkt betraf die Relativierung der Lutherfigur einerseits durch die Vordergrundpersonen, andererseits, wie hinzufügt sei, durch jene seiner näheren Umgebung. Ähnlich wie in Lessings *Disputation Luthers mit Eck* muß sich der Mönch gegen die etablierte Geistlichkeit und anders als bei Lessing auch innerhalb eines Gewühls der unterschiedlichsten Charaktere und Meinungen durchsetzen. Das bürgerlich-individualistische Thema des Lebenskampfes einer starken Einzelpersönlichkeit gegen die Majorität klingt an, ein Thema, das im Zeitalter des Darwinismus sowie der Massen und Massenparteien akut war. Auch steht hier der inspirierte Wahrheitssucher gegen die Menge der in ihren Privatmeinungen prosaisch-realistisch befangenen Individualitäten.

Während im Kaulbachschen *Reformationszeitalter* die Solidarität des Emanzipationskampfes gegen den autoritären Katholizismus des „dunklen" Mittelalters die Menge der Einzelpersönlichkeiten eint und bei aller Vielfalt letztlich harmonisch zusammenfaßt, droht sich Beckmanns Figurenkomposition in ihre Einzelbestandteile aufzulösen (der Rezensent der Wiener Ausstellung kritisiert den Mangel an „notwendiger Korrespondenz der Figuren miteinander").

Die „äußerliche" perspektivische Verdichtung der Menge in der Ferne macht auch die räumlich aufbrechenden, gewaltsamen Kontraste der Charaktere und Bewegungen im Mittel- sowie Vordergrund umso stärker bewußt. Gegensätze der Zustimmung und Ablehnung von Luthers Argumentation, des Kniefalls und ungläubigen Hohns, der inbrünstig gefalteten Hände und geschüttelten Faust, des konzentrierten Gesprächs (links vorn) und wilden Lachens (rechts vorn) durchsetzen die Gestaltung. Das liberale Prinzip der freien Entfaltung der Persönlichkeit scheint bis an die Grenze des Konflikts der schrankenlos sich auslebenden Individuen getrieben, so daß die kompositorische Gesamtharmonie in Frage gestellt ist. Entspricht Kaulbachs Treppenhausbild einer optimistischen Aufbruchszeit des Liberalismus, so spiegelt Beckmanns Darstellung dessen Widersprüche und Probleme in einer Abstiegsphase nach Beendigung des Kulturkampfes.

Am Beispiel des großformatigen Bildwerks *Luther predigt auf der Wartburg* (1882, Abb. 105) des späteren Berliner Malereiprofessors Hugo Vogel stellt Julius Lessing, der Verfasser eines längeren monographischen Beitrags über den Maler in der *Kunst für Alle* (1895/96) sehr prägnant das Problem der Vergegenwärtigung und Aktualisierung von Historie zur Debatte. Zunächst ordnet Lessing das Gemälde in die Strömung der altdeutsch orientierten Bildkunst ein: „Hugo

Abb. 105 Hugo Vogel: Luther predigt auf der Wartburg, 1882

Vogel hat bis jetzt den Vorzug genossen, seine Stoffe nur den letzten Jahrhunderten entnehmen zu brauchen. Vor allem entfaltete sich seine Kraft in der Darstellung der Reformationszeit, und Vogels Bilder fielen – nicht zufällig – zusammen mit jener gewaltigen Strömung, welche in der großen Zeit Martin Luthers und Albrecht Dürers die große Blüte altdeutscher Manneskraft verkörpert sah und daher auch im Bau und im Schmuck des Hauses die deutsche Renaissance neu belebte. Diese stolze Woge des deutschen Fühlens hat in wenigen modernen Kunstwerken einen so packenden Ausdruck gefunden, als in Vogels Bilde '*Luthers Predigt auf der Wartburg*'."[392] Luther, Dürer, und wie hinzuzufügen ist, Hans Sachs (Wagners *Meistersinger von Nürnberg*, 1868), repräsentieren, wie der moderne Historiker zu bestätigen vermag, den nationalen und reichspatriotischen Zug der Gründerzeit. In der Tat drang der Deutsch-Renaissancismus bis in die Ausstattung des bürgerlichen Heims vor.[393] Übrigens war Hugo Vogel in Düsseldorf Schüler von Wilhelm Sohn und vor allen Dingen von Eduard von Gebhardt, der in den Augen der Zeitgenossen das „Nordische", „Altniederländische", „Altdeutsche" vertrat.[394] Das reformatorische Element dieses Rückgriffs auf die höchste Blütezeit deutscher Kultur, auf eine heile, heroische Zeit des Aufbruchs neuen Bürgersinns und kraftvoller Religiosität wurde entscheidend stimuliert durch die Stärkung Preußens und des Protestantismus bereits seit der Niederlage des katholischen Österreichs im italienischen Krieg 1859, dem Sieg Preußens über die Donaumonarchie 1866 und endlich der Errichtung des „Heiligen Evangelischen Reiches Deutscher Nation" 1871.[395] Das Jahr 1883, das für Hugo Vogel auf der Berliner Kunstausstellung mit seinem Bilde *Luthers Predigt auf der Wartburg* den Durchbruch brachte, war das Jubiläumsjahr von Luthers Geburtstag, das nach Kupisch stark unter den Auswirkungen des Kulturkampfes stand. Der „Verein für Reformationsgeschichte" und eine Schriftenreihe dieses Vereins wurden gegründet.[396] Die große Weimarer Ausgabe der Werke Luthers, eine kritische Gesamtausgabe, wurde in diesem Jahre begonnen. Ein Jahr später nahm die Edition von Luthers Briefwechsel ihren Anfang.[397] Im Kaiserreich errichtete man mehrere Luther- und Reformationsdenkmäler.[398] Luther-Biographien erschienen.[399]

Nachdem Julius Lessing in seinem Aufsatz die altdeutschnationalen Bezüge des Lutherpredigt-Gemäldes von Hugo Vogel klargemacht hat, wendet er sich unter Betonung des Vergegenwärtigungsaspektes einer emphatischen Beschreibung zu: „Das ist Martin Luther, der herrliche deutsche Mann voll Erhabenheit und Einfachheit, diese Männer und Frauen, Greise und Kinder, zu denen er in der schlichten Schloßkapelle predigt, das sind Menschen mit Empfindungen, die wir teilen, ganz ergriffen, ganz hingegeben dem göttlichen Worte, bereit, zu handeln, und wenn es sein muß, zu sterben für das zu Recht erkannte. Wir vergessen völlig, daß sie ein Kostüm tragen, das uns fremdartig erscheinen müßte; wir denken nicht daran, nachzusehen, ob es genau dem Jahrzehnt des Vorganges entspreche, alles erscheint selbstverständlich, nirgends spürt man, daß ein fremder Mensch in diesen Anzügen Modell gestanden. Das Fremdartige ist überwunden und zwar nicht durch äußerliche Bravour, durch koloristische Effekte, wie bei einem Makart, dem man gleichfalls das Kostüm nicht nachrechnet, sondern überwunden durch das innerliche Leben dieser Menschen, mit denen wir gemeinsam fühlen."[400] Nach Lessing ist es dem Maler paradigmatisch gelungen, die historische Distanz völlig aufzuheben und den Betrachter trotz der Fremdartigkeit der Kostüme gewissermaßen unter die dargestellten Menschen zu versetzen. Hier liegt nun eine charakteristische Ambivalenz, wenn nicht Widersprüchlichkeit der zeitgenössischen Historienmalerei überhaupt. Auf der einen Seite soll nämlich mit szientistischer Akribie die geschichtliche Situation bezüglich der Kostüme, Requisiten und Ausstattung perfekt vor Augen geführt werden, was eine konsequente Loslösung aus der Gegenwart bedeutet; Lessing schreibt: „Der Künstler, der sich jetzt der Aufgabe unterzieht, längst Vergangenes wieder lebendig zu machen, muß ernsthaft arbeiten, sich Rechenschaft geben über jeden Rock und Haarzopf, jeden Schemel und Topf, er muß die Gemälde, die Skulpturen, die ungefügen Holzschnitte und Trachtenbilder studieren, und hier liegt die Gefahr nur allzu nahe, über der Freude an dem entdeckten Detail die Hauptsache zu vergessen und lediglich Kostümbilder zu geben."[401] Auf der anderen Seite aber soll mit allen Mitteln der modernen bildkünstlerischen Vergegenwärtigung die geschichtliche Kluft wieder überbrückt werden. Dabei geht es allerdings nicht ohne „eine gewisse Verschiebung des alten Inhalts ab", wie Lessing gesteht: „Wir tragen etwas von unserer weichen modernen Auffassung hinein, aber dafür wird es Blut von unserm Blut."[402]

Dieser Drang des bürgerlichen Zeitalters nach Aufarbeitung, Aneignung, ja Anverwandlung und Aktualisierung von Historie, der in der zweiten Hälfte des 19. Jahrhunderts alle Lebensbereiche „historistisch" erfaßte und den schließlich Nietzsche als gegenwarts- und lebensfeindlich kritisieren konnte[403], ist in einem allgemeinen Sinne Bestandteil der ideologischen Konsolidierungsbewegung des Bürgertums, die nach dem Umbruch und Traditionsbruch der Zeit der Großen Französischen Revolution neu und entscheidend begann. Im gleichwohl vielfältig gebrochenen und zersplitterten Prozeß des Aufstiegs zur herrschenden Klasse schuf sich die Bourgeoisie ihre eigene Weltsicht und Geschichtsauffassung.[404] Dabei wurden auf komplexe Weise historische Vorbild-, Identifikations- und Legitimationsbereiche herausgesondert und verwertet. Die Gründung des Zweiten Deutschen Kaiserreiches gab diesem Prozeß einen letzten Impuls, bevor die Erstarkung des Proletariats und der Sozialdemokratie den vollen Blick auf die Realität der Gegenwart erzwang. Die geschichtsfeindliche, den aktuellen Problemen direkt zugewandte Kunst-Strömung des Naturalismus wird noch zu behandeln sein.

Sicher bot jedoch die Geschichte im Gegenschlag zur immer deutlicher sich abzeichnenden Prosa des Lebens in der arbeitsteiligen bürgerlichen Warengesellschaft, die einem rapiden Prozeß der Kapitalisierung, Industrialisierung, Technisierung, Rationalisierung und Verwissenschaftlichung unterworfen war, auch Fluchträume des Abenteuers und des Heroismus. Gerade die Reformationszeit war ja die Ursprungsepoche des Protestantismus, in der die „Helden der Vorzeit" (Julius Lessing[405]) agierten.

Die Verstärkung und Differenzierung der veristischen Gestaltungsmethoden erreichen in der malereigeschichtlichen Entwicklung beispielsweise mit Hugo Vogels Gemälde *Luther predigt auf der Warburg* schließlich einen Grad der Perfektion, der etwas Suggestiv-Persuasorisches an sich hat.

Abb. 106 Peter Janssen: Die Reformatoren ziehen zum Religionsgespräch ein, empfangen von Philipp dem Großmütigen. 1529, 1895-1903

In der Art von Gebhardts sind die unterschiedlichen Charaktere der Einzelpersönlichkeiten (bürgerlich-individualistisch) scharf herausgearbeitet und gegeneinander kontrastiert. Genrehaft-uprätentiöse „Natürlichkeit" bestimmt ihre Haltungen. Die Personen reagieren keineswegs mit frommer Innigkeit auf Luthers Worte, wie Julius Lessing glauben machen möchte, sondern kritisch und überlegend arbeiten sie als mündige Zuhörer mit. Nur die hell beleuchtete junge Frau am hinteren Bankende und der ins Gebet vertiefte Mönch scheinen im Unterschied zu den übrigen gläubig zu folgen. Luther gibt von innen heraus sein Bestes, wie er frei jeden einzelnen anblickt und die Hand auf die Brust legt. Es hat den Anschein, als wolle diese auf „Wahrheit" erpichte Darstellung die religiös gleichgültigen Betrachter in einer Zeit des Unglaubens durch das Medium der Historie zur „wahr und echt" gefühlten evangelischen Religion zurückführen! Daher auch die extreme Überredungskunst der Eckperspektive, der sorgfältig pointierten Ding- und Raumschilderung sowie atmosphärischen Beleuchtungsgestaltung! Auf einer niedrigeren, von Repräsentation und großem Öffentlichkeitspomp freien Stilebene, die sich dem Genre annähert, kommt die konkret-anschauliche Darstellung dem Betrachter entgegen.

Cornelius Gurlitt sieht in seiner deutschen Kunstgeschichte (1889) das historische Genre als Schrittmacher im Prozeß der Ablösung der älteren idealistischen Malerei. Orientiert an einer Definition in Brockhaus' Konversationslexikon schreibt er: „Es ist das 'historische Genre' nach dem die Massen belehrenden Buche der Teil der Historienmalerei, der das Hauptgewicht auf die Darstellung des Kulturgeschichtlichen (Kostüm, Architektonisches, Kunstgewerbliches) legt und im Gegensatz zur älteren rein idealistisch gestaltenden Darstellungsweise ein mehr wissenschaftliches und daneben ein mehr koloristisches Gepräge hat. Es ist diese Kunstart also kurzweg der Abfall von den Zielen der von Cornelius vertretenen deutschen Idealkunst zur Wirklichkeitsmalerei."[406] Die historische Entwicklung zeigt darüberhinaus, daß die stillagenhohe Historienmalerei immer stärker genrehafte Züge aufnimmt und sich sozusagen nach unten neigt, den Bedürfnissen eines breiteren Betrachterpublikums entgegen. (Ebenso emanzipiert sich das historische Genre und sogar Genre mit großen Formaten zur Gleichwertigkeit neben der religiösen und Historienmalerei.)

Beispielsweise umgibt Peter Janssen die Hauptfigurengruppe seines Wandgemäldes in der Marburger Universitätsaula (1895 - 1903) *Die Reformatoren ziehen zum Religionsgespräch ein, empfangen von Philipp dem Großmütigen. 1529* (Abb. 106) mit narrativen Genreszenen insbesondere des Vordergrundes.

Was zunächst die Hauptfigurengruppen auf dem Burgwege betrifft, so sind die Reformatoren entsprechend der Bildregie, die den Fürsten, ihren Gefolgsleuten (Ritter) und den Stadtvertretern eine repräsentative Ansicht von vorn zubilligt, schräg von hinten gesehen, so daß Janssen hier seine volle Meisterschaft entfalten kann, trotz der Profil- und Verlorenen-Profilstellung der meisten Köpfe die historischen Persönlichkeiten voll erkennbar zu machen (so zum Beispiel Melanchthon und neben ihm Luther mit weißem Pelzkragen in der vordersten Reihe, hinter ihnen Zwingli ebenfalls mit weißem Pelzkragen u.a.[407]). Durch diese unprätentiöse Sicht sowie die prägnant charakterisierten Schreitbewegungen und -haltungen wird der Eindruck der empirischen Beobachtung und des Miterlebens verstärkt.

Ausführlich geschilderte Gruppen der Volksmenge ergänzen und kontrastieren zugleich das offizielle Geschehen auf dem Burgweg. Besonders treten Figuren von genremäßiger Lebhaftigkeit hervor, so der junge Mann links im Vordergrund, der auf eine Zeigegeste seines Nachbarn hin neugierig vorschreitet und sich dabei weit nach vorn beugt, der in der Bildmitte gehende Junge mit dem Henkelkorb, der den Kopf zur Seite der Reformatoren wendet und ein kleines Mädchen mit der Rechten in ihrem Rücken führt, eine Frau aus der großen Zuschauergruppe des rechten Vordergrundes, die einem sich gegen sie schmiegenden Mädchen die Hand auf die Schulter legt, sich zu ihm herabbeugt und ihm etwas erklärt. Vor dieser Frau steht ein barfüßiger Bettler, der seinen Hut demütig in der Hand hält. Kindermotive, die von der Genremalerei häufig verwendet wurden, finden sich auch im Jungenkopf in der Mitte derselben Gruppe, sowie auf der gegenüberliegenden Seite des Burgweges in dem Geschwisterpärchen, das von einer Frau mit großer weißer Haube behütet wird. Die niedrigere Stillage der Volksdarstellung wird auch durch viele Rückenfiguren und Zufälligkeitsüberschneidungen deutlich. Dabei ist jedoch die Menge in scharf herausgearbeitete Einzelcharaktere aufgelöst, die sich stark in Alter, Geschlecht, Physiognomien, Mimik, Haltungen, Gestik und Kleidung unterscheiden (liberalistische Individualisierung).

Das Einfühlungsprinzip des emotionalisierten Hell-Dunkels, das insbesondere die Innenraumszenerien der Historienmalerei entweder im dramatischen, romantischen oder poetischen Sinn verklären konnte (so beispielsweise in Hugo Vogels *Luther predigt auf der Wartburg*), ist in Janssens Wandbild dem auf Naturwahrheit dringenden Freilichtprinzip gewichen: eine nüchterne Helligkeit erfüllt gleichmäßig die Gestaltung. So werden mit „objektiver" Sorgfalt und Schärfe das Hohe und das Niedrige, Große und Kleine, Menschliche und Dingliche gleichermaßen geschildert und in einer lustig-harmonischen Freilichtszenerie Fürsten, Reformatoren, Bürger und Bettler ästhetisch versöhnt. Dabei ist dem Gemälde eine soziale Sicht inhärent: nicht heroische Einzelpersönlichkeiten bestimmen das Geschehen, sondern Menschengruppen, die unterschiedlichen Schichten angehören. Nach Themenwahl und Gestaltung zeigt sich die Reformation hier als bürgerlich-liberale Kooperation zwischen Reformatoren, Stadtbürgertum und Fürsten.

Das liberalistisch-klassenversöhnende Element der Vereinigung von Historie und Genre trifft Dietrich Bieber in seiner allgemeinen Charakterisierung des Marburger Bildzyklus, als dessen Paradigma das Reformatorengemälde zu gelten hat: „Mit anderen Worten hat hier nur eine Akzentverschiebung von der großen historischen Einzelperson zum großen geschichtlichen Ereignis, an dem auch das Volk teilhat, stattgefunden. Sie entsprach tatsächlich der Entwicklung des Historismus, der in seinem Zusammenwirken mit den Volksbildungsideen der Zeit, vielleicht sogar mit einer nun einsetzenden 'Demokratisierung' von Kunst gesehen werden muß, denn das Einbeziehen der Volksmenge bei Janssen oder von Gebhardt bedeutet eine Aufwertung auch des 'einfachen' Menschen in der Kunst, die mit den realistischen Bestrebungen Leibls, Liebermanns u.a., wenn auch auf anderer Ebene, in zeitgeschichtlicher Parallele gesehen werden kann."[408]

Allerdings begann der Demokratisierungsprozeß der Bildkunst des 19. Jahrhunderts mit dem Aufstieg der Genremalerei, die Darstellungen aus dem Alltagsleben auch der unteren Schichten und Klassen als vollgültige Bildthemen brachte, bereits in den dreißiger Jahren nach der französischen Julirevolution. Die Einbeziehung des 'einfachen' Menschen in die bildkünstlerische Gestaltung erreichte in der sogenannten sozialistischen Tendenzmalerei der Vormärzzeit einen ersten Höhepunkt.[409] Leibl und Liebermann sind Exponenten des noch näher zu untersuchenden bürgerlichen Naturalismus im Zweiten Kaiserreich, der unter dem Eindruck der eskalierenden sozialen Antagonismen und des Erstarkens der Sozialdemokratie die Existenz der Handwerker, Bauern und Arbeiter mit neuem „Wahrheitsstreben" rezipierte. Auch das „Hinabneigen" der Historienmalerei zu niedrigeren Stillagen und zur darstellerischen Einbeziehung des „Volkes" beginnt bereits mit Lessings *Hussitenpredigt* (1836). In Kaulbachs *Reformationszeitalter* (1863) ersetzt das Volk auf der Orgelempore die transzendente Bildetage der vorausgegangenen Wandgemälde im Berliner Museumstreppenhaus. Janssens Reformatorengemälde bildet im Prozeß der permanent aufeinander folgenden Ansätze zur Liberalisierung der stillagenhohen Bildkunst und zum Abbau der elaborierten Bildungsmalerei überhaupt nur einen Endpunkt innerhalb der letzten Phase des Historismus, die im Zeichen der allgemeinen Auflösung des traditionellen Gattungsgefüges der Malerei und der Hinwendung zur „entmythologisierten" Gestaltung der Welt der Gegenwart steht. Ja, in den achtziger Jahren beginnt mit dem neuen politischen Konservatismus im Kaiserreich bereits eine Welle des Neuidealismus die realistisch-naturalistischen Richtungen der Kunst zu überlagern. Janssens Geschichtsmalerei um 1900 ist also einerseits nicht naturalistisch (vgl. Leibl, Liebermann), andererseits nicht idealistisch genug, um noch auf der Höhe der Zeit zu sein.[410]

Narrative Genreszenen des Vordergrundes führen auch in das Bild *Sancta simplicitas* (Huß am Scheiterhaufen, 1887, Abb. 107) des schwedischen Malers Carl Gustav Hellquist ein, der auf Betreiben des Berliner Akademiedirektors Anton von Werner 1885 als Professor an die Berliner Akademie berufen wurde, dort jedoch wegen eines Unfalls nur bis 1888 lehrte und bald darauf in München starb.[411] Das Gemälde Hellquists bildete Friedrich Pecht in seiner *Kunst für Alle* (dritter Jahrgang 1887/88) ab und besprach es dort.[412] Pecht wies auch auf das den gleichen Gegenstand behandelnde Bild *Huß am Scheiterhaufen* (1850, Abb. 108) von Carl Friedrich Lessing hin.

Bei Hellquist wird die Szene durch die Arbeiten am Scheiterhaufen und das Heranschleppen von Reisig mit düsteren Erzählmotiven belebt. Der Künstler griff auf eine Legende zurück, nach der Huß angesichts eines eifrig reisigtragenden Bauern, der sich durch die Mithilfe bei der „Ketzer"-Verbrennung himmlische Gnade sichern wollte, ausgerufen haben soll: „O sancta simplicitas!" („O heilige Einfalt!").[413] Auf dem Scheiterhaufen am linken Bildrand im Mittelgrunde (vergleichbar mit Lessings Konzeption) rückt ein Henkersknecht das Holz zurecht. Am Fuß des Balkenstoßes schichtet unter der Aufsicht eines spießbewehrten Gehilfen ein Mann Reisigbündel auf, rechts werden Bündel geschnürt und ein weiterer Helfer streckt kommandierend den Arm aus. Am linken Bildrand vorn und von diesem angeschnitten trägt eine ärmlich gekleidete Frau in Rückenansicht ein Reisigbündel unter dem Arm. Die Bildmitte des Vordergrundes füllt eine Zweiergruppe: Ein Mann in einfachsten Kleidern hat ein großes Reisigbündel über den Rücken gehängt und beugt sich unter der Last. Hinter ihm, also weiter im Vordergrund, geht mit einem Reisigstoß auf dem Arm ein barfüßiger Bengel, der die geballte Faust drohend zu Huß hinüberstreckt. Rechts vorn kniet ein junger Gehilfe, als einzige dieser Figuren schräg von vorn gesehen, den Kopf jedoch halb aufmerksam und halb bedauernd zu Huß zurückwendend, vor einem Feuer aus Holzscheiten und gerollten Spänen (die vielleicht vom Anspitzen der Scheiterhaufenpfähle stammen). Auf dem Feuer steht eine dampfende Kasserolle möglicherweise mit einer Mahlzeit für die Arbeiter.

Relativiert durch diese stillagenniederen Vordergrundepi-

Abb. 107 Carl Gustav Hellquist: Sancta simplicitas, 1887

soden steht der um den Oberkörper gefesselte Huß im Büßerhemd, die teufelsverzierte Ketzermütze auf dem Kopf und mit krampfhaft gefalteten Händen betend neben seinem kapuzenverhüllten dunklen Henker, der den Fesselstrick hält. Diese Hauptfigurengruppe befindet sich völlig isoliert etwas rechts von der Bildmitte auf einem flachen, sehr hellen Erderhöhungsstreifen, der die Darstellung zum Scheiterhaufen hin durchquert. Huß und der Henker überragen weit die Volksmasse, die sich in einiger Entfernung hinter ihnen ebenfalls fast bildparallel drängt; sie überragen auch den Horizont und die Stadtkulisse von Konstanz, die im Unterschied zu Lessings Gemälde den linken Hintergrundsteil schildernd ausfüllt.

In einer Linie mit den Zuschauern schließen sich weiter rechts unter einem Baldachin, den vier Gehilfen tragen, der Dominikanermönch, der als Vertreter der Geistlichkeit die Rolle mit der Vollstreckungsverkündung des Urteils hält, sowie Reiter und Soldaten an. – Rechts weiter vorn steht ein Ritter mit aufgepflanztem Spieß.

Ein unruhiger, heller Wolkenhimmel vermindert nicht das unbarmherzig grelle Licht, das desillusionierend die Szene offenlegt (Freilichtprinzip). Die akribische und mit analytischer Detailschärfe durchgeführte, fast quälende Beschreibung der Einzelheiten tut ein Übriges. Eine jedes Engagement zerreißende, distanzierte „Fotografie-Objektivität"

durchdringt ernüchternd die Gestaltung. Den überbetonten Figuren der „Genrenovellen" im Vordergrund fehlt die aus der Genremalerei eines Knaus, Vautier, Defregger u.a. gewohnte poetisch-realistische „Idealisierung"; sie wirken abstoßend häßlich und in ihrer gegenseitigen Isolierung durch weite Abstände verloren auf dem von Wagenspuren zerfurchten Weggelände.

Pecht erfaßt scharfsichtig diese in der Historienmalerei neuartige Gestaltungsweise: „Hellquists Talent besteht vor allem in der Lebendigkeit und Wahrheit, mit der er uns eine bestimmte Geschichtsperiode in all' ihren Äußerlichkeiten zu schildern versteht. Realist bis zur Nüchternheit, ja mit einer gewissen Vorliebe für das Häßliche, weiß er uns doch in jedem Bilde sofort zu der Meinung zu bringen, daß die vorgeführte Szene wohl so ausgesehen haben dürfte. Seine Menschen bewegen sich ohne jedes Pathos nur um so wahrer, besonders aber ist er unerschöpflich in der Erfindung von allerhand kleinen Zufälligkeiten, um das Ganze so aussehen zu machen, als ob er es direkt nach der Natur photographiert hätte. – Dies gilt auch ganz speziell von dem vorliegenden Bilde des zum Scheiterhaufen geführten Huß, wo er eine Detailmalerei entwickelt, die direkt an die Meininger erinnert. – Allerdings zeigt er dafür nicht den großen historischen Zug in seiner Auffassung, wie ihn Lessing in seiner bekannten Wiedergabe dieser Szene, noch weit mehr aber der alles Zufällige stolz verachtende Rethel offenbart, dafür gelingt es ihm aber vollständig, die eigene Persönlichkeit im Kunstwerk auszusprechen."⁴¹⁴ Pessimismus und Ekel erfüllen Hellquists Gemälde. Der „große historische Zug" der Lessingschen Gestaltung liegt demgegenüber in einem vormärzlich-revolutionären Geist des Widerstandes, der den betenden Freiheitshelden Huß, seine Freunde und das grimmige, solidarische Volk zusammenschließt. Bei Lessing sind die Vertreter der herrschenden Klassen (Fürsten und Geistlichkeit) samt ihren Handlangern, den Söldnern, direkt mit der Gruppe des Volkes konfrontiert, so daß der große soziale, politische und religiöse Antagonismus jener Zeit „ins Auge fällt". Mit Recht schreibt deshalb Gurlitt über Lessing: „Er kann sich, so sehr er auch versicherte, ohne Nebenabsichten zu schaffen, der Seitenblicke auf die eigene Zeit nicht enthalten, wenn er das 15. und 16. Jahrhundert malt. Huß und Luther schauen sich nach dem Beifall der liberalen Partei um und trotzen dem jüngsten Ultramontanismus."⁴¹⁵ Ein völlig anderes Thema bietet dagegen Hellquist, für den Huß der unverstandene Einsame ist, der jenseits des Horizontes der Herrschenden aber auch des „dumpfen" Volkes, das im Vordergrund durch niedere Arbeitskreaturen in deprimierender Rückenansicht und den verhetzten Jungen, im Hintergrund durch eine starre Masse repräsentiert ist, sein Schicksal erleiden muß. Im Gegensatz zu Lessing, der Huß als Exponenten des Volkes auffaßt und dieses in seiner parteilichen Anteilnahme mit einer gewissen Emphase schildert, hat Hellquist nichts als aristokratische Verachtung für die Vertreter der unteren Schichten und Klassen übrig; mit dem Henker als Schatten und isoliert betet Huß für sich und mit sich allein.

Das nach Wahrheit und Selbstverwirklichung strebende bürgerliche Individuum in der Gestalt des Huß, so könnte man versucht sein zu folgern, findet sein Freiheits-Heil angesichts der schrecklichen Kapitalisierung und Proletarisierung der Welt nur noch in radikaler Verneinung, die es herbeiführen und erleiden muß. Die Epoche der liberalen, poetisch-realisitischen Verklärung des „Volkslebens" aber findet mit dem Niedergang des Liberalismus in den achtziger Jahren ein Ende. So ist auch Janssens Volksdarstellung in seinem Marburger Reformatorenbild (um 1900) historisch verspätet.

Die bildkünstlerische bürgerliche Reformationsauffassung tritt noch schärfer hervor durch die Untersuchung von Darstellungen, die wie das Kaulbachsche *Zeitalter der Reformation* eine Gesamtsicht der Epoche vermitteln wollen. Einen sehr direkten Bezug zum Kulturkampf bietet der 1866 auf der Berliner Kunstausstellung gezeigte Karton *Die Ursachen der Reformation* des Schweizer Malers Heinrich Jenny. Theodor Fontane rezensiert in seiner mehrteiligen Ausstellungsbesprechung (Neue Preußische Zeitung) das „Tendenzbild" mit einem gewissen Abscheu: „Der Künstler, ein Schweizer: *Heinrich Jenny*, scheint ein Genfer zu sein. Wenigstens wüßten wir keinen andern Schweizer Kanton, in dem ein Bild von *so* ausgesprochen calvinistischer Richtung ohne Gefährdung des Malers gemalt werden könnte. Katholische Augen müssen sich vor diesem Bilde empören, wenn sie es nicht vorziehen, zu lachen. Zu beidem ist guter Grund gegeben. Das Bild scheidet sich in zwei Hälften, in eine größere katholische und eine kleinere protestantische Gruppe; zwischen beiden eine Kluft. Auf katholischer Seite erblicken

Abb. 108 Carl Friedrich Lessing: Huß vor dem Scheiterhaufen, 1850

wir zunächst die Gestalt des Papstes, der in Zorn und Bangen seine Linke auf die Schulter des deutschen Kaisers als des Trägers der weltlichen Macht legt. Der Kaiser gehorsamt der Mahnung und schickt sich an, zur Hilfe des bedrohten Papsttums das Schwert zu ziehn. Zu Füßen beider haben die 'Ursachen der Reformation' ihr Heerlager, fast sagen wir besser: ihren Krammarkt aufgeschlagen: hier der Ablaßkrämer, dort die Tortur, zwischen beiden (in Gestalten, deren *bloße* Beschreibung schon sich verbietet) die *Ohrenbeichte*. Dieser Gruppe gegenüber, in Front einer Felsenkirche, stehen die Männer des Wortes Gottes: Luther, Calvin, Zwingli, Knox, und ihre Rechte auf die aufgeschlagenen Bücher legend, blicken sie triumphierend zu der zusammenbrechenden Klerisei hinüber. Im Hintergrunde lohen die Scheiterhaufen der Inquisition auf, Qualm und Rauch ballen sich dicht über dem Marterpfahl, während inmitten des düstren Gewölks Reitergeschwader aufeinanderstoßen; der Dreißigjährige Krieg – wenn wir die Intentionen des Malers recht verstehen – wächst aus diesem Scheiterhaufen auf, und von dem bäumenden Pferde des vordersten Reiters, zum Tode getroffen, sinkt *Gustav Adolf*."[416] Nach der Gründung des Zweiten Deutschen Kaiserreiches hätte dieses Bild, das nach Fontane „hierzulande nur noch als ein *Kuriosum* betrachtet wird, als ein Kuriosum, das zugleich erröten macht über *diese* Advokatur unsrer Sache"[417], kaum mehr in Berlin gezeigt werden können, da der Feudalklerikalismus als Bund von Papst und *Kaiser* angeprangert wird, wenn auch der Kaiser nur widerwillig sein Schwert zur Verteidigung des orthodoxen Katholizismus zieht. Aber selbst in der gegenüber den fünfziger Jahren wesentlich liberaleren Berliner Situation mußte ein direkter Angriff auf die obschon katholische Verbindung von Thron und Altar zumindestens die konservativen Kreise mit Ablehnung erfüllen. Speziell antijesuitisch gemeint ist wohl die Verbildlichung der Ursachen der Reformation als Inquisitions-Tortur, Ablaßhandel und Ohrenbeichte. Eine soziale Dimension aber fehlt dieser Gestaltung völlig. Selbst der Kaulbachsche liberale Aufklärungs- sowie Emanzipationsgedanke bleibt zugunsten einer rein idealistisch-religiösen Sicht der Wiedergewinnung des ursprünglichen Wortes Gottes durch die Reformatoren ausgeschlossen. Umso drastischer werden allerdings die Intoleranz, Verderbtheit und Hierarchie des Katholizismus gebrandmarkt und für den Dreißigjährigen Krieg verantwortlich gemacht, der den Tod des protestantischen Helden Gustav Adolf brachte.

Der Kaulbachschen Gestaltung näher steht *Das Reformationszeitalter* (1882, Abb. 109) von Otto Knille, Teil eines viergliedrigen Frieses einzelner Leinwandgemälde, der ursprünglich zum Schmuck des Treppenhauses der Berliner Universitätsbibliothek bestimmt war. Auf einem bildparallelen Steinplatten-Streifen mit einer stufenartigen Erhöhung in der linken Bildseite sind die Figuren vor einem abstrakten, durch eine Art kleinteiliger Karierung gemusterten Goldgrund angeordnet. Links befinden sich, etwas vom Stufenrand zurückgesetzt, Luther im Mönchshabit, breitbeinig stehend, mit der Rechten demonstrativ das Evangelium vorhaltend, Kurfürst Friedrich der Weise auf einem Thronsessel, das Kinn bedenklich in die Hand stützend und hinter ihm, fast in Frontalsicht stehend, Spalatin, der Geheimschreiber des Kurfürsten. Durch einen kleinen Zwischenraum von Luther getrennt stehen ganz links Melanchthon, Justus Jonas und hinter ihm ein weiterer Reformator. Vorn sitzt der junge Agricola und blättert in einem Buch.

Der Stufengruppe nähert sich ein Zug der Ritter und Humanisten, geführt von Ulrich von Hutten, der den durch Kaiser Maximilian I. verliehenen Dichterkranz trägt und Luther mit einer großen Gebärde huldigt. Hinter ihm befinden sich der gerüstete Franz von Sickingen, ein junger Mann und vorn der sich ein wenig zur Seite beugende Erasmus von Rotterdam, wohl nach Holbein-Porträts gestaltet. Hans Holbein d.J. war als Maler der Reformation besonders von Alfred Woltmann in dessen Buch *Die deutsche Kunst und die Reformation* (1867) gewürdigt worden. Einige Jahre später erschien die zweite Auflage von Woltmanns zweibändiger Holbein-Monographie (1874 - 1876). Ganz im Vordergrund und völlig unüberschnitten steht, von einem fahrenden Schüler, der seine Mütze zum Gruß schwenkt, an der Schulter gefaßt, der lutherische Erfurter Professor für lateinische Sprache, Eobanus Hessus, den Dürer im Holzschnitt porträtierte.[418] In der Mitte dieser Gruppe vor dem flatternden Tuch der Reichsfahne erblickt man einen würdigen Kopf, der dem des Reichskanzlers Bismarck ähnlich sieht; es ist der lutherische Rektor der Universität Erfurt, Crotus Rubianus. Die letzte, stärker aufgelöste Gruppe thematisiert den Ablaßstreit. Zwei Mönche mit Ablaßgeldkasten und päpstlichen Banner werden von einem Landsknecht verhöhnt und von einem Mann des Volkes, wohl einem Bauern[419] verdammt. Eine in Rückenansicht gegebene Bettelfrau, eingehüllt in ein flickenbesetztes Tuchgewand, weist voll Abscheu den vom sitzenden Mönch marktschreierisch angebotenen Ablaßzettel zurück.

Anders als bei Kaulbach ist also die klerikale Ausbeutung des Volkes als eine Ursache des Umbruches der Reformationszeit figural dargestellt. Dennoch wird das Volk (Bauern, städtische Bürger und Plebejer) nicht sozial als eigenständige Kraft der Epoche akzentuiert, sondern die zentralen Gruppen des Frieses bilden die Wittenberger Reformatoren mit ihrem Beschützer Kurfürst Friedrich dem Weisen von Sachsen sowie die Reichsritter und Humanisten. Auch scheint sich die Bettelfrau in der Abwendungsbewegung gegenüber dem Ablaßverkauf dem von Hutten geführten Zug anschließen zu wollen! Ideologisch dominieren also in dieser Gestaltung des Zeitalters der Reformation bauern- und plebejerferne, nicht revolutionär, sondern liberal-reformistisch gesinnte Kräfte. Das Hauptgewicht liegt idealistisch auf dem Gedanken der Emanzipation von den Fesseln des Mittelalters durch den evangelischen Schriftglauben und den Humanismus der Renaissance.

Die starke Betonung des Faktors der rebellierenden lutherischen Reichsritter, die ja historisch ein nationales Kaisertum unter Ausschaltung der Macht der Fürsten, Städte und selbstverständlich der klerikalen Hierarchie forderten, indiziert zusammen mit der Bismarck-Anspielung eine nationalliberale kulturkämpferische Tendenz.

Der Ritter Ulrich von Hutten, in Knilles Gemälde als Poet die vordere Hauptfigur des Ritter- und Humanistenzuges, ist auch die zentrale Gestalt in Conrad Ferdinand Meyers vielgelesenem Versepos *Huttens letzte Tage* (1871, überarbeitet bis 1894). Die Dichtung, die als Erfahrungsbericht und Selbstbekenntnis des auf der Insel Ufenau (Zürichsee) im Asyl lebenden und seinem Tode „entgegenreifenden" Hutten abgefaßt ist, durchklingen reichspatriotische Einheitstö-

Abb. 109 Otto Knille: Das Reformationszeitalter, 1882

ne und antipapistische Sentenzen. So berichtet der Ritter fasziniert von einem Schmied am jenseitigen Ufer des Zürichsees, der seine Hammerschläge mit Worten begleitet wie: „Triff du den Reichsfeind, zweiter Schlag, / Daß ihn der Fuß nicht fürder tragen mag!" und: „Schmiede, dritter, du die Treu / Und unsre alte Kaiserkrone neu!"[420] Oder Hutten gibt sein Urteil über Rom ab: „Sag ich es kurz und klassisch, was ich sah / Am Tiberstrom? Cloaca maxima!"[421] In dem antijesuitischen Abschnitt „Huttens Gast" berichtet der Ritter über den Besuch des Pilgers Ignatius von Loyola, den er bei Selbstgeißelung und bekennerischem Gebet belauscht. Der Pilger will dem Christus Luthers die katholische Himmelskönigin Maria entgegenstellen und in ihrem Zeichen eine Heerschar sammeln, um mit den protestantischen Ketzern aufzuräumen. Hutten sagt: „Nun ich auf Erden meinen Tag vertan, / Fängt sich der grimmste Feind zu zeigen an. / Absonderliche Laute: 'Loyola' – / Blutstropfen röten diese Silben da."[422]

Auch andere Gestalten der Reformationszeit treten in dem Epos auf oder werden dort besprochen, so Paracelsus, Dürer, Erasmus, Sickingen, Luther etc. Luther ist für Conrad Ferdinand Meyers Hutten vor allen Dingen der Schöpfer der kräftigen deutschen Sprache (Bibelübersetzung) und der den Klosterbann brechende, jedoch beständig im Kampf mit sich selbst liegende Neuerer: „Sein Geist ist zweier Zeiten Schlachtgebiet – / Mich wunderts nicht, daß er Dämonen sieht!"[423] Auch der Luther Knilles steckt noch in der Mönchskutte, steht indessen völlig unmönchisch als selbstbestimmte „Renaissance-Persönlichkeit" frei, ja breitbeinigherrisch und nur die Schrift als Autorität anerkennend da. Renaissance-Züge etwa im Sinne des Burckhardtschen Persönlichkeits-Renaissancismus zeigt ebenfalls Meyers Hutten, so daß der Literaturhistoriker Werner Kohlschmidt schreiben kann: „Trotz der auf vielfältigem Quellenstudium beruhenden augenfälligen theologischen Seite des Werkes ist Meyers Hutten keine 'Reformations-Dichtung'. Im Mittelpunkt steht die Größe der Renaissance-Gestalt mit ihrem kecken Todesmut und zähen Lebenswillen, dazu die Wiederholung der Selbstentfaltung in der Erinnerung."[424] Während aber Meyers Hutten in der Reflexion über sein Leben reift und seine Existenz gleichsam als Kunstwerk mit einem „Scheiden im Licht"[425] abschließt, ist die Knillesche Huttenfigur eher einsinnig als jugendlich-freie, stolze Draufgängernatur gemalt, als zukunftsgewisser lutherisch-kämpferischer Poet.

Ähnliches gilt für Knilles Sickingen, einen Mann des Schwertes und der Tat, der hier an der Seite der Männer des Geistes steht. Realpolitisch verbinden sich konkrete Kampfkraft und Geisteskultur wie im nationalliberal intendierten, militärisch starken Zweiten Deutschen Kaiserreich. Das feudal-aristokratische Rittertum Sickingens bildet dabei einen Akzent, der im konservativeren Klima der beginnenden achtziger Jahre besondere Beachtung finden konnte. Kaulbach hatte demgegenüber seinen gerüsteten Ritter Hutten abweichend von dem Karton hinter der Erasmusfigur nach unten hin „versenkt". Allerdings wird Knilles Ritter durch Hutten sowie Erasmus überschnitten und somit in der optischen Wirkung relativiert.

Während der Sickingen Knilles mithin die lutherisch-reichsritterliche und humanistische Partei vertritt, ist der Held des Dramas *Franz von Sickingen* (1859) von Ferdinand Lassalle bereit, seine adelige Klassenposition zu verlassen und sich mit den Städten sowie Bauern zu verbünden. Jedoch drängt es ihn zugleich, realpolitisch-diplomatisch die Möglichkeit eines direkten Kontaktes mit dem Kaiser und die einer Adelsrevolte zur Veränderung der Verhältnisse einzubeziehen. Aber er scheitert. Für Lassalle ergibt sich mit dieser Sickingenfigur paradigmatisch der Konflikt zwischen der revolutionären Theorie und ihrer praktischen Verwirklichung innerhalb ein und derselben Person. Das Drama sollte zur Erhellung der Gründe des Scheiterns der deutschen bürgerlichen Revolution von 1848 beitragen. Bei aller Anerkennung seiner Leistung in Abhebung zur zeitgenössischen bürgerlichen Literaturszene wurde Lassalle von Marx und Engels brieflich vorgehalten, er akzentuiere zu sehr die objektiv reaktionäre Ritterrebellion, die ja den historisch überholten Zustand einer auf die Ausbeutung der Bauern gegründeten Adelsdemokratie unter Führung des Kaisers wiederherstellen wollte. Demgegenüber vernachlässige er die gerechte Darstellung der eigentlich treibenden revolutionären Kräfte der Bauern und Städte. „Bist Du nicht selbst gewissermaßen, wie Dein Franz von Sickingen, in den diplomatischen Fehler gefallen, die lutherisch-ritterliche Opposition über die plebejisch-münzerische zu stellen?", fragt Marx.[426]

Franz Mehring kritisiert anhand der Replik Lassalles auf die Briefe von Marx und Engels, daß „der historische Sickingen bei Lassalles Idealisierung ganz in die Brüche geht."[427] Lassalle übersehe die wirkliche Schranke, die dem individuellen Entschließen und Handeln gesetzt sei, obgleich einzelne Individuen sich über die Schranken ihrer Klasse zu erheben vermöchten. „Sickingens historische Stellung beruht ganz und gar darin, der klassische Vertreter des niederen Adels im Beginn des 16. Jahrhunderts zu sein. Wollte man als möglich annehmen, daß er für seine Person noch bei längerem Leben sich an die Spitze der aufständischen Bauern gestellt hätte, so hätte er aufgehört, das Haupt der Ritter zu sein, so wäre er ein ganz anderer Sickingen geworden, als den wir historisch kennen. Der historische Sickingen konnte unter den gegebenen historischen Bedingungen nur daran denken, die ganze Nation zu revolutionärem Kampfe aufzurufen, wenn sich die Klasseninteressen der Städte und Bauern mit den Klasseninteressen der Ritterschaft hätten vereinigen lassen."[428] Eine Analyse der Klassenkämpfe im Zeitalter der Reformation, wie sie die Sickingen-Debatte von Lassalle, Marx, Engels und Mehring leistete, liegt der bürgerlich-protestantischen Reformationsauffassung fern; diese konzentriert sich idealistisch auf den theologischen sowie geistesgeschichtlichen Aspekt des Umbruches im 16. Jahrhundert und stellt die Figur Luthers in den Mittelpunkt. So verfährt auch der bürgerliche Historienmaler Otto Knille in seinem Reformationszeitalter-Fries.

Interessant ist nun, daß Knille nicht allein einen Renaissance-Individualismus Burckhardtscher Art in der Gestaltung der Personen des Frieses walten läßt, sondern auch die deutschen Renaissance-Maler Cranach, Dürer und Hans Holbein d.J. indirekt im Rückgriff auf ihre Porträtwerke zu Worte kommen läßt, ja die Figuren in dem freien, italianisierenden Stil Holbeins d.J. raumgreifend durchmodelliert. Das Porträt Melanchthons ist nach Bildnissen Cranachs d.Ä. und d.J. gestaltet.[429] Das Porträt Martin Luthers geht auf den Kupferstich von Lucas Cranach d.Ä. von 1521 zurück[430], den Bildnissen der übrigen Reformatoren der linken Bildseite liegen solche von Lucas Cranach d.Ä. und d.J. zugrunde. Das Porträt Friedrichs des Weisen hat als Vorlage den Kupferstich (1524) von Albrecht Dürer.[431] Das Erasmus-Profil schließt sich an Holbeins d.J. Baseler Bildnis an[432], das Porträt des Eobanus Hessus geht, wie bereits erwähnt, auf einen Holzschnitt Dürers von 1527 zurück.

Gegenüber dem liberalen Renaissance-Individualismus Kaulbachs ist jedoch der Akzent zugunsten einer stark monumentalisierten Persönlichkeitsgestaltung verschoben. Die Individuen verteilen und gruppieren sich nicht in einem weiten Tiefenraum, wo sie freizügig miteinander kommunizieren können wie in dem Berliner Treppenhausgemälde, sondern sie sind in dem bildparallelen Flachraum des Frieses repräsentativ aufgereiht. Der feingemusterte, abstrakte Goldgrund bildet eine aristokratisch-dekorative Folie, die Assoziationen des bedeutungssteigernden Transzendentallichtes mittelalterlicher goldhinterlegter Bilder wachruft.[433] Durch ihre Diskrepanz zum kostbar schimmernden Flächengrund werden die plastischen Figuren in ihrer Monumentalität verstärkt.[434] Alle diese Züge der Betonung der aristokratischen Persönlichkeitsgröße bedeuten ein Abrücken von liberalen Positionen und eine Einengung des Individualismus-Begriffes. Nicht mehr die freie Entfaltung des Individuums in egalitärer Kommunikation und solidarischer Aktion wird zentral thematisiert, sondern, pointiert ausgedrückt, die repräsentative Distanzierung des schlechthin „Großen", „Unerreichbaren". Eine gewisse Strenge und das Unwesentliche vermeidende Schlichtheit akzentuieren diesen Aristokratismus.

Der Zusammenhang einer realen historischen Szene fehlt; in einem fiktiven Begrüßungszug nähern sich die Ritter und Humanisten den Reformatoren; die Ablaßstreit-Gruppe, die den ausbeuterischen Mißbrauch der „Heiligen Religion" durch die katholische Hierarchie und den Widerstand des Volkes symbolisiert, bildet mit einem gewissen gedanklichen Bruch einen Bereich für sich und auf einer anderen Ebene. Die Relativierung der einheitlich-konkreten Szenik und des veristischen Tiefenraums deutet auf neuidealistische Gestaltungsweisen um 1900 voraus.

Der „Einzug" der Ritter und Humanisten erfolgt in der Form einer Huldigung, weit entfernt von bürgerlich-liberalen, geschweige denn demokratischen Verhaltensweisen. Der sitzende Kurfürst wird zum zögernd überlegenden Kompagnon, den der Handlungswille des „Machers" Luther und des „Helfers" Spalatin überflügelt, eine höchst gebrochene Form bürgerlicher Adelskritik.

Adolf Rosenberg übersieht in seiner Rezension von 1882 die aristokratisierend-konservativen Tendenzen des Knilleschen Reformationszeitalter-Frieses völlig: „Jetzt sehen wir das dritte Bild vollendet: die humanistische Kultur in Wittenberg, versinnlicht durch den Akt der Begrüßung der Reformatoren durch die Humanisten und die Vertreter des Volkes, welches durch die Führer der einen wie der andern Bewegung aus seinem geistigen Schlummer aufgerüttelt worden ist. (...) Im Gefolge der Humanisten, welche Luther, seinen fürstlichen Beschützer, Friedrich den Weisen, und seine Mitstreiter begrüßen, sieht man Vertreter der Volksklassen, auf die sich die religiöse und soziale Revolution stützen konnte. Ein fahrender Schüler, ein Landsknecht, Männer und Frauen aus dem Volke, die sich mit Widerwillen von zwei Dominikanermönchen abwenden, die unter dem Schutze des päpstlichen Banners ihre Ablaßkasten auskramen."[435] Die Formulierung Rosenbergs, daß sich Vertreter der Volksklassen, auf die sich die religiöse und soziale Revolution stützen konnte, im Gefolge der Humanisten befinden, macht deutlich, daß eben diesen Volksklassenvertretern nur der Status eines sekundären „Gefolges" und eine unterstützende Funktion in der Revolution zugebilligt wird. Es ist also in diesem Sinne in erster Linie eine religiöse und humanistische Revolution, erst in zweiter eine soziale. Diese tendenziell idealistische Sicht des Frieses bestätigt auch Rosenberg: „Man fühlt, daß ein gemeinsames geistiges Band Humanisten wie Reformatoren umschlungen hält und daß in dem gemalten Ernste der einen wie in dem stolzen Lebensmut der anderen eine geistige Kraft lebt, der keine menschliche Gewalt Widerstand leisten kann."[436]

Knilles Reformations- und Renaissance-Auffassung prägt auch die Gedankenführung seines Buches *Grübeleien eines Malers über seine Kunst* (1887). Knille, dem es in seinen Ausführungen insbesondere um den Bereich der Kunst geht, sieht Renaissance und Reformation als Phasen eines übergreifenden Prozesses: „Durch die Geschichte der Kunst, insbesondere der christlichen, zieht sich ein Kampf um *Wiedergewinnung der Menschenrechte*. Alle Erhebungen gegen die Gebundenheit im Dienste der Religion sind aus diesem Freiheitsdrange hervorgegangen und wir können bei aufmerksamer Betrachtung bis weit in das Mittelalter hinauf die Minengänge verfolgen, mit welchen die 'Realisten' den scheinbar unerschütterlichen Bau erhabener Vorstellungen in rastlos stiller Arbeit unterhöhlt haben."[437] Die Emanzipation

Abb. 110 Carl Gehrts: Die Kunst der Renaissance, 1887

Abb. 111 Karl Hoff nach Franz Pforr: Dürer und Raffael vor dem Thron der Kunst, um 1832-1835

Abb. 112 Philipp Walter nach Adam Eberle: Dürers Verklärung, 1828

von den „Konventionen" der katholischen Idealkunst vollzieht sich nach Knille zunächst in Italien: „Um die Mitte des 15. Jahrhunderts sehen wir die Kunst des blühenden und bürgerstolzen Florenz nahe der vollen Verweltlichung, nahe derjenigen Stufe, welche später die Holländer mit ihrer auf den Protestantismus gestützten Consequenz erreichen sollten und zwar unter Preisgebung der Sculptur und gänzlicher Abwendung von der katholischen Idealkunst."[438] Doch die volle Befreiung leisten, wie in diesem Passus bereits angedeutet, die deutsche Reformation und der Protestantismus: „Wohl hatte in Italien der materialistische Geist des Quattrocento bis zu einem gewissen Grade der Entkirchlichung der bildenden Kunst Vorschub geleistet: zur vollen Befreiung der letzteren würden tiefe sittliche Impulse nothwendig gewesen sein, gleich denjenigen, welche in Deutschland die Reformation haben vollbringen lassen. Deren aber ermangelte es."[439] Zwar ist laut Knille die Epoche der römischen Renaissance mit Genies wie Leonardo da Vinci, Michelangelo und Raffael an der Spitze das „glänzendste Capitel der Kunstgeschichte", in dem die Summe der mittelalterlichen Vorstellungen und Gestaltungsmöglichkeiten „geläutert im Geist der Renaissance und auf der Basis eindringenden Naturstudiums" gezogen werden konnte[440], jedoch: „Der volle Protest des Individuums gegen die Convention der Kunst sollte erst mit dem Protestantismus zum Austrag kommen."[441] Für Knille ist es die „Wiedergewinnung der Menschenrechte" in der Loslösung von kirchlicher Bevormundung und von den festgefahrenen Konventionen der etablierten Idealkunst durch den Protest des realitätsorientierten, die Natur studierenden Individuums, die als treibende Kraft in der historischen Entwicklung wirkt, insbesondere in der Phase der Renaissance und des Reformationszeitalters.

Demgegenüber vertritt der Maler Carl Gehrts mit seinem Fresko *Die Kunst der Renaissance* (1897, Abb. 110) in der 1945 zerstörten, 1967 abgerissenen alten Düsseldorfer Kunsthalle eine Auffassung, die auf jene des Nazarenertums zurückgeht. In der Bildmitte thront in Anlehnung etwa an die *Thronende Maria mit den Heiligen Franziskus und Liberale* (1504) von Giorgione[442] die gekrönte und mit einer Aura versehene Ekklesia, ein Heiliges Kreuz in den Armen haltend. Um sie scharen sich Papst Julius II., Mäzene und Künstler der Hochrenaissance, so auf der linken Seite Leonardo da Vinci, Michelangelo, Tizian. Rechts ist die Vereinigung der nordischen und italienischen Kunst (im Zeichen der christlichen Religon und Kirche) mit der Begrüßung Dürers durch Raffael dargestellt.[443] Als Vorläufer dieser Gestaltung können folgende Bilder gelten: Auf einer Zeichnung von Franz Pforr knien Dürer und Raffael vor dem Thron der Kunst (Abb. 111). Diese ist wie eine Madonna mit einem Heiligenschein versehen. Die Verbindung der nördlichen mit der südlichen Kunst der Renaissance geschieht also nicht als emanzipatorische Aufklärung, sondern als religiöse Erneuerung. Hinter Dürer erblickt man die Stadt Nürnberg, hinter Raffael die Stadt Rom. Ähnlich geben sich Raffael und Dürer die Hand vor dem Thron eines madonnenhaften Genius mit Kreuzaura in Adam Eberles Blatt *Dürers Verklärung* für das Dürerfest 1828 (gestochen von J.P. Walther, Abb. 112). Hinter Dürer befinden sich Kaiser Maximilian I., Luther, der Humanist Willibald Pirckheimer und Michael Wohlgemut, hinter Raffael die Päpste Julius II. sowie Leo X., Bramante und Raffaels Lehrer Pietro Perugino. Der Thron scheidet wieder die Landschaften von Nürnberg auf der Dürer- und die von Rom auf der Raffaelseite. Wie in Overbecks *Triumph der Religion in den Künsten* treten Papst- und Kaisertum im monarchisch-traditionalistischen Sinn als Schutz- und Mäzenatenmächte der religiösen Kunst auf. In die ästhetische Versöhnung von „Germania" (Dürer, Nürnberg) und „Italia" (Raffael, Rom), feudalem Kaiser- und Papsttum, christlicher Religion und Kunst im Zeichen des asketisch-katholischen Reinheitsideals der Virginität wird mit großer Naivität selbst Luther einbezogen, für spätere kulturkämpferische und liberal-protestantische Augen sicher ein Greuel!

Von monarchistischem, katholisch-restaurativem Geist erfüllt ist auch Philipp Veits dreiteiliges Wandbild *Die Einführung der Künste in Deutschland durch das Christentum* (Abb. 113), *Allegorische Figur der Italia* (linkes Seitenbild, Abb. 114), *Allegorische Figur der Germania* (rechtes Seitenbild, Abb. 115), entstanden in den Jahren 1834 - 1836 im Auftrage der Administration des Städelschen Institutes Frankfurt/Main für das neu eröffnete Institutsgebäude.[444] Das Mittelbild zeigt, grob gesehen, im Zentrum die Figur der christlichen Religion, die auf eine von einem Engel gehaltene Bibel weist (Madonna-Kind-Parallele). Rechts setzt der Bischof Bonifatius seinen Fuß auf die gefällte heilige Eiche der Germanen, predigt diesen das Christentum und weist zur Religion in der Mitte, auf diese Weise die Überwindung des germanischen Heidentums verbildlichend. Links figurieren Dichtung (ein bekränzter Poet), Musik (eine junge Frau mit Portativ) und Rittertum (ein Ritter in voller Rüstung) als höfische Dreieinigkeit des feudalen Mittelalters. Das linke Seitenbild zeigt Italia mit dem dreifachen Kreuzstab. Sie sitzt auf antiken Trümmern und symbolisiert die Erneuerung der Kunst durch die christliche Religion nach dem Untergang des Klassischen Altertums. Auf dem rechten Seitenbild thront Germania vor dem Stamm einer deutschen Eiche, mit deren Laub sie bekränzt ist. Sie weist auf das Rechtsbuch in ihrem Schoß, gleichzeitig Schwert und Reichsadlerschild haltend. Zu ihren Füßen liegt auf einem Kissen die kreuzgeschmückte Kaiserkrone Karls des Großen.

Das eine Hauptthema dieser Konzeption ist die Ablösung der heidnischen Antike durch das christlich-feudale Mittelalter, das als heile Welt einer harmonischen Verbindung von Papst- und Kaisertum, von Kirche und ihr dienstbarer Kunst gesehen wird (die Trias von Architektur, Malerei und Skulptur ist im Hintergrund des Mittelbildes mit dem Bau des gotischen Doms als Symbol der Aufrichtung der christlichen Kirche verknüpft). Das andere Hauptthema bildet die Zähmung der heidnischen Germanen durch die von Rom (Italien) ausgehende Christianisierung. Fast könnte man das Überwindungsverhältnis des heidnischen Barden im Vordergrund des Mittelbildes zur siegreichen Jungfrau Religion

Abb. 113 Philipp Veit: Die Einführung der Künste in Deutschland durch das Christentum, Mittelteil, 1834-1836

Abb. 114 Philipp Veit: Allegorische Figur der Italia, linkes Teilbild der „Einführung der Künste in Deutschland durch das Christentum"

Abb. 115 Philipp Veit: Allegorische Figur der Germania, rechtes Teilbild der „Einführung der Künste in Deutschland durch das Christentum"

mit dem des „zurückgebliebenen" Heiden Aristoteles zur heiligen Königin Ekklesia in dem erwähnten vatikanischen Deckengemälde *Thomas von Aquin und die Kirche* von Ludwig Seitz parallelisieren. Die Zusammenschau von Italia und Germania, die auch Pforr in seinem Gemälde *Sulamith und Maria* (1811) sowie Overbeck in *Italia und Germania* (1811 - 1828) gestalten[445], wird von Veit also in einem „ultramontanen" Sinn gefaßt. Dabei durchdringt ein nazarenischer, von antiker Naturzuwendung und Sinnlichkeit gereinigter, frommer Raffaelismus die Gesamtgestaltung. Die raffaelische Renaissance fungiert mithin wie auch in den meisten übrigen nazarenischen Bildwerken nicht als Indiz für den Anbruch der Neuzeit, sondern als Zeichen der Vollendung des christlichen Mittelalters.

Bei Gehrts überwindet der Verismus der zweiten Jahrhunderthälfte den alten nazarenischen Raffaelismus, und auch die Einbeziehung von Künstlergestalten wie Michelangelo und Tizian sprengt die ideale Beschränkung der Lukasbrüder. Doch die „ultramontan" gefärbte Versöhnung von Dürer und Raffael unter der Ägide der jungfräulichen Königin Ekklesia läßt auch bei ihm die Renaissance eher als Vollendung des christlichen Mittelalters und nicht als revolutionären Neubeginn erscheinen.

Die Epoche der Antike, von Gehrts in dem *Die Kunst des Altertums* betitelten Fresko verbildlicht (Abb. 116), das sich im Treppenhaus der alten Düsseldorfer Kunsthalle der Wand mit der *Kunst der Renaissance* gegenüberbefand, stellt in dieser Konzeption trotz aller veranschaulichten Größe von hellenischer Kunst, Dichtung und Philosophie, von verbundener Schönheit und Wahrheit nur eine zurückgelassene Vorstufe dar. Dies wird auch in der unterschiedlichen Farbgestaltung beider Fresken deutlich: „Farbenreicher und glänzender ist das gegenüber befindliche Bild der Blütezeit der Renaissance", schreibt der Rezensent 1898 in der *Kunst für Alle*.[446] Einen weiteren entscheidenden Unterschied der Gemälde bildet die asymmetrische, freiere Figurenkomposition in der *Kunst des Altertums* gegenüber der strengeren, um die Mittelgestalt der Königin Ekklesia zentrierten Anordnung in der *Kunst der Renaissance*. Die christliche Religion und Kirche wirken also sozusagen einerseits als zügelnde Ordnungsmacht, andererseits ermöglichen sie eine üppigere Farbenblüte. Jedenfalls wird die Antike in dieser Fassung durch die christliche Renaissance überboten. Das Christentum garantiert dabei ganz katholisch die Fortführung der mittelalterlichen Tradition. Der Aspekt der Reformation erscheint durch die nazarenisch versöhnende Vereinnahmung des protestantischen Dürer und des neben ihm stehenden lutherischen Lucas Cranach d.Ä. im Sinne ebenfalls der katholischen Auffassung nivelliert. Immerhin ist Gehrts weit von einer neukatholisch-radikalen Verneinung der

Abb. 116 Carl Gehrts: Die Kunst des Altertums, 1887

Abb. 117 Otto Knille: Athenische Jugendbildung, 1875-1884

Abb. 118 Wilhelm von Kaulbach: Die Blüte Griechenlands, 1852

Neuzeit entfernt, wie sie von der Beuroner Schule vertreten wurde, die später in der Phase des Neuidealismus um 1900 wieder zu Ehren kam.

Auch der vierteilige Knillesche und der sechsteilige Kaulbachsche Epochenzyklus enthalten je eine Gestaltung der Antike. Knille veranschaulicht die harmonische Verbindung der Körper- und Geisteskultur des klassischen Athen[447] (Abb. 117), während Kaulbach Homer und die hellenischen Dichter, die griechischen Kampfeshelden, die olympischen Götter sowie Phidias mit seinen Götter und Heroen feiernden Bild- und Bauwerken vereint[448] (Abb. 118). Im Unterschied zu Gehrts stimmen Kaulbach und Knille jedoch, wie aus den Bilduntersuchungen hervorgeht, darin überein, daß sich im Zeitalter der Renaissance und Reformation eine die Fesseln des mittelalterlichen Katholizismus sprengende Emanzipation vermittels auch des erneuernden humanistischen Rückgriffs auf das klassischen Altertum vollzog. Die bürgerlichen kunsthistorische Renaissance-Forschung der zweiten Hälfte des 19. Jahrhunderts in Deutschland (Wilhelm Lübke, Alfred Woltmann, Max Semrau etc.[449]) sah ebenfalls die Antike als Quelle emanzipatorischer, realitätszugewandter Erneuerung.

Für Knille (*Grübeleien eines Malers über seine Kunst*) scheiterte der Versuch der deutschen Malerei des 19. Jahrhunderts, den Geist des Mittelalters und der mythischen Renaissance-Stoffe wiederzugewinnen. Jedoch bleibt ein Ergebnis der gesamten Kunstentwicklung bestehen: „Ungeachtet dieses Mißerfolges ist jedoch das Ergebniß von zwei großen Kunstepochen, der classischen, wie der christlich-romantischen: *das freie Menschlich-Schöne*, als im Griechenthum von Anfang an bezweckt, am Ausgang des Mittelalters aber schließlich wiedergewonnen, *vorbildlich* festzuhalten. Die moderne Kunst, obgleich aus dem Bunde der Religion getreten, bewahrt die Erbschaft eines in der schönen Form geläuterten menschlichen Selbstbewußtseins. Sie erhält sich auf diese Weise ihren Zusammenhang mit der großen Kunst der Vergangenheit und die Möglichkeit, erhabene Gedanken angemessen zu verbildlichen."[450] In den künstlerischen und kunsttheoretischen Auseinandersetzungen am Ende des 19. Jahrhunderts bewahrt demnach Knille das Ideal einer stillagenhohen Kunst, die im Rückgriff auf Antike und Renaissance an der „schönen Form geläuterten menschlichen Bewußtseins" festhält. Dennoch scheint der Maler unter dem Druck bürgerlicher Ängste kommende Kunst-Revolutionen vorauszuahnen: „Wird es noch lange mit Compromissen weiter gehen? Ich glaube es nicht. Ich bereite mich allen Ernstes auf die Schreckensherrschaft eines nahen rücksichtslosen Naturalismus. Sehen wir nicht schon die rothen Mützen auftauchen? Nicht Werke entstehen, in welchen aus dem durchlöcherten Bettlermantel die sociale Frage hervorgrinst, Werke sogar voll Talent und Energie?"[451] Antisozialistische, aber auch antikapitalistische Schreckensvisionen mischen sich in dem Gesellschaftsbild, das Knille zum Abschluß seiner *Grübeleien* entwirft: „Stellen wir uns einmal vor, der Zug gelangte wirklich, ohne zu ersaufen, nach Canaan. Der dort errichtete Bienenstaat des Fleißes, des Friedens und der Menschenliebe, mit anderen Worten des fabrikmäßigen Urchristenthums, hat, so versichert man, eine Generationen hindurch betriebene systematische Zuchtwahl zur Voraussetzung. Insbesondere gilt es, die bisherige treibende Kraft, die freie Individualität, als Mutter der Selbstsucht, behufs Massenernährung systematisch einzuschlachten. Was nach Anwendung dieses Processes von der bildenden Kunst übrig bleiben würde, entzieht sich jeder Vorstellung. Möglich, daß der Zukunftsmaler, als zweibeiniger Aufnahmeapparat zwischen Natur und Mitbürger gestellt, im gesellschaftlichen Mechanismus noch irgendwie vernutzbar werden könnte."[452] In der sozialdarwinistisch determinierten, völlig technisierten und durchrationalisierten Massengesellschaft der Zukunft sieht Knille das Kunstprinzip der freien Entfaltung der Individualität, das für ihn sicher in der stillagenhohen Historienmalerei seinen vollkommensten Ausdruck finden konnte, radikal abgeschafft zugunsten einer bloßen fotografischen Reproduktion der in prosaischer Gegenwärtigkeit gegebenen Bestände der Natur. Die Revolution der modernen Kunst zu Beginn des 20. Jahrhunderts sollte jedoch Abstraktionsmöglichkeiten entwickeln, von denen sich die „akademisch" gewordene Historienmalerei des endenden 19. Jahrhunderts in der Tat keinen Begriff zu machen vermochte.

Diesen Bruch zeigt Ferdinand Hodlers Reformations-Wandbild im Rathaus von Hannover *Einmütigkeit (Der Reformationsschwur der Hannoveraner Bürger am 26. Juni 1533)*, das 1913 entstand (Abb. 119). Dargestellt ist der Au-

Abb. 119 Ferdinand Hodler: Der Reformationsschwur der Hannoveraner Bürger am 26. Juni 1533, 1913-1914

genblick, in dem die auf dem Marktplatz von Hannover versammelten Bürger dem Beauftragten des Rates der Stadt Dirck Arensborck nach seiner Rede zugunsten der allgemeinen Einführung des Protestantismus in Hannover ihre Zustimmung durch Emporhalten der Hände versichern.[453]

Zunächst sei auf das Neue der Raumgestaltung eingegangen. Der Ort der Volksversammlung ist nicht gegenständlich beschrieben, sondern als abstrakte Fläche mit fast homogener Helligkeit gegeben, die nur vorn durch einige Fleckdifferenzierungen und Schlagschattenandeutungen unterbrochen wird. Ganz an den Seiten ist der plane Boden im oberen Bildteil durch kulissenhafte Haussymbole, in sich ungegliederte geometrische Treppenflächen, begrenzt. Es gibt keine perspektivischen Farb- oder Helligkeitsgefälle, die Ferntiefe suggerieren könnten. Himmel und Boden besitzen die gleiche Helligkeit und sind allein durch die Farbe unterschieden.

Die Figuren erfüllen ähnlich der Knilleschen Anordnung in dessen Friesgemälde einen Flachraum von allerdings geringer Anschaulichkeit. Es herrscht eine egalitäre zweistufige Isokephalie für die vordere und die hintere Gestaltenreihe. Nur die Überschneidungen, Höhersetzung der hinteren Personen (eine Art Aufsichtsperspektive) und deren Verkleinerung geben spärliche Anhaltspunkte für die räumliche Ausdehnung. Das gleichmäßig helle Licht („radikalisiertes Freilichtprinzip"), der Verzicht auf eine durchgehende Modellierung der Körper, die Vereinfachung der Schattierungen, die starke Hervorhebung der Konturen und Binnenlinien (Andeutung der Bekleidungsteile und Faltenführung) sowie das Fehlen eines perspektivischen Farbgefälles verhindern jeden Anflug einer veristischen Raumillusion. Kein akademisches Helldunkel oder grundierendes Stimmungskolorit verhüllen die „nackte Wahrheit" der Formen, Farben, Charaktere und Handlungen. Starke, unvermittelte Helligkeitskontraste, die sich gleichmäßig verteilen, zerschlagen alle Möglichkeiten der behutsamen Einfühlung in die Situation.

Dieses Gemälde gehört nicht mehr jener Epoche an, die der Kunsthistoriker Friedrich Haack gegenüber der vorausgehenden als „renaissancistisch" bezeichnen konnte, indem er ihren neuartigen Verismus hervorhob: „Die idealistisch-klassizistisch-romantische Kunstrichtung ward von einer realistisch-koloristisch-renaissancistischen abgelöst: realistisch, weil weder philosophische Gedanken noch dichterische Erfindungen, sondern reale Ereignisse und Zustände der Gegenwart und der Geschichte dargestellt wurden – koloristisch, weil der Hauptwert auf die farbige Erscheinung gelegt wurde – renaissancistisch, weil den großen Meistern der Renaissance-Kunst des 16. und 17. Jahrhunderts nachgestrebt wurde."[454] In München war es Wilhelm Kaulbach, der den abstrakten, zeichnerischen, oft durch krasse Lokalfarbigkeit starken Spannungen unterworfenen Karton- und Freskostil des Klassizisten und Nazareners Peter von Cornelius durch weichere Modellierung sowie kräftigere und zugleich feiner abgestimmte Farbigkeit überwunden hatte.[455] In seinem Berliner *Reformationszeitalter* brach Kaulbach, wie gezeigt, endgültig mit dem alten Idealismus und der religiösen Romantik, machte sich eine liberale Geschichtsauffassung zu eigen und näherte sich den Positionen der positivistischen Historienmalerei. Berlin wurde dann zum Zentrum der Reformations-Bildkunst mit ihrem modernen Verismus. In Düsseldorf war es Lessing, der die katholisierende Romantik des Akademiedirektors Wilhelm von Schadow und seines Kreises mit ihrer empfindsamen, tiefinnerlichen Situationsruhe durch dramatische, realistische und protestantisch-liberale Gestaltungen überwand. Die veristischen Tendenzen entwickelten dann Peter Janssen und Eduard von Gebhardt in Düsseldorf weiter. Übrigens hebt die neuere Forschung im Rückgriff beispielsweise auf Cornelius Gurlitt die Wirkung des Kolorismus der belgischen und französischen Historienmalerei als wichtigen Stimulus des Realismus hervor.[456] Der Begriff des Kolorismus bezeichnet das Zusammenwirken einer atmosphärischen farbigen Grundstimmung, aus der sich einzelne chromatische und Helligkeitseffekte herausheben, mit dem Helldunkel einer illusionistischen Beleuchtungsschattierung (vgl. zum Beispiel Carl Friedrich Lessings *Disputation Luthers mit Eck* oder Hugo Vogels *Predigt Luthers auf der Wartburg*). Bereits zu Beginn der vierziger Jahre, also in der Vormärzzeit, machten die beiden Gemälde *Die Abdankung Kaiser Karls V. 1555* (1841) von Louis Gallait und *Kompromiß*

Abb. 120 Louis Gallait: Die Abdankung Kaiser Karls V. 1555, 1841

Abb. 121 Edouard de Bièfve: Kompromiß der niederländischen Edlen 1566, 1841

Abb. 122 Karl Theodor von Piloty: Die Gründung der katholischen Liga 1609, 1853

Abb. 123 Karl Theodor von Piloty: Seni an der Leiche Wallensteins, 1855

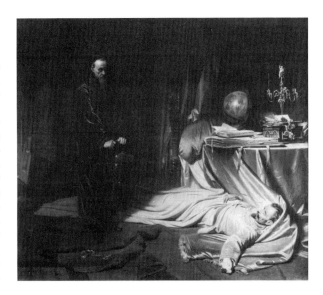

der niederländischen Edlen 1566 (1841) von Edouard Bièfve eine stark beachtete Ausstellungsreise durch Deutschland und verkündeten die Botschaft des wissenschaftlich fundierten bildkünstlerischen Historismus und des „realistischen" Kolorismus.[457] In München war es der spätere Akademiedirektor Karl von Piloty (als Nachfolger Kaulbachs), der die Anregung von Gallait und Bièfve in seinem (allerdings katholisierenden) Historienbild *Die Gründung der Katholischen Liga 1609* (1853, Abb. 122) verarbeitete und in *Seni vor der Leiche Wallensteins* (1855, Abb. 123) dem Kolorismus zum Durchbruch verhalf.[458] Der Verismus der zweiten Hälfte des 19. Jahrhunderts wurde auch stark durch die Entwicklung der Fotografie beeinflußt. So fügte beispielsweise der Münchener Malereiprofessor Karl Raupp seinem populären Lehrbüchlein *Katechismus der Malerei* (1898³), das die stillagenniederen „realistischen" Gattungen der Porträt-, Landschafts- und vor allen Dingen Genremalerei zentral behandelte, ein Kapitel über die Anwendung des photographischen Apparates für die Zwecke der Bildkunst an.[459]

Die Gründe für den Zusammenbruch des illusionistischen Verismus am Ende des 19. Jahrhunderts werden noch eingehend zu untersuchen sein. Allgemein gesehen ist die Revolution der klassischen Moderne Bestandteil einer tiefgreifenden ideologischen Wandlung, die auf gesellschaftliche Umwälzungen und die Verschärfung der sozialen Spannungen in der Phase des beginnenden Imperialismus reagiert.

Die Auffassung der Beziehungen zwischen Individuum und Gemeinschaft in Hodlers „Einmütigkeit" unterscheidet sich grundlegend von Kaulbachs liberalem und vom stärker aristokratisch gefärbten Individualismus Knilles in dessen Reformationsfries. Auf den ersten Blick fällt die solidarische Gleichartigkeit des Emporreckens der Arme und Hände ins Auge. Die Gestalten bilden eine feste Masse. Nicht die sich in ihrer Eigenart frei auslebende Persönlichkeit, die gegenüber den Mitmenschen eine konkurrierende Distanz herzustellen bemüht ist, bildet das Thema, sondern der Zusammenschluß der vielen Verschiedenen zu einer gemeinsam wirkenden Kraft. Die gesellschaftliche Gruppenbindung des Einzelnen ist als das die individuelle Existenz übergreifende, allgemeinere Prinzip demonstrativ veranschaulicht. Die zentrale Gestalt des Redners fungiert nicht als Herrscher über seine wenn auch noch so adelsstolzen Untertanen, wie etwa Luther in Knilles Fries als Geistes- und Willensfürst über die huldigenden Ritter und Humanisten gesetzt ist, sondern sie stellt einen den Volkswillen artikulierenden Exponenten der Versammlung dar. Die eine Hand legt Dirck Arensborck aufs Herz, seine wahre Überzeugung beschwörend, die andere hebt er mit ausgestrecktem Zeigefinger mahnend hoch. Und die Bürger ahmen ihn nicht sklavisch nach, sondern recken ihre Arme aus freiem, eigenem Urteil steil in die Höhe. Die einzelnen Persönlichkeiten unterscheiden sich nämlich nach Charaktertyp, Haltung und Kleidung beträchtlich. Jeder bildet eine Welt für sich, faßt den Entschluß auf eigene Weise.

Übriges sind es kraftvolle Männer in schlichter Kleidung, die hier agieren, nicht jene feinsinnigen, gebildeten Vertreter der geistigen Elite wie bei Kaulbach, Gehrts, Knille. Den Gesichtern der Hodlerschen Bürger fehlt jeder elaborierte, psychologisierende Zug. Durch die vereinfachenden Abstraktionen wird das Handfeste, Derbe, Volkstümliche dieser Menschen besonders hervorgehoben. Man kann sich vorstellen, daß vor allen Dingen die Burschen in der vorderen Reihe wohl einen Balken auf der Schulter zu tragen vermögen. Physische Arbeit ist für sie nichts Fremdes. Fast wirkt Dirck Arensborck wie der Redner einer zum Streik entschlossenen Arbeiterversammlung in einer Großstadt (Mietshauskulissen). Diese zentrale Gestalt, die an Lessings Hussitenprediger erinnert, bildete Hodler seinem Sohn Hector nach. Der spielte eine führende Rolle in der Esperanto-Bewegung, die sich für die Einheit der Nationen durch eine gemeinsame Sprache einsetzte. Die Idee der Verbrüderung der Menschen verband Vater und Sohn und motivierte Hodler, gerade Hector als Modell der *Einmütigkeit* zu wählen. Der Maler konnte in der Konzeption des Wandbildes auf einer eigenen Studie *Der Rütlischwur* (1896/1897, Abb. 124) fußen, die an Füßlis Gemälde des gleichen Themas von 1780 anknüpft (Abb. 125). Es gibt keinen Hinweis, ob Hod-

Abb. 124 Ferdinand Hodler: Der Rütlischwur, 1896/1897

Abb. 125 Heinrich Füßli: Der Rütlischwur, 1779-1781

ler Davids Zeichnung *Der Ballhausschwur* (1791, Abb. 126) kannte, die die Nationalversammlung zeigt, die sich beim revolutionären Schwur, nicht eher zu weichen, bis Frankreich eine Verfassung erhalten hat, um die zentrale, ebenfalls mit erhobener Hand schwörende Rednerfigur (Jean-Sylvain Bailly, Präsident der Nationalversammlung) schart.

Durch die analysierten Abstraktionen entsteht eine illusionsfreie Atmosphäre der natürlichen, ja naiven Unmittelbarkeit, die, anders als in der bildungsbürgerlichen Historienmalerei der Akademieprofessoren, auch dem Laien einen raschen, selbständigen Zugang ermöglicht. Das Thema der

Abb. 126 Jacques Louis David: Der Schwur im Ballhaus, 1791

Emanzipation des Individuums zu eigenverantwortlicher, demokratischer Solidarität geht zudem jeden an und ist jedermann verständlich. Mit Recht weist der Rezensent des Gemäldes Johannes Widmer (*Kunst und Künstler*, 11.1912/13) darauf hin, daß hier das religiöse Moment völlig hinter dem politischen der Solidarität verschwindet: „Es handelte sich nicht darum, einen geistlichen Rat darzustellen; es ist weit eher eine weltliche Landgemeinde, die ihre bürgerliche Freiheit auch auf Glaubensfragen zu erstrecken gewillt ist. Die sich auch bewußt ist, daß sie den neuen Glauben nicht nur christlich zu bekennen und sittlich zu ehren, sondern unter Umständen mit kriegerischer Hand zu verteidigen hat."[460] Für Hodler steht ohne Zweifel die soziale und politische Rolle des revolutionären städtischen Gemeinwesens in der Reformationszeit im Vordergrund, nicht der religiöse Aspekt.

Einen eigenen, noch überhaupt nicht erforschten Strang der protestantischen Historienmalerei im Deutschland des 19. Jahrhunderts bilden Darstellungen aus dem Bauernkrieg.[461] Die Bauernkriegs-Malerei begann in der Zeit des Jungen Deutschlands und Vormärz, als sich die Diskussion um die Bedeutung der Reformationszeit differenzierte. In seiner Schrift *Zur Geschichte der Religion und Philosophie in Deutschland* (1834) sah Heinrich Heine den Beginn der Reformation als Angriff des Spiritualismus und sinnen-feindlichen Puritanismus auf die katholische Kirche; sobald aber der Spiritualismus in das alte Kirchengebäude eine Bresche geschossen habe, sei der Sensualismus mit all seiner lang verhaltenen Glut hervorgestürzt, so daß Deutschland der wildeste Tummelplatz von Freiheitsrausch und Sinnenlust wurde. Als Beispiel des berechtigten Dranges nach politischer Freiheit und Emanzipation der Sinne führte Heine den Bauernkrieg an: „Die unterdrückten Bauern hatten in der neuen Lehre geistliche Waffen gefunden, mit denen sie den Krieg gegen die Aristokratie führen konnten; die Lust zu einem solchen Krieg war schon seit anderthalb Jahrhunderten vorhanden."[462] Der ebenfalls jungdeutsche Schriftsteller Theodor Mundt schilderte die Reformationszeit in dem Roman *Thomas Müntzer* (1841/1842) aus dem Blickwinkel unterer Schichten und Klassen, deren theologisch-soziale Argumente gegen die ausbeuterische Herrschaft des Klerus und der Fürsten vom volksverbundenen Helden Müntzer vertreten werden. Kritisch beurteilte Mundt die Rolle Luthers im Bauernkrieg und schilderte eindringlich die Abkehr des Reformators von der militanten Volksbewegung.[463] Das bereits erwähnte, 1841 bis 1843 in Stuttgart erschienene Geschichtswerk *Allgemeine Geschichte des großen Bauernkrieges. Nach handschriftlichen und gedruckten Quellen* von Wilhelm Zimmermann, dem schwäbischen evangelischen Theologen und Historiker, der 1848/1849 dem linken Flügel der Frankfurter Nationalversammlung angehörte, beschrieb und analysierte die Erhebung der Bauern im Gegensatz zu älteren historischen Darstellungen mit einem tiefen Verständnis für revolutionäre geschichtliche Perspektiven. Im Jahre 1844 malte Gustav Metz (1817 - 1853), der als Schüler Eduard Bendemanns der Düsseldorfer Schule angehörte, das großformatige Historienbild *Der Graf von Helfenstein wird im Bauernkrieg gefangen und gefesselt aus seiner Burg weggeführt* (Abb. 127). Das oft ausgestellte und viel gelobte Gemälde machte den Künstler bekannt.[464] Die dargestellte Szene ist Zimmermanns *Allgemeiner Geschichte des großen Bauernkrieges* entnommen und wird auch von Theodor Mundt im *Müntzer*-Roman behandelt. Nach der Erstürmung von Schloß und Stadt Weinsberg bei Heilbronn beschließen die Bauern um den Anführer Jäcklein Rohrbach, den gefangenen Schloßvogt Graf Ludwig von Helfenstein, seine Ritter und mehrere Knechte durch die Spieße zu jagen. Die Gräfin Helfenstein, die von einer Dienerin begleitet wird, wirft sich mit ihrem zweijährigen Söhnlein Maximilian dem Rohrbach zu Füßen, der sich aber nicht erweichen läßt. Der Maler scheint in der Gestaltung der flehenden Mutter und Dienerin auf ähnliche Figuren des *Borgobrandes* (1514, Abb. 128) von Raffael oder des Triptychons der *Kreuzaufrichtung* (1610, Abb. 129) von Rubens zurückzugreifen. Der

Abb. 127 Gustav Metz: Der Graf Helfenstein wird im Bauernkrieg gefangen und gefesselt aus seiner Burg weggeführt, 1844

Bauernführer, der mit der Rechten den Grafen vorwärtsstößt, wird von Metz als charaktervoller, beinahe edler Mann geschildert, der bei aller Härte doch eine Spur christlichen Mitleids zu empfinden scheint, wie er sich am linken Arm, dessen Hand die Axt hält, von der Gräfin herabziehen läßt und sich ihr zuwendet. Demgegenüber gab der Maler dem Helfensteiner grimmige Züge, die den Trotz des befehlsgewohnten Vogts noch vor dem sicheren Tode spiegeln. Metz folgte mit dieser Auffassung Zimmermann, der in die Darstellung dieser Szene eine Aufzählung der unmenschlichen Grausamkeiten des Grafenpaares und der Adligen gegenüber den Bauern einschaltet, um die Wut der Revolutionäre verständlich zu machen. Die von Metz gezeigte Abführung des Schloßvogts kann als gegenbildliche Kontrafaktur der Gefangennahme Christi aufgefaßt werden. Die den Helfensteiner mit der Pfeife verspottende Rückenfigur des Melchior Nonnenmacher, eines verjagten früheren Dieners des Grafen, geht ebenso auf den anschaulich erzählten Text Zimmermanns zurück wie die Figur der „schwarzen Hofmännin", einer besonders rachedurstigen Bäuerin, die bei Metz die erhobene Faust ballt und die Bundschuhfahne emporhält, die über dem Grafen flattert.[465] Diese Figur erinnert an

Abb. 128 Raffael: Der Brand im Borgo, 1514/1515

Abb. 129 Peter Paul Rubens: Kreuzaufrichtungs-Triptychon, 1610-1611

Abb. 130 Eugène Delacroix: Die Freiheit führt das Volk an, 1830

die das Volk führende Freiheit des Gemäldes von Eugène Delacroix von 1830 (Abb. 130). Freilich ergreift Metz keinesfalls Partei für die Bauern, die im Hintergrund des Bildes rechts als rohe Rotte erscheinen. Übrigens knüpfte Metz offenbar nicht an die Darstellung *Die Gräfin Helfenstein bittet die aufständischen Bauern vergeblich um das Leben ihres Gatten* (1633, Abb. 131) von Matthäus Merian d.Ä. an. Die Zeichnung Merians und der entsprechende Kupferstich aus dem Geschichtswerk *Historische Chronica oder Beschreibung der fürnembsten Geschichten so sich von Anfang der Welt bis auff unsere Zeiten zugetragen...* von Johann Ludwig Gottfried (Stuttgart 1633)[466] zeigen als Anführer der Bauern Georg Metzler, einen Wirt aus Ballingen und Hauptmann des Odenwälder Haufens. Auch Goethe läßt in einer Szene der *Geschichte Gottfriedens von Berlichingen mit der eisernen Hand dramatisirt* (1771, erste Fassung des *Götz von Berlichingen*) die Gräfin Helfenstein mit ihrem Sohn den Georg Metzler von Ballingen um das Leben ihres Mannes bitten.[467] Nach Zimmermann nahm Metzler zwar den Grafen in der Stadt Weinsberg gefangen, doch die Strafe und Rache wurde unter dem entschiedeneren Jäcklein Rohrbach vollzogen, dem Anführer des Neckartal-Haufens.[468]

Eine prorevolutionäre und auf die zeitgenössische Gegenwart bezogene radikale Einschätzung der Reformationszeit und des Bauernkrieges leisteten die Jung- oder Linkshegelianer im Kreis um Arnold Ruge, Marx und Engels. Ruge vertrat in den *Studien und Erinnerungen aus den Jahren 1843 bis 1845* die Überzeugung, daß mit dem Scheitern des Bauernkrieges „der deutsche Protestantismus seinen demokratischen und thatkräftigen Herzschlag" verlor. So habe der Protestantismus „den Fürsten und Großen die ganze sichtbare Welt zu säcularisiren gegeben und sich mit der unsichtbaren Kirche begnügt, er hat das öffentliche Leben für ewige Zeiten hingegeben und sich mit dem Privatleben und der

Abb. 131 Matthäus Merian d. Ä.: Die Gräfin Helfenstein bittet die aufständischen Bauern vergeblich um das Leben ihres Gatten, 1633

ewigen Dauer dieser Erbärmlichkeiten getröstet".[469] Diese Auffassung war durch Zimmermann vorbereitet, der im Vorwort zur *Allgemeinen Geschichts des großen Bauernkrieges* schrieb: „Wenn Luther die Konsequenzen seiner Grundsätze annahm, wenn er die Reformation nicht einseitig, nicht halb, sondern ganz durchführte, wenn er der Mann des Volkes blieb und die Bewegung des Volkes, die er jedenfalls nicht ungern sah, leitete, die Tausende von Unentschiedenen, die zwischen den Herren und dem Volke standen mit sich fortriß, so wären die Deutschen eine Nation geworden, eins im Glauben und in freier bürgerlicher Verfassung, die religiöse und politische Zerrissenheit und Unmacht, alle Not und Schmach des sechzehnten, siebzehnten und achtzehnten Jahrhunderts, aller Jammer des Tausendherrenländchens wäre nicht gekommen."[470] Am schärfsten zeichnete Engels die sozialen Kämpfe der Reformationszeit in seiner Schrift *Der deutsche Bauernkrieg*. Im Jahre 1850, dem Erscheinungsjahr dieser Schrift, gestaltete der Darmstädter Historienmaler Rudolf Hofmann die Szene, deren Verbildlichung sechs Jahre zuvor Metz zu Ruhm verholfen hatte (Abb. 132). Hofmann entfernte sich allerdings weit von der trotz aller Bewegung geschlossenen Komposition von Metz.[471] Links unter der großen Eiche, deren einer trockener Ast symbolisch zum brennenden Schloß Weinsberg hinüberweist, steht inmitten einer Gruppe von zechenden und kochenden Bauern Jäcklein Rohrbach neben einem grimmigen Fahnenträger und beschwört das Recht der Bauern auf der Bibel, gemäß der Theologie Müntzers. Dieser Gruppe befindet sich

Abb. 132 Rudolf Hofmann: Die Gräfin Helfenstein bittet um das Leben ihres Gatten, 1850

Abb. 133 Gustav König: Luther predigt in Seeburg gegen den Bauernkrieg, 1851

rechts die der flehenden Gräfin mit ihrem Dienstmädchen gegenüber, das den kleinen Sohn hält. Ein Mädchen kniet hinter der Gräfin, ein Edelknabe wird von einem wilden Bauern am Haar gezerrt. Vor der Kulisse einer erregten Schar von Landsknechten, Bauern und Rittern, die Rüstung und Waffen des Helfensteiners als Siegestrophäen emporhalten, wird in der Bildmitte der Graf vorwärtsgestoßen, der auch in diesem Augenblick der sicheren Todesdrohung wie bei Metz stolz und verachtungsvoll blickt. Ihn verspottend bläst Melchior Nonnenmacher einen Dudelsack und führt so den Zug an. Der Künstler schildert in dramatischen Gruppen die unterschiedlichsten Typen roher, betrunkener, fanatischer, von ihrer Rache überzeugter Bauern und müntzerischer Prediger und entfaltet die aufgewühlte Szene, die auch etwas von der Revolution von 1848/1849 spüren lassen mag, bis zur hohen Burg im Hintergrund. Das Bild ist in trüben, zum Teil jedoch kräftigen, unangenehm changierenden Farben gehalten. Trotz mancher Differenzierung kann von einer parteilichen Darstellung zugunsten der sich erhebenden Unterdrückten keine Rede sein. Ähnlich wie Metz und Hofmann schilderte Gustav König (1808 - 1869), jener aus Coburg stammende Historienmaler, der wegen seiner intensiven Beschäftigung mit Darstellungen aus dem Leben und Wirken Luthers im 19. Jahrhundert der „Luther-König" genannt wurde, die aufständischen Bauern in dem Blatt *Luther predigt in Seeburg gegen die Bauern* (Abb. 133), einem Teilbild seines Lutherleben-Zyklus, der in der Form von Zeichnungen 1840 - 1845 vollendet wurde und 1851 erstmals als Buch mit achtundvierzig Stahlradierungen des Künstlers er-

schien.[472] Hier tritt der besonnen mahnende Luther den plündernden, gleichwohl aus ihren Zwölf Artikeln argumentierenden Bauern entgegen. – Von dem Genremaler Ludwig Knaus gibt es auch ein Bauernkriegs-Bild, nämlich das um 1852 entstandene Gemälde *Gräfin Helfenstein bittet für das Leben ihres Gemahls*.[473]

Im Zweiten Deutschen Kaiserreich wurde die gleiche Szene 1878 von dem Frankfurter Historienmaler Julius Hamel (Abb. 134) und ein Jahr später von dem Meister der Düsseldorfer Malerschule Fritz Neuhaus (Abb. 135) gestaltet.[474] Während Hamel das Geschehen auf die Konfrontation des unerbittlichen Jäcklein Rohrbach mit der knienden Mutter konzentriert und den gefangenen Grafen nur im Hintergrund zeigt, gibt Neuhaus eine dramatische Handlungsperspektive aus der Sicht der die Spieße vorstreckenden Bauern, deren Vordergrundfiguren aktualisierend angeschnitten sind. Die reportagehaft-effektvolle Regie wird durch den aufgelockerten Pinselstrich verstärkt. Es geht Neuhaus wie auch Hamel nicht um die Untersuchung sozialer und religiöser Konflikte der Reformationszeit, sondern um die Schilderung einer erregenden, abenteuerlichen Szene.

Parteilich aus der Sicht der revolutionären Bauern gestaltete Käthe Kollwitz demgegenüber den sieben Blätter umfassenden Radierzyklus *Bauernkrieg* (1903 - 1908), der in der Tradition des Vormärz stand und eine neuartige Qualität der bildkünstlerischen Auseinandersetzung mit dem Reformationszeitalter erreichte. Die Künstlerin stützte sich wie auch Engels und später August Bebel (*Der deutsche Bauernkrieg mit Berücksichtigung der hauptsächlichen sozialen Be-

Abb. 134 Julius Hamel: Die Gräfin Helfenstein fleht Jäcklein Rohrbach um Gnade für ihren Mann, den Grafen Ludwig Helferich von Helfenstein, 1878

Abb. 135 Fritz Neuhaus: Die Gräfin Helfenstein versucht den Tod durch das Spieß-Laufen von ihrem Gatten abzuwenden, 1879

wegungen des Mittelalters, 1876) auf Wilhelm Zimmermanns Werk *Allgemeine Geschichte des großen Bauernkrieges*. In einem Brief von 1907 berichtete sie, daß sie dort über die „schwarze Anna" las, eine Bäuerin, die die Bauern antrieb.[475] Diese Frau bildet als Rückenfigur die zentrale Gestalt des fünften berühmtesten Blattes *Losbruch* (1903, Abb. 136), mit dem Käthe Kollwitz die Folge begann.

Mit erhobenen Arbeitshänden, die Ärmel wie zum Wäschewaschen oder Futterrühren aufgekrempelt, steht die schwarze Anna in ihrem einfachen langen Kleid, sich gleichsam mit dem rechten Fuß abstoßend, vor dem losbrechenden Bauernhaufen, dessen Bewegung sie mit einer Neigung des ganzen Körpers nach vorn und zur linken Seite aufnimmt und anfeuert. Unter ihrer keilförmig die Richtung weisenden Bundschuhfahne stürmen die mit langen Messern, Mistgabeln und Spießen bewaffneten Bauern vorwärts gegen ihre Unterdrücker, geführt von wilden Frauen. Es geht bei Tagesanbruch über Gras und Feld; helle Wolkenfetzen zerreißen den noch dunklen Himmel.

Diese Radierung mit ihrer proletarisch-revolutionären Perspektive sprengt das letztlich klassenversöhnende Volkskonzept des bürgerlichen Liberalismus. Ein gewisser Abscheu klingt selbst aus den Worten eines der Befürworter der Kollwitzschen Kunst, des Kritikers Werner Weisbach in der

Abb. 136 Käthe Kollwitz: Losbruch, 1903

Zeitschrift für Bildende Kunst (1905): „Als Furie des Aufruhrs erscheint hier das Weib, *ein* Weib, vom Rücken gesehen, aber durch das Übergewicht der Masse dieser Rückenansicht, den ausdrucksvollen Kontur, die aufreizende Gebärde der hochgeschwungenen Arme als Spiritus rector für die wild dahinbrausende, mit Dreschflegeln und Stöcken bewaffnete Menge gezeichnet und ihr kompositonell das Gleichgewicht haltend. Welch unvergleichliche Kraft steckt in dem Sturm des Anlaufs dieser Bauern, einer vertierten Horde, der niedrige Instinkte jede menschliche Regung von den blöden Gesichtern weggeblasen, die nur eine Tendenz hat: vorwärts. Das Individuum bedeutet hier nichts, die Masse ist alles."[476] – Bemerkenswert erscheint es Weisbach, daß es eine Frau, „ein Weib" ist, die als „Furie des Aufruhrs" fungiert, wie es der Kritiker bildungssprachlich ausdrückt. Die Bäuerin „schwarze Anna" hat das Hauswesen sowie ihre Rolle als Mutter und Hausfrau verlassen, um als Anführerin politisch aktiv zu sein. In einer Zeit der fortschreitenden Emanzipationsbewegung der Frauen mußte eine solche Darstellung Beachtung finden. – Bei aller Anerkennung der künstlerischen Leistung des Blattes entsetzt sich Weisbach über die „Vertierung" des dargestellten Haufens, der ihm von niedrigsten Instinkten getrieben scheint. Der Kritiker vermag nicht zu sehen, daß hier Menschen dargestellt werden, denen unter der harten Fron körperlicher Arbeit die kümmerlichsten Existenzbedingungen aufgezwungen worden sind. Die reduzierte Konkretion dieses Lebens prägt die Gesichter, Leiber und Gebärden. Dennoch liegt auf den meisten Antlitzen die wilde Entschlossenheit, das Los der Ausbeutung zu beenden, das Menschenrecht zu erkämpfen. Nur die Züge des vorn an der rechten Bildseite mitlaufenden Bauern zeigen ausweglose Bekümmertheit, ein Nichtanderskönnen durch die Not der Umstände. Insgesamt drängt der dichte Bauernhaufe aus dem Dunkel der rechten Bildseite ins Licht der linken. Diese Symbolik bezeichnet den zu erstreitenden Weg in Richtung auf ein helles, menschenwürdiges Dasein.

Schwer zu fassen für den bürgerlichen Kritiker scheint der Gedanke der kämpferischen Solidarität. Obgleich hier die revolutionäre Gewalt des klassenmäßigen Zusammenschlusses der Individuen gestaltet ist, wird dennoch die Einzelpersönlichkeit in diesem *Losbruch* ebensowenig als bloßer Massenanteil nivelliert wie in Hodlers *Einmütigkeit*. Die Charaktere der vorderen Bauern sind prägnant herausgearbeitet und ähnlich wie ebenfalls bei Hodler ohne die psychologischen Differenzierungen der bürgerlichen Historienmalerei typisierend auf den Begriff gebracht. Bei der Figur der schwarzen Anna überwiegt allerdings das allgemeine Moment des proletarischen Heroinentums. Welch ein Unterschied zu Rückenfiguren wie sie Knille mit der malerischen Bettelfrau seines Reformationsfrieses oder Hellquist mit der namenlosen, armselig dienenden Reisigträgerin seines Hußbildes zeigen!

Die Formalgestaltung kehrt dem illusionistischen Verismus den Rücken. Glatte Modellierungen der Körper-Raumwerte fehlen völlig. Mit rein zeichnerischen Elementen durchsetzte Flächigkeit herrscht. Auf der einen Seite werden Formen durch starke, simple Konturen zusammengefaßt (Figur der schwarzen Anna oder des mitlaufenden Bauern vorn am rechten Bildrand), auf der anderen lösen sie sich in irregulären Linien- und Fleckstrukturen auf (Figur der vorderen laufenden Frau). Informelle, ausfahrende Strichzüge und wabernde Dunkelheits- sowie Helligkeitsareale vermitteln den Eindruck heftigster Erregtheit und Bewegung. Die düstere proletarische Atmosphäre einer dunklen und unbestimmt-schmutzigen Vitalität wird durch gleißende Zonen erhellt. Die weißen Wolkenfetzen verstärken den Aufruhr. Die Gestaltung ist eine Absage an die wohlgeordnete, konventionelle Rationalität des akademischen Helldunkels und Kolorits; Welten trennen diese Graphik von den kultiviertbraven, narrativen Holzstichillustrationen etwa der *Gartenlaube*.

Käthe Kollwitz beschäftigte sich seit 1899 im Zuge der Auseinandersetzung mit historischen Klassenkämpfen wie der Erhebung der schlesischen Weber 1844 (*Ein Weberaufstand*, 1893 - 1898) und der Großen Französischen Revolution (*Die Carmagnole*, 1901) mit dem Thema des Bauernkrieges der Reformationszeit. Die Künstlerin hatte bereits eine Reihe von Druckgraphiken und Zeichnungen zu diesem Thema gemacht, als sie 1904 durch Vermittlung von Max Lehrs, dem Kunstschriftsteller und Leiter des Kupferstichkabinetts in Dresden, den Auftrag für eine Mitgliedervereinsausgabe *Bauernkrieg* der Verbindung für historische Kunst erhielt, einer Gesellschaft, die allerdings überwiegend eine eher traditionelle Historien- und religiöse Malerei förderte.[477] Käthe Kollwitz verzichtete indessen auf alle „religiösen Schibboleths" (Engels), brachte ihre eigenen Berliner proletarischen Erfahrungen ein und ging bei der Konzeption des Bauernkriegs-Zyklus vom Kampf der Sozialdemokratie gegen den Kapitalismus und den bürgerlich-aristokratischen Obrigkeitsstaat unter Kaiser Wilhelm II. aus. Im ersten Blatt des Zyklus *Die Pflüger* (Abb. 137) ließ die Künstlerin die Figur des Unterdrückers fallen, wie sie noch ein um 1902 entstandener Entwurf (Abb. 138) offenbar im Anklang an Klingers Radierung *Elend* (Abb. 139) oder Steinlens Lithographie *Ausbeutung* (1894, Abb. 140) zeigte. Die Sklaverei der schweren Pflügearbeit verdeutlicht die unter die gerade Horizontlinie niedergedrückte Haltung des ziehenden Bauernpaares. Blatt vier des Zyklus *Bewaffnung in einem Gewölbe* (Abb. 141) feiert die befreiende Wirkung der revolutionären Gewalt, ohne deren Schrecken zu leugnen, ganz im Gegen-

satz zur bürgerlichen Auffassung, die die aufrührerischen Proletarier als rohe, sittenlose Menschen- und Kulturverächter diffamiert, wie beispielsweise im traditionellen Historiengemälde „Jacquerie" (1885, Abb. 142) von George Rochegrosse, das die kulturtragende Aristokratie als zu bemitleidende Frauen und Kinder mit ins Schloß eindringenden bestialischen Bauern konfrontiert. Dies Gemälde stellt allerdings eine Szene aus dem französischen Bauernaufstand im Norden von Paris im Mai und Juni 1358 dar.[478] Das siebte Blatt *Die Gefangenen* (Abb. 143) zeigt die grausame Rache der Sieger, die weder Frauen noch Kinder schonen (zum ge-

Abb. 137 Käthe Kollwitz: Die Pflüger, 1906

Abb. 138 Käthe Kollwitz: Pflugzieher, um 1902

Abb. 139 Max Klinger: Elend, 1909

Abb. 140 Théophile Steinlen: Heute! (Ausbeutung), 1894

fesselten Jungen rechts stand der Künstlerin ihr Sohn Peter Modell), zugleich werden jedoch die trotzige Solidarität und der Widerstand in der Niederlage hervorgehoben.

Die bürgerlichen Historiker des 19. Jahrhunderts betrachteten die Epoche von Renaissance und Reformation wenn auch nicht „traditionalistisch" im Sinne des Katholizismus, so doch zumeist aus dem Blickwinkel der herrschenden Mächte oder stellten die Entwicklung des lutherischen Protestantismus in den Vordergrund.

So identifiziert sich im Zweiten Deutschen Kaiserreich der Greifswalder protestantische Theologieprofessor Martin von Nathusius in seiner Schrift *Die Christlich-socialen Ideen der Reformationszeit* mit der Obrigkeitslehre Luthers: „Er erkennt die Bauern an als solche, die sich dagegen wehren wollen, daß sie nicht Unrechts noch Übels leiden, wie das die Natur giebt. Wollen sie aber von *christlichem* Recht reden, so gebiete das: Unrecht zu leiden. Er will die Obrigkeit in ih-

Abb. 141 Käthe Kollwitz: Bewaffnung in einem Gewölbe, 1906

rem unerträglichen Unrecht nicht rechtfertigen, er will nur feststellen, daß *beide* Teile in diesem Streite mit dem Christentume nichts zu tun haben. Kommt es aber zu gewaltsamer Empörung mit den Waffen in der Hand, so ist dann seine Überzeugung, daß die Obrikeit ihre *christliche* Pflicht thue, wenn sie dieselbe niederwirft."[479] Nathusius legt seiner Abhandlung das idealistische Prinzip der Unberührtheit der evangelischen Botschaft von irdischen Prozessen zugrunde, ein Prinzip, das im Bauernkrieg mit großer Schärfe von Melanchthon gegen die frühbürgerliche Revolutionsideologie der urchristlichen Egalität ins Treffen geführt wird. Explizit greift Nathusius die marxistische Geschichtslehre an, wie er sie versteht: „Für wen die menschliche Geschichte ein Kampf um die Futtermenge und die Futterplätze ist, wie für den Materialisten, der kann auch in den socialen Bewegungen der Reformationszeit keine Ideen finden und wird – wie Kautzky nach Engels Vorgang, – in Luther den Fürstendiener und den schlauen Berechner des Erfolges sehen. (...) Um Luthers Stellung ganz zu würdigen, dazu ist ein Verständnis seiner Heilslehre nötig; ohne die wahre christliche Freiheit werden alle irdischen Freiheitsbestrebungen falsch beurteilt."[480] (Der theologische Idealismus ist offenbar.) Auch Gustav Freytag hatte in seinem *Aus dem Jahrhundert der Reformation* (aus: *Bilder aus der deutschen Vergangenheit,* 1859 - 1867) Luther gerechtfertigt, allerdings auf nationalliberal-realpolitische Weise: „Wild und kriegerisch klang sein Ruf an die Fürsten, ihm war das Greulichste geschehen, das Evangelium der Liebe war geschändet durch die freche Willkür solcher, welche sich seine Bekenner nannten. Seine Politik war auch hierin die richtige; es gab in Deutschland leider keine bessere Macht als die der Fürsten, auf ihnen beruhte trotz allem die Zukunft des Vaterlandes, weder die unfreien Bauern, noch die räuberischen Edelleute, noch die vereinzelten Reichsstädte, welche wie Inseln in der schwel-

Abb. 142 Georges Rochegrosse: Jacquerie der Monate Mai und Juni 1358, 1885

Abb. 143 Käthe Kollwitz: Die Gefangenen, 1908

lenden Brandung standen, gaben eine Garantie."⁴⁸¹ Über die unmenschliche Niederschlagung der Revolution und über die Rache der Fürsten schwieg freilich des Dichters Höflichkeit! Der liberale Erlanger Historiker Friedrich von Bezold behandelt in seiner *Geschichte der deutschen Reformation* (1890) den Bauernkrieg zwar nur in einem untergeordneten Kapitel, teilt jedoch als einer der wenigen Geschichtswissenschaftler des Zweiten Deutschen Kaiserreiches Zimmermanns negative Beurteilung der Rolle Luthers im Bauernkrieg: „Und Luther erhob in der That seine Stimme mit einer Furchtbarkeit, wie niemals zuvor oder hernach. Sein alter Mut hatte ihn nicht verlassen und sehr mit Unrecht suchten manche Gegner sein Verhalten im Bauernkrieg als ein zweideutiges zu brandmarken, während er vielmehr ganz seiner schon früher geäußerten Überzeugung gemäß erst beiden Parteien ihr Unrecht vorhielt, um dann die volle Kraft seiner Leidenschaft gegen die siegreich vordringende Revolution zu kehren. Aber es war doch eine traurige Rolle für den größten Sohn des damaligen Deutschlands, einer Reaktion, die an Unmenschlichkeit ihres Gleichen sucht, als Herold und Wegbereiter zu dienen. All seine Ehrlichkeit und Unerschrockenheit vermag die Tatsache nicht aufzuwiegen, daß er für den eigentlichen Kern der Bewegung kein Verständniß und von seinem eigenen Anteil an der Erregung der Massen kein Bewußtsein hatte."⁴⁸²

Die Radierfolge *Bauernkrieg* von Käthe Kollwitz kann als ein Markstein am Ende des bürgerlichen Historismus und am Beginn der proletarischen bildkünstlerischen Aneignung von Geschichte betrachtet werden.

3. Christentum, Antike und Moderne

Abb. 144 Max Klinger: Die Kreuzigung Christi, 1890

„Die Kreuzigung Christi" von Max Klinger

Das Monumentalgemälde *Die Kreuzigung Christi* (1888 - 1891, Abb. 144) von Max Klinger wurde von der traditionell eingestellten Kritik wegen der Nacktheit des Christus angegriffen, wegen der historisch richtigen Darstellung des Sediles, eines Querholzes, das den gekreuzigt hängenden Leib im Sitz stützt und wegen der niedrigen Kreuze. Ein nur wenig erhöhtes Kreuz hatte indessen – keinesfalls als erster[483] – der Nazarener Julius Schnorr von Carolsfeld in der *Kreuzigung* (Abb. 145) seiner weit verbreiteten Bilderbibel (1860) dargestellt. Nach dem Johannes-Evangelium (19, 29) wurde Christus der Essigschwamm mit Hilfe eines Stengels der Ysopenpflanze angeboten, die eine Höhe von wenig mehr als dreißig Zentimeter erreicht.

Niedrige Kreuze gestaltete auch Franz Stuck in seiner *Kreuzigung* (1892, Abb. 146). Er reduzierte die Hauptszene auf das Gegenüber des Heilands und der erschüttert Anteilnehmenden sowie den Kontrast zwischen dem ergeben lei-

Abb. 145 Julius Schnorr von Carolsfeld: Jesu Tod am Kreuze, 1860

Abb. 146 Franz von Stuck: Kreuzigung Christi, 1892

denden Jesus und dem sich aufbäumenden bösen Schächer, der wie bei Klinger nach vorn gerückt ist.

Im Unterschied zu diesen Kreuzigungen wirkt jene eingehend untersuchte Hamburger *Kreuzigung* Eduard von Gebhardts, die achtzehn Jahre früher entstand, mit den hohen Kreuzen und dem zentralen Erzählmotiv der Trauer um Christus eher traditionell. Aufgrund der Darstellung von Charaktertypen der unteren Schichten und Klassen besitzt Gebhardts Gemälde jedoch eine deutlich niedrigere Stillage.

Klingers gekreuzigter Christus, der in seiner Ruhe zum verkrümmten, halb rückenansichtigen bösen Schächer kontrastiert, befindet sich an der rechten Bildseite des gestreckten Querformats. Ihm sind die deutlich gesonderten Gruppen der schmerzerfüllten Angehörigen, der Juden und Römer gegenübergestellt. Durch die eigenwertige Schilderung jeder einzelnen Gruppe und ihrer Reaktionen erscheint das Golgatha-Geschehen in der Brechung unterschiedlichster Stellungnahmen relativiert, wie Hermann Beenken in seiner Geschichte der deutschen Kunst im 19. Jahrhundert die Szenerie treffend deutet.[484]

Abweichend von der Tradition läßt Klinger den Jünger Johannes zusammen mit Maria Salome die niedersinkende Magdalena auffangen und stützen, während die Mutter Maria im dunklen Trauerübergewand schmerzstarr allein dasteht, wiederum völlig antitraditionell mit ihrem gekreuzigten Sohn von Angesicht zu Angesicht konfrontiert. Den Johannes deutet der Künstler, indem er ihm die Züge Beethovens verleiht, gleichsam synästhetisch als gewaltigen Offenbarungsdichter.[485] Die Einheit der Künste (hier Malerei, Dichtung und Musik), die Klinger auch theoretisch im „Gesamtkunstwerk" fordert[486], wird mitthematisiert. Zugleich erscheint der Beethoven-Johannes als Inbegriff einer Transposition des historischen Geschehens in die Moderne und damit einer Form der Aktualisierung, die dem Grundprinzip der geschichtlichen Treue des akademischen Historismus widersprach. Auch der hochgestellte Vertreter der jüdischen Kirche neben der Gruppe von Rabbinern, die auf den Schreiber der Kreuzestafel einreden, erscheint aufgrund der roten Soutane und Kappe sowie des Cingulums als moderner römisch-katholischer Kardinal, der mit verbissener Würde das Prinzip der Tradition und Konvention kulturkämpferisch gegen den Neuerer und Freigeist Christus vertritt. Ebenfalls aktuell wirkt die scharfe individuelle Charakterisierung der Einzelpersonen, die jede für sich gewissermaßen bürgerlich-individualistisch ein gesondertes Lebensprinzip ausdrücken. So konnte Hans Wolfgang Singer 1894 in der *Zeitschrift für Bildende Kunst* schreiben: „Wer sich selbst einmal in die biblischen Gestalten vertieft hat, wem es gelungen ist, sich mittels der schriftlichen Überlieferung in das Seelenleben dieser oder jener Person zu versenken, der allein kann Klinger folgen. Er versucht nicht, uns in die alte Geschichte zu versetzen, er versetzt die alte Geschichte in uns. Seine Menschen sind Kinder der Gegenwart, so wie sie sich verhalten würden, wären ihnen – an denen zwei Jahrtausende gearbeitet haben – jetzt plötzlich die Begebenheiten des neuen Testamentes widerfahren."[487]

Antike und Christentum stehen sich zumindest auf den ersten Blick in der Gruppe des römischen Hauptmanns mit der Lanze sowie seiner Begleiterin, einer Griechin oder Römerin[488] hart am linken Bildrand und dem gekreuzigten Jesus rechts gegenüber. Doch die Positionen sind merkwürdig vertauscht. Der Hauptmann erinnert weder an den Longinus der katholischen Darstellungstradition, der dem heiligen Blut Christi mit der Lanze einen Weg bahnt, wie es beispielsweise Edward von Steinle 1885 in einem Aquarell veranschaulichte (Abb. 147), noch verkörpert er mit historischer Treue einen gepanzerten Offizier Roms. Das einfache Hemd, das Lendentuch und die „antikisch" nackten Beine sowie Füße bilden ein Phantasie-Habit. „Modern" ist unzweifelhaft die psychologisch äußerst feinfühlig beobachtete verächtliche Miene des Hochmuts, die dieser Vertreter der militärischen Staatsmacht angesichts des entwürdigend zum Kreuzespranger verurteilten Jesus mit seiner Gefährtin teilt. Zugleich liegt verhaltene Lüsternheit in seinem Blick auf die Frau. Deren Frisur und Gewand klingen an die zeitgenössische Gesellschaftskleidung höhergestellter Damen an. Ausgedrückt ist nicht die Verachtung der philosophisch gebildeten Antike gegenüber einem aus niederen Schichten stammenden Wirrkopf und schimpflich gerichteten Verbrecher sondern die Verachtung der modernen höheren Gesellschaft gegenüber dem zum Verbrecher gestempelten Wahrheitssucher und Außenseiter. Das Antlitz Christi zeigt im Gegensatz zu den modernen Physiognomien des Hauptmanns und der Dame eine Bildung, die an das Profil vom Typ beispielsweise des frühklassischen Poseidon vom Kap Artemision (um 460/50 v.Chr.) erinnert.[489] Offenbar verkörpert für Klinger dieser „Christus" das allgemeingültige Prinzip des geeinten Guten, Wahren und Schönen der griechischen Klassik, das von der Moderne nicht mehr verstanden, „gekreuzigt" und verhöhnt wird.

Im Sinne des neoklassizistischen Rückgriffs auf Grundformen der Komposition, die in der antiken Malerei und Plastik aufgesucht werden und gegen das „Muschel- und Schnörkelwesen" des höfisch-feudalen Barock und Rokoko opponieren, reiht Klinger die Figuren unter Betonung des Statuarisch-Senkrechten innerhalb jener schmalen Raumzone auf, die durch die bildparallel geführte Golgatha-„Terrasse" entsteht. Berthold Haendcke beschreibt 1899 in seinem Klinger-Büchlein prägnant diese Kompositionsweise: „Der Aufbau des Gemäldes friesartig ist nach dem Prinzipe der Reihung, man kann nicht schlechthin sagen des Reliefs, komponiert. Die Massen sind rein als solche, im Sinne der architektonischen lothrechten Komposition abgewogen. Die Figuren vertheilen sich fast alle auf dem Vordergrunde. Eine malerische Vertiefung in den Hintergrund fehlt für die Personen fast vollständig. Die einzelnen Figuren haben auch ihrerseits durch ihre eigenen Bewegungen verhältnismäßig wenig Mannifaltigkeit in ihrer Erscheinung bekommen, wie sie durch reichen Kontraposto, durch Ueberschneidung, durch Verdeckung, durch Licht- und Schattenkontraste entstehen."[490] Bereits bei der Ausstellung von Klingers 1887 vollendetem *Urteil des Paris* hatte der friesartige Aufbau zur sensationellen Empörung des Publikums beigetragen[491], obgleich diese Kompositionsweise als solche beispielsweise durch Knilles vielbeachtete Friese für die Berliner Universitätsbibliothek bekannt sein mußte. Klinger setzte diese Gestaltungsweise bewußt antithetisch und oppositionell gegen die Auffassung der anschaulich-einfühlsamen Raumtiefe der zeitgenössischen Historienmalerei mit ihrem illusionistischen Verismus.

Den Kernpunkt des Skandals, den die *Kreuzigung Christi* bei ihrer ersten Ausstellung in München 1893 hervorrief, bildete die völlig Nacktheit der Christusfigur. Hans Wolfgang Singer schreibt (1894): „Die große 'Kreuzigung' wurde drei Tage lang in München auf persönliche Einladung gezeigt: öffentlich durfte sie nur einen Tag ausgestellt bleiben. Was in jeder Skulpturensammlung geduldet wird, ward gemalt – verboten; und obwohl alle geschichtliche Forschung Klinger's Auffassung der Begebenheit rechtfertigt, so mußte das Bild doch mit einem Vorhang halb verdeckt werden!"[492] – Nach heutigen Erkenntnissen wurde der Verurteilte zu seiner Schande in der römischen Form der Kreuzigung nackt ausgezogen, in der jüdischen jedoch mit einem Lendentuch bekleidet. – Klinger hatte in seiner theoretischen Schrift „Malerei und Zeichnung", die er während seiner römischen Zeit (1889 - 1893) verfaßte und die 1891 zuerst in Leipzig erschien, den Menschen und menschlichen Körper als „Kern-

Abb. 147 Edward von Steinle: Longinus, die Seite des Gekreuzigten durchstechend, 1885

und Mittelpunkt aller Kunst, an den sich alle Beziehungen knüpfen"[493] bezeichnet. „Es ist die Darstellung des menschlichen Körpers, die allein die Grundlage einer gesunden Stilbildung geben kann. Alles, was künstlerisch geschaffen wird, in Plastik wie Kunstgewerbe, in Malerei wie Baukunst, hat in jedem Teil engsten Bezug zum menschlichen Körper. Die Form der Tassen, wie die Bildung des Kapitäls stehen jedes in Proportion zum menschlichen Körper. Auf dem Verständnis und der gleichmäßigen Ausbildung dieser Verhältnisse allein kann eine selbständige Naturauffassung sich entwickeln. Denn wie kann ich ein Nebending charakteristisch vereinfacht darstellen, wenn ich die Hauptsache, auf die es Bezug hat, nicht charakteristisch zu formen weiß?"[494] Energisch tritt Klinger für die von falscher Scham freie Gestaltung des nackten menschlichen Körpers in der Kunst ein: „Und hier ist die Frage, ob die Prüderie die Schneiderei, oder diese jene großgezogen hat. Denn es kann für jeden, der der höchsten Aufgabe der Kunst, den menschlichen Körper zu bilden, aufrichtig gegenübertritt, keine Frage sein, daß der ganze unverhüllte Körper ohne Lappen, ohne Fetzen die wichtigste Vorbedingung einer künstlerischen Körperentwicklung ist. Es soll damit nicht gesagt sein, daß ohne Sinn und Verstand, ohne Wahl und Notwendigkeit das Nackte überall beim Haar herbeigezogen werden müsse. Aber daß es da, wo es logisch notwendig ist, ohne falsche Scham, ohne drückende Rücksicht auf gewollte und gesuchte Blödigkeit vollständig gegeben werden darf, muß gefordert werden."⁴⁹⁵ Mit Bitterkeit weist Klinger auf die Widersprüchlichkeit und Heuchelei der akademischen Kunst-Erziehung und auf deren Abhängigkeit von der Prüderie der öffentlichen Meinung hin: „Uns wird von Jugend auf die Größe und Schönheit der antiken und mittelalterlichen Kunst als Ideal hingestellt, wir bewundern in Deutschland glücklicherweise, auch unverstümmelt ihre Werke in unseren Museen, dennoch wird durch die Scheu vor der Darstellung und Ausstellung des Nackten in unseren Arbeiten das energische Studium völlig lahmgelegt. Wir werden durch Erziehung und Vorbilder zugleich auf ein großes Ziel gewiesen und in der Praxis des Berufs davon zurückgehalten. Entweder sind die gerühmten Meister falsche Ideale, oder wir sind nicht reif genug, ihre Schüler zu sein. Nur die Möglichkeit, das ganz und groß Gefühlte auch voll äußern zu können, bewegt uns zum Studium, zur Ausführung. Was ich dem Publikum nicht zeigen darf, hätte ich sonst keinen Grund zu leisten."⁴⁹⁶ Vor allen Dingen wendet sich der Künstler scharf gegen eine gesonderte Verhüllung der Geschlechtsteile; durch Lendentuch oder Feigenblatt wird der Bau des menschlichen Körpers unästhetisch verunklärt: „Der Schurz, der widerwärtig künstliche Lappen, oder gar das unglaubliche Feigenblatt, mit dem wir unsere, eben ihretwegen meist schlecht konzipierten Körper bedecken müssen, zerreißen die Einheit desselben in einen Torso und in zwei einzelne Beine. Es gehört die ganze Inkonsequenz unserer geistigen und künstlerischen Erziehung dazu, solche armselige Scheußlichkeit nicht als Beleidigung zu fühlen."⁴⁹⁷ Der Skandal um die *Kreuzigung* mußte Klinger in seiner Haltung und Einschätzung der zeitgenössischen Konvention bestätigen. In der Epoche des Neoklassizismus, in der eine Welle heidnisch-antiker Sinnlichkeit den „neuen Menschen" des aufstrebenden Bürgertums erschaffen helfen sollte, wurde die nackte, „säkulare" Menschlichkeit (Männlichkeit) Christi, wie sie Gottlieb Schick in dem Ölgemälde „Christus erblickt im Traum das

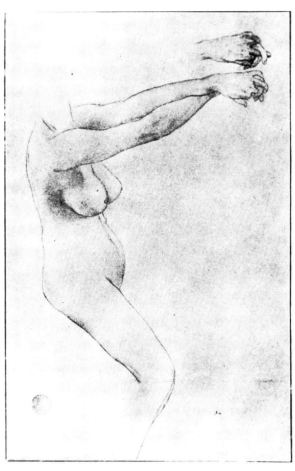

Abb. 149 Max Klinger: Aktstudie zur Maria Magdalena der „Kreuzigung Christi", um 1889

Kreuz" (1810, Abb. 148) frei von Prüderie veranschaulicht, mit Verständnis aufgenommen und hinderte den Beifall für das Gemälde nicht. – Übrigens besteht zwischen der Magdalena, deren Arme und Füße nackt sind, und Jesus eine weltlich-sinnliche Beziehung. Paul Kühn schreibt (1907): „In dieser Magdalena ist eine wunderbare Sinnenschönheit, die als Macht wirkt: 'in ihr schreit der Schmerz des Sinnenmenschen um den Tod der Schönheit'. Die tiefe, leidenschaftlichschöne lebenserfüllte Liebe des Weibes bricht hier in wehen, händeringenden Schmerz aus."⁴⁹⁸ Der Autor weist darauf hin, daß die Magdalena-Figur vom Künstler mit „augenscheinlicher Liebe" vorbereitet wurde und bildet eine Aktstudie des Dresdener Kupferstichkabinetts ab (Abb. 149).⁴⁹⁹ Obgleich es in der Historienmalerei üblich war, in einzelnen Fällen Gewandfiguren durch Studien des unbekleideten Körpers gestaltungsmäßig zu fundieren, verweist Klingers Magdalena-Akt dennoch auf die säkulare sexuell-erotische Dimension der Gegenüberstellung mit dem nackten Christus. Auch den in Kreide gezeichneten Kopf der Magdalena, der mit dem des Gemäldes weitgehend übereinstimmt (Abb. 150), lobt Kühn und hebt dessen Sinnlichkeit hervor: „(...) der Ausdruck des Schmerzes, das qualvolle Weh um Mund und Augen sind von einer ergreifenden Schönheit, und die schwellend runden Formen des Gesichtes und das üppige Haar in dem zarten Licht haben eine solche berauschende

Abb. 148 Gottlieb Schick: Christus erblickt im Traum das Kreuz, 1810

Abb. 150 Max Klinger: Magdalena (Kopf), 1889

Lebenswärme, daß man meint, nie einen schöneren Frauenkopf gesehen zu haben."⁵⁰⁰ Im Gemälde erhält die Magdalena zudem einen hervorstechenden sinnlichen Akzent durch das verhalten glühende Dunkelrot des schlichten Kleides. –

Offenbar befand sich die *Kreuzigung* schon 1892 in Leipzig: denn wie Julius Vogel, der Direktor des dortigen Museums für bildende Künste in seinem Klingerbuch (1923) mitteilt, beriet der Vorstand des Leipziger Kunstvereins im Februar 1892 über eine vom Künstler gewünschte Sonderausstellung, die das bereits 1887 öffentlich gezeigte *Urteil des Paris* (1885 - 1887, Abb. 151) und die *Kreuzigung* miteinschließen sollte. Aus Rücksicht auf die religiösen Empfindungen der Vereinsmitglieder und weil man an der erneuten Präsentation eines Werkes Anstoß nahm, wurde eine Ausstellung zumindestens des *Parisurteils* und der *Kreuzigung* abgelehnt⁵⁰¹; demnach müssen dem Vorstand *beide* Werke bekannt gewesen sein. Weder durch diese Zurückweisung noch durch das spätere Münchener *Kreuzigungs*-Fiasko ließ sich Klinger von seinem Sonderausstellungs-Plan abbringen und fand in Julius Vogel einen Befürworter. Allerdings scheute sich der Museumsdirektor nicht, obgleich er Klingers Schrift *Malerei und Zeichnung* kannte, die Kunstvereinsausstellung von einer Übermalung der Geschlechtsteile Christi im Kreuzigungsgemälde abhängig zu machen. Klinger ließ sich überreden, und diese Ausstellung wurde im Ja-

nuar 1894 eröffent.⁵⁰² Bei der 1970 getätigten Restaurierung des in der Kriegszeit schwer beschädigten Gemäldes ergänzte man das verhüllende Tuch nicht mehr, das ohnehin infolge von Feuchtigkeitseinwirkung und der andersartigen, vom Künstler verwendeten Malweise („mit Ochsen- und mit eigener Galle"⁵⁰³) fast ganz verschwunden war.⁵⁰⁴

Außer dem Gekreuzigten gibt es zwei weitere männliche Akte hinter und neben dem Kreuz des guten Schächers, deren Motivation innerhalb des Handlungszusammenhanges unklar ist. Paul Kühn spricht in seinem tiefschürfenden Klingerbuch (1907) von „nackten Schergen, die sich am Kreuz des anderen Schächers zu schaffen machen" und deutet diese Figuren wie folgt: „Psychisch sind sie auch ohne Bedeutung; sie erfüllen nur eine formale Aufgabe, darum eine nicht minder künstlerische: Die Renaissance wußte derartige künstlerische Erwägung zu würdigen, indem sie mit der Frische der Naivität das Kunstwerk, das sie schaute, genoß. Wem sonst verdanken die sich tummelnden Aktfiguren auf dem Hintergrunde von Michelangelos Rundgemälde der heiligen Familie in den Uffizien ihre Existenz als der Künstlerfreude an der Schönheit des Nackten. Auch sie haben psychisch nichts zu sagen; ihre formale Existenz bedurfte keiner Erklärung. Die Freude am nackten, dem 'Schönsten, was wir uns vorstellen können', hat auch Klinger in dieser gewaltigen Figurenkomposition geleitet. Wie ihm die Darstellung des menschlichen Körpers 'Kern und Mittelpunkt aller Kunst, die alleinige Grundlage einer gesunden Stilbildung' ist, so ist sie ihm im besonderen das A und das O der Monumentalkunst."⁵⁰⁵ Zweifellos trifft Paul Kühn das Richtige, wenn man nicht so weit gehen will, Klinger eine liberale Freizügigkeit gegenüber homoerotischen Kontakten zu unterstellen im Sinne etwa der antiken griechischen Päderastie und gleichgeschlechtlichen Liebe unter Männern, die ein Vorrecht der Oberschichten waren.

Die „rein dekorative" Funktion der „nackten Schergen" verstärkt nun gerade die Frage nach dem Sinn ihrer Existenz und damit den Hinweis auf ihr Dasein als Akte, die in einer fast spielerisch-erotischen Beziehung stehen. Es wundert nicht, daß solche Figuren dazu beitrugen, die Entrüstung insbesondere der protestantischen Orthodoxie zu entfachen und daß Cornelius Gurlitt in seiner Geschichte der deutschen Kunst des 19. Jahrhunderts den lächerlichen Protest eines „Idealisten", des Pastors Hölscher in Leipzig, „festnageln" konnte, der die *Kreuzigung* 1897 eine ruchlose Karikatur des Heiligen nannte, die er als Beleidigung seines christlichen Gefühles empfinde; sie errege ihm noch in der Erinnerung widerwärtige Gefühle.⁵⁰⁶ Die protestantische Geistlichkeit war es auch, die den so gut wie beschlossenen Ankauf der *Kreuzigung* durch die Stadt Hannover 1899 im letzten Augenblick hintertrieb.⁵⁰⁷

In einem apologetischen Vortrag über die *Kreuzigung* für den Hannoverschen Künstlerverein (24. April 1899) setzt Carl Schuchhardt, der Direktor des Kestner-Museums Hannover, die Formgestaltung der nackten Körper in Beziehung zu den Darstellungszielen des Neoklassizismus: „Brauche ich Ihnen die Gestaltung der Landschaft noch zu rühmen, die das Entzücken jedes Beschauers bildet, oder die Zeichnung und Modellierung der Körper, die am Ende unseres Jahrhunderts das erfüllen, was Carstens und Cornelius an seinem Anfang mit dem Studium der antiken Bildhauerei zu erreichen dachten?"⁵⁰⁸ Allerdings unterscheidet sich die

Abb. 151 Max Klinger: Urteil des Paris, 1885-1887

Körperauffassung Klingers grundlegend von der der neoklassizistischen Antikerezeption.

Zum einen wendet sich der Künstler gegen das ideal geglättete Finis, gegen eine bruchlos stetige Modellierung der räumlichen Differenzierungen (Knochenbau, Muskulatur, Sehnen, Adern etc.), gegen eine Ausarbeitung feiner Übergangszonen der Schattierung. Dagegen löst Klinger die Körperoberfläche in eine gröbere Struktur deutlich sichtbarer Flecken auf, die sich aus vielen unterschiedlichen Farbtönen zusammensetzt. Insgesamt wirkt die Malschicht dick, pastos. Es sind mehrere Lagen des Farbauftrags festzustellen, und die einzelnen Fleckareale mit ihren unregelmäßigen Rändern gehören oft verschiedenen Lagen an, so daß der Eindruck des Aufreißens der Malschicht, der „Löcherigkeit", der Zerfaserung entsteht. Stärker verstrichene Partien, die sich einschieben, lassen den allgemeinen Fleckcharakter noch deutlicher hervortreten. Die Zonen einer bestimmten Helligkeitsstufe sind zumeist nicht konsequent durchgeführt sondern mit Hilfe von Flecken deutlich anderer Helligkeitswerte sowie von solchen einer komplementären Farbigkeit in sich relativiert. Dieses „Uneinheitlichkeitsprinzip" fällt besonders bei Zonen mit größerer Helligkeit ins Auge. Auch die Folgerichtigkeit der Übergangszonen der Schattierung ist häufig unterbrochen, indem an die Stelle der erwarteten helleren oft dunklere und an die Stelle der erwarteten dunkleren oft hellere Flecken treten. Diese von nervöser Transitorik geprägte informelle Struktur breitet sich übrigens nicht nur in den Partien des Fleisches und der Gesichter aus sondern auch in anderen Bildteilen, so mit besonderer Intensität im Himmel, in der Landschaft und dem Steinboden der Golgatha-Terrasse.

Das zweite Moment der grundlegenden Differenz der Klingerschen Aktauffassung von der neoklassizistischen bildet eine Art der Verunklärung, Verzeichnung, ja Deformation der Körperformen. Während der Neoklassizismus nach höchster idealer Klarheit der Konturen strebt und diese aus Geraden, schön gewölbten Bogenzügen und prägnanten Winkeln aufbaut, schwanken die Klingerschen Umrisse häufig wie unentschieden zwischen Aus- und Einbuchtung, starker und schwacher Krümmung, richtungsbestimmten Linien und vielfältig gebrochenen Richtungszügen. Im Unterschied zum neoklassizistischen Streben nach Schlichtheit und Prägnanz der Körperstellungen und -haltungen arbeitet Klinger mit starken perspektivischen Verkürzungen, Verzerrungen, verformenden Schattenzonen und Überschneidungen. Der Christus ist nicht in konsequenter Seitenansicht gegeben sondern ein wenig schräg von vorn, so daß eben noch ein Teil der Brust, des Bauches und das zweite Bein sichtbar sind. Der linke Arm ist stark verkürzt und verzerrt, er wirkt zu schmal. Die Schattierungslinie des Unterarms kerbt eine unnatürliche Vertiefungslinie ein, und durch die dunkle Schattenzone der Achselhöhle wird eine deformierende Höhlung gegraben, die in einem die Rundung der Oberarmmuskulatur zerstörenden Schattenzug ausläuft. Das von hinten einfallende Gegenlicht zerfrißt die Wölbung der Hüfte und des Gesäßes. – In seltsamer Unklarheit ist unterhalb des Kinnbartes der Schulteransatz des anderen Arms sichtbar.

Beim seitlich und wenig schräg von hinten gesehenen bösen Schächer fällt der zur Seite gedrehte Kopf mit dem verlorenen Profil auf, das von dem Kreuzstamm teilweise noch überschnitten wird. Die dunkle Haarkalotte erscheint durch diese Überschneidung wie abgetrennt. Unklar und deformiert wirkt die Kinnsituation hinter der Muskelwölbung der Schulter. Unterhalb der Haarkalotte ist ein flächiger Teil des unnatürlich angesetzten rechten Oberarms zu sehen. Der linke Oberarm fällt fast ganz der starken Verkürzung zum Opfer. Sichtbar ist nur die tief einschneidende Achselhöhle und der durch Schattierungsstränge zerfaserte Schulteransatz. Die mit Hilfe eines kräftig einschneidenden Schattens „ausgemergelte" Gesäßfläche wirkt wegen der schmalen Randschattenzone und der Gegenlichtkontur wie eine Scheibe. Das Stück der hinteren dunklen Rückenpartie erscheint willkürlich angestückt. Eine tiefe, unregelmäßig durch Lichtstreifen begrenzte Schattenzone plattet das Bein nach hinten unvermittelt ab. Die scharfe Kante im unteren Teil des Unterschenkels weckt die Assoziation eines Schnittes.

Vom nackten Körper des guten Schächers läßt die überschneidende Johannesfigur nur einen schmalen Streifen der linken Körperseite übrig, eine Kompositionsweise, die für den Neoklassizisten ebenso undenkbar wäre wie die starke Überschneidung des einen nackten Schergen, dessen Oberarm wie amputiert erscheint und dessen eines nach hinten ge-

Abb. 152 Mihály Munkácsy: Golgatha, 1883/1884

stelltes Bein wegen der Überschneidung durch den rechten Oberschenkel des zweiten Schergen fast wie ein losgelöster Körperteil wirkt. Auch die angeschnittene, offenbar geballte Linke des dunklen Schergen im Zwischenraum der Rückeneinbuchtung seines Kameraden verunklärt die Formgebung.

Die im Gegensatz zur neoklassizistischen feinen Modellierungsglätte, schönlinigen Kontur, idealen Prägnanz und Schönheit stehende informelle Körpergestaltung Klingers bezieht jedoch partiell und in widersprüchlicher Weise auch eine klare, an elementaren Prinzipien orientierte Formgebung sowie Kompositionsweise ein. So sind die Figuren des Christus und bösen Schächers völlig ohne Überschneidungen in prägnanter Isolation gegeben. Der linke Arm des bösen Schächers bildet eine deutlich ausgeprägte Diagonale. Das Kreuz des guten Schächers zeigt eine einfache Frontalstellung. Auf die neoklassizistisch anmutende Fries- und Reihungskomposition wurde bereits hingewiesen.

Wie stark Klinger von den Prinzipien der „akademischen" Historienmalerei mit ihrem illusionistischen Verismus abweicht, verdeutlichen Vergleiche der *Kreuzigung* mit dem großformatigen Gemälde *Golgatha* (1883, Abb. 152) von Mihály Munkácsy und mit anderen zeitgenössischen Kreuzigungsdarstellungen. Das Bild des seit 1872 in Paris wirkenden ungarischen Malers von europäischem Ruf stellt in einem einheitlichen szenischen Aufbau den Augenblick des Verscheidens Christi mit der Verdunklung des Himmels dar. Munkácsy ist in der Gestaltung der römischen Offiziere, Soldaten, der jüdischen Würdenträger sowie des zuschauenden jüdischen Volkes dem Prinzip der historischen Kostüm- und Figurentreue verpflichtet und damit der biblischen Orientmalerei. Deren Grundlage bildete die Erkenntnis der Orientalistik, daß Lebensweise, Sitte, Tracht, Hausgerät etc. in Nordafrika, Syrien, Palästina und der Türkei seit alter und biblischer Zeit fast unverändert, unverfälscht erhalten waren, so daß die Möglichkeit bestand, durch das Studium des zeitgenössischen Orients in Darstellungen von Begebenheiten des „Altertums" eine historisch richtige Wiedergabe zu erreichen.[509] Mit der wissenschaftlich-orientalistischen Historisierung der Bibel durch die Orientmalerei stimmen gewiß auch die Forschungen des Religionskritikers Bruno Bauer zusammen, der die Evangelien als Produkte ihrer Zeit auffaßte, indem er die Bedingtheit der christlichen Vorstellungen durch Ideen des jüdischen und griechisch-römischen Kulturkreises nachwies, allerdings in den Einzelheiten oft mit fragwürdigen Resultaten.[510] Adolph Menzels Bild *Der Christusknabe im Tempel* (1851, Abb. 153) ist wohl in Deutschland eine der ersten Darstellungen, die Christus ethnologisch bewußt als „Juden unter Juden" auffassen, wie es Cornelius Gurlitt in seiner *Geschichte der deutschen Kunst im 19. Jahrhundert* (1899) formuliert.[511] Die deutsche biblische Orientmalerei fand einen ersten Höhepunkt im Münchener Kreuzigungspanorama von Bruno Piglhein (1885/1886, Abb. 154), das später auch in Berlin sowie Wien gezeigt wurde und das der Kunsthistoriker und -kritiker Richard Muther in der *Zeitschrift für Bildende Kunst* 1887 als ein umfassendes, dem realistischen Zuge der Zeit entsprechendes kulturgeschichtliches Gesamtbild lobte.[512] Einen witzigen Abriß der Reise in den Orient, die Piglhein im Auftrage der Panorama-Unternehmer Joseph Halder (München) und Franz Joseph Hotop (Dresden) zusammen mit seiner Frau, dem Architekturmaler Karl Frosch und dem Landschafter Joseph Krieger im Frühjahr 1885 absolvierte, gab Max Bernstein in der Zeitschrift *Die Kunst für Alle* (1887).[513] Es waren nicht nur ethnographische Kostüm- und Figurenstudien, solche des Verhaltens und Brauchtums sowie Landschafts- und Siedlungsausschnitte, die man mit dem Zeichenstift, Pinsel oder photographischen Apparat festhielt, sondern auch Jerusalem und seine Umgebung wurden sorgfältig aufgenommen und über die Rekonstruktion der Stadt zur Zeit Christi wissenschaftliches Material gesammelt. Das am 1. Juni 1886 eröffnete Panorama zeigte im Augenblick des Verscheidens Christi und der Verdunklung des Himmels den Golgatha-Hügel mit den drei Kreuzen, den Angehörigen Christi, römischen Soldaten, Richtern und jüdischem Volk, dahinter die Stadt Jerusalem mit dem Herodianischen Tempel, der Burg Antonia, dem Ölberg, Flecken

Abb. 153 Adolph von Menzel: Der Christusknabe im Tempel, 1851

Abb. 154 Bruno Piglhein: Panorama der Kreuzigung Christi, 1885-1886, Ausschnitt

Betphage, Palast der Hasmonäer und der Burg Herodes' des Großen, die umliegende Landschaft mit Pinien sowie anderer Vegetation, den Resten einer orientalischen Mühle, Felsengräbern, der Ortschaft Emmaus, dem Blick auf Jaffa und die Wüste Juda. Belebt war die Landschaft durch Karawansereien, Einzelfiguren und Gruppen, Handelskarawanen auf der Straße von Joppe nach Jerusalem, ein Zeltlager und vor den Mauern der Stadt einen Markt. Richard Muther feiert das Panorama als „einen Triumph der modernen realistischen Kunst" und stellt fest: „Erst das Jahrhundert der exakten Wissenschaft, der Photographie und der Eisenbahnen ermöglichte die umfassenden Studien, welche die wissenschaftliche Grundlage des großen Werkes bilden. Nur ein Künstler, der an Ort und Stelle die gründlichsten landschaftlichen, volkstypischen und archäologischen Forschungen gemacht hatte, vermochte den unzähligemale dargestellten Gegenstand in so durchaus neuer Weise zu behandeln."[514] Demgegenüber kritisiert der Rezensent im *Christlichen Kunstblatt für Kirche, Schule und Haus* (1889) gerade den Realismus der Panoramalandschaft mit der gleichwohl, wie er zugibt, ausgezeichnet gelungenen Lichtwirkung der Verfinsterung des Landes; denn unter der ungeheuren Menge von Einzelheiten, die nicht unmittelbar auf das Kreuzigungsgeschehen bezogen seien, sinke „dieser bedeutende Stoff" zur Nebensächlichkeit und bloßen Staffage herab.[515] Sicher ist auch das allgemeine Ziel der Panoramen, für den Betrachter eine möglichst vollkommene Illusion zu schaffen, ihn das Gesehene mit der Wirklichkeit identifizieren zu lassen, einer Veranschaulichung *ideeller* christlicher Gehalte kaum zuträglich. Allerdings wurden die Besuchermassen sowohl des Piglheinschen Rundbildes, das jedoch 1892 in Wien den Flammen zum Opfer fiel, als auch des 1894 in Stuttgart

Abb. 155 Gebhard Fugel: Der Kreuzestod Christi, Hauptteil des Panoramas in Altötting, vollendet 1903

eröffneten Kreuzigungspanoramas[516] sowie desjenigen, das 1903 von Gebhard Fugel in Altötting bei München vollendet wurde und noch heute zu besichtigen ist (Abb. 155)[517], gerade durch den Täuschungseffekt und dadurch angelockt, daß die Theologie des Heilsgeschehens hinter die rational faßbare historische, ethnographische und topologische Darstellungsempirie zurücktrat, so daß der äußere Augenschein sinnlich triumphieren konnte.

Munkácsy gibt in seinem monumentalen *Golgatha*-Gemälde rechts hinter dem bösen Schächer einen Blick auf die Stadt Jerusalem, und auch in Klingers *Kreuzigung* erstreckt sich die Heilige Stadt im Hintergrunde. Max Klinger ist jedoch im Unterschied zu Munkácsy und Piglhein weit von der historischen Treue der biblischen Orientmalerei entfernt. Seine Stadt-Landschaft, die zur schmalen Golgatha-Terrasse hinzumontiert wirkt, geht auf Studien der italienischen Zeit zurück. So schreibt Paul Kühn (1907): „Dieser Blick von Golgatha auf Jerusalem ist in Wahrheit der entzückende Blick, der sich dem Auge über Siena von der Höhe von San Domenico bietet. Ein Aquarell dieser Landschaft, die Naturstudie zur Kreuzigungslandschaft, schmückte lange Zeit das Vestibül von Klingers Haus (jetzt in Privatbesitz in Lindau)."[518] Zudem verzichtet Klinger, wie bereits gesagt, auf eine geschichtlich wahre Kostümierung, kleidet seine Figuren in Phantasiegewänder, läßt sie nackt auftreten oder bringt aktualisierend Modernes ins Spiel (kulturkämpferische Kardinalsrobe des einen jüdischen Kirchenvertreters). Von ethnographischer „Richtigkeit" ist bei dem antikisierenden Kopf Christi, dem Beethoven-Johannes oder der modernen Gesellschaftsdame („Römerin" bzw. „Griechin") nichts zu spüren. Die historisch treue Kreuzigungsweise mit niedrigem Kreuz und Sedile benutzt Klinger in seiner Darstellung offensichtlich nur, um den antitraditionellen, rein säkularen Sinn seines Bildes zu verdeutlichen.

Im Vergleich mit Munkácsys *Golgatha* sticht die „Modernität" von Klingers Figurengestaltung hervor. Während der ungarische Maler im Tiefenraum ein buntes Gewimmel von unterschiedlichen Charakteren, Volkstypen, Amtspersonen und Soldaten szenisch einfühlsam entfaltet, die Personen untereinander und zu den Gekreuzigten in sogleich einleuchtende kommunikative Beziehung setzt und mit narrativem Reichtum die verschiedenen Stellungen, Haltungen sowie Gebärden ausmalt, steigert Klinger innerhalb des Bannraums der schmalen Terrassen-Bühne und Isokephalie jede einzelne Figur „an und für sich" zu statuarischer Paradigmatik ihres individuellen Charakter- und Lebensprinzips. Indem jede der Personen auf sich selbst verweist und zurückgeworfen ist, zerreißt die kommunikative Bindung zwischen ihnen, fällt jede der individualistischen Isolation anheim. So verharrt der Übermenschen-Künstler Johannes in starrer Selbstversunkenheit und furchtbarer meditativer Schau, und seine Gebärde des Haltens der Magdalena wirkt äußerlich appliziert wie die eines Automaten. So überläßt sich die niederbrechende Magdalena mit geschlossenen Augen ihrem inneren Trennungsschmerz, während ihre Hände sich gleichsam „autistisch" verschränken, umklammern. So wendet sich die Salome in namenloser Selbstverzweiflung nach rückwärts, fortstrebend von der Magdalena, die sie hält, ohne ihr Hilfe bringen zu können, und deutet man ihren im Flehen zerbrechenden Blick als Appell an die Mutter Maria, so weist diese, einer leblosen Statue gleich, versteinert im Leid, jede Näherung von außen ab. Ähnlich „egozentriert" blickt der römische Hauptmann mit der Verachtung des Hochmuts gegenüber dem Gekreuzigten von oben herab und aus den Augenwinkeln zugleich lüstern beobachtend zu seiner Gefährtin, die ihrerseits den angewiderten Blick mit äußerster Distanz auf den geschändeten „Unterlegenen", „Schwachen" im Sinne Nietzsches gerichtet hält. Bei den Juden und dem „Kardinal" wirkt die Selbstbezogenheit der harten Charakterköpfe wie eine Karikatur des Individualitätsprinzips, denn diese Figuren drücken den bis ins Mark ihres Wesens gehenden Gehorsam gegenüber der Konvention und offiziellen Kirchen- und Staatsmeinung aus. Der isolierte, gewissermaßen ausgestoßene Jesus, der wie der Maler selbst gegen Tradition und zeitgebundene kollektive Normen das Prinzip der an der Antike orientierten unmittelbaren Wahrheit, „naiven" Schönheit und sinnlichen Freizügigkeit vertritt, steht gerade wegen der Niedrigkeit seines

Kreuzes in stärkster Spannung zu den amtlichen Vertretern von Gesellschaft, Kirche und Staat, die er wie ein griechischer Gott dennoch siegend überragt. Während Munkácsy mit seiner „geschichtenerzählenden" Charakterisierung und Pschologisierung der Menschen noch der optimistisch gestimmten liberalen Persönlichkeitsauffassung verhaftet bleibt, wie sie die Historienmalerei der zweiten Hälfte des 19. Jahrhunderts überwiegend vertrat, reflektiert Klinger bereits die Vereinzelung des bürgerlichen Individuums, das sich von den kollektiven Kräften der Zeit, von den Massen und Massenparteien distanziert und in der Suche nach einem eigenen Weg zu Einsamkeit und Leiden verdammt sieht. Auch drückt der Klingersche Christus die Opposition des Bildungsbürgers gegen die autoritären Zwänge der Wilhelminischen Monarchie aus, und ebenso wird die allgemeine Entfremdung, Zerstörung bedürfnisorientierter, lebendiger menschlicher Beziehungen im Kapitalismus unbewußt widergespiegelt.

Während von Gebhardt in der Darstellung der Gruppe der Trauernden entschieden mit der idealisierenden nazarenischen Tradition bricht, die Jünger sowie Marien pointiert dem Handwerker- und Fischermilieu angehören läßt und damit eine gewisse Volkstümlichkeit der Darstellung erreicht, ist Munkácsys Trauergruppe deutlich durch Züge einer konventionellen Idealisierung geprägt, wie es die schönlinige Faltengliederung der weiten Gewänder und die teilweise theaterhaften Haltungen zeigen; so breitet Maria Salome erschauernd und klagend die Arme aus; die Mutter Maria kniet pathetisch, indem sie mit gefalteten Händen die Füße des Sohnes berührt und den rechten schönen Fuß weit nach hinten streckt; der vergeistigte Jüngling Johannes ist ins Gebet versunken. Auch der Christus Munkácsys ist deutlich „geschönt", so daß die Schächer „realistische" Kontrastfiguren bilden. Ebenso „realistisch" kontrastiert der barfüßige orientalische Henker mit großer Leiter und Beil zur Trauergruppe. Hinter ihm drängt sich das Volk, bestehend aus Leuten von geringerer sozialer Herkunft. Fast in der Bildmitte des Vordergrundes steht gleichfalls ein den ärmeren Schichten zugehöriger Jude, der sich erstaunt, erschreckt und erschüttert zurückwendet. Eine Pendantfigur zu diesem bildet der vorn an der rechten Bildseite sitzende einfache römische Legionär Longinus mit der Lanze. Bildbeherrschend wirken jedoch höhergestellte Personen, so die beiden das Volk überragenden römischen Offiziere zu Pferd (der rechte ist der Hauptmann, der die Göttlichkeit Christi erkennt) und die berittenen sowie davongehenden vornehmen Juden der linken Bildseite. Im Gegensatz zu dem sozialisationsmäßig einheitlich „nach unten" tendierenden, insgesamt jedoch sehr fein und akademisch gehaltenen Bild Gebhardts bringt die großzügig gemalte Darstellung Munkácsys eine „liberale Mischung" von Realistik und Idealität, Niedrig und Hoch, läßt aber letztlich die Momente des Idealen und sozial Höhergestellten dominieren. Klingers *Kreuzigung* tendiert dagegen sozialisationsmäßig und vom Anspruch seiner Modernität her einheitlich „nach oben". Hans Wolfgang Singer vergleicht die Gestaltungsweise Klingers mit der Uhdes, dessen religiöse Bilder wie die von Gebhardts zumeist Menschen der unteren Schichten und Klassen zeigen und schreibt mit Recht (1894): „Neben dieser volkstümlichen Erneuerung der christlichen Kunst möchte ich die Klinger's bezeichnen als eine Erneuerung für die oberen Zehntausend der gebildeten Kreise."[519]

Klingers Bruch mit dem illusionistischen Verismus der traditionellen Historienmalerei drückt sich nicht nur in der Raumauffassung, Kompositionsweise, figuralen Formgebung und Modellierung aus sondern auch in der Lichtgestaltung. Paul Kühn schreibt (1907) über die Entwicklung der Klingerschen Malerei von dem *Urteil des Paris* (1887, Abb. 151) über die *Pietà* (1890, Abb. 156) zur *Kreuzigung* (1891): „Zugleich wurde *das* Problem der Klingerschen Malerei weitergeführt, die farbigen Gestalten von freiem Licht umgeben im farbigen Raume als plastisch und wirklich luftverdrängend erscheinen zu lassen."[520] Auch für Hildegard Heyne zeigen (1907) die genannten Werke die „*spezifische Klingersche Freilichtbehandlung*"[521], die die Autorin im Zusammenhang mit der Besprechung des *Parisurteils* wie folgt definiert: „Zweitens aber wird es ihm dadurch möglich, die modernen Errungenschaften der *Freilichtmalerei in das Monumentalbild einzuführen* und durch das die Körper umspielende Licht die *Farben* bei aller Leuchtkraft doch *durch einen gemeinsamen Lichtton zu einer Gesamtwirkung mit dem architektonischen Raum abzustimmen*."[522] Die Freilicht-, Pleinair- oder Hellmalerei Klingers verdeutlicht der Vergleich der *Kreuzigung* wiederum mit Munkácsys *Golgatha*. Zwar nähert sich der ungarische Maler der Farbauffassung der französischen Realisten, die wie Courbet von einem schwarzen Grund ausgehen und im Gegensatz zum akademischen Kolorismus mit seinen abgestimmten, jedoch festlichen Farben schmutzige Töne und eine „alltagsgraue" Gesamtwirkung anstreben. Dennoch bleibt er der Tradition des „zentrierten" szenischen Beleuchtungsaufbaus durch gezielte Helligkeiten, die aus einem dunklen Umfeld hervorleuchten, verhaftet. Von der deutschen zeitgenössischen Kritik wird Munkácsy als „Meister der Stimmungsmalerei" bezeichnet[523] und aufgrund seines ausdrucksvollen Helldunkels mit Rembrandt verglichen: „Es ist schon öfters richtig bemerkt worden, daß der einzige Künstler, mit dem man – mutatis mutandis – Munkácsy einigermaßen vergleichen kann, *Rembrandt* ist. Beide wissen – jeder in seiner Art – die einheitliche Stimmung über ihre Darstellung zu breiten, die ihnen den eigentümlichen, ergreifenden Reiz verleiht."[524] Obgleich nun Klinger ebenfalls den Himmel gewitterig verunklärt, erfüllt doch eine gleichmäßige Helligkeit die Gesamtkomposition, die auf möglichst lichte Töne gestimmt

Abb. 156 Max Klinger: Pietà, 1890

ist. Bereits bei seinem ersten Aufenthalt in Paris würdigte der Künstler die französische Hellmalerei: „Was dem deutschen Künstler speciell hier auf hiesigen Ausstellungen auffällt, ist die Ausbildung einer äußerst klaren, hellen Licht- und Lufterscheinung in der Mehrzahl der Arbeiten. (...) An den Bildern selbst sieht man deutlich, daß der menschliche Körper, bekleidet oder nicht, viel im Freien studiert wurde, daß bei diesen Studien wie auch bei den landschaftlichen, nicht sowohl auf Motiv und Valeur, als besonders auf Luftwirkung, als besonders lichtumflossene Masse, den Gegenstand zu beobachten."[525] Die Impressionisten, deren Schule er Maler wie Puvis de Chavannes, Lhermitte sowie Millet vorzog, bezeichnete Klinger in diesem Zusammenhang als „Extrem der Hellmalerei"[526] und nannte die Namen von Degas („Degaze"), Renoir („Renouard"), Monet, Sisley und Mary Cassatt („Mlle Cassat").[527] Seine Pariser Freilichtbeobachtungen setzte der Künstler sogleich in der motivisch an Böcklin orientierten Ausmalung der Villa Albers in Berlin-Steglitz 1883 - 1885 um. Kombiniert ist diese Hellmalerei mit der Technik einer sehr gelockerten Pinselführung, moderne Gestaltungsweisen, die für Klingers weiteres bildkünstlerisches Schaffen grundlegend wurden.

Die kunstkritische und -theoretische Diskussion über Pleinairismus, Freilicht- oder Hellmalerei und Impressionismus begann auf öffentlichkeitswirksame Art in Deutschland 1869 mit der ersten Münchener Internationalen Kunstausstellung, die Werke von Daubigny, Corot, Courbet, Millet, Manet und anderen modernen Franzosen einem breiteren deutschen Publikum bekanntmachte. Die Auseinandersetzung, die teilweise die Form einer hitzigen Debatte annahm und sich zeitweilig zum „Kampf um die moderne Kunst" steigerte, erreichte einen Höhepunkt in dem Jahrzehnt zwischen 1886 und 1896, erstreckte sich jedoch mit einer Schrift wie *Die Herabwürdigung der deutschen Kunst durch die Parteigänger des Impressionismus* (Mannheim 1911) von Th. Alt bis ins 20. Jahrhundert.[528]

Ein Abriß der Grundlinien der Freilicht-Debatte und des Gegensatzes der Hellmalerei zum illusionistischen Verismus und „Akademismus" trägt dazu bei, die Positionen der christlichen Bildkunst im Prozeß der Entwicklung der „modernen Malerei" zu klären.

Exkurs zur Opposition gegen die traditionelle Bildkunst und zur Hellmalerei-Debatte

In einer Besprechung religiöser Kunst der Berliner Jubiläums-Kunstausstellung von 1886, einer wichtigen international beschickten Exposition, die zur Erinnerung an die 1786 unter der Regierung Friedrichs II. von Preußen geschaffene Einrichtung der Berliner akademischen Kunstausstellungen stattfand[529], greift das konservative *Christliche Kunstblatt für Kirche, Schule und Haus* jene Richtung an, die mit dem „undeutschen Namen 'Impressionismus'" bezeichnet werde: „Gänzlich gebrochen und niedergeworfen sind bei vielen Künstlern die Schranken und Bande, welche durch Überlieferung bis dahin allgemein in Ehren gehalten wurden. Alle Errungenschaften der Alten: die Gesetze der Schönheit, die Regeln des Aufbaus, das Über- und Unterordnen durch Gruppierung, Licht und Schatten, Farbengebung und Stimmung, Zeichnung und Durchbildung, alles, was wir in den Werken der Alten bewundern und an denselben rühmen, wird mehr und mehr beiseite gesetzt. Dafür tauschen wir ein – die auf ihre Echtheit sehr anzuzweifelnde neue Münze der sogenannten reinen Wahrheit und die alleinige Anerkennung und Ausbeutung des Lichtes bis zur Unwahrheit. Nicht ist es die Wahrheit der Alten, welche durch Schönheit geadelt war, nicht ihr Licht, welches dieser Schönheit zum Ausdrucke diente, – es ist die Wahrheit, welche vor der Häßlichkeit selbst nicht zurückschreckt, sogar diese mit Vorliebe aufsucht, es ist das Licht, welches breit und voll diese nackte Wahrheit überall für gleichwertig und bedeutungsvoll erklärt. Ganz abgesehen von dem hierin enthaltenen Fehler, da wir in der Natur nur das uns augenblicklich Anziehende im hellsten Lichte, alles andere aber minder hell beleuchtet zu sehen vermeinen, kommt der Eindruck solcher Gemälde dem Unbehagen gleich, das wir in einem allseitig von Fenster und Thüren durchbrochenen Raume empfinden: nirgends Ruhe, nirgends Sammlung."[530] Während der Verfasser im *Christlichen Kunstblatt* das impressionistische Freilicht als zerstörerisches Prinzip begreift, das sich gegen den idealen Bund von Schönheit und Wahrheit richtet und als Prinzip der einseitig-nackten Wahrheit nivellierend auch das Unscheinbare, Unbedeutende, ja Häßliche zur Geltung bringt, ohne daß dem Blick noch die Ruhe und Sammlung einer „heilen Welt" gegönnt wird, wirft ein behutsamer Verteidiger der Hellmalerei, der Kunstkritiker Gerhard Ramberg in einer Rezension der Münchener Glaspalast-Ausstellung von 1889 der alten Kunst umgekehrt vor, daß sie für die rein künstlerischen Probleme des Freilichts kein Verständnis aufbringe: „Die Alten wiederholten den oft aufgestellten Satz, daß die Kunst das Schöne dem Wahren überordnen müsse; die Jungen stellten die Behauptung auf, daß bei einem Bilde die Malerei das Wichtigste sei. So selbstverständlich dieser Satz klingen mag, so wenig war er doch im letzten Jahrhundert von deutschen Künstlern befolgt. Unsere Bilder erzählten, erfreuten, erregten und erschütterten, sie docirten auch nicht selten Geschichte und andere Wissenschaften, aber sie waren fast niemals rein malerisch empfunden und rein malerisch durchgeführt. Der Künstler glaubte stets zur Allgemeinheit hinabsteigen zu müssen, anstatt dieselbe zu sich emporzuziehen. Unsere Maler theilten sich in Historiker, Weltverbesserer, Philosophen, Menschenschilderer, Novellenschreiber und Humoristen; die wenigsten aber waren, was sie sein sollten: Maler."[531] Ramberg identifiziert offenbar jene Freunde des „schönen Wahren", die dem Rezensenten des *Christlichen Kunstblattes* zufolge „die Regeln des Aufbaus, das Über- und Unterordnen durch Gruppierung, Licht und Schatten, Farbengebung und Stimmung, Zeichnung und Durchbildung" verteidigen, mit jenen, die im Banne der Tradition das Stoffliche des Bildinhalts über das rein Malerische setzen. Für Ramberg kennzeichnet nicht so sehr das Streben nach schonungsloser, nackter Wahrheit sondern eine rein ästhetische Zielsetzung die Freilichtmalerei. So ist ein Bahnbrecher der Hellmaler Makart, der in seinen historischen Bildern gewiß nicht Geschichte vortragen wollte: „Sein Hauptstreben war: den Farbenaccorden, welche sein geistiges Auge sich vorstellte, wirklichen Ausdruck zu verleihen."[532] Auch den Hellmalern ist die Farbwirkung das oberste Prinzip: „Sie verzichten darauf, Novellen zu malen und Witze; es genügt ihnen, einen Baum darzustellen, eine Magd im Freien, einen Burschen auf dem Felde, eine Kuh auf der Weide, – wenn nur das Stück Natur, welches sie festhalten, eine anregende Farbenerscheinung ergibt."[533] Ganz im Sinne Rambergs tritt der Maler Wilhelm Trübner in seinem Aufsatz *Das Kunstverständnis von Heute* (1892) für eine Erreichung der „höchsten koloristischen Qualität"[534] als Hauptzielsetzung der Malerei ein. Das „moderne" oder „reinkünstlerische Prinzip", das auch „das Malen im Freien und im zerstreuten Licht"[535] umfaßt, betrifft das „Wie" der künstlerischen Gestaltung, also die formalen Gestaltungsmittel, nicht jedoch das „Was", den inhaltlich-thematischen Bildgegenstand: „Der Künstler, der das moderne Prinzip vertritt, sagt also: Ich brauche kein schönes Gesicht zu malen, ich brauche keine interessante Begebenheit als Vorwurf und ich brauche auch nicht die zu malenden Gegenstände theatralisch schön zu posieren und in Wirkung zu setzen oder in schon an sich schöne Stoffe aus Samt, Seide, Atlas zu hüllen, sondern ich wähle mir einfach einen schlichten Gegenstand ohne auffallende Handlung, ohne schönes Äußere und ohne dekorativen Effekt, die Figuren in einfach natürlicher, ungezwungener Stellung, im billigsten, gewöhnlichsten Alltagsgewand, denn alle Schönheit muß in der höchsten koloristischen Darstellungsweise liegen, nicht in der Naturschönheit des dargestellten Gegenstandes, und diese Darstellungsweise muß so groß sein, daß ein weiteres Interesse für Begebenheit und andere Zufälligkeiten gar nicht daneben aufkommen kann."[536]

Mit Schärfe wendet sich Trübner gegen die Stoffbezogenheit der „alten" Malerei, gegen deren publikumsorientierte Appellwirkung durch die Darstellung von historischen Ereignissen (Historienmalerei), fesselnden Episoden aus dem täglichen Leben (Genremalerei), durch sinnlich Reizvolles und Schönes (naturschöne Gegenstände), mimisch Charakteristisches und Seelenhaftes[537], religiöse Empfindungen[538] (religiöse Malerei) oder Phantastisches[539] (Trübner könnte Böcklins Phantastereien im Auge haben). Dagegen macht das rein oder extrem künstlerische Prinzip, das Trübner auch an einer Stelle als das Prinzip der höchsten Wahrheit bezeichnet[540], keinerlei stoffliche, inhaltliche Konzessionen weder an die Wünsche der Besteller noch an die des Laienpublikums.[541]

Der Kunsthistoriker Richard Muther faßt im dritten Band seiner *Geschichte der Malerei im XIX. Jahrhundert* (1894) den „Kampf, der in Deutschland zu bestehen war" als eine Auseinandersetzung um das wichtigste Studienfeld der neuen Malerei, um die Gestaltung der Atmosphäre, von Licht und Luft, um ein unvoreingenommenes Naturstudium: „Man hatte seit Oswald Achenbach und Eduard Grützner so viele Ansichten vom Vesuv und vom Golf von Neapel, so viele humoristische Episoden gesehen, daß man nach diesen Galalandschaften und lachenden Gesichtern einfache Gegenden und ernste Menschen sich kaum mehr vorstellen konnte. Die Unerbittlichkeit des Naturstudiums empörte die Augen, die die Natur nur noch 'hergerichtet' vertragen konnten. Die frische Wiedergabe eigener Natureindrücke wirkte brutal gegenüber jener glänzenden Malerei, die die fertige Formen- und Farbensprache der Alten geschickt als Ausdrucksmittel für ihre Zwecke benutzte. Das liebevolle Suchen nach den Tonwerten unter Verzicht auf jeden erzählenden Inhalt wurde für geistlos gehalten, weil das Stoffinteresse, das roheste, das sich zur Kunst in Beziehung setzt, noch immer den Sinn für eigentliche Malerei schwer aufkommen ließ."[542] Muther verbindet in der Charakterisierung der modernen Malerei das „Wahrheitsprinzip" einer unverfälschten, unvermittelten Rezeption der realen Natur durch das eigenständige Künstlersubjekt (Zolas Prinzip des „Naturausschnitts, gesehen durch das Medium eines bestimmten Temperaments") mit dem Prinzip der formalen, der „reinkünstlerischen" Absage „eigentlicher Malerei" an die Stoffverhaftetheit der traditionellen Bildkunst.

Insbesondere die Gattungen der Historie und des Genres bilden für den Kunsthistoriker Carl Neumann Hauptziele der angreifenden neuen Malerei. Innerhalb des Sammelbandes seiner Schriften *Der Kampf um die Neue Kunst* (1896) schreibt Neumann in einer Rezension über die wichtige und wirksame Münchener Jubiläums-Kunstausstellung von 1888, auf der auch die moderne französische Malerei vertreten war: „Man pflegte bisher Historie und Genre zu unterscheiden und gab jener einen höheren Rang. Die neue Schule kämpft gegen das alte Genre nicht weniger als gegen die Historie. Denn das alte Genre war die gemalte Novelle oder Dorfgeschichte und von der Litteratur ebenso abhängig wie die Historie mit ihrem politischen oder religiösen Pathos von der Weltgeschichte. Man will aber keine Tendenzbilder mehr, sondern reine Kunst."[543] Die Kritik an der Historienmalerei präzisiert Neumann in dem Aufsatz „Kunst und Naturwissenschaft" (1895) des gleichen Sammelbandes am Beispiel von Pilotys Monumentalgemälde *Thusnelda im Triumphzug des Germanicus* (1873, Abb. 157): „Diesem Geschmack entsprechen Pilotys Bilder. Sie sind deshalb des Erfolges sicher, weil der Maler von *einer* einheitlichen, klaren Vorstellung ausging und alles, unbeschadet mit welchen höchst konventionellen Mitteln, an *ein* Ziel setzte. Seine Thusnelda im Triumphzug des Germanicus möchte wohl kein Maler von heute, ich glaube wirklich keiner gemalt haben: so sehr sind wir an der Hand der gesteigerten Naturbeobachtung gegen Unnatur und Pose empfindlich geworden. Aber die Art, wie die Dinge auf diesem umfänglichen Bild gegen einander gestellt sind, die alten und die jungen Körper, die hellen und die dunkeln Farben, die großen Gruppen der kraftstrotzenden Germanen, der römischen Soldateska und des entarteten Hofes, mögen wir immer die Waden der Germanen ausgestopft finden und das Licht, das über die Szene fließt, eitel bengalisch, – das ganze Arrangement zwingt uns das Zugeständnis ab, daß Piloty wenigstens ein sehr guter Regisseur war. Auch braucht man nur im Publikum der neuen Pinakothek in München herumhören: die Ausdrücke 'großartig und wundervoll' schwirren vor diesem Bild nur immer durch die Luft. So unwiderstehlich ziehen diese Theater-Effekte. Solche Effekte verschmäht die moderne Richtung. Sie ist ehrfürchtig vor der Natur und bescheidet sich, sie ehrlich in ihren Äußerungen zu studieren."[544] Gegen die Unnatur von Posen, Theater-Regie, bengalischem Licht und Effekthascherei in der Historienmalerei wendet sich die „reine Kunst" der Jungen mit ihrem Streben nach ehrlichem Naturstudium.

Am Ende des Jahrhunderts verschärft sich die abwertende Beurteilung der traditionellen Bildgattungen. Diese seien nur noch imstande, nach Schulrezepten hergestellte „Kunstvereinsware" vorzuweisen und repräsentierten geradezu den ärgsten Verfall der Kunst. So schreibt Woldemar von Seidlitz in seinem Büchlein *Die Entwicklung der modernen Malerei* (1897): „Soweit einigen sich wohl zur Noth die beiden

Abb. 157 Karl Theodor von Piloty: Thusnelda im Triumphzug des Germanicus, 1873

Kunstanschauungen, die alte und die neue; in Bezug auf die Beurtheilung der Kunst unseres Jahrhunderts aber gehen sie vollkommen auseinander. Der eine Theil betrachtet das, was in den Handbüchern als die eigentliche Kunst des 19. Jahrhunderts geht und dort den breitesten Raum einnimmt, die Historien- und Genre-, die Thier- und Landschaftsmalerei, welche um die Zeit der Julirevolution, also um 1830, in Frankreich geboren wurde und mit einem Wort als die *Delaroche*-Malerei bezeichnet werden kann, als eine wirkliche Kunst; während die Anderen sagen, diese sauber durchgeführten, auf die Neugier oder Wißbegier der Beschauer berechneten Bilder, die ziemlich gleichzeitig auch in Düsseldorf, in Antwerpen, später unter *Piloty* in München in Mode kamen und noch jetzt in jenem Genre fortleben, das man mit dem Ausdruck 'Kunstvereinsware' zu bezeichnen pflegt, seien nichts anderes als Handwerkserzeugnisse, die mit erstaunlicher Geduld in fabrikmäßigem Betriebe nach den auf der Schule erlernten Rezepten hergestellt seien, aber weder ein wirkliches Studium der Natur *noch* echte Individualität verriethen, sondern einen so tiefen Verfall der Kunst darstellten, daß selbst die Werke der manierirtesten Zeiten der Vergangenheit ihnen vorzuziehen seien. Denn es handle sich dabei selten um anderes als um gemalte Theaterszenen und Kulissen, um abgemalte lebende Bilder, wie wir denn auch wissen, daß diese Maler bei der Herstellung ihrer Bilder thatsächlich so verfuhren. Ein bischen Pathos oder auch ein bischen Humor, je nach dem Gegenstande, mußte das fehlende Leben und die innerliche Empfindung ersetzen; einige fleißig und effektreich gemalte Einzelheiten erweckten den Schein der Naturtreue und ein schöner goldiger oder brauner Ton, der sogenannte Atelierton, mußte dem Ganzen den Schein der Einheitlichkeit verleihen. Das war der vielgerühmte 'Realismus'."[545] Für Woldemar von Seidlitz sind die einst hochgelobten und von den idealistischen Cornelianern vielgeschmähten Produktionen der Gallait, de Bièfve, Andreas Achenbach, Knaus, Defregger, Piloty usw. nur noch „Todtgeborene akademische Kunst, akademisch im vollen Sinn des Wortes", sogar weit mehr akademisch als die Kunst „unserer Klassizisten, deren jeder wenigstens seinen eigenen Weg zu wandeln suchte".[546] Nichts ist weniger die Sache des Akademismus der herkömmlichen Bildgattungen (Historie, Genre, heroische und romantische Landschaft, Repräsentationsbildnis etc.) und ihrer toten Schulkunst als die Ausbildung künstlerischer Individualität!

Die Forschung hat es bisher versäumt, den hier so bezeichneten *illusionistischen Verismus und „Akademismus"*, wie er im Blick der oppositionellen Hellmalerei erscheint, systematisch sowie historisch präzise zu beschreiben und ideologiekritisch zu deuten. Nicht allein diese Lücke rechtfertigt eine abrißhafte Darstellung der beiden ästhetischen Systeme in ihrem antagonistischen Bezug zueinander, sondern auch das erklärte Untersuchungsziel, die Positionen der christlichen Bildgestaltung im geschichtlichen Entwicklungsprozeß der Malerei des Zweiten Deutschen Kaiserreiches fundiert zu bestimmen.

Der illusionistische Verismus und „Akademismus", dessen Phänomenologie im Kapitel über Luther- und Reformationsdarstellungen näher entwickelt wurde, fußt auf einer szenisch-rationalen Veranschaulichung des visuell sowie haptisch und vermittels von Bewegungen durchmeßbaren konkreten Raumes. Momente der konstruktiven perspektivischen Linearität (Fluchtpunktorientierung der Linien), der zentralprojektiven Verkleinerung/Verkürzung und der prägnanten Überschneidungsstaffelung wirken bei der Erzeugung einer möglichst „wirklichkeitsgetreuen" Illusion tiefenräumlicher Erstreckung zusammen. Stand- und Lageflächen von Dingen und Lebewesen werden gerade auch in ihrer gegenseitigen Relation durchsichtig gekennzeichnet. Ecksituationen sowie die Raumtiefe verdeutlichende Richtungsmarkierungen tragen ebenso zu einer Verstärkung der räumlichen Anschaulichkeit bei wie Repoussoireffekte und die Darstellung zunehmender Ferntiefe mit Hilfe von Farb- und Formgefällen (Reduktion der Kontraststärke und -vielfalt, stetige Veränderung des Chromas durch Abdunklung oder Aufhellung, stetige Abschwächung bzw. Intensivierung der Farbsättigung, der Formkontraste, Formenschärfe usw.).

Den Illusionsraum erfüllt eine einheitliche geschlossene Bildhandlung als effektreiche Szene, die Darbietung historischer Haupt- und Staatsaktionen, pompöser oder tragischer Geschichtsereignisse, reizvoller Blicke hinter die Kulissen der großen Historie und auf Nebenschauplätze (historisches Genre), komischer sowie melodramatischer Begebenheiten aus dem Alltagsleben einer Kleinstadt oder eines Dorfes (Genre), idealer, heroischer, romantischer oder exotischer Landschaften und Panoramen, großangelegter Repräsentations- wie auch Charakterporträts.

Die Herausarbeitung voller Volumina und eine feine Modellierung der Schattierungsübergänge bestimmten die Gestaltung. Die Formenschärfe dominiert über das Spiel der Farbe. Mit Hilfe der Pinselführung wird die Oberflächenstruktur unterschiedlicher Materialien wie Haut, Fell, Stoff, Holz, Stein nachgeahmt. In Hugo Vogels Gemälde *Luther predigt auf der Wartburg* (1882) imitieren beispielsweise die feinkörnige Rauhigkeit und das Spiel der Grautönungen an der Vordergrundsäule das Material des Sandsteins. Dagegen ist der Farbauftrag im Gesicht Luthers dicht, fein und glatt um die belebte Haut zu charakterisieren. Die hell erleuchteten Malereien der Burgfenster sind in skizzenhafter Manier gegeben, damit das Gleißen des Lichtes deutlich wird.

Die Komposition dient der übersichtlichen, gefälligen, abwechslungsreichen, ruhig-harmonischen oder bewegt-dramatischen Gliederung der Darstellung. Durch die Bildregie werden Figuren nach ihren Bedeutungsgehalten einander über-, unter-, nebengeordnet, Schwerpunkte sowie Gestaltungszentren durch die entsprechende Verteilung der Massen gebildet, Einzelfiguren herausgehoben, Figurengruppen in sich und in Bezug auf das Bildgesamt geordnet (Pyramidalkomposition, Figurenreihung etc.). Die Licht- und Schattenverteilung („Helldunkel") unterstützt die Komposition (Beleuchtungs- oder Bildregie), folgt indessen zumeist den naturgesetzlich vorgegebenen Möglichkeiten und der empirischen Beobachtung. – Hugo Vogels *Lutherpredigt* ist kompositorisch durch das von rechts einfallende Sonnenlicht der Fenster bestimmt. – Die Farben richten sich nach der Helldunkelanordnung, verlieren im Schatten ihre Leuchtkraft, ihr Chroma in starker Helligkeit.

Durch geschmackvolle Einheitlichkeit, reiche Tondifferenzierungen und reizvoll hervorgehobene Einzeleffekte ist der akademische Kolorismus bestimmt. Unvermittelte Kontraste, reine oder schmutzige Farben werden gemieden. Die auf Prächtigkeit, Festlichkeit wie auch Poetisierung oder Dramatisierung abzielende Farbigkeit fügt sich den Erfordernissen des Helldunkels. Der Kolorismus von Hugo Vogels *Lutherpredigt* beruht beispielsweise auf einer Skala abgestimmter Gelbgrau-, Ocker-, Braun- und Rottöne, die in den Schattenpartien zu Braungrau abstumpfen, in den stärker beleuchteten Zonen zu weiß-gelblichen Tönen aufhellen. Farbliche Einzeleffekte bilden der schwarz-graue Talar Luthers, von dem die Fleischfarbe des Gesichtes lebendig absticht, sowie unter den Zuhörern das dunkelrote Gewand des Fürsten in der Mitte der vorderen Sitzreihe. – Aufgrund der Tonabstimmung und -vermittlung sowie des übergeordneten Helldunkelsystems entsteht eine geschlossene, illusionistische Farbszenik.

In der Menschendarstellung herrscht das Herausarbeiten charakteristischer Züge vor, doch auch das Prinzip der idealisierenden Schönheit wird selektiv gehandhabt. Mit Hilfe einer psychologisch präzisen Schilderung werden die individuellen Persönlichkeiten physiognomisch, nach Haltungen und Stellungen sowie im aktuellen Situationsverhalten nach der ihnen eigentümlichen Mimik und Gestik unterschieden. Die Herkunft und soziale Position spiegelt sich in Kleidung sowie Verhalten. Historien- und Genremalerei folgen den Prinzipien der historischen, archäologischen, ethnographischen, geographischen oder topographischen Treue. Ein ausgeklügelter Beobachtungsempirismus, der die Betrachterdistanz aufhebt, Aktualität und Miterleben suggeriert, durchdringt die Gestaltung. Mit Hilfe geschickt eingesetzter Rückenfiguren, des Anschneidens der Vordergrundgestalten, eines Arrangements „zufälliger" Verhaltensmomente sowie Unregelmäßigkeiten wird der Eindruck der Unprätentiosität, „Natürlichkeit" erzeugt. Der Betrachter wird durch eine „interessante", „packende", „reizvolle" Handlungs- oder Situationsszenerie zur einfühlenden Anteilnahme aufgefordert.

Ein gewissenhaftes „Naturstudium" fundiert die Gestaltung. Einzelne Gegenstände werden beschafft und in der gewünschten Beleuchtung abgebildet. Mit Hilfe von Requisiten und Modellen wird die darzustellende Szene zum Teil oder insgesamt aufgebaut (in der Art eines lebenden Bildes) und abgezeichnet, abgemalt („Modellrealismus"). Beispielsweise band Gebhard Fugel für sein Kreuzigungspanorama die Aktmodelle an aufgerichtete Kreuze, um die Haltungen und Stellungen „naturgetreu" wiedergeben zu können.

Die Gestaltung orientiert sich eklektizistisch an der Kunst der Neuzeit und vermittelt auch an der des Klassischen Altertums. Insgesamt strebt der illusionistische Verismus und „Akademismus" nach künstlerischer Poesie, Verklärung, hält an der Gültigkeit der „Gesetze der Schönheit" fest. So wird letztlich eine harmonisierende, heroisierende oder idealisierende „heile" Kunstwelt jenseits der Betroffenheit durch die existenziellen Probleme und sozialen Verhältnisse der Gegenwart inszeniert.

Die kunsttheoretische Apologie des illusionistischen Verismus und „Akademismus" ist durch die Ablehnung des „modernen Naturalismus" gekennzeichnet. In der mehrfach aufgelegten und überarbeiteten *Allgemeinen Kunstlehre* (1895[4]) von Hermann Riegel heißt es: „Den *heutigen Naturalisten*, Freilichtmalern und Verkünstlern der Natur fehlt es im Durchschnitt an Geist und Phantasie. Deshalb bestreiten sie auch die Bedeutung des geistigen Theiles der Kunst und legen alles Gewicht auf die genaue Nachahmung des Wirklichen, das sie in den einzelnen Theilen belauschen und sammeln, um so ein Ganzes zusammen zu setzen, bei dem das 'Wie' des Vortrags für sie entscheidend ist."[547] – Riegel geht in seiner Ästhetik von dem Gegensatz zwischen „Idealismus" und „Realismus" aus und definiert die Prinzipien des „Idealismus" ganz klassizistisch am Beispiel der Antike: „Die Idee war nichts sichtbar Gegebenes und die Kunst mußte, sie aus der bloßen Vorstellung in die sichtbare Gestalt übertragend, an dieser Gestalt so lange schaffen und arbeiten, bis die Gestalt der Idee völlig entsprach. So sind die Göttergestalten in Hellas entstanden. Das ist *ideale Kunst* oder *Idealismus in der Kunst*, denn hier nimmt die Kunst ihren Gegenstand aus der Idee, und der Gegenstand fordert seiner Natur nach die edelste Gestaltung und die schönste Form. Die Kunst strebt dabei, indem sie die in der Natur vorhandenen Formen benutzt, nach der Erhebung der einzelnen, zufälligen Form des Lebens zum geläuterten Urbilde ihres Wesens, nach ihrer Verklärung aus dem Menschlichen zum Göttlichen, wie es die Idee des darzustellenden Gottes verlangt. (...) Werke höchster Idealität, wie die des *Phidias*, sind zugleich Denkmäler des tiefsten Verständnisses der Natur und der wahrsten Wiedergabe des Lebens. Sie sind ihrer Ausgestaltung nach ebenso realistisch, d.h. wirklich naturwahr, wie sie ihrem Kunstgeiste nach idealistisch sind, was nicht als ein Widespruch angesehen werden kann, da auch der idealste Geist ohne wirkliche Erscheinung für uns nicht da ist, diese Erscheinung, dieser Körper aber naturwahr sein muß."[548] Hier klingt noch Hegels „sinnliches Scheinen der Idee" an. Antagonistisch zum „Idealismus", dessen Problem in der Durchdringung der idealen, stilisierten (abstrahierten) Gestaltung mit seelischem Leben und Ausdruck liegt, verhält sich der „Realismus": „Dem Idealismus ist der *Realismus* – vom lateinischen res = Sache abgeleitet – entgegengesetzt, der auf Wiedergabe des Wirklichen, wie es ist, in Treue und Wahrheit ausgeht, ohne jedoch dichterischen Zügen in Auffassung und Vortrag zu entsagen. Auch befleißigt er sich bisweilen noch eines gewissen Idealismus, im Allgemeinen aber ist sein Zeichen und Ziel das *Charakteristische*, wie es im wirklichen Leben vorkommt. (...) Wie der Idealismus zu geistloser Form verflachen konnte, so versinkt der Realismus leicht zum *Naturalismus*, der seine Übertreibung ist. Der Naturalismus will nur Natur, ohne zu bedenken, daß das ein Ding der Unmöglichkeit ist, und ohne Verstöße gegen die Natur zu bemerken, denen er mit Nothwendigkeit verfällt. Er kopirt das wirkliche Vorbild und sucht künstlerische Vorzüge nur darin, *wie* er dies macht (...)."[549]

Für Riegel gibt es eine historische Stufenfolge der typischen Gestaltungsweisen: am Beginn steht der *Symbolismus*, der mühsam mit der widerstrebenden Gewalt des Stoffes ringt und sowohl durch geistige als auch künstlerische Unbeholfenheit gekennzeichnet ist (zum Beispiel die ägyptische Kunst); es folgt der Aufstieg zum reinen *Idealismus*, der sich entwickelt, auslebt und in den vollen *Realismus* mündet; der anschließende Abstieg endet im *Naturalismus*. Dieser Zyklus, der allerdings durch Unregelmäßigkeiten und gegenläufige Entwicklungen kompliziert wird, wobei indessen die genannten typischen Gestaltungsweisen jeweils dominieren, wiederholt sich ständig im Lauf der Geschichte. Entsprechend sieht Riegel die Entwicklung im 19. Jahrhundert ihren Ausgang von einem „kühnen und strengen Idealismus" nehmen (gemeint sind wohl Neoklassizismus und Nazarenertum), der gegen die Mitte des Jahrhunderts nachzulassen beginnt und einem „gemäßigten Realismus" Platz macht; dieser läuft in einen „hochgesteigerten Naturalismus" aus, „der nicht frei von Verkünstelungen und Verirrungen ist". Das höhere Ziel jedes kunsthistorischen Zyklus bildet jeweils wieder der „Idealismus"; dieser ist „unter allen Richtungen der Kunst die am meisten *geistesstarke, dichterische* und *schöpferische*. Er bezeichnet Höhen der Kunst und sieht von diesen mit Freundlichkeit auch auf minder hohe Kunstbestrebungen. Auch der edlere *Realismus*, wie z.B. der von *Rubens* und *Rembrandt*, ist voll von Geist und Dichterkraft."[550] Insbesondere dem „modernen Naturalismus", der nur die Wirklichkeit zu kopiren in der Lage ist, mangelt es dagegen an Erfindungskraft und geistig-idealer Durchdringung. Das definierte ästhetische System des illusionistischen Verismus und „Akademismus" dürfte innerhalb der klassizistisch-konservativen (idealistischen) Ästhetik Riegels vorwiegend den Bereich des „Realismus" abdecken. Übrigens entspricht der Hierarchie der typischen Gestaltungsweisen („Idealismus", „edlerer sowie unedlerer Realismus", „Naturalismus") die systematische Ordnung der Gattungen: An der Spitze steht die religiöse Malerei, es folgen jeweils auf niedrigerer Stufe die mythologische Malerei, Historie, das Bildnis, die Gattungsmalerei (Genre), Tier,- Landschafts- sowie Blumenmalerei, schließlich Stilleben und Ornamentgestaltung.[551] Es ist anzunehmen, daß in der Vorstellung Riegels alle diese Gattungen insgesamt durch alle typischen Gestaltungsweisen geprägt sein können, daß es demnach beispielsweise eine „idealistische", „realistische" und „naturalistische" religiöse Malerei ebenso geben kann wie eine „idealistische", realistische und „naturalistische" Stillebendarstellung. Möglicherweise tendiert jedoch der „Naturalismus", seinem prosaischen Wesen nach, im Sinne Riegels zur Bevorzugung der niederen Gattungen. Die höchste Stufe der Malerei hat jedenfalls die „idealistische" religiöse Malerei inne. Wenn auch das definierte ästhetische System des illusionistischen Verismus und „Akademismus" mit dem Riegelschen „Realismus" übereinstimmen mag, so ist es nicht sinnvoll, dieses System mit gewissen Teilen der Riegelschen Gattungshierarchie zu identifizieren. Es wäre jedenfalls unsinnig, die Opposition des Hellmalerei-Naturalismus gegen den illusionistischen Verismus und „Akademismus" nur auf jene Gattungen zu beziehen, die dieser umfassen könnte. Der Angriff der Pleinair-Moderne richtet sich im Übrigen grundsätzlich gegen jede Art der traditionellen Gattungseinteilung geschweige denn (idealistisch orientierten) Gattungshierarchie. – Die apologetische Kraft der Riegelschen Ästhetik liegt jedoch gerade in ihrer hierarchischen Konstitution; da der „Idealismus" und „edlere Realismus" die höchsten Wertpositionen innehaben und somit die von ihnen bestimmten Gattungen der obersten Stufen den höchsten Rang einnehmen, kann alles *Niedrigere* (im Sinne einer Bindung an das „ungeistig-Materielle", „Ungebildete" und „sozial Tieferstehende") auf seinen Platz verwiesen und gegebenenfalls abgeschmettert werden (sowohl der typischen Gestaltungsart als auch der Gattung und dem konkreten Bildgegenstande nach). Zudem unterstützt der normative Charakter dieser Ästhetik die konservativen Tendenzen des traditionellen Gestaltungskanons (des illusionistischen Verismus und „Akademismus").

Im Mittelpunkt der etwas älteren, vielgelesenen *Populären Ästhetik* (1873[4]) von Akademieprofessor Carl Lemcke[552] steht der Begriff der Schönheit. Trotz der Normativität dieser in vieler Hinsicht konventionellen Schönheitslehre unterscheidet sie sich von der streng idealistischen, konservativen Ästhetik Riegels durch ihren Liberalismus. Emphatisch huldigt Lemcke dem Fortschrittsoptimismus seiner Zeit, lobt die modernen Errungenschaften der Wissenschaft, Technik, politischen und sozialen Gedankenfreiheit, Zurückdrängung des Klerikalismus, Errungenschaften auch der Ethik sowie Ästhetik, und wohl im Hinblick auf die Reichsgründung ruft er aus: „Nur frisch und fest die Ziele in's Auge gefaßt, die Ziele des Schönen, Wahren und Guten! Unsere deutsche Nation ist so stark, so tüchtig wie noch nie;

sie kann, sie wird herrlich und mächtig unter den Nationen auftreten, die bis dahin die sogenannten träumerischen, formlosen, unpractischen Deutschen verachteten."⁵⁵³ Liberal sieht Lemcke auch das Verhältnis von Staat und Kunst, wenn er zugunsten der individuellen, freien Initiative der Künstler die Einflußnahme des Staates weitgehend ausgeschaltet sehen möchte: „Je mehr sich die Kunst frei aus dem Volksgeiste heraus entwickelt, nicht durch außerordentliche Aufmunterungen, Prämien und dergleichen künstlich geweckt und erhalten, desto sicherer und kräftiger ist ihr Gedeihen."⁵⁵⁴ Die „von oben herab einem Volke aufgedrungene Kunst" vergleicht der Ästhetikprofessor mit künstlich über Felsgestein angesiedelten Blumen, die entweder verdorren oder vom ersten Unwetter mitsamt der dünnen Erdschicht fortgeschwemmt werden. „Erzwingen läßt sich die Kunst nicht. Denn die Weltanschauung, aus der heraus sie bilden muß, und Ideale lassen sich nicht ausdenken, nicht durch hohe Preise hervorzaubern und erkaufen. Ist sie todt, so läßt sich ihr höchstens ein Scheinleben einflößen."⁵⁵⁵ Offenbar wendet sich der *bürgerlich-liberale* Lemcke gegen eine feudalabsolutistische Kunstpolitik, wie sie beispielsweise besonders intensiv im Königreich Preußen betrieben wurde; er ist implizit allerdings auch einverstanden mit dem problematischen Prinzip des freien, durch Angebot und Nachfrage sich „zwanglos" regelnden Kunstmarkts. Dennoch ist die Ästhetik Lemckes mit ihrem, wie gesagt, normativen Schönheitsbegriff weit von einer linksliberalen, geschweige denn demokratischen Auffassung entfernt, die dem „revolutionären" Emanzipationskampf des Freilicht-Naturalismus gegen den illusionistischen Verismus und „Akademismus" Sympathien schenken könnte.

Das Denken Lemckes orientiert sich undialektisch an hohen Werten. Die Kunst soll nach den höchsten Zielen des Erkennens, Wollens (Handelns) und Empfindens streben, nach dem Wahren, Guten und Schönen, diese „göttliche" Dreiheit (bereits der antiken Ästhetik) gilt es in innerer Harmonie künstlerisch zu verwirklichen. „Das Häßliche aber, das Unwahre und das Schlechte ist zu hassen und zu vernichten, weil es uns sonst stets verhindert, uns aus dem niederen Staube, in den es uns hinabdrückt, zu erheben und zur Gottheit emporzustreben."⁵⁵⁶ In Zeiten der Wandlung und Umwertung künstlerischer Werte muß ein so starrer ästhetischer Gegensatz, dessen antagonistische Positiva und Negativa ja an die Normen der vorherrschenden Anschauung gebunden sind, zur Erfassung der künstlerischen Wirklichkeit, die der sozialen direkt oder indirekt entspricht, gänzlich versagen.

Gegenstand der Malerei ist nach Lemcke fundierend die Welt der Erscheinungen, die in positive (das Schöne, Reizende, Erhabene), negative (das Häßliche, Grausige, Niedere) sowie indifferente (das Lachbare, das Furchtbare) eingeteilt werden und denen positive Empfindungen (Liebe, Zuneigung, Hochachtung), negative (Haß, Abscheu, Verachtung) sowie indifferente (Gleichgültigkeit, Furcht) entsprechen.⁵⁵⁷ Positiv zu bewertende Erscheinungen müssen in der künstlerischen Gestaltung stets dominieren. Außerdem soll das Einzelphänomen nicht in seiner realen, zufälligen Gestalt erfaßt werden, sondern die seinem Wesen entsprechende Idealkonstitution ist herauszudestillieren. Das künstlerisch anzustrebende Schöne ergibt sich nur bei einer Harmonie zwischen Wesen und Erscheinung: „Das heißt, bei jedem Gegenstande müssen Wesen und Ausdruck übereinstimmen, wenn wir den Eindruck des Schönen, des Rein-Wohlgefälligen bekommen und uns nicht an unaufgelöstem Widerspruch stoßen sollen."⁵⁵⁸ Offenbar verbannt Lemcke die prosaische, unbequeme Wirklichkeit aus dem harmonisch-idealen Reiche der Ästhetik ebenso wie unaufgelöste Widersprüche und Konfliktstoffe.

Dennoch macht der Ästhetikprofessor liberale Konzessionen: „Wir wissen, daß der Mensch jede übertriebene Einheit oder Einseitigkeit flieht. Nehmen wir nun das Schöne – ethisch die Tugend – und setzen wir, daß wir nur Schönes und wieder nur Schönes zu sehen bekämen, so ergiebt sich durch richtige Folgerung, daß wir bald einen unbefriedigenden Eindruck empfänden. Die Forderung des Wechsels würde nicht erfüllt; wir würden Langeweile, wenn nichts Schlimmeres verspüren. In dem Falle könnte also selbst das Häßliche als Mannigfaltigkeit oder Wechsel eine Art wohlgefälligen Eindruck machen, freilich nicht an und für sich, sondern nur in Verbindung mit dem Schönen. Außerdem läßt sich denken, ein Häßliches, das aber nicht absolut häßlich sein darf, könnte unter solchen Umständen dadurch wirksam werden, daß es das Maß für unsere Beurtheilung herabstimmt. Wir sind geneigt, seine Ungesetzmäßigkeit mehr oder weniger zum Ausgangspunkt zu nehmen, erhöhen aber dadurch um ebensoviel das Schöne, als wir uns zum Häßlichen herablassen. So wird das Häßliche zur Folie."⁵⁵⁹ Das Lemckesche Wertgefüge bleibt also letztlich stabil.

Das Schöne wird fußend auf Hegel (Ästhetik) sowie im Rückgriff auf die antikisierende Begriffsbildung des Neoklassizismus definiert. So tragen Ordnung und eine möglichst ideale Gesetzmäßigkeit der Erscheinungen, mit den Vernunftprinzipien harmonisierende Einheit in der Mannigfaltigkeit, Übersichtlichkeit sowie deutliche Gliederung ebenso zur Konstitution von Schönheit bei wie Vollständigkeit, von Beeinträchtigungen und Störungen freie Ganzheit, Harmonie, Symmetrie, Proportion und Gleichgewicht.⁵⁶⁰

Die diesen Schönheitsbegriff zugrundelegende Darstellungslehre ist Wasser auf die ideologischen Mühlen des illusionistischen Verismus und „Akademismus". Zum Verhältnis von *Form* und *Farbe* schreibt Lemcke: „Es sei schon hier ausgesprochen, daß im Allgemeinen dem Maler das schöne Maaß gilt: Deutlichkeit der Formen bei schöner Licht- und Farbenerscheinung, was freilich eine hohe Kraft der Verschmelzung des Idealen und Realen voraussetzt, wenn nicht eine Mittelmäßigkeit und Verwaschenheit herauskommen soll. Die einseitigen Auffassungen: Schärfe der Formbildung mit Hintansetzung des coloristischen Elementes nach seiner vollen Fülle und Schein-Wirkung und die volle Scheinwirkung, die gleichgültig gegen die wirklichen Formen malt und sich um deren Undeutlichkeit und Unverständlichkeit für die Erfassung nicht kümmert, liegen zu beiden Seiten. Dort, wie man die Unterscheidungen genannt, die mehr plastische, hier die in ihren Farbtönen gleichsam musicalische Behandlung. Jede innerhalb der noch schönen Gränzen berechtigt, erfreulich, nothwendig. Für das schöne Maaß aber stehe der Name Raffael. Ihn nennen die Zeiten den höchsten, ihn zuerst."⁵⁶¹ Liberal läßt Lemcke sowohl eine formbestimmte, mehr „zeichnerische" als auch eine farbbestimmte, mehr „koloristische" Richtung der Malerei gelten (offenbar ein „sowohl Cornelius als auch Kaulbach/Piloty, sowohl Feuerbach als auch Makart"), doch am schönen Verismus, an der maßvollen Verschmelzung „deutlicher Formen" mit einer „schönen Licht- und Farbenerscheinung" (*Helldunkel*) hält er fest und nennt sogar ganz klassizistisch Raffael als unerreichten Garanten des „schönen Maaßes" der harmonischen Verbindung von Idealem und Realem.

Veristisch soll der Maler die Gesetze der *Linearperspektive* handhaben: „Durch sie gewinnt er die wahre Herrschaft über den Raum. Ob auf einer Fläche arbeitend, giebt es nun keine Tiefe mehr für ihn, die er nicht darzustellen vermöchte. Sein Bild wird gleich dem Spiegel so tief, wie die Tiefen und Weiten, welche er darstellt."[562] Die schöne Wirklichkeitsillusion wird durch eine differenzierte Anwendung der *Fernperspektive* und *einheitlichen Lichtgestaltung* wohlgefällig unterstützt: „Ebenso sicher und fein muß Sinn und Auge sein für die Farben und ihre Harmonien, für ihr zartes Verschwimmen und Abtönen, durch welche z.B. die Luftperspektive den Raum zeigt. Das Verdämmern, Verduften der Farbentöne, das Spiel der Reflexe, für all' das muß der Maler ein wunderbar feines Sehgefühl haben. Welche Kunst gehört dazu, ein Bild in der Einheit und Mannigfaltigkeit des Lichtes zu zeigen. Ein Licht beherrscht, aber symphonisch setzt sich der einheitliche Effect aus einer Fülle von Glanz und Farben zusammen, wo jede Körperlichkeit ihre besonderen Lichter und Schatten, Wirkungen und Gegenwirkungen verlangt."[563]

Wichtig sind für den Maler die *Wahl des Standpunktes*, der eine „möglichst schöne, deutliche, characteristische oder umfassende Ansicht" zu garantieren hat sowie die *Wahl des besten Momentes*, der soweit als möglich in die Vergangenheit und Zukunft weisen sowie den wichtigsten Punkt mit den umfassendsten Perspektiven des Geschehens treffen soll.[564] Die ästhetische Bedeutsamkeit einer packenden Bildhandlung wird damit völlig im Sinne des illusionistischen Verismus und „Akademismus" vorausgesetzt.

Ordnung, Übersichtlichkeit, Bedeutungsgewichtung sind die Charakteristika einer gut durchgeführten *Komposition*: „Uebrigens ist kaum nöthig zu sagen, daß jede Composition sich in Gruppenbildung und linearem Aufbau nach der strengsten innerlichen Nothwendigkeit zu gestalten hat, daß darin kein willkürliches Spiel herrscht, sondern stets der Hauptgrund im Auge behalten sein muß, daß dadurch das Ganze geordnet, übersichtlich gemacht und nach seiner Bedeutung das Einzelne hervorgehoben wird. (...) Die Wirkung der Farbe, des Dunkels, des Lichtes, des Lebendigen, gedrängter Massen gegen leichtere, ausgedehntere Körper wird man danach hinsichtlich der Composition leicht erkennen, namentlich wenn man an das über das Gegengewicht Gesagte sich erinnert. Daß die durch Dunkel oder durch Farbe betonten und effectvoll gemachten Objecte mehr Gewicht haben als die ohne Effect des Lichtes oder der Farbe behandelten, läßt sich leicht bei aufmerksamer Beobachtung guter Gemälde finden (...)."[565] Solche Kompositionsprinzipien sichern eine einfühlsame, „angenehm ästhetische" Szenik der Darstellung.

Da der Maler keine „photographische Maschine" ist, die prosaisch die durch Moment und Zufall bestimmte „bloße" Realität abbildet, muß er „frei" seine künstlerische Subjektivität einsetzen: „Die schönen Dinge kann der Maler wiedergeben, wie sie sind; ist seine subjective Hinzuthat weniger schön, so verschlechtert er. Ist sein Object an sich unbedeutender, so muß er es für ein freies Kunstwerk durch seine malerisch-poetische Hinzuthat steigern. Allem, was interesselos, leblos, geistlos u.s.w. erscheint, dem muß er, wenn er es als Object wählt, durch die malerische Behandlung Interesse, Leben, Geist geben. Er taucht es in seine Poesie, die freilich zum Gegenstande stimmen muß. Danach richtet sich im Allgemeinen der Stil."[566] Die poetische Verklärung einer veristischen Illusionswirklichkeit erscheint als höchstes Ziel der subjektiven Anstrengungen der Künstlerindividualität. Die Affinität zum literaturwissenschaftlich gefaßten Begriff des Poetischen Realismus der fünfziger bis siebziger Jahre ist deutlich, ebenso die Affinität zu Riegels Realismusbegriff. Lemcke mag hier die Malerei der Achenbach, Knaus, Piloty im Auge haben.

Anders als Riegel sieht Lemcke Idealismus und Realismus als zwei eher gleichberechtigte Möglichkeiten, das Ziel der „schönen Verschmelzung des Realen und Idealen" künstlerisch zu erreichen: „Weilen wir einen Augenblick bei den Forderungen des Realismus und Idealismus. Das Ziel des Künstlers ist das Schöne. Zwei Wege giebt es. Er kann vom Wirklichen ausgehen und es zum Schönen steigern. Er kann von den Ideen ausgehen und diese idealen Vorstellungen zum Wirklichen in der Darstellung führen. Jedes ist je nach dem Inhalt des Kunstwerkes berechtigt."[567] Die Grenzen von Realismus und Idealismus werden wie folgt bestimmt: „Leicht erkennt man danach in der Kunst, wie es in ihr strömt zwischen Realismus und Idealismus und welche Schranken sich ergeben einerseits durch das Trivial-Wirkliche, Alltägliche, welches einer besonderen Darstellung und Festhaltung durch die Kunst an sich nicht werth erscheint (durch die Zuthat des Künstlers allerdings immer werthvoll gemacht werden kann) und anderseits durch das Schematische, worin das Individuelle durch die falsche Idealität erdrückt ist, welche den Gattungsbegriff darzustellen versucht und darüber das Characteristische des lebendig Besonderen außer Augen verliert. Kunst verlangt immer Characteristisches der Erscheinung. Uebermaß derselben ist Caricatur, Absonderlichkeit."[568] Die Forderung, einerseits das Charakteristische und Lebendig-Besondere (Prinzip des *Individualisirens*) ohne Übertreibung zu berücksichtigen und nicht in schematisch-leere Idealität zu verfallen, anderseits das Abgleiten in die triviale Alltagswirklichkeit zu vermeiden, drückt das Wesen des Realismus der fünfziger bis siebziger Jahre pointiert aus. Dieser Realismus deckt sich mit dem illusionistischen Verismus und „Akademismus".

Als bezeichnend für die zeitgenössische Gegenwart (Beginn der siebziger Jahre) sieht Lemcke die Herrschaft des Realismus an: „In einem merkwürdig schnellen Anlauf hat auch die deutsche Malerei in noch nicht zwei Decennien die brillanteste Technik gewonnen, nachdem sie darin von Frankreich und Belgien längere Zeit überholt gewesen war. (Außerordentliches Verdienst hat in dieser Beziehung Piloty. Selten hat ein Meister die Talente so vieler Schüler so schnell nach der Richtung seiner Schule zu entwickeln gewußt, wie er). Namentlich für Vorwürfe, wo es gilt, die Natur characteristisch und effectvoll zu erfassen oder wo überhaupt ein Gegenstand gewählt ist, der nur frische oder gemüthvolle Auffassung und Fertigkeit, weniger eine tiefere ideale Durcharbeit – wie ein wahrhaft stilvolles, bedeutende Ideen repräsentirendes Historien- und Ideenbild – verlangt, da ist eine Höhe erreicht, daß die heutige Kunst sich den glänzendsten Zeiten an die Seite setzen darf."[569] Zu diesem Lob der zeitgenössischen Malerei mittlerer Stillagen stimmt auch Lemckes liberale Auffassung der Gattungsästhetik. Im

Unterschied zur streng hierarchischen Ordnung Riegels sieht er die Gattungen des Blumen- und Fruchtstücks, Stillebens, der Architekturmalerei, Landschaft, Tier-, Genre-, Porträt- und Historienmalerei eher in einem zwanglosen Nebeneinander. Die Grenzen dieser Gattungen sind nicht fest umrissen, beispielsweise zeigt Lemcke die Überschneidungen von Genre und Historie ausführlich auf. Auch beansprucht der Ästhetiker in der Aufzählung und Behandlung der genannten Gattungen ausdrücklich keine Vollständigkeit.[570]

Zusammenfassend seien die wichtigsten ideologischen Implikationen des illusionistischen Verismus und „Akademismus" skizziert. – Zunächst deutet das Moment der „wirklichkeitstreuen" Schilderung im Sinne empirischer Beobachtung sowie Rekonstruktion auf eine szientistische Einstellung. Die Welt erscheint einerseits positivistisch im Bild „wie sie ist oder historisch war" als Bestandsaufnahme einer quasi wissenschaftlichen Phänomenologie, andererseits bringt die Möglichkeit einer lückenlosen gegenständlichen Detailidentifikation das Sicherheitsgefühl eines komplikationsfreien Wiedererkennens und wahrnehmungsmäßigen Verfügens hervor. Prosaisch-wissenschaftliche Rationalität und „naiv-veristischer" Optimismus des Wirklichkeitsverständnisses halten sich die Waage.

Die Geschlossenheit, Einheitlichkeit der Darstellungsszenik mit ihrer interessanten Handlung, ausgewogenen Komposition, ihrem schönen Helldunkel und Kolorismus schließt störende Spannungen, Diskrepanzen, Konflikte, Extrempositionen, die das Gestaltungssystem in Frage stellen, geschweige denn sprengen könnten, sowohl inhaltlich als auch formal aus. Diese Tendenz einer letztlich auf Systemerhaltung bedachten Harmonie kommt konservativen Bestrebungen entgegen. Ähnlich wirkt die säuberlich katalogisierende, tendenziell hierarchische Gattungseinteilung, die jedem Sujet seinen Platz und Rang innerhalb des wohlgeordneten Gestaltungsuniversums anweist.

Der positive, an den „Gesetzen der Schönheit", an der Dreieinigkeit des Wahren, Guten und Schönen ausgerichtete Wertekanon des illusionistischen Verismus und „Akademismus" etabliert eine Bildwelt des schönen Scheins, deren Bestände den akademischen Regeln zufolge ästhetisiert, in ihrer stofflich-materiellen Phänomenalität entwertet sind und aus der die herrschenden Normen künstlerisch geläutert, verklärt zurückstrahlen. So wird ideelle Substanz der herrschenden Kultur apologetisch propagiert. Außerdem zielen die Suggestivkraft der illusionistischen Szenik mit der faszinierenden Vorspiegelung glaubhafter Erfahrungswirklichkeit und die emotionalisierende Atmosphäre (Helldunkel, Kolorismus) auf Einfühlung und harmonische Identifikation des Betrachters ab.

Zugleich vermag diese illusionistisch-veristische Kunstwelt, die eine der prosaischen, widerspruchsvollen und konfliktgeladenen Alltagsrealität entrückte Eigenexistenz behauptet, für all das wohlgefälligen Ersatz zu leisten, was jener Realität mangelt. Der Beobachter wird gleichsam in eine Bildungssphäre des Ästhetisch-Schönen emporgehoben, so daß er eine Zeitlang seine realen Frustrationen vergessen und seinen Drang nach Höherem befriedigen kann.

Dagegen schreibt die *moderne Hellmalerei*, deren wichtigste Ziele ebenfalls zusammengefaßt seien, das Prinzip der desillusionierenden und ursprüngliche Natur zurückgewinnenden Wahrheit auf ihre Fahnen. Das Licht des optischen Laboratoriums der Maler, des Ateliers wird zugunsten der freien Tageshelligkeit verschmäht und die traditionellen Prinzipien des Helldunkels sowie Kolorismus werden negiert. Man strebt nach dem ungeschminkten Ausdruck unmittelbarer Naturbeobachtung und verwirft den „künstlichen Modellrealismus" sowie die Vermitteltheit durch Tradition und Geschichte.

Dem Anspruch des Wahrheitsprinzips des Pleinairismus begegnet der zum Akademiker und Münchener Malerfürsten aufgestiegene Franz von Lenbach mit der Herablassung des lebens- und kunsterfahrenen Weisen: „Das Herumlungern im Freien bei Beobachtung der Sonneneffekte ist ja so angenehm. Nur ist dabei die Gefahr, daß man alles Augenmaß verliert, wenn man beständig mit der sonnigen Natur im Freien verkehrt. Die Alten haben das Augenmaß nie verloren, sie haben die Natur beherrscht und sind nie ihre Sklaven gewesen. Sie nahmen aus der Natur nur, was sich für die Zwecke der Malerei verwenden ließ, was durch die Malerei darstellbar war. Wie wollten wir auch *Licht* malen? Unsre Palette ist ja so beschränkt, das 'Kremserweiß' ist da unser Licht. Die Alten haben nur die Mittel der geistreichsten Erfahrung angewendet, um den Effekt von Licht hervorzubringen. Sie erfanden eine Skala, in die sie die Effekte der Natur und deren Steigerungen übersetzten. Als junger Mensch glaubt man, man könnte alles darstellen; erst später lernt man durch die Kunst, durch das Vorbild der Meister, sich zu beschränken, und da findet man denn, daß auf der von ihnen aufgestellten Skala auch eine Menge von Effekten erreichbar sind."[571] Kunstsoziologisch interessant ist die Tatsache, daß Lenbach, der die jungen Pleinairisten als unausgegorene Schüler abkanzelt und im Übrigen das „weitere Umsichgreifen eines schönheitsverlassenen Naturalismus" mit allen Mitteln zu verhindern trachtet[572], in seiner von akademischen Ehren, Adelsprädikat und kunsthistorischer Bildung noch unberührten Anfangszeit (Ende der fünfziger und Beginn der sechziger Jahre) ein Bewunderer der freien Natur und „Sonnenfanatiker" war: „Ich muß gestehen, daß ich damals in eine Art *Sonnenfanatismus* hineingeriet, wie jetzt die Parole 'Licht! mehr Licht!' Mode geworden ist."[573]

Ähnlich wie Lenbach hält der Berliner Akademieprofessor und Historienmaler Otto Knille in seinem Aufsatz „Freilicht" (1896) den Pleinairisten, die ohne Läuterung und Verklärung, ohne vorgefaßte Meinung allein die nüchterne Tageswirklichkeit darzustellen gedächten („Naturmalerei statt Kunstmalerei") lakonisch vor, daß die Lichtskala der Natur eine viel größere Ausdehnung habe als die Farbskala der Palette mit ihrem Weiß sowie Schwarz und daß deshalb das Streben nach unbedingter Naturwahrheit a priori zum Scheitern verurteilt sei. Die Kunst müsse sich stattdessen den allgemeinen Grenzen und Wirkungsgesetzen für die malerische Produktion mit Pigmenten (Ölfarbe) fügen.[574] Knille definiert diese „Grenzen und Wirkungsgesetze" selbstverständlich im Sinne des illusionistischen Verismus und „Akademismus". Außerdem glaubt er die Irrelevanz, ja Widersprüchlichkeit des Wahrheitsprinzips der Hellmaler erweisen zu können, indem er pointiert die Nachahmungskraft („schlichte Naturbildlichkeit") ihrer Alla-prima-Technik mit „Klietern", „Patzen" (lockerer Farbauftrag) und viel Weißzumischung im Vergleich zu den traditionellen Mitteln der Anwendung von starken Helligkeitskontrasten, leuchtenden Farben und vor allen Dingen Lasuren zur Verstärkung der Leuchtkraft und Darstellung der Luftperspektive als äußerst gering hinstellt. Auch müsse man die grundsätzliche Priorität der Form vor der Farbe anerkennen: bloßes Licht ohne gestaltgebende Formdifferenzierungen sei nicht darstellbar.[575] Von einer kritischen Einsicht in die ideologischen Funktionen sowie Ursachen der Freilichtauseinandersetzung ist Knille in seinem apologetischen Bestreben weit entfernt.

Eng verknüpft mit dem Wahrheitsprinzip des Pleinairismus ist das der Gleichgültigkeit oder sogar Häßlichkeit der darzustellenden Gegenstände. Durch die Wirkung des vollen Tageslichtes wird auch das Unscheinbare sowie Unschöne hervorgehoben, so daß in der Wiedergabe jeder Aufwand an künstlerischer, besser künstlicher Schwerpunktbildung durch Komposition, Helldunkel und Kolorismus wegfallen kann. Das Freilicht demontiert durch gleichmachende Helligkeit die akademisch-hierarchischen Ordnungskategorien und schafft eine egalitäre Relativierung des „Schönen". Tendenziell fallen damit auch die Schranken der alten Gattungsästhetik. Der oppositionell-ideologische Impuls liegt in einer Einstellung der Liberalisierung und Demokratisierung: die vom illusionistischen Verismus und „Akademismus" ausgeklammerten oder poetisierten „niederen" Bereiche der Wirklichkeit können in ihrer wahren Nacktheit und auch „Häßlichkeit" offengelegt werden, und damit treten zugleich andere Interessenbereiche ins Blickfeld.

Die Prinzipien der Farbdominanz (Lichtdominanz) sowie Formauflösung durch informelle Fleckstrukturen sichern der Freilichtmalerei die Wirkung großer Unmittelbarkeit und Frische sowohl der Beobachtung als auch der subjektiv gefühlten Stimmung. Die Vernachlässigung der Umrißlinien, „Zeichnung" und feinen Modellierung kommt einer Absage an den schönfärberischen, durch die „Poesie des Künstlers" gesteigerten sowie an der Kunst der Alten orientierten Formenkanon des illusionistischen Verismus und „Akademismus" gleich. Die kunsthistorisch aufgeladene Bildungsmalerei wird zugunsten einer aktuellen Gestaltung negiert, die dem produktiven Augenblick, dem rückhalt- und voraussetzungslosen Erleben der Gegenwart zugewendet ist. Damit besteht zumindestens tendenziell die Chance, den auf das gebildete Bürgertum begrenzten Adressatenkreis der Malerei zu durchbrechen. Freilich werden den Produkten der Hellmaler von akademischer Seite bloße Studien- und Skizzenhaftigkeit, Flüchtigkeit, ja Dilettantismus vorgeworfen. So schreibt der Kunsthistoriker Wilhelm Lübke am Ende seiner *Geschichte der Deutschen Kunst von den frühesten Zeiten bis zur Gegenwart* (1890): „Die ganze Richtung hat schon jetzt zu einer groben Vernachlässigung der Form und ihrer malerisch plastischen Durchbildung geführt, und zugleich eine Skizzenhaftigkeit und Liederlichkeit der Behandlung zur Folge gehabt, die zum Ruin der Kunst ausschlagen muß."[576] In ihrem Bestand bedroht ist jedoch *nur* die traditionelle akademische Kunst. Ludwig Pietsch führt in einer Besprechung (1887) des holländisch orientierten Genrebildes „Die Würfelspieler" von Claus Meyer das Wohlgefallen der *Majorität der Beschauer* an „solchem greifbar körperhaften Herausarbeiten aller lebendigen und todten Dinge aus der Bildfläche" gegen ein „rohes wildes 'Patzen' und 'Mauern' mit der Farbe" der „allermodernsten Manier" ins Feld.[577] Unzweifelhaft berührt Pietsch hier den zutreffenden Sachverhalt, daß die Mehrheit des bürgerlichen Kunstpublikums ideologisch auf den sicheren Bahnen der Tradition und Konvention beharrte.

Das von den Vorkämpfern der Hellmalerei befürwortete Prinzip des Formalismus mit seiner Betonung der Priorität rein visueller Faktoren der künstlerisch gestalteten Malfläche („Wie" der Gestaltung) vor Motiven, Themen, Inhalten („Was" der Gestaltung) bietet eine konsequente Attacke gegen die Inhalte der Gründerkunst und deren Bekräftigung sowie apologetische Untermauerung bürgerlich-aristokratischer herrschender Vorstellungen über Welt und Kunst. Denn in den Augen des Formalismus kann sich künstlerische Qualität gerade in der Gestaltung unscheinbarer, bisher vernachlässigter, häßlicher Gegenstände ohne ablenkende, ja störende stoffbedingte Wirkungen realisieren. Licht und Farbe werden dabei prononciert als die wichtigsten Exponenten der Formalgestaltung in den Vordergrund gerückt. Die Gefahr des pleinairistischen „Licht- und Farbformalismus" liegt in einer Begrenzung des sinnlichen Ausdrucksumfangs der Malerei, in einer Reduktion auf den Bereich der formalen Sinnlichkeit (die inhaltliche wird quasi suspendiert). Eine Neigung zum abgehobenen Ästhetizismus ist nicht von der Hand zu weisen. Auch mit dem Argument, daß der Künstler auf die stofforientierten Interessen und Wünsche des Laienpublikums zugunsten „reinkünstlerischer Wahrheiten" (Trübner) keine Rücksicht nehmen dürfe, schütten die Freilichtverteidiger das Kind mit dem Bade aus. Eine Kunst allein der Fachgenossen und Kenner für sie selber als l'art pour l'art würde in das Abseits eines elitären ästhetischen Dünkels geraten.

Zu erwähnen bleibt noch der nationalistische Ton vieler konservativer Kritiker des Pleinairismus. In der *Geschichte der Deutschen Kunst* (1890) von Wilhelm Lübke heißt es: „Die neueste Wendung der deutschen Malerei scheint uns wieder völlig unter französische Botmäßigkeit bringen zu wollen. Es ist die jüngste Mode der dortigen Impressionisten und Pleinairisten, in deren Nachahmung ein großer Theil unserer Künstler die absolute Wahrheit und das einzige Heil für die Malerei erblickt."[578] Heinrich Merz, der Herausgeber des *Christlichen Kunstblattes für Kirche, Schule und Haus* schreibt (1890): „Daß unsere neueste deutsche Kunst, insbesondere die Malerei, sich wieder recht unter französische Oberherrschaft gestellt, ihr Muster und Vorbild aus Paris geholt hat, ist durch die erste Münchener 'Jahres-Ausstellung' bestätigt worden. Ein Teil unserer deutschen Maler ist auch in die Pariser Weltausstellung selber gegangen, um dort zu zeigen, wie herrlich weit sie es in der Meisterschaft dessen, was sie dort sich abgesehen, gebracht haben, und was die Deutschen in der Verleugnung ihrer Eigenart, in der Verachtung ihres eigenen Besitzes, in der Überschätzung des Fremden auch immer leisten können, zehn, zwanzig Jahre nach Siegen unerhört über den Erbfeind."[579] Tendenziell wird der französische Erbfeind für verfehlte Kunstmoden und die Depravierung der deutschen Kunst verantwortlich gemacht. Das klassische Land der Freilichtmalerei ist indessen England mit Malern wie Constable und Turner. – Bereits 1817 erschien in London die Broschüre *Day-Light, a recent discovery in the art of painting* des Malers Henry Richter. Unter dem Titel *Eine Freilicht-Prophezeiung* weist Walter Stengel (1906) in der Zeitschrift *Kunst und Künstler* auf diese Arbeit hin.[580] Seit dem Ende des 18. Jahrhunderts gibt es auch in

Deutschland einen stetigen Strom der gegen die stillagenhohen Kunstproduktionen opponierenden Freilichtmalerei.

In abrißhafter Form sei auf die Ursachen eingegangen, die den Hellmalerei-Disput der achtziger und neunziger Jahre bewirkten. Offenbar handelte es sich um eine Krise sowohl des traditonellen künstlerischen Realitätsbegriffes als auch der künstlerischen Gestaltungsmittel. Einen Anhaltspunkt für die Beurteilung der Gründe kann die Interpretation der Hellmalerei von Heinrich Merz in seinem Rückblick auf das Jahr 1889 (*Christliches Kunstblatt*) geben: „Es mag ja wohl der nüchternen 'Grau- und Freilichtmalerei', welche die Ausstellungen beherrscht, ein berechtigtes Streben nach ehrlicher Wahrheit, unbefangener Natürlichkeit zu Grunde liegen. Die einfache getreue Wiedergabe der Wirklichkeit soll auch immerhin ein notwendiger Gegenstoß gegen das akademisch und thetralisch Erkünstelte sein. Es kann jedenfalls der bildenden Kunst nicht verwehrt werden, dem Strome der Zeit, welche an die Stelle der Poesie, der Spekulation und meist auch der Religion die Politik, die Kritik, die Mathematik, die Statistik, die Wage, das Mikroskop gesetzt hat, zu folgen."[581] (Merz fährt fort, daß es jedoch zwischen Himmel und Erde so manches gäbe, wovon alle technische und gelehrte Schulweisheit sich nichts träumen lasse und daß man eher dem „gesunden Sinn des Volkes" trauen sollte, das mit Kopfschütteln an den weniger sorgfältigen, undeutschen und unwahren Werken der hochmodernen Maler vorübergehe). Der von Merz angenommene Zusammenhang zwischen dem Wahrheitsprinzip des Pleinairismus und der Ernüchterung sowie Säkularisierung des Lebens durch den Einfluß der Naturwissenschaften und Technik besteht generell unzweifelhaft, jedoch muß er präziser definiert werden. Denn bereits der Realismus der fünfziger bis siebziger Jahre fußt mit seiner Opposition zur voraufgehenden Romantik und klassizistischen sowie nazarenischen Idealmalerei auf einem gleichsam „naiv-veristischen" Wirklichkeitsverständnis, das mit positivistischer Rationalität die Herstellung „abbildhafter Wiedergaben" von illusionistischer Suggestivkraft der künstlerischen Gestaltung zugrundelegt. Der künstlerische Wirklichkeits- sowie Realismusbegriff des genannten Zeitraums ist durch den liberalistischen Wissenschaftsglauben und Fortschrittsoptimismus geprägt. Die optimistische Weltsicht des bürgerlichen Liberalismus bestimmt auch die an Höchstwertsystemen orientierte Schönheitsästhetik des illusionistischen Verismus und „Akademismus" (Realismus).

Ein erneuter Schub der Entwicklung der Naturwissenschaften und Technik sowie der Industrialisierung, des Großstadtwachstums und der zunehmenden Umweltbelastung setzte im letzten Drittel des 19. Jahrhunderts ein, in Deutschland durch die Gründung des Kaiserreiches gefördert, die dem Bürgertum den langersehnten einheitlich-nationalen Markt bescherte. Die rasche volkswirtschaftliche Gewichtsverlagerung vom agrarischen in den industriell-urbanen Bereich, das Wachsen der sozialen Spannungen in den Großstädten durch die starke Zunahme des ausgebeuteten Proletariats, der Bevölkerungszuwachs allgemein und das Heraufkommen des Massenzeitalters, bestimmt durch massenhafte Produktion, massenhaften, mit bisher unbekannter Schnelligkeit abgewickelten Verkehr und Informationsstrom, durch das Agieren von gut organisierten Massenparteien und neuen mitgliederstarken Interessenverbänden führten zu harten Belastungsproben für die vom Nationalliberalismus „staaterhaltend" unterstützte, letztlich starre, an den Interessen des Adels orientierte, konservativ-militaristische Gesellschaftsordnung im obrigkeitsstaatlichen Kaiserreich mit seinem rudimentären Scheinparlamentarismus, der die politische Willensbildung und „Mitwirkung" der mittleren sowie unteren Schichten und Klassen verhinderte.

Die Eskalation der Probleme und Konflikte im Bezugsfeld der sich stetig entfaltenden Depravationen des Kapitalismus brachte eine wachsende ideologische Unsicherheit zunächst in den Randbereichen der herrschenden und kulturtragenden Schichten und Klassen hervor. Ein die neuen Realitäten reflektierender und zunehmend konzeptionell berücksichtigender ideologischer Umwandlungsprozeß begann auch die Bildkunst zu erfassen, die vorerst innerhalb von oppositionellen Zirkeln mit dem traditonellen, nunmehr naiv und verlogen erscheinenden Wirklichkeitsbegriff des illusionistischen Verismus und „Akademismus" brach. Diesen Prozeß begünstigste die Relativierung des liberalistischen Optimismus und Fortschrittsglaubens in den siebziger und achtziger Jahren.

Das Freilicht mit seinem Drang nach schonungsloser Helligkeit kann als „Enthüllungslicht" gelten in Analogie etwa zur Enthüllungsdramatik Ibsens, die hinter einer repräsentativen Fassade der Wohlanständigkeit und Moralität die Abgründe der höheren Gesellschaft ausleuchtet, die Unmenschlichkeit des Konkurrenz- und Aufstiegsdenkens, Besitzstrebens, der Geldgier, patriarchalischer Herrschaft in der Familie und des Standesdünkels. In gewisser Weise fungiert die Freilichthelligkeit als Licht einer neuen Aufklärung. Sie ermöglicht den desillusionierenden, mit wissenschaftlicher Analytik forschenden Blick auf das innere Wesen der Dinge und Verhältnisse.

Zu einem neuen Farbverständnis in der Kunst mag auch die „Lichtarbeit" der Fotografie beigetragen haben, deren Produkte zunächst die Funktion einer von subjektiver Zutat und Verfälschung freien Bestandsaufnahme der Wirklichkeit erfüllten. – Für Richard Muther schien in seinem Aufsatz *Was ist Freilichtmalerei?* (um 1900) das 19. Jahrhundert „nach seinem ganzen Wesen berufen, diese Lichtmalerei weiter auszubilden. Denn unser ganzes Leben ist noch heller geworden. Nicht mehr durch kleine bleigeränderte Scheiben, sondern durch große Glastafeln strömt das Licht in unsere Zimmer herein."[582] Erinnert sei in diesem Zusammenhang an die in der zweiten Hälfte des 19. Jahrhunderts entwickelten Eisen-Glas-Konstruktionen, die eine allseitige Lichtzufuhr mit äußerst geringem Helligkeitsverlust ermöglichten und auch auf Kunstausstellungsgebäude angewendet wurden. – Ein weiterer Faktor innerhalb des komplexen Bedingungsgefüges der künstlerischen Lichtrevolution ist die „erhellende" Wirkung der sich im letzten Drittel des 19. Jahrhunderts sprunghaft entwickelnden elektrischen Beleuchtung.

Sicher besitzt das Freilicht einen antiurbanen Aspekt. Es fordert zum Verlassen der großstädtischen Konflikträume auf, sucht in Parks und der freien Landschaft gleichsam eine rousseauische Alternative zur Unnatur der modernen Stadt. Allerdings kann die Hellmalerei ihre Gegenstände auch mit Licht durchtränken, sie in Licht auflösen, sie entmaterialisieren und auf diese Weise eine neue Lichtromantik, einen neuen Idealismus der „hellen Geistigkeit" begründen.

Das pleinairistische Prinzip der Formauflösung durch Fleckstrukturen schließt einen Impetus der ideologischen Zerstörung, des Aufbrechens traditioneller Formgefüge ein. Zudem vermag die neue Rauhigkeit gegenüber der akademischen Glätte und Idealität die Dimension konkreter, sinnlich-haptischer Wirklichkeitserfahrung zurückzugewinnen.

So wie der einzelne Fleck als Teil eines Strukturgefüges in seiner Individualität relativiert ist und sich die in Fleckareale aufgelöste Gestalt eines Gegenstandes vermittels ihrer jegliche Details vernachlässigenden Unbestimmtheit den gleichartig strukturierten Gestalten der übrigen Gegenstände innerhalb des Bildzusammenhangs annähert, so verliert analog in der neuartigen Massengesellschaft mit ihren statistischen Größen und kollektiven Kräften die Einzigartigkeit des bürgerlichen Individuums in vielen Situationen an Gewicht (beispielsweise in Kaufhäusern, im Großstadtverkehr, in Massenveranstaltungen usw.). Ein ideologisches Symptom dieser Entwicklung bilden gewisse Ergebnisse der seit den siebziger Jahren betriebenen Forschungen des Physikers Ernst Mach zur Grundlagentheorie der Naturwissenschaften. Indem Mach die *Empfindungen* zu den einzigen die Wirklichkeit konstituierenden Elementen erklärt, meint er zugunsten einer gereinigten positivistischen Empirie (Neopositivismus, Empiriokritizismus) den erkenntnistheoretischen Dualismus von wahrnehmendem Subjekt und perzipiertem Objekt, von Bewußtsein und Außenwelt aus dem Weg zu schaffen. Die Konstanz, festumrissene und in sich geschlossene Gestalt einzelner räumlich voneinander unabhängiger Bestände der Realität erscheint nach Mach als Täuschung. In Wahrheit gibt es nur verschiedenartige Komplexe von Empfindungen. Entsprechend ist ein in sich konsistentes Subjekt mit „eigenem Bewußtsein" bloße Illusion; das Ich setzt sich realiter aus Empfindungskomplexen mit stets wechselnder Kombination ihrer Elemente zusammen.[583] Mach zieht an einer Stelle aus seiner Theorie sogar die Konsequenz einer im gesellschaftlich und politischen Sinn verstärkt egalitären Auffassung.[584] Der vielseitig gelehrte Physiker konnte in seinem Denken auf den Ergebnissen der sogenannten Elementenpsychologie fußen, die die Psyche aus atomistischen Elementarbeständen aufgebaut sah und deren Gesetzmäßigkeiten mit Hilfe quantitativ-statistischer Methoden zu erfassen suchte. Man ist geneigt, die Machsche Lehre von den Empfindungskomplexen in der impressionistischen Gestaltungsweise künstlerisch realisiert zu sehen. Es besteht indessen nur eine strukturelle Übereinstimmung, nicht aber ein konkreter historischer Zusammenhang der Beeinflussung. – Mit dem Fleckauflösungsprinzip des Impressionismus wurden von zeitgenössischen Kritikern in Frankreich einerseits anarchistische oder politische Tendenzen zur sozialistischen Revolutionierung der Gesellschaft verknüpft, andererseits sah man in der Aufsplitterung der gewohnten Gegenstandsbilder in Fleckpartikel einen Ausdruck für das energetische Spiel der physikalischen Elementarteilchen.[585] Daß die Beschäftigung mit den Grundbestandteilen der Materie im letzten Drittel des 19. Jahrhunderts für die Physik und das populäre Wissenschaftsverständnis zunehmende Bedeutung erlangte, bedarf keiner Hervorhebung.

Die Fortschritte in der physikalischen Farbenlehre und Sinnesphysiologie der Farbwahrnehmung mögen die Genese des Impressionismus ebenfalls beeinflußt haben, für den Neoimpressionismus (Seurat) waren sie von entscheidender Bedeutung.

Weiter förderte die Erfahrung neuartiger Geschwindigkeiten vor allen Dingen durch die Eisenbahnfahrt das darstellerische Mittel der Fleckauflösung. William Turners Gemälde „Regen, Dampf, Geschwindigkeit: der Zug 'Great Western'" (1844)[586] ist ein Paradigma früher Hellmalerei und veranschaulicht mit seiner aufwühlenden, belebten Unschärfe die brausende Schnelligkeit des Eisenbahnzeitalters. Auch die rasch wechselnden Eindrücke sich bewegender Menschenmengen der modernen Zeit in Cafés, im Großstadtverkehr, an Badestränden, in großen Abendgesellschaften vermochte das impressionistische Fleckauflösungsprinzip künstlerisch adäquat wiederzugeben.

Schließlich resultiert die impressionistische Flecktechnik aus einer gesteigerten Naturbeobachtung, die nicht mehr das Wesen der Formen ordnend sowie abstrahierend auf den Begriff zu bringen, sondern die Fülle regelloser Naturerscheinungen in ihrer informellen Struktur zu erfassen sucht. Eine Analogie bildet die Weiterentwicklung und Anwendung statistischer Verfahren in der Physik der Elementarteilchen und anderen Gebieten während der zweiten Jahrhunderthälfte.

Die konkrete Bildanalyse muß im jeweiligen Einzelfall entscheiden, welche formalen, inhaltlichen und ideologischen Faktoren eine Hellmalerei-Gestaltung bestimmen.

In Klingers „Kreuzigung" wirkt die scharfe, gleichmäßige Helligkeit desillusionierend, sie läßt a priori eine szenische Harmonie nicht zu und verbindet sich mit den beschriebenen antitraditionellen Gestaltungsweisen. Vor allen Dingen verstärkt sie die schmerzhafte Isolation der Figuren, das Bewußtsein der äußerst problematischen, ja gestörten Kommunikation. Dennoch handelt es sich nicht um Pleinairismus im Sinne einer konsequenten impressionistischen Freilichtmalerei, da die Forderungen beispielsweise nach Anspruchslosigkeit, Unscheinbarkeit der Bildgegenstände, Ausschaltung des Stoffinteresses, Licht- und Farbdominanz nicht erfüllt sind. Im Sinne der Tradition überwiegt bei Klinger das Inhaltlich-Gedankliche, und dies verknüpft die Gestaltung mit dem Bereich der bürgerlichen Bildungskunst (Historiensowie Ideenmalerei). Vom Standpunkt des Trübnerschen Formalismus aus wäre der *Kreuzigung* von Klinger wohl ihr „Kompromißcharakter" anzukreiden. Aber auch traditionell eingestellte „Akademiker" mußten selbstverständlich das Gemälde verwerfen. Über den Versuch der Verjüngung der Historie durch den Pleinairismus schreibt Otto Knille (1896): „In jüngster Zeit wurden auch Versuche angestellt, die schwerfällige *Historienmalerei* durch Zufuhr von Licht und Luft mobiler zu machen. Doch der Erfolg war bei der alten Dame nicht eben günstig: sie verlor wohl an Körpergewicht, zugleich aber an Würde. Die Gestaltung von geschichtlichen Ereignissen, zumal fernliegenden, von tragischen Momenten und nun gar vom Übersinnlichen, verlangt eine sich über das Gemein-Wirkliche aufschwingende Einbildungskraft. Der Laie erwartet sie sogar, wissend, daß große Vorstellungen einen künstlerischen Läuterungsprozeß bedingen, der die Schlacken vom Gold ausscheidet."[587] Aus der Sicht des illusionistischen Verismus und „Akademismus" konnte freilich die Hellmalerei nur eine entwürdigende Ernüchterung, ein Niederdrücken ins „Gemein-Wirkliche" erzeugen. Und scheinbar antielitär sowie „demokratisch" ruft der Historienmaler Knille das Laienpublikum, das „Volk in seinen breiteren Schichten" zum Richter an: „Biete ihm eine trivialtäuschende und eine im Schönen gereinigte Wiedergabe: es greift sicher nach der letzteren! Manchmal kommt mir der Gedanke, ob es nicht besser wäre, das Schicksal der Kunst auf den trotz aller lastenden Materie immer wieder vorbrechenden *Höhensinn* der Masse zu stellen (wo wäre die Kultur ohne ihn?), als auf die launische Gourmandiese von wenigen Tausend, und ob ein Schaffen aus der Fülle subjektiv überreizter Einfälle bei stetem Liebäugeln mit der Geschmacksaristokratie die Kunst nicht eher zum Niedergang bringt, als wenn diese sich von den langsamen Pulsschlägen des Volkes bestimmen läßt."[588] Die von Knille angenommene Alternative liegt allerdings ein wenig schief, denn „Trivial-Täuschendes" konnte weniger vom Pleinairismus als vom illusionistischen Verismus und „Akademismus" erwartet werden! – Sicher bietet ein Werk der (wenn auch avangardistischen) *bürgerlichen Bildungsmalerei* wie Klingers *Kreuzigung* den realen Lebensinteressen der proletarischen Volksmassen kaum Anknüpfungspunkte und muß insofern als elitäres Produkt bezeichnet werden; aber die Masse Knilles mit ihrem „trotz aller lastenden Materie immer wieder vorbrechenden *Höhensinn*" ist nicht im geringsten befugt, über avantgardistische Werke vom Format der „Kreuzigung" Klingers zu Gericht zu sitzen! Denn diese „Masse", die gleichsam lammfromm zu der „im Schönen gereinigten" traditionellen bürgerlichen Kunst emporblickt, entspringt ganz und gar dem apologetischen Wunschdenken eines Akademikers, der seinen illusionistischen Verismus und „Akademismus" *gewichtig* gegen das Vordringen der bürgerlichen Kunst-Avantgarde zu schützen sucht!

Übrigens näherte sich Wilhelm Trübner, der spätere Vertreter des „reinkünstlerischen Prinzips" am Ende der siebziger und in den achtziger Jahren der religiösen und Historienmalerei.[589] Seine „moderne" Kreuzigung entstand bereits 1878 (Abb. 158), erschien auf Ausstellungen jedoch erst in den neunziger Jahren. Was dieses Gemälde, das indessen nicht der Hellmalerei zugehört, von traditionellen Kreuzigungsdarstellungen, aber ebenfalls Gebhardts *Kreuzigung* (1873, Abb. 65) unterscheidet, ist die übersteigerte Lichtdramatik, expressive Formgebung und disharmonische Komposition.

Die Szene mit dem sterbenden Christus und den Trauersowie Zuschauergruppen zieht sich in gespenstischem Licht durch den Mittelgrund. Über die Menge ragen isoliert, verloren, deplaziert die von leuchtendem Geisterschein erhellten Kreuze Christi und des guten Schächers sowie traditionell das dunkle, in starker perspektivischer Verzerrung kontrastierende Kreuz des bösen Schächers. Neben Christus bäumt sich ein weißes Pferd. Überhaupt spielen Pferde in der Komposition eine große Rolle, Tiere, die wegen der Verfinsterung des Himmels und Erderschütterung beim Tode des Heilands scheuen, emporsteigen, durchgehen, ein kunsthistorisch völlig neues Motiv. Riesige dunkle, wild ausschlagende, nicht zu bändigende Pferde im Vordergrund relativieren die perspektivisch stark verkleinerte, lichtdurchtränkte Hauptszenerie. In der Mitte klammert sich ein schreiender römischer Offizier an die Mähne seines „aus dem Bild herausstürzenden" Pferdes und blickt entsetzt auf den gigantisch-athletischen Toten, der ganz vorn neben einem leichentuchumwickelten leuchtenden Gerippe mit grinsendem Totenschädel die Grabplatte emporstemmt. Diese revoltierenden Erweckten vermitteln kaum den Eindruck jener aus ihren Gräbern auferstehenden Heiligen des Matthäus-Evangeliums (27, 52). Ganz hinten am rechten Bildrand ragen über erschreckt zusammengedrängten Zuschauern und römischen Soldaten die Bauten Jerusalems, sozusagen ein Zipfelchen moderner biblischer Orientmalerei. Der Horizont liegt sehr hoch, so daß der Eindruck eines ansteigenden Geländes entsteht. Oberhalb der informellen Begrenzungslinien der Wipfel eines Waldstreifens, die von den Kreuzen noch überschnitten wird, jagen schräge Wolkenfetzen, zucken wilde Lichtstreifen. Die durch Helligkeitsdiskrepanzen, Bewegungsgegensätze und pointierte kompositorische Störungen aufgewühlte Darstellung gewinnt an Unruhe noch durch die äußerst freie Pinselführung, die zwischen konstruktivistisch anmutender Flächenanalytik und erregten Fleck- sowie Strichstrukturen schwankt.

Das 1891 auf der Internationalen Kunstausstellung in Berlin erstmals öffentlich gezeigte Bild wurde von der konservativen Kritik entsprechend verurteilt. Im *Christlichen Kunstblatt für Kirche, Schule und Haus* heißt es: „Eine ganz unverständliche bunttrübe Farben- und Formenbrühe mit vielen Anklängen an berühmte Muster und vielen teilweise unmöglichen Pferden hat W. *Trübener* geliefert; er nennt sie, weil aus ihr drei Gekreuzigte in die dunkle Luft aufragen und weil eine Frau in Ohnmacht fällt u.s.w. 'Kreuzigung'. Wieviel schöner ist doch sein kleines daneben hängendes Sittenbild 'Erster Versuch': ein frisch nach der Natur gemalter Bursche, welcher vor einem Schranke hockend im Begriff ist, Branntwein zu naschen, als jener erste Versuch des Malers, unklare Vorstellungen von dem Wesen eines Bildes der religiösen Kunst zum Ausdruck zu bringen."[590] Der Rezensent scheint dem „Genremaler" Trübner zuzurufen: „Schuster, bleib bei deinen Leisten!" und damit das vorwiegend negati-

Abb. 158 Wilhelm Trübner: Kreuzigung, 1878

ve Urteil der Trübner-Forschung zu antizipieren, das die Periode der Trübnerschen religiösen und Historienmalerei als minderwertig gegenüber dem Früh- und Spätwerk einstuft. Allerdings muß zugegeben werden, daß die „Kreuzigung" Trübners, die den biblisch-religiösen Gehalt ihres Darstellungsgegenstandes nicht im geringsten relativiert, nur eine illustrativ-veräußerlichte, auf emotionale Sensationseffekte abzielende Interpretation bietet und trotz ihres frühen „Expressionismus" über eine historisierende, unausgegorene Neuromantik nicht hinauskommt.

Dennoch bildet das Werk einen beachtenswerten Markstein in der Reihe der Versuche der „modernen Kunst", sich die Stoffe der stillagenhohen Gattungen der traditionellen Malerei einzuverleiben und sie zugleich im Sinne der Moderne umzudeuten. Mit Hilfe einer solchen „*Umkehrungsaneignung*" konnte die Kontinuität in der Diskontinuität bewahrt und zugleich der traditionellen Malerei das Heft aus der Hand genommen werden. Eine Hauptintention der Trübnerschen *Kreuzigung* scheint die expressive Aktualisierung venezianischer Malerei des 16. Jahrhunderts (Tintoretto) sowie offenbar der Form- und Farbgestaltung des späten Greco zu bilden. Vermittels der Malereihistorie wird hier das akademische Prinzip der Glättung der Malerei und ausgewogenen Komposition angegriffen. Hinter der extrem säkularisierten und zutiefst antitraditionellen Auffassung des Kreuzigungsthemas durch Klinger bleibt jedoch die Stoßkraft des Trübnerschen Versuchs einer zeitgemäßen Umkehrungsaneignung dieses religiösen Kardinalstoffes weit zurück.

Außer der Klingerschen gibt es wohl keine moderne Kreuzigungsdarstellung, die das Prinzip der Hellmalerei verwendet. Auch die Stucksche *Kreuzigung* bleibt in ihrer Lichtauffassung szenisch-traditionell, wenngleich die Helligkeitskontraste beispielsweise gegenüber dem *Golgatha*-Gemälde von Munkácsy wesentlich gesteigert, „romantisch dramatisiert" erscheinen. Was die Formgestaltung betrifft, so fällt ihre akademische Tendenz im Vergleich zur modernen Expressivität Trübners und strukturellen Analytik Klingers (Fleckinformalität, Gegensatz von Formverunklärung/Verzeichnung und Formbestimmtheit/-kategorialität) ins Auge. Während die inhaltliche Modernität Klingers in der Thematisierung der gesellschaftlichen Ächtung des „großen Einzelnen" (Hamann/Hermand) liegt, kontrastiert Stuck das Hauptgeschehen, das im elitären Rahmen des engsten Verwandten- und Freundeskreises auf einer abgeschlossenen und -gesonderten Plattform spielt, dabei in seiner heroischen Gefühlsdramatik dem Betrachter äußerst nahe gerückt ist (Nahsichtgestaltung), mit der perspektivisch allerdings stark verkleinerten, grimassierenden Volks-Masse der Zuschauer; diesen Kontrast deutet Otto Julius Bierbaum in seiner Stuck-Monographie (1901²) wie folgt: „Der stürmisch geronnene Gipfelpunkt einer Tragödie, die zum Mittelpunkt einen Gewaltigen hatte, den die Meute mit Behagen zerreißt. (...) Diese große Stille auf der Stätte des großen Leidens: kein Klagelaut aus dem Munde der Liebe; nur ein Röcheln des rechten Schächers mit den raubtierhaft gekrallten Fingern. Unter aber wütet der Pöbel, kreischt und zetert mit aufgerissenen Mäulern die menschliche Bestie und sticht nach dem Sterbenden mit wilden, blutentflammten Augen. Aber dieser Lärmschwall verhallte vor der stummen Sprache der tiefschönen Farben, der strengschönen Linien da oben."[591]

Auch Stucks Gestaltung reflektiert, wie die pointierte Interpretation Bierbaums verdeutlicht, das Problem des durch kollektive Kräfte in Bedrängnis geratenen bürgerlichen Individuums. Ähnlich dient in Munkácsys *Golgatha* die Gegenüberstellung des individualistisch-Edlen (geschönter Christus, idealisierte Trauergruppe) und des kollektivistisch-Gemeinen (Henker, Volk) der Apologie des bürgerlichen Wertesystems; Oskar Berggruen schreibt in seinem Aufsatz über Munkácsy (1885): „Es ist vorbei und der Henker, eine herkulische Gestalt, in welcher alles Thierische der Menschennatur gesammelt und verdichtet erscheint, verläßt, die lange Leiter über der Schulter und das Beil in der Hand, die Richtstätte, nicht ohne auf die rührende Gruppe zu Füßen des Erlösers einen Blick zu werfen, in welchem der ewige Haß des Gemeinen gegen das Edle zum Ausdruck gelangt. Blicke solcher Art richtet auf den ans Kreuz genagelten Körper des Erlösers auch der Volkshaufen, der sich herandrängt."[592] Der Rezensent verwandelt das hinter der Leiter des Henkers gesammelte Volk biologistisch in einen „tierischen Haufen", indem er den Henker, der alles „Tierische der Menschennatur" in sich konzentriert, zu dessen Exponenten macht. Diese Deutung, die apologetisch-konservativ „naturgegebene Bedingungen" ins Treffen führt, um das Häßlich-Niedere unwiderruflich zu distanzieren, verweist sprachlich zugespitzt auf die in Munkácsys Gestaltung zweifellos enthaltene Abqualifikation des sozial „Niederen" in seiner potentiell gefährlichen Menge und Solidarität. Reinhold Hartmann hebt in seiner Dissertation über Erneuerungsversuche der christlich-religiösen Malerei im 19. Jahrhundert (1954) mit Recht die Tatsache hervor, daß der Kontrast des Rohen und Edlen in der Literatur und Kunst um 1900 in gewisser Weise ein Leitthema bildet. Seine Interpretation, daß einerseits Edles und Rohes generell darwinistisch als Pole eines biologischen Entwicklungsprozesses und damit säkularisierend-deterministisch aufgefaßt würden, sodaß beispielsweise die edle Gestalt Christi an religiösem Gehalt verlöre und daß andererseits der Kontrast des Rohen und Edlen der Erbauung des Massenpublikums der Trivialliteratur und -kunst diene, vermag jedoch diesen Kontrast nur unzureichend zu spezifizieren und ideologiekritisch zu analysieren.[593]

Abschließend seien „moderne Kreuzigungsdarstellungen" mit traditionell-idealistischen konfrontiert. An den Anfang sei die denkbar stillagenhöchste und am meisten vergeistigte St.-Maurus-Kreuzigung von Pater Desiderius Lenz gestellt, die bereits eingehend besprochen wurde. Auf einer weit niedrigeren Stufe der Stillage folgt gleichfalls aus der Beuroner Schule die konziliantere, stärker nazarener- sowie publikumsorientierte XII. Kreuzwegstation der Marienkirche zu Stuttgart im weicheren Wüger-Stil (achtziger Jahre, Abb. 159). Das äußerst gleichmäßige Ideallicht der Gestaltung bildet indessen einen extremen Gegensatz zu dem generell auf sinnliche Konkretion gerichteten Freilicht des Impressionismus. Im Unterschied zu den „modernen Kreuzigungen" triumphiert die symbolisch verbildlichte Dogmatik der Heiligen Kirche: anstelle des leidenden, von Gesellschaft und Staat geächteten Menschensohnes wird der Erlöser und Gottmensch Christus innerhalb einer transzendentalen Mandorla präsentiert; die vier Marien und Johannes Evangelista sind jungfräulich-reine Heilige; der fromme Longinus hält die heilige Lanze, die dem weltrettenden Blut des Heilands den Weg öffnete; heilig ist der Gegensatz zwischen

Abb. 159 Beuroner Schule: Kreuzigung, achtziger Jahre des 19. Jahrhunderts

dem verstockten Judenheiden und dem gläubigen römischen Offizier. Die stilisierende Abstraktion und geschönte Typisierung, die dem dogmatischen Gehalt auf der formalen Ebene Ausdruck verleihen, spiegeln zugleich eine tiefgreifende rationale Gestaltungskontrolle, die gleichsam den irregulären Strom heterogener Sinnesempfindungen unterdrückt. Im schönen Rhythmus der idealen Linien und Konturen verbirgt sich klerikal-idealistische Tyrannei! Undialektisch sind künstlerisch-formale Rationalität und inhaltliche Sinnlichkeit in ein starres Herrschaftsverhältnis gebracht, das den widervernünftigen Anspruch ewiger Gültigkeit erhebt.

Die nazarenische Darstellung des Kreuzestodes Christi von Julius Schnorr von Carolsfeld aus seiner bis ins 20. Jahrhundert außerordentlich weit verbreiteten Bilderbibel von 1860 (Holzschnitt, Abb. 145) zeigt bei frontaler Stellung des Erlöserkreuzes, die der Beuroner gleicht und symmetrischem Aufbau der Komposition eine stärker handlungsorientierte Szene mit lebendig-greifbarer Modellierung der Hauptfiguren und überzeugendem Gefühlsausdruck. Gegensätzlich beleuchtet flankieren böser und guter Schächer das Geschehen. Im Mittelgrund links hält ein Kriegsknecht den Ysopstengel mit dem Essigschwamm, hinten verläßt das Volk den Schauplatz oder wird von den Soldaten zurückgedrängt, so daß sich ein reales Motiv für die Vereinzelung der Trauergruppe im Vordergrund ergibt. Trotz der realistischen Momente, die auf konkrete Sinnlichkeit und eine wirklichkeitsbezogene Ereignisschilderung abzielen, beherrscht der nazarenisch-raffaelische Gewandfaltenstil die schönlinige Komposition von Idealfiguren.

Rückblickend mag die Gebhardtsche Hamburger Kreuzigung von 1873 vor allen Dingen wegen ihrer akademischen, illusionistisch-veristischen Glätte auf einer sehr viel niedrigeren Stillagenstufe in diese Bilderreihe traditionell-idealistischer Gestaltungen einbezogen werden. Mit ihrer perspektivischen Relativierung des schräg gestellten Christuskreuzes, Betonung des physischen Leidens und Sterbens von Jesus, den „Volkstypen" der Trauergemeinde und dem szenisch-konkreten Tiefenraum der heimatlich deutschen Landschaft galt sie den zeitgenössischen Kritikern als „realistisch".

Im *Christlichen Kunstblatt für Kirche, Schule und Haus* (1880) kritisiert der konservative Heinrich Merz die *Kreuzigung* Gebhardts aufgrund der anachronistischen altmeisterlichen Kostümmode des 16. Jahrhunderts und fügt einen Verriß von Bruno Piglheins *Moritur in Deo* (1879, Abb. 161) hinzu: „Gegenüber dieser rückläufigen Phantasie ist die Phantastik, mit welcher *Piglheims* Christus am Kreuz 'stirbt in Gott', indem ein auf die Querbalken des Kreuzes sich auflehnender Engel ihm den letzten Athem vom schmerzdurchzuckten Munde küßt, ebenso sonderbar gesuchtes und unnatürliches, und dem heilig ernsten, keuschen Geist der Schrift unleidliches Reizmittel für den sentimentalen, durch Romane und Sensationsartikel verdorbenen Geist des Publikums."[594] Zwar zeigt die Darstellung überhaupt keinen sinnlich-übersinnlichen Engelskuß, doch ihre innere Widersprüchlichkeit ist offensichtlich: der extreme Idealismus in der Entrückung des Kreuzes über die Wolken, der Lichtgestaltung und dem verzückt ins Jenseits gerichteten Sterbeblick des Heilands wird durch die sinnlich-rubenshafte Beschreibung des athletischen Körpers Christi, dem Leiden und Hinscheiden nicht allzuviel anzuhaben scheinen, ebenso konterkariert wie durch die „naturalistisch"-präzise Schilderung des erdenschwer auf dem Kreuzesbalken lastenden, nackt-bekleideten Engelsjünglings mit den Vogelflügeln. Selbst Richard Muthers extrem positive Beurteilung (1887) des Gemäldes klingt gesucht und vermag die sentimentalische Künstlichkeit des Arrangements nicht völlig zu verleugnen: „Das schwierige Problem der Darstellung, wie der hinter dem Kreuze schwebende Todesengel den sterbenden Christus auf die Stirn küßt, war hier mit vollendeter Meisterschaft gelöst; alle Konsequenzen aus dem Kreuzigungstod waren mit unerschrockener Rücksichtslosigkeit gezogen, der menschliche Körper in seiner tiefsten Erniedrigung vor-

Abb. 160 Eduard Karl Franz von Gebhardt: Kreuzigung Christi, um 1884 (Variante der Fassung von 1873)

Abb. 161 Bruno Piglhein: Moritur in Deo, 1879
Abb. 162 Ludwig Glötzle: Golgatha, 1893

geführt; es war nebenbei auch ein koloristisches Bravourstück geliefert. Aber mehr als das! Um das Haupt des Dulders spielte gleichzeitig die Glorie der göttlichen Majestät, und aus seinen Augen sprach ein solcher Reichtum seelischer Empfindungen, daß das Bild bei vollster Realität in der Modellirung und im Kolorit doch auch im wahrsten Sinne stimmungsvoll und ergreifend wirkte."[595] Bei der übergroßen „Schwierigkeit des Darstellungsproblems" klingt dies zu *schön*, um *wahr* zu sein!

Geradezu als Paradigma einer stillagenhohen Gestaltung des illusionistischen Verismus und „Akademismus", die das „Wahre, Gute und Schöne" harmonisch eint, kann das Gemälde *Golgatha* (1893) von Ludwig Glötzle gelten (Abb. 162). Eklektizistisch verbindet es eine romantisierte biblische Orientmalerei (Jerusalemkulisse), die alle Zeichen nüchtern historisierender Wissenschaftlichkeit abgelegt hat, mit dem Helldunkel eines Caravaggio, ja Rembrandt und dem Kolorit eines Poussin, von dem auch die klassizistischen Gewandfaltenschwünge und Formen herstammen. Das würdige, wenngleich ein wenig hohle Pathos heroischen Leidens erfüllt die Trauernden. Wegen der sehr ähnlichen perspektivischen Ansicht und Körperstellung drängt sich ein Vergleich von Glötzles Christus mit dem Gebhardts auf. Was der Hamburger Menschensohn an physischer Deformation durch die Kreuzigungsmarter, an sterbendem Hängen und Einknicken des Leibes in „sinnlich-häßlicher Wahrheit" zeigt, das ist bei dem göttlichen Erlöser Glötzles zugunsten milde idealisierter Züge ausgetilgt. Das sittsam verhüllende, schön geknüpfte Lendentuch dieses reinen Gotteslammes korrespondiert „wunderbar" mit dem prunkenden Hintergrund des Totenleines, das in edlen Lagen und Faltungen herabwallt. Fromm wie der zum rechten Glauben bekehrte römische Hauptmann blickt das Volk zum Heiland auf. Einen starken Gegensatz sowohl zum strengen Ideallicht der Beuroner Schule als auch zum Freilicht der Hellmalerei bildet die gleichsam bengalische Szenen-Beleuchtung.

Die christliche Malerei, die noch in den neunziger Jahren an einem solchen traditionellen Idealismus festhielt, mußte sich von den lebendigen Kräften der Kunstentwicklung radikal abschneiden. Andererseits arbeitete in den „modernen Kreuzigungsdarstellungen" die christliche Bildkunst an ihrer eigenen Negation. Tertium non datur.

Max Klingers „Christus im Olymp"

An formaler und inhaltlicher Komplexität überragt das Momumentalgemälde *Christus im Olymp* (1893 - 1897, Abb. 163), alle übrigen Malereien Klingers und kann folglich als Hauptwerk bezeichnet werden.

Das große Mittelfeld des fünfteiligen Bildes zeigt Christus, der gebieterisch den Sitz der olympischen Götter betritt, gefolgt von vier Kardinaltugenden mit dem schwarzen Kreuz des Leidens und der christlichen Askese. Kontrastiert werden diese strengen weiblichen Gewandfiguren durch die Akte der Pallas Athene unterhalb der Putten-Palme, Aphrodite und in fast völliger Frontalsicht der Gottkönigin Hera. Auge in Auge mit Christus sitzt Zeus auf einem Marmorthron, seinen Liebling Ganymed zwischen den Knien. Von den Olympiern sind es nur die demütig-hoffnungsvolle Psyche, die sitzend Christi Rechte umschließt und der trunkene, schwankend einen Willkommenstrank anbietende Dionysos, die den herben Fremdling begrüßen. Der abweichend von der Tradition als erwachsener Jüngling aufgefaßte Amor, der durch ein mit Psyche verbundenes Tuch am Fortstreben gehindert wird, wendet unwillig den Kopf zurück, ja holt mit seinem Pfeilbündel zornig zum Schlag aus. Auch der als Rückenfigur gegebene, spielerisch seinen hellen Heroldsstab haltende Hermes blickt sich nach Christus um; sein verlorenes Profil zeigt Staunen. Rechts neben dem Götterthron trägt Apollo, dessen Züge ihn in einen jugendlichen Beethoven verwandeln, seine zusammengesunkene Schwester Diana. Zwischen Hermes und dieser Gruppe sieht man die Köpfe des betroffenen bärtigen Poseidon und seiner Gattin Amphitrite, die ihm Mut zuspricht. Im Hintergrund neben Dionysos treiben Pan und einige Nymphen neckische Verfolgungsspiele, und in der Ferne tanzt man zu viert Ringelreihen. Die linke Schmalseite des triptychonartigen Gemälde-Oberteils zeigt zwei sich liebende Bacchantinnen, die in ihrem Spiel entsetzt innehalten und zurückschauen sowie eine

Abb. 163 Max Klinger: Christus im Olymp, 1890-1897

Gruppe der Armen und Elenden, die schreiend emporklimmen. Die rechte Schmalseite setzt die Versammlung der Olympier fort: Starr blickt die sitzende Königin der Unterwelt, Persephone, das kommende Unheil voraussehend zu Boden, während der mit ihr verbundene Pluto zwischen ihren Knien in tiefen Schlaf gesunken ist. Von hinten ergreift Hephaistos unsanft Persephones Arm, um sie aufzurütteln. Eine unbenannte Göttin schließt die Gruppe in Rückenansicht nach vorn ab. Darüber erblickt man den wilden, höhnischen Kriegsgott Ares, wie er kampflustig das Florett biegt. Die schmale Predella enthält eine Darstellung der von Zeus im Tartaros gefangenen Giganten, die eine Chance der Revolte wittern und sich erheben. In den unteren Ecken befinden sich weibliche Marmorplastiken; die rechte verkörpert die Verzweiflung, die linke die Hoffnung.

Zunächst sei die im Vergleich zur *Kreuzigung Christi* auf die Spitze getriebene „Modernität" der Maltechnik sowie Menschendarstellung dieses anspruchsvollen Werkes hervorgehoben und untersucht.[596]

Insgesamt strahlt das Ölgemälde mit seiner freskohaft rauhen Oberfläche (stark saugender Grund) und der weißlichen Kalkigkeit der Farben eine scharfe Helligkeit aus (antiakademisches Freilichtprinzip). Die Malschicht ist weit ungleichmäßiger als die der *Kreuzigung*; Diskrepanzen des Farbauftrags durchsetzen die Gestaltung. Grob gesehen sind vier Arten der Pinseltechnik zu unterscheiden: erstens liegt der hell getönte, von grober Leinwandstruktur geprägte Grund offen; zweitens gibt es stark verstrichene, zumeist als Schattenzonen eingesetzte Partien, in denen sich verschiedene Farbtöne alla prima mischen. Die langzügigen Verstreichungen thematisieren ästhetisch bewußt das informelle Ineinander der im mechanischen Prozeß zusammengebrachten, jedoch nicht fein vermengten Farbpasten. Diese Verstreichungszonen können von höchst unterschiedlicher Dicke der Malschicht sein; drittens setzt sich der üppig anmutende Farbauftrag der Körperareale aus deutlich voneinander abgesetzten Flecken unterschiedlicher Färbung und Helligkeit zusammen. Das bereits am Beispiel der Aktgestaltung der *Kreuzigung* beschriebene Uneinheitlichkeitsprinzip dieser informellen Strukturen umfaßt auch die häufige Unterbrechung von Übergangsgefällen der Schattierung durch heterogene Flecken sowie das als Löcherigkeit, Zerfaserung erscheinende Aufreißen der Malschichten, wo stellenweise sogar der rauhe Leinwandgrund hervorbricht. In Zonen stärkerer Formdifferenzierung (Gesichter, Hände, Füße) finden sich nicht nur in schattierender Funktion oft Flecken eines völlig ungebrochenen Chromas (reines Rot, Hellblau); viertens bestimmen informelle Strukturen einer „höheren Ordnung" mit „natürlichen Elementen" wie Faltenzügen, Gräsern, Kräutern, Blumen, Rinde, Astwerk, Blättern, unterschiedlichen Wolkenverdichtungen die Gestaltung. Diese Strukturen sind in ihrem Feinaufbau zusätzlich durch auflösende Fleckigkeit informalisiert.

Im Vergleich zur *Kreuzigung* bestimmen verstärkt Verzeichnungen, Deformationen, „Deprägnanzen" die Darstellung. Der neu einzuführende Begriff der *Deprägnanz* faßt die gestalterische Verunklärung, Nivellierung, Zurückdrängung deutlicher, ausgeprägter Formen und Reduktion der Übersichtlichkeit gerade auch in kompositorischer Hinsicht. Beispielsweise besitzt die informelle Fleckauflösung eine Tendenz zur Deprägnanz, zur Aufhebung einer klaren Kontinuität, Dichte sowie Konstanz und veristischen Feinstrukturierung von Oberflächen.

Durch die Fleckstrukturen wird insbesondere die Formbestimmtheit von Gesichtspartien gestört. Es treten sogar leichte Deformationen einzelner Gesichtsteile auf. Darüberhinaus vereinfacht, typisiert Klinger häufig die Züge ohne jedoch die informellen Tendenzen abzuschwächen. So zeigt das Gesicht des Pan im Vorgriff auf expressionistische Gestaltungsweisen eine „primitivierte", flächige Form, deren Umriß ein U mit schräg aufstrebenden Ästen und einer wenig gekrümmten Bogenbegrenzung als oberem Abschluß bildet. Der hell umrandete Halbkreis-Mundfleck (Bart) dominiert. Die Augen sind durch einfache dunkle und helle Flecken angedeutet, die Knubbelnase bildet ein krummer Fleck. Ähnlich extrem abstrahiert erscheint das Antlitz des Hephaistos, das vermittels simpler Strichzüge Schärfe erhält und in der Wangenpartie wie durch Flecken zerfressen erscheint. Auch das Gesicht des Ares zeigt starke expressive Vereinfachungen. Perspektivisch verzerrt (Verkürzung) und zugleich verunklärend abgedunkelt ist der Kopf des schlafenden Pluto. Deprägnantes Dunkel mindert ebenfalls die Formbestimmtheit des Profils der vorderen Bacchantin auf dem linken Seitenteil. Verlorene Profile besitzen Hermes und die unbenannte Göttin des rechten Seitenteils. Das Antlitz Ganymeds erscheint in der Verkürzung gestaucht und durch die unterschiedliche Augengröße sowie -höhe extrem asymmetrisch. Es gibt indessen große Unterschiede des Abstraktionsgrades der Gesichtsgestaltung; besonders „fein" gearbeitet sind die Gesichter der Aphrodite, Artemis, Persephone sowie die des Christus, Zeus, Apoll.

Zu gleichsam klobigen Pranken deformiert sind die Hände der das Kreuz fassenden hinteren rechten Tugend, des Dionysos, Hephaistos, Ares. Wie eine rote Wurst wirkt der verkürzte Daumen der abweisenden Hand Christi. Differenzierter gestaltet sind die Hände des Apoll und der Persephone. Unförmigen Klumpen gleichen die Füße der linken hinteren Tugend, des Christus, der vorgestellte Fuß des Dionysos und auch der linke der unbenannten Göttin.

An Verzeichnungen sowie Deformationen der Körper sind aufzuzählen die zu kurzen und zu dünnen Arme der Pallas, die zu hoch angesetzte hintere Hüfte der Aphrodite, die Verdrehung des eingeknickten Knies der Hera, die Disproportionierung der mageren Psyche mit zu großem Kopf und Hals sowie zu langen Armen, die expressiv verformten und „falsch" angesetzten Arme des Ares sowie die Verkürzung des Pluto.

Überschneidungsdeprägnanzen zeigen die Bacchantinnen des linken Seitenteils, die zudem weitgehend durch den Bildrand angeschnitten sind, die Gruppe von Aphrodite und Hera, die Nymphengruppe um Pan, die Beine von Zeus und Ganymed, der Fuß unterhalb des unschön eingeschnittenen Gesäßes der Psyche, die vordere Gruppe des rechten Seitenteils. Verzeichnungen, Deformationen und Deprägnanzen prägen auch die Putten auf der Palme sowie die Darstellung der Giganten der Predella.

Klingers Menschenauffassung enthält einen Aspekt der Zersetzung, Zerstörung von Schönheit, so daß eine tiefe Kluft zu den ästhetischen Prinzipien des Neuhumanismus aufgerissen wird, der mit seiner Orientierung hauptsächlich an griechischer Idealplastik sowie Vasenmalerei (Klassik, Hellenismus) die Kunst des 19. Jahrhunderts nachhaltig beeinflußte, ja zum Teil beherrschte (Epoche des Neoklassizismus). Ein Vergleich von Klingers Göttinnen Athene, Aphrodite und Hera, die an die gleichen Olympierinnen seines *Parisurteils* erinnern, mit weiteren Darstellungen des Parisurteils trägt zur Verdeutlichung dieser Diskrepanz bei und hilft Klingers Modernität zu interpretieren. Ein neoklassizistisches Bild des Parisurteils wie das 1819 gefertigte Ölgemälde von Joseph Hauber (Abb. 164) greift auf antike Aphroditestatuen sowie die berühmte hellenistische Gruppe der drei Charitinnen zurück. Die den Paris-Apfel empfangende Aphrodite mag die Liebesgöttin von Kyrene[597] (4. Jahrhundert v. Chr.) zum Vorbild haben; charakteristisch sind die geschlossenen üppigen Oberschenkel, die Ponderation mit dem elegant zurückgestellten linken Spielbein, der durch den Körper gehende leichte S-Schwung (Ausgleich der Hüftenschrägstellung durch die Gegenbewegung der Schultern), die klare Gliederung und geometrisierend-vereinfachte Modellierung der Körperteile (besonders gleichmäßig gerundete kleine Brüste), die auf Grundformrhythmen zurückgeführte Schönzügigkeit der Konturen, die äußerst feine Glättung des Finis. Der Rückenakt der Hera mit der allerdings unantiken Schrittstellung geht auf die mittlere Grazie der erwähnten hellenistischen Gruppe[598] zurück; auch hier ist jede individualisierende Körperunregelmäßigkeit ausgetilgt. Anselm Feuerbach stellt auf seinem großformatigen Ölgemälde *Das Urteil des Paris* (1870, Abb. 165) die Götterkönigin Hera als vorderansichtigen Ganzakt in den Mittelpunkt, während Aphrodite dem Betrachter den wohlgeformten Rücken zukehrt. Als antikes Vorbild dieser Hera kommt die im 19. Jahrhundert besonders beliebte Aphrodite von Knidos des Praxiteles[599] in Betracht, vor allen Dingen wegen der starken Einknickung und Drehung des Spielbeins, der üppigen Brustpartie und des über den Leib geführten Arms, dessen Hand allerdings abweichend vom antiken Muster den Schoß nicht verdeckt sondern das Tuch greift. Die Rückenfigur der Aphrodite mag wiederum an die mittlere Charitin der hellenistischen Gruppe anknüpfen, jedoch ist der S-Schwung des Körpers bei Feuerbach vergleichsweise stark abgemildert. Strenge Schönheit, eine alles Zufällige ausmerzende Idealität und sublime Glätte der Haut, die jede feinste Schattierungsnuance ästhetisch bewußt macht, charakterisieren diese Aktgestaltung, wenngleich Feuerbach im Unterschied zur neoklassizistischen Auffassung die individuelle Eigenart der drei Frauenpersönlichkeiten stärker herausarbeitet. Generell entsprechen sowohl die Hauberschen als auch die Feuerbachsche Körperdarstellung dem Schönheitsbegriff der neuhumanistischen bürgerlichen Ästhetik eines Anton Raphael Mengs, Schiller, Hegel, Carl Lemcke, Herman Riegel usw.

Im Lehrplan der Akademien wurde die klassizistische Aktmalerei nicht durch ein direktes Studium der Natur sondern eine Schulung vor allen Dingen an der antiken griechischen Kunst vorbereitet, die stets als höchste Autorität galt. Das Lernen vermittels von bereits künstlerisch gestaltetem Material begann mit einer peinlich genauen zeichnerischen Kopie der Vorlagenstiche, setzte sich im Abbilden antiker Figuren (zumeist Gipsabgüsse) fort und endete mit dem Zeichnen nach dem lebenden Modell; jeweils in einer ersten Phase wurden einzelne Körperteile, in einer zweiten Ganzfiguren dargestellt. Hieran schloß sich mit ähnlicher Abfolge die Ausbildung in der Ölmalerei.[600] Hervorgehoben sei, daß das Aktstudium ebenfalls „antikisch vermittelt" war, denn die lebenden Modelle mußten Stellungen einnehmen, die sich an Vorbildern der Antike orientieren; auch die Korrekturen erfolgten stets im Sinne dieser Muster.

Abb. 164 Joseph Hauber:
Parisurteil, 1819

Abb. 165 Anselm Feuerbach:
Das Urteil des Paris, 1870

Der normative Gestaltungskanon sowohl des Neoklassizismus (Hauber) als auch des „Spätklassizismus" (Feuerbach) beruht im Wesentlichen auf dem Moment der Schönheits-, Idealgestaltung und dem einer illusionistisch-veristischen Naturnachbildung (Mimesis), die vereinfacht, geglättet sowie typisierend von Irregularitäten, häßlichen Zufälligkeiten gereinigt ist (Prinzip der schlichten, veredelten Naturwahrheit). Beide Momente sind in ihrer optimalen Verbindung durch das antike Vorbild historisch vermittelt. Winckelmanns paradigmatische Formel der „edlen Einfalt und stillen Größe" antiker Skulpturen fundiert gleichsam die antikisierende Vereinigung einer durch Schönheit geadelten schlichten Naturwahrheit und einer durch schlichte Naturwahrheit gereinigten Schönheit, Idealität, „Größe" in der neoklassizistischen Ästhetik. Edle Wahrheit und schlichte Schönheit sind in der Tat die tragenden Begriffe, mit denen die ästhetische Ideologie des aufstrebenden Bürgertums gegen die „verlogene", „verkünstelte" Kultur des höfischen Barock und Rokoko opponiert, gegen das Schnörkel- und Muschelwesen, die exaltierten Täuschungsräume, manierierten feudalklerikalen Symbolkombinationen, „überzüchteten Parkwildnisse" und „gezierten Akte", die in eleganter Schauspielerei die höfische Etikette feudaler Erotik vortragen.

Die neuhumanistische Ästhetik formuliert jedoch über kämpferische Antithesen hinaus im Zeichen von Vernunft, Natur (Rousseau) und Antike das utopische Menschenbild einer besseren Welt und Gesellschaft. Um die Realisierung der höchsten Werte des Guten, Wahren und Schönen ringen die Philosophie, Wissenschaft, Literatur und Kunst der bürgerlichen Klassik. In dem kunsttheoretischen Lehrbuch *Ästhetik heute* (1978) wird die besondere Bedeutung der Ästhetik für diesen Emanzipationsprozeß hervorgehoben: „Und warum diese Bedeutung der ästhetischen Theorie im klassischen bürgerlichen Denken? Weil sie der ideologische Boden war, auf dem der kulturelle Emanzipationskampf der bürgerlichen Schichten ausgetragen wurde. Als Philosophie der Kunst besaß sie die theoretische Möglichkeit, die Vermittlung der Totalität der Welt und des Menschen anzuvisieren, konnte sie als realisierbar oder schon realisiert annehmen, was die bürgerliche Gesellschaft dann nicht einlösen konnte. (...) Als zentraler Begriff, der die Kunst an die sozialen Grundprozesse kettete und zugleich deren Besonderheiten hervorhob, fungierte der Begriff des Schönen: er war das theoretisch-philosophische Raster dieser unterschiedlichen Aspekte."[601] Es ist bereits skizziert worden, wie in der weiteren industriellen Entwicklung der bürgerlichen Gesellschaft die Verwissenschaftlichung, Technisierung, Rationalisierung zunehmen, wie die Verwertungsmechanismen des Marktes ausbeutend, verdinglichend, entfremdend alle Lebensbereiche durchdringen, wie die gesellschaftlichen Antagonismen sich unter dem stetig schwellenden Druck des Proletariats verschärfen und wie seit dem neuen Kapitalisierungsschub durch die Reichsgründung die einstmals zukunftsweisenden, bürgerlich-emanzipatorischen Wertordnungen auch der Kunst zu zerbrechen beginnen. Prägnant heißt es in *Ästhetik heute*: „Mit der Konsolidierung der bürgerlichen Gesellschaft bricht als theoretischer Reflex der Zusammenhang von Gesellschaft-Zukunft-Humanität-Kunst-Schönheit auseinander. Je mehr sich die bürgerliche Gesellschaft in Richtung eines entwickelten Kapitalismus bewegt, je mehr entfernt sie sich von ihren anfänglichen kulturellen Ansprüchen, je brüchiger und fragwürdiger wird ihr ästhetisches Gesamtkonzept. Von diesem Prozeß bleibt auch dessen zentrale Kategorie nicht unberührt."[602]

Die am Beispiel der Menschendarstellung von Klingers *Kreuzigung Christi* sowie *Christus im Olymp* phänomenologisch aufgezeigte Zerstörung von Schönheit durch schonungslose Hellmalerei, informelle Fleckauflösung, deformierende Verzeichnungen und Deprägnanzen spiegelt in diesem Sinne das Versagen der neuhumanistischen Ideale angesichts der schlechten kapitalistischen Wirklichkeit. Auseinandergerissen sind Schönes, Gutes, Wahres, und die häßlich-nackte Wahrheit triumphiert. Die ehemals jugendschönen Leiber der Götter wirken durch die Fleckauflösung wie mit Blattern bedeckt, gealtert wie der unter der greifenden Hand faltige Greisenkörper des Zeus oder von Magersucht befallen wie die allzumenschlich-elende Physis der Psyche. Eine bürgerliche Götterdämmerung ist hereingebrochen.

Ähnliche Symptome des Verlustes an Schönheit zeigen die Menschendarstellungen der übrigen avantgardistischen bürgerlichen Künstler, wenn auch nicht so ausgeprägt wie bei Klinger. Exemplarisch seien die Parisurteil-Darstellungen von Hans von Marées (1881, Abb. 166), Albert von Keller (1891)[603], Otto Greiner (1892, Abb. 167), Wilhelm Trübner (1901, Abb. 168) und Lovis Corinth (1907, Abb. 169) zum Vergleich gestellt. Am stärksten scheint Hans von Marées durch alle „häßliche Modernität" hindurch an den antiken Vorbildern festzuhalten.

Ironisiert wird die Diskrepanz zwischen dem ferngerückten klassisch-griechischen Idealbild und der prosaischen Wirklichkeit in einer Karikatur des *Simplicissimus* von Thomas Theodor Heine (1905, Abb. 170) auf den Berliner Verein für Nacktkultur. Antikisch nackt präsentiert ein stachelbeiniger, knochiger Alter mit Hirtenstab und Apfel als moderner Paris dem Betrachter den schrumpligen Rücken und heftet den Richterblick auf eine Trias gräßlicher Schönheiten, auf eine dürre, ältliche Athene mit hängenden flachen Brüsten, eine sackartig volle Aphrodite und eine Hera, die als backfischhafte, x-beinige Berliner Göre einen ausgestopften Pfau, Symbol der Götterkönigin, hält. Das Stück spielt auf Bühnenbrettern vor der Kulisse eines neoklassizistischen englischen Parks mit griechischem Rundtempelchen. Zwei kleine Palmentopfpflanzen bringen südliche Üppigkeit ins Bild, und links steht ein weicher Sessel bereit, eventuell den vom Posieren ermüdeten Paris aufzunehmen. Unwiederbringlich dahin ist der Glaube an ein homerisches Bildungsparadies der in freier Nacktheit sich tummelnden, schönbeseelten Idealkörper, und die Durchschnittsmenschen der modernen Großstadt Berlin vermögen innerhalb einer künstlich-laienhaften Theaterszenerie nur eine lächerliche Persiflage antik-jugendlicher Ponderation, Symmetrie, Harmonie und Grazie zu liefern. Anachronistische Rechtfertigungsversuche der seit der zweiten Hälfte der neunziger Jahre angewachsenen Freikörperkulturbewegung werden hier von Heine verspottet.

Dennoch reicht die Erklärung des historischen Verlustes von Schönheit, dem der avantgardistische Künstler ja in „naiver Zeitverhaftetheit" gewissermaßen „triebmäßig" Ausdruck verleihen muß, nicht aus, um die Modernität der Menschendarstellung Klingers voll zu erfassen. Zu unterschiedlich ist die Gestaltung in *Christus im Olymp* und nur

Abb. 166 Hans von Marées: Urteil des Paris, 1880-1881

Abb. 167 Otto Greiner: Das Parisurteil, 1892

Abb. 168 Wilhelm Trübner: Das Parisurteil, 1899

Abb. 169 Lovis Corinth: Urteil des Paris, 1907

Abb. 170 Thomas Theodor Heine: Im Berliner Verein für Nacktkultur. Das Urteil des Paris, um 1905

partiell sind die Figuren vom Prinzip der Zerstörung, Deformation betroffen. Außerdem darf die Tatsache der bewußten Opposition Klingers gegen die traditionellen Vorstellungen von weiblicher und männlicher Körperschönheit des illusionistischen Verismus und „Akademismus" nicht außer acht gelassen werden.

So bildet eine weitere Bedeutungsdimension des Gemäldes *Christus im Olymp* die Konfrontation des christlichen Prinzips der Askese mit der antiker Sinnlichkeit: Christus tritt als hagere, statuarisch-strenge Gewandfigur mit vernichtendem Blick und einer rigorosen Abwehrbewegung der Rechten den zumeist nackten Göttern gegenüber. In gleicher Weise kontrastieren die züchtig in dunkle Gewänder gehüllten, jungfräulich-herben Kardinaltugenden der Frömmigkeit, Enthaltsamkeit, Duldsamkeit und Gerechtigkeit zur Sinnlichkeit der olympischen Trias Athene, Aphrodite, Hera. Die „christliche" Bildseite ist einer harten Komposition der Isokephalie, Betonung der Vertikalen, schwarzen Kreuzesgeometrie unterworfen, die Götterseite zeigt mit sitzenden, stehenden, ruhigen und stärker bewegten Figuren in unterschiedlichen Positionshöhen viel kompositorische Lockerheit. Eindrücklich formuliert Berthold Haendcke (1899): „Die philosophierenden Raisonnements sind hier verbunden mit dem Kernpunkte der christlichen Lehre, der Mahnung, nimm das Kreuz auf dich, gieb dich mir, folge mir, lebe für meine Lehre, die den Nächsten liebt, wie sich selbst und nur Gott sucht; erwirb dessen Gnade, dann ist das Himmelreich dein Lohn. Wende dich ab vom Sinnengenusse dieser Welt!"[604] Die Aktgestaltung Klingers erscheint unter dem Blickwinkel der Antithese „christliche Sinnenfeindlichkeit contra antike Sinnenfreudigkeit" in einem neuen Licht. Vor dem Hintergrunde des Kampfes, den der Künstler in seiner Schrift *Malerei und Zeichnung* gegen die Prüderie vor allen Dingen wohl des Bildungsbürgertums ausficht, fällt nunmehr die *positive* Seite der Entfernung von den klassischen Prinzipien der Aktauffassung etwa eines Feuerbach in die Augen. Das in gewisser Weise zwanghafte Vorlagensystem graziöser Ponderationen, idealer Proportionierung, Schönlinigkeit der Konturen und edler Glätte der Haut kann zugunsten einer neuen Unmittelbarkeit („Wahrheit") der Sicht von individuell unterschiedlichen Körperkonstitutionen und -haltungen aufgegeben werden. So zeigt die Hera zwar noch eine Beinstellung, die an jene der Knidischen Aphrodite erinnert, aber die aufrechte, fast stolz bewußte Körperhaltung mit den beinahe derb eingestemmten Armen läßt die schmiegsame Schamhaftigkeit der antiken Statue weit zurück. Ebenfalls „neu" ist die Verschämtheit der sich gleichsam verlegen windenden Aphrodite, die fest ihre Arme verschränkt oder die kokettierende Schrittstellung der Athene. Hermes steht völlig unantik mit steif wirkendem „Spielbein" ohne jede kurvige Eleganz wie festgefügt aufrecht, auch der athletische, gerade nach hinten gestreckte muskulöse Arm, dessen Faust den Heroldsstab hält, entbehrt jeden antiken Anklangs. Unprätentiös und fern jeder repräsentativen Schönheit sind das sitzende Knie und das Armerheben der Psyche, die Beinstellung des Zeus, das willenlose Kauern Plutos im Schlaf, das Spiel der Baccantinnen des linken Seitenteils. Durch die analytische Beobachtung individueller Unregelmäßigkeiten der Leiber und Glieder wird die elitäre Distanz, die jene klassischen Idealfiguren erzeugen, zugunsten einer mehr konkret-greifbaren Wirkung der Körper aufgehoben; die gleichsam aristokratische Sphäre glatter Makellosigkeit erscheint negiert zugunsten einer Annäherung an die mit Mängeln, ja Häßlichkeiten behaftete Realität des durchschnittlichen Körperbaus. In diesem Zusammenhang gewinnt auch das informelle Fleckauflösungsprinzip der Aktdarstellung eine neue Bedeutung; seine Rauhigkeit erzeugt den synästhetischen Ausdruck einer haptischen Präsenz des nackten Fleisches, einer gewissermaßen tastbaren Zugänglichkeit. Gegenüber dem elitären Distanzprinzip der klassizistischen Idealgestaltung (Feuerbach) zeigen sich bei Klinger mithin kommunikativere Tendenzen. Das Beschwören der Antike als Gegenschlag zur bürgerlichen Sinnenfeindlichkeit (*Malerei und Zeichnung*) darf demnach nicht im Sinne einer verstärkten Propagierung klassischer Aktformen, sondern muß im Sinne einer avantgardistischen Umkehrungsaneignung verstanden werden, die die antike Sinnlichkeit lediglich als Ausgangspunkt individueller, zeitgemäßer Neugestaltung betrachtet. In *Malerei und Zeichnung* heißt es: „In der Weise, wie wir heute zu arbeiten genötigt sind, erhält sich die schlechte Berninische Körperauffassung, in der die neuesten heutigen Künstler tief, aber unbewußt stecken, oder sie kommen nicht über eine flache und falsche Antikisierung nach schlechten Mustern hinaus. Denn nur, wer ganz frei vor dem menschlichen Körper gestanden und gearbeitet hat, kann die Höhe der Leistung anderer Stilepochen empfinden, deren Vorstellungsweise in eine Form gepreßt ist, die Zug um Zug, ohne die Natur zu verlassen, ohne sie kleinlich zu beschnüffeln, sich neben die Entwicklung ihrer Zeit stellen kann, sich mit ihrer Höhe mißt, als ihre unverkennbare, unantastbare Verkörperung im sichtbaren Menschen!"[605] Das freie Studium des menschlichen Körpers, wie Klinger es versteht, setzt ein von antiker Vorbildlichkeit unberührtes, „natürliches" Verhalten der Aktmodelle voraus und widerspricht damit grundsätzlich dem Kanon der klassizistischen Akademietradition. Auf der Deutungsebene des Gegensatzes von christlicher Askese und antiker Sinnlichkeit können Christus und die Kardinaltugenden als Repräsentanten bürgerlich-christlicher Prüderie begriffen werden, die gegen eine wirklichkeitszugewandte, unprätentiöse, tendenziell demokratisch-kommunikativere Sinnlichkeit ankämpfen. In gewisser Weise würde demnach Klinger die Tradition der aufklärerisch-vormärzlichen „Emancipation des Fleisches" fortsetzen. Diese sinnliche Emanzipation bleibt jedoch in widersprüchlich-dialektischer Weise gebrochen durch den historischen Verlust an Schönheit.

Hildegard Heyne, die in ihrem *Leitfaden zum Verständnis Klingerscher Werke* (1907) die Versuche der älteren Literatur diskutiert, literarische Vorlagen für die Thematik des *Christus im Olymp* ausfindig zu machen, zitiert eine erstaunlich passende Stelle aus Heinrich Heines *Reisebilder. Fünfter Teil. Die Stadt Lucca 1830*. Zu Beginn des Kapitels VI wird dort ausdrücklich als „*Vulgata*"-Stelle die Beschreibung eines fröhlichen Males der olympischen Götter aus Homers *Ilias* angeführt (Voßische Übersetzung, 1. Gesang, V. 596 bis 604). Es folgt die von Heyne (mit eigenen Hervorhebungen) abgedruckte Stelle: „Da plötzlich keuchte heran ein bleicher, bluttriefender Jude, mit einer Dornenkrone auf dem Haupte und mit einem großen Holzkreuz auf der Schulter; und er warf das Kreuz auf den hohen Göttertisch, daß die goldnen Pokale zitterten und die Götter verstummten und erblichen und immer bleicher wurden, bis sie endlich ganz im Nebel zerrannen."[606] Heynes Interpretation beschränkt sich auf die Feststellung: „Der *Kernpunkt*, wenn nicht auch die Details dieser Schilderung deckt sich völlig mit dem Kernpunkt des Bildinhalts."[607] Eine so problemlose Übereinstimmung von Klinger und Heine ist jedoch allein aus historischen Gründen keinesfalls gegeben. Zunächst seien zur Verdeutlichung der Heineschen Gedanken noch die anschließenden Zeilen aus dem Kapitel VI zitiert: „Nun gabs eine traurige Zeit, und die Welt wurde grau und dunkel. Es gab keine glücklichen Götter mehr, der Olymp wurde ein Lazarett, wo geschundene, gebratene und gespießte Götter langweilig umherschlichen und ihre Wunden verbanden und triste Lieder sangen. Die Religion gewährte keine Freude mehr, sondern Trost; es war eine trübselige, blutrünstige Deliquentenreligion."[608] Betont antiklerikal und demokratisch identifiziert Heine die sinnenfreudige Homerstelle in der allgemein zugänglichen deutschen Übersetzung von Voß als eine der lateinischen Vulgata der katholischen Kirche entsprechende; der „sensualistische, volksnahe" Homer tritt also an die Stelle der „spiritualistischen" Bibel. Im gleichen kritischen Sinn wird der antiken Religion des freien, heiteren Genusses die durch den bluttriefenden, dornengekrönten Christus mit dem Leidenskreuz gestiftete trübselige, blutrünstige Deliquentenreligion des Christentums gegenübergestellt. Heines antiklerikale Polemik ist, wie auch die Interpretation seiner Tannhäuser-Verse bereits gezeigt hat, im Rahmen der vormärzlichen linksliberalen Kritik des Feudalklerikalismus (Katholizismus *und* staatskirchlicher Protestantismus) zu sehen, die übrigens das ganze Buch *Die Stadt Lucca* durchwirkt. Der Dichter schreibt selber in einem Brief an Varnhagen von Ense (1830): „Das Buch ist vorsätzlich so einseitig. Ich weiß sehr gut, daß die Revolution alle sozialen Interessen umfaßt, und Adel und Kirche nicht ihre einzigen Feinde sind. Aber ich habe, zur Faßlichkeit, die letzteren als die einzig verbündeten Feinde dargestellt, damit sich der Ankampf konsolidiere. Ich selbst hasse die aristocratie bourgeoise noch weit mehr. – Wenn mein Buch dazu beiträgt, in Deutschland, wo man stockreligiös ist, die Gefühle in Religionsmaterien zu emanzipieren, so will ich mich freuen, und das Leid, das mir durch das Geschrei der Frommen bevorsteht, gern ertragen."[609] Sowohl dieser objektiv-geschichtliche, bürgerlich-revolutionäre Emanzipationswille als auch die politische Dimension überhaupt fehlen dem stark gebrochenen, durch den deformierenden „historischen Verlust an Schönheit" eingeschränkten Sensualismus Klingers.

Eine weitere Bedeutungsebene des *Christus im Olymp* ist in diesem Zusammenhang zu berücksichtigen. Klingers Christus zeigt keine Spur eines „bluttriefenden, bleichen jüdischen Delinquenten" (Heine). Ohne Dornenkrone mit blondgelocktem Haar, gekleidet in ein sonnenhaftes, goldbrokatenes Festgewand betritt er als neuer Herrscher den olympischen Plan; reich sprossen Blumen unter seinen Schritten hervor. Dagegen versinkt die Welt der heruntergekommenen Götter in unaufhaltsamer Dekadenz. Berthold Haendcke schreibt (1899): „Das Bild ist außerordentlich modern. Die Entwicklungstheorie ist sogar in ihr vertreten. Christus tritt das Erbe der philosophischen Bildung der Antike an und erscheint in dem Augenblick, in dem sie ihr höchstes gegeben hatte, Verwandtes weiterbildend."[610] Berücksichtigt Haendcke in diesem Passus auch nicht genügend den Verfallscharakter der Klingerschen Götterwelt, aus der als einzig positive Figuren nur der kraftvolle Hermes-Rückenakt, der jugendliche Beethoven-Apollo, offenbar zugleich Gott antiker Dichtkunst und moderner Musik sowie die sich Christus zuwendende Psyche hervortreten, so trifft doch sein Gedanke, daß hier auf *moderne* Weise die historische Evolution des Übergangs von der Antike zum Christentum veranschaulicht sei, durchaus Richtiges. Die gestalterisch ausgedrückte gesetzmäßige Prozeßhaftigkeit dieser Entwicklung faßt prägnant Paul Kühn in seiner Klingermonographie (1907): „Die Macht einer ungeheuren Entscheidung liegt in diesen erschütternden Augenblicken, so daß das ganze figurenreiche Schauspiel zu diesem Motiv wie begleitende Akkorde wirkt. Christus schreitet langsam, sein Schreiten ist mild; Veilchen sprießen unter seinem Tritt aus der Blumenau hervor; aber dieser Schritt der Milde hat doch etwas Unaufhaltsames, Unabänderliches, wie der Schritt der 'Zeit'."[611] Auf der einen Seite verfällt in gleichsam biologisch determinierter Dekadenz die Kultur der Antike, auf der anderen siegt notwendig das junge Christentum: Geschichte als naturwissenschaftlich faßbare Evolution in einem darwin-haeckelschen Sinn! Die Auffassung einer solchen „modernen Entwicklungstheorie" (Haendcke), die den Blick auf soziale Faktoren des historischen Prozesses allerdings verstellt, mag dem Klingerschen Denken in der Tat nicht fern liegen. Daß auch das Christentum durch das Fortschreiten der Geschichte alternd untergeht, verkündet gewissermaßen kulturkämpferisch jene bereits 1879 gefertigte Federzeichnung Klingers, die den gewaltigen Flügelfuß der Zeit den Christus zertreten läßt (Abb. 4).

Große Übereinstimmung herrscht bei den zeitgenössischen Interpreten hinsichtlich der zentralen Psyche-Christus-Gruppe, die im Sinne einer veredelnden Verbindung von Christentum und Antike aufgefaßt wird. Paul Schumann charakterisiert die Klingersche Psyche (um 1907) wie folgt: „Freilich ist sie anders, als die zarten seelenlosen Puppen, die uns in den antiken und modernen Gruppen Amors und Psyches entgegentreten. Aber der Künstler mußte sie ganz anders auffassen, wenn er uns ihre Gebahren glaubhaft machen wollte. Die ganze tiefe Sehnsucht des besseren Theils der antike Menschheit, aus einer trostlosen Ueberkultur in ein besseres Sein zu gelangen, ist in ihr verkörpert. Und sie allein war von allen olympischen Göttern dazu befähigt, von Christus angenommen zu werden. Sie allein hat sich von dem frivolen Leichtsinn, von den schlimmen Streichen, die das Bild der anderen Olympier trüben, fern gehalten, sie knüpft darum das Band zwischen Christenthum und Heidenthum, und erst jetzt wird sie wirklich, was sie sein soll: Seele; die sinnliche Liebe wird zur tief innerlich empfundenen Liebe, wie sie christlichen Geist kennzeichnet. Die sinnliche Liebe dem Heidenthum, die seelische Liebe dem Christenthum."[612] Als durch und durch heidnische Kontrastfigur zur Psyche-Christus-Gruppe fungiert Eros, der Gemahl Psyches, der noch durch ein leicht zu lösendes Tuch mit ihr verbunden ist: „Bei Eros tritt im wesentlichen die rohe Kraft in die Erscheinung, die derben Züge des starkknochigen, von wildem schwarzem Haar umrahmten Antlitzes werden durch die bleiche Wuth noch häßlicher. Man begreift es, daß sich von diesem sinnlichen Gewaltmenschen die zarte Psyche (die Seele) abwendet."[613] Für Ludwig Hevesi ist in einer Besprechung des Klingerschen Gemäldes anläßlich seiner Ausstellung in der Wiener Sezession 1899 Eros „ein rüder Bursche von unedler Gesichtsbildung, unwirsch, gewalttätig. Aber dem Künstler war es eben darum zu tun, den Liebesbegriff der Heiden unter dem christlichen Gesichtswinkel sich ins Häßliches verzerren zu lassen."[614] Max Schmid beschreibt zwar in seiner Klinger-Monographie (1899, 1906³) nicht ausdrücklich die heidnischen Qualitäten der Erosfigur, deutet jedoch die Szene ähnlich wie die übrigen Autoren: „Nur Psyche, die durch Leiden geläuterte, die sich durch ihre alles überwindende Liebe den Hochsitz der Seele im Himmel errungen, nur sie versteht Christi Ankunft und nur sie zu retten kam er. Auch die ersten Christen nahmen ja die Psyche als Symbol der unsterblichen Seele in ihren Bilderkreis herüber und wandelten zugleich den heidnischen Amor zum Sinnbild der die Seele erlösenden Liebe Christi um. Klinger vermeidet diese unklare Lösung, indem er Christus selbst als Seelenretter einführt. Viel Schönheit und Sinnenreiz geht ja verloren, seit der feierliche Schritt bußfertiger Frauen da hallt, wo ehedem muntere Bacchantinnen im Reigen sprangen, wie wir sie auf dem linken Flügel noch tänzeln sehen. Dafür wächst aber der Schatz menschlichen und göttlichen Mitgefühls."[615] Entsprechend diesen Interpretationen bedeuten also der Sieg Christi über die antiken Götter, die Trennung der Psyche von Eros sowie die neuartige Verbindung von Christus und Psyche eine Negation der heidnischsinnlichen „Überkultur" (Schumann) mit ihrem frivolen Leichtsinn, ihrer rohen Kraft und ihren ungebändigten Affekten zugunsten einer höheren Zivilisationsstufe, auf der die elementaren Triebkräfte sowie Emotionen durch Leiden, christliche Moral und Spiritualität verinnerlicht, geläutert sind, so daß der Schatz an veredelter erotischer und allgemein solidarischer Zuwendung wächst.

Alexander Dückers läßt in seiner Klinger-Monographie (1976), die vor allen Dingen den Einfluß Schopenhauers auf das Werk des Künstlers herausarbeitet und den asketischen Christus im Olymp als Personifikation der Verneinung des Willens zum Leben auffaßt, die Deutung der kulturellen Sublimierung der Antike durch das Christentum nur als gewissermaßen zweitrangigen „offiziellen Bildsinn"[616] gelten. Der eigentliche Gehalt der Bildaussage liegt nach Dückers im Konflikt der Idee der Askese mit dem Verlangen des fin de siècle nach erotischer Freiheit: „Hinter der Konfrontation von Christentum und Antike steht die wehmütige Sehnsucht, den von der Konvention gesetzten prüden Sittenkodex zum Vorzeigen durch die Vermählung mit einem anderen sakrosankten Erbe, der heiter, lustbetont gedachten Antike, sozusagen legitim außer Kraft zu setzen."[617] Indessen zeigt die zwar sinnlich-nackte, jedoch verfallsträchtige Klingersche Götterwelt kaum Züge einer „heiter, lustbetont gedachten Antike" und vermag deshalb auch nicht „das Verlangen des fin de siècle nach erotischer Freiheit" ungebrochen auszudrücken. Vielmehr sind die Tendenzen einer antitraditionellen Wahrheit und Natürlichkeit der Aktauffassung durch den historischen Verlust an Schönheit und die Modernität der antiklassizistischen Umkehrungsaneignung der Antike gebrochen.

Eine „heiter, lustbetont gedachte Antike" (Dückers) bietet hingegen trotz aller darstellungsimmanenten christlich-moralischen Verurteilung das programmatische Gemälde *Johannes predigt auf Patmos den Bacchusdienern* (um 1856, Abb. 171) des baltischen Malers Friedrich Theodor von Möller. Zwar wird hier der emanzipatorische Neuhumanismus reaktionär durch das fromme, gereinigt-raffaelische Nazarenertum der züchtigen Gruppe um den Heidenfeind Johannes angegriffen, dennoch aber ist die antike Sinnenfreudigkeit der Bacchantinnen und Bacchanten mit großer Überzeugungskraft in klassischen Formen ausgemalt, so daß eine heimliche Sehnsucht nach „erotischer Freiheit" (Dükkers) durchaus in Erscheinung tritt. Die nazarenische Antithese zum Neoklassizismus gehört jedoch für Klinger ebenso zur Vergangenheit wie die „naive" Verherrlichung antiker Sinnlichkeit und Schönheit. Deshalb trifft eine Interpretation, wie sie mit zugegebener Einseitigkeit Hans Merian (1897) in der *Gesellschaft* gibt, den wahren Gehalt der Modernität des Klingerschen Olymp weit besser als die doch klischeehafte Dückerssche These von der bürgerlichen Fin-de-siècle Sehnsucht nach antikisch freier Erotik: „Es ist ein echt *moderner* Vorwurf; denn gerade der Parallelismus der beiden Zeitalter, die Ähnlichkeit, die unsere eigene niedergehende Kultur mit der absterbenden Antike zeigt, muß den Künstler auf ein derartiges Thema führen und ihn zu seiner Ausgestaltung anspornen. Die Renaissance z.B., die sich doch auch oft und viel mit dem Olymp und seinen Göttern beschäftigte, wäre niemals auf den Gedanken gekommen, den Untergang der alten Götterwelt in dieser Weise darzu-

Abb. 171 Otto Friedrich Theodor von Moeller: Johannes predigt auf Patmos den Bacchosdienern, um 1856

stellen, weil damals die eigene Götterwelt des Christentums noch *lebendig* war. Zeiten, die stark im Glauben sind, dichten keine 'Götterdämmerungen'. Klingers Bild ist eine '*Götterdämmerung*', und darum ein echt modernes Werk."[618] In die gleiche Deutungsrichtung zielt die Suche Heynes (1907) nach literarischen Mustern für die Klingersche Vorstellung der antiken Dekadenz (Heine, Schiller).[619] Merian identifiziert die Klingersche Götterwelt mit der im Abstieg begriffenen Kultur der modernen Zeitgenossen. In der Tat mag die gesellschaftliche Umwälzung im letzten Drittel des 19. Jahrhunderts, die zu einer erheblichen Verunsicherung des Bürgertums als Klasse sowie des Bildungsbürgertums im Besonderen führte und die im Bereich der Kunst die Tradition des illusionistischen Verismus und „Akademismus" sowie des Neuhumanismus endgültig zertrümmerte, als „Dekadenz" begriffen werden. Diese „Dekadenz" spiegelt der Klingersche Olymp.

Im Gegensatz zur Auffassung von Alexander Dückers ist der „offizielle" Bildsinn, der die moralisch-spirituelle Veredelung der „Antike" durch das „Christentum" umfaßt, identisch mit dem *Kern* des „eigentlichen" Darstellungsgehalts. Indem Klinger antitraditionell eine neue Wahrheit der Natürlichkeit der Aktdarstellung zu gewinnen sucht, setzt er sich zwar für eine Liberalisierung im Bereich der Sinnlichkeit ein; diese Zielsetzung durchwirkt auch seine theoretische Schrift *Malerei und Zeichnung*. Dennoch ist der Künstler im Gegensatz zur Auffassung vieler seiner Kritiker, die ihm Zügellosigkeit vorwerfen, von der Notwendigkeit der Affektsublimierung in der modernen Kultur überzeugt; der den jungen Ganymed päderastisch an sich fesselnde abgelebte Zeus, der trunkene Dionysos, der sinnlich-rohe Genußmensch Eros, die erschreckt im Liebesspiel innehaltenden Bacchantinnen der linken Schmalseite können sicher nicht als positive Vorbilder gedeutet werden; den Streit der „anciens et modernes" entscheidet der Künstler ohne Zögern zugunsten einer radikalen Modernität und hält, anders als die Verfechter einer „lebendig-schönen Nacktkultur" des Jugendstils am fin de siècle eine Rückkehr zu homerischer oder biblischer Naivität für ausgeschlossen. Zudem registriert er mit dem feinen Spürsinn des analytischen Realisten der Avantgarde die Momente moderner bürgerlicher „Dekadenz".

Die Position Klingers ist jedoch letztlich eine der *Vermittlung*, der „ästhetischen Versöhnung" mit der Moderne; sie enthält trotz oder wegen aller Liberalität die Gefahr einer Anpassung an die Zwänge der Affektsublimierung und erotischen Konventionen der modernen Zivilisation, die Gefahr einer Übernahme von Zügen der bürgerlichen Prüderie, wenn auch in gemilderter, verwandelter Gestalt. Revolutionär ist die Klingersche Position nicht im mindesten.

Wie in der *Kreuzigung Christi* sind die Figuren innerhalb einer schmalräumigen Bühnenzone entweder statuarisch vereinzelt und vermittels des Bannbereiches der Isokephalie in ihrer Eigenwertigkeit gleichsam konkurrierend betont, oder sie bilden kleine Gruppen, die allerdings zur abgegrenzten Akzentuierung der Individuen mehr beitragen als zu ihrer kommunikativen Verschränkung. Jede Figur trägt wie in der *Kreuzigung* mit paradigmatischem Solipsismus ihr je eigenes Lebensprinzip vor. Selbst die von Amor getrennte Psyche bleibt unterhalb des Zeus und die Götter fixierenden Blickes Christi isoliert und erhält auf ihre flehentliche Unterwerfung zunächst keine Antwort. Die Zweisamkeit der Bacchantinnen des linken Seitenteils wird durch die Ankunft Christi gestört. Ganymed erschrickt über die Abwesenheit und Machtlosigkeit von Zeus, der sich seine senile Schwäche durch einen Griff ins welke Fleisch selber bewußt macht. Artemis ist durch ihre Ohnmacht vom sie tragenden Bruder Apoll, Pluto durch seinen willenlosen Schlaf von der Unheil ahnenden Persephone getrennt. Die Tugenden konzentrieren sich meditativ auf ihr Inneres. Wieder zerreißt das auf die Spitze getriebene Prinzip der Individualisierung entfremdend die menschlichen Beziehungen; ein Eishauch scheint durch die Komposition zu wehen.

Abweichend von den typisierenden Tendenzen des Klassizismus verleiht Klinger seinen Göttern porträthafte Züge und verwandelt sie in prosaische Zeitgenossen, deren Psychologie mit analytischer Sensitivität beobachtet ist: die ein wenig grinsende Koketterie der Athene, die ängstlich-vorwurfsvolle Ziererei der Aphrodite, der verklemmte Hochmut der Hera, die jugendlich-haltlose Trunkenheit des Dionysos, die verkniffene Ehrwürdigkeit des Zeus, das schauspielende Grauen der schönen Persephone, die aufstrebende Hoffnung Psyches, die hausdamenhafte Keuschheit der Tugenden. Was die informelle Fleckauflösung der nackten Körper und der Gesichter in diesem Zusammenhang betrifft, so bringt die vibrierende Uneinheitlichkeit der Oberflächen den Ausdruck einer gesteigerten, jede mögliche Nuance registrierenden Nervosität hervor. Paul Kühn schreibt mit Recht (1907): „Klinger ist 'modern', er vertritt eine besondere Form von Nervosität, die erst in der letzten Hälfte des 19. Jahrhunderts vorkommt. Ein neues individuelles Empfinden und Denken, eine drängende Sehnsucht nach seelischem Erlebnis, intellektuelle Neugier und die feinste Kultur verbinden sich mit einem Naturgefühl, das ihm 'bis in die Fingerspitzen zittert'. Dieses äußerst nervöse, bis zum Übermaß sensible Temperament Klingers gibt den Schlüssel für alle seine Werke. Es führt ihn zur Radierung, dem beweglichsten und nervösesten Ausdrucksmittel, zu dem Problem des Freilichts, das ein verfeinertes Sehen in Licht, Farbe, Form zur Voraussetzung hat. Es gibt ihm den Blick für die seelischen Nuancen, macht ihn zu einem der schärfsten Psychologen des Jahrhunderts, läßt ihn in allen Erscheinungen der sichtbaren Welt die Nuance erkennen und besonders lieben."[620] Den Interpretationsgedanken der modernen Nervosität bezieht Kühn ausdrücklich aus einer frühen Klingerwürdigung von Georg Brandes (*Moderne Geister*, 1882), wo es heißt: „Wenn jeder Stoff, den er berührt, sich verjüngt, wenn er Amor, den man doch Grund hatte, lediglich als Zopf zu betrachten, von neuem lebendig und möglich machte, so beruht dies auf der persönlichen, nervösen Art, mit der er den Stoff anpackt; und diese Form von Nervosität kommt erst in der letzten Hälfte des 19. Jahrhunderts vor."[621] Der Begriff „Kunst der Nerven" gehört zum Arsenal des „subjektiven" Neuidealismus, dessen Prophet in der deutschen Literatur Hermann Bahr 1891 feststellte: „Der neue Idealismus drückt

die neuen Menschen aus. Sie sind Nerven; das andere ist abgestorben, welk, dürr. Sie erleben nur mehr mit den Nerven, sie reagieren nur mehr von den Nerven aus. Auf den Nerven geschehen ihre Ereignisse und ihre Wirkungen kommen von den Nerven."[622] Klingers ins solipsistische Extrem getriebener Individualismus, sein sensitiv-analytisches Psychologisieren und die nuancenreiche Nervosität der informellen Fleckauflösungsstrukturen, die das Vibrieren der Empfindungen zu spiegeln und dem Prinzip eines „Machschen Impressionismus" zu gehorchen scheinen, wirken *subjektiv-idealistisch* zusammen. Auf den Antagonismus von Neuidealismus und Naturalismus sowie die Stellung christlicher Darstellungen innerhalb dieses Spannungsfeldes wird noch einzugehen sein.

Der am Beispiel der *Kreuzigung Christi* untersuchte Antagonismus von Informalität, deformierender Verzeichnung, Deprägnanz und einem gegenwirkenden Streben nach Klarheit („neoklassizistische" Schmalraumbühne, vertikale Statuarik vieler Figuren, deutliche Abgrenzung von Einzelfiguren und Gruppen, teilweise äußerst prägnante Winkelbildungen der Glieder, simple Parallelität von Bewegungsrichtungen) bestimmt auch die Gestaltung des *Christus im Olymp*. Die psychologisierende Porträthaftigkeit der Gesichter wird analog durch die vereinfachende, oft deformierende Wirkung der Fleckabstraktionen tendenziell wieder „entindividualisiert". Die Fleckauflösungsstrukturen selbst spiegeln einerseits die informelle Fülle wirklichkeitsbezogener Eindrücke und betonen die haptisch-konkrete Gegenwärtigkeit der Materien, andererseits deuten sie auf eine subjektiv-neuidealistische „Kunst der Nerven." Diese Gestaltungsantagonismen und -widersprüche reflektieren den Kampf des avantgardistischen Künstlers um die Neufindung von Positionen und Katagorien, die der traditionsnegierenden Oppositionshaltung abgewonnen werden müssen und deshalb von der Unsicherheit des Umbruchs affiziert sind.

Bot der leidende Christus der *Kreuzigung* ein Bild des von Staat und Gesellschaft verfemten avantgardistischen Außenseiters, so stellt der den Bezirk der alten Götter betretende Christus wunschbildhaft das um neue Wahrheit kämpfende Genie dar, das den in Wohlleben und Laster versinkenden Olymp der höheren Gesellschaft zu reformieren berufen ist.[623] Vorrangig die Problematik der Stellung des Künstlers innerhalb der modernen Gesellschaft behandelt auch das Gedicht *Jesus und Psyche. Phantasie bei Klinger* von Richard Dehmel.[624] Der Dichter schildert einen Besuch im weiträumigen Atelier des Genies Klinger („Du fühlst, er braucht so großen Raum: / *Klinger*")[625], wo die Plastik des 1902 vollendeten *Beethoven*[626] und das Gemälde *Christus im Olymp* einander gegenüberstehen. Der mit antikisch nacktem Oberkörper dargestellte Heros Beethoven-Zeus (der Adler zu Füßen des „göttlichen Helden" verweist auf den olympischen Götter-König) sitzt für Dehmel auf dem „Thron der Sünde und Erlösung".[627] Nietzsches elitärer Begriff des über die stumpfe Herde weit hinausgehobenen, mit höchster Lebens- und Machtfülle ausgestatteten Künstler-Genies bestimmt gewissermaßen des Schriftstellers Sicht. Zum Beethoven und neuen Zeus wird in Dehmels Dichtung auch der Christus des Klingerschen Gemäldes, der auf dem Höhepunkt des Geschehens mit Psyche den Thron des verstorbenen Zeus besetzt, als Herrscher über die unterworfenen Götter gebietet, diese mit seinem Gefolge der Tugenden verbindet, ein rau-

schendes Vermählungsfest in Gang setzt und sich von Hermes bitten läßt:
„Spiel uns, du Göttlicher, dein Hohes Lied,
das hohe Lied der Sünde und Erlösung,
das hohe Freudenlied der Welt und Menschheit,
das hohe Lied der Neunten Symphonie!"[628]

Während der moderne Künstler realiter den Lebenskampf um Anerkennung seiner Ideen und um materielle Sicherheit durchstehen muß, kann er in der Dichtung die „Dornenkrone ablegen" und eine Welt antizipieren, die durch ihn und seine Kunst geläutert und beherrscht ist.
„Ich aber ziehe meine Psyche an mich
und schlage meinen Königsmantel um sie
und spreche: weine nicht, mein Liebling, komm!
So steig' ich mit ihr auf den Sitz des Zeus
und lege meine Dornenkrone ab:
heut feiert Jesus seine Hochzeitsnacht!"[629]
Psyche ist die Seele und Muse des Dichters, Malers, Musikers, deren tiefere Erkennung den Schauer der poetisch verdrängten, erbärmlichen, in der modernen bürgerlichen Gesellschaft aufs äußerste relativierten Künstlerexistenz wieder erweckt:
„Doch schaudernd lehnt sich Psyche von mir weg
und starrt mich an mit Augen, daß mich friert,
so rätselhaft voll Furcht, voll Sehnsucht – Psyche!
Geliebte Psyche! Du, wer *bist* du?! – 'Du'
sprach laut mein Mund die Antwort meines Herzens,
ein Echo huschte durch den großen Raum;
so stand ich.
Allein. Mit meiner Seele in dem Meister,
der Solches in mir schuf."[630]
Die Identifikation Dehmels mit den Genie-Geschöpfen Klingers und mit diesem selber ist ein Akt der Selbstvergewisserung über die zarathustrahafte Exponiertheit beider Künstler, ja des Künstlers überhaupt.

Zugleich hat der Schriftsteller mit dem Bild der Christus entgegenkommenden, sein „Blut" als Vermählungstrank empfangenden Psyche die reale Möglichkeit der Verbindung des Künstlers mit einer Frau im Auge, die dessen Schöpfertum und Werk „verständnisvoll anerkennt", sich ihm hingibt und als Erste die Früchte seiner Kunst genießen darf. Verletzende Patriarchalität bestimmt dieses Bild. Am Ende fällt des Dichters Blick auf einen Sanddistelstrauß, um den sich ein vergilbtes, einst brennend rotes Seidenband schlingt:
„Die Sonne schien darauf und ließ noch Spuren
des zart blaugrünen Purpurschmelzes ahnen,
der einst die frischen Stacheln schmückte: fast
als hab ihn einst verfärbt zu schwacher Glaube,
als hab ihn einst berührt zu scheue Hoffnung,
als hüte blaß ihn noch die Liebe ... Still:
die Tür ging: Er trat ein: der Maler, Zeichner
und Bildner Unsrer Psyche – *Klinger* – und
da mußt ich denken: Welche Frau ihm wohl
einst diesen Strauß geschenkt hat? Denn es *giebt*
Frauen, die solche Sträuße schenken..."[631]
Die den Künstler zumindest poetisch absichernde Entrückung durch Sakralisierung und Inthronisation verbindet sich in Dehmels Gedicht mit einer Sakralisierung der Zuneigung einer „Ausnahme-Frau", die sich in Glaube, Hoffnung und Liebe dem göttlichen Künstler-Genie als „dienende" Gefährtin zu eigen gibt. Die Interpretation von Alexander Dückers, die sich auf die „blasphemische" Vermählungsszene auch zitatmäßig konzentriert, verkürzt den Gehalt des Poems auf eine „Erotisierung der ursprünglich als Allegorie gedachten Begegnung von Christus und Psyche."[632]

Das Problem der Sakralisierung des Künstlers als Christus soll in dem sechsten Kapitel differenzierter behandelt werden.

Ikonographisch läßt sich der als neuer „König" den Olymp betretende Christus Klingers mit zeitgenössischen Darstellungen von Herrschereinzügen vergleichen. Dabei erscheint im Unterschied beispielsweise zu Ferdinand Kellers 1888 vollendetem nur wenig kleineren Monumentalgemälde *Kaiser Wilhelm, der siegreiche Begründer des Deut-*

Abb. 172 Ferdinand Keller: Kaiser Wilhelm, der siegreiche Begründer des Deutschen Reiches, 1888

schen Reiches (Abb. 172) die strenge, einfache, auf Wesentliches zielende Modernität Klingers wiederum bestätigt. Zwar streckt der ein „königliches" Goldbrokatgewand tragende, hochgewachsene Christus-Held mit herrscherlicher Entschiedenheit seinen Arm aus, die Welt der Götter symbolisch beiseitestoßend, doch bedarf seine Autorität, die auf geistigen Werten wie redlichem Wahrheitsstreben, asketischer Selbstzucht und Läuterung durch Leiden beruht, keiner äußerlichen Erhöhung durch Wagen, Pferde, Kronen und einen transzendentalen Apparat der Glorie. Trotz des aristokratischen Anspruches bleibt Klingers Christus ein relativ schlichter, durch seine starke Persönlichkeit triumphierender bürgerlicher Held. Im umgekehrten Verhältnis zum reaktionären Pomp des Kellerschen Franzosenbesiegers Wilhelms I., dessen Gottesgnadentum mit Hilfe barocker Allegorien und Prachtentfaltung suggeriert wird, steht die desillusionierende Pleinair-Wahrheit des Klingerschen Siegers Christus; indessen bezieht sich die Siegerdarstellung Kellers auf den mit realer Machtfülle ausgestatteten preußischen König und deutschen Kaiser, während die Siegerdarstellung Klingers lediglich kompensatorisch auf den avantgardistischen bürgerlichen Künstler verweist, der realiter noch weniger Einfluß besaß als der im Scheinparlamentarismus des Obrigkeitsstaates zur Ohnmacht verurteilte liberale Bürger. Klingers Bild dient dennoch bürgerlichem Selbstverständnis, deutet Geschichte gegenwartsbezogen um, Kellers Gemälde dient dagegen rückwärtsgewandt der Verherrlichung der ruhmreichen Historie der Hohenzollerndynastie von der „Vorzeit" (pferdeführende Borussen) über das feudale Mittelalter (Ritter mit Reichsbanner), den Absolutismus (barocke Darstellungsform), das 19. Jahrhundert (kö-

niglich-preußischer Siegesbau des Brandenburger Tores) bis zum Kaisertum von 1871.[633] Keller sakralisiert aufwendig den Monarchen, Klinger jedoch benutzt die Figur Christi säkularisierend als moderne Metapher.

Wie stark die Positionen innerhalb des illusionistischen Verismus und „Akademismus" differieren, ohne daß sich die Diskrepanz zur Klingerschen Modernität verringert, macht der Vergleich mit weiteren Triumphdarstellungen deutlich, so mit Anton von Werners *Die Kaiserproklamation am 18. Januar 1871 im Spiegelsaal des Schlosses zu Versailles* (1877 erste Fassung, Abb. 173). Auch in diesem Bild erfüllt die Kunst die Rolle einer Huldigung des Herrschers. Als Chronist der Macht hält Anton von Werner, der Kunstpapst von Berlin, Monturen, Orden, Ehrenzeichen, Fahnen und die „Charakterköpfe" der Fürsten sowie führenden Persönlichkeiten mit den Mitteln einer rationalen photographiehaften Überpräzision fest.

Doch auch eine „opernhafte Triumphzug-Szene inmitten von Kulissen und Statisten"[634] wie Hans Makarts berühmter *Einzug Karls V. in Antwerpen* (1878, Abb. 174) mußte den redlichen Vorstellungen des Malerphilosophen und Avantgardisten Klinger völlig fern liegen. Der „Einzug" mit seinem üppigen Sinnenreiz (farbenprächtige historische Kostüme, elegant-schöne Frauenakte) und herrschlichen Prunk traf vielmehr den nach aufwendiger Repräsentation verlangenden Geschmack der höheren bürgerlichen Gründerzeit-Gesellschaft, die sich an der Welt des Adels orientierte. Auch die rassistische Herrscherglorifizierung, die Arthur Kampf 1906 mit seinem Wandgemälde *Einzug Ottos I. des Großen in Magdeburg nach der Niederwerfung der Slawen und Wenden* (Abb. 175) im Magdeburger Kaiser-Friedrich-Mu-

Abb. 173 Anton Alexander von Werner: Die Kaiserproklamation am 18. Januar 1871 im Spiegelsaal des Schlosses zu Versailles, erste Fassung 1877

Abb. 174 Hans Makart: Einzug Karls V. in Antwerpen, 1878

Abb. 175 Arthur Kampf: Einzug Ottos I. des Großen in Magdeburg nach Niederwerfung der Slawen und Wenden, 1906

seum lieferte, entsprach nicht dem Denken Klingers. Der germanische Reckenkönig scheint hier einen Zug fremdrassiger Untermenschen in die wohlverdiente Sklaverei zu führen.

Die soziale Frage, die Klinger aus der Kreuzigungsdarstellung ausgeklammert hatte, beschäftigte ihn nun in *Christus im Olymp*. Allerdings sind die Armen und Elenden, die als widriger Haufe hinter den Bacchantinnen des linken Seitenteils den Olymp unter Schreien und Beten erklimmen, ähnlich wie der zuschauende Pöbel in Stucks *Kreuzigung Christi* weit von der erhabenen Bühne der großen Handlung abgesondert und werden eher als elende Störenfriede betrachtet, denen die Aktion Christi nicht im mindesten gilt. Keineswegs trifft die Deutung (1897) von Hans Merian zu, der als „Vorwurf, den Klinger für sein großes Gemälde gewählt hat"[635], die historisch soziale Veränderung durch den Sieg des Christentums annimmt und diese wie folgt beschreibt: „Als aber die Kultursendung des Altertums vollendet war, und die greisenhaft gewordene Gesellschaft in wüster Schlemmerei und schwüler Wollust verkam, während die breite Masse des geknechteten Volkes darbte, da trat der große Umschwung ein. Die Religion der Verachteten, der Armen und Beladenen, das Christentum, das die Askese predigte und alle Sinnenlust als Teufelswerk verdammte, erstarkte immer mehr; der sanfte Rabbi von Nazareth, der gelehrt hatte: 'Mein Reich ist nicht von dieser Welt', und dadurch der bedrängten Menschheit einen Ausblick in ein ideales Reich eröffnete, wo die Ungerechtigkeiten des wirklichen Lebens ausgeglichen werden sollten, nahm den Platz der alten lebensfrohen Götter ein, die vor seiner neuen Lehre allmählich verblaßten."[636] Selbst in dem idealistisch-religionsbezogenen Sinne Merians kann das Gemälde *Christus im Olymp* nicht als progressives Werk gelten, das sich etwa am historischen Beispiel des Sieges der Lehre Christi für die Emanzipation der Armen und Elenden einsetzt und Egalität fordert, indem es die üppige Religion der olympischen Götter als eine der begüterten Oberschichten entlarvt. Klingers Sicht bleibt im Gegenteil bürgerlich-elitär auf die „höhere Welt des Olymps" fixiert und wertet die Welt der Armen und Elenden nur als Randerscheinung.

Exkurs: Klingers Zweiweltenkonzeption

Ungenügend wurde bisher in der Klingerliteratur die Giganten-Predella des Gemäldes „Christus im Olymp" beachtet. Auch Alexander Dückers gibt keine Deutung. Eine weiterführende Interpretation kann aus der „Zweiweltenkonzeption" des Künstlers gewonnen werden, die sich durch sein ganzes Werk verfolgen läßt und die in seinem Hauptwerk die höhere Sphäre des Olymps von der niederen des Tartaros mit den gefangenen, jedoch revoltierenden Titanen scharf abtrennt, während die übrigen Teilungen des Bildes nur der triptychonartigen „Vergrößerung" der oberen Zone dienen.

Bereits das frühe Gemälde Klingers „Überfall an der Mauer" von 1877 (Abb. 176) zeigt zwei Welten. Max Schmid, der das Bild in seiner Klinger-Monographie (1899, 1906³) als eine „Aufsehen erregende Tat"[637] feiert, schreibt: „Und doch stellte es nur eines der landläufigsten Ereignisse des Polizeiberichtes dar: Draußen in der Vorstadt, wo nach dem großen Krache so viele Häuserruinen standen und so viele mittellos gewordene Existenzen ihr fragwürdiges Dasein fristeten, sieht ein von einem Ausfluge heimkehrender Jüngling sich plötzlich von Bassermannschen Gestalten umringt. Verloren spielen sie mit ihren Knüppeln und suchen Steine als Wurfgeschoß. Jener, der den Ernst der Lage erfaßt hat, sucht Deckung, indem er sich mit dem Rücken gegen die rote Ziegelmauer stellt und mit der Rechten den Revolver hebt. So stehen sie erwartungsvoll einander gegenüber. Keiner der Strolche wagt als erster sich dem Revolver zum Ziele zu bieten, für den Jüngling aber ist die Situation, fern von menschlicher Hilfe, äußerst fatal."[638] Die bürgerliche Welt des Sohnes aus gutem Hause, der sich vorsorglich bei seinem Erkundungs-„Spaziergang" (früher oft angegebener Bildtitel: *Der Spaziergänger*) mit einer Schußwaffe versehen hat, steht hier der ruinösen Welt des Gründerkrachs und der „abgesunkenen Existenzen", Lumpenproletarier gegenüber, so daß die „soziale Frage" den Bildgehalt fundiert. Der zentrale Problembereich des Antagonismus von Kapital und Industriearbeit ist jedoch nicht berührt. Zugleich thematisiert Klinger die „Aussetzung" des bürgerlichen Individuums in einer „Wüstenwelt"; nicht allein die „Bassermannschen Gestalten", jene Figuren, die der zu Verhandlungen zwischen Parlament und Krone nach Preußen geschickte Kommissar der Frankfurter Nationalversammlung Friedrich Daniel Bassermann 1849 im Berliner Sodom und Gomorrha gesehen zu haben vorgab[639], bedrohen den allzu wißbegierigen Jüngling, sondern auch die lange, grell beleuchtete nackte Mauer, an der er als gut sichtbares, schutzloses Objekt des Raubgesindels einsam festsitzt und die Öde des verkommenen Geländes mit Sandhaufen, Abfällen, Unkraut sowie einem die Flucht hindernden alten Bauzaun. Anders als in der *Kreuzigung Christi*, wo der intellektuelle Außenseiter vom Staat und der höheren Gesellschaft liquidiert wird, ist er hier Opfer jener „rohen Kräfte", die er seit der Pariser Commune zu fürchten gelernt hat. Franz Servaes wiederum spürt (um 1902) einen schalkhaft-symbolischen Hintergedanken: der Künstler wird von seinen Kritikern bedroht.[640] Innerhalb einer Ausstellungswelt (Berliner Akademieausstellung von 1878)[641], die durch poetisch verklärte Genre-Idyllen, bengalisch beleuchtete Historien, religiöse Schinken sowie mehr oder weniger romantische Landschaften bestimmt war, mußte das „wahrheitsbesessene" Gemälde des Schülers von Akademieprofessor Karl Gussow Aufsehen erregen. „Die krasse Gussowsche Realistik in der Auffassung und Farbe kam hier zum Vorschein, ein Zug von so energischer Wirklichkeit, lebendiger Beobachtung und prägnanter Erfassung des Momentes, daß es dem Gedächtnis gar nicht wieder entschwinden konnte", schreibt Max Schmid.[642] Mit Hilfe dieser analytischen Realistik, die ebenfalls ein gründliches Menzelstudium verrät, gelang dem Außenseiter Klinger ein erster Einbruch in die etablierte Kunstszene.

Die Radierung *Narcissus und Echo I*, Blatt sieben des Zyklus *Opus II. Rettungen Ovidischer Opfer* (1879, Abb. 177), zeigt die Konfrontation des wilden, dunklen Walddämonen-Ufers mit jener lichten Paradieslandschaft auf der anderen Seite des trennenden Flusses, in der die liebenden Götter Narcissus und Echo sich in betontem Unterschied zur Fassung Ovids glücklich finden. Es sind nicht etwa ehrwürdige alte Gottheiten, die das Liebesgeschehen des jenseitigen Arkadien betrachten, nicht also Mitglieder einer Elite-Welt, sondern es sind Dämonen der Wildnis mit ungeschlachten, tierhaften Körpern, groben Manieren und einer primitiven Freß- sowie Trinklust (neben dem eine Hirtenflöte haltenden Satyr liegt ein geschlachtetes Tier, zwischen ihm und dem Pan steht eine Trinkschale), deren Namen schon von

Abb. 176 Max Klinger: Überfall an der Mauer, 1877

Abb. 177 Max Klinger: Narcissus und Echo I, 1878

Abb. 178 Max Klinger: Märztage III, 1882

David Friedrich Strauß im Sinnlichkeitskapitel seines *Alten und neuen Glaubens* (1872) exemplarisch abtut. Das Bild der Walddämonen artikuliert humorvoll-affirmativ die Sicht des klassisch gebildeten Bürgers auf untere soziale Schichten. Die Perspektiven des *Überfalls an der Mauer* und in *Narcissus und Echo I*, jeweils vom pejorativen Standpunkt der Lumpenproletarier oder Walddämonen her aufgenommen, ähneln einander.

Die drei Blätter umfassende Folge *Märztage* aus dem Radierzyklus *Opus IX. Dramen* (1883) lebt nach Klingers eigener Angabe aus der „Zeit der schärfsten Socialdemokratie mit revolutionärem Hintergrund in ganz Deutschland"[643] um 1883, aus der Zeit der ersten Jahre unter dem Sozialistengesetz also. Das Blatt *Märztage III* (Abb. 178) zeigt die konträren Welten der siegreichen kaiserlichen Militär- sowie Ordnungsmacht und der über Land in entlegene Gefängnisse fortgeführten revolutionären Arbeiter. Während die mit gezogenen Säbeln voranreitenden drei Offiziere als Einzelfiguren relativ deutlich im Kontrast zum schneebedeckten Feld hervortreten, verschwimmt der Zug der Festgenommenen perspektivisch stärker verkleinert zu einer formlosen Masse; die negative Sicht des Vorgangs wird durch den distanzierten Beobachterstandpunkt diesseits eines tiefen Grabens auf brachliegendem Ackerboden und durch die frostige Atmosphäre der rauhen, noch mondbeschienenen Märzfrühe intensiviert; nicht eine politische Metaphorik des befreienden, anbrechenden Frühlings, sondern der andauernden winterlichen Verödung beherrscht die Gestaltung. Als im elitären bürgerlichen Denken befangener Intellektueller vermag Klinger zwar zu einem Zeitpunkt der Kulmination der Klassenkämpfe den sozialen Antagonismus auf der Erscheinungsebene explizit ins Auge zu fassen, nicht jedoch Sympathien für die „fremde Welt des grauen Pöbels" zu empfinden, geschweige denn Solidarität mit den Interessen der Ar-

den Griechen zur Abqualifikation niedrig stehender Individuen herangezogen wurden. Diesen Walddämonen, die ein wenig an die affenhaften Petroleurs und Sozialdemokraten der bürgerlichen Karikaturen erinnern, ist die lichte Welt der Götter und edlen Menschen, in der Eros regiert, prinzipiell verschlossen; sie können die Natur ihrer rohen Sinnlichkeit ebensowenig verleugnen wie jene Bauern und Arbeiter, die

Abb. 179 Max Klinger: Christus und die Sünderinnen, 1884

Abb. 180 Max Klinger: Ein Schritt, 1883

beiter. Da das Blatt II der Folge eine Berliner Barrikade zeigt, jedoch in der Zeit des Sozialistengesetzes keine Barrikadenkämpfe stattfanden, ist, wie viele Autoren annahmen, ein Bezug zur Märzrevolution von 1848 gegeben. Klinger sieht revolutionäre Erhebungen ähnlich negativ wie Alfred Rethel in seinem reaktionären Holzschnittzyklus *Auch ein Totentanz* (1849), wo der Tod als „Held der roten Republik" über die „freien und gleichen" brüderlich Gefallenen der Barrikadenkämpfe herrscht.[644] Eine Anregung der *Märztage* durch Georg Herweghs bekanntes Lied *Achtzehnter März. März 1873*, wie sie Bernd Growe andeutet (Ausstellungskatalog Klingerscher Graphik der Kunsthalle Bielefeld 1976)[645], ist kaum wahrscheinlich, da Herwegh anders als Rethel und Klinger solidarisch Partei für die Proletarier ergreift:

„Achtzehnhundert vierzig und acht,
Als im Lenze das Eis gekracht,
Tage des Februar, Tage des Märzen,
Waren es nicht Proletarierherzen,
Die voll Hoffnung zuerst erwacht
Achtzehnhundert vierzig und acht?
(...)
Achtzehnhundert siebzig und drei,
Reich der Reichen, da stehst du, juchhei!
Aber wir Armen, verkauft und verraten,
Denken der Proletariertaten –
Noch sind nicht *alle* Märze vorbei,
Achtzehnhundert siebzig und drei."[646]

Zwar gehört Klinger nicht zu den hurraschreienden „Reichspatrioten" und nimmt eine durchaus kritische Stellung zum Bismarckschen Obrigkeitsstaat ein, dennoch trennt eine unüberbrückbare Kluft sein bürgerliches Bild der proletarischen Welt von dem parteilich-revolutionären Herweghs.

Das Blatt *Christus und die Sünderinnen* aus dem Radierzyklus *Opus VIII. Ein Leben* (1884, Abb. 179) konfrontiert die dunkle, karge Höhlenwelt der sündigen Frauen mit der freien, üppigen Natur eines lichten Arkadien, wo selige Paare sich freuen. Lothar Brieger-Wasservogel schreibt in seiner Klinger-Monographie (1902) über die Hauptgestalt der Prostituierten, deren Leben der Künstler in der Folge schildert: „Auf dem ersten Schlußblatte sitzt sie im Kreise der anderen Sünderinnen in der Hölle. Sie kann in das helleuchtende Paradies sehen, in dem sich die Mädchen ergehen, welche schuldlos durchs Leben gewandelt sind. Ein Engel mit dem Flammenschwert teilt streng die beiden Gebiete. Mir scheint hier eine furchtbare Satire auf die christliche Scheidung von 'gut' und 'schlecht', 'die Schafe zur Rechten, die Böcke zur Linken', vorzuliegen. Uns drängt sich die quälende Frage auf, was eigentlich diese Mädchen im Himmel vor der Sünderin voraus haben? Sind sie besser, weil nie die Versuchung in Gestalt leidenschaftlicher Liebe an sie herangetreten ist? Ist denn das ihr Verdienst? Da erscheint mitten unter den Sündern die helle Lichtgestalt Christi. Klinger setzt hier den Heiland in seiner ganzen Milde den durch das Dogma der Kirche grausam ausgebauten Systemen gegenüber."[647] Es ist jedoch fraglich, ob Klingers Darstellung allein nur den theologischen Dualismus von Gut und Böse, Himmel und Hölle, göttlicher Gnade und Verdammnis kritisiert. Der Kontext der übrigen Blätter legt darüberhinaus den Gedanken nahe, daß der Künstler die Prostitution als soziales Problem der Großstadt mitreflektiert. Ähnlich wie die Radierung *Ein Schritt* (Blatt zwei der *Dramen*, Abb. 180), die darstellt, wie sich Prostituierte, Zuhälterin und reicher Kunde in einem dunklen Winkel zwischen großstädtischen Mietskasernen treffen, zeigt *Auf der Straße* (Blatt neun von *Ein Leben*, Abb. 181) proletarisches Milieu; hier raucht sogar ein Fabrikschlot über den Dächern. Der Gegensatz von Arm und Reich wird in *Gefesselt* (Blatt elf von *Ein Leben*, Abb. 182) thematisiert: die ausgebeutete nackte Frau ist von der lüsternen Männerwelt der „höheren Stände" umringt. Der rembrandthafte Christus Klingers kann zwar den gefallenen Frauen in der Höhle den großmütigen Trost des liberalen gesellschaftlichen Außenseiters bringen, der auch das Verdammungsurteil der institutionalisierten Kirchen überwindet und aus der Oberwelt herabsteigt, jedoch in ein Paradies vermag er diese Hölle nicht umzuschaffen; es bleibt bei einer lediglich moralischen Unterstützung und der Gegensatz beider Welten besteht unveränderlich fort.[648]

Die Radierung *Elend* (1892, Abb. 139), siebtes Blatt des Zyklus *Opus XIII. Vom Tode II* (1909) stellt die Welten der Arbeitssklaverei und des unter der Obrigkeitsknute geschaffenen Reichtums einander gegenüber. Willy Pastor schreibt in seiner Klinger-Monographie (1918): „Die dritte Macht des Todes gegen das Menschengewimmel ist das Elend. Seit

Abb. 181 Max Klinger: Auf der Straße, 1884

Abb. 182 Max Klinger: Gefesselt, 1884

je hat es am stärksten dann in den Massen geheert, wenn der Reichtum seine stolzesten Werke türmte. Von den Pyramiden Ägyptens bis zu den Prunkpalästen der Louis ist nichts Übergewaltiges geschaffen worden, das nicht Menschen zu zahllosen Tausenden verelendet, zum Herdenvieh entwürdigt hätte. Noch in der Gegenwart gehören sie beide zusammen, der tollgewordene Reichtum und das Massenelend der 'Slums'. (...) Ein unheimlicher Gegensatz, das herrliche Akanthuskapitäl mit dem Kaiserbildnis thronend über einer Zuglast Sklaven. Der Fronvogt läßt sie einen Augenblick verschnaufen. Eine Magd, die mit dem Speisekessel zur Seite ging, löffelt jedem sein Teil Futter zu, auf daß sie beim neuen Antrieb nicht versagen. Breitbeinig steht der Fronvogt da und knüpft in seine Ledergeißel frische Knoten. Drohend wendet er das Haupt zu einem Arbeitstier im zweiten Glied, das mit einem Nachbarn Streit bekam. Im ersten Joch ein stumpfer Alter, der schon abgegessen hat, eine junge Mutter, die ihr Kind säugt, ein stämmiger Bursche, der ihr zuschaut. So geht es weiter, Glied um Glied, das Elend in jederlei Form. Auch das ekelste Geschmeiß fehlt nicht, der Händler hebraischen Gepräges, der seinen Vorteil sieht, wo Reichtum und Elend die Menschen auseinanderspalten."[649] Möglicherweise spielt Klinger mit dieser Darstellung kritisch auf die zeitgenössische Errichtung von kaiserlichen Denkmälern und Prunkbauten an. Der Armeleute- und Elendsmalerei seiner Zeit gibt der Künstler hier eine mythologische Wendung. Einzig die Gestalt des seine Notdurft verrichtenden Arbeiters am linken Bildrand scheint der Gegenwart entlehnt. Ein analytisch-pessimistischer Zug verleiht der Gestaltung den Ausdruck des Unentrinnbaren, als sei der geschilderte Gegensatz eine gesetzmäßige Konstante der Geschichte von den Pyramidenbauten der Ägypter bis ins Zweite Deutsche Kaiserreich. Die Gruppen ziehender Arbeiter im Hintergrund bilden monströse vielbeinige Arbeitstiere. Nur ein Außenseiter, ein junger Mann strebt von der Masse, die geduldig ihr Schicksal trägt, fort, zurück ins Licht. Ähnlich vermag sich wohl der Scharfblick des Genies über die Niederungen des Lebens und der Geschichte zu erheben.

Mit äußerster Prägnanz zeichnet Klinger in der Radierung *Titanen* (zwanzigstes Blatt des Zyklus *Opus XII. Brahmsphantasie*, erschienen 1894, Abb. 183) die gegensätzlichen Parteien der dunklen Titanen mit ihren fast ausgemergelten Arbeitskörpern, Gesteinsbrocken emporwuchtend sowie primitive Wurfgeschosse schleudernd und der hellen Olympier, die mit zielsicheren Fernwaffen schießen. Für Ferdinand Avenarius offenbart diese Darstellung „Übermenschenlos": „Da streiten sie gegen die Olympier. Ein Ringen von Schatten und Licht, von Massen und Linien. Die himmelstürmenden Titanen, dämonisch häßlich und in der Sehnigkeit ihrer Gestalten doch von eindrucksvoller Formengröße, ungestüm wie verkörperte gemeine Naturkräfte, riesenhaft und hart wie Felsen, aber wie Felsen aus Metall. Die Himmlischen, die sie vornehm erwarten, schön wie aus Licht gebildet, auf den adligen Zügen mehr noch Ekel als Haß, schnellen auf sie Pfeile wie auf gräßliches Gewürm."[650] Im Unterschied zum *Titanensturz* (1879, Abb. 184) von Anselm Feuerbach und Wilhelm Trübners *Gigantenschlacht* (1877, Abb. 185) besitzen die Körper der Klingerschen Übermenschen, deren urtümliche, jedoch rohe Kraft nicht über die „zivilisierte" Götterelite zu triumphieren vermag, den harten Bau von Steinbrucharbeitern. Der Gegenwartsbezug einer solchen Darstellung liegt in ihrer mythologisch verkleideten Thematisierung des Klassenantagonismus.

Wie bei den meisten der behandelten Zweiweltenbilder besteht die Komplikation der bürgerlichen Blickrichtung darin, daß die bedrohliche Nähe der jeweils dunklen Welt des Verelendeten (Lumpenproletarier), Ungeschlachten (Walddämonen), Gefallenen (Sünderinnen), Naturwüchsig-Primitiven (Titanen) durch die ästhetische Überschärfung

Abb. 183 Max Klinger: Titanen, 1894

Abb. 184 Anselm Feuerbach: Titanensturz, 1879

Abb. 185 Wilhelm Trübner: Gigantenschlacht, 1877

der negativen Aspekte wieder in eine klar definierte Distanz umgewandelt wird. Außerdem bleibt die jenseitige Licht- und Höhenwelt wegen ihrer betonten darstellerischen Entrückung für die Bewohner des dunklen Diesseits „beruhigend" unerreichbar. Auch trägt die Verlegung des Geschehens in die „Vorzeit" sowie in mythische Bereiche zur Entschärfung der angstgeladenen Nahsicht auf die inferiore Welt bei. Zugleich wird ein gewisser Deutungsspielraum gewonnen, der den Gegenwartsbezug der Gestaltungen verunklärt und das Eigenleben der künstlerischen Bildwelt mit Hilfe ihrer verfremdenden Abnabelung von der zeitgenössischen Realität eskapistisch stärkt.

Die Zweiweltenkonzeption des Gemäldes *Christus im Olymp* beruht auf einer strengen Bildfeldtrennung der lichten Ober- von der dunkel-schmutzigen Unterwelt; mit dem Eindruck der unveränderbaren Konstanz dieser rigorosen Abgrenzung verbindet sich jener eines stabilisierenden, großen Übergewichtes des dreigliedrigen Oberteils gegenüber dem Titanenbereich, der sich auf einer schmalen Predellazone zusammendrängt. Zwar ist die Oberwelt in einer Umwandlung begriffen, an der auch das Heraufdrängen der Armen und Elenden bescheidenen Anteil hat, und eine soziale Revolution der proletarischen Titanen könnte deshalb begünstigt erscheinen; dennoch mangelt es diesen im Unterschied beispielsweise zu den Bauern der Käthe Kollwitz (Radierungszyklus *Bauernkrieg*) an Solidarität: nur die rechte Gruppe der stehenden Männer setzt zum Sturm gegen die Oberwelt an, die linken Paare geben sich erotischen Spielen hin. Letztlich beherrscht eine affirmative Sicht die Gesamtgestaltung.

Klingers Zweiweltenkonzeption umfaßt drei ineinanderspielende Problembereiche: Erstens wird der Gegensatz einer rohen, naturhaften Sinnlichkeit und einer Sphäre der arkadisch-olympisch-paradiesischen Veredelung sowie Freiheit der Sinne thematisiert. Dieser Gegensatz besitzt sowohl einen „äußeren" gesellschaftlichen als auch einen intraindividuell-psychologischen Aspekt. Momente Rousseauscher Zivilisationskritik verbinden sich in widersprüchlicher Weise mit solchen eines antiurbanen Eskapismus und einer allerdings sehr vagen Utopie. Im *Christus im Olymp* setzt sich jedoch die Anerkennung der zivilisierenden, sublimierenden Kraft des „Christentums" (Vereinigung von Christus und Psyche) und damit eine bedingte Apologie der modernen bürgerlichen Kultur mit ihren sinnlichen Restriktionen durch. Konstant bleibt im Werk Klingers indessen eine Sicht der tendenziellen Unterdrückung des Bereiches der rohen, ursprünglichen Sinnlichkeit, deren mögliche Befreiung und Emanzipation nicht zur Debatte steht.

Zweitens wird der soziale Klassengegensatz allerdings innerhalb der künstlerischen Entwicklung Klingers zunehmend nur noch in mythologischer Verfremdung thematisiert. Diese der neuidealistischen Kulturwende verpflichtete Mythologisierung bezeichnet übrigens auch die unüberwindbare Grenze der Klingerschen Modernität. Adolph von Menzel stellt demgegenüber unverhüllt gegenwartsbezogen in seiner kleinformatigen Deckfarbenmalerei *Besuch im Eisenwalzwerk* (1900, Abb. 186) die konträren Welten des titanischen Proletariers, der mit seinem auch im revolutionären Kampf zu schwingenden Hammer konkrete Werte schafft und des kultivierten kapitalistischen Ausbeuters dar. Anders als bei Klinger ist die Nahsicht-Perspektive des Eisenarbei-

Abb. 186 Adolph von Menzel: Besuch im Eisenwalzwerk, 1900

ters positiv-parteilich. Zwar rezipiert Klinger die treibenden historischen Kräfte seiner Zeit, deutet jedoch den objektiven Antagonismus von Kapital und Arbeit, über dessen wesentliche ökonomische und ideologische Strukturen bei ihm keineswegs Klarheit besteht, als unwandelbares, naturbedingtes Gegeneinander einer „niederen" und einer „höheren Welt". Dieses deterministische Gegeneinander erscheint durch den beschriebenen Sinnlichkeitsgegensatz befestigt, ja verstärkt.

Drittens wird der Kampf des Außenseiter-Genies gegen die Gesellschaft thematisiert. Als Sohn aus gutem Hause, der aber die Wahrheit zu ergründen sucht, wagt es sich in die gefährliche Welt des proletarischen Lumpengesindels (*Überfall an der Mauer*); als Christus exiliert es aus dem Paradies seiner Klasse, um furchtlos mit den Sünderinnen in der „Unterwelt" zu leiden (*Christus und die Sünderinnen*). Ebenfalls als Christus stirbt es eines heroischen Märtyrertodes für seine „revolutionären Ideen" (*Kreuzigung Christi*) oder tritt, ein avantgardistischer Wunschsieger des Geistes, das Erbe der traditionellen, nunmehr dekadenten bürgerlichen Kulturelite an (*Christus im Olymp*). Die Komplexität des monumentalen Hauptwerkes *Christus im Olymp* beruht auf der Verschränkung aller drei Problembereiche.

Die Reaktion der protestantischen Orthodoxie auf Klingers *Christus im Olymp* drückt exemplarisch die Rezension des Theologen Dr. Emil Höhne in der Zeitschrift *Beweis des Glaubens* (1899) aus: „(...) der *poetische Gehalt*, im *Hauptgedanken* wie in *manchen Einzelzügen*, überwiegt den Wert der plastischen und malerischen *Gestaltung*; die *Subjektivität des Dichters wie des Malers ist dem objektiv Historischen nicht gerecht geworden*, da weder das christliche noch das heidnische Element in seiner *hoheitsvollen Wahrheit* und *Vielseitigkeit* gemäß der geschichtlichen Wirklichkeit und *Auswirkung* vorgeführt wird."[651] Für Höhne verkörpert der Klingersche Christus lediglich das Negative des Christentums, die Askese, nicht jedoch „das Welterlösende, Weltverklärende, Weltüberwindende".[652] Die Gegner dieses „allzu irdisch-menschlichen" Jesus, die Olympier gestaltet der Künstler nach Meinung Höhnes zu sehr im Sinne der wenig relevanten Spötter und Skeptiker des 2. Jahrhunderts n.Chr. Die „Größe und Wehrhaftigkeit des (griechisch-römischen) Heidentums" werde ungebührlich herabgemindert: „Klinger malt nicht die Olympier, die Äschylos und Sophokles, Herodot, Xenophon, Pindar pietätsvoll feiern; nicht die majestätischen, ideal schönen Menschenkörper, die Phidias, Praxiteles, Polyklet, Skopas, Lysippos als Götterstatuen formten; (...) nicht die Götter des Volksglaubens und der Volksphantasie, welchen die Philosophie Platos noch das Existenzrecht schonend zuerkennt."[653] Geschichtlich und sachlich sei eine solche Darstellung der olympischen Götter unwahr und ungerecht. „Weder Schönheit noch Kraft läßt ihnen Klinger: er unterschätzt die Ideale der klassischen Zeit, indem er sie *ironisiert* und *karikiert*."[654] Der liberale Superintendent Richard Bürkner, der in der *Monatsschrift für Gottesdienst und kirchliche Kunst* (1901) das Klingersche Hauptwerk gegen diese Angriffe verteidigte, wunderte sich darüber, mit welchem Eifer Höhne für die „echten Heidengötter" eintritt.[655] Dessen Rezension fand aber großen Anklang, was ein Separatdruck noch im Erscheinungsjahr verdeutlicht[656]; offenbar stieß die rückwärtsgewandte Verbindung einer dogmatischen Auffassung Christi als göttliche Person mit der Vorliebe für eine idealisierende, stillagenhohe Bildgestaltung auf große Resonanz im bildungsbürgerlich-protestantischen Publikum. Die Argumentationsfigur Höhnes, daß die überzogene Subjektivität des Künstlers dem „objektiv Historischen" nicht gerecht werde, geht auf konservative Verteidigungsformen zurück, die bereits seit den dreißiger Jahren und im Vormärz gegen die Zeitkritik der Jungdeutschen angewendet wurden. – Klingers „häßliche Modernität" bildet eine Hauptzielscheibe des Rezensenten: „(...) infolge der *Einseitigkeit*, welche in der *ethischen Charakteristik* der sich gegenüberstehenden Personen ebensowohl wie in der Technik der *Zeichnung* und *Farbengebung* hervortritt, *tritt die Tragik des weltgeschichtlichen Geisterkampfes zurück* hinter dem im Grunde thatenlosen, *schlaffen Nebeneinander* von allzu sinnenfälligen Gestalten, denen die Reflexion nur *mühsam* den Stempel geistiger Energie abzulauschen vermag."[657] Gruppierung, Zeichnung, Farbengebung und Gesamtstimmung seien in Klingers Gemälde mangelhaft: „Klinger hat *von alten Meistern* und *Mustern zu viel verschmäht*."[658] Demgegenüber bringt Bürkner der Modernität des Künstlers vom liberal-protestantischen Standpunkt aus Verständnis entgegen: „Man beachte wohl: nur der deutschen Protestantismus kennt dieses Ringen und Suchen nach neuen Wahrheiten auf dem Gebiete der religiösen Malerei. Und diese neuen Wahrheiten sind nicht umstürzlerische Ziele, sondern sie heißen: Einkehr aus der Vergangenheit in die Gegenwart, aus der Fremde in die Heimat; Ersatz der Nachahmung und Nachempfindung durch Neuschöpfung, des äußeren Prunkes mit schönen oder ethnographisch interessanten Formen, Gewändern und Umgebungen durch innerliche Wahrheit und womöglich durch Größe. Ich denke, mit diesem ehrlichen Ringen und dieser innerlichen Wahrhaftigkeit könnte die Religion wohl einverstanden sein; denn sie steht mit allem Echten und Wahrhaftigen auf allen Gebieten und zu allen Zeiten in einem natürlichen Bunde, und sie entspricht vortrefflich besonders dem deutschen Wesen und seiner protestantischen Art."[659] Allerdings verkennt der Theologe, der dem Künstler bescheinigt, daß „schlechthin nichts Unchristliches in dem Bilde" sei[660], die säkularisierende Umkehrungsaneignung des Themas „Christentum contra Antike".

Das Verhältnis von Christentum und Antike an weiteren Beispielen der zeitgenössischen Bildkunst und Literatur

In der Auseinandersetzung der Zeitgenossen mit dem Verhältnis zwischen Christentum und Antike spielen vor allen Dingen die Aspekte des historischen Fortschritts durch die Christianisierung, des Konfliktes von antiker Sinnlichkeit und christlicher Askese sowie von Wissen und Glauben und des Gegenwartsbezuges dieser Probleme eine Rolle.

Das pädagogische Programm der Ausmalung des Gymnasiums Bautzen (1872 - 1877) durch den Dresdener Akademieprofessor Adolf Ehrhardt umfaßte drei Wandbilder (*Die Griechen lauschen den Gesängen Homers, Cicero klagt Catilina im römischen Senat des Verrates an, Die Deutschen 1456 in Mainz bei der Ausgabe der ersten Gutenbergbibel*) und zwei Deckengemälde (*Einzug Christi in Jerusalem, Kreuztragung*) sowie Evangelistenbilder in den vier Eckfeldern der Decke.[661] Die Wandmalereien, die sicher den Raum visuell beherrschen, drücken mit ihrer Themenstellung der ästhetischen Erziehung durch die homerische Dichtung, Ciceros Verteidigung der römischen Republik und des entscheidenden Aufschwunges des Publikationswesens durch Gutenbergs Erfindung eine neuhumanistisch-liberale Geschichtsauffassung aus. Allerdings besteht kein engerer inhaltlicher Zusammenhang zwischen den Darstellungen. Die theologischen Deckengemälde, die in konfessionell nicht festgelegter Form die christlichen Heilsbotschafter (Evangelisten) und das Kernstück ihrer Lehre, die Passion Christi verbildlichen, führen ebenfalls ein inhaltliches Eigenleben. Ehrhardts Ausmalungsprogramm thematisiert zwar tragende Bereiche der gymnasialen Bildung (Antike, beginnende Neuzeit, biblische Geschichte), trägt jedoch keineswegs zur Klärung der inneren Beziehungen dieser Bereiche zueinander bei; sie bilden hier historische Einzelkomplexe.

Wilhelm Steinhausens Gemälde *Christus und die Griechen* (zweite Hälfte der achtziger Jahre, Abb. 187) bezieht sich auf eine Stelle des Johannesevangeliums (12, 20 - 36). Der Evangelist erzählt, daß nach dem Einzug in Jerusalem einige Griechen zum Jünger Philippus kommen, um die Erlaubnis einer persönlichen Begegnung mit Jesus zu erhalten. Umständlich wendet sich Philippus an Andreas, und beide sagen es dann dem Meister, der bereit ist, zu den Griechen vor dem anwesenden Volk zu sprechen. Jesus weist in einem Gleichnis auf seinen Opfertod sowie auf Preis und Lohn seiner Nachfolge hin. Dieser Preis besteht darin, daß man irdische Werte geringschätzt, sie opfert, und der Lohn ist das ewige Leben. Zum Beweis seiner Worte wendet sich der Heiland zum Himmel und bittet Gott um ein Zeichen: „Vater, verkläre deinen Namen!" Eine Stimme antwortet: „Ich habe ihn verklärt und will ihn abermals verklären." (Vers 28) Die Griechen und das umstehende Volk bleiben jedoch ungläubig, sie halten die Stimme Gottes für bloßen Donner oder für die eines Engels, der mit Jesus sprach. Auf dem Gemälde Steinhausens sind links neben dem vergeistigten, durch seine direkte Beziehung zu Gott verklärten Christus, den die vier Engel des oberen Bildteils anbeten, Philippus mit dem Patriarchenbart und Andreas dargestellt, rechts die beiden Griechen mit Köpfen der klassischen Blütezeit griechischer Plastik; die Mimik der Griechen ist allerdings modern. David Koch bezeichnet in seiner Steinhausen-Monographie diese vornehmen Griechenjünglinge richtig als Vertreter des Volkes „der Bildung und der Philosophen."[662] Das Gegenüber der Jünger und Griechen charakterisiert Koch wie folgt: „In beiden Griechen eine fast finstere, gequälte Unruhe suchenden Denkens. In den klaren, treuen Augen der Apostel tiefe Ruhe gefriedigter Erkenntnis. Mitten zwischen beiden Gruppen – Jugend und Alter – schwebt Christi Haupt (...)".[663] Die hellenische Bildung, die gleichwohl dem Bereich irdischer Werte verhaftet bleibt und letztlich nur ein ergebnisloses Forschen hervorbringt, trifft hier auf patriarchalische Glaubenstreue (Philippus) und die schlichte Weisheit des „Bauernphilosophen" Andreas (Koch). Obgleich der verklärte Christus, dessen Lehre auf das jenseitige Heil verweist (Verse 25 und 26), bei ihnen steht, bemerken ihn die Griechen nicht. Der Gegenwartsbezug dieser Darstellung mag in der Auffassung liegen, daß eine Zeit der zunehmend elaborierten, „verweltlichen" Bildung sowie des „krassen" Naturalismus und Materialismus die vorhandene schlichte Heilsbotschaft Christi überhört, obgleich eigentlich das Verlangen danach groß ist; die Hellenen, die mit ihrer Weisheit am Ende sind, symbolisieren die „modernen Heiden". So konservativ wie die idealisierende Form- und Lichtgestaltung des Gemäldes ist dessen Zeitkritik, der ein treuherziges

Abb. 187 Wilhelm Steinhausen: Christus und die Griechen

181

Glaubensleben als Alternative zur „häßlichen Moderne" (idealistisch) vorschwebt.

In der Literatur wurde das Thema des Verhältnisses von Christentum und Antike besonders am Beispiel des römischen Kaisers Julian behandelt, der seit seinem Herrschaftsantritt 361 n. Chr. versuchte, den antiken Götterkult gegen die Widerstände der Christen neu zu beleben. – Auf Bearbeitungen des Julianstoffes in der deutschen Literatur vor dem Zweiten Kaiserreich kann hier nicht eingegangen werden.[664] Felix Dahn schildert im dritten Buch seines historischen Romans *Julian der Abtrünnige* (1894) die neue Herrschaft des Kaisers Julian.[665] Die Edikte zu Gunsten der alten Götterkulte werden in vielen Provinzen des römischen Reiches durch eine militante Exekution verfälscht, und die Christen antworten mit offener Gewalt, mit der Schändung, ja Zerstörung heidnischer Heiligtümer und der Verfolgung der Priester. Die Konflikte erreichen einen Höhepunkt in der mehrheitlich christlichen Stadt Antiochia, in die sich Julian vor Anbruch eines Feldzuges gegen die Perser begeben hat. Dahn malt die Lasterhaftigkeit der Christen in Antiochia aus und stellt den Kaiser als besonders tugendhaft dar; dessen Erlasse treiben die beleidigten Einwohner zu schlimmen Ausschreitungen. Nichts deutet im Roman auf die Sicht einer historischen Überlegenheit des Christentum hin, im Gegenteil, die Christen, deren zahllose Sekten sich scharf bekämpfen, werden mit einigen Ausnahmen von der schlechtesten Seite gezeigt. Als herabgekommen wird allerdings auch die antike Kultur der ehemals idealen Vereinigung des Wahren, Guten und Schönen gezeigt. Dahns Julian findet im persischen Feldzug seinen Tod, scheitert jedoch eigentlich an der Übermacht des Christentums, an der eigenen Isolation und seiner schließlich krankhaften, durch den Cäsarenwahn mitbedingten Intoleranz gegenüber den Christen. – Die Sympathie des Autors, der das Romangeschehen zunehmend um die drei Freunde Julian, dessen obersten Feldherrn und Nachfolger Jovian und den germanischen Königssohn Serapio-Merowech konzentriert, gehören dem atheistischen Germanen. Dieser vertritt in einem philosophischen Gespräch gegen das Christentum und den „verworrenen" Neuplatonismus Julians gleichsam „kulturkämpferisch" einen glaubenslosen Standpunkt, der eigentlich die Religionskritik Feuerbachs voraussetzt und einem liberalen Freigeist Ehre machen könnte. Gegenwartsbezogen ist Serapio-Merowech für Dahn der an antiker Bildung geschulte Vertreter des schließlich über Rom siegenden Germanentums und eines zukunftsträchtigen (liberalistischen) Prinzips der allein diesseitig orientieren Weltbeherrschung. – Henrik Ibsen läßt den Helden Julian seines Dramas *Kaiser und Galiläer* (1873, deutsch zuerst 1888) an der Aufgabe scheitern, eine Synthesis der beiden Reiche der im Heidentum verwirklichten Sinnlichkeit und der reinen Geistigkeit sowie Übersinnlichkeit des Christentums zu leisten und ein Drittes Reich zu begründen.[666] Ähnlich scheitert auch der Julian des Romans von Dmitrij Sergejewitsch Mereschkowskij *Julian Apostata* (1896, deutsch zuerst 1903).[667]

Eine Konfrontation der unsittlich-sinnlichen Antike mit dem Christentum sah der anonyme Verfasser eines Leserbriefes an die Redaktion des *Christlichen Kunstblattes für Kirche, Schule und Haus* in der Gegenüberhängung zweier Gemälde auf einer Ausstellung des Stuttgarter Kunstvereins (April 1890): „Gegenwärtig sind im Lokal des Kunstvereins an den beiden Kurzseiten des großen Saales zwei Bilder ausgestellt, Christus am Kreuz, und gegenüber Alexander in Persepolis (...) Auf der einen Seite Christentum, auf der anderen Heidentum. Ja der Gegensatz wird noch erhöht durch den besondern Gegenstand, den der Künstler aus dem Leben Alexanders sich ausgesucht hat, so daß man sagen kann, beide Bilder stehen nicht bloß im Verhältnis des Gegensatzes zu einander, sondern das profane Bild ist geradezu die Ironie des andern; dieses wird durch jenes herabgewürdigt, das andere zum Ekel."[668] Die *Kreuzigung* stammte von dem Münchener Maler Hermann Lang, der *Alexander in Persepolis* von dem italienischen Meister Gustavo Simoni; nachdem das Historienbild auf der Pariser Weltausstellung 1889 in der italienischen Abteilung paradiert hatte, wurde es offenbar häufig zu Ausstellungen angefordert. Auch der Verein Berliner Künstler zeigte es 1892. In der entsprechenden Rezension der *Kunstchronik* (1892) heißt es: „Auch der jetzt ausgestellte Ölgemälde ist eine Schilderung orientalischen Lebens und asiatischer Üppigkeit, welchem nur eine historische Etikette aufgeklebt ist. Wir sehen nicht den kühnen Eroberer im stolzen Selbstgefühl an seinem Ziele, sondern einen schwelgenden Sybariten, welcher sich mit seinen Kriegsgefährten nach dem Festmahle in einer Halle des persischen Königspalastes den Ausschweifungen des Bechers hingegeben hat. In die trunkene Gesellschaft der Zecher ist die Kurtisane Thais, welche nach der Erzählung Diodors und anderer den Macedonier auf seinem Zug nach Persien begleitete, an der Spitze eines Zuges von Bacchantinnen und Satyrn mit brennenden Fackeln hineingestürmt. Während sich ihre Gefährtinnen bereits zu den auf Ruhebetten gelagerten Kriegern gesellt haben, sucht sie durch die hüllenlose Entfaltung ihrer vollen Reize in verführerischem Tanz die Sinne Alexanders zu umgaukeln und ihm die Fackel in die Hand zu spielen, welche einer der vor ihm tanzenden Satyrknaben schwingt."[669] (Alexander steht also kurz vor dem Niederbrennen von Persepolis.) Während der Rezensent die berauschenden Farbenakkorde und meisterhafte Lichtmodellierung der Körper rühmt, fühlt sich der Leserbriefschreiber des *Christlichen Kunstblattes* in seinem sittlichen Empfinden verletzt: „Gegenüber von diesen Fleischmassen und Nacktheiten waren die Makart'schen Bilder, z.B. der Einzug Karls V. in Gent, über welche seiner Zeit so viel Lärm geschlagen wurde, fast noch anständig zu nennen."[670] Der Streit zwischen großbürgerlicher Liberalität gegenüber Aktdarstellungen und kleinbürgerlicher, oftmals christlich verbrämter Prüderie läßt sich über den gesamten Zeitraum des Zweiten Deutschen Kaiserreiches als ein Leitthema verfolgen. Die Auseinandersetzung um Makarts *Einzug Karls V. in Antwerpen* (1878) hatte sich auch an Detailreproduktionen der wenig bekleideten Ehrenjungfrauen des Vordergrundes entzündet.[671] Der Kommentator im *Christlichen Kunstblatt* gibt dem Leserbriefschreiber recht; während die großformatige *Kreuzigung* von Hermann Lang als ein „edles Werk christlicher Kunst" bezeichnet wird, heißt es über Simonis *Alexander in Persepolis*: „Ist dieses Bild ein Zeichen der Zeit, so kann der Wunsch nicht unterdrückt werden, es möchte sittsame Jugend und edle Weiblichkeit vor dem Anschauen eines solchen nackten Lustgelages bewahrt geblieben sein. Ein für weite Kreise Gebildeter bestimmter Kunstverein wird nicht die Aufgabe haben, zur Schaustellung des Gemeinen zu helfen."[672] Der Kommentator berichtet, daß sogar die Gemälde von Lang und Simoni ihre Wände vertauschen mußten, damit der *Alexander in Persepolis* in voller Beleuchtung besser zur Geltung kam und ruft aus: „Nahe lag es in jenen Tagen an das Wort 'Christus und Belial' sich zu erinnern."[673]

Völlig verändert gegenüber der Aussage des Gemäldes *Christus im Olymp* über das Verhältnis von Antike und Christentum ist die des Reliefs an der Thronrückseite von Klingers Beethovenplastik (1902, Abb. 188). In einer 1925 herausgegebenen Denkschrift des Museums für bildende Künste Leipzig lautet die Reliefbeschreibung: „Der Heiland ist zwischen den beiden Schächern ans Kreuz geschlagen, links vor ihm steht in tiefer, stiller Trauer die Mutter Christi. Rechts auf einem Felsvorsprung sitzen zwei Frauen, die eine, vom Schmerz überwältigt, ohnmächtig in den Schoß der anderen gesunken; die beiden nach dem Evangelium des Johannes auf Golgatha mit anwesenden Schwestern der Mutter Christi, Maria, des Kleophas Weib, und Maria Magdalena. Der Blick der einen ist nach der über dem Meeresspiegel sich verfinsternden Sonne gewandt. In der Mitte sehen wir, wiederum auf einem Felsvorsprunge, die leidenschaftlich bewegte Gestalt von Johannes dem Apokalyptiker, der mit einer heftigen Geste die unten auf einer Muschel auf den Meereswogen stehende *Aphrodite* zurückweist. Die erhobenen Arme der Göttin deuten auf ein Abwehren oder eine Überraschung hin. Eine weibliche Figur mit prachtvoll gebildetem Körper in Rückenansicht taucht neben ihr aus dem Wasser auf und ruft, die Hände an den Mund zur Verstärkung des Schalles haltend, in die Ferne hinaus: sie erhebt Widerspruch gegen die asketische Lebensauffassung, die der Apokalyptiker verkündet. Das eine mit Schuppen bedeckte Bein dieser weiblichen Figur läßt uns in ihr etwa eine Nereide erkennen, ein Meerwesen, das im Gefolge der Liebesgöttin erscheint. Den Abschluß nach unten bildet die Personifikation des Okeanos, von dem der bärtige Kopf und die beiden Armen sichtbar werden, die die wogende Wassermasse zusammenfassen."[674] Paul Kühn interpretiert die Sonne, die sich in diesem Text „verfinstert", in seiner Klingermonographie von 1907 ganz anders: „Rechts taucht aus dem Meer strahlend die Sonne empor, erhaben über alle Leidenschaft, die sie bestrahlt, und Frieden verbreitend, symbolisierend das Aufsteigen einer neuen Menschheitskultur, des dritten Reiches."[675] Die Sonne gehört allerdings auch formal eher der perspektivisch stark verkleinerten Welt Golgathas an, der Welt der Aufopferung des irdischen Lebens für ein jenseitiges Heil, der Welt des Leidens. Die Sonne verlöscht im Sinne des Matthäus- und Lukasevangeliums (Verfinsterung des Himmels beim Tode Christi), da die unteren Strahlen kaum ausgebildet sind und versinkt im Meer (Überschneidung der Sonnenscheibe). Ein Drittes Reich, wie es in den Juliandichtungen von Ibsen und Mereschkowskij antizipiert wird, das eine Synthese aus antiker Weltzuwendung und christlicher Geistigkeit bilden könnte, ist von Klinger nicht thematisiert. Der Künstler entscheidet sich hier vielmehr für eine Welt ursprünglicher Natur und antiker Sinnenfreudigkeit, die in den riesigen meerumwogten Frauenkörpern über die stark zurücktretende christliche Leidenswelt mit dem vergeblich eifernden Johannes triumphiert. Den Weg Klingers zu einer betont positiven Darstellung antiker Sinnlichkeit schließt sein Wandbild *Die Blüte Griechenlands* in der Aula der Uni-

Abb. 188 Max Klinger: Rückansicht des Thrones des „Beethoven", vollendet 1901

Abb. 189 Max Klinger: Die Blüte Griechenlands, 1909, linke Hälfte

Abb. 190 Max Klinger: Die Blüte Griechenlands, 1909, rechte Hälfte

Abb. 191 Hermann Prell: Die antike Welt, 1893-1894

Abb. 192 Hermann Prell: Die christliche Welt, 1893-1894

versität Leipzig (1909 vollendet, Abb. 189, 190) ab. Hier ist die „häßliche Modernität" der Aktdarstellung aus dem *Christus im Olymp* noch stärker zurückgenommen als im Beethoventhronrelief. Klinger nähert sich seit der Jahrhundertwende dem zeitgenössischen Vitalismus, der die Antike mit Nietzsche „dionysisch" interpretiert und dessen ideologische Implikationen noch differenziert zu untersuchen sind.

Der bis in die neunziger Jahre mit Klinger befreundete Historienmaler Hermann Prell behandelte an zwei gegenüberliegenden Treppenhauswänden des Schlesischen Museums der bildenden Künste zu Breslau die Themen *Antike* und *Christentum* (1893 - 1894, Abb. 191, 192) als Freskomalerei. Beide Wände boten wegen ihrer Aufteilung durch je zwei Halbsäulen in drei gleichgroße Felder (4,85 m Höhe, 2,40 m Breite) einer Bilderdreihe Raum, deren Einzelfresken oben von Halbkreisen begrenzt wurden. Die Ostwand mit der Darstellung der Antike zeigt als Mittelbild (Abb. 194) den Gott Apollon mit der Leier, der in einem Hain auf einem Altar neben der eigenen hochsockeligen Büste thront. Am Fuß des Altars lagern im Vordergrund halb oder ganz entblößte Hellenen, „Menschen des goldenen Zeitalters", wie es Adolf Rosenberg in seiner Interpretation der Wandgemälde (1896) ausdrückt.[676] Hinter der Apollonherme bilden die drei nackten Grazien an der linken Seite eine Gruppe. Das linke Gemälde zeigt das Urteil des Paris (Abb. 193), das rechte einen nackten Jüngling, der im Begriff ist, sich auf einen Pegasus zu schwingen und die Felsenküste zu verlassen (Abb. 195). In den Lüften wird sich dieser „Poet" mit dem oben schwebenden Chor der Musen vereinigen. Die Westwand mit dem Thema der *Christlichen Welt* enthält als Mittelbild (Abb. 197) eine Darstellung des von Cherubim bewachten Heils-

Abb. 193 Hermann Prell: Das Parisurteil, 1893-1894

Abb. 194 Hermann Prell: Apollo, 1893-1894

brunnens, aus dem die Heiligen trinken. Vorn zieht ein heller Cherub einen erschöpften Pilger zum Trunk empor. Über Wolken schwebt der von Engeln umlagerte Christus. Das linke Bild (Abb. 196) zeigt den von einem Engel mit dem Flammenschwert beschützten Drachenkampf des Ritters Georg, das rechte (Abb. 198) Dante und Beatrice, über denen eine Gruppe von Engeln und Heiligen schwebt.

Wie die Gemälde Kaulbachs (*Die Blüte Griechenlands*, 1852, Abb. 118), Ehrhardts (*Die Griechen lauschen den Gesängen Homers*, 1872 - 1877), Knilles (*Athenische Jugendbildung*, 1873 - 1884, Abb. 117), Gehrts' (*Die Kunst des Altertums*, 1887, Abb. 116) und später Klingers (*Die Blüte Griechenlands*, 1909, Abb. 189, 190) behandeln die Fresken Prells das klassische Griechenland aus der Perspektive des bildungsbürgerlichen Neuhumanismus; nicht die Welt der Sklavenhaltergesellschaft, der Verachtung jeglicher Tätigkeit zum Zwecke des Gelderwerbs und insbesondere körperlicher Arbeit als Banausentum, der Unterdrückung der Frau, der mangelnden Armenversorgung wird ins Auge gefaßt, sondern es erscheint die von Widersprüchen gereinigte Bildungswelt eines „Goldenen Zeitalters" der schönen Körperkultur, erhebenden Philosophie, hochfliegenden Dichtung, Kunstblüte, Sage, Mythologie und olympischen Göttergemeinschaft.

Prells hellenische Antike spielt in einem üppigen, von Menschenhand unberührten Arkadien, in dem die Götter zu den in freier Sinnlichkeit schwelgenden Menschen herabgestiegen sind, Apoll, Gott des feiernden Gesanges und der Dichtkunst, die Chariten und die Liebesgöttin mit Eros (Urteil des Paris). Es ist ein Reich jugendlicher Vitalität, Anmut, Schönheit, in dem der nackte Dichter-Jüngling von seinem Phantasie-Pegasus vor einer „wildromantischen" Kulisse aus Fels und Meer von den letzten Zwängen der materiellen Realität befreit wird (rechtes Bild). Dennoch verfügte man im Zweiten Deutschen Kaiserreich sehr wohl über genügend historische Kenntnisse, um die Gegensätze, Probleme und

Abb. 195 Hermann Prell: Die Musen und der Dichter, 1893-1894

Abb. 196 Hermann Prell: Kampf des christlichen Ritters gegen die Mächte der Finsternis, 1893-1894

Schattenseiten der antiken Lebenswirklichkeit präzise zu beschreiben und interpretieren zu können. Gegenüber der historischen Realität und im Abstand zur großstädtischen Moderne erscheint Prells *Antike* als Welt des bloßen Scheins, der schönen Illusionen. Die Lebensferne dieser Bildwelt wird noch deutlicher, wenn man bedenkt, daß die Rolle der neuhumanistischen Bildung in der modernen, naturwissenschaftlich-technisch und marktwirtschaftlich orientierten Kultur immer stärker relativiert wurde.

Über die „christliche" Freskenseite schreibt Adolf Rosenberg: „Das dreiteilige Bild an der Westwand bringt die Vollendung der Ideale der antiken Kultur durch das Christentum ebenfalls in tiefer dichterischer Symbolik zur Anschauung. Aber im Gegensatz zu der lichten Heiterkeit, die das Bild der Ostseite durchdringt, herrschen hier Ernst und Strenge, der Kampf mit der Finsternis und das Ringen und Suchen bedrängter Seelen nach Christus, dem Heiland der Welt (...)"[677] Die „tiefe dichterische Symbolik" der Bilder ist allerdings an der Vergangenheit orientiert. Der feudale Ritter Georg entstammt dem Mittelalter; in der malerischen Auffassung des erregten „Kampfes mit der Finsternis" kehrt ein verflachtes, auf äußere Sensationseffekte abzielendes Barock wieder. Die reißerische Aufdringlichkeit der flotten Modellierung, die auch die Antike-Fresken beherrscht, neigt zum Kitsch. Das Mittelbild kompiliert Gestaltungsweisen von Renaissance (plastische Form des Lebensbrunnens, Botticelli-Engel mit den Lilien) und Barock (dunkler Ritter-Engel, Gruppe des Pilgers und hellen Engels, Engelschor und -gloriole um den Heiland). Der Christus mit der Kreuzesfahne, der die Thematiken der Verklärung, Himmelfahrt und des Jüngsten Gerichtes vereint, erinnert in Gesichtsausdruck, Haltung und statuarischer Form trotz der renaissancehaften Modellierung an romanische Darstellungen des Erlösers als Weltenherrscher. Dieser Christus weckt ebenso vergangenheitsbezogene feudalklerikale Assoziationen wie der strenge Ritterengel mit dem umgegürteten Schwert, der im Anklang an

Abb. 197 Hermann Prell: Christus und der Brunnen des Lebens, 1893-1894

Abb. 198 Hermann Prell: Beatrice und Dante, 1893-1894

den Paradieseswächter der Genesis den Lebensbrunnen vor unbefugtem Zugriff zu schützen hat. Die bevorzugt zum Trunk nahenden und bereits trinkenden Heiligen weisen wie auch die Symbolisierung der erlösungsbedürftigen Menschheit als Pilger im faltenreichen, mönchischen Büßergewand zurück in das katholische Barock. Auch das Dantethema[678] des rechten Seitenbildes gehört der Geschichte an. Für Julius Janitsch, den Direktor des Schlesischen Museums der bildenden Künste, der den Text zu einer 1895 erschienen Prell-Mappe über die Breslauer Wandgemälde schrieb, ist Beatrice die „schönste Blüthe mittelalterlicher Frauenverehrung."[679] Rosenberg sagt von dieser „Botin des Himmels", daß sie „eine Gestalt in langen fließenden Schleiergewändern" sei, „wie sie Signorelli nicht hoheitsvoller, Botticelli nicht anmutiger gemalt hat".[680] – Unter die Schar der zu Christus hinstrebenden Engel, Verklärten und Erlösten, die Dante als Vision erscheint, hat sich vorn ein antikisch nacktes Liebespaar gemischt, das möglicherweise auf die Epoche der beginnenden Renaissance anspielen soll. Beatrice jedoch faßt den verzückten Dichter an der Schulter und verweist ihn mit der anderen Hand nachdrücklich auf die Person des Heilands zurück.

Janitsch verdeutlicht den rein *historischen* Charakter der Fresken: „Mit dem leisen Anklang an die vom Sänger der göttlichen Komödie eingeleiteten Zeit der Renaissance, in welcher unser Geistesleben mit so vielen Wurzeln haftet, ist die ideelle Ueberleitung in das Reich des modernen Gedankens gefunden, welches selbst jedoch in seiner gährenden Unfertigkeit nicht mehr in den Bereich dieser malerischen Schöpfungen gehörte."[681] In der Tat ist Prells Grundhaltung auf die *solide*, abgeschlossene Historie und Kunsthistorie bezogen und damit konservativ; weder interessiert ihn eine Problematisierung des Gegenwartsbezuges der antiken Kultur noch ein Nachdenken über die Stellung des Christentums im Zweiten Deutschen Kaiserreich. Der Künstler versucht, in die Haut der Epochen zu schlüpfen, wie er sie versteht, die Antike als Goldenes Zeitalter, das Christentum als spätmittelalterliche Welt christlicher Ritter und Dichter. Diesen gleichsam historisch auch gegeneinander isolierten Bildungswelten verleiht der Künstler ein auf die Spitze getriebenes malerisches Scheinleben, das sich in dekorativer Sinnenfälligkeit und Äußerlichkeit erschöpft. Indem Prell mit der kunstgeschichtlichen Darstellung der Christlichen Welt die feudalklerikale Ideologie vergangener Jahrhunderte reproduziert, bietet er den monarchisch-restaurativen Kräften seiner Zeit Anknüpfungspunkte. Auch erneuert Prell – bewußt oder unbewußt – das idealistische Kaulbachsche „Etagensystem" der älteren romantisch-religiösen Wandbilder im Treppenhaus des Berliner Neuen Museums: im Fresko des antiken Dichterjünglings mit dem Pegasus bildet der himmlische Musenchor die „obere Etage", im Drachenkampfbild der Wolkenengel mit dem Flammenschwert, im christlichen Mittelbild der von Engeln umgebene Heiland, im Dante-Beatrice-Fresko der Zug der Engel, Erwählten und Erlösten.

Im Unterschied zu Klinger (*Urteil des Paris, Kreuzigung Christi, Christus im Olymp*) leistet Prell mit seinen Museumsgemälden keinerlei *Umkehrungsaneignung* von Antike und Christentum; er bleibt dem ästhetischen System des illusionistischen Verismus und „Akademismus" verhaftet. Die dekorativ-illusionistische Komponente dieses Systems weiß der Künstler allerdings in bisher nicht erreichtem Maße zu steigern. In der brieflichen Auseinandersetzung mit Klingers theoretischer Schrift *Malerei und Zeichnung* übersieht Prell die gegen die konventionelle Historienmalerei und sinnlose Stilvermischung gerichteten Bemühungen seines Freundes, eine „Raumkunst" zu entwerfen, die von einer einheitlichen *gedanklichen* Konzeption durchdrungen ist. Dagegen betont Prell, „daß der eigentliche Stil, aus dem heraus die Künste in ihrer Eigenart, in ihrer tiefsten Wirkung sich neu beleben – auf anderem Boden wächst, nicht aus dem Vereinigen sondern aus dem Contrastieren der Künste."[682] Dies Kontrastprinzip scheint Prell dahingehend zu begreifen, daß die Wandmalerei durch eine gesteigerte malerisch-dekorative Illusion unter Hintansetzung gedanklicher Anstrengungen einen eigenen Bereich gegenüber Architektur und Plastik zu behaupten habe. Prell unterstützt mit einer solchen Auffassung die „Stildissoziation" des von Klinger angegriffenen Historismus. In einem Aufsatz über Klingers Kunst (1898) stellt Fritz Schumacher dem Gemälde *Christus im Olymp* die Breslauer Museumsfresken Prells gegenüber (die Entwürfe zu den Fresken und Klingers Hauptwerk waren auf der Berliner Akademischen Ausstellung von 1898 im gleichen Saal zu sehen).[683] Schumacher moniert die „Stillosigkeit" Prells: „Prell paßt seine Werke der Gesamtwirkung eines Raumes nicht nur nicht an, sondern es dürfte für einen Architekten nahezu unmöglich sein, mit ihnen eine einheitli-

Abb. 199 Friedrich Geselschap: Der Friede, 1880-1890

Abb. 200 Wilhelm Steinhausen: Bergpredigt, 1899-1902

che dekorative Stimmung zu erreichen. Er idealisiert zwar, aber es fehlt jener höhere Sinn für das Abstrahieren von Form und Farbe der Natur, für das Unterordnen der Einzelwirkung und der Einzelform unter ein großes Gesetz, kurz für das, was man 'Stil' nennt."[684] Im Gegensatz zu den Anstrengungen Klingers, eine neue Totalität im Gesamtkunstwerk zu erreichen und damit einen Weg aus der Stilverwirrung und Zersplitterung der Gegenwart zu finden, distanziert sich Prell von gedanklichem Tiefgang in der Malerei (die er primär als „Schaukunst" zu verstehen scheint) und den Wagnissen moderner Abstraktionen und vermag wie die übrigen traditionsverhafteten Maler (insbesondere Friedrich Geselschap mit seinen renaissancistischen Decken- und Wandmalereien in der Ruhmeshalle des Berliner Zeughauses, 1882 - 1890, Abb. 199[685]) keinen gegenwartsbezogenen „neuen Stil" zu entwickeln.

In den Wandgemälden der langgestreckten Aula des Kaiser Friedrich-Gymnasiums zu Frankfurt am Main (1899 - 1904 ausgeführt, Abb. 200 - 207) behandelte Wilhelm Steinhausen die für die zeitgenössische gymnasiale Bildung wichtigen Bereiche des Christentums und der Antike. Der evangelische Künstler Steinhausen gab der Darstellung der Lehre Christi (Thema des christlichen Bilderteils: *Und er lehrete sie*, nach Matthäus 5,2) den Vorrang: „Zwei große Weltanschauungen sind es, auf denen unsere Bildung beruht, die christliche und die antike. Selbstverständlich hat die christliche Idee zuerst zu sprechen. In diesem Raum, der den Lehrenden und Lernenden gewidmet ist, muß wohl zuerst an den Lehrer erinnert werden, der in Wahrheit der Lehrer der Christenheit ist: Christus."[686] Entsprechend füllte der Künstler die große Fläche der Längswand gegenüber der Fensterseite mit Bildern zu Lehrgleichnissen Christi, die in einer Hauptreihe um ein großes Mittelbild mit dem in freier Hügellandschaft predigenden Christus sowie in einer schmalen Sockelreihe um das darunterliegende „Predellenbild" mit dem Schiff Christi und der Jünger auf dem stürmischen See Genezareth zentriert wurden (Abb. 200 - 205). Für diesen christlichen Bilderteil bürgerte sich der Titel *Die Bergpredigt* ein. – Auf der einen Kurzwand malte Steinhausen eine *Asphodeloswiese*, Abb. 207), auf der sich um ein Athena-Standbild Philosophen und Dichter gruppieren. In der Luft schweben zwei geflügelte Jünglings-Genien. Auf der anderen Kurzseite, die zur Aufstellung einer Orgel bestimmt war, entstand im Oberteil ein Fries mit einem langrechteckigen Mittelbild, das die Meerfahrt der Argonauten schildert, und zwei quadratischen Seitenfeldern (Abb. 206). Das linke zeigt die Verfolgung des Orest durch die Erinnyen, das rechte die an einem Opferaltar betende Iphigenie.

Abb. 201 Wilhelm Steinhausen: Und er lehrete sie (Christus predigt auf dem Berge), 1899-1902

Abb. 202 Wilhelm Steinhausen: Sehet euch vor, vor den falschen Propheten, 1899-1902

Über Steinhausens Auffassung des Verhältnisses von Antike und Christentum in dieser Wandgestaltung schreibt Heinrich Weizsäcker (1904): „Er hat dabei die Antike so aufgefaßt, daß sie sich als eine Verheißung dessen darstellt, was die christliche Aera zu Erfüllung gebracht hat, und darnach ist in diesen späteren Bildern auch der Einsatz der farbigen Wirkung bestimmt. Gegenüber der warmen Lichtfülle, zu der sich das Ganze in dem Christusbilde steigerte, ist hier der Ton zurückgehalten, feierlich, aber gedämpft und kühl wie das Wehen der Morgenstunde, die den nahen Tag verkündet,

Abb. 203 Wilhelm Steinhausen: Darum sorget nicht für den kommenden Tag, 1899-1902

Abb. 204 Wilhelm Steinhausen: An ihren Früchten sollt ihr sie erkennen, 1899-1902

Abb. 205 Wilhelm Steinhausen: Lasset eure Lenden umgürtet sein und eure Lichter brennen / Gehet ein in die enge Pforte, 1899-1902

das Bild eines ahnungsvollen Traumes, der einem schöneren Erwachen vorhergeht."[687] Der gedankliche Bezug zwischen den Bildern beider Weltanschauungen wird allerdings aus den *Bildinhalten* nicht recht klar. Jedenfalls veranschaulicht Steinhausen das Christentum vermittels eines Apparates an biblisch-theologischen Illustrationen, die nicht ohne spezielle Kenntnisse der Bergpredigt und anderer Lehrstellen Christi insbesondere des Lukasevangeliums zu entschlüsseln sind. Offenbar bestand die Intention des Künstlers darin, den Gymnasiasten den „zeitlosen" Lehrgehalt des Neuen Testamentes möglichst „authentisch" vor Augen zu führen. Jedoch blieb der protestantisch-orthodoxe Biblizismus der Bergpredigtwand auch durch die „altertümelnde" Darstellungsweise des traditionellen Gewandfaltenstils und einer vergangenheitsbezogenen agrarischen Milieuschilderung von der lebendigen Kunstentwicklung der Moderne abgeschnitten. Die Antike wurde wiederum bildungsbürgerlich als elaborierte Welt der griechischen Sage, Dichtung und Philosophie interpretiert. Zugegeben werden muß indessen, daß die Formalgestaltung der Wandbilder sich vom System des illusionistischen Verismus und „Akademismus" entfernt: durch eine gewisse Informalität und Deprägnanz wird eine „lyrische Unbestimmtheit" der Szenerien erzeugt. Es herrscht eine offene Skizzenhaftigkeit vieler Partien; die Formbegrenzungen werden oft durch bloße Linienzüge markiert, die modellierende Schattierung ist stark reduziert, auf illusionistische Farbgefälle wird weitgehend verzichtet. Betonte Vereinfachungen der Figuren in Haltung, Gestik, Physiognomie, Mimik sowie der landschaftlichen Szenerien geben den Gestaltungen etwas Schlichtes, Ursprüngliches, Naives. Trotz aller Konventionalität der Gesamtauffassung besteht ein äußerster Gegensatz beispielsweise zum versierten Illusionismus Prells. Steinhausens Bildkunst schließt durchaus einen Teilkompromiß mit der Moderne ab.

Wie der Katholizismus sah auch der orthodoxe Protestantismus im Christentum eine höhere Stufe der Kultur gegenüber der Antike und beurteilte entsprechend den Renaissance-Humanismus sowie den Neuhumanismus des endenden 18. und beginnenden 19. Jahrhunderts im Unterschied zur liberalistischen Sicht keineswegs unbedingt als Fortschritt. Der Vortragende Rat im Preußischen Kultusministerium für das höhere Schulwesen und Gelehrte Ludwig Wiese unterscheidet in seiner Abhandlung *Renaissance und Wiedergeburt* (1880) zwei Prinzipien, die um die „Herrschaft im Geistesleben der Menschheit" streiten, „auf der einen Seite die sich selbst überlassene und sich selbst genugsame Menschennatur, auf der anderen ihre Durchdringung und Umwandlung durch eine neue Gotteskraft."[688] In diesem Streit bedeutet der Sieg des Christlichen einen Eintritt in ein „erhöhtes Dasein mit hellerem Licht, reinerer Liebe, unbedingterem Wahrheitssinn, festerem Willen" und damit „Wiedergeburt".[689] Eine bloße „Renaissance" antiken Geistes bringt dagegen der Sieg der natürlichen, rein sich selbst genügenden Humanität. Zwar leistete das Altertum nach Wiese „Großes und Schönes" in der Kunst, Literatur, Philosophie und im Staatsleben, jedoch ging es letztlich an seiner beschränkten Innerweltlichkeit mit ihren Widersprüchen zugrunde: „Aber der irdische Glanz des im Altertum durch menschliche Kräfte Hervorgebrachten hat von jeher für Viele etwas Blendendes gehabt; man hat das auf sich selbst gestellte, natürliche, freie Menschentum zu dem sittlichen Begriff der

Abb. 206 Wilhelm Steinhausen: Orest von den Erinnyen verfolgt (links) / Die Argonauten (Mitte) / Iphigenie (rechts), 1904

Humanität gesteigert, und ihre Heimat in jener Zeit gefunden. Vor solchem Irrtum sollte schon ein Blick in das sociale Leben der griechischen und römischen Welt bewahren, wie hoch sich auch Einzelne über die allgemeine Verderbnis erhoben. Die Tugendlehren der Alten hinderten nicht, daß in Wirklichkeit alle natürlichen Neigungen berechtigt blieben. Die Römer haben zuerst die Theorie des Rechts mit bewunderungswürdiger Schärfe ausgebildet; aber sie sahen die Völker alle für rechtlos an, und wie instinctiv eroberten und knechteten sie die Welt. Wie begeistert war die Liebe zur Freiheit bei Griechen und Römern! aber sie glaubten sie erst zu haben, wenn sie andere Menschen derselben beraubten und zu Sclaven machten. Welche Entwürdigung daneben des weiblichen Geschlechts! und wie wenig festen sittlichen Halt hatte die Ehe und das Familienleben: da hauptsächlich ist der Sitz der Krankheit, woran die Völker sterben. So ging das Altertum in Fäulnis unter, weil es an dem Salz fehlte, welches allein die Kraft hat, alles natürlich Gewachsene und Gewordene davor zu bewahren."[690] Mit Nachdruck wendet sich Wiese gegen die Auffassung eines „Darwinschen Naturprocesses" der historischen Abfolge von Antike und Christentum: „War Ahnung und Verlangen im Altertum gewesen, ja auch ein Seufzen der Creatur nach Erlösung hervorgebrochen, so hätte es doch nimmermehr auf seinem natürlichen Wege die Befriedigung finden können. *Dazu* kam Gott selbst in Christo mit seinem Licht, seiner Kraft und Wahrheit dem Menschengeschlecht entgegen."[691] Das Christentum erkannte laut Wiese durchaus das Recht der Natur im Menschen an, reinigte jedoch die natürlichen Kräfte, indem es sie „unter das Gesetz eines heiligenden Geistes" stellte. „Ebenso erkannte es die hohe Bedeutung des Staates für die Menschengemeinschaft an, jedoch nicht in seiner alten Ausschließlichkeit; denn es pflanzte in die Herzen die der Vorzeit unbekannte Idee eines alle Staaten und Menschen umfassenden Reiches Gottes auf Erden. Diese Universalität des Christentums führte zu einer Menschenliebe, welche dem nationalen Particularismus des Altertums fremd war. Damit entstand der *wahre* Humanitätsbegriff, die Durchdringung des menschlichen mit dem Geiste Gottes; und eine Wirkung davon war alsbald die Anerkennung und Achtung der freien Persönlichkeit in jedem Nebenmenschen, auch in dem fremden, dem schwachen, dem unmündigen."[692] Die grundsätzli-

Abb. 207 Wilhelm Steinhausen: Die Asphodeloswiese, 1904

che Überlegenheit des Christentums, dessen wesentliches Prinzip das der Wiedergeburt ist, zeigt sich auch in der Reformation, die einen starken Kontrast insbesondere zum italienischen Renaissance-Humanismus bildet. „Das war nun überhaupt der Fortgang der Renaissance in Italien: nicht allein was schön, sondern was gut und recht ist wollte man vom Altertum lernen, und nicht blos antik denken, antik leben wollte man wieder, und war damit bald bei der Ungebundenheit des heidnischen Naturalismus angelangt. Wie oft barg sich unter der schimmernden Hülle einer classischen Bildung nicht nur die äußerste Frivolität, sondern zügellose Sinnlichkeit, Tücke und Grausamkeit auch bei den Angesehensten!"[693] In Deutschland bediente sich die Reformation nach Wiese zwar der wissenschaftlichen Möglichkeiten, die der Humanismus eröffnet hatte, geriet jedoch „wegen ihres unverhohlen ernsten Zeugnisses gegen den Epikureismus der Gebildeten" vielfach in Widerspruch zu diesen. Luther ist für den Autor „nächst Paulus der gewaltigste Prediger der Wiedergeburt": „Luther selbst war von einer bewunderungswürdigen Freiheit und Tiefe des Geistes. Wie er aller Realität des Lebens ihr Recht läßt, aber es niemals löst von seinem ewigen Grunde, so hielt er auch menschliche Wissenschaft hoch in Ehren, ohne jedoch ihr letztes Ziel, die Verherrlichung Gottes und die Erleuchtung des Menschen zur Erkenntnis Gottes und seiner selbst, jemals aus den Augen zu verlieren. Der in seinen Thesen angeschlagene Ton, der Ruf zur Buße, zu innerlicher Erneuerung, klingt am stärksten hindurch durch alles was er redete und schrieb."[694]

Der Neuhumanismus des endenden 18. und beginnenden 19. Jahrhunderts steht nach Wiese in einem ähnlichen Konfliktsverhältnis gerade auch zur protestantischen Kirche wie der Renaissance-Humanismus. „Jene reichste Culturperiode der neueren Zeit wird wegen ihres Zusammenhangs mit einer geläuterten Erkenntnis des griechischen und römischen Geisteslebens als die *neue deutsche Renaissance* bezeichnet, oder auch als der *moderne Humanismus*, in dem alle erwähnten philosophischen, ethischen und ästhetischen Elemente, von der Freiheit des protestantischen Geistes getragen, verbunden sind zu der Bildungsatmosphäre, die auch uns umgibt. (...) Die Kirche wird von den dieser modernen Bildung ganz Hingegebenen gemieden; sie erscheint in solcher Umgebung wie ein Fremdling, dessen Sprache man nicht, oder nicht mehr versteht. Und nicht blos von der Kirche als Institution und als Gemeinschaft sagen sie sich thatsächlich los, sondern, ohne es eingestehen zu wollen, auch vom christlichen Glauben; denn der freie protestantische Geist des Fortschritts und die persönliche Selbständigkeit, deren sie sich rühmen, sind doch nicht das Wesen des evangelischen Glaubens."[695]

Die Moderne sieht der Verfasser beherrscht vom Prinzip der „sich selbst überlassenen und sich selbst genugsamen Menschennatur": „Wie in der ersten Zeit ihres Entstehens und wie zur Zeit der italiänischen Renaissance hat Kirche und Christentum jetzt neben und wider sich bei einem Theil der Gebildeten die Philosophie und die *Wissenschaft* überhaupt, bei einem anderen eine ausschließlich *ästhetische* Cultur. Diese letztere wähnt, im Vertrauen auf die veredelnde Wirkung der Künste und in der Literatur, mit einer religionslosen Humanität den Zweck zu erreichen. Die *Wissenschaft* ihrerseits lehnt die Anerkennung anderer als durch die formale Logik vermittelter Wahrheiten ab, und hat jetzt die höchste Befriedigung in den Ergebnissen der Naturforschung gefunden. (...) Gemeinsam beiden Seiten ist eine absolute Selbstgerechtigkeit, ein Stolz auf die Unabhängigkeit der auf sich selbst gestellten, nur sich vertrauenden Menschennatur. Gerade dieser Sinn aber ist es, der von den Bildungshöhen einer ihre Grenzen verkennenden Wissenschaft immer tiefer in's Volk eindringt, und da einem bornirten Naturalismus Bahn macht, der alles Uebernatürliche läugnet, und in dieser Region den naturwissenschaftlichen Hochmut zur Rohheit eines wüsten Materialismus ausarten läßt."[696]

Die konservative Position und Argumentationsweise Wieses wird besonders in seinem Angriff auf die Säkularisation des Staates deutlich: „Nach der modernen weit verbreiteten Auffassung ist aber die Kirche jetzt nicht mehr eine Trägerin der Cultur, sondern alle Culturmacht concentrirt sich wieder in dem das gesammte Nationalleben umfassenden Staat. Damit sind wir bei einem heidnischen Prinzip angelangt; der Staat wird mit einer Majestät umkleidet, die er nimmermehr ausfüllen kann; seine Form entbehrt des vollen sittlichen Inhalts: in seiner neueren Entwicklung liegt es, daß er sich bei seinen Anordnungen nicht durch den Geist und die Gebote des Christentums, sondern durch die Forderungen einer allgemeinen Humanität bestimmen läßt."[697] Wenn es sich um einen Ausmalungsauftrag des Kultusministeriums handelte, wie ihn Steinhausen in der Aula des Frankfurter Kaiser-Friedrich-Gymnasiums ausführte (vielteiliges Hauptgemälde der *Bergpredigt* und stark zurückgenommene Antike-Darstellungen), so trat allerdings ganz im Sinne des protestantisch-orthodoxen Schulverwaltungsfachmanns Ludwig Wiese das Christentum in ein „rechtes", herrschendes Verhältnis einerseits zum Staat, andererseits zum „heidnischen" Humanismus des Altertums. Im Unterschied zu anderen Bereichen des kaiserzeitlichen Staatslebens übte insbesondere das protestantische Christentum innerhalb des Kultursektors fortwährend beträchtliche Macht aus. Eine religionslose Verherrlichung der Antike, wie sie Klinger in seinem Leipziger Universitätsaula-Gemälde *Die Blüte Griechenlands* (vollendet 1909) bot, bildete im Themenkatalog des öffentlichen Auftragswesens für Wandmalerei eine Ausnahme.

Für den radikalen „Antichristen" Friedrich Nietzsche wurde im Gegensatz zur katholischen und protestantischen Lehrmeinung die blühende Antike gleichsam „über Nacht" durch die „blutsaugerische" Religion des Nazareners zerstört. Zwischen „Christ" und „Anarchist" stellt der Philosoph eine „vollkommene Gleichung" auf: „Das, was *aere perennius* dastand, das *imperium Romanum*, die großartigste Organisations-Form unter schwierigen Bedingungen, die bisher erreicht worden ist, im Vergleich zu der alles Vorher, alles Nachher Stückwerk, Stümperei, Dilettantismus ist – jene heiligen Anarchisten haben sich eine 'Frömmigkeit' daraus gemacht, 'die Welt', *das heißt das imperium Romanum* zu zerstören, bis kein Stein auf dem andern blieb – bis selbst Germanen und andre Rüpel darüber Herr werden konnten ...Der Christ und der Anarchist: beide *décadents*, beide unfähig, anders als auflösend, vergiftend, verkümmernd, *blutaussaugend* zu wirken, beide der Instinkt des *Todhasses* gegen alles, was steht, was groß dasteht, was Dauer hat, was dem Leben Zukunft verspricht..."[698] Die Frage, auf welche Weise das dekadente, elende, nicht schöpferisch sondern bloß vampyrisch tätige Christentum über das Imperium Romanum Herr werden konnte, läßt Nietzsche im Grunde unbeantwortet. Voller Haß stellt der Philosoph fest, daß alle Voraussetzungen einer „gelehrten Kultur, alle wissenschaftlichen *Methoden*" bereits ausgebildet waren, bevor sie dem Christentum zum Opfer fielen: „(...) die Naturwissenschaft, im Bunde mit der Mathematik und Mechanik, war auf dem allerbesten Wege – der *Tatsachen-Sinn*, der letzte und wertvollste aller Sinne, hatte seine Schulen, seine bereits Jahrhunderte alte Tradition! Versteht man das? Alles *Wesentliche* war gefunden, um an die Arbeit gehn zu können – (...)."[699] Im Gegenschlag beispielsweise zu der christlichen Argumentation Ludwig Wieses ist das Prinzip der auf sich selbst gestellten Menschennatur und wissenschaftlichen Vernunft für Nietzsche das einzig Positive, Erstrebenswerte: „Was wir heute, mit unsäglicher Selbstbezwingung – denn wir haben alle die schlechten Instinkte, die christlichen, irgendwie noch im Leibe – uns zurückerobert haben, den freien Blick vor der Realität, die vorsichtige Hand, die Geduld und den Ernst im Kleinsten, die ganze *Rechtschaffenheit* der Erkenntnis – sie war bereits da! vor mehr als zwei Jahrtausenden bereits!"[700] Der elitäre Zug in der Einschätzung der antiken Kultur zeigt sich dabei deutlich: „Griechen! Römer! die Vornehmheit des Instinkts, der Geschmack, die methodische Forschung, das Genie der Organisation und Verwaltung, der Glaube, der *Wille* zur Menschen-Zukunft, das große Ja zu allen Dingen als *imperium Romanum* sichtbar, für alle Sinne sichtbar, der große Stil nicht mehr bloß Kunst, sondern Realität, Wahrheit, *Leben* geworden ... –"[701] Dagegen qualifiziert Nietzsche das Christentum ab als Herr gewordene versteckte Rachsucht, Neidinstinkte der Elenden: „Alles Erbärmliche, An-sich-Leidende, Von-schlechten-Gefühlen-Heimgesuchte, die ganze *Ghetto-Welt* der Seele mit einem Male *obenauf!*"[702] Vor dem Hintergrund dieser antichristlichen Einstellung erscheint Luther als der große Reaktionär, der die Kirche gegen den vordringenden Renaissance-Humanismus wieder in ihre Rechte einsetzt: „Luther sah die *Verderbnis* des Papsttums, während gerade das Gegenteil mit Händen zu greifen war: die alte Verderbnis, das *peccatum originale*, das Christentum saß *nicht* mehr auf dem Stuhl des Papstes! Sondern das Leben! Sondern der Triumph des Lebens! Sondern das große Ja zu allen hohen, schönen, verwegenen Dingen! ..."[703] Nietzsche verallgemeinert sogar seinen Haß, indem er die Reformation als *deutsches* Übel begreift: „Die Deutschen haben Europa um die letzte große Kultur-Ernte gebracht, die es für Europa hereinzubringen gab – um die der *Renaissance*."[704] Das Werk der Deutschen war immer ein „Umsonst": „Die Reformation; Leibniz; Kant und die sogenannte deutsche Philosophie; die 'Freiheits'-Kriege; das Reich – jedesmal ein Umsonst für etwas, das bereits da war, für etwas *Unwiederbringliches*..."[705] Das Nein zur Reformation verbindet sich mit jenem zur Emanzipationsperiode der klassischen bürgerlichen Philosophie Deutschlands, zu den Freiheitskriegen, die das „herrliche" Genie Napoleon stürzen halfen und zum Zweiten Deutschen Kaiserreich. Das in dieser Äußerung mitenthaltene Nein zum „reichspatriotischen Reformationskult" entspringt keineswegs einem *demokratischen* Empfinden; Nietzsche lehnte das Kaiserreich wegen seiner Zugeständnisse an die christliche Religion, den Parlamentarismus, die Sozialdemokratie und nicht zuletzt wegen seiner „prosaischen" Wirtschaftsrücksichten ab; ihm ging es um die absolute Herrschaft einer Kulturelite.

Die historisch-materialistische Analyse und Einschätzung des Verhältnisses von Christentum und Antike geht von der Voraussetzung aus, daß die neue Religion in ihrem Ursprung eine Ideologie unterer Schichten und Klassen war. So schreibt Friedrich Engels in seiner Abhandlung *Zur Geschichte des Urchristentums* (1894): „Aus was für Leuten rekrutieren sich die ersten Christen? Hauptsächlich aus den 'Mühseligen und Beladenen', den Angehörigen der untersten Volksschichten, wie es einem revolutionären Element geziemt. Und woraus bestanden diese? In den Städten aus heruntergekommenen Freien – Leuten aus allerlei Volk, ähnlich den mean whites der südlichen Sklavenstaaten und den europäischen Bummlern und Abenteurern der kolonialen und chinesischen Seestädte, ferner aus Freigelassenen und besonders aus Sklaven; auf den Latifundien Italiens, Siziliens, Afrikas aus Sklaven, in den Landdistrikten der Provinzen aus mehr und mehr der Schuldknechtschaft verfallenden Kleinbauern. Einen gemeinsamen Weg zur Emanzipation aller dieser Elemente gab es absolut nicht."[706] Nach Engels ist die Verarmung der Bevölkerung und Verschärfung der sozialen Gegensätze auf die Ausbreitung und Festigung der römischen Weltherrschaft zurückzuführen: „Philipp und Alexander gaben der hellenischen Halbinsel die politische Einheit, aber eine griechische Nation kam darum doch nicht zustande. Nationen wurden erst möglich durch den Untergang der römischen Weltherrschaft. Diese machte den kleinen Verbänden ein für allemal ein Ende; Militärgewalt, römische Gerichtsbarkeit, Steuereintreibungsapparat lösten die überlieferte innere Organisation vollends auf. Zum Verlust der Unabhängigkeit und eigenartigen Organisation kam die gewaltsame Beraubung durch die Militär- und Zivilbehörden, die den Unterjochten erst ihre Schätze wegnahmen und sie ihnen dann zu Wucherzinsen wieder liehen, um damit neue Erpressungen zahlen zu können. Der Steuerdruck und das dadurch hervorgerufene Bedürfnis nach Geld in Gegenden reiner oder vorherrschender Naturalwirtschaft warf die Bauern immer tiefer in die Schuldknechtschaft von Wucherern, erzeugte große Vermögensunterschiede, bereicherte die Reichen, verarmte die Armen vollends. (...) Wo blieb da ein Ausweg, eine Rettung für die Versklavten, Unterdrückten und Verarmten, ein Ausweg, gemeinsam für alle diese verschiednen Menschengruppen mit einander fremden oder gar entgegengesetzten Interessen?"[707] Im Gegensatz zu Nietzsches Auffassung, das Christentum habe das blühende römische Reich gleichsam „über Nacht" hinterlistig-vampyrisch zerstört, analysiert der an Engels' Untersuchung anknüpfende Karl Kautsky in seinem Buch *Der Ursprung des Christentums* (1908) die ökonomischen und sozialen *Widersprüche*, die notwendig zum Zerfall des Imperium Romanum führen mußten.[708] Daß im römischen Reich bereits vor dem Beginn der christlichen Zeit nicht alles so zum Besten stand, wie Nietzsche es sehen wollte, war bekannt; beispielsweise erwähnte Ludwig Wiese in der behandelten Schrift *Renaissance und Widergeburt* die von den philosophischen Tugendlehren vielfach abweichende, unsittliche Lebenspraxis der Alten, die Rechtlosigkeit der von den juristisch hochgebildeten Römern unterdrückten Völker, die antike Sklavenwirtschaft, die der entwickelten Freiheitsliebe von Griechen und Römern widersprach, die Erniedrigung des weiblichen Geschlechts. Kautskys Sicht der grundlegenden Antagonismen der antiken Gesellschaft geht jedoch tiefer als die immerhin noch moralisierend-idealistische Auffassung Wieses. In einer Rezension des Werkes von Kautsky faßt Franz Mehring (im Erscheinungsjahr) diese Widersprüche knapp zusammen: „Mag die Verdrängung des bäuerlichen Kleinbetriebs durch den Latifundienbetrieb mit Sklavenbetrieb im Altertum ganz ähnlich aussehen wie die Auflösung des Handwerks durch die große Industrie in der neueren Zeit, so unterscheiden sich beide Prozesse doch durch den kleinen Unterschied, daß es sich bei jenem um einen technischen Rückschritt, bei diesem um einen technischen Fortschritt handelt. An der Sklavenwirtschaft ging die antike Kultur unter. Sie konnte nicht zurück zu bäuerlicher Wirtschaft, da die Bauern fehlten; sie konnte nicht vorwärts zur kapitalistischen Produktionsweise, da die freien Arbeiter fehlten."[709] Nach Kautsky war die niedrige technische Stufe des größten

Teils der Produktion durch Sklaven auf deren rohe, zum Teil widerspenstige und sabotageartige Arbeitstätigkeit zurückzuführen. Nur grobe Werkzeuge konnten den Sklaven in die Hände gegeben werden. Mehring hebt auch den klärenden Vergleich von Antike und Moderne hervor, den Kautsky über die Engelsschen Ansätze hinausführt: „Der antike Kapitalismus entstand in ähnlicher Weise wie der moderne, durch jene Methoden, die Marx in dem Kapitel über die 'ursprüngliche Akkumulation' geschildert hat: Enteignung des Landvolkes, Plünderung der Kolonien, Sklavenhandel, Handelskriege und Staatsschulden; er hatte dieselben verheerenden und zerstörenden Wirkungen, aber er konnte seine Beute nur in einem tollen Genußleben verschwenden und die Gesellschaft verarmen, während der moderne Kapitalismus seinen Profit zum größten Teil benutzt, um höhere Produktionsmittel zu erzeugen, die Produktivität der menschlichen Arbeit zu steigern. Dieser historische Fortschritt war der antiken Welt abgeschnitten, sie kam nicht über die Schwelle der kapitalistischen Produktionsweise hinüber; erst mußten in der Völkerwanderung zahlreiche Völker freier Bauern das ganze Römerreich überschwemmen, ehe die Reste der Kultur, die es geschaffen hatte, die Grundlagen einer neuen gesellschaftlichen Entwicklung abgeben konnten."[710]

Mit Engels antwortet Kautsky auf die Kardinalfrage, wie das Christentum Weltreligion werden konnte, daß es zunächst (innerhalb der ersten zweihundert Jahre) überwiegend in den Volksmassen der unteren Schichten und Klassen eine Basis fand. Erst nach und nach nahmen immer mehr Angehörige der Oberschichten den neuen Glauben an. (Das Prinzip der Sklavenhalterschaft wurde dabei vom Christentum toleriert.) Der Sieg des Paulinischen Heidenchristentums über das sektenhafte Judenchristentum und die Anpassung des Heidenchristentums an das römische Staatswesen trugen entscheidend zur Ausbreitung der neuen Religion bei. Die Universalität des Christentums und sein fortschrittlicher Monotheismus überwanden alle Schranken der gruppenbedingten und nationalen Besonderheiten. Auch berührten sich viele christliche Vorstellungen mit solchen des hellenistisch-römischen Altertums, Vorstellungen, die Kautsky in dem Kapitel „Denken und Empfinden der römischen Kaiserzeit" als ideologische Produkte aus der sozialen Zersetzung der Gesellschaft und des Staates abzuleiten weiß.[711] Die Lehre vom Opfertod und von der Auferstehung Christi mußte auf Verständnis stoßen, weil die Vorstellungen verschiedenster Opferkulte ebenso allgemein verbreitet waren wie jene der Adonis-, Attis- und Osiriskulte vom sterbenden und neubelebten Gott; mit der christlichen Weltverneinung und Askese stimmte der Stoizismus überein (Seneca). Kautsky resümiert: „Wir haben gesehen, wie ein Teil der Elemente des Christentums, der Monotheismus, der Messianismus, der Auferstehungsglaube, der essenische Kommunismus innerhalb des Judentums erstand und wie ein Teil der unteren Klassen dieser Nation in der Vereinigung jener Elemente sein Sehnen und Wünschen am besten befriedigt sah. Wir haben ferner gesehen, wie im ganzen gesellschaftlichen Organismus des römischen Weltreichs Zustände herrschten, die ihn namentlich in seinen proletarischen Teilen, immer empfänglicher für die neuen, dem Judentum entstammenden Tendenzen machten, wie aber diese Tendenzen, sobald sie dem Einfluß des außerjüdischen Milieus unterlagen, sich nicht nur vom Judentum loslösten, sondern ihm sogar feindselig gegenübertraten. Sie mischten sich nun mit Tendenzen der absterbenden griechisch-römischen Welt, die den Geist der kräftigen nationalen Demokratie, der im Judentum bis zur Zerstörung Jerusalems herrschte, völlig in sein Gegenteil verdrehten, mit willenloser Ergebung, Knechtseligkeit und Todessehnsucht versetzten."[712]

Im Unterschied zur Auffassung von Ludwig Wiese, der ja den Standpunkt der protestantischen Orthodoxie vertritt, sieht Kautsky das Christentum wegen seiner organisatorischen Entwicklung (Entstehung des Klerus und der Kirche) und seinem schließlich erreichten Einklang mit dem römischen Staat kaum als Stufe einer kulturellen Höherentwicklung: „Wir haben gesehen, daß das Christentum erst zum Siege gelangte, als es sich in das gerade Gegenteil seines ursprünglichen Wesens verwandelt hatte; daß im Christentum nicht das Proletariat zum Siege gelangte, sondern der es ausbeutende und beherrschende Klerus; daß das Christentum siegte nicht als umstürzlerische, sondern als konservative Macht, als neue Stütze der Unterdrückung und Ausbeutung; daß es die kaiserliche Macht, die Sklaverei, die Besitzlosigkeit der Massen und die Konzentration des Reichtums in wenigen Händen nicht nur nicht beseitigte, sondern befestigte. Die *Organisation* des Christentums, die Kirche, siegte dadurch, daß sie ihre ursprünglichen Ziele *preisgab* und deren Gegenteil verfocht."[713]

Vor dem Hintergrund der sozialgeschichtlich argumentierenden historisch-materialistischen Sicht der Entstehung des Christentums in der hellenistisch-römischen Antike wird die rein idealistische Auffassung des Verhältnisses von Christentum und Antike in der bürgerlichen Wandmalerei in Gymnasien und Museen besonders deutlich. Die kulturpolitischen Implikationen dieser kommunal und staatlich geförderten Bildkunst bestanden darin, daß die wirklichkeitsfernen Vorstellungen von einer in sich geschlossenen idealen Bildungswelt der Antike und die Bindung an die „überzeitlichen" biblisch-theologischen sowie moralischen Gehalte des Christentums als „staatserhaltende" positive Werte gefestigt werden sollten.

Vielfältig sind in dem bald nach seinem Erscheinen 1895/1896 weltweit übersetzten Roman *Quo vadis?* des Polen Henryk Sienkiewicz (deutsch zuerst 1899) die sozialen Verhältnisse zur Zeit des sich entwickelnden römischen Christentums unter Kaiser Nero angedeutet. Im Mittelpunkt der Handlung steht die Liebesgeschichte zwischen der christlichen Geisel Lygia, einer germanischen Prinzessin und dem römischen Offizier Vinicius, der sich unter dem Einfluß der Geliebten vom zügellosen Heiden zum reifen Christen wandelt. Der sittliche Verfall des Heidentums wird in der prassenden, von Machtgier, Intrigen und Verbrechen durchsetzten Hofgesellschaft Roms und in der Person des ohne Hemmungen schaltenden Kaisers Nero veranschaulicht. Mit dem „arbiter elegantiarum" Petronius, dem einflußreichen Verwandten des Vinicius und dessen Geliebter, der schönen Sklavin Eunice, die beide nach dem Verlust der Gnade Neros sich auf stoisch-epikurische Art bei einem Festmahl die Adern öffnen lassen, geht das einzige zugrunde, was der heidnischen Kultur an positiven Werten geblieben war: „die Poesie und die Schönheit".[714] Die Christen erscheinen als rechtschaffene Menschen aus den unteren Schichten und Klassen, wenn auch nicht pointiert als die „Mühseligen und

Beladenen", als „Proletarier". Die Handlung spielt nur zeitweilig im ärmeren Milieu der Christenviertel und nach dem von Nero gelegten Brande Roms in den Gefängnissen, in die die für den Brand verantwortlich gemachten Christen geworfen wurden, unter ihnen auch Lygia. Doch die Prinzessin wird gerettet und lebt schließlich mit ihrem Gatten Vinicius auf dessen Landsitz in Sizilien, wo ihre Sklaven ebenfalls dem christlichen Glauben angehören. Liberalistisch-klassenversöhnende Tendenzen durchwirken den Roman, der die Zeit vorwiegend aus der Sicht der Gebildeten und Begüterten schildert. Das Christentum als Religion, die dem Heidentum wegen ihrer engagierten Schlichtheit und frommen Ethik überlegen ist, weist dabei letztlich über die sozialen Unterschiede hinaus. Der Gegenwartsbezug einer solchen Darstellung mochte in der Bekräftigung der abgesicherten „bürgerlichen Vogelperspektive" herab auf die unteren Schichten und Klassen liegen.

4. Der proletarische Christus

Die proletarische „Ur"-Deutung des Neuen Testaments in Deutschland ist Wilhelm Weitlings *Das Evangelium eines armen Sünders* (Bern 1845 - 1846). Fußend auf dem französischen Frühsozialismus (Babouvismus, Neobabouvismus, Fourierismus)[715], der deutschen Religionskritik und in kritischer Übereinstimmung mit Ideen des sozialen Katholizismus in Frankreich (Lamennais)[716] interpretiert Weitling radikal die „reine Lehre Jesu" aufgrund reichlich zitierter Bibelstellen, die er als kommunistische Anweisungen deutet: das Evangelium richtet sich an die Armen und Unterdrückten, es lehrt die soziale Gleichheit aller Menschen, die Abschaffung des Eigentums und die Gemeinschaft der Güter, Abschaffung der Erbschaft und des Geldes, die herrschaftsfreie Familie, in der die Frau gleichberechtigt ist, den revolutionären Kampf für die Emanzipation der Armen und Unterdrückten, für die kommunistische Gesellschaft.[717] Der „proletarische Christus" Weitlings ist zwar ein Lehrer der Menschheit, nicht jedoch der Gottessohn der christlichen Theologie; er ist ein unehelicher Sohn der Zimmermannsfrau Maria. Das Menschenbild des Weitlingschen Jesus rückt die Grundverhältnisse der Liebe, Solidarität und Egalität im gesellschaftlichen Prozeß der Produktion und Konsumtion in den Mittelpunkt: „Kommunismus ist der Zustand einer gesellschaftlichen Organisation, in welcher alle menschlichen Kräfte, d.h. alle Hände, Köpfe, und Herzen, jede Fähigkeit, jede Intelligenz und jedes Gefühl in Bewegung gesetzt werden, um jedem Individuum – nach den für Alle gleichen Verhältnissen – die möglichst volle Befriedigung seiner Bedürfnisse, Begierden und Wünsche, oder mit andern Worten, den möglichst vollen Genuß seiner persönlichen Freiheit zu sichern."[718] Im Schlußwort des *Evangeliums eines armen Sünders* greift Weitling die bestehende christliche Religion an: „Luk. 16, 14. Das Alles hörten die Pharisäer auch, die waren geizig, und spotteten sein. Und dies Alles werden sie nun auch lesen und sagen: aus der Bibel kann man Alles machen, was man will. Wohl ihr Herren, ihr habt es bewiesen, ihr habt ein Evangelium der Tyrannie, der Bedrückung und der Täuschung daraus gemacht, ich wollte eines der Freiheit, Gleichheit und Gemeinschaft, des Wissens, der Hoffnung und der Liebe daraus machen, wenn es dies nicht schon wäre."[719] In seinem radikal säkularisierten, „christlichen" Kommunismus zielt Weitling nicht allein auf den katholischen und protestantischen Feudalklerikalismus seiner Zeit, sondern auch auf die von den Kirchen mitunterstützte Herrschaft der Bourgeoisie. Weitlings Hauptschrift, die *Garantien der Harmonie und Freiheit* (1842) konnte Marx bekanntlich als maßloses und brillantes literarisches Debut der deutschen Arbeiter feiern.[720]

Gegenüber dem proletarischen Jesus Weitlings fällt Richard Wagners Christus der Mühseligen und Beladenen (*Jesus von Nazareth. Ein dichterische Entwurf*, 1848) auf junghegelianisch-idealistische Positionen zurück: er lehrt (als Gottessohn) das Grundprinzip der Liebe, das den Egoismus, die Macht, Herrschaft und widernatürlichen Gesetze zum Schutz des Besitzes wieder aufheben soll.[721] Ausdrücklich ist es jedoch keine Lehre der realen politischen Emanzipation, des Kampfes der jüdischen Nation gegen die Römer oder im kommunistischen Sinne der Armen und Unterdrückten für eine bessere Gesellschaftsordnung: „So warf Jesus die davidische Abkunft von sich: durch Adam stammte er von Gott, und seine Brüder waren nun alle Menschen: nicht durch irdisches Königthum konnte er diese aus dem Elend befreien, nur in der Erfüllung der von ihm erkannten höchsten göttlichen Sendung, in der sich Gott zum Menschen wandelte, um durch einen Menschen, der ihn in sich zuerst erkannte, sich allen Menschen zum Bewußtsein zu bringen: die elendesten und leidendsten mußten ihm die nächsten sein: von ihnen aus mußte das Wissen in die Welt kommen."[722] In der Bildkunst des Vormärz gibt es keine Christusdarstellungen, die etwa Weitlingsche oder Wagnersche Vorstellungen hätten ausdrücken können. – Dagegen gibt es sehr wohl religiöse Gemälde, die oppositionelle Ideen des bürgerlichen Liberalismus veranschaulichen wie die Hussiten-Bilder von Lessing, den *Gottesdienst in der Zuchthauskirche* (1837) von Wilhelm Joseph Heine, ein „Dokument der Demagogen- und Handwerkerverfolgung nach den Beschlüssen des Bundestages in Frankfurt 1835"[723] und die antiklerikale Graphik. – Bis zur Gründung des Zweiten Deutschen Kaiserreiches hatte sich die Arbeiterbewegung unter dem Einfluß des Marxismus weitgehend von religiösen „Schibboleths" gelöst; wenn nun seit den siebziger Jahren in der Malerei die Gestaltung eines „proletarischen Christus" akut wurde, ist zu vermuten, daß solche Bilder lediglich aus bürgerlicher Sicht die inzwischen brennende „soziale Frage" reflektierten und sie im Medium des Christentums „entschärften."[724]

Abendmahl, Tischgebet, Mittagessen

Am Beginn des Zweiten Deutschen Kaiserreiches erregte Eduard von Gebhardt mit seinem Ölgemälde *Das Abendmahl* (1870, Abb. 208) Aufsehen. Den Streit der Meinungen charakterisierte rückblickend der kunstschriftstellernde und als Herausgeber tätige Protestant D. theol. David Koch in dem Begleittext eines Gebhardt-Bilder-„Albums" von 1910: „Die einen brachten das Bild mit Strauß und Renan in Beziehung, die andern mit sozialistischen Tendenzen."[725] Ursache der Auseinandersetzung war nach Koch das Streben Gebhardts, die Jünger getreu dem Neuen Testament als einfache „Männer des Volks" darzustellen.

Der gegenüber neuen Kunstentwicklungen aufgeschlossene Bruno Meyer kritisierte das *Abendmahl* anläßlich einer 1871 vom „Verein der Kunstfreunde unter den Linden" in Berlin gezeigten Gebhardt-Ausstellung; er bemängelte allerdings den etwas künstlichen „Ausgleich", den der Maler zwischen der „idealistischen" und der „realistischen Richtung" zu finden versucht habe. „Die Gestalten nun sind in einfachster Schlichtheit der natürlichen Auffassung hingestellt, Typen, wie man sie unter Fischern, Bauern u.s.w., also in dem Kreise, aus dem sich ja die Jüngerschaft Jesu rekrutiert hat, findet, Gestalten aber, welche den in der Kunst traditionellen Erscheinungen nahe stehen, und in welche es möglich war, etwas von der höheren geistigen Potenz, die wir in unserer Vorstellung den Jüngern beilegen, in der für jeden charakteristischen Richtung hineinzulegen."[726] In der Tat nähern sich der Gewandfaltenwurf, einige pathetische Gesten und der stark idealisierte Christus traditionellen Auffassungen. Auch in der Kompositionsweise sieht Meyer Züge des Hergebrachten, wohl Momente der Anknüpfung an Leonardos *Abendmahl*: „Jesus und die Jünger, noch in der Erregung des eben vorangegangenen Momentes, sitzen um den länglichen Tisch herum in einer Anordnung, die sich der Ueberlieferung vollständig, doch in freier Behandlung anschließt."[727] Besonders scharf reagiert der Kritiker auf die Farbgebung des Gemäldes: „Auch in Bezug auf die malerische Erscheinung steht das Bild sehr hoch, wenngleich es auch in dieser Beziehung und zwar, wie ich glauben möchte, in Folge der noch nicht ganz überwundenen Schwierigkeit, den Idealismus des Gegenstandes mitsammt seiner traditionellen Darstellungsweise und den Realismus der Gebhardt'schen Kunstrichtung mit einander zu vereinigen, nicht alle Zweifel niederzuschlagen vermag. Der Künstler kommt über den Unterschied zwischen dem Kartonzeichner und dem Koloristen nicht ganz glücklich hinweg; er legt auf die Beleuchtung, auf ein gewisses Helldunkel, welches die Färbung beherrscht, sichtlich hohen Werth, aber er fühlt gleichzeitig, wie leicht das die feste Form der einzelnen lebensgroßen Gestalt, und wie leicht es den harmonischen Fluß der Linienführung in einer figurenreichen Gruppe beeinträchtigen kann, und so sucht er in dem ganzen Bilde nach einem Kompromiß, der es nicht verleugnen kann, ein *verstandesmäßiger Ausgleich* zu sein."[728] Zwar trifft Bruno Meyer Richtiges, wenn er in Gebhardts *Abendmahl* zugleich „idealistische" und „realistische" Gestaltungstendenzen feststellt, jedoch besteht das Verhältnis dieser Tendenzen zueinander nicht so sehr in einem „Ausgleich" als vielmehr darin, daß die traditionelle, auf Leonardos *Abendmahl* zurückgehende „ideali-

Abb. 208 Eduard von Gebhardt: Abendmahl, 1870

stische" Darstellungsweise bewußt umgedeutet, relativiert wird. Adolf Rosenberg hebt in seiner Gebhardt-Monographie von 1899 das Verdienst Leonardos hervor, einen „klassischen Typus" der Abendmahlsgestaltung geschaffen zu haben, „über den niemand mehr, selbst ein so gewaltiger Geist wie Rubens, hinauskam" und fährt dann fort: „Gebhardt jedoch, der sich bereits in so manchen Stücken als Neuerer erwiesen hatte, wollte auch hier mit der Überlieferung brechen, und er nahm schon mit seinem ersten Entwurf für das Abendmahl einen sehr ernsten Anlauf dazu."[729] Diese Einschätzung Rosenbergs bestätigt sich, wenn man sowohl dem Vergleich mit Leonardos *Abendmahl* nachgeht, das ja insbesondere durch den Stich von Morghen im 19. Jahrhundert neu rezipiert wurde[730], als auch die Entwicklung der weiteren Abendmahlsdarstellungen von Gebhardt verfolgt.

Gegenüber Leonardo (Morghen-Stich) schafft Gebhardt eine dem Betrachter nähergerückte, intimere Raumsituation, indem er den Saal mit einer renaissancehaft gegliederten, schlichten Wand aus angenehm braunem Holz dicht im Rücken der Abendmahlstafel abschließt. Auflockernd wirkt die schmückende Girlande, die am Quersims in erreichbarer Höhe angebracht ist. Durch die starke Kürzung des Tisches innerhalb des insgesamt höheren Querformats und die Plazierung je zweier voll sichtbarer Jünger an den Enden (links Petrus, rechts Thomas) sowie an der Vorderseite der Tafel (links vielleicht Andreas, rechts Matthäus), rückt die „Runde" der Apostel im Vergleich zu Leonardos repräsentativer „Reihung" vertraulicher zusammen. Die vorn sitzenden Figuren durchbrechen die strenge Front des gleichmäßig herabfallenden Tischtuches. Der von Judas verlassene, schräg gerückte Hocker bietet einen erzählerischen Blickfang. Während Leonardo den göttlichen Meister vor dem Hintergrund des großen Mittelfensters bedeutungssteigernd vereinzelt, bindet Gebhardt seinen „menschlicheren" Christus in eine lebendige, psychologisch fein differenzierte Jüngergruppe ein, deren Symmetrie durch den sich von hinten herabneigenden Nathanael gelockert wird. Leonardo gliedert die Apostelreihe streng in Dreiergruppen; von Gebhardt schafft mit den beiden vorn sitzenden Jüngern, dem Judas an der Türe und Petrus, der sich am linken Tafelende zurückstemmt, ein lebendiges Wechselspiel von Einzelfiguren und Gruppen. Im Kontrast zum gleichmäßigen Ideallicht Leonardos taucht von Gebhardt die Szene in ein atmosphäreschaffendes Farb- und Lichtgefälle (Helldunkel): Die Lichtquelle befindet sich vorn oberhalb des Matthäus (vorstellbar als Deckenlampe). Graudunkler Schummer umgibt die linke Jüngergruppe; die Rückwand ist hier umbrabraun und hellt nach rechts hin bis zu einem Braungelb auf. Dort bilden das Gewand-Ocker des Judas und sein stark beleuchtetes Gesicht einen Farb- und Helligkeitseffekt. Dort summieren sich auch stärkere Kontraste, so das Schwarz des Gewandes von Matthäus, das Grün des Obergewandes von Thomas mit der umgeschlagenen weißlichen Unterseite und das Rot wohl des Philippus. Die Christusgruppe wirkt farblich bereits viel weniger lebhaft: der Meister ist dunkelviolett gekleidet, Johannes links dunkelrot, Jakobus, der den Arm aufstützt, hell. Die Kleidung der linken Jünger spielt zwischen mehr gelblichen und rötlichen Grautönen, das Gewand von Petrus zeigt ein schmutziges Dunkelgrau. Das von der linken zur rechten Bildseite verlaufende Helligkeitsgefälle bestimmt auch das weiße Tischtuch und die hellgrau

und schwarzen Schachbrettfliesen. Der Kontrast zwischen dem „schmutzigen" Ton des Helldunkels und den klaren Farben der rechten Bildseite zeigt nicht das unentschiedene Ringen zwischen dem „Kartonzeichner und dem Koloristen" (Bruno Meyer), zwischen Idealismus und Realismus; sondern die harmonisch leuchtende Farbgebung der religiösen Malerei der älteren Düsseldorfer Schule und der Spätnazarener wird hier durch ein „modernes Alltagsgrau" relativiert. Es ist das alltagsgraue Helldunkel, mit dem die zeitgenössische Historienmalerei *auch* ein Stück „moderner Wahrheit" zu erreichen suchte. Besonders intensiv prägt es das 1869 gemalte, überhaupt äußerst farbdezente Reformationszeitbild *Ulrich von Hutten 1516 zu Viterbo* von Wilhelm Lindenschmit d.J. (Abb. 209) oder weniger dominierend Hugo Vogels *Luther predigt auf der Wartburg* (1882).

Durch den rechts die Tür öffnenden Verräter Judas, der bei Leonardo in die Tischreihe einbezogen bleibt, kommt ein dramatisches Handlungsmoment in die Komposition, das die Symmetrie aufbricht, unterstützt durch die Asymmetrie der Beleuchtung. – Im Gegensatz zu den humanistischen Idealköpfen Leonardos zeigt Gebhardt derbere „Volkstypen" mit charakteristischen physiognomischen Besonderheiten (nach Bruno Meyer streift Gebhardts Gestaltung „stellenweise ans Derb-Naturalistische"[731]). Die Gesichter sind wie bei der späteren Hamburger Kreuzigung (1873) durch das arbeitsreiche Leben als Fischer, Kleinbauern, Handwerker gezeichnet. Im Unterschied zu Leonardo sind sie von wechselnder Glätte und Feinheit der Malerei. Am feinsten und dichtesten gemalt sind die Gesichter von Christus und Judas, die übrigen zeigen gröbere Fleckstrukturen. Gebhardt schreckt vor „häßlichen" verlorenen Profilen (Andreas, Matthäus) und der Verdeckung von Gesichtern durch das Aufstützen in die Hand (Thomas, Jakobus neben Jesus) oder Überschneidung (Jünger hinter Andreas) nicht zurück. Den Judas konnte Bruno Meyer als „modernen Börsenmann" charakterisieren, „der mit einer gewissen Bonhomie es aufgibt, in einer sonst höchst schätzenswerthen Schwärmergesellschaft sich weiter aufzuhalten".[732] Die regelmäßigen, jedoch scharfen Züge des „idealen Bösewichts" Judas mit dem heimtückischen Blick aus den Augenwinkeln kontrastieren zu dem „schönen" Antlitz Christi, das idealisiert die Vorahnung des göttlichen Opferleidens ausdrückt. Beide heben sich von der Jüngerrunde ab. – Einen weiteren Unter-

Abb. 209 Wilhelm von Lindenschmidt d. J.: Ulrich von Hutten 1516 zu Viterbo, 1869

schied zum *Abendmahl* Leonardos bildet die stark vereinfachte und jeder „elaborierten Schönlinigkeit" bare Gewandfaltenführung Gebhardts. Besonders schlicht wirken die durch den Gürtel des Matthäus verursachten Rückenfalten. Adolf Rosenberg umreißt die „erhabene Grundstimmung" des Werkes von Leonardo und fährt fort: „Dadurch ist zwischen dem Bilde und dem Beschauer gewissermaßen eine Schranke aufgerichtet worden. Wir blicken empor wie zu einem anders und höher gearteten Menschengeschlecht, das uns zur Bewunderung, zur Verehrung zwingt. Die innersten Fibern unserer Seele werden aber durch diese Darstellung nicht erregt. Welch' eine andere Sprache redet dagegen Eduard von Gebhardt zu uns! Was wir da vor uns sehen, sind Menschen wie wir, die von gleichen Empfindungen beseelt werden, die denken, fühlen und trauern wie wir."[733] Die Leistung der Gebhardtschen *Umkehrungsaneignung* bestand darin, daß der stillagenhohe, traditionelle Idealismus der christlichen Bildkunst, für den ein Werk wie Leonardos *Abendmahl* immer noch als direktes Vorbild gelten konnte, gebrochen und eine „volkstümlichere" Gestaltung erreicht wurde; Gebhardt sagte selber: „... aber eine Ueberzeugung steht bei mir fest: dies ist der Weg, auf dem man dem Herzen der Menschen näher kommt als auf dem bisherigen; wenn durch meine Bestrebungen der Anstoß gegeben wird zu einer gesunden biblischen Kunst, die mit dem Herzen des Volkes verwächst, so bin ich zufrieden."[734]

Noch weit weniger monumental und repräsentativ als das *Abendmahl* von 1870 wirkt das in der Düsseldorfer Friedenskirche um 1905/1906 von Gebhardt ausgeführte *Abendmahl* (Abb. 210), zu dem eine großformatige Vorstudie (1905, Abb. 211) in der Niedersächsischen Landesgalerie Hannover aufbewahrt wird. Vorstudie und Wandgemälde knüpfen an den von Rosenberg erwähnten Entwurf an, den Friedrich Schaarschmidt in seinem Aufsatz über Gebhardt in der *Kunst für Alle* (1898) abbildet (Abb. 212). Das Rundtischmotiv, möglicherweise auf Dürers Abendmahls-Holzschnitt (um 1509) der Kleinen Passion zurückzuführen (Abb. 213), und die Figur des beim Verlassen den Stuhl schrägstellenden Judas sind aus dem Entwurf übernommen, nicht jedoch die sehr traditionellen Jüngergestalten. Das Düsseldorfer Wandbild und seine Vorstudie zeigen einen gemütlichen Gasthausraum mit gewölbter Holzdecke, in dem die Kerzen des Hängeleuchters freundlich strahlendes Licht spenden. Anheimelnd wirken der große Kachelofen links, die neben der Tür aufgehängten Hüte, Schals und Mäntel, die Krüge vor dem großen Zierteller auf dem Türbalken. Ein weiteres „Genre"-Motiv des Wandgemäldes bilden im Vordergrund der Schemel mit Schüssel und Trockentuch und der große Wasserkrug, Utensilien der Fußwaschung. Künstlerisch „seriöser" gibt sich die breitformatige Vorstudie, auf der die vom Kerzenlicht verklärte Tafelrunde dem Betrachter nähergerückt ist und das Motiv des Waschzubehörs fehlt. Während im *Abendmahl* von 1870 bei einzelnen Jüngern noch die Erinnerung an traditionelle Idealköpfe wachbleibt, sind es hier durchweg „Gebhardtsche" Bauern- und Handwerkergesichter. Dort war die symmetrische Tafelgemeinschaft tendenziell individualistisch zersprengt, hier zeigt die Runde kommunikativere Geschlossenheit. Christus spielt keine idealistische Sonderrolle, fügt sich in die Runde ein und wird von Johannes sogar überragt. Dem Judas fehlt alles Pathos, da er als angeschnittene Rückenfigur gezeigt wird.

Abb. 210 Eduard von Gebhardt: Abendmahl, 1899-1906

Schlichtheit, Erzählfrische und die Abnabelung von der hochgestochenen kunstgeschichtlichen Bildungsmalerei geben dem Düsseldorfer Wandbild echte Volkstümlichkeit; es ist ein Christus der „kleinen Leute", wenn auch kein entschieden proletarischer.

Gebhardts *Abendmahl* von 1870 fand in einer Zeit, in der das Streben eines „gemäßigten Realismus" die Kunstszene beherrschte, rasch Anerkennung; 1872 wurde das Werk von der Nationalgalerie in Berlin angekauft, 1873 erregte es auf der Wiener Weltausstellung Aufsehen. Für den Ausstellungskritiker Rudolf Eitelberger von Edelberg, den Direktor des von ihm gegründeten Österreichischen Museums für Kunst und Industrie, der in der *Zeitschrift für Bildende Kunst* 1873 beklagte, daß das Überraschende „in unseren Tagen fast unmöglich geworden" sei, machte nur Eduard von Gebhardt mit seinem *Abendmahl* eine Ausnahme.[735] Auf der Pariser Weltausstellung von 1878 befand sich Gebhardts *Abendmahl* in der Gesellschaft von Menzels *Eisenwalzwerk* (1875), Leibls *Dorfpolitikern* (1877) und Werken von Defregger, Knaus, Lenbach, den Achenbachs, Knille, Spangenberg (*Der Zug des Todes* von 1876) usw.[736] Dennoch wurde das Gemälde von der Partei des „Idealismus" scharf angegriffen. Noch 1878 entspann sich im *Christlichen Kunstblatt* eine Kontroverse zwischen dem Mitherausgeber dieser Zeitschrift, dem Berliner Akademieprofessor Carl Gottfried Pfannschmidt, einem mit Titeln und Würden überhäuften Spätnazarener und einem mit M. zeichnenden Autor, der es wagte, die Gebhardtsche Kunst zu loben und eine positive Kritik zu zitieren: „Ein namhafter feinfühlender Schriftsteller schrieb damals ganz in unserem Sinne, 'daß diese schlichten Menschen aus dem deutschen Volke, oft ohne äußere Schöne, aber durchleuchtet von gläubiger Hingabe, mehr geeignet seien, der Gemeinde die heiligen Gestalten zu versinnbildlichen, als schön drapirte, meist sehr unzulängliche Passionsspiel-Acteurs, welche auf biblischen Gemälden ge-

Abb. 211 Eduard von Gebhardt: Das Abendmahl, 1905

Abb. 212 Eduard von Gebhardt: Abendmahl, um 1870

Abb. 213 Albrecht Dürer: Das Abendmahl, um 1509

wöhnlich für jene heiligen Männer angesehen sein wollen. In den Aposteln Gebhardt's ist Alles beseelt von so tiefer, ernsthafter, ehrlicher Innigkeit, daß auch der kühlste Beschauer sich unwillkürlich ergriffen und bewegt fühlt. Der Berge versetzende Glaube, die Alles heilende, tröstende, überwindende Liebe, sie leuchten aus diesen harten, plumpen, beschränkten, des Reizes großartig männlicher Schönheit meist völlig entbehrenden Formen, diesen Köpfen und Gestalten, mit einer rührenden und überzeugenden Gewalt.'"[737] Pfannschmidt reagierte mit deutlichen, kräftigen Worten, jedoch erst im Juni 1878, da man ihm die Januar-Nummer des *Christlichen Kunstblattes* mit dem Artikel über Gebhardt offenbar vorenthalten hatte. Erst in der Oktober-Nummer wurde dann die Erklärung Pfannschmidts veröffentlicht. Der Professor zitierte darin aus einem Brief über Gebhardts Malerei, den er Monate zuvor an den Mitherausgeber des *Christlichen Kunstblattes* Carl Grüneisen geschrieben hatte: „Beim Abendmahl erscheinen die versammelten Jünger mit charaktervollen Köpfen, welche aber leider ihren Ursprung in den allergewöhnlichsten Modellköpfen nur zu sehr verraten. Judas dagegen macht in etwas vornehmerer Haltung den Eindruck des reichen Gastgebers, und der Erlöser den eines schmachtenden kranken Mannes. In Gebhardt's Kreuzigung ist der an's Kreuz geschlagene Erlöser als abschreckendes Beispiel eines gemeinen Verbrechers gegeben, der natürlich auf seine nächste Umgebung die übertriebene Leidenschaftlichkeit hervorruft. Herr v. Gebhardt steht eben inmitten der modernen Zeitrichtung, die in sensationeller Form, mit niedrigen, aber charakteristischen Mitteln dem Hange der großen Massen folgt und sie anzieht.

Das Ideale Reale ist ja jetzt verpönt, und die schmutzige Materie die erwünschte Speise."[738] Wenn für Pfannschmidt Ideales und Reales etwa im Sinne des scholastischen „Realismus" eins waren, dann freilich mußte ihm Gebhardts Kunst als „schnöder Naturalismus" erscheinen. In seinem Haß auf Materialismus und Naturalismus, in seinem starren Widerstand gegen die „kranke Zeit", der er Gebhardt verfallen glaubte[739], ignorierte Pfannschmidt völlig dessen protestantische Orthodoxie der Bibelmalerei. – Der Verfasser des positiven Artikels über Gebhardt hatte eine Diskussion erwähnt, die er vor dem Bilde des *Abendmahls* mit einem anderen Betrachter führen konnte: „Hatte ich doch die Genugthuung, vor dem Bilde des Abendmahls einen hochgebildeten Mann und strengen Christen in freilich zweistündiger Unterredung zu dem Geständniß zu bringen, daß allerdings die von vielen neueren Malern biblischer Geschichte gebrauchten Formen conventionell, inhaltslos und daher unfähig geworden, dem religiösen Bedürfniß zu genügen. Eine Besserung aber sei nur von innen heraus, wenn auch durch Schaffung neuer Typen, möglich."[740] Die Erwiderung Pfannschmidts lautete: „Wenn der Schreiber des in Rede stehenden Artikels 'zwei Stunden bedurfte, um einen Beschauer mit der Darstellung der Apostel beim Abendmahle auszusöhnen', so sah sich *hier* beim Anschauen des Bildes ein Gefängnißgeistlicher plötzlich in die Umgebung seiner ihm anvertrauten Verbrecher versetzt (...) Nichts Fremdes, sondern das eigenste Wesen in Inhalt und Form, nicht materialistischer Realismus, sondern *wirkliche Realität der ewigen Wahrheit und Schönheit* sind bei der Darstellung des objectiv Gegebenen die bauenden und fördernden Elemente. Es ist das Wesen des Geistes, des heiligen Geistes, das Fleisch, die von der Sünde entstellte Form zu verklären und der ursprünglichen Gestalt näher zu führen. Eine Vermischung von Fleisch und Geist, eine Vermischung von Wasser und Feuer führt nur zu dem sprudelnden Irrwahn, der die Höhe verheißt und in die Oede führt. –"[741] Gebhardts Versuch, eine biblische Bilderwelt der „kleinen Leute" zu schaffen, deutbar als Bestreben, zumindest mit den Mitteln eines versöhnenden künstlerischen Liberalismus auf die „soziale Frage" zu antworten, wird von Pfannschmidt idealistisch-moralisch mißverstanden als das zeitbedingte Abgleiten in einen Bereich der „von der Sünde entstellten Form". So erscheinen ihm Gebhardts Jünger nicht als die in den zeitgenössischen Kritiken vielzitierten Bauern, Fischer, Handwerker des Evangeliums, sondern treffender als „Gefängnisinsassen". Das Gefängnis gilt dabei ganz im Sinne des „wohlanständigen" Bürgertums der Kaiserzeit als Ort der Sünde und Buße, nicht als Ort entwurzelter sozialer Randgruppen. Der protestantisch-orthodoxe und zugleich konservative Pfannschmidt kann die soziale Dimension der Gebhardtschen Kunst nicht erkennen; er hält an einem Gestaltungskanon der ideal verklärten Formen und höchsten Werte fest, der seinerseits sozial auf die realitätsferne Bildungswelt gehobener Schichten und Klassen beziehbar ist.

Das *Abendmahl* (1886, Abb. 214) von Fritz von Uhde, eines seiner Werke, die 1886 auf der Berliner Jubiläums-Kunstausstellung zu sehen waren, bietet, anders als die Gebhardtschen Darstellungen dieses Themas, eine entschieden „proletarische" Atmosphäre. Weder ist der Abendmahlsraum Uhdes ein repräsentativer Saal (Gebhardts Ölgemälde von 1870) noch eine poetisch-genrehafte Wirtshausstube

(Gebhardts Wandbild der Düsseldorfer Friedenskirche). Sondern Jesus und die Jünger haben sich in einem niedrigen kahlen Bauern-Eßzimmer versammelt, dessen großes viergeteiltes Gitterfenster der linken Bildhälfte den Blick auf eine karge, flache Abendlandschaft freigibt. Im Unterschied zu Gebhardts Darstellungen ist der Raum mit der langen Fensterwand eckperspektivisch gesehen. Ganz rechts an der Schmalwand befindet sich ein einfacher Kamin, in dem ein Feuer glimmt, links daneben die Tür mit dem sich noch einmal umwendenden Judas. Von einem Balken wird ein Bretterregal über der Tür gestützt. Diese hintere Seite des Zimmers ist in Dämmer getaucht, während das Abendlicht des betont schmucklosen Fensters die Personen und die Tafel erhellt, so daß die Kerzen des kleinen dreiarmigen Hängeleuchters noch nicht angezündet wurden. Den langen klobigen Eßtisch mit Fußbrettern bedeckt ein schlichtes Leinentuch, auf dem die einfachen Zinnteller und Trinkbecher stehen. Der bäuerliche Stuhl von Jesus und die Schemel der Jünger haben strohgeflochtene Sitze. Die Schilderung der Gegenstände und des Raumes vermittelt den Eindruck konkreter Dinglichkeit, des Ursprünglich-Rustikalen, jedoch auch Proletarisch-Kargen.

Durch die gemäßigt-eckperspektivische Sicht auch des Tisches und der Feiernden wird jede Stilisierung vermieden; es ist die lebendig-unvoreingenommene Sicht einer „säkularen" Beobachtungs-Empirie. Völlig antitraditionell sitzt Christus, dessen leicht gedrehtes Gesicht man „nur" im Profil sieht, mit dem Rücken zum Betrachter in der Mitte der vorderen Tischseite, jedoch rechts von der „klassischen" Bildmitte der Hauptperson. Während Gebhardt seine Jünger-Rückenfigur, den Matthäus, wenigstens durch die Arme in weiten Ärmeln und den Gürtel gliederte und ihm mit der Kopfwendung ein verlorenes Profil gab, bildet der links neben Jesus sitzende, perspektivisch „größte" Jünger Uhdes eine volle, höchst einfach-kompakte Rückenfigur, deren breiten Rücken durch einen schäbigen braunen Umhängemantel mit unregelmäßig ansetzenden scharfen Faltenzügen bedeckt ist. Da dieser Mann unter der Verratsankündigung Christi zusammengesunken scheint und den Kopf schwerlastig nach vorn und zur Seite neigt, ist der runde, ein wenig struppige, kurzhaarige Hinterkopf verkürzt gesehen. Die rechte Arbeitshand liegt schwer an der Tischkante. Unter dem Schemel sieht man einen klobigen Schuh. Fast nur Haar zeigt auch der Kopf des rechts neben Jesus sitzenden Jüngers; die Hände hat dieser Johannes, wie er oft in der Literatur bezeichnet wird, über der Lehne des Stuhles Christi gefaltet und die Stirn in die Hände geschmiegt, eine Schmerz, ja Verzweiflung schlicht und ausdrucksstark zeigende Haltung, da sich der Jünger auch weit von seinem Sitz herüberbeugen muß. Wie schokierend die Gestaltung der Jüngerfiguren auf viele zeitgenössische Betrachter wirken mußte, insbesondere auf die Anhänger des bildkünstlerischen Idealismus, verdeutlicht die ausführliche, negativ-kritisierende Beschreibung im *Christlichen Kunstblatt* innerhalb einer Rezension religiöser Kunst der Berliner Jubiläums-Kunstausstellung von 1886. Über den wie ingrimmig die Fäuste ballenden Mann am linken Tischende, der den violett-grauen, dunkelstreifigen Rock trägt, heißt es "(...) es ist ein älterer Mann mit wenig einladenden, groben, aufgedunsenen, aber Thatkraft andeutenden Gesichtszügen, spärlichem grauwerdenden Haar und weißlichem Stoppelbart."[742] Die übrigen Jünger werden vom Rezensenten, der den Eindruck rein beschreibender Objektivität zu erwecken sucht, mit Charakterisierungen bedacht wie „geistige Schwerhörigkeit", „unleidliche Gesichter, welche stark an Sträflinge der schlimmsten Sorte erinnern", „schläfrige Mienen", „höchste Verkommenheit".[743]

Das Vorurteil des Bildungsbürgers, dem die Menschen und Lebensbereiche der unteren Schichten und Klassen fremd sind und der letztlich seine eigene elaborierte Mit- und Umwelt allein zum Maßstab nimmt, spricht aus den in dieser Beschreibung enthaltenen Wertungen. Wie auch in Bezug auf das Gebhardtsche *Abendmahl* von 1870 mußte der Vergleich mit Leonardos Werk herhalten, um diese Wertperspektive zu stützen: „Statt solcher Charaktere, welche das voll und ganz aussprechen, was die Schrift von denselben zu sagen weiß, statt solcher idealer Menschen steht uns hier eine Gesellschaft von Leuten gegenüber, welche dem tiefsten Kreise des Volkes angehören. Man würde einigen bei etwaiger Begegnung sicher weit ausweichen. Sie alle sind mit der jedesmal angetroffenen Zufälligkeit der Erscheinung und der vorgefundenen geistigen und körperlichen Verkommenheit getreu wiedergegeben und nur durch mehr oder weniger gut gelungenes Zurschautragen von Teilnahme und Aufmerksamkeit für die Idee brauchbar gemacht worden."[744] Dagegen nahm der eher traditionell eingestellte Münchener Kunstkritiker Ludwig Pietsch eine Abbildung des Uhdeschen *Abendmahls* in seinen repräsentativen Photogravure-Band *Deutsche Kunst und Künstler der Gegenwart in Bild und Wort* (1887) auf und verteidigte die „proletarischen" Jünger gegen den Anspruch der Idealtypen Leonardos: „Wenn auf diesem Abendmahlsbilde die Jünger des Herrn auch in Trachten gekleidet erscheinen, welche dem Talar und Mantel Christi ähnlicher sind, als den Kleidern der Männer aus dem Volk von heute, so ist ihr Aussehen, besonders das ihrer Gesichter doch durchaus das von solchen, von modernen Proletariern. Wir sind durch *Leonardo da Vinci*, seine Zeitgenossen und Nachfolger so gewöhnt, die den Heiland umgebenden Jünger in der Gestalt von Männern dargestellt zu sehen, deren Antlitz und Haltung schon das Gepräge höherer, vornehmerer Naturen, erlauchter Geister und Charaktere trägt, daß wir uns eines befremdenden Eindrucks nicht erwehren können, wenn ein Künstler für diese späteren Leuchten der Welt, die Apostel des Evangeliums, seine Modelle unter den von Entbehrung, harter Lebenssorge und Arbeit, ja selbst von Schuld und Strafe bedrückten und gebeugten 'Enterbten der Gesellschaft' unserer Tage wählt, wie es *v. Uhde* auch in diesem Bilde wieder gethan hat. Abgesehen davon, daß diese Typen entschieden moderne und überwiegend deutsche oder doch abendländische sind, entspricht es allerdings dem wahren Sinne des Evangeliums weit mehr, wenn Christi Jünger als der großen Klasse der Mühseligen und Beladenen entstammende Männer gemalt werden, als wenn sie in der Gestalt von direkten Abkömmlingen der antiken Olympier im Bilde erscheinen."[745] Während Pietsch die Wahrheit des Evangeliums apologetisch zugunsten der Uhdeschen Apostelauffassung ins Treffen führt und dabei nahe daran ist, die antikisierende Gestaltungsweise als unchristlich hinzustellen, will Hermann Lücke in seinem Aufsatz über Uhde in der *Zeitschrift für bildende Kunst* (1887) liberal neben der idealistisch-humanistischen eine „realistische" Darstellungsart gelten lassen: „In der idealistischen

Abb. 214 Fritz von Uhde: Das Abendmahl, 1886

Auffassung der vollendeten Renaissancekunst erscheinen die Apostel vielfach recht eigentlich als die Heroen der christlichen Welt, sie gehören zu den bedeutendsten Charaktergestalten, die jene Kunst hervorgebracht hat; zweifellos aber hat neben dieser großartigen idealistischen Auffassung eine realistische ihre volle Berechtigung, sobald im psychologischen Ausdruck, wie dies Uhde in so hohem Maße gelungen ist, das Richtige getroffen wird."[746] In den Augen Lückes adelt offenbar der seelische Ausdruck die proletarischen Jünger Uhdes: „Es sind einfache Männer aus dem Volke, zum Teil mit wetterharten, tiefgefurchten Gesichtern, Gestalten aus einer eng beschränkten Lebenssphäre, aber mit dem überzeugenden Ausdruck einer tiefen, ersten, ihr ganzes Wesen ausfüllenden Empfindung."[747] Anders als der Rezensent des *Christlichen Kunstblattes*, der sich auch durch ein „mehr oder weniger gut gelungenes Zurschautragen von Teilnahme und Aufmerksamkeit" nicht mit dem Anblick der Apostel versöhnen läßt, beurteilt Pietsch ähnlich wie Lücke die Jünger wegen der gelungenen Ausdruckscharakterisierung positiv: „Was diese mit dem Erlöser zum Ostermahle versammelten Jünger auf *v. Uhde's* Bilde – ebenso wie die Männer, Frauen- und Kindergestalten, mit denen er auf anderen Gemälden denselben umgibt, – vor denen der meisten derartigen Darstellungen von anderen Malern besonders auszeichnet, ist die Stärke, Tiefe, Wahrheit und Innigkeit des Ausdrucks ihrer Empfindungen der hingebenden Liebe, der andächtigen Verehrung für ihren göttlichen Herrn und Meister. Ihre ganze Seele ist bei seinen Reden. Ihre Augen hängen an den seinen, ihr Ohr trinkt seine Worte von seinen Lippen, und jedes derselben 'bewegen sie in ihrem Herzen'."[748] Offenbar konnten die Uhdeschen Jünger, deren Gesichter viel alltäglicher, „anspruchsloser" waren als die scharf individualisierten Charakterköpfe Gebhardts, von den liberalen Kritikern wegen ihres seelischen Ausdrucksbezuges zur Christusfigur doch akzeptiert werden.

Diese Kritiker mochten mehr oder weniger klar erkennen, daß die Vorstellung der Apostel als humanistisch verklärte „Heroen des Christentums" kaum mit der „historischen Wirklichkeit" der Evangelien zu vereinbaren war, sondern vielmehr einem gewissermaßen rückprojizierten gegenwarts- und wirklichkeitsfremden Wunschbild der mächtigen christlichen Konfessionen und ihrer Kirchen glich.

Das Meister-Jünger-Verhältnis des Uhdeschen *Abendmahls* ist von dem Gebhardtschen von 1870 nur graduell verschieden. Gebhardts Christus bildet den geistig-aristokratischen Mittelpunkt des Bildes; wenn der Idealist Pfannschmidt ihn auch als schmachtenden kranken Mann abqualifizieren konnte, besitzt er mit dem schmalen, „klassischschönen" Gesicht, dem frommen Mittelscheitel, dem schulterlangen Haar und weichen Bart genug nazarenische Züge. Verklärendes Licht gibt dem äußerst fein gemalten Heilandantlitz göttliche Würde und Weihe; der leidend-seherische Blick und das leichte Neigen des Hauptes deuten auf das heiligen Kreuzesopfer. Aristokratisch verfeinert wirkt die Geste der leicht erhobenen, den Judasverrat dulderisch anzeigenden Linken, deren Finger sich ein wenig manieriert öffnen. Zu diesem Elite-Christus kontrastieren die Jünger mit ihren charakteristisch derben Physiognomien und naiv-direkten Reaktionen. Allerdings klingt die Anekdote Eduard Daelens, der in seinem Buch über Wilhelm Busch (1886) erzählt, daß Arbeiter angesichts einer Photographie des Gebhardtschen Abendmahls eine teilende Räuberbande vermuten[749], doch sehr unglaubwürdig. Jedenfalls konzentriert sich die geistige Autorität in der Figur des Christus, während die Jünger auf einer sehr viel niedrigeren Stufe nur das vergröberte Widerspiel ihres Herrn bilden. Glauben die Vertreter des Idealismus den Erlöser durch die ihn umgebenden „niederen Typen" herabgewürdigt, so konnten die liberalen Kritiker die „proletarischen Jünger-Existenzen" durch den Einfluß des Meisters veredelt sehen. Die Diskrepanz zwischen dem Jesus und den Aposteln Uhdes ist fast noch größer, die ästhetische Versöhnung zwischen ihnen dagegen fast deutlicher als bei Gebhardt. Im Sinne der liberalen Ästhetik, die eine bildkünstlerische Gestaltung des „Häßlichen" durchaus zuließ, wenn das „Schöne" seine Herrschaft generell behauptete, gibt es in der Gebhardtschen Jüngerrunde eine vermittelnde Abstufung der „Schönheits"- oder „Häßlichkeitsgrade". Der hinter Christus stehende Nathanael, Johannes zur Linken Christi, der links sich vorbeugende Apostel und auch Judas haben „edlere" Züge, extrem „naturalistisch" sind die Köpfe der beiden an der vorderen Tischseite sitzenden Jünger (links vermutlich Andreas, recht Matthäus); eine „mittlere" Position nehmen der ganz rechts zu Judas blickende Apostel, jener hell beleuchtete hinter Petrus am linken Tafelende und dieser selbst ein. Im Uhdeschen *Abendmahl* gibt es eine solche „physiognomische Vermittlung" nicht; Jesus hebt sich durch sein jugendlich-regelmäßiges Antlitz, dessen ein wenig asketisch-hagere Züge das starke Licht vergeistigt, durch die „aristokratisch"-langen Haare, den gepflegten Bart und nicht zuletzt die der Nazarenertradition entlehnte zweiteilige Kleidung mit rotem Untergewande und blauem Mantel entschieden von den übrigen Figuren ab. Durch die intensive seelische Ausrichtung auf den Meister und den Abglanz des Lichtes, den gerade auch die im Gegenlicht des Fensters sitzenden Apostel von Christus zu empfangen scheinen, wird jedoch die Kluft zwischen den Proletariern und ihrem „Herrn" wieder überbrückt. Der sozialpolitische Gehalt dieses Meister-Jünger-Verhältnisses mag darin liegen, daß die Christusfigur den liberalen Bildungsbürger zu symbolisieren vermag, der mit Hilfe seiner erzieherischen und fürsorgenden Tätigkeit den „vierten Stand" im liberalen Sinne „veredeln" und ihn zur vollen Integration in den bürgerlichen Rechtsstaat fähig machen möchte. Keinesfalls kann der Christus Gebhardts und Uhdes etwa als Kämpfer für den Kommunismus (Weitling), als revolutionäre sozialdemokratische Anführerfigur oder auch nur als Chef einer teilenden Räuberbande gedeutet werden. In Gebhardts *Abendmahl* der Düsseldorfer Friedenskirche scheinen die Jünger allerdings wegen ihrer ausgeprägten Altersreife und festgefügten Charaktere nicht so sehr Proletarier als vielmehr Kleinbürger zu sein, deren Haupt und primus inter pares Christus ist. Übrigens gibt sich Uhde hinsichtlich der Kleidung seiner Abendmahlsjünger keineswegs entschieden modern-proletarisch. Fritz von Ostini bewertete diese gewissermaßen konzessionsbereite Darstellungsweise des Malers positiv: „Eigentümlich hat es Uhde hier mit dem Schnitt der Gewänder gehalten, eigentümlich – und sehr weise! Alles aufdringlich Moderne würde hier wohl sehr stören, weil es ablenken würde und die Weihe des Momentes beeinträchtigen. So haben denn die Apostel vielfach kombinierte, umbestimmte Gewänder erhalten, Mäntel und Überwürfe von allerlei Schnitt. Die Kapuze des Mannes rechts und der blaue Kragen auf der weißen Bluse des dunkelhaarigen Apostels mit dem halbverdeckten Kopfe vor dem Fenster sind leichte Andeutung einer Fischertracht. So ist Uhde der künstlerischen Gefahr konventioneller Faltenwürfe und der ästhetischen Gefahr durch einen absichtlichen Anachronismus zu verletzen, gleichzeitig aus dem Wege gegangen. Die richtige Grenze bei seiner Modernisierung der Evangelien zeigt ihm ein feines Gefühl immer sicher an."[750]

Formal und inhaltlich geht das Uhdesche *Abendmahl* von 1886 weit über Gebhardts Fassungen dieses Themas hinaus. Hinsichtlich der Darstellung von Bauern, Handwerkern und Arbeitern konnte sich Uhde auf eine durch Leibl, Liebermann, Menzel und Friedrich von Keller im Zweiten Deutschen Kaiserreich geschaffene Tradition stützen. Während Gebhardts *Abendmahl* von 1870 noch innerhalb der Gestaltung die Auseinandersetzung mit der „realistischen" Historienmalerei der Zeit spiegelt, verwendet Uhde in seinem Abendmahlsbild durchweg dunkel-schmutzige und graugetönte Farben, die alla prima mit „rauhen" Pinselstrichen aufgetragen sind. Dem Gebhardtschen Helldunkel steht die Uhdesche Gegenlichtmalerei gegenüber, eine Abart der Hellmalerei. Der traditionell eingestellte Rezensent der Berliner Jubiläums-Kunstausstellung von 1886 im *Christlichen Kunstblatt* schreibt zu dieser Technik: „Bei Innenräumen sehen wir von diesen Malern als Lichtquelle mit Vorliebe das Fenster im Grunde des Bildes angenommen, so daß alle Gestalten nur von Lichträndern umsäumt, sonst aber ausschließlich von zurückgestrahltem Lichte erhellt werden. Dieses Kunststückchen, durch welches jeder Photograph eine unschöne Person oder fehlerhafte Gegenstände interessant zu machen versteht, begünstigt eine oberflächliche, skizzenhafte Ausführung ebenso, wie es ein bequemes Mittel ist, die Figuren leicht von einander zu lösen. Solche und andre Gesuchtheiten und Verstöße gegen den guten Geschmack vermögen sehr wohl zu blenden und den Eindruck hoher Schöpferkraft hervorzurufen. Sie finden sich in vielen Bildern der Ausstellung, auch aus dem Gebiete der religiösen Kunst."[751] Eine Art von Gegenlichtgestaltung kannte auch der illusionistische Verismus und „Akademismus", ließ diese jedoch nur als „Nebeneffekt" gelten, während die Hauptszene eines Intérieurs zumeist im direkten, stärker

Abb. 215 Fritz von Uhde: Die Trommelübung, 1883

seitlich einfallenden Fensterlicht gegeben wurde. Das oppositionelle Gegenlichtprinzip enthielt die Momente einer verstärkten Beobachtungsempirie (Prinzip der reinen „Naturwahrheit"), der „demokratischen" Beleuchtungsegalisierung von Figuren und Gegenständen und der befreienden Lockerung der Malweise. Für die Zeitgenossen galten Uhde und Liebermann als erste und entschiedenste Vorkämpfer der Hellmalerei in Deutschland.[752] Uhde hatte 1883 auf der Internationalen Münchener Kunstausstellung mit dem Freilichtbild *Die Trommelübung* (Abb. 215) großes Aufsehen erregt und scharfe Reaktionen der Kritik provoziert. Das im gleichen Jahr entstandene, ebenfalls „helle" Gemälde *Der Leierkastenmann kommt* (Abb. 216)[753] tauschte der Künstler mit Max Liebermann gegen dessen skandalumwittertes religiöses Bild *Christus unter den Schriftgelehrten* von 1879. Sein erstes religiöses Gegenlichtbild *Lasset die Kindlein zu mir kommen* (Abb. 217)[754], das von der Kritik überwiegend sehr positiv aufgenommen und bereits 1886 vom Museum der bildenden Künste in Leipzig angekauft wurde, malte Uhde im Jahre 1884.

Abb. 216 Fritz von Uhde: Der Leierkastenmann kommt, 1883

Abb. 217 Fritz von Uhde: Lasset die Kindlein zu mir kommen, 1884

Eine idealistische Version der Abendmahlsdarstellung bot der katholische Maler Gebhardt Fugel, der zu den Künstlern gehörte, die von der katholisch orientierten Deutschen Gesellschaft für christliche Kunst (München) gefördert wurden. In der Zeitschrift dieser Gesellschaft *Die christliche Kunst* erschien 1908 die Abbildung eines Fugelschen *Abendmahls* (Abb. 218), das im gleichen Jahre im Münchener Glaspalast ausgestellt war. Die querformatige Komposition baut sich in symmetrieartigen Entsprechungen um die lichterfüllte Christusfigur auf, die in der Bildmittelachse hinter der frontalperspektivisch stark verkürzten Abendmahlstafel steht. Das durch regelmäßige Rechteckfaltungen zart gegliederte Tischtuch bildet einen breiten Lichtstreifen. Über der Tafelgemeinschaft wölbt sich ein riesiger, oben angeschnittener Lichtbogen, der die von Christus und von oben ausgehende Helligkeit sammelt. Zu beiden Seiten Christi sind je eine Jüngergruppe annähernd im Dreieck komponiert; jeweils ein gebeugt stehender Apostel überragt die übrigen. Der Tisch besitzt an beiden Enden ein rechtwinklig nach vorn stoßendes Seitenteil. Daran sitzen im Vordergrund links mit dunklem Gewand der zusammengekrümmte, seine Linke an der Tischkante festkrallende Verräter Judas, rechts ein ehrwürdiger Apostel mit hellem Untergewand, langem Haar und einer hohen, lichtvergeistigten Stirn. Während der verschattete Judas, der sich von der heiligen Handlung abwendet, in dämonischem Grimm zu Boden sieht, hat der andere Apostel seinen Blick auf den vor Christus in der Mitte stehenden gläsernen Abendmahlskelch gerichtet. Der das Brot auf einem Teller haltende und mit der Rechten segnende Heiland richtet sein hell strahlendes Antlitz, das von dunklem, streng symmetrisch auf die Schultern fallendem Haar gerahmt wird, ins „göttliche Licht" empor. Hell schimmern die Augäpfel in den schönbogigen, jedoch verschatteten Höhlen. Diese Augenschatten und jene der hage-

Abb. 218 Gebhard Fugel: Das hl. Abendmahl, 1908

Abb. 219 Gebhard Fugel: Christus heilt Kranke, 1885

ren Wangenpartien scheinen auf das heilige Leiden des Gottessohnes vorauszudeuten. Der harmonisch geschwungene Oberlippenbart, unter dem die volle Unterlippe schimmert und der zweispitzige gepflegte Kinnbart vollenden das ideale Antlitz des Erlösers. Zu der mystisch verklärten Figur Christi im weitärmeligen Lichtgewand kontrastieren die Jüngergestalten, die noch die Tradition des illusionistischen Verismus und „Akademismus" verraten, jenes „realistischen" Stils, in dem Fugel beispielsweise sein anspruchsvolles Ölbild *Jesus heilt Kranke* (1885, Abb. 219), malte, das indessen bereits Tendenzen der Hellmalerei aufnimmt.[755] Die Gesichter der Apostel zeigen zwar charakteristische, jedoch zum Ausdruck bedeutender Persönlichkeiten gesteigerte Züge, die den erhabenen Augenblick der Einsetzung des heiligen Abendmahls spiegeln. Betont wird die der Alltagswirklichkeit weit entrückte religiöse Weihe der Darstellung auch durch die stark vereinfachte Kleidung der Jünger, die dem Nazarenertum verpflichtet ist. So schaffen die Stilisierung idealer geometrischer Verhältnisse, mystische Lichtgestaltung und die Veredelung aller Figuren ein auf die geheimnisvolle Transzendenz der katholischen Eucharistie ausgerichtetes Bildwerk, das der Epoche des Neuidealismus angehört.

Abb. 220 Emil Nolde: Abendmahl, 1909

Demgegenüber bestimmen Flächigkeit, eine unruhige Fleckinformalität und starke Vereinfachungsabstraktionen das *Abendmahl* (1909, Abb. 220) von Emil Nolde. Die rauhe „Primitivität" der Darstellung versucht mit Hilfe modernster Gestaltungsmittel zu den Ursprüngen religiöser Erfahrung zurückzukehren, zu elementaren Heilsgewißheiten des Christentums. Die abstrakte Typisierung der Gesichter, die das situative Minenspiel (Mimik) zugunsten der konstanten Physiognomik zurücktreten läßt, scheint den informellen Tendenzen sozusagen abgerungen, so daß zugleich der innere Kampf des Künstlers um „Wahrheit" in einer Epoche vielfältiger Depravationen und Bedrohungen zum Ausdruck kommt.

Dramatisch gesteigert sind die Form- und Farbkonstraste im *Abendmahl* (1915, Abb. 221) von César Klein. Aufsplitternde Flächen, grelle „Risse", expressive Pinselzüge, flackernde Farben liegen im Widerstreit mit Gestaltungsmomenten der Grundformenvereinfachung und Symmetrie, die Ordnung und Beruhigung erzwingen zu sollen scheinen. Der Verrat des dunklen, davonschleichenden Judas ist in die Jüngerrunde eingebrochen, die sich zu sammeln, mit aller Kraft zu verteidigen sucht. Den rundbogigen, jedoch gotisierend gebrochenen Innenraum und den Außenraum der Großstadt, der durch die Hallenöffnungen eindringt, durchwirken zerstörerische Kräfte. Das Neuaufbieten historischer Grundformen rettet nicht. Dieses *Abendmahl* scheint die existentielle und soziale Bedrohung im Ersten Weltkrieg zu spiegeln, die „Passion" der Bevölkerung, ja den Untergang des Zweiten Deutschen Kaiserreiches vorauszuahnen. Anders als Noldes *Abendmahl*, das letztlich neuidealistisch eine Rückgewinnung christlicher Gläubigkeit versucht, drückt Kleins *Abendmahl* mit realistischer Kraft die Gefährdung menschlicher Werte und die Zerstörung bürgerlich-christlicher Normen in der Zeit des imperialistischen Krieges aus.

Als „Dokument des im neunzehnten Jahrhundert neu erwachten sozialen Idealismus, der sich auf die Liebestätigkeit des Menschen Jesus gründet", wird Wilhelm Steinhausens predellahaftes Bild *Dieser nimmt die Sünder an und isset mit ihnen* (Abb. 222), Teil des Kreuzigungsgemäldes (1890-

Abb. 221 César Klein: Abendmahl, 1915

1892, Abb. 223) im Missionshaus St. Theobald in Wernigerode, von Fried Lübbecke in seiner Monographie über Steinhausen (1914) bezeichnet.[756] Er schreibt: „Wiederum Jesus der Mittelpunkt. Mitten unter Bauersleuten hat er sich an einem einfachen langen Tische zum Mahl niedergelassen. Da stürzt der verkommene Sohn herein, zurückgekehrt von schmachvoller Wanderschaft. Mit harten Gesichtern, in denen hier Verzweiflung, dort Verurteilung, Angst und Dumpfheit sich malen, schauen sie auf den Eindringling. Nur der Herr öffnet ihm, der seinen Kopf auf der Tischplatte birgt, die Arme. Auch die Gedanken der um Jesus sich Drän-

Abb. 222 Wilhelm Steinhausen: Dieser nimmt die Sünder an und isset mit ihnen, 1890-1892

Abb. 223 Wilhelm Steinhausen: Kommet her zu mir alle, die ihr mühselig seid und beladen, ich will euch erquicken, 1890-1892

genden beschäftigen sich mit dem Verkommenen, aber in jedem lebt ebenso stark die eigene Sorge um das Tägliche, die Stumpfheit harter Arbeit macht ihnen die Augen leer, die Stirne mürbe. Da geht es wie eine Erlösung durch sie, daß er, der Reine, ihnen, den selbst Schuldbeladenen, das Richteramt abnimmt."[757] Jedoch ist die moralische Komplikation, die darin bestehen soll, daß die übrigen Sünder den verlorenen Sohn verurteilen und nur Christus ihn liebevoll annimmt, von Lübbecke in die Darstellung hineininterpretiert: die „Armen und Elenden" blicken entweder auf den Heiland oder sind mit sich selbst, mit ihrer trostlosen Lage beschäftigt, keineswegs „schauen sie mit harten Gesichtern auf den Eindringling"; dieser ist vielmehr schlicht ihr Genosse. Das Motiv, Christus unter Zeitgenossen zu versetzen, geht auf Uhdes *Lasset die Kindlein zu mir kommen* (1884) zurück. Neu ist indessen die evangelientreue Kombination der Themen eines Liebesmahls der „Sünder" und des Gleichnisses vom verlorenen Sohn (Luk. 15).

Die Gestaltung zeigt mit der nazarenischen Heilandsfigur in der Mitte, der „kultischen" Querfront des in Rechtecken gefalteten Tischtuches, den symmetrischen, auf Christus weisenden Diagonalen der „Sünder"-Gruppen, der repräsentativen „Flächigkeit" und dem von Christus ausgehenden Ideallicht stilisierende Züge, die den Anspruch des Bildes auf eine „höhere" religiöse Bedeutungsdimension ausdrücken. Monumental wirken die klassischen Steilfalten im Gewand der rechts stehenden Sünderin, die ihr uneheliches Kind auf dem Arm trägt. Diese Falten veredeln die Gestalt entschieden.

Mit Hilfe der durchgehenden Reduktion der Körperschattierung wird die räumliche Anschaulichkeit vermindert. Einfache Linienzüge, informelle Faltenmuster und feine Fleckstrukturen machen den Abstand zum illusionistischen Verismus und „Akademismus" vollends unüberbrückbar. Der soziale Aspekt des Bildes ist deutlich. Christi Tischgenossen sind Arme und Elende; Arbeit, Mühe, Not prägen ihre einfachen Alltagsgesichter. Herkunft und Lebensbereiche dieser Menschen bleiben jedoch vielfach unbestimmt; zwar trägt der links stehende verwetterte Mann als Kleinbauer oder Landarbeiter eine Sense über der Schulter, und die alte Frau mit dem Kopftuch könnte zu ihm gehören. Ob aber, wie Lübbecke annimmt, alle „Sünder" aus der ärmeren Landbevölkerung stammen, ist nicht klar ersichtlich. Dagegen definiert der dreiteilige, an Leonardos Abendmahlskomposition erinnernde Landschaftsausblick einer großformatigen Lithographie (1892, Abb. 224), die Steinhausen nach seinem Wernigeroder Wandbild schuf, eindeutig den ländlichen Lebensbereich der dargestellten Menschen. Übrigens zeigt diese Graphik noch mehr Schärfen und „rauhe Wahrheit" als das Gemälde; so kniet der verlorene Sohn hier mit bloßen Füßen.

Im Vergleich mit Uhdes *Abendmahl* von 1886 erscheint der „proletarische Realismus" im Wernigeroder Liebesmahlbild wegen der Stilisierungen stark zurückgenommen, vor allen Dingen wegen der eingeschränkten Milieuschilderung (nur der Bretterfußboden gibt eine Umgebungsandeutung) und der zum Teil fast idyllisch im Ludwig-Richter-Stil geschönten „Sünder"-Gesichter insbesondere der rechten Bildseite.[758] Steinhausens Darstellung einer gemeinsamen Mahlzeit Christi mit den „Mühseligen und Beladenen" ist weit davon entfernt, die Übertragung des neutestamentlichen „Kommunismus der Konsumtion" (Kautsky) auf die moderne Zeit zu veranschaulichen. In den proletarischen ersten Christengemeinden bildeten neben dem Unterstützungswesen bei Hilfsbedürftigkeit, Krankheit, Begräbnissen, Reisen usw. die gemeinsamen Mahlzeiten nach Kautsky „den festen Kitt (...), der ihre Massen dauernd zusammenhielt".[759] Diese Mahlzeiten dienten in erster Linie der kommunistisch organisierten Befriedigung der Nahrungsbedürfnisse, in zweiter Linie der alltäglichen und in dritter der religiösen Kommunikation. Bei Abendmahlsfeiern mochte der religiöse Aspekt der Herstellung einer Teilhabe am Göttlichen betont sein, ohne daß der soziale Aspekt so weit in den Hintergrund trat wie in der modernen Form der Abendmahlsfeier ohne gemeinsamen Eßtisch und mit der Einnahme nur einer Oblate und eines Schluckes Wein. Wilhelm Weitling erhebt in seinem *Evangelium eines armen Sünders* (1845/1846) die Forderung nach einer radikalen proletarischen Säkularisierung der Abendmahlsfeier: „i.*Das Liebesmahl*. Das ist es jetzt freilich nicht mehr! Aber Geduld ihr armen Sünder, es muß wieder eins werden. Die reich besetzten Tafeln mit den Osterbraten, dem Wein und Brod müssen wieder her, die wollen wir nach gethaner Arbeit mit Weibern

Abb. 224 Wilhelm Steinhausen: Dieser nimmt die Sünder auf und isset mit ihnen, 1892

und Kindern einnehmen. Lazarusse, die an den Tischen der Reichen mit hungrigen Mägen die herabfallenden Brocken aufsammeln, darf es bei keinem Liebesmahle mehr haben! Ah! Ihr modernen Christen, Ihr speist uns mit Brodbrocken und Oblaten ab, und wehret uns mit Euch in die Schüsseln zu tunken, aus welchen Eure Osterbraten dampfen; Ihr lasset uns den Wein kaum kosten oder gebt uns gar keinen mehr, während er Euch daheim in Euren vier Pfählen recht gut schmeckt. Das ist eine gute Manier, mit der christlichen Gemeinschaft eine Komödie zu spielen und seinen armen Christenbrüdern den Schein des Liebesmahles anstatt der Wirklichkeit desselben zu geben."[760] Zwei Momente kennzeichnen die Weitlingsche Liebesmahlvorstellung, einerseits die Forderung nach Wiedereinführung eines unentfremdeten, kommunistischen Festmahls, das der Sättigung und dem gemeinschaftlichen Sinnengenuß dient, andererseits die Forderung nach einer Aufhebung des Unterschieds von Arm und Reich im Genuß der Mahlzeiten. Der Weitlingsche Kommunismus der Konsumtion muß dabei im Unterschied zum urchristlichen als Bestandteil eines allgemeinen Kommunismus gesellschaftlicher Aktivitäten gerade auch der Produktion begriffen werden.

Steinhausens Darstellung des „Sünder"-Mahls mit dem Gastgenossen Christus zeigt nun keinerlei urchristlich-kommunistisches Gemeinschaftsessen; zwar gibt es auf dem stark verkürzten Tisch wenige Teller mit Speise und einen halben Brotlaib, doch keiner der „Armen und Elenden" führt etwa einen Bissen zum Mund, stillt seinen Durst oder plaudert genießend mit dem Nachbarn. Die Anwesenden bilden nicht einmal eine kommunikative Tafelgemeinschaft wie in der Abendmahlsdarstellung Uhdes; einige stehen mit andächtig gesenkten Köpfen hinter den Sitzenden, die Frau an der linken Bildseite, die den Arm ihres Mannes hält und ihren Kopf kummervoll daran lehnt, hockt auf dem Boden, der Mann selbst stützt das Gesicht bedrückt auf die Hand, der verlorene Sohn kniet vor dem Tisch und birgt demütig den Kopf in seinen Armen auf der Tischplatte, die Frau mit dem Kleinkind auf ihrem Arm und ein Mann an der rechten Bildseite stehen mit betend geneigten Köpfen dicht am Tisch, einige haben die Hände gefaltet und blicken auf Christus, andere starren versunken vor sich hin. Thematisiert sind in der Darstellung der „Sünder" zum einen deren Betroffenheit durch Mühsal, Not, Leid, zum anderen ihre fromme Andacht und ihre Anbetung Christi; offenbar kommt es dem Künstler vor allen Dingen darauf an, das Gefühl dieser Menschen für die Göttlichkeit des Heilands zu verdeutlichen, für seine solidarische Nächstenliebe, die sich allen Vorurteilen zum Trotz gerade den „Mühseligen und Beladenen" zuwendet, für seine Bereitschaft, die „Sünden" zu verstehen und zu vergeben. Christus erscheint nicht so sehr als Gastgenosse, der mit den übrigen die aufgetischten Speisen genießt, sondern in erster Linie als kultisch die Arme öffnender Heiland, dem es zunächst um die Mitteilung der göttlichen Liebe und die Erweckung der religiösen Gläubigkeit der „Sünder" geht. Diese spirituelle Heilsbringerrolle wird durch die kompositorische Vereinzelung, die hieratische Haltung und nazarenische Zeitentrücktheit des Antlitzes und der Kleidung Christi betont. Der Gestus der Hände ist als ein bereitschaftliches Öffnen zu verstehen, das gerade auch dem verlorenen Sohn gilt. Wegen der Zurückdrängung aller realistischen Bezüge, die auf ein Gemeinschaftsessen deuten könnten, erscheint der dargestellte Tisch nicht als Eßtisch sondern als altarhafte Kulttafel.

Das Wernigeroder Wandbild des Protestanten Steinhausen veranschaulicht ebensowenig wie die Abendmahlsbilder Gebhardts und Uhdes kommunistische Ideen. Die Deutung Lübbeckes, es handle sich um ein Dokument des im 19. Jahrhundert neu erwachten sozialen Idealismus, der sich auf die Liebestätigkeit des Menschen Jesus gründe, trifft zu, wenn man den Begriff des sozialen Idealismus etwa im Sinne von Johann Heinrich Wicherns (1801 - 1881) christlichem Sozialismus der Inneren Mission auffaßt. Der Kirchenhistoriker Karl Kupisch schreibt über Wicherns Vorstellungen: „Wicherns Liebe galt den Armen schlechthin, d.h. allen in Not Befindlichen: Lahmen und Blinden, Hungernden, Unbekleideten, Gefangenen, wie sie im Evangelium auch genannt werden. Und er sah, daß die äußeren Lebensumstände auch auf das religiöse Leben zurückwirken. So war seine Hilfe immer zugleich Seelsorge, d.h. Zurückführung zum Glauben an Gott. Die 'Wohltätigkeit', so schrieb er einmal, 'die von der Inneren Mission in des Herrn Namen geübt wird, ist in keinem Falle ihr eigentlicher Zweck ... Die Innere Mission hat zu ihrem Zwecke die Rettung des evangelischen Volkes aus seiner geistigen und leiblichen Not durch die Verkündung des Evangeliums und die brüderliche Handreichung der christlichen Liebe'."[761] Oberstes Ziel der Inneren Mission Wicherns, die sich bei ihrer materiellen und geistlichen Hilfs- und Unterstützungstätigkeit besonders ausgebildeter Laienhelfer (Diakone) bediente, war also die Rückführung der zumeist unkirchlichen Proletarier, deren Lage als Folge der Erbsünde, sündiger Verfehlungen oder eines bösen Schicksals galt, zum protestantischen Glauben an Gott. Der Heiland Steinhausens kann nun in seiner Liebe zu den „Armen und Elenden", in der Art, wie er das gemeinsame Mahl für die geistliche Einwirkung nutzt, als Ur- und Vorbild des christlichen Sozialismus begriffen werden.

Die bildkünstlerische Thematik, Christus an der Mahlzeit moderner „Proletarier" teilnehmen zu lassen, geht auf Fritz von Uhdes Gemälde *Komm Herr Jesus, sei unser Gast* (1885, Abb. 225)[762] zurück, das auf der Berliner Jubiläums-Kunstausstellung 1886 zusammen mit den beiden anderen Bildern Uhdes *Lasset die Kindlein zu mir kommen* (1884, Abb. 217) und *Das Abendmahl* (1886, Abb. 214) ausgestellt war und im gleichen Jahr von der Nationalgalerie in Berlin angekauft wurde.[763] Das erfolgreiche Bild erhielt 1888 in Wien die I. Medaille.[764]

Während Steinhausens Wandgemälde *Dieser nimmt die Sünder an und isset mit ihnen*, das ja eine Evangelienstelle (Luk. 15) interpretiert, deutlich stilisiert ist und den Heiland in Form der Abendmahlsdarstellung Leonardos am Tisch sitzend zeigt, wird Christus in Uhdes „naturalistischem" Ölbild *Komm Herr Jesus, sei unser Gast* von einer holländischen Proletarierfamilie zu Tisch gebeten, ein völlig neuartiges und unbiblisches Darstellungmotiv.

Wie auch das *Abendmahl* wurde dieses Werk Uhdes in der Rezension des *Christlichen Kunstblattes* über die Berliner Jubiläumsausstellung von 1886 scharf angegriffen. Insbesondere der Christus, laut Rezensent „von dem wenig Vertrauen erregenden Hausherrn mit höchst linkischer Geberde auf den Ehrenplatz gewiesen", bildete das bevorzugte Ziel der negativen Kritik: „Christus spricht uns am wenigsten zum Herzen. In blaugrauem, langem Gewande, den blassen Lichtschein über dem Haupte, sehen wir die Gestalt dem Tische zuschreiten und segnend die Rechte erheben. Das abgemagerte bleiche Antlitz, von dünnem, schlichtem Haar und Bart umgeben, mit den tiefliegenden Augen, der etwas großen Nase, dem zurücktretenden Kinn und Mund und dem schmalen Lippenbart darüber besitzt auch nicht einen kleinsten Zug von Hoheit und Seelenadel. Nur ausgesprochen körperliches Leiden herrscht in der ganzen matten, hinfälligen und schwindsüchtigen Gestalt, welche unser tiefstes Mitleid herausfordert."[765] Sicher kam es dem oppositionell eingestellten Uhde nicht darauf an, dem Antlitz Christi „Hoheit und Seelenadel" zu verleihen. Dennoch erscheint es im Vergleich zu dem schlichten Gesicht des Jesus aus *Lasset die Kindlein zu mir kommen* durch die stärkeren Licht-Schattenkontraste, tieferliegenden dunklen Augen und ausdruckssteigernd modellierte Schläfen- und Wangenpartie vergeistigt, ja religiös dämonisiert. Das Gewand stimmt vom Schnitt her weitgehend mit dem des Kindleinbild-Jesus überein, besitzt jedoch auch wegen des Stehens der Figur eine einfachere, ja deprägnant-informellere Faltenführung. Was Otto Julius Bierbaum in seiner Uhde-Monographie von 1893 über die Jesustracht des Kindleinbildes schreiben konnte, trifft daher verstärkt ebenfalls auf die des Tischgebetsbildes zu: „Seine Tracht ist das lange, faltenarm von den Schultern bis tief auf die Füße fließende Aermelgewand, das wir auch auf den konventionellen Christusbildern zu sehen gewohnt sind, nur daß es werkeltätiger aussieht, wie das Gewand eines armen Rabbi, nicht eines wohldotierten Meßpriesters."[766] Die proletarische Ärmlichkeit der Kleidung Christi wird im Vergleich zur faltenreich wallenden, zwischen nazarenischer Klassizität (vgl. den Heiland des Abendmahlsbildes aus der Bilderbibel Schnorrs von Carolsfeld, Abb. 226) und Orient-Realismus schwankenden Gewandung des Wundertäters in Gebhard Fugels Gemälde *Jesus heilt Kranke* (1885, Abb. 219) besonders deutlich. Die das karge Mahl segnende innige Handgeste des Uhdeschen Jesus und sein bloßer Fuß wirken gegenüber dem pathetischen Agieren des Fugelschen Helden-Christus und seinem „schönen" Sandalenfuß geradezu wohltuend „simpel".

Gelobt wird von Hermann Lücke, dem Verfasser eines Aufsatzes über Uhde in der *Zeitschrift für Bildende Kunst* (1887) die unverbildete Natürlichkeit, Echtheit der Personendarstellung im Tischgebetsbild: „In der Wohnung eines armen Handwerkers hat sich die Familie zum Mittagessen versammelt und das Tischgebet soll gesprochen werden, als

210

Abb. 225 Fritz von Uhde: Komm, Herr Jesus, sei unser Gast, 1885

Abb. 226 Julius Schnorr von Carolsfeld: Die Einsetzung des heiligen Abendmahls, 1860

Christus hereintritt (...). Er macht auch hier nicht den Eindruck einer Wundererscheinung, sein Eintreten ruft kein Befremden, kein Staunen hervor. Der Handwerker begrüßt ihn mit einer ehrfurchtsvollen, in der Unbeholfenheit sehr charakteristischen Geberde; die übrigen Figuren, deren Blicke sich dem Eintretenden zuwenden, sind im Charakter, in der stillen, wenig lebhaften Art des Ausdruckes kaum minder echt."[767] Ähnlich positiv drückt sich Otto Julius Bierbaum (1893) aus: „Wie sie hier mit ihm am kargen Mittagstisch stehen, teils den Kopf gesenkt, teils das Auge auf ihn gerichtet, – 'Aller Augen warten auf Dich, o Herr' – kindlich die Hände gefaltet im Banne des Gebets, dessen Segen er dem geringen Mahle spricht. Es ist eine heilige Feier in dem ärmlichen Raume, über diesen armen Leuten. Aber auch hier ohne jedes Pathos, ohne eine Spur von Steifheit. Wieder keine Scene, sondern ein Stück Leben."[768] Im scharfen Widerspruch zu diesen Äußerungen, die das Streben der modernen Malerei Uhdes nach „proletarischer Wahrheit" zu verstehen und zu verteidigen suchen, urteilt der „idealistisch" eingestellte Rezensent des *Christlichen Kunstblattes:* „Wohl ist Streben nach Inhalt nicht zu verkennen, aber die gewählte Form ist es, die so abstoßend wirkt. Warum ist die Gottheit in der Christusfigur so gar nicht betont? Warum muß dieser Tischler den Stempel der gemeinen Niedrigkeit so sehr zur Schau tragen? Warum ist alles so nüchtern, zufällig und so unkünstlerisch aufgebaut, so gedankenlos der Natur nachgemalt? Ist da, um ein Beispiel anzuführen, der halbe Kopf der Großmutter jenseits des Tisches, deren Körper vollständig von der jungen Frau diesseits verdeckt wird, noch nötig? u.s.w. – All dies läßt das im Grunde gewiß ganz ehrlich gemeinte Werk so nichtig und abstoßend erscheinen, das trotz alledem für so bedeutend gehalten wurde, daß es vom Staate angekauft worden ist."⁷⁶⁹ Speziell die Gestaltungstechnik der Gegenlicht-Hellmalerei und der zentralprojektiven Ecksicht wird von diesem Kritiker gerügt: „So helles, bis in die entferntesten Ecken des Zimmers dringendes Licht, so helle Reflexe auf Gesichtern, Armen, Händen und Geräten sind bei dem Fehlen heller Stoffe und bei dem einzigen, mäßigen Fenster nicht gut möglich und eben nur der Sucht nach Lichtmalerei zuzuschreiben. Recht unkünstlerisch berührt ferner die bedeutende perspektivische Verzerrung des Raumes, der Geräte und Personen in ihm. So wahr die Zeichnung ist, so unwahr wirkt sie infolge des zu nah gewählten Standpunkts und der sklavischen Nachzeichnung der Wirklichkeit. Das Ergebnis eingehender Betrachtung des Bildes ist der Eindruck einer ziemlichen Leere, die uns gleichgültig läßt, mit einem Gemisch von Ärgernis, nicht über das 'Was', sondern über das 'Wie'."⁷⁷⁰

Eindringlich hebt dagegen ein anonymer Rezensent der Berliner Jubiläumsausstellung von 1886 in den *Preußischen Jahrbüchern* die oppositionelle Kunst Uhdes gegen den traditionellen Idealismus und den „archäologischen Realismus" der biblischen Orientmalerei ab: „Wir sind nun einmal alle den historischen Flitter und das archäologische Beiwerk so sehr gewöhnt, daß wir für den eigentlichen Kern eines Kunstwerkes keinen Sinn mehr haben! Unser Auge ist an der Betrachtung der antiken Statuen gebildet; wir haben namentlich die oberflächliche Schönheit römischer Dutzendkopien nach griechischen Kunstwerken so sehr in uns aufgenommen, daß wir selbst die Darstellung christlicher und biblischer Motive in diese hohlen, kalten Formen eingekleidet wissen wollen. Stehen aber nicht die Gestalten und die Empfindung, die uns in Uhde's Bildern entgegentreten, dem Geiste der Bibel und den Zielen der Stifter unserer Religion unendlich viel näher als die leeren Zierpuppen der schwächlichen Epigonen von Overbeck und Veit, deren Werke zum Vergleich in nächster Nähe hängen? Wenn wir jetzt bei einer Reihe von Künstlern, unter denen Fritz von Uhde am klarsten und tiefsten die Aufgabe erfaßt, das Bestreben darauf gerichtet sehen, das religiöse Empfinden im Volk und aus dem Volk heraus zur malerischen Anschauung zu bringen, so ist diese Richtung gewiß eine spontane und naive."⁷⁷¹ Eine Gesamteinschätzung der Uhdeschen Bildkunst, die er als Teil jener auch von Liebermann, Walther Firle und Gotthard Kuehl mitvertretenen Richtung der modernen Malerei begreift, versucht dieser Rezensent der *Preußischen Jahrbücher*, indem er Uhde mit Rembrandt vergleicht: „Wie unsere sociale und religiöse Bewegung, so hat auch diese Richtung der Kunst ihre Vorgängerin im siebzehnten Jahrhundert in Holland, namentlich in Rembrandt. Rembrandt's Bedeutung beruht vornehmlich darin, daß er die ewigen Wahrheiten, den allgemein menschlichen Inhalt der Bibel seinem Volke anschaulich gemacht und zu Herzen geführt hat, indem er Jesus Christus gewissermaßen in sein holländisches Volk einführt, sein Leben und Sterben inmitten dieses Volkes durch seine Gemälde und Radirungen zur Anschauung bringt. Wie Uhde dem Rembrandt in der Auffassung und Empfindung nahe steht, so haben beide Künstler auch in den malerischen Mitteln, durch die sie uns mit der häßlichen Wirklichkeit aussöhnen und über sie erheben, nahe Verwandtschaft. Diese Mittel gipfeln in der Entwicklung von Licht und Helldunkel; in dem einschmeichelnden Zauber des Sonnenlichts, das die Innenräume ihrer Bilder durchleuchtet und belebt. In den Strahlen der Sonne und in ihren mannigfachen Reflexen sind die Figuren von Licht ganz umflossen, dessen heller Schein uns die Herzen der Menschen, auch wenn ihre Außenseite noch so rauh ist, so leicht aufschließt, wie uns das Herz aufgeht, wenn wir in den hellen Sonnenschein hinaustreten."⁷⁷²

Der Rezensent der *Preußischen Jahrbücher* entwickelt also seinen Rembrandt-Vergleich in Richtung auf eine liberale Theorie der ästhetischen Versöhnung des Betrachters einerseits mit den ewigen Wahrheiten und allgemeinen Inhalten der Bibel, die in der modernen Bildkunst Uhdes rembrandthaft vermenschlicht und dem schlichten Empfinden des „Volkes" näher gebracht erscheinen, andererseits mit der „häßlichen Wirklichkeit", die durch die rembrandthafte Lichtgestaltung poetisch verklärt wird. Im tendenziellen Gegensatz zu dieser Versöhnungsperspektive streicht Franz Reber in seinem Artikel über Uhde (1886) der *Kunst für Alle* den Kontrast des Uhdeschen Tischgebets-Christus zu der modernen proletarischen Lebenswelt heraus: „Der Tischler macht mit etwas linkischer Verbeugung eben seine Einladung an den eintretenden Heiland, welcher den Anachronismus gegen die sonst bis auf die Petroleumhängelampe festgehaltene Modernität außer dem Apostelgewande auch noch durch den Nimbus fühlbar macht."⁷⁷³ Franz Reber bedenkt in dieser Kritik jedoch nicht die durchaus *proletarischen* Züge der Jesusfigur Uhdes, die mit der traditionellen, sowohl nazarenisch-idealistischen als auch orientrealistischen Auffassung der Heilandsdarstellung im Widerstreit stehen. So kommt die Versöhnungsinterpretation des Rezensenten der *Preußischen Jahrbücher* der Bildwirklichkeit am nächsten. Einerseits adelt der „göttliche" Heiland die Welt der Armen und Elenden durch seine solidarische Anwesenheit. Versöhnend wirkt selbstverständlich auch die Gegenlichtgestaltung, die bis zu einem gewissen Grade die Szene poetisiert, deren oppositionell-empirischer Aspekt jedoch letztlich bestimmend bleibt. Andererseits vereint der Jesus Uhdes proletarische Züge mit den spirituellen eines „höheren Daseins", so daß er in gewissem Sinne allerdings als Gegenfigur der Proletarier zu erscheinen vermag. Versucht man die rein menschliche Eigenart dieses Heilands und mögliche Sozialisation seines „höheren Daseins" zu bestimmen, könnte man wohl eine Spielart des bürgerlichen Intellektuellen in Betracht ziehen, der hier in der Verkleidung einer altertümelnden Christustracht auftritt. Und zwar wäre es eine Art religiös spekulierenden Weltverbesserers, der dem „reinen" Drang seiner Wahrheits- und Nächstenliebe gehorchte und seine Lehre zunächst den „Mühseligen und Beladenen" zuteilwerden ließe. Wenn nun der bürgerliche Künstler Uhde im Kampf gegen die traditionellen Inhalte und Gestaltungsweisen der christlichen Bildkunst einen neuen Weg der Wahrheit einschlug und die weithin verdrängte Welt der Proletarier „voller Nächstenliebe" darstellerisch erschloß, mochte er selber in seiner Christusfigur mitverkörpert erscheinen. Die bürgerlichen Zeitgenossen wiederum konnte dieser Heiland als bildkünstlerischer Psychopompos in die Niederungen der proletarischen Lebenswelt schonungsvoll einführen.

Uhde hat in einer anderen Fassung des Tischgebetsthemas versucht, seinen Jesus noch stärker zu „vermenschlichen", indem er ihn als prätentiöse Rückenfigur zeigte und die Maltechnik weiter auflockerte. Fritz von Ostini zog in seiner Uhde-Monographie von 1902 diese Neufassung der älteren vor: „Vielleicht kann man auch sagen, daß die Gestalt Christi überhaupt hier nicht ganz frei ist von bewußt erscheinender, schöner Gebärde und darum mag manchem die zweite, kleinere Fassung lieber sein, welche unter dem Titel 'Das Tischgebet' bekannt ist. Der Raum ist hier ein kleiner, die Arbeiterfamilie, aus ebensoviel Köpfen bestehend wie im ersten Bilde, knapper zusammengerückt. Christus steht schon am Tische und segnet die Speisen, die Figuren stehen größer im Raume und näher am Beschauer, das Ganze wirkt familiärer, traulicher, intimer."[774] Doch auch in der Neufassung verzichtete der Künstler nicht auf das lange Jesusgewand, die „fromme" Haar- und Barttracht sowie den Nimbus seiner Hauptfigur. Das Dilemma des Uhdeschen Christus besteht darin, daß er trotz aller proletarischen Züge letztlich nicht befriedigend in die dargestellte proletarische Lebenswelt integriert erscheint. Nur eine entschiedene soziale und politische Säkularisierung könnte dies zeitgemäß leisten: In der Darstellung eines „Christus", der als revolutionärer sozialdemokratischer Agitator auftritt, könnten die idealistischen Tendenzen der Gestalt des bürgerlichen Intellektuellen aufgehoben sein. Doch in diesem Falle wäre die Frage zu stellen: Wozu denn überhaupt noch das „religiöse Schibboleth" der Verkleidung als „Christus"? – Vincent van Gogh, der Uhdes *Lasset die Kindlein zu mir kommen* von einer Reproduktion her kannte, kritisierte vor allen Dingen die „mystische Christusgestalt": „Ja, ich finde es schön, aber etwas Neues ist es nicht. Interieurs in hellem Ton mit Bauernkindern *ohne* mystische Christusgestalt, wie Israels, wie Arzt sie malen, gefallen mir besser als dies, wo man einen mystischen Christus als Zugabe kriegt."[775]

Adolf Rosenberg, der sich in seiner Besprechung der Berliner Jubiläumskunstausstellung von 1886 (*Zeitschrift für Bildende Kunst*) auch mit Uhdes Exponaten beschäftigte, warnte vor der äußersten Konsequenz einer beliebigen Übertragung der Person Christi in die moderne Gegenwart, „da wir alsdann eines Tages gewärtig sein müßten, den Heiland der Welt bei einem Kindtaufschmaus oder einem Hochzeitstanz oder einem Toast auf die Braut zu begrüßen."[776] Eine solche Verflachung der Uhdeschen Christuskonzeption trat aber nicht ein, da die Genremalerei durch die beginnenden Umwälzungen der Moderne bereits in eine Krise geraten war und von der Einführung der Jesusfigur in Konkurrenz zu der sich durchsetzenden religiösen Kunst Uhdes keinerlei Auftrieb zu erwarten hatte. Allerdings wurde das Uhdesche Motiv des Tischgebets einer armen Familie mit dem segnend auftretenden Christus in der massenhaften Öldruckfabrikation kommerziell verwertet, wie Wolfgang Brückner in seinem Buch *Elfenreigen und Hochzeitstraum. Die Öldruckfabrikation 1880 - 1940* (1974) gezeigt hat.[777] Das Wesen der Trivialisierung beispielsweise in der von Brückner abgebildeten „nichtfarbigen Chromolithographie, vor 1892" (Abb. 227) besteht darin, daß die fast bedrängende Nahsicht des Uhdeschen Tischgebetsbildes zugunsten einer auch linearperspektivisch entschärften „gefälligen" Distanz aufgehoben, daß eine glättende Vereinfachung in der Darstellung der Personen und Gegenstände vorgenommen und die proletarische Menschen- und Milieuschilderung Uhdes durch eine von sozialem Konfliktstoff gereinigte ersetzt wurde. Der

Abb. 227 Anonym: Komm, Herr Jesu, sei unser Gast, vor 1892

süßlich-epigonale Nazarenerjesus mit der „schönen" Aura, dem das adrette Mädchen artig einen Polsterstuhl zurechtrückt, tritt hier in einen schlichten, friedvollen Familienkreis, der die Generationen beschaulich vereint. Segnend bestärkt der liebe Heiland des vorbetenden Vaters patriarchalische Autorität, der sich alle Familienmitglieder bis zum niedlichen Kleinkind fügen. Dagegen zeigen bei Uhde Erwachsene und Kinder individuell völlig verschiedene, selbständige Reaktionen; mit natürlichem Verlangen sieht das Jüngste über den Tischrand zur Suppenschüssel, ohne Christus, den „heiligen Gast", zu beachten. In der Chromolithographie prägen Sauberkeit, Wohlgeordnetheit, Gediegenheit Menschen, Kleidung, Mobiliar; selbst der bildungsbürgerliche Wandschmuck fehlt nicht. Hübsch dampft die Suppe neben dem appetitlichen Brotlaib auf dem reinlichen Fransentischtuch. Das Mittagessen erscheint hier als eine fast äußerliche Zeremonie der idyllisch-häuslichen Frömmigkeit. Für Uhdes Proletarier dagegen ist das karge Mittagessen der notwendige Bestandteil eines arbeitsreichen Tagesablaufs; ihre Frömmigkeit ist existentiell verwurzelt. Während Uhde sich bemüht, alle Gestaltungsmittel zur Erzeugung rauher „Naturwahrheit" einzusetzen, wirken in der Chromolithographie alle Gestaltungsmittel zur Erzeugung einer kitschhaftsentimentalen Harmonie zusammen.

Die Reihe einer Abstufung vom relativ stillagenhohen Gebhardtschen *Abendmahl* von 1870 über das Uhdesche von 1886 bis zu Uhdes relativ stillagenniederem *Komm Herr Jesus, sei unser Gast* könnte ein Gemälde von Max Liebermann abschließen, das ebenfalls auf der Berliner Jubiläumsausstellung von 1886 gezeigt wurde: *Das Tischgebet* (Abb. 228). Der Stillagenabstufung dieser Bilderreihe entspricht eine „Säkularabstufung": der sakrale Gehalt der Gemälde vermindert sich zugunsten einer Verstärkung realistischer Momente bis hin zu Liebermanns *Tischgebet*, in dem die „mystische Christusgestalt" (van Gogh) fehlt. Der Berliner Kritiker Emil Heilbut, der unter dem Pseudonym „Herman Helferich" schrieb, bezeichnete das *Tischgebet* Liebermanns als bloßes „Genrebild", räumte ihm jedoch eine tiefe religiöse Wirkung ein: „Das Interieur selbst, der große runde Tisch mit dem Gericht darauf, die Rohrstühle, die Typen, sie finden sich zum zweiten Mal in dem 'Tischgebet' von Max Lie-

Abb. 228 Max Liebermann: Das Tischgebet, 1886

Abb. 229 Jozef Israëls: Mittagessen in einer Bauernstube zu Karlshaven bei Delden, 1885

bermann, welches nur ein Genrebild ist, wieder. Und ich mache eine eigenthümliche Beobachtung: es wirkt fast intim religiös. Das Interieur geht nach hinten zu in einen stallartigen Raum über, mit Kühen an der Krippe. Liebermann hätte hier sicher die Geburt Christi vor sich gehen lassen, wenn er sie gemalt hätte. Er hat sie nicht gemalt, der Raum ist leer, und mir ist doch zu Muthe wie wenn sie nur fortgelassen wäre."[778] Offenbar barg das Gemälde für Heilbut eine Art natürlich-echter Religiosität, die er eng mit dem dargestellten bäuerlichen Lebensbereich verknüpft sah. In der Konzeption mag Max Liebermann von dem Ölbild *Mittagessen in einer Bauernstube zu Karlshaven bei Delden* (1885, Abb. 229) von Jozef Israëls[779] beeinflußt worden sein, den er 1881 auf einer Ausstellung in Den Haag kennengelernt hatte und mit dem er bis zu dessen Tode befreundet blieb.[780]

Abgesehen von dem Fehlen der Jesusfigur unterscheidet sich das *Tischgebet* Liebermanns in weiteren Punkten erheblich von dem nur wenig kleineren Uhdeschen *Komm Herr Jesus, sei unser Gast*. Zunächst fällt die sehr viel größere Distanz und einheitlichere räumliche Komposition der Personengruppe im *Tischgebet* auf. Während Uhde durch die Vordergrundfigur der suppeauftragenden Frau in die vielfältig gegliederte Szene einzuführen und das Interesse durch erzählerische Handlungseinzelheiten wachzuhalten sucht, gibt Liebermann seine Bauernfamilie bis auf die abseits sitzende Großmutter geschlossen und in strenger Gliederung. Erwachsene und Kinder bilden am Rundtisch zwei klar geschiedene Gruppen. Fast statuarisch steif stehen der vorbetende Großvater, der junge Bauer und seine Frau zur Rechten, das ältere Geschwisterpaar neben dem Jüngsten in seinem Eßstühlchen zur Linken. Ähnlich starr ist die Haltung der Altbäuerin, deren Körper die rechtwinklige Form des Lehnstuhles im Sitzen nachzuvollziehen scheint.

Eine etwas schwerfällige Schlichtheit prägt diese bäuerlichen Menschen und gibt ihrem Verhalten innere Glaubwürdigkeit. Anders als in Uhdes Tischgebetsbild scheinen jedoch Spannungen die Gemeinschaft zu trüben. Der Altbauer, der den Standpunkt des Herkommens vertritt, hat den Kopf geneigt und die herabhängenden Hände andächtig vereinigt. So fromm-versunken wie er richtet die Großmutter ihren Blick zu Boden und faltet die erhobenen Hände. An den Großeltern orientiert sich der Junge, der die Hände wie die Altbäuerin hält und auf den Großvater sieht. Indessen steht der Jungbauer mit finsterer Miene steif neben seinem Vater und hat die Hände in die Hosentaschen gesteckt, so als wünsche er die ganze Betzeremonie zum Teufel. Das fast trotzig blickende Mädchen, das auf seinen Vater fixiert zu sein scheint, läßt die Arme steif herabhängen. Das Jüngste ist wie das Uhdesche mit seinen Gedanken schon ganz bei dem aufgetragenen Gericht. Eine vermittelnde Stellung mag die Jungbäuerin einnehmen, die ihre Hände nur locker und wenig überzeugend zum Gebet zusammenlegt und ihren Sohn ansieht.

Die große Kartoffelschüssel in der Tischmitte rückt stärker als bei Uhde das Thema der Mahlzeit in den Blickpunkt. Links befindet sich die offene Feuerstelle in dieser ärmlichen, altertümlichen Bauerndiele. Ein Teekessel an der Aufhängevorrichtung wird über dem großen, auf dem Feuer stehenden Futterbottich warmgehalten. Birkenholzscheite liegen am Boden neben weiteren Kochgefäßen. Der Arbeitsbereich der „Küche" bildet mit dem „Eßzimmer" und dem Stall eine räumliche Einheit. Hinten wird das Vieh gefüttert und getränkt. Zum Heuboden führt links eine Leiter empor. Ganz rechts befindet sich neben Geschirr-Regalen die Tür zum Zimmer eines Knechtes oder einer Magd. Anders als bei Uhde, der zwar auch das ärmliche Zimmer seiner Proletarierfamilie beschreibt, jedoch die Menschen völlig das Bild beherrschen läßt, ist Liebermanns Bauerngroßfamilie durch das weiträumige, mit großer Sachkenntnis geschilderte Wohn- und Arbeitsmilieu bestimmt. In ihrer spröden Einfachheit, die mit der gebrauchsorientierten Kargheit aber auch Ärmlichkeit der Gerätschaften und Möbel übereinstimmt, widersetzen sich die Personen einem raschen Zugriff des Betrachters. Während Uhde zur Teilhabe am Bildgeschehen auffordert, präsentiert Liebermann seine Szene mit der kühlen Objektivität des distanzierten Beobachters, der ein Stück Realität wissenschaftlich exakt zu beschreiben hat.

Das Tischgebet wird vom Künstler nicht so sehr als religiöse Zeremonie, sondern gewissermaßen volkskundlich als patriarchalisches Brauchtum aufgefaßt, das jedoch nicht mehr mit glatter Selbstverständlichkeit funktioniert. Leidenschaftslos beschreibt Liebermann die für Städter fremde Welt eines noch weitgehend unentfremdeten Zusammenhangs verschiedener menschlicher Wohn- und Tätigkeitsbereiche. Mittagessen und Tischgebet werden als notwendiger Bestandteil des Tagesablaufs begriffen. Die Milieuschilderung verdeutlicht, daß sich das ländliche Leben anders als das urbane auf einer naturnäheren, primitiveren Stufe vollzieht. Doch wird vom Künstler nicht verschwiegen, daß Armut diese Menschen zu einem harten Existenzkampf und einer vielfach rückständigen, beschränkten Lebensweise zwingt. Aus dem eingelösten Anspruch, das Dasein armer Bauern wahrheitsgetreu und exemplarisch zu gestalten, ergibt sich die Monumentalität des Gemäldes. Durch „rauhe" Sachlichkeit der Darstellung und vielfältige Verweise auf die existenzsichernde Arbeitstätigkeit der Menschen (beispielsweise auch in ihrer Kleidung) wird jede Art von Sentimentalität vermieden.

Dagegen zeigt das sehr viel kleinere und anspruchslosere *Tischgebet* (1875, Abb. 230) von Franz Defregger eine hübsche Idylle des Landlebens. Die gediegen gemalte Anekdote

Abb. 230 Franz von Defregger: Tischgebet, 1875

erzählt, wie die Bäuerin ihr Jüngstes das Händefalten beim Mittagsgebet lehrt und wie die übrigen Kleinen, teils ernsthaft, teils lächelnd mittun. Auch die stehende niedliche Magd lächelt und legt vorbildlich die erhobenen Hände zusammen. Selbst der Hund, der bei Liebermann unter dem Tisch verschwindet, merkt auf, und nur die dummen Hühner fahren fort zu picken. Verhaltener Humor und das poetisch verklärende Helldunkel des illusionistischen Verismus und „Akademismus" prägen dies „entzückende" Genrestückchen.[781]

In dem Gemälde *Ostfriesische Bauern beim Tischgebet* (1890, Abb. 231) verzichtete Liebermann auf die Monumentalität des *Tischgebets* von 1886, rückte von der Darstellung einer patriarchalischen Großfamilie ab und verstärkte die realistischen Momente der Bildgestaltung. Mit Recht konnte Mathias Eberle im Katalog der Liebermann-Ausstellung, die von der Westberliner Nationalgalerie 1979 veranstaltet wurde, schreiben: „In der ersten Version stehen die Erwachsenen andächtig um den Tisch herum, hier sitzen sie ausgebrannt und sehr erschöpft auf ihren Stühlen: diese Bauern hatten einen schweren Tag, ihre Andacht könnte schlichte Erschöpfung sein. Der Raum scheint hier kleiner und dunkler zu sein und durch querliegende Bretter und Fugenlinien auf den Köpfen der Menschen zu lasten. Schließlich fehlen die wohnlichen Accessoires des früheren Bildes, die Töpfe, Regale, der bequeme Armstuhl der Großmutter. Das Interieur wirkt dadurch ärmlicher, die Menschen gedrückter, ohne erkennbaren inneren Zusammenhang. Sie sind Produkt ihres kargen Milieus, gezeichnet von Arbeit und Entbehrung. Auch hier nimmt Liebermann also seine Vorstellung von einer relativ heilen, patriarchalisch geprägten Form bäuerlicher Gemeinschaft zurück."[782] Sicher überlagert in dieser späteren, im Format kleineren Fassung des Tischgebetsthemas der soziale Aspekt des bäuerlichen Existenzkampfes völlig den religiösen. In der konsequenten Veranschaulichung der Lebenswirklichkeit der Handwerker, Bauern, Fischer, Arbeiter behauptete Liebermann eine Extremposition innerhalb der zeitgenössischen deutschen Moderne. Aus diesem Grund wurde der „freundlichere", stets religiös versöhnliche Uhde eine Zeitlang vom bürgerlichen Publikum dem „rauhen" Liebermann vorgezogen. Bezeichnenderweise schreibt Emil Heilbut (Herman Helferich) in seiner Rezension der Berliner Jubiläumsausstellung: „Liebermann ist ein merkwürdiger Künstler. Nicht mit dem gewöhnlichen Maßstab zu messen. Er ist ein Anreger. Er hat Uhde nachgezogen und ist nun von ihm, dem besseren Maler, übertroffen. Er hat früher ein religiöses Bild gemalt. Das wurde angefochten, und mit Recht, es war zu 'interessant' um mich milde auszudrücken, und von dem selben Bild ging doch die ganze Bewegung in der religiösen Malerei aus. Er ging nach Holland, er brachte die Ziegelsteinfußböden, die Rohrstühle, die Holzpantoffeln, die helle weißliche Beleuchtung als erster, er erfand Holland für die moderne Malerei, und Uhde, Hoecker, Claus Meyer bekamen den Beifall. Liebermann ist etwas wie ein deutsches Gegenstück zu Claude Lantier in Zola's Roman."[783] Übrigens vertraten die von Heilbut genannten Maler Paul Höcker (1854 - 1910) und der bekanntere Claus Meyer (1856 - 1919, Abb. 232) eine eher konventionelle Genremalerei, die sich stark an der holländischen Kunst des 17. Jahrhunderts orientierte. Die Darstellungen des Tischgebets im 19. Jahrhundert gehen auf Vorbilder der niederländischen Malerei des 17. Jahrhunderts zurück, ohne daß sich jeweils exakte Zuordnungen vornehmen ließen.[784] Schlichte protestantische Frömmigkeit beim Dankgebet im bäuerlichen Familienkreise zeigt zum Beispiel der aus Haarlem stammende Egbert van Heemskerck in seinem Holztafel-Gemälde *Tischgebet* aus dem Jahre 1665 (Abb. 233).

In seinem gewichtigen Photogravure-Band über die Münchener Jubliäums-Kunstausstellung von 1888 bildete der konservative Kunstschriftsteller Ludwig Pietsch auch ein

Abb. 231 Max Liebermann: Ostfriesische Bauern beim Tischgebet, 1890

Abb. 232 Claus Meyer: Die Würfelspieler, 1886

Abb. 233 Egbert van Heemskerck: Tischgebet, 1667

Abb. 234 Carl Kricheldorf: Das Tischgebet, 1888

Tischgebet (Abb. 234) des Malers Carl Kricheldorf aus München ab, der erstmals mit einem Werk auf einer Ausstellung vertreten war.[785] Das Gemälde zeigt in einfacher Frontalperspektive und klarer Gliederung eine bäuerliche Großfamilie, die harmonisch um den Eßtisch in der Diele versammelt ist und das von der Großmutter vorgelesene Gebet andächtig mitvollzieht. Pietsch charakterisiert treffend die sonntäglich-freundliche Stimmung dieser heilen Bauernwelt: „Das sonnige Tageslicht, welches durch das kleine Fenster neben der Thür des Hausflurs, der 'Diele', in diesem, der Familie des Ackerbürgers, ländlichen oder kleinstädtischen Handwerkers als Speisezimmer dienenden, Raum einfällt, erfüllt letzteres mit festlich heiterem Glanz und taucht noch jene Ecken und Winkel, in die es nicht eindringen kann, in goldiges Helldunkel. Das Gebet oder die Bibelstelle aber, welche die fromme Großmutter den um den Tisch versammelten Großen und Kleinen vorliest, ehe dieselben die Hände zum einfachen Mahl erheben, verbreiten auch durch die Seelen der Alten und der Kinder warmen Sonnenschein."[786] Im Unterschied zu den Tischgebetsbildern Uhdes und Liebermanns weckt das gegenlichtverklärte, wohlgeordnete Interieur mit dem schweren, von einem reinlichen Tuch bedeckten Tisch, den übrigen gediegenen Möbeln, der soliden Herdstelle links im Vordergrund und der fast herrschaftlichen Treppe den Eindruck einer gewissen Wohlhabenheit. Die bäuerlichen Gerätschaften, die schlichte Kleidung der Erwachsenen und Kinder, das einfache Mahl drücken nicht vertrauensvolle Duldung eines harten Schicksals sondern die ursprüngliche religiöse Bindung in der bäuerlichen Gemeinschaft aus. Dennoch wendet Pietsch, der das Interieur allerdings nicht eindeutig als *bäuerliches* zu identifizieren vermag, in einer geradezu klassischen Form die bürgerliche Theorie der bildkünstlerisch zu leistenden „ästhetischen Versöhnung" mit dem Dasein der „Mühseligen und Beladenen" auf das Kricheldorfsche *Tischgebet* an: „In der *modernsten* Kunst aller Völker dagegen (...) sehen wir den kleinen bescheidenen Existenzen, den von der Noth des Lebens bedrückten Volksklassen der städtischen und ländlichen Arbeiterbevölkerung, mehr noch als es einstmals seitens der alten Niederländer geschah, als Quellen der Bildstoffe und -Motive fast den Vorrang vor allen andern glücklicheren Gesellschaftsschichten eingeräumt werden. Durch wohl angewendetes und vertheiltes Licht und Helldunkel können, wie uns schon *Rembrandt, Ostade, Brouwer* und Andere gezeigt haben, auch die elendesten Höhlen mit dem reichsten und bestrickendsten koloristischen Zauber erfüllt werden, und der wahr empfundene und widergegebene Ausdruck menschlich schöner und guter, reiner und inniger Gefühle und Stimmungen kann auch über die reizärmsten, schönheitslosesten Menschengesichter einen Schimmer poetischer Verklärung breiten. Kricheldorf's 'Tischgebet' ist eines von den zahlreichen Gemälden solcher Gattung auf der Jubiläums-Ausstellung, welche als neue Beweise dieser alten

Wahrheit gelten können."[787] Die Versöhnungstheorie des „wohl angewendeten und vertheilten Lichts und Helldunkels" setzt im Grunde die konservative Vorstellung einer Gesellschaft voraus, die sich in unveränderlich abgestufte „ständische Bereiche" gliedert. Denn eine Bildkunst, der daran liegt, die existentielle Wirklichkeit der „von der Noth des Lebens bedrückten Volksklassen der städtischen und ländlichen Arbeiterbevölkerung" (Pietsch) in der Darstellung mit „koloristischem Zauber" und einem „Schimmer poetischer Verklärung" zu erfüllen, kann unmöglich zugleich die gesellschaftsverändernde Emanzipation dieser Volksklassen zum Thema machen. Die bürgerliche Versöhnungstheorie ist in Wahrheit eine Theorie der ästhetischen Entschärfung, ja Verdrängung brisanter Realitäten und erfüllt ebenso eine Funktion der ideologischen Stabilisierung wie die Bildkunst, die dieser Theorie entspricht. Obgleich nun Kricheldorfs *Tischgebet* nicht so entschieden, wie Pietsch voraussetzt, das Leben von „Mühseligen und Beladenen" thematisiert, kann es als ein Beispiel dieser Versöhnungs-Bildkunst gelten. Übrigens leitet Pietsch die Erkenntnis, „daß nicht nur die Götter und Helden, nicht nur das Leben der Großen und Reichen, Glücklichen und Schönen der Malerei die würdigen und willkommenen Stoffe bieten, sondern letztere eben so reich auch im Dasein der Armen und Geringen, der Stiefkinder Fortuna's zu Tage liegen", aus den Lehren des Christentums ab: „Es ist im Grunde nur eine Consequenz des Christenthums, welches das Licht der Welt aus der Stallkammer einer armseligen Herberge aufgehen ließ und die Letzten berief, fortan die Ersten zu sein, den Armen und Elenden, den Mühseligen und Beladenen die frohe Botschaft brachte, daß sie dem Herzen Gottes die Nächsten seien."[788] Jedoch kann selbstverständlich die verstärkte Beschäftigung der „*modernsten* Kunst aller Völker" mit den „von der Noth des Lebens bedrückten Volksklassen" (Pietsch) nicht aus einer zunehmenden Wirksamkeit christlicher Ideen der Nächstenliebe gefolgert werden, wie es die idealistische Sicht von Ludwig Pietsch nahezulegen scheint. In einer Zeit der unaufhaltsam fortschreitenden Säkularisation und der Entchristlichung der unteren Schichten und Klassen war es vielmehr die brennende „soziale Frage", die selbst der *bürgerlich-christlichen* Bildkunst soziale Themen aufzwang.

Pietsch hebt völlig zu Unrecht die Verwandtschaft der traditionelleren Kricheldorfschen Kunst mit der Uhdes hervor und nennt als weiteren „Verwandten" Walther Firle. Dieser im Gefolge von Liebermann und Uhde „hollandisierende" Hellmaler zeigte auf der Großen Berliner Kunstausstellung von 1894 unter dem Titel *Vater unser* eine stark beachtete Ölgemälde-Trilogie. Das mittlere Bild behandelte die Bitte *Unser täglich Brot gib uns heute*, das linke *Dein Wille geschehe* und das rechte *Vergib uns unsere Schuld, wie wir vergeben unsern Schuldigern*. In poetischer Gegenlichtmalerei stellte das zweite Teilbild der Trilogie (*Unser täglich Brot gib uns heute*, Abb. 235) das Tischgebet einer armen Landarbeiterfamilie dar. Begeistert schreibt ein Rezensent der Ausstellung im *Christlichen Kunstblatt*, nachdem er hervorgehoben hat, daß das „Triptychon" hervorragende künstlerische Feinheiten besitze wie selten ein Kunstwerk: „Auf dem linken Flügel, welcher der vierten Bitte gewidmet ist, zeigt uns der Künstler eine freundlich helle, überall Sauberkeit und Ordnung verratende, ländliche Stube, in welcher die Familie eines Tagelöhners um den mit der einfachen Mahlzeit be-

Abb. 235 Walther Firle: Unser täglich Brot gib uns heute, 1893

deckten Tisch zum Gebet versammelt ist. Zufriedenheit verschönt die harten Gesichtszüge von alt und jung, und wohltuender, biederer Sinn drückt sich in allen aus. Der Künstler zeigt uns, daß die sogenannte 'Armeleutemalerei' wahr, ohne häßlich zu sein schildern und sehr wohl Armut mit beneidenswertem Glück verbunden sein kann, und daß so aufgefaßt auch dieser Zweig am Baume moderner Kunst seine volle Berechtigung hat."[789] Die Gesichter der Betenden zeigen jedoch weniger Zufriedenheit als vielmehr tiefe Andacht. Die am Fenster stehende Großmutter blickt dulderisch und religiös versunken vor sich hin; ihren auf der Fensterbank sitzenden Mann haben Alter und Arbeit gezeichnet; seine verkrümmten Brauen drücken Leid und Not aus. Inbrünstig preßt er den Mund an die über dem Stock gefalteten Hände. Die Mutter, die ihre erhobenen mageren Hände zusammengelegt hat wie die Großmutter, der älteste Sohn und die zu dieser Gruppe gehörende Tochter hängen mit frommer Innigkeit an den Lippen des vorbetenden Vaters. Der ernste Junge links betet andächtig mit fest ineinandergefalteten Händen. Nur sein hungriger kleiner Bruder am Tisch, der über seine Bethände in die Suppe vor sich zu starren scheint, trübt ein wenig den harmonischen Gleichklang der patriarchalischen Religiosität.

Im Vergleich mit Uhdes *Komm Herr Jesus, sei unser Gast* erweckt die Firlesche Komposition den Eindruck größerer Intimität, weil sich die Figuren knapper und deshalb bildbestimmender in das schmalere Querformat einfügen und die Raumtiefe der gemäßigt eckperspektivischen Darstellung wesentlich geringer ist. Die niedrigen, breiten Fenster, die das Zimmer anheimelnd niedrig erscheinen lassen, die klare Gliederung des Raums mit der rasch überschaubaren Stellung der wenigen einfachen Möbel, die vom Rezensenten des *Christlichen Kunstblatts* betonte „Sauberkeit und Ordnung" vermitteln die Atmosphäre einer gewissen Geborgenheit. Gegenüber der konkreten, lebendigen Erzählweise Uhdes strahlt das Bild Firles eine fast kontemplative Ruhe aus; die Vertikalen der stehenden, still ihren Empfindungen hingegebenen Personen summieren sich. Die feine Malweise mildert jede Erregung. Schließlich ist es das von allen Seiten einfallende „freundlich helle" Licht, das die Kontraste stark vermindert, die Sensitivität der Form- und Farbdifferenzierungen steigert, die Gegenstände „poetisch verklärt", die Personen vergeistigt und die gesamte Szenerie mit einem fast unwirklich-mystischen Schimmer erfüllt.[790]

Während die Uhdesche Gegenlichtgestaltung empirisch-rauh die karge Stofflichkeit des proletarischen Milieus anschaulich macht und die von diesem Milieu mitbestimmten Menschen in ihrem Lebenskampf erfaßt, besänftigt, ja beschönigt die Hellmalerei Firles alle Härten des proletarischen Daseins. Uhde versucht das wahre Christentum der Demut und Nächstenliebe bei den modernen „Mühseligen und Beladenen" wiederzufinden; Firle dagegen stilisiert seine fromme Tagelöhnerfamilie zur lichtdurchdrungenen Inkarnation echter, schlichter Religiosität, die noch die Bitte um das tägliche Brot mit Inbrunst an den „himmlischen Vater" zu richten imstande ist. Konsequenter als Kricheldorf in seinem *Tischgebet* (1888) deutet Firle die Hellmalerei im Sinne antirealistischer Verklärungs- und Versöhnungstendenzen um. So vermochte der traditionell eingestellte Rezensent des *Christlichen Kunstblatts* Firles Werk als Beispiel einer *wahren und schönen* Armeleutemalerei aufzufassen, die bewies, daß „Armut mit beneidenswertem Glück verbunden sein kann". Faßt man den gesamtgesellschaftlichen Zusammenhang des zeitgenössischen proletarischen Elends und die faktische Religionslosigkeit der unteren Schichten und Klassen ins Auge, enthüllt sich der Zynismus der bürgerlich-christlichen Versöhnungsästhetik.

Aufgrund seiner religiösen Verklärungs-Umdeutung der Hellmalerei markiert Firles pseudoproletarisches Bild *Unser täglich Brot gib uns heute* den Punkt, an dem sich der zeitgenössische Naturalismus in den Neuidealismus verkehrt.

Wie Firles Trilogie war auf der Großen Berliner Kunstausstellung von 1894 auch das Triptychon *Arbeit* von Ludwig Dettmann zu sehen (Abb. 446 a-c), das mit der kleinen goldenen Medaille ausgezeichnet wurde[791] und dessen linker Flügel wie Firles linkes Teilbild den Titel trug: *Unser täglich Brot gib uns heute*, Abb. 446 b). Dieser hochformatige Flügel zeigte jedoch kein Tischgebet, sondern eine proletarische Familie bei ihrer kargen Mahlzeit. Das dunkel gehaltene Bild ist mit kräftigen Pinselspuren gemalt und widerstrebt jeder Art von Sentimentalität oder christlicher Verklärung gesellschaftlich erzwungener Bedürfnislosigkeit. Dettmanns Triptychon wird in seiner Gesamtanlage noch eingehend zu untersuchen sein.[792]

Als Tischgebets-Bild kann auch Wilhelm Leibls Gemälde *Die alte Pariserin* (Abb. 236) gelten, das 1869/1870 während des Parisaufenthalts des Künstlers entstand.[793] Die dargestellte Französin ist vermutlich eine Concierge, die aus einfachen Verhältnissen stammt. Seitlich gesehen sitzt die in asketisches Schwarz gekleidete Frau, deren schütteres Haar eine dunkle Kapuze großenteils verbirgt, vor einem Hocker mit geflochtenem Sitz, auf dem ein Stück Fleisch und ein Weiß-

Abb. 236 Wilhelm Leibl: Die alte Pariserin, 1869/1870

brot liegen. Die abgezehrten, steif gewordenen Hände mit den knochigen Gelenken ruhen auf den Knien, und durch die dürren Finger gleitet der Rosenkranz. Ins mechanische Beten versunken blickt die Frau aus tiefliegenden Augen vor sich hin. Die Jahre, Entbehrungen und Lebenssorgen haben das Gesicht gezeichnet. Der welke Hals wird von einem Teil des weißen Kragens bedeckt. Vor der leeren, fleckigen Wand erscheint die Alte besonders einsam aber auch besonders würdevoll. Nach links unten reißt die Wand auf, verwandelt sich in schimmernden Schmutz; dort hängt eine lumpenhafte graubraune Decke vom Stuhl herab, ein Zeichen der Armut. Das Motiv der vor dem Essen betenden Frau wurzelt wie auch andere Motive der Tischgebets-Darstellung in der niederländischen Malerei des 17. Jahrhunderts. Beispiele sind *Das Tischgebet der Spinnerin* (um 1645) von Gerard Dou (Abb. 237), das Leibl in der Alten Pinakothek in München gesehen haben konnte oder *Das Tischgebet* von Quringh Brekelenkam (Abb. 238), das 1869 aus dem Vermächtnis des Dr. Louis La Caze in den Besitz des Musée du Louvre gelangte und möglicherweise Leibl bekannt war.[794] Im Vergleich dieser beiden Tischgebets-Bilder des 17. Jahrhunderts mit Leibls *Alter Pariserin* wird die Kluft von Jahrhunderten deutlich: rauhe Pinselstriche und dunkle, stumpfe (gleichwohl delikate) Farben charakterisieren den rückhaltlosen Wahrheitsanspruch des „modernen" deutschen Malers; die Szene ist auf das Wesentliche reduziert, auf Formen und

Abb. 237 Gerard Dou: Das Tischgebet der Spinnerin, um 1645

Abb. 238 Quiringh Gerritsz. van Brekelenkam: Das Tischgebet, 1648

Abb. 239 Charles de Groux: Das Tischgebet, 1861

Abb. 240 Antoin Le Nain / Louis Le Nain / Mathieu Le Nain: Bauernmahlzeit, 1642

Abb. 241 Antoine Le Nain / Louis Le Nain / Mathieu Le Nain: Bauernfamilie

Konturen von höchst abstrakter Schlichtheit; das körperverzehrende, flächige Schwarz des Kleides, das Kopf und Hände auseinanderrückt und dem Blick preisgibt, trägt zur Monumentalisierung der charaktervollen Frauengestalt bei. In der *Alten Pariserin* findet die das 19. Jahrhundert entscheidend prägende Prosa, Desillusion, Entfremdung des Lebens einen aufs Äußerste verdichteten Ausdruck. Die Tatsache, daß das Bild nicht vollendet ist, unterstreicht nur das Wahrheitspathos der Darstellung: selbst der Arbeitsprozeß des Malens ist in antiakademischer Weise offengelegt. Die künstlerische Radikalität, Menschlichkeit im „niederen Alltagsleben" zu suchen, bricht alle Brücken zur traditionellen, niederländisch orientierten Genremalerei des 19. Jahrhunderts ab.

Ein Vorläuferbild der deutschen Tischgebets-Malerei seit der Reichsgründung ist das *Tischgebet* des belgischen Malers Charles de Groux (1861, Abb. 239).[795] Der langrechteckige Bildaufbau mit der strengen Frontalansicht erinnert an das *Abendmahl* Leonardos. Patriarchalisch herrscht der im Stehen vorbetende Bauer, der die Bildmitte einnimmt, über seine Familienangehörigen und das Gesinde, die sitzend die Hände falten. Bettina Brand schrieb: „Das immer Gleiche, Statische des ländlichen Lebens wird von den Menschen als göttliches Schicksal begriffen und getragen."[796] Der Maler steigert das Lob der schlichten Religiosität einfacher Landbewohner durch die monumentale symmetrische Komposition. Solche gleichsam klassizistischen, konservativen Gestaltungsweisen wurden von den späteren oppositionellen Naturalisten Israëls, Liebermann, Uhde gemieden.

Wird die christliche Komponente in der „sozialen" Abendmahls- und Tischgebetsmalerei wie beispielsweise in Liebermanns Gemälde *Ostfriesische Bauern beim Tischgebet* (1890) zurückgedrängt, tritt die gestalterische Grundthematik des engen Zusammenhangs zwischen der physischen Arbeitstätigkeit, der krafterhaltenden Nahrungsaufnahme und einer elementaren Form der gemeinschaftsstiftenden Kommunikation umso deutlicher hervor. Darstellungen der bäuerlichen und proletarischen Mahlzeit, in denen der Aspekt des Tischgebets ganz fortfällt, können jedoch die menschlichen Verhältnisse und Beziehungen *völlig rein* und

Abb. 242 Gustave Courbet: Nach dem Essen in Ornans, Salon von 1849

ohne Spuren einer idealistisch-religiösen Verbrämung ausdrücken. Die Tradition solcher säkularer Darstellungen läßt sich bis auf Gemälde wie *Bauernmahlzeit* (1642, Abb. 240) und *Bauernfamilie* (Abb. 241) der Brüder Le Nain zurückverfolgen. Der religiöse Akzent, den die *Bauernmahlzeit* mit dem Motiv der gefalteten Hände des rechts sitzenden barfüßigen Mannes bietet, fehlt in der *Bauernfamilie*. Beide Werke rücken die schlichte ländliche Welt, in der Brot und Wein als Grundnahrungsmittel dienen, monumental ins Bild. Der Wein stillt hier nicht nur den Durst sondern ist ein kräftiges Würzmittel, das zugleich den Geschmack und das Bewußtsein reizt. Ähnlich regen die Volksweisen an, die der Junge in der *Bauernmahlzeit* auf der Geige spielt. Courbets erstes bedeutendes Gemälde des Realismus, *Nach dem Essen in Ornans* (1848 - 1849, Abb. 242) zeigt den Einfluß beider Bauernbilder der Brüder Le Nain. Im 18. Jahrhundert wurde das Thema der Mahlzeit der Armen gültig von Jean Honoré Fragonard (Abb. 243), Jean Baptiste Siméon Chardin (Abb. 244) und Jean Baptiste Greuze (Abb. 245) gestaltet. In der zweiten Hälfte des 19. Jahrhunderts setzten diese durch Courbet

Abb. 243 Jean Honoré Fragonard: Eine arme Familie, um 1760

Abb. 244 Jean Baptiste Siméon Chardin: Das Tischgebet, 1739/1740

Abb. 245 Jean Baptiste Greuze: Der Dreikönigskuchen, 1774

belebte Tradition Bilder fort wie *Die Suppe* (um 1860) von Honoré Daumier (Abb. 246), *Die Mahlzeit der Armen* (1872) von Alphonse Legros (Abb. 247), *Tagelöhner in Thüringen* (1875) von Otto Günther (Abb. 248) und *Das kärgliche Mahl* (ausgestellt 1876) von Jozef Israëls (Abb. 249). Diese Bauerndarstellungen konnten gegenüber jenen aus dem 17. und 18. Jahrhundert, aus der Epoche des Ancien Régime, eine neuartige Radikalität gewinnen, da sich die sozialen Verhältnisse und somit die ideologischen Bezugssysteme grundlegend geändert hatten: früher war der vielfach leibeigene Bauer direkt abhängig von dem einzig landbesitzenden Adel. Nun produzierte der Bauer frei und selbstän-

Abb. 246 Honoré Daumier: Die Suppe, um 1860

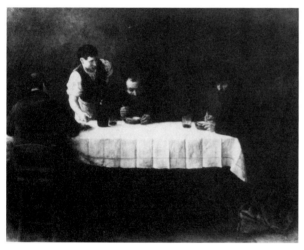

Abb. 248 Otto Günther: Tagelöhner in Thüringen, 1875

Abb. 247 Alphonse Legros: Die Mahlzeit der Armen, 1872

Abb. 249 Jozef Israëls: Das kärgliche Mahl, 1876

dig, aber die Kluft zwischen dem Land und den das Land ausbeutenden Städten wurde beständig größer; der Markt der Industrieprodukte und die Kapitalisierung der Eigentums- und Arbeitsverhältnisse griffen in den agrarischen Bereich hinüber, und dort verschärften sich ähnlich wie in den Großstädten die sozialen Gegensätze. Das Land erzeugte das Proletariat der Städte. Die Darstellung der Mahlzeit armer Bauern und Landarbeiter und überhaupt die Bauernmalerei wurden in der zweiten Hälfte des 19. Jahrhunderts durch eine zweifache Spannung bestimmt: erstens ersehnten die bürgerlichen Städter eine naturnahe, kraftvolle Stufe der Kultur im ländlichen Leben, das noch unentfremdet, von elementaren Bedürfnissen beherrscht erschien; andererseits verachteten sie die „Rohheit" der Existenz armer Bauern und Landarbeiter und fürchteten die proletarische Energie.[797]

Der vielseitige Walther Firle zeigt in seinem profanen Bild *Tiroler Bauern beim Mittagsmahl* (um 1900, Abb. 250) eine

Abb. 250 Walther Firle: Tiroler Bauern beim Mittagsmahl, um 1900

Abb. 251 Albin Egger-Lienz: Das Mittagessen I., 1908

egalitäre proletarische Tischgemeinschaft. Die rauhe, stark abstrahierende Malweise und harte Lichtgestaltung betonen den Eindruck der Kargheit und Ursprünglichkeit. – Einen heroischen Zug verleiht Albin Egger-Lienz seinen ihre Suppe löffelnden, kraftvollen Tiroler Bauerngestalten in der Erstfassung des Gemäldes *Die Mahlzeit* (1908, Abb. 251). – Dagegen prangert Thomas Theodor Heine das Elend der großstädtischen Arbeiter in seiner Simplicissimus-Satire *Ein Märchen* (1898, Abb. 252) an. Kartoffeln und trockenes Brot können kaum den Hunger der kinderreichen Familie stillen, die in einer notdürftig eingerichteten Mansarde zusammengepfercht haust. „Du Vater, ist es wahr, daß es Leute gibt, die alle Tage Fleisch essen?" lautet die Bildunterschrift, die auf den Antagonismus der Klassen zielt. Mit äußerster Schärfe zeigt Heine hier die physische und psychische Verelendung ausgebeuteter Menschen. Wo gesellschaftlich nicht einmal die Befriedigung der Grundbedürfnisse sichergestellt ist, gibt es selbstverständlich keine frommen Tischgebete, keine Schickung in die illusionäre Macht einer göttlichen Gerechtigkeit und Güte. Die im Zweiten Deutschen Kaiserreich stetig anwachsende Religionsfeindlichkeit der unteren Schichten und Klassen, die von der bürgerlich-christlichen Arme-

Abb. 252 *Thomas Theodor Heine: Ein Märchen, 1898*

Abb. 253 *Carl Johann Becker-Gundahl: Die Laune, 1899*

leutemalerei im Grunde geleugnet wurde, war allerdings wesentlich durch die Verbreitung der sozialdemokratischen Erkenntnis mitbedingt, daß die Proletarier im politischen Kampf für ihre Emanzipation und die Menschenrechte selber aktiv eintreten müßten.

In der Federzeichnung *Die Laune* (1899, Abb. 253) stellte der Münchener Maler Carl Johann Becker-Gundahl dem steifen Mahl einer hochherrschaftlichen, von einem Diener versorgten Tafelgesellschaft des Rokoko das an echten Bedürfnissen orientierte einfache, jedoch lustige Mittagessen einer armen Familie gegenüber. Während die Mutter lächelnd das Brot, das sie von einem großen Laib abschneidet, unter die begierigen Kinder verteilt, nimmt der Vater einen fröhlichen Schluck aus einem großen Krug. Es fragt sich allerdings, ob der dargestellte Kontrast zwischen der Blasiertheit der tafelnden Reichen und der natürlich-lebendigen Kommunikation der „mit Laune" essenden und trinkenden Armen nicht einem Lob gesellschaftlich bedingter Daseinskargheit und Anspruchslosigkeit Vorschub leistet, ähnlich wie die christliche Armeleutemalerei die echte Religiosität bei den „unverbildeten" Mühseligen und Beladenen aufzufinden vermeint und somit affirmativ das „Glück der Armut" preist.

Vom Volksprediger-Jesus zum neuidealistisch-einsamen Heiland

In Darstellungen des lehrenden Jesus kann einerseits die Autorität Christi betont sein, die einen Abstand gegenüber den Zuhörern schafft, andererseits die kommunikative Hinwendung zu ihnen, die das Autoritätsgefälle vermindert. Die schichten- und klassenspezifische Zusammensetzung der Zuhörerschaft und die soziale Position Jesu können mehr oder weniger deutlich charakterisiert sein. Das Thema „Christus als Lehrer" wird in der Bildkunst des 19. Jahrhunderts am häufigsten entsprechend der neutestamentlichen Bergpredigt (Matth., Kap. 5 - 7, Luk. 6,20 - 49) oder der Predigt am See (Matth. 13, Mark. 3,7 - 12, Kap. 4, Luk. 5) behandelt. Auch kann der lehrende Christus im Anschluß an Uhdes Bilderfindung unter Zeitgenossen des Zweiten Deutschen Kaiserreiches versetzt erscheinen, unter Bauern und anderes „Volk".

Adolf Koeppen untersucht Hans Thomas 1877 entstandenes Ölgemälde *Christi Predigt am See* (Abb. 254) innerhalb des Abschnittes „Die Phantasiemalerei", mit dem sein Buch *Die moderne Malerei in Deutschland* (1902, 1914²) abschließt. Der Autor ordnet das Bild in die Zeitströmung des Neuidealismus ein und schreibt: „Christus ist die verklärte Lichtgestalt, äußerlich wie innerlich von der Volksmenge getrennt. Ein Prophet aus einer anderen Welt, umstrahlt vom Heiligenschein, verkündet er der versammelten Menge seine Lehre. Viele Einzelheiten sind konventionell, die Zuhörer in der vordersten Reihe, vor allen der Hirtenknabe, die Mutter mit dem Kinde, vielleicht die Großmutter – ein Werk, das wohl auch heute noch den Geschmack der kirchlich gesinnten Gemüter befriedigt, zumal die Abenddämmerung in ihren blau-grünen Tönen und die Purpurfarben der untergehenden Sonne über dem Wald eine feine Stimmung hineintragen. Mit modern-rationalistischem Empfinden hat dieses Werk nichts zu tun. Die Welt des Friedens, das Glück einer

Abb. 254 Hans Thoma: Christi Predigt am See, 1877

untergegangenen Zeit, als die Götter den Menschen nahten, ist hier im frommen Glauben an das Wunderbare gemalt worden."[798] Die göttlichen Geist und Segen verleihende, feine Hand des traditionell gekleideten und frisierten „Propheten aus einem anderen Land" verschärft noch die von Koeppen treffend bezeichnete Kluft zur Volksmenge, obwohl diese Hand mit dem ausgestreckten Arm eine kompositorische Verbindungslinie bildet. Als geschlossene Masse befindet sich die Zuhörerschaft dem zugleich von den Jüngergruppen der linken Bildseite abgesonderten „Lichtgestalt"-Christus gegenüber. Die Handgeste und das leichte Heben des Kopfes können tendenziell als verstärkte Anstrengung Christi gedeutet werden, die ihn überragende, kompakte Menge zu erreichen. Bewußt oder unbewußt drückt der Künstler hier das Dilemma des Elitemenschen aus, der zwar seine „hoheitliche" Position behaupten und dennoch mit der „Volksmasse" kommunizieren will.

Mögen auch viele Einzelheiten konventionell erscheinen, wie Koeppen bemerkt, so fallen doch besonders die „realistischen" Züge der dargestellten Menge ins Auge. Diese Menschen sind deutlich als „Mühselige und Beladene" charakterisiert. Links neben dem sehr genrehaft gegebenen armen Hirtenbuben hockt ein Bettler, der gläubig die Hände faltet. Sowohl die schlicht gekleidete Mutter mit dem ermüdeten barfüßigen Kind als auch die neben ihr sitzende ärmliche Alte bilden Topoi der „Armeleutemalerei". Auch die stehenden Personen stammen zumeist aus einfachen Verhältnissen. Hinter dem Hirtenbuben faßt sich ein verzweifelter Mann an den Kopf, links legt ein schwerhöriger Alter die Hand ans Ohr. Durch die gleichmachende horizontale Abschlußlinie der Menge wird eine individualisierende Bildung „schöner Gruppen" vermieden. Das Volk erscheint so tendenziell als solidarisches Gesamt.

Die Szene spielt fern der Stadtwelt in der freien Natur und wird, wie Koeppen es ausdrückt, von den blaugrünen Tönen der Abenddämmerung über See und Wald und von den purpurnen der untergehenden Sonne stimmungsvoll beherrscht. Jedoch zeigt der Künstler nicht so sehr die von Koeppen herausinterpretierte „Welt des Friedens" mit dem „Glück einer untergegangenen Zeit, als die Götter den Menschen nahten", sondern eine eher düster wirkende Welt der Armen und Elenden, die sich auf dem kargen, steinigen Ufer versammelt haben und von den jenseitigen üppigen, jedoch auch ein wenig bedrohlichen Waldungen durch den See getrennt sind.

Die rauhe Malweise[799], desillusionierende „Flächigkeit" und harte Gliederung in einfache Bildzonen verstärken den Eindruck der Ursprünglichkeit und Kargheit. Gleichwohl erfüllt eine fast mystische Seelenstimmung die von der „Lichtgestalt" Christi mitbeherrschte Szenerie, so daß die sozialen Tendenzen in ihrer Bildwirkung stark zurücktreten.

Wesentlich kommunikativer als der Elitechristus Thomas erscheint der Uhdesche Jesus des Ölgemäldes *Die Bergpredigt* (Abb. 255), das 1887 auf der Berliner akademischen Ausstellung erstmals gezeigt wurde. Mit offenen Handgesten wendet sich der auf einer schlichten Holzbank sitzende Christus an die modernen Landarbeiter, die vor ihm auf der Hügelkuppe stehen und knien. Obgleich der Blick perspektivisch von ihm ausgeht und die vorn befindlichen Personen bereits entfernungsverkleinert sind, wird die Autorität Christi doch durch die unprätentiöse, schräge Rückenansicht, zu der die günstige Vorderansicht der Landleute kontrastiert und dadurch zurückgenommen, daß die Köpfe der hinten stehenden Männer eine Horizontale bilden, über die auch Christus nicht herausragt.

Das Hauptinteresse der Darstellung konzentriert sich, gewiß in einem emanzipatorischen Sinn, auf die Frauen und Kinder des Vordergrundes, besonders auf die links stehende Magd, an die sich Christus zu wenden scheint und das ganz vorn sitzende Kind. Realistische Tendenzen bestehen darin, daß die Menschen anders als bei Thoma in ihrem heimatlichen Milieu gezeigt werden, in dem sie leben und arbeiten;

Abb. 255 Fritz von Uhde: Die Bergpredigt, 1887

der Blick geht auf die Häuser ihres Dorfes im Tal und die Harken, die die Männer tragen, verweisen auf die Heuernte an den Bergwiesen.

Die zeitgenössischen Rezensenten heben die fromme Gläubigkeit der Landleute hervor.[800] Beispielsweise schreibt Georg Malkowsky in der *Gegenwart* (1887): „Und wie horchen die Landleute im schlichten Werktagskleide, kniend und in langem Zuge vom Felde herbeiströmend, auf sein Wort! Die sonnenverbrannten Züge der beiden Frauen im Vorder- und Mittelgrunde, die runden Gesichter der Kinder neben ihnen sind alltäglich und gewöhnlich, aber aus den gefalteten Händen und den weitgeöffneten blauen Augen spricht ein unnennbares Sehnen, ein heißes Verlangen nach vollem Verständniß der Worte, die schlicht und doch verheißungsvoll an ihr Ohr klingen. Und von dem Bergabhange kommt es heran, den begeisterungsfähigen Frauen folgen die Männer und knieen, sich auf die Sense stützend, im Hintergrunde."[801] Wieder ist es die im Gemälde ausgedrückte Veredelung der Landbevölkerung durch eine ursprüngliche, eben nur bei „einfachen" Menschen zu findende Religiosität, die das Lob der bürgerlichen Kunstkritiker hervorrief. Auch blieb im Einklang mit den Wertvorstellungen bildungsbürgerlicher Betrachter noch genug Autoritätsgefälle zwischen dem Lehrer Christus und den „realitätsverhafteten" bäuerlichen Menschen erhalten. Von „unbequemen" sozialen Spannungen zwischen Arm und Reich auf dem Lande, zwischen armen und begüterten Bauern, zwischen Landarbeitern und Landbesitzern schwieg die christliche Bildkunst Uhdes ohnehin.

Während aber der „naturalistisch" malende Uhde den zeitlosen Gültigkeitsanspruch des Evangeliums plausibel zu machen versuchte, indem er die Bergpredigt und andere neu-

testamentliche Themen in die moderne Gegenwart verlegte, trachtete die streng biblische Gestaltungsweise des Idealismus danach, dieses Ziel mit den Mitteln einer insgesamt hohen Stillage zu erreichen. Dabei wurde der göttliche Rang Christi entschieden betont. So zeigt beispielsweise der Holzschnitt *Die Bergpredigt Jesu* (Abb. 256) aus der auch in der Kaiserzeit weitverbreiteten Bilderbibel (1860) des Nazareners Julius Schnorr von Carolsfeld, Akademieprofessor in Dresden, den Heiland als Zentralgestalt einer symmetrisch und hierarchisch geordneten Komposition. Die unterste Etage nimmt das „gemeine Volk" ein, das im Vordergrund in zwei allerdings schön gegliederte Gruppe sitzender Idealgestalten mit „wundervoll" drapierten Gewändern zerfällt, so daß die Blickachse auf Christus in der Mitte frei bleibt. Stark perspektivisch verkleinert bildet „das Volk" eine weitere schmale Zone im Hintergrund. Die exemplarisch und individualisierend dargestellte „Menge" wird von den stehenden, nimbusgekrönten Aposteln weit überragt, deren beide seitliche Gruppen die symmetrieartige Zweiteilung der Komposition fortsetzen. Im freien Lichtraum, genau in der Mittelachse des Bildes, sitzt auf einem Stein an der Hügelkuppe der heroische Christus, der alle übrigen Figuren überragt. Die Autorität des Gottessohnes, der mit weit ausholenden Verkündigungsgesten die „Bergpredigt" hält, Kernstück der christlichen Lehre, bestimmt einseitig die Kommunikationsstruktur.

Dagegen ist in Fritz von Uhdes Ölgemälde *Jesus predigt am See* (1896, Abb. 257), das auf der Münchener Secessionsausstellung von 1896 erstmals und ein Jahr später auf der Internationalen Kunstausstellung in Dresden gezeigt wurde[802], die Autorität Christi stark relativiert. Indem er von einer bedeutungsstiftenden „schiefen Linie" der Komposition ausgeht, schreibt Johannes Merz prägnant in einem Aufsatz über Uhdes *Predigt am See* (*Christliches Kunstblatt* von 1897): „Jedem Beschauer fällt auf, wie tief gegen den unteren Rand die Figur Christi, welche im Kahne sitzt, herabgedrückt ist und wie dominierend sich im Bilde die Gruppe der Mädchen, die auf einer Art Landebrücke sitzen, ausnimmt. Mit gespannter Aufmerksamkeit, etwas vornübergebeugt

Abb. 256 Julius Schnorr von Carolsfeld: Die Bergpredigt Jesu, 1860

sitzen sie da: nach allem, was wir ausgeführt, wird der Beschauer in ihnen ohne weiteres die schiefe Linie entdecken, die das geistige Band zwischen ihnen und der Christusfigur schlingt. Aber nicht so ist diese Verbindung hergestellt, daß die Wirkung von Christus auf die Zuhörer ausgehe, sondern so, daß sie von den Zuhörern auf Christus übergeht. Der Eindruck ist umso stärker, als die zuhörende Gruppe modern-realistisch (jedoch nicht im Sinn der Arme-Leute-Malerei), die Christusfigur im überlieferten Typus, etwas an das Christusbild Tizians im Palazzo Pitti erinnernd, gehalten ist."[803] Die Diskrepanz zwischen dem in der Tat traditionell anmutenden „Hemdgewand" Christi und der modernen Kleidung der Zuhörer ist jedoch viel geringer als noch in Uhdes *Bergpredigt*. Das Gewand sitzt knapper, und es fehlt die talararartige Ärmelweite. Übrigens sind die Nase des Seepredigt-Jesus nicht mehr so fein und spitz, die Haare nicht ganz so glatt und der Redegestus mit der erklärend und zugleich kommunikativ geöffneten Rechten nicht so lehrerhaft wie beim Jesus der *Bergpredigt*. Das Einstemmen des linken Arms wirkt besonders unprätentiös als ein natürliches Abstützen des etwas vorgebeugten und zugleich locker eingesunkenen Oberkörpers. Die linke der auf dem Bootssteg sit-

Abb. 257 Fritz von Uhde: Jesus predigt am See, 1896

Abb. 258 Heinrich Hofmann: Christus predigt am See, 1876

zenden Frauen und der eine Mann neben ihnen beugen sich ebenfalls vor und scheinen mit Christus, der sich gerade an die Frau wendet, im Wechselgespräch zu stehen. Die zusammengelegten Hände der Landleute deuten weniger auf frommes Anbeten als auf Konzentration während der Reden und Gegenreden. Offenbar möchte Uhde in dieser *Seepredigt* einen Christus darstellen, der die Barrieren geistiger Autorität gegenüber den einfachen, auf ihre karge Lebenspraxis eingestellten Menschen abzubauen und diese Bauern und Fischer zur Äußerung ihrer Bedürfnisse und Probleme anzuregen versucht.

Johannes Merz, der Rezensent des *Christlichen Kunstblattes*, zeigt keinerlei Verständnis für den Mangel an „Göttlichkeit" bei dieser Jesusfigur: „Als *Prediger für die Armen und Einfältigen, für die Kinder, denen er das Himmelreich verheißt*, ist Christus charakterisiert und gewiß ist damit eine Seite der Person und Wirksamkeit Jesu zum Ausdruck gebracht, welche die Evangelien stark hervorheben. Aber ein Umstand ist freilich schuld, daß wir doch nicht mit wirklicher Befriedigung von dem Bilde scheiden: Zum Eindruck des Göttlichen gehört, wie schon Göthe gefühlt hat, daß es als wirksam sich darstelle; hier geht die Wirkung nicht von Christus aus, sondern vielmehr auf ihn über. (...) Wir suchen das Göttliche und können's in der Christusgestalt nicht finden."[804] Merz bevorzugt gegenüber der Uhdeschen *Seepredigt* das bereits 1876 entstandene Gemälde *Christus predigt am See* (Abb. 258) des „idealistisch" malenden Dresdener Akademieprofessors Heinrich Hofmann, das die Berliner Nationalgalerie erwarb. In diesem Bild wird die göttliche Autorität des Heilands verschiedentlich bekräftigt: „Eine besondere Schönheit dieses Bildes ist der leuchtende Seespiegel und überhaupt die lachende, sonnenhelle Landschaft, die den Hintergrund der Gestalt Christi bildet. (...) Lichtumflossen, als Prediger eines lichten, friedlichen Reiches, des 'Himmelreiches', soviel malerische Kraft das andeuten kann, steht deshalb dieser Christus vor uns. Die Wirkung der Christusfigur auf die zuhörenden Gruppen ihm gegenüber sodann wird ebenso empfunden wie bei Raffaels Paulus (...)."[805] Merz vergleicht hier den predigenden Christus Hofmanns mit dem Paulus aus Raffaels Karton (um 1515/16) zu dem Wandteppich *Predigt des hl. Paulus in Athen*. Den stillagenhohen Raffaelismus der Kunst Hofmanns hebt Adolf Rosenberg in seiner *Geschichte der modernen Kunst* (1889) hervor: „Ein hohes, an Raffael geschultes Schönheitsgefühl, eine tiefe, innige Charakteristik der Köpfe, eine wohl abgemessene Komposition, eine edle Harmonie in den Umrisslinien und eine freundliche, hellgestimmte Färbung (...) sind die Vorzüge dieser Bilder, an welchen das Andachtsbedürfniss der gebildeten Kreise unserer Zeit eine grössere ästhetische Befriedigung gefunden hat, als an den realistischen Schöpfungen E.v.Gebhardts."[806] Sicher ist Uhdes „Naturalismus" noch weiter vom Raffaelismus Hofmanns entfernt als Gebhardts „Realismus".

Auf höchst eigenwillige, „moderne" Weise gestaltete Max Klinger die Wirkung des Genies Christus auf die Menge in seinen 1877 entstandenen Federzeichnungen *Der Gang zur*

Abb. 259 Max Klinger: Der Gang zur Bergpredigt, 1877

Abb. 260 Max Klinger: Rückkehr von der Bergpredigt, 1877

Bergpredigt (Abb. 259) und *Rückkehr von der Bergpredigt* (Abb. 260). Beide Blätter erregten als Bestandteile der Folge *Ratschläge zu einer Konkurrenz über das Thema Christus* auf der Berliner Akademischen Ausstellung von 1878 Aufsehen.[807] In seiner fundierten Klinger-Monographie (1907) sieht Paul Kühn das Jugendwerk der *Ratschläge zu einer Konkurrenz über das Thema Christus* bereits geprägt von der Klingerschen Grundidee der „Auffassung von der Person und Mission Christi als des persönlichen seelischen Erlebens des großen Menschen und der Seinen."[808] Brillant charakterisiert Kühn die gegensätzlichen Situationen, die auf beiden Bergpredigt-Blättern veranschaulicht sind: „Nach der Art niederländischer Volksszenen, wie auf der Kreuzigung des Bauernbrueghel, wie besonders in Rembrandts Radierungen, ist eine Menge Volks jeden Alters und Geschlechts eingeführt. Gesunde, Krüppel an Krücken, Bettler, einzeln oder in Gruppen, ganze Familien mit Frauen, die Kinder auf dem Arm tragen, fast alle Angehörige des niederen jüdisch-arabischen Volks ziehen in brennender Sonnenhitze den sonnenverbrannten kahlen, baumlosen Hügel hinan, dem Zuge des Herrn und seiner Jünger nach. Wir sehen diese Männer nur vom Rücken, in bloßer Silhouette, die auf den ersten flüchtigen Blick aussehen wie aufgestellte Kartoffelsäcke. Bei näherem Betrachten aber, und das ist das Wunderbare, beginnt sich in diesen Silhouetten ein leidenschaftliches inneres Leben zu regen, und wir ahnen, was in diesen Männern, die ihre weiten Mäntel an sich gerafft haben, vorgeht, daß sie unmittelbar vor einer großen Entscheidung stehen. Niemand redet hier, alles ist Erwartung; unbeirrt, in seine Welt versunken, schreitet Christus voran. Oben auf der Höhe des Hügels stehen ein paar Kinder, die staunend auf den seltsamen Zug blicken, der herannaht. Unten aber streitet, feilscht, lärmt die Menge. Die stumpfe Neugier treibt sie dem seltsamen Manne zu. Dem burlesken Humor ist ein größerer Spielraum gegönnt. So schreit ein arabischer Wasserträger im Vordergrunde nach rückwärts aus vollem Halse einem anderen zu. Ein zweiter holt eben aus, um ein paar Jungen, die ihm eine lange Zunge machen, zu ohrfeigen. Auf der *Rückkehr von der Bergpredigt* ist alles feierlich, der Tumult der Menge ist verschwunden, es ist still wie in einem Dom. Jesus hat seine Bergpredigt gehalten. Noch steht die Menge betroffen, ratlos, begeistert, entsetzt auf dem Platz, wo er stand. Er selbst und die Jünger schreiten gesenkten Hauptes den Berg hinab im heißen Sonnenbrand, einer hinter dem andern, in langer Reihe, die Jünger hinter dem Herrn, dessen feines, von weichem schwarzen Haar und Bart umrahmtes Gesicht zu Boden blickt. Die Jünger, scheu vor der Macht seiner rätselhaften Worte, werden von Ehrfurcht in Bann gehalten. Sogar ein römischer Krieger, der am Wege steht, reißt unwillkürlich den Helm herab und steht stramm, als der Herr vorübergeht. Nur ganz vorn die drei Charaktergestalten der Schriftgelehrten, deren listige, sophistische Verstandesköpfe fein und lebendig herausgearbeitet sind, sinnen auf Verrat."[809] Letzlich arbeitet Klinger also die Distanz des „großen Einzelnen" (Hamann/Hermand)[810] zur Menge heraus und vertritt damit eine Genie-Auffassung, die wenig später Friedrich Nietzsche in seinem Zarathustra-Buch (1883 - 1885) exemplarisch formulieren sollte. Die extreme Reduktion der Darstellungsmittel, Flächigkeitsabstraktionen, Deprägnanzen und „erbarmungslose" Hell-Gestaltung verdeutlichen die scharfe Opposition der Berg-

Abb. 261 Max Klinger: Christi Bergpredigt, um 1877

predigt-Blätter Klingers zum illusionistischen Verismus und „Akademismus". Desillusionierend wirken die Einfügung der vielen, teilweise komischen Genreszenen und der „Orient-Realismus".

Aus der gleichen Zeit wie die Blätter der Folge *Ratschläge zu einer Konkurrenz über das Thema Christus* (1877) stammt Klingers Federzeichnung *Christi Bergpredigt* (Abb. 261)[811], die den mit ekstatisch ausgebreiteten Armen auf einer Bergkuppe stehenden Christus zeigt, dessen Kreuzschatten unter dem geisterhaften Licht riesenhaft in den dunkel schraffierten Himmel ragt. Die am Boden im Kreis hockenden Zuhörer scheinen teils aufmerksam zu lauschen und gläubig beeindruckt, teils zerstreut herumzublicken; links vorn diskutieren zwei Pharisäer. Auf der anderen Seite leitet eine Frau einen Krüppel nach oben. Christus aber ist die allem menschlichen Maß entrückte Lichtgestalt, die das unfaßbare Kreuz des Leidens und der Einsamkeit mit den großen Menschheitsideen auf sich genommen hat. Auch diese Zeichnung prägen moderne informelle Strichstrukturen, nervöse Deprägnanzen und die Auflösung des illusionistischen Raumgefüges.

Eduard von Gebhardt faßt in seinem Wandgemälde *Die Bergpredigt* (um 1886, Abb. 262), Teil der von 1884 bis 1891 geschaffenen Ausmalung des evangelischen Klosters Loc-

Abb. 262 Eduard von Gebhardt: Die Bergpredigt, um 1886

Abb. 263 Eduard von Gebhardt: Die Bergpredigt, 1893

cum, Christus als Volksprediger auf. Zwar bildet der Heiland den herausragenden Mittelpunkt der in der Runde gescharten Menge und sitzt erhöht auf einem Hügel, jedoch versucht er die Distanz zu überbrücken, indem er sich engagiert vorbeugt und die geöffneten Hände kommunikativ mitsprechen läßt. „Des Menschen Sohn kann uns nicht menschlich näher gebracht werden, als in diesem Christus geschehen", schreibt Fritz Bley (1886) in seiner Rezension der Loccumer Wandbilder über den Heiland der *Bergpredigt*.[812] Obgleich keine Diskussion stattfindet, versinken die Zuhörer nicht in frommer Passivität, sondern scheinen jeder auf seine ganz persönliche Weise mitzuarbeiten, worauf die lebensnah beobachteten verschiedenen Haltungen der einzelnen Frauen, Kinder, Männer hindeuten. Auch in diesem Gebhardtschen Gemälde sind viele Figuren als Porträts gearbeitet. Die Frau in der Mitte der schräg von vorn gesehenen, linken Menschenreihe, auf deren Schoß sich zwei Kinder schmiegen und der dunkel gekleidete, kahlstirnige Mann zu ihrer Rechten sind das Ehepaar Gebhardt. Die Gruppe der Jünger hinter Christus besteht aus den Akademiekollegen des Künstlers[813] und die links im Hintergrunde stehenden Geistlichen sind Studierende des Loccumer Predigerseminars.[814] Mit fast penetranter Schärfe sind die Besonderheiten der einzelnen Charaktere erfaßt. Stärkste physiognomische, mimische, gestische und Haltungs-Kontraste zerlegen die Menge in ein Konglomerat höchst eigenständiger Individuen. Wenngleich jedes sich entsprechend der gemeinsamen Predigtsituation verhält, so dennoch nach seiner eigenen Façon, und damit verwirklichen alle gleichsam das liberalistische Individualitäts- und Freiheitsprinzip.

Abb. 264 Eduard von Gebhardt: Die Bergpredigt, linker Teil, 1899-1906

Abb. 265 Eduard von Gebhardt: Die Bergpredigt, rechter Teil, 1899-1906

Rosenberg berührt in seiner Monographie über Gebhardt (1899) die soziologische Zusammensetzung dieser Volksmenge: „Wenn wir uns in der Runde umblicken, die sich vor dem Heiland gebildet hat, sehen wir alle bürgerlichen Stände vertreten, von dem Landmann, der die Pflugschar verlassen hat, um dem Zuge seines religiösen Bedürfnisses zu folgen, bis hinauf zu den gelehrten Männern im Hintergrunde links, die mit der gleichen Aufmerksamkeit, mit derselben Sammlung und Hingabe den Worten des Predigers folgen, wie die Leute aus dem Volk."[815] Ein rousseauhafter Zug bestimmt diese Art landschaftlicher Volkspredigt-Darstellung. Jenseits urbaner Zwänge und Existenzkämpfe vereint das Wort des Heilands unter freiem Himmel Menschen der unterschiedlichsten sozialen Bereiche. Allerdings fehlen Typen der zeitgenössischen Armeleutemalerei. Es scheint, als sei durch die bessernde Einwirkung der Lehren Christi auf jeden Einzelnen schließlich eine Form der sozialen Harmonie zu erreichen, für die die Predigtsituation ein Vorbild wäre.

Dem gleichen idealistisch-irrealen Grundgedanken folgen auch die weiteren Fassungen des Berpredigt-Themas von Eduard von Gebhardt. Charakteristisch ist David Kochs stichwortartiger Kurzkommentar (1910) zur *Bergpredigt* von 1893 (Abb. 263), die im Entstehungsjahr auf der Jahresausstellung der Münchener Künstlergenossenschaft gezeigt wurde: „Das deutsche Volk aller Stände und Lebensalter hört seinen Heiland, den gewaltigen Prediger in den Tagen der Reformation. Jeder Kopf ein bestimmter, dem heutigen Leben abgelauschter Ausdruck für das Geheimnis des religiösen Erlebens. Die Volksmasse auf einen geistigen Punkt konzentriert."[816] Übrigens wirkt der Christus dieser Variante noch stärker publikumsbezogen als in der Loccumer Fassung. Deren landschaftliche Motive der Loccumer Umgebung sind hier durch die anderer deutscher Gegenden ersetzt.[817] In der *Bergpredigt* der Düsseldorfer Friedenskir-

che[818] (Abb. 264, 265) steht der emphatisch redende Christus auf der linken Bildseite. Die Volksdarstellung wird wie in der sehr ähnlichen Fassung von 1903[819] (Abb. 266) durch bäuerliche Elemente beherrscht.

Trotz der genrehaften Züge der Gebhardtschen Gestaltung von Bauern und Kleinbürgern ruft die historische Kleidung der Figuren auch nach der einhelligen Meinung der zeitgenössischen Kritiker (ebenfalls David Koch) das „heroische" Reformationszeitalter wach, in dem die Grundlagen des Protestantismus geschaffen wurden. Obgleich Christus antikisierend gekleidet ist (jedoch im Einklang mit der Renaissance-Kunst), erscheint er so als nationaler Helden-Prediger der Reformation. Im Gebhardtschen Renaissancismus klingen Tendenzen des protestantischen Reichspatriotismus an.

Der Gebhardtschüler Ernst Christian Pfannschmidt, jüngster Sohn des Berliner Akademieprofessors und Idealisten Carl Gottfried Pfannschmidt, übertraf in seinem Erstlingswerk *Christus in Bethanien* (1895, Abb. 267)[820] seinen Meister in der Schärfe der Personen-Charakteristik und genrehaften Erzählweise. Pfannschmidts Heiland, der am Pult eines Gemeindesaales der Reformationszeit sitzt, lehrt die Menge aus der Heiligen Schrift. Der idealistische Grundgedanke einer bessernden Volksbildung durch die Lehre Christi gleicht den Gebhardtschen Bergpredigt-Ideen allerdings ebenso wie die traditionelle, illusionistisch-veristische Gestaltungsweise. Nur betont Pfannschmidt mehr das Arme-Leute-Motiv und fügt moderne Kleidung in die etwas künstlich wirkende Komposition ein. – In pastellartigen Farben gehalten sind die stilisierten Kompositionen *Die Bergpredigt* (Abb. 268) und *Die Seepredigt* (Abb. 269) von Gebhard Fugel für eine Bilderbibel. Christus erscheint in diesen romantisch-orientalistischen Darstellungen als göttlicher Volksprediger.

Abb. 266 Eduard von Gebhardt: Die Bergpredigt, 1903

Abb. 267 Ernst Christian Pfannschmidt: Christus predigt in Bethanien, 1895

Abb. 268 Gebhard Fugel: Die Bergpredigt, um 1924

Abb. 269 Gebhard Fugel: Die Seepredigt, um 1924

*Abb. 270 Fritz Mackensen:
Die Bergpredigt, 1903-1907*

In den darstellerischen Mitteln sehr viel moderner als Gebhardts und Pfannschmidts Predigtbilder wirkt das allerdings auch später entstandene Monumentalgemälde *Die Bergpredigt* (1903 - 1907, Abb. 270) von Fritz Mackensen, das den lehrenden Heiland am Stamm einer Eiche unter Worpsweder Moorbauern zeigt. Einen gestalterischen Fortschritt bedeutet die *Bergpredigt* in vieler Hinsicht ebenfalls gegenüber Mackensens eigenem *Gottesdienst im Freien* (1895, Abb. 271), einem Erstlingswerk des Künstlers, das auf der Jahresausstellung im Münchener Glaspalast 1895 überraschend die große goldene Medaille erhielt und mithalf, den Namen der in einem Sondersaal dieser Ausstellung debütierenden Worpsweder Malergruppe bekanntzumachen.[821] Mackensens *Gottesdienst im Freien* zeigt auf einem Platz vor den Dorfhütten einen weißhaarigen Pastor, der von einer roh gezimmerten Kanzel zu den Worpsweder Bäuerinnen, Bauern und Kindern spricht; sie alle haben im Halbkreis auf herausgestellten Stühlen Platz genommen oder stehen andächtig einzeln und in Gruppen.

Während dieses Gemäldes noch von der herkömmlichen zentral-projektiven Raumdarstellung beherrscht wird, verzichtet die *Bergpredigt* von 1907 weitgehend auf den perspektivischen „Illusions-Realismus" und versucht, eine neue gestalterische Vertiefung zu erreichen. Insofern wirkt auch die Behauptung von Ulrike Hamm ein wenig schief, die in ihrer Dissertation über Worpswede und Mackensen (1978) schreibt: „1907 stellt Mackensen mit der 'Bergpredigt' (...) ein Gemälde fertig, das sich sowohl thematisch als auch im Format an seinem 'Gottesdienst im Freien' orientiert."[822] Indem die Menschen der *Bergpredigt* zusammen mit Christus in einem nahegerückten, bildparallelen Schmalraum angeordnet sind, so daß „interessante" perspektivische Verkleinerungen und Verkürzungen fast völlig fehlen und jede der Figuren in ihrer vollen Größe erscheint, wird eine Monumentalität erreicht, die eine beispielhafte Gültigkeit der Darstellung beansprucht.

Befinden sich die Menschen des *Gottesdienstes im Freien* gewissermaßen im Schutz ihrer Behausungen, so haben sich die der *Bergpredigt* auf dem Worpsweder Weyerberg[823] in der freien Natur eingefunden; das ferne Dorf mit der hohen Windmühle erscheint als winziger Teil der weiten Feld- und Moorlandschaft. Hier draußen benutzt man keine Stühle, sondern steht oder sitzt im Gras und Kraut. Das Bild beherrscht die große Eiche, die zur symbolischen Erhöhung der Christusfigur an ihrem mächtigen Stamm beiträgt, ein kompositorisches Motiv, das im *Gottesdienst im Freien* völlig fehlt. Dort ist der Prediger auf seiner Holzkanzel von der Gemeinde ausdrücklich distanziert, hier steht der predigende Christus auf gleicher Höhe mit den Gläubigen, unmittelbar bei ihnen und im gleichen Kraut. Wie die Lehre Christi die Zuhörer im Glauben eint und kräftigt, so breitet die Eiche verbindend und schützend ihre Äste über der Gruppe aus, ein symbolisches Motiv, das im realistischen *Gottesdienst im Freien* wiederum fehlt. Auch ein erzählerisches Detail wie der geschmückte Wagen an der rechten Bildseite des *Gottedienstes im Freien* ist in der *Bergpredigt* entbehrlich. Deren Figurengestaltung mit der Reduktion modellierender Schattierungen, mit ornamentalisierenden Vereinfachungen und einer fast karikierenden Verschärfung der harten Züge und Haltungen ist stärkeren Abstraktionen unterworfen. Die pastellartige Farbgebung des Bildes, die die Helligkeitskontraste reduziert, begünstigt den Eindruck einer durchgeistigenden, gleichmäßigen Helle.

Gegenüber der Menschendarstellung Gebhardts und Pfannschmidts, die mit dramatisierenden Kontrasten und genrehaften Erzählmotiven arbeitet und einen Zug von vitalem Optimismus entwickelt, wirkt Mackensens Schilderung der Moorbauern selbst im *Gottesdienst im Freien* entschieden herber, „naturalistischer"; schwere Arbeit und Beschränktheit innerhalb der kargen Lebensbedingungen prägen durchgehend alle Gestalten und bilden eine thematische Grundtendenz.

Abb. 271 Fritz Mackensen: Der Gottesdienst im Freien, 1895

Der traditionell frisierte und gekleidete „Eichen"-Heiland Mackensens, der allerdings dem Worpsweder Menschenschlag zu entstammen und überhaupt die Naturkräfte der herben Landschaft zu verkörpern scheint, ist für seine Zuhörer mit seinen sparsamen, jedoch eindringlichen Predigtgesten und dem intensiven Blick eine unbezweifelbare Autorität. Die linkisch-schlichte Demut und Frömmigkeit der Moorbauern scheint ebenso selbstverständlich, naturwüchsig zu sein wie ihr unmittelbar auf die Natur bezogenes Dasein.

Rainer Maria Rilke, dessen Worpswede-Monographie von 1903 einen gewichtigen Beitrag zur zeitgenössischen Diskussion über die Worpsweder Malerkolonie und Kunst leistete, interpretierte Mackensens Auffassung des Bergpredigtthemas als Ergebnis der existentiellen Verwurzelung des Malers in seiner Worpsweder Wahlheimat; auch das „Unvergängliche" der biblischen Wahrheiten gestaltet der Künstler nach Rilke aus seiner Worpsweder Menschen- und Naturerfahrung: „Er hat keine andere Heimat mehr und die Wahlheimat, in der er wurzelt, ist besser als eine ererbte. Er hat sie nicht geschenkt bekommen; er hat um sie geworben, hat sie sich erkämpft, Schritt für Schritt, Tag um Tag. Sie ist die Welt für ihn geworden, die Erde. Und da lebt er nun. Und alles was geschieht, geschieht hier, alles was vergangen ist, ist hier vergangen. Auch das Unvergängliche. So konnte er daran denken, jenen anderen Säemann zu malen, dessen Gebärde über die ganze Welt gewachsen ist von Aufgang nach Untergang. Und er malt den Augenblick des Ausstreuens: die Bergpredigt."[824] Die von allen Worpsweder Künstlern angestrebte Übereinstimmung von Kunst und naturverbundenem Leben, aus der Rilke mit seinen poetischen Formulierungen die religiöse Kunst Mackensens ableitete, wurde von Paul Schulze-Naumburg in seinem Aufsatz *Die Worpsweder* (1897) besonders eindringlich dargestellt: „Doch ein prägnantes Beispiel dafür, was ein Künstler erreicht, wenn er sich, fern von allen zerstreuenden Einflüssen, auf ein Ziel konzentriert: sich in eine ihm liebgewordene Natur zu vertiefen, liefert niemand besser als die Worpsweder. Was sie so ernst und imponierend macht, das ist die tiefe Wahrheit ihrer Werke, was so Sympathie erweckt, die Abwesenheit jeglicher Phrase, was sie so intim erscheinen läßt, die Vertrautheit mit der heimatlichen Scholle. Das ist kein bloßes Abmalen dessen, was einem äußerlich gefallen, sondern ein Einswerden mit der umgebenden Natur, ein Herauswachsen des Kunstwerkes aus dem Geist des Landes und des Volkes, wie es seit den Tagen von Barbizon nicht allzuoft wieder so gesehen wurde."[825]

Die *Bergpredigt* Mackensens, die eine Adäquanz zwischen Kunst, naturnahem Dasein und ursprünglicher Religiosität ausdrückt, wird von Rilke knapp beschrieben; der Dichter nennt zwei Momente dieser Adäquanz, nämlich die naturhafte Frömmigkeit, Gläubigkeit der Bauern und die Verbindung des Exponenten dieser Gläubigkeit, Christus, mit der in alle Windrichtungen weisenden, mächtigen Eiche[826]; zuletzt wendet Rilke noch einen hinsichtlich der Endfassung des Gemäldes allerdings darstellungsinadäquaten Kunstgriff der Verdeutlichung an: er läßt Christus über die Worpsweder Landschaft blicken: „Jesus steht am Rande des Berges, an eine große, gewaltige Eiche gelehnt, die mit allen Ästen nach Norden und Süden weist, nach Osten und Westen. Stille, lauschende Menschen stehen um ihn her, senken den Kopf oder sehen ihn an. Er aber schaut über sie fort, schaut wie die flachen, fließenden Felder sich langsam in breiten Wellen, Feld bei Feld hinuntersenken in die Niederung der tiefen Wiesen und zu den fernschimmernden Wassern der Hamme hin."[827] Jedoch auch dieser suggestive Kunstgriff genügt dem Dichter nicht; er will eine grundsätzliche innere Übereinstimmung zwischen der „großen Natur", dem sie sich aneignenden „guten Künstler" und der Bibel gestiftet sehen: „Das ist kein neues Thema für Mackensen. Es ist im Grunde, was er schon immer gemalt hat. Die große Natur, gesehen und erlebt durch das Medium des Menschen. Der Schritt zur Bibel lag da sehr nahe; denn von ihr gilt was Dürer von dem guten Maler gesagt hat: sie ist innerlich voller Figur."[828] Für Rilke sind mithin Natur und Bibel gewissermaßen „voller Figur", und der „gute Künstler", der aus beiden zu schöpfen weiß, der nämlich eine Worpsweder Adäquanz von naturhaftem Dasein, ursprünglicher Christlichkeit und Kunst herzustellen vermag, ist ebenfalls „voller Figur".

So abstrakt und wenig allgemeingültig diese Formel des Dichters sein mag, so scharf beleuchtet sie den Idealismus der *Bergpredigt* von Mackensen. Die Übereinstimmung des naturbezogenen Bauernlebens mit der Religion wird in der Darstellung nicht allein motivisch durch die transzendentale Christusfigur ausgedrückt, die in der freien Natur unter die gläubigen Zuhörer versetzt ist, sondern gerade auch durch die analysierten „modernen" Abstraktionen, die verallgemeinernd, veredelnd, ja, wie die pastellartige Hellmalerei vergeistigend die Darstellung durchdringen. Ähnliche *neuidealistische* Gestaltungsprinzipien prägen auch die behandelten Predigtdarstellungen von Hans Thoma und Max Klinger. Die Diskrepanz dieses christlichen Neuidealismus zum traditionellen Idealismus der zeitgenössischen religiösen und Historienmalerei, exemplarisch vertreten durch Werke wie die von Carl Gottfried Pfannschmidt, Bernhard Plockhorst und Heinrich Hofmann, besteht darin, daß der Neuidealismus sozusagen durch die „Niederungen" des Naturalismus und der Arme-Leute-Malerei hindurchgehen und sich mit Hilfe der Gestaltungsmittel der modernen Abstraktionen wieder emporringen muß, während der traditionelle Idealismus a priori eine hohe Stillage behauptet und die Errungenschaften der Moderne generell zurückweist.

Albert Freihofer versucht in seiner Rezension der Münchener Glaspalastausstellung von 1895 die spezifische Eigenart der Worpsweder Kunst auf den Begriff zu bringen: „Die ächte Kunst will niemals mit Fleiß manierirt sein, aber sie ist es des öfteren gewesen, ohne daß sie es gemerkt hat, und sie ist meist durch unverständige Nachahmungen dazu gelangt. Darum sind es immer die Natürlich-Ursprünglichen, die wir unter den neuen Kunsterscheinungen am liebsten begrüßen, darum sehen wir in den 'Worpswedern' das Kunstereignis von 1895."[829] Freihofer hebt prägnant die echte, natürlich-ursprüngliche Worpsweder Malerei gegen eine „manierierte" Bildkunst ab, die sozusagen nur *vermittelt* über eine „unverständige" Orientierung an historischen Gestaltungsweisen schafft. Sicher verfolgte die Landschafts- und Menschendarstellung der Worpsweder Künstler Ziele, die denen der zeitgenössischen heroischen, romantischen und exotischen Landschaftsmalerei ebenso widersprachen wie denen der idealistischen, literarisch ausgerichteten und historistischen Figurengestaltung. Die bildkünstlerisch eindringlich erfaßte Kargheit des bäuerlichen Daseins in der norddeutschen Moor- und Heidelandschaft und die Anwendung modernster Abstraktionsweisen mochten dabei besondere Akzente setzen.

Eine weitergreifende historische Interpretation der Worpsweder Kunst gibt Robert Minder im Kapitel „Lüneburger Heide, Worpswede und andere Heide- und Moorlandschaften" seines Buches *Dichter in der Gesellschaft* (1966). Dort heißt es: „Der Rückzug der Worpsweder von der Stadt aufs Land, von übersteigerter und nivellierender Kultur zu scheinbar unverbrauchter, unerschöpflicher Natur, war ein europäisches Phänomen im Rahmen der neuerstandenen Industriegesellschaft."[830] Die Gründung der Worpsweder Malerkolonie durch Fritz Mackensen, Otto Modersohn, Hans am Ende, Fritz Overbeck, Heinrich Vogeler und Carl Vinnen kann einerseits als Flucht vor der Technisierung, Rationalisierung und Verschärfung der sozialen Spannungen in der Großstadt aufgefaßt werden, andererseits als Versuch einer Daseinsalternative sowohl gegen-

Abb. 272 Fritz Mackensen: Der Säugling, 1892

über dem urbanen bürgerlichen Vergnügungs-, Salon- und Kulturbetrieb als auch gegenüber der entfremdeten und verdinglichten großstädtischen Arbeitswelt. Religiöse Bilder wie Mackensens *Worpsweder Madonna*[831] (*Der Säugling*, 1892, Abb. 272), *Der Gottesdienst im Freien* (1895), *Doodenbeer* (1900) und *Die Bergpredigt* (1903 - 1907) konnten darüberhinaus zum bürgerlichen Fassadenchristentum und überhaupt zur Entchristlichung in der Großstadt kontrastieren.

Allerdings garantierte die von den Worpsweder Malern erstrebte Adäquanz von Kunst und ländlicher Existenz, die ihre prinzipielle Grenze darin fand, daß die Künstler nicht die bäuerliche Produktionsweise ausübten, keineswegs eine realistische Gestaltung der sozialen Wirklichkeit dieser in vieler Hinsicht damals rückständigen Region. Gerade Bilder, die Einheimische bei ihrer täglichen Arbeit zeigen, sind in der Worpsweder Kunst selten. Auch stammt die entschiedenste Darstellung eines *Torfarbeiters* (Abb. 273) nicht von einem Worpsweder sondern von dem Münchener Maler Walther Firle. Mit großer Ausdruckskraft schildert Firle seinen in der prallen Sonne einen Augenblick innehaltenden Torfstecher, der sich den Schweiß von der Stirne wischt. Vergleichbare Bildwerke hat die insgesamt doch stark poetisierende Worpsweder Kunst nicht zu bieten.

Die *Bergpredigt* an der Chorwand der Dorfkirche in Obersulzbach bei Straßburg, die von dem Straßburger Kunstschulprofessor Carl Jordan um 1909 vollendet wurde (Abb. 274), zeigt den jugendlichen Heiland im traditionellen zweiteiligen Gewand als göttliche Autorität auf einer Anhöhe sitzend, die im biblisch-theologischen Sinn sozusagen als

Abb. 273 Walther Firle: Torfarbeiter, neunziger Jahre des 19. Jahrhunderts

Abb. 274 Karl Jordan: Bergpredigt

„heiliger Berg" fungiert, als Ort der Begegnung von Himmel und Erde. Dieser „heilige Berg" ist im Wandgemälde jedoch kein „biblischer Ort" sondern ein Teil der elsässischen Landschaft mit dem Dorf Obersulzbach und seiner hochgelegenen Kirche im Hintergrund. Der Realitäts- und Gegenwartsbezug der Darstellung wird auch dadurch bekräftigt, daß die Zuhörer Christi zeitgenössische Einwohner von Obersulzbach sind, die hier gleichsam als Zeugen der Gültigkeit und Wirksamkeit der christlichen Lehre auftreten. Dr. lic. Gustav Lasch aus Straßburg charakterisierte das Bild im *Christlichen Kunstblatt* (1909) wie folgt: „Inmitten der Obersulzbacher Landschaft, die wir soeben beschrieben, sitzt Jesus predigend. Von rechts und links sind die Landleute herbeigeeilt seinen Heilandsworten zu lauschen. Die einen sind gekommen im Sonntagsstaat, dem langen Gehrock und der roten Weste, die andern im Werktagskittel. Frauen haben sich eingestellt in der schönen Elsässertracht, der 'Schlupfkappe' und dem seidenen Halstuch. Ein Ausdruck andächtiger Spannung liegt auf jedem Antlitz. Denn allen hat der Herr etwas zu sagen, den Kindern, die so andächtig nach ihm blicken, den Männern mit den harten Zügen, den Müttern in ihrer stillen Gelassenheit. Den Schall besser aufzufangen legt einer die Hand ans Ohr, sinnend lehnt der Pfarrer am Birkenstamm, freundlich ladend stehen die Apostel in der Nähe des Herrn. Jesus ist nicht als Fremdling gekommen, sondern weiß sich inmitten einer Gemeinde, die ihn kennt und liebt. Im Hintergrunde aber blüht und grünt in leuchtenden Farben der Frühling. Die Pfirsich- und Kirschbäume tragen ihre schimmernden Blüten, weithin dehnt sich das Dorf, auf der Höhe wird die Kirche sichtbar, links ein

langgestreckter Bergrücken. Von starker dekorativer Wirkung sind zu beiden Seiten der Pappelbaum und die Birkengruppe."[832] Diese Beschreibung drückt die idealistische Versöhnungsperspektive der Darstellung aus: Arm und Reich, Bauern im Sonntagsstaat und Leute im Werktagskittel, Frauen und Kinder sind inmitten der blühenden Frühlingslandschaft zu einer harmonischen Glaubensgemeinschaft vereint. Zwar mag nun Christus „nicht als Fremdling" gekommen sein und sich „inmitten einer Gemeinde" wissen, „die ihn kennt und liebt", wie Gustav Lasch schrieb, dennoch ist er im Gegensatz zur Auffassung Uhdes und sogar Mackensens der alle überragende, lichtverklärte Herr: Zwischen den beiden symmetrieartig angeordneten Zuhörergruppen bleibt die Blickachse auf die hierarchisch erhöhte Zentralfigur des Heilands mit den weihevollen Predigtgesten frei. Selbst der durchaus als Autorität hervorgehobene Volksprediger-Jesus Gebhardts wirkt demgegenüber stärker in den Kreis seiner Zuhörer integriert und zeigt kommunikativere Züge.

Der seit 1898 an der Gewerbeschule in Barmen als Lehrer für figürliches Malen und Komposition tätige Bildkünstler und Schriftsteller Ludwig Fahrenkrog versetzte seinen kurzhaarigen und bartlosen Christus, der die Kritiker provozierte[833], mitten unter das moderne „Volk". David Koch, der im *Christlichen Kunstblatt* (1903) die religiöse Kunst der Münchener Ausstellungen von 1902 besprach, rezensierte auch das auf der Secessionsausstellung gezeigte Fahrenkrogsche Gemälde *Jesus von Nazareth predigend* von 1901 (Abb. 275). Koch schrieb: „Ein bartloser, hohläugiger junger Asket mit südländischem Typus steht mitten in einer aufgeregten Volksmenge. Alle Schichten der menschlichen Gesell-

237

Abb. 275 Ludwig Fahrenkrog: Jesus von Nazareth predigend, 1901

schaft: Dame, Demimonde, Bettelweib, Lebemann und Arbeiter sind vertreten. Haß, Spott, Wut, Andacht, Verzweiflung malen sich drastisch auf den Gesichtern. *Fahrenkrog* hat damit die letzte Konsequenz Uhdes gezogen, wie die Franzosen, J. Béraud voran, es schon längst getan haben. Wäre das Bild nicht auf allzu schreienden Farbeneffekt gemalt, so würde es glaubhafter wirken."[834] Der von Koch erwähnte Jean Béraud stellte biblische Szenen als Ereignisse der zeitgenössischen Gegenwart dar, wenngleich er ähnlich wie Uhde einen traditionellen Christustypus verwendete.[835]

Fahrenkrogs Jesus wirkt wie ein priesterlicher Übermensch, der mit einer schneidenden Bewegung der weit ausgestreckten Rechten das ihn umwogende „Gesindel" abweist und nur ein betendes unschuldiges Mädchen an sich zieht. Die abstrakt-montagehafte Komposition der gegeneinander kontrastierenden Gesichter erzeugt den Eindruck einer zerfahrenen großstädtischen Menge ohne Halt und Bindung. Nur wenige Fromme, die auf Christi Lehren hören, zeigt die rechte Bildseite. Aus diesem Gewühl fotografiehaft „realistischer" Alltagsgesichter, die überwiegend das Befangensein in urbanen Lastern, Vergnügungen und Geschäften oder Blasiertheit und Spott zeigen und Vertretern aller städtischen Bevölkerungsschichten zugehören, wie Koch mit Recht feststellt, hebt sich das regelmäßige, kraftvoll jugendliche Antlitz Christi mit den mächtigen geschwungenen Brauen, den großen, stechend-dunklen Augen und dem entschlossenen, jedoch auch leidenden Asketenmund scharf heraus. Die Distanz dieses einsamen Elitemenschen zur Menge wird dadurch betont, daß seine große Halbfigur in dem hellen Hemdtalar als einzige ohne Überschneidung innerhalb des Gewühls der Köpfe voll sichtbar ist und sein Antlitz mit dem beinahe starren Beschwörerblick von einem dunklen Grund lichtverklärt absticht. Der Christus Fahrenkrogs ist ein neuidealistisches Geistwesen, das sich weltverbesserisch gegenüber den Glaubenslosen, Zweiflern oder Atheisten der modernen Stadtgesellschaft, deren bürgerliche Elemente deutlich überwiegen, mit einer kleinen Anhängerschar behauptet.

Auch in dem gezeichneten Karton *Eines tut not* (1894, Abb. 276) des Dresdner Malers Alexander Schneider predigt Christus nicht einer gläubigen ländlichen Gemeinde. Gustav Pauli interpretierte das Bild im Entstehungsjahr innerhalb einer Rezension über eine „Aufsehen erregende" Ausstellung des erst vierundzwanzigjährigen Künstlers in den Räumen des Dresdener Kunsthändlers Lichtenberg: „Dicht daneben hing ein anderes Bild. Es war benannt: 'Eines thut Not' (nämlich die Liebe). Da stand Christus und predigte am Fuße des Kreuzes das Evangelium der Duldung und Nächstenliebe. Aber die unabsehbare Menge zu seinen Füßen schaute stumpf brütend in der Finsternis ihrer Borniertheit zu ihm auf. Der Satan des Mißverständnisses vergiftete den reinen Hauch der christlichen Worte. Wir sahen ihn leibhaft, diesen Satan, in der Gestalt eines scheußlichen Affen, der sich hinter dem Herrn an dem Kreuz hinaufrekelte. – Wieder ein neuer Gedanke, neu dargestellt!"[836] Pauli beachtet die Worte nicht, die an die Balkenenden des vom „Satan des Mißverständnisses" umfaßten Kreuzes geschrieben sind, nämlich „Freiheit", „Brüderlichkeit" und zu ergänzen ist auf dem vom Haupt Christi verdeckten Querbalkenteil „Gleichheit" als dritter Begriff der Wertetrilogie der Großen Französischen Revolution. Der „reine Hauch" der Worte Christi, die über das Heil der Seele, über „Duldung und Nächstenliebe" predigen, ist hier also vergiftet durch die allzu irdischen Parolen der Revolution. Mit den Worten *„Eins aber ist not"* weist Christus im Lukasevangelium (Kap. 10, 42) Martha zurecht, die ihn fleißig bedient, aber über ihre still zuhörende Schwester Maria klagt, die nicht mithilft. Während Martha nur das Sorgen um die rein äußeren körperlichen Bedürfnisse im Kopf hat, bekümmert sich Maria um das Heil ihrer Seele, indem sie den Lehren des Meisters lauscht. In einem ähnlichen Sinn läßt sich die von Pauli mit Recht als stumpf brütend und borniert bezeichnete Arbeiter-Menge im Bilde Schneiders, hinter der riesige Fabrikschlote rauchen, eher durch die satanischen Versprechungen eines Umsturzes der materiellen und politischen Verhältnisse ködern als durch die christlichen Lehren von der göttlichen Liebe und dem ewigen Seelenheil. Das Christentum wird in dieser Darstellung mithin gegen die Ideen der „irdischen" Revolution ausgespielt, ganz im Sinne des gegen die Sozialdemokratie kämpfenden Christlichen Sozialismus.

Abb. 276 Alexander Schneider: Eines tut not, 1894

Schneiders Christusfigur mit dem entblößten Oberkörper und den linkischen Redegesten ist nicht die des verkündenden Weltheilands wie beispielsweise in dem traditionell-idealistischen, gotisch verzierten Spitzbogen-Altarbild der Friedenskirche zu Bremen von Carl Gottfried Pfannschmidt (Abb. 277), sondern die des Märtyrers, der für seine Überzeugungen leiden muß. Dieser „problematische" Jesus Schneiders, der einsam zwischen der niederen, verständnislosen Masse zu seinen Füßen und seinem Widersacher Satan steht, unterscheidet sich ebenfalls von den tendenziell optimistischen, durch die Frömmigkeit ihrer Zuhörer gestärkten Predigerfiguren Gebhardts, Uhdes, Mackensens, Jordans.

239

Nur eben der Fahrenkrogsche Christus, der sich in einer Welt des Unglaubens behaupten muß, zeigt verwandte Züge. Während indessen Ludwig Fahrenkrog in seiner Predigtdarstellung die Entchristlichung hauptsächlich der bürgerlichen Elemente anprangert, zielte Alexander Schneider primär auf die Glaubenslosigkeit unterer Schichten und Klassen. Entsprechend schärfer fällt die Distanz seines Christus zum „Volk" aus.

Abb. 277 Carl Gottfried Pfannschmidt: Friede sei mit euch, 1887

Die an Böcklin und Klinger anknüpfende Symbolik und Phantastik in Schneiders „Eines tut not", die moderne Rauhigkeit der Zeichnung und Anwendung informeller Strukturen, die starken romantischen Helligkeitskontraste und das mysteriöse Licht des Kreuzes lassen die Darstellung der Strömung des Neuidealismus angehören.

Sogar der sonst freundliche Volksheiland Gebhardts kann innerhalb der Gestaltung von Bildthemen wie des *Ecce homo* und der *Tempelreinigung* in einen äußersten Gegensatz zur Menge treten. Dabei verkehrt sich die Gebhardtsche realistisch-scharfe Charakterisierung der „Volkstypen" ins Gegenteil einer karikierenden Abqualifikation des „Volkes". In dem Gemälde *Pilatus zeigt Christus dem Volk* (Abb. 278), das von Adolf Rosenberg in seiner Gebhardt-Monographie (1899) auf 1889 als Entstehungsjahr, neuerdings jedoch zwischen 1870 und 1875 datiert wird[837], brandet die tobende Menge, die mit expressiven, locker geführten Pinselstrichen skizziert ist, gegen die starre, hell beleuchtete Repräsentationsarchitektur, wo auf dem hohen Vorbau der dornengekrönte Christus duldend neben Pilatus steht. Ähnliche Gegensätze prägen Rembrandts Radierung *Christus wird dem Volk vorgestellt* (nach Joh. 18, 39 - 40) von 1655 (Abb. 279), auf die sich Gebhardt bezogen haben könnte. Doch ist der Kontrast zwischen dem statuarisch in die überhöhende Bogenarchitektur einbezogenen Gebhardtschen Christus, der mit übermenschlicher Ruhe und Konzentration seinen Leidensweg angetreten hat und der dramatisch bewegten Volksmenge mit den zu Grimassen verzerrten Gesichtern, den erregt hochgestreckten Fäusten und Krallenhänden und dem wilden Emporklimmen an der Mauer des Vorbaus ungleich stärker als bei Rembrandt. Der einsame Passionschristus Gebhardts ist wieder der von der Masse verachtete „große Einzelne" des 19. Jahrhunderts, ein Märtyrer seiner exzeptionellen Ideen. Das Gemälde bildet wegen seiner expressiven Malweise und der zwischen schmutzigen Dunkelbraun- und gleißend hellen Gelbtönen kontrastierenden Farb- und Lichtdramatik ein neuidealistisches Unikum im Werk des Künstlers.

Als gewissermaßen im heiligen Zorn entbrannter priesterlicher Intellektueller wütet der Christus des Gebhardtschen Wandgemäldes *Tempelreinigung* (Abb. 280) in der Düsseldorfer Friedenskirche[838] gegen die vom Künstler ansonsten mit liebevoller Sympathie geschilderten ländlichen Typen, die hier jedoch nur geschäftemacherische Borniertheit zeigen.

Die Gläubigen des ausgeprägt hochformatigen Gemäldes *Christus als Lehrer* (1908, Abb. 281) von Hans Thoma in der Thoma-Kapelle der Karlsruher Kunsthalle sind von Christus durch einen treppenartigen Felsen getrennt, der ihn weit über sie hinaushebt. Den Blick hat dieser sich geisterfüllt vorbeugende und die Arme und offenen Hände ausbreitende Christus zum Himmel gerichtet; so scheint der Gottessohn mit den höheren Sphären seines Vaters verbunden. Im gleichen Maße wie der Künstler die göttliche Autorität des Heilands betont, hebt er die fromme Andacht der Zuhörer zu Christi Füßen hervor. Die Gläubigen sind wie der Herr in eine Art sakraler Gewänder gekleidet, blicken innig zu ihm auf, senken die Köpfe in stillem Gebet, verneigen sich demütig, knien auf den Stufen des Felsens oder auf dem Boden. Auch die vorbildlich-reinen Kindlein fehlen nicht. Die Gesichter dieser „Edelmenschen" besitzen ebenmäßige Züge

Abb. 278 Eduard von Gebhardt: Pilatus zeigt Christus dem Volk, 1870-1875

Abb. 279 Rembrandt: Christus wird dem Volk vorgestellt, 1655

Abb. 280 Eduard von Gebhardt: Tempelreinigung, 1899-1906

und erinnern an die klassischen Idealtypen der Tradition. Die feiertägliche Stimmung wird durch die sich wohlgefällig im Hintergrunde aufbauende Berglandschaft mit der mächtigen, malerischen Brücke und der fernen Stadt auf dem Gipfel verstärkt. Wieder ist es eine rousseauische Atmosphäre, die die in hellen pastellartigen Tönen gemalte heilig-sommerliche Szenerie erfüllt.

Vertikalen und Horizontalen bestimmen das klare Bildgefüge. Feinsinnige Linien durchwirken die Gestaltung. Die Falten der Gewänder bilden sich verselbständigende, irreguläre Ornamente, und auch die Bäume und das Buschwerk sind ornamental strukturiert. Eine quattrocentohafte Formschärfe herrscht. Seit seiner ersten Italienreise 1874 begann Thoma Einflüsse insbesondere von Botticelli, Signorelli und

Abb. 281 Hans Thoma: Christus als Lehrer, 1908

Giovanni Bellini zu verarbeiten.[839] Nach der zweiten Italienreise 1880 nahmen die mythologischen, allegorischen und religiösen Themen im Werk Thomas stark zu, und der Stil wurde strenger, zeichnerischer.[840] Die künstlerische Entwicklung Thomas vom angefeindeten „Realisten", der sich an Courbet orientierte und der dem in der ersten Hälfte der siebziger Jahre am festesten verbundenen Leiblkreis in München angehörte[841], bis zum gefeierten „nationalen" Künstler um die Jahrhundertwende, der sein Werk geistig – nämlich neuidealistisch – „vertieft" hatte, ist symptomatisch für den Gang der Malereigeschichte im Zweiten Deutschen Kaiserreich.

Das behandelte Gemälde *Christi Predigt am See* von 1877 prägen noch oppositionelle „realistische" Tendenzen. Christus steht dort den Mühseligen und Beladenen gegenüber, die eine an Courbets *Begräbnis von Ornans* (1849 - 1850) anklingende geschlossene Masse bilden, im Gegensatz beispielsweise zu den schön gegliederten Gruppen edler Zuhörer in Heinrich Hofmanns ein Jahr früher entstandener, traditionell-idealistischer *Seepredigt*. Auch durchdringen die Gestaltung dieses frühen Predigtbildes von Thoma noch die dichten, haptisch-rauhen Strukturen des Realismus von Courbet und Leibl, und eine dunkel-schmutzige, antiakademische Farbigkeit scheint zu herrschen. Im späten Thomakapellengemälde *Christus als Lehrer* sind dagegen bei einer durchscheinend-hellen Farbgebung die Formareale glättend „entleert" oder mit ornamentalen Strukturen erfüllt. Christus erscheint als spiritus rector einer gleichsinnig auf meditative Innerlichkeit und auf Transzendenz ausgerichteten Glaubensgemeinde nunmehr klassisch geschönter Geister, die den Niederungen des Naturalismus und der Arme-Leute-Malerei enthoben sind.

Während das frühe Predigtbild Thomas noch von einer Phase bestimmt ist, in der die progressiven Künstler wie Gebhardt, Thoma, Klinger, Trübner, Liebermann, Uhde auf dem Wege der *Umkehrungsaneignung* sich der Themen der traditionellen Historien- und religiösen Malerei bemächtigten und diese Stoffe mit Hilfe antiakademischer Abstraktionen und der Einarbeitung moderner Problemstellungen beispielsweise der „sozialen Frage" umdeuteten, gehört das Thomakapellengemälde *Christus als Lehrer* von 1908 der inzwischen siegreichen Strömung des Neuidealismus an, dessen Gegner nicht mehr der illusionistische Verismus und „Akademismus" sowie der traditionelle Idealismus waren, sondern der auf bloß äußere Erscheinungen fixierte Impressionismus und der Naturalismus mit sozialen Tendenzen.

Das um 1913 entstandene Gemälde *Bergpredigt* (Abb. 282) des Stuttgarter Malers Rudolf Yelin, das Gestaltungsprinzipien des traditionellen Idealismus wiederaufnimmt, wird von dem kunstverständigen Theologen Johannes Merz, der von 1894 bis 1903 Herausgeber des *Christlichen Kunstblattes* war, in einem Aufsatz über religiöse Kunst der Gegenwart von 1926 wie folgt charakterisiert: „*Yelins* sonnige 'Bergpredigt' verdeutlicht den 'neuen Tag' des Neuen Testaments und überwindet den Naturalismus der vergangenen Epoche durch Symmetrie und strenge Linienführung."[842] Auch Fritz von Uhde blieb von neuidealistischen Tendenzen nicht unbeeinflußt. Sein Christus aus der Studie *Die Predigt Christi* (1904, Abb. 283) zu dem großformatigen Altarbild der Zwickauer Lutherkirche von 1906 ist eine übernatürliche Lichtgestalt, die in einen Kreis sozial kaum näher bestimmter Gläubiger tritt. Bereits die *Verkündigung an die Hirten* von 1892 (Abb. 284) brachte eine neuidealistische Licht- und Figurengestaltung: Ein leuchtender geflügelter Engel, der in seiner lockeren Malweise jedoch gegenüber nazarenischen Idealgestalten recht „modern" wirkt, verkündet die frohe Botschaft den knienden Hirten, die von den Strahlen des Engels und der Helligkeit des geöffneten Himmels verklärt werden. Ihre Gesichter erscheinen gegenüber den „proletarischen" des *Abendmahls* von 1886 geradezu „edel". Lobend schreibt ein Rezensent der Großen Berliner Kunstausstellung, auf der das oft ausgestellte Gemälde 1894 zu sehen war, im *Christlichen Kunstblatt*: „Uhde hat diesmal seinen Vorwurf im größten Format ausgeführt und ist in der Ausgestaltung desselben so glücklich gewesen, daß man wohl sagen

Abb. 282 Rudolf Yelin: Bergpredigt

Abb. 284 Fritz von Uhde: Die Verkündigung an die Hirten, 1892

Abb. 283 Fritz von Uhde: Die Predigt Christi, 1904

darf, er hat nicht nur einmal ein wirkliches Kirchenbild geschaffen, sondern er hat noch nie in seinen religiösen Darstellungen solche Harmonie in Auffassung und Ausführung zu erreichen, noch nie den Beschauer so für sich zu erwärmen gewußt, wie diesmal."[843] Der Verfasser Pfundheller, der in einem Aufsatz über das Thema „Fritz von Uhde und die religiöse Malerei" in der *Monatsschrift für Gottesdienst und kirchliche Kunst* von 1909 einen gedrängten Abriß der künstlerischen Entwicklung Uhdes skizzierte, stellte eine Veränderung der Auffassung christlicher Themen des Künstlers zu Beginn der neunziger Jahre fest: „Etwa um das Jahr 1893 zeigt sich eine *Änderung in der Behandlung der heiligen Geschichte*. Die Gestalt Christi, die bisher schlicht und einfach war, wird nun idealer gefaßt. Der Künstler lehnt sich zeitweise an große Vorbilder der Vergangenheit an. So ist sein 'Noli me tangere' beeinflußt von demselben Gegenstand, den Tizian gemalt hat (Pinakothek in München)."[844] Über den Christus des *Noli me tangere* von 1894 (Abb. 285) schrieb Fritz von Ostini in seiner 1902 erschienenen Uhde-Monographie: „Edler hat Uhde den Christustypus kaum jemals aufgefaßt, aber der schöne, sanfte Mann mit der segnenden Gebärde, mit der nackten Schulter in dem reichdrapierten Gewande hat wenig mehr von der spezifischen Eigenart der sonstigen Uhdeschen Christusdarstellung."[845] Ebenso „edel" wirkt die lichtverklärte, fromme Magdalena mit den sensiblen Händen. 1896 konstatierte der Freiburger Stadtpfarrer Dr. Hasenclever in einem Artikel der *Monatsschrift für Gottesdienst und kirchliche Kunst*, in dem er insbesondere den Naturalismus mit sozialistischer Tendenz angriff, das „mächtige Emporwachsen des Symbolismus und Mystizismus" und konnte neueste Bilder Uhdes wie *Noli me tangere* (1894) und *Die Könige aus dem Morgenlande* (1895, Abb. 286) nicht mehr „beanstanden".[846] Das letztere Gemälde, das die reich gekleideten, durch eine waldige deutsche Berglandschaft dem Kometen von Bethlehem nachreitenden drei Könige zeigt, ist von einer nächtlich-romantischen Märchenstimmung erfüllt. – Geradezu mystisch wirkt Uhdes *Himmelfahrt* von 1897 (Abb. 287), in der die sich zurückwendende, edle Lichtgestalt Christi entschwebt und die verzückte oder fassungslose, lichtvergeistigte Gemeinde mit pathetischen Gebärden reagiert. Endlich sei dem ausführlich behandelten *Abendmahl* Uhdes von 1886 das von 1898 gegenübergestellt (Abb. 288). Stilisierende Frontalperspektive, gefühlvoll-mystisches Öllampenlicht in traulichem Gegensatz zur Dämmerung des städtischen Hinterhofes, der durch das mit einem bauschigen Vorhang drapierte Fenster sichtbar ist, merklich edlere Jüngergesichter und ein dulderisch den Blick und die offenen Hände hebender, frontal gezeigter Heiland, der fast die klassische Bildmitte einnimmt, unterscheiden das späte vom naturalistischen frühen *Abendmahl*. Die neuidealistischen Tendenzen der Uhdeschen christlichen Malerei sind durch eine religiös verinnerlichte Umdeutung der Hellmalerei, romantisierende Lichtführung, Betonung des Wunderbaren, Abschwächung der sozialen Momente und Annäherung der Figuren- und Raumgestaltung an den traditionellen Idealismus bestimmt.

Auch in dem sehr viel einheitlicheren, fast ausschließlich religiösen Werk Eduard von Gebhardts gibt es Punkte einer stärkeren Annäherung an den traditionellen Idealismus. So zeigt die 1881 entstandene *Himmelfahrt* (Abb. 289) mit dem von Strahlenbündeln umgebenen ekstatischen Gottessohn auf Wolken, dessen Mantel üppig nach hinten wallt, mit den erregten Gläubigen in ihren tuch- und faltenreichen Gewändern und den in harmonischen Braun- und Gelbtönen schwelgenden, schwärmerischen Lichtkontrasten barocke Züge. Das ebenfalls 1881 vollendete Altargemälde *Christus auf dem Meere* (Abb. 290) für die Kirche des schlesischen Ortes Ziegenhals bietet einen stark idealisierten Heiland und oben den segnenden und die Weltkugel haltenden Gottvater im Lichtwolkenkranz und die umstrahlte Taube des heiligen Geistes. Hier scheint die gesamte Tradition der christlichen

Abb. 285 Fritz von Uhde: Noli me tangere, 1894

Abb. 286 Fritz von Uhde: Der Ritt der heiligen drei Könige nach Bethlehem, 1895

Abb. 287 Fritz von Uhde: Die Himmelfahrt, 1897

Abb. 288 Fritz von Uhde: Das Heilige Abendmahl, 1898
Abb. 290 Eduard von Gebhardt: Christus auf dem Meere, 1881

Abb. 289 Eduard von Gebhardt: Die Himmelfahrt Christi, 1881

Kunst zur Rettung des ungläubigen Petrus der Moderne aufgeboten. Einen riesigen, halb barocken, halb an Grünewald erinnernden expressiven Engel im flatternden weißen Gewand, der mit ausgebreiteten Schwingen wenig über dem Boden schwebt und von dem greisen Pilger Jakob umklammert wird, zeigt Gebhardts Gemälde *Der Kampf Jakobs mit dem Engel* von 1894 (Abb. 291). Die romantische Abendstimmung mit der in ockergelbem Glanz hinter dem Wald untergehenden Sonne unterstützt den Bildgedanken des verzweifelten Ringens um den Glauben.

Bezeichnend für das neuidealistische Denken sind Themenstellung und ausgeführte Werke der sogenannten Bierckschen Christus-Ausstellung von 1896 im alten Reichstagsgebäude zu Berlin. Der Konsul Theodor Bierck hatte neun moderne Künstler, die in der zeitgenössischen Diskussion eine bedeutende Rolle spielten, aufgefordert, für eine Sonderausstellung je ein Christusbild einzusenden, das einer bestimmten inhaltlichen Weisung entsprechen sollte: „Wie Michelangelo uns einen Typus von Gottvater geschaffen hat, so wünschen wir uns auch ein Vorbild seines Sohnes. Wie Gottvater als kraftvoller, alter Mann dargestellt wurde, in dessen Antlitz sich Energie mit Milde, Strenge mit Großmut eint, so wünschten wir auch den Sohn in gesunder, kraftvoller Erscheinung, nicht wie wir ihn traditionell von den älteren Meistern kennen, kränklich, weichlich, in abgemarter-

Abb. 291 Eduard von Gebhardt: Der Kampf Jakobs mit dem Engel, 1894

tem Zustande, vielmehr mit dem Ausdruck willensstarken Glaubens, gepaart mit barmherzigem Sinne, gemalt zu sehen. Ein Geist, der die Pharisäer besiegte, der dem Glauben neue Bahnen schuf, der mächtig genug war, die Händler aus dem Tempel zu treiben – muß auch in malerischer Wiedergabe als eine Erscheinung machtvoller Persönlichkeit uns entgegentreten."[847] Diese thematische Weisung zielte mithin auf ein Meiden traditioneller Auffassungen ab, was im Grunde bereits die Auswahl der Künstler, nämlich Ferdinand Brütt, Arthur Kampf, Karl Marr, Gabriel Max, Franz Skarbina, Franz Stuck, Hans Thoma, Fritz von Uhde, Ernst Zimmermann garantierte, und sie verlangte keine orthodox-kirchliche Veranschaulichung des Heilands, sondern eine durch die rationalistische Kritik des 19. Jahrhunderts gleichsam geläuterte Darstellung der „machtvollen Persönlichkeit" des genialen Stifters einer neuen Religion und eines neuen Denkens. Im Kontext des auf Nietzsche fußenden Herrenmenschen-Individualismus der neunziger Jahre gewann eine solche Themenstellung eine besondere zeitgenössische Bedeutung. Weiter verlangte ein anderer Abschnitt der Bierckschen Weisung „ein Bildnis des Herrn, losgelöst von einer personenreichen Komposition und befreit aus einer mehr oder weniger sinnreich erdachten Handlung, als bloße Erscheinung einer religiösen Empfindung."[848] Die Christusfigur sollte also allein durch ihren psychischen Ausdruck und ihre Malweise sowohl eine subjektive religiöse Empfindung des Malers verbildlichen als auch eine entsprechende des Betrachters erzeugen. Die Aufgabe forderte sozusagen subjektiv-idealistisch die Gestaltung einer aus allen konkreten Bezügen herausgelösten Seelenstimmung mit metaphysisch-religiösem Charakter. Der Rezensent der Bierckschen Christusausstellung in der *Kunst für Alle* schrieb: „Hier wurde den Künstlern eine Aufgabe gestellt, die der selbständigen Entfaltung ihrer künstlerischen Befähigung sowie ihrer ihnen immanenten religiösen Empfindung freien Spielraum ließ. Es galt einer Potenz Körperlichkeit und sinnliche Existenz zu geben, ein Bildnis von persönlichstem Gehalt *ohne* persönliches Modell zu schaffen. Es sollte das Bild den ganzen Christus geben, die bildliche Konzentration seines Wesens, seines Lebens und Wirkens sein."[849] Der Rezensent verstand mithin die Aufgabe dahingehend, daß über die Gestaltung einer religiösen Empfindung des Künstlers hinaus auch noch die Konzentration des Wesens und Wirkens Christi veranschaulicht werden sollte. Wie aber konnte das geschehen? Sollten die Künstler doch auf die objektiv-idealistischen Gehalte der theologischen Dogmen zurückgehen oder sollten sie eine eigene Interpretation des Lebens Jesu aus den Evangelien herausdestillieren? Die Intention Biercks war jedenfalls darauf gerichtet, Werke zu erhalten, die dem *zeitgenössischen Realismus und Naturalismus entrückt* waren: „In unserer Zeit, wo der Realismus auf allen Gebieten künstlerischen Schaffens dominiert, stellen wir den Künstlern die ideale Aufgabe, um den Beweis zu liefern, daß es nur der Anregung bedarf, um deutsche Empfindungsart im höchsten Lichte zu zeigen."[850] Für den Konsul war offensichtlich die „deutsche Empfindungsart" dem Gebiet des Religiös-Metaphysischen und Idealen zugewandt, entsprechend einer gängigen zeitgenössischen Klassifikation, die die „tiefergreifende" Eigenart der Deutschen gegenüber der auf bloßen Genuß der äußeren Wirklichkeit gerichteten Eigenart der Franzosen abhob. Da in der Bierckschen Aufgabe eine Bildgestal-

Abb. 292 Arthur Kampf: Christus, 1896

Abb. 293 Eduard von Gebhardt: Segnender Christus, 1896

tung im Sinne des traditionellen Idealismus ausgeschlossen war, konnten nur Werke erwartet werden, die einen „modernen Idealismus" vertraten, etwa von der Art, wie ihn Richard Muther bereits 1894 unter dem Begriff des „Neuidealismus" beschrieben und interpretiert hatte.[851]

Die neun Bierckschen Christusbilder, die mit erläuternden Begleittexten der Künstler versehen waren, zeigen zwar nicht direkt einen lehrenden Christus, jedoch geben die meisten von ihnen eine frontal oder schräg von vorn gesehene Figur, die sich suggestiv an den Betrachter wendet. Den in einem dunklen, höhlenartig anmutenden Raum stehenden Christus von Arthur Kampf (Abb. 292) interpretiert der Rezensent der *Kunst für Alle* übereinstimmend mit Kritikern von christlichen Kunstzeitschriften[852] als „proletarischen Kämpfer": „Der Christus von *Arthur Kampf* ist ein proletarischer Fanatiker, der Träger der Not des ganzen Menschentums. Aus der hageren Gestalt, der gebeugten Haltung, den eingefallenen Zügen spricht die Sorge des Daseinskampfes. Aus dem rotumränderten, durchdringenden Auge leuchtet der Fanatismus des Kämpfers. (...) Durch rastloses, nimmermüdes Kämpfen hat sich dieser Christus des armen, arbeitenden Volkes emporgearbeitet zu der Höhe eines zu jedem Opfer bereiten Dulders. Kampf wollte Christus als Menschen darstellen, 'der sich ganz seiner Idee der Erlösung der Menschheit hingiebt, von einer wunderbaren Menschenliebe und Güte beseelt'. Durch das nervöse Spiel der herabhängenden linken Hand mit dem Gürtel verrät sich das innere Leben der sonst bewegungslosen Gestalt, das ruhelose, rastlose Arbeiten der Gedanken für das Wohl der Menschheit."[853] Die malerische Gesamtauffassung findet dieser Rezensent „derb". Im *Christlichen Kunstblatt* heißt es: „Kampf, Düsseldorf, hat uns Christus dargestellt 'rein als Mensch, ohne jede symbolische Andeutung', wie er in seinem Begleitwort sagt. Und so ist denn auch von dem bei ihm schon bekannten Modell eines unter der Schwere der körperlichen Thätigkeit verkümmerten Arbeiters *alles*, von einem über den äußeren Menschen erhabenen Gebilde *nichts* in seinem Bilde zu entdecken. Die Arme hängen lässig am Körper des zum Bilde heraus schauenden Mannes herunter, das Krankheit verratende Antlitz blickt fragend und wie in stummer Anklage über die Ungerechtigkeit der Güterverteilung dieser Welt auf uns."[854] Vergleicht man den Kampfschen Christus mit einem *Segnenden Christus* Eduard von Gebhardts aus dem Jahre 1886 (Abb. 293) gewinnen diese Interpretationen an Plausibilität: Gegenüber dem sehr traditionell gehaltenen Gebhardtschen Heiland mit Kelch und symbolischem Rebstock fallen noch besonders das schlichte, ja ärmliche Gewand und das Haar des Kampfschen Jesus ins Auge. Auch in der psychologischen Ausdrucksdifferenzierung wirkt Kampf ungleich moderner, obschon sich Gebhardt seinerseits von der gleichsam maskenhaften Idealität der Nazarener entschieden abhebt. Dramatisch läßt ein scharfes Schlaglicht die Figur Kampfs aus dem Dunkel hervortreten.

Der Christus Uhdes (Abb. 294), der von dem Rezensenten der *Kunst für Alle* als „kraftvolle Persönlichkeit aus dem Volke" bezeichnet wird[855], scheint der Bierckschen Themenstellung wegen der verklärenden Lichtgestaltung und der sakralen Verkündigungsgestik weit mehr zu entsprechen als der „realistische" Jesus Kampfs. Dennoch sind das blaßrote Gewand mit den engen Ärmeln und das braune Obergewand

Abb. 294 Fritz von Uhde: Christus, 1896

Abb. 295 Ferdinand Brütt: Christus, 1896

Christi fast ebenso schlicht wie bei Kampf, und die Physiognomie ist sogar viel unkomplizierter. Durch das Herabneigen des Kopfes, die Handbewegungen und nicht zuletzt das Öffnen des Mundes zur Ansprache erscheint Uhdes Christus kommunikativ.

Ungefähr ebenso großzügig gemalt wie die beiden anderen Bilder ist das von Ferndinand Brütt (Abb. 295), das von einem „grauweißen Farbenaccord"[856] beherrscht wird. Ein blonder, mit einem faltenreichen weißen Gewand traditionell drapierter Heiland, der die Hand mitfühlend aufs Herz preßt, steht in der Tür eines trüb erleuchteten Krankenzimmers. Seine leicht vorgebeute Haltung und das Neigen des Kopfes verraten liebevolle Behutsamkeit, die charaktervollen Züge gütige Hilfsbereitschaft. Ein romantisches Licht hebt diesen edlen Christus ähnlich effektvoll wie den von Kampf aus dem Dunkel heraus.

Dagegen zeigt Franz von Stuck im Profil eine elitäre Helden- und Herrennatur (Abb. 296), die dem Begriff des Nietzscheschen starken Genies weit eher entspricht als dem Christusbegriff dieses Philosophen. Der Rezensent der *Kunst für Alle* schreibt: „Das ist der glaubensstarke Revolutionär, der eine Welt in die Schranken fordert, der mit eisenfester Willenskraft, allen Anforderungen trotzend, das Gebäude seines gewaltigen Geistes errichten will! Birgt auch der Kopf ein leuchtendes Herrscherauge und zeigt auch die Hand eine gebieterische Bewegung, es beugt sich willig der Beschauer dieser Kraft und erkennt den Ausdruck der Macht als den Ausfluß einer gewaltigen Persönlichkeit an, der gegeben ist alle Gewalt im Himmel und auf Erden."[857] Ein magisches Schlaglicht verklärt das Antlitz dieses „großen Einzelnen" mit der hohen Stirn und dem schwarzen Haar. Das grauweiße Gewand ist abstrakt durch eine moderne Lichtstruktur markiert.

Ebenso elitär, wenn auch stärker durchgeistigt und verfeinert wirkt der den Betrachter mit großen, versonnenen Augen messende Christus von Gabriel Max (Abb. 297), der geheimnisvoll beleuchtet wie ein Magier aus dem Dunkel hervortritt, gefolgt von seinen orientalisch gekleideten Jüngern. „Das ist ja ein ganz moderner Mensch mit modisch geschnittenem Vollbart, eine weiche, fein organisierte Natur, die alles Unschöne von sich fern hält"[858], ruft der Kritiker der *Monatsschrift für Gottesdienst und kirchliche Kunst* aus und jener der *Kunst für Alle* schreibt: „Das ist keine Natur, die mit Zöllnern und Sündern Umgang pflegt, um sie zu bessern. Das vornehme Antlitz von der Art eines florentinischen Edelmannes zeigt eine frauenhafte Weichheit, wir können uns nicht denken, daß leidenschaftliche Erregungen es beleben können. Diesem Christus, möchte man glauben, ist die Sünde und das Schlechte fremd, zu ihm wird kein Schuldbeladener, kein reuiger Sünder kommen, aus Furcht, für seine Seelennot kein Verständnis zu finden."[859] Fein abgestimmt sind auch die Farben des blonden Haars und Bartes, gleißenden gelblichweißen Shawls, schwarzen Mantels und blauen Untergewandes, auf dem die feinnervige, geschlossene Hand leuchtet.

Der Münchener Akademieprofessor Carl von Marr zeigte einen sinnenden Melancholiker vor einer flachen Landschaft mit blutrotem Himmel, der auf das tragische Geschick Christi, auf seine Erlöserrolle hindeuten sollte (Abb. 298). Wie zufällig wendet dieser sitzende Denker-Aristokrat mit dem

Abb. 296 Franz von Stuck: Christus, 1896

Abb. 297 Gabriel von Max: Christus, 1896

Abb. 298 Carl von Marr: Christus, 1896

Abb. 299 Hans Thoma: Christus, 1896

konzentrierten Blick, den fest geschlossenen Lippen und zusammengelegten, feinnervigen Händen sein schönes Antlitz dem Betrachter zu. Der Rezensent der *Kunst für Alle* schreibt: „Auch *Karl Marrs* Christus zeigt die geistige Größe, aber er bringt mehr die Geistesfeinheit als die Geistesschärfe zum Ausdruck. Aus dem fein geschnittenen, vornehmen Antlitz spricht ein philosophisch beherrschter Geist, während in dem mild dreinschauenden Auge melancholisches Sinnen zu lesen ist. Das anspruchslose Grau des Gewandes giebt einen vollen kräftigen Farbenaccord mit dem blutroten Feuerschein."[860] Wieder zuckt ein romantisches Licht über das großzügig angedeutete Gewand und breitet einen geisterhaften Schein über das sehr dicht gemalte Antlitz.

Auch Hans Thomas Christus (Abb. 299) befindet sich in der freien Natur, jedoch nicht in einer tragischen, sondern in einer sommerlich hellen Landschaft, die in kräftigen Grüntönen schwelgt und mit der fernen Himmelsstadt Jerusalem auf dem Bergzug die Landschaft des Thomakapellenbildes *Christus als Lehrer* von 1908 vorwegnimmt. Über dem Heiland schwebt eine helle Wolke am blauen Himmel. Links oben ragen die fruchttragenden Zweige eines Feigenbaumes ins Bild, Symbol des freudigen Lebens im messianischen Reich. Rechts unten blühen die Lilien der göttlichen Reinheit und Unschuld. Die sehr fein und linienstreng gemalte Christusfigur im blaugrauen, traditionellen Faltengewand hält eine Blume als Symbol der Schönheit und des Paradieses. Im Unterschied zum *Segnenden Christus* Gebhardts von 1886 steht Thomas Heiland still und blickt mit seinen großen, schönbogigen Augen meditativ sinnend ins Weite. „Milder Ernst spricht aus seinen Zügen, aus seinen Augen leuchtet geistige Klarheit, die das Wesen ergründet und sich durch keinen Schein trügen läßt", meint der Rezensent der *Kunst für Alle*.[861] Das nazarenische Antlitz mit dem fromm gescheitelten Blondhaar und dem gepflegten blonden Bart strahlt in psychologisch feiner Nuancierung schlichte Ursprünglichkeit, kindliche Sanftmut aus. Der harmonische Paradiesfrieden der Szenerie wird durch die kühle Blaugrünfarbigkeit vergeistigt. Im Kontrast zum Mittelbild sind die Seiten und das Unterteil des Rahmens in roten Farben gehalten. In den vier Ecken erscheinen die vier Evangelistensymbole, in den Seitenteilen Ährenbündel und Rebstock, die Symbole des Abendmahls und ewigen Lebens, im unteren Rahmenteil die auf die heilige Passion Christi deutende Dornenkrone. Im Oberteil strahlt das Kreuz als Kardinalsymbol des Christentums vor dunkelblauem Grund. Diese sinnbildträchtige Darstellung Thomas kann der Strömung des Symbolismus zugerechnet werden, auf die noch näher einzugehen ist.

Als grüblerisch-dämonische Lichtgestalt stellt der Münchener Malerei-Professor Ernst Zimmermann seinen Christus mit dem kastanienbraunen, in langen Locken herabfallenden Haar und braunen Bart in eine üppige, von Menschenhand unberührte Baum- und Wiesenlandschaft (Abb. 300). Die Gewitterwolken am trüben Himmel korrespondieren mit der aufgewühlten Seelenstimmung dieses jugendlichen Philosophen, der gleichwohl die Hände in gedanklicher Konzentration zusammengelegt hat. „Ich habe meine ganz persönliche Auffassung des Gottmenschen", schrieb der Künstler, „Christus schreitet einsam durch die Au, seiner Lehre und der Zukunft denkend."[862] Ein durchdringen-

Abb. 300 Ernst Karl Georg Zimmermann: Christus, 1896

der, seherischer Blick trifft den Betrachter aus den blinkenden großen Augen unter den zusammengezogenen Brauen hervor.

Das Gemälde des Berliner Akademieprofessors und späteren Mitbegründers der Berliner Secession Franz Skarbina (Abb. 301) wird formal durch eine „moderne" schummernde Fleckstruktur und dekorative Flächigkeit bestimmt. Auch hier befindet sich die Christusgestalt, die allerdings im Vergleich zu den Figuren der übrigen Maler sehr viel weniger gegliedert erscheint, innerhalb der freien Natur, die jedoch schlichter, lyrischer gestimmt ist als die des Zimmermannschen Christusbildes. In der Rezension der *Kunst für Alle* heißt es: „Das geheimnisvolle Spiel der Abendschatten webt ein mystisches Gewand um die Gestalt des Erlösers, den uns *Skarbina* zeigt. (...) Er hat seine Leinwand in Graugrün gestimmt, daraus hebt sich der blasse, von langem rötlichen Haar umwallte Christuskopf märchenhaft schön ab. Sein Heiland wirkt durch die leidenschaftslose, ruhige Stimmung, die er an sich trägt. Weichheit und Milde sprechen aus diesen Zügen und doch verrät die hohe Stirn den umfassenden Geist und der klare Blick zielbewußtes Wollen. Wenn auch der modern koloristische Stil befremdend wirkt, wenn es uns auch scheint, als wenn die Gestalt, im schillernden Ton gehalten, der körperhaften Festigkeit entbehrt, bei näherem, oftmaligem Beschauen gewinnt das Bild durch die Wirkung einer bis zum Visionären gesteigerten Naturempfindung. Wir möchten sagen: 'Das Körperliche zerfließt und der Geist allein spricht zu uns durch das leuchtend klare Auge'."[863] Dieser letzte „Kernsatz" der Interpretation kann geradezu als Programmsatz einer der Hauptrichtungen des Neuidealismus aufgefaßt werden. Die unbestimmte Fleckstruktur löst in der Tat die greifbare Dichte der gegenständlichen Materien auf, macht sie gleichsam transparent für den Ausdruck der in der Natur wirkenden geistigen Kräfte und zugleich fein gestimmter seelischer Empfindungen. Die Zurücknahme der Schattierungsmodellierung und Helligkeitskontraste bewirkt eine abstrakte, „entmaterialisierte" Flächigkeit. Die figuralen Konturen der Christusgestalt Skarbinas sind stark vereinfacht, so daß sozusagen eine Annäherung an ursprünglich-elementare Formen des Geistes erreicht wird. Die psychologischen Momente der meditativen Stille und des entspannten Faltens der locker herabhängenden Hände deuten auf das den Künstler primär interessierende Leben der Seele.

Wenn Theodor Bierck ein Heilandsbild gefordert hatte, „das aus der Tiefe religiöser Anschauungen entsprungen, der Vorstellung jedes gläubigen Christen verständlich ist"[864], so

Abb. 301 Franz Skarbina: Christus, 1896

zeigten die Ergebnisse der „Konkurrenz" tiefgreifende Auffassungunterschiede der einzelnen Künstlerpersönlichkeiten, und die meisten der Christusgemälde waren weder entschieden christlich-religiös noch ohne besondere Interpretationsanstrengungen zu verstehen. Dennoch folgten sie alle dem Gestaltungsprinzip, das von der Bierckschen Aufgabenstellung gefordert wurde: Die Persönlichkeit Christi sollte losgelöst von allen Handlungs- und interindividuellen Kommunikationszusammenhängen gleichsam als allein durch sich selbst bestimmte, autonom wirkende geistige Kraft im Bild erscheinen. Ein ähnlich extremer Individualismus, der die gesellschaftliche Bedingtheit des Einzelwesens im Grunde genommen leugnete, beherrschte auch die zeitgenössische Porträtmalerei eines Lenbach oder Leo Samberger. Dieser Individualismus kompensierte bildkünstlerisch die Infragestellung des liberalen Prinzips der sich frei auslebenden, bürgerlichen Persönlichkeit im Zeitalter der Massengesellschaft und der solidarisch zusammenwirkenden kollektiven Kräfte. Dieser Individualismus verdeckte jedoch auch die Zwänge der Arbeitsteilung in der modernen bürgerlichen Industriegesellschaft und die Machtstrukturen des kaiserzeitlichen Obrigkeitsstaates, der seit dem Regierungsantritt Wilhelms II. im Jahre 1888 an konservativer Starrheit noch gewann. Die Bierckschen Christusbilder scheinen den Betrachter in ein heroisches Zeitalter zurückzuversetzen, in dem das freie Walten einer machtvollen Persönlichkeit noch möglich ist, eine Umwälzung der Verhältnisse durch den genialen Stifter einer neuen Weltsicht. Allerdings differenzieren Züge der Reflexion, Melancholie und des Leidens viele dieser „heroischen" Christusfiguren.

Die Gestalten von Marr, Thoma, Zimmermann und Skarbina, die den Heiland in die freie Natur stellen, folgen gewissermaßen dem Prinzip eines „Zurück zur Natur, zurück zu den unerschöpflichen Ursprüngen". Auch die Autoren der behandelten See- und Bergpredigtbilder nutzten ja vielfach diese biblische Thematik, um ihre religionslose, an der modernen urbanen Zivilisation „krankende" Zeit mit der Utopie einer naturnahen und in natürlicher Harmonie vereinten Glaubensgemeinschaft zu konfrontieren. In den Bierckschen Christusbildern wirkt die Natur, die bei Marr und Zimmermann sogar bedrohliche Züge annimmt, für die aus allen gesellschaftlichen Relationen entfernten Jesusfiguren allerdings ebenso als Folie ihrer Einsamkeit, ihres Außenseitertums. Einen ähnlichen Zwiespalt zwischen der Rückgewinnung von Landschaft als Raum der Ursprünglichkeit und Freiheit und der Demonstration von Landschaft als Ort angstgeladener Entrückung aus bekannten Kommunikations- und Aktionsstrukturen zeigen Bilder, die den in der Natur lehrenden Christus gänzlich von seiner Gemeinde entblößen.

In der Federzeichnung Wilhelm Steinhausens aus dem Jahre 1875, die *Der predigende Christus im Kahn* (Abb. 302) betitelt ist, hebt der sitzende Heiland, der bei tiefstehender Sonne in einem Boot ohne Ruder auf der leeren Wasserfläche treibt, die Arme. Da das Antlitz Christi von zehrendem Leiden gezeichnet ist, erscheint diese Geste als Ausdruck der resignierenden Verzweiflung eines Einsamen, wenn man nicht den Bildbetrachter als Adressat dieses „predigenden" Heilands hinzudenkt. Auch die Sonne kann doppeldeutig aufgefaßt werden, als Zeichen einerseits der Hoffnung, wenn sie aufgeht, andererseits der Endzeit, wenn sie untergeht. So

Abb. 302 Wilhelm Steinhausen: Der predigende Christus im Kahn, 1875

Abb. 304 Georg Müller-Breslau: Christus in der Einsamkeit, 1886

Abb. 303 Wilhelm Steinhausen: Christus lehrend, 1902

Abb. 305 Otto Gußmann: Lehrender Christus, um 1912

verdeutlicht die Zeichnung die Gefährdung des Glaubens innerhalb der säkularisierten Moderne.

In der Farblithographie Steinhausens *Christus lehrend* (1902, Abb. 303), die der Künstler nach dem Hauptbild der mehrteiligen *Bergpredigt* im Frankfurter Kaiser-Friedrich-Gymnasium anfertigte, sitzt der zu Boden blickende Christus allein auf einem Felsblock in einer hügeligen Landschaft und hebt sinnend die Rechte mit dem nach oben weisenden Zeigefinger. Wenn der Bildbetrachter nicht als Adressat dieser Lehrgeste genommen wird, erscheint sie lediglich als Handbewegung eines in ein Selbstgespräch versunkenen Eremiten, der sein Heil meditierend in der einsamen Natur sucht.

Negativ beurteilte ein Rezensent der Berliner Jubiläums-Ausstellung von 1886 das dort gezeigte Ölgemälde *Christus in der Einsamkeit* (1886, Abb. 304) von Georg Müller-Breslau. Der Kritiker schrieb: „Noch weiter verirrte sich Müller aus Breslau. Er malte eine fast lebensgroße Gestalt, welche die Arme ausbreitet, das Haupt gen Himmel richtet und mit einem braunen Rocke bekleidet ist, von der Rückseite! Er läßt dieselbe mitten im Wasser, dessen klarer Spiegel die phantastische Wolkenformation der Luft mit photographischer Treue widerstrahlt, auf einem flachen Steine nicht weit vom Ufer stehen und nennt das Ganze 'Christus in der Einsamkeit!' Es ist kaum glaublich, wie sich ein Künstler einer so argen Verkehrung der Grundsätze über die Ausgestaltung einer Idee schuldig machen kann; es läßt sich das höchstens aus der Sucht der heutigen Maler erklären, durchaus originell erscheinen und unbedingt Auffallen erregen zu wollen."[865]

In Opposition zum illusionistischen Verismus und „Akademismus" steht jedoch nicht allein die antitraditionelle Auffassung Christi als eines in die Natur exilierten Eremiten, sondern auch die Formalgestaltung, die zu einem für deutsche Verhältnisse erstaunlich frühen Zeitpunkt durch den Rhythmus irregulärer, ornamentaler Flächenteile bestimmt ist. Während der Worpsweder Heiland Mackensens das „einfache Leben" der Moor-und Heidebauern aufsucht, hat sich der Müller-Breslausche Mönchschristus in die völlig einsame, unberührte, enthistorisierte Natur begeben, an das unendliche Meer, das mit dem unendlichen Himmel korrespondiert, um hier im Sinne der Rückenfiguren Caspar David Friedrichs romantische Zwiesprache mit Gott zu halten. Verstärkt wird die Suggestion radikaler Einsamkeit durch die Kargheit der steinigen, den Naturgewalten ausgelieferten Küste. Die bloßen Füße Christi schließen den Kontakt zu Erde und Wasser, und wie das Wasser das Bild der „phantastischen Wolkenformation" am Himmel spiegelt, so empfängt die Seele im emporgerichteten Blick das Bild des in der Natur wirkenden göttlichen Geistes. Mit ausgebreiteten Armen befreit sich Christus Eremita zur Einswerdung mit Gott und der Natur. Das ist rousseauhaft-romantischer Neuidealismus.

Den idealistischen Aspekt dieser Thematik treibt das Altarbild *Lehrender Christus* (um 1912, Abb. 305) des Dresdener Akademieprofessors Otto Gußmann auf die Spitze. Hier ist der mit dem weißen Sakralgewand der Askese bekleidete, barfüßig auf einer Bergkuppe stehende Christus sogar der einsamen, weiten Wiesenlandschaft entrückt, um nur noch Zwiesprache mit Gott im Himmel zu halten. Die empfangsbereit erhobene Hand korrespondiert dabei mit dem zu den höheren Sphären gehobenen Blick. Die Formalgestaltung zeigt wiederum antinaturalistische Flächigkeit und Ornamentalität. Die Entstehungsdaten des Müller-Breslauschen und des Gußmannschen Christusbildes markieren ungefähr den Zeitraum der neuidealistischen Epoche, die eine letzte „Blüte" der christlichen Kunst miterzeugte und begünstigte.

Die behandelten Darstellungen des predigenden oder lehrenden Christus loten die Positionen zwischen einer mehr elitären und einer mehr kommunikativen, einer mehr sozialen und einer mehr aristokratisch-individualistischen bildkünstlerischen Auffassung aus. Auf der einen Seite thematisieren sie sozusagen antithetisch eine vorbildhaft-utopische Harmonie der religiösen und sozialen Gemeinschaft, auf der anderen die Bedrohung des Glaubens in der modernen urbanen Gesellschaft. Ohne daß nun die neuidealistischen Gestaltungen aufhören, die Säkularisierungsproblematik mitzureflektieren, suchen sie Christus aus dem Bereich des „Volkes", der Bauern, Armen und Elenden, den die oppositionellen Künstler seit dem Beginn des Kaiserreichs für die religiöse Malerei erobert hatten, wieder zu befreien und in ihm ein wenig kommunikatives, elitäres Geistwesen zu sehen. Auch in der Formalgestaltung werden die Errungenschaften des Realismus und Naturalismus entweder idealistisch umgedeutet oder mit Hilfe stärkster Abstraktionen verlassen. Die Bierckschen Christusbilder zeigen deutlich den Einbruch einer neuromantischen Lichtgestaltung, der selbst Künstler wie Uhde und Arthur Kampf ihren Tribut entrichten. Bis ins Extrem getrieben wird die psychologische Ausdrucksdifferenzierung. Die am modernsten gemalten Bilder der Bierckschen Serie sind die von Stuck, Thoma und Skarbina. Es sind zugleich jene Gestaltungen, die am konsequentesten eine elitäre Position vertreten (Stuck), die ikonische Gegenständlichkeit symbolistisch entwerten (Thoma) oder die Errungenschaften des Freilichts und der realistisch-informellen Strukturierung der Oberflächen zur empfindsamen, mystischen Neuromantik umfunktionieren (Skarbina).

Exkurs zur Deutung der neuidealistischen Formalgestaltung am Themenbeispiel des Todes Christi

Grundformen

Hans Thomas brauntonige Lithographie *Kreuzigung* (um 1890, Abb. 306) charakterisiert J. Adolf Schmoll gen. Eisenwerth in seinem Aufsatz *Zur Christus-Darstellung um 1900*

Abb. 306 Hans Thoma: Kreuzigung, um 1890

Abb. 307 Carl Johann Becker-Gundahl: Christus am Kreuz, um 1909

Abb. 308 Ludwig Schmidt-Reutte: Consumatum est, 1904

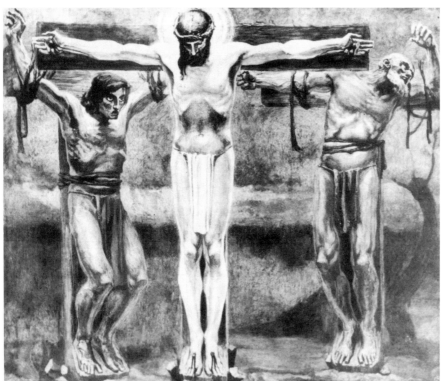

Abb. 309 Franz Hofstötter: Kreuzigung Christi, um 1911

(1977) wie folgt: „Aus der dämmerigen Landschaft mit den um den Kreuzstamm versammelten Personen steigt der Leib Christi in betont plastischen Formen in den hellen Schimmer eines Lichts auf, das Sonnenuntergang evoziert."[866] Dem Autor erscheint der religiöse Gehalt zugunsten eines bloßen „Stimmungswertes" relativiert. Sicher ist die Lichtgestaltung ein wichtiger formaler Faktor, jedoch auch die fast kubenhaft vereinfachte Plastizität der Körperformen des Heilands

Abb. 310 Franz von Stuck: Pietà, 1891

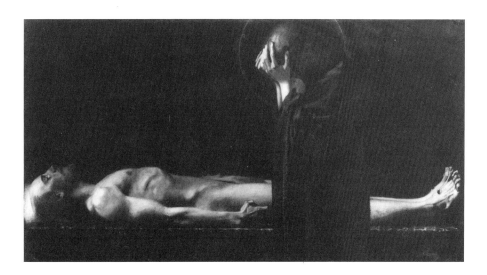

Abb. 311 Hans Holbein d. J.: Der tote Christus im Grabe, 1521-1522

bestimmt nachhaltig die Darstellung. Die prägnanten Konturen sind linear verfestigt. Noch stärker auf einfache Grundprinzipien der Formgestaltung zurückgeführt ist Carl Johann Becker-Gundahls Gemälde *Christus am Kreuz*, das auf der Düsseldorfer Ausstellung für christliche Kunst von 1909 gezeigt wurde (Abb. 307). Konsequente Frontalsicht des Gekreuzigten, Symmetrie, strenge Richtungsbetonung der Vertikalen und Horizontalen und eine klare, die Teile fast ornamental abgrenzende Gliederung des Körpers beherrschen die Gestaltung. Der Aufbau der Kreuzigung *Consumatum est* (1904) von Ludwig Schmidt-Reutte (Abb. 308) gehorcht einem fast starren Schematismus rechter und halbierter rechter Winkel. Anders als bei Thoma und Becker-Gundahl haben sogar die Arme Christi an der strengen Kreuzform teil. Der böse Schächer erscheint durch die perspektivische Seitensicht und die kompliziertere Winkelbildung seines eingeknickten Körpers geradezu von den „erhaben-heiligen" Grundformen „sündhaft" entfernt. Gegenüber dieser Gestaltung wirkt die *Kreuzigung Christi* (um 1911) aus der Münchener St. Maximilianskirche von Franz Hofstötter (Abb. 309) etwas gelockerter. Der unbestimmte Hintergrund und die durch helles Licht und eine Aura vergeistigte Christusfigur erzeugen eine mystische Stimmung. Eine äußerste Vereinfachung und Reduktion auf Elementarformen zeigt die *Pietà* (1891) von Franz Stuck (Abb. 310). In Anlehnung an Gemälde wie Holbeins *Der tote Christus im Grabe* (1521 - 1522, Abb. 311) oder Poussins *Die Grablegung Christi* (Abb. 312) liegt der Leichnam Jesu lang ausgestreckt.[867] Stuck nähert die Gestaltung des Körpers und der Glieder bis in die Finger der Hand geometrischen Grundformen an. Zu den Horizontalen des Leichnams und der blockartigen Bahre bildet die Vertikale der statuarischen Maria, die ebenso wie Christus streng von der Seite gesehen ist, einen extremen Gegensatz. Die Kreislinie des Nimbus umschließt das „Quadrat" des tuchverhüllten Kopfes der Got-

Abb. 312 Nicolas Poussin: Die Grablegung Christi

tesmutter; die eine Ecke dieses Rhombus wird durch den Knick der Hände gebildet. Daumen, Zeige- und Mittelfinger der Linken sind vertikal emporgerichtet. Ein abstrakter, einfarbiger Grund hinterfängt die Figuren.

Die Vereinfachung der Formenvielfalt und Reduktion der Formgestaltung auf geometrische Grundprinzipien kann im Sinne des Neuidealismus als ein Zurück zu den Elementarformen des Geistes gedeutet werden, als ein Zurück zu „kategorialen" Formmöglichkeiten a priori. Gegenüber den komplexen und von irregulären Zufälligkeiten bestimmten Formen der äußeren Natur sind die Grundformen im neuidealistischen Verständnis Formen der reinen Innerlichkeit des Bewußtseins, Ausdruck der Ideen an sich. Indem die ikonische Gegenständlichkeit gestalterisch der Herrschaft der idealen Grundformen unterworfen wird, triumphiert gleichsam der Geist über die Natur.

Abb. 313 Arnold Böcklin: Beweinung unter dem Kreuz, 1876

Abb. 314 Friedrich August von Kaulbach: Grablegung Christi, 1891

Flächigkeit

Wenn Arnold Böcklins *Beweinung unter dem Kreuz (Kreuzabnahme)* aus dem Jahre 1876 (Abb. 313) laut Katalog der Nationalgalerie Berlin (West) (1976) „eine Vorbildern der Renaissance durch Aufbau, Anordnung der Figuren und Farbgebung in besonderem Maße verpflichtete Komposition" ist, „die die Einwirkung der Neu-Renaissance der 70er Jahre verrät"[868], dann arbeitet der Böcklinsche Renaissancismus jedenfalls mit höchst modernen Grundform- und Flächigkeitsabstraktionen. Im Vergleich zu der traditionellen, jedoch sehr viel später entstandenen *Grablegung Christi* (1891) von Friedrich August von Kaulbach (Abb. 314), die die Gruppe um den auf einem anschaulich ausgebreiteten Leichentuch liegenden Christus raumgreifend staffelt, wirkt die Hauptgruppe Böcklins reliefartig. Ein Schematismus der Frontal- und Seitensicht sowie die Montage „flächiger" Figurenschichten (Hauptpersonengruppe, Frontalsichtgruppe von Johannes und Maria Magdalena, weiße Mauer, Piniengruppe) beherrschen die durch einfache Winkel und Grundformen geprägte Gestaltung. Die formale Radikalität der *Umkehrungsaneignung* Böcklins wird gerade auch im Kontrast zur strengen, klassizistischen *Pietà* Anselm Feuerbachs aus dem Jahre 1863 (Abb. 315) deutlich. Besonders eindrucksvolle Beispiele der neuidealistischen Flächigkeit bilden die behandelten Bilder des einsamen Christus von Georg Müller-Breslau und Otto Gußmann. Emil Noldes *Grablegung* (1915, Abb. 316) zeigt eine Extremposition der *expressiven* Flächengestaltung.

Über die Grundlagen einer „ornamentalen Flächenordnung" schreibt Hans H. Hofstätter in seinem Buch *Symbolismus und die Kunst der Jahrhundertwende* (1973²): „Wo der Raum aufgegeben wird, wird zugleich die Fläche – und mit ihr eine neue, auf die Fläche bezogenen Bildordnung – gewonnen. Alle Bemühungen um die Auflösung der herkömmlichen Bild-Raum-Bühne und der Gewinnung einer neuen Flächenordnung münden im ausgehenden 19. Jahr-

hundert in die Jugendstilbewegung und in den Expressionismus ein (...)."[869] Die neuidealistische Flächigkeit wendet sich gegen modellierende Körperschattierung, naturwahre Beleuchtungsillusion, perspektivisch markierte Stand-und Lageorte der Figuren, ferntiefenbezogene Verkleinerungen, Verkürzungen, Überschneidungen, Luftfernperspektive. Zwei Momente dieser Flächigkeit sind hervorzuheben: Auf der einen Seite sollen gleichsam die Fesseln der äußeren Wirklichkeit fallen, indem die Kraft des sinnlichen Raumempfindens, das gegenständliche Greifbarkeit und reale Bewegungsmöglichkeiten suggeriert, bildkünstlerisch zerstört wird. Auf der anderen Seite soll die rationale Alltagserfahrung der zweckgerichteten Orientierung im Raum bildkünstlerisch aufgehoben erscheinen. Das Zeichensystem der neuidealistisch-antisinnlichen und antirationalen Flächigkeitsgestaltung will allein den Geist und die Seele zur Darstellung bringen.

Flächigkeitsabstraktionen nutzte ebenfalls der oppositionelle Realismus eines Courbet und Leibl[870]; der schöne Schein romantischer oder idealistischer Historien- und

Abb. 315 Anselm Feuerbach: Pietà, 1863

Abb. 316 Emil Nolde: Grablegung, 1915

Abb. 317 Otto Grassl: Karfreitag, 1912

Landschaftsbilder sollte der „naturwahren" Darstellung der proletarischen Landbevölkerung weichen. Deshalb arbeiteten diese Künstler auch mit Formvereinfachungen, die an volkstümliche Bilderbogen und Bilder der Volkskunst erinnern. In den siebziger und beginnenden achtziger Jahren dienten Flächigkeitsabstraktionen der *Umkehrungsaneignung* von Stoffen der stillagenhohen religiösen und Historienmalerei durch antitraditionell ausgerichtete Künstler (Böcklin, Thoma, Klinger, Trübner). Von allen realistischen und naturalistischen Tendenzen befreite dann der Neuidealismus der neunziger Jahre und des ersten Jahrzehnts des neuen Jahrhunderts die Flächigkeitsgestaltung.

Ornamentalität

In festumrissene, ornamentale Zonen zerlegt Otto Grassl Figuren und Innenarchitektur seiner Temperazeichnung *Karfreitag* (1912, Abb. 317), die mit unterschwelliger Erotik Nonnen zeigt, die ein liegendes Kruzifix verehren. Stark flächigkeitsabstrahiert und durch kubistisch-ornamentale Strukturen bestimmt ist die Kohlezeichnung *Mystischer Tod* (1919, Abb. 318) des gleichen Malers; dargestellt ist eine Nonne, die von einem Kruzifix, das der Tod hält, Stigmatisationen empfängt. Ähnlich mystisch wirkt das Gemälde *Die Braut* (1892/1893, Abb. 319) von dem holländischen Maler Johan Thorn Prikker, der in Deutschland durch seine Glasgemälde, Mosaiken und Batiken bekannt war. Die mit Phallussymbolen überladene Darstellung einer neben ihrem gekreuzigten „Himmelsbräutigam" stehenden Nonne löst sich fast völlig in flächige und lineare Ornamente auf.

Der ornamentale Formrhythmus, der häufig die neuidealistischen Gestaltungen beherrscht, zwingt die gegenständlichen Einzelformen unter sein Gesetz; die Eigenständigkeit der Figuren wird innerhalb des prägenden ornamentalen Strukturgefüges relativiert. Das ornamentale Prinzip, das auch die wirklichkeitsorientierten Beziehungen der gegenständlichen Figuren und Darstellungsdetails zueinander auf-

Unbestimmtheit/romantisch-mystische Lichtgestaltung

Nicht nur der Himmelshintergrund wird in Max Klingers Radierung *Leide* (1884, Abb. 320) durch irreguläre Strichstrukturen gebildet sondern auch der Körper des hellen Gekreuzigten, der als riesenhafte Erscheinung aus dem Unbestimmten aufragt. Das Ölgemälde *Golgatha* (1897, Abb. 321) von Arthur Kampf erhält seine Formunbestimmtheit durch eine expressive Fleckstruktur, die zur ausdrucksteigernden Veranschaulichung sowohl des Unwetters beim Tode Christi als auch der mystischen Beleuchtung beiträgt. Im Unterschied zur immerhin noch rational durchgestalteten Landschaftsszenerie des Kampfschen *Golgatha* befindet sich der Gekreuzigte des *Crucifixus* von Louis Feldmann (Abb. 322), einem katholischen Schüler Eduard von Gebhardts, einsam vor einem erregten, von starken Helligkeitskontrasten zerrissenen Fleckgrund, der Luft, Wolken, Licht verbildlicht. Der geisterhell erleuchtete Christus ist nicht ganz so formunbestimmt gehalten wie der Kampfsche. Informelle Strukturen, formunbestimmte Umrisse und Deprägnanzen verbinden sich in Franz von Stucks *Kreuzigung Christi* (1913, Abb. 323) auf widersprüchliche Weise mit dem Stre-

Abb. 318 Otto Grassl: Mystischer Tod, 1919

Abb. 319 Johan Thorn Prikker: Die Braut, 1892-1893

Abb. 320 Max Klinger: Leide, 1884

zuheben bestrebt ist, drückt die formende Kraft des Geistes aus. Durch die ornamentale Formalisierung werden die gegenständlichen Gebilde von allen Zufälligkeiten befreit und der natürlichen Welt des Werdens, der Veränderung und des Vergehens gleichsam entrückt; sie werden bildkünstlerisch sozusagen in eine geistige Sphäre zeitloser Gültigkeit und idealer Dauer emporgehoben.

Abb. 321 Arthur Kampf: Golgatha, 1897

Abb. 322 Louis Feldmann: Crucifixus

Abb. 323 Franz von Stuck: Kreuzigung Christi, 1913

ben nach starker Formvereinfachung. Der Farb- und Helligkeitskontrast des mystisch graugelb durchlichteten Christus am dunkler gelblichen Kreuz und des in einem lasierenden Ultramarinblau leuchtenden Gewandes der Maria beherrscht die ansonsten auf dunkle und hellere Blaugrautöne gestimmte Darstellung. Eine lyrisch-feine Unbestimmtheit erfüllt das auf der Ausstellung für christliche Kunst in Düsseldorf 1909 gezeigte Bremer Altarbild Wilhelm Steinhausens mit Kruzifix und predellahaftem Abendmahl (Abb. 324, 325). Der Gekreuzigte hebt sich wie eine Geistererscheinung einsam aus dem verdunkelten Himmel und der dunklen Berglandschaft. Johannes Merz, der im Christlichen Kunstblatt die Münchener Secessionsausstellung von 1894 rezensierte, schlug hinsichtlich der *Kreuzigung* (1894, Abb. 326) von Albert von Keller vor, einen möglichst großen Betrachterabstand zu dem Gemälde zu suchen. „Und auch dann bedarf es noch der Schulung, um ein solches Bild richtig zu verstehen."[871] Visionär tauchen die Kreuze aus dem Dunst des Vordergrundes auf; das Licht verklärt Christus und den guten Schächer. Über die romantische Farbgebung des Gemälde schreibt Joseph Popp in einem Aufsatz über Albert von Keller (1908): „Der Himmel zuckt in Flammen, als wolle die Natur mitsterben. Das volle, dunkle Gold der ringsum wogenden Getreidefelder ist wie von Blutstropfen betaut; das beschattete Grün des Vordergrundes läßt uns die Hoffnung des wunderbar wiedererstehenden Lebens ahnen, in dem auch die trauernde Frau zu Füßen des Kreuzes ihre Kraft finden wird."[872] Noch formunbestimmter in der Pinseltechnik und mystischer in der Lichtgestaltung sind Kellers Darstellungen von Kreuzigungsvisionen; in der *Vision einer Kreuzigung III* von 1903 (Abb. 327) erscheint die Kreuzigungsgruppe des Gemäldes von 1894 schemenhaft als Traumbild einer Heiligen. Mit Darstellungen wie *Die Auferweckung von Jairi Töchterlein* (1886, Abb. 328)[873], *Hexenschlaf* (1888, Abb. 329), *Die glückliche Schwester* (1893, Abb. 330) galt Albert von Keller, der im übrigen elegante Damen porträtierte, neben Gabriel Max als Repräsentant einer Malerei des Hypnotischen, Okkulten, Mystischen.[874] Der Bereich des Heiligen und Übersinnlichen wurde von diesen Malern zum sensationellen Schauer-Vergnügen der höheren Gesellschaft bild-künstlerisch ausgebeutet. – Indessen stützte sich Albert von Keller im Zuge der Vorarbeiten für die *Kreuzigung* von 1894 auf Studien im Anatomiesaal, wo er Leichen als Modelle aufhing oder ans Kreuz nagelte.[875] Die entsprechenden

Abb. 325 Wilhelm Steinhausen: Der Gekreuzigte, 1902

Abb. 324 Wilhelm Steinhausen: Kreuzigung und Abendmahl

Ölskizzen (Abb. 331, 332) zeigen Züge eines „krassen Naturalismus", der dann in den Gemälden neuidealistisch umgedeutet wurde. Expressiv gelockert ist die Malweise in Albert von Kellers Kreuzigungsbild *Mutter und Sohn* (1909, Abb. 333), für das der Künstler eine bekannte Schlaf- und Traumtänzerin als Modell der verzweifelten Mutter benutzte (Abb. 334).[876]

In dem Abschnitt „Das Undeutliche und das Unvollendete – Methoden der Formverschleierung" seines Buches über den Symbolismus schreibt Hans H. Hofstätter: „die klassizistische Ästhetik der Akademie entwickelte eine bestimmte Vorstellung von der 'richtigen' Wiedergabe einer Landschaft oder eines Menschenbildes, in der sich dieses vollkommen spiegle. Der abgebildete Gegenstand war dann ein reales Objekt, dessen Dimensionen sich genau übersehen ließen; alle Darstellung war auf erschöpfende Formerklärung angelegt, hinter der die Phantasie nichts mehr zu suchen hatte. Eine Kunst, die im Gegensatz dazu den Primat der Phantasie betonte, die hinter die fixierbaren Formen der Erscheinung dringen wollte, weil sie es nicht auf eine Erkenntnis der äußeren Welt abgesehen hatte, sondern die Welt durch sich selbst erfahren wollte, begann zunächst damit, die optische Klarheit der Erscheinungen zu trüben, Schönheit in jenen Erscheinungen zu sehen, die etwas Unfaßbares haben und sich dem beobachtenden Blick immer wieder zu entziehen scheinen."[877] Der Symbolismus, den Hofstätter in seinem Buch behandelt, bildete die Hauptströmung des Neuidealismus um die Jahrhundertwende. Doch stand der Neuidealismus, historisch gesehen, nicht im Gegensatz zur „klassizistischen Ästhetik der Akademie", da der Klassizismus bereits in den fünfziger Jahren durch den neuen „koloristischen Realismus" überholt war, sondern einerseits im Gegensatz zum illusionistischen Verismus und „Akademismus" mit seiner Grundforderung nach mehr oder weniger fein gemalter ikonischer Gegenständlichkeit, andererseits zum wirklichkeitsorientierten Impressionismus, zur realistischen Hellmalerei und zum Naturalismus mit sozialen Tendenzen.

Hofstätter erklärt die Unbestimmtheitsgestaltung des Symbolismus (Neuidealismus) wie folgt: Diese Kunst betone den Primat der Phantasie im Gegensatz zu einem „realistischen" Gestaltungskanon, der die sinnliche Wahrnehmung, die „Erkenntnis der äußeren Welt" zum künstlerischen Grundprinzip erhebe. – Sicher besitzen die Erinnerungsbilder und Vorstellungen sehr viel weniger Schärfe, Gestaltbestimmtheit, Prägnanz als direkt erlebte Sinnesempfindungen, und gerade aufgrund dieser Unbestimmtheit können sie bis ins Phantastische verändert und miteinander kombiniert

Abb. 326 Albert von Keller:
Die Kreuzigung, 1894

Abb. 327 Albert von Keller:
Vision einer Kreuzigung III,
1903

werden. Der Neuidealismus versucht, die schöpferische Unbestimmtheit der reinen Vorstellungswelt des Bewußtseins bildkünstlerisch analog durch auflösende Fleckstrukturen, „Formverschleierungen" (Hofstätter), Deprägnanzen zu veranschaulichen. Gerade die neuidealistischen Fleckstrukturen intendieren eine „Entmaterialisierung" der ikonischen Gegenständlichkeit, eine Auflösung ihrer rational in jedem Punkt faßbaren Dichte, die Schaffung eines entsinnlichten, rein geistigen Fluidums. Die symbolistisch-neuidealistische Kunst will „hinter die fixierbaren Formen der Erscheinung dringen", schreibt poetisch Hofstätter. Der Realismus eines Courbet, Leibl, Liebermann, Uhde hatte indessen das Prinzip der Fleckgestaltung nicht nur dazu benutzt, um gegen die traditionelle akademische „Feinmalerei" zu opponieren, sondern auch um die Wirklichkeitsdimension der gleichsam *haptischen Rauhigkeit* „niederer Stoffe, Materialien, Gegenstände", die von der stillagenhohen Bildkunst für nicht darstellungswürdig erachtet wurden, zurückzugewinnen. Zum

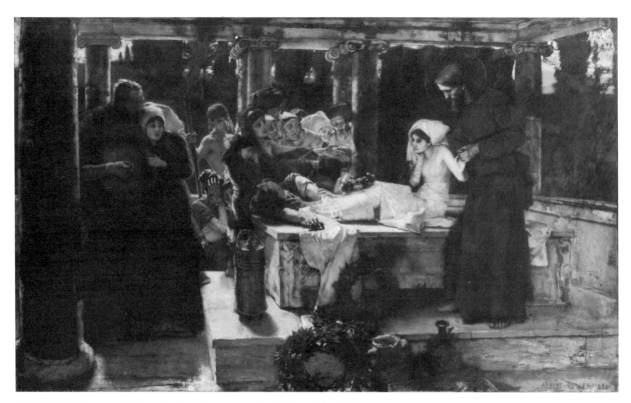

Abb. 328 Albert von Keller: Auferweckung von Jairi Töchterlein, 1886

Abb. 330 Albert von Keller: Die glückliche Schwester, 1893

Abb. 329 Albert von Keller: Hexenschlaf, 1888

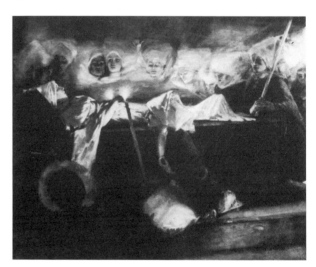

anderen benutzte der Impressionismus das Prinzip der Fleckauflösung, um die neu erkannten Zufallsstrukturen und statistischen Unbestimmtheiten der sinnlichen Realität bildkünstlerisch zu fassen. War jedoch die *realistische* Fleckgestaltung noch immer weitgehend an der ikonischen Gegenständlichkeit des Dargestellten orientiert, fügte sie sich trotz aller Abstraktion letztlich der Veranschaulichung realer Stofflichkeit, Gestaltdifferenzierung und Beleuchtungszustände, so nahmen die *neuidealistischen* Fleckstrukturen eine feine Gleichmäßigkeit, willkürliche Ornamentalität oder zerstörerische Expressivität an, die nicht mehr im Einklang mit wirklichkeitsbezogenen Ausformungen standen.

Abb. 331 Albert von Keller: Große Christus-Studie. Anatomie, 1893

Abb. 332 Albert von Keller: Kreuzigungsstudie, 1893/1894

Hofstätters Erklärung, daß die symbolistisch-neuidealistische Kunst die Unbestimmtheitsgestaltung benutze, weil sie „die Welt durch sich selbst erfahren wollte", trifft zum einen das Moment einer stärkeren Verselbständigung des formalen Bereichs durch entschieden „antigegenständliche" Fleckstrukturen (Ästhetisierung, Vergeistigung), zum anderen das Moment eines neuen Darstellungssubjektivismus. Bereits der Impressionismus konnte das Gestaltungsmittel der Fleckauflösung einerseits aus den objektiven Bedingungen der künstlerisch zu erfassenden sinnlichen Wirklichkeit herleiten (Zufallsinformalität), andererseits aus den subjektiven Bedingungen der sensuellen Wahrnehmung. Mit Hilfe der Fleckauflösung gelang es nämlich, ein durch die Sinnesrezeption bloß *angeregtes* Psychogramm der Stimmung, des Gemüts- und Gefühlszustandes des Künstlers in die Darstellung einzubringen. Die neuidealistische Fleckgestaltung konnte solche subjektiven Faktoren betonen und romantische, mystische, religiöse Stimmungen, Gemüts- und Gefühlszustände verbildlichen.

Während Impressionismus und oppositioneller Plainairismus die gesteigerte, gleichsam schattenlose Helligkeit zur naturwahren Ausleuchtung bisher unterdrückter Wirklichkeitsbereiche einsetzten, münzte der Neuidealismus die Errungenschaften der Hellmalerei in eine Lichtvergeistigung seiner Gestaltungen um. Da mit der Durchsetzung des Hellmalereiprinzips in den achtziger Jahren eine allgemeine Sensibilisierung gegenüber Lichteffekten in darstellerischen Außen- und Innenräumen einsetzte, konnten auch romantische Farb- und Lichtgestaltungsweisen Wiederauferstehungstriumphe feiern und vom Neuidealismus intensiv genutzt werden.

Im Unterschied zu Realismus und Naturalismus, die in den siebziger, achtziger und noch neunziger Jahren danach strebten, die Lebenswirklichkeit der unteren Schichten und Klassen zu ergründen und zu diesem Zweck eine antitraditionelle rauhe Fleckauflösung, schmutzige Farbgebung oder krasse Hellmalerei anwendeten, schwang sich der Neuidealismus in die Sphären einer höheren, elitären Geistigkeit empor und bemühte sich, die letzten Fesseln der Materie und Realität abzustreifen.

Der Widerspruch, der in der neuidealistischen Formalgestaltung zwischen dem gleichsam platonischen Grundformen- und dem Unbestimmtheitsprinzip zu bestehen scheint, kann wie folgt gedeutet werden: Zwar begann die symbolistisch-neuidealistische Kunst nach Hofstätter damit, „die optische Klarheit der Erscheinungen zu trüben, Schönheit in

Abb. 333 Albert von Keller: Mutter und Sohn, 1909

jenen Erscheinungen zu sehen, die etwas Unfaßbares haben und sich dem beobachtenden Blick immer wieder zu entziehen scheinen" (beispielsweise auch Szenerien in der Dämmerung oder Mondnacht), jedoch suchte diese Kunst mit Hilfe der Auflösung realitätsbezogener Erscheinungsbilder platonisch nach den fundierenden Formideen, die sich sozusagen durch das irrationalisierte Chaos hindurch wieder offenbaren mußten als letzte, „wirkliche" Wirklichkeit des Geistes. – Auf den realistischen Impressionismus ist nun die neuidealistische Unbestimmtheitsgestaltung nicht allein *antithetisch* bezogen, sondern zugleich kann diese Beziehung als ein grundsätzliches *Affiziertsein* begriffen werden. In einer Zeit der sich umwälzungsartig ausweitenden wissenschaftlich-technischen und gesellschaftlichen Realitätserfahrungen konnte ein neuer Idealismus nicht ohne Voraussetzungen beginnen, konnte die Errungenschaften der realistischen Moderne nicht einfach ignorieren sondern war gezwungen, explizit von ihnen auszugehen.

Expressivität

Bereits Böcklins *Beweinung unter dem Kreuz* (1876, Abb. 313) oder Trübners *Kreuzigung* (1878, Abb. 158) zeigen expressive Übersteigerungen, die mit jener von den Kritikern

Abb. 334 Albert von Keller: Die Traumtänzerin Madeleine, um 1904/1905

oft gerügten Theatralik der zeitgenössischen religiösen und Historienmalerei nichts gemein haben. Harte Helldunkelkontraste zerreißen die *Kreuzigung* (1898, Abb. 335) von Lovis Corinth mit ihrer extremen Komposition der Schächer, dem gedrehten Christus und den zutiefst erregten Trauernden. An Grünewalds spätgotische Ausdruckssteigerung in dem Kruzifixgemälde des Isenheimer Altars erinnert Corinths Gekreuzigter (Abb. 336) des *Golgatha*-Altars (1909/1910, Abb. 337) in der Kirche von Tapiau. Die Schädelstätte ist hier Teil einer urweltlichen, vom „Unwetter Gottes" aufgewühlten Landschaft. Der im Gemälde *Hutten* (1900, Abb. 338) von Ludwig Herterich ins Extrem getriebene Kontrast zwischen dem lichtübersteigerten Christus am Kreuz und dem von ihm erfüllten, klirrenden Ritter mit gezogenem Schwert mag der Propaganda eines wehrhaften Nationalismus gedient haben. Mit der säkularisierten Kreuzigungsdarstellung *Martyrium* (1907, Abb. 339) und insbesondere der wild erregten, symbolträchtigen *Kreuzigung* von 1905 (Abb. 340) kann Lovis Corinth als Frühexpressionist gelten. Eine Weltuntergangsstimmung beherrscht die

Abb. 336 Lovis Corinth: Die Kreuzigung Christi, 1909-1910
Abb. 338 Ludwig Herterich: Hutten, 1900

Abb. 335 Lovis Corinth: Kreuzigung, 1897
Abb. 337 Lovis Corinth: Kreuzigung, Mittelteil, 1909-1910

Kreuzigung (1913, Abb. 341) von Max Ernst mit dem gelängten Christus vor der kubistischen, von einem geisterhaften Riesendom überragten Bergstadt. Tiefster Schmerz verformt die beiden ebenfalls stark gelängten Marien. Das Kruzifix vervielfacht sich. Auch Ewald Dülberg behandelt das Leiden des modernen Menschen an der Großstadt in seinem kubistischen Holzschnitt *Christus am Kreuz* (Abb. 342). Emil Noldes *Kreuzigung Christi* (1912, Abb. 343) aus dem

Abb. 339 Lovis Corinth: Das große Martyrium, 1907

Abb. 340 Lovis Corinth: Golgatha (Kreuzigung), 1905

Abb. 341 Max Ernst: Kreuzigung, 1913

Gemäldezyklus *Das Leben Christi* zeigt eine erregte Grundformflächigkeit, kubistische Deformationen, erstarrte Leidensgesten, Grimassen, schreiende Farben. Ein Höchstmaß an Formreduktion, Flächigkeit und Deformation des Schmerzes bietet Oskar Kokoschkas *Pietà*-Plakat von 1908 (Abb. 344).

Während die Psychologie des illusionistischen Verismus und „Akademismus", die jede Theatralik mied, nach „wirklichkeitsgetreuem" seelischen Ausdruck strebte, zwar idealisierte, jedoch es nicht an scharfer Charakteristik fehlen ließ, auf die suggestive Vereinnahmung des Betrachters, auf positive Einfühlung abzielte, wollte die neuidealistische Expressivität die tiefsten Bereiche des menschlichen Gefühlslebens erschließen, verschüttete Quellen aufreißen und wieder zu den elementaren seelischen Triebkräften vordringen. Die neuidealistische Expressivität verwies zugleich auf die historische Phase einer neuen, extrem sensibilisierten Innerlichkeit. Psychologisch gesehen können diese bildkünstlerischen Ausdrucksübersteigerungen als Reaktionen einer über alles Maß gereizten sinnlichen und emotionalen Empfindlichkeit gedeutet werden. Durch ein entsprechendes Training vermag der Künstler Zustände einer stark erhöhten Sensibilität zu erzeugen und gestalterisch zu nutzen. Die bildkünstlerisch festgehaltenen „Überreaktionen" gehören aufgrund ihrer Diskrepanz zur „normalen", allgemein verständlichen Ausdrucksgestaltung einem Bereich der extrem gesteigerten Subjektivität an. So bezeichnet die neuidealisti-

Abb. 342 Ewald Dülberg: Christus am Kreuz

Abb. 344 Oskar Kokoschka: Pietà, 1908

Abb. 343 Emil Nolde: Kreuzigung Christi, 1912

sche Expressivität einen neuen Subjektivismus, der zudem seine Figuren nicht so sehr als soziale Wesen, sondern als autonome psychische Agentien begreift, die von der „Alchemie" ihrer Gefühle und Leidenschaften getrieben werden.

Historismus

Insbesondere die katholische Kirchenmalerei der neunziger Jahre und des ersten Jahrzehnts des neuen Jahrhunderts greift auf idealistische Gestaltungsweisen der Malereigeschichte zurück, auf solche der Romanik, Gotik, Renaissance und des Barock. Die Ausmalung der katholischen Kirche in Schloßberg bei Rosenheim (1902 - 1905) durch Joseph Guntermann (Abb. 345) erfolgte in einem neu-romanischen Stil, dessen Figurengestaltung durch neuzeitliche Momente der Proportionierung, Modellierung und individuell psychologisierenden Personencharakteristik des 19. Jahrhunderts geläutert war. Die Gestalt des thronenden Christus im Chorraum dieser Kirche (Abb. 346) vereinigt Züge des romanischen Weltenherrschertyps, der Renaissance (sitzende Idealfiguren) und des Nazarenertums. Auch in dem Wandgemälde *Gang nach Golgatha* (Abb. 347), einem Teilbild der Ausmalung im Dom von Loreto (1892 - 1902) des päpstlichen Hofmalers Ludwig Seitz vermischen sich historische

Abb. 345 Joseph Guntermann: Kreuzigung, 1902-1905

Abb. 346 Joseph Guntermann: Christus in der Mandorla, um 1902-1905

Abb. 347 Ludwig Seitz: Gang nach Golgatha, 1892-1902

Stilarten. Die Hauptszene der Begegnung des kreuztragenden, von Kriegsknechten vorwärtsgezogenen Heilands mit Maria und Johannes nimmt den spätgotischen Realismus beispielsweise eines Hans Hirtz[878] wieder auf; die Maria ist allerdings eine spätnazarenische Heilige. Die Gruppe der vorn mit ihrem Sohn sitzenden Mutter und liegenden Alten könnte aus einem Historienbild von Piloty stammen. An die Architektur der italienischen Frührenaissance erinnert die Stadtkulisse. Die Raumauffassung der figuralen Szene ist neuzeitlich-barock. Ein ähnlicher Eklektizismus beherrscht das Allerheiligenbild (1899) von Gebhard Fugel für den Chorbogen der Pfarrkirche in Wangen (Allgäu, Abb. 348),

Abb. 348 Gebhard Fugel: Allerheiligenbild, 1899

Abb. 349 Felix Baumhauer: Jesus am Kreuz, um 1913

Abb. 350 Waldemar Kolmsperger: Pietà, 1896

das Tendenzen der Spätgotik, Renaissance, des Barock (in dem das Böse besiegenden Hl. Michael der rechten Seite) und einer modernen Ornamentalität miteinander verbindet. Felix Baumhauers *Jesus am Kreuz* (um 1913, Abb. 349) folgt einem stregen symmetrisch-hieratischen Kompositionsschema, kombiniert jedoch in der Figurengestaltung Gotik, Renaissance und Barock (insbesondere Marienfigur) und lädt die Figuren mit neuidealistischer Expressivität auf. Ein Meister der neobarocken Kirchenmalerei ist Waldemar Kolmsperger, dessen Pietà-Entwurf von 1896 für ein Gemälde an einer Kirchenfassade bestimmt war (Abb. 350).

Nach der bis in die achtziger Jahre hineinreichenden langen Periode der nazarenischen Kirchenmalerei (beispielsweise Ausmalung des Frankfurter Kaiserdoms aufgrund der 1880 - 1885 von Edward von Steinle geschaffenen Kartons[879]) setzte sich insbesondere im Bereich der katholischen Kirchenmalerei ein weitgehend eklektischer Historismus durch, der gewissermaßen im Anklang an die moderne neuidealistische Formalgestaltung und teilweise sogar unter ihrem Einfluß hieratische, idealisierende, vergeistigende Abstraktionsformen vergangener „Stil"-Epochen verwertete. Die in Fragen der bildenden Kunst und Kirchenmalerei besonders konservative Einstellung des katholischen Klerus verhinderte, daß Gestaltungsprinzipien der neuidealistischen Moderne *direkt* angewendet werden konnten. Die kunstgeschichtlichen Rückgriffe (gerade auch der Beuroner Schule) wurden als Erneuerung, als Zurück zu den Quellen der christlichen Kunst und im Sinne einer Ausdruckssteigerung des Heilig-Religiösen verstanden. Nach Erneuerung aus den Ursprüngen und neuer Expressivität strebte auch der nichtchristliche Neuidealismus. Dieser bediente sich ebenfalls des Rückgriffs auf historische Gestaltungsweisen, und zwar nicht allein auf solche, die „Krisenzeiten" wie der Romantik, dem Manierismus, der Spätgotik angehörten (Hofstätter[880]), sondern auch auf solche der Antike, der Romanik, Renaissance und des Neoklassizismus.[881] Das Arbeiten mit vorgegebenen historischen Gestaltungsweisen, die Anverwandlung gerade auch ihrer Symbolsprachen, erzeugte eine neuartige Dimension der *Künstlichkeit*, der Formalisierung und Ästhetisierung und schaffte eine tiefe Kluft zur realistischen künstlerischen Produktionsweise. Der historisierend-neuidealistische Künstler glich einem allmächtigen Demiurgen, der beliebig über die Kunstgeschichte verfügen und sie zu beliebigen idealistisch-ästhetischen Reizen ausbeuten konnte.

Religiöse Handwerkerdarstellungen

Die radikale Säkularisierung einer neutestamentlichen Szene erreichte Fritz von Uhde in dem Gemälde *Schwerer Gang* (1890, Abb. 351). Fritz von Ostini schrieb in seiner Monographie über Uhde (1902): „Bis zur Heiligen Nacht hatte Uhde in seinen Evangelienbildern die Gestalten Christi und der Seinen, wohl ein wenig modernisiert und sie in eine neuzeitliche Atmosphäre gestellt, aber es waren doch schließlich noch die unübersetzten Gestalten der Bibel. Zu Anfang 1890 malte er das erste jener Bilder fertig, in welchen er nur mehr den geistigen Gehalt der heiligen Tradition beibehielt und im Äußeren auch jeden Anklang an biblische Überlieferung aufgab, seinen 'Gang nach Bethelem'. Nur das Menschlich-Rührende am Leidensweg der Maria ist hier Gegenstand des Bildes geblieben: wo eine regennasse, von Weiden gesäumte Landstraße in ein Dorf einmündet, schreitet ein Arbeiterpaar – ihn kennzeichnet die umgehängte Säge als Zimmer-

Abb. 351 Fritz von Uhde: Schwerer Gang, 1890

mann, sie schwankt, ärmlich gekleidet, mühsam dahin, gestützt von der Sorge ihres Begleiters: ein junges Weib, der Mutterschaft nahe, das seiner schweren Stunde entgegengeht."[882] Mit Recht sah Ostini in dieser Darstellung nichts mehr vom „Mysterium der Menschwerdung Christi", sondern nur noch „das große Mysterium jeder Menschwerdung".[883]

Um den Grad der Entsakralisierung in Uhdes Darstellung der schwangeren Zimmermannsfrau und die Kluft zur traditionellen Marienauffassung zu verdeutlichen, griff Otto Julius Bierbaum in seiner Monographie über Uhde von 1893 auf die beiden Anfangsverse des Sonetts *Unsern Künstlern* aus den *Gedichten eines Lebendigen. Erster Band* (1841) von Georg Herwegh zurück. Bierbaum argumentierte damit im Sinne des literarischen deutschen Naturalismus, der gegen die etablierte Literatur zeitkritische Äußerungen des Jungen Deutschlands und des Vormärz ins Treffen führte. Die Verse Herweghs lauteten:

„Das Leben hat am Ende doch gewonnen,
Und all die überirdischen Gestalten,
Verklärten Leibes und verklärter Falten,
Die schattenhaft durchsichtigen Madonnen,

Aus Aetherduft und Veilchenblau gesponnen,
Die nur auf Rosen und auf Lilien wallten,
Sie konnten sich nicht mehr zusammenhalten
Und sind in Andacht gottvollst nun zerronnen."[884]

Der Dichter wendet sich in diesem Sonett ähnlich wie Friedrich Theodor Vischer in seiner Kritik an Overbecks *Triumph der Religion in den Künsten*[885] gegen die süßlich-blassen „Stammbuchkleber-Madonnen der Epigonen" (Bierbaum) und fordert im letzten, – von Bierbaum nicht zitierten Vers – die Künstler seiner Zeit zur Abkehr vom Heiligen und zur „Weltlichkeit" in ihrer Kunst auf: „Sucht wieder Gott der Welt einzuverleiben! / Das Heilige gelingt so selten schön, / Das Schöne nur wird ewig heilig bleiben."[886]

Dem Dichter geht es im Grunde um die Abschaffung der Madonnen –, ja der religiösen Malerei überhaupt zugunsten einer dem Schönen der irdischen Welt zugewandten Kunst. Die Kritik Herweghs, (die hier indessen dem Schönheitsbegriff der klassischen Ästhetik noch verhaftet bleibt), ist Bestandteil des aufklärerischen Antiklerikalismus des Vormärz.

Der weniger radikale Bierbaum hielt indessen an der Möglichkeit christlicher Bildkunst fest und wendete sich nur gegen die zeitgenössische spätnazarenische Madonnenmalerei, wie sie beispielsweise Edward von Steinle in einem Triptychon-Aquarell von 1876 (Abb. 352) vertrat. Wenn Uhde nach Bierbaum „die Heilandsmutter als moderne Proletarierin" darstellte und damit der Forderung der Moderne nach dem Gegenwartsbezug der Kunst entsprach[887], stand diese Auffassung „im denkbar schärfsten Gegensatze zu der der katholischen Madonnenmalerei".[888] Diesen Gegensatz verdeutlichte Bierbaum wiederum im Sinne des Naturalismus, indem er Verse des naturalistischen Dichters Karl Henckell zitierte, „in denen zwei sich heute heftig bekämpfende Kunstanschauungen mit kräftiger Bildkraft gegenüber gestellt werden:

Ein schwanger Weib ist mir ein Heil'genbild,
Schleppt sich's in Lumpen bleich und eckig hin,
Das Leben sichernd dem, das lebend quillt,
Die notgekrönte Schmerzenskönigin.

In Lebensnot und Leibesnot zugleich
Symbol der furchtbar fruchtbaren Natur,
Lastträgerin der Welt, entbehrungsreich,
Mir qualschön, dir die widrigste Figur.

Du bist ein Schönheitslinienphantast,
Und mit der Form zerschellt auch dein Geschmack;
Das Tiefglas, das des Lebens Vollbild fasst,
Höhnt deinen reinästhetischen Bettelsack.

Abb. 352 Edward von Steinle: Hausaltärchen als Triptychon, 1876

Geh' du nach Rom! Romanisch ist dein Sinn.
Vor Raphaels Madonna kniee du!
Mein Auge sieht der Proletarierin
Mühsamem Werkgang überwältigt zu."[889]

Ein kulturkämpferischer Ton durchklingt diese Verse, und Bierbaum nimmt ihn auf: „Aus diesem antiromanischen Geiste, der der Geist Rembrandts ist, sind Uhdes Madonnen geboren, allen voran die des Ganges nach Bethlehem."[890] Wenn Bierbaum hier Uhdes Mariafigur als „protestantisch-germanisches" und „rembrandtisches" Gegenbild zum katholischen Madonna-Romanismus sieht[891], scheint er sich auf das konservativ-nationalistische Buch *Rembrandt als Erzieher* (1890) von Julius Langbehn zu beziehen.

In mehrfacher Hinsicht mußte Uhdes Gemäldeerfindung des *Schweren Ganges* als völlig neu erscheinen. Eine Schilderung der Schwangerschaft der Maria war im 19. Jahrhundert nicht üblich. Die Tradition der Darstellung der Maria Gravida, die bis ins Barock reicht, schien fast völlig vergessen.[892] Selbst in der profanen Bildkunst gab es kaum Darstellungen von Schwangeren. Eine Ausnahme war das Bildnis der Frau Gedon (1868/1869) von Wilhelm Leibl (Abb. 353), jenes von Courbet bewunderte Hauptwerk der deutschen realistischen Porträtmalerei, in dem die beginnende Schwangerschaft allerdings nur sehr zurückhaltend angedeutet ist.[893] Indem Ostini auf Leopold von Kalckreuths Gemälde „Sommer" (1890, Abb. 354) verwies, das eine schwangere Schnitterin auf dem Heimweg zeigt, führte er Bildwerke dieser Art auf das Verständnis der modernen Zeit für die Frau zurück: „Und wir, in der Kulturepoche des Mitleids und des Ver-

Abb. 354 Leopold von Kalckreuth: Sommer, 1890

Abb. 353 Wilhelm Leibl: Frau Gedon, 1868/69

ständnisses für die Frau sind auch noch einen Schritt weiter gegangen, wir ertragen auch die ehrliche Schilderung des Weibes, das der Geburt entgegenschreitet, in der Kunst und finden nichts Verfängliches dabei, wenn nur das Werk die echte künstlerische Weihe hat. Als Graf Leopold von Kalckreuth 1889 sein ergreifendes Bild 'Sommerzeit' ausstellte mit dem lebensgroßen Bild einer schwangeren Frau, die müde und ahnungsvoll hingeht durch segensschwüle Sommerluft, stieß sich kein Verständiger und kein Anständiger daran; im Gegenteil, das schöne Werk hat mächtig ergriffen. Uhde bot den Augen empfindlicher Beschauer in seiner jungen Frau auf schwerem Gange nicht einmal den Anblick einer allenfalls bedenklichen Kontur, er zeigt seine beiden Gestalten halb von rückwärts, wenn auch die Haltung der erschöpft zurückgebogenen Frau keinen Zweifel darüber bestehen läßt, welche Bürde sie trägt."[894] Sogar die ehelich-legale Schwangerschaft war in der zweiten Hälfte des 19. Jahrhunderts noch eine schamvolle, höchst private Angelegenheit und generell keinesfalls darstellungswürdig, vor allen Dingen nicht in der christlichen Malerei, die von theologischer und bildungsbürgerlicher Prüderie beherrscht wurde. Insofern brachen Leibls *Bildnis der Frau Gedon*, Uhdes *Schwerer Gang*, Kalckreuths *Sommer* (und später Gustav Klimts Aktgemälde *Die Hoffnung* von 1903, Abb. 355) ein bildkünstlerisches Tabu.

Modern ist in Uhdes *Schwerem Gang* auch die eingehende Schilderung der sozialen Lage des Elternpaares Christi. Ostini schrieb: „Die Spuren bitterer Armut zeigt das Äußere der beiden, wie sie so hinschreiten durch den nassen Schmutz der Landstraße und die feuchte Kühle des nordischen Nebelelends. Er trägt sein Handwerkszeug und sie hält ein kleines Körbchen mit erbärmlichen Habseligkeiten in der Rechten,

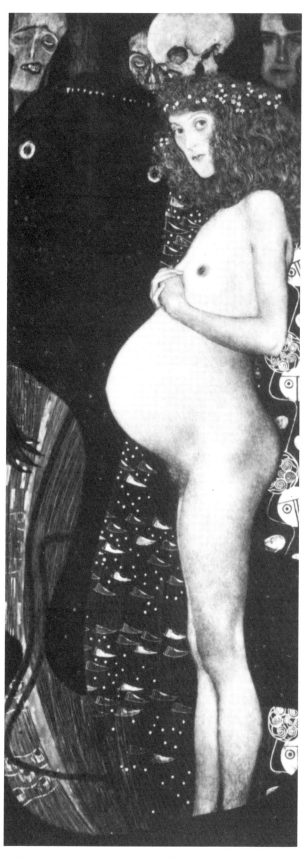

Abb. 355 Gustav Klimt: Die Hoffnung, 1903

das ist ihr Hab und Gut. Ein dünnes Tuch ist um ihre Schultern geworfen, nicht einmal ihr Haupt ist bedeckt. So geht die Arme der schweren Stunde entgegen, welche die Töchter des Glückes in weichen Kissen und warmer Stube erwarten, von sorgender Pflege umgeben."[895] Für Ostini wie auch Bierbaum stand die Armut des Paares im Mittelpunkt des Interesses; die Autoren übersahen jedoch, daß es sich um die Darstellung einer *obdachlosen Zimmermannsfamilie* handelte und Uhde hier auf das zeitgenössische soziale Handwerkerproblem Bezug nahm, das auch in den noch zu untersuchenden Bildern zum Thema der Flucht nach Ägypten eine Rolle spielte.

Als „Vollbild des Lebens" kontrastiert Uhdes *Schwerer Gang* im Sinne des Henckellschen Gedichtes mit der proletarisch-trüben Farbigkeit von Braun- und Grautönen, Schilderung des aufgeweichten Dorfweges, auf dem die wassergefüllten Wagenspuren glitzern, hellmalerischen Nebelgestaltung, die das Dorf im Dunst fernrückt, den Gang gleichsam erschwerend, und mit der rauhen Fleckauflösung gegen die „Schönheitslinienphantasterei" und den „reinästhetischen Bettelsack" des traditionellen Idealismus. „Uhdes Auffassung steht also dem Wesen der christlichen Geschichte gewiß näher als die aller raffaelischen Schönmalerei"[896], verteidigte Ostini das Gemälde. Der Künstler behandelte das Thema des Ganges nach Bethlehem in weiteren Fassungen, in denen er die im Schnee erschöpft an einem Zaun lehnende „Maria" zur Hauptfigur machte. Das Motiv der müde gehenden Proletarierin verwendete Uhde auch in rein profanen Gemälden.[897]

Als Zimmermann ist Joseph in Uhdes Ölbild *Die Flucht nach Ägypten* (1891, Abb. 356) durch die auf der Schulter getragene Axt gekennzeichnet. Die landschaftliche Szenerie gleicht jener des *Schweren Ganges* von 1890, die die Landstraße von München nach Dachau darstellt, eine Gegend, in der der Künstler oft zu malen pflegte.[898] Anders als im *Schweren Gang* kommt die „heilige Familie" der *Flucht nach Ägypten* jedoch dem Betrachter entgegen. Maria im ärmlichen Kleid preßt das in ein schlichtes Tuch gewickelte Kind, das ein Nimbusschimmer als Christus kennzeichnet, an sich und blickt voll tiefer Sorge nach vorn. Der aufs brachliegende Feld starrende Joseph folgt ihr. Die Familie erscheint gleichsam an die rechte Bildseite „abgedrängt" und in ihrer Bewegungsfreiheit durch den tiefen Wassergraben und die aufgeweichte, wie im *Schweren Gang* von wasserglitzernden Wagenspuren durchpflügte Wegmitte eingeengt.

Die prägnante perspektivische Winkelkonstruktion des Grabens, der Bäume, der Wagenspuren und des Zauns der linken Bildseite wirkt wie eine Art Trichter, aus dem die Familie in die Öde hinausgeworfen wird, vertrieben von dem noch sichtbaren Dorf. Das Ende der Reihe kahler Weiden markiert symbolisch den Eintritt ins Ungewisse. Die im Vergleich zum *Schweren Gang* noch verstärkte Fleckauflösung steigert den Ausdruck winterlich-nächtlicher Öde.

Paul Keppler, Kunstkritiker der katholischen *Zeitschrift für christliche Kunst*, der Uhde stets heftig angriff, deutete die Familie der *Flucht nach Ägypten* als „eine von der Polizei freilich wohl nicht ohne Grund ausgewiesene und verfolgte Familie", die „in Nacht und Nebel die Flucht ergreift" und fährt fort: „das ließe sich sehen und es erweckt Mitgefühl, jenes Mitgefühl, das wir auch verschuldetem Elend nicht versagen; aber das Mitgefühl schlägt in einen ganz andern Af-

Abb. 356 Fritz von Uhde: Die Flucht nach Ägypten, 1891

fekt um, wenn wir nun im Katalog dieses Bild als Flucht nach Ägypten verzeichnet finden."[899] Nach Keppler wird Uhdes Zimmermannsfamilie aufgrund der Ausweisungsbestimmungen des Sozialistengesetzes wegen sozial-demokratischer Umtriebe zu Recht polizeilich verfolgt; ein so anrüchiges Thema als neutestamentlich auszugeben, ist für den Autor „ein Verbrechen gegen die Religion".[900] Kepplers diffamierende Interpretationsabsicht wird auch durch den Umstand deutlich, daß das Sozialistengesetz 1890 nicht erneut verabschiedet worden war.

Die *Flucht nach Ägypten* kann mit Ostini in eine Reihe der verschiedenen Versionen des *Ganges nach Bethlehem* gestellt werden, die die „heilige Familie" als entwurzelte, proletarisierte Handwerkerfamilie zeigen, die in der Konkurrenz mit der industriellen Fertigung ihr Auskommen verloren hat und nun zur Stadt oder aus der Stadt (München) flüchtet. Uhde erreichte mit dieser sozialen Thematik eine besondere Aktualität. Bettina Brand wies in ihrer Monographie über die religiöse Kunst Uhdes darauf hin, daß im *Schweren Gang* die saisonbedingte Arbeits- und Obdachlosigkeit eines Zimmermannspaares veranschaulicht wird und daß in München 1889 fast ein Drittel aller Schreiner ohne Arbeit war und in der zweiten Jahreshälfte die Schreiner erstmals seit 1873 streikten.[901]

Das Problem der volkswirtschaftlichen Umstrukturierung im industriellen Zeitalter und gesellschaftlichen Entwertung des Handwerks durchzieht das gesamte 19. Jahrhundert. In seinem Buch über das Handwerk (1977) schildert Herbert Sinz die Situation um 1848: „Die Lage im Handwerk war durch steigenden Konkurrenzdruck seitens der Fabriken und durch einen zunehmenden verschärften Wettbewerb in den eigenen Reihen gekennzeichnet. Die Einführung der Dampfmaschinen war nicht nur der Beginn einer neuen Produktionstechnik, sie führte auch zu einer Veränderung der wirtschaftlichen und sozialen Struktur. Das Handwerk kämpfte mit dem Mute der Verzweiflung gegen die Konkurrenz der immer größer werdenden Konsumgüterindustrie und deren Angebot an billigen Massenartikeln. Alte Handwerksberufe verschwanden oder wurden im Konkurrenzkampf aufgesogen."[902] Eine Folge der in Preußen bereits 1810 verkündeten Gewerbefreiheit war die Durchsetzung des Wirtschaftsliberalismus, der die das Handwerk bedrängende und zum Teil verdrängende Industrialisierung vorantrieb[903] und im gründerzeitlichen Konjunkturaufschwung von 1869 bis 1873 einen Höhepunkt erreichte. In der Zeit der sogenannten Großen Depression ungefähr zwischen 1873 und 1894, die allerdings von zwei schwächeren Aufschwungsphasen zwischen 1879 und 1883 sowie 1887 und 1890 unterbrochen war, vollzogen sich monopolistische Konzentrationsprozesse, während kleine kapitalistische und einfache Warenproduzenten massenhaft ruiniert wurden und eine weitere Umstrukturierung und Verdrängung des Handgewerbes erfolgte.[904] Besonders einschneidend war der Rückgang der Handweberei, die von der maschinellen Webstoffherstellung fast völlig verdrängt wurde.[905] Aus dieser Entwicklung bezogen das soziale Drama *Die Weber* (1892) von Gerhart Hauptmann und der Radierungs-Zyklus *Ein Weberaufstand* (1893 - 1897) von Käthe Kollwitz ihre besondere Aktualität. Auch die holzverarbeitenden Handwerke gingen insgesamt zurück; betroffen waren vor allen Dingen Böttcher, Drechsler, Stellmacher, Rademacher, Möbel-, Sarg-, Geräte- und Spielzeugmacher.[906] Im Zimmermannsgewerbe war die Situation weniger günstig als bei den Tischlern.[907] Gerhard A. Ritter und Jürgen Kocka weisen im zweiten Band der *Deutschen Sozialgeschichte* (1974) allerdings darauf hin, daß die Veränderungen der neuen Zeit nicht generell zu einem gesellschaftlichen Abstieg der Handwerker zu führen brauchten und schreiben: „Der sich zunehmend organisierende Handwerkerprotest, der sich mit Forderungen nach staatlichen Bevorzugungen und quasizünftigem Schutz gegen zentrale Aspekte der kapitalistischen Wirtschafts- und liberalen Gesellschaftsordnung wandte und oft das übertriebene Idealbild einer vergangenen, vorindustriellen, ständischen Gesellschaft beschwor, resultierte häufiger aus jenen wirtschaftlichen, sozialen und allgemeinen Anpassungszwängen als aus Existenzbedrohung und wirtschaftlicher Not, daneben wohl auch aus dem nicht unberechtigten Gefühl eines *relativen* Statusverlusts im Vergleich zu anderen Sozialgruppen (Fabrikunternehmern, leitenden Angestellten, z.T. auch Industriearbeitern)."[908] – (Übrigens wurde 1897 ein Handwerkerschutzgesetz verabschiedet, das den Vorstellungen und Interessen des Handwerks weitgehend Rechnung trug.[909])

In der Literatur behandelte der auflagenstarke Roman *Meister Timpe* (1888) des naturalistischen Schriftstellers Max Kretzer den Untergang eines Handwerksmeisters im Kampf mit der Industrie. Der Literaturhistoriker Erich Schmidt schrieb über diesen Roman kurz nach dem Erscheinen: „Ein großer sozialer Prozeß spiegelt sich hier in einem besonderen Menschenschicksal ab, der ohnmächtige Kampf des Kleingewerbes – hier, gut gewählt, eines wackeren Drechslers – gegen die Fabriken, deren Kolosse die bescheidene Nachbarschaft mit brutaler Kraft erdrücken und deren rücksichtslose Konkurrenz die Lebensmühe vieler Meister tötet."[910] Kretzers Held Timpe, der bis zu seinem Freitod an einer für das zeitgenössische Handwerk typischen monarchistischen Gesinnung festhält, steht in der zweiten Hälfte des Romans zwischen den Welten der Fabrik und der sozialdemokratischen Arbeiterbewegung. Die Sozialdemokratie wird von Timpes Altgesellen Thomas Beyer, der den Meister in der Phase des gesellschaftlichen Abstiegs politisch zu beeinflussen versucht, gleichsam vormärzhaft als „neuer Heiland" bezeichnet und angepriesen.[911] (In seinem späteren Arbeiterroman *Das Gesicht Christi* (1897) näherte sich Kretzer

Abb. 357 P. Gabriel Wüger: Flucht nach Ägypten, sechziger Jahre des 19. Jahrhunderts

Abb. 358 Hans Thoma: Die Flucht nach Ägypten, 1879

dann einem antisozialdemokratischen christlichen Sozialismus.) Götz Müller beleuchtet in seinem Nachwort zur Neuausgabe des *Meister Timpe* von 1976 die Entwicklung der Handwerkerdarstellung in der deutschen Literatur des 19. Jahrhunderts und skizziert daran anknüpfend den Gehalt des Kretzerschen Romans: „Die romantische Idealisierung des Handwerks entsprang der sozialen Utopie einer Vereinigung von geistiger und körperlicher Arbeit, für Friedrich Schlegel oder Tieck war der Handwerker allemal ein naher Verwandter des Künstlers. Die Erfahrung der realen Bedingungen seiner Zeit erlaubte es Kretzer nicht mehr, diese unwiederholbare Form menschlicher Arbeit poetisch zu verklären oder utopisch zu restaurieren. Sein Thema mußte die Proletarisierung des Handwerks sein. Die Trauer über den Untergang des Meisters Timpe begleitet die Hoffnung auf die Kraft eines ethischen Sozialismus, den die Arbeiterbewegung und ein einsichtiges Bürgertum ins Werk setzen sollen."[912]

Auch Uhde schildert seine Handwerkerfamilien der Gemälde *Schwerer Gang* und *Die Flucht nach Ägypten* jenseits poetischer Verklärung in der Situation proletarischer Existenznot.[913] Im Unterschied zu Kretzer wählt Uhde jedoch nicht die Großstadt als Handlungsraum, sondern in gewisser Weise „evangelientreu" den ländlichen Bereich, der jedoch ebenfalls vor den Folgen der Industrialisierung nicht bewahrt blieb; auch hier wurden Handwerker oft nur durch die starke Verschärfung der gegenseitigen Konkurrenz entwurzelt. Obgleich Uhde ähnlich wie Kretzer weit von einer sozialdemokratischen Weltsicht entfernt war und dem christlichen Sozialismus zuneigte, ragte seine *Flucht nach Ägypten* von 1891 doch hinsichtlich des Gegenwartsbezuges und Realitätsgehaltes weit über die zeitgenössischen Gestaltungen dieses Themas hinaus.

In einem diametralen Gegensatz zu Uhdes Fassung des Fluchtthemas steht die Stilisierung der Beuroner Schule in der *Flucht nach Ägypten* von Pater Gabriel Wüger aus dem Zyklus des Marienlebens in der Abteikirche Emaus zu Prag (Ausmalung 1880 - 1885). Der Vergleich einer früheren Entwurfsfassung aus den sechziger Jahren mit dem Wandgemälde (Abb. 357) verdeutlicht das katholische Streben nach Vergeistigung, abstrakter Entrückung aus allen szenisch-sinnlichen, historischen und sozialen Bezügen. In ihrem reliefartigen Aufbau und der nahsichtigen Ausschnittsgestaltung abstrakt wirkt auch *Die Flucht nach Ägypten* (1879) von Hans Thoma (Abb. 358). Die Abstraktionen unterstützen hier jedoch den Realismus der Auffassung, der gegen den illusionistischen Verismus und „Akademismus" opponiert. Besonders anstößig für die idealistische Auffassung wirkt das in „häßlicher" Verkürzung gegebene Kind. Thoma verwendete sozusagen entsakralisierend für die Figur des Kindes jene aus dem Gemälde *Unter dem Flieder* (1871, Abb. 359), das des Künstlers Schwester Agathe mit dem kleinen, liebevoll „Vetterchen" genannten Otto Maier aus Säckingen darstellt.[914] Die Maria zeigt die Züge der Frau Thomas. Jedoch sind die realistischen Tendenzen durch die Gewandfaltenführung, die Figur des schwebenden Engels und die Strahlenlichtgestaltung gebrochen. Das Bild thematisiert im Unterschied zu Uhdes *Flucht nach Ägypten* keinerlei soziale Problematik der zeitgenössischen Gegenwart, sondern drückt trotz aller inneren Brüche eine Heiligung der bürgerlichen Kleinfamilie aus. – Eine romantisch-lyrische Waldidylle mit Rehen jenseits der Welt der Arbeit zeigt Wilhelm Steinhausens *Flucht nach Ägypten* (1874, Abb. 360); ein Schauer der Verlorenheit umweht allerdings die Familie in der unbestimmt gehaltenen Landschaft mit der Waldwiese. Steinhausen wandelte dies Thema mehrfach ab.[915]

Als arme Handwerkerfamilien der Gegenwart stellte Uhde die Christuseltern mit dem Kind auch in der *Ruhe auf der Flucht* (1895, Abb. 361) dar.

Während Maria auf dem Waldboden sitzt und sich erschöpft gegen einen Baumstamm lehnt, hält der sehr viel ältere Joseph, neben dem der Esel grast, den Kleinen im Arm auf den Knien und kost mit ihm; die sonst in Darstellungen der Ruhe auf der Flucht übliche Rollenverteilung der Eltern ist in einem emanzipatorischen Sinn vertauscht. Der Blick

Abb. 359 Hans Thoma: Unter dem Flieder, 1871

Abb. 360 Wilhelm Steinhausen: Flucht nach Ägypten, 1874

Abb. 361 Fritz von Uhde: Ruhe auf der Flucht, 1895

geht zwischen dem Elternpaar und zwei Baumstämmen hindurch auf den Saum und das freie Himmelstück einer Lichtung; ohne verklärendes Pathos ist der heimatliche Laubwald wirklichkeitsnah beobachtet. Bei den Füßen der Maria liegt ein Bündel mit wenigen Habseligkeiten und im Vordergrund ein umgekippter Korb mit allerlei Handwerkszeug. Wieder gibt Uhde einen anschaulichen Hinweis auf den Bereich der beruflichen Arbeit, mit der Joseph die Existenz der Familie sichern muß. Die Szene ist vollständig säkularisiert. Gegenüber des Künstlers *Flucht nach Ägypten* von 1891 herrscht allerdings eine gewiß thematisch bedingte idyllische Tendenz. Jedoch bleibt der Gegensatz zu einer religiös-romantischen Darstellung, wie sie zum Beispiel das letzte Aquarell *Ruhe auf der Flucht* (1873, Abb. 362) von Ludwig Richter zeigt, ohne Abschwächung bestehen. Die unentfremdete Einheit der traditionell aufgefaßten heiligen Familie mit der Natur drückt Richter aus, indem er die Madonna und den sich müde zurücklehnenden Joseph am traulichen Feuer im Schutz von Felsen und eines Laubwaldstücks ausruhen läßt; auf einem durch die Flammen freundlich erhellten Felsblock sitzen musizierende Engel, die Rastenden zu erquicken; drei Rehe sind neugierig herangekommen und bestätigen das Bild eines sanften Friedens. Der Blick geht an der rechten Bildseite über die Uferböschung eines kleinen Sees hinweg in eine ideale Berglandschaft. Während Richters Natur gleichsam paradigmatisch den allzeit behütenden Geist Gottes zu atmen scheint, markiert der Laubwaldausschnitt Uhdes realistisch einen nur vorübergehend benutzten Rastplatz und verweist auf die augenblickliche gesellschaftliche Entwurzelung der Zimmermannsfamilie.

Fritz von Ostinis Beschreibung des Uhdeschen Pastells *Die heilige Familie* (1892, Abb. 363) hebt die idyllischen Momente der Gestaltung hervor: „Hier ist das Motiv wieder zu einem lieblichen Familienidyll aus dem Lebenskreis armer Leute geworden. Im schattigen Obstgarten vor einer Bauernhütte, auf dessen weichen Grasboden Sonnenkringel durchs Laubdach fallen, hat die junge Mutter ihr Kindlein in die Wiege gebettet. Sie ist sommerlich gekleidet und trägt ein Tuch um den Kopf. So sitzt sie andächtig da und wiegt ihr Kindlein (...). Im Hintergrund ist Joseph mit Holzsägen beschäftigt. Es liegt ein Zauber von reinem, stillen Glück über der Gruppe und dieser ließe wohl auch jenem, der Uhdes Eigenart und den Bildertitel nicht kannte, empfinden, daß dies die 'Heilige Familie' sein muß."[916] Ostinis „Bauernhütte" scheint jedoch eher eine armselige Waldhütte zu sein, in der die Familie Zuflucht gefunden hat; die Thematik der Ruhe auf der Flucht nach Ägypten scheint berührt. – Das Kopftuch der Maria schützt das Haar bei der Hausarbeit; auch die Bluse ist ein Teil der alltäglichen Arbeitskleidung. Anders als Ostini es interpretiert hat die Mutter ihre Tätigkeit einen Augenblick unterbrochen, um nach dem Kind zu sehen und

Abb. 362 Ludwig Richter: Ruhe auf der Flucht, 1873

sich mit ihm zu beschäftigen. Marias Gesichtszüge und ihre Wiegehaltung drücken weniger religiöse „Andacht" (Ostini) als liebevolle Zuwendung aus. Der Vater zerkleinert mit der Spannsäge auf dem Bock Stangenholz für die Herdfeuerung. Die Eltern werden in ihrem solidarischen Sorgen für die Existenz und das Wohl der kleinen Gemeinschaft gezeigt. Die unentfremdete, sozusagen „heilige" Situation einer lebenserhaltenden und -gestaltenden Arbeitstätigkeit, die direkt auf die Bedürfnisse bezogen ist, gibt es allerdings für Uhde hier nur unter den harten Existenzbedingungen von Armut und Not; das durch Sonnenflecken verklärte Idyll der „heiligen Familie", das Ostini sieht, hat seinen Preis im kargen sozialen Status und der natursehnsüchtigen Absonderung aus den Verhältnissen der modernen Industriegesellschaft („Ruhe auf der Flucht").

Die entwurzelte Handwerkerfamilie Uhdes aus dem *Schweren Gang*, der *Flucht nach Ägypten* und der *Heiligen Familie* drückt bürgerliches Krisenbewußtsein in der voll entwickelten Klassengesellschaft des Zweiten Deutschen Kaiserreiches aus. Ein historischer Rückblick auf die bildkünstlerische und literarische Behandlung des Themas der *Flucht nach Ägypten* oder *Ruhe auf der Flucht* zu Beginn des bürgerlichen 19. Jahrhunderts soll dies verdeutlichen. In der Zeit des Aufbruchs des Bürgertums um 1800 konnte ein progressiver Maler wie Philipp Otto Runge die Hoffnungen auf

Abb. 363 Fritz von Uhde: Die heilige Familie, 1892

Abb. 364 Philipp Otto Runge: Ruhe auf der Flucht nach Ägypten, 1805/1806

eine *neue* Epoche in seinem energiegeladenen Ölgemälde *Ruhe auf der Flucht nach Ägypten* (1805/1806, Abb. 364) konzentrieren. Im anbrechenden Morgen, dessen Licht die nächtlichen Wolkengeister der alten Zeit vertreibt, wendet sich das Kind als Träger der Zukunftshoffnung dem „neuen Baum der Kenntnis" zu[917], dem Tulpenbaum mit den reinen Kinder-Genien einer ursprünglichen Natur und Kunst. Auch die vom Morgenlicht bestrahlte Maria gehört diesem Bereich an. Dagegen ist der vorn im Schatten sitzende, sehr viel ältere Joseph, der das Feuer mit seinem Wanderstab hegt und die Rolle des Erhalters und Beschützers der Familie versieht, noch in der alten Zeit befangen. Er trägt in Anspielung auf seinen Zimmermannsberuf eine Art Handwerkerkittel über dem Hemd.[918] Für den Künstler könnte er eine problematische „Vaterfigur" verkörpern. Seinen alten, auf dem Bildnis der „Eltern des Künstlers" (1806, Abb. 365) dargestellten Vater, der das Zimmermannshandwerk lernte und regierungsamtlicher Schiffsvisitierer, dann Schiffsbauer und Kaufmann war[919], kritisierte Runge, weil er für die Kunst wenig übrig hatte und völlig in der beschränkten „Practik" seiner Berufsgeschäfte aufging.[920] Eine ähnlich enge Realistik beobachtete Runge auch in anderen bürgerlichen und kleinbürgerlichen Kreisen. Die alte Zeit, die in der *Ruhe auf der Flucht nach Ägypten* eben durch die Figur des stärker nachtverhafteten Joseph mitvergegenwärtigt ist, mag in den Augen des Künstlers durch jene Zwänge beherrscht sein, die die historische Analyse als Zwänge des kapitalistischen Erwerbslebens mit seiner auch die bürgerliche Kleinfamilie aufspaltenden Arbeitsteilung erkennt; in einem umfassenderen Sinn ist die alte Zeit jedoch auch die des höfisch-feudalen und klerikalen Barock und Rokoko, die Runges Malerei innerhalb des Kontextes der bürgerlichen Strömungen von Klassizismus, Realismus und Romantik zurückläßt. In diesem Sinne zeigt die *Ruhe auf der Flucht nach Ägypten* eine schlichte, „klassizistische" Strenge und neuartig-abstrakte Montagekomposition, eine „realistische", präzise und einfühlsame Natur- und Menschenbeobachtung, einen philosophisch-säkularen Pantheismus in der „romantischen" Landschafts- und Lichtgestaltung. Die in der Kinderfigur des Gemäldes von Runge antizipierte Humanität ist die der sich in naturbezogener Bildung und Tat verwirklichenden, selbstbestimmten Persönlichkeit, die von der gesamten bürgerlichen Klassik und Romantik ins Auge gefaßt wurde.

In den Kapiteln und Abschnitten „Die Flucht nach Ägypten", „Sankt Joseph der Zweite", „Die Heimsuchung" und „Der Lilienstengel" schilderte Goethe, (der übrigens durch einen Brief Runges über dessen Gemälde *Ruhe auf der Flucht nach Ägypten* informiert war[921]), in seinem Roman *Wilhelm Meisters Wanderjahre* (1821, in erweiterter Form 1829) eine Zimmermannsfamilie (Joseph, Maria und ihre Kinder), die in einem halb intakten, halb verfallenen Klostergebäude aus dem Mittelalter haust und sich bemüht, den Lebenswandel der heiligen Familie eines alten Gemäldezyklus nachzuahmen, der sich in einem früheren, nunmehr als Wohn- und Eßzimmer genutzten Kapellenraum befindet. Sankt Joseph der Zweite, der auch Kunstwerke restauriert und als Handwerker einen künstlerischen Sinn entwickelt hat, lebt, wie es im siebten Band der *Geschichte der deutschen Literatur* (Berlin DDR 1978) heißt, „als Zimmermann und Schaffner, d.h. als Zins- und Steuereinnehmer eines weltlichen Fürsten, in abgelegener Gebirgsgegend noch ganz

Abb. 365 Philipp Otto Runge: Die Eltern des Künstlers, 1806

in feudaler Gebundenheit, der seine mittelalterlich-christliche Weltanschauung, seine Überzeugung von der absoluten Gültigkeit dieser Tradition wie seine Lebens- und Kunstauffassungen entsprechen."[922] Goethe kritisiert in diesem Romanteil mit feiner Ironie die rückwärtsgewandten Bestrebungen der Romantik, das Handwerker- und Künstlerleben im Sinne einer Wiederherstellung von Verhältnissen des zünftig-ständischen und feudalklerikalen Mittelalters zum mystifizierenden Vorbild zu machen. Mit Heinrich Meyer bekämpfte Goethe die „Neudeutsche religios-patriotische Kunst" vor allen Dingen der Nazarener. Ein Jahr vor dem Erscheinen der erweiterten Fassung von *Wilhelm Meisters Wanderjahren* malte Julius Schnorr von Carolsfeld eine *Flucht nach Ägypten* (1828, Abb. 366), die gerade jene altertümelnde und zugleich idealisierend-glatte Frömmigkeit ausdrückte, die Goethe scharf ablehnte und die für die nazarenische Bildkunst bis in die Kaiserzeit bestimmend blieb. Das „allerchristlichste" Gemälde des Schnorr von Carolsfeld, das der Restaurationsperiode angehörte, fiel weit hinter das philosophisch-realistische Aufbruchswerk Philipp Otto Runges zurück.

Ohne Zweifel war Edward von Steinle das historische *Ende* der nazarenischen Kunstauffassung zutiefst bewußt, als er die Sepiazeichnung *Veit, Overbeck und Cornelius schauen die Flucht nach Ägypten* im Jahre 1878 (Abb. 367) schuf und

Abb. 366 Julius Schnorr von Carolsfeld: Die Flucht nach Ägypten, 1828

Abb. 367 Edward von Steinle: Veit, Overbeck und Cornelius schauen die Flucht nach Ägypten, 1878

dazu in einem Brief schrieb, es handle sich um eine Darstellung „Vorübergezogener, die Vorüberziehendes in ihrem Leben geschaut".[923] Für Goethes Wilhelm Meister blieb bereits in den zwanziger Jahren des 19. Jahrhunderts die „Flucht nach Ägypten" eine bald abgetane Episode strebender Wanderschaft.

Ein bürgerlich-humanistisches Aufbruchs- und Erneuerungsbild wie Philipp Otto Runges *Ruhe auf der Flucht nach Ägypten* war in der Zeit des Zweiten Deutschen Kaiserreiches ebensowenig mehr historisch möglich wie die durch den Prozeß der Industrialisierung überholte romantische Utopie eines unentfremdeten, die Gesellschaft bestimmenden Handwerker- und Künstlerlebens. Auch Runges *Ruhe auf der Flucht nach Ägypten* versuchte noch, die Sphäre der rein prosaischen „Practik", die in der Handwerkerfigur des Joseph gegenwärtig war, und jene der Naturerkenntnis und Kunst als Einheit in dem Christuskind, dem „neuen Heiland" (bei Kretzer ist dann der „neue Heiland" die Sozialdemokratie!) zusammenzusehen, Bildung und Tat antizipatorisch aufeinander zu beziehen.[924] Die geschichtliche Entfaltung der Antagonismen im Kapitalismus verursachte jedoch eine schichten- und klassenmäßig verfestigte Teilung der physischen und mehr praktischen, der die materielle Produktion überwachenden, leitenden, organisierenden und der wissenschaftlichen, philosophischen und künstlerischen Tätigkeiten, wobei die herrschenden bürgerlichen Klassen generell über die Bereiche der geistigen Arbeit verfügten. Der dieser Entwicklung entsprechende ideologische Prozeß stärkte jene Tendenzen, die die bürgerlichen Lebens- und Weltsichtformen verabsolutierten und die Bereiche der „Handarbeit", insbesondere die proletarischen Lebensbereiche als untergeordnete abtaten oder sogar völlig verdrängten. Die deutsche Bildkunst des 19. Jahrhunderts repräsentierte diese ideologische Situation, indem sie generell die Existenzformen der unteren Schichten und Klassen, insbesondere die Bereiche der physischen und praktischen Arbeit kaum oder nur unter Vorbehalten (ideologisch „entschärft") zur Darstellung kommen ließ. In der revolutionären Zeit des Vormärz und im Zweiten Deutschen Kaiserreich mit seiner erstarkenden Arbeiterbewegung wurde diese ideologische Situation allerdings durch Bildwerke relativiert, die nunmehr die aus dem Blick geratenen und verbannten gesell-

Abb. 368 Ludwig Knaus: Heilige Familie, 1876

Abb. 369 Carl von Marr: Madonna mit Kind

schaftlichen Realitäten zur Diskussion stellten. Uhdes Darstellungen der proletarisierten „heiligen" Handwerkerfamilie bestätigen erneut die Tatsache, daß sich selbst im ideologischen Kernbereich bürgerlicher Bildkunst, nämlich dem der christlichen Malerei, wirklichkeitsbezogene soziale Tendenzen durchsetzen konnten.

Dennoch spielten idyllische Bilder der heiligen Familie auf der Flucht (später auch unter neuidealistischem Vorzeichen) weiterhin eine große Rolle. So zeigt die *Heilige Familie* (1876, Abb. 368) von Ludwig Knaus, eines der wenigen religiösen Werke dieses bis in die neunziger Jahre international berühmten Genremalers, eine von geflügelten Putten umschwebte Kopftuch-Madonna „aus dem Volke", die in Frontalsicht mit dem Kind auf ihrem Schoß in der freien Natur an einem kleinen Abhang sitzt, während Joseph mit dem Esel weiter im Hintergrund das Engelwunder anstaunt. Die sorgfältige Naturbeobachtung und die genrehafte Poesie, die allerdings nicht weit von süßlichem Kitsch entfernt ist, kontrastieren zwar zum traditionellen Idealismus, dennoch ist die Kluft zu Uhdes Auffassung des Themas wegen der auf widerspruchslose Harmonie ausgerichteten Gestaltungsweise, Verklärung des Wunderbaren und der traditionellen Gewandfaltenführung unüberbrückbar. Alle realistischen Hinweise auf eine den Lebensunterhalt sichernde Arbeitstätigkeit oder auf Existenznot fehlen in dieser religiösen Idylle. Ähnlich der Wirklichkeit entrückt sind die Gemälde *Madonna mit Kind* von Karl Marr (Abb. 369), *Rast auf der Flucht* von Maximilia Dasio (Abb. 370) *Ruhe auf der Flucht* von Theodor Winter (Abb. 371) und *Ruhe auf der Flucht nach Ägypten* (1908, Abb. 372) von Hans Thoma.

In einem allgemeineren Sinne wird wiederum im Gegensatz zu diesen irreal-glücklichen „Traumbildern" von allerdings nur wenigen Gemälden das Ausgesetztsein der bürgerlichen Kleinfamilie in einer trostlosen Wüstenei thematisiert, so von Uhdes *Die Flucht nach Ägypten* (1893, Abb. 373), Bruno Piglheins orientrealistischer *Ruhe auf der Flucht nach Ägypten* (um 1892, Abb. 374)[925] und Max Klingers expressionistischer *Ruhe auf der Flucht* (1912, Abb. 375). Die Wüste in diesen pessimistischen Darstellungen mag vom Historiker als ein Gleichnis der feindlichen, verdinglichten und entfremdeten Welt des kaiserzeitlichen Kapitalismus gedeutet werden, in der sich vor allen Dingen die sozial schwachen

Abb. 370 Maximilian Dasio: Rast auf der Flucht

Abb. 371 Theodor Winter: Ruhe auf der Flucht, um 1913

Abb. 372 Hans Thoma: Ruhe auf der Flucht nach Ägypten, 1908

Abb. 373 Fritz von Uhde: Die Flucht nach Ägypten, 1893

Abb. 374 Bruno Piglhein: Ruhe auf der Flucht nach Ägypten, um 1890

Abb. 375 Max Klinger: Ruhe auf der Flucht, 1912

Familien im harten Daseinskampf behaupten mußten und ständig zu unterliegen drohten.

Links im Vordergrund des Gemäldes *Heilig ist die Jugendzeit* von Louis Feldmann (Abb. 376), dem katholischen Schüler Gebhardts hobelt Joseph mit aufgekrempelten Ärmeln und vorgebundenem Schurz an einer Kastenwand, die in die Werkbank eingespannt ist. Er hält inne und schaut sich teilnahmsvoll nach Frau und Sohn um. Maria, schräg von vorn gesehen, sitzt auf einer kleinen Bank vor dem schlichten Eßtisch und beantwortet die Fragen des etwa zwölfjährigen Christus, der neben ihr steht und sie erwartungsvoll ansieht. Der Junge bezeichnet mit der Rechten eine Stelle des Buches auf Marias Schoß und legt die Linke auf die Hand der Mutter, als bitte er um eine Auskunft. Maria blickt wie nachdenkend vor sich hin. Das Interieur zeigt die einfache, karg ausgestattete Stube eines armen Handwerkers; der Raum dient zugleich als Werkstatt, Wohn- und Eßzimmer.

Abb. 376 Louis Feldmann: Heilig ist die Jugendzeit

Abb. 377 John Everett Millais: Christus im Hause seiner Eltern, 1850

Ein Werkstattsbild ist auch das im 19. Jahrhundert vielfältig rezipierte präraffaelitische Ölgemälde *Christus im Hause seiner Eltern* (1850, Abb. 377) von Sir John Everett Millais, das sich mit seiner Härte der Detailbeobachtung, desillusionierenden Zeichnung der Personen und stechend hellen Farbigkeit gegen den englischen Akademismus wandte und einen Sturm der Entrüstung hervorrief.⁹²⁶ Richard Muther widmete Millais einen breiten Raum im zweiten Band seiner *Geschichte der Malerei im XIX. Jahrhundert* (1893) und besprach auch dieses Gemälde.⁹²⁷ Während Millais eine einheitliche orientrealistische Darstellung angestrebt hatte, geht ein spürbarer Bruch durch Feldmanns Bild: seine Maria und ihr Sohn sind durch die fast nazarenisch-traditionelle Gewandung dem prosaischen Werkstattmilieu entrückt. Sie scheinen einer höheren Sphäre der Religion und Kunstgeschichte zu entstammen, Joseph dagegen bleibt der biedere Schreiner der zeitgenössischen Gegenwart. Auch eine widersprüchliche soziale Illusion erfüllt das Gemälde Feldmanns, dessen Interieur näher gerückt, intimer gestaltet ist als das von Millais mit seinen Ausblicken auf einen Materialraum und eine Schafherde in grellem Sonnenlicht. Die Mutter-Sohn-Szene des deutschen Künstlers zeigt nicht nur eine rein emotionale Zuwendung der Maria, die bei Millais vor dem Christusknaben kniet und angstvoll auf die Verletzung seiner Hand sieht. Feldmanns Madonna lehrt ihren wißbegierigen Knaben, der sie allerdings bereits zu überflügeln scheint, aus einem Buch. Der Künstler überträgt bildungsbürgerliche Vorstellungen auf eine durch das Milieu sozial

Abb. 378 Max Liebermann: Zimmermannswerkstatt, 1875-1877

deutlich gekennzeichnete arme Handwerkerfamilie, in der normalerweise der heranwachsende Sohn dem Vater zur Hand gehen und die Mutter die Hausarbeit sowie ebenfalls kleine Handgriffe verrichten würden. Hier aber verfügt Maria wie eine gebildete Dame über genügend Muße, um dem Sohn Lehrstunden erteilen zu können. Im Zweiten Deutschen Kaiserreich gingen indessen Bildung und Besitz zusammen, während dem materiell schlechter gestellten Teil des Kleinbürgertums und dem Proletariat das aus Büchern erworbene Wissen in der Regel fremd war.[928] Den Hauptteil der Bildungsarbeit für die unteren Schichten und Klassen übernahm zudem (mit Beginn des schulpflichtigen Alters) die staatliche Volksschule, wenngleich die gesetzlich verankerte Schulpflicht selbst in der Kaiserzeit noch nicht voll durchgeführt war.[929] Im entwickelten Industriezeitalter den Hausunterricht durch die Mutter in einer armen Handwerkerfamilie bildkünstlerisch zum Paradigma der „Heiligen Jugendzeit" zu machen, hieß daher in mehrerer Hinsicht ein „modernes" Märchen erzählen. Selbst in der vorindustriellen Phase des 19. Jahrhunderts war eine gebildete arme Handwerkerfamilie ein Ausnahmefall. Wenn man sich allerdings das Buch auf dem Schoß der Mutter als Bibel vorstellt, gewinnt Feldmanns Darstellung an Wahrscheinlichkeit. Denn die christliche Erziehung wurde auch in unbemittelten Familien geübt, war jedoch zumeist auf das Vorlesen aus der Bibel bei den Mahlzeiten beschränkt. In jedem Fall wirkt die „heilige Bildungsidylle" Feldmanns formal und inhaltlich widersprüchlich, anachronistisch, bürgerlich-illusionär. Tendenziell liegt dieser Komposition die überlebte romantische Utopie der Einheit von Handarbeit und Bildung zugrunde, wobei allerdings der Christusknabe die Möglichkeit der „Emanzipation" zu einer rein geistigen Tätigkeit andeutet. Wegen der konservativ-patriarchalischen Erbbindung des ältesten oder Einzelsohnes besaß eine solche Möglichkeit im Kleinbürgertum wiederum generell wenig Wahrscheinlichkeit.

Die Gestaltungsweise des Feldmannschen *Jugendzeit*-Bildes gehört dem illusionistischen Verismus und „Akademismus" an. Die realistischen Tendenzen der Arbeits- und Milieuschilderung erstarren durch die feine, photographiehafte Malweise. Die Sauberkeit und Geordnetheit des Raumes (beispielsweise liegen nur wenige, kunstvoll arrangierte Hobelspäne auf dem geputzten Boden) suggeriert Wohlanständigkeit, Geborgenheit. Durch die idealistische Auffassung der Mutter-Sohn-Gruppe wird eine ästhetisch-religiöse Überhöhung erreicht, die vom Uhdeschen oder gar Liebermannschen Naturalismus durch Welten getrennt ist: Liebermanns *Zimmermannswerkstatt (die Familie des Holzhakkers)* (1875 - 1877, Abb. 378) gehörte der Oppositionsperiode des „dunkelmalerischen" Realismus der siebziger Jahre an und zeigte die Gruppe eines Mannes, der mit dem Beil auf ein kantiges Holzstück einhackt und einer neben der offenen Feuerstelle sitzenden, ihr Kleinkind stillenden Frau inmitten eines riesigen schuppenartigen Materialraums für Holz und Geräte. Die Dominanz des Milieus, die durch die naturalistische Milieutheorie von Taine und Zola geprägt zu sein scheint, wird dadurch noch besonders deutlich, daß Liebermann die Figuren erst nachträglich in das Bild einfügte.[930] Allerdings wirkt der Mann, der mit seinem unfachmännischen Hacken quer zur Faser des Holzscheits das Kleinkind gefährdet, wenig überzeugend.[931] Der durch seine „witzigen" Besprechungen berühmte Berliner Kritiker Gustav Heil zielte jedoch nicht auf diesen Umstand, sondern auf die von ihm richtig erkannte oppositionelle Intention des Gemäldes, das 1878 auf der Akademie-Ausstellung in Berlin gezeigt wurde: „Das eine der von ihm zum Lüften ausgehängten Werke, *'die Familie des Holzhackers'*, gewährt den unerfreulichen Anblick eines verschwarzten Interieurs, angefüllt

Abb. 379 Joseph Albrecht: Hl. Familie

mit mehreren Viertelhaufen schmutziger Bretter und Stubben, dazwischen eine verkommene Familie, die wahrscheinlich nie im Leben einen Hemdenwechsel honorirt hat, und zu deren Kennzeichnung der feinfühlige Künstler es wohl vermied, unter all dem Gerümpel auch nur eine Spur von Besen oder Waschnapf anzudeuten."[932]

Eine „phantastisch-religiöse" Steigerung gegenüber Feldmanns *Heiliger Jugendzeit* bietet die hochformatige, rundbogige *Heilige Familie* Joseph Albrechts (Abb. 379), eines Malers aus dem Künstlerkreis um die Münchener „Deutsche Gesellschaft für christliche Kunst". Hier begleiten musizierende Engel die heiligen Worte des barfüßigen, engelhaften Jesuskindes, das wie die neben ihm auf Josephs Werkbalken[933] sitzende Madonna und wie der kleine, anbetende Johannesknabe von verklärendem Licht bestrahlt wird. Der hinten stehende heilige Nährvater, der die Axt auf den Balken stützt, hält den Arbeitshut an die Brust gedrückt und den Blick andächtig gesenkt. Das katholische Wunder des heiligen Kindes triumphiert. – In dem Altarbild für die katholische Kirche in Zuchering bei Ingolstadt von Joseph Albrecht (Abb. 380) hält der in ein weißes Gewand gekleidete Christusknabe mit dem Nimbus mehr spielerisch als hilfreich zupackend den Werkbalken des Vaters, an dem dieser mit einem Stemmeisen arbeitet. Zwei niedliche kleine Engelputten spielen im Vordergrund mit Abfallhölzchen. Hinten

Abb. 380 Joseph Albrecht: Die Hl. Familie

steht fromm Maria mit einem orientalischen Wasserkrug. Es ist eine aller Sorge und Not entrückte, patriarchalisch-heilige Werkeltags-Szene ähnlich jener, die Hans Huber-Sulzemoos in seinem Triptychonentwurf für einen Flügelaltar in der Pfarrkirche von Köln-Zollstock gestaltete (Abb. 381). Huber-Sulzemoos läßt zwei musizierende Engel auf den Seitenflügeln die Säge-Szene des heiligen Vaters und Sohnes im Mittelbild begleiten. Vom Hauseingang naht die Madonna mit einigen Erfrischungen. Von solchen Darstellungen ist es nur ein Schritt zu den christlichen Hobelbankidyllen der Kitschbilderindustrie.[934]

Der naturalistischen Arme-Leute-Malerei näher steht Walther Firles Schusterfamilienbild *Vergib uns unsere*

Abb. 381 Hans Huber-Sulzemoos: St. Joseph als Zimmermann, 1916

Schuld (Abb. 382), das dritte Bild aus der Trilogie *Vater unser* (1894), das die Rückkehr einer „gefallenen" Tochter in ihr Vaterhaus schildert.[935] Eduard Engels hebt in seinem Artikel über Firle (1901) die psychologische Beobachtungsschärfe des Gemäldes hervor: „Gerade das mittlere Bild ist als Scene das wirksamste. Es ist von einer Tiefe und Wahrheit der Psychologie und einer Schlichtheit und Deutlichkeit der Erzählung, die kaum überboten werden können. Wie die alte Frau, bangend und bittend, die Hand auf die Schulter des Mannes legt, der Mann zwischen Zorn und Verzeihung schwankt, der Gesell beklommen und neugierig aufschaut, das Mädchen blöde vor Angst und Unglück an der Thür verharrt, das hat ein Poet gesehen, dem sich an Beobachtungsschärfe und Simplicität der Mittel nur wenige vergleichen können."[936] Auf die sozialen Bedingungen der dargestellten Szene geht der Rezensent nicht ein. Die ärmliche Werkstatt, nach der links stehenden Kommode mit den darüberhängenden gerahmten Photographien zu schließen wohl zugleich Wohnzimmer, ähnlich wie in Feldmanns *Heilig ist die Jugendzeit*, befindet sich in einem höhergelegenen Mietshausstockwerk; der Blick geht durch das schlichte breite Fenster auf die Hausdächer eines Großstadtviertels. Der Werktisch, an dem der Geselle seine Tätigkeit selbst bei diesem ungewöhnlichen Ereignis kaum unterbricht, die Arbeitskleidung

Abb. 382 Walther Firle: Vergib uns unsere Schuld, 1893

Abb. 383 Max Liebermann: Die Schusterwerkstatt, 1881

der beiden Männer und die am Boden verstreuten Abfälle, Schuhe, Handwerkszeuge veranschaulichen die Arbeitssituation treffend und realistisch. Die unterhalb der aufgekrempelten Ärmel sichtbaren kraftvollen, jedoch sehnigen Arme der Männer zeugen von regelmäßiger physischer Anstrengung. Es ist keine leichte, freudvolle Tätigkeit, mit der diese Menschen ihr karges Auskommen sichern müssen. Die alt wirkende Mutter ist abgearbeitet, fast ausgemergelt.

Es liegt nahe, sich vorzustellen, daß die scham- und angstvoll in der Tür stehende Tochter des Schustermeisters als Dienstmädchen eingestellt war; in der Regel kamen Dienstmädchen in der Kaiserzeit aus dem Kleinbürgertum[937], und bei den Dienstmädchen war die Rate unehelicher Geburten wie auch jene des Übergangs zur Prostitution höher als bei Frauen aus anderen sozialen Bereichen.[938]

Die Szene zeigt nicht ohne einen Anflug von Melodramatik, daß auch diese patriarchalische Schusterfamilie dem Kodex der kirchlich sanktionierten bürgerlichen Sexual- und Ehemoral jener Epoche unterliegt; ingrimmig ballt der Vater die Fäuste und blickt mit schlecht verhehltem Abscheu vor der „gefallenen" Tochter zur Seite. Der Geselle wagt es nicht, seine Arbeit zu unterbrechen, riskiert jedoch einen scheuen Blick. Die Tochter wiederum wendet sich zunächst zerknirscht und demütig an das Familienoberhaupt, von dessen Entscheidung ihr weiteres Schicksal abhängt. Die Reaktion der Mutter drückt keineswegs solidarisches Mitgefühl aus, sondern Erschrecken und Kümmernis; sie geht der Tochter nicht sogleich entgegen, um sie aufzunehmen, sondern versucht zuerst ihren Mann zu begütigen. Den Pater familias, den Schustermeister, soll das Bildtitel-Gebet erweichen: „Vergib uns unsere Schuld, wie wir vergeben unsern Schuldigern!"

Obwohl Firles Darstellung der armen Handwerkerfamilie, ihrer Arbeit und der Not ihrer Tochter an realistischer Entschiedenheit Uhdesche Gestaltungen fast erreicht, wird doch der Blick auf diesen Lebensbereich durch die Brille der bürgerlich-christlichen Moral ideologisch entschärft. Die Bildaussage, die eine schuldhafte Verfehlung der Tochter voraussetzt, tastet die bestehenden gesellschaftlichen Moralgesetze jener Zeit nicht an, wenngleich sie „mildernd" darauf abzielt, die Bereitschaft zu Verzeihung und Hilfeleistung zu wecken und wiederum christlich zu rechtfertigen. Der allgemeine Gültigkeitsanspruch christlicher Prinzipien auch bezüglich unterer Schichten und Klassen mag in Firles Bildwerk behauptet sein, verschleiert aber die gesellschaftliche Wirklichkeit: Immerhin verfügten die mittleren und gehobenen Schichten des Bürgertums, die allerdings durch stärkere Repräsentationszwänge auch besonderen Zwängen des Moralkodex unterworfen waren, über genügend materielle und Machtmittel, sich sowohl die „Sünde" als auch deren „Vergebung" leicht zu machen. Wenn nun Firles Darstellung wie andere Bildwerke dieser Art ein geläutertes, ursprüngliches Christentum im Milieu der Armut, Arbeit und Not aufsuchen möchte, erscheint diese Intention dem Historiker als ein freilich „unbewußter" Zynismus. – Übrigens gehörte das Schusterhandwerk zu den von der Industrialisierung an stärksten bedrohten Gewerben.

Die Gegenlichtgestaltung Firles wirkt wegen der feineren, konstraständmeren Malweise gegenüber der Uhdes oder Liebermanns sehr viel traditioneller, fast poetisch beruhigt. Dies fördert im Zusammenhang mit der christlichen Thematik eher affirmative ideologische Tendenzen im Sinne etwa des christlichen Sozialismus. Dagegen behält ein Werk wie Liebermanns *Schusterwerkstatt* (1881, Abb. 383), das keine „höheren geistigen Interessen" verfolgt, sondern die Alltagsarbeit des Kleinmeisters und seines Sohnes oder Lehrjungen mit rauher Eindringlichkeit schildert, seine oppositionelle, künstlerische und soziale Sprengkraft.[939]

Christus und die Armen. „Soziale" Gleichnisse Christi

Darstellungen der „Armen und Elenden", die Christus tröstet oder denen er hilft, des christlichen Todes in Armut, der an die Nächstenliebe appellierenden Verlassenheit von mittellosen Alten, frommer Lumpenproletarier, „sozialer" Gleichnisse Christi wie der Geschichten vom armen Lazarus und dem verlorenen Sohn standen zwar im Kontext der kaiserzeitlichen Arme-Leute-Malerei, bezogen sich zumeist jedoch nur sehr indirekt auf die soziale Wirklichkeit der Verelendung in den unteren Schichten und Klassen. Insbesondere die zentralen Bereiche der Verelendung in den Großstädten wurden durch die christliche Bildkunst kaum berührt.

Auf der Münchener Jubiläums-Ausstellung von 1888 zeigte der Münchener Malereiprofessor Ernst Karl Georg Zimmermann das vielbeachtete, großformatige Ölgemälde *Christus consolator* (Abb. 384), das vier Jahre später vom Leipziger Museum für bildende Künste angekauft wurde. Dargestellt ist Christus, der sich zu einem von Not und Krankheit abgezehrten Jugendlichen auf einem kümmerlichen Strohlager herabbeugt. Am erhöhten Kopfende kniet die Mutter und sieht mit fest gefalteten Händen bittend und angstvoll zum Heiland auf. Die vorn kauernde Großmutter, die ergeben zu Boden blickt, hat ihre gefalteten Hände inbrünstig vorgereckt auf die Oberschenkel gelegt. Die Abweichungen, die das Gemälde gegenüber seiner Abbildung im „Photogravüre"-Prachtband von Ludwig Pietsch über die Münchener Jubiläums-Ausstellung zeigt (Abb. 385)[940], mögen darauf zurückzuführen sein, daß der Künstler das Werk vor dem Verkauf noch einmal überarbeitete. Anstelle des Hängeschränkchens rechts oben zeigt das Bild heute ein kleines, durch mildes Mondlicht erleuchtetes Fenster, das allerdings den Gedanken an eine Gefängniszelle wachruft. Auf dem Wandregal weiter unten steht nicht mehr ein Wasserkrug, dessen Henkel abgebrochen ist, sondern ein Trinkglas. Der durch die zurückgeschlagene Decke entblößte Oberkörper des Jungen ist abweichend vom Photogravure-Bild etwas stärker mit einem Oberlakenteil verdeckt; so erscheinen die Armseligkeit der Decke und die Magerkeit des Körpers etwas abgemildert. Die Ersetzung des orientalischen Wasserkruges durch ein Trinkglas mag eine Aktualisierung bedeuten.

Die Malweise ist zwar gelockert, dennoch weich und nicht durch eine optisch wirksame Fleckauflösung in der Art Uhdes oder Liebermanns geprägt. Die Farbigkeit ist äußerst gedämpft, reduziert auf Violett-, Grau- und Brauntöne, zu denen die Fleischfarbe des Jungen, das Weißliche des Lakens und die Gesichtsfarben schlichte Helligkeitskontraste bilden. Das Überwurftuch der Alten vorn zeigt ein Trauer- und Totenschwarz. Es sind die Farben des Alltags und Elends, die hier in gleichwohl delikaten Tondifferenzierungen wechseln. Von einer antiakademischen Rauhigkeit und Schmutzigkeit der Farbgebung kann immerhin keine Rede sein.

Ludwig Pietsch stellte in seinem Begleittext des Photogravure-Bandes zur Jubiläums-Ausstellung die Neuartigkeit des *Christus consolator* heraus: „Auf Bildern, welche diesen Titel führen, sahen wir den Heiland meist auf Wolken oder auf einem prächtigen Herrschersitz thronend, von flehenden Gestalten umgeben, in denen die verschiedensten Arten des menschlichen Leidens verkörpert und repräsentirt sind. Sie haben seinen Ruf: 'Kommet her zu mir, die ihr mühselig und beladen seid, ich will Euch erquicken', vernommen und nahen sich, Trost und Erlösung hoffend und heischend. Der 'tröstende Heiland' auf *Zimmermann's* Bilde wartet nicht in olympischer Ruhe und übermenschlicher Majestät, bis die Trostbedürftigen zu *ihm* kommen. *Er* sucht *sie* auf, steigt in die Höhlen der Unglücklichsten und Elendesten hinab, um dort Licht und Erquickung hineinzutragen und die Verzweifelnden aufzurichten. Für diesen Christus, dessen Herz der ganzen Menscheit und jedes Einzelnen Angst und Wehe mit empfindet, hat *Rembrandt* vor Allen den Mustertypus geschaffen."[941] Der Rembrandt-Vergleich bezüglich des Helldunkels, des Alltags- und Elendskolorits und der Darstellung unterer Schichten und Klassen wurde auch von den Verteidigern der Gemälde Uhdes angewendet. Obgleich nun die Christusfigur Zimmermanns in der Tat nicht „auf Wolken oder auf einem prächtigen Herrschersitz" thront (Pietsch), sondern in das Armenzimmer hineingekommen ist, hebt sie sich in ihrem faltenreichen, hellvioletten Ober- und graublauen Übergewand farblich geschönt und als traditioneller Typus mit Lichtaura und einem perspektivischen Reifennimbus aus dem Elendsmilieu heraus, gehört einer höheren Sphäre der Bildung, Religion, Geschichte an. Wie selbst in den meisten Bildern Uhdes erscheint der Christus als ästhetisch versöhnende, bürgerliche Integrationsfigur. Sogar der Rezensent religiöser Malerei der Berliner Akademieausstellung von 1889, auf der Zimmermanns *Christus consolator* ebenfalls gezeigt wurde, kritisierte im *Christlichen Kunstblatt* scharf den Heiland: „Die herbe Realistik der drei Personen war zu ertragen, obgleich bei dem Jüngling et-

Abb. 384 Ernst Karl Georg Zimmermann: Christus consolator, 1888

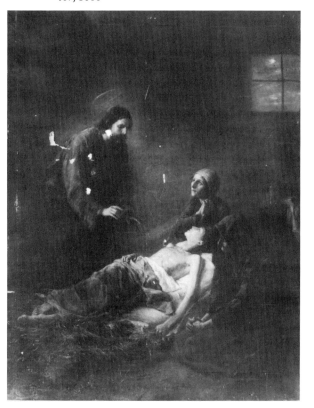

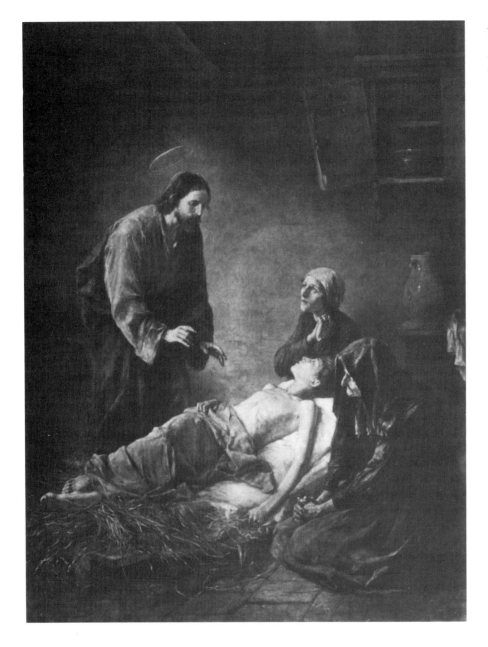

Abb. 385 Ernst Karl Georg Zimmermann: Christus consolator, ursprüngliche Fassung, 1888

was weniger davon besser gewesen wäre; der Heiland aber befriedigt nicht, weil er, eine unleidliche Verquickung von Mystizismus und realer Erscheinung, an Weichlichkeit und geschraubter Äußerlichkeit litt."[942] In der Tat haben die Handhaltung und der lichtverklärte Blick Christi etwas Übersinnlich-Magisches; eine reale ärztliche Versorgung oder Nahrungsreichung scheint sich zu erübrigen. Die „herbe Realistik" der anderen Figuren wird im Gegensatz zur Auffassung des Rezensenten durch die Lichtpoetik, die ein wenig theaterhafte Drehung des Jungenkörpers und die bittende Frömmigkeit der mit schimmernden Augen zum Heiland blickenden Mutter gemildert. Die idealistische Bildaussage behauptet eine Veredelung der in Not und Armut lebenden Menschen durch ihren gläubigen Bezug zum Heiland, zum Bereich des Wunderbaren und Heiligen. Insgesamt bildet die Darstellung eine nur sehr indirekt auf die Lebenswirklichkeit von Armen der Kaiserzeit bezogene ästhetische Fiktion. Wenn jedoch die Mitarbeiter der Inneren Mission oder katholischer karitativer Verbände in der Nachfolge des Heilands tatsächlich in die „Höhlen der Unglücklichsten und Elendesten" hinabstiegen, „um dort Licht und Erquickung hineinzutragen" (Pietsch), so konnte eine solche punktuelle, individualisierte Hilfstätigkeit nicht die fehlenden Sozialhilfeprogramme ersetzen. Über die Lage der sozial Schwachen in den großen Städten des Zweiten Deutschen Kaiserreiches heißt es in der von Gerhard A. Ritter und Jürgen Kocka herausgegebenen *Deutschen Sozialgeschichte* (1974): „Durch die staatliche Versicherungsgesetzgebung seit den 80er Jahren wurden die oft zur vollständigen Verelendung führenden schlimmsten Auswirkungen von Alter, Invalidität und Krankheit wenigstens für einen Teil der Arbeiterschaft gemildert. Welches Elend und welche Not dennoch in den großen Städten des Kaiserreichs – vor allem unter Ungelernten, Gelegenheitsarbeitern, Arbeitslosen, Behinderten, Kinderreichen, Asozialen und sozial Schwachen überhaupt – existierten und in wie starkem Maße bestimmte Krankheiten sozial bedingt waren (...), sollte jedoch nicht übersehen werden."[943]

Moderner gemalt ist ein Bild mit ganz ähnlicher, jedoch stärker verallgemeinerter Thematik von dem selben, später der Münchener Secession angehörenden Ernst Karl Georg Zimmermann, das betitelt ist: *Kommet zu mir, die ihr mühselig seid und beladen, denn ich will euch erquicken* (1895, Abb. 386). Um die rembrandthafte, sehr edle Lichtgestalt Christi mit dem mystischen Heiligenschein schart sich eine zeitgenössische, in materieller, physischer und psychischer Not verbrüderte Gemeinschaft. Fritz von Ostini schreibt in seinem Aufsatz über Zimmermann in der *Kunst unserer Zeit* (1902): „Auch hier steht Jesus als Tröster da, und Noth und Sorge drängen sich zu seinen Füßen: ein Kranker auf der Bahre, ein junges Mädchen in seiner Herzensnoth, kraftlos, gestützt vom alten Vater, eine Greisin mit ihrer Krücke, mühselig und beladen mit der Last des Alters und der Einsamkeit, eine trauernde Frau mit glanzlosen, ausgeweinten Augen, ein muskelstarker Negersklave mit zerrissenen Ketten, geführt von einem kirchlichen Würdenträger, zugleich zum Christen gemacht und befreit – sie Alle nahen der hohen, milden Christusgestalt, und Andere, mehr oder minder deutlich, kommen aus der Ferne. Christus selbst steht in lichtem Gewande mit leicht ausgebreiteten Armen, mit einer Geberde da, als wolle er Alle in Liebe willkommen heißen. Was Ernst Zimmermann da gemacht hat, ist eine Glorifikation der christlichen Idee, die durch keine dogmatische Nuance beeinträchtig ist – auch die Prälatengestalt neben dem Neger kann nicht als solche gelten, da sie sich ausschließlich auf geschichtliche Thatsachen bezieht – eine Verherrlichung der Religion der Liebe!"[944] Mag die Figur des Prälaten hinter dem befreiten Negersklaven auch an eine Persönlichkeit wie den erbitterten Gegner der Sklaverei, den 1892 gestorbenen Kardinal Lavigerie erinnern, bleibt doch die Tatsache bestehen, daß Kolonialherrschaft und Christentum in Afrika (und anderen außereuropäischen Gebieten) eng miteinander verknüpft waren, wenngleich das Christentum entschieden gegen die Sklaverei auftrat. Mit der Darstellung der Neger-Prälaten-Gruppe bezog sich der katholische Maler Ernst Zimmermann ohne Zweifel auf die Deutsch-Ostafrika-Krise (1888 - 1891). Ein Aufstand in dieser Region, getragen von der arabischen Sklavenhändlerschicht, aber auch von brutal behandelten Eingeborenen, führte zum „erfolgreichen" militärischen Eingreifen des Deutschen Kaiserreiches. Die Mehrheit, die im Reichstag eine entsprechende Regierungsvorlage verabschiedet hatte, wurde von den Kartellparteien (Konservative, Freikonservative, Nationalliberale) gebildet, denen sich das Zentrum anschloß. Hans-Ulrich Wehler schreibt in seinem Buch *Bismarck und der Imperialismus* (1969): „Auf einen von Bismarck nicht unabhängigen gelinden Druck des Papstes hin und aus humanitärer, von Kardinal Lavigerie angefachter Empörung gegen den Sklavenhandel schloß sich ihnen das Zentrum an, so daß im Januar 1889 eine sichere Mehrheit die Vorlage annahm."[945] Die Parole von der Bekämpfung des Sklavenhandels, die auch Bismarck benutzt hatte, verschleierte nur unzulänglich, daß es letztlich um die Handelsinteressen der Deutsch-Ostafrikanischen

Abb. 386 Ernst Karl Georg Zimmermann: Kommet zu mir, die ihr mühselig seid und beladen, denn ich will euch erquicken, 1895

Gesellschaft und um die des „Bismarckschen" Imperialismus ging. Im Gemälde Zimmermanns findet allein die katholisch-humanitäre Seite des Kampfes gegen den Sklavenhandel und die Sklaverei ihren Ausdruck.

Die klassenversöhnlerische Idee, daß Menschen unterschiedlichster Herkunft und aus unterschiedlichsten Verhältnissen – die trauernde Frau der rechten Bildseite könnte aus der Oberschicht stammen – sich im Zeichen des Christentums zusammenfinden sollten, klingt an. Doch rückt der Künstler die Armen und Elenden, vor allem den Siechen auf seiner armseligen Bahre und die einsame Alte mit der Krücke, in den Vordergrund. Zimmermanns neutestamentlicher Wundertäter, Tröster und Helfer Christus appelliert als Vorbildfigur an jeden Einzelnen, in der Nachfolge des Heilands aus dem Glauben heraus christliche Nächstenliebe an den Mühseligen und Beladenen zu üben. Das Bild drückt eine „Verherrlichung der Religion der Liebe" aus (Ostini). Völlig fern liegt der Darstellung eine Einsicht in die sozialen Prozesse der Verelendung und Entfremdung im Kapitalismus, die entsprechende sozialpolitische Forderungen und Maßnahmen ins Bewußtsein rücken könnte.

Dennoch scheint die Krise des sozialen Christentums angesichts des ungehemmten Wucherns dieser Prozesse und angesichts der sozialdemokratischen Säkularisation in der Darstellung gegenwärtig zu sein: Nicht selige Gefilde wie beispielsweise in Pfannschmidts *Christus predigt am See* (1876) nehmen edle Gläubige auf, sondern wie eine Verschwörergruppe haben sich die „elenden" Anwärter auf

Christi Beistand am Abend in der Öde eines freien Feldes zwischen Unkraut versammelt. Über der kargen, geraden Horizontlinie des schwarzen Waldstreifens flackert ein greller Lichtsaum. Der Himmel ist trüb und unruhig. Doppelt eskapistisch suggeriert das Gemälde die Vorstellung, daß eine Hilfeleistung gleichsam jenseits der urbanen Elends- und Konflikträume in der freien, jedoch feindlichen, kargen Natur wie durch ein Wunder Christi geschehen könnte.

Die Rezeption Rembrandts und der Holländer des 17. Jahrhunderts ist auch in diesem Gemälde sehr viel traditioneller als die radikal antiakademisch ausgerichtete von Uhde und besonders Liebermann.[946]

Einen Hauptbereich der „Arme-Leute-Malerei" bildet die Darstellung von Sterbe- und Todesszenen. Das erste Bild der Firleschen Vater-unser-Trilogie (1894), betitelt *Dein Wille geschehe* (Abb. 387)[947] zeigt eine inbrüstig betende alte Frau in ärmlicher Hausarbeitskleidung am Sterbelager ihrer Tochter; das Zimmer ist mit den nötigsten einfachen Möbeln und einem kleinen Eisenofen versehen. Man blickt durch das Fenster, an dem drei kümmerliche Topfpflanzen stehen, auf ein mehrstöckiges Mietshaus, dessen Dach Schnee bedeckt. Eduard Engels geht in seinem Firle-Aufsatz von 1901 ausschließlich auf die Stimmung und den religiösen Gehalt der Darstellung ein: „Die Sterbeszene verzichtet auf psychologische Darlegung und verlegt allen Nachdruck auf die stumme Beredsamkeit des Milieus. Auch hier ist mit wenig Worten unendlich viel gesagt. Das brennende Nachtlicht auf der Kommode und das Grauen des Tages vor den Fenstern erzählen von der entsetzlichen Nacht, deren Ende der müdegewordene Schmerz der Mutter übersah. Auch symbolisirt der Kampf des Tageslichtes mit dem Nachtlicht sehr fein und diskret den Kampf zwischen Leben und Tod, der auf dem Krankenlager ausgefochten wird. Was ist das Sterben nach dem Glauben der Gläubigen? Das Verlöschen eines kleinen vergänglichen Lichtes im Glanze eines grossen, ewigen."[948] Engels blendet hier die sozialen Implikationen des Bildes völlig aus und wird damit der Bildaussage sogar gerecht; denn der Künstler zielt nicht auf eine parteiliche Analyse des Lebensbereichs und Milieus armer Menschen, sondern es geht ihm darum, die gläubige Ergebenheit in den göttlichen Willen, das gottvertrauende Erdulden von Krankheit, Tod, Alter und Einsamkeit zu veranschaulichen. Das poetische Licht erfüllt die Kammer mit christlich-tröstlicher Jenseitshoffnung und veredelt die Armut ebenso wie in dem ersten Bild der Trilogie, das eine Tagelöhnerfamilie bei ihrem lichtverklärten Tischgebet darstellt. Insgesamt erweckt Firles Vater-unser-Trilogie die im Grunde zynische bürgerliche Illusion einer edelmütigen Befolgung christlicher Moralgesetze durch Menschen der unteren Schichten und Klassen (*Vergib uns unsere Schuld*) und einer ergebungsvollen Religiosität der Armen und Elenden (*Unser täglich Brot gib uns heute, Dein Wille geschehe*). Christliche Kunst dieser Art hat nicht die Veränderung der gesellschaftlichen Verhältnisse zum Wohle der sozial Schwachen im Auge, sondern lediglich eine religiöse Erhebung, Veredelung dieser Menschen, die jedoch realiter die ideologische Stabilisierung der Klassenherrschaft begünstigen muß.

Ein Mitleid fordernder, ja sozial anklägerischer Ton durchdringt dagegen das Gemälde *Der Austräglerin Ende* (1885, Abb. 388) von Carl Johann Becker-Gundahl[949], einem Münchener Malereiprofessor. Franz Wolter schreibt in seinem Becker-Gundahl-Aufsatz in der Zeitschrift *Die christli-*

Abb. 387 Walther Firle: Dein Wille geschehe, 1893

Abb. 388 Carl Johann Bekker-Gundahl: Der Austräglerin Ende, 1885

Abb. 389 Arthur Kampf: Die letzte Aussage, 1886

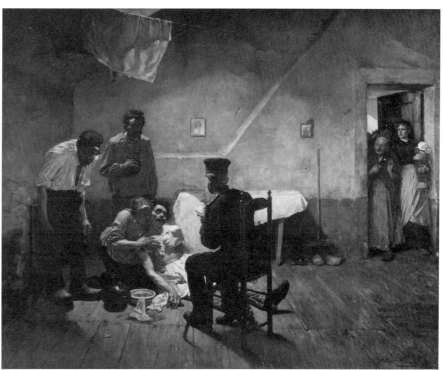

che Kunst (1906): „Geradezu schreckhaft ist das Bild 'Der Austräglerin Ende'. Ein altes, in elender Hütte auf noch elendigerem Lager soeben verstorbenes Weib, auf dessen Leichnam der halb verhungerte Hund sein wimmerndes Geheul zur blinden Fensterluke erhebt."[950] Harte Hell-Dunkelkontraste und eine rauhere Malweise unterstreichen die desillusionierende Bildaussage.

Aufsehen erregte der junge Schüler von Peter Janssen an der Düsseldorfer Akademie, Arthur Kampf mit seinem großformatigen Ölgemälde *Die letzte Aussage* (1886, Abb. 389). Es ist eines der künstlerisch eindrucksvollsten sozialen Sterbe- und Todesbilder des Zweiten Deutschen Kaiserreiches. Selbst der traditionell eingestellte Münchener Kunstkritiker und -historiker Adolf Rosenberg konnte nicht umhin, das Werk zu loben: „Ein junger Mann von zweiundzwanzig Jahren hat sich an eine Aufgabe gewagt, welche in die Tiefen des sozialen Lebens hineingreift. Ein Arbeiter ist bei einem Messerstreit im Wirtshaus tödlich verwundet worden. Zwei Kameraden haben ihn in die elende Dachkammer zu seinem abgehärmten Weibe gebracht, welches den entkleideten Oberkörper des Sterbenden mit der Linken emporhebt, während es mit der Rechten das aus der Brustwunde quellende Blut zurückzuhalten sucht. Vor dem auf der Erde Liegenden sitzt ein Polizist, welcher die 'letzte Aussage' des Gestochenen zu Protokoll nimmt. Durch die Thür wollen neugierige Nachbarinnen eindringen, bleiben aber bei dem grauenhaften Anblick entsetzt auf der Schwelle stehen. Das alles geht in einer nüchternen grauen Tagesbeleuchtung vor sich, welche nichts von dem Gräßlichen des Moments mildert. Dergleichen kann auch nicht poetisch oder empfindsam dargestellt werden. Hier gilt das Wort: Sint ut sunt, aut non sint! Die Frage, ob solche Stoffe künstlerisch darstellbar sind oder nicht, braucht nicht mehr erörtert zu werden, seitdem die moderne Kunstforschung und Kritik die philosophierende Ästhetik alten Stils von der Mitarbeiterschaft ausgeschlossen hat."[951] Für den Rezensenten der *Kunst für Alle* brachte der Künstler das „allerorten wütende Metzeln des sozialen Elends in einer mit schonungslos packender Wahrheit dargestellten Episode zur Anschauung" und zeigte eine „wahre und tiefe Empfindung, ein strenges, liebevolles Naturstudium, eine bereits hochentwickelte Fertigkeit in der malerischen Technik, eine markige Vortragsweise voll packender und erschütternder Überzeugungskraft."[952]

Zwar veredelt hier kein christliches Bezugssystem die Sicht auf die Arbeiter und ihr elendes Lebensmilieu, doch wird die Perspektive gleichsam kriminalisierend durch die Figur des protokollaufnehmenden Polizisten bestimmt, so daß die sozialen Faktoren von moralisch-obrigkeitsstaatlichen überlagert werden; das Bildthema, das den eigentlichen Arbeitsbereich unberührt läßt, konnte jene allgemein im Bürgertum verbreiteten Vorurteile über die „Rohheit und Zügellosigkeit" der Arbeiter fördern, die nur allzu rasch zum Messer greifen würden. Den ungehemmt messerstechenden Arbeiter, der nicht besser als ein Tier sei, hatte bereits David Friedrich Strauß als Beispielfigur für rohe Sinnlichkeit in seinem Buch *Der alte und der neue Glaube* (1872) auftreten lassen.[953]

Noch ganz der poetischen Genreschilderung der sechziger und siebziger Jahre verhaftet ist das fein gemalte, melodramatische Bild *Wilderers Ende* (1886, Abb. 390) von Wilhelm Clemens, einem Münchener Meister. Während der zu Tode getroffene Wilderer in der kargen Hinterkammer mit verkrampfter Hand stirbt, betet seine Frau unter dem Kruzifix bei einer brennenden Kerze auf der Ofenbank. Das Morgenlicht, das durch ein Rundbogenfenster einfällt, verklärt die armselige ländliche Stube.

Die beruhigte, traditionelle Malweise und empfindsame Lichtgestaltung lassen das karge Mansardenmilieu des Gemäldes *Bange Stunde* (1890, Abb. 391) von Otto Wolf zum reinen Stimmungsträger werden. Bereits einem „höheren Dasein" überantwortet liegt die tote Mutter, eine noch junge Frau im vergeistigenden Lichtschein unterhalb des Kruzifixes. Das verwaiste, weinende Töchterchen nimmt eine engelhaft erhellte Nonne in ihre Obhut. Die Arme-Leute-The-

Abb. 390 Wilhelm Clemens: Wilderers Ende, 1886

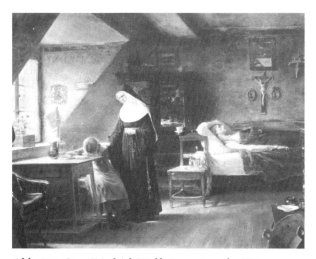

Abb. 391 Otto Friedrich Wolf: Bange Stunde, 1890

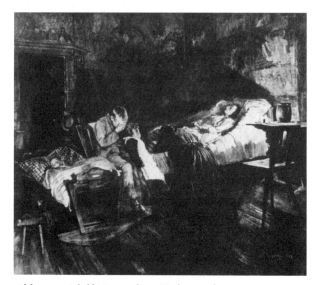

Abb. 392 Adolf Maennchen: Todesstunde, 1895

Abb. 393 Fritz Fleischer: Not, 1890

Abb. 394 Heinrich Breling: Der Witwer, um 1906

matik geht hier in der Demonstration rührender Jenseitströstung und Nächstenliebe auf. Dagegen ist Adolf Maennchens *Todesstunde* (1895, Abb. 392) frei von christlicher Versöhnung. Dem sozialen Existenzkampf analog ringt das spärliche Nachtlicht mit dem Dunkel in der trostlosen Sterbestube, wo am Bett der abgezehrten Toten eine Frau und ein Geschwisterpaar weinen. Das nun verwaiste Jüngste schläft in seiner einfach gezimmerten Wiege. Der Arzt, der nichts mehr tun kann, steht bereits in der dunklen Tür. – Weniger dramatische Helligkeitskontraste zeigt das Mansardenbild *Not* (1890, Abb. 393) von Fritz Fleischer. Mit nüchterner Distanz beobachtet der Künstler den freilich theaterhaft gesteigerten Schmerz einer Arbeiterfrau, die durch den Tod ihres Mannes mit den beiden kleinen Kindern und dem alten Großvater der Verelendung preisgegeben ist. In jedem Detail der menschenunwürdigen Bodenkammer, die kaum mit dem Nötigsten versehen ist, bekräftigt der Künstler die soziale Anklage. Das ähnlich rauh gemalte Bild *Der Witwer*

Abb. 395 Otto Heichert: *Trauernde an einem Sterbebett*, 1898

von Heinrich Breling (Abb. 394) drückt die verzweifelte Resignation eines Proletariers und seiner Tochter angesichts des Todes der Familienmutter aus. Mit schonungsloser Härte schildert der Künstler das Elendsmilieu der Behausung. – Otto Heichert wiederum konzentriert die Sterbeszene am Bett einer jungen Frau in seinem kleinformatigen Gemälde *Trauernde an einem Sterbebett* (1898, Abb. 395) auf eine rein emotionale Familienszene. Hier liest die aufrechte, ja ein wenig hart wirkende Großmutter tröstende Bibelworte, die aber die psychologisch eindrucksvoll beobachtete Verzweiflung des Kindes, Vaters und der alten Frau im Vordergrund nicht zu mildern scheinen. – Ins ländliche Arme-Leute-Milieu führen die *Totenwache* (1890, Abb. 396) des baltischen Malers Oswald von Sass und Walther Firles *Im Trauerhaus* (1888, Abb. 397). Das breitformatige, große Gemälde Firles mit seiner Gegenlichtverklärung rezensierte Friedrich Pecht anläßlich einer Besprechung der Münchener Jubiläums-Ausstellung von 1888: „Zu den religiösen Historienbildern hat man ob ihrer tiefernsten, die letzten Fragen des Daseins berührenden Auffassung auch *Walter Firles* 'Trauerhaus' betitelte Szene zu rechnen, wo ein junges Mädchen eben aufgebahrt im Sarg liegt, vor dem sitzend die alte Mutter vergeblich im Gebet Linderung ihres Schmerzes sucht, während sich die Nachbarn in die enge Stube gedrängt haben, um die ihnen wohl allen befreundet gewesene noch einmal zu sehen, und nun tief ergriffen betend vor ihrer Leiche stehen. Wie in den vorne Totenkränze bringenden Kindern das frische, blühende Leben mit geheimem Grauen sich dem Tode gegenüber gestellt sieht, das ist mit viel Feinheit der Empfindung gegeben, wie denn alle Figuren, obwohl den untersten Volksklassen entnommen, doch zusammen einen durchaus ergreifenden, ja ganz religiösen Eindruck hervorbringen. Das kolossale Bild lehnt sich in seiner ganzen Art fast zu sehr an Uhde an, nur ist es im einzelnen viel sorgfältiger ausgeführt und die düster-feierliche Stimmung mit großer Energie festgehalten."[954] Diese ästhetisch konservative Rezension verdeutlicht, wie sehr am Ende der achtziger Jahre eine „solide" malerische Sorgfalt und christliche Überhöhung der Arme-Leute-Malerei trotz Uhde und Liebermann noch geschätzt wurden. Der progressive Kunstkritiker und -historiker Richard Muther dagegen sah deutlich die traditionelle Gebundenheit Firles und seinen Rückfall hinter Uhde: „Jede dieser Gestalten ist von unübertrefflicher Wahrheit – nur gebührt dieses Lob weniger Firle als Uhde, auf dessen Bilde die meisten Figuren in ähnlicher Stellung vorkommen. Daß Firle im Publikum weit größeren Beifall findet, ist wohl hauptsächlich darauf zurückzuführen, daß sein Bild keine anstößige Christusfigur enthält und die Prinzipien der neuen Richtung sehr glücklich mit dem beliebten melodramatischen Elemente der Piloty-Schule verbindet."[955]

Der Düsseldorfer Maler Willy Spatz bot auf der Jahresausstellung der Düsseldorfer Künstler von 1892 eine vielbeachtete, sehr originelle Bilderfindung: *Der Gang zur heiligen Familie* (1892, Abb. 398). Arme Hirten stehen unschlüssig und erwartungsvoll an einer Wand, die durch die Sonne grell bestrahlt wird, in einer Reihe und wollen der heiligen Familie vor dem Stalleingang in einem Winkel Geschenke bringen, trauen sich aber nicht, die mit dem Christuskind schäkernden Eltern zu stören. Der Rezensent der Jahresausstellung der Düsseldorfer Künstler in der Zeitschrift *Die Kunst für Alle* lobt die Originalität und den „gemütvollen" Humor, „wie wir ihn in Bildern der alten deutschen Meister finden."[956] Mag auch die leere Mauer hinter dem Zug der morgenländischen Armen deren beschränkte Lebensbedingungen symbolisieren, so ist sie doch durch das Sonnenlicht verklärt, und ähnlich haben die Hirten trotz ihrer Armut etwas Abendteuerlich-Räuberhaftes. Jeder dieser mit orientalischer Phantasie gekleideten Männer ist ein psychologisch äußerst pointiert beobachteter Charakter, der sich im gespannten Lauschen oder in der Plauderei mit den Reihennachbarn auslebt. Minenspiel, Gestik und Haltungen wirken durch ihre Ausdrucksprägnanz fast bizarr. Es könnte schei-

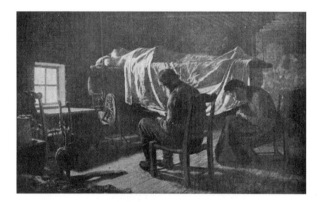

Abb. 396 Oswald von Sass: Totenwache, 1890

Abb. 397 Walther Firle: Im Trauerhaus, 1888

Abb. 398 Willy Spatz: Der Gang zur heiligen Familie, 1892
Abb. 399 Ernst Karl Georg Zimmermann: Anbetung der Hirten, 1883

nen, als wolle der Künstler das Lebendig-Menschlich noch im Elend aufspüren, die Solidarität der Armen, deren karge Geschenke von Herzen dargebracht werden, loben. Trotz aller glaubhaften Beobachtungsschärfe dominiert jedoch ein Zug des Theaterhaft-Manierierten[957]; der erfinderische Künstlerwitz weiß hier aus dem Arme-Leute-Thema ein Stück raffinierter Malerei zu machen. Das soziale Moment der Darstellung entpuppt sich als rein stofflicher Vorwand eines bildkünstlerischen Humors, der sich in der karikaturhaften Überzeichnung einer fiktiven Genrewelt der Armen und Elenden erschöpft. Allerdings wird auch das religiöse Motiv der traditionell gewandeten heiligen Familie als Stallwinkelidylle ironisch abgewertet.

Motivisch ähnlich wie der ein Schaf führende Junge im *Gang zur heiligen Familie* von Spatz ist der kleine Junge in Ernst Zimmermanns großformatiger *Anbetung der Hirten* (1883, Abb. 399), der ein Lämmchen als Geschenk auf dem Arm trägt. Auch Zimmermanns Hirten sind Arme, doch anders als bei Spatz haben sie an der heiligen Familienidylle teil, was Fritz von Ostini in seinem Aufsatz über Zimmermann (1902) mit süßlichen Wendungen ausdrückt: „Es ist Nacht und die Hirten sind zum Stalle von Bethlehem gekommen. Selig lächelnd blickt Maria, die licht gekleidet neben einer Krippe sitzt, auf das Knäblein in ihrem Schosse nieder; ein Schimmer geht von dem Kinde aus und lässt die ganze Gruppe in blendender Helle erstrahlen. Anbetend naht sich das Hirtenvolk, fromm-gläubig und hoffnungsvoll aufblickend zu Mutter und Kind. Auch Kinder drängen sich mit heran; ein schwarzhaariger Knabe trägt ein Lämmchen als Angebinde herbei, ein blondlockiges Mädchen schaut mit kindisch holder Verwunderung auf das strahlende Kindlein hin. Die Kinder und eine alte Frau im Hintergrunde sind nicht in altbiblische Gewänder gekleidet, sie könnten der Tracht nach Menschen unserer Tage sein, ebenso ist die junge Frau, die, Marien zunächst stehend, mit gefalteten Händen Jesus betrachtet, nicht eine Erscheinung aus jenen Tagen. Diese Anklänge an Uhde'sche Eigenart gehen nicht auf Uhde's Einfluss zurück, denn dieses Meisters erstes religiöses Bild solcher Art ist erst ein Jahr später erschienen."[958] Das Gemälde bildet einen Kompromiß aus Wunder-Mystik (strahlende Maria-Christuskind-Gruppe) und Realismus, aus kunsthistorischen Tendenzen, die auf Correggio und Rembrandt zurückgehen[959] und solchen der modernen Arme-Leute-Malerei (Motive der Alten mit dem Stock, der jungen, volkstümlich gekleideten Frau, der Armenkinder). Die Malweise ist modern gelockert.

Das Motiv der ärmlichen Alten am Stock findet sich in dem Gemälde *Huldigung elsässischer Landleute vor der Madonna* (1909, Abb. 400) von Franz Xaver Dietrich ebenfalls. Auch hier fehlt die Gestaltungskonsequenz: während die sitzende Maria, die den nackten Christusjungen auf ihrem Arm hält, traditionell faltenreich gewandet ist, tragen die derben, üppig gemalten Bauern Kleidung der Kaiserzeit.

Fort aus dem Lebenskampf ins himmlische Jerusalem sehnt sich die im dunklen Winkel hockende alte Reinemachfrau einer *Sonntagsbuch*-Illustration (1916, Abb. 401) von Meta Voigt. Sehnsüchtig streckt ein geflügelter Kinderengel die Arme nach der Alten aus, die in dem von Blüten gerahmten Traumkreis eine strahlende Bergstadt mit gotischem Dom und romantischem Stadttor erblickt, aus dem ihr Einwohner und Angehörige fröhlich entgegenkommen. Die christliche Jenseitströstung hält hier (in der Zeit bereits des Ersten Weltkrieges) das eskapistische Bild einer klerikal intakten, vorindustriellen Kleinstadtidylle bereit.

Realistischer zeigt das Alter ein profanes Bild, nämlich Leopold von Kalckreuths *Kann nicht mehr mit* (1888, Abb. 402), das auf der Münchener Jubiläums-Ausstellung von 1888 mit der zweiten Medaille ausgezeichnet wurde.[960] Es

Abb. 400 Franz Xaver Dietrich: Huldigung elsässischer Landleute vor der Madonna, 1909

Abb. 401 Meta Voigt: Jerusalem du hochgebaute Stadt, wollt Gott, ich wär in dir!, 1916

Abb. 402 Leopold von Kalckreuth: Kann nicht mehr mit, 1888

stellt nach Kalckreuths Worten einen alten, kranken Fischer dar, „der ernst und sehnsüchtig nach dem Wasser hinaussieht, daß einem ganz heilig dabei wird – im Hintergrund Masten".[961] Der Sohn des Künstlers bezeichnete das Bild in seinem Buch über den Vater (erschienen 1967) als „poetisch" und „melancholisch".[962] Dagegen hob Ludwig Pietsch in seinem Photogravure-Prachtband zur Jubiläums-Ausstellung die rauhen, wirklichkeitsbezogenen Aspekte hervor und stellte pathetisch den Bezug zum Kampf ums Dasein her: „Jedes Leben ist ein Kampf, und besteht nur durch den Kampf. Die Streiter fallen entweder schon frühe in der Blüthe ihrer Jahre und ihrer Kraft und bleiben auf der Wahlstatt oder werden zu 'Invaliden', um sich als solche dann noch eine Zeitlang thatlos dem Grabe entgegen zu schleppen. Den härtesten, nur von kurzen, fast verschwindenden Waffenstillstand- und Ruhepausen unterbrochen, Kampf mit dem furchtbarsten, übermächtigsten, erbarmungslosesten Gegner aber hat vor Allem das Volk der Schiffer und der Seefischer sein Leben hindurch zu bestehen. Diesem Kampf fallen alljährlich Tausenden zum Opfer, und wenn seine Uebung die Kraft der Ueberlebenden stärkt und frisch erhält, so schafft doch auch er so gut wie der Krieg der Waffen seine Invaliden. Einen solchen stellt des jüngeren Grafen *Kalckreuth* Gemälde in ganzer lebensgroßer Gestalt und energischer Lebenswahrheit dar."[963] Pietsch konstruiert mit kräftigen Worten einen sozialdarwinistischen Darstellungshintergrund des Kampfes mit den Elementen, den das „Volk der Schiffer und Seefischer" tagtäglich ausficht; so wird Kalckreuths Alter zum Helden stilisiert, wenn auch zu einem geschlagenen. Doch der Künstler beschreibt den aus dem Arbeitsprozeß ausgeschiedenen Fischer, der im Hafen auf einer Zaunbank sitzt und seine Pfeife stopft, ohne Pathos; mit harter Detailanalyse legt er Not und Einsamkeit bloß. Der Verkauf des aus dem eigenen Garten geernteten Obstes, das der Alte, nun gleichsam „Zaungast" des Lebens, feilbietet, soll offenbar helfen, den Unterhalt zu sichern. Dennoch sind die Körbe achtlos und lieblos abgestellt; dem Fischer liegt nur am Sehnsuchtsblick über das Meer und an seiner Pfeife. Der Maler empfindet Solidarität mit seiner Bildfigur, was auch aus der Farbgebung hervorgeht, die Pietsch wie folgt umreißt: „Grau verhüllt ist der Himmel, die Sonne verschleiert; graugelb ist der Strand; nur das Meer glänzt zwischen Himmel und Ufersand wie eine silberne Palette. In kraftvoller Realität tritt die Gestalt des Alten in seinem derben rothen Friesenhemde und den weiten dunkelgrauen Pluderhosen des holländischen Fischervolkes aus dieser gedämpften Helligkeit der grauen Luft und der kahlen, flachen Küstenlandschaft hervor."[964]

Jenseits versöhnender, christlich-idealistischer Tendenzen analysierte Kalckreuth in diesem Gemälde beipielhaft ein Stück Realität; der „Lebenskampf", als dessen Invalide der Fischer zurückblieb, war der marktwirtschaftliche Produktionsprozeß, der Schwache, Kranke, Alte ausschied, ohne daß für die Existenz dieser Menschen von der Gesellschaft, die ihre Arbeitskraft genutzt hatte, genügend Sorge getragen wurde. Mit moralisch-christlichen Kategorien war diese soziale Realität ebensowenig adäquat zu erfassen wie mit biologistischen.

Arm und Reich konfrontierte Eduard von Gebhardt in dem Gemälde *Der reiche Jüngling* (1892, Abb. 403), das die für den baltischen Maler typische „nationale" Reformationskostümierung der Personen um Christus zeigt. Der Erzählung des Lukas-Evangeliums folgend verband Gebhardt die Szene des Herbeirufens der „reinherzigen" Kinder durch Jesus mit dem Auftreten des reichen Jünglings[965], der nach dem Evangelium letztlich nicht bereit ist, sein Vermögen den Armen zu opfern und ein Jünger Christi zu werden. Der Künstler erweiterte die aus Bauernfrauen mit ihren Kindern bestehende Zuhörerschaft des Heilands, die sich auf dem Stroh eines scheunenartigen, von Stützbalken durchzogenen Raums niedergelassen hat, um eine hinten sitzende Gruppe von Armen und Krüppeln. Die Jünger stehen diskutierend oder lauschend im Hintergrund.

Der junge Patriziersohn oder Aristokrat in seiner kostbaren Kleidung wirkt gegenüber dem „Volk" wie ein Fremdling. Christus hat sich aus der um ihn gescharten Runde dem reichen Jüngling zugewendet und fordert mit einer radikalen Handbewegung und einem lichtvergeistigten, energischen Blick Verzicht und Nachfolge. Im Gegensatz zum hellen, edlen und schlichten Antlitz des Heilands ist das des jungen Mannes durch unentschiedene Schatten zergliedert. Überfeinerung und mangelnde Konsequenz des Denkens drückt sich auch in der zwiespältigen Haltung aus, in dem herrscherlichen Einstemmen des rechten Arms und dem dennoch devoten Einknicken des Oberkörpers. Lässig hält der reiche Jüngling die Linke, an der ein teurer Ring funkelt, vor den Leib. Der Kontrast zu den einfachen, innigen Physiognomien, Haltungen und Gesten der Kinder, Frauen, Armen und Elenden ist so stark, daß der Gedanke, der Jüngling könnte sich zu einer proletarischen Lebensweise durchringen, auf Reichtum und Macht verzichten, völlig absurd wirkt.

Gebhardt zeigt in diesem Gemälde eine ungewöhnlich große Spannweite der psychologischen und maltechnischen Charakterisierung von Gesichtern. So sind die Frauen- und Mädchengesichter generell sehr viel feiner, dichter und heller gemalt als die von Männern und Jungen, die der Kinder wiederum feiner als die der Erwachsenen. Eine Ausnahme bildet das Gesicht Christi, das sich in seiner Lichtverklärung und Schönlinigkeit dem traditionellen Idealismus annähert. Auch die Kinder der Gruppe hinter Christus haben „edel" wirkende Züge; besonders glatt und sensitiv gemalt ist das Gesicht des Mädchens in der Mitte. Eine der derberen Physiognomie angepaßte gröbere Malweise zeigt das Gesicht des älteren Jungen vorn auf dem Schoß der Mutter. Die Apostelgesichter sind im Ausdruck und in der maltechnischen Gestaltung „edler" als die der Armen und Krüppel. Das Antlitz des etwas heller beleuchteten Armen, der Christus intensiv zuhört, zeigt eine differenziertere, dichtere Malstruktur als die dunkleren, fleckaufgelösteren Züge der übrigen. Die gröbere Malweise wird bei Gebhardt zugleich auch zeichnerischer. So zeigt das Gesicht des Mannes mit den Krücken an der rechten Bildseite ein von unregelmäßigen Auswischspuren und scharfen Strichzügen zerfurchtes Areal durchschmierter, lasierender Pinsellagen.

Dichte und Fleckauflösung, deckende Glätte und informelle Lasur, feine Modellierung und Strichzüge, Helligkeit und schmutziges Dunkel, Schönheit und Häßlichkeit werden zur altersmäßigen, geschlechtsbedingten, psychologischen und sozialen Differenzierung der Personen eingesetzt. Idealistische, realistische und naturalistische Gestaltungstendenzen bestehen nebeneinander und vermitteln innerhalb

Abb. 403 Eduard von Gebhardt: Der reiche Jüngling, 1892

der ikonisch-gegenständlichen Bindungen des bildkünstlerischen Gesamtsystems den Eindruck einer großen ästhetischen Komplexität. Dennoch werden die maltechnischen und ausdrucksmäßigen Differenzierungen überwiegend nur dazu genutzt, bestehende gesellschaftliche Rollenmuster, Wertvorstellungen und Herrschaftsverhältnisse ideologisch zu reproduzieren: die Armen und Elenden sind durch Fleckauflösung, informelle Lasuren, Strichzüge, schmutzige Dunkelheit, Häßlichkeit tendenziell karikierend abgetan, die „höheren Potenzen" wie die des Heilands, der Jünger und auch des reichen Jünglings erscheinen maltechnisch und ausdrucksmäßig veredelt, wenngleich jeweils deutliche wertungsmäßige Unterschiede herausgearbeitet sind. Kinder werden aus christlich-pädagogischen, Frauen aus ritterlich-patriarchalischen Rücksichten darstellerisch „besser" behandelt als Erwachsene und Männer. Unter den Kindern gibt es wiederum ähnlich wie bei Bildern des Landlebens von Knaus moralische, wertungsmäßige und soziale Differenzierungen. Der von Gebhardt erarbeitete Spielraum der Gestaltungsweisen dient zwar einer stärker realitätsbezogenen Charakterisierung, nicht jedoch einer grundlegenden Änderung der traditionellen Sichtweisen und der ästhetischen Prinzipien des illusionistischen Verismus und „Akademismus".

Ein dunkles, schmutziges „Alltags"-Braun prägt im Anklang an die Dunkelmalerei des französischen Realismus und des Leiblkreises die Gesamtfarbigkeit des Gemäldes; feinabgestimmte Farbwerte heben sich jedoch belebend und erzählerisch-lockernd heraus.

Die grundsätzliche Problematik von Gebhardts evangelientreuer Darstellung des christlich-moralisch zu verurteilenden reichen Jünglings besteht in der Voraussetzung, daß individuelle Opfer der Wohlhabenden gottgefällig seien und den Armen und Elenden, Mühseligen und Beladenen helfen könnten. Marx hatte diese Frage bereits in der gemeinsam mit Engels verfaßten Schrift *Die heilige Familie* (1845) geistvoll behandelt: Die Kritik der Hauptfigur des sozialen Feuilletonromans *Die Geheimnisse von Paris* (1842/1843) von Eugène Sue, des Fürsten Gerolstein, der den Armen und Arbeitern von Paris mit bedeutenden Geschenken beispringt und eine „Bank für Arbeitslose"[966] in Paris stiftet, verdeutlicht beispielhaft, daß die Gaben der Reichen eine Abschaffung der kapitalistischen Besitzverhältnisse prinzipiell nicht ersetzen können.[967] Zudem war die proletarische Ideologie

Abb. 404 Wilhelm Steinhausen: Christus und der reiche Jüngling

Abb. 405 Wilhelm Steinhausen: Christus und der reiche Jüngling

Christi ganz auf die ökonomischen Verhältnisse der neutestamentlichen Zeit zugeschnitten, in der es eine industriell-kapitalistische Produktionsweise mit den entsprechenden Konsequenzen der sozialen Verelendung nicht gab. Diese historische Differenz blieb von der „sozialen" christlichen Bildkunst und Ideologie des Zweiten Deutschen Kaiserreiches weitgehend unberücksichtigt.

Während von Gebhardt zumindest eine soziale Dimension seines *Reichen Jünglings* ins Auge faßt, indem er ihn dem Volk der Bauern, Armen, Krüppel gegenüberstellt, reduziert Wilhelm Steinhausen in seinem äußerst traditionell gehaltenen Gemälde *Der reiche Jüngling* (Abb. 404) die Begegnung zwischen Christus und dem blondgelockten, begüterten jungen Adligen, dessen Burg im Hintergrund der Berg- und Felsenlandschaft emporragt, auf ein individuelles, christlich-moralisches Ereignis. Der mit einem leuchtend roten Brokathemd, einem Überwurf von gleicher Farbe und einem pelzbesetzten Westenobergewand aus braunem Samt bekleidete Jüngling hat den Blick nachdenklich gesenkt, hält jedoch mit der Hand symbolisch seinen am Gürtel hängenden Geldbeutel fest, auf den der tiefernste Heiland fordernd mit dem Zeigefinger weist. Das faltenreiche Untergewand Christi mit weiten Ärmeln zeigt einen weißbräunlichen Gelbton, der Mantel ein dunkles Braun, das mit dem Rotbraun von Haar und Bart zusammenstimmt. Der Heiland wird also durch einen schlichten, jedoch sehr delikaten Helldunkelkontrast farblich charakterisiert, der reiche Jüngling durch einen üppigen Farbakkord. Beide Figuren blicken zu

Boden und in sich hinein, ihre Welten bleiben miteinander unvereinbar. Die ein wenig kraftlose Psychologie der Gesichter und Haltungen, historisierende Kostümierung, ästhetisch gewollte Einfachheit der Zweifigurenkomposition, romantisierende Landschaft, elegische Farbharmonie und konventionelle Malweise unterstützen die Wirklichkeitsentrücktheit der Darstellung. Rauher wirkt die dem Gemälde entsprechende Lithographie (Abb. 405).

Als „soziale" Gleichnisse konnten Christi Beispielgeschichten vom reichen Mann und armen Lazarus und vom verlorenen Sohn aufgefaßt werden. Zum ätzenden, christlich-sozialen Angriff gegen verstockten Reichtum steigerte Eduard von Gebhardt seinen *Armen Lazarus* von 1907 (Abb. 406). Rudolf Burckhardt suchte die Anklage dieses Bildes in seinem Gebhardt-Aufsatz zum siebzigsten Geburtstag des Malers (1908) mit großen Wortgebärden nachzuahmen: „Da liegt er an der Treppe, die in den Palast des reichen Mannes führt, auf einem Bündel Stroh – sind es die Garben aus dem Ernteüberschuß jenes, achtlos liegen gelassen? An der Schwelle des Hauses, darin man im Genusse schwelgt, ist der arme Mann vor Schmerzen und Entbehrung gestorben. Die zerlesene Bibel, seine einzige Trösteinsamkeit, ist ihm entglitten. Ein Hund hat bei ihm ausgeharrt bis zuletzt, da kein Mensch sich sein annehmen wollte. Nun er im Tode schweigt, erhebt das treue Tier die Totenklage um ihn, gen Himmel schreiend und die Menschheit anklagend, die einen der Ihrigen also verkommen läßt. So ist menschliches Elend, verschuldet durch unmenschliche Hartherzig-

Abb. 406 Eduard von Gebhardt: Der arme Lazarus, 1907

keit, kaum je gemalt worden. Das Bild ist von erschütternder Tragik. 'Der Menschheit ganzer Jammer faßt mich an', sind wir versucht mit Goethe zu sagen."⁹⁶⁸ Offenbar genügen dem Autor selbst die Goetheschen Bildungsworte kaum, den maßlosen Jammer zu erfassen! Aber die Darstellung fasziniert gerade wegen des fehlenden Pathos, wegen der analytischen Beobachtungspräzision des Künstlers, der mit scharfen Pinselstrichen die Details des ausgezehrten Lazaruskörpers, der auf der Brust nicht mehr zusammenhaltenden Lumpenkleidung, des leergedroschenen Strohs, des struppigen Hundes, der fast ruinösen steinernen Hintertreppe des Palastes festhält. Hier ist ein verbrauchter Mensch in einen Abfallwinkel geworfen wie das ausgedroschene Stroh. Doch Gebhardt versucht im Elendstode noch Züge von Humanität auszumachen, ein geistiges Ringen in die verfallenen Züge einzuzeichnen, den Verelendeten durch seine religiöse Anstrengung des Bibelstudiums, die freilich seine physische Auszehrung nicht hindern konnte, zu veredeln. Das in seiner maltechnischen und ausdrucksmäßigen Intensität auf die Spitze getriebene Bild ließe sich freilich sogar in einem entgegengesetzten Sinne verstehen, daß nämlich der physische Tod auch dem höheren geistigen Streben des Menschen ein Ende setzt! Hier gerät die christliche Bildaussage an eine sie in Frage stellende Grenze.

Die intendierte Anklage des hartherzigen Reichtums und Aufforderung zu christlich-nächstenliebender Aktivität bleibt trotz aller gegenständlichen Überredungskunst des Gemäldes abstrakt. Mag auch Gebhardts guter, bibellesender Mensch Lazarus als Antithese zur herrschenden kaiserzeitlichen Bourgeois-Tugendeinstellung erscheinen, die Verelendung, Obdachlosigkeit, Bettelei mit Hilfe von Polizei und Gericht ausgemerzt wissen wollte, gewinnt er dadurch nicht an zeitgenössischer Glaubwürdigkeit; zumindest wäre dieser bibellesende Lazarus ein Sonderfall von

Abb. 407 Eugène Burnand: Der reiche Mann und der arme Lazarus, 1907

Lumpenproletarier. Andererseits hätte in der modernen Zeit die Voraussetzung wenig Wahrscheinlichkeit, daß in einem Einzelfall ein ausgemachter Schurke von Reichem dem vor seiner Tür Verhungernden die Hilfe verweigern würde.

Rudolf Burckhardt verallgemeinert die Bildaussage zu einer inhaltsleeren Anklage gegen die Menschheit, „die einen der Ihrigen also verkommen läßt" und sieht im Lazarus Gebhardts ganz banal „menschliches Elend, verschuldet durch unmenschliche Hartherzigkeit". In der Tat muß die Interpretationsanstrengung letztlich vor der *Unbestimmtheit* des Bildgehalts versagen. Weder kann Gebhardts Lazarus mangels entsprechender Bildzeichen dezidiert als Opfer der zeitgenössischen, industriegesellschaftlich-kapitalistischen Verelendung aufgefaßt werden, noch wegen des christlich-moralischen Allgemeingültigkeitsanspruchs als bloßes unglückliches Einzelschicksal. So befindet sich die analytisch-gegenständliche Schärfe des Gemäldes in einem schmerzenden Widerspruch zur Unbestimmtheit, ja Nebelhaftigkeit der christlich-humanitären Darstellungsintention.

Eugène Burnand[969] konfrontierte in seinem Blatt *Der reiche Mann und der arme Lazarus* aus der Serie *Die zweiundsiebzig Gleichnisse des Herrn* (1907 - 1908) den sterbenden armen Lazarus mit einer gewaltigen, kalten Repräsentationsarchitektur, deren monumentale Pfeiler eine reine Schaufunktion erfüllen (Abb. 407). Anders als Gebhardts Lazarus-Gemälde drückt diese stärker abstrahierende Kreidezeichnung den Gegensatz von Arm und Reich, von ohnmächtiger Verelendung und potenter Herrschaft darstellungsimmanent aus. Mag auch die orientalische Lazarusfigur mit ihren Hundegefährten kaum auf zeitgenössische Verhältnisse zu beziehen sein, so gelingt mit ihrer Hilfe doch ein Angriff auf die monströse unmenschliche Palastarchitektur, Symbol verruchten, akkumulierten Reichtums und hemmungsloser Demonstration von Macht und Gewalt.

Die bequeme christliche Mildtätigkeit der Reichen karikierte Wilhelm Busch in seiner *Frommen Helene* (1872, Abb. 408). Als Helene, deren Lebensgeschichte der Zeichner und Dichter erzählt, den Fabrikanten G.J.C. Schmöck geheiratet hat und die Ehe sexuell unbefriedigend bleibt, wendet sie sich der Kirche zu und wird fromm. Ihre Nächstenlie-

Abb. 408 Wilhelm Busch: Weintränkung der Bettler und Krüppel, 1872

be beweist sie auf folgende Weise: „Besonders aber tat ihr leid / Der armen Leute Bedürftigkeit. – / Und da der Arzt mit Ernst geraten, / Den Leib in warmem Wein zu baden, / So tut sie's auch. / Oh, wie erfreut / Ist nun die Schar der armen Leut', / Die, sich recht innerlich zu laben, / Doch auch mal etwas Warmes haben."[970] Die zugehörige Bildsatire zeigt Bettler, einen Krüppel, eine Armenfrau und ein Bettelmädchen in ihren Lumpen vor der hochherrschaftlichen Villa Schmöck den wieder auf Flaschen gefüllten Almosen-Badewein vergnügt forttragend oder bereits trinkend.

Die süddeutsche Ackerlandschaft in Matthäus Schiestls Farblithographie *Almosen der Armen* (1903, Abb. 409) veranschaulicht nicht nur den Lebensbereich des hungrigen Bettlers und des armen, ihn mit Brot versorgenden Bauern,

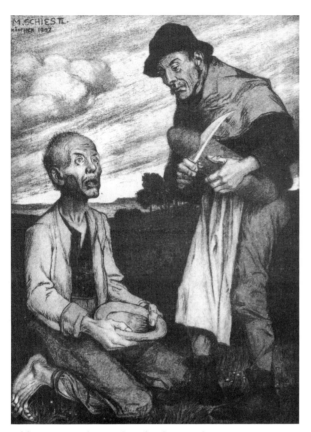

Abb. 409 Matthäus Schiestl: Almosen des Armen, 1903

sondern symbolisiert zugleich die Natürlichkeit und Ursprünglichkeit des solidarischen Hilfsaktes. Das aus dem Korn gewonnene Brot, von dem der Bauer ein Stück herunterschneidet, um es dem Hungernden zuzuteilen, gehört nicht mehr allein dem, der das Korn säte und verarbeitete, sondern wird hier in gewisser Weise vergesellschaftet. Allerdings erscheint der selbst in ärmlichen Verhältnissen zu übende Nächstenliebe-Akt der Nahrungsteilung vom Künstler in der Darstellung christlich mystifiziert. Der einfach gekleidete Bettler mit dem ausgemergelten Gesicht, fast kahlen Kopf und bloßen Füßen kniet andächtig im Gras, hält den umgedrehten Hut empfangsbereit vor sich hin und blickt mit großen Augen und zum Dankgebet geöffentem Mund in den Himmel. Der stehende, solide gekleidete Kleinbauer verrichtet die Brotteilung mit väterlicher Güte und Hinneigung zum Bettler. Obgleich die Teilung durch das in den Brotlaib eindringende, gekrümmte spitze Messer betont ist, bleibt sie ungleich, denn das weitaus größere Stück behält der Kleinbauer zurück. Auch dieses Darstellungsdetail festigt das patriarchalische Gefälle zwischen dem Geber, der mit christlicher Liebe ein Weniges zuzuteilen vermag und dem völlig mittellosen Bettler, der in christlicher Demut empfängt. Ein tiefergreifendes Nachdenken über die soziale Dimension einer Bekämpfung der ländlichen Verelendung, vergesellschaftenden Teilung, Umänderung von Besitzverhältnissen fehlt in dieser Darstellung, die zwar auf die Grundstufe eines solidarischen „Almosens" des armen Kleinbauern rekurriert, jedoch christlich-sozial die Nah-

rungsteilung als patriarchalische Liebesgabe des immerhin noch Besitzenden auffaßt. – Der Versuch Schiestls, in dieser Farblithographie Grundverhältnisse christlicher Humanität bloßzulegen, wird durch die vereinfachende Formgebung, desillusionierende, harte Zeichnung und schlichte Komposition formal unterstützt.

Wirklichkeitsnäher als die frommen Armen Zimmermanns, Firles, Gebhardts und Schiestls ist der Bettler in Adolph von Menzels Deckfarbengemälde *Vor der Kirchentür* (1890, Abb. 410) dargestellt. Mit Berechnung steht der alte, auf Krücken gestützte, verwetterte Mann neben dem Weihwasserbecken an der Eingangssäule einer Kirche, denn hier muß jeder Besucher einen Augenblick verweilen, um sich durch das Besprengen auf den Eintritt in das Gotteshaus vorzubereiten und ist am besten eingestimmt und hat Zeit, ein Almosen zu geben. Abschätzend blickt der Bettler, der mit gesenktem Kopf und gekrümmtem Rücken seine Gebrechlichkeit demonstriert und Demut heuchelt, aus den Augenwinkeln auf die ankommenden Besucher. In der Rechten hält er den empfangsbereiten Hut und als Abzeichen von Christlichkeit, das milde, gebe-freundlich stimmen soll, einen Rosenkranz. Im Eingang lauert weiter hinten an der Tür eine verschmitzte Alte, die gleichfalls in Lumpen gekleidet ist, auf den Erfolg der frommen Bettelpose des Mannes. Keinesfalls ist es ein „abgehärmtes Frauenantlitz" wie Herbert Voßberg in seinem Buch über *Kirchliche Motive bei Adolph Menzel* (1964) schreibt.[971]

Der rembrandthaft in dunklen Braun- und Grautönen spielenden Seite der Lumpenproletarier stellt Menzel mit einer gewissen Ironie die hellmalerische Tageslichtseite der ankommenden Kirchenbesucher gegenüber, einer eleganten Dame aus höheren Kreisen, die in der Rechten Schirm und Gesangbuch hält, mit der Linken den modischen Rock rafft und einer ihr folgenden Haushälterin mit rotem Kopftuch, Gesangbuch und Rosenkranz. Beide Frauen machen keinen christlich-mildtätigen Eindruck. Die hellen, starren Augen und wie Schnurrhaare wirkenden Falten des Gesichtsschleiers geben der Dame etwas Hartes, Katzenhaftes. Ihre Frömmigkeit erscheint ebenso als Fassade wie die der Haushälterin, deren rotes, breites Gesicht ein Zug von berechnender Schärfe prägt.

Mit antiklerikalem, psychologischen Enthüllungsrealismus konfrontiert Menzel die sozialen Bereiche der Lumpenproletarier, die Elend und Erniedrigung hart und schlau gemacht haben und der Wohlhabenden mit ihrer bloß äußerlichen Kirchlichkeit. Die desillusionierende, rauhe Fleckauflösung der Malstrukturen betont den darstellerischen Wahrheitsanspruch.

Als Armen-Madonna könnte die Proletarierin in Arthur Kampfs Gemälde *Vor dem Theater* (Abb. 411) aufgefaßt werden, in dem der Künstler fast noch entschiedener als Menzel gegensätzliche soziale Welten einander gegenüberstellt.[972] Friedrich Fuchs schreibt in seinem monographischen Aufsatz über den Künstler und das Bild (1906): „Das ist der öffentliche Ankläger, der geschildert hat, wie in das glanzvoll erleuchtete Vestibül eines Theaters die reichen Leute, die Damen mit den seidenen Schals, die Herren in den Pelzen, hineinströmen, während vorn auf dem nassen, schmutzigen Straßendamm das frierende, hungernde Proletarierweib mit dem Säugling auf dem Arm steht und einen wilden Blick des Hasses und Verlangens auf diese Welt des

Abb. 410 Adolph von Menzel: Vor der Kirchentür, 1890

warmen Überflusses wirft."⁹⁷³ Nicht allein Reichtum und Besitzlosigkeit stehen jedoch hier im Gegensatz zueinander, wie Fuchs meint, sondern auch Muße, Vergnügen, Bildung und der Zwang der Not, eine abgehobene Welt der Kunst und die Welt des unmittelbaren, an den Rand der Verelendung getriebenen Lebens. Die konventionelle bürgerliche Perspektive, die die Beati Possidentes als sich auslebende Individuen wahrnimmt und die Proletarier als graue Masse, wird hier umgekehrt: Frontal gegeben erscheint parteilich die proletarische Heroine im Vordergrund, die mit ihren Arbeitshänden das Kind schützend an sich preßt und einen harten Blick zurück in die Welt der namenlos strömenden Rückenfiguren wirft. Diese Welt der sich vergnügenden höheren Gesellschaft ist für die proletarische „Madonna" eine fremde, unmenschliche Welt des schönen Scheins und der ins Licht tanzenden Schatten.

Die gegenbürgerliche und „gegenchristliche" Welt der Arbeiter, Bettler, Krüppel, Vagabunden, Straßenhändler, ihrer Frauen und Kinder setzte Ludwig Zumbusch panoramahaft ins Bild *Vor der Stadt* (um 1903, Abb. 412). Hier befindet sich die „proletarische Madonna" mit dem liebevoll an die Brust gedrückten Kleinkind im Vordergrund der rechten Bildseite unter ihresgleichen. Neben einem Bauplatz haben sich auf einem öden Gelände des Übergangs von der Stadt zum freien Land die Besitzlosen zu einer Art „Markt des Elends" zusammengefunden. Im Hintergrund erheben sich regellos Fabrikanlagen und -schornsteine, ein Block mit Mietskasernen, Wohnbaracken, ländliche Einzelhäuser. Zumbusch schildert distanziert mit einem karikierend-abwertenden Zug die zum Teil abstoßenden „Typen": Links wird einem jüdischen Bauchladenhändler ein Taschentuch gestohlen. Vor ihm versucht sich ein Knirps im Zigarrenrauchen. Ein junger Arbeiter steht im Gespräch mit seiner aufgedonnerten Bekannten. Ein Betrunkener wird von seinem Arbeitsgenossen gestützt. Die rechte Krücke eines einbeinigen Kriegsversehrten hält ein kleines, krummbeiniges Kind

Abb. 411 Arthur Kampf: Vor dem Theater, 1896

Abb. 412 Ludwig von Zumbusch: Vor der Stadt

gepackt. Mit einer Bauernfrau schachert eine weißhaarige, gekrümmte Alte um deren ländliche Produkte. Ein barfüßiger Bengel mit einer riesigen Kappe hält die Hände in den Hosentaschen und schaut zu. Rechts blicken zwei wenig vertrauenerweckende Gestalten mit runden Hüten auf das Treiben. Im Hintergrund stehen am Baugerüst Arbeiter, hilft ein hemdsärmeliger Mann einem anderen beim Aufladen eines Sackes, prügeln sich einige Kerle an der Wegkreuzung, hält sich ein verliebtes Paar eng umschlungen.

Dieses Gewühl der betriebsamen Armut, des Lasters und der Liebe jenseits bürgerlich-christlicher Wohlanständigkeit, in dem sich kleine Kinder bereits heimisch fühlen, verläßt jene Vordergrund-Proletarierin mit dem madonnahaften Kopfumhang und den regelmäßigen, bewußten Zügen. Zwar hat sie diesen „Markt" aufgesucht, um in der Tasche, die an ihrem Arm hängt, etwas Notwendiges nach Hause zu bringen. Doch scheint sie sich von dem Treiben fernzuhalten und ihr Kind vor diesen Einflüssen bewahren zu wollen; tendenziell bildet sie eine moralisierende Gegenfigur.

Zumbusch schildert das Milieu der Proletarier und Lumpenproletarier als Vorstadt. Im Schatten der arbeitsplatzbietenden Fabriken breitet sich eine urbane „Unsicherheitszone" aus, in der die Strukturen der städtischen Zivilisation und des Obrigkeitsstaates nur lückenhaft angreifen, aus der sich aber auch die Landwirtschaft zurückgezogen hat. Unvermittelt ragen die städtischen Mietsbauten mit ihren Elendsfassaden aus dem öden, von Feldwegen durchzogenen Gelände, auf dem neue Bauten im Entstehen sind. In dieser trostlosen Umgebung wirken die Typen Zumbuschs wie Entwurzelte, ausgestoßen sowohl von der Stadt als auch vom Land.[974] Andererseits scheinen sie diese „freie" Zone zu ihren „Lumpengesindel-Aktivitäten" zu nutzen.

Der Kernbereich der Proletarisierung und proletarischen Verelendung befand sich jedoch in den innerstädtischen Elendswohngebieten nahe bei Industrieanlagen. Die Überfüllung in den Citys der Großstädte durch hemmungsloses

Untervermieten wuchs mit dem Ansteigen der Mietpreise, das eine Folge von Grundstücksspekulationen und teuren Neubauten war.[975] Andererseits entstanden billig und eng gebaute Mietskasernenzüge und -viertel mit völlig unzureichender sanitärer Versorgung.[976] Sozial bedingte Krankheiten breiteten sich aus.[977] Mietpreiserhöhungen, Krankheit, Arbeitslosigkeit führten häufig zum Verlust der Wohnung. Viele Obdachlose versuchten wie auch die vom Lande herbeiströmenden Neuankömmlinge (Landflucht) in selbstgebauten Baracken in bestimmten Stadtrandgebieten ein Unterkommen zu finden.[978] Obdachlose, die nicht nachweisen konnten, daß sie trotz Bemühungen kein Obdach erhalten konnten, wurden bestraft und kamen oft sogar ins zuchthausähnliche Arbeitshaus. Die Grisaille-Vorlage für einen Holzstich von G. Krickel (um 1890, Abb. 413) zeigt im Stil der Reportage von der Polizei aufgegriffene Obdachlose, die von einem Beamten registriert und vernommen werden. Ähnlich wie Obdachlosigkeit wurde auch „Arbeitsscheu" bestraft. Ernst Hirschberg schreibt in seinem Buch *Die soziale Lage der arbeitenden Klassen in Berlin* (1897): „Durch diese strengen Strafbestimmungen tritt die ganze Frage der Arbeitslosigkeit in ein besonderes Licht. Denn man muss sich vergegenwärtigen, dass die Arbeitsscheu an und für sich vom Staate nicht als ein Delikt betrachtet wird, sondern nur bei den Bevölkerungsklassen, wo sie zu einer Inanspruchnahme öffentlicher Mittel führt oder durch Bettelei lästig wird. Die Strafen bedrohen hiernach nur die handarbeitenden Klassen, bei denen ein Aufhören der Beschäftigung mit Aufhören des Verdienstes gleichbedeutend ist. Und zwar werden die Strafen ziemlich schematisch verhängt; das Verfahren ist kurz und bündig. Da wird der Obdachlose verurteilt, wenn es ihm nicht gelingt, seinen Richter zu überzeugen, dass er nach Arbeit, Verdienst und Obdach gesucht, da kommt die Frau ins Arbeitshaus, wenn sie mehrfach beim Betteln betroffen wurde, gleichgültig ob sie es für ihre Kinder that, weil ihr Mann sie verliess, und ob die Kinder nun der Armenpflege zur Last fallen und des mütterlichen Schutzes ganz entbehren, oder ob sie sich als eine Prostituierte herumtrieb."[979] Für den, der aus der Haft oder dem Arbeitshause kam, war es nur noch schwerer, Arbeit und Unterkommen zu finden. Eine Hilfe der Behörden gab es nicht.

Abb. 413 G. Krickel: Obdachlose, um 1890

Ernst Hirschberg schreibt: „So schwankt der Bedauernswerte zwischen Bettelei, Obdachlosigkeit und Haft hin und her und muss, wenn er kein Vagabund ist, schliesslich ein solcher werden."[980] Die Bismarcksche Sozialgesetzgebung versagte vielfach, denn sozial Schwache konnten, wenn sie in Not gerieten, häufig selbst die geringen Beiträge zu den verschiedenen Versicherungen nicht mehr aufbringen.[981] Keineswegs waren die kirchlichen und privaten karitativen Hilfsmaßnahmen überflüssig, wenn sie auch nicht zur Bekämpfung der Ursachen der Verelendung beitrugen.

Die christlichen Bildwerke, die den Lebensbereich von „Armen und Elenden" thematisierten, entstanden zwar im Zusammenhang mit der sozialen Frage der Verelendung in den unteren Schichten und Klassen im Zweiten Deutschen Kaiserreich und berührten sich mit profanen Darstellungen ähnlichen Inhalts, dennoch reflektierten sie die soziale Realität nur sehr indirekt. Orient-realistische, historisierende, kunstgeschichtlich geprägte, poetisierende oder frei erfundene Figuren- und Milieuschilderungen verhinderten einen präzise umrissenen bildlichen Bezug zur zeitgenössischen Verelendungs-Wirklichkeit ebenso wie die Wahl zeitgenössischer Schauplätze, die jedoch weit von den großstädtischen Zentren der Verelendung entfernt waren. Die christliche Bildkunst ging zudem letztlich von einer patriarchalischen Mitleidshaltung gegenüber den sozial Schwachen aus. Daß die Armen im Widerspruch zur zunehmenden Entfremdung der unteren Schichten und Klassen von Kirche und Religion als fromme oder zumindest für christliche Lehren und Belange empfängliche Menschen dargestellt wurden, die ihre Lebenssituation in Demut ertrugen und geistliche sowie materielle Hilfe dankbar annahmen, machte deutlich, daß die bildkünstlerisch intendierte christliche Humanität das bestehende gesellschaftliche System als ihren Wirkungsrahmen voraussetzte, daß lediglich systemimmanent die ins Elend gefallenen Besitzlosen als Adressaten der dogmatisch begründeten nächstenliebenden Hilfeleistung der Besitzenden aufgefaßt wurden. Ganz im Sinne der sozialen Ideologie der herrschenden Klassen blieben die Ursachen der kapitalistischen Verelendung im Dunkeln. Auch blendete die christliche Bildkunst weitgehend die Tatsache aus, daß es eine stetig erstarkende Arbeiterbewegung gab, die die Sache der „Armen und Elenden" unabhängig vom nächstenliebenden Wohlverhalten der Bourgeoisie in ihre eigene Hand genommen hatte.

Die Thematik des „sozialen" Gleichnisses vom verlorenen Sohn bot die Gelegenheit, bei der Darstellung der Rückkehr des verelendeten Sohnes zu seinem wohlhabenden Vater die proletarische Welt mit der des Besitzes zu konfrontieren. Doch Bildwerke wie *Heimkehr des verlorenen Sohnes* (1896, Abb. 414) von Eugène Burnand, *Der verlorene Sohn* (1900, Abb. 415) von Joseph Hansen oder *Heimkehr des verlorenen Sohnes* (1908, Abb. 416) von Eduard von Gebhardt[982] thematisieren im Sinne der neutestamentlichen Gleichnislehre einerseits die Reumütigkeit des zurückgekehrten Sohnes, der sein Erbteil verpraßt hat und ins Elend geraten ist, andererseits die liebevolle Vergebung des Vaters, der den Sohn wieder in sein Haus aufnimmt. Nur die Schauplätze und malerischen Auffassungen differieren in diesen Bildern. Bei Burnand geht der mit einem wallenden Kaftan bekleidete, weit die Arme ausbreitende Vater dem demütig an einem Baum kauernden, zerlumpten Sohn entgegen. Ein hellmale-

Abbildungen rechte Seite

Abb. 416 Eduard von Gebhardt: Heimkehr des verlorenen Sohnes, 1908

Abb. 417 Max Slevogt: Der verlorene Sohn, 1898-1899

Abb. 414 Eugène Burnand: Heimkehr des verlorenen Sohnes, 1896

Abb. 415 Joseph Hansen: Der verlorene Sohn, 1900

rischer Orientrealismus prägt die Darstellung. Hansens traditionell gestaltetes Gemälde zeigt den alten Vater, der eine Stufe herabsteigt und sich liebevoll zu dem an einem Eingangspfeiler des Hauses hockenden, zerknirschten Sohn hinabbeugt. Gebhardts altmeisterlich fein gemalte Szene spielt in einer altdeutschen Wohnstube. Der im Lehnsessel neben dem Kachelofen sitzende Vater schließt den vor ihm knienden, zerlumpften, barfüßigen Sohn, an dessen Sohlen ein Schäferhund schnuppert, in die Arme, während neugierige Familienangehörige zur Tür hereinblicken. Der „soziale" Nebensinn dieser moralisch-christlichen Darstellungen besteht wieder in der vorbildhaften Mitleidshaltung des Vermögenden dem Besitzlosen gegenüber.

Wegen der expressiven Malweise stand Max Slevogts Triptychon *Der verlorene Sohn* (1898 - 1899, Abb. 417) im Kreuzfeuer der Kritik. Insbesondere wurde der farbkräftige linke Flügel angegriffen, der eine Orgie des sein Erbteil verjubelnden Sohnes zeigt. Sogar der das Gemälde insgesamt als „imposante Leistung" lobende Kritiker Arthur Weese schrieb (1901): „Nur der linke Flügel ist ein mißlungenes Farbenexperiment: vor lauter Farbengeflimmer erkennt selbst der geübte Kenner moderner Bilder gar nichts, – weder in der Nähe noch auf zehn Schritt Distanz: die lustigen Farben sollen eine feuchtfröhliche Tabernenscene schildern."[983] Antithetisch zu diesem Bilde fast zerstörerischer Auflösung verhält sich der rechte Flügel, der in dunkel-düsterer Farbigkeit das Elend und die Einsamkeit des völlig entblößten, zusammengekauerten Sohnes schildert. Im Mittelbild tritt der nur um die Hüften mit Lumpen bekleidete, ausgemergelte Sohn in eingeknickter Haltung und unsicheren Schrittes durch die Tür ins Zimmer, heftet seinen fast irren Blick auf den im Sitzen erschrocken herumfahrenden Vater, der entsetzt die Hände hebt, und er versucht mit der ebenfalls erhobenen Rechten beschwichtigend auf den Vater einzuwirken. Der rechtschaffene Bruder steht fassungslos an der Seite.

Während Burnand, Hansen und Gebhardt in ihren Darstellungen des Gleichnisses ohne Umschweife auf die christliche Versöhnung der beiden Hauptfiguren und ihrer Sphären abzielen, öffnet Slevogt zunächst eine Kluft des Entsetzens zwischen ihnen. Das Auftreten des Sohnes wirkt wie ein gewaltsamer Einbruch der Welt der Velendung in jene des ruhig genießenden Reichtums mit prächtigen Teppichen, Waffenstücken, Geräten. Die informelle, fast wilde Pinselführung bekräftigt die Erregung dieser Konfrontation. Auch das leuchtende Rotbraun und Ocker des kostbaren väterlichen Kaftans erzittern in Aufruhr. Eine besonnene, zentralprojektive Tiefenräumlichkeit fehlt. Nur die dünne Horizontale der Türkante hält die andrängende Sphäre des Dunkels und der Not noch zurück. Vielleicht trug diese konfliktreiche, moderne Dramatisierung zur scharfen Ablehnung des Gemäldes durch die christliche Kunstkritik bei. Im *Christlichen Kunstblatt* hieß es: „Wohl kaum wird jemand vor dem Triptychon 'Verlorener Sohn' von Max Sle-

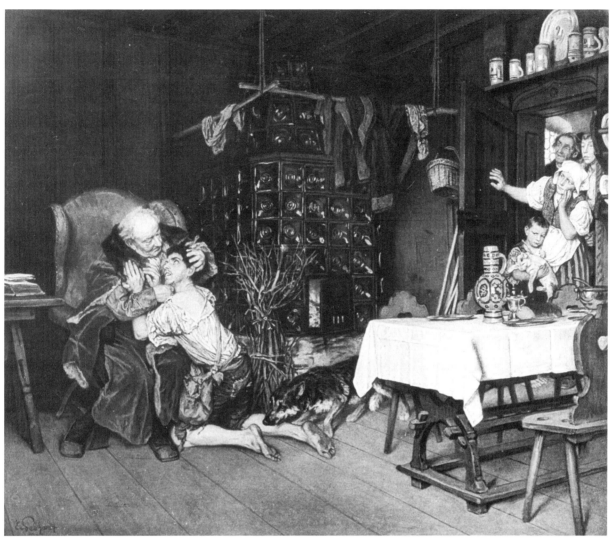

Abb. 418 Lovis Corinth: Der verlorene Sohn, 1891

Abb. 419 Maximilian Dasio: Der verlorene Sohn

Abb. 421 Maximilian Liebenwein: Der verlorene Sohn, 1909

Abb. 420 Eugène Burnand: Der verlorene Sohn II. Ich will mich aufmachen zu meinem Vater, 1907-1908

Abb. 422 Adolf Oberländer: Der verlorene Sohn, 1910

Abb. 423 Ludwig Dettmann: Heimkehr des verlorenen Sohnes, 1892

Abb. 424 Ludwig Dettmann: Rückkehr des verlorenen Sohnes, 1892

vogt (München) zuerst erraten haben, was eigentlich mit den wunderlichen Farbenkrusten ausgedrückt sein sollte, und wenn er endlich, durch den Katalog darüber belehrt, sich dieses pastose Geschmier zu Figuren und dergleichen zusammen phantasiert hatte, so wird er sich dennoch nicht zu dem Zugeständnis durchringen können, daß es sich hier um Verkörperung des bekannten Vorwurfs im Sinne christlicher Kunst handelte, ja, daß hier wohl kaum noch von künstlerischer Interpretation einer Idee die Rede sein konnte. Da außerdem der Vorwurf nicht einmal im Sinne eines gewöhnlichen Sittenbildes vorgeführt war, so blieb einem nichts übrig, als um solche Verirrung zu klagen."[984] Das konservative Bezugssystem dieser Kritik verlangte also im Gegenschlag zu Slevogts Malerei entweder eine stillagenhohe, möglichst wohl traditionell-idealistische Gestaltung oder zumindest eine gediegen gemalte, poetisch-harmonische religiöse „Genre"-Schilderung, wie sie etwa Gebhardt später mit seiner *Heimkehr des verlorenen Sohnes* von 1908 bot. Dennoch hatte sich Slevogt nicht eigentlich von dem neutestamentlichen Lehrgehalt des Gleichnisses Christi entfernt.

Den verlorenen Sohn im Elend unter den unbekümmert fressenden oder sich räkelnden Schweinen zeigen Bilder von Hans Thoma (1885)[985], von Lovis Corinth (1890, Abb. 418), Maximilian Dasio (Abb. 419), Eugène Burnand (1907-1908, Abb. 420), Maximilian Liebenwein (1909, Abb. 421) und Adolf Oberländer (1910, Abb. 422). In diesen Darstellungen beklagt der verlorene Sohn seine Lage und bereut seinen Leichtsinn.

Am Grabe des Vaters ringt der heimgekehrte Sohn Ludwig Dettmanns die Hände. Das hellfarbige, expressive Gemälde von 1892 (Abb. 423) wandelt den Schluß der Gleichnishandlung des Evangeliums eigenschöpferisch zum Melodrama um. Aus dem gleichen Jahr stammt Dettmanns *Rückkehr des verlorenen Sohnes* (Abb. 424). Hier kniet der junge Mann in ärmlicher Kleidung unweit eines Bauernhauses an einem Wiesenpfad. – Erbarmungswürdig kniet auch der fromm betende verlorene Sohn von Klaus Richter (1914, Abb. 425) in seinen Lumpen auf einer einsam-kargen Hügelwiese, die oben ein trostloser Weidezaun durchzieht. Bilder dieser Art konnten das christliche Mitleid wecken und die Vorbildhaftigkeit schicksalsergebener, frommer Demut suggerieren.

Abb. 425 Klaus Richter: Der verlorene Sohn, 1914

Christliche Land- und Industriearbeit

In mehreren, von der zeitgenössischen Kritik lebhaft diskutierten Triptychen Walther Firles, Ludwig Dettmanns, Julius Exters, die auf Uhdes Triptychon *Die heilige Nacht* (1888) folgten, verbanden sich in widersprüchlicher Weise Tendenzen des sozialen Naturalismus und des Neuidealismus. Der soziale Naturalismus wurde sozusagen neuidealistisch überformt, und die malereigeschichtliche Wende zugunsten des Neuidealismus zeigte sich an.

Auf der Berliner Akademieausstellung fand 1892 das Triptychon *1. Mose 3* von Ludwig Dettmann (Abb. 426) starke Beachtung, eines Schülers der „Realisten" Eugen Bracht, Woldemar Friedrich, Franz Skarbina, das in seinem breitformatigen Mittelbild die Kartoffelernte armer Kleinbauern oder Tagelöhner in den Vordergrund rückt. Die negativ-kritische Rezension des *Christlichen Kunstblattes* hielt sich, der Intention des Künstlers entsprechend, in ihrer Bildbeschreibung an die Abfolge der Teilgemälde vom linken Flügel über das Mittelbild zum rechten Flügel: „Wir erblicken auf dem linken schmalen Flügel eine weite, mit blühenden weißen Lilien bestandene Wiese, vorn fließt ein Bächlein und ringelt sich eine buntschillderne Schlange, hinten steht die weiße Schemengestalt eines Cherubs vor tiefblauem Grunde. An den niedergetretenen Lilien, welche, einen schmalen Pfad bildend, die Wiese durchziehen, ersieht man, daß irgend wer da gegangen sein muß. Mittelbild: In öder, schmutziggrauer Nebellandschaft, auf durchweichtem Pfade, der über dürftigen Kartoffelacker führt, wird in ärmlichem Sarge, nur von wenigen Leidtragenden begleitet, ein armer Erdenpilger zur letzten Ruhe gebracht. Auf diesen Schluß eines armen Erdenlebens schauen von der Arbeit des Kartoffelgrabens ein paar Gestalten des Vordergrundes mit zum Teil gleichgültigen Gesichtern hin. Rechter Flügel: Christus mit ausgebreiteten Armen vor einem Kreuze; ihm nahen sich in wenigen Gestalten die Mühseligen und Beladenen; im Hintergrunde schimmert aus dem weißen Chaos der Dom von Köln und die Peterskirche von Rom hervor."[986]

Bereits diese Beschreibung läßt die negative Haltung des Rezensenten erkennen. Durch das Lilienfeld des linken Flügels, das die Reinheit und Unschuld des Paradieses symbolisiert, muß nicht „irgend wer da gegangen sein", sondern die Spur, die sich im Wasser ganz vorn fortsetzt, bezeichnet den Weg der von Gott verfluchten Schlange (1. Mose 3,14), die die Vertreibung des ersten Menschenpaares aus dem Paradies verschuldet hat. Der Engel mit dem Flammenschwert ist der nach der Austreibung eingesetzte Wächter des Gartens Eden (1. Mose 3,24).

Die Darstellung des Kartoffelackers mit den vom Rezensenten nur ungenau als „ein paar Gestalten des Vordergrundes mit zum Teil gleichgültigen Gesichtern" beschriebenen Landarbeitern behauptet über zwei Drittel der Mittelbildfläche. Dennoch geht der Rezensent zuerst auf den Leichenzug ein und spielt so die Feldarbeitsdarstellung herunter. Links vorn hält eine seitlich gesehene Frau, die ihre mit Kartoffeln gefüllte Schürze an den zusammengerafften Zipfeln gepackt hat, auf ihrem Wege zu dem leeren Korb an der rechten Bildseite inne und starrt zum Leichenzug hinüber. Ihr unbewegtes Gesicht ist wie das des weiter hinten sich auf einen Spaten stützenden Mannes nur im verlorenen Profil sichtbar. Neben dem Arbeiter kniet eine weitere, als unprätentiöse Rückenfigur gegebene Kartoffelsammlerin, deren Kopf sich auch zum Leichenzug hinwendet, deren Gesicht jedoch unter dem Hut noch weniger zu erkennen ist als die Gesichter der Übrigen. Nicht an einer sensitiven psychologischen Analyse sondern an einer Veranschaulichung der Situation, des Milieus und der sozialen Momente lag dem Künstler. Die drei Kleinbauern- oder Tagelöhnerfiguren wirken wie verloren in der von welken Kartoffelkrautstrünken chaotisch durchsetzten, aufgeweichten Ackerwüste. Thematisiert ist gleichsam der Widerstand der Erde, der die Feldfrüchte mühsam abgerungen werden müssen.

Einen trostlosen Anblick bietet der ärmliche Leichenzug im herbstlichen Dunst- und Regenwetter. Auf einem zweirädrigen Karren wird der einfache Sarg von zwei schlicht gekleideten Männern mit Zylindern gezogen, zwei andere folgen. Die zusammen mit einem Mädchen hinterdreingehende Frau hat ihren Regenschirm aufgespannt. Das Mittelbild bezieht sich insgesamt auf den 19. Vers des 1. Buches Mose, 3. Kapitel: „Im Schweiße deines Angesichts sollst du dein Brot essen, bis daß du wieder zu Erde werdest, davon du genommen bist. Denn du bist Erde und sollst zu Erde werden."

Abb. 426 Ludwig Dettmann: 1. Mose 3, 1892

Abb. 427 Max Liebermann: Die Kartoffelernte, 1875

Abb. 429 Ludwig Munthe: Kartoffelernte, 1896

Abb. 428 Ludwig Knaus: Die Kartoffelernte, 1879

Das „Brot" dieser Bibelstelle ist für den Künstler die Speisekartoffel, die bereits in der ersten Hälfte des 19. Jahrhunderts zum „Volksnahrungsmittel" geworden war[987] und im Zweiten Deutschen Kaiserreich ein Hauptnahrungsmittel der ärmeren Bevölkerungsschichten bildete.[988] Wer von den Arbeitern und kleinen Handwerkern nur irgend die Möglichkeit hatte, pflanzte zur Selbstversorgung Kartoffeln auf einem Stückchen Land oder in seinem Gärtchen. Ein Holzschnitt des Jahres 1891 zeigt, wie an arme Berliner, die in Baracken am Stadtrand wohnen, von Amts wegen Kartoffelland verteilt wird.[989] Die Kartoffel war eines der billigsten Lebensmittel.[990]

Das Thema der Kartoffelernte, der Gewinnung eines Grundnahrungsmittels durch mühselige Feldarbeit, durch die direkte physische Auseinandersetzung des Menschen mit Naturstoffen, wurde von der „realistischen" Bildkunst der Kaiserzeit oft dargestellt. Max Liebermann konzentrierte in seiner dunkelmalerischen *Kartoffelernte* (1875, Abb. 427) den Blick ganz auf die kollektive Arbeit, in die auch ein Kind miteinbezogen ist. Ludwig Knaus lockerte seine *Kartoffelernte* von 1879 (Abb. 428) durch erzählerische Momente auf. So postierte er im Vordergrund eine „Feldmadonna", die ihrem Kind, das sie auf dem Arm hält, eine im Feuer gebackene Kartoffel zu essen gibt. Ludwig Munthe zeigte eine aus der Ferne gesehene, in impressionistischen Grautönen gemalte *Kartoffelernte* (1896, Abb. 429). Walter Georgi rückte in seiner *Kartoffelernte* (1901, Abb. 430) eine Gruppe von sich bückenden Kartoffelsammlerinnen, die vor einem zweirädrigen von Pferden gezogenen Transportwagen ihre Schürzen füllen und sie in einen großen Korb ausleeren, in großflächig-dekorativer Malweise nahe an den Betrachter heran. Die *Kartoffelernte* Albert Haueisens (Abb. 431) schimmert im Gewitterlicht. Harte Flächenzonen und rauhe Fleckstrukturen prägen die *Kartoffelernte* (1910, Abb. 432) Hugo Finkbeiners, die eine Reihe von hackenden, sammelnden und die Kartoffeln in Körbe und Säcke füllenden Arbeiterinnen zeigt.[991]

Anders als diese profanen Bilder erhob Ludwig Dettmanns Darstellung die Kartoffelernte zu einem biblischen Paradigma der durch harte physische Arbeit bestimmten

Abb. 430 Walter Georgi: Kartoffelernte, 1901

Abb. 431 Albert Haueisen: Kartoffelernte

Abb. 432 Hugo Finkbeiner: Kartoffelernte, 1910

Erdverhaftetheit des Menschen, dessen irdische Vergänglichkeit mit Hilfe des Begräbniszuges veranschaulicht wird. Die diagonale Blickperspektive führt von der jungen Frau des Vordergrundes über das Feldarbeiterpaar im Mittelgrund zum Leichenkarren, vom mühseligen Arbeitsleben zum erbärmlichen Tod. Der regnerische Dunst, der den Begräbniszug verschwimmen läßt, scheint eine unbestimmte Zone des Übergangs in das Jenseits zu symbolisieren.

Ludwig Dettmann setzte das mythische Bibelwort, das Arbeit und Tod als Fluch Gottes bei der Vertreibung des ersten ungehorsamen Menschenpaares aus dem Paradies auffaßt, in ein agrarisches Bild um. Die im „Schweiße des Angesichts" verrichtete Feldarbeit repräsentiert hier körperliche Arbeit überhaupt. Ein Paradigma körperlicher Arbeit konnte jedoch im Zweiten Deutschen Kaiserreich mit weit größerer Berechtigung aus dem Bereich der die materielle gesellschaftliche Produktion zentral bestimmenden Industriearbeit gewonnen werden als aus dem Bereich agrarischer Tätigkeiten. Seit 1850 nahm der Anteil der Landwirtschaft, Forstwirtschaft und Fischerei am Nettoinlandsprodukt rapide ab und wurde seit dem Ende der achtziger Jahre vom Anteil der Industrie, des Handwerks und Verkehrs rasch zunehmend überrundet.[992] Dettmanns agrarische Darstellung, die das Allgemeingültigkeit beanspruchende Bibelwort (1.Mose 3,19) veranschaulichen soll, läßt mithin eine rückwärtsgewandte ideologische Tendenz erkennen.

Das zweite Problem, das sich aus dem biblischen Paradigma-Anspruch des Triptychon-Mittelbildes ergibt, betrifft seinen Charakter der sozialen „Arme-Leute-Malerei". Der „Fluch" der in der kapitalistischen Gesellschaft ausgebeuteten körperlichen Arbeit lastete auch im ländlichen Bereich *ausschließlich* auf den unteren Schichten und Klassen; das „im Schweiße des Angesichts" geführte Arbeitsleben, dem ein Tod in Besitzlosigkeit ein Ende setzte, lag den Menschen der herrschenden Klassen generell fern. Selbst in einer vorindustriellen, einheitlich durch die agrarische Produktion bestimmten Klassengesellschaft konnte der biblische Fluch realiter nur auf die ausgebeuteten Klassen bezogen werden. Es stellt sich also die Frage, ob und inwieweit Dettmans Arme-Leute-Darstellung eine affirmative soziale Ideologie vertritt.

Den rechten Flügel des Triptychons interpretiert Adolf Rosenberg in der *Kunstchronik* (1892) als „versöhnenden Abschluß" der Komposition, „indem sich die Verheißung des neuen Testaments erfüllt" und fährt fort: „In lichten Höhen empfängt Christus, hinter dem das Kreuz emporragt, die zur ewigen Seligkeit Eingegangenen: einen Kirchenfürsten (oder Kaiser?), der in der vollen Pracht seines mittelalterlichen Ornats vor dem Mittler kniet, einen zerlumpten Greis an der Krücke und ein kleines Mädchen in schlichtem Kleide, die Sinnbilder der Gleichheit aller Stände und Lebensalter."[993] – Der Rezensent des *Christlichen Kunstblattes* hatte den Kaiser mit Krone, Szepter und mittelalterlichem Herrschermantel übersehen und nur „in wenigen Gestalten die Mühseligen und Beladenen" erwähnt.

Ohne Zweifel besteht Rosenbergs Interpretation der christlichen Versöhnung zu Recht und zwar in zweifacher Hinsicht: Erstens thematisiert der rechte Flügel in der Tat die Aufhebung des alttestamentlichen Fluchs, dessen Ausspruch im linken Flügel und Erfüllung im Mittelbild veranschaulicht sind, durch den neuen Bund Christi. Damit bestätigt sich zugleich die konservative Grundhaltung des Triptychons: Die Mühseligen und Beladenen sollen ihr schweres Los in christlicher Geduld tragen, dürfen jedoch auf eine Erlösung im Jenseits hoffen. Zweitens ist die Figur des Kaisers zu berücksichtigen, die vor dem Heiland mit den Armen gleichgestellt erscheint. Der Künstler mag sich auf die in den ersten Jahren des Regierungsantritts Wilhelms II. durchaus populäre Idee des „sozialen Kaisertums" beziehen, die, genährt durch verschiedene „arbeiterfreundliche" Gesten und Äußerungen des neuen Herrschers, ein direktes Eingreifen des Kaisers zugunsten der Arbeiter über alle Instanzen, Parteien und Schranken hinweg für möglich hielt.[994] Auch die Nichterneuerung des Sozialistengesetzes 1890 und die 1891 verabschiedeten Gesetze zur Einführung der Invaliden- und Altersversicherung, zur Sonn- und Feiertagsruhe in Industrie und Bauwesen, Beschränkung der Arbeitszeit für Frauen und Jugendliche sowie das Verbot der Arbeit von Kindern unter dreizehn Jahren erweckten den Anschein einer neuen, im Sinne Wilhelms II. durchgeführten Sozialpolitik.[995] In Max Halbes Drama *Eisgang* (1892), das den sozialen Antagonismus zwischen ostelbischen Landarbeitern und einer Gutsbesitzerfamilie mit den Mitteln des Naturalismus darstellt, will sich der Anführer der Arbeiter, der entlassene Lehrer Spirck, direkt an den Kaiser wenden.[996] Indem das rechte Flügelbild des Dettmannschen Triptychons den Kaiser mit den Mühseligen und Beladenen vor dem Angesicht des Erlösers vereint, verleiht es der Idee des sozialen Kaisertums gleichsam eine christliche Sanktion.

Der Rezensent des *Christlichen Kunstblattes* griff das Triptychon hauptsächlich wegen seiner Malweise scharf an: „Man mag es dem Landschafter nachsehen, wenn er in der Raumverteilung oder, besser gesagt, Raumverschwendung und kindlicher Zusammenstellung einiger Figuren gesündigt hat; man kann es ihm ferner wohl verzeihen, wenn er, unfähig, Gestalten zu zeichnen und auszuprägen, dieselben hinschummert, daß sie nebelhaft wirken und nur zarte Andeutungen des Gewollten bleiben; auch daß er eine Jammergruppe vor einem Kreuz und mit diesem zusammenfließend als Christus consolator hinstellt u.s.w. Man kann es aber dem Landschafter nicht verzeihen, wenn er nun auch das Landschaftliche im Bilde so wenig durchbildet und so wenig Gebrauch von Farben und Farbenwirkung macht, daß es nicht nur wie Ängstlichkeit, sondern wie künstlerisches Unvermögen anmutet. Und was soll nun dieses, durch seine Größe herausfordernd wirkende Werk bei solchen, auch den mäßigsten Forderungen nicht entsprechenden Eigenschaften?"[997] – Dettmann wird vom Rezensenten noch als „Landschafter" eingeordnet, denn der Künstler war auf den Berliner Akademieausstellungen von 1888, 1889 und 1890 mit impressionistischen Landschaftsaquarellen hervorgetreten und zeigte solche auch auf der Großen Berliner Kunstausstellung von 1892."[998] – Nach Ansicht des Rezensenten stand die anspruchsvolle Formatgröße des Triptychons im Mißverhältnis zur künstlerischen Ausführung, zur „kindlichen" Figurenzusammenstellung und ungenügenden Formdurchbildung. Es mutet seltsam an, daß der Rezensent zwar diese fast schon stereotypen anti-naturalistischen Vorwürfe erhob, mit keinem Wort jedoch auf die *Gestaltungsdiskrepanzen* zwischen Mittelbild und Seitenflügeln einging. Während die kontrastreicheren farbkräftigeren Flügel mit ihren religiössymbolischen Darstellungen anschaulich-direkt auf eine höhere Sphäre verweisen, thematisiert das in düsteren Grautönen gehaltene Mittelbild den irdischen Bereich des ärmlichen Landlebens. Dessen hart erarbeitetes „Brot" ist die prosaisch-„demokratische" Kartoffel, die auch die Arbeitermassen in den Großstädten ernähren half und die im bildkünstlerischen sozialen Realismus und Naturalismus von Millet über Liebermann und Meunier bis zu van Gogh, Léon Frédéric und Thomas Theodor Heine eine bedeutende Rolle spielte.[999] Zwar gaben die rahmenden neuidealistischen Flügel dem Triptychon seine christlich-versöhnende Weihe, jedoch das Mittelbild behielt mit seinem „krassen Naturalismus" einen Impetus der sozialen Anklage, der im Sinne der Bildaussage des rechten Flügels als Appell an das soziale Kaisertum verstanden werden mag.

Der linke Seitenflügel des Triptychons *Heilige Nacht* (1893, Abb. 433) von Ludwig Dettmann, das im Mittelbild eine Verkündigung an die Hirten zeigt, gleicht dem des Triptychons *1. Mose 3*. Nur die Figur des Engels ist durch eine Lichtflamme ersetzt. Der rechte Flügel wiederholt das Motiv des Lilienfeldes, nunmehr Symbol eines „neuen Paradieses", aus dem das Kreuz des Erlösers aufragt. Die formale und inhaltliche Vereinheitlichung der *Heiligen Nacht* gegenüber *1. Mose 3* fällt ins Auge; der einfache Grundgedanke des neuen Triptychons besteht in der Aufhebung des alttestamentlichen Erbsünde-Fluches durch die Geburt und den Erlösertod Christi. Die sozial-naturalistischen Züge des Mittelbildes der *Heiligen Nacht* beschränken sich auf die Hirtenfigu-

Abb. 433 Ludwig Dettmann: Heilige Nacht, 1893

Abb. 434 Leopold von Kalckreuth: Unser Leben währet siebenzig Jahre, 1898

Abb. 435 Leopold von Kalckreuth: Die Ährenleserinnen, 1894

ren; in Einklang mit den neuidealistischen Seitenbildern stehen insbesondere der lichtverklärte Chor der Verkündigungs-Engel und überhaupt die Lichtgestaltung. Die Idee der christlichen Versöhnung der Armen, die durch die Hirten auf dem Felde repräsentiert sind, ist weit deutlicher verbildlicht als in *1. Mose 3*.

Landarbeit veranschaulichte Leopold von Kalckreuth auf dem rechten Flügel des Triptychons *Unser Leben währet siebzig Jahre* (1898, Abb. 434) in der Figur einer schreitenden barfüßigen Frau, die einen großen, mit Kartoffeln gefüllten Korb auf dem Rücken trägt. Der in ihrem Schatten gehende kleine Sohn hat eine Hacke geschultert. *Reife (Kraft)* ist der Titel dieses Seitenbildes, das die Stufe des Erwachsenseins einer Landarbeiterin und der Versorgung ihres Kindes zeigt. Ihre *Jugend* stellt der linke Flügel dar: als junges Mädchen steht sie bei einem Schober auf dem Stoppelfeld, von der Sonne halb rücklings bestrahlt und hält ein Bündel Ähren in den Händen. Die alte Frau des Mittelbildes (*Das Greisenalter*) sitzt vor ihrem ärmlichen Häuschen auf einer kleinen Bank und hängt ihren Erinnerungen nach. Das Gesamtthema des Triptychons ist dem 90. Psalm, Vers 10 entnommen: „Unser Leben währet siebzig Jahre, und wenn's hoch kommt, so sind's achtzig Jahre, und wenn's köstlich gewesen ist, so ist es Mühe und Arbeit gewesen; denn es fähret schnell dahin, als flögen wir davon." Der 90. Psalm handelt von der Allmacht des ewigen Gottes, der in ihrer Furchtbarkeit die Vergänglichkeit und Abhängigkeit der Menschen gegenübergestellt wird.

Kalckreuths säkulare Darstellung[1000] behandelt jedoch allein ein *irdisches* Frauenleben, ohne daß analog zum Psalm oder wie in den untersuchten Triptychen Dettmanns der Bezug zu einer transzendenten Welt hergestellt wird. Die Hauptfigur ist eine den ländlichen Unterschichten zugehörige Arbeiterin. Als junge Ährenleserin des linken Flügels ge-

hört sie zu jenen Ärmsten der Armen, die nach der Kornernte die übriggebliebenen Ähren zusammensuchen. Kalckreuth hatte dies Thema bereits 1894 in dem großformatigen Ölbild *Die Ährenleserinnen* (Abb. 435, angeregt durch Millets gleichnamiges Gemälde[1001]) gestaltet. Hier steht die barfüßige junge Frau, die ebenfalls ein Ährenbündel in den Händen hält, hochaufgerichtet im Vordergrund und blickt wie träumerisch zu den gebückten Genossinnen zurück, als

Abb. 436 Hans Thoma: Mutter und Schwester des Künstlers, in der Bibel lesend, 1866

Abb. 437 Wilhelm Leibl: Drei Frauen in der Kirche, 1882

dächte sie über das Arbeitslos nach. Auch die Ährenleserin des Triptychons sinnt; schüchtern neigt sie den Kopf und sieht vor sich hin, als wagte sie es kaum, die Gedanken über ihr bereits in der Jugend karges Dasein hinauszulenken in die noch unbestimmte, von Hoffnungen erfüllte Zukunft. Das Leben der Mutter des rechten Seitenflügels bleibt im Stadium der „Reife" und darüber hinaus der schweren körperlichen Arbeit verhaftet; auf dem Rücken muß sie ihren Naturallohn in Kartoffeln, der sie und den Sohn ernähren soll, nach Hause schaffen. Mit dem Sinnen der alten Frau des Mittelbildes schließt sich der Kreis des Arbeitslebens. Die Greisin, deren runzliges Gesicht durch Mühe, Not und Wetter gezeichnet ist, scheint mit der rissigen, verknöcherten Arbeitshand ihren Stock hin- und herzubewegen, als ritze sie armselige Erinnerungen in den unbeständigen Sand. Der Landschaftsausblick jenseits des tiefen Baumschattens im Hintergrund wirkt nicht wie ein Locken und Hoffen in die Ferne, Symbol einer glücklicheren himmlischen Sphäre, sondern er betont die abgeschlossene Enge des armseligen Winkels, in dem die Greisin verbraucht und müde ihr Dasein beschließen wird.

Ähnlich unsentimental hatten Hans Thoma in seinem Gemälde *Mutter und Schwester des Künstlers, in der Bibel lesend* (1866, Abb. 436) und Wilhelm Leibl in dem vieldiskutierten Bild *Drei Frauen in der Kirche* (1882, Abb. 437) die Lebensalter von Landfrauen miteinander konfrontiert. Wie diese Maler benutzte Kalckreuth Modelle für sein Triptychon und zwar Frauen aus dem schlesischen Dorf Höckricht, wo er 1890 bis 1902 ein Gutshaus bewohnte. Bevorzugtes Modell auch anderer monumentaler Gemälde Kalckreuths war die alte Mutter Gebühr, „das häßlichste alte Weib, das in Höckrichts Dorfgasse herumschlich", wie Johannes Kalckreuth in seiner Monographie über den Vater schrieb.[1002]

Das oppositionelle Streben nach einer Rückgewinnung der Lebenswahrheit in der Kunst ließ *Liebermann* das Gegenbild zur Welt der bürgerlichen Dame gestalten, nämlich das Bild der ihren Lebensunterhalt durch „Handarbeit" sichernden Frau der unteren Schichten und Klassen.[1003] Die gleiche Zielsetzung verfolgte Kalckreuth in einigen Werken und mit besonderem Anspruch im Triptychon der Landarbeiterin. Paul Schumann schrieb in einem Aufsatz über Kalckreuth (1900): „Des Künstlers Auge hebt das Genrebildliche zum Monumentalen, zum Typischen und Bedeutenden. Er tut das Gleiche wie Constantin Meunier, aber durchaus mit den Mitteln seiner Kunst."[1004] Bereits die Tatsache, daß in allen drei Teilen des Triptychons jeweils eine Einzelfigur die Darstellung beherrscht, die im rechten Flügel durch Anschneiden noch besonders vergrößert erscheint, bewirkt eine Monumentalisierung. Weiter tragen die Großflächigkeit der Figurengliederung und die Formvereinfachungen zur monumentalisierenden Abstraktion bei. Damit sind auch die Grenzen der traditionellen Gattung der Genremalerei mit ihren poetisierenden Darstellungen des Alltags- und Arbeitslebens gesprengt. Für Richard Muther war „das mächtige Werk eine der monumentalsten Schöpfungen moderner Kunst" und mutete „in seiner Triptychonform wie moderne religiöse Malerei, biblisch feierlich wie ein Sacralbild" an.[1005]

Gustav Pauli lobte mit den Worten: „(...) es ist alles von tiefster Wahrheit. Daß jede Sentimentalität fehlt, macht das Bild umso ergreifender" den Realismus der Kalckreuthschen Gestaltung, schloß indessen die Frage an: „Doch warum ist hier die Form des Triptychons gewählt? (...) Es ist wahr, auch andere Maler und gerade solche, die Kalckreuth künstlerisch nicht allzu ferne stehen, z.B. Segantini, Uhde, Makkensen, haben Triptychen gemalt. Weshalb greifen diese Meister einer neuen Naturwahrheit auf das Schema des mittelalterlichen Altarschreins zurück? Haben die Leute recht, die hierin nur eine Laune der Mode erblicken oder den Wunsch, in dem Einerlei der Ausstellungssäle Sensation zu machen?"[1006] Paulis Antwort geht von einer diagnostizierten Trennung und Verselbständigung der Einzelkünste aus, die ähnlich wie in Klingers theoretischer Schrift *Malerei und Zeichnung* (1891) als Fehlentwicklung der Moderne eingeschätzt wird. Eine neue Synthese, „Stileinheit" im Sinne der Antike, Gotik und des Rokoko tue not. Die Triptychonform erscheint Pauli als „architektonisches Gerüst", das aus der letzten Epoche eines „großen organischen Stils" zurückgeblieben ist und zu dem „unsere Maler in dem Verlangen nach jener höheren Stileinheit" greifen.[1007]

Die Verwendung der anspruchsvollen Triptychonform mag in der Tat als Teil des Strebens nach dem Gesamtkunstwerk aufgefaßt werden. Und in der Tat zielt die Idee des Gesamtkunstwerks auf die Wiedergewinnung einer neuen Totalität, wendet sich gegen die Zersplitterung der arbeitsteiligen Industriegesellschaft und deren Pluralismus konkurrierender Interessen, Ideologien, Künste. Wie aber die Gesamtkunstwerks-Konzeptionen von Richard Wagner, Max Klinger, der Jugendstilkünstler, sehr unterschiedliche Weltsichten spiegeln und entgegen ihrem Totalitätsanspruch die proletarische Kultur und deren Möglichkeiten ignorieren, so lassen auch die Triptychen weit auseinanderliegende Bildaussagen erkennen.

Klaus Lankheit, der in seinem Buch *Das Triptychon als Pathosformel* (1959) auch Kalckreuths Werk *Unser Leben währet siebzig Jahre* behandelt[1008], geht in seiner Erklärung der „Wiedererweckung" des „*großformatigen* Triptychons" gegen Ausgang des 19. Jahrhunderts[1009] von völlig anderen Voraussetzungen aus als Pauli. Für Lankheit ist das Triptychon eine künstlerische „Pathosformel". Als Grundtypen der Gestaltung von Mehrfeldbildern stellt Lankheit die Reihung gleichformatiger Teile und die gewichtende Anordnung gegenüber. Durch die größenmäßige Betonung des Mittelfeldes und die symmetrische Anfügung der Seitenbilder äußere sich im Triptychon „ein Höchstmaß von Würde, aber auch von Subordination."[1010] Der Dreiteilung mit betonter Mitte eigne „schon von sich aus ein erhöhter Gefühlsgehalt im Sinne des festlichen Daseins". Dies gelte vom christlichen Altarbild, bei dem die sakral-abstrakte Malerei, die Aufstellung, Beleuchtung und Funktion innerhalb der Kirche „zu einer Heiligung des Bildes" zusammenwirkten, „in besonders 'faszinierender' Weise".[1011]

Die Geschichte des christlichen Triptychons ist nach Lankheit seit dem Beginn der Neuzeit eine Geschichte seiner Säkularisierung; in den Krisenzeiten des Manierismus, der Französischen Revolution und des fin de siècle, der „Umbruchszeit zum 20. Jahrhundert", wurde der Pathosgehalt des Triptychons auf künstlerische Darstellungen auch weltlichen Charakters übertragen, die die *neuen* „Werte oder Pseudowerte" veranschaulichen sollten.[1012] Einer dieser Werte im Ausgang des 19. Jahrhunderts ist das „Abstraktum" der *Arbeit*, das durch die sakrale Triptychonform seine Weihe erhält. Als Beispiele nennt der Autor das *Triptychon vom Bergwerk – Einfahrt – Kalvarienberg – Ausfahrt* von Constantin Meunier[1013], *Der Kreidehändler* (1883)[1014] und *Die Lebensalter des Arbeiters* (1893 - 1897)[1015] von Léon Frédéric, das Triptychon Kalckreuths usw.

Freilich verschleiert die undifferenzierte „Krisentheorie" Lankheits, die die Klassenkämpfe und ideologischen Antagonismen in Umbruchszeiten ignoriert, die Tatsache, daß die *neuen* Werte jene der bisher unterdrückten Klassen und die *neuen Pseudowerte* die der veränderten Situation angepaßten Werte der bisher herrschenden Klassen sind. So kann das Triptychon der neunziger Jahre des 19. Jahrhunderts nicht nur eine tendenziell proletarische Pathosformel der Darstellung von Bergwerks- und Landarbeit sein (Meunier, Kalckreuth), sondern die Triptychonform kann auch die Ansprüche des Neuidealismus befördern helfen und wie in Dettmanns *1. Mose 3* oder noch deutlicher in seiner *Heiligen Nacht* zur christlichen Entschärfung des sozialen Naturalismus beitragen.

Gewiß ist das Triptychon als „Mehrfeldbild" dem „Einfeldbild" medial überlegen, und seine „Wiedererweckung" muß im historischen Kontext der medialen Erweiterungsbestrebungen durch Dioramen, Panoramen, Panoptika, Photographie, Film etc. gesehen werden. Die komplexe Struktur seiner visuellen Argumentation verleiht nicht nur dem Triptychon selber einen hohen Anspruch sondern demonstriert auch den Anspruch seines Schöpfers. Walther Firle konnte seinen raschen Ruhm durch die Produktion von Triptychen ausbauen und festigen, Ludwig Dettmann wurde durch seine Triptychen zu einem der im Inland meistdiskutierten deutschen Maler der neunziger Jahre.

Der biblische Titel und die Triptychonform des Kalckreuthschen Gemäldes *Unser Leben währet siebzig Jahre* sind primär als Pathosformeln des sozialen Darstellungsinhalts aufzufassen. Im Zentrum des Triptychons steht jedoch nicht das Bild einer arbeitenden Heroine, sondern das einer abgearbeiteten Greisin. Während die Seitenflügel einen gedämpft-hellmalerischen Farbakkord der weißen Blusen, dunklen Mieder, blauen Röcke und grünlichen Landschaften bieten, ist das Mittelbild in dunklen, dumpfen Tönen gehalten. Ein dämmeriges gelbliches Grau der Hauswand und des Bodens umschließt die Figur der alten Landarbeiterin mit ihrem schwarzen Kopftuch, ihrer dunkelblauen Bluse und dem dunkelbraunen Rock; der Landschaftsausblick ist durch die tiefen Schatten des Baumes abgeriegelt. Mit anteilnehmender Humanität, jedoch desillusionierend, wird das einsame, armselige Ende eines Arbeitslebens zum sozialen Paradigma erhoben. Wenn zeitgenössische Kritiker von einem „christlichen" Gehalt des Gemäldes sprechen, so mag ein solcher allenfalls in der melancholischen Wirkung der sozialen Anklage durch die fast „mytische" Dämmerung des Mittelbildes liegen.

Das christliche Erziehungsbuch *Das neue Geschlecht* (1915) des Regierungs- und Schulrats Lic.R. Kabisch[1016] mit Illustrationen von Hans Kohlschein enthält eine Darstellung (datiert 1914), in der die harte, von der Abendsonne bestrahlte Feldarbeit einer armen Familie mit dem tändelnden Spaziergang einer Adelsgesellschaft des Rokoko konfrontiert wird (Abb. 438).[1017] Während die Bauern, eine Gruppe zweier Männer, einer Frau und eines Jungen, vornübergebeugt „im Schweiße ihres Angesichts" schwere Eggen über den Acker ziehen, scheinen die beiden aufgeputzten Damen und der Laute spielende Herr sich ein Vergnügen daraus zu machen, das Vorübergleiten des langen Schattens der Arbeitenden abzuwarten. Die Zeichnung verbindet die soziale Anklage mit einem Angriff auf den Müßiggang reicher Nichtstuer, die die gottgewollte körperliche Arbeit gering

Abb. 438 Hans Kohlschein: Arbeit und Luxus, 1914

Abb. 439 Fritz Mackensen: Die Scholle, 1898

achten. Einen entschieden gegenwartsbezogen-sozialkritischen Impuls vermittelt diese „historische" Illustration allerdings nicht. In einer Zeit der fortschreitenden Mechanisierung und Motorisierung der Landwirtschaft mußte das dargestellte Ziehen der Eggen durch Menschenkraft besonders armselig, fremdartig, ja geradezu atavistisch wirken.

Möglicherweise ist Hans Kohlscheins Zeichnung durch das großformatige Gemälde *Die Scholle* (1898, Abb. 439) von Fritz Mackensen angeregt worden, das zwei Frauen, die eine kleine hölzerne Egge ziehen und einen Bauern zeigt, der hinterhergeht und eine an der hinteren Eggenstrebe befestigte Leine hält. So kann das Gerät angehoben werden, wenn sich zu viele Pflanzenreste gesammelt haben. Die primitive Arbeitsweise müßte eigentlich auf besonders ärmliche Verhältnisse schließen lassen, in denen nicht einmal die Anschaffung eiserner Geräte und die Pferdehaltung erschwinglich sind. Mackensen monumentalisiert jedoch gerade diese „schollennah-urtümliche" Tätigkeit, indem er die stark formvereinfachten Figuren weit über den tiefliegenden Horizont der Worpsweder Ackerlandschaft in den Himmel aufragen läßt, der von mächtigen, sonnenverklärten Wolken überzogen ist. Die Verbundenheit der arbeitenden Menschen mit der Erde und dem Himmel ihrer Heimat erscheint mit Gefühlswerten einer mythischen Weihe aufgeladen. Das intensive Braunrot des Ackerbodens verstärkt die mystische Wirkung der Darstellung und läßt an jene konservativ-agrarische Schollenideologie denken, die das „Blut" von Generationen an den von ihnen bearbeiteten und genutzten Boden gebunden wissen wollte. Mit dem Argument der heimatverbundenen, naturnahen „Bodenständigkeit" sollte eine klassenversöhnlerische, entschieden antisozialistische Interesseneinheit der naturallohnempfangenden Landarbeiter, der Kleinbauern und Großagrarier beschworen werden; diese Propaganda sollte im Verein mit dem Kampf gegen die Industrialisierung die Landflucht und gesellschaftliche Abwertung urbanen Lebens insbesondere nach 1890 aufhalten helfen.[1018] Das Christentum unterstützte vor allen Dingen im ländlichen Bereich den agrarischen Konservatismus. Im Kontext der religiösen Bauernmalerei Mackensens (*Der Gottesdienst im Freien* 1895, *Die Bergpredigt* 1903 - 1907) mag das „mythische" Bild *Die Scholle* als christlich-konservatives Lob gottgefälliger Feldarbeit interpretiert werden.

Die Triptychonform als „Pathosformel" benutzte Walther Georgi in seinem Gemälde *Saure Wochen – Frohe Feste* (1901, Abb. 440), das die auf den Seitenflügeln dargestellte schwere Feldarbeit verherrlicht und harmonisch mit dem fröhlich-derben Feiern des breiten Mittelbildes verbindet. Zum Titel des Triptychons wählte Georgi einen Teil der Belehrung, die der herbeigerufene schöne Geist in Goethes Ballade *Der Schatzgräber* (1797) dem nach Reichtum verlangenden Zauberer gibt: „Tages Arbeit! Abends Gäste! / Saure Wochen! Frohe Feste! / Sei dein künftig Zauberwort."[1019] Die vom Dichter „realistisch" ins Auge gefaßte „stadtbürgerliche" Lebensform der täglichen Arbeit, abgewechselt durch die abendliche Kommunikation mit Gästen und durch Feste, ist im Grunde nicht auf das bäuerliche Dasein übertragbar, am wenigsten auf das des Landarbeiters. Die Ermahnung der Ballade, sich nicht auf „faulen Zauber" einzulassen, sondern sich der täglichen Arbeit zu stellen und im übrigen das Leben zu genießen, klingt, bezogen auf den Lohnarbeiter im Kapitalismus, disziplinierend, affirmativ.

Die bildungsbürgerliche Titelwahl Georgis deutet bereits die ideologische Tendenz der Bildgestaltung an: Besitz-, Arbeits- und Lohnverhältnisse im ländlichen Bereich bleiben unreflektiert, Arbeitende und Feiernde bilden eine undifferenzierte Gemeinschaft. Es geht dem Künstler allein darum, in einem „allgemeinen" Sinn den das bäuerliche Leben bestimmenden „Wechsel" von harter Feldarbeit und ausgelassenen Dorffesten in der Malerei zu feiern. Bildungstitel und Triptychonform bekräftigen den Geltungsanspruch der Bildaussage, die konservativen Vorstellungen vom „herrlich-ursprünglichen Landleben und seinem Brauchtum" entgegenkam.

Auch hinsichtlich der Formalgestaltung verließ Georgi die Tradition der oppositionell-realistischen Bauernmalerei eines Courbet, Leibl, Liebermann und selbst Kalckreuth. Paul Kühn schrieb in seinem Aufsatz *Maler Walther Georgi* (1908): „Raumgröße, sinnliche Lebensfülle, Intensität und Zartheit des Naturgefühls, Einheit von Mensch und Landschaft, geschlossene dekorative Wirkung, das sind die Eigen-

Abb. 440 Walter Georgi: Saure Wochen – Frohe Feste, 1901

schaften, die Georgis Kunst kennzeichnen und ihr ihre starke persönliche Note verleihen. Der Raum mit den wesentlichen Linien- und Formen-Umrissen ist das Formengebäude, das die Stimmung in Farbe und Licht fassen soll. Wie ist auf seinen großen Darstellungen des Landlebens (Kartoffelernte, Saure Wochen, frohe Feste, Vesper) das volle warme Leben in Natur und Menschen gefaßt, die Ähren, die Früchte und Blumengirlanden, die pralle Schönheit des Fleisches, das Gelände mit seinen Wellenbewegungen, die Wolken in ihren großen Linienzügen, die Gesichter mit ihren charakteristischen Merkmalen, eine Hand in ihrer zufassenden Gebärde, ein gebeugter Rücken in der Mühe der Arbeit, die Tiere in ihrem Knochengerüst, die Pracht ihrer wuchtigen Formen, die Ruhe und das geduldige Warten, das schwerfällige, beharrliche Ziehen, der Glanz der riesigen, runden Buckel und kraftschwellenden Rundungen, die sich warm und seidig anfühlen."[1020] Einerseits lobt Kühn im Sinne einer formalistischen Kunstauffassung die dekorative Wirkung, die in Farbe und Licht gefaßte Stimmung der Linien- und Formenumrisse im Raum, mithin die wirklichkeitsentrückte Ästhetisierung in der Malerei Georgis, andererseits feiert er in fast hymnischen Ausdrücken die vitalistische Prägnanz und Gestaltungsfülle. Karikaturhafte Derbheiten der Figurengestaltung, dekorative Formvereinfachungen, ornamentale Flächigkeit und festliche Farben dienen im Triptychon *Saure Wochen – Frohe Feste* einer neuromantischen Verklärung des ländlichen „Volkslebens". Übrigens fehlt auch der religiöse Akzent nicht: Der pflügende Bauer im Vordergrund des linken Seitenbildes hält genau auf die den Berg beherrschende Feldkapelle zu, so daß seine Arbeit fast wie Gottesdienst anmutet.

Das auf der Ausstellung für christliche Kunst in Düsseldorf 1909 gezeigte Gemälde *Der hl. Isidor* (Abb. 441) des katholischen Malers Georg Winkler stellt den im Vordergrund auf seinen Knien betenden Bauern-Heiligen dar, dessen von zwei Ochsen gezogener Pflug durch einen Engel geführt wird. Nach der Legende ereignet sich dieses Wunder, als der Herr des Bauern Isidor aus Madrid feststellen will, ob dieser durch seine Gebete die Arbeit vernachlässige. Im oberen Rahmenfeld des Gemäldes steht der Bildtitel geschrieben („Der heilige Isidor"), im unteren der Spruch: „Bet' und arbeit', Gott hilft allzeit." Es handelt sich um eine Fassung des Sprichwortes: „Bete und arbeite, so leistet Gott unverzüglich Beistand (ora et labora, deus adest sine mora)". Der heilige Isidor wird hier in frommer Naivität als Vorbild treu-religiöser Pflichterfüllung des Ackerbauern oder Landarbeiters aufgefaßt, der sein Christentum nicht vernachlässigen soll. Die Darstellung des pflügenden Engels mochte freilich nur die Gemüter von stockkonservativen Gläubigen rühren!

Eines der wenigen profanen Gemälde des katholischen Meisters religiöser Themen Gebhard Fugel mit dem Titel *Landarbeiter* (Abb. 442) zeigt in stark fleckaufgelöster Hellmalerei zwei Frauen und einen Mann, die auf dem Acker auf Stühlen sitzen und Rüben putzen. Der katholische Kunsthistoriker Walter Rothes interpretierte die Darstellung in seiner Monographie über Gebhard Fugel (1925) religiös: „Zeigt uns Fugel die 'Landarbeiter', die in treuer Pflichterfüllung ihr Tagewerk tun, so senkt er zunächst unseren Blick zur Erde und gibt ein Bild der Alltäglichkeit (...). Doch bleibt uns der religiöse Untergrund dieses Landschaftsbildes mit bäuerlichem genrehaften Einschlag, das unsere Augen weithin über schier endlose Felder schweifen läßt, keinen Augen-

Abb. 441 Georg Winkler: Der hl. Isidor

blick verborgen. Der Adamsfluch tönt uns aus diesem Bild entgegen: '... so sei die Erde verflucht in deinem Werke; mit vieler Arbeit sollst du essen von ihr alle Tage deines Lebens. Dörner und Distel soll sie dir tragen, und du sollst das Kraut der Erde essen. Im Schweiße deines Angesichts sollst du dein Brot essen' (Gen. 3 K. 17, 18, 19 V.). Die primitive, seit Jahrtausenden kaum veränderte Tätigkeit des Bauern, der die mütterliche Erde bebaut und bestellt, der in harter Fron sein tägliches Brot der Natur abkämpft, wird so zum Symbol all der unsäglichen Mühsal, mit der das ganze Geschlecht der Evakinder seit dem ersten Sündenfall zu kämpfen hat. Unser Meister, der vom Lande stammt, kennt von Kindesbeinen an die schwere Last und drückende Mühe des bäuerlichen Berufes, aber er kennt auch die ethische Macht, die Hoheit und den Segen solcher treuer gottergebener Landarbeit. 'Denn wäre nicht der Bauer, so hättest du kein Brot' (Chamisso). So ergreift uns etwas Großes und Feierliches in diesem scheinbar so schlichten Bilde; aus ihm erklingt, von religiöser Warte aus, das hohe Lied der arbeitenden, dienenden, Werte schaffenden Menschheit."[1021] Diese den „religiösen Untergrund" des Gemäldes erläuternde Interpretation offenbart die konservative Auffassung des Autors. Wenn Rothes mythisierend von der „primitiven, seit Jahrtausenden kaum veränderten Tätigkeit des Bauern" sprach, ignorierte er die rasche Mechanisierung der Landwirtschaft im 19. Jahrhundert, die Einführung neuartiger Arbeitsgeräte, von Lokomobile und Dampfpflug, die Entwicklung der wissenschaftlich betriebenen Bodennutzung, die Kapitalisierung mit ihrer Vernichtung des Kleinbauerntums, Auflösung der patriar-

Abb. 442 Gebhard Fugel: Landarbeiter

Abb. 443 Max Liebermann: Arbeiter im Rübenfeld, 1874-1876

chalischen Arbeitsverhältnisse, Abschaffung des Naturallohns und Umwandlung des Landarbeiters in einen freien Geldlohnarbeiter. Obgleich seit den achtziger Jahren des 19. Jahrhunderts die Volkswirtschaft durch die Industriearbeit und industrielle Produktion entscheidend bestimmt wurde, konnte für Rothes die Landarbeit immer noch zum Paradigma der vom Adamsfluch gezeichneten körperlichen Arbeit werden. Das „hohe Lied" von der „ethischen Macht" und dem „Segen" der „treuen, gottergebenen Landarbeit" erklang nur für jenen, der die Besitz-und Arbeitsverhältnisse im ländlichen Bereich von religiös-konservativer „Warte" her beurteilte.

Anders als Dettmanns Triptychon *1. Mose 3* enthält Fugels Landarbeiter-Darstellung keine direkten visuellen Hinweise für eine religiöse Interpretation; doch kommt die künstlerische Gestaltung einer religiös-konservativen Auffassung in vieler Hinsicht entgegen. Zunächst muß berücksichtigt werden, daß das körperlich anstrengende Rübenausgraben, das im Sinne von Rothes allerdings geeignet sein mochte, die „schwere Last und drückende Mühe des bäuerlichen Berufes" zu veranschaulichen, nur von einem einzelnen Arbeiter im Hintergrunde des Gemäldes verrichtet wird, während die leichtere, im Sitzen ausführbare Tätigkeit des Rübenputzens das Bildzentrum des Vordergrundes beherrscht. Die wohlkomponierte Gruppe der drei Rübenputzer bildet im sonnigen Licht eine auf dem Felde traulich zusammengerückte, intim wirkende Gemeinschaft. Durch die Fleckauflösung, die Einzelheiten der Handarbeit malerisch verwischt und durch die für Fugel charakteristische pastellartige, fein abgestimmte Farbgebung (Hellmalerei) wird die Darstellung zur bäuerlichen Idylle verklärt. Jede soziale Schärfe fehlt. So kann die „Landarbeit" gleichsam als religiöse Feier der gottgefällig „dienenden, Werte schaffenden Menschheit" erscheinen. Wie weit Fugels Gestaltung vom oppositionellen Realismus der siebziger Jahre des 19. Jahrhunderts entfernt ist, verdeutlicht ein Vergleich mit Max

Abb. 444 Hermann Knopf: Das Riesenspielzeug, 1901

Abb. 445 Otto Dieterle: Die Gefolgschaft Christi, 1913

Liebermanns Gemälde *Arbeiter im Rübenfelde* (1874 - 1876, Abb. 443). Liebermann verzichtete auf malerische Gruppenbildungen und reihte die Arbeiterinnen und Arbeiter, die mit langstieligen Hacken im Rübenfeld Unkraut jäten, fast bildparallel auf. Mit dieser Komposition erreichte der Künstler eine programmatische Monumentalität. Die in schmutzigen, herben Brauntönen gehaltene Acker- und Wiesenzone mit einer zerfahrenen Baumreihe hinterfängt die Arbeiter und läßt über dem hochliegenden Horizont nur einen schmalen, trübgrauen Himmelsstreifen. Bei Fugel schließt demgegenüber die streifig gegliederte Landschaft, die einen lichten Hintergrund der Rübenputzer bildet, mit einem langen Bergzug ab, den rechts ein Gebüsch dekorativ überschneidet. Der helle Himmel leuchtet als breitere Bildzone.

Liebermann arbeitete mit harten Hell-Dunkelkontrasten, trübte jedoch die hellen Hemden, Röcke, Kopftücher durch das Grau von Schmutz und Arbeitsschweiß. Insgesamt ist das Liebermannsche Gemälde der Dunkelmalerei Courbets verpflichtet. Auch das Grün der krautigen Rübenpflanzen im Vordergrund und das Rot des Rocküberuches der rechten Arbeiterin sind schmutzig-dunkel. Fugels Bild zeigt dagegen eine heitere Hellmalerei. Bei Liebermann dient die weniger extreme Fleckauflösung dem Ausdruck einer prosaischen Rauhigkeit der Tagelöhnerarbeit; bei Fugel betont die impressionistische Fleckstruktur die Lichtverklärung.

Während Fugels Gemälde, das dem Strom der dekorativen, mehr impressionistischen oder mehr ornamentalen Hellmalerei zu Beginn des 20. Jahrhunderts angehörte, gelobt wurde, griff die zeitgenössische, dem illusionistischen Verismus und „Akademismus" verpflichtete Kritik Liebermanns Werk heftig an. Beispielsweise bezeichnete Otto von Leixner in seiner Rezension der Berliner Akademieausstellung von 1877 Liebermann als „Trivialisten" und warf ihm im Zusammenhang mit der Kritik der *Arbeiter im Rübenfelde* vor, daß er die ganze Welt in Schmutz tauche und in der Nachfolge Courbets, der nur Kommunards und Petroleusen

Abb. 446a Ludwig Dettmann: Arbeit, Mittelbild des Triptychons, 1893

male, ausschließlich „verkommene häßliche Menschen, lastend unter dem Drucke des Lebens" darstelle.[1022]

Zu Adelbert von Chamissos Gedicht *Das Riesenspielzeug* (1831), aus dem Walter Rothes in seiner Erläuterung des *Landarbeiter*-Gemäldes von Gebhard Fugel die Zeile zitierte: „Denn wäre nicht der Bauer, so hättest du kein Brot", malte Hermann Knopf, ein Münchener Künstler, sein Bild *Das Riesenspielzeug* (1901, Abb. 444). Dargestellt ist das auf der Tafel des Riesenkönigs von der Prinzessin aufgestellte „Spielzeug", das sie vom Acker mitgebracht hat, ein Bauer, sein Ochsengespann und Pflug. Während die Prinzessin und die Angehörigen des Hofstaates sich über das „Riesenspielzeug" lustig machen, hebt der König Einhalt gebietend die Hand und scheint die Worte des Chamisso-Gedichtes zu sprechen: „Wo du es hergenommen, da trag es wieder hin! / Der Bauer ist kein Spielzeug, was kommt dir in den Sinn!"[1023] Die Prinzessin und die Damen und Herren des Hofstaates wirken wie Angehörige der höheren städtischen Gesellschaft. Nur ein am Tisch sitzender Riese mit nacktem Oberkörper gleicht einem Böcklinschen Pan. In einer Zeit der umwälzenden Entfaltung der allerdings von Antagonismen durchsetzten städtischen Kultur durch Industrialisierung und Technisierung und der komplementären Erzeugung von romantischer Natursehnsucht und agrarischem Konservatismus konnte ein solches Gemälde, das die Existenz und Arbeit des Bauern gleichsam hypothetisch übertreibend in einen Bereich des „Zwerghaften" verwies und damit gewissermaßen in Frage stellte, Beachtung finden.

Das Wandgemälde *Die Gefolgschaft Christi* (1913, Abb. 445) von Otto Dieterle, einem Schüler der Stuttgarter Akademie, im Konfirmandensaal des Ortes Feuerbach (nunmehr ein Stadtteil von Stuttgart) entwertet durch fernperspektivische Verkleinerung und Aufhellung die dargestellte Stadtkulisse mit ihren riesigen Fabrikschloten und wertet die ländli-

Abb. 446b Ludwig Dettmann: Unser täglich Brot gib uns heute, linker Flügel des Triptychons „Arbeit", 1894

Abb. 446c Ludwig Dettmann: Unser Leben währet siebzig Jahre und wenn's köstlich gewesen ist, so ist es Mühe und Arbeit gewesen, rechter Flügel des Triptychons „Arbeit", 1894

che Zone mit ihren wogenden Kornfeldern und saftigen Wiesen auf. Der Zug des Heilands, der Kinder, Alten, Fabrik- und Landarbeiter bewegt sich auf einem Feldweg diagonal nach vorn, immer tiefer in den ländlichen Bereich hinein; die abendliche „Heimkehr" dieser Menschen erscheint gleichsam als religiös-konservative Stadtflucht.

Der nimbusgekrönte Christus, in dessen „Nachfolge" sich die Mühseligen und Beladenen sammeln, erinnert an den sozialen Heiland Uhdes. – Der Rezensent des *Christlichen Kunstblattes* richtete sein Hauptaugenmerk auf die Arbeiterfigur des Vordergrundes: „Christus zur Seite schreitet ein Fabrikarbeiter rüstig vorwärts, meines Erachtens die beste Figur des Bildes, ein arbeitharter Gottsucher aus dem Volk. Zweifel und Kritik sprechen aus den scharfen Zügen des hageren Gesichts, er hat viel Wenn und Aber auf dem Herzen, aber der wirtschaftliche Kampf hat das Fragen nach den letzten Werten des Lebens in ihm noch nicht ertötet; wir ahnen, daß auch für ihn Christus noch übermächtig wird und auch er sich noch vor der Geistesgröße Jesu beugt."[1024] Wenn der Rezensent den Arbeiter jenseits des Klassenkampfes nach religiösen Werten suchen ließ, ja ihn zu einem „Gottsucher aus dem Volk" stilisierte, traf er zweifellos die Intention des Künstlers; als figurales Bedeutungszentrum des Wandgemäldes symbolisiert das monumentale Paar des Heilands und dicht neben ihm gehenden Fabrikarbeiters wunschbildhaft den niemals verwirklichten Bund zwischen Christentum und Proletariat. Einen sentimentalen Zug bringen die Figuren der Arbeiterkinder ins Bild, die das Thema des Christus als Kinderfreund anklingen lassen. Der Rezensent formulierte die christlich-soziale Bildaussage: „Die Auffassung ist realistisch: Christus zunächst der große, ernste und gütige Mensch für die Gegenwart, der Heiland der Menschenkinder; um ihn das arme Volk unserer Tage, wie es vom Acker und von der Fabrik kommt. Ein warmer sozialer Ton, so recht für Feuerbach geschaffen, zieht durch das Ganze; es ist die kleine armselige Welt, aber doch mit dem Zug zum Höheren, Geistigen, Idealen. Das Bild atmet christlichsoziales Mitleid, stillen Ernst und einfache Warmherzigkeit; so bekommen die schlichten Vorgänge des Alltags unwillkürlich religiöse Bedeutung."[1025] Die neuidealistische Formalgestaltung des Wandbildes wird aus der Beschreibung des Rezensenten deutlich: „Die Farbengebung des Bildes ist der Abendstimmung entsprechend im Grundton violett. Es ist anerkennenswert, daß der Maler die Farbigkeit der Palette nicht zu sehr ausgenützt hat, man könnte höchstens die Wiesen für den Abend noch allzu saftig grün finden, im übrigen sind aber durchweg fein abgetönte und einheitlich zusammengestimmte Mittelfarben verwendet. Die Technik ist durchaus modern, eine Art Impressionismus: ineinanderfließende Farbenflächen, merkwürdige Lichtakzente, eigenartige Farbentönung und Farbenharmonien."[1026]

Die soziale christliche Bildkunst der Kaiserzeit konzentrierte sich auf Darstellungen aus dem ländlichen und handwerklichen Bereich; Themen aus dem Leben von Fabrikarbeitern blieben weitgehend ausgespart. Das Wandgemälde Dieterles gehört zu den seltenen Ausnahmen. Die Bindung der christlichen Religion an das Bürgertum, vor allen Dingen an die bürgerlichen Mittelschichten und die generell politisch konservative Einstellung der Kirchen bedingten ein ideologisches Klima, in dem selbst der christliche Sozialismus und die von ihm inspirierte Bildkunst nur spärlich gedeihen konnten.

Das „Ausweichen" der sozialen christlichen Malerei vor der Beschäftigung mit der Welt des Industriearbeiters, insbesondere mit seiner Arbeitswelt, dokumentieren die beiden großen Triptychen *1. Mose 3* (1892, Abb. 426) und *Arbeit* (1893 - 1894, Abb. 446) von Ludwig Dettmann, die den Anspruch stellten, die vom Adamsfluch gezeichnete körperliche Arbeit beispielhaft zu veranschaulichen: „Arbeit" erscheint im Mittelbild von *1. Mose 3* als Kartoffelernte, das Mittelbild von *Arbeit* zeigt die handwerkliche Tätigkeit vie-

rer Radschmiede. Christliche *Industriearbeitersdarstellungen* gibt es in der Malerei des Zweiten Deutschen Kaiserreiches nicht. Allerdings darf nicht unberücksichtigt bleiben, daß Dettmanns Radschmiede-Darstellung gewisse Affinitäten zu Gemälden wie *Hammerschmiede* (1888, Abb. 447) von Aloys Eckardt, *Im Eisenhammer* (1888, Abb. 448) von Friedrich Keller und sogar Adolf Menzels *Eisenwalzwerk* (1875, Abb. 449) aufweist.

Dettmanns Triptychon *Arbeit* wird von Adolf Rosenberg in seiner Rezension der Großen Berliner Kunstausstellung von 1894 als „Übergangsbild" zwischen allegorisch-historischen und religiösen Darstellungen angesehen.[1027] Außer der christlichen Pathosformel des Triptychons sind es die biblischen Bildtitel der Seitenflügel, die dem Werk einen religiösen Charakter geben. Der linke Flügel zeigt in dunkelmalerischer Herbheit das karge Mahl einer Proletarierfamilie und ist betitelt: *Unser täglich Brot gib uns heute* (Matth. 6,11; vierte Bitte des Vaterunsers). Der rechte Flügel zeigt unter dem Titel *Unser Leben währet siebzig Jahre, und wenn's köstlich gewesen ist, so ist es Mühe und Arbeit gewesen* (90. Psalm, Vers 10) einen ärmlich gekleideten Jungen, der von Großvater und Vater Abschied nimmt, um auswärts Arbeit und ein Auskommen zu finden. Möglicherweise sollte mit dieser Darstellung die über Generationen dauernde Kontinuität eines durch harte körperliche Arbeit bestimmten Lebens ausgedrückt werden. Der Rezensent der *Kunst für Alle* (1894) sah hier allerdings den „Abschied eines in die Welt ziehenden jungen Mannes von seinem greisen, von der unablässigen Arbeit entkräfteten Vater."[1028] Die im Hintergrund stehende, abgezehrte männliche Figur läßt der Rezensent unberücksichtigt. Auch dieser Flügel ist in der Art der fleckauflösenden oppositionellen Dunkelmalerei der siebziger Jahre gestaltet.

Das Mittelbild zeigt „harte Schmiedearbeit in heißer Sonnenglut, die die ganze Fläche grell überflutet", wie es Adolf Rosenberg ausdrückte.[1029] Trotz der Hellmalerei gibt es durch die dunklen, verschatteten Arbeitshosen der vier

Abb. 447 Aloys Eckardt: Hammerschmiede, 1888

Radschmiede harte Helligkeitskontraste. Mit realistischer Schärfe sind Körperhaltungen, Bewegungen und Werkzeuggebrauch beobachtet. Im Kontext des sozialen Naturalismus der Seitenflügel, der mit Hilfe der Bildtitel religiös akzentuiert ist, ruft das Mittelbild, das durch die im Hintergrund dargestellte Dorfkirche eine religiöse Tendenz erkennen läßt, die biblische Assoziation der Arbeit „im Schweiße des Angesichts" wach (1. Mose 3, 19), zumal die Tätigkeit der Handwerker in der Sonnenhitze stattfindet.

Als Dettmanns *Arbeit* 1896 auf der XXIV. Jahresausstellung im Wiener Künstlerhause gezeigt wurde, kritisierte Wilhelm Schölermann in der *Kunstchronik* den Gebrauch der religiösen Bildtitel: „Es ist wohl ein verzeihlicher Irrtum, wenn ein Teil des Publikums von einer bekannten und ehrwürdigen Inschrift, die durch die Tradition geheiligt ist, sich über den Wert eines Gemäldes täuschen läßt."[1030] Über das Triptychon urteilte Schölermann: „*Ludwig Dettmann*, dessen starke Produktionskraft bisweilen von einem Mangel an Vertiefung begleitet wird, stellte sein Triptychon 'Die Arbeit' aus, ein in dem hellen Mittelstück virtuos gemaltes Plein-air, welches über eine gewisse Äußerlichkeit nicht hinauskommt. Die Aufgabe ist malerisch, aber weniger inhaltlich gelöst, und dazu verhelfen auch die Titelunterschriften (...) ebensowenig, wie ein gutes Gedicht eine schlechte Deklamation vergessen machen kann."[1031] Schölermanns Urteil, das eine Diskrepanz zwischen der rein äußerlich-malerischen Gestaltung und den biblischen Titelunterschriften feststellte, scheint sich mit jenen Tendenzen der Kunstkritik zu berühren, die Darstellungen aus dem Lebensbereich der unteren Schichten und Klassen selbst noch in den neunziger Jahren als „bloße Genremalerei" abtaten und Werken dieser „niederen Gattung", wenn sie nicht speziell religiöse Bräuche oder Kulthandlungen schilderten, den Ansprch aberkannten, christliche Themen zu behandeln.

Allerdings besteht in der Tat eine mangelnde Übereinstimmung zwischen dem Bildtitel und der Darstellung des rechten Seitenflügels von „Arbeit", und für den linken Flügel würde ein profaner Titel wie „Mahlzeit einer Proletarierfamilie" durchaus genügen. Triptychonform und biblische Bildunterschriften können auch als „Anspruchsformeln" des Malers interpretiert werden. Indessen behält das Mittelbild im Gegensatz zu Schölermanns Kritik, es komme als virtuos gemaltes Plein-air nicht über eine gewisse „Äußerlichkeit" hinaus, die hellmalerische Schärfe einer realistisch-sozialen Arbeitsdarstellung im Unterschied beispielsweise zu Fugels späterem Gemälde „Landarbeiter" und stimmt mit

Abb. 448 Friedrich Keller: Im Eisenhammer, 1888

Abb. 449 Adolph von Menzel: Das Eisenwalzwerk, 1875

dem dunkelmalerischen sozialen Naturalismus der Seitenflügel durchaus zusammen. Auch ist ein religiöser Bezug des Mittelbildes gegeben, da die dargestellte körperliche Arbeit im Gegenüber zur Dorfkirche getan wird, in der am Sonntag, dem Tag der Arbeitsruhe, der Gottesdienst stattfindet.

Das Triptychon stellt die körperliche Arbeit als zentralen Bereich im Dasein „armer Leute" in den Mittelpunkt. Die Radschmiede mögen für Geldlohn arbeitende Handwerker sein. Die physische Anstrengung, die ihr tägliches Leben bestimmt und die in der Darstellung durch die lastende Sonnenhitze augenfällig gesteigert erscheint, zeichnet die Körper, Glieder, Hände. Trotz einer beständigen, sisyphosartigen Tätigkeit gelangen die Arbeiter nicht über jene beschränkten, ärmlichen Verhältnisse hinaus, die die Seitenflügel schildern. Die *soziale* Dimension des „Adamsfluches" wird deutlich, die Bindung der werteschaffenden körperlichen Arbeit an die unteren Schichten und Klassen. Dennoch bleibt der positive Aspekt des Sichauslebens, der Selbstverwirklichung und Selbstbestätigung in der physischen Anstrengung, die ja ohne kognitive Steuerung, ohne fachlich-technisches Wissen nutzlos wäre, darstellerisch erhalten: Das Schwingen des Hammers, das Zurechtrücken des Werkstückes, das kraftvolle Festhalten des Rades mit Hilfe von Stangenhebeln, die Konzentration der Arbeiter werden vom Künstler sachkundig und ausdrucksvoll vor Augen geführt. Arbeit ist hier ein durch die Größe und Art des Werkstückes bedingter kollektiver Prozeß.

Eine differenzierte Arbeitsteilung von Schmiede- und anderen metallbearbeitenden Tätigkeiten schildert das Gemälde *Hammerschmiede* von Aloys Eckart, das auf der Münchener Jubiläums-Ausstellung (1888) gezeigt wurde. Die Hammerschwinger des Vordergrundes sind pathetischer aufgefaßt als der eine Hammerschwinger bei Dettmann. Zwei dampfgetriebene große Schmiedehämmer befinden sich im Hintergrund der Fabrikhalle. Die Arbeit an einem solchen Dampfhammer zeigte Friedrich Kellers großformatiges Gemälde *Im Eisenhammer* (1888, Abb. 448), das ebenfalls auf der Münchener Jubiläums-Ausstellung zu sehen war. Schmiede- und metallbearbeitende Tätigkeiten verschiedenster Art stellte das Werftbild *S.M. Panzer Corvette 'Oldenburg'. Auf der Werft des 'Vulcan'* (1886, Abb. 450) von Carl Hochhaus dar. Der Anton-von-Werner-Schüler rückte die tätigen Arbeiter bildbestimmend in den Vordergrund.

Von diesen Industriearbeitsbildern, die alle durch Menzels *Eisenwalzwerk* (1875, Abb. 449) beeinflußt sind, unterscheidet sich das Arbeitstriptychon Dettmanns aufgrund seines Komplexitätsanspruchs („Dreifeldbild"), der hellmalerischen Beobachtungsschärfe im Mittelbild und der Thematisierung eines allerdings begrenzteren, volkswirtschaftlich nicht so wichtigen Arbeitsbereichs, der ausschließlich handwerklich bestimmt war (Radschmiedearbeit).

Darstellungen von Handwerksarbeit, die wie Dettmanns Triptychonmittelbild eine überschaubare Genese des Produktes zu veranschaulichen vermochten, waren dem bürgerlichen Betrachterpublikum generell weniger fremd als Darstellungen der Fabrikarbeit, die einer differenzierten kollektiven Arbeitsteilung unter Einbeziehung maschineller Verfahren unterlag. Die bessere Vertrautheit mit dem Bildgegenstand der Handwerksarbeit wurde zudem dadurch gefördert, daß es vielfältige Überschneidungen der Lebensbereiche von Bürgern und in den bürgerlichen Haushalten zeitweilig tätigen Handwerkern gab, während die Arbeitsstätten der Fabrikarbeiter abgesonderte und abgeschlossene Bezirke bildeten. Auch konnte die bildkünstlerische Behandlung der Fabrikarbeit die soziale Frage menschenunwürdiger Arbeitsbedingungen, der Ausbeutung der Arbeitskraft, der Entfremdung ins Bewußtsein rücken und damit an die klassenspezifischen Schranken bürgerlicher Weltsicht rühren. Gewiß war die Chance für einen Maler, mit einem Triptychonbild, das die Gestaltungsweisen des dunkelmalerischen sozialen Naturalismus und der realistischen Hellmalerei verband, Aufsehen zu erregen, *ohne zu scheitern*, wesentlich größer, wenn das Mittelbild nicht Fabrik- sondern Hand-

Abb. 450 Carl Hochhaus: S.M. Panzer Corvette „Oldenburg". Auf der Werft des „Vulcan", 1886

werksarbeit darstellte und wenn zumindesten die Seitenflügel *biblisch betitelt* waren (der Mittelbildtitel „Arbeit" bezeichnete zugleich das Triptychon insgesamt).

Gegenüber den beiden anderen behandelten Triptychen von Ludwig Dettmann *1. Mose 3* (1892, Abb. 426) und insbesondere *Heilige Nacht* (1893, Abb. 433) sind in *Arbeit* (1893 - 1894) die religiösen Tendenzen zugunsten der realistisch-sozialen stark zurückgenommen. Wenn Karin Gafert Dettmanns *Arbeit* in ihrer Dissertation über *Die Soziale Frage in Literatur und Kunst des 19. Jahrhunderts* (1973) im Zusammenhang der „sogenannten 'Proletariatsmalerei'" behandelte, der „durch die Wendung ins Religiöse oder Mystische jede noch mögliche Spitze genommen werden konnte"[1032], so muß diese Einschätzung als allzu undifferenziert zurückgewiesen werden.

Ein offen reaktionäres religiöses „Tendenzbild" zeigte Ferdinand Brütt, ein Schüler der Weimarer und Düsseldorfer Akademien, auf der Münchener Kunstausstellung von 1894 unter dem Titel: *Was toben die Heiden!* (nach 2. Psalm, Vers 1). Paul Weber beschrieb das Gemälde in seinem Buch *Kunst und Religion* (1911): „Auch das *Tendenzbild mit sozialistischem* Einschlag gehört hierher, z.B. F. Brütts 'Was toben die Heiden': Streikende oder revolutionierende Arbeiter haben ihre Fabrik in Brand gesteckt, da taucht plötzlich die Lichterscheinung Christi mit dem Kreuze vor ihnen auf und mahnt zum Frieden. Erschreckt bedecken sie ihre Augen vor dem ungewohnten Glanze".[1033] In der sozialdemokratischen Wochenschrift *Die Neue Zeit* wurde das Gemälde, das ein Streikrecht der Arbeiter offenbar bestritt, scharf angegriffen: „Die Heiden sind nichts Anderes, als streikende, tobende Arbeiter, im Hintergrund – natürlich – brennende Gebäude mit einer brennenden Kirche (!) und – die Erscheinung Christi, der, vor seinem Kreuze stehend, mit erhobenen Armen die 'Heiden' warnend zurückweist. Ein lächerlicheres Tendenzbild ist wohl selten gemalt worden. Derselbe Maler hat vor einigen Jahren das Leben und Treiben auf einer Börse dargestellt, ein Bild, auf dem es von semitischen Bankiers und christlichen Kommerzienräthen wimmelt. Es scheint, als sei Herr Brütt seither mit seinen damaligen Modellen sehr gut Freund geworden."[1034] Aber auch das *Christliche Kunstblatt* zeigte sich über das „absichtsvolle" Bild verstimmt: „An einem ähnlichen Fehler nur anderer Art leidet das 'Tendenzbild', wie es uns in Ferdinand *Brütts* (Düsseldorf) 'Was toben die Heiden?' entgegentritt. Wenn man die Absicht merkt, so vermögen auch alle malerischen Vorzüge, wie sie gerade dieses Bild in reichem Maße aufweist, keine 'reine Stimmung' mehr zu erzeugen. Von dem Kreuze, das auf einem Hügel aufgerichtet steht, tritt mit erhobenen Armen Christus einem Haufen modernen Pöbelvolks entgegen, das sich gegen ihn auflehnt. Fein im Luftton, von treffender Charakteristik in dem Volkshaufen befriedigt es gerade in der Hauptfigur, Christus, am wenigsten. Vielleicht ist es überhaupt unmöglich, in solch allgemein symbolischer Haltung, ohne reale Lebensbeziehung, die Christusfigur lebensvoll zu gestalten."[1035] Zwar hielt der Rezensent das Bild für absichtsvoll, tendenziös, doch brennende Gebäude nahm er nicht wahr, die revoltierenden Arbeiter waren für ihn nur ein unbestimmter „Haufen modernen Pöbelvolks" und so schien ihm die Christusfigur „ohne reale Lebensbeziehung" zu sein. Die Darstellung eines Heilands, der in die häufig ohnehin durch Polizei und Militär bekämpften

Abb. 451 Franz Skarbina: Christus hinter dem Leichenwagen, 1898

Streiks eingriff und sich direkt in die sozialen Auseinandersetzungen der Gegenwart einmischte, hatte anscheinend für den Rezensenten etwas Entwürdigendes, Peinliches, ja Irreales, selbst wenn dieser Christus ganz im Sinne des monarchischen Staates, allerdings lediglich mit Hilfe der „Gewalt" göttlicher Liebe die Massen „zur Vernunft brachte". Vielleicht verstimmte den Rezensenten auch die allzu plump-diffamierende Gestaltung des zerstörerischen Menschenhaufens (dem er allerdings „treffende Charakteristik" zubilligte) und der entsprechend plumpe Einsatz der Christusfigur als Befrieder und Retter.

Zielte die Bildaussage von Brütts *Was toben die Heiden!* affirmativ auf eine christliche Bändigung der aufrührerischen Arbeiter, so zeigte die *Christus hinter dem Leichenwagen* (1898, Abb. 451) betitelte Zeichnung des Berliner Realisten Franz Skarbina, die eine Szene aus dem sozialen Roman *Das Gesicht Christi* (1897) des naturalistischen Schriftstellers Max Kretzer illustrierte, den frommen Arbeiter Andorf, der gottergeben den von Christus selber gefolgten Sarg seines jüngsten Kindes auf einem Handwagen zum Friedhof zieht. Die Geschwister Susanne und Robert gehen nebenher. Im Roman stirbt das Töchterchen des armen, arbeitslosen Andorf an Krankheit und Entkräftung, ein Schicksalsschlag, der den Vater schwer trifft, jedoch seinen Glauben stärkt. Andorf löst sich im Verlauf der Romanhandlung von der sozialdemokratischen Partei, der er zwanzig Jahre lang angehörte, weil deren Versprechungen einer allgemeinen Glückseligkeit im Sozialismus sich nicht erfüllt haben, sich nach

329

Meinung des nunmehr christlichen Arbeiters auch nicht erfüllen können und weil das Prinzip des Klassenkampfes dem höher zu stellenden Prinzip der christlichen Liebe widerspricht.[1036] Die Christusfigur wird von Kretzer als eine Art deus ex machina eingesetzt, der „wirkungsvolle Auftritte inszeniert", wie Helmut Scheuer in seinem Aufsatz *Zur Christus-Figur in der Literatur um 1900* (1977) schreibt[1037] und der Andorf beisteht, ihn in seiner religiösen Wandlung bestärkt. Gleichsam als Belohnung seines neugewonnenen Christentums erhält Andof am Schluß Arbeit: „Es mag schöne und stolze Kronen auf Erden geben, aber für uns Armen und Elenden, die wir aus der Hand in den Mund leben, ist die Arbeit die Krone unseres Lebens. Gott hat sie mir heute verliehen, weil ich den Blick zu ihm nach oben gerichtet hatte. Nun soll alle Noth ein Ende haben."[1038] Andorfs Tochter Susanne wird sozusagen mitbelohnt, da sie den Verführungskünsten ihres unmoralischen Arbeitgebers widerstanden hat; dieser erleidet als Strafe den Tod. Am Ende des Romans erblicken Vater und Tochter eine ihren Glauben nochmals bekräftigende Erscheinung: „Der Mond stand hinter ihnen und beschien hell den Kies, auf dem sie gingen. Plötzlich war es, als würde hinter ihrem Rücken von unsichtbarer Hand ein ein Kreuz aufgerichtet, dessen Schatten vor ihnen auf den Boden fiel. Deutlich erkannten sie den Körper des Erlösers. (...) 'Das soll das Zeichen sein, daß wir unser Kreuz auch geduldig weiter tragen müssen,' sagte Andorf wieder, 'und daß das Leid unsterblich ist und ewig bleiben wird wie die Sterne.'"[1039] Mit unmißverständlicher Deutlichkeit formulierte der Autor seine antisozialdemokratische Auffassung, daß das Leid der Armen ewig währe, daß Menschenkraft die Verhältnisse nicht ändern könne, daß die Arbeiter sich in Demut und im Vertrauen auf Gottes Hilfe in ihr Los zu fügen hätten, daß Arbeit kein Menschenrecht sondern eine Gnade Gottes sei und daß eine göttliche Gerechtigkeit für Belohnung und Strafe sorge. Diese „soziale" Weltsicht fällt noch hinter den christlichen Sozialismus zurück, dessen praktisch-politisches Ziel es wenigstens war, eine gewisse Verbesserung der Lebens- und Arbeitsbedingungen für die Proletarier durchzusetzen.

Skarbina konfrontierte in seiner Illustration dem Romantext entsprechend den proletarischen, von Christus begleiteten Sargtransport Andorfs mit dem aufwendigen Leichenzug eines Reichen.[1040] Während der vornehme Leichenwagen, die wohlausgestattete Trauergesellschaft und die nachfolgenden herrschaftlichen Kutschen mit Angehörigen und Trauergästen über einen breiten Platz ziehen, ist der ärmlich, alltäglich gekleidete Arbeiter in eine Seitenstraße mit einem schäbigen Bauzaun und aufgerissenem Pflaster eingebogen. Ein Polizist starrt dem fremdartigen Aufzug nach. Diese christlich-moralische Gegenüberstellung von Arm und Reich läßt zwar durchaus eine sozial-anklägerische Tendenz erkennen, betont jedoch keinesfalls *Klassengegensätze* in einem emanzipatorischen Sinn, da der Leichenzug des Reichen mit starken Überschneidungen im Bildhintergrund zurücktritt, mithin überhaupt kein lohnendes Angriffsziel bietet und die fromme, ernste Christusgestalt hinter dem Sargkarren des demutvollen Andorf völlig in Einklang mit der Ideologie des Romans jeden klassenkämpferischen Gedanken verbietet. Auch ereignet sich diese „Begegnung" von Arm und Reich ja außerhalb festumrissener sozialer Konfliktbereiche mehr zufällig in der Stadt.

Entschiedener stellte Adolf Münzer auf der ersten Ausstellung der Münchener Künstlergruppe „Scholle", die innerhalb der Glaspalastausstellung von 1900 in München stattfand, einen Zug reicher Kommerzienräte, Bankiers, Fabrikanten mit ihren Damen beim abendlichen Parkfest (*Luxus*) einem Zug der frühmorgens zu ihren Arbeitsplätzen gehenden Bergleute mit Pickeln und Schaufeln (*Arbeit*) in zwei breitformatigen „Dekorationsentwürfen" gegenüber (Abb. 452, 453). Der Künstler arbeitete pointiert die Gegensätze heraus: die aufgelockerte Komposition des *Luxus*-Pendants läßt die üppigen Festkleider im elektrischen Licht vor dem dunklen Abendhintergrund des Parks schimmern. Hell leuchtet jenseits des Sees ein schloßartiger Bau. Die Damen und Herren bewegen sich mit festlicher Eleganz und Vergnügtheit als „freie" Persönlichkeiten. Das Gestaltungsmittel der modernen, flächigen Dekorativität verfeinert ästhetisch den Ausdruck des Luxus. Düster wirkt dagegen der dunkle, dicht geschlossene Zug der Bergleute des *Arbeits*-Pendants. In gleichartigen Haltungen mit geschulterten Pikkeln streben sie im Morgenlicht ihren Arbeitsplätzen zu. Eine Mutter mit den Kindern begleitet ihren Mann. Jenseits des Flusses ragen Bergwerksschlote empor. Flächigkeitsabstraktionen und Formvereinfachungen sind hier zur Betonung des Kraftvoll-Proletarischen eingesetzt.

Bergleute stellt auch das Gemälde *Vor der Schicht* (um 1900, Abb. 454) von Gotthard Kuehl dar. In einem Aufenthaltsraum, der mit einer kleinen Orgel ausgestattet ist, erwarten sie den Aufbruch zur Einfahrt in den Schacht. Ein Genosse hält die Morgenandacht, indem er einen religiösen Text verliest. Über den links im Vordergrund sitzenden Arbeiter schrieb Walter Koeppen (1902): „Das bei schwerer Arbeit hart gewordene Gesicht mit seinem ernsten Ausdruck ist vortrefflich festgehalten, und die stille Gottergebenheit, mit der der Bergarbeiter in die Tiefe der Erde hintersteigt, prägt sich in der feierlichen Ruhe aus, mit der er vor Beginn der Schicht die andächtige, erhebende Vorlesung ei-

Abb. 452 Adolf Münzer: Luxus, 1900
Abb. 453 Adolf Münzer: Arbeit, 1900

Abb. 454 Gotthard Kuehl: Vor der Schicht, neunziger Jahre des 19. Jahrhunderts

nes seiner Genossen anhört."[1041] In der Tat spiegeln die Gesichter der Bergleute die Härte des täglichen Durchhaltens der anstrengenden Schürfarbeit, aber auch das Bewußtsein der im Schacht lauernden Gefahren, denen wohl das Gebet mit den gefalteten Händen gilt. Das ruhevolle Sitzen auf den harten, klobigen Bänken vor Beginn der Arbeit drückt nicht nur religiöse Andacht, „Gottergebenheit" aus, sondern gleichfalls den Genuß der Ruhestellung des Körpers bei Männern, die die physische Anspannung nur zu gut kennen. Durch die rauhe Fleckauflösung und die ungekünstelte, ausschnitthafte Komposition mit deprägnanten Zufallsüberschneidungen der Figuren wird der Eindruck einer beobachtungstreuen Analyse der Situation vermittelt. Die auf stumpfe Grau-, Blau- und Brauntöne gestimmte Grundfarbigkeit wird durch das Ocker bis Gelb der helleren Partien kontrastiert. Mit der Aufhellung zum Hintergrund, wo Sonnenlicht einfällt, ergibt sich zugleich ein Gefälle des Chromas. So ist die Farbgebung zwar auf die Alltags-und Arbeitssituation eingestimmt, erzeugt jedoch keine düstere Elendsstimmung wie in vielen Werken der „Arme-Leute-Malerei". Von einer Lichtverklärung, die die religiösen Tendenzen hervorhebt, kann indessen auch nicht die Rede sein.

Vergleichbar mit der bürgerlich-christlichen Entschärfung der sozialen Wirklichkeitsbezüge in Arbeits- und Arbeiterdarstellungen aus den Bereichen des Handwerks, der Landwirtschaft und Industrie ist die ästhetisch versöhnende Integration von Arbeiterfiguren und Arbeitsszenen in bildungsbürgerliche Allegoriesysteme. Die in der Tradition des „Kinderfrieses"[1042] stehende Ausmalung des Café Central in Düsseldorf durch Carl Gehrts (1888) zeigt in einem Teilbild die Industrie (Abb. 455, vgl. auch Abb. 456). Kitschig verniedlicht sind die Industriesymbole Amboß und Zahnrad

Abb. 455 Carl Gehrts: Industrie, 1886

Abb. 456 Carl Gehrts: Handel, 1886

Abb. 457 Hugo Vogel: Die Industrie unter dem Schutze der Krone, 1894

neben einem sitzenden Mädchen, das mit einem Jungen in Schmiedekleidung plaudert.

Hugo Vogels Wandbild *Die Industrie unter dem Schutze der Krone* (1894, Abb. 457) im Vestibül der Darmstädter Bank in Berlin stellt vor dem Hintergrund einer Fabrikansiedlung mit rauchenden Schornsteinen eine Gruppe Eisenarbeiter dar, die am Ufer eines von Lastkähnen befahrenen Flusses einer Gruppe allegorischer Figuren huldigen. Auf einem Podest sitzen die weißgekleidete Göttin der Industrie, hinter ihr Hephaistos, der Gott der Schmiede und auf einer Stufe die halbnackte Göttin der Erfindung, die einen Konstruktionsplan und einen Zeichenstift hält. Neben der Göttin der Industrie steht ein antik behelmter, nur mit einem Lendenschurz bekleideter Jüngling, der eine strahlende Kaiserkrone emporstreckt und den Griff eines Zweihänderschwertes umklammert. Diese Figur, die an den Kriegsgott Ares (Mars) erinnert, symbolisiert das den Staat und das Militär führende Kaisertum, das die Interessen der Industrie nach innen und außen schützt. Die seit der Schutzzollgesetzgebung von 1879 und insbesondere seit dem Regierungsantritt Wilhelms II. „zunehmende Identität von staatlichen und Unternehmerinteressen" (Karin Gafert[1043]) findet in der Zusammenstellung der allegorischen Figuren einen affirmativen Ausdruck. – Vor dem Podest liegen im Vordergrund durch Lorbeerzweige mystifizierte Arbeitsgeräte und Maschinenteile, die den Arbeitern von der Göttin der Industrie mit einer Handbewegung angeboten werden. Es sind offenbar Göttergeschenke, nicht durch menschliche Arbeit hergestellte Produkte. Der vorderste herkulische Arbeiter bückt sich, um ein großes Zahnrad aufzuheben, seine Genossen sind bereits mit Werkzeug versorgt. Das klassenversöhnlerische Wunschbild treuer Arbeitsuntertanen wird hier innerhalb einer halbrundgeschlossenen Bildform weihevoll in Szene gesetzt.

Als huldigender Untertan erscheint ein die Industrie symbolisierender Arbeiter, der ein großes Zahnrad hält, in dem Fresko *Neuzeit* (Abb. 458) von Ferdinand Keller, Teilbild der von 1894 bis 1896 erfolgten Ausmalung der König-Karl-Halle im Stuttgarter Landes-Gewerbemuseum und Pendant zum Fresko *Mittelalter* (Abb. 459). Die Neuzeit ist in einem geflügelten Genius mit dem strahlenden Licht der Elektrizität und dem Flügelrad der Eisenbahn personifiziert. Links in einer Barockrotunde thronen und stehen die württembergischen Fürsten der Jahre „MDCLXXIV - MDCCCLXIV" (Bildüberschrift) und nehmen die Huldigung der die dynastische Landesfahne haltenden Württembergia, die einen Kranz auf dem Altar des monarchischen Vaterlandes niederlegt, der Landwirtschaft, der Industrie (Arbeiter mit Zahnrad), des Handels und der Künste entgegen. Bezeichnend für die monarchistische Auffassung ist auch die kompositorische Zurücksetzung der bürgerlichen Wissenschaftler, Schriftsteller und Künstler, die im Anschluß an die Fürstengruppe im Hintergrund dargestellt sind. Immerhin stehen diese „Geistesfürsten" auf gleicher Stufe mit den Landesfürsten, so daß die Eliten der herrschenden Klassen über Jahrhunderte hinweg vereint erscheinen, und sie sind durch eine Kluft des die Herrschaftsverhältnisse ausdrückenden Rangunterschieds von der niedrigen Stufe getrennt, auf der sich auch die zentrale Figur des Arbeiters befindet.

Eine Gruppe von Eisengießern zeigt der Vorhang des Bielefelder Stadttheaters (1904), der von dem Hannoveraner Maler und Dozenten der Technischen Hochschule Hannover

Abb. 458 Ferdinand Keller: Neuzeit, 1894-1896

Abb. 459 Ferdinand Keller: Mittelalter, 1894-1896

Ernst Pasqual Jordan entworfen wurde (Abb. 460). Die Arbeiter blicken von ihrer Tätigkeit zu einem auf Wolken stehenden Apollo, dessen Strahlen sie treffen, und zu einer Orgel spielenden Göttin der Musik (analog zur christlichen Hl. Cäcilia) auf, die sich zu ihnen umwendet, als wollte sie die Wirkung ihres Spiels beobachten. Die Figur des lichtverklärten Sonnengottes mit der Leier des Gesanges und der Dichtkunst wirkt wie eine barocke Herrscherallegorie. Offenbar lassen sich hier Götter der bildungsbürgerlichen Kunst dazu herab, körperlich arbeitende Menschen mit einer höheren Sphäre geistigen Seins vertraut zu machen, etwa im Sinne der Devise Kaiser Wilhelms II.: „Die Kunst soll mithelfen, erzieherisch auf das Volk einzuwirken, sie soll auch den untersten Ständen nach harter Mühe und Arbeit die Möglichkeit geben, sich an den Idealen wieder aufzurichten. Uns, dem deutschen Volke, sind die großen Ideale zu dauernden Gü-

tern geworden, während sie anderen Völkern mehr oder weniger verlorengegangen sind. Es bleibt nur das deutsche Volk übrig, das an erster Stelle berufen ist, diese großen Ideen zu hüten, zu pflegen, fortzusetzen, und zu diesen Idealen gehört, daß wir den arbeitenden, sich abmühenden Klassen die Möglichkeit geben, sich an dem Schönen zu erheben und sich aus ihren sonstigen Gedankenkreisen heraus- und emporzuarbeiten."[1044]

Im Obrigkeitsstaat wurde von den Untertanen verlangt, daß sie ihre Berufs- und Arbeitspflichten ja nach ihrem „Stand" erfüllten und im Übrigen die Allgemeingültigkeit der Normen und Ideale der herrschenden Klassen nicht in Zweifel zogen. Auch die christlichen Tugenden und Ideale wurden im Zeichen des engen Bündnisses von Thron und Altar in einem „staatserhaltenden" Sinne gedeutet. Die unterschiedlichen ideologischen Positionen der untersuchten

Abb. 460 Ernst Pasqual Jordan: Vorhang des Bielefelder Stadttheaters, 1904

christlichen Bildwerke, die soziale Themen behandeln, liegen im Spannungsfeld zwischen einer moralisch-idealistischen Affirmation oder Apologie der bürgerlich-konservativen Weltsicht und einem „Realismus" oder „Naturalismus", die in der Erfassung der sozialen Wirklichkeit oppositionelle Qualitäten erreichten, ohne indessen die klassenspezifischen ideologischen Schranken der Bourgeoisie durchbrechen zu können.

Der christliche Sozialismus

Als „christlich-soziales Kunstwerk" wurde die von Georg Gröne aus Lindenholz geschnitzte Gruppe eines gekreuzigten Christus, neben dem links ein Hüttenarbeiter und rechts ein Bergmann knien (Abb. 461), in einer Rezension der *Monatsschrift für Gottesdienst und kirchliche Kunst* (1896) bezeichnet; die Rezension illustrierte ein Holzschnitt nach dem Modell der Gruppe, die in der Kirche von Cainsdorf bei Zwickau im sächsischen Kohlebergbau- und Eisenindustriegebiet aufgestellt wurde.[1045] Der Rezensent schrieb: „Der Heiland ist noch lebend dargestellt mit offenem Auge; sein Leib, der natürlicherweise noch nicht die Speerwunde zeigt, ist nicht der des Zerschlagenen, sondern der des Schönsten unter den Menschenkindern, der sich voll Mitleid zu dem leidenden und kämpfenden Menschengeschlecht wendet. Die Figuren rechts und links sind vollkommen realistisch gehalten. Beide Arbeiter tragen ihr Alltagsgewand. Man beachte den Kaffeekrug des Bergarbeiters und den Hut des Hüttenschmiedes, dem man ansieht, daß er vor dem Feuer getragen ist. (...) Das Ganze beweist schlagend, wie die vollkommene Realistik ergreifend und erbauend wirken kann. Unsere Abbildung ist der Predigt entnommen, welche der Ortspfarrer Dr. Schenkel bei der Einweihung am 16. August gehalten hat. (...) 'Arbeiter rechts und Arbeiter links und der gekreuzigte Arbeiter mitten innen' (...), so lautet das Thema; (...) Durch das Ganze weht ein stark sozialer Zug, der sich erklärt, wenn man weiß, daß die überwiegende Mehrzahl der Gemeinde aus sozialdemokratisch beeinflußten Arbeitern besteht. (...) Hier ist Gottesdienst und kirchliche Kunst zu einer Einheit verbunden, wie wir sie uns gerade wünschen."[1046] Der auf das Arbeiterpublikum zugeschnittene Titel der Einweihungspredigt, der in der Rezension genannt wird, deutet den Gekreuzigten sozusagen als „Genossen" des Hüttenschmiedes und des Bergarbeiters und versucht auf diese Weise, Christus (und das Christentum) den Arbeitern nahezubringen. Doch die Figur Christi, die das Holzschnittbild der Gruppe zeigt, hat nichts Arbeitermäßiges an sich; sie folgt vielmehr der Gestaltungstradition seit der Renaissance und stellt den Typus des athletischen, im Leiden und Sterben noch übermenschlich kraftvollen Erlösers dar, der selbst an seinem irdischen Ende Mitleid zu empfinden und innere Hilfe zu geben vermag. Die gestalterische Diskrepanz zwischen diesem traditionellen Heiland und den mit moderner Beobachtungspräzision geschilderten Arbeitern ist groß; Christus erscheint keineswegs als „Genosse", sondern als der machtvolle Sohn Gottes der christlichen Kirche, an den sich die beiden Arbeiter in gläubig kniender Haltung mit entblößten Köpfen wenden; der Hüttenschmied formuliert eine Bitte, während der Bergmann andächtig die Hände kreuzt. Es verwundert nicht, wenn der Rezensent diese frommen Arbeiterfiguren trotz der „vollkommenen Realistik ergreifend und erbauend" fand; sie erfüllen eine religiöse Vorbildfunktion und sollten innerhalb einer Gemeinde, die in der Mehrzahl aus „sozialdemokratisch beeinflußten" Arbeitern bestand, im Sinne des christlichen Sozialismus Identifikationen anbieten, die zum Christentum hinführen konnten.

Der christliche Sozialismus der Inneren Mission Wicherns war bestrebt, mit karitativen und seelsorgerischen Mitteln die Arbeiter zur Religion zurückzuführen, sie an die monarchische Staatsordnung zu binden und den Einfluß der organisierten Arbeiterbewegung einzudämmen. Der geringe Erfolg der Inneren Mission ließ den Pastor Adolf Stoecker, der 1874 Hofprediger in Berlin wurde und den fortschreitenden Abfall der unteren Schichten und Klassen von Christentum und Kirche aus der Nähe seiner Gemeindearbeit beobachten konnte, nach einem politischen Weg des Kampfes gegen die Sozialdemokratie suchen.[1047] Im Januar 1878 gründete Stoecker die in ihrer Grundhaltung konservative Christlich-Soziale Arbeiterpartei, die mit gemäßigten sozialen Forderungen wie einer staatlichen Hilfe bei Invalidität, Versorgung von Witwen und Waisen, Beschränkung der Frauenarbeit, Verbot der Sonntagsarbeit und Schaffung eines Arbeitsrechts Anhänger unter der Arbeiterschaft ködern sollte.[1048] Franz Mehring analysierte Stoeckers christlich-soziales Verhalten: „Stoecker wollte auf die Herrschaft der Orthodoxie in der Kirche hinaus, die mit der Herrschaft des absoluten König- und des feudalen Junkertums im Staate eng zusammenhing; diesen Mächten die Arbeiterklasse dienstbar zu machen, war das Ziel seiner christlich-sozialen Agitation. Jede tiefere Auffassung ökonomischer Klassenkämpfe lag ihm fern; sein Arbeiterprogramm hatte er sich aus agrarsozialistischen und aus sozialdemokratischen, aus katholisch-sozialen und aus zünftlerischen Quellen zusammengetragen; es kam ihm gar nicht darauf an, den gesetzlichen Arbeiterschutz und die massenplündernde Schutzzöllnerei für eine und dieselbe herrliche Sache zu erklären."[1049] Die Christlich-Soziale Arbeiterpartei erlitt indessen bereits zu den Reichstagswahlen im Juli 1878 („Attentatswahlen"[1050]) eine vollständige Niederlage; sie gewann weniger als ein Prozent der Stimmen. Zudem wurde Stoeckers parteipolitische Tätigkeit sowohl von Bismarck bekämpft als auch von der konservativ-orthodoxen Kirchenleitung mißbilligt; auf höhere Anweisung erteilte der Evangelische Oberkirchenrat dem Hofprediger einen Verweis und legte ihn auf eine rein kirchliche Tätigkeit fest.[1051] Da Stoecker sich gegen den Materialismus der Reichen wandte, also in seiner Argumentation gewisse antikapitalistische Tendenzen erkennen ließ, konnte er vielen Konservativen als politischer Störfaktor erscheinen. Der streitbare Hofprediger ließ sich jedoch nicht einschüchtern; Karl Kupisch schrieb (1863): „Nach kurzer Pause begab er sich wieder in den politischen Kampf. Die neue Christlich-soziale Partei, aus deren Namen er das Wort 'Arbeiter' gestrichen hatte, wurde eine mittelständische Bewegung im Kielwasser der Konservativen Partei, aber das Ziel blieb im Grunde das gleiche: das vom Umsturz, vom Unglauben und den liberalen Zeitströmungen bedrohte Volk zu retten, indem es in den alten Ordnungen, Monarchie, Vaterland, Kirche, die Garanten seines Lebens wieder erkennen lerne. 'Unser ganzes soziales Gebäude', sagte er einmal, 'ruft danach, daß die Nichtbesitzenden und Ungebildeten von Respekt und Ehrfurcht erfüllt sind gegen die oberen Klassen. Die konservativen Klassen müssen wie Offiziere vorangehen und viel energischer als früher die Sache in die Hand nehmen'."[1052] Im September 1879 hielt Stoecker in einer Massenversammlung einen Vortrag mit dem Thema *Unsere Forderung an das moderne Judentum* und machte sich damit zu einem Wortführer des neuerstarkenden Antisemitismus.[1053]

Abb. 461 Georg Gröne: *Kreuzigungsgruppe mit knieendem Bergmann und Hüttenarbeiter, 1896*

Übrigens prägten antisemitisch-konservative Züge auch die Debatte um Max Liebermanns *Der zwölfjährige Jesus im Tempel* (1879, Abb. 471). Kupisch schrieb über den Stoecker der achtziger Jahre: „Den Hauptfeind erblickte er im Liberalismus, dessen Frucht die Sozialdemokratie sei und rechtfertigte von daher sein antisemitisches Programm, weil das moderne Judentum der Schrittmacher der zersetzenden Tendenzen der Zeit sei. (...) Der Antisemitismus hat der 'Berliner Bewegung' Stoeckers den eigentlichen Auftrieb gegeben, er hat sie kühn eine 'Erweckung' genannt, und es ist auch keine Frage, daß der latente Antisemitismus des bürgerlichen Neuprotestantismus von den politischen Erlebnissen der Stoeckerschen Agitation der achtziger Jahre seinen bleibenden Stachel erhalten hat. Was Stoecker in dieser letzten, großen Phase seiner politischen Tätigkeit christlich-sozial nannte, war eine Mobilisierung aller protestantisch-nationalen Kräfte des deutschen Volkes – vor allem des Handwerkerstandes, des Kleinbürgertums und des Adels, – um sich den Wogen der modernen Welt entgegenzuwerfen."[1054] Der streitbare Stoecker, der als Mitglied des Reichstages und des Preußischen Abgeordnetenhauses dem bismarckfeindlichen rechten Flügel der Konservativen angehörte („Kreuzzeitungspartei"), mußte sich auf Veranlassung Bismarcks und Wilhelms II. 1889 aus der aktiven Politik zurückziehen und verlor 1890 sein Amt als Hofprediger.

Der christliche Sozialismus wurde von dem evangelischen Pfarrer Friedrich Naumann fortgeführt, der in der Inneren

Mission als Vereinsgeistlicher tätig gewesen und von Stoecker beeinflußt worden war. Naumann ging jedoch von einer liberalen Grundhaltung aus. Zusammen mit Stoecker, Ludwig Weber, Adolf von Harnack, Adolph Wagner u.a. gründete er 1890 den Evangelisch-sozialen Kongreß, der die verschiedenen theologischen und kirchenpolitischen Richtungen des zeitgenössischen Protestantismus zu einer Arbeitsgemeinschaft mit der Zielsetzung vereinigte, die soziale Frage zu debattieren und die Sozialdemokratie mit den Ideen des Christlich-Sozialen zu „überwinden".[1055] Naumann hatte sich eingehend mit den marxistischen Theorien befaßt, lehnte jedoch die Lehre vom Klassenkampf als unchristlich ab und sympathisierte mit dem revisionistischen Flügel der Sozialdemokratie, den er für seine Gedanken zu gewinnen hoffte. Doch die Kluft zur Sozialdemokratie vertiefte sich, als Naumann in der Mitte der neunziger Jahre unter dem Einfluß von Hans Delbrück, Rudolf Sohm und Max Weber, die ebenfalls im Evangelisch-sozialen Kongreß tätig waren, imperialistische Motive in sein Denken aufnahm. Karl Kupisch schrieb: „Der nationale Machtgedanke in Politik und Wirtschaft rückte in den Vordergrund. 'Was nützt uns die beste Sozialpolitik, wenn die Kosaken kommen!' rief er aus. 'Wer innere Politik treiben will, der muß erst Volk, Vaterland und Grenzen sichern, er muß für nationale Macht sorgen... Wir brauchen einen Sozialismus, der regierungsfähig ist. Regierungsfähig heißt: fähig, bessere Gesamtpolitik zu treiben als bisher. Ein solcher regierungsfähiger Sozialismus ist bis jetzt nicht vorhanden. Ein solcher Sozialismus muß deutschnational sein.'"[1056] Die imperialistische Wende Naumanns entsprach dem allgemeinen bürgerlich-ideologischen Übergang in die Phase des Imperialismus, die durch die Hochkonjunktur seit 1895, den „Organisierten Kapitalismus und Interventionsstaat" und die deutsche „Weltpolitik" gekennzeichnet war.[1057] Die staatlichen Repressionen gegenüber der Sozialdemokratie wurden erneut verschärft. Der Evangelische Oberkirchenrat schränkte seinen Erlaß von 1890 ein, der die Pfarrer zur Beschäftigung mit der Arbeiterfrage aufgefordert hatte und unter dem Eindruck von Bismarcks Sturz und dem Ende des Sozialistengesetzes verabschiedet worden war. Naumann gründete 1896 den kurzlebigen Nationalsozialen Verein, der die Arbeiter für ein national starkes „soziales Kaisertum" gewinnen sollte, wandte sich jedoch zunehmend von den christlich-sozialen Ideen ab. Auf der Palästina-Reise Wilhelms II. 1898, die Naumann im kaiserlichen Gefolge mitunternahm, wandelte sich sein soziales Jesusbild: die Unterentwicklung Palästinas ließ ihn an der Möglichkeit eines sozialen Urchristentums und an der Rolle Christi als Kämpfer für den sozialen Fortschritt zweifeln.[1058] Über die historische Rolle des christlichen Sozialismus urteilte Franz Mehring wie folgt: „Der christliche Sozialismus des neunzehnten Jahrhunderts hat zwei historische Wurzeln. Entweder ist er die Begleiterscheinung des naturwüchsigen Arbeiterkommunismus, der seiner theoretischen Form nach an das ihm vertraute Gedankenmaterial anknüpft, ganz ähnlich wie die großen Utopisten an das ihnen vertraute Gedankenmaterial der Aufklärung angeknüpft haben. In den ersten Anfängen seines Emanzipationskampfes erinnert sich das moderne Proletariat gern des Urchristentums, und die historisch bedeutsamsten Formen des urwüchsigen Arbeiterkommunismus, die mit den Namen Cabet und Weitling verbunden sind, hatten beide religiöse Färbung. Nur verwittert diese Tünche regelmäßig sehr schnell; je klarer sich die Massen über den proletarischen Inhalt ihrer Bewegung werden, um so rücksichtsloser zerbrechen sie ihre patriarchalische Form. Oder der christliche Sozialismus entspringt in den besitzenden Klassen und ist eine Begleiterscheinung des feudalen Sozialismus. Deshalb braucht er nicht von vornherein bewußter Humbug zu sein. Religiöse Ideologen mögen in aller Ehrlichkeit glauben, auf religiösem Wege den Armen und Enterbten helfen zu können. In jedem Falle aber ist dieser Form des christlichen Sozialismus auch nur ein kurzer Kreislauf des Lebens beschieden; bei ihr zerbricht der reaktionäre Inhalt sehr bald die proletarische Form."[1059]

Wegen des traditionellen Christus und der detailrealistischen, frommen Arbeiterfiguren muß die Kreuzigungsgruppe von Georg Gröne, die der Holzschnitt des *Christlichen Kunstblattes* (1896) abbildete, als ästhetisch konservativ bezeichnet werden. Das Knien der dargestellten Arbeiter entspricht einer kirchlichen und bürgerlich-christlichen Wunschvorstellung, denn die zumeist sozialdemokratisch beeinflußten Arbeiter waren in der großen Überzahl irreligiös oder sogar antikirchlich eingestellt. Die erwünschte Rückbindung an die Religion, die das Knien der Arbeiterfiguren vor dem gekreuzigten Christus ausdrückt, entspricht der gewünschten christlich-sozialen Rückbindung an die protestantische Kirche und damit auch an die mit dieser generell eng verquickte staatliche Autorität.

In seinem Roman *Die Bergpredigt* (1889) stellte Max Kretzer einem offiziellen Vertreter des Berliner Kirchenprotestantismus, dem christlich-sozial engagierten Hofprediger Bock den jungen Pfarrer Konrad Baldus gegenüber, der ein Buch mit dem Titel „Die Bergpredigt" geschrieben hat und nun eine Pastorenstelle sucht, um seine Ideen praktizieren zu können. Während der Hofprediger unablässig Volksversammlungen besucht, auf denen er seine christlich-sozialen Gedanken zum besten gibt, bei jeder Gelegenheit über die Ursachen der Irreligiosität der unteren Klassen debattiert, dabei jedoch nichts Konkretes für die Armen tut, sondern nur Intrigen spinnt und seine Machtstellung in der Kirche ausnutzt, vertritt Konrad Baldus ein entschiedenes Christentum der Tat und versucht einer Arbeiterfamilie zu helfen. In seiner Antrittspredigt sagt er: „Übet also die christliche Liebe auch durch *Taten*, schaffet und vermehret euer Glück durch das Schaffen und Vermehren des Glückes anderer. Speiset die Hungrigen und die Durstigen, geht mit dem Verlassenen zwei Meilen, wenn er euch um eine Meile gebeten hat, das heißt mit anderen Worten: scheuet nicht die Schritte, sobald ihr ihn seinen Lieben wieder zuführen könnt; gewährtet dem Müden Obdach, falls er vor eurer Türe zusammenbricht, und geizt nicht mit eurem Gelde, sobald ihr den Nächsten dadurch vom Untergange retten könnt. Geschähe dies auch in der Stunde, da ihr die Absicht habt, eure Schritte nach diesem Gotteshause zu lenken. Denn zehnmal besser, ihr befolgt die Gebote des Christentums *draußen* mit der *wirklichen* Tat, als daß ihr es unterlasset und kommt hierher, um eure Andacht zu verrichten, euch selbst zu täuschen und ein Verbrechen an der Lehre Christi zu begehen."[1060] Kretzer kritisierte das Kirchenchristentum und in der Figur des Hofpredigers Bock offenbar Adolf Stoecker und konfrontierte dessen christlichen Sozialismus mit einem wirklichen Christentum der Tat, das der aktiven Nächsten-

Abb. 462 Julius Exter: Charfreitag, 1895

liebe jedes Einzelnen entspringen und so das Elend der unteren Schichten und Klassen beseitigen sollte. Jedoch fiel Kretzer mit dieser individualistischen Idee des Tatchristentums noch hinter die Zielsetzung der Inneren Mission zurück, die immerhin den Arbeitern und Armen über eine kirchliche *Organisation* geistliche und materielle Hilfe brachte. Der von Kretzer als bloße Versammlungsrednerei abgetane christliche Sozialismus ging insofern über die innere Mission hinaus, als er die Verelendung und Irreligiosität der Arbeiterschaft in gewissem Sinne als soziales Problem erkannte und dieses von einer christlich-ethischen Grundhaltung her mit politischen Mitteln zu lösen versuchte. Der liberale christliche Sozialismus von Naumann näherte sich sogar sozialdemokratischen Positionen.

In der Bildkunst der Kaiserzeit zeigten vor allen Dingen Darstellungen aus dem ländlichen Bereich christlich-soziale Tendenzen. – Das Land bildete durch die Absonderung freier Lohnarbeiter, die am wenigsten fest in die religiös-patriarchalischen Strukturen des Besitzbauern- und Gutsherrentums integriert waren, eine Zuwachsquelle des irreligiösen städtischen Proletariats. Wenn nun die christliche Malerei die urbane proletarische Welt mied und die Welt der Bauern und Landarbeiter zum Hort einer ursprünglichen Frömmigkeit erhob, folgte sie wunschbildhaften, eskapistischen Vorstellungen. Agrarisch-konservative Tendenzen prägten in einer Zeit der beispiellosen industriellen Revolution die mehr oder weniger poetisch verklärten Bilder des ländlichen Abendmahls, Tischgebets, der Volkspredigt auf dem Berg oder am See, des Gottesdienstes im Freien, der biblischen Landarbeit im Schweiße des Angesichts. Das Problem der Klassengegensätze im ländlichen Bereich wurde von der christlich-sozialen Bauern- und Landarbeitermalerei, die gleichwohl sehr unterschiedliche Grade des Realismus zeigen konnte, nicht thematisiert.

Eine neuidealistische Version der religiösen Bauernmalerei bildet das Triptychon *Charfreitag* (1895, Abb. 462) von

Abb. 463 Albin Egger-Lienz: Die Wallfahrer, 1900-1905

Julius Exter. Das Mittelbild zeigt eine Gemeinde aus Bäuerinnen und Bauern in dunklen südbayerischen Volkstrachten. Innerhalb des andächtigen, auf einer Wiese knienden Kreises erscheint vor dem trüben, ultramarinblauen Himmel der helle, in bläulichen und gelblichen Tönen changierende Gekreuzigte als unscharfe Vision. Die hell gemalten Seitenflügel stellen Chöre geflügelter Engel in langen, floral gemusterten Gewändern dar. Riesige weiße Lilien wachsen von unter herauf. Der einsame Wiesenhügel des Mittelbildes wird zum mystischen Ort eines Karfreitagsgottesdienstes der Dorfbewohner und Engel. Die im Vordergrund betend entrückte alte Bäuerin bildet eine paradigmatische Symbolfigur ländlich-ursprünglicher Religiosität. Die christlich-sozialen Aspekte der Darstellung treten völlig hinter denen einer symbolträchtigen Mystik zurück.

Schlichte, innerliche Frömmigkeit prägt ähnlich die Tiroler Landleute des großformatigen, langrechteckigen Ölgemäldes *Die Wallfahrer* (1900 - 1905, Abb. 463) von Albin Egger-Lienz. Sie beten vor einem mannshohen geschnitzten Kruzifix, das die Bildmitte einnimmt. In schwerblütiger Andacht stehen links die Frauen mit ihren großen Hüten, rechts die Männer mit entblößten Köpfen, zum Teil auf ihre langen

Wanderstäbe gestützt. Zwei oben verstrebte Holzpfeiler der ländlichen Kapelle mit der Hinterwand aus quergelagerten Balken teilen triptychonartig die einfache Reihenkomposition und grenzen in der Mitte das Kruzifix mit einer Bäuerin und einem jungen Bauern aus. Das Bild verherrlicht die „naturwüchsige" Religiosität der Tiroler Landleute mit ihrem „unverfälschten" Brauchtum. Wie auch im Gemälde Exters bildet der Erlöser den anschaulichen Mittelpunkt der christlichen Dorfgemeinschaft.

Ein Programmbild der Inneren Mission schuf Wilhelm Steinhausen im Missionshaus zu St. Theobald in Wernigerode. Das Wandgemälde mit dem eingeschriebenen Titel *Kommet her zu mir alle, die ihr mühselig und beladen seid, ich will euch erquicken* (1890 - 1892, Abb. 464) zeigt auf dem kahlen Golgathahügel den Gekreuzigten, dem sich von rechts und links Gläubige nähern. Der Erlöser ist hier ebenfalls Mittelpunkt einer frommen Gemeinde. Fried Lübbecke deutete die Herankommenden in seiner Monographie über Steinhausen (1914) wie folgt: „In breitem Abstand vom Kreuze staffeln sich die, die, der Mahnung des Heilandwortes folgend, sich ihm wie einem Symbole nahen. Nur die große Sünderin wagt sich ihm kniend näher, aber auch die zu Boden niedergezwungene Linie ihres Rückens vermag nicht die feierliche Leere um das Kreuz zu überbrücken. Dann folgen von rechts und links die Gruppen der Gläubigen, die ein Bibelkundiger schnell erkennen wird. Von links: Der Hauptmann von Kapernaum mit seinem kranken Knechte, das kananäische Weib, der Vater mit seinem mondsüchtigen Knaben, ein elender Bettler, ein im Gebet versunkenes Weib. Von rechts: ein Pfarrer mit zerwühltem Gesicht, den ein Freund mit stillem Antlitz auf den Heiland weist, zu ihren Füßen ein kniendes Mädchen mit ihrem am Boden hingestreckten schwerkranken Vater. Sein Haupt liegt im Schoße der Tochter, die es mit sorglichen Händen zum Kreuze emporrichtet, hinter beiden die hoheitsvolle Gestalt der Maria Magdalena mit dem Salbengefäß, ein Lahmer gestützt auf einen Freund, ein Greis, der halbblind den Weg ertastet, die junge Mutter, die ihr Kind Jesus entgegenstreckt, schließlich ein Wanderer, der auf dem Weg hinter dem Hügel emportaucht."[1061] Das Gemälde veranschaulicht als zum Teil streng biblisches „Vorbild" das höchste Ziel der Inneren Mission, das darin bestand, die Mühseligen und Beladenen, vor allen Dingen die Körperbehinderten und sozial Schwachen durch materiellen und geistlichen Beistand zu frommen Gliedern der Christengemeinschaft zu machen. Der „Pfarrer mit dem zerwühlten Gesicht", der von seinem Begleiter eindringlich auf den Gekreuzigten hingewiesen wird, mochte eine Identifikationsfigur für Geistliche sein, die zum Dienst der Inne-

Abb. 464 Wilhelm Steinhausen: Kommet her zu mir alle, die ihr mühselig und beladen seid, ich will euch erquicken, 1890-1892

ren Mission ausgebildet wurden. Unterhalb dieses großen Wandbildes befindet sich zwischen zwei Türen das bereits behandelte Gemälde *Dieser nimmt die Sünder an und isset mit ihnen* (Nr. 204). Es zeigt ein „heiliges Mahl" der Armen und Elenden mit Christus in der Mitte der Tafel. Der Heiland kann in der Art, wie er das gemeinsame Mahl zur religiösen Einwirkung auf die Tischgenossen nutzt, als Vorbild der für die Innere Mission Tätigen begriffen werden.[1062]

Die christlich-soziale Auffassung der Armenhilfe wandte sich gegen das bloße Almosengeben. Friedrich Naumann schrieb (1894): „Armenhilfe! Ist das etwa soviel wie Almosen, wie Bettelsuppe, wie Volksküche? Hier ist ein Punkt, wo das Mistrauen der Arbeiterschaft gegen alles, was christlich heißt, sehr groß ist. Das Wort Almosen hat beim Arbeiter keinen guten Klang und mit Recht, denn wer heute noch sagen kann, der Massenarmut sei mit bloßen Almosen abgeholfen, der muß ein bischen unklar sein oder er will sozialen Wind machen, es soll aber kein Zug entstehen. Heute ist das Almosen als Aushilfe nötig, es ist gesegnet, wo es augenblickliche Not heilt, aber die christliche Liebe und Gerechtigkeit muß über die niedere Stufe des Almosens emporsteigen zu anderen Formen des Helfens. Wer die Zeit mit Stiftungen und Armenhäusern heilen will, gehört noch ins Mittelalter. Das sagen wir mit aller Bestimmtheit, obgleich wir wissen, daß Jesus wiederholt und dringlich zum Almosen ermahnt hat. Aber vergeßt doch nicht, daß er unter ganz anderen wirtschaftlichen Verhältnissen lebte als wir heutigen Menschen. Staatsordnungen, wie wir sie heute wünschen, waren damals weder nöthig noch möglich. Damals war im Almosen wirkliche Hilfe, denn es gab keinen modernen Arbeitsmangel und keine heutigen Großstädte und Volksmengen."[1063] Das christlich-soziale Programm der „höheren, modernen Formen des Helfens" bestand in der Forderung nach einer christlich-ethisch fundierten „Neuorganisation des wirtschaftlichen Lebens": die wachsende Kapitalkonzentration war mit staatlichen Mitteln zu bekämpfen, die Arbeitsbedingungen in den Betrieben sollten ebenso verbessert werden wie die staatliche Arbeiterversicherung und der staatliche Arbeiterschutz; staatlich anerkannte Gewerkschaften sollten eingeführt, das volle Koalitionsrecht der Arbeiter gesichert, Arbeitervertretungen in den einzelnen Fabriken eingerichtet werden.[1064] Dieses Programm gegen die Verelendung in den Großstädten und für eine Humanisierung der Fabrikarbeit, das freilich in seiner politisch-sozialen Dimension weit über die Zielsetzung der Inneren Mission hinausging, ließ jedoch im Unterschied zur sozialdemokratischen Auffassung die Grundstrukturen der Marktwirtschaft, bürgerlichen Ausbeutung und Klassenherrschaft unangetastet. – Die Darstellungen von Armen und Elenden in der christlichen Bildkunst der Kaiserzeit ging indessen generell von dem Gedanken einer Hilfeleistung im Einzelfall durch die Besitzenden aus und appellierte ganz im Sinne des Kretzerschen „Tatchristentums" an das individuelle Gewissen der Nächstenliebe. Die Ideologie der christlichen Armenmalerei zeigte mithin Übereinstimmungen mit den Vorstellungen der Inneren Mission. Die zentralen Orte der Verelendung in den Großstädten wurden bildkünstlerisch gemieden. Nicht das Problem der *Zerstörung* von Humanität, Sittlichkeit, Religiosität durch die Verelendung wurde reflektiert, sondern die Armen und Elenden wurden in gewissem Sinne „versöhnlerisch" als fromme Gläubige dargestellt, die gottergeben die materielle und geistliche Hilfeleistung erwarteten oder sie dankbar entgegennahmen.

Das bereits erwähnte Ölgemälde *Kommet alle zu mir* (um 1904, Abb. 38) von Peter Janssen zeigt eine Volksmenge der Mühseligen und Beladenen, die mit ihren Kreuzen zu Jesus kommen. Walter Rothes charakterisierte das Bild in seinem Buch über die Christusdarstellung der europäischen Malerei (1911): „In freier Natur auf einer Holzbank sitzt der Heiland. Ihm naht eine große Schar Trostbedürftiger jeden Alters und Geschlechts: arm und reich, hoch und niedrig, Kaiser und Papst, sie alle tragen ihr Kreuz und wollen es auf den Herrn legen. Eine Frau verbirgt ihr tränenreiches, sorgendurchfurchtes Antlitz in seinem Schoß; eine andere hat der göttliche Trostspender zu sich emporgehoben, sie flüstert ihm mit tränenerstickter Stimme ihren schweren Kummer in sein Ohr."[1065] Der Christus Janssens ist ein „Volksheiland", um den sich die Mühseligen und Beladenen aller Schichten und Klassen als eine gläubige Gemeinschaft der Trostsuchenden sammeln: die Anziehungskraft Christi überwindet hier die sozialen Unterschiede und Schranken. Dieses idealistische Wunschbild einer Vereinigung, „Versöhnung" aller Menschen im Zeichen des Glaubens setzte sich über die Realität der zeitgenössischen Klassenkämpfe und der Säkularisierung hinweg und konnte bürgerlich-religiöse Illusionen in der Phase des Neuidealismus nähren.

Der „Volkschristus" Janssens agiert am Waldrand eines Wiesenhügels, in der freien Natur, ähnlich wie der „Volksprediger-Jesus" Eduard von Gebhardts. Nur im ländlichen „Exil" jenseits der urbanen Zivilisations-, Säkularisierungs- und Konflikträume scheinen eine ursprünglich-echte Religiosität und eine die gesellschaftlichen Zwänge zurücklassende Gemeinschaft noch möglich. Im Unterschied zu dem „Volksheiland" Janssens und dem „Volksprediger-Jesus" Gebhardts, um den sich Kleinbürger und Bauern sammeln, ist der Jesus Uhdes ein proletarischer Jesus der Landarbeiter, Fischer und Armen. Mit der Uhdeschen Christusgestalt stimmt jene der Schrift *Jesus als Volksmann* (1894) von Friedrich Naumann weitgehend überein. Während Uhde indessen seinen proletarischen Christus aktualisierend in die Moderne versetzte, rekonstruierte Naumann einen für die Moderne vorbildhaften proletarischen Jesus der Evangelien. Naumann schrieb: „Er war wie Morgenlicht für die Gedrückten. 'Kommet her zu mir alle, die ihr mühselig und beladen seid, ich will euch erquicken!' Er machte sich mit vollem Bewußtsein zum Mittelpunkt der Verachteten, Ausgestoßenen, Kranken und Geplagten. Es ist das wunderbarste Schauspiel der Welt: ohne alle Eigensucht, ohne Wunsch sich zu erhöhen, giebt Jemand sich ganz dem armen Volke hin. Er redet auch mit Leuten wie Nikodemus, er sitzt mit zur Tafel, wenn ihn ein reicher Pharisäer einladet, er liebt ja alle, aber seine täglichen Genossen, die Theilnehmer seiner Arbeit und seiner Gebete, die ersten Träger seiner Gedanken sind einfache Fischer aus schlichtester Umgebung. Will man Jesus richtig darstellen, so darf man ihn nicht unter Säulengänge und neben Altäre stellen, sondern unter Strohdächer und an die Ränder von Dorfwegen. Jesus war nicht herablassend im gewöhnlichen Sinne des Wortes, sondern er war arm, einfach, anspruchslos wie die, für die er lebte. Er sprach nicht die Sprache eines Schriftgelehrten, der nicht weiß, wie es bei den Tagelöhnern aussieht, sondern seine Reden sind voll einfachen, wahren Volkslebens. Aufgewachsen im Hau-

Abb. 466 Karl Friedrich Boehle: Madonna mit Heiligen, um 1906

Abb. 467 Matthäus Schiestl: Die Königin aller Heiligen, 1905

Abb. 465 Leonhard Thoma: Kommet alle zu mir!, 1905

se des Zimmermanns, wußte er auch später noch, welcher Art die Seufzer der Geringen sind."[1066] Der Christus Naumanns, der für die Armen lebt, ist deren tatkräftiger Helfer: „(...) Jesus hielt das Elend nicht für selbstverständlich. Er war der Ansicht, daß allen Elenden geholfen werden mußte, selbst am Sabbat. Er hielt die Not für etwas, das überwunden werden soll. Das ist ein wichtiger Punkt gegenüber jenen Christen, die mit Achselzucken sprechen: Es ist immer Jammer gewesen und wird immer Jammer bleiben."[1067]

Dem proletarischen Christus Naumanns und Uhdes steht der Heiland der katholischen Kirchenmalerei gegenüber. In dem Altargemälde *Kommet alle zu mir* (1906, Abb. 465) von Leonhard Thoma[1068] thront ein nazarenisch gestalteter Christus als Weltherrscher vor einem großen Kreuz mit flammender Kreisaura. Milde blickt er zu den wenigen Mühseligen und Beladenen herab, die sich in frommer Demut an den Thronstufen eingefunden haben; er heißt sie mit ausgebreiteten Armen willkommen und verkündet seinen Spruch. Die Hilfesuchenden erscheinen als renaissancistische Figuren in schlichten Faltengewändern. Der dogmatisch-religiöse Aspekt dominiert in dieser traditionell-idealistischen Darstellung. Die Mühseligen und Beladenen treten als individualisierte Einzelpersönlichkeiten auf, die jede für sich Hilfe von Christus erbitten; sie erscheinen weder als gesellschaftliche Gruppe noch als verallgemeinerte „soziale" Typen wie in dem Wernigeroder Wandgemälde Steinhausens.

Einer rückwärtsgewandten christlichen Sozialauffassung verpflichtet ist das Gemälde *Madonna mit vier anbetenden Figuren* (um 1906, Abb. 466) von Fritz Boehle. Vor dem von zwei Engelputten ausgebreiteten Umhang der Madonna, die das nackte herrscherliche Christuskind auf ihren Armen hält und über einem Wolkenkissen schwebt, knien links ein Gelehrter und ein Ritter, rechts ein Bauer und ein Handwerker. Diese Figuren symbolisieren die vier Stände. Die Szene spielt in einer Hügellandschaft mit vereinzeltem Baumwuchs vor einer im Hintergrunde sichtbaren Stadt. Die Bildidee beruht auf der konservativen Wunschvorstellung eines wohlgeordneten, christlichen Ständegemeinwesens. Wie die Schutzmantelmadonna zugleich den Mittelpunkt der symmetrisch gereihten Stände-Figuren bildet und über sie zusammen mit dem göttlichen Kind herrscht, so beherrscht auch die romanische Kirche die Stadt in der Ferne. Die wichtigste Klasse der modernen Gesellschaft, die Klasse der Industriearbeiter, ist überhaupt nicht repräsentiert. Landwirtschaft (Bauernfigur) und Handwerk (Schlosser- oder Schmiedfigur) bilden die produzierenden Bereiche der hier ins Auge gefaßten agrarisch-vorindustriellen Gesellschaftsordnung. Der Wehrstand erscheint eskapistisch in der Figur des mittelalterlichen Ritters, die kaum an die moderne Rüstungsindustrie und das imperialistische Flottenbauprogramm Wilhelms II. denken läßt. Die Abstraktionen der Vereinfachung, Typisierung, „Flächigkeit", Reihenkomposition und

Montage aus Vordergrund und perspektivisch stark verkleinerter Landschaft greifen „archaisierend" auf Gestaltungsformen der Frührenaissance, ja der Gotik und Romanik zurück. Der „Freiraum" einer parkartigen Landschaft nimmt diese restaurativ nach dem „Ursprünglichen", „Naturgegebenen" trachtende, symbolische Figurenkomposition auf.

Die feudalklerikale Gesellschaftsordnung des Mittelalters verherrlicht das Triptychon *Die Königin aller Heiligen* (1905, Abb. 467) von Matthäus Schiestl in der katholischen Marienkirche von Kaiserslautern. Um die thronende Madonna, auf deren Schoß der segnende Christusknabe steht, haben sich die Heiligen versammelt, weltliche und geistliche Fürsten, Kleriker, Damen und der Ritter Georg. Den Hintergrund bildet eine romanische Stadtkulisse. Die Kluft einer solchen vergangenheitsorientierten und rein dogmatischen, Stilformen der italienischen Frührenaissance in modernistischer Abstraktion verwendenden Gestaltung zu der protestantischen, christlich-sozialen Bildkunst, die sich mit den sozialen Hauptproblemen der Moderne auseinandersetzte, ist unüberbrückbar.

5. Naturalismus, Realismus, Idealismus

Es genügt nicht, die Begriffe des Naturalismus, Realismus und Idealismus nur im Zusammenhang konkreter Bild- und entsprechender Rezeptionsanalysen zu verwenden, sondern es ist nötig, diese Begriffe theoretisch zu klären. Sie bezeichnen wichtige Positionen der Künstler, Kritiker und Kunsttheoretiker im Prozeß der zeitgenössischen Auseinandersetzung und in gewissem Sinn auch Hauptströmungen der malereigeschichtlichen Entwicklung. Für das Verständnis der *christlichen* Bildkunst des Zweiten Deutschen Kaiserreiches sind die zeitgenössischen Einordnungen einzelner Werke nach naturalistischen, realistischen, idealistischen Gestaltungskategorien und die historische Wandlung dieser Einordnungen von entscheidender Bedeutung. Auch rechtfertigt der schwankende Begriffsgebrauch der gegenwärtigen kunsthistorischen Forschung eine gesonderte theoretische Beschäftigung mit dem Inhalt der drei Begriffe und ihrem Verhältnis zueinander. Die in vieler Hinsicht problematische Bemühung von J. Adolf Schmoll gen. Eisenwerth (1975), eine verbindliche Definition zumindest der Begriffe Naturalismus und Realismus zu geben[1069], fordert dazu heraus, die Diskussion wieder aufzunehmen.

Naturalismus

Im Rückgriff auf den Aufsatz *Naturalismus und Realismus* (1959) von Georg Schmidt[1070] behauptet Schmoll gen. Eisenwerth: „Der zweite Schritt, den Georg Schmidt vollzog, war konsequent und m.E. völlig richtig. Er klärte ab, daß *Naturalismus* eine *Darstellungsweise* ist, die sich bemüht, alle naturgegebenen Modelle (Menschen, Tiere, Landschaften, aber auch Interieurs, Stilleben und Porträts aller Art, die Dingwelt) möglichst getreu in die zweidimensionale Bildprojektion oder – bei der Plastik – in die dreidimensionale 'Abbildung' zu übertragen. Naturalismus ist in der bildenden Kunst eine Darstellungsart, die auf Naturanschauung beruht, auf Naturstudium im besonderen, und die auf eine getreue Wiedergabe ihrer Motive und Details aus ist."[1071] Diese Definition beabsichtigt *nicht*, die *historische* Bedingtheit des Begriffes „Naturalismus" zu erfassen, seine Abhängigkeit von der Erkenntnislage und Formung durch die Diskussionsprozesse einer bestimmten geschichtlichen Epoche; sondern der Autor strebt danach, mit den wissenschaftlichen Mitteln des *gegenwärtigen* Erkenntnisstandes eine grundlegende „Darstellungsweise" der Kunst „verbindlich" als „Naturalismus" festzulegen. Es geht Schmoll gen. Eisenwerth mithin um die „verbindliche Definition" nicht eines *historischen*, sondern eines *systematischen* Begriffes des Naturalismus.

Wenn der Autor der Literaturwissenschaft vorwirft, sie verfüge über keine klare Abgrenzung der Begriffe Naturalismus und Realismus, als Beispiel die von Helmut Scheuer 1974 herausgegebenen *Naturalismus-Studien* anführt (der Titel des Buches lautet: Naturalismus. Bürgerliche Dichtung und soziales Engagement[1072]) und behauptet, daß man diesen Sammelband „weitgehend (und treffender) als 'Realismus-Studien' bezeichnen könnte"[1073], so verkennt Schmoll gen. Eisenwerth, daß sich die Autoren des Scheuerschen Naturalismus-Bandes mit der *historischen* Strömung des literarischen deutschen Naturalismus etwa des Jahrzehnts zwischen 1885 und 1895 befassen. Der Begriff des *Realismus* wird und wurde innerhalb der Literaturwissenschaft einerseits als *systematischer* Begriff diskutiert, der eine bestimmte Kategorie literarischer Gestaltung überhaupt bezeichnet, andererseits als *historischer* Begriff, der die Literaturproduktion und -theorie der Epoche zwischen Vormärz und dem Naturalismus umfaßt. Diese literaturwissenschaftliche Diskussion des Realismus-Begriffs auf zwei Ebenen wurde im Jahre 1974 und im Jahr 1975, in dem Schmoll gen. Eisenwerth seinen *Versuch zur Formulierung verbindlicher Begriffe* des Naturalismus und Realismus veröffentlichte, durch neue Beiträge vorangetrieben und ist seither nicht abgerissen.[1074]

Ähnlich wie Schmoll gen. Eisenwerth verwechselt übrigens auch der Kunsthistoriker Eberhard Ruhmer die literaturwissenschaftliche Diskussion des Realismusbegriffs (auf zwei Ebenen) und des *historischen* Naturalismusbegriffs, wenn er in seinem Aufsatz *Naturalismus, Impressionismus und malerische Phantasie* (1979) schreibt: „In der Literaturgeschichte herrscht übrigens die entsprechende Verlegenheit. Hier werden Sturm und Drang, Stifter und Büchner, Keller und Hauptmann als Realisten zitiert, was nicht hindert, daß man fast die gleichen Namen auch unter den Naturalisten findet."[1075]

Vor Schmoll gen. Eisenwerth und Georg Schmidt gab bereits 1919 Max Deri eine systematische Definition des Begriffes „Naturalismus", die jener der neueren Autoren entspricht: „Um also das Gefühlserlebnis, das irgendein Natur-Komplex dem Künstler vermittelt hat, sich und anderen zu erhalten und immer wieder vermitteln zu können, kann der Künstler den Anlaß-Träger des Gefühles möglichst genau in seinen Gegebenheiten so nachschaffen, daß er sich innerhalb des Sichtbaren, bemüht, die Farben, Lichter und Schatten sowie die Formen des Natur-Gegebenen möglichst genau in jener Art wieder-zugeben, wie er sie bei immer wiederholter Betrachtung immer wieder vorfindet. Diese Art der Nach-

Gestaltung wird sich dem Vor-Bilde der Natur 'asymptotisch', also in nie *völlig* erfüllten Streben, annähern. Doch die *Einstellung*, die *Tendenz*, das *Ziel* des Schaffens ist beim wahren objektiven Naturalisten eben in diesem Streben gegeben, sein künstlerisch geschaffenes Werk dem Natur-Vorbilde *möglichst* anzugleichen (...)."[1076] Deri gibt noch eine Kurzfassung seiner Definition des Naturalismus: „Er bewahrt die So-Gegebenheiten der Natur in ihrer Färbung und Form möglichst in der Art, wie der sie bei immer wieder wiederholter Betrachtung 'außen' vorfindet."[1077]

In der deutschen kunstkritischen und kunsttheoretischen Diskussion der siebziger bis neunziger Jahre des 19. Jahrhunderts wurde nun ein Begriff des Naturalismus verwendet, dessen Bedeutung sich *nur zum Teil* mit der des systematischen Naturalismusbegriffs von Max Deri, Georg Schmidt und J. Adolf Schmoll gen. Eisenwerth deckt. Die kunsthistorische Forschung wäre gezwungen, einen *systematischen* von einem *historischen* Begriff des Naturalismus zu unterscheiden. Doch diese Komplizierung kann vermieden werden.

Fußend auf dem Begriffsgebrauch von Richard Hamann und Jost Hermand in ihrem Buch *Naturalismus* (1959)[1078] soll auf einen *systematischen* Naturalismusbegriff verzichtet und in einer gewissen Übereinstimmung mit der Literaturwissenschaft nur ein *historischer* Naturalismusbegriff verwendet werden, der sich auf die bildkünstlerische und literarische Strömung der siebziger bis neunziger Jahre im Zweiten Deutschen Kaiserreich bezieht.[1079] – Zwei „Dimensionen" des historischen Naturalismusbegriffs sind zu unterscheiden, die Dimension des zeitgenössischen Verständnisses des „Naturalismus" im letzten Drittel des 19. Jahrhunderts und die Dimension der kritischen Deutung der zeitgenössischen Naturalismusauffassung durch die gegenwärtige kunsthistorische Forschung. Beide Begriffsdimensionen schließen *systematische* Gehalte ein.

Für viele zeitgenössische Kunstkritiker bestand das Hauptprinzip des Naturalismus in einer getreuen Wiedergabe der Natur (in dieser Hinsicht überschneidet sich der zeitgenössische Naturalismusbegriff mit dem systematischen von Deri, Schmidt und Schmoll gen. Eisenwerth). Zum Beispiel schrieb Otto von Leixner in seiner Kritik der Berliner Akademischen Ausstellung von 1877 über die Naturalisten: „Die Natur gilt ihnen als einziger Gegenstand der Kunst. Die Natur nicht nur in dem Wie? ihres Schaffens, sondern auch im Was? desselben, d.h. der Künstler soll nicht aus seiner Phantasie heraus nach den Gesetzen der Wirklichkeit bilden, sondern auch jedes Produkt der Natur, ob schön, ob häßlich mit gleicher Ehrfurcht betrachten. Ganz getreue Wiedergabe derselben mit allen 'Zufälligkeiten' ist das höchste Ziel der Kunst. Deshalb sei es ein Verbrechen, irgend etwas eigenwillig zu ändern, aber in gleicher Weise ein Schritt zum Verfall der Kunst, wenn der Maler die Natur mit den Brillen der Ueberlieferung betrachtet und dadurch die wirklichen Linien unbewußt fälscht. Folgerichtig muß der Naturalismus jedes Componiren, d.h. Umarbeiten des Rohstoffes zum Zwecke der Kunstwirkung verwerfen; folgerichtig muß er jeden Beleuchtungseffekt, den die Phantasie erfindet, verbannen; muß die Lokaltöne zu Ungunsten des Colorits, der 'Stimmung' betonen."[1080] Nach Leixner ist also die naturalistische Bildgestaltung einerseits durch Naturtreue, andererseits durch den Verzicht auf tradierte und erfundene „Kunstmittel" bestimmt. Es bleibt die prinzipielle Frage offen, auf welche Weise „Naturtreue" überhaupt erreicht und innerhalb einer Bildgestaltung festgestellt werden kann.

Georg Schmidt skizziert in seinem Aufsatz *Naturalismus und Realismus* (1959) die Methoden, mit denen nach seiner Ansicht „ein vollständiges, zutreffendes Abbild der sichtbaren Wirklichkeit" bildkünstlerisch erreicht werden kann.[1081] Der folgende Abriß der Darstellungsweisen, die „Naturtreue" erzielen, bezieht die Schmidtschen Prinzipien der „Abbildung" jeweils ein.

Mit Hilfe der *dicht modellierenden Schattierung*, die Schmidt als „Modellierung mit Licht und Schatten (die körperschaffenden Binnenschatten)" bezeichnet[1082], werden Erhöhungen, Vertiefungen, Einbuchtungen, Vorsprünge, Höhlungen und Wölbungen aller Art, Kanten und Rundungen, räumliche Oberflächenstrukturen, kurz, die Differenzierungen der äußeren Form von Beständen der visuellen Wirklichkeit abgebildet. Ineinander übergehende Formänderungen werden durch kontinuierliche Schattierungsübergänge, Flächenwinkel durch scharf aneinandergrenzende Schattierungszonen wiedergegeben. Die Einfallsrichtung des Lichts wird durch gleichartige Ausrichtungen der Schatten- und Lichtzonen und durch entsprechend ausgerichtete Schlagschatten bezeichnet, die Schmidt „raumschaffende Außenschatten der Körper" nennt.[1083] Die Entfernung von der Lichtquelle wird durch ein Helligkeitsgefälle, intensive Lichtwirkung durch stärkere Helligkeit, schwache Lichtwirkung durch geringe Helligkeit ausgedrückt.

Die *Zentralprojektion*, deren Prinzipien die darstellende Geometrie beschreibt, ermöglicht eine wirklichkeitsgetreue Erzeugung der tiefenräumlichen Illusion. Die Darstellung einer großen Ferntiefe des Raums (Landschaft mit Fernsicht) leistet die *Luftperspektive*, die mit Hilfe entsprechender Helligkeits-und Farbgefälle das „Verbläuen" sowie die Abnahme der Kontraststärke, Kontrastvielfalt und Farbsättigung zum Horizont hin wiedergibt. Auch nach Schmidt tragen die „Zentralperspektive" und die „Luftperspektive" zur Erzeugung der „Raumillusion" bei.[1084]

Die *Kontiguitätsdurchbildung* besteht in der Wiedergabe der durch die Schwerkraft und andere Kräfte erzeugten Berührung von Beständen der visuellen Wirklichkeit (Liegen, Stehen, Anlehnen, Hängen usw.), in der Veranschaulichung der „ununterbrochenen" Tiefenerstreckung zusammenhängender Körper und Flächen im Raum, in der Sichtbarmachung der Entfernungsdetermination von Abständen durch Überschneidungs- und Staffelungsgestaltungen, durch zentralprojektive Verkleinerungen und Verkürzungen, durch verbindende Stand-, Lage- und sonstige Positionsflächen. Schmidt erwähnt die „Körperüberschneidung", die zur Erzeugung der „Raumillusion" beitrage (s.o.).[1085]

Mit Hilfe der *Farbtreue* werden Stoff-Farben (bestimmten Materialien physikalisch und chemisch zukommende Farben), Beleuchtungs-Farben (durch farbige Lichteinwirkung erzeugte Farben) und Färbungsfarben (durch Farbauftrag künstlich erzeugte Farben) in ihrer arealmäßigen Gliederung und in ihrer Strukturierung wiedergegeben. Schmidt unterscheidet die „absolute Gegenstandsfarbe" und die „relative Erscheinungsfarbe".[1086]

Die *Proportionstreue* besteht in der Wiedergabe der Binnengliederungs- und der „äußeren" Vergleichsproportionen von Beständen der visuellen Wirklichkeit.

Die *Kompositionstreue* erreicht der Künstler, indem er die Naturgesetze und Verhältnisse berücksichtigt, von denen die Wirklichkeitsbereiche, die er ausschnitthaft gestaltet, beherrscht werden; es sind der Bereich der anorganischen und organischen Natur, die der Mensch zum Teil ergreift, formt, kultiviert, der Bereich des Menschen selbst, seines Verhaltens, seiner gesellschaftlichen Verhältnisse und der Bereich der vom Menschen hervorgebrachten artifiziellen Ding- und Umwelt mit ihren Funktions- und Gebrauchszusammenhängen.

Bildgestaltungen, die durch die Prinzipien der modellierenden Schattierung, Zentralprojektion, Kontiguitätsdurchbildung, Farb-, Proportions- und Kompositionstreue bestimmt sind, werden als *ikonische Darstellungen* bezeichnet.[1087] Der *systematische* Begriff der ikonischen Darstellung entspricht dem systematischen Naturalismusbegriff von Deri, Schmidt, Schmoll gen. Eisenwerth.

Zu unterscheiden sind eine (ikonische) *Abbildungsdarstellung*, die tatsächlich existierende Bestände der sinnlich wahrnehmbaren Realität auf die Bildfläche „projiziert" und eine ikonische *Erfindungsdarstellung*. Beispielsweise kann die durchschattierte farbige Modellzeichnung eines Schaukelstuhles mit gedrehten Armlehnen erfunden werden, nach der ein geschickter Möbelbauer jederzeit den Schaukelstuhl dem Bild entsprechend herstellen könnte. Wird der Stuhl tatsächlich produziert, mag die Modellzeichnung zugleich als *Abbild* aufgefaßt werden; bleibt der Stuhl dagegen ungebaut, gilt die Modellzeichnung ausschließlich als ikonische *Erfindung*. Ikonische Erfindungsbilder veranschaulichen sozusagen eine *potentielle* sichtbare Wirklichkeit, von der angenommen wird, daß sie den Naturgesetzen gehorcht und die historischen wie gegenwärtigen Möglichkeiten menschlicher Produktion und Lebensformen nicht übersteigt. Die ikonische Abbildungs- und Erfindungsdarstellung können vielfältige Synthesen eingehen.

Otto von Leixner zählt Max Liebermann zu den Naturalisten, wenn auch zu den von ihm bekämpften „Trivialisten", die einen „Cultus der Häßlichkeit" betreiben. Also müßte das von Leixner scharf angegriffene Gemälde Liebermanns *Arbeiter im Rübenfeld* (1874-1876, Abb. 443) nach der Naturalismusdefinition des Kritikers eine getreue Wiedergabe der Natur mit allen „Zufälligkeiten" bieten und somit eine (ikonische) Abbildungsdarstellung sein. Jedoch arbeitete Liebermann an dem Gemälde jahrelang im Atelier aufgrund von Studien[1088], so daß mit großer Wahrscheinlichkeit sehr viele Erfindungsmomente die Gestaltung prägen. Von einer höchstmöglichen „Naturtreue" (Konkretion) kann auch deshalb hinsichtlich der *Arbeiter im Rübenfeld* nicht die Rede sein, weil die Prinzipien der dicht modellierenden Schattierung, der Luftfernperspektive, der Kontiguitätsdurchbildung und der Farb- und Kompositionstreue nicht gewahrt sind; die Darstellung ist durch ein System von *Abstraktionen* bestimmt, durch die Fleckauflösung, die Reduktion der figuralen Modellierung, die Vermeidung von Helligkeits- oder Farbgefällen in der Ackerlandschaft des Hintergrundes, durch die „flächige" Wirkung dieser Hintergrundslandschaft und durch die trübe Dunkelheit der Farbgebung, die der Tageshelligkeit und Farbkraft im Freien selbst bei bedecktem Himmel widerspricht.

Es erscheint nicht sinnvoll, den Begriff der ikonischen Abbildungsdarstellung so eng zu fassen, daß er auf ein Bildwerk nicht mehr zutreffen würde, das gewisse „Gestaltungsfreiheiten" in der Wiedergabe besitzt. Vielmehr ist eine *Sichtabbildung*, die auf völlige Konkretion abzielt und in jedem Fall die Methode der dicht modellierenden Schattierung anwendet, von einer *Umsetzungsabbildung* zu unterscheiden, die eine Auflockerung der Modellierung bis zur starken Fleckauflösung und die Anwendung anderer Abstraktionen erlaubt. Entsprechend sind eine *Sicht- und Umsetzungserfindung* und auf einer allgemeineren begrifflichen Ebene eine ikonische *Sicht- und Umsetzungsdarstellung* zu unterscheiden. Mit Hilfe dieser begrifflichen Differenzierungen lassen sich alle Seiten des Problems der visuellen „Naturtreue" (Darstellungskonkretion) klar und eindeutig fassen.

Es muß im Auge behalten werden, daß selbst die Sichtabbilder die entsprechenden Bestände der sinnlich wahrnehmbaren Wirklichkeit nur in der Form einer zeichenhaften Repräsentation wiedergeben. Die „Naturtreue" (Darstellungskonkretion) ist grundsätzlich erstens durch den Ausschluß des Gehörs und der haptischen Sinne beschränkt, zweitens durch die Projektion auf eine zweidimensionale Bildfläche, drittens durch die Auswahl einer bestimmten Ansicht von einem festen Blickpunkt aus, viertens durch die begrenzte Reflexionskraft der verwendeten Pigmente. Dennoch können ikonische Bilder, seien es Abbilder oder Erfindungsbilder, innerhalb des gewählten Darstellungsausschnitts die Veranschaulichung der *ganzen ungeteilten* Wirklichkeit intendieren, der Wirklichkeit nicht nur aller Sinne sondern darüberhinaus aller Funktions-, Gebrauchs,- Lebens- und Bedeutungszusammenhänge; die ikonischen Bilder können geradezu vermöge ihres Zeichencharakters eine *allseitige Mimesis* und nicht nur eine bloße visuelle Repräsentation der Wirklichkeit intendieren und leisten.

Otto von Leixner unterscheidet in der Rezension der Berliner Akademischen Ausstellung von 1877 eine sozusagen „brave" Art des Naturalismus und den „Trivialismus", der den „Schritt vom Naturalismus zum Cultus der Häßlichkeit" macht.[1089] Der „brave" Naturalismus ist offenbar durch die Prinzipien der ikonischen Sichtdarstellung bestimmt, wobei die Abbildungs- die Erfindungsmomente überwiegen. Als Beispiel des „braven" Naturalismus führt Leixner das Werk des Berliner Lehrers von Max Klinger, des Genre- und Porträtmalers Karl Gussow an. Allerdings verschont Leixner auch den „braven" Naturalismus Gussows nicht mit prinzipieller Kritik: „Das Gefährliche seiner Richtung besteht darin, daß sie die *Phantasie aus dem Mechanismus des künstlerischen Schaffens verbannt*. Wenn im Naturvorbild alles gegeben ist, was zur Kunstschöpfung nöthig ist, dann hat der Geist und die Phantasie gar nichts mehr zu thun, dann kann aber die Kunst weder Geist noch Phantasie des Beschauers erfassen. Wozu ist sie dann überhaupt vorhanden? Ich will vorläufig zugeben, daß sie uns ein treues Bild der Wirklichkeit gibt. Wenn es aber der modernen Wissenschaft gelingen sollte, und es wird ihr früher oder später gelingen, Chemikalien zu entdecken, welche, in dem photographischen Apparat dem Licht ausgesetzt, *farbig* reagiren, also die Natur ganz genau copiren, wozu ist dann die Kunst? Dann kann sie sich nicht einmal mit dem Lichtbild messen, denn dieses wird noch treuer sein als das Bild des größten Naturalisten, denn selbst dieser überträgt Farben und Linien nicht direkt, sondern übersetzt sie in seine Anschauung, ehe er sie auf die Leinwand bringt."[1090] Aus welchem Grunde hält Leixner die „Verbannung der Phantasie" aus dem künstlerischen Schaffen und die Übertrumpfung des „braven" Naturalismus durch die Farbphotographie für *gefährlich*? Eine ähnliche Frage mag auch hinsichtlich des Schreckbildes einer „mechanisierten" Kunst in einer „mechanisierten" Gesellschaft gestellt werden, das der Berliner Akademieprofessor Otto Knille in seiner theoretischen Schrift *Grübeleien: eines Malers über seine Kunst* (1887) entwirft: „Möglich, daß der Zukunftsmaler, als zweibeiniger Aufnahmeapparat zwischen Natur und Mitbürger gestellt, im gesellschaftlichen Mechanismus noch irgendwie vernutzbar werden könnte."[1091] Das „Gefährliche", „Erschreckende" des „braven" Naturalismus besteht darin, daß er wie die Hellmalerei ein Prinzip der ungeschminkten Wahrheit verfolgt. Durch die erstrebte höchstmögliche Darstellungskonkretion kann eine der Bildkunst verlorengegangene Unmittelbarkeit der sinnlichen Erfahrung neu bewußt gemacht und wiedergewonnen werden. „Unbedeutende", „häßliche" Realitätsbereiche (Leixner nennt als Beispiele die schmutzigen Fingernägel einer Gussow-Figur, Gussows Bildnis einer buckligen Frau usw.), die aus dem Blick geraten, verdrängt worden sind, können erneut miteinbezogen werden. Abseits traditoneller Sehweisen und Normen kann „prosaische" Wirklichkeit ins Bild geraten, die der akademisch-ästhetischen Harmonisierung und Poetisierung Widerstand entgegensetzt. Die bildkünstlerische Aneignung neuer Wirklichkeitsbereiche kann nicht nur eine rein optische Erweiterung bedeuten, sondern auch eine neuartige Richtung der *allseitigen Mimesis* und damit neue, unter Umständen oppositionelle ideologische Konzepte eröffnen. Die Ablehnung der „Umarbeitung des Rohstoffes zum Zwecke der Kunstwirkung", des „Componirens", von „Beleuchtungseffekten", von „stimmungserzeugendem Colorit" kann die Bildkunst auf „gefährliche" Weise *kunstlos* werden lassen, kann ihre Funktion der ästhetischen Verklärung, der Erhebung des Betrachters zu den herrschenden Idealen des Guten, Wahren, Schönen in Frage stellen, kann die Malerei gleich der Photographie zum *bildungsunbeschwerten*, „prosaischen" Allgemeinbesitz machen.

In seinem Aufsatz *Moderner Naturalismus und künstlerische Wahrheit* (1881) bezeichnet der Kunsttheoretiker Conrad Fiedler das rücksichtslose Streben nach höchstmöglicher Darstellungskonkretion als Grundprinzip des Naturalismus und erkennt an, daß der „moderne Naturalismus" durch seine Wahrheitssuche die Schranken der Tradition und Konvention durchbricht: „Es geht ein nivellierender und ein unerbittlich positiver Zug durch die Welt. Lange hat die Kunst gebraucht, um dem Hange der Zeit auch ihrerseits zu folgen; nun ist aber auch für sie die Zeit der Romantik vorüber; mit gewaltigen Schritten sucht sie der vorausgeeilten Zeit nachzukommen. Noch niemals, so lautet die Überzeugung der modernen Naturalisten, haben die Künstler die Natur in ihrem ganzen Umfange, ihrer ganzen Nacktheit geschaut; noch niemals haben sie den Mut gehabt, sie unerschrocken so darzustellen, wie sie ist. Die gesamte Kunst der Vergangenheit ist eine Beschönigung, eine Verfälschung der Wirklichkeit. Jetzt erst, da die Menschheit anfängt, sich aus den Banden des Vorurteils und des Aberglaubens zu befreien, beginnt auch der Künstler die Fesseln abzustreifen, in denen ihn eine Jahrtausende alte Tradition festhielt, und seinerseits dem großen, aller menschlichen Tätigkeit gesteckten Ziele, der Wahrheit zuzustreben. Ganz ausdrücklich berufen sich die Wortführer der Schule auf die Errungenschaften des wissenschaftlichen Denkens. Sie beanspruchen für die Kunst dasselbe Recht, dieselbe Freiheit, sie erklären jeder Rücksicht den Krieg, die der Darstellung des Lebens in seinem allerweitesten Umfange hindernd, beschränkend in den Weg treten könnte; sie verspotten jede Regel, der die künstlerische Tätigkeit sich unterwerfen solle."[1092] Mit Hilfe einer quasi positivistischen Empirie bekämpft der Naturalismus nach Fiedler die traditionelle idealistische Ästhetik: „Hier zeigt sich nun die eigentliche Bedeutung der naturalistischen Bewegung. In ihr vollzieht sich die Emanzipation der Kunst aus der Bevormundung durch eine fremde Autorität. Indem sie rücksichtslos mit den alten idealistischen Anschauungen bricht, macht sie allen Streit der Ästhetik müßig, alle Forderungen der Ästhetik gegenstandslos. (...) In der radikalen naturalistischen Richtung tritt die künstlerische Tätigkeit in die große geistige Bewegung ein, die eine neue Welt von einer alten auf immer trennen zu wollen scheint. In dieser verläßt sie das Reich der Einbildungen und Träume und fordert ihren Platz auf dem festen Boden der Wirklichkeit. (...) Nun erst erscheint sie sich frei. Nicht mehr geblendet von Vorurteilen, nicht mehr irregeleitet von falschen Zielen, meint sie zum ersten Male die Welt, die wirkliche Welt zu erblicken und sieht in ihr eine unendliche Aufgabe vor sich."[1093] In einem ähnlichen Sinne wie Leixner oder Knille kritisiert Fiedler jedoch den modernen Naturalismus, der trotz aller Anstrengungen und Verdienste seiner ästhetischen Oppositionsbewegung im Gegensatz zur modernen Wissenschaft, der er indessen gleichen möchte, einem naiven Wirklichkeitsbegriff verhaftet bleibe und dessen Zielsetzung sich letztlich als höchst trivial entpuppe: „Das Ziel, dem die naturalistische Richtung zugetrieben wird, besteht so auf seiten der künstlerischen Individualität in einer Neutralisierung derselben, auf seiten der Produktion in einer auf dem Wege der Schilderung oder Darstellung zu erreichenden Inventarisierung der Welt."[1094] Vor allen Dingen beabsichtigt Fiedler wiederum ähnlich wie Leixner und Knille eine „Rettung" der Phantasie, der „freien" künstlerischen Gestaltung: „Nur so aufgefaßt ist die künstlerische Tätigkeit eine wahrhaft freie; nur so erscheint sie erlöst sowohl von dem Drucke, den die kurzsichtige Annahme eines ihr gegenüberstehenden Wirklichkeitsvorbildes auf sie ausübt, als auch von dem Dienste aller fremdartigen, ihr willkürlich aufgenötigten Aufgaben. Nur so folgt die Kunst keinem anderen Gesetze als dem ihrer innersten eigensten Natur. Folgt man diesem freien Spiel der künstlerischen Kräfte, so erkennt man, daß die Kunst nicht verurteilt ist, in den Niederungen einer Wirklichkeit hinzuschleichen, die die Wirklichkeit aller Menschen ist, daß sie aber auch nicht den zweifelhaften Beruf hat, aus einem fabelhaften Reiche herabzusteigen, um den Menschen aus seiner Wirklichkeit zu erlösen. Wenn von alters her zwei große Prinzipien, das der Nachahmung und das der Umwandlung der Wirklichkeit, um das Recht gestritten haben, der wahre Ausdruck des Wesens der künstlerischen Tätigkeit zu sein, so scheint eine Schlichtung des Streites nur dadurch möglich, daß an die Stelle dieser beiden Prinzipien ein drittes gesetzt wird, das Prinzip der Produktion der Wirklichkeit."[1095] Diese „Produktion der Wirklichkeit" jenseits der von Fiedler bekämpften dogmatischen Realitätsbotmäßigkeit des modernen Naturalismus zeigt im Sinne der Fiedlerschen Theorie vom Ursprung der künstlerischen Tätigkeit[1096] die Züge eines zeitgenössischen Subjektivismus, Formalismus, Neuidealismus.

Fiedlers Naturalismusbegriff stimmt zwar mit dem Leixnerschen Begriff des „braven" Naturalismus überein, zielt jedoch nicht auf eine *inhaltliche* Bestimmung von „typisch naturalistischen" Motiven und Themen, sondern auf eine stärker formalästhetisch orientierte Deutung des Grundprinzips der „Naturtreue". Fiedler scheint an die Möglichkeit ideologischer Aussagen mit Hilfe der künstlerischen Wahl bestimmter Realitätsbezirke nicht zu denken. Auch scheint er auf die Vorstellung fixiert zu sein, daß das Prinzip der „Naturtreue" die künstlerische Tätigkeit auf eine bloße optische Kopie des Gegebenen festlege und daß eine *allseitige Mimesis* der Wirklichkeit damit entfalle. Leixner arbeitet im Unterschied zu Fiedler mit Bildbeispielen und berücksichtigt auf diese Weise sowohl die inhaltliche als auch die formale Seite des „braven", jedoch auch von ihm „ungeliebten" Naturalismus: Als Beispiel für rücksichtslose Darstellungskonkretion führt der Kritiker das Gemälde *Willkommen* (1877)[1097] von Karl Gussow an, das ausschnitthaft Zuschauer zeigt, die einziehende Truppen begrüßen. Mit äußerst „naturwahren" Lokalfarben gibt der Künstler nach Leixner die Details wieder, die faltigen Gesichter zweier alter Männer, ihre schadhafte Kleidung, ihre schmutzigen Fingernägel, das Blondhaar einer Frau, einen neugierigen Jungen, Holz, Blätter, Tuch usw.[1098] Anscheinend ist nicht eine edle Gruppe jubelnder Hurrapatrioten dargestellt, sondern „Alltagswelt". Als Beispiel eines „häßlichen" Bildgegenstandes erwähnt Leixner die Darstellung einer „Schafschur" des Gussow-Schülers Isidor Grünfeld: „(...) die Farbe ist kräftig, wenn auch nicht immer klar, der Vortrag breit und gesund. Aber nur alte, häßliche, runzelige Weiber, gut charakterisirt, lebendig im Ausdruck, jedoch trivial im hohen Grade. Man könnte wahrlich glauben, das Schöne sei gar nicht mehr malerisch. Das einzige jugendliche Gesicht ist nur im Viertelprofil sichtbar."[1099] Der „brave" Naturalismus Leixners, der immerhin den Prinzipien einer brisanten Gegenstandswahl und einer besonders scharf untersuchenden, unvoreingenommenen Realitätsbeobachtung zu folgen vermag und deshalb besser als *„analytischer Naturalismus"* bezeichnet wird, gehört wie der Fiedlersche „moderne Naturalismus" wegen der angestrebten Darstellungskonkretion noch dem illusionistischen Verismus und „Akademismus" an, wenn auch einem *Grenzbereich* der eher traditionellen Porträt-, Genre-, Stilleben- und Landschaftsmalerei. Die erwähnten oder behandelten Gemälde *Tagelöhner in Thüringen* (1875, Abb. 249) von Otto Günther, *Kartoffelernte* (1879, Abb. 428) von Ludwig Knaus, *Kann nicht mehr mit* (1888, Abb. 402) von Leopold von Kalckreuth und *Im Trauerhaus* (1888, Abb. 397) von Walther Firle können als charakteristische Beispiele des analytischen Naturalismus gelten.

In seiner Dissertation *Erneuerungsversuche der christlich-religiösen Malerei im 19. Jahrhundert, insbesondere auf naturalistischer Basis in der zweiten Jahrhunderthälfte* (1954) definiert Reinhold Hartmann einen Naturalismusbegriff, der nicht so sehr eine historische Strömung mit oppositionellen Tendenzen, sondern eine bildkünstlerische Methode faßt, die nach Darstellungskonkretion („Naturtreue") strebt: „Naturalismus ist eine Darstellungsform des Abbildens. Er arbeitet nach einem Naturvorbild und versucht, dieses möglichst wirklichkeitsgetreu wiederzugeben. Er erfasst in der Malerei somit die sichtbare irdische Wirklichkeit, ist abhängig von Natur, Modell und selbstverständlich auch von der Persönlichkeit des Malers (seiner Art des Sehens und des Auffassens). Da er das Abbild der Erscheinungen geben will, bleibt er diesseits- und zeitverhaftet und ist also schon seiner Art nach ungeeignet zur Darstellung überirdischer und zeitloser Stoffe, wie sie in der religiösen Malerei auftreten."[1100] Diese Definition läßt Unterschiede, wie sie zwischen Abbildung und ikonischer Erfindung, ikonischer Sicht- und Umsetzungsdarstellung bestehen, unberücksichtigt. Hartmann führt außerdem mehrere Richtungen des „Naturalismus" an, so die „wissenschaftlich-historische Orientmalerei", den „archaisierenden Naturalismus" Eduard von Gebhardts und seiner Schule, den „Naturalismus mit okkultem und historisierendem Einschlag" (Albert von Keller, Gabriel Max), den „Impressionismus" (Liebermann, Corinth, Slevogt), den „Impressionismus und Naturalismus mit sozialer Tendenz" (Uhde, Ernst Zimmermann, Firle, Dettmann, Mackensen).[1101] Ein Naturalismusbegriff, der derart disparate bildkünstlerische Strömungen und Positionen bezeichnet, verliert völlig jede Schärfe. Allein die biblische Orientmalerei umfaßt beispielsweise höchst unterschiedliche Gestaltungen wie beispielsweise das „realistische" Gemälde *Die Grablegung Christi* (1888, Abb. 468) von Bruno Piglhein oder die idealistische *Grablegung* von Heinrich Told (Abb. 469), Piglheins pessimistische *Ruhe auf der Flucht* (um 1890, Abb. 374) oder Gebhard Fugels neuromantische *Flucht nach Ägypten* (1905, Abb. 470). In Gebhardts Werken verbinden sich analytisch-naturalistische Tendenzen der „Volksty-

Abb. 468 Bruno Piglhein: Die Grablegung Christi, 1888

Abb. 469 Heinrich Told: Grablegung

pen"-Darstellung mit historisierenden und idealistischen. Zwischen Liebermanns *Arbeitern im Rübenfeld* (1874-1876, Abb. 443) und Mackensens *Die Scholle* (1898, Abb. 439) liegen Welten.

Die wenig präzise Naturalismus-Definition Hartmanns berührt indessen ein wichtiges Problem, nämlich das prinzipielle Verhältnis der christlichen Bildkunst zu ikonischen Sichtdarstellung. Nach Hartmann bleibt eine Gestaltungsweise, die nur das sinnlich faßbare Äußere der Erscheinungen interessiert, „diesseits- und zeitverhaftet" und ist grundsätzlich ungeeignet zur Veranschaulichung „überirdischer und zeitloser Stoffe, wie sie in der religiösen Malerei auftreten". Aus dieser Auffassung würde folgen, daß das adäquate Gestaltungsmittel christlicher Bildkunst darin bestehen müßte, stark stilisierende Abstraktionen anzuwenden. Die entsinnlichte Flächigkeit, Grundformenorientierung und Ornamentalität der symbolträchtigen Beuroner Kunst, Ausdruck eines neuscholastischen Platonismus, müßten als vorbildliche formale Mittel gelten. Reinhold Hartmann vermeidet allerdings diese Konsequenz seiner Naturalismus-Definition, versucht jedoch, die „Spreu" vom „Weizen" religiöser Darstellungen der zweiten Hälfte des 19. Jahrhunderts zu trennen, Tendenzen der bloßen weltlichen Äußerlichkeit von solchen echter innerer Gestaltungsreligiosität zu scheiden. Ein reiner „Naturalismus" christlicher Bilder gilt Hartmann als verwerflich.

Historisch gesehen muß das Streben nach höchstmöglicher Darstellungskonkretion, das insbesondere die antiklassizistische und antiromantische Genremalerei der dreißiger und vierziger Jahre beherrschte und in den fünfziger und sechziger Jahren alle Bereiche der Bildkunst erfaßte, als Ausdruck auch der szientistischen Einstellung des 19. Jahrhunderts gedeutet werden. Ein antimetaphysischer, positivistischer Zug konnte die ikonische Sichtdarstellung jener Zeit bestimmen, konnte zur Neugewinnung einer sinnlich-rationalen Wirklichkeitsaneignung drängen, die jedes Anzeichen von romantischer Phantasterei, philosophischer Spekulation und Religiosität entschieden negierte.

Am Ende der sechziger Jahre entwickelte sich in Deutschland ein radikaler *oppositioneller Naturalismus*, der stärkere Abstraktionen in die Bildgestaltung einbezog und die Schranken der ikonischen Sichtdarstellung, des analytischen Naturalismus, des illusionistischen Verismus und „Akade-

Abb. 470 Gebhard Fugel: Flucht nach Ägypten, 1905

mismus" insgesamt durchbrach. Der Streit über Max Liebermanns Gemälde *Der zwölfjährige Jesus im Tempel* (1879, Abb. 471) war dann ein erster Höhepunkt der Auseinandersetzung um den „krassen Naturalismus" in der christlichen Bildkunst. Ein Rezensent der Internationalen Münchener Kunstausstellung von 1879, auf der Liebermann außer dem *Zwölfjährigen Jesus im Tempel* die *Gänserupferinnen* (1871, Abb. 472) und *Arbeiter im Rübenfelde* (1874-1876, Abb. 443) zeigte, wetterte in der *Kunstchronik*: „Eine Jury, welche die Schwäche hatte, Werke wie Liebermann's in der Technik wie im Gedanken durchaus verfehlte Gemälde 'Christus im Tempel', 'Die Feldarbeiter' und die 'Gänserupferinnen' aufzunehmen, hat sich des Rechtes begeben, Schülern von Bamberger und Lange die Pforten zu verschließen."[1102] Adolf Rosenberg schrieb in der „Zeitschrift für Bildende Kunst" (1880): „Die heilige Geschichte ist für die Kunst des 19. Jahrhunderts ein für alle Male aus dem Dogmatischen und Uebersinnlichen in das rein Menschliche übersetzt worden; doch ist das religiöse Gefühl der großen Menge noch nicht so weit abgestumpft, die Achtung vor Gegenständen und Personen der religiösen Verehrung noch nicht so weit herabgemindert worden, als daß das schmähliche Pasquill des Mün-

Abb. 471 Max Liebermann: Der zwölfjährige Jesus im Tempel, 1879

chener Rhyparographen Max *Liebermann* 'Christus im Tempel', welches das Komité der internationalen Kunstausstellung in unbegreiflicher Verblendung den Besuchern zu bieten wagte, nicht allseitig mit Entrüstung zurückgewiesen worden wäre."[1103] Die Empörung über das Gemälde schlug hohe Wellen, und selbst im Bayrischen Landtag wurde im Januar 1880 anläßlich der Behandlung des Kultusetats die Frage aufgeworfen, ob die Vergabe von Ausstellungszuschüssen künftig an gewisse Auflagen geknüpft werden müsse, damit sichergestellt sei, daß ein solches blasphemisches „Fratzenbild" nicht wieder das religiöse Gefühl beleidigen könne.[1104] In der Debatte wurde auch die Rezension des Münchener Kritikers Friedrich Pecht erwähnt, der in der *Augsburger Allgemeinen Zeitung* die Christusfigur als „den häßlichsten, naseweisesten Judenjungen, den man sich denken kann" und die dargestellten Schriftgelehrten als „Pack der schmierigsten Schacherjuden" bezeichnet hatte. Pechts Gesamturteil lautete: „Das Bild beleidigt nicht nur unser Gefühl, sondern selbst unsere Nase, indem es ihr alle möglichen widrigen Erinnerungen hervorruft."[1105] Noch 1886 schrieb Adolf Rosenberg in seinem Aufsatz über *Die religiöse Malerei der Gegenwart*: „Max Liebermann, ein unter dem Einfluß Munkacsys und der französischen Naturalisten gebildeter, aus Berlin gebürtiger Maler, glaubte das Charakteristische nach der Seite des Häßlichen ausbeuten zu müssen und führte unter dem Titel 'Der zwölfjährige Jesusknabe im Tempel' einen verschmitzten, rothaarigen Judenjungen unsrer Tage vor, welcher durch vorwitzige Fragen und altkluge Antworten einige im Kleiderhandel ergraute Greise aufs Glatteis führt. Diese naturalistische Grimasse fand so geringen Beifall, daß ihr Urheber keine Fortsetzung folgen ließ. Wir waren damals für diesen Grad von Cynismus noch nicht reif und sind es zum Glück auch bis heute nicht geworden."[1106]

Die Angriffe gegen Liebermanns *Der zwölfjährige Jesus im Tempel*, die ihre Kritikpunkte allerdings nicht gerade präzise formulierten, richteten sich sowohl gegen die Figurengestaltung und Komposition als auch gegen die Malweise. Die als besonders anstößig empfundene Figur des zwölfjährigen Jesus besitzt in der Tat nicht die Züge eines „edlen Knaben", der von göttlichem Geist inspiriert ist. Der breitbeinig stehende Junge im kurzärmligen schlichten Gewand mit langem, nicht gerade glatt gekämmten Haar ist halb von hinten gesehen, so daß sein energisches Gesicht nur im verlorenen Profil erscheint. Die angewinkelten Arme und Haltung der offenen Hände bilden keinen traditionellen Zeige- oder gar Predigtgestus sondern drücken die lebendige Argumentation des Jungen aus. Seine bloßen, derben Füße stecken in kunstlosen Bügelriemen einfacher Sandalen. Christus redet zu dem rechten der beiden Rabbiner, die unprätentiös auf der untersten Stufe einer Treppe hocken. Der Angeredete, der sich aufmerksam vorbeugt, den rechten Arm auf das Knie stützt und mit der knochigen großen Hand nachdenklich in seinen Bart greift, sieht mit kleinen, rotumränderten Augen unterhalb einer niedrigen Stirn den Jungen an. Die Knubbelnase verstärkt die Häßlichkeit des Gesichts. Die Konzentration dieses zuhörenden Rabbis kommt in der Achtlosigkeit zum Ausdruck, mit der er ein Buch in der Linken herabhängen läßt. Nicht sehr würdevoll wirkt das skeptisch verkniffene Gesicht des anderen sitzenden Weisen, der unkonventionell die Hände um ein Knie gefaltet hat. Im Eifer des Mitdenkens windet sich der Gelehrte mit der mächtigen Stirn an der linken Bildseite, dessen Züge die Mühsal spitzfindiger Schriftauslegungen spiegeln, aus seinem Lehrpult heraus und scheint das aufgeschlagene Buch in seiner Hand über der Diskussion vergessen zu haben. Der rechts stehende, scharf charakterisierte Rabbi mit der fesartigen Mütze, den buschigen Brauen, starken Schatten unter dem Auge, der tiefen Nasenflügelkerbe und dem struppigen Bart macht eine halb abwehrende Handbewegung des Erstaunens. Im Hintergrund kommt eine Frau, deren Kopf „rücksichtslos" durch den Bildrand angeschnitten wird, eine Wendeltreppe herunter und beugt sich zu einem Rabbi, der sich umwendet und seinen Hinweis auf das Wunderkind Jesus mit der abgespreizten Hand untermalt. Es ist eine lebendige Nebenszene. Links sieht man schnappschußhaft das halb überschnittene Gesicht eines jungen Schriftgelehrten mit fesartiger Mütze.

Die gedrängte Komposition strotzt also von antitraditionell-lebhaften, scharf beobachteten Details. Die Gewandfalten der Figuren sind möglichst schlicht und informell gehalten und den Körperstellungen und den Bewegungen ohne kompositorischen Schwulst angepaßt. Liebermanns realistisch-psychologische Alltagscharaktere erscheinen nicht in ethnographischer Treue als Juden wie in Menzels Gemälde *Der Christusknabe im Tempel* (1851, Abb. 153). Auch in der Kostümierung folgt der Künstler nicht den Prinzipien der „wissenschaftlichen" Orientmalerei. Der Jesusjunge und die Rabbiner sind bewußt gegen den Strich der Tradition von religiösem Pathos befreit. Thematisiert ist nicht die übernatürliche Weisheit des Gottessohnes, sondern das Aufbrechen der durch die Tradition beengten Büchergelehrsamkeit, die Überzeugungskraft eines unmittelbaren, jugendlichen Denkens. Offenbar wurde die Opposition des Künstlers gegen Theatralik, Vergeistigung, religiöse Romantik, den Idealismus, aber auch gegen den Orient-Historismus nur zu gut verstanden und als Streben nach blasphemischer Häßlichkeit diffamiert.

Zu diesem Urteil trugen auch die „moderne" Pinselführung und Farbgebung bei. Das Bild ist alla prima mit teilweise scharfgeränderten, informellen Pinselstrichen, Pinseldrehungen, Pinselhieben gemalt in deutlicher Distanz zur traditionellen ikonischen Sichtdarstellung. Das Prinzip der Fleckauflösung belebt die Gestaltung, läßt sie beobachtungsfrisch, aktuell wirken. Lebhafte Effekte bilden die Lichtflecken auf den gedrehten Säulchen des Treppengeländers und den ornamentalen Formen des Messingleuchters. In den Gesichtern erzeugt die Fleckauflösung den Ausdruck analytischer Zergliederung. Die Harmonie des schönen Scheins wird durch die Fleckauflösung, die alle Bildteile durchdringt, zerstört, das Auge wird zum Wesen der Erscheinungen zurückgeführt. Die unbunte Farbgebung ist auf Grau- und Brauntöne gestimmt, sie vermeidet jeden Anschein äußerlichen Prunks oder ästhetischer Delikatesse; es sind desillusionierende „Alltagsfarben", die ohne Ablenkung die wesentlichen Gehalte der Kommunikation zwischen dem „Außenseiter" Christus und der Gelehrtengruppe hervortreten lassen. Farbliche Akzente bilden lediglich der rötliche Schnitt des vom sitzenden Rabbi gehaltenen Buches und das grünlich schimmernde Gewand des Schriftgelehrten am Pult. Starke Helligkeitskontraste prägen die Gestaltung, verleihen ihr Entschiedenheit, ja Härte. Es scheint, als seien die Prinzipien der mit Asphaltbraun arbeitenden Dunkelmalerei und der grauen Hellmalerei vereint. Der farbliche Unterschied zwischen den hellen, „schmutzigen" Grautönen der Gewänder des Jesusjungen und der beiden sitzenden Weisen ist gering. Die von Liebermann verwendeten Farben wurden von der zeitgenössischen Kritik tadelnd als „unklar" bezeichnet. Zusammen mit der unruhigen Fleckauflösung konnte die unbunte Farbgebung das Urteil Pechts von der Beleidung der Nase durch quasi stinkenden Schmutz provozieren; für den Kritiker wurden die ohnehin „häßlichen" Rabbiner zu „Schmierigen Schacherjuden".

Es entbehrt nicht der Logik, daß von den drei ausgestellten Liebermann-Gemälden die *Arbeiter im Rübenfelde*, die die extremste Position des oppositionellen Naturalismus vertraten, kaum in die Schußlinie der Kritik gerieten. Zwar waren die *Arbeiter im Rübenfelde* bekannt; beispielsweise hatte sie Otto von Leixner, wie bereits erwähnt, in seiner Rezension der Berliner Akademischen Ausstellung von 1877 sattsam als „trivialistisch" und „dem Cult der Häßlichkeit" verfallen gebrandmarkt. Daß jedoch der Skandal sich gerade an das „christliche" der drei Gemälde Liebermanns heften konnte, lag daran, daß der oppositionelle Naturalismus mit diesem Bild sich der höchstrangigen Gattung der Bildkunst, der religiösen Malerei zu bemächtigen drohte! Maltechnik und Farbgebung ließen selbst Eduard von Gebhardts *Abendmahl* von 1870 weit zurück, das auf der Pariser Weltausstellung von 1878 erneut gezeigt und das seinerseits bei seinem Debut heftig angegriffen worden war. – Liebermanns *Zwölfjähriger Jesus im Tempel* bildete die Basis, auf der die religiöse oppositionell-naturalistische Malerei Uhdes, Firles, Dettmanns letztlich fußte. Gebhardts *Abendmahl* von 1870 hatte lediglich den Boden bereitet.

Die Dunkel- und die Graumalerei sind Hauptgestaltungsweisen des oppositionellen Naturalismus. Die Dunkelmalerei wurde am Ende der sechziger Jahre des 19. Jahrhunderts durch den Realismus Courbets in Deutschland bekannt und von Leibl, seinem Kreis und Hans Thoma genutzt. Liebermann bediente sich um 1870 bereits sowohl der Dunkel- als auch der Hellmalerei, doch zog er in den siebziger Jahren die Dunkelmalerei entschieden vor. Die dunkelmalerischen *Gänserupferinnen* (1871, Abb. 472) sind sicher durch Munkácsy beeinflußt, den Liebermann 1871 in Düsseldorf kennengelernt hatte und 1873 in Paris besuchte.[1107] 1872 sah Liebermann die ersten Bilder von Millet und Courbet im Pariser Salon.[1108] Uhde begegnete Munkácsy 1878 in München, war 1879-1880 dessen Schüler in Paris und wurde durch Munkácsys Dunkelmalerei beeinflußt. Am Ende des Jahres 1880 kehrte Uhde nach München zurück, gewann dort die Freundschaft Liebermanns und wurde von diesem auf die Grau- und Hellmalerei hingewiesen.[1109]

Die Dunkelmalerei umfaßt die Schwarz- oder Dunkelbraungrund-Gestaltung (Realismus Courbets) und die Alla-prima-Malerei mit Asphaltfarben. Durch die Unterlegung mit einem schwarzen oder dunkelbraunen Grund, der die übrigen Malschichten beeinflußt, werden die Farben gedämpft und erhalten einen einheitlichen dunklen Schimmer. Die dunklen Partien wirken besonders tief. Der Grund kann an bestimmten Stellen des Bildes rein hervortreten, an Farbarealrändern, in größeren Dunkelflächen, an „Faserlöchern" von gröberen Fleckstrukturen. Das Schwarz oder Dunkelbraun des Grundes wird auch wiederum überdeckend verwendet. Die übrigen Farben des Bildes sind durch Grau-, Braun- und Schwarzbeimischung abgestumpft. – Die Alla-prima-Malerei mit Asphaltfarben benutzt einen getönten hellen Grund, auf den die dunklen oder abgestumpften Farben direkt aufgetragen werden. In dieser Weise ist Liebermanns *Zwölfjähriger Jesus im Tempel* gearbeitet. Die Dunkelmalerei läßt die Farbdunkelheit durch komplementäre helle Partien hervortreten, die zumeist in einem „angeschmutzten" Weiß oder einem Grauton gehalten sind. Starke Hell-Dunkel-Kontraste können die Dunkelmalerei bestimmen. Die Schwarz- oder Dunkelbraungrund-Gestaltung und die Alla-prima-Malerei mit Asphaltfarben können innerhalb eines Bildes kombiniert auftreten. Liebermanns *Arbeiter im Rübenfelde* ist ein Dunkelbraungrund-Bild.

Die Grundbedeutungen der in der Dunkelmalerei dominierend verwendeten Farben Schwarz und Braun sind zu umreißen. Schwarz ist die Farbe der absoluten Negation allen Chromas, der gestaltlosen, chaotischen Finsternis und symbolisiert die Vernichtung, den Tod, die „Nachtseite" des Lebens, die Trauer, den Pessimismus. In der christlichen Ikonographie bedeutet das Schwarz auch Verzicht auf die Eitelkeit der Welt, Abtötung der sinnlichen Lust, Weltverachtung und Demut.[1110] Das Schwarz der oppositionell-naturalistischen Dunkelmalerei negiert entschieden den Farbprunk, die Festlichkeit und Farbdelikatesse der traditionellen Historien ebenso wie den Farbenschmelz der religiösen traditionell-idealistischen Bildkunst.

Das Braun besitzt zwei Bedeutungsebenen. Auf der einen Seite symbolisiert es das Holz und die Erde als ursprüngliche Naturstoffe. Auf der anderen Seite ist Braun im Unterschied zu den Spektralfarben die Farbe der starken Reduktion der chromatischen Kraft und symbolisiert in dieser „Zurückhaltung" die Beschränkung der Bedürfnisse und die Armut. In der katholischen Ikonographie ist das Braun die Farbe der Demut (humilitas von humus, Erde) und der Armut (braune Kutte mancher Bettelorden).[1111] Als Farbe des oppositionellen Naturalismus bedeutet das Braun ein Zurückstreben zu ursprünglicher Natur und verweist zugleich auf „niedere" Lebensbereiche der Not, des Elends.

Die Graumalerei wird durch eine Alla-prima-Technik der starken Weiß-, Grau- oder Schwarzzumischung zu den verwendeten Farben und des Auftrags von Grautönen verschiedener Helligkeit und Tondifferenzierung bestimmt. Uhdes *Schwerer Gang* (1890, Abb. 351) und Firles *Vater-unser*-Trilogie (1893)[1112] sind beispielsweise graumalerische Bildwerke. Liebermanns *Zwölfjähriger Jesus im Tempel* (1879, Abb. 471) zeigt eine Kombination aus Grau- und Alla-prima-Malerei mit Asphaltfarben.

Drei Ebenen der Grundbedeutung der Farbe Grau sind zu unterscheiden. Erstens bilden die Grautöne innerhalb des Modells des Spektralfarbenkreises eine neutrale Zone zwischen den jeweiligen Komplementärfarbenpolen, die an den Peripheriepunkten von Kreisdurchmessern liegen.[1113] Grau ist die Farbe der Farb-Abstinenz, der Farb-Neutralität und somit eine „kühle" Farbe objektiver Beobachtung jenseits chromatischer Erregungen. Zweitens drückt das Grau die Nivellierung der Ereignisse in der Einförmigkeit des Alltags-

Abb. 472 Max Liebermann: Die Gänserupferinnen, 1871

getriebes aus, den „grauen Alltag". Grau symbolisiert das Gewöhnliche, das Nicht-Besondere, die Abwesenheit von großen Ereignissen und Höhepunkten der Festlichkeit. Grau ist drittens die Farbe des Staubes, der Asche, der Vergänglichkeit, der Askese, der von Leidenschaft und Lebensfülle entblößten Öde. Als Farbe des oppositionellen Naturalismus wendet sich das „objektivierende" Grau gegen den schönen Schein der traditionellen szenischen Illusionskunst, es erforscht den Verlauf des Alltags und seiner Arbeit, es sucht in der Öde nach elementarer Humanität.

Das Schwarz, Braun und Grau des oppositionellen Naturalismus sind unbunte „Antifarben", die Wirklichkeit und Wahrheit in der Negation erstreben. Gegen die romantischen, dramatischen oder poetischen „Zivilisationsfarben" des illusionistischen Verismus und „Akademismus" richtet sich der Widerstand des unbunten Schwarz, Braun, Grau, die auf den Urzustand, die ursprüngliche Natur und Realität dringen. Durch die Beimischung von unbunten Farben werden unreine, trübe, stumpfe Töne erzeugt, wird das Chroma auf ein Mindestmaß abgedämpft, wird die übrigbleibende Wahrheit der Farberscheinungen erprobt. Auch entziehen sich die unreinen Farben einer raschen Identifikation und bequemen Einordnung in bestehende Kategorien. Als „Schmutzfarben" opponieren sie gegen ästhetisch-ideologische Versöhnungsillusionen.

Das bildkünstlerische Arbeiten aus dem Schwarz (Courbet[1114]), Braun und Grau heraus, der Aufbau des Farbsystems von der Basis dunkler Farben her, bedeutet Solidität und zugleich egalisierenden Verzicht auf Effekte, delikate Akzente und Farbsensationen, die innerhalb der Farbszenik des illusionistischen Verismus und „Akademismus" durch eine Vielzahl subordinierter, „unscheinbarer" Tondifferenzierungen „getragen" werden. Die dunkelmalerische, unbunte Gestaltung widerspricht sozusagen „demokratisch" allen hierarchischen und elitären Gelüsten.

Die harten, unbunten Helligkeitskontraste der Dunkel- und Graumalerei drücken Entschiedenheit, Kompromißlosigkeit aus und wenden sich gegen die harmonisch abgestufte Farbtonvermittlung des illusionistischen Verismus und „Akademismus". Es sind schlichte Helligkeitskontraste, die auf jede Schönfärberei verzichten.

Kennzeichnend auch für die Modernität des oppositionellen Naturalismus ist das Gestaltungsprinzip der Flächigkeit, das in paradigmatischer Weise Courbets großformatiges Gemälde *Ein Begräbnis in Ornans* (Salon von 1850)[1115] prägt. Die Gemälde *Arbeiter im Rübenfelde* (1874-1876, Abb. 443) von Max Liebermann, *Christi Predigt am See* (1877, Abb. 254) von Hans Thoma, *Kreuzigung* (1878, Abb. 158) von Wilhelm Trübner usw. sind durch Flächigkeitsabstraktionen bestimmt. In Liebermanns *Zwölfjährigem Jesus im Tempel* bilden das Gewand des rechts stehenden Rabbis und die Lehrpultseite große Dunkelflächen. Mit Hilfe der Flächigkeitsgestaltung konnte die Härte, Kompromißlosigkeit der Figur-Figur- und Figur-Grund-Relationen gesteigert werden. Die Zurückdrängung der Figuren in eine flächige Bildschicht vermochte die verneinende Desillusionierung in ästhetischer wie ideologischer Hinsicht zu fördern. Dagegen versuchte der illusionistische Verismus und „Akademismus" mit Hilfe der „täuschenden" Ausgestaltung von Körperlichkeit und Räumlichkeit traditionellen, affirmativen Aussagegehalten die suggestive Überzeugungskraft unmittelbarer sinnlicher Erfahrung mitzuteilen. Flächigkeit bedeutet auch Rückführung auf ästhetische Grundprinzipien, ein Zurück zum Ursprünglichen. Die Flächigkeit der Moderne zeigt darüberhinaus in einem allgemeinen Sinn die Entfremdung von einer naiven, optimistischen Erfahrungswirklichkeit an, den Verlust der wohlgeordnet-ständischen Weltsicht, den Prozeß der zunehmenden Abstraktion aller Verhältnisse durch Industrialisierung, Technisierung, Kapitalisierung.

Nicht allein das oppositionelle Wahrheitsstreben verbindet die Dunkel- und Graumalerei mit der Hellmalerei sondern auch die Gestaltungsweise der Fleckauflösung. Feinere bis grobe informelle Strukturen, die für sich betrachtet keine ikonische Funktion erfüllen, relativieren die Darstellungskonkretion und begründen die *ikonische Umsetzungsdarstellung*. Das optimale Erkennen gegenständlicher Einzelformen gelingt bei Bildern, die durch eine gröbere Fleckstruktur bestimmt sind, wenn der Betrachter sich entfernt, bei Bildern, die durch die ikonische Sichtdarstellung bestimmt sind, wenn der Betrachter nahe herantritt und die Details fixiert. Die Betrachtung fleckaufgelöster Bildwerke erfordert somit eine gewisse „Abstraktion" vom normalen visuellen Verhalten. Die informellen Strukturen widerstreben der Rationalität eines kontrollierten Sehens, das ein Objekt Teil für Teil abtastet, um präzise Informationen über die Einzelheiten zu erhalten. Die analytische Beobachtungsempirie, die angesichts der visuellen Wirklichkeit und der Bildwerke des illusionistischen Verismus und „Akademismus" funktioniert, wird außer Kraft gesetzt.

Die dunkel- und graumalerische Fleckauflösung erzeugt einen sozusagen gestaltlosen visuellen Urstoff, aus dem die ikonischen Formen nur mühsam zu entstehen scheinen. Die Perfektion der farbkräftigen oder farbdelikaten gegenständlichen Feinmalerei wird zurückgelassen, die Differenzierung poetischer, schöner, idealer Formen entwertet, der Urzustand einer dunklen, stumpfen Fülle von ineinander- und durcheinanderwogenden, unregelmäßigen Partikeln wird erstrebt. Die zivilisierte Welt verfeinerter, domestizierter Formen und Farben bleibt zurück. In der Rauhigkeit der schwarzen, braunen, grauen Flecken triumphiert eine neugewonnene haptische Sinnlichkeit, die ihre unverbrauchten Energien über die Bildfläche strömen läßt. Die helleren Teile der informellen Strukturen können den Eindruck von produktiver Frische, Lebendigkeit vermitteln. In Liebermanns *Zwölfjährigem Jesus im Tempel* (Abb. 471) verweisen die tristen Dunkelflächen des Lehrpultes und des Rabbigewandes der rechten Bildseite auf die Öde der festgefahrenen Tradition, während die quirlende Pinselführung der hellen Gewandteile der sitzenden Rabbiner und die unruhigen Fleckstrukturen der Gesichter die Arbeit eines aktuell-lebendigen Denkens anzeigen, das durch den Jesusjungen in Gang gesetzt wurde.

Die Deutung des Auflösungprinzips der informellen Strukturen ist auf einer allgemeinen Ebene hinsichtlich der Dunkel- sowie Graumalerei und der bereits eingehend behandelten Hellmalerei gleich. Durch die Fleckauflösung wird die Dichte, Festigkeit und Beständigkeit der ikonischen Bilder gestört, tendenziell aufgehoben; alles gerät in Fluß, entzieht sich der gewohnten Berechenbarkeit, Verfügbarkeit. Bei stärkere Fleckauflösung kommt es zu einem Konflikt zwischen dem Beharren der ikonischen Gestalt und der informellen „Bewegung": die ikonische Gestalt wird vereinfacht, vergröbert, verliert an Bekanntheit. In dieser Hinsicht drückt die Fleckauflösung den gesellschaftlichen und ideologischen Wandel aus, die Wirksamkeit zerstörerischer und neu formierender Antagonismen.[1116]

Die informellen Strukturen durchsetzen die Gesamtgestaltung, nivellieren die Eigenarten und Unterschiede der ikonischen Bilder, erschweren die Wahrnehmung ihrer individuellen Differenzierungen. Nicht so sehr abgegrenzte, eigenständige Individualgestalten als vielmehr Teilchenkomplexe sind sichtbar. Diese formalästhetische Egalisierung drückt im Widerspruch zum Prinzip der Steigerung der individuellen Eigenart, der Hervorhebung des „Charakteristischen" im illusionistischen Verismus und „Akademismus" die Relativierung des Individuellen im Zeitalter der Massenproduktion und der Massengesellschaft aus, zugleich aber auch die oppositionelle Möglichkeit des Abbaus von elitärer Vereinzelung, von Herrschaftsgefällen (Fleckauflösung bedeutet auch Anarchie), der Demokratisierung. Der ästhetische Kampf zwischen der sich behauptenden Individualform und der diese negierenden Strukturausbreitung kann sogar als Antagonismus zwischen bürgerlichem Individualismus und proletarischem Kollektivismus gelesen werden.

Der Naturalismusbegriff Fiedlers und anderer zeitgenössischer Kunsttheoretiker und -kritiker beruht auf der Voraussetzung, daß der Naturalismus die visuelle Wirklichkeit zu reproduzieren trachte und daß sein Erfolg lediglich darin bestehen könne, mehr oder weniger triviale, geist- und phantasietötende Bestandsaufnahmen zu leisten. Ohnehin sei dieser Erfolg zweifelhaft, da die bildkünstlerischen Mittel in ihrer Beschränkung prinzipiell die erstrebte „Naturtreue" gar nicht erst zu erreichen gestatteten. Offenbar wird hier von der zeitgenössischen Kritik ein „Feindbild" des Naturalismus produziert, das selbst auf den analytischen Naturalismus kaum zutrifft. Dunkel-, Grau- und Hellmalerei, Flächigkeit und Fleckauflösung des oppositionellen Naturalismus *widersprechen* sogar den Prinzipien der ikonischen Veranschaulichung und der Darstellungskonkretion und besitzen eine eigenständige Semantik; diese verweist auf ein *neuartig-zeitgerechtes*, in vieler Hinsicht oppositionell-kämpferisches Wirklichkeitsverständnis.

Heftige Angriffe trug dem oppositionellen Naturalismus seine soziale Darstellungsthematik ein. Otto von Leixners bereits erwähnte Kritik an Liebermanns *Arbeitern im Rübenfelde* (1874-1876, Abb. 443) läßt den bürgerlich-konservativen Abscheu vor der Verbildlichung der Arbeit und des Alltags der unteren Schichten und Klassen besonders deutlich werden: Das „noch ganz unfertige, gärende Talent", der junge Maler Liebermann, der Courbet so lange kopiert, bis er die ganze Welt „in Schmutz getaucht" sieht, bringt auf dem Gemälde „Im Rübenfelde" nur eine langweilige Reihe von Gestalten zustande, denen wegen verschwommener Flecken und Verzeichnungen gänzlich der „ästhetische Charakter" fehlt. Leixner bemängelt „verschobene Hüften und Schenkel" und eine Hand „so lang wie die eines Orangutans".[1117]

Offenbar hat dem Kritiker zufolge die Gestaltung menschlicher Figuren dem traditionellen Prinzip einer „mittleren" Charakterisierung zu gehorchen, die das Extrem der „Häßlichkeit" meiden soll. Die inhaltliche Frage der Darstellung von Menschen, deren Körper und Physiognomie durch die täglich verrichtete physische Arbeit und die Beschränktheit der Lebensverhältnisse geprägt, in gewisser Weise sogar deformiert sind, wird also mit Hilfe eines formalästhetischen Dogmas erledigt, verdrängt. Die beispielhafte Verallgemeinerung der Landarbeiterfiguren und ihrer Arbeit, ausgedrückt durch das Kompositionsprinzip der egalitären Reihung, kann und will Leixner nicht wahrnehmen, wenn er von langweilig aufgestellten Puppen spricht. „Die Leute machen nur so, als ob sie arbeiteten", schreibt der Kritiker und zeigt sich unfähig, den im Gemälde veranschaulichten Rhythmus der verschiedenen Tätigkeitsphasen nicht des Hackens, sondern des Jätens im Rübenfeld und des Ausruhens zu begreifen. Leixner sieht dagegen genau, daß der oppositionelle Naturalismus Liebermanns keine bloße Kopie der Wirklichkeit gibt. Der soziale Bedeutungsgehalt der Liebermannschen Methode, „die ganze Welt in Schmutz zu tauchen", ist dem Kritiker sehr wohl bewußt: der oppositionelle Naturalismus ist von der „sozialdemokratischen Gesinnung" Courbets durchdrungen: „Den Höhepunkt erreicht der Trivialismus in *Liebermann*. Der junge Maler hat das Unglück gehabt, sich in Paris an Courbet zu begeistern. Es ist schon ziemlich lange her, als dieser französische Künstler durch seine 'Steinklopfer' die ersten Triumphe in Deutschland gefeiert hat, Triumphe, die nicht unbestritten geblieben sind. Mit einer blendenden Technik ging schon auf diesem Bilde eine Verranntheit Hand in Hand, die ihre Art zu schauen der ganzen Welt hätte aufzwingen wollen. Auf wenigen Bildern Courbets strahlt die Sonne, auf fast allen lastet ein unheimlich graunbrauner Ton, eine – man verzeihe mir das Wort – schmierige Schwermuth. Außerdem sind alle Geschöpfe der Phantasie dieses Malers Kommunards und Petroleusen; verkommene häßliche Menschen, lastend unter dem Drucke des Lebens. Mir kam es sogar immer vor, als ob die Kühe und Ochsen auf Courbets Thierstücken sozialdemokratisch gesinnt wären, so unzufrieden sahen sie aus."[1118] Leixner strapaziert das bürgerliche Schreckbild der Pariser Commune von 1871, das Brandstifter, verkommen-häßliche Subjekte, durch den Druck des Lebens verformte Existenzen ein Chaos anzetteln sieht. Die Diffamierung proletarischer Gewalt bestimmt dies Zerrbild. Der „unheimlich graunbraune Ton" Courbets und Liebermanns scheint für Leixner die Farbe der unzufriedenen, wühlerischen Sozialdemokratie zu sein. Das „lastende" Gewicht dieses Tons scheint dem bürgerlichen Kunstkritiker den Atem einzuengen. Schwarz, Braun und Grau sind in diesem Sinn Angstfarben der Bourgeoisie, die ein selbständiges, revolutionäres Handeln des Proletariats fürchtet.

Gegen den sozialen Wahrheitsanspruch des oppositionellen Naturalismus argumentiert Leixner mit der ästhetischen Tradition: „Sie denken nicht daran, daß eine ganze Periode der Kunst, die Blüte der griechischen Plastik, nur die vollendete Schönheit der Verewigung werth hielt; sie haben vergessen, daß ein Rafael, Andrea del Sarto, ein Tizian und Correggio und nach ihnen eine Reihe großer Künstler entweder nur das Schöne darstellten, oder, wenn sie zum Häßlichen gegriffen haben, dieses als Folie benützten. Keiner dieser großen Meister hat, die Parodie eines Gottes, im Schaffen des Häßlichen, im Schaffen der Verzerrung geschwelgt. Nun aber tritt eine Reihe von Talenten auf und spricht: 'Es ist genug der Schönheit; das Häßliche allein ist das Kunstschöne, denn es ist allein das Wahre. Blühende Körper, schöne Linien und Formen sind eine überlieferte Lüge. Publikum öffne Deine Augen und Du wirst sehen, daß die ganze Welt, wie von Noth und Elend, so auch von Fratzen und Karikaturen voll ist. *So ist die Wirklichkeit und nur so darf sie dargestellt werden!*"[1119] Das Häßliche soll in den Augen Leixners und selbst der *liberalen* Ästhetik des illusionistischen Verismus und „Akademismus" (Carl Lemcke[1120]) nur unter der Oberherrschaft des Schönen, Idealen auftreten, niemals darf es seine subordinierte Stellung verlassen, geschweige denn sich zur herrschenden Kraft eines ästhetischen Systems emanzipieren. Der sozialpolitische Sinn dieser Ästhetik ist offensichtlich: das „Häßliche" der oppositionell-naturalistischen Figurengestaltung und Farbgebung ist das Proletarische, das selbst der Linksliberalismus, der ohnehin in den achtziger und neunziger Jahren zwischen den Fronten der Sozialdemokratie und des Konservatismus zerrieben wurde[1121], versöhnlerisch in das System einer bürgerlichen Demokratie integriert sehen wollte und das der Konservatismus unter der Knute des monarchischen Obrigkeitsstaates gekuscht zu sehen wünschte. Besonders schmerzt es den Kritiker, daß der oppositionelle Naturalismus die ästhetische Tradition, die klassische Schönheitstrias Raffael, Corregio, Tizian[1122], alle Ansprüche akademisch-kunsthistorischer Bildung verneint, um sich ausschließlich dem unvermittelten, unbeschränkten Studium der gegenwärtigen Lebenswirklichkeit der Armen und Elenden zu widmen.

Leixner fährt fort: „So sprechen die Apostel der Häßlichkeit und vertilgen mit einem Strich alles aus der Liste des Lebenden, was ihrem Princip feind ist: schöne, lachende Kindergesichter; liebliche Mädchen mit strahlenden Wangen, glänzenden Augen und marmorschimmerndem Fleisch; ideale Männerschönheit. Die Welt der Freude und des Lichtes, auf welche goldene Sonnenstrahlen, Leben und Schönheit spendend, niederfluthen – sie versinkt in grauem Nebel, der sie in den Abgrund zieht, und die ewig junge Göttin Phantasie wird mit einmal zu einer runzeligen, alten Hexe. Wie Jene am Geiste der Kunst sündigen, die jede Erscheinung zu flacher charakterloser Schönheit abglätten, so sündigen die Anderen, welche die Schönheit leugnen, indem sie nur die Häßlichkeit darstellen."[1123] Mit sakralem Pathos brandmarkt Leixner die „Versündigung" des oppositonellen Naturalismus an der „Welt der Freude und des Lichtes", am Geist ihrer charaktervoll-schönen Kunst. Es ist dies die Kunst des illusionistischen Verismus und „Akademismus", die in den mittleren und hohen Stillagen ein Bild des schönen Scheins, der bürgerlichen Wunschvorstellungen produziert. Versehen mit der historisch sanktionierten Autorität des höchsten ästhetischen Wertes der letztlich auf antiken Vorstellungen fußenden Schönheit beansprucht diese Kunst, ein allgemeingültiges, wohlgeordnetes Bild der Welt zu entwerfen. Abgesehen davon, daß das Weltbild des illusionistischen Verismus und „Akademismus" eine wirklichkeitstreue Thematisierung der Welt des Proletariats, seiner Interessen und Ideen ausschließt, muß die Frage gestellt werden, ob das klassisch-humanistische Schönheitsideal der bürgerlichen Ästhetik in der beginnenden Moderne der achtziger und neunziger Jahre *prinzipiell* noch die Funktion einer höchsten Wertorientierung und einer utopischen Zielvorstellung der Menschheit erfüllen konnte, so wie in der Aufbruchszeit der Großen Französischen Revolution.

Die durch den französischen Impressionismus in Deutschland neu angeregte Hellmalerei, die sich in den achtziger Jahren durchsetzte, wurde von der Kunstkritik der naturalistischen Richtung zugerechnet, oft mit dieser gleichgesetzt. Liebermanns Produktion hellmalerischer Gemälde nahm in den achtziger Jahren beträchtlich zu. Die hellmalerischen Prinzipien der Fleckauflösung, der Darstellung unscheinbarer, auch „häßlicher" Gegenstände („Naturwahrheit"), der Behandlung sozialer Themen überschnitten sich mit denen der Dunkel- und Graumalerei. Denkt man sich die dunklen Teile eines oppositionell-naturalistischen Bildes zugunsten hellerer und sehr heller Partien reduziert, erhält man eine Hellmalerei-Gestaltung. So tendiert Liebermanns *Zwölfjähriger Jesus im Tempel* durchaus zur Hellmalerei. Übrigens zeigt dieses Gemälde auch gewisse soziale Tendenzen in der Darstellung des aus sehr einfachen Verhältnissen stammenden Jesusknaben und der antitraditionellen Alltagscharaktere der Rabbiner, die keineswegs durch die Verhältnisse einer gehobenen Bildungsschicht geprägt erscheinen.

Als Bahnbrecher der Hellmalerei, die insbesondere von der Graumalerei im Einzelfall kaum unterschieden werden kann, galt in Deutschland Fritz von Uhde. Adolf Rosenberg schreibt in seinem Aufsatz *Die religiöse Malerei der Gegenwart* (1886): „Wie man auch über die französischen Naturalisten, über Uhde und seine Nachahmer, über Skarbina, Firle u.s.w. in späteren Zeiten urteilen mag – so viel steht fest, daß ihnen das Verdienst gebührt, unsre Malerei aus ihrer trüben Kelleratmosphäre an das helle Licht des Tages in jeglicher Nüance emporgeführt, unsern Malern die Augen für das Licht geöffnet zu haben."[1124] Eine besondere Art der Hellmalerei ist die von Liebermann, Uhde, Firle usw. bei der Darstellung von Interieurs angewendete Gegenlichtgestaltung, die die Figuren von hinten durch ein helles Fenster beleuchtet sein läßt, von Licht umspielt und durch Widerscheinreflexe aufgehellt. Doch auch die Hellmalerei (Impressionismus, Pleinairismus, Freilichtmalerei), die als Richtung des oppositionellen Naturalismus vor allen Dingen der achtziger und neunziger Jahre zu betrachten ist, arbeitete mit fleckaufgelösten, gebrochenen, stumpfen Grau- und Brauntönen und wurde deshalb mit ähnlichen Vokabeln angegriffen wie die Dunkel- und Graumalerei. Wilhelm Lübke kritisierte in einer Rezension der Münchener Jubiläumsaustellung von 1888 Uhdes *Abendmahl* (1886, Abb. 214) und erregte sich über die „Schmutzmalerei" dieses Bildes: „Warum aber vollends hier wie auf anderen Bildern die Gestalten so schmutzig darstellen, daß man sich versucht fühlt, ihnen vor allem einige Pfund Seife anzubieten? Diese Schmutzmalerei, die man komischerweise plein air nennt, ist das neueste von Frankreich aus verkündete Evangelium, das mit dem ebendort erfundenen Wahlspruch le laid c'est le beau von den nachahmungslüsternen Deutschen getreulich adoptirt wird."[1125]

Unter den Stichworten Impressionismus, Pleinairismus, Freilicht griff Wilhelm Lübke in seiner *Geschichte der Deutschen Kunst* (1890) die „Skizzenhaftigkeit und Liederlichkeit" der Hellmalerei an und fuhr fort: „Dieser ganzen Kunst ist ein innerer Abscheu vor Schönheit und Anmuth eigen; um nur nicht fade und süßlich zu erscheinen, stürzt sie sich in das entgegengesetzte Extrem des Niedrigen und Gemeinen. Dies findet sie dann nach Herzenslust in den Kreisen des geistig tiefstehenden und meistens sittlich herabgekommenen Proletariats. Nach dem Vorgange Zola's und seiner kümmerlichen deutschen Nachtreter sucht sie uns das

Elend der Welt mit Behagen in breiten Bettelsuppen aufzutischen. Wer hätte an sich etwas einzuwenden gegen die Darstellung der 'unteren' Stände? Die alten Niederländer haben ihr gesundes Volksleben selbst bis zu seinen derbsten Aeußerungen künstlerisch geschildert, aber sie haben es durch die Kraft des Humors und durch malerische Vollendung erhöht. Außerdem hatten sie den sicheren Takt, diese Dinge meist in bescheidenem Maaßstabe vorzuführen. Unsere neueste Kunst vergreift sich schon darin, daß sie den Proletarier in Lebensgröße giebt und zwar stets in möglichst brutaler Form."[1126]

Wenn Lübke das Vorbild der niederländischen Kunst des 17. Jahrhunderts beschwört, die bei der Darstellung der „unteren Stände" sich taktvoll der Methode der poetischen Verklärung oder humoristischen Entschärfung und vor allen Dingen kleiner Formate bedient habe, scheint er vorauszusetzen, daß jenseits des minderwertigen Proletariats noch ein „gesundes Volksleben mit selbst derbsten Äußerungen" existiere, das wenigstens einigermaßen den Anforderungen der „schöneren Kunstmission" entspreche. Vielleicht hatte Lübke auch jene wirklichkeitsferne historisierende Richtung der Genremalerei im Auge, die niederländische Szenen in romantischer Verklärung wiederzubeleben versuchte (Claus Meyer, Paul Höcker usw.).[1127] Jedoch geriet dieses „illusionistische Hollandisieren" bald gegenüber der modernen Rezeption Rembrandts und anderer holländischer Meister des 17. Jahrhunderts durch Liebermann, Uhde, Firle usw. ins Hintertreffen. Diese oppositionellen Naturalisten reisten nach Holland, um sich auch an Jozef Israëls zu orientieren und um vor allen Dingen das zeitgenössische Leben der Bauern, Landarbeiter, spitzenklöppelnden und nähenden einfachen Frauen und der Kinder in den Waisenhäusern zu studieren und hellmalerisch zu gestalten. Viele der „proletarisch"-religiösen Szenen Uhdes spielen in Holland. – Übrigens wurde die Autorität Rembrandts und seiner christlichen „Armeleutemalerei" sowohl von den Befürwortern als auch von den Gegnern des religiösen oppositionellen Naturalismus formal- und inhaltsästhetisch genutzt: während die Befürworter die „Modernität" Rembrandts betonten, wiesen die Gegner auf die „maßvolle", „poetische" bildkünstlerische Phantasie Rembrandts hin, die ihn von den modernen Naturalisten trenne.

So scharf Lübke die „niedrige und gemeine Bettelsuppe" der „schmutzig" kolorierenden Bildkunst Uhdes bekämpfte, so wenig Zustimmung fand diese Malerei bei der Sozialdemokratie. Ein Kunstkritiker der *Neuen Zeit* (1893/1894) schrieb: „Leise, möglichst leise erhebt auch das gesellschaftliche Elend sein Haupt da und dort, aber das 'neue Licht' legt um die proletarischen Gestalten – wie z.B. bei dem Rittmeister a.D. v. Uhde – eine Gloriole der Armuth und ein Hoffnungsleuchten einer 'höheren' Versöhnung (...). Die 'neue' Kunst (...) kokettiert zwar ein wenig mit dem Proletariat, aber sie verkauft sich – wo sie nur irgend kann – mit Leib und Seele der Bourgeoisie."[1128] Die Ergebnisse der Analysen der Werke von Uhde, Firle, Dettmann, Mackensen usw. bestätigen den Grundgedanken dieses Urteils. Selbst ein Gemälde wie Ludwig Dettmanns *Arbeit* (1893-1894, Abb. 446), das Dunkelmalerei (Seitenflügel) und Hellmalerei (Mittelbild) vereint, kommt bürgerlichen Bildungsvorstellungen mit der traditionellen Triptychonform und den religiösen Unterschriften der Seitenflügel entgegen (links: *Unser täglich Brot gib uns heute*, rechts: *Unser Leben währet siebzig Jahre und wenn's köstlich gewesen ist, so ist es Mühe und Arbeit gewesen*).

Der Unterschied zwischen dem religiösen oppositionellen Naturalismus (Uhde) und dem profanen (Liebermann) besteht darin, daß letzterer eine wesentlich radikalere Stoßkraft entwickelt. Das Wahrheitsstreben und die Modernität des religiösen oppositionellen Naturalismus sind durch Kompromisse mit der Tradition, durch bürgerlich-idealistische Momente, durch Tendenzen eines antisozialdemokratischen Christlichen Sozialismus und durch eine insgesamt höhere Darstellungkonkretion abgeschwächt. Dies scheint der progressiven Kunstkritik jener Zeit auch in gewisser Weise bewußt gewesen zu sein. Emil Heilbut (Herman Helferich), der den „Naturalismus" durch die Gestaltungsprinzipien der Einfachheit, Natürlichkeit, bewußten Naivität bestimmt sieht und seine Oppositionsrolle gegenüber dem Theatralischen, der Pose, dem Geistreichen, gegenüber der großstädtischen Zivilisation hervorhebt[1129], vergleicht (1887) Liebermann, der nicht „zahm" zu kriegen sei, mit Uhde: „So ist, meine ich, seine Erscheinung eine vielleicht interessantere als die seines vorzüglichen Genossen Fritz v. Uhde, der mehr Meisterschaft hat, reinlicher malt, besser arbeitet; viel mehr subjektive Tiefe aufweist, Charaktere schafft, Typen bildet, allgemeiner ist und folglich sich abschleift – Höheres, das Höchste selbst von vornherein vorhat und von Begriffen ausgeht, die in seiner Brust liegen. Wie die Natur denn doch eine originalere Kraft besitzt als die tüchtigste bewußte Arbeit des Menschen, also ist Liebermann frischer, einschlagender, chockierender als Uhde."[1130] Noch eindringlicher heißt es bei Heilbut: „Liebermann zeigt auf seinen Arbeiten eine frische frohe – enorme Häßlichkeit. Uhde hat sie nicht in dem Grade, Liebermann ist bis zum Stupiden häßlich. (...) Er ist hart und hölzern im Strich, hat blecherne Töne, setzt sie ohne Leichtigkeit und Verve hin, kunstlos. Er scheint kunstmäßig Vollendetes als ein Nihilist zu verachten."[1131]

Der literarische deutsche Naturalismus, dessen Anfänge in die frühen achtziger Jahre des 19. Jahrhunderts fielen und dessen künstlerische Zielsetzung weitgehend mit der des oppositionellen Naturalismus übereinstimmte, war ein „Nachzügler" nicht nur „innerhalb der europäischen Literaturbewegungen"[1132], sondern auch gegenüber dem oppositionellen Naturalismus eines Leibl, Thoma, Liebermann, Friedrich von Keller, dessen Anfänge bereits in die späten sechziger Jahre fielen. Allerdings verlief die eingehend behandelte kunstkritische Hellmalerei- und Naturalismusdebatte des Jahrzehnts etwa zwischen 1885 und 1895 synchron zur Periode des literarischen deutschen Naturalismus. Ähnlich wie der oppositionelle (bildkünstlerische) griff der literarische Naturalismus eine etablierte Kunst an, nämlich die „neoidealistischen und epigonalromantischen und klassizismusorientierten Strömungen"[1133] der kaiserzeitlichen Literatur. Das Wahrheitsstreben des literarischen Naturalismus zielte gegen die „konventionellen Lügen der Kulturmenschheit".[1134] Indem sich die naturalistischen Literaten auf die Perioden des Sturm und Drang und vor allen Dingen des revolutionären Vormärz beriefen[1135], kämpften sie gegen romantische Phantasieübersteigerungen, gegen die „Flucht" in opulente Schilderungen bedeutender historischer Ereignisse und Epochen, gegen die Verhaftetheit der etablierten Literatur an die Ästhetik des normativ Schönen und Idealen, an die

Tyrannei der deutschen, insbesondere der goetheschen Klassik und antworteten ähnlich wie die oppositionell-naturalistischen Bildkünstler mit dem Aufgreifen von Stoffen der zeitgenössischen Wirklichkeit, mit der Thematisierung des „Unscheinbaren", „Häßlichen", „Niedrigen", des Lebens von Menschen unterer Schichten und Klassen.

Das von Arno Holz 1891 formulierte Kunstgesetz des sogenannten „konsequenten Naturalismus" glich einer naturwissenschaftlichen Formel: „Kunst = Natur – x".[1136] Das x definierte Holz als den subjektiven Faktor des Autors, der wie in der naturwissenschaftlichen Arbeit ausgeschaltet werden müsse: „Die Kunst hat die Tendenz, wieder die Natur zu sein. Sie wird sie nach Maßgabe ihrer jedweiligen Reproduktionsbedingungen und deren Handhabung."[1137] Otto Julius Bierbaum sah in seiner Uhde-Monographie von 1893 auch den oppositionellen Naturalismus Uhdes durch das Holzsche Kunst-Gesetz bestimmt, unterschied jedoch das Streben nach Naturwahrheit, das gegen die „nachklassische Epigonenmalerei" gerichtet war, gegen „zusammendestillierte Schönheit", „verblasene Manier", „aufdringliche Geschichten- und Anekdotenerzählerei" von einem „einfachen Naturabschreiben".[1138]

Die literarischen Naturalisten griffen auf die positivistische Kunsttheorie von Emile Zola zurück, die dieser in seinem Sammelband *Der Experimentalroman* (1880) entwickelt hatte.[1139] Der Kunsttheoretiker Konrad Fiedler, der in seiner Abhandlung *Moderner Naturalismus und künstlerische Wahrheit* (1881) das Streben nach positivistischer Wissenschaftlichkeit als ein Hauptprinzip des Naturalismus bestimmte, untersuchte auch die Kunsttheorie Zolas: „Im Oktober 1879 veröffentlichte Zola im Voltaire seinen bekannte Aufsatz 'Le roman expérimental'; hier schildert er, wie die moderne, auf das Experiment gegründete naturwissenschaftliche Methode, allmählich von der unorganischen zur der organischen Natur aufsteigend, den Mechanismus der Vorgänge nachweist; er sieht voraus, daß man dieselbe Methode auch auf die Vorgänge in Gemüt und Geist des Menschen ausdehnen müsse, und betrachtet den noch in seinen Anfängen befindlichen, aber zu großer Zukunft berufenen, auf das Experiment gegründeten Roman als die unserem wissenschaftlichen Zeitalter angemessene Literatur; er stellt ihn ausdrücklich der klassischen und romantischen Literatur gegenüber, welche einem Zeitalter der Scholastik und der Theologie entsprochen habe."[1140] Zola fußte auf dem Dreistadiengesetz von Auguste Comte, das die Entwicklung der menschlichen Erkenntnis als Abfolge des theologischen oder fiktiven Stadiums (état), des metaphysischen oder abstrakten Stadiums und des wissenschaftlichen oder positiven Stadiums begriff („Positivismus").[1141] Hegel war ebenfalls vom szientistischen Geist des 19. Jahrhunderts erfüllt, wenn er das historische „Ende" von Religion und Kunst zugunsten der Vorherrschaft der wissenschaftlich-philosophischen Reflexion gekommen sah.

Dem Szientismus ihrer Gestaltungsmethoden (naturwissenschaftliches Beobachten und Experimentieren) entsprach der naturwissenschaftliche Wirklichkeitsbegriff der literarischen Naturalisten; in ihren Augen waren Natur und Gesellschaft durch jene biologischen Gesetze determiniert, die Darwin gefunden und Haeckel in Deutschland popularisiert und weiterentwickelt hatte, die Gesetze des Kampfes ums Dasein, der Anpassung durch natürliche Auslese, der Vererbung. In der Gefolgschaft des Comte-Schülers Hippolyte Taine, dessen Ideen neben denen Comtes und der englischen Empiristen John Stuart Mill und Herbert Spencer bei der Abfassung des Holzschen Kunst-Gesetzes Pate gestanden hatten[1142], sahen die literarischen Naturalisten den Menschen durch die Primärfaktoren der Rasse (la race), des Milieus (le milieu) und des historischen Momentes (le moment) bestimmt. Die positivistische Kunsttheorie Taines, die allein ethnologische, soziologische und historische Faktoren bei der Darstellung menschlicher Existenzen und Schicksale gelten ließ, wendete sich gegen die herrschende idealistische-normative Ästhetik mit ihren Implikationen der hohlen bürgerlichen Moral.

Der oppositionelle Naturalismus der Bildkunst zeigte ebenfalls szientistische Tendenzen, wenn er als Grundlage der künstlerischen Gestaltung eine präzise Beobachtung „vor Ort" forderte und in der Hellmalerei die Phänomene der Tagesbeleuchtung und die Gesetze der Licht- und Farbenmischung sorgfältig studiert und angewendet wissen wollte. In seinem Aufsatz *Zola und die Hellmalerei* (1888), der in der Münchener naturalistischen Zeitschrift *Die Gesellschaft* erschien und ein Beispiel der bis in die Kunst-Debatten des bayerischen Landtags reichenden Zola-Rezeption der achtziger Jahre ist[1143], verdeutlichte Max Friedländer am Beispiel der Analyse des Romans *Das Werk* (1886) von Zola das wissenschaftliche Streben der Hellmalerei.[1144] – Die Determination des Menschen durch sein Milieu kam in der Dunkel-, Grau- und Hellmalerei dadurch zum Ausdruck, daß die Figuren der Arbeiter, der „Armen und Elenden", der Lumpenproletarier in den informellen Strukturen ihrer Arbeits-, Aufenthalts- und Wohnstätten aufzugehen schienen. Auch wurde der analytischen Schilderung des Milieus, das die entsprechenden sozialen Verhältnisse anzeigte, in den oppositionell-naturalistischen Bildern ein breiter Raum gewidmet.

Die antiidealistische Leugnung der Willensfreiheit und damit auch der traditionellen Ethik bestimmt die Milieutheorie des naturalistischen Schriftstellers Conrad Alberti: „Das Milieu in der Kunst wie in der Kunstlehre konnte sich erst entfalten, sobald die jahrhundertealte Legende vom freien Willen des Menschen zerstört war, sobald man wußte, daß der Wille des Menschen in keinem Augenblick frei ist, sondern jeder Mensch nur das will, was er wollen muß, wozu seine Natur und das Milieu ihn zwingen, daß er in jedem Augenblicke einem physiologischen und milieumäßigen Zwange gehorcht."[1145] Da die Naturgesetze nach Alberti sowohl die physikalischen, chemischen und biologischen als auch die geistigen und gesellschaftlichen Vorgänge und Erscheinungen regeln, gibt es keine ästhetische Bevorzugung eines „höhere Stoffgebietes" wie in der traditionellen Ästhetik. Alberti schreibt: „Daher sind vor dem Naturgesetz und vor der Aesthetik alle Wesen und Dinge einander gleich, es gibt keine künstlerischen Stoffe zweiten und dritten Ranges, sondern als Stoff steht der Tod des großen Helden nicht höher als die Geburtswehen einer Kuh, denn dasselbe und einheitlich und allgewaltige Naturgesetz verkörpert sich in diesem wie in jenem. Es gibt nichts Höheres als das Naturgesetz und darum nichts Wahreres und nichts Schöneres."[1146] Mit diesem Argument wird die Darstellung gerade auch der Lebenswirklichkeit von Menschen unterer Schichten und Klassen, ihres harten Arbeitslebens, ihrer Not und Verelendung äs-

Abb. 473 Karikatur „Freie Bühne", 1890

thetisch gerechtfertigt. Auch die oppositionell-naturalistischen Maler folgten dem ästhetischen Prinzip der Relativierung, ja Entthronung des Schönen und Idealen, des Poetischen und geistig Verklärten zugunsten der Gestaltung dessen, was von der konservativen Kritik als „Schmutz und Schlamm"[1147] angeprangert wurde.

Eine Karikatur (1890, Abb. 473) des *Kladderadatsch* zeigt das 1889 eröffnete progressive Theater *Freie Bühne*, das Stücke von Gerhart Hauptmann, Arno Holz und Johannes Schlaf, Tolstoi, Strindberg und Zola aufführte, als „Schmutzbude", an der ein Passant, sich die Nase zuhaltend, vorübereilt. Ein angewiderter Besucher kommt fluchtartig aus dem dunklen Eingangsloch heraus. Die „Möchte-gern-Fassade" des Gebäudes mit unordentlich vorgeblendeten, teilweise schiefen Zwergsäulen und häßlichen Schmuckformen bietet im oberen Teil ein Wandbild: die naturalistische Muse, eine alte Hexe, sammelt vor der Haustür des „Naturalismus" Müllteile aus den abgestellten Eimern in ihren als „Repertoire" gekennzeichneten Rucksack. An der linken Seite des Wandbildes steht auf einem Sockel das „Freie Weib" zigarrerauchend und den Mann unterdrückend, eine Anspielung auf das von den Naturalisten häufig behandelte Thema der Frauenemanzipation. Oben sitzt die barfüßige Figur eines Straßenjungen, der den Schmutz von einer Stiefelsohle schleckt. Rechts steht auf dem Sockel der „Vererbung" das verlotterte Paar eines Trunkenbolds und seines bereits aus der Flasche Schnaps trinkenden Jungen. Die Trunksucht wurde von den naturalistischen Schrifstellern oft als Beispiel der Wirksamkeit der Vererbungsgesetze benutzt. Aus einem Abfluß der Fassade tropft zwischen zwei Säulen Kot auf die Straße. An der Ecksäule neben einem Dunghaufen lehnt ein betrunkenes Subjekt. Links von der „Schmutzbude" befindet sich der Eingang einer Schnapsbude, der Theater-Destille, wo sich die verkommenen Theaterbesucher ihrer Trunksucht hingeben können. Dieser Angriff auf die naturalistische Dramatik und ihr Publikum bleibt hinter den Diffamierungen des oppositionellen bildkünstlerischen Naturalismus nicht zurück.

Doch bekämpft wurde der Naturalismus auch von der Sozialdemokratie, die für die bürgerliche Arme-Leute-Malerei und insbesondere für den religiösen oppositionellen Naturalismus ebenfalls wenig übrig hatte. Einerseits wurde getadelt, daß die proletarische Welt in den naturalistischen Romanen, Dramen, Gedichten stets in einer negativen Perspektive erschien, eben in der des „Schmutzes und Schlammes". Franz Mehring schrieb (1893): „Der Impressionismus, die Freilichtmalweise in der Malerei, der Naturalismus in der Dichtung ist eine künstlerische Rebellion; es ist die Kunst, die den Kapitalismus im Leibe zu spüren beginnt; 'sie fährt herum, sie fährt heraus und säuft aus allen Pfützen'. In der Tat erklärt sich auf diese Weise leicht die sonst unerklärliche Freude, welche die Impressionisten der bildenden und die Naturalisten der dichtenden Kunst an allen unsauberen Abfällen der kapitalistischen Gesellschaft haben; sie leben und weben in solchem Kehricht, und es gibt auch gar keinen peinlicheren Protest, den sie in ihrem dunklen Drange ihren Peinigern ins Gesicht schleudern können. Aber von einem dunkeln Drange bis zur klaren Erkenntnis einer neuen Kunst- und Weltanschauung ist noch ein weiter Weg, und auf diesem Wege machen die künstlerischen Richtungen, die zu einer wahrhaftigen Kunst zurückstreben, meist noch schwankende und unsichere Schritte."[1148] Andererseits wurde dem Naturalismus auch von der späteren marxistisch-leninistischen Rezeption vorgeworfen, er zeige nur die deterministische, mechanistisch-materialistische Abstraktion des Menschen und sei unfähig, eine parteiliche Sicht der proletarischen Verhältnisse zu entwickeln, den bewußt organisierten Emanzipationskampf des Proletariats zu begreifen. Mehring sprach (1898) von einer unüberbrückbaren Kluft zwischen dem bürgerlichen Naturalismus und dem modernen Proletariat.[1149] Trotz aller Progressivität haben in der Tat weder der literarische Naturalismus noch der oppositionelle Naturalismus der Malerei die Klassenschranken der bürgerlichen Ideologie durchbrechen können.

Realismus

Seit den dreißiger Jahren des 19. Jahrhunderts und besonders in der Vormärzzeit vollzog sich der malereihistorische Bruch mit dem Neoklassizismus und der Romantik, vor allen Dingen mit dem Nazarenertum. Ein neuartiger bürgerlich-liberaler Realismus, der die idealen Ausdrucksformen des hohen Stils zurückdrängte, ja zum Teil scharf bekämpfte, begann sich durchzusetzen, und zwar verstärkt nach der Revolution von 1848/49 und parallel zum Realismus in der deutschen Literatur.[1150] Wenn der Mitherausgeber des *Christlichen Kunstblattes*, Heinrich Merz, innerhalb einer Besprechung der Münchener Internationalen Kunstausstellung von 1879 den modernen Realismus kritisierte, als dessen „ruchloses" Extrem er Liebermanns *Zwölfjährigen Jesus im Tempel* angriff, so schien er sich in eine „heile" Kunstepoche der Herrschaft des hohen Stils zurückzusehnen. Merz schrieb: „Aber die hohe und große Kunst, vollends die heilige Kunst, das Ideale, die Poesie und die Religion scheinen aus unseren Künstlerwerkstätten fast ganz entflohen zu sein. Anstatt der Himmelstochter ist die Wirklichkeit mit ihrem Erdengeschmack eingezogen in die Räume der Kunst. Man nennt das verschämterweise Realismus, weil man kein gutes anständiges deutsches Wort dafür hat. Das stimmt ja auch ganz gut zu dem gleich undeutschen Kolorismus, Materialismus, Atheismus." Offenbar blickte Merz in jene Zeit zurück, in der die „hohe und große Kunst" mit ihren religiösen, idealen und poetischen Gegenständen die Ausstellungen beherrschte, die Kunst des Neoklassizismus und der Romantik.

In der Geschichte der Münchener Malerei, die wie die Düsseldorfer die Entwicklung in Deutschland entscheidend prägte, lag die Cäsur des „fast völligen Aussterbens in der romantisch-klassizistischen Richtung" nach Hermann Uhde-Bernays (*Die Münchner Malerei im neunzehnten Jahrhundert*, 1927) zwischen den Ausstellungen von 1858 und 1869.[1151] Doch der Kampf des Realismus gegen den aristokratisierten Klassizismus und die feudale Romantik setzte bereits im Vormärz ein. Wie Richard Muther in seiner *Geschichte der Malerei im XIX. Jahrhundert* (1893) lebendig und kritisch ausführte, waren es die beiden großformatigen belgischen Historienbilder *Die Abdankung Kaiser Karls V. 1555* (1841, Abb. 120) von Louis Gallait und *Kompromiß der niederländischen Edlen 1566* (1841, Abb. 121) von Edouard Bièfve, die auf einer Ausstellungsreise durch Deutschland 1842 einen „Tumult" hervorriefen und „den ganzen Strom der Malerei in ein neues Bett lenkten".[1152] Die moderne realistische Gestaltungsweise dieser Gemälde wurde bereits im Kapitel über die protestantische Historienmalerei behandelt, hier seien die politisch wirksamen Inhalte skizziert:

Die Hauptgruppe der *Abdankung Kaiser Karls V. 1555* bilden der niederländische Freiheitsheld Wilhelm von Oranien, der zu seiner Rechten hinter ihm stehende abgedankte Kaiser Karl V., ehemals mächtigster Feind der niederländischen Autonomiebestrebungen und dessen knieender Sohn und Nachfolger Philipp II. Der alt und schwächlich wirkende Karl legt die eine Hand auf das gebeugte Haupt Philipps und faßt Oranien mit der anderen an der Schulter, als wolle er beide Männer für die Zukunft versöhnlich stimmen. Doch Oranien, die stolze Zentralfigur des Gemäldes, blickt fast geringschätzig auf Philipp II. herab. Zur Linken Oraniens befinden sich die Freiheitskämpfer Egmont und Hoorn.

Der *Kompromiß der niederländischen Edlen 1566* zeigt die Gründung einer gegen die spanische Herrschaft gerichteten Liga durch Angehörige des niederen niederländischen Adels. Graf Hoorn unterzeichnet am Tisch ein „Kompromiß"-Dokument, das die Einführung der Inquisition durch Philipp II. in den Niederlanden brandmarkt und zurückweist. Der im Profil gesehene Egmont sitzt rechts. Einige der begeisterten Versammelten leisten Kampf- und Treueschwüre.

Beide Gemälde verweisen auf die freiheitlich-nationale Tradition der Niederlande, eine Tradition, die der junge belgische Staat, der in der Revolution von 1830 seine Unabhängigkeit errungen hatte, für sich in Anspruch nahm. Das deutsche liberale Publikum konnte durch diese Darstellungen Impulse vaterländisch-revolutionärer Begeisterung empfangen und beide Bilder als Absage an eine legitimistische, feudalklerikale Geschichtsauffassung verstehen.[1153]

Mit Recht nennt Ingrid Jenderko-Sichelschmidt in ihrem Aufsatz *Die profane Historienmalerei 1826-1860* (1979) drei historisch wichtige Gemälde, die an der „Wende von der romantischen Gedankenmalerei zur realistischen Geschichtsmalerei" auf „sehr kritische Beurteilungen" stießen: *Das*

Abb. 474 Peter Cornelius: Das Jüngste Gericht, 1836-1839

Jüngste Gericht (1834-1839, Abb. 474) des Münchener Akademiedirektors Peter von Cornelius, *Der Triumph der Religion in den Künsten* (1831-1840, Abb. 69) von Friedrich Overbeck und *Die Einführung der Künste in Deutschland durch das Christentum* (1834-1836, Abb. 113-115) von Philipp Veit. Im Kontrast zu diesen Gemälden wird der Realismus der beiden Historienbilder von Gallait und Bièfve besonders deutlich.

Das *Jüngste Gericht* von Cornelius kann als Musterbeispiel einer Malerei gelten, die nach Muther nur „colorirte Cartons" und eine „schattenlose Conturenwelt" kannte.[1154] – In der klassizistischen und nazarenischen Momumentalmalerei galt der gezeichnete und in einfarbiger Malerei angelegte Karton, dessen Gestaltung auf einem präzisen Umrißliniengerüst basierte, zumeist als ausstellungswürdiges, selbständiges Kunstwerk, da er die „Idee" des Bildes schon vollkommen realisierte; das entsprechende Gemälde folgte sozusagen nur noch als zweitrangige Farb-Ausführung des Kartons. – Eine ideale, gleichmäßige Helligkeit prägt das Cornelianische *Jüngste Gericht*, dessen Karton übrigens 1834-1835 in Rom entstand, und läßt den formbestimmten „Zeichenstil" und die in klare Lokalfarben (zum Teil christliche Symbolfarben) aufgeteilte „Kolorierung" hervortreten. Die figuralen Volumina erscheinen zurückgenommen; fast flächig-ornamental gliedern schönlinige Faltenschwünge der antiken Tradition die „schattenlosen" Figuren. Diese sind innerhalb einer bildparallelen schmalen Raumschicht sozusagen „flächig" angeordnet. Die durch eine ideale Symmetrie beherrschte Komposition gliedert sich hierarchisch in drei Zonen, den obersten „kopflastigen" Bereich mit den sehr großen Figuren des Weltenrichters Christus, der Heiligen des Alten und Neuen Bundes und des Engels des Gerichts, einen mittleren Bereich mit stürzenden Verdammten und aufsteigenden Erwählten und eine untere Erdzone, die vom Erzengel Michael beherrscht wird.

Der Gegensatz dieser religiösen Gestaltung des „Stilisten an der Isar" (Muther)[1155] zu den profanen Historienbildern von Gallait und Bièfve könnte nicht krasser sein. Anders als die idealtypischen Figuren von Cornelius sind jene der belgischen Realisten durch Studien zeitgenössischer Porträts und Kostüme wissenschaftlich fundiert; ihre Haltungen, Bewegungen und mimischen Züge beruhen auf präzisen Beobachtungen. Die quellenkritische Methode der „modernen" Geschichtsforschung (Historismus) verbindet sich mit einer „naturwahren" Empirie des psychologischen Studiums. Jeder der dargestellten ausgeprägten Charaktere beansprucht einen „Aktionsraum", in dem er sich verwirklichen kann. Die liberalen, dem Realismus verpflichteten Kunstkritiker und -theoretiker formulierten in der Auseinandersetzung mit der abstrakten Typisierung und Idealisierung der stillagenhohen Bildkunst die Prinzipien des Individualisierens und Charakterisierens in der Menschendarstellung. Wie ein kritischer Leitfaden durchzieht der Begriff der „Individualisirung" das Buch über die *Düsseldorfer Künstler aus den letzten fünfundzwanzig Jahren* (1854) von Wolfgang Müller von Königswinter, der die stillagenhohe Malerei nicht sehr schätzte, „schlichte Natürlichkeit" der „gedankenreichen Abstraction" und Gestalten mit einem „menschlichen Aussehen von Fleisch und Blut" allegorischen und schablonenhaft stilisierten Figuren entschieden vorzog.[1156] Der liberale Kunsttheoretiker Carl Lemcke warnte in seiner *Populären Ästhetik* (1873[4]), die in den sechziger und siebziger Jahren stark beachtet wurde, vor dem „Schematischen" einer „falschen Idealität", das das „Characteristische des lebendig Besonderen" aus dem Auge verliert: „Kunst verlangt immer Characteristisches der Erscheinung."[1157]

Dem abstrakten Ideenraum des Cornelianischen *Jüngsten Gerichts* mit seiner Zonenhierarchie und Dominanz der obersten spirituellen Zone um den Weltenrichter steht der einheitlich „irdische", durch historische Innenarchitektur und Ausstattung geprägte Raum der belgischen Realisten gegenüber. Mit allen Mitteln der Zentralprojektion, der perspektivischen Verkleinerung und Verkürzung, der Figurenstaffelung, der raumbildenden Isolierung von Einzelfiguren, der Schaffung von augenfälligen Richtungsdiagonalen, der Repoussoireffekte ist die Tiefenräumlichkeit in der *Abdankung Karls V. 1555* und dem *Kompromiß der niederländischen Edlen 1566* veranschaulicht.

Im Gegensatz zum durchdringenden spirituellen Licht des Cornelianischen Freskos werden die Figurengruppen bei Gallait und Bièfve durch eine szenische Lichtregie zusammengefaßt oder geschieden, in ihrer Bedeutung mit Hilfe von Dunkelzonen relativiert oder mit Hilfe von Helligkeitszonen hervorgehoben. Der Lichteinfall und die Schattenbildung stehen dabei weitgehend mit den physikalischen Gesetzen in Einklang. Ein neuartiger Kolorismus drängt die Kraft der Lokalfarben in den dunklen und sehr hellen Zonen zurück; die Gesamtgestaltung wird durch ein szenisches Helldunkel geprägt. – Unter dem Einfluß der beiden belgischen Historienbilder vollzog sich nach Muther ein „coloristischer Umschwung in Deutschland".[1158] In München waren die Werke von Kaulbach, Piloty und Makart Hauptstationen der Weiterentwicklung des kompositorischen Helldunkels und der Regie von Massen gebrochener Farben und von effektvoll eingesetzten klaren und leuchtenden Einzeltönen.

Overbecks *Triumph der Religion in den Künsten* besitzt eine weichere Modellierung und ausgeprägtere Tiefenräumlichkeit als das *Jüngste Gericht* von Cornelius. Doch auch hier herrschen eine zeichnerische Bestimmtheit und ideale Schönlinigkeit der Formen, eine fast „bunte" Lokalfarbigkeit im gleichmäßigen Ideallicht, Symmetrie und die symbolische Einteilung in eine irdische und eine himmlische Zone. Die sozusagen „zeitlose" Künstlerversammlung des unteren Bereichs umspannt mehrere Jahrhunderte. Die dargestellten Künstler sind um den Lebensbrunnen der Religion geschart, empfangen ihre Bestimmung aus der spirituellen Himmelszone und schaffen ausschließlich ad maiorem dei gloriam. Veits Triptychon *Die Einführung der Künste in Deutschland durch das Christentum* besitzt in drei Teilbildern jeweils eine einzige Bildzone, die allerdings nur religiöse und symbolische Figuren zeigt. Die Gemälde von Overbeck und Veit drücken die Geschichtsauffassung des katholischen Nazarenertums aus.[1159]: Erstens überwindet das christliche Mittelalter die Antike. Bei Overbeck steht links im Vordergrund über einer zerbrochenen antiken Statue ein frühchristlicher Sarkophag, der ein Relief mit den zwei Marien zeigt, die zu dem Grabe des bereits auferstandenen Erlösers gehen. Dieser Allegorie der auferstehenden und über das heidnische Altertum triumphierenden christlichen Kunst entspricht jene der Erneuerung der Kunst durch das Christentum, die im linken Seitenflügel des Triptychons von Veit ausgedrückt ist: die Figur der Italia mit dem dreifachen Kreuzstab des Katholizismus sitzt über antiken Trümmern. Der Rückgriff der Nazarener auf die Kunst Raffaels (Overbecks *Triumph der Religion in den Künsten* hat beispielsweise Raffaels *Disputà* zum Vorbild) bedeutet nicht eine Wertschätzung der italienischen Renaissance als revolutionierende Epoche neuer, antikegesättigter Weltzuwendung, sondern Raffael erscheint den Nazarenern als Vollender des christlichen Mittelalters. Die nazarenische Rezeption reinigt folgerichtig die Gestaltungsweise Raffaels von aller antiken Sinnlichkeit, harmonisiert alle Brüche, glättet alle Widersprüche. Im *Jüngsten Gericht* von Cornelius zeigt die Gruppe der Erwählten einen „frommen" raffaelischen Stil, während die Gruppe der Verdammten die „heidnische" Sinnlichkeit Michelangelos in der häßlichen Überzeichnung schwellender Muskelpakete karikiert. – Zweitens erstreben die Nazarener eine Wiederherstellung des mittelalterlichen Feudalklerikalismus. Bei Overbeck fungieren Kaiser und Papst als Auftraggeber und Schutzherren der Künste und Künstler, bei Veit liegt zu Füßen der thronenden Germania des rechten Seitenflügels die kreuzgeschmückte Kaiserkrone Karls des Großen. Eine ultramontan gefaßte Vereinigung von Deutschland und Italien wird thematisiert, bei Overbeck durch die veranschaulichte Zusammengehörigkeit italienischer und deutscher Kunst und Künstler (Dürer, Raffael) im Zeichen des Katholizismus, bei Veit durch die Darstellung des Bischofs Bonifazius, der die heilige Eiche der Germanen fällt und damit eine Symbolfigur der „vorbildhaften", von Rom ausgehenden Christianisierung Germaniens bildet. Auf der Grundlage dieser Christianisierung kann sich die zurückgesehnte mittelalterliche Kultur entfalten: im Mittelbild des Veitschen Triptychons sind neben der Hauptfigur der Religion ein bekränzter Poet (Dichtung), eine junge Frau mit Portativ (Musik) und ein Ritter in voller Rüstung (Rittertum) als Verkörperungen der höfischen Dreieinigkeit des Mittelalters dargestellt.

Während die Nazarener zu einer „heilen Welt" der gottgewollten ständischen Ordnung, der Restauration des die christlich-katholische Kunst fördernden Kaiser- und Papsttums zurückstrebten, faßten Gallait, Bièfve und die deutschen Realisten die Fortschritte der Neuzeit ins Auge. Müller von Königswinter schrieb über die „besseren Düsseldorfer": „Sie nehmen sich Stoffe aus Perioden, wo wirklich Geschichtsschreibung der Völker und nicht allein der Fürsten, wie im Mittelalter, existirte. Sie lassen sich von Gedanken inspiriren, deren Lösung auch noch in unsre Tage hinüberspielt. Sie wenden sich in lebendigen Schilderungen den Kämpfen neuer Zeiten zu und ziehen zugleich die Portraits denkwürdiger Personen an das Licht, um sich nach ihren Charakteren und Costümen zu richten. So quillt Leben aus Leben. Es entstehen Bilder, welche Jedermann gern sieht, weil sie seinen Geist als lebensvolle Gebilde interessiren."[1160] Carl Friedrich Lessing brach zuerst mit der Düsseldorfer katholischen Romantik des Akademiedirektors und Nazareners Wilhelm von Schadow, der in seinem idealistischen Monumentalgemälde *Die Parabel von den klugen und törichten Jungfrauen* (1835-1842) ein Lob christlicher Frömmigkeit und einen zeitbezogenen Tadel des Unglaubens formulierte. Lessing vertrat (auch im Gegensatz zum Schüler- und Freundeskreis Schadows) in seinen Huß- und Lutherbildern, die das freie, sich gegen die Zwänge der Tradition im religiösen und politischen Emanzipationskampf behauptende Individuum der Neuzeit thematisierten, eine liberale, protestantische Geschichtsauffassung.[1161] Die Bilder des Künstlers konnten im revolutionären Vormärz wie die Historienbilder von Gallait und Bièfve durchaus antifeudale Ideen unterstützen.

Die Gestaltungsprinzipien des Realismus sind in dem Gemälde *König Ferdinand nimmt Kolumbus die Ketten ab* (1843, Abb. 476) von Emanuel Leutze, den Müller von Königswinter wie Lessing zu den „besseren Düsseldorfern" rechnete[1162], bereits voll verwirklicht. Dargestellt ist der vor das spanische Königspaar Ferdinand und Isabella an den Hof in der Alhambra gerufene Kolumbus, Vizekönig der von ihm entdeckten überseeischen Gebiete, der hier von seinen Ketten befreit und rehabilitiert wird, nachdem er auf der Insel Espanola (Haiti) wegen seiner angeblich ungerechten Herrschaft verhaftet und mit seinen beiden Brüdern im Oktober 1500 nach Spanien zurückgeschickt worden war. Der Entdecker Amerikas erscheint als kraftvolle Individualität, die sich in einem zeitbezogenen, bürgerlich-liberalen Sinn vor dem unsicheren, beschämten Königspaar, dem hohen Klerus und den übrigen Würdenträgern des Hofes mit schlichter Würde behauptet und sich aus ihren Verdiensten heraus rechtfertigt. Das Gemälde gehört zu einer Folge von Kolumbus-Bildern[1163], bei deren Konzeption Leutze historisch-biographische Schriften benutzte[1164] und auf denen der Entdecker Amerikas vom Künstler als jener kühne Forschergeist der Neuzeit dargestellt wurde, als der er später auch in Kaulbachs *Reformationszeitalter*-Wandbild (1863-1864, Abb. 88) im Treppenhaus des Berliner Neuen Museums erschien.[1165] Vergleichbar mit der Kolumbus-Folge Leutzes ist die Serie von Huß- und Lutherbildern Lessings.

Eine illusionistische Raumauffassung mit besonders wirkungsvoller Verschattung und Beleuchtungsregie, ein kompositorisch gliederndes Helldunkel, ein szenischer Kolorismus, eine historischen Studien folgende Porträt-, Kostüm- und Ausstattungstreue, eine psychologisch glaubhafte Personendarstellung und lebhafte Szenenregie der Figuren bestimmen die Gestaltung von Leutzes *König Ferdinand nimmt Kolumbus die Ketten ab*. Das formalästhetische Grundprinzip des Bildes besteht in der ikonischen Sichtdarstellung. Die dicht modellierende Schattierung veranschaulicht im Unterschied zur abstrakt-idealen Glätte in Overbecks *Triumph der Religion in den Künsten* höchst konkret die unterschiedlichen Physiognomien, Kleidungsstoffe, Teppiche, innenarchitektonischen Schmuckdetails des Alhambra-Thronsaales. Eine positivistische Material-, Form- und Farbbeobachtung durchdringt im Gegensatz zur stilisierenden nazarenischen Ideenkunst die Darstellung. Der Realismus der vormärzlichen Historienmalerei ist *illusionistischer Verismus* mit fortschrittlichen Inhalten.[1166]

Vier Grundprinzipien dieses Realismus sind festzuhalten: Erstens strebt er nach höchstmöglicher Darstellungskonkretion, nach einer veristischen Erfassung der sinnlichen Form-, Farb- und Raumdifferenzierungen. In der neuartig forcierten bildkünstlerischen Aneignung der stofflichen Wirklichkeit drückt sich die positivistische Einstellung der Zeit aus, ihre Absage an abstrakte Spekulation und Ideenbestimmtheit, ihre wissenschaftliche Realitätszuwendung. Dieser bildkünstlerische Materialismus, der als „Naturalismus" von der zeitgenössischen Kritik gelobt (Müller von Königswinter[1167]) aber auch angegriffen wurde, entspricht der Weltsicht

Abb. 475 Wilhelm von Schadow: Die Parabel von den klugen und törichten Jungfrauen, 1835-1842

Abb. 476 Emanuel Leutze: König Ferdinand nimmt Kolumbus die Ketten ab, 1843

des fortschrittsoptimistischen, die „stilisierenden" Zwänge der Tradition durchbrechenden Liberalismus.

Zweitens strebt der Realismus mit allen Gestaltungsmitteln nach illusionistischer Tiefenräumlichkeit und einem rationalen szenischen Aufbau des Bildes. Die ideale Helligkeit und lokalfarbige Buntheit weichen einem wirklichkeitsbezogenen, differenzierten Kolorismus, der „prosaische", gebrochene Töne bevorzugt und die Lokalfarben einer empirischen Licht- und Schattenverteilung unterordnet. Hinsichtlich der figuralen Komposition siegt die Einfühlung in konkret-lebendige menschliche Beziehungen, in gleichsam zufallsbedingte und spontane Augenblickssituationen, über ein ideenbestimmtes Konstruieren.

Drittens strebt der Realismus nach einer Hervorhebung der individuellen Eigenarten, Besonderheiten der dargestellten Personen. Die Physiognomien und Körperhaltungen sollen jenseits normativ-ästhetischer Prinzipien der Schönheit oder Häßlichkeit, jenseits aller Stilisierung und abstrakten Typisierung prägnant in ihrer Charakteristik erfaßt werden, die situationsbedingte Mimik, Gestik und Bewegungen sollen lebensecht beobachtet sein. Das differenzierte Herausarbeiten der Persönlichkeitszüge, die „*Individualisierung*" und „*Charakterisierung*", entspricht der Auffassung des bürgerlich-liberalen Individualismus, der auf die allseitige Entwicklung und Entfaltung einer von Traditionen, Konventionen, gesellschaftlichem und staatlichem Zwang möglichst unbehelligten Persönlichkeit dringt.

Viertens strebt der Realismus nach quellenkritisch fundierter historischer und ethnographischer Darstellungstreue und, indem er menschliche und dingliche Studienmodelle verwendet, nach Wirklichkeits- und Lebensnähe. Die Ereignisse auch der Religionsgeschichte werden in ihren „äußeren" Erscheinungsformen nüchtern-prosaisch mit den Augen der historischen Wissenschaft erfaßt. Durchdrungen von dem bürgerlich-liberalen Zug der Zeit eignet sich der Realismus Geschichte in einem emanzipatorischen Verständnis an: Das mittelalterliche Ritter-, Fürsten- und Kaiserwesen, beispielsweise verherrlicht im Barbarossa-Zyklus (1826-1841) des Schlosses Heltorf (Abb. 477)[1168], in den Fresken zur deutschen Kaiserzeit des Mittelalters (1842-1846) von Hermann Stilke (Schloß Stolzenfels bei Koblenz (Abb. 478)[1169], im Nibelungenzyklus (1831-1867) von Julius

Abb. 477 *Hermann Plüddemann: Der Tod Friedrich Barbarossas, 1841*

Abb. 478 *Hermann Stilke: Die Gerechtigkeit. Rudolf von Habsburg hält über Raubritter Gericht, 1843-1846*

Abb. 479 *Julius Schnorr von Carolsfeld: Kriemhild nennt im Dom zu Worms Hagen den Mörder Siegfrieds, 1831-1862*

Schnorr von Carolsfeld (Münchener Residenz, Abb. 479)[1170], und der Feudalklerikalismus werden zurückgelassen, ja bekämpft, und die in der historischen Entwicklung der *Neuzeit* wirksamen Tendenzen wissenschaftlich-aufklärerischer und natürlich-sinnlicher Realitätszuwendung werden betont. Der Realismus wendet sich ebenfalls gegen die lebensfremde, ideale Bildungswelt der antiken Mythologie, Göttergeschichten, Sagen und Historie, wie sie zum Beispiel in der Ausmalung der Münchener Glyptothek durch Cornelius 1818-1830 (Abb. 480)[1171] und in den neoklassizistischen Werken von Bonaventura Genelli (*Herakles Musagetes bei Omphale*, 1862, Abb. 481) und Friedrich Preller d.Ä. (*Die Tötung der Rinder des Helios*, zwischen 1865 und 1868, Abb. 482) noch bis in die sechziger Jahre dargestellt erschien.

Der Realismus der Historienmalerei setzte sich gegen Romantik, Nazarenertum und Neoklassizismus in den fünfziger und vor allen Dingen synchron mit dem neuen Aufschwung der Liberalismus in den sechziger Jahren des 19. Jahrhunderts durch. – An szenischer Helldunkelregie übertraf das antiklerikale Gemälde *Galilei vor dem Konzil* (1861, Abb. 483) des in Antwerpen bei Gustav Wappers und Joseph Laurens Dyckmans geschulten Friedrich Karl Hausmann das *Zeitalter der Reformation* (Karton 1860) von Wilhelm Kaulbach. Selbst der protestantische Nazarener Julius

Abb. 480 Peter Cornelius: Der Kampf um den Leichnam des Patroklos, 1829

Abb. 481 Bonaventura Genelli: Herakles Musagetes bei Omphale, 1862

Abb. 482 Friedrich Preller d. Ä.: Die Tötung der Rinder des Helios, 1865-1868

Abb. 483 Friedrich Karl Hausmann: Galilei vor dem Konzil, 1861

Schnorr von Carolsfeld malte 1869 ein realistisches Reformationsbild, nämlich *Luther auf dem Reichstag in Worms 1521* (Abb. 484), erreichte jedoch weder die Dramatik und freie, kraftvolle Individualisierung Kaulbachs noch die szenische Illusion Hausmanns. Auch blieb der Luther Schnorrs in seiner steifen Frömmigkeit weit hinter der neuzeitlich- selbstbestimmten Kämpferfigur aus Lessings *Disputation zwischen Luther und Eck auf der Pleißenburg zu Leipzig 1519* (1867, Abb. 89)[1172] zurück. (Eine besondere Modernität des Realismus entwickelte Adolph von Menzel in seinen Gemälden der fünfziger Jahre zur Geschichte Friedrichs II. von Preußen, in denen er eine nüchtern-unprätentiöse Schilde-

Abb. 484 Julius Schnorr von Carolsfeld: Luther auf dem Reichstag zu Worms 1521, 1869

rung des Königs gab und zum Teil völlig prosaische, unfestliche Farben sowie eine Bewegung schaffende, aktualisierende Fleckauflösung verwendete.)

Der Aufschwung des Realismus wurde durch die Entwicklung der Genremalerei in den dreißiger und vierziger Jahren des 19. Jahrhunderts entscheidend mitbestimmt. Das Genre, das die Methoden des illusionistischen Verismus vervollkommnete, bildete einen Gegensatz, ja vielfach eine bewußte Opposition zur stillagenhohen Historie und religiösen Malerei. Jenseits aller abstrakten Ideenbestimmtheit wendete sich das Genre der prosaischen, stofflichen Wirklichkeit in ihrer sinnlichen Konkretion zu und behandelte das Alltags- und Arbeitsleben von Landleuten, Fischern, Handwerkern, von Menschen unterer Schichten und Klassen. Im Vormärz konnte das sogenannte „socialistische Tendenzbild" (Muther)[1173] eine progressive, teilweise sogar antibourgeoise Sozialkritik entfalten.

Charakteristisch für die Entwicklung des Realismus ist die Annäherung der stillagenhohen und stillagenniederen Gattungen: die Historien- und Bibelmalerei nehmen Elemente des Genres auf, es entwickelt sich eine religiöse Genremalerei, die das christliche Brauchtum, Glaubens- und Kultleben schildert (beispielsweise Darstellung des Tischgebets, Kirchganges, Gottesdienstes, der Beichte), und es entwickelt sich eine historische Genremalerei, die das Alltagsleben in bestimmten historischen Epochen oder Szenen aus dem Alltags- und Familienleben einer berühmten historischen Persönlichkeit darstellt (zum Beispiel Lutherfamilienbilder).

Die Zunahme und Verfeinerung realistischer, insbesondere illusionistisch-veristischer Gestaltungsweisen und die starke Verbreitung des bildkünstlerischen Bereiches mittlerer und niederer Stillagen in den fünfziger und sechziger Jahren des 19. Jahrhunderts müssen innerhalb des Bezugssystems einer neuen, „realistischen" Einstellung in der bürgerlichen Gesellschaft nach dem Scheitern der Revolution von 1848 gesehen werden. Diese Bedingungszusammenhänge, die im Kapitel über Luther- und Reformationsdarstellungen untersucht wurden, seien hier lediglich zusammenfassend skizziert.

Die Reaktion erkaufte ihren politischen Triumph mit weitgehenden Zugeständnissen an den Wirtschaftsliberalismus, so daß sich im Zuge einer rapiden kapitalistischen Entwicklung der prosaisch-nüchterne Wirklichkeits- und Nützlichkeitssinn der Bourgeoisie entfalten konnte. Mit dem wirtschaftlichen ging der naturwissenschaftliche Fortschritt Hand in Hand. Die Geisteswissenschaften gerieten in eine starke Abhängigkeit von den Naturwissenschaften. Den „Zusammenbruch" des Hegelschen Systems und Hegelianismus besiegelte der rasche Aufschwung des philosophischen Materialismus (Karl Vogt, Jakob Moleschott, Ludwig Büchner) und der antispekulativ eingestellten, positivistischen Geschichtswissenschaft. Zugunsten einer „realpolitischen" Einschätzung liberalistischer Möglichkeiten innerhalb der bestehenden Verhältnisse (Ludwig August von Rochau) wurden die antifeudalistische, linkshegelianische Tat- und Freiheitsideologie des Vormärz und der nunmehr als irreales „Extrem" geltende Republikanismus liquidiert. Man setzte auf „Evolution", nicht auf „Revolution". Die Hinwendung der Zeit zum „Praktischen" und „Materiellen" (Albert Lange) spiegelte sich auch in der Literatur des Poetischen oder Bürgerlichen Realismus; Schriftsteller wie Berthold Auerbach, Gustav Freytag, Wilhelm Raabe, Gottfried Keller mieden spekulative Ideen, schwierige Reflexionen, die Innenräume der Subjektivität (Romantik); dargestellt wurden das bürgerliche, kleinbürgerliche, städtische und ländliche Alltags- und Arbeitsleben mit detailrealistischer, nach „Objektivität" strebender Beobachtungsgenauigkeit. Der Bürgerliche Realismus (auch des historischen Romans), der die Extreme des Aristokratischen und Proletarischen gleichermaßen auszuschalten suchte, bewahrte sich trotz seiner letztlich affirmativen Weltsicht vielfach aufklärerische, fortschrittlich-liberale Impulse.

Der bildkünstlerische Realismus wurde auch durch die Entwicklung der Photographie beeinflußt, insbesondere seit der Erfindung der leicht zu handhabenden Trockenplatten in der ersten Hälfte der siebziger Jahre des 19. Jahrhunderts. Der Genremaler Karl Raupp, Akademieprofessor in München, bezeichnete in seinem *Katechismus der Malerei* (1898³) die Photographie als „Mutter des modernen Realismus" und würdigte sie als „mechanisch-technisches Hilfsmittel" der Bildkunst: „Hatte schon die Photographie an und für sich dem Naturstudium des Malers fördernd und vielfach klärend sich erwiesen, ist sie demselben gleichsam zum Korrektor geworden, der ihn durch eine unbestechliche, präzise Wiedergabe der Natur vor so manchem traditionellen, manieristischen Sehen bewahrte, wie viel mehr mußte der photographische Apparat erst in der eigenen Anwendung, in den Händen des Malers seine Wirkung steigern!"[1174]

Raupp bekämpfte indessen eine „bedingungs- und kritiklose Anwendung des photographischen Ergebnisses: „Wer heute mit offenem Auge durch eine Gemäldeausstellung geht, sieht fast auf jeder dritten Leinwand die Lehre der Photographie direkt angewendet. Allerdings nicht immer mit dem Geschmack, der die Nutzbarmachung derselben leiten sollte. Die rücksichtslose Wahrheit einer zufälligen Erscheinung bedingt allein gewiß nicht deren künstlerische Verwertung."[1175] Die Photographie förderte zwar die Verfeinerung illusionistischer-veristischer Gestaltungsmethoden, schärfte jedoch gleichermaßen das ästhetische Bewußtsein der Anwendung bildkünstlerischer Abstraktionen aller Art.

Der Realismus trat in der deutschen christlichen Bildkunst zunächst als biblische Orientmalerei auf. Wie bereits erwähnt, war Menzels *Der Christusknabe im Tempel* (1851, Abb. 153) eine der ersten orientrealistischen religiösen Darstellungen in Deutschland. Das Pastell- und Gouache-Gemälde, das den Prinzipien des illusionistischen Verismus folgte und nicht ohne ironische Akzente mit feiner Psychologie eine lebendige Szene schilderte, zeigte den zwölfjährigen Christus zwar als schönen, feinsinnigen und geistig überlegenen Jungen mit einem Lichtschimmer um den Lokkenkopf, kennzeichnete ihn jedoch wie die zum Teil karikierend dargestellten Schriftgelehrten deutlich ethnographisch als Juden. Diese Gestaltungsweise setzte eine kritische Auffassung voraus, die das Wirken des Heilands nicht mehr wie in der nazarenischen Kunst in einem idealen, allen „irdischen" Besonderheiten der Geschichte entzogenen Bereich geschehen ließ, sondern das Leben Jesu in seiner Bestimmtheit durch den historischen Ort und die historische Zeit zu charakterisieren und gewissermaßen biographisch und psychologisch plausibel zu machen suchte. Die deutsche biblische Orientmalerei wurde von dem in Paris an Gleyre, Couture und Delacroix geschulten Berliner Maler Karl Wilhelm Gentz mit Bildern wie *Der verlorene Sohn* (1849), *Christus im Hause Simons* (1854) und *Christus unter den Zöllnern*

Abb. 485 Ernst Karl Georg Zimmermann: Der zwölfjährige Christus im Tempel, 1879

Abb. 486 Eduard von Gebhardt: Einzug Christi in Jerusalem, 1863

und Pharisäern (1857) mitbegründet und fortgesetzt.[1176] Gentz, der Studienreisen nach Spanien und Marokko (1847) sowie nach Ägypten, Nubien und Kleinasien (1850 und 1855) unternahm[1177], knüpfte mit diesen Werken auch an den religiösen Orientalismus eines Horace Vernet an[1178], stieß jedoch bei Publikum und Kritik auf Unverständnis und Widerstand. Rosenberg schrieb: „Die Zeit war für die unbefangene Würdigung solcher realistischen Darstellungsweise noch nicht reif." Im Zweiten Deutschen Kaiserreich erregte das orientrealistische Gemälde *Der zwölfjährige Christus im Tempel* von Ernst Karl Georg Zimmermann 1879 (Abb. 485) auf der Internationalen Münchener Kunstausstellung Aufsehen, wurde jedoch im Kontrast zu Liebermanns oppositionell-naturalistischer Darstellung des gleichen Themas insgesamt positiv aufgenommen.[1179] Einen Höhepunkt „szientistischer" Historisierung des Neuen Testaments in der Malerei bildete Bruno Piglheins Kreuzigungspanorama (1885-1886, Abb. 154)[1180], das sowohl die Orientalen als auch die Römer in „archäologisch" treuen Kostümen zeigte und aufgrund von gezeichneten, gemalten und photographischen Studien in Jerusalem und ganz Palästina entstand. Die gegenüber dem Nazarenertum von entschieden wirklichkeitsbezogenen, ja säkularisierenden Tendenzen bestimmte biblische Orientmalerei muß im Zusammenhang nicht nur der Evangelien- und Religionskritik des Vormärz, der beginnenden Leben-Jesu-Forschung, der historisch-kritischen Erforschung der Geschichte des Christentums und des Aufschwungs der wissenschaftlichen Orientalistik insbesondere seit der Mitte des 19. Jahrhunderts gesehen werden, sondern auch im Zusammenhang mit dem europäischen *Kolonialismus* und dem preußischen Palästina-Engagement bis zur Palästina-Reise Kaiser Wilhelms II. 1898; die biblische Orientmalerei, die allerdings auch romantische Züge annehmen konnte, ist als religiöses Komplement des profanen bildkünstlerischen Orientalismus zu betrachten.

In den sechziger Jahren des 19. Jahrhunderts war Eduard

von Gebhardt ein Vorkämpfer des Realismus der christlichen Bildkunst in der Auseinandersetzung mit dem einflußreichen Düsseldorfer Nazarenertum. Gebhardts erstes neutestamentliches Gemälde, der *Einzug Christi in Jerusalem* (1863, Abb. 486) rief Entrüstung und Abscheu hervor. Adolf Rosenberg schrieb in seiner Gebhardt-Monographie (1899): „Es ist selbstverständlich, daß ein Bild, das wie dieses so rücksichtslos mit der Überlieferung brach und sich in so scharfen Gegensatz zu der in wesenloser Typik erstarrten religiösen Malerei Alt-Düsseldorfs stellte, nichts anderes als Abscheu und Entrüstung hervorrufen konnte. Man sah darin eine Art von Blasphemie, eine Verhöhnung heiliger Gefühle (...).“[1181] Es waren nicht nur die illusionistisch-veristische Szenenkomposition, der beschauliche Handlungsort einer deutschen Kleinstadt, durch deren Tor Christus einreitet und die heimatlich-konkrete Berglandschaft des Hintergrundes, die Anstoß erregten, sondern ebenfalls die vielen Genremotive der knieenden Bettler, einer blumenstreuenden Rückenfigur, eines erschreckten Kindes, eines aufmerksamen Hündchens, eines aus dem Fenster grüßenden Mädchens und eines wartenden Pferdegespanns. Die scharfe, kleinbürgerlich-„volkstümliche" Personencharakterisierung Gebhardts, die auch das Gemälde *Der zwölfjährige Jesus im Tempel* (1895, Abb. 487) zeigt und die als übertriebene „Individualisierung" angegriffen wurde, prägte bereits dieses Erstlingswerk des Künstlers. Richard Muther hob nachdrücklich die bahnbrechende Rolle Gebhardts hervor: „Dagegen war sein Auftreten für die religiöse Malerei des 19. Jahrhunderts wichtig. Indem er an die Stelle der athletischen schönen Männer, die bisher als Apostel und Fischer vorgeführt wurden, eckige altnürnbergische und altflandrische Gestalten setzte, gewöhnte er das Auge daran, zu bemerken, dass es neben der edlen Linie und aristokratischen Pose noch etwas Wahreres gebe. Realistische Kraft trat an die Stelle idealer Verschwommenheit. Denn sind die Costüme auch dem Kleiderschrank des 15. Jahrhunderts entnommen, so sind die Köpfe doch in der Mehrzahl nach der Natur studirt. In der rauhen, harten Bevölkerung seiner esthnischen Heimath fand er einen Menschenschlag, wie ihn Roger van der Weyden nicht knorriger hätte wünschen können. Seine Apostel haben trotz ihres Gewandes etwas von modernen Arbeitern, sie posiren nicht, sind mit *sich* beschäftigt." (Muther spielt hier auf das eingehend analysierte, umstrittene „Abendmahl" des Künstlers von 1870 an). „Gebhardt bildet in diesem Sinne die Brücke von der Vergangenheit zur Gegenwart."[1182]

Der protestantisch-liberale Realismus der Luther- und Reformationsdarstellungen setzte sich im Zweiten Deutschen Kaiserreich, dem „Heiligen Evangelischen Reich Deutscher Nation", verstärkt fort. Als Stationen seien folgende, bisher noch nicht behandelte Wandbilder und Gemälde anderer Art genannt: Im Auftrage des Großherzogs Karl Alexander von Sachsen-Weimar-Eisenach malte der Berliner Akademieprofessor Paul Thumann fünf Bilder für die „Reformationszimmer" der Wartburg, nämlich *Luther verbrennt die päpstliche Bulle* (1872, Abb. 488), *Luther auf dem Reichstage zu Worms* (1872, Abb. 489), *Luthers Einbringung in die Warburg* (1873, Abb. 490), *Luther übersetzt die Bibel* (1873) und *Luther als Junker Jörg mit zwei Schweizer Studenten im Gasthaus zum Schwarzen Bären in Jena* (1873, Abb. 491).[1183] Das letzte Bild und *Luthers Einbringung in die Wartburg* neigen dem historischen Genre zu. – Das Ölgemälde *Der Reformator* (1877, Abb. 492) von Eduard von Gebhardt zeigt den gläubig-mutigen Verfasser einer reformatorischen Schrift; das Porträt des Vorbildes Luther hängt an der Wand. Dem Schreiber steht seine Frau treu zur Seite. – Für die Aula des Gymnasiums in Bromberg (heute Bydgoszcz) malte der Berliner Akademieprofessor Otto Brausewetter im Jahre des Geburtstagsjubiläums Luthers 1883 Friese mit Darstellungen kulturgeschichtlicher Hauptepochen, so *Das Zeitalter der Antike* (Abb. 493), *Das Zeitalter der Reformation* (Abb. 494) und *Das Zeitalter der Humanisten* (Abb. 495). In einem fortschrittlich-liberalen Sinn sind das Altertum, das durch Figuren griechisch-antiker Philosophen, Naturforscher und Künstler veranschaulicht wird und die Neuzeit aufeinander bezogen; letztere ist

Abb. 487 Eduard von Gebhardt: Der zwölfjährige Jesus im Tempel, 1895

Abb. 488 Paul Thumann: Luther verbrennt die päpstliche Bulle, 1872

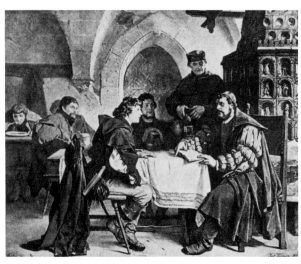

Abb. 491 Paul Thumann: Luther als Junker Jörg mit zwei Schweizer Studenten im Gasthaus zum Schwarzen Bären in Jena, 1873

Abb. 489 Paul Thumann: Luther auf dem Reichstage zu Worms, 1872

Abb. 490 Paul Thumann: Luthers Einbringung in die Wartburg, 1873

Abb. 492 Eduard von Gebhardt: Der Reformator, 1877

als Epoche der Reformation und des Humanismus gekennzeichnet, die im Geiste der Antike Naturforschung, Philosophie und Kunst wiederaufnimmt und vorantreibt. Das *Zeitalter der Reformation* zeigt im Mittelteil die Ausgabe der Bibel an das Volk durch Gutenberg, im linken Seitenteil den kämpferischen Bibelübersetzer Luther als neuzeitlichen Geisteshelden, im rechten Seitenteil den Astronomen Kopernikus, der zur revolutionierenden Entdeckung des heliozentrischen Systems beitrug. Der Fries *Das Zeitalter der Humanisten* vereint Figuren des „Althumanismus" von Erasmus über Leibniz zu Shakespeare und solche des Neuhumanismus wie Goethe, Schiller, Herder, Kant, Wilhelm von Humboldt usw. – Im Kapitel über Luther- und Refor-

Abb. 493 Otto Brausewetter: Das Zeitalter der Antike, 1883

Abb. 494 Otto Brausewetter: Das Zeitalter der Reformation, 1883

Abb. 495 Otto Brausewetter: Das Zeitalter der Humanisten, 1883

mationsdarstellungen wurde der Radierzyklus *Bauernkrieg* (1903-1908) von Käthe Kollwitz[1184] als Ausdruck einer *proletarischen* Aneignung der Geschichte des Reformationszeitalters interpretiert. Jenseits der bürgerlich-liberalen Fixierung auf die Lutherfigur gestaltete die Künstlerin in der Tradition des Geschichtsverständnisses von Wilhelm Zimmermann (*Allgemeine Geschichte des großen Bauernkrieges*, 1841-1843), Friedrich Engels (*Der deutsche Bauernkrieg*, 1850) und August Bebel (*Der deutsche Bauernkrieg mit Berücksichtigung der hauptsächlichen sozialen Bewegungen des Mittelalters*, 1876) den von Luther zunächst unterstützten, später jedoch scharf abgelehnten Emanzipationskampf der deutschen Bauern gegen die sie unterdrückenden Patrizier, Kleriker und Fürsten. Gegenüber dem kämpferisch-„sozialdemokratischen", monumentalen Blatt *Losbruch* (1903, Abb. 136) von Käthe Kollwitz zeigte eine Graphik wie *Aus dem Bauernkrieg* (1907, Abb. 496) von Josef Sattler gleichsam bildungsbürgerlich diffamierend die Plünderung der Bibliothek und Kunstschätze eines Klosters durch „rohe, kulturlose" Bauern; ein Gemälde wie *Anno 1525* (1906) des Münchener Akademieprofessors Wilhelm von Diez, das in den Krieg ziehende Bauern darstellte, bedeutete einen Rückschritt in die längst überholte „novellistische" Genreschilderung der siebziger und achtziger Jahre des 19. Jahrhunderts. Dagegen erreichte der *Bauernkriegs*-Zyklus von Käthe Kollwitz auch durch die mit modernsten, ausdruckssteigernden Abstraktionen arbeitende Formalgestaltung eine völlig neuartige bildkünstlerische Qualität.

Der Realismusbegriff, den Courbet vom Ende der vierziger bis in die sechziger Jahre des 19. Jahrhunderts in seinen Bildwerken und in seiner Kunsttheorie formulierte und der die Auseinandersetzung sowohl mit der akademischen Historienmalerei, mit der Malerei der Romantik, des Neoklassizismus, des „Idealismus" als auch mit dem Sozialismus Proudhons spiegelte[1185], fand in der deutschen Bildkunst keinerlei Entsprechung. Zwar knüpfte der deutsche oppositionelle Naturalismus in vieler Hinsicht an die realistische Malerei Courbets an, doch erreichte er niemals eine entschiedene, durch sozialistische Theoreme fundierte Parteilichkeit. Dies blieb der Bildkunst beispielsweise einer Käthe Kollwitz vorbehalten.

Es bleibt die Frage zu stellen, wie sich der hier entwickelte historische Begriff des *liberalistisch-bürgerlichen Realismus* zu dem systematischen Realismusbegriff verhält, den Schmoll gen. Eisenwerth in seinem Aufsatz *Naturalismus und Realismus (...)* (1975)[1186] „verbindlich" definiert. Nach Schmoll gen. Eisenwerth ist Realismus eine Tendenz, eine Zielsetzung, „die jeweilige zeitgenössische Lebenswirklichkeit, vor allem das, was wir auch ohne ideologische Färbung als soziale Realität verstehen, kritisch darzustellen."[1187] Der Realismus kann sich in der Terminologie des Autors *auch* „naturalistischer Darstellungsweisen" bedienen, das heißt, er kann eine höchstmögliche Darstellungkonkretion anstreben und die Methoden der ikonischen Sichtdarstellung anwenden; er kann jedoch auch mit Abstraktionen arbeiten. Realismus ist nach Schmoll gen. Eisenwerth „primär inhaltlich" bestimmt, ist nämlich immer „kritisch und immer sozialintendiert" und „weder affirmativ noch apologetisch" denkbar; „'echter Realismus'" kann „primär nur aus einer oppositionellen Haltung entstehen".[1188] Völlig unbestimmt bleiben Stoßrichtung und Qualität der von Schmoll gen. Eisenwerth angenommenen „oppositionellen Haltung" des „sozialintendierten" Realismus; richtet sich die Opposition gegen bestimmte Teilbereiche der bestehenden gesellschaftlichen Verhältnisse oder stellt sie das Gesamtsystem einer Gesellschafts- und Staatsordnung grundsätzlich in Frage? Wendet sich der Realismus anti-„affirmativ" und anti-„apologetisch" gegen eine *Ideologie*, die das Wesen der gesellschaftlichen und politischen Verhältnisse im Sinne der Interessen von herrschenden Klassen verdeckt? Könnte sich die Opposition des Realismus gegen eine herrschende, „anti-realistische" Kunstauffassung richten? Müssen nicht verschiedene Bewußtseinsgrade des Realismus in der Erkenntnis und Einschätzung der jeweils bestehenden ökonomischen, sozialen, politischen Verhältnisse unterschieden werden?

Unklar bleibt ebenfalls, was der Autor „ideologische Färbung" als „soziale Realität", als „jeweilige zeitgenössische Lebenswirklichkeit" begreift. Unter dem Verzicht auf *Wertungen* kann die gesellschaftliche Wirklichkeit welcher historischen Epoche auch immer keinesfalls adäquat erfaßt werden; eine wahrhaft *objektive* Einschätzung der sozialen Realität ergibt sich nur, wenn die Wirksamkeit der historisch treibenden antagonistischen Kräfte richtig erkannt und wenn die jeweilige gesamtgesellschaftliche Situation letztlich *parteilich* aus der Perspektive der jeweils *unterdrückten Klassen* beurteilt wird (Lukács).[1189]

Abb. 496 Josef Sattler: Aus dem Bauernkrieg, 1907

Abb. 497 Wilhelm von Diez: Anno 1525, 1906

Indem Schmoll gen. Eisenwerth seinen Realismusbegriff von allem „Affirmativen", „Apologetischen" reinigt und ihm damit undialektisch eine Einseitigkeit des Progressiv-Oppositionellen verleiht, macht er diesen Begriff unbrauchbar zur Erfassung komplizierter Verschränkungen von realistisch-progressiven und nicht-realistisch-reaktionären Tendenzen innerhalb ein und desselben Bildwerkes. Beispielsweise ist das Gemälde *Die Gründung der katholischen Liga 1609* (1853, Abb. 122) von Karl Theodor von Piloty seinem Inhalt nach ein „affirmatives, apologetisches" Historienbild, das den Bund der reaktionären feudalklerikalen Mächte Europas vor dem Ausbruch des Dreißigjährigen Krieges feiert und das im Gegensatz beispielsweise zu den Huß- und Lutherbildern Lessings den katholisierend-monarchistischen Bestrebungen in der Reaktionszeit der fünfziger Jahre des 19. Jahrhunderts entgegenkam. Dennoch stellte dieses Bild einen Markstein in der Entwicklung realistischer, illusionistisch-veristischer Gestaltungsweisen dar und teilte die Opposition gegen die Malerei der abstrakt-idealistischen Schule des Cornelius.

In seinem Katalog „unterschiedlicher realistischer Tendenzen" nennt Schmoll gen. Eisenwerth auch „liberalisierende im Zeitalter der bürgerlichen Revolutionen etwa bei Hogarth, Goya, Géricault, Daumier"[1190] – und bei Carl Friedrich Lessing, könnte zum Beispiel sinngemäß ergänzt werden. Fraglos bewahrten Lessings Huß- und Lutherbilder auch nach der Revolution von 1848 ihr oppositionell-liberales Geschichtsverständnis. Dennoch leisten diese Bilder ebensowenig wie die liberalen Luther- und Reformationsdarstellungen im Zweiten Deutschen Kaiserreich eine adäquate Erfassung der sozialen und politischen Wirklichkeit der frühbürgerlichen Revolutionsepoche etwa im Sinne von Zimmermann, Engels, Bebel, Käthe Kollwitz; sondern diese Bilder fußen auf einem antiproletarischen, pro-lutherischen, auf einem liberalistisch-bürgerlichen Geschichtsverständnis, das zudem idealistisch (im philosophischen Sinne) die Ereignisse der „reinen" Geistesgeschichte in den Vordergrund stellt."[1191] – Grundsätzlich leistete der bildkünstlerische liberalistisch-bürgerliche Realismus der fünfziger bis siebziger Jahre des 19. Jahrhunderts nur eine *klassen-spezifische* Reflexion gesellschaftlicher Wirklichkeit und enthielt genug „affirmative", „apologetische" Momente, ohne darum an oppositioneller Kraft im Kampf gegen Neoklassizismus, Romantik, Nazarenertum, gegen den traditionellen Idealismus zu verlieren. Die illusionistisch-veristischen Gestaltungsmethoden dieses Realismus sind nicht lediglich „naturalistisch" im Sinne einer bloß formalen „Naturtreue" (Schmoll gen. Eisenwerth)[1192], sondern sie sind insofern realistisch, als sie die revolutionierende, positivistische Wissenschaftlichkeit der Epoche widerspiegeln.

Weiter nennt Schmoll gen. Eisenwerth in seinem Katalog unterschiedlicher realistischer Tendenzen neben einer „klassenbewußt sozialistischen" Tendenz bei Théophile Steinlen, Jules Dalou, Käthe Kollwitz, Hans Baluschek, Heinrich Zille „christlich soziale" Tendenzen bei Millet, Meunier, beim frühen van Gogh, zum Teil bei den Präraffaeliten, bei Fritz von Uhde.[1193] In seiner Einseitigkeit des Progressiv-Oppositionellen dürfte aber der Realismusbegriff von Schmoll gen. Eisenwerth im Grunde allein auf den „klassenbewußt sozialistischen" Realismus einer Käthe Kollwitz usw. zutreffen; der vom Autor mitaufgeführte christliche Sozialismus bei-

spielsweise Fritz von Uhdes veranschaulichte die Lebenswirklichkeit der unteren Schichten und Klassen trotz aller partiellen Anklage und Kritik letztlich religiös – *affirmativ* im Sinne einer intendierten *Versöhnung* mit klassenspezifisch-bürgerlichen Grundprinzipien und Normen. Dennoch gehörte die Kunst Uhdes in den achtziger und beginnenden neunziger Jahren des 19. Jahrhunderts weitgehend dem *oppositionellen* Naturalismus an und erfüllte zusammen mit der Kunst Liebermanns, (die der Autor nüchtern-sachlich, ohne kritische Tendenz findet), eine Vorkämpferrolle in der Auseinandersetzung mit Tradition und Konvention.

Der Realismusdefinition von Schmoll gen. Eisenwerth fehlt im Gegensatz zu der von Thomas Metscher, die der Autor beiseiteschiebt, die sichere Basis eines *parteilichen Begriffs gesellschaftlicher Realität*[1194], und deshalb fehlt die Möglichkeit, mit Hilfe dieser Definition unterschiedliche Tendenzen der bildkünstlerischen Wirklichkeitsaneignung, ihres Realitätsbezuges, differenziert zu bestimmen. Aus diesem prinzipiellen Mangel an theoretischer Durchdringung, Fundierung, den die angeführten bildkünstlerischen Beispiele nur verdecken, ergibt sich auch der Fehler des Autors, seinen Realismusbegriff gleichsam willkürlich auf eine einsinnige, progressiv-oppositionelle Qualität festzulegen und ihn damit unbrauchbar zur Erfassung innerer Widersprüche, unterschiedlicher ideologischer Prägungen, unterschiedlicher Bewußtheitsgrade und Stoßrichtungen von oppositionellen bildkünstlerischen Haltungen zu machen. So versagt ebenfalls der *systematische* Anspruch dieser „verbindlichen" Definition: der *historische* Begriff des liberalistisch-bürgerlichen Realismus der fünfziger bis siebziger Jahre des 19. Jahrhunderts läßt sich nicht mit dem *systematischen* Realismusbegriff von Schmoll gen. Eisenwerth in Einklang bringen, wohl aber mit dem systematischen Begriff der „mimetischen Affirmation" Metschers: Da die mimetische Affirmation *auch* Apologie einer bestehenden Klassengesellschaft als einer vernünftigen sein *kann*, vermag sie *auch* in der historischen Form des liberalistisch-bürgerlichen Realismus zu erscheinen, dessen Wirklichkeitsbezug in der analysierten Weise (Beispiel der Luther- und Reformationsdarstellungen) durch die Schranken klassenspezifischer Ideologie geprägt ist.[1195]

Die Zurückdrängung, ja Ausdünnung des Neoklassizismus, Nazarenertums, des traditionellen Idealismus, die starke Verbreitung des Gestaltungsbereichs mittlerer sowie niederer Stillagen (Genremalerei), die Umbildung der religiösen Malerei mit Hilfe illusionistisch-veristischer und genrehafter Darstellungsweisen (von Gebhardt) nahmen dem liberalistisch-bürgerlichen Realismus, der sich am Ende der sechziger Jahre des 19. Jahrhunderts in Deutschland allgemein durchgesetzt hatte, die oppositionelle Stoßrichtung, und auch die liberalistische Kraft ging verloren. Auf der einen Seite setzte sich die Auffächerung der Bildkunst in eng umgrenzte Teilbereiche verstärkt fort (hier besteht eine Analogie zur „Prosa schaffenden" Zersplitterung der Arbeitsteilung in der bürgerlichen Warengesellschaft); so waren Spezialisten für die Darstellung von Chiemsee-Booten und -Bootsfahrten Karl Raupp, für Motive aus dem Klosterleben (trinkende Mönche, Mönche bei der Weinprobe usw.) Eduard Grützner, für Genredarstellungen im Stil der Niederländer des 17. Jahrhunderts Claus Meyer, für Katzenbilder Julius Adam (seit der Mitte der achtziger Jahre des 19. Jahrhunderts) usw. Paul Heyse ironisierte das bildkünstlerische Spezialistentum, das zu einer umfassenden Interpretation der Welt unfähig war, in seinem Roman *Kinder der Welt* (1872) am Beispiel der Figur eines Landschafters: Der „Zaunkönig", der auch wegen seiner Kurzsichtigkeit „immer ins Kleinliche und Peinliche" gerät, ist in seiner Entwicklung über der Vertiefung in die Einzelheiten des Vordergrundes niemals zur eigentlichen Landschaftsdarstellung vorgedrungen, sondern malt nun für einen speziellen Liebhaberkreis die kleine Welt der Natur hinter einer Hecke oder einem Gartenzaun, „so ein Ausschnittchen, so ein Eckchen und Zipfelchen von der großen Schöpfung".[1196] Die bildkünstlerische Spezialisierung, die die Verzettelung an das gut gemalte Detail förderte, bewirkte mit, daß sich die illusionistisch-veristische Gestaltungsweise immer weiter von der Rolle einer die Zeit bewegenden künstlerischen Kraft entfernte. Auf der anderen Seite gewannen seit der Reichsgründung reichspatriotische, monarchistische, konservative Bildthemen erheblich an Raum. Die Methoden der illusionistisch-veristischen Darstellung wurden insgesamt durch die neue Generation der seit dem Ende der dreißiger Jahre des 19. Jahrhunderts geborenen Akademielehrer fortschreitend „kanonisiert"; der *illusionistische Verismus* entwickelte sich zum „Akademismus" und begann den Charakter des Obsoleten anzunehmen.

Der historische Wandlungsprozeß des liberalistisch-bürgerlichen Realismus zum bürgerlichen Realismus und schließlich zum obsoleten illusionistischen Verismus und „Akademismus" muß als Prozeß einer zunehmenden ideologischen Stagnation und Entfernung von der Realität der bürgerlichen Gesellschaft begriffen werden, die sich im Zuge der eskalierenden Industrialisierung und und Kapitalisierung weiterhin rasch veränderte.

Grundsätzlich enthielt der illusionistische Verismus nicht nur die „realistische" Möglichkeit, die wissenschaftliche Weltzuwendung und Gewinnung einer neuen Dimension sinnlich-haptischer Konkretheit auszudrücken, sondern auch die gegensätzliche Möglichkeit, wirklichkeitsferne Inhalte mit dem bloßen Schein wissenschaftlicher „Positivität" (Comte) und sinnlich-haptischer Konkretheit gleichsam apologetisch zu bekleiden. Diese „lügnerische" Methode wurde von der konservativen Kunstkritik als „poetisch" und „phantasiereich" verteidigt. Es genügt, einen Blick in das repräsentative Werk von Ludwig Pietsch *Deutsche Kunst und Künstler der Gegenwart in Bild und Wort* (1887) zu werfen, um über diese Art von „Poesie" und „Phantasie" Klarheit zu gewinnen. Die erste Abbildung zeigt das Gemälde *Die Hoffnung* (um 1887, Abb. 498) von Cuno von Bodenhausen. Dargestellt ist eine barfüßige, schlanke, jungfräulich-rein wirkende Schönheit in einem faltenreichen und doch eng anliegenden Gewand. Sie hebt mit manierierter Empfindsamkeit die nackten Arme und feinen Hände und blickt voller Sehnsucht empor. Eine verhaltene Erotik schwingt in der Figur, in dem langen, aufgelösten Haar. Von oben ragen Blütenzweige in die gefängnisartige Mauerecke des Friedhofes, in die die „Hoffnung" vor zwei Grabkreuzen auf einer stufenartigen Bühne steht. Diese sentimentale Theaterfee, die weder der himmlischen Sphäre angehört, in die ihr Blick strebt, noch der Erde, die ihre reizenden Füße berühren, die weder ganz keusch noch ganz sinnlich, weder frei noch befangen ist, soll einen irrealen Traumweg weisen aus dem

Abb. 498 Cuno von Bodenhausen: Die Hoffnung, um 1887

kunstvoll arrangierten Gefängnis des irdischen Jammertals und seiner poesievollen Friedhofs-Vergänglichkeit; reine Blüten, dem kargen Boden entsprossen, verklären die „grausame" Öde. Diese eskapistische Phantasie will weder die reale Misere des Alltags wahrhaben, in der die Kraft der Hoffnung nottut, noch die tatkräftige Hoffnung, die gegen Widerstände anzukämpfen vermag. Vielmehr wird mit allen Überredungskünsten des illusionistischen Verismus eine poetische Illusion erschaffen. – Das in der fünfzehnten Abbildung gezeigte Gemälde *Fischer und Nixe* (um 1887, Abb. 499) von Friedrich Heyser suggeriert mit illusionistisch-veristischer Eindringlichkeit eine ursprüngliche Naturwelt, in der am frei brausenden Wasser das nackte jugendliche Paar des schönen „Fischers" und der schönen „Nixe" jenseits der Realität bürgerlicher Moralgesetze und gesellschaftlicher Konventionen zusammenfindet. – Eine märchenhafte Kinderszene bietet das Gemälde *Der Storch* (1886, Abb. 500) des Düsseldorfer Genremalers Hubert Salentin, das als sechste Abbildung erscheint. Am Rande einer sonnenverklärten

Waldwiese beobachten ein gutaussehender Dorfjunge und seine hübsche Freundin einen Storch im Bachwasser aus nächster Nähe. Das Rollenspiel der Kinder wird mit dem Schmunzeln des weltläufigen Erwachsenen charakterisiert: der Junge ist ganz stolzer Entdecker und Beschützer, der seinen Arm um das Mädchen legt, dieses ist ganz weiblich-gefällige Neugier. Der große Vogel, von dem es heißt, daß er die Kinder bringt, läßt sich durch das „salonfähige" Kinderpaar nicht im geringsten stören, – eine höchst vergnügliche Idylle und höchst „poetische" Erfindung des Malers, die in delikater Feinarbeit des Pinsels als „wirklich" ausgegeben wird. Der größte Teil der von Pietsch abgebildeten dreißig Gemälde veranschaulicht poesie-und phantasievolle Erfindungen dieser Art. Solche Bilder, die von den oppositionellen Naturalisten als „unwahr" bekämpft wurden, überfüllten die Ausstellungen noch der achtziger Jahre des 19. Jahrhunderts. Auch der große Prachtband von Pietsch zur Münchener Jubiläums-Ausstellung von 1888 bietet in dieser Richtung ein reichhaltiges Anschauungsmaterial.[1197]

Die Genremalerei des obsoleten illusionistischen Verismus und „Akademismus" leistete generell nicht wie die fortschrittliche „sozialistische Tendenzmalerei" des Vormärz eine kritische Darstellung der Lebenswirklichkeit von Menschen unterdrückter Schichten und Klassen, sie leistete keine realistische Rezeption der „sozialen Frage" im Zweiten Deutschen Kaiserreich, sondern sie folgte dem Prinzip der humorvollen „Novellistik", der Verschönerung, Veredelung des „Niederen", der liberalen Versöhnung. Cornelius Gurlitt schrieb (1899) über Ludwig Knaus, einen der berühmtesten deutschen Genremaler der fünfziger bis neunziger Jahre des 19. Jahrhunderts: „Er ist der Maler des Liberalismus, des liebevollen Pflegens der unteren Stände durch die sich sehr sorgsam von ihnen scheidenden Gebildeten, der Geistesbruder Gustav Freytags, ein feiner Beobachter, ein Mann von Herz, ein Freund unbefangenen kleinbürgerlichen oder ländlichen Daseins, dabei aber ein Mann der malerischen 'Eleganz', der das Gemeine veredelt. Wohlwollen spricht aus seinen Bildern, das behäbige Schmunzeln des Weltmannes, der die Menschen in ihren Schwächen an sich herankommen läßt; der selbst, wenn er die Leidenschaften schildert, wie in einer Rauferei auf dem Tanzboden, doch der kühle, vornehme Beobachter, der Beherrscher der in ihrer Wüstheit tobenden Bauernburschen bleibt. (...) Knaus kann malen, was er nur will: unter seiner Hand wird es salonfähig. Er reißt den schmierigsten Juden, die sich raufenden, im Schmutz herumkugelnden Buben aus der Sphäre des Peinlichen heraus und läßt uns mit Behagen ihr Treiben beobachten. Die Buben sind roh, ihr Maler bleibt vornehm, das Bild wird ein Kabinettstück."[1198] Eine an Kitsch grenzende Harmonisierung bietet das bereits behandelte religiöse Genrebild *Heilige Familie* (1876, Abb. 368) von Knaus. Zu der dargestellten ar-

Abb. 499 Friedrich Heyser: Fischer und Nixe, um 1887

Abb. 500 Hubert Salentin: Der Storch, 1886

Abb. 501 Peter Janssen: Untergang der Legionen, 1871-1873

Abb. 502 Hermann Wislicenus: Krönung Heinrichs II. in Rom 1014, 1885-1887

men Frau „aus dem Volke", die gleichwohl mit einem traditionell-faltigen Madonnengewand bekleidet ist, flattern von oben süßlich-niedliche Putten herab, die das hübsche Baby auf dem Schoß der Mutter anbeten wollen, – eine sentimentale Verklärung des Mutterglücks in Bedürfnislosigkeit und Armut. Besonders kraß ist der inhaltliche und formale Gegensatz dieser Idylle zu Uhdes ebenfalls bereits behandeltem Ölgemälde *Die Flucht nach Ägypten* (1893). Allerdings ragen sehr viele Arbeiten von Knaus in den stillagenniedersten Bereich des illusionistischen Verismus und „Akademismus" hinein, in den zum Teil rauh und kritisch gestimmten Bereich des analytischen Naturalismus.

Den lebendig-kritischen Bezug zur zeitgenössischen Gegenwart verlor die Historienmalerei des illusionistischen Verismus und „Akademismus", die versuchte, dem Betrachter alle möglichen „interessanten" Ereignisse der Vergangenheit mit überwältigender sinnlicher Konkretion vor Augen zu stellen, ihn sozusagen „hautnah" in geschichtliche Szenerien zurückzuversetzen. Jedoch konnte man trotz aller illusionistischen Raffinesse der Gestaltung keinen unmittelbaren Zugang zu diesen Bildern gewinnen, denn sie waren aufgrund intensiver historischer Studien entstanden und setzten zu ihrem Verständnis ein gerüttelt Maß an Spezialwissen voraus. Die Diskrepanz selbst der reichspatriotisch motivierten Luther- und Reformationsmalerei zur Realität der modernen bürgerlichen Industrie- und Klassengesellschaft des Zweiten Deutschen Kaiserreiches war unüberbrückbar. Völlig wirklichkeitsfern mußte den oppositionellen Naturalisten die Wiederbelebung feudalklerikaler Allegorien des Barock erscheinen, mit denen Ferdinand Keller sein Monumentalgemälde *Kaiser Wilhelm, der siegreiche Begründer des Deutschen Reiches* (1888, Abb. 172) anfüllte. Der heroische Teutonismus der Arminiusbilder von Peter Janssen im Krefelder Rathaus (Ausmalung 1871-1873, Abb. 501)[1199] nährte die reichspatriotischen *Illusionen* ebenso wie die „neuromantische" Auferstehung des Heiligen Römischen Reiches Deutscher Nation (des *Ersten* Deutschen Kaiserreiches) in den Wandbildern der Goslarer Kaiserhalle (1879-1897, Abb. 502, 503) von Hermann Wislicenus[1200] oder die strenge Pracht des photographiehaft-veristischen Gemäldes *Eröffnung des Reichstages vom 25.6.1888 durch Wilhelm II.* (1893, Abb. 504) von Anton von Werner, das allerdings den Gegensatz von Bürgern und Fürsten nicht verschwieg.[1201] Der bürgerliche Individualismus frei agierender Figuren verformte sich in solchen Historienbildern zur opernhaften Repräsentationspose elitär abgehobener Helden; die pompöse Unnatur triumphierte, die schlichte Alltagswahrheit war verdrängt. Das Theater der großen Weltgeschichte und Weltgeschichte der Großen lebte sich aus, die zeitgenössisch-gegenwärtige „graue", „schmutzige" Lebenswirklichkeit der unteren Schichten und Klassen, ihres Alltags und ihrer Arbeit war dem Bewußtsein entrückt.

Der illusionistische Verismus und „Akademismus" neigte dazu, sein Gestaltungssystem von formalen und inhaltlichen Spannungen, Konflikten, oppositionellen Tendenzen freizuhalten.[1202] Generell bot die Methode der *ikonischen Sichtdarstellung* dem Betrachter die Möglichkeit, die gegenständlichen Details „lückenlos" zu identifizieren, die Bildwirklichkeit mit dem „Sicherheitsgefühl" des unmittelbaren Wiedererkennens oder Erkennens zu erleben. Auf diese Weise wurde die Einstellung eines komplikationsfreien wahrneh-

Abb. 503 Hermann Wislicenus: Barbarossa in der Schlacht bei Ikonium, 1883-1884

Abb. 504 Anton von Werner: Eröffnung des Reichstages am 25.6.1888 durch Wilhelm II., 1893

mungsmäßigen Verfügens über die Bildwirklichkeit erzeugt; das formal und inhaltlich Fremdartige, Nicht-Faßbare, Nicht-Kalkulierbare, das Unsicherheit, Angst und Ablehnung hätte hervorrufen können, war ausgeschaltet. Selbst das Irreale konnte mit Hilfe des illusionistischen Verismus den Anschein rational faßbarer sinnlicher Konkretion und damit innerhalb gewisser Grenzen die Qualität wirklichkeitsadäquater Wahrscheinlichkeit gewinnen.

Der akademische Regelkanon des illusionistischen Verismus und „Akademismus" zielte auf die Schaffung einer einheitlichen szenischen Illusion der Darstellung. Zwar galt es, „realitätsfremde" Stilisierungen, Abstraktionen zu vermeiden und mit Hilfe des Prinzips der Individualisierung, Charakterisierung die dargestellten Bestände in ihrer Besonderheit, Eigenständigkeit, konkreten perspektivischen „Zufälligkeit" herauszuarbeiten; jedoch mußten sich die gegenständlichen Details einer überlegten ästhetischen Regie fügen, die für eine wohlgefällige, optisch reizvolle Gesamtwirkung sorgte: mit Hilfe eines „interessanten" Arrangements, einer „phantasiereichen" Situation oder Handlung, ausgewogenen Komposition, eines schönen Helldunkels und delikaten Kolorismus sollte eine zugleich überzeugende *und* kunstreiche *Szenik* hervorgebracht werden. Es galt, den Betrachter durch die Vorspiegelung einer glaubhaft-faszinierenden „Wirklichkeits"-Schau und stimmungsvollen oder erregenden Atmosphäre zur empfindsamen Einfühlung zu überreden, ihn unwiderstehlich mitzureißen oder zu beeindrucken. Die Suggestivkraft der szenischen Illusion, die auf dem reichen Wechsel von Licht und Schatten, einer sinnlich-anschaulichen Beleuchtung, einer effektvollen Farbakzentuierung beruhte, schloß störende formale und inhaltliche Diskrepanzen, Konflikte, Extrempositionen aus. Der akademische Regelkanon des illusionistischen Verismus und „Akademismus" erstrebte letztlich eine harmonische Erhaltung, Stabilisierung seines Gestaltungssystems.

Harmonisierend und stabilisierend wirkte auch die einsinnig-positive Wertorientierung dieses Gestaltungssystems, das letztlich durch die „Gesetze der Schönheit" bestimmt war. Diese richteten sich an der idealen Kunst der Antike aus, dazu an Raffael, Correggio, Tizian und anderen „großen Meistern" der Renaissance und des Barock. Die Dreieinigkeit des Guten, Wahren und Schönen bildete die höchste Wertmarke der Ästhetik, das „Häßliche" durfte nur in dienender Stellung, im Zustand der tendenziellen Aufhebung durch das sieghafte, herrschende Schöne erscheinen. Eine prosaische Wiedergabe der Natur, wie sie der Photoapparat aus beliebigen Blickwinkeln angesichts beliebiger Gegenstände leisten konnte, war als „geist"- und „phantasielos" verpönt. Stillagenniedere Gestaltungen, die Bereiche des Alltäglichen, Gewöhnlichen, Unschönen, die Lebenswirklichkeit der „niederen Stände" durchaus thematisieren wollten, hatten darauf zu achten, daß die „gemeine Wirklichkeit" ästhetisch verklärt wurde, hatten sich an der „poetischen Kraft" der Niederländer des 17. Jahrhunderts ein Beispiel zu nehmen. Dennoch konnte der *analytische Naturalismus* innerhalb gewisser Grenzen entschiedene, kritisch-realistische Tendenzen entfalten. So zeigt das äußerst detailscharfe Gemälde *Hessisches Leichenbegängnis im Winter* (1871, Abb. 505) von Ludwig Knaus Züge einer „mimetischen Affirmation" (Metscher) der sozialen Gegensätze und der Herrschaftsstrukturen innerhalb der dargestellten Dorfgemeinschaft; nach Hütt hat Knaus mit dem Gemälde *Der Unzufriedene* (1877, Abb. 506) als einer der ersten deutschen Künstler das Bild eines organisierten Arbeiters geschaffen[1203]; das Gemälde *Die Dorfhexe* (1885, Abb. 507) von Knaus behandelt durchaus kritisch die soziale Außenseiterrolle einer armen Alten, die von den Dorfbewohnern und ihren Kindern als „Hexe" verspottet und gefürchtet wird. – Sehr viele Werke Eduard von Gebhardts zeigen analytisch-naturalistische Tendenzen wie das Gemälde *Der zwölfjähri-*

Abb. 505 Ludwig Knaus: Hessisches Leichenbegängnis im Winter, 1871

Abb. 506 Ludwig Knaus: Der Unzufriedene, 1877

ge Jesus im Tempel (1895, Abb. 486) oder ragen in den Bereich des analytischen Naturalismus hinein wie *Der reiche Jüngling* (1892, Abb. 403) oder *Der arme Lazarus* (1907, Abb. 406). Auch Ernst Zimmermanns *Christus consolator* (1888, Abb. 384, 385) weist in der Gestaltung des kranken, verelendeten Jungen und der alten Frau im Vordergrund analytisch-naturalistische Züge auf. Walther Firles *Im Trauerhaus* (1888, Abb. 397) gehört wegen seiner unsentimentalen Schilderung einer armen Trauergemeinde, die in einer kargen Bauernstube mit der Mutter um den aufgebahrten Sarg eines Kindes versammelt ist, dem analytischen Naturalismus an.

Die Hierarchie des traditionellen Gattungsgefüges, in der die religiöse und Historienmalerei die höchste, die Genre- und Stillebenmalerei die niedrigste Position einnahmen, bestimmte weitgehend die ästhetischen Wertmaßstäbe, mit denen innerhalb des illusionistischen Verismus und „Akademismus" die einzelnen Werke eingeschätzt wurden. Das traditionelle Gattungsgefüge stellte einen äußerst konservativen Ordnungsfaktor dar.

Generell produzierte der illusionistische Verismus und „Akademismus" eine Bildwelt des mehr oder weniger schönen Scheins. Die Betrachter wurden in eine ideale Wunschwelt emporgehoben, aus der die Normen der herrschenden Kultur geläutert, verklärt zurückstrahlten und die zum Vergessen der Unzulänglichkeiten des Lebens, der Frustrationen, Konflikte aufforderte. Das Grundprinzip einer lügenhaften „Veredelung" schied den illusionistischen Verismus und „Akademismus" von der Alltagsrealität mit ihrem Profitstreben, Konkurrenzdruck, mit ihrer hohlen Bourgeois-Moral, wie sie die Enthüllungsdramatik Ibsens analysierte, mit ihrer Technisierung, Rationalisierung, mit ihrer funktionalisierten Entwertung des Individuums innerhalb einer hochspezialisierten gesellschaftlichen Arbeitsteilung, mit ihrer kapitalistischen Entfremdung und Verdinglichung, mit ihrer sozialen Unsicherheit und Verelendung der unteren Schichten und Klassen, aber auch mit ihrer fortschreitenden kämpferischen Organisation des Proletariats.

Indessen wurde der ästhetische und ideologische Systemzwang des illusionistischen Verismus und „Akademismus" von den fortschrittlichen Künstlern mehr oder weniger klar durchschaut und mehr oder weniger konsequent bekämpft. Es waren die oppositionellen Naturalisten, die selbst der christlichen Bildkunst eine Funktion echter Wirklichkeitserkenntnis, ja emanzipatorischer Anregung zurückeroberten. Sie waren nunmehr die eigentlichen „Realisten" der siebziger und achtziger Jahre des 19. Jahrhunderts im Zweiten Deutschen Kaiserreich. Wie bereits gesagt, gelang es den oppositionellen Naturalisten dennoch nicht, die *prinzipiellen* Grenzen der bürgerlichen Ideologie, des bürgerlichen Institutionswesens und des bürgerlichen Kunstmarktes zu verlassen.

Abschließend sei eine systematische Abgrenzung verschiedener Intensitätsgrade und Arten des bildkünstlerischen Wirklichkeitsbezuges skizziert. Auf der Grundlage einer *parteilichen*, historisch-materialistischen Analyse der jeweiligen geschichtlichen Realitäten können nach Erkenntnisstand und ideologischer Position unterschiedene Weisen und Formen der mimetischen Affirmation (Metscher) als unterschiedliche Arten ästhetischer Wirklichkeitsaneignung festgestellt werden. Der Realitätsgehalt des bildkünstlerischen Wirklichkeitsbezuges ist umso größer, je geringer der Abstand der jeweiligen mimetischen Affirmation eines Werkes zu einer klaren, bewußten, differenzierten, umfassenden und überzeugenden Erfassung der parteilich beurteilten gesellschaftlichen, kulturellen, ästhetischen Verhältnisse ist. In diesem Sinne gibt es wenig realistische, gemäßigt-realistische, entschieden-realistische, kritisch-realistische, parteilich-realistische usw. Bildkunstwerke. Ein Gemälde kann als Ganzes oder hinsichtlich bestimmter Einzelmomente *realistischer* sein als ein anderes. Generell erscheinen der profane oppositionelle Naturalismus realistischer als der religiöse,

Abb. 507 Ludwig Knaus: Die Dorfhexe, 1885

ein religiöses oppositionell-naturalistisches Bildwerk von Uhde realistischer als ein analytisch-naturalistisches von Firle, ein Gemälde der biblischen Orientmalerei realistischer als ein christliches Gemälde des traditionellen Idealismus, ein spätnazarenisches Bild immerhin noch realistischer als eines der Beuroner Schule.

Während die ikonische Sichtdarstellung in der Opposition gegen wirklichkeitsferne Stilisierungen (Nazarenertum der vierziger und fünfziger Jahre des 19. Jahrhunderts) eine entschieden-realistische Kraft entfalten konnte, erwies sie sich zur Zeit des Zweiten Deutschen Kaiserreiches weitgehend als ästhetische Fessel. Nunmehr konnten allein die *realistischen* Abstraktionen des oppositionellen Naturalismus den eskalierenden Abstraktionsprozeß der Verhältnisse innerhalb der modernen städtischen Industrie-, Massen- und Klassengesellschaft künstlerisch erfassen. Der ehemals fortschrittliche Szientismus der ikonischen Sichtdarstellung erschien obsolet, „naiv", da sich weitere entscheidende Wandlungen in den Wissenschaften, vor allen Dingen den Naturwissenschaften vorbereiteten und zudem der fortschrittsgläubig-optimistische Liberalismus gegen Ende der siebziger Jahre des 19. Jahrhunderts erheblich an Einfluß verlor.

Mit Hilfe konkreter Gemäldebeispiele sei die *systematische* Untergliederung der mimetischen Affirmation in sechs Kategorien verdeutlicht. Den „Grundbegriffen der Realismustheorie" von Thomas Metscher, nämlich „Negation", „Antizipation", „Didaktik/Propaganda/Agitation", zu denen auch „mimetische Affirmation" gehört, seien hinzugefügt: Bekräftigung, Apologie, Evasion (Eskapismus). Abweichend von Metschers Gleichordnung der „Grundbegriffe der Realismustheorie" seien die Bekräftigung, Apologie, Evasion, Negation, Antizipation, Didaktik/Propaganda/Agitation als *spezielle Kategorien* der mimetischen Affirmation aufgefaßt. Bereits Metschers Definition signalisiert einen höheren Allgemeinheitsgrad des Begriffes der mimetischen Affirmation; dieser Begriff faßt *allgemeine* Prinzipien der ästhetischen Widerspiegelung der Wirklichkeit; Metscher schreibt: „*Mimetische Affirmation*. – Mit diesem Begriff ist die Abbildung gesellschaftlicher Wirklichkeit als einer *dialektischen Prozeß-Totalität*, einer organischen Einheit von Gegensätzen gemeint: die künstlerische Darstellung eines gesellschaftlichen Systems als eines gesetzmäßigen Strukturzusammenhangs. Eine solche Darstellung organisch strukturierter Lebenswelt impliziert die Apperzeption und Wertung der abgebildeten Prozesse als *sinnvolle* Prozesse, impliziert also die *Affirmation*, nicht notwendigerweise eines gesellschaftlichen Zustands, wohl aber der immanenten Vernünftigkeit der abgebildeten gesellschaftlichen Prozesse, für die ein gegebener Zustand notwendiger Ausdruck sein kann. Mimetische Affirmation bedeutet also nicht unbedingt *Apologie* schlechter Wirklichkeit durch die Kunst; sie *kann* dies aber bedeuten: hier liegt ein Grund für die 'Ideologiehaftigkeit' ästhetischer Gebilde. Mimetische Affirmation als Vokabel der Realismustheorie bedeutet vielmehr primär Artikulation der objektiv-dialektischen Gesetzmäßigkeit gesellschaftlicher Prozesse im Kontext des erläuterten Verhältnisses von Wesen und Erscheinung."[1204] Diese Definition umfaßt in ihrer Allgemeinheit (logisch-systematisch) die genannten speziellen Kategorien der mimetischen Affirmation.

Die Art und Weise der mimetischen Affirmation ist abhängig vom Stand der Realitätserfahrung des Künstlers, von dem Stand seiner „Erforschung" der Wirklichkeit (Erkenntnisstand) und von seiner ideologischen Position. Die Kategorie der *Bekräftigung* faßt die ästhetische Konstitution von Kunstwerken, die Situationen und Handlungen unreflektiert innerhalb des Strukturgefüges der jeweils herrschenden gesellschaftlichen, kulturellen, ästhetischen Verhältnisse gestalten; diese werden als vorhandenes Regelsystem vorausgesetzt und stillschweigend akzeptiert. In Ernst Zimmermanns und Eduard von Gebhardts Gemälden erscheinen die Darstellung des Autoritätsverhältnisses zwischen dem zwölfjährigen Christus und den Schriftgelehrten ebenso wie die illusionistisch-veristische Malweise als Bekräftigungen der konventionellen Auffassung, während Liebermanns Bild des gleichen Themas sowohl inhaltlich als auch formal neue Wege einschlägt. Ähnlich bekräftigt das Gemälde *Christus predigt am See* (1876, Abb. 258) von Heinrich Hofmann die elitäre Christusauffassung und geglättete Gestaltungsweise des traditionellen Idealismus, während Fritz von Uhde in seinem Bild *Christi Predigt am See* (1896, Abb. 257) eine egalitär-demokratische Sicht des Verhältnisses von Christus und seinen Zuhörern entwickelt und formalästhetisch der Moderne (Hellmalerei) verpflichtet ist.

Gestaltungen, die die herrschenden (gesellschaftlichen, kulturellen, ästhetischen) Verhältnisse allen Mängeln und Widersprüchen zum Trotz verteidigen, ja als gut und vernünftig loben, leisten eine ästhetische *Apologie*. Beispielsweise verklärt Ferdinand Keller in seinem Monumentalbild *Kaiser Wilhelm, der siegreiche Begründer des Deutschen Reiches* (1888) apologetisch das protestantische Gottesgnadentum im neugegründeten Kaiserreich. Apologetische Tendenzen zeigt generell die christlich-soziale Armeleutemalerei, die die „Armen und Elenden" mit den „nächstenliebenden" herrschenden Schichten und Klassen und sogar mit dem monarchistischen Obrigkeitsstaat versöhnt sehen möchte.

Die bildkünstlerische Flucht aus der „schlechten Gegenwart" durch die Produktion von Phantasien, Illusionen, die die Misere der Wirklichkeit hinter sich zurücklassen, wird als *Evasion* (Eskapismus) bezeichnet. Die Evasion leistet insofern eine mimetische Affirmation, als sie das „verkehrte Spiegelbild" jener Schattenseiten, Konflikte, Unzulänglichkeiten, Depravationen entwirft, von denen sie fortstrebt. Evasive Züge prägen beispielsweise Hans Thomas neuidealistisch-agrarische Familienidylle *Ruhe auf der Flucht nach Ägypten* (1907, Abb. 537) oder die Handwerkerfamilienidylle *Heilig ist die Jugendzeit* von Louis Feldmann (Abb. 376). Die ästhetische Flucht in das einfache, „unentfremdete" bäuerliche Leben jenseits gesellschaftlicher Antagonismen tritt Fritz Makkensen in vielen seiner Bilder an, so besonders offenkundig in *Die Scholle* (1898, Abb. 439).

Die Kategorie der *Negation* faßt die künstlerische Kritik, den gestalterischen Widerspruch gegen bestehende gesellschaftliche, kulturelle, ästhetische Verhältnisse. Die Negation ist an den Standpunkt und die Perspektive des Autors gebunden (Metscher). Kritik und Widerspruch setzen eine Bestandsaufnahme der Wirklichkeit voraus und leisten insofern (negativ-dialektisch) eine mimetische Affirmation. Die Negation kann mehr oder weniger radikal sein und je nach ihrer ideologischen Bestimmtheit mehr konservative, liberale oder progressiv-parteiliche Tendenzen zeigen. Beispielsweise negiert der oppositionelle religiöse Naturalismus die Inhalte und das Gestaltungssystem des illusionistischen Verismus und „Akademismus" weniger radikal als der profane oppositionelle Naturalismus. Die sozialen Wirklichkeitsbezüge des oppositionellen Naturalismus werden dagegen von einer reaktionären Position aus durch den Neuidealismus negiert. In sich widersprüchlich erscheint das behandelte Triptychon *1. Mose 2* (1892, Abb. 426) von Ludwig Dettmann, dessen Mittelbild weitgehend der oppositionell-naturalistischen Armeleutemalerei angehört und deren Negation mitträgt, während die Seitenflügel neuidealistisch gestaltet sind. Die malereigeschichtliche Wende als reaktionäre Negation (des Neuidealismus) der Negation (des oppositionellen Naturalismus) ist hier innerhalb ein und desselben Werkes greifbar.

Die Gestaltung einer „besseren Welt", der künstlerische Entwurf von Utopien wird als *Antizipation* bezeichnet. Wie Evasion und Negation bezieht sich die Antizipation negativ-dialektisch auf die bestehenden Verhältnisse und beinhaltet damit mimetische Affirmation. Je nach dem Erkenntnisstand des Autors können Utopien abstrakt und unbestimmt sein oder progressiv-parteilich die konkrete Zukunft einer Gesellschaft ins Auge fassen. Oft vermischen sich Antizipation, Negation, Evasion. – Der historische Verlust an künstlerisch-antizipatorischer Kraft im 19. Jahrhundert, dem bürgerlichen Zeitalter, wurde am Beispiel des Vergleichs von Philipp Otto Runge „Aufbruchs"-Bild *Ruhe auf der Flucht* (1805/1806, Abb. 364) mit Bildern des gleichen Themas aus der Zeit des Zweiten Deutschen Kaiserreiches behandelt.[1205] Während Runge die bildkünstlerische Tradition negiert, in diesem „Morgenbild" die konkrete Utopie einer neuen Epoche entwirft, ohne die sich abzeichnenden Depravationen zu verdrängen und damit (im Rahmen seiner Erkenntnismöglichkeiten) den Aufbruch ins bürgerliche Zeitalter antizipiert, zeigt beispielsweise Ludwig Richters Aquarell *Ruhe auf der Flucht* (1873, Abb. 362) eine romantisch-illusionäre Familienidylle in religiöser, unentfremdeter Einheit mit der Natur. Die evasiven Momente verdrängen die antizipatorischen fast völlig. Die zukunftslose, schlechte Realität der entwickelten bürgerlichen Industrie- und Klassengesellschaft wird durch einen „schönen Traum" antirealistisch zurückgelassen; die bürgerliche Kunst versagt hier vor der Wirklichkeit.

Die Kategorie der Didaktik/Propaganda/Agitation definiert Metscher wie folgt: „*Propaganda* und *Agitation* beziehen sich auf Techniken des bewußten Einsetzens künstlerischer – in der Literatur etwa *rhetorischer* – Mittel zum Zweck der Durchsetzung von Interessen einer sozialen Gruppe, meist von politischen Interessen. *Didaktisch* sind vor allem Formen zu nennen, die literarische Mittel zum Zweck der Kommunikation – der allgemeinen Verbreitung oder auch der Popularisierung – eines theoretisch-weltanschaulichen Systems einsetzen."[1206] Es gibt nur wenige christliche Bildwerke, die dieser Kategorie entsprechen. Die oppositionell-naturalistische Armeleutemalerei mag agitatorische Tendenzen der Anklage und Wachrüttelung der Nächstenliebe, des christlichen Gewissens überhaupt, enthalten.

Der traditionelle Idealismus

Moderne Kunst überschrieb Otto von Leixner anspruchsvoll sein Buch über die Berliner Akademieausstellungen von 1877 und 1878. Im ersten Band (Ausstellung von 1877) gab der Kunstkritiker und Ästhetiker kurzgefaßte Definitionen des Idealismus, „falschen Idealismus" und Naturalismus, denen er die Analyse entsprechender Bildwerke folgen ließ. Die Idealismus-Definition Leixners stellte das Problem der Vervollkommnung der Naturformen durch die Kunst in den Mittelpunkt: „Die Kunst soll Schönes darstellen, aber mit der Beschränkung, daß die künstlerische Idee Inhalt der schönen Formen ist. Nun aber schafft die Natur, welche die Formen zur Fleischwerdung des Gedankens bietet, nicht mit der Absicht Vollendetes hervorzubringen. In vielen Erzeugnissen der Naturkraft tritt uns eine Verkümmerung des höchsten Ideals der betreffenden Gattung entgegen."[1207] Selten erscheine in der Natur die höchste Stufe der möglichen Entfaltung einer Schönheit, die Zweckmäßigkeit und ideale Gestalt vereine, selten bringe die Natur „ein Muster für das Kunstschöne zur klarsten Erscheinung".

Nach Leixner folgert daraus der Idealismus, „daß die Kunst an der Hand der Natur, aber aus der Phantasie heraus die Formen gestalten und das Naturvorbild so verschönern müsse, daß es dem Gedankenbild in der Seele des Künstlers, also dem Ideal, so nahe wie möglich komme. Aus dieser Anschauung ergibt sich auch, daß der echte Idealismus das Charakteristische in den einzelnen Erscheinungen festhalten wird, wenn es ihm die Schönheit nicht ganz zertrümmert, denn sein höchstes Ziel ist: *Charakter in schöner Form.*"[1208] Das Ideal, nach dem der arbeitende Künstler streben muß, ist also im Sinne dieser Idealismus-Definition ein „Gedankenbild" in seiner Seele, das die Schönheit der Lebewesen und Dinge als Einheit ihrer gattungsmäßigen Zweckhaftigkeit, ihres „Charakters" und ihrer idealen äußeren Gestalt faßt. Leixner berührt nicht die tiefergehende Frage, ob die „Gedankenbilder in der Seele des Künstlers" lediglich induktiv gewonnene begriffliche Abstraktionen, ob sie (der subjektiv-idealistischen Auffassung entsprechend) angeborene Bewußtseinsformen, oder ob sie (der objektiv-idealistischen Auffassung entsprechend) Bestandteile eines an und für sich existierenden geistigen Weltprinzips seien.

In der Definition des ästhetischen Idealismus stimmen mit Leixner andere zeitgenössisch bedeutsame Kunstkritiker, Kunsttheoretiker und Kunsthistoriker weitgehend überein. Für den Akademieprofessor Carl Lemcke (*Populäre Ästhetik*, 1873[4]) erstrebt die Kunst grundsätzlich in der Darstellung das Schöne, das Ideal der Dinge und Lebewesen ihrer Erscheinung (äußeren Gestalt) und ihrem inneren Wesen (Charakter) nach. Keinesfalls befasse sich die Kunst mit den Einzelheiten, Besonderheiten der Wirklichkeit, so wie diese „zufällig" in Erscheinung treten, denn „das Einzelne an und für sich" sei ein bloß „Singuläres, Absonderliches, Wunderliches, Krankes, beziehungsweise ein Unsinniges".[1209] Der idealistische Künstler gehe von den Ideen aus, von den idealen Vorstellungen, von den rein-ideellen Gebilden und führe diese „zum Wirklichen in der Darstellung"; (dagegen gehe der realistische Künstler vom Wirklichen aus und steigere es zum Schönen).[1210] Der Braunschweiger Kunsthistoriker, Kunstkritiker und Ästhetiker Herman Riegel, der das Werk des streitbaren Berliner Spätnazareners Carl Gottfried

Pfannschmidt unterstützte[1211], definierte in seiner *Allgemeinen Kunstlehre* (1895⁴) den „Idealismus in der Kunst" als Gestaltungsprinzip, das seinen Gegenstand „aus der Idee" beziehe. Die idealistische Kunst bediene sich der naturgegebenen Einzel- und Zufallsformen, erhebe diese jedoch zum „geläuterten Urbilde ihres Wesens", verkläre beispielsweise das Menschliche zum Göttlichen, wenn es die Idee verlange.[1212]

Eine idealistische Kunstauffassung, die allen diesen Idealismus-Definitionen entsprach, vertrat der katholische Kritiker Paul Keppler, der in der *Zeitschrift für christliche Kunst* zwischen 1892 und 1897 eine Folge von grundsätzlichen Untersuchungen zur „modernen Malerei" veröffentlichte. Keppler wandte sich dagegen, daß der Künstler aufgrund eines falschen Wahrheitsprinzips in einer „rohen, geistlosen, mechanisch kopirenden Weise nach Natürlichkeit strebt"[1213] wie die „konsequenten Naturalisten und Realisten".[1214] „Wahr wird die Wirklichkeit erst dadurch, daß ich sie geistig erfasse, erkennend durchdringe, sie in meinen Wahrheitsbesitz aufnehme, Andere von ihrer Wahrheit überzeuge und dadurch sie in den Wahrheitsbesitz Anderer einfüge. Damit fällt die künstlich konstruierte Identität zwischen Wahrheit und Realität, die künstlich aufgerichtete Trennungswand zwischen Wahrheit und Idealismus, aber auch der künstlich geschaffene Widerspruch zwischen Wahrheit und Schönheit."[1215] Das ideenbezogene Streben des Künstlers nach dem Schönen, Idealen ist für Keppler das höchste Ziel der Kunst. Den eigentlichen bildkünstlerischen Gestaltungsbereich bilde das „ganze große Reich der psychischen und geistigen Wirklichkeiten", die höchsten Gattungen der Bildkunst seien die idealistisch eingestellte religiöse und Historienmalerei.[1216]

Keppler bekämpfte die „materialistisch-realistische" Richtung der christlichen Malerei (Eduard von Gebhardt, Fritz von Uhde)[1217] und schrieb: „Die Malerei darf religiöse Gegenstände nicht so behandeln, daß die Art der Darstellung dem Charakter derselben zuwider ist, daß sie die heiligen Thatsachen, Geheimnisse, Gestalten der Religion, des Christentums in die Sphäre gemeiner Wirklichkeit herabzieht, sie profanirt."[1218] Auch im evangelischen *Christlichen Kunstblatt für Kirche, Schule und Haus*, das seit seiner Gründung 1858 durch Carl Grüneisen, Karl Schnaase und den Nazarener Julius Schnorr von Carolsfeld der nazarenischen Tradition verpflichtet war und 1873 bis 1887 von dem idealistisch eingestellten Berliner Akademieprofessor Carl Gottfried Pfannschmidt mitherausgegeben wurde, erhielten Gebhardt (bis auf eine Ausnahme) und Uhde negativen Kritiken, soweit man diese Künstler nicht völlig ignorierte. Erst nach dem Tode Pfannschmidts 1887 liberalisierte sich die Haltung des *Christlichen Kunstblattes*. Ein mit „Opitz" unterzeichnender Verfasser veröffentlichte 1891 *Sätze über Kunst und christliche Kunst im besonderen* im *Christlichen Kunstblatt*, die eine von dieser Zeitschrift stets emphatisch unterstützte idealistische Kunstauffassung formulierten: „1. Die Aufgabe der Kunst ist die Darstellung des Schönen. Schön ist, was der Idee entspricht, sie zur Erscheinung bringt. Schön kommt von scheinen. Es gehört zum Wesen des Schönen, daß es erscheint, wahrgenommen, wirklich wird. 2. In der Kunst ist der Gegensatz von Natur und Geist, Mittel und Zweck, real und irreal überwunden. In ihr triumphiert der innere Gehalt über das Äußere der Erscheinung, ist das Sinnliche der Träger des Übersinnlichen, beides völlig eins geworden. Liebevolle Harmonie und wechselseitige Durchdringung des Geistes und der Natur ist das Schöne. 3. (...) Der Künstler kann nicht über die Natur hinausgehen. Er kann nur darstellen, was er in ihr geschaut hat. Er bleibt aber nicht bei den Dingen stehen, wie sie erscheinen. Er scheidet aus alles Unbedeutende, Uneigentliche, Mangelhafte. Der Geist, der in der Kunst erscheint, ist der lebendige, den Gott in und über die ganze Schöpfung ausgegossen hat. Durch ihn schaut der Künstler im Endlichen das Unendliche, im Einzelnen das Allgemeine."[1219] Dieser christliche Kunst-Idealismus des evangelischen Verfassers „Opitz" stimmte mit dem des Katholiken Keppler überein: Die (christlichen) Ideen können nur durch *schöne* Gestaltungen verbildlicht werden. Den dazu notwendigen sinnlichen Stoff entnimmt der Künstler der Natur, reinigt ihn von „irdischen" Zufälligkeiten, von Unwesentlichem, von Mängeln und gewinnt durch die idealisierende Entfernung von der Wirklichkeit (Abstraktion) jene übersinnliche, geistig-göttliche Dimension der „inneren Gehalte", die zu veranschaulichen die eigentliche Aufgabe der Kunst ist.

Ein wichtiges Grundprinzip des Idealismus bildet die Forderung, einer Verselbständigung, „Emanzipation" des Häßlichen entgegenzutreten, das Häßliche gleichsam zu „zähmen". Beispielsweise schrieb Paul Keppler: „Das Häßliche ist überall da am Platze, wo ein vernünftiger Zweck es fordert und ruft, wo es dem Schönen und Guten zur Folie dient, wo es durch seinen Gegensatz klärend, heilsam abschreckend wirkt, wo es als Nichtseinsollendes betont, oder wo der auch in ihm mitunter noch liegende Humor ihm abgewonnen wird."[1220]

Die theoretischen Bestimmungen des Idealismus (Ideenbezogenheit, Veredelungsstreben, „Domestikation" des Häßlichen) vermitteln lediglich eine sehr allgemein gehaltene Rahmenvorstellung der Eigenart der stillagenhohen, traditionell-idealistischen Bildgestaltung. Mit Hilfe von Graphik- und Gemäldebeispielen sei eine konkrete Systematik der wichtigsten Darstellungsprinzipien des traditionellen Idealismus skizziert.

Ausgegangen sei zunächst vom Vergleich der Bildwerke *Jesus, als zwölfjähriger Knabe, unter den Lehrern im Tempel* (aus der Bilderbibel von Julius Schnorr von Carolsfeld von 1860, Abb. 508), *Der Jesusknabe im Tempel* (1882, Abb. 509) von Heinrich Hofmann, *Der Knabe Jesus im Tempel* (1905, Altargemälde, Abb. 510) von Heinrich Nüttgens. Anders als Ernst Zimmermanns Gemälde *Der zwölfjährige Christus im Tempel* (1879, Abb. 484) zeigt das Bild des Dresdener Akademieprofessors Heinrich Hofmann einen betont idealisierten Christus-„Jüngling", dessen göttliche Eigenschaften in einem orthodox-christlichen Sinn durch die edlen Gesichtszüge, den feinen Nimbus und die lehrhafte Handbewegung ausgedrückt sind. Die Autorität der mit wallenden Phantasiegewändern bekleideten Schriftgelehrten, deren Köpfe zwar „charakteristisch" jüdisch, jedoch stärker verschönt erscheinen als bei Zimmermann, wird, der konventionellen Auffassung entsprechend und im Gegensatz zu Liebermanns Gemälde des gleichen Themas von 1879 (Abb. 471), nicht in Frage gestellt. Anläßlich der Erwerbung des Hofmannschen Bildes durch die Dresdener Gemäldegalerie (1882) schrieb ein Kritiker in der *Kunstchronik* über die Malweise: „Das Ganze ist mit jenem weichen Schönheitssinn

Abb. 508 Julius Schnorr von Carolsfeld: Jesus, als zwölfjähriger Knabe, unter den Lehrern im Tempel, 1860

Abb. 509 Heinrich Hofmann: Der Jesusknabe im Tempel, 1882

durchgeführt, welcher dem Künstler eigentümlich ist. Von derselben Feinheit und Noblesse, wie die Zeichnung, ist auch das warme, harmonische Kolorit des Bildes."[1221] Adolf Rosenberg stellte in seiner *Geschichte der modernen Kunst* (1889) lobend das „hohe, an Raffael geschulte Schönheitsgefühl", die „tiefe, innige Charakteristik der Köpfe", die „wohl abgemessene Komposition", die „edle Harmonie in den Umrißlinien" und die „freundliche hellgestimmte Färbung" der Gemälde Hofmanns den „realistischen Schöpfungen E.v.Gebhardts" gegenüber.[1222] Wesentlich abstrakter als Hofmanns *Der Jesusknabe im Tempel* wirkt die Komposition von Julius Schnorr von Carolsfeld, dessen Schriftgelehr-

381

Abb. 510 Heinrich Nüttgens: Der Knabe Jesus im Tempel, 1905

Abb. 511 Ludwig Seitz: Mariä Verkündigung, 1892-1902

Abb. 512 Carl Gottfried Pfannschmidt: Anbetung der Weisen aus dem Morgenlande, 1885

ten-Figuren sich an Philosophentypen der raffaelischen Renaissance orientieren; der Christus ist als göttlicher Lehrer dargestellt. Das Altargemälde von Heinrich Nüttgens zeigt im Unterschied zu den Darstellungen Hofmanns und Schnorrs eine stärker illusionistische Renaissance-Räumlichkeit, nähert sich jedoch in der Christusauffassung und der Gestaltung der Rabbiner als „Philosophen" dem Bibelholzschnitt von Schnorr von Carolsfeld. Die Malweise von Nüttgens ist nicht so fein wie die Hofmanns; die Faltenführung der Gewänder erscheint wesentlich informeller.

Das formalästhetische Grundprinzip des traditionellen Idealismus bildet die dicht modellierende Schattierung, die im Sinne einer besonders feinen Glättung der Oberflächen und Formen angewendet wird; Texturen und Strukturen fallen häufig der glättenden Abstraktion zum Opfer. Die Gemälde von Heinrich Hofmann, Carl Gottfried Pfannschmidt, Bernhard Plockhorst, Edward von Steinle, Ludwig Seitz, Ludwig Glötzle usw. zeigen diese abstrakte, dicht modellierende Schattierung, die alle Darstellungsdetails „gleichmacherisch" determiniert und in eine ideale Sphäre erhebt.

Die Farbe hat sich in der traditionell-idealistischen Formalgestaltung der schönzügigen Linie zu fügen. Das Streben nach höchstmöglicher Formbestimmtheit, nach einer möglichst prägnanten Formgebung herrscht. Unklarheiten, unschöne Zufälligkeiten, Deprägnanzen werden konsequent ausgemerzt. Insbesondere wendet sich das Prinzip der Formbestimmtheit und Formenschönheit scharf gegen jede Art der informellen Fleckauflösung.

Harmonische, klare Lokalfarben dominieren, das szenische Helldunkel tritt zurück. Häufig durchdringt eine gleichmäßige, ideale Helligkeit die Gesamtgestaltung. Dies zeigen besonders einprägsam das Fresko *Mariä Verkündigung* (Dom zu Loreto, Gesamtausmalung 1892 bis 1902, Abb. 511) von Ludwig Seitz, dem „Hofmaler" von Papst Leo XIII., oder das Altarbild *Anbetung der Weisen aus dem Morgenlande* (1885, Domstiftskapelle zu Berlin, Abb. 512) von Carl Gottfried Pfannschmidt.

Der Formenkanon des traditionellen Idealismus ist an der Kunst der Antike, an der raffaelischen Renaissance, an Poussin, an der nazarenischen Tradition ausgerichtet. Die Figuren zeigen bei aller individuellen „Charakteristik" klassisch-harmonische Gesichtszüge und gemessene, häufig theaterhafte Körperhaltungen und Gesten. Bevorzugt wird die Gestaltung faltenreicher Gewänder mit schön komponierten Faltenzügen („klassischer Gewandfaltenstil"). Auch die dargestellten Architekturformen, Möbel, Akzessoires entstammen zumeist der historischen Tradition der „großen, idealen Stilepochen".

Die Komposition vermeidet Spannungen, Diskrepanzen, häufig herrschen eine strenge Symmetrie oder zumindest eine wohlgefällige Ausgewogenheit durch symmetrieartige Entsprechungen in den Bildseiten und Bildteilen. Das Bildzentrum enthält oft die besonders vergeistigte oder die göttliche Hauptperson. Hierarchische Kompositionsprinzipien bestimmen die Gestaltung. Die schönen Gruppenbildungen sind durch den geistigen Rang der zugehörigen Figuren in sich kompositorisch gewichtet. Einzelfiguren werden je nach ihrem Bedeutungsgehalt hervorgehoben, in den Hintergrund oder an die Seite gerückt. Der einheitlich-szenische Bildaufbau kann sehr stark relativiert, ja zugunsten eines abstrakten Demonstrationsraums aufgehoben sein. Zum Beispiel zeigt das fünfte Blatt des Zyklus *Das Wehen des Gerichts. Weckstimmen aus der Heiligen Schrift* (1872-1875, Abb. 518) von Carl Gottfried Pfannschmidt innerhalb eines Rahmens aus gotisierenden Architekturteilen drei Bildzonen mit der Verkündigung an die Hirten in der Mitte, mit dem bösen Ende der Verräter und Übeltäter Judas, Herodes und Pilatus als „Predella"-Relief und mit dem in der oberen himmlischen Sphäre thronenden Christus, der von Propheten, Engeln und Gläubigen umgeben ist. Auch das Spruchband, das von zwei Engeln der oberen Rahmenteile gehalten wird und die Erhöhung Christi und fromme Untertänigkeit aller Kreatur verkündet, trägt zur Aufhebung der Szenik bei. Stark abstrahierende Kompositionen prägen auch die übrigen sieben Blätter des Zyklus, der nach den Worten des Pfannschmidt-Biographen Martin Pfannschmidt, eines Sohnes des Künstlers, „unter dem Eindruck des stürmisch bewegten Volkslebens in den Jahren 1872 bis 1875" entstand, „der Gründerzeit, des Tanzes um das goldene Kalb, der namentlich in Berlin aufgeführt wurde und alle klar blickenden und ernstdenkenden Christen mit großer Besorgnis erfüllte."[1223] Viele Jahre lang wurde der Zyklus in den Städten Deutschlands ausgestellt und endlich 1887 als Photogravure-Mappe publiziert (Abb. 513-521).[1224] Der agitatorischen Wirkungsabsicht entsprachen die „nicht-szenische" Kompositionsweise der Blätter und die lehrhaften Spruchbänder oder -schilder.

Der traditionelle Idealismus bedient sich phantastischer Erfindungen, um das Wirken eines höheren geistigen Prinzips, das Sakrale, das Wunderbare veranschaulichen zu können. Carl Meyer nannte in einem Aufsatz, der in den *Preußischen Jahrbüchern* (1890) erschien, beispielsweise den Nimbus, die Mandorla, den Goldgrund und die Hervorhebung

Abb. 513 Carl Gottfried Pfannschmidt: Zierdeckel der Kupferdruckausgabe des Zyklus „Das Wehen des Gerichts. Weckstimmen aus der Heiligen Schrift" 1887

Abb. 514 Carl Gottfried Pfannschmidt: Der arme Lazarus und der reiche Mann I, 1887

Abb. 515 Carl Gottfried Pfannschmidt: Der arme Lazarus und der reiche Mann II, 1887

Abb. 516 Carl Gottfried Pfannschmidt: Die Verspottung Christi, 1887

Abb. 517 Carl Gottfried Pfannschmidt: Die Kreuzigung, 1887

Abb. 518 Carl Gottfried Pfannschmidt: Die Erhöhung Christi, 1887

Abb. 519 Carl Gottfried Pfannschmidt: Der anklopfende Erlöser, 1887

Abb. 520 Carl Gottfried Pfannschmidt: Die fünf klugen und fünf törichten Jungfrauen I, 1887

Abb. 521 Carl Gottfried Pfannschmidt: Die fünf klugen und fünf törichten Jungfrauen II, 1887

einer Figur durch übermenschliche Größe als Mittel der „Darstellung des Heiligen in der Kunst".[1225]. Neben abstrakten geometrischen Figuren, die sich Grundformen annähern (Kreis,- Ellipsen-, Reifennimbus, Strahlenkranz, Mandorla), können „ideale" geometrische Prinzipien wie die Symmetrie, die Parallelprojektion, die Reduktion der Raumtiefe zum Flachraum, die Flächigkeit, die geometrische Einteilung der Bildfläche durch Ornamente oder Architekturteile (wie in den *Weckstimmen*-Blättern Pfannschmidts) das Göttliche, Heilige, Ideelle jenseits der realitätsgebundenen „Systemzwänge" der *ikonischen Darstellung* verbildlichen. – Durch vergeistigendes, antirealistisches Licht und unwirkliche Farben (starke Farbabstraktionen) kann das Übernatürliche, Übersinnliche ausgedrückt werden. – Die phantastischen Erfindungen stehen zumeist nicht im Einklang mit den Naturgesetzen. So stellt das Aquarell *Maria im brennenden Dornbusch* (1885, Abb. 522) von Edward von Steinle die völlig unversehrte Madonna mit dem Kind im „göttlichen" Feuer des Dornbusches dar; auf dem zweiten *Weckstimmen*-Blatt von Pfannschmidt, betitelt *Der arme Lazarus und der reiche Mann* (1872, Abb. 515), schmort der nackte reiche Mann im Höllenfeuer, ohne zu verbrennen. Das Gemälde *Vision des Hl. Bernhard* (1882, Abb. 523) von Wilhelm Bernatzik zeigt die auf einer „spirituellen" Wolke schwebende Maria, die dem betenden Heiligen die Arme entgegenstreckt. Einerseits widerspricht das Schweben eines menschlichen Körpers den Gravitationsgesetzen, andererseits soll die Maria-Figur (in sich widersprüchlich) als körperloses Geistwesen erscheinen. Louis Feldmanns Bild *Stigmatisation des hl. Franziskus* (Abb. 524) zeigt die übernatürliche Verursachung der Kreuzigungswunden durch die schwebende Erscheinung des geflügelten Gekreuzigten.

Phantastische Erfindungen entstehen durch die gestaltverändernde Umbildung und Neukombination von ikonischen visuellen Vorstellungen. Die von Carl Meyer in seinem Aufsatz über die *Darstellung des Heiligen in der Kunst* (1890) genannte Gestaltungsmöglichkeit der Hervorhebung einer Figur durch übermenschliche Größe ist eine gestaltverändernde (phantastische) Proportionsabstraktion. Starke phantastische Abstraktionen können durch die Veränderung der in-

Abb. 522 Edward von Steinle: Maria im brennenden Dornbusch, 1885

Abb. 523 Wilhelm Bernatzik: Vision des Hl. Bernhard, 1882

neren Proportionen von Figuren erzeugt werden, beispielsweise durch die Vergrößerung, Verkleinerung oder Deformation von Gliedern und Gesichtsteilen. Die (phantastische) Erfindung der Engel entspringt letztlich einer Kombination von visuellen Vorstellungen des Menschenleibes und der Vogelflügel. Fabeltier-Figuren wie der Drache des Heiligen Georg oder der Höllenhund mit drei Köpfen, den das zweite *Lazarus*-Blatt des *Weckstimmen*-Zyklus von Pfannschmidt zeigt, mögen oft nicht leicht auf ihre ikonischen Bestandteile und deren vorstellungsmäßige Umbildung, Verformung, Kombination zurückführbar sein; prinzipiell muß dies jedoch gelingen. (Es ist hier allerdings nicht der Ort, eine umfassende Systematik der phantastischen Abstraktionen zu entwerfen.) Carus Sterne untersuchte in seinem Werk *Natur und Kunst* (1891) vom Standpunkt der naturwissenschaftlichen Kritik her auch die künstlerische Darstellung von mythologischen Fabel- und Mischwesen, des Heiligenscheins und der Engel; im Unterschied zu anderen Naturwissenschaftlern seiner Zeit gestand der Verfasser der Kunst durchaus das Recht zu, phantastische Erfindungsbilder zu verwenden, forderte jedoch, daß die phantastischen Figuren in der Art der Böcklinschen Faune, Zentauren und Nixen mit großer Überzeugungskraft, „Wahrscheinlichkeit" gestaltet werden sollten.[1226]

Während die ikonischen Erfindungen, die im Naturalismus-Kapitel behandelt wurden, eine potentielle optische Realität sozusagen „abbilden", entsprechen den phantastischen Erfindungen keinerlei Bestände der gegebenen oder einer potentiellen, durch die Gesetze der Natur und menschlichen Gesellschaft bestimmten Wirklichkeit. Zwar kann die Ikonizität der ikonischen *Umsetzungs*erfindungen durch starke Abstraktionen vermindert sein, doch niemals greifen diese „*formalen*" Abstraktionen die Gesamtgestalten der dargestellten Bestände im Sinne phantastischer Umbildungen, Kombinationen, Metamorphosen an, und sie lassen auch die unmittelbare Ausrichtung der Darstellung an den Gesetzen der Natur und menschlichen Gesellschaft bestehen. Zu unterscheiden sind demnach grundsätzlich die Arten der *direkt* (unmittelbar) auf die visuelle Wirklichkeit bezogenen *ikonischen Darstellung*, die als ikonische Umsetzungsdarstellung die Anwendung formaler Abstraktionen einschließt und der *indirekt* (nur vermittelt) auf die visuelle Wirklichkeit bezogenen *phantastischen Darstellung*, die auf der Anwendung phantastischer Abstraktionen beruht. – Die phantastische *Sicht*darstellung sucht ihren Gebilden mit Hilfe der dicht modellierenden Schattierung, der Zentralprojektion und der Luftfernperspektive die Überzeugungskraft sinnlicher Konkretheit zu verleihen. Dagegen bedient sich die phantastische *Umsetzungs*darstellung informeller oder ornamentaler Strukturabstraktionen, beispielsweise der informellen Fleckauflösung und anderer formaler Abstraktionen.

Der traditionelle Idealismus schöpft seine Stoffe aus der Geschichte, Weltliteratur, Mythologie, Religion, und seine phantastischen Erfindungen gehen zumeist auf Formen und Figuren der bildkünstlerischen Überlieferung zurück, auf Fabelwesen und Göttergestalten des Klassischen Altertums, auf Symbolfiguren der christlichen Kunst, die durch Historie und Tradition sanktioniert sind; die Neuschöpfung subjektiv-origineller Phantasiegebilde kommt für den traditionellen Idealismus kaum in Betracht.

Zu unterscheiden sind ein „strenger" traditioneller Idealismus, der auf phantastische Erfindungen weitgehend verzichtet und ein „reicher" traditioneller Idealismus, der die phantastische Abstraktionsgestaltung bevorzugt.

Max Deris Idealismus-Definition in seiner Abhandlung *Naturalismus. Expressionismus* (1919) lautet: „Drittens der *Idealismus*. Er gleich die Einzelmerkmale des Individuellen aus, führt das einmalige Naturobjekt zum Typischen seiner Gattung hin; er bewahrt also dabei den Gesamtbau des Inhalts, verändert aber seine individuelle Form zum Allgemeinen weiterer Gültigkeit."[1227] Deri bezieht in seine Defintion typisierende Abstraktionen ein, die die ikonischen Formen stark verändern, sie geometrischen und stereometrischen Grundformen angleichen: im Kapitel „Beispiele" geht der Verfasser von der Kunst der griechischen Klassik aus; ein „Grenzfall" werde erreicht, wenn sich die idealistische Gestaltungsweise dem „reinen Begriffsgebilde" nähere, das „am besten mit geometrisch konstruierten Kurven zu umschreiben ist".[1228] Auf der anderen Seite fragt es sich, ob nicht bereits jene stilisierende Glätte, die ein historisches Genrebild wie *Hans Sachs* (1874, Abb. 525) von Gustav Spangenberg im Unterschied beispielsweise zu Genrebildern von Knaus durchdringt, als tendenziell idealistische Gestaltungsweise bezeichnet werden muß. Der traditionelle Idealismus umfaßt eine große Spannweite der Intensitätsgrade der Formvereinfachungs- und Typisierungsabstraktionen; sehr viel schlichter und abstrakter als das poussinhaft-barocke *Golgatha* (1893, Abb. 162) von Ludwig Glötzle wirkt die Kreuzigungs-Darstellung der Bilderbibel (1860) von Julius Schnorr von Carolsfeld (Abb. 160), und diese wird an vergeistigender Stilisierung weit von der des Pater Desiderius Lenz in der St. Mauruskapelle nahe bei dem Kloster Beuron übertroffen.

Abb. 524 Louis Feldmann: Stigmatisation des hl. Franziskus

Abb. 525 Gustav Spangenberg: Hans Sachs, 1874

Der Gestaltungskanon des traditionellen Idealismus bildet ein ästhetisches „Hochwertsystem", das undialektisch die Alleinherrschaft des Guten, Wahren, Schönen propagiert und Extreme, Gegensätze, widersprechende Kräfte zugunsten einer einheitlichen Stil-Harmonie an der Entfaltung hindert, ja sie unterdrückt. Die Formalgestaltung strebt mit ihrer idealen Glätte, Formbestimmtheit, Schönlinigkeit und ihrem konstruierten, ausgewogenen Bildaufbau nach höchstmöglicher Perfektion. Unbestimmtheiten, Zufälligkeiten, Deprägnanzen werden ausgeschaltet; die informelle Fülle frei strömender Eindrücke, wechselnder Situationen, Bewegungen, Prozesse unterliegt einer strengen Kontrolle, Auslese, Durchformung. Eine höchst bewußte ästhetische Rationalität determiniert auch das geringste Darstellungsdetail. Natur und Gesellschaft werden niemals in ihrer unmittelbaren, prosaischen Wahrheit erfaßt, sondern stets durch die Brille der schönen Formen und Farben, durch die Brille der idealen Gestaltungstraditionen wahrgenommen. Das veredelnde Filtern der Sicht, die Erzeugung einer höchst kunstvollen, ja künstlich geläuterten „Anti-Natur" bestimmen das Wesen des traditionellen Idealismus. Die verfeinernde Ästhetisierung und verallgemeinernde Stilisierung aller Gestaltungsdetails bewirken eine Zurücknahme ihrer sinnlichen „Greifbarkeit", eine Reduktion ihrer stofflich-konkreten Präsenz. Das mimetische Recht der haptischen Sinne wird gleichsam geschwächt, das des „theoretischen" Augensinns einseitig gestärkt, und die Eigenwertigkeit des ästhetischen *Zeichen*-Systems, seine scheinbar wirklichkeitsenthobene Kunst-Autonomie wird betont. So kann das Reich des Geistes, das der traditionelle Idealismus gestaltet, in einen entschiedenen Gegensatz zum Reich der Natur und gesellschaftlichen Wirklichkeit treten. Einen Extremfall der antirealistischen Vergeistigung bildet die ägyptisierende Kunst des Beuroner Benediktinerpaters Desiderius Lenz.

In seiner Geschichts-, Traditions- und Konventionsgebundenheit wendet sich der traditionelle Idealismus gegen die „Willkür" einer frei schaltenden künstlerischen Subjektivität. Die „objektiven" Gehalte der großen Historie und Kunst und der christlichen Dogmatik sind das Ziel der traditionell-idealistischen Bemühungen. Paul Keppler wandte sich anklägerisch gegen die „materialistisch-realistische" Moderne mit ihrem Subjektivismus: „Der Impressionismus, die Lust am Häßlichen, ist auch ins religiöse Gebiet eingedrungen und hat hier den letzten Hauch von Würde und Adel verweht. Der Emanzipationsgeist hat auch beim religiösen Kunstschaffen die herrlichen Leistungen der Vorzeit vollständig ignorirt und mit jedem traditionellen Typus aufgeräumt; er hat einem wilden Subjektivismus die Zügel schießen lassen und damit den objektiven, universalen Charakter und Gehalt der religiösen Themate geschädigt. Alles das zusammen hat eine religiöse Kunst hervorgebracht, welche manche Linie unter den religiösen Produkten der antiken Kunst steht."[1229]

Jenseits der Welt der bloß „modernistischen", privaten

Künste „emanzipationswütiger" Einzelner strebt der traditionelle Idealismus nach der Zeitlosigkeit ewiger Werte und Ideen, läßt die schlechte zeitgenössische Wirklichkeit mit ihren unzulänglichen Wechselfällen zurück. Durch die typisierende Abstraktion erreicht der Idealismus nach Max Deri „ein Gefühl weiterer Schwebung, allgemeiner Geltung; die Stimmung jener Dauer, jenes scheinbaren Immer-Lebens und Immer-Bleibens, das den 'Ideen' anhaftet."[1230]

Das ästhetische Hochwertsystem des traditionellen Idealismus schafft einen elitären Abstand zum Betrachter, der sich sozusagen nach „oben" orientieren muß, emporblicken zu der höheren Sphäre des Geistes und der Kunst.

In Bedrängnis geriet der traditionelle Idealismus durch die starke Ausweitung des Bereiches von Bildwerken, die den mittleren und unteren Stillagen des bürgerlichen Realismus angehörten. Auch hatte sich seit dem Vormärz und seit dem Siegeszug des szientistisch und antiklerikal eingestellten Liberalismus zu Beginn der sechziger Jahre des 19. Jahrhunderts die Kritik am traditionellen Idealismus zunehmend verschärft. Carl Lemcke warnte in seiner Ästhetik (1873[4]) eindringlich vor dem Schematischen, „worin das Individuelle durch die falsche Idealität erdrückt ist, welche den Gattungsbegriff darzustellen versucht und darüber das Characteristische des lebendig Besonderen außer Augen verliert".[1231] Otto von Leixner überschrieb ein ganzes Kapitel seiner Kritik der Berliner Akademieausstellung von 1877: „Der falsche Idealismus und die Convention" und wußte über Bildwerke, die einem „richtigen", „nicht konventionellen" Idealismus hätten angehören können, kein Wort zu sagen. Für Leixner entwickelte sich der falsche, konventionelle Idealismus wie folgt: „Indem die Schönheit sich ganz von dem Charakteristischen losmacht und zur Schablone verflacht; wenn nur mehr die 'schönen' Linien und die 'schönen' Farben das Ziel sind; wenn sich das abstrakte Schönheitsideal der Künstlerphantasie von jeder Correktur durch die Wirklichkeit unabhängig macht. Dem Pseudoidealismus fehlt *die Hochachtung vor der Natur*; er spielt selbst den Schöpfer so lange, bis seine Gebilde jeden individuellen Zug verlieren, bis sie zur schönen Lüge geworden sind."[1232] Selbst ein eher traditionell eingestellter Kunstkritiker wie Leixner ließ den traditionellen Idealismus nur noch mit den größten Vorbehalten und Einschränkungen gelten. Mit Recht zählte Leixner nicht nur stillagenhohe Bildwerke zum „falschen Idealismus" sondern auch besonders glatt und süßlich-schön gemalte Genrebilder, historische Genrebilder und Porträts. Über die Verflachung der Nazarenerschule schrieb Leixner treffend: „Sie hob die Gestalten der heiligen Geschichte hoch über das Menschliche, sie idealisirte sie immer mehr, nahm denselben Blut und Sein, um ihnen dafür die abstrakte Schönheitslinie zu geben, kurz *sie vernichtete jede Individualität und schuf Typen*, welche durch conventionelles Nachahmen schließlich zur nichtssagenden Schablone wurden. (...) Eine Zeit lang bewunderte man die Schöpfungen dieser Richtung, und erbaute sich vielleicht an ihnen, aber mit der eigentlichen romantischen Periode und ihrem beschränkten Geschmack schwand das alles dahin. (...) Immer kritischer stellte sich das Publikum den hyperidealisirten Heiligen gegenüber, immer ungläubiger, bis endlich an die Stelle jeder religiösen Regung die leise lächelnde Ironie und zuletzt die vollkommenste Nichtbeachtung trat. Dieser Entwicklung des Zeitgeistes gegenüber blieb die religiöse Kunst mit starrem Eigensinn vollkommen verschlossen; ruhig sperrten sich die Künstler in ihre Ateliers und malten dieselben schlanken, überfeinerten unmöglichen Heiligen beider Geschlechter, Wesen die über alles, auch die richtige Zeichnung hoch erhaben sind, die von Pfeilen durchbohrt, von Bestien bedroht, oder am Kreuze hängend, noch immer lächeln und in ihrer ganzen Haltung die akademische Würde festzuhalten suchen. Während diese Don Quixote's unter den Malern ihre Homunculi farblos und ohne Wahrheit weiter schufen, drängte eine jüngere Generation immer vorwärts, es traten so viel neue Fragen vor die Gesellschaft, daß man die religiöse ganz vergaß und zuletzt die Religion überhaupt für unnöthig hielt."[1233] Die Relativierung, ja Zurückdrängung des traditionellen Idealismus, zu dessen Vertretern Leixner auch Carl Gottfried Pfannschmidt rechnete, wurde in den siebziger Jahren des 19. Jahrhunderts durch den „Gegenkampf" (Leixner) der analytischen und vor allen Dingen oppositionellen Naturalisten erheblich verstärkt. Entwertet wurde die traditionell-idealistische Gestaltungsweise auch durch Kompromisse mit dem illusionistischen Verismus (beispielsweise war die Kunst Heinrich Hofmanns im Unterschied zu der Carl Gottfried Pfannschmidts stark illusionistisch-veristisch beeinflußt) und durch ihre teilweise Loslösung von den stillagenhohen Inhalten und Übertragung auf Themen mittlerer, ja unterer Stillagen (genrehaftsüßliches Idealisieren).

Der traditionelle Idealismus bezog sich wegen seiner kunsthistorischen Bindungen, traditionellen Phantastik, konservativen Ideologie nur sehr indirekt, *vermittelt* auf die zeitgenössische Realität. Diese Distanz wurde durch das ästhetische Hochwertsystem noch besonders betont. Die traditionell-idealistische Bildwelt legte als *Gegenwelt* sogar regelrecht Widerspruch gegen die zugleich prosaisch-nüchterne, wohllebig-prunkende (Gründerzeit) und durch soziale Verelendung zerrissene Wirklichkeit der bürgerlichen Industrie-, Markt- und Klassengesellschaft ein. Dieser Widerspruch hatte etwas Eskapistisch-Irreales. Mit ignoranter Wut bekämpften der traditionelle Idealismus und seine Apologeten das „Niedere", „Häßliche" in der Kunst, Natur und gesellschaftlichen Realität. Paul Keppler schrieb (1892): „Seit einem Jahrzehnte können wir keine Gemäldeausstellung mehr besuchen, ohne Bildern zu begegnen, welche das Verkrüppelte, Verkrümmte, Abstoßende in Natur- und Menschen-Erscheinungen, die ekelerregenden Anblicke von Krankheit, Siechtum, moralischer und physischer Herabgekommenheit, die verblödenden und verthierenden Einflüsse und Wirkungen von Schuld und Laster, von Kretinismus und Idiotismus so brutal wahr wiedergeben, daß es den ganzen leiblichen und geistigen Menschen erfaßt und wie Brechreiz schüttelt."[1234] Aus dem modernen „Kult des Häßlichen" sah Keppler die Elends- und Arme-Leute-Malerei hervorgehen: „Nicht die Liebe zum armen Mann, nicht das Mitleid mit dem hungernden Sklaven der Maschine bewegt sie, sich in diese von Schmutz und Elend starrenden Tiefen hinabzubegeben, sondern die Freude am Häßlichen. Und nun schildert sie das Häßliche, das sie hier findet, mit solcher Gefühllosigkeit und Rücksichtslosigkeit, daß wahrlich dadurch die soziale Frage nur verschärft werden kann."[1235] Obgleich das „sozialistische Elend in Oel" (Keppler) nichts weniger als sozialdemokratisch engagiert war und von der Sozialdemokratie scharf abgelehnt wurde, meinte der konservative

Kunstkritiker dennoch, die bürgerliche Elends- und Arme-Leute-Malerei schaffe Wasser auf die sozialdemokratischen Mühlen. Für orthodoxe Katholiken und Protestanten konnte das sozial Niedrige in seiner Deformation durch physische Arbeit, Not und Kriminalität sogar als die „von der Sünde entstellte Form" (Carl Gottfried Pfannschmidt)[1236] erscheinen, als Inkarnation des erbsündebehafteten Bösen. Die sozialen Kategorien wurden letztlich als moralische aufgefaßt. In diesem christlich-konservativen Sinn galt entsprechend das ästhetische Hochwertsystem des stillagenhohen traditionellen Idealismus, das Wahres, Gutes und Schönes harmonisch vereinte, als moralische Institution, als ethisches Bollwerk gegen die „kranke Zeit". Indessen war die „Wahrheit" des Lebens und Arbeitens der unteren Schichten und Klassen keinesfalls „schön", und die „Schönheit" war kein allgemeingültig-„wahrer" Wert sondern nur mehr eine Bildungsillusion der Bourgeoisie. Der antizipatorische Entwurf einer humanistischen Verbindung von Wahrheit und Schönheit in der Aufstiegsphase des Bürgertums zu Beginn des 19. Jahrhunderts (Neoklassizismus, literarische Klassik, idealistische Philosophie) war mit der Entfaltung der kapitalistischen Depravationen gescheitert, der historische Prozeß des realen und ästhetisch-ideologischen Verlustes an „schöner Wahrheit" und „wahrer Schönheit" bestimmte irreversibel den Entwicklungsgang der bürgerlichen Gesellschaft.

Auf der einen Seite war das zentrale traditionell-idealistische Prinzip der Schönheit im Zweiten Deutschen Kaiserreich zu wesenloser Glätte verflacht oder zu akademischer Schematik erstarrt, anderseits erwies sich darüberhinaus die *grundsätzliche* Problematik der Schönheit als ästhetischer Kategorie. „Klassizistisch" orientierte sich diese Kategorie an der Kunst des Klassischen Altertums, eines unwiederbringlich vergangenen „heroischen Zeitalters" (Hegel). Der Anachronismus der antikebezogenen Schönheitskategorie, die ja nicht allein die konkrete künstlerische Gestaltung des menschlichen Körpers bestimmte sondern auch die Formen von Gewändern, Architekturteilen, Möbeln, Akzessoires, wurde im 19. Jahrhundert, dem Zeitalter der Industrie, Technik und „sozialen Frage" besonders augenfällig. Bereits zu Beginn dieser „prosaischen" bürgerlichen Epoche der Dampfhämmer und Fräcke formulierte der von der neueren Forschung stark beachtete Maler Philipp Otto Runge[1237] in der Auseinandersetzung mit dem Weimarer Neoklassizismus seine grundsätzlichen Bedenken gegenüber einer Allgemeingültigkeit antiker Kunstprinzipien: „(...) wir sind keine Griechen mehr, können das Ganze schon nicht mehr fühlen, wenn wir ihre vollendeten Kunstwerke sehen, viel weniger selbst solche hervorbringen, und warum uns bemühen, etwas mittelmäßiges zu liefern? (...) Wir sehen in den Kunstwerken aller Zeiten es am deutlichsten, wie das Menschengeschlecht sich verändert hat, wie niemals dieselbe Zeit wieder gekommen ist, die einmal da war; wie können wir dann auf den unseligen Einfall kommen, die alte Kunst wieder zurückrufen zu wollen?"[1238]

Die *prinzipielle* Problematik der antikebezogenen Schönheit liegt in ihrer extrem wirklichkeitsentrückten Sonderstellung und in ihrer normativen Funktion. Schon die vollkommene Naturschönheit ist, wie auch die Theoretiker des traditionellen Idealismus bestätigen, nicht sehr häufig anzutreffen. Die perfektionierte Kunstschönheit läßt alle aus der Realität bekannten Erscheinungen weit hinter sich zurück, distanziert in reiner Makellosigkeit alles Durchschnittliche, ja Überdurchschnittliche. Die antikebezogene Schönheit schafft sich einen Sonderbereich höchster ästhetischer Wertschätzung. Diese abgehobene Spitzenstellung begründet die normative Funktion der perfektionierten Kunstschönheit; diese erscheint als höchstes ästhetisches Prinzip, als sinnliche Inkarnation des ewig gültigen Ideals, als unverrückbarer Maßstab aller künstlerischen Bemühungen. In dieser elitären und normativen Position, die durch den bloßen Augenschein stets bekräftigt wird, vermag die antikebezogene Schönheit eine gleichsam tyrannische Herrschaft auszuüben, jeden Zweifel, jeden Widerspruch im Keim zu ersticken. So gilt, was schön ist, zugleich als gut, wahr und vernünftig. Gerade die aristokratischen Eigenschaften der Schönheit, ihre Auserlesenheit und Normativität, sind wie dazu geschaffen, den Werten und Normen herrschender Klassen eine unausweichliche sinnliche Überzeugungskraft zu verleihen, ihnen die höchstmögliche ästhetische Legitimation zu sichern. Schon das ideale Hochwertsystem der antiken Kunst transportierte generell die Orientierungsvorstellungen der zeitgenössischen Oberschichten. Zwar wendete sich um 1800 der Neoklassizismus mit seiner utopiehaltigen Verbindung von schlichter Wahrheit und idealer Schönheit (Mengs), von edler Einfalt und stiller Größe (Winkelmann) gegen die Barock- und Rokokokultur des ancien régime, doch selbst in dieser Aufbruchszeit des Bürgertums bereitete sich die antikebezogenen Schönheit wieder vor, die Werte und Normen neuer herrschender Klassen zu propagieren. Im Deutschland der ersten Hälfte des 19. Jahrhunderts stand dann die antikebezogene Schönheit als ästhetisches Prinzip von Wandbildzyklen und Monumentalgemälden weitgehend im Dienste der feudalklerikalen Repräsentation, die von den konservativen Teilen der Bourgeoisie gestützt wurde. Je entschiedener jedoch der „moderne" Liberalismus die absolutistische Herrschaft in Frage stellte, desto mehr geriet auch die ästhetische Kategorie der Schönheit in die Angriffslinie der Kritik.

Der Erfahrung, daß körperliche Schönheit selten begegnet, daß sie an ein bestimmtes Lebensalter gebunden ist und nicht notwendig in Verbindung mit optimal ausgebildeten geistigen Fähigkeiten auftritt, konnte zur Relativierung des Schönheitsprinzips beitragen, das zunehmend an der Wirklichkeit und ihren Möglichkeiten gemessen wurde. Innerhalb des Systems der menschlichen Kommunikation vermochte die Schönheit nur eine einseitig verlangende, verehrende oder beherrschende Distanz zu schaffen, niemals den Bedürfnissen einer alltäglichen egalitären Auseinandersetzung und Partnerschaft zu genügen. Die bürgerlichen Theoretiker begannen, die „wesenlose Typik" der antikebezogenen Schönheit zu kritisieren, vor der verflachenden Nachahmung weicher Schönheitslinien zu warnen. Die ästhetischen Prinzipien des „Individualisierens" und „Charakterisierens" wurden zum Gegenkampf aufgerufen. Als „schön" konnte nunmehr erscheinen, was sich in der Natur und menschlichen Gesellschaft allen Unzulänglichkeiten zum Trotz durch die gezielte Ausbildung seiner Eigenschaften und Fähigkeiten bewährte. Zu wirklichkeitsnahen, bürgerlich-wahren Idealen wurden die Individualität erhoben, die ihre Besonderheiten auszuformen wußte, der Charakter, der sich im Lebensgetriebe eine beschränkte, jedoch feste Stellung zu erkämpfen und zu erhalten verstand. Adelige Geburt und körperliche Schönheit büßten unter dem Zugriff der liberalistisch-bürgerlichen Kritik als „Äußerlichkeiten" zunehmend ihren Glanz ein. Dennoch blieb die antikebezogene Schönheit als ästhetischer Wert der nach der Revolution von 1848 mit dem Adel paktierenden Großbourgeoisie bestehen, bestimmte weiterhin die bild-künstlerischen Staatsaufträge und erlebte nach der Reichsgründung von 1870/71 sogar in der offiziösen Kunst beispielsweise eines Peter Janssen, Friedrich Geselschap, Hermann Prell und des „badischen Makarts" Ferdinand Keller einen neuen Aufschwung der Wertschätzung. Doch auch der konservativ eingestellte Teil des Bildungsbürgertums hielt an der antike-bezogenen Schönheit als einem utopiehaltigen Sehnsuchts- und Hoffnungswert fest.[1239] Indessen war die Stellung des traditionellen Idealismus, dessen zentrale Kategorie die Schönheit bildete, trotz aller Gunstbeweise von offizieller Seite im Zweiten Deutschen Kaiserreich durch die Kraft, Breite und Vielfalt des bürgerlichen Realismus (des illusionistischen Verismus und „Akademismus") und durch die Gegenkraft des analytischen und oppositionellen Naturalismus, wie bereits skizziert, keineswegs mehr sicher und unumstritten.

Der historische Prozeß des „Schönheitsverlustes" der Bourgeoisie im 19. Jahrhundert zeigte nicht nur die Depravationen der kapitalistischen Entwicklung an, sondern verdeutlichte zugleich ein *prinzipielles Versagen* der ästhetischen Kategorie der antikeorientierten Schönheit. Die undialektische Einsinnigkeit, Normativität und der eindimensionale Hochwertigkeitszwang dieser Kategorie widerstrebten grundsätzlich einer adäquaten bildkünstlerischen Mimesis der komplexen Realitäten in der modernen Industriegesellschaft. Die „schöne" Utopie einer besseren, von Klassenherrschaft freien Welt konnte jedoch, sollte sie nicht zur bloßen Evasion geraten, allein aus den konkreten Bedingungen der zeitgenössischen Wirklichkeit entwickelt werden. Allenfalls in einer besonders kritisch reflektierten Form ließ sich die antikeorientierte Schönheit (beispielsweise wie in Max Klingers eingehend behandeltem Hauptwerk *Christus im Olymp*[1240]) noch in die moderne Bildgestaltung miteinbeziehen.

Übereinstimmend mit der traditionell ausgerichteten deutschen Kunstkritik und -theorie der siebziger bis neunziger Jahre des 19. Jahrhunderts bestimmte Otto von Leixner das Verhältnis zwischen Idealismus, Realismus und Naturalismus dahingehend, daß der Idealismus die Welt der Ideen in schöner Form gestalte, der Realismus die konkrete Wirklichkeit poetisch verkläre und der Naturalismus die Realität auch in ihren häßlichen Erscheinungen ungeschminkt wiedergebe. Im Gegensatz zu der konservativen christlichen Kunstkritik hielt jedoch Leixner nicht am traditionellen Idealismus als einer unverzichtbaren Gestaltungsart fest, die das höchste Ziel der Bildkunst erfülle, sondern seine Sympathien galten dem Realismus. So verteidigte Leixner die Malerei Eduard von Gebhardts und befürwortete eine christliche Bildkunst, die das „Menschlich-Wahre" zurückgewinnen müsse: „Religion und Kunst haben eine Sphäre gemeinsam, denn beide wurzeln im Gemüth, und nur jene Religion und nur jene Kunst vermag die Geister zu fesseln und zu befriedigen, deren Ausgangspunkt das Menschenherz ist; diese Forderung der rein menschlichen Basis beider wird immer lauter und sie wird der Zukunft ihre Religion und ihre Kunst geben."[1241] Wie die Kritiker der katholischen und evangelischen Kunstzeitschriften lehnte Leixner indessen den oppositionellen Naturalismus ab: „Wenn man die Hauptprincipien, die den Naturalismus und Realismus beherrschen, betrachtet; wenn man bedenkt, daß der größte Theil der heutigen Maler des deutschen Nordens (...) diesen beiden verwandten Richtungen angehört, und daß die jüngere Generation fast durchgängig sich ihnen angeschlossen hat, so kann man nicht über den Weg zweifelhaft sein, den die Kunst der Zukunft gehen wird: der gesunde Realismus, der trotz der Verehrung der Natur die Thätigkeit der Künstlerphantasie und der coloristischen Empfindung nicht unterdrückt, sondern durch sie das Naturvorbild vergeistigt. Die extreme Richtung der Naturalisten ist durchgängig von jungen Kräften vertreten, die alle mitten im Werdekampf stehen, mögen sie scheinbar noch so abgeschlossen erscheinen. Haben sie erst die künstlerische Ruhe gewonnen, dann werden sie von selbst die Uebertreibungen ihrer Principien fallen lassen."[1242]

In Abgrenzung gegen traditionell-idealistische Gestaltungsprinzipien kann ein *systematischer Realismusbegriff* präziser umrissen werden. Während der bildkünstlerische Realismus eine möglichst direkte, möglichst wenig vermittelte Darstellung der Natur, der menschlichen Lebenswirklichkeit, der Realität gesellschaftlicher Verhältnisse anstrebt, zielt der bildkünstlerische Idealismus auf die Veranschaulichung spiritueller Wesenheiten. Der Realismus beruht auf der Voraussetzung, daß die sinnlich wahrnehmbare Wirklichkeit der eigentliche Gegenstand der Bildkunst ist und *schließt deshalb phantastische Gestaltungen grundsätzlich aus; er bedient sich allein ikonischer Darstellungsmethoden*. Der bildkünstlerische Realismus nähert sich dem philosophischen Materialismus an, der seinerseits die Materie als Grundprinzip der Welt betrachtet.[1243] Dagegen geht der bildkünstlerische Idealismus von der Annahme aus, das Reich der Seele, des Bewußtseins, des Geistes sei der eigentliche Gegenstand der Bildkunst und nähert sich damit dem philosphischen Idealismus, der seinerseits den Geist (das Bewußtsein) zum Grundprinzip der Welt erklärt. Die religiösen Gestaltungen des traditionellen Idealismus basieren auf objektiv-idealistischen Vorstellungen.

In einem *allgemeinen* Sinn wird der Begriff des Realismus zur abgrenzenden Kennzeichnung der marxistisch-leninistischen gegenüber der bürgerlichen Kunsttheorie angewendet: die marxistisch-leninistische Kunsttheorie ist *Realismustheorie*, da sie das Verhältnis zwischen Kunst und Wirklichkeit als das einer Aneignung, „Widerspiegelung" der Natur und gesellschaftlichen Realität durch die künstlerische Gestaltung auffaßt. Wie im *Realismus*-Kapitel bereits skizziert, sind verschiedene Arten und Grade einer mehr direkten und ideologisch wahreren und einer mehr indirekten und ideologisch verzerrteren Widerspiegelung der Wirklichkeit durch die Kunst zu unterscheiden. Beispielsweise ist die mimetische Affirmation des reichen traditionellen Idealismus, der phantastische Erfindungen in die Bildgestaltung miteinbezieht, grundsätzlich indirekter und damit weniger realistisch als die des strengen traditionellen Idealismus, der ohne phantastische Momente auskommt. Der *spezielle* (systematische) Begriff des bildkünstlerischen Realismus, wie er in der Abgrenzung gegenüber traditionell-idealistischen Gestaltungsprinzipien definiert wurde, umfaßt einen Bereich der Bildkunst mit besonders wirklichkeitsnahen mimetischen Affirmationsarten. Diesem Bereich gehören auch Bildwerke des historischen bürgerlichen Realismus und oppositionellen Naturalismus an, soweit sie auf phantastische Erfindungen verzichten.

Der Neuidealismus

Als einer der ersten deutschen Kunstkritiker und -historiker gebrauchte Emil Heilbut (Herman Helferich) den Begriff des Neuidealismus in seinem Aufsatz *Etwas über Neu-Idealisten* (1891). Heilbut ging von der französischen religiösen Malerei aus und stellte dem traditionellen Idealismus eines Hippolyte Flandrin den hellmalerischen, jedoch nicht an die Erscheinungswelt geklammerten „Neu-Idealismus" eines Puvis de Chavannes gegenüber; obgleich dieser Künstler, dessen *Genoveva*-Wandbilder im Pariser Panthéon von 1876-1877 Heilbut als Beispiel anführte, „fast normale und sehr einfache Erscheinungen" male, erkenne man in ihm den „*modernen* Menschen und den Künstler einer Dekadencezeit" durch ein „sehr starkes Betonen des rein Psychischen vor dem rein Physischen".[1244] Der Kunstkritiker nannte außer Puvis de Chavannes folgende Maler des „Neu-Idealismus": Gustave Moreau, Jean-Charles Cazin, Paul Albert Besnard, die englischen Präraffaeliten (Edward Burne-Jones, George Frederick Watts) und Max Klinger. Heilbut definierte die neue Kunstströmung in Anlehnung an das „Rosenkreuzer"-Programm des esoterischen Schriftstellers Josephin Péladan, der die Dichter und Maler der décadence und des Symbolismus um sich sammelte: „Sich Bilder zu machen von allem, was an Mythen die Welt Schönes gesehen; dieses Mythenhafte selbst bis zum Mysticismus zu durchdringen mit einer unserm Geschlecht eigentümlichen Zartheit und mit so viel Pretiösem, als man will; doch *ganz fern* davon zu sein, an diese Kunstversuche wie ein Evangelium zu glauben: das ist ja doch der Neu-Idealismus in der Kunst. Seine Werke sollen die Anzahl unsrer Gefühle bereichern, uns Sensationen geben, die wir sonst nicht erhalten, das ist alles, was sie sollen."[1245] Diese „neue Idealstimmung" läßt sich laut Heilbutt nach dem „Gesetz der Aktion und Reaktion" leicht genug „aus der Nachbarschaft mit dem Naturalismus erklären".[1246]

Eine grundlegende Phänomenologie und Analyse des Neuidealismus gab Richard Muther im dritten Band seiner *Geschichte der Malerei im XIX. Jahrhundert* (1894). Dort ist das XLVI. Kapitel überschrieben: „Das Wesen des Neuidealismus".[1247] Muther berichtete zunächst über die erste, von ihm als „archaistisch, chaldäisch, metaphysisch" charakterisierte Ausstellung des „Rosenkreuzer-Salons" (Salon Rose + Croix), die Josephin Péladan im Frühjahr 1892 in der Galerie Durand-Ruel in Paris organisiert hatte[1248] und fuhr fort: „Mag diese Ausstellung nun immerhin eine bizarre Geschmacksverirrung reklamesüchtiger Debütanten gewesen sein, im Kern ihrer Erscheinung bildete sie den Ausfluss einer bedeutsamen Geistesrichtung, deren ernste Symptome sich schon seit mehreren Jahren bemerkbar machten. Sie bestätigte, indem sie in's Paradoxe ging, gleichsam officiell den Uebergang der Kunst vom Realismus in's Transcendentale, das Einlenken in jene aristokratisch idealistische Strömung, die die Literatur längst vorher überfluthet hatte."[1249] Die realistische Periode sah Muther durch die Herrschaft des Comteschen Positivismus bestimmt, durch eine nüchtern-rationale Sicht von Natur und Gesellschaft. Mythologie und Religion seien mit Skepsis betrachtet oder parodiert, alle metaphysischen Beschäftigungen zurückgedrängt worden. Die Kunst habe leidenschaftslos und unter Ausschaltung auktorialer Eingriffe, Stellungnahmen, Reflexionen die Wirklichkeit mit höchstmöglicher Objektivität wiedergeben. Die Wissenschaft habe die Moral, die Menschenliebe die Religion in der künstlerischen Gestaltung ersetzt. An die Stelle künstlicher Wiederbelebungsversuche vergangener Kulturepochen sei die Malerei endlich zu ihrer Hauptaufgabe zurückgekehrt, „der Nachwelt ein Abbild ihrer eigenen Zeit zu hinterlassen".[1250] Muther lobte die Errungenschaften des Realismus: „Mit einem Verfallzeit-Idealismus, der, ohne an die Alten sich anzulehnen, nicht stehen konnte, hatte die Kunst des 19. Jahrhunderts begonnen. Die Werke beruhten in der Mehrzahl auf dem Fundament der von Griechen und Cinquecentisten festgestellten kanonischen Formen. Indem der Realismus sich in Gegensatz zu diesem Imitirten und Eklektischen stellte, brach er nach einer Periode äusserlicher Nachahmung einer neuen selbständigen Naturanschauung Bahn. Das Epigonenthum, die Herrschaft des Schemas wurde überwunden und damit die Basis für eine neue Renaissance geschaffen, denn jede selbständige Kunstepoche hat noch mit der Abschrift der Natur, mit treuester Wiedergabe des Wirklichen begonnen."[1251] Dennoch habe sich der Realismus in Einseitigkeiten verrannt, Zola und seine Schule hätten ausschließlich poesielose und trockene „menschliche Dokumente" geliefert, den Kampf ums Dasein, Massenherrschaft und Plebejertum geschildert. Das Ziel der realistischen Maler sei auf die prosaische, naturgetreue Wiedergabe der rein äußeren Wirklichkeit beschränkt gewesen. An diesen Restriktionen aber habe sich die neuidealistische Gegenbewegung entzündet: „Nicht nur in der wirklichen, uns umgebenden Welt leben wir, auch in einer innern, die wir selbst aufbauen und die viel schöner, glänzender, seltsamer ist als die, auf der wir mit zwei Füssen hülflos dahinstolpern. (...) Je farbloser grauer die Gegenwart, desto lockender umgaukelt die märchenhafte Pracht vergangener Schönheitswelten. Gerade die Banalität des Alltagslebens macht mehr als jemals empfänglich für den zarten Reiz alter Mythen, und wir lassen sie zugleich kindlicher und feinfühliger als jede frühere Zeit auf uns wirken, weil wir sie mit neuem durch die Sehnsucht geschärftem Auge betrachten. Auch religiöser, gläubiger sind wir wieder geworden. Die positivistische Philosophie entzündete die Wissbegierde, aber befriedigte sie nicht, und eine Richtung zum Uebernatürlichen war das Ergebniss."[1252]

Die „Tendenzwende" zum künstlerischen Neuidealismus, die sich seit der Mitte der achtziger Jahre des 19. Jahrhunderts vorbereitete, wurde in der zweiten Hälfte der neunziger Jahre rasch zu einem Hauptgegenstand der deutschen Kunstkritik, -theorie und -geschichte. Johannes Merz, seit 1894 Herausgeber des *Christlichen Kunstblattes*, bemerkte in seinem Aufsatz *Das Problem der modernen religiösen Kunst, mit besonderer Rücksicht auf die Malerei (Max Klinger, v. Gebhardt, v. Uhde* (1896), daß die Historien-, Freilicht- und sozialistische Tendenzmalerei „seit ein paar Jahren" auf den Ausstellungen durch mystische und symbolistische Bilder, die „den Besucher erschrecken", ein Gegengewicht erhalte.[1253] Carl Neumann schrieb in seinem Buch *Der Kampf um die Neue Kunst* (1896): „Eine Gegenströmung trat ein. Warum? (...) Genug, an die Stelle des Grauen und Nüchternen trat eine farbige Stimmungsmalerei, an die Stelle des rein sinnlichen Eindrucks trat ein Gedachtes, Verstandanregendes, an Stelle der Nüchternheit die Phantastik; statt des Natürlichen und Einfachen kam das Gesuchte, Auffällige und Seltsame. Dies ist die Kunstbewegung, die wir heute haben. Es giebt Leute, die sie Neuidealismus taufen; ich denke, es wird eine Episode sein, weiter nichts."[1254] Indessen umfaßte diese „Episode" gut zwei Jahrzehnte! Mit einigem historischen Abstand konnte Berthold Daun in seinem *Grundriß der modernen Plastik und Malerei* (1909) das Kapitel „Idealismus und Romantik in der modernen Malerei" wie folgt einleiten: „Der moderne Realismus hatte am Ende des 19. Jahrhunderts eine gewaltige Umwandlung in der gesamten Kunst Europas zur Folge gehabt. Den kühnen Neuerern in Malerei und Plastik gebührt der Ruhm, durch die Rückkehr zur Natur einen ganz bedeutenden Fortschritt im Kunstschaffen, von dem auch das Kunstgewerbe stark beeinflußt wurde, erzielt zu haben. Dennoch war eine Reaktion gegen die unbedingte Herrschaft des Realismus unausbleiblich, denn war als erste Forderung aufgestellt, ein möglichst treues Abbild der Gegenwart und des Außenlebens zu geben, so war dabei im Übereifer ganz vergessen worden, auch dem Innenleben Interesse zuzuwenden. Deshalb wurde es die schwierige Aufgabe einer dem nüchternen Realismus feindlichen Richtung, die wir die neuidealistische nennen wollen, unser modernes Gefühlsleben mit seinen flüchtigen Stimmungen und seelischen Widersprüchen zum Ausdruck zu bringen. Die übersinnlichen Neigungen der Gegenwart, die Vorliebe für mystische Träumerei und melancholische Schwärmerei mußten, da sie bereits in Lyrik und Drama im Mittelpunkt des Interesses standen, notwendigerweise auch in der bildenden Kunst zur Geltung gelangen. In der Malerei äußerte sich dieses Verlangen zuerst."[1255] Daun behandelte zuerst die Präraffaeliten, ging anschließend auf französische Künstler wie Moreau, Puvis de Chavannes, Cazin über und stellte im Abschnitt über die deutschen Maler des „Neu-Idealismus" Böcklin, Thoma und Klinger in den Mittelpunkt. Richard Hamann erklärte in seinem Buch *Die deutsches Malerei im 19. Jahrhundert* (1914) den Neuidealismus als Reaktion gegen den Impressionismus: „So sehr der Impressionismus der 90er Jahre und der Jahrhundertwende die herrschende Kunstrichtung der Zeit genannt werden muß, und so sehr gerade dieser rein optische Impressionismus einer Farben- und Lichtreizkunst alle Personendarstellung aufhebt und negiert, daneben gehen doch Richtungen einher, die das Menschliche und Persönliche stärker betonen und in der Rehabilitation des Figürlichen die verlassenen Wege der alten Monumentalkunst wieder zu beschreiten scheinen. Meist sind es jüngere Künstler, die sich diesem Neuidealismus zuwenden. Zum großen Teil empfinden sie wohl auch diese Abkehr von der Milieuschilderung und der impressionistischen Entpersönlichung als Opposition gegen diese Zeit."[1256]

Zu unterscheiden sind vier Hauptmomente des Neuidealismus, die auch Muthers grundlegende Neuidealismuskonzeption enthält: Erstens ist die neue Kunstströmung philosophisch gesehen *idealistisch*, da sie voraussetzt, daß Seele und Geist gegenüber der Materie und äußeren Wirklichkeit die ursprünglichen, bestimmenden Prinzipien bilden. – Es gibt einerseits eine subjektiv-idealistische Richtung, die der verabsolutierten psychischen Erlebniswelt des Individuums künstlerisch Ausdruck zu verleihen sucht. Andererseits gibt es eine objektiv-idealistische Richtung, die annimmt, sie veranschauliche künstlerisch eine geistige Realität, die im Sinne der Religion, Theosophie, des romantischen Pantheismus oder Mystizismus jenseits der individuellen Bewußtseinsgrenzen existiere.

Zweitens wird der Neuidealismus entscheidend durch einen *irrationalistischen* Zug bestimmt. Muther schrieb: „Die Realisten hatten das moderne Leben gemalt, die Neuidealisten, sie ergänzend, malen das moderne Gefühl. Die Phantastik schüttelt ihre glänzenden Blüthen in die Stille des Alltagslebens. Je nach der Anlage ihres Temperamentes haben die Einen Sehnsucht nach Schwind'scher Märchenpoesie, nach Sagen und Traumgebilden: 'Einmal lasst mich atmen wieder/in dem goldnen Märchenwald.' Andere finden Gefallen an dem zarten entsagenden Mysticismus des Evangeliums. Neben christlich religiösen Neigungen finden sich solche zu altasiatischen Begriffen und Phantasieformen. Allerlei occultistische, übersinnliche Schwärmereien bilden sich Formeln und suchen Befriedigung. Die Zaubereien des Mittelalters, die Räthsel der Halluzinirten, die wunderlichen alten Lehren aus der ersten Heimat der Menschheit reizen die Maler unablässig."[1257] Die Vorliebe der Neuidealisten für das Malerisch-Unwirkliche umriß Muther wie folgt: „In demselben Maasse wie das Occulte im Seelenleben, reizt das Occulte in der Natur. Aus dem Dunkel der Nacht, aus dem Schleier des Nebels blickt die Welt mit räthselvolleren Augen und lässt tiefere, seltsamere Hintergründe ahnen. Dem Nebel streben daher die Feinsten und Sensibelsten mit innerlicher Liebe zu. Besonders der Abend behagt ihnen, wenn die Farbe am Verklingen ist und gespenstische Schatten auftauchen, wenn ein weicher Dunsthauch über der Erde lagert und geheimnisvoll klagende Stimmung aus der Landschaft tönt. (...) Die Neuidealisten lieben ein seltsames Dämmerlicht. Das Körperhafte, die Form, die Wirklichkeit tritt zurück. Etwas Uebersinnliches, die Ahnung einer andern unbekannten Welt, in die die Gestalten hineinschweben, oder aus der sie kommen, soll den Betrachter umfangen. Traumhaft, wie aus Nebelschleiern schimmern die Figuren hindurch – wie man ferne, liebe Personen sieht, wenn man die Augen schliesst und sich im Geist zu ihnen versetzt."[1258] Der katholische Kritiker Paul Keppler rief in seinen *Gedanken über die moderne Malerei* (1897) den Leser auf, sich gegen das Gruseln zu wappnen, denn: „Es geht in's Reich des *Neuidealismus*, in die Gärten, wo die Zauberblumen der Symbolik und Allegorie, des romantischen Tiefsinns und Gefühlsüberschwanges berauschend duften, in die unheimliche Welt der symbolischen Träume und somnambulen Visionen und spiritistischen Erscheinungen, in die Abgründe satanischbuddhistischer Mystik, wo die Kunst in Schwefeldämpfe gehüllt sich auf den Dreifuss setzt und geheimnisvolle Orakel von sich gibt, auf den Blocksberg, wo in der Walpurgisnacht die Hexen und Gespenster ihre Tänze aufführen und ihre Orgien feiern."[1259]

Drittens entwickelte sich eine breite Strömung des Neuidealismus aus der Hellmalerei und dem Impressionismus. Muther schrieb: „Und nun, nachdem die Hellmalerei ein differenzierteres Farbensehen gelehrt, nachdem man alle Kraft eingesetzt, den schwierigsten Elementen der Erscheinungswelt, Luft, Licht und Farbe bis zur äussersten Wirklichkeitsnachahmung beizukommen, vollzieht sich der letzte entscheidendste Schritt: man geht von der objectiven Wiedergabe des Natureindrucks zur freien, rein dichterisch symphonischen Behandlung der Farben über. Diese bergen sich nicht mehr scheu unter einer braunen Kruste, auch den grauen Schleier werfen sie ab und treten mit eigenen Ansprüchen als selbständige Wesen hervor. Ein spezifisch moderner Colorismus ersteht. (...) Die Einen schwelgen in Lichteffekten, in vollen brausenden Tönen, in allen erdenklichen überirdischen coloristischen Reizen. Die Andern decoloriren, vermeiden jeden Glanz und alle Kraft des Tons, um als echte Décadents nur noch in weichen gebleichten, feinschmeckerisch blassen, nebelhaft verschwommenen Tönen zu baden."[1260] – Zu unterscheiden sind vier Richtungen des Impressionismus, nämlich die oppositionell-naturalistische Hellmalerei mit ihren sozialen Themen, ein „objektiver Impressionismus", der mit den Mitteln der lichterfüllten Fleckauflösung die Wirklichkeit von Augenblickseindrücken wiederzugeben versucht, ein „High-life-Impressionismus", der die Vergnügungen der höheren Gesellschaft in Cafés, Parks und auf Luxusschiffen festlich-stimmungsvoll verherrlicht und die neuidealistische Hellmalerei.

Viertens zeigte die neuidealistische Kunst häufig eine elitäre Attitüde. Das Auskosten feinster Nuancen, seltsamer Seelenzustände, komplizierter Gedanken, von tausend Raffinements und erlesenen Bizarrerien gehörte zum aristokratischen Repertoire jener Malerei, die den grauen Alltag, den plebejischen Atem, die ungezwungene Gebärde strikt verneinte (Muther).[1261] – Viele neuidealistische Künstler gaben sich bewußt als volksverachtende Ästheten, Aristokraten des Geistes. Der vom oppositionellen Naturalismus beeinflußte Maler von Wiener Volkstypen Josef Engelhart berichtete in seinem Buch *Ein Wiener Maler erzählt: Mein Leben und meine Modelle* (1943) über einen Besuch bei dem Neuidealisten Fernan Khnopff in Brüssel: „Im ersten Stock stand der Meister unbeweglich in einem hellerleuchteten, mit reichem Marmormosaik getäfelten großen Raum; neben sich am Boden eine zarte kleine Vase mit einer zierlichen Blume, vor sich eine Staffelei. Geblendet schauten wir uns um, da deutete Khnopff auf den Fußboden und zeigte uns in der Mitte des Saales einen großen goldenen Kreis von vielleicht vier Meter Durchmesser. Er brauchte das, um in Stimmung zu kommen, sagte er. Die Inspiration erleuchte ihn, wenn er, eine Blume neben sich, im Zauberkreise stehe."[1262] Bei einem Besuch Khnopffs in Wien wollte Engelhart dem belgischen Maler das farbige Wiener Volksleben im Wurstelprater und beim „Fünfkreuzertanz" zeigen, jedoch: „Sein anfangs gelinder Abscheu steigerte sich beim Anblick der tanzenden Kroatinnen und Soldaten zum Entsetzen. Das Taschentuch vor der Nase, rannte er davon, so schnell er konnte, gefolgt von dem schadenfroh lachenden Hermann Bahr, den ich damals mit gebeten hatte."[1263]

Die neuidealistische Formalgestaltung wurde bereits in einem Exkurs dieser Untersuchung behandelt[1264], ihr „platonistisches" Streben nach Grundformen, ihre Vorliebe für entmaterialisierende Flächigkeit, für Ornamente und Sym-

Abb. 526 Fritz von Uhde: Die heilige Nacht, 1888-1889

metrien, ihre Neigung zu sensitiv-stimmungsvoller oder irrationaler Unbestimmtheit von Formen, Farben, Räumen, ihre romantisch-mystische Lichtgestaltung, ihre Expressivität, ihre Rückwendung zu historischen Gestaltungsweisen.

Bedeutsame malereigeschichtliche Phänomene sind einerseits das „*Umschlagen*" des oppositionellen Naturalismus in den Neuidealismus, auf der anderen Seite und im Widerspruch dazu die erbitterte Gegnerschaft beider Richtungen. Eines der ersten Gemälde der Kaiserzeit, das eine deutliche Verbindung von oppositionell-naturalistischen und neuidealistischen Tendenzen zeigte, war das Triptychon *Die Heilige Nacht* (1888-1889, Abb. 526) von Fritz von Uhde, dem Triptychen von Firle, Dettmann, Kalckreuth und anderen deutschen Malern bis zum Beginn des 20. Jahrhunderts folgten, so daß die christliche Sakralform des Triptychons, wie bereits erwähnt, neubelebt erschien. Im Unterschied zur traditionellen Auffassung beispielsweise des Bilderbibel-Holzschnittes *Christi Geburt* (1860, Abb. 527) von Julius Schnorr von Carolsfeld stellt die Uhdesche *Heilige Nacht* nicht die heilige Familie mit dem Kind in der Krippe und im Beisein des Ochsen und Esels dar, sondern sie zeigt in einem halb schuppen-, halb scheunenartigen Raum im Vordergrund die auf einem niedrigen ärmlichen Lager sitzende Maria, die das Neugeborene vor sich anbetet, während Joseph im Hintergrund als kaum erkennbare Rückenfigur auf einer Bodentreppe sitzt und nachzusinnen scheint. Auf dem linken Flügel treten arme Hirten aus dem Wald herzu, auf dem rechten Flügel singen Engelkinder von Brettern und Balken herab. Die erste Fassung des Gemäldes rief bei ihrem Debut 1888 in der Münchener Jubiläumsausstellung schärfste Angriffe aus klerikalen Kreisen hervor, und Uhde entschloß sich, die Figur der Maria sowie die Lichtgestaltung des Mittelbildes zu ändern und die Seitenflügel völlig neu zu malen. Doch auch die zweite, „korrigierte" Fassung des Gemäldes von 1889 provozierte weiterhin die Kritik. Paul Keppler, der an Uhde stets kein gutes Haar ließ, schrieb in der *Zeitschrift für christliche Kunst* (1892): „Er malt ein Stück sozialen Elends, wie in schmutzigem Stall ein herabgekommenes Vagabundenweib niederkommt mit einem Erdenwurm, der

Abb. 527 Julius Schnorr von Carolsfeld: Christi Geburt, 1860

ihr Elend erbt und wie der Vagabund auf der Stiege sitzt und sich nicht zu helfen weiss bei solcher Mehrung seiner Sorgen; das könnte zunächst unser Interesse wachrufen; aber Ekel, gemischt mit Grauen und Entsetzen erfasst uns, wenn wir finden, dass das die heilige Nacht darstellen soll."[1265] Ebenso wie Keppler wandte sich auch das *Christliche Kunstblatt*, das die Uhdesche *Heilige Nacht* mehrmals negativ rezensierte, gegen den oppositionellen Naturalismus des Triptychons, rügte „die üblichen perspektivischen Verzerrungen, das von hinten her in den Raum dringende Licht, welches Gegenstände und Gestalten feuchtkalt und dampfförmig umspielt, die damit verbundene Flauheit der Farbgebung und Charakterlosigkeit der Zeichnung"[1266], das unkünstlerische „Gewirre" des Faltenwurfs in der Bekleidung Marias[1267] usw. und stellte die drei Gewissensfragen der traditionellen Ästhetik an die „modernsten unter den Modernen" nämlich: „1. Wo bleiben die Alten? – 2. Ist, was Ihr malt, schön? – 3. Warum verstürzt Ihr Euch auf die biblischen Stoffe?"[1268]

Die christlich engagierten Kritiker übersahen freilich die religiösen Stimmungsmomente des Triptychons, das innige Anbeten und die große Aura der Maria, die verklärende Lichtgestaltung, die tiefe Gläubigkeit der Hirten des linken Flügels und das lichtumstrahlte Lobsingen der fröhlichen Engel des rechten Seitenflügels. Die kühlen bläulichgrauen Farben beginnen unter dem Einfluß der gelben und rötlichen Töne des Laternenlichtes zu changieren, die proletarische Atmosphäre erscheint romantisiert. Otto Julius Bierbaum lobte in seinem Buch über Uhde (1893) die „wundersame Tiefe der Empfindung" des Bildes, „in dem Phantasie und Wirklichkeit harmonisch mit einander verwoben werden."[1269] Franz Hermann Meissner schrieb (1900): „Noch mehr als in allen vorgängigen Werken Uhdes flammt hier die Gloriole der christlichen Legende um das Familienleben der stillergebenen Armut und Bescheidenheit in einem der oberdeutschen Menschenschläge."[1270] Fritz von Ostini verglich in seiner Uhde-Monographie (1902) die beiden Fassungen der *Heiligen Nacht* und stellte fest, daß die Maria an Schönheit gewonnen habe, daß das Strenge in den Seitenflügeln weicher, das Naive bewußter, das Altemeisterlich-Innige barocker geworden sei und der ärmliche Raum durch die Wunder des Lichtes bereichert erscheine[1271]; Ostini kritisierte jedoch diese Veränderungen.

Die neuidealistische Umdeutung des oppositionellen Naturalismus drückt paradigmatisch das Triptychon *Der Glaube* (1894, Abb. 528 a - 528 c) von Walther Firle aus. Das Mittelbild zeigt zwar arme Bauern, die in einem Schuppen vor der sitzenden und das Christuskind auf ihrem Schoß haltenden Maria teils knien, teils stehen, aber die Farbgebung ist nicht in den oppositionell-naturalistischen Grau-, Braun- und schmutzigen Mischtönen gehalten, die beispielsweise Firles *Vater-unser-Trilogie* bestimmen, sondern helle, kontrastreiche, ja bunte Farben geben der andächtigen Menschengruppe und der Szenerie etwas Heiter-Märchenhaftes. Gelbes Sonnenlicht fällt freundlich durch die offene Tür. Ein magisches Licht erfüllt die nimbusgekrönte Maria vor dem geheimnisvollen Dämmer der Schuppenwand. Die proletarischen Züge der Darstellung werden von poetisch verklärenden Momenten überlagert.

Einen farblichen und inhaltlichen Kontrast zum Mittelteil bilden die ganz in mystisch-weichen Blautönen gehaltenen

Abb. 528a Walther Firle: Anbetung der Hirten, Mittelteil des Triptychons „Der Glaube", 1894

Seitenflügel. Der linke Flügel zeigt die einsam unter einem Baum sitzende, mit gefalteten Händen und zum Himmel gerichtetem Antlitz der Verkündigung lauschende Maria. Die weißen Lilien auf ihrem Schoß symbolisieren die Jungfräulichkeit, das junge Bäumchen und die Sichel des zunehmenden Mondes deuten auf die göttliche Schwangerschaft. Das helle weißliche Blau des Gewandes der Muttergottes leuchtet durchgeistigt, der Reifennimbus und das Licht des Hintergrundes schimmern geheimnisvoll, die „moderne" Fleckstruktur, die allerdings Gesicht und Hände der Maria nicht erfaßt, löst die gegenständliche Greifbarkeit auf und verstärkt die Atmosphäre gläubiger Meditation. – Der rechte Flügel zeigt die am Fuß des mittleren der einsamen Kreuze kniende, mit emporgereckten Händen und zum Himmel erhobenem Gesicht betende Maria; göttliches Licht scheint von oben. Die Farbgebung stimmt mit der des anderen Seitenteils überein, ist jedoch ein wenig bräunlich-dunkler und geheimnisvoller gehalten. Das Triptychon verherrlicht den katholischen Wunderglauben an die unbefleckte Empfängnis, jungfräuliche Geburt und den Opfertod Christi im Medium des Marienkultes.

Während das oppositionell-naturalistische Mittelbild des behandelten Triptychons *1. Mose 3* (1892, Abb. 426) von Ludwig Dettmann mit seiner Darstellung eines Armenlei-

Abb. 528b Walther Firle: Verkündigung der Maria, linker Flügel des Triptychons „Der Glaube", 1894

Abb. 528c Walther Firle: Gebet der Maria am verlassenen Kreuz, rechter Flügel des Triptychons „Der Glaube", 1894

chenzuges, der sich an Arbeitern bei der Kartoffelernte vorüberbewegt, in einem inhaltlichen und formalen Gegensatz zu den neuidealistischen Seitenflügeln steht, gibt es eine ähnliche Diskrepanz bei Firles Triptychon *Der Glaube* nicht; hier bleibt der Unterschied zwischen dem Mittelbild, das die frohe Botschaft der Erlösergeburt verkündet und den mystisch-blauen Seitenflügeln ein neuidealistisch-gradueller.

Firles Triptychon *Heilige Nacht* (1897, Abb. 529), das arme Bauern zeigt, die das Christuskind in der Krippe anbeten, ist einheitlicher gestaltet als *Der Glaube* (1894); die neuidealistische Umdeutung der „Arme-Leute-Malerei" erfolgt hier durch die Lichtgestaltung, Farbgebung und Darstellung von Engeln.

Unvereinbar mit einem Bergmannsbild wie *Arbeit* (1900, Abb. 453) von Adolf Münzer erscheint ein Deckengemälde des gleichen Malers im Sitzungssaal der Königlichen Regierung in Düsseldorf (um 1915), das mit einem Kreis antikisierender Monatsfiguren und mit allegorischen Personifikationen wie „Germania", „Rhein", „Phantasie", „Poesie" usw. wieder an Gestaltungsweisen der traditionell-idealistischen Monumentalmalerei anknüpft; die dekorative Formalgestaltung ist allerdings „modern"-neuidealistisch (Abb. 530). Eine ähnliche Diskrepanz besteht zwischen der *Kartoffelernte* (1901, Abb. 430) von Walther Georgi und seinem neuidealistischen Kuppelgemälde *Christus und Engel, Maria und Apostel* (um 1914, Abb. 531) in der Abteikirche von St. Blasien.

Das Landarbeiterin-Triptychon *Unser Leben währet siebzig Jahre* (1898, Abb. 434) von Leopold von Kalckreuth, das Bergmannsbild *Vor der Schicht* (neunziger Jahre, Abb. 454) von Gotthard Kuehl und Heinrich Brelings Arme-Leute-Gemälde *Der Witwer* (um 1906, Abb. 394) zeigen nichtnaturalistische kräftige, reinere Farben mit teilweise changierenden Tönen, eine neuartige, sich zum Expressiven wandelnde Farbgebung.

Auch in der deutschen Literatur erfolgte in den neunziger Jahren des 19. Jahrhunderts ein Umschwung des sozial engagierten Naturalismus zum Neuidealismus (Neuromantik,

Abb. 529 Walther Firle: Die heilige Nacht, 1897

Abb. 530 Adolf Münzer: Die Monate (Mittelkreis), Rhein und Phantasie mit Poesie und bildender Kunst (linke Seite), Germania mit Rhein und Mosel (rechte Seite), um 1915

Individualismus, Ästhetizismus, Impressionismus). Helmut Scheuer schreibt in seinem Aufsatz *Zwischen Sozialismus und Individualismus – Zwischen Marx und Nietzsche* (1974): „Da die sozialistische Haltung der Naturalisten keineswegs gefestigt ist, kann dem Schwärmen oft nach kurzer Zeit ein Wandel der Anschauungen folgen. Im Laufe der neunziger Jahre distanzieren sich fast alle Naturalisten vom Sozialismus."[1272] Die neuen Idole, denen sich die vom Sozialismus enttäuschten Literaten hingaben, wurden Nietzsche und Stirner.[1273] Symptomatisch für diese Wende war die Entwicklung des „Friedrichshagener Kreises" in Berlin, dem führende Naturalisten wie Gerhart Hauptmann, Max Halbe, Wilhelm Bölsche, Bruno Wille usw. angehörten.[1274] Im *Lexikon der deutschen Verlage* (Leipzig 1929) wurden der Friedrichshagener Kreis, den der Verlag von Eugen Diederichs vertrat, als idealistisch-neuromantisch bezeichnet und als

dessen Vertreter Wilhelm Bölsche, Julius Hart und Bruno Wille aufgeführt.[1275]

Das Umschlagen des literarischen deutschen Naturalismus in den Neuidealismus untersuchte Onno Frels am Beispiel der Entwicklung von Arno Holz zwischen 1890 und 1900 in seinem Aufsatz *Zum Verhältnis von Wirklichkeit und künstlerischer Form bei Arno Holz* (1979). Frels umriß diese Entwicklung und ihre historische Bedeutung wie folgt: „Wenn sich in Holz' literarischer Theorie und Praxis erhebliche Wandlungen vollziehen, die um 1900 in einen ästhetizistisch-solipsistischen Rückzug münden, so ist dies keine Erscheinung, die mit dem Hinweis auf die 'besondere' Entwicklung des Autors hinreichend erklärt wäre. Sein Werk repräsentiert vielmehr einen idealtypischen Strang eines generell sich durchsetzenden literarhistorischen Prozesses mit dem Zielpunkt Ästhetizismus. Von der Sozialkritik im *Buch*

Abb. 531 Walther Georgi: *Christus und Engel, Maria und Apostel*, um 1914

der Zeit (1885) über das naturalistische Formexperiment (1888-1890), das sich inhaltlich von gesellschaftlich umgreifenden Bezügen löst, führt ein nahezu geradliniger Weg zum solipsistischen Impressionismus (um 1900), in dem soziale Gehalte durch die Dominanz ichbezogener Phantasieelemente fast völlig getilgt sind."[1276] Nach Frels enthielt bereits das konsequent-naturalistische „Kunstgesetz" von Holz, „Kunst = Natur – x" (1891)[1277], die Möglichkeit einer subjektivistischen Interpretation. – Die Variable x der Gleichung bezeichnet die subjektive Brechung des Naturbildes durch den künstlerischen Produktionsprozeß und muß möglichst gering gehalten werden; dazu sind bestimmte literarische Techniken notwendig. Holz schrieb: „Die Kunst hat die Tendenz, wieder die Natur zu sein. Sie wird sie nach Maßgabe ihrer jedweiligen Reproduktionsbedingungen und deren Handhabung."[1278] Die Handhabung der „Reproduktionsbedingungen" als literarische Technik schließt entsprechend der positivistischen Intention von Holz eine auktoriale Wertung, Sinnstiftung aus: auf eine quasi wissenschaftliche Weise sind Empfindungsdaten festzuhalten, äußere Eindrücke zu registrieren; eine protokollhaft-impressionistische Technik ist anzuwenden. Die Empfindungen und Eindrücke erfüllen in der „objektivistischen" Ästhetik des konsequenten Naturalismus lediglich eine Mittlerfunktion zwischen der Realität und dem bestandsaufnehmenden künstlerischen Subjekt; sie können jedoch, wie Frels schrieb, „später in den Prosa-Gedichten des *Phantasus*-Zyklus zum Haupt*gegenstand* einer solipsistisch auf das künstlerische Subjekt bezogenen Gestaltung aufsteigen."[1279] Die Natur löst sich (subjektiv-idealistisch) in Empfindungen, Bewußtseinszustände auf, und es besteht kein szientistisch-rationaler Zwang mehr, phantastische Kombinationen, Metamorphosen, die nicht als „Träume" psychologisch legitimiert sind, aus dem künstlerischen Produktionsprozeß auszuschließen. Nach Frels hielt zwar Arno Holz auch nach der Wendung zum Subjektivismus/Ästhetizismus gegen Ende des 19. Jahrhunderts an seinem „Kunstgesetz" fest, interpretierte die Natur allerdings nunmehr als Konglomerat subjektiver Vorstellungsbilder und die literarische Kunst als „Selbstdarstellung".[1280]

Auf eine ähnliche Weise konnte auch der Impressionismus der Malerei subjektivistisch umgedeutet werden. Man verzichtete auf die Voraussetzung, daß die unregelmäßigen Partikel der impressionistischen Farbstrukturen realitätsbestimmten Empfindungen, feinsten Eindrücken objektiv gegebener Erscheinungen entsprachen; vielmehr interpretierte man sie als Ausdruck innerer Erlebnisse des Künstlers, als Spiegelungen differenzierter Bewußtseinsprozesse. Die gleichen malerischen Mittel, die zuvor der positivistischen Erforschung der materiellen Wirklichkeit gedient hatten, mußten nun die Vorgänge in der Seele veranschaulichen, Stimmungen, Gefühle, Phantasien. Schließlich konnten die informellen Strukturen und unbestimmten gegenständlichen Formen als mystische Zeichen des transzendenten Geistes erscheinen. Die Hellmalerei, die zunächst im Dienste der desillusionierenden Wahrheitsfindung die entlegensten Winkel der Realität gleichmacherisch ausgeleuchtet hatte, begann ihr Licht seelischen Bereichen, metaphysischen Sphären dienstbar zu machen. Der religiöse oppositionelle Naturalismus wandelte sich, indem Farbe und Licht zunehmend poetisiert, romantisiert, mystifiziert wurden und die Glaubensgehalte entschiedenen Vorrang vor den sozialen Tendenzen gewannen; diese verschwanden endlich ganz.

Den Umschwung vom Naturalismus zum Neuidealismus registrierte Paul Keppler in der *Zeitschrift für christliche Kunst* (1895) mit Überraschung: „Wer hätte noch vor Kurzem es für möglich gehalten, daß aus den Krautgärten und Rübenfeldern moderner Malkunst die blaue Blume der Romantik sprossen würde? daß diese Kunst, die sich ganz in die Schollen des Erdbodens eingegraben hatte und es für oberste Pflicht hielt, sie umzuackern und umzupflügen, die mit Vorliebe auf der Gasse und in der Gosse sich herumtrieb, die alles Glauben und Denken an etwas Uebersinnliches und Uebernatürliches verhöhnte und perhorreszierte, – daß sie so plötzlich den Flug wagen würde aus solchen Niederungen in höhere Welten?"[1281] Bereits 1893 hatte Otto Julius Bierbaum sehr einprägsam die Entwicklung umrissen: „In allen Künsten der Gegenwart ein einheitlicher Zug: Zuerst Reaktion gegen den Scheinidealismus der Epigonen, naturalistischer Gegentriumph darwider, nicht ohne renommistischen Spektakel auf den Tisch geworfen; dann eindringliche, ernste, prahlereifernde Vertiefung in diese 'neue Richtung', eifriges Lernen in der 'neuen Schule', größte Ausbildung der Mittel; Schwanken nun, ob dies genug sei, genug das verblüffend getreue Abschreiben der Umwelt, und daneben die bange Frage, ob es auch *möglich* sei, die Unmöglichkeit völliger Naturwiedergabe zu umgehen durch eine künstlerische Beschränkung, die doch eine Bereicherung bedeutet: echtes Ringen des Individualismus; schließlich: sieghaftes Vordringen dieses psychologischen, persönlichen Zuges, der am besten als der lyrisch subjektive zu bezeichnen ist und der, dem Innerlichen zugewandt, die gute Schule des Naturalismus zwar nie verleugnet, sich aber doch von ihrem Äußerlichkeitskult emanzipiert und *Seelenoffenbarung* über alles setzt. Die Franzosen haben, in der Kunst des Bildes wie des

Wortes, den Anstoß zu dieser Neubewegung gegeben (...)".[1282]

Der 1884 in Paris erschienene Roman *Gegen den Strich* des Zola-Schülers Joris-Karl Huysmans wurde zum Vorbild des europäischen Ästhetizismus. Die literarische Situation zur Zeit der Veröffentlichung von *A rebours* umriß Huysmans in einem Rückblick 1903: „Als 'A Rebours' – 'Gegen den Strich' – erschien, nämlich im Jahre 1884, war die Lage folgende: der Naturalismus drehte den Mühlstein atemlos im Kreise herum. (...) Zola, der ein guter Theatermaler war, half sich darüber hinweg, indem er mehr oder weniger genaue Bilder hinwarf; (...) So feierte er die Markthallen, die Warenhäuser, die Eisenbahnen, die Bergwerke, und die dorthin verirrten menschlichen Wesen spielten lediglich Nebenrollen oder waren nur Statisten; aber Zola war Zola, das heißt ein etwas massiver, mit groben Lungen und groben Fäusten begabter Künstler. Wir weniger Vierschrötigen, die wir uns mit feinerer und wahrerer Kunst beschäftigten, mußten uns fragen, ob der Naturalismus nicht in eine Sackgasse führe und ob wir nicht bald gegen die Mauer rennen würden."[1283] Mit den Mitteln naturalistischer Beobachtung und Analyse schilderte Huysmans in *Gegen den Strich* die verfeinerte Geistigkeit des Herzogs Jean des Esseintes, der sich fernab vom Pariser Großstadtgetriebe in einem Landhaus eine Welt erlesener Kunstwerke und Genüsse, der extremen Künstlichkeit, ja Antinatur erschafft. Zola warf Huysmans vor, er führe mit diesem Roman einen tödlichen Schlag gegen den Naturalismus und bringe die ganze Schule vom Wege ab.[1284] Gegen Zola, den Realismus Courbetscher Prägung und den Impressionismus wandten sich die literarischen und bildkünstlerischen Symbolisten in Paris.[1285]

In Deutschland nahm Max Liebermann als oppositioneller Naturalist eine kritisch-kämpferische Haltung gegen den Neuidealismus ein; so schrieb er 1894 in einem Brief an Woldemar von Seidlitz: „Zwar wollen uns die Neu-Idealisten einreden, daß die wahre Kunst über die einfache Wiedergabe der Natur hinausgehen soll. Ich glaube dagegen, daß, nachdem Neu-Idealisten, Symbolisten etc. abgewirtschaftet haben, die Kunst erkannt werde in der nature, vue à travers d'un tempérament."[1286] Dieser Teil eines französischen Satzes entstammt Zolas *Der Experimentalroman* (1880, Le roman expérimental). Es heißt dort: „Die Kunst ist ein Ausschnitt der Natur, gesehen durch ein Temperament" (L'art est un coin de la nature vu par un tempérament).[1287] Die Wahrheit der unmittelbaren Naturbeobachtung und der künstlerisch geformten Wiedergabe wurde von Liebermann dem wirklichkeitsfernen Neuidealismus entgegengehalten. In einem Brief an Franz Servaes schrieb der Künstler 1900: „Besonders aber freuts mich, daß Sie gegen den blödsinnigen Symbolismus Front machen. (...) Wie unser gemeinsamer Freund Goethe sagt: 'der Hang der neuen Zeit zum Mysticismus kommt daher, weil man dabei weniger zu lernen braucht'. Diese Fatzkes (hoffentlich kennen Sie den Berlinismus noch) wissen überhaupt nicht – was doch wahrhaftig jeder mit der Muttermilch in sich aufgesogen haben müßte – daß *nur* das Kunst ist, was von der Natur ausgeht."[1288] In den neunziger Jahren und zu Jahrhundertbeginn standen sich zwei große Lager der „modernen Kunst" gegenüber, ein realistisches, das von den oppositionellen Naturalisten sowie von jenen Impressionisten vertreten wurde, die am Prinzip der Naturwiedergabe festhielten („objektive Impressionisten") und ein neuidealistisches Lager. Freilich gab es weiterhin Vertreter des illusionistischen Verismus und „Akademismus", und es gab Künstler, die Kompromißpositionen einnahmen.

Der Neuidealismus unterscheidet sich vom traditionellen Idealismus weniger hinsichtlich der Gestaltungsinhalte als hinsichtlich der formalen Gestaltungsweisen. So kontrastiert beispielsweise das Wandbild *Christus unter den Schriftgelehrten* (um 1910, Abb. 532) von Adolf Mutzenbecher wegen seiner Flächigkeit, Vereinfachungsabstraktionen und Fleckauflösung zu dem behandelten, glatt und fein gearbeiteten Ölgemälde *Der Jesusknabe im Tempel* (1882, Abb. 509) von Heinrich Hofmann, während in der Darstellung des göttlichen, nimbusbekrönten Christusknaben und der Schriftgelehrten, die durch die Weisheit Christi verwundert sind, Übereinstimmung besteht.

Der Neuidealismus läßt sich in Richtungen wie Symbolismus, Ästhetizismus, Neuromantik, Expressionismus, Vitalismus untergliedern, die durch jeweils spezifische Selektionen und Kombinationen künstlerischer Gestaltungsweisen und durch unterschiedliche ästhetische Konzepte bestimmt sind.

Der literarische und bildkünstlerische *Symbolismus* benutzen die mehr oder weniger verfremdete, abstrahierte Darstellung der „äußeren Realität", um auf psychische Erlebnisse, spirituelle Phänomene, philosophische Reflexionen, transzendente Wesenheiten zu verweisen. In seinem Buch *Die Weltanschauung Henri Bergsons* (1929) bezeichnete Rudolf Palgen mit Recht Bergson als Philosophen des malerischen und dichterischen Impressionismus und Symbolismus und zog zur Begründung seiner Auffassung Bergsons Schrift *Versuch über das im Bewußtsein unmittelbar Gegebene* (1889) heran.[1289] Bildkünstlerischer Symbolismus und Impressionismus stimmen insofern überein, als beide das Strukturprinzip der Auflösung in Fleckareale oder Farbpunkte und andere Prinzipien der Form- und Farbunbestimmtheit (Informalität) anwenden. Die symbolistische und impressionistische Literatur greift auf vergleichbare Techniken der sensitiven Protokollaufnahme flüchtiger Er-

Abb. 532 Franz Adolf Wilhelm Mutzenbecher: Christus unter den Schriftgelehrten, um 1910

lebnisse und Stimmungen, der Verunklärung und Auflösung zurück. Im Sinne Bergsons können die symbolistische und impressionistische Informalität zur Darstellung der Erlebnisse und Seinsweisen des *wahren Ich* dienen.

Das konkrete, lebende Ich wird nach Bergson durch einen unzerlegbaren Strom ineinander verfließender Erlebnisse und Zustände gebildet. Diese Theorie richtete sich gegen die mechanistische, polemisch so bezeichnete Elementpsychologie, nämlich die zeitgenössische physiologische Psychologie und Psychophysik sowie die Assoziations- und Gedächtnispsychologie. Die Elementenpsychologie ging von der Annahme psychischer Elementarbausteine aus (Empfindungen, Assoziationen, Bestandteile des Gedächtnisses usw.), die in wechselnden Zusammenhängen und Kombinationen das Psychische konstituieren, und sie stützte sich auf die Untersuchungsmethode des naturwissenschaftlichen Experiments und seiner quantitativ-statistischen Auswertung. Bergson verwarf diese Methode, da sie nach seiner Ansicht die Vorstellung eines „homogenen Milieus", in dem sich festumrissene, koexistierende oder zeitlich aufeinander folgende Gegebenheiten befinden, auf das Psychische übertrug und ihm damit wesensfremde Kategorien des Raumes und der Zeit aufzwang. Weder gäbe es scharf begrenzte psychische Einzelphänomene, die nur in der Kategorie der räumlichen Ausdehnung denkbar seien, noch eine Art „Bewußtseinsraum", der die Einzelphänomene in der Weise des „Nebeneinander" oder „Nacheinander" enthalte. Das Psychische sei keine numerische Vielheit und folglich auch nicht mit Hilfe statistischer Berechnungen faßbar, sondern es existiere nur die *reine Dauer*. Diese sei „eine Folge qualitativer Veränderungen, die sich verschmelzen, durchdringen ohne bestimmte Konturen, ohne jede Tendenz sich gegeneinander zu verselbständigen, ohne jede Verwandtschaft mit der Zahl; die reine Heterogenität".[1290]

An der Peripherie des Bewußtseins gäbe es einen Übergang in die Körperwelt, im Inneren herrsche dagegen ein Strom des absoluten Werdens, der *absoluten Qualität*. Je mehr man von den Tiefen des Ich an die Oberfläche steige, desto mehr nähmen die Bewußtseinszustände die Form numerischer Vielheiten an, sie entfalteten sich im Raum und würden immer starrer, unpersönlicher, daher auch immer adäquater durch Begriffe, Worte fixierbar. An der Oberfläche des Ich erscheine eine feste Kruste abgegrenzter Ideen. Hier beginne das soziale Leben. – Bergson nimmt einen Trieb des Bewußtseins zur absoluten Selbsterfahrung an, die nur in einem Akt der *Freiheit* möglich sei: das Ich der Tiefe steige an die Oberfläche und durchbreche in absoluter Spontaneität die äußere Kruste der Notwendigkeiten und des sozialen Daseins. Die Selbsterfahrung des Ich ist nach Bergson nur unter dem Verzicht auf die Ratio möglich, denn der Verstand produziere gerade jene das Eigentliche verdeckende Kruste. Irrationalität, subjektivistische Betonung der individuellen Freiheit und die Ablehnung sozialer Determinationen, der Widerwille gegen gesellschaftliche Zusammenhänge kennzeichnen den Neuidealismus Bergsons. – Der Romanschriftsteller vermag nach Bergson den Schleier des konventionellen Ich zu zerreißen, die Verworrenheit, Widerspruchshaftigkeit des wahren Ich mit seinen tausendfältigen Durchdringungen flüchtiger Ereignisse und Impressionen aufzuzeigen, wenn er die Worte *symbolisch* gebraucht. Zwar würde so nur ein suggestives Schattenspiel erzeugt, das sich lediglich indirekt auf das Eigentliche beziehe, jedoch könne der Romanschriftsteller auf diese Weise etwas von der fundamentalen Irrationalität des lebendigen Geistes andeuten („Symbolismus"). Im Sinne Bergsons kann ähnlich die *bildkünstlerische* Verwendung gegenständlicher Symbolfiguren und vor allen Dingen informeller Gestaltungsweisen das „innere Leben des Ich" indirekt veranschaulichen. Die symbolistische und impresssionistische Informalität fungieren dabei erstens als Zeichen für die *Irrationalität* des inneren Lebens, zweitens als Zeichen für dessen *subjektive Freiheit* und *naturgesetzliche sowie soziale Transzendenz* und drittens als Zeichen für dessen *Erlebnisreichtum und Sensibilität*.

Hermann Bahr charakterisierte in seinem Essay *Die Überwindung des Naturalismus* aus der gleichnamigen Essaysammlung von 1891 die bloße Sinnbildlichkeit, Ausdrucksindirektheit und -unbestimmtheit des Neuidealismus, als dessen „Organe" er die „Nerven" bestimmte: „Der neue Idealismus drückt die neuen Menschen aus. Sie sind Nerven; das andre ist abgestorben, welk und dürr. (...) Auf den Nerven geschehen ihre Ereignisse und ihre Wirkungen kommen von den Nerven. Aber das Wort ist vernünftig oder sinnlich; darum können sie es bloß als eine Blumensprache gebrauchen: ihre Rede ist immer Gleichnis und Sinnbild. Sie können sie oft wechseln, weil sie bloß ungefähr und ohne Zwang ist; und immer bleibt es am Ende Verkleidung."[1291] Bahrs Begriff der „Nerven", der Assoziationen des Physiologischen und zugleich Nervös-Sensitiven und einer irrationalen Freiheit wachruft, besitzt gewisse Anklänge an den Begriff des „lebendigen Ich" von Bergson. Als Vertreter des „neuen Idealismus der Nerven" nannte Bahr Puvis de Chavannes, Degas, Bizet, Maurice Maeterlinck. Über den Dichter Maeterlinck schrieb der Literat in einem Essay der erwähnten Sammlung *Die Überwindung des Naturalismus* (1891): „Äußere Dinge vermag er gar nicht zu gewahren, geschweige denn zu gestalten. Äußeres Leben zu bilden versucht er nicht einmal. Kein wirklicher Mensch wird ihm, keine wirkliche Handlung. Die Gestalten, welche er formt, sind nur Zeichen seiner Sensationen, wie von seinen Stimmungen auf die Welt geworfene Schatten, und die Ereignisse, welche er häuft, sind nur Symbole vieler Geschichten in den Nerven."[1292] Hermann Bahr betonte insbesondere die Unabhängigkeit des „neuen Idealismus" vom Zwang der äußeren Realität: „Die Gefangenschaft im Äußeren und die Knechtschaft unter die Wirklichkeit machten den großen Schmerz. Aber jetzt wird eine jubelnde Befreiung und ein zuversichtlicher, schwingenkühner, junger Stolz sein, wenn sich das Nervöse alleinherrisch und zur tyrannischen Gestaltung seiner eigenen Welt fühlt. Es war ein Wehklagen des Künstlers im Naturalismus, weil er dienen mußte; aber jetzt nimmt er die Tafeln aus dem Wirklichen und schreibt darauf seine Gesetze. Es wird etwas Lachendes, Eilendes, Leichtfüßiges sein. Die logische Last und die schwere Gram der Sinne sind weg; die schauerliche Schadenfreude der Wirklichkeit versinkt. Es ist ein Rosiges, ein Rascheln wie von grünen Trieben, ein Tanzen wie von Frühlingssonne im ersten Morgenwinde – es ist ein geflügeltes, erdenbefreites Steigen und Schweben in azurne Wollust, wenn die entzügelten Nerven träumen."[1293] Der irrationalistische Freiheitsbegriff Bahrs weist eine gewisse Übereinstimmung mit dem Bergsons auf.

Ein symbolistisches Welterklärungsbild entwarf Maurice Maeterlinck in seinem Buch *Der Schatz der Armen* (1896, in deutscher Übertragung 1898): „Wir leben so fern von uns, dass wir fast nichts von dem wissen, was am Horizont unsres Wesens vor sich geht. Wir irren von Ohngefähr im Thale, ohne zu ahnen, dass alle unsre Gebärden auf dem Gipfel des Berges wiederholt werden und dort ihre Bedeutung erhalten; und zuweilen muss jemand kommen, uns zu sagen: Macht die Augen auf, seht zu, was Ihr seid, seht zu, was Ihr treibt; nicht hier leben wir; dort oben sind wir. Seht zu, was aus diesem im Dunkeln ausgetauschten Blicke, diesen Worten wird, die am Fusse des Berges sinnlos waren, was sie jenseits des Gipfelschnees bedeuten, und wie unsre Hände, die wir für so schwach und klein hielten, in jedem Augenblicke Gott erreichen, ohne es zu wissen."[1294] Einige ausgewählte Geister, Künstler, Philosophen, vermögen nach Maeterlinck (mit den Mitteln einer „symbolistischen" Sprache oder Gestaltungsweise) zu zeigen, „was auf den Gletschern des Mysteriums vor sich geht."[1295] – Wie Bergson lehnte Maeterlinck die Elementenpsychologie ab: „Es handelt sich hier um Ereignisse und Einmischungen der Seele, die unaufhörlich stattfinden, auch im dunkelsten Dasein von Wesen, die ihre ewigen Rechte ganz vergessen haben. Es handelt sich um eine ganz andere Psychologie als die gewohnheitsmässige, die den guten Namen der Psyche usurpiert hat, obschon sie sich in Wahrheit mit *den* geistigen Erscheinungen befasst, die des Engsten mit der Materie zusammenhängen. Es handelt sich mit einem Worte darum, was uns eine transcendentale Psychologie offenbaren müsste, die sich mit den unmittelbaren Beziehungen von Seele zu Seele und mit der *Empfindlichkeit* wie mit der *ausserordentlichen Gegenwart* unserer Seele befasst. Dieses Studium, das den Menschen um einen Grad erhöhen würde, ist im Entstehen und wird nicht zögern, die Elementarpsycholgie, die bis dato geherrscht hat, auszuschalten."[1296] Maeterlinck hatte wohl eine Art Parapsychologie im Auge. – Bergson entwarf in einem Vortrag für die „Gesellschaft für psychische Forschung" in London am 28.Mai 1913 die Grundzüge einer „symbolistischen" Psychologie: „Die Gehirnphänomene sind für das geistige Leben in der Tat das, was die Gesten des Kapellmeisters für die Symphonie sind: sie zeichnen davon die Bewegungsansätze und sonst nichts. Vom höheren Wirken des Geistes würde man also in der Gehirnrinde nichts finden. Das Gehirn hat außer seinen sensorischen Funktionen keine andere Aufgabe, als im weitesten Sinne des Wortes das Leben des Geistes *mimisch* darzustellen."[1297]

Der *Ästhetizismus* verachtet die ungeformte, „geistlose" Natur und das „kunstlose" menschliche Leben in seiner alltäglichen Normalität; er bekämpft eine Kunst, die sich realistisch an der Wirklichkeit orientiert und stellt das Streben nach ästhetischer Durchdringung des Stoffes, nach Vollendung der künstlerischen Form über das Prinzip der Wirklichkeitsadäquanz. Udo Köster unterschied in seinem Buch *Die Überwindung des Naturalismus* (1979) zwei verschiedene „Argumentationsfronten" des Ästhetizismus: „Eine dieser Fronten verläuft gegenüber dem 'Leben'; hier wird das Verhältnis von Kunst und Natur, das Verhältnis von menschlicher Natürlichkeit (und Vitalität) und ästhetischer Lebensform definiert. Die andere Front verläuft gegenüber der Moral; hier werden Kunst und Ethik gegeneinander abgegrenzt."[1298] Nach Köster zweifelt der Ästhetizismus die Moral an, die ein konkurrierendes System der überindividuellen Sinngebung darstellt und versucht als Quelle der Moral verborgene Unmoral aufzudecken („Egoismus", „Herrschsucht", „Lüge"). In der Anthropologie des Ästhetizismus sei die ursprüngliche Anarchie der Triebe nur durch ständig erneute Anstrengungen, ja Zwänge zu beherrschen, zu zivilisieren; nicht nur die Kunst, sondern jede Ordnung entstehe – ästhetizistisch gesehen – „gegen die Natur". – Wegen ihrer extremen Natur- und Realitätsferne zeigt die Beuroner Kunst, die sich gegen das Streben nach sinnlicher Darstellungskonkretion wandte und jede Abweichung von der gottesdienstlich-fundamentaltheologischen Gebundenheit ablehnte, Züge eines „katholischen" Ästhetizismus.

Ein Grundprinzip des Ästhetizismus bildet der Formalismus als Vermehrung und Ausweitung der formalästhetischen gegenüber der inhaltsästhetischen Informationsmenge. Die gegenständlichen Einzelformen werden einer starken Stilisierung unterworfen, so daß die haptisch-sinnliche Konkretion zugunsten eines übergreifenden formalästhetischen Prinzips erheblich vermindert erscheint. Die äußere Gestalt der ikonischen (gegenständlichen) Zeichen und ihr syntaktischer Zusammenhang gewinnen gegenüber ihren semantischen Funktionen entschieden das Übergewicht; die Aufmerksamkeit des Betrachters wird in erster Linie auf das formale Abstraktions-(Stilisierung-)System gelenkt. Generell zielen die Abstraktionen des ästhetizistischen Formalismus auf eine Verfeinerung der Form-, Farb- und Raumgestaltung, der künstlerischen Variations- und Kombinationsmöglichkeiten, auf eine Nuancierung und Veredelung von Effekten, auf die sensitive Steigerung des optischen Raffinements. Beispielsweise zeigt das Aquarell *Madonna mit den Lilien* (1898, Abb. 533) von Carlos Schwabe als Hauptfigur eine schlanke Maria mit dem Christuskind, die innerhalb einer ausgeklügelten Konstruktion bogiger Wolkenformationen und eines Bogens weißer Lilien fast verschwindet. Die Reihe der äußerst fein und genau gemalten Lilien mit den stilisierten hohen Stengeln überschneidet gleichsam „schützend" die Madonna, krümmt sich nach vorn und verselbständigt sich in ihrer perspektivischen Vergrößerung. Das Blumensymbol der Reinheit erscheint übermäßig „potenziert". Ebenso verselbständigen sich die Wolkenformationen mit ihren nervösen Strukturen und Verästelungen.

Die neuidealistische Ornamentalität[1299] verstärkt generell die formalistischen Momente der Bildgestaltung. – Die gegenständlichen Formen des Ölgemäldes *Maria* (um 1897, Abb. 534) von Carl Strathmann sind einerseits zu bloßen Symbolträgern „entleert": die brennende Kerze, vor der die Maria betet, symbolisiert das Licht des Glaubens, das ewige Leben und den göttlichen Geist; die Dornenranke verweist auf die Passion Christi; die Säule bedeutet Standhaftigkeit im Glauben; der Baum symbolisiert den Sieg über den Tod; die hängenden Blätter drücken die Trauer der Passion aus. Andererseits werden die gegenständlichen Figuren in den flächig-ornamentalen Formrhythmus integriert, der die Gesamtgestaltung beherrscht. Eine noch stärkere ornamentale Auflösung der Marienfigur zeigt das bereits behandelte Gemälde *Die Braut* (1892/1893, Abb. 319) von Johan Thorn Prikker.

So wie der ästhetizistische Formalismus durch die Verfeinerung, ja Überfeinerung der Formalgestaltung die Spontaneität der Einfälle reduziert, überall die sondierende Reflexion einschaltet, das „naturwüchsige" Leben zurückdrängt, es der Kultivierung des ästhetischen Genusses opfert und die

Abb. 533 Carlos Schwabe: Madonna mit den Lilien, 1898

Abb. 534 Carl Strathmann: Maria, um 1897

Abb. 535 Leo Samberger: Madonna, 1896

Fülle irregulärer Phänomene, Ereignisse der Wirklichkeit einer durchdringenden ästhetischen Kontrolle und strengen Auswahl unterwirft, so wendet er sich gegen die offene, direkte, realitätsnahe Darstellung menschlicher Verhältnisse und bevorzugt das Erlesene, Komplizierte, schwer Verständliche, Extreme, ja Perverse. Zum Beispiel erzeugt das Darstellungssystem des erwähnten Aquarells *Madonna mit den Lilien* (1898, Abb. 533) von Carlos Schwabe den Eindruck der Manieriertheit und irrealen Phantastik. Die jungfräuliche Heilige mit dem Gottessohn ist allen irdischen Bezügen entrückt, sie schreitet in gleichsam kosmischer Isolation auf Wolken, die wie Schnee leuchten und aus denen Lilien sprießen; in der schwindelnden Tiefe erblickt man eine düstere Flußlandschaft. Das verschattete Gesicht der einsamen Madonna zeigt Züge der Zärtlichkeit, jedoch auch der Erschöpftheit und Angst, als ahne sie den Mutterschmerz bei der Passion Christi. Mit manierierten Handhaltungen preßt sie wie schützend das lächelnde Kind an sich, das gleichwohl bereits die drei Kreuznägel mit sich führt und das in einer unnatürlichen Schraubenstellung auf ihrem Arm sitzt. Seltsam wirkt die Festigkeit der Wolken und das Zurückbiegen der Madonna, als habe sie an dem Kind eine schwere Last zu tragen. Wie Lampen leuchten das Kind und die beiden Heiligenscheine.

In dem Gemälde *Madonna* (1896, Abb. 535) von Leo Samberger leuchten die Gesichter der Maria und des Christusknaben, die auf manierierte Weise Formen der griechischen Klassik abwandeln, mystisch aus dem Dunkel. Ein übermenschliches Bewußtsein des Geschicks offenbart sich in den großen, sinnenden Augen des Christusknaben, die aus den tief verschatteten Höhlen den Betrachter anglimmen. Beide Gesichter zeigen eine maskenhafte Starre, insbesonre das scharfe, sich melancholisch neigende Antlitz der Madonna. Mit einer leichten Bewegung der feinen Hand scheint sie sich der heterogenen Sphäre ihres Sohnes, der versunken an sein Kinn greift und mit Grauen seine spätere Passion vorausahnen mag, mitteilen zu wollen. Der ästhetische Effekt des Gemäldes beruht auf dem vergeistigenden Licht, das die Gesichter und Hände in abgestimmter Schärfe oder Umschärfe aus dem Dunkel hervortreten läßt.

Der Ästhetizismus befeindet die Moral übrigens nicht generell, wie Köster annimmt; Moral und Ästhetizismus bilden nicht grundsätzlich konkurrierende Systeme, sondern die Moral gleicht dem Ästhetizismus in dem Bestreben, das menschliche Verhalten in bestimmte Regeln, Formen zu fassen. Nur die „grobe" Alltagsmoral der Spießbürger, der Durchschnittsmenschen stößt den Ästheten ab; er sucht nach einer verfeinerten, „höheren" Moral der gebildeten Elite. So vermochte der Katholizismus mit seiner Ethik, die sich gegen die „weltlich-prosaischen" Verhältnisse der modernen urbanen Industrie- und Warengesellschaft richtete, den Kreis der Ästheten um Josephin Péladan zu faszinieren. Das katholische „Mysterium" der Sünde und göttlichen Gnade verfolgte Huysmans in seinem Roman *Tief unten* (*Là-bas*, 1891), in dem er mit ästhetizistischer Sensitivität die Abgründe sexueller Perversionen ausleuchtete und mit einer Art genußvoller Akribie über die schwierigsten moraltheologischen Fragen des Katholizismus meditierte.

Ein weiteres Grundprinzip des Ästhetizismus bildet der Historismus, vor allen Dingen in seiner eklektischen Spielart. Das bereits künstlerisch Geformte und die Art seiner Formung reizen den Ästheten. Er genießt die Wirklichkeit in der Filterung durch die Kunst und exiliert in die Welt der historischen Stilformen, um der „banalen" zeitgenössischen Alltagsrealität zu entkommen. Das klassische Beispiel des historisierenden Ästheten ist wiederum der Des Esseintes aus Huysmans' Roman *Gegen den Strich*. Der Herzog richtet sich ein mönchshaftes Schlafzimmer ein, in das er ein eisernes Bett stellt, dessen reich verzierte Gestelle am Kopf- und Fußende einem schmiedeeisernen ehemaligen Treppengeländer aus einem „alten Palast" entstammen. Als Nachttisch stellt er ein antikes Betpult auf und schmückt die Wand mit einem Gemälde von El Greco; darauf dargestellt ist „ein Christus in seltsamen Farbtönen, in übertriebener Zeichnung, mit verstörter Energie in wilden Farben gemalt, ein Bild aus der zweiten Epoche des Malers, da er besessen war von dem Gedanken, jede Ähnlichkeit mit Tizian zu vermeiden."[1300] Das Gemälde und die übrigen kunsthistorischen Stücke werden nach formalistischen Gesichtspunkten beschrieben und bestimmten Stilepochen zugeordnet, eine inhaltliche Interpretation interessiert nicht. Des Esseintes genießt auch ausgefallene Graphiken von Goya, Rembrandt, Callot oder verknüpft kunsthistorische Assoziationen mit symbolistischen Darstellungen von Moreau, Bresdin, Redon.[1301] Des Herzogs Haus mit seinen literarischen, bildkünstlerischen, musikalischen und kunsthandwerklichen Seltenheiten bildet ein historisches Gesamtkunstwerk. Die Beschäftigung mit den Einzelheiten dieses Gesamtkunstwerks strebt jedoch nicht nach einem vertieften, kritischen Verständnis historischer Realitäten; sondern in einem freien, genießerischen Schweifen, das Kontraste sucht, um die Ermüdung zu vermeiden, gleitet die Aufmerksamkeit von Reiz zu Reiz. Die Einzelphänomene werden in gewisser

Abb. 536 Ernst Christian Pfannschmidt: Anbetung der Hl. Drei Könige

Weise „oberflächlich", nur von ihrer formalästhetischen Konstitution her erfaßt und mit feinster Sensibilität ausgekostet. Der „kunsthistorisierende" Ästhet ist von der zeitgenössischen Wirklichkeit dreifach getrennt, erstens durch die Brechungen der Kunst, zweitens durch die Brechungen der Geschichte, drittens durch die gebrochene Art seiner formalistischen Rezeption.

Bildwerke, die verschiedene Motive und Stilformen verschiedener Epochen miteinander verbinden, ohne die historische Semantik dieser Elemente und die *inhaltlichen* Konsequenzen ihrer zeitgenössischen Neuverwendung sozusagen „gegen den Strich" zu reflektieren, gehören dem formalistischen Historismus an, zeigen ästhetizistische Züge. Dies ist bei den meisten Bildwerken des neuidealistischen Historismus der Fall.[1302] Das Kaseinfarbengemälde *Anbetung der Hl. Drei Könige* von Ernst Christian Pfannschmidt (Abb. 536), ein auf der Ausstellung für christliche Kunst in Düsseldorf 1909 gezeigter Entwurf für ein Glasmosaik der Berliner Kaiser-Wilhelm-Gedächtniskirche, kombiniert Gestaltungsweisen der Romanik, Gotik, Renaissance mit einer „modernen" Stilisierung, Ornamentalität. Die renaissancistische Komponente (Raumbühne des Vordergrundes, perspektivische Verkürzungen) scheint die Darstellung mit dem Wirklichkeitssinn der zeitgenössischen illusionistisch-veristischen Historienmalerei in Einklang bringen zu wollen. Einige Gesichter zeigen die scharfen psychologisierenden Charakterzüge der Gebhardt-Schule, aus der Pfannschmidt stammte. Die inneren Spannungen dieses Eklektizismus, dessen anachronistisch-feudalklerikale Tendenzen überwiegen (Thron- und Huldigungsmotive, Palastarchitektur als „himmlisches Jerusalem") tragen dazu bei, das ästhetische Bewußtsein der Unterschiedlichkeit der Stilelemente zu schärfen und damit eine formalistische Betrachterhaltung zu unterstützen. Der unaufhebbare inhaltliche Widerstreit zwischen Typisierung und Individualisierung, idealistischer Abstraktion und tendenziell sinnlich-konkreter Realitätserfassung (Psychologie der Gesichter, des kommunikativen Verhaltens, der Mutter-Kind-Beziehung) offenbart den Fehlschlag des artifiziellen Kompromisses.

Das Streben nach Verfeinerung, nach Steigerung der künstlerischen Sensibilität, nach Entwicklung der Genußfähigkeit, nach sublimer historischer Bildung läßt den religiösen und profanen Ästhetizismus das Alltäglich-Durchschnittliche, die „rohe Masse", das demokratische Prinzip der Orientierung an Mehrheiten verachten und meiden. Als Elitewesen suchen die Ästheten ein Reich höchster Geisteskultivierung, der Hermetik und Esoterik auf, ein „freies" Reich, in dem die primitive Herzenseinfalt spontaner Äußerungen und Handlungen, die borniertes Normalität, das Nützlichkeitsdenken der Philister zurückgelassen sind.[1303] Wiederum war es Huysmans, der den Weltekel der Ästheten paradigmatisch formulierte, ihre aristokratische Absonderung aus der bürgerlichen Warengesellschaft als emanzipatorischen Akt begründete. Am Schluß des Romans *Gegen den Strich* charakterisiert der Autor die Bourgeoisie, aus deren Pariser Bannbereich Des Esseintes geflohen ist: „Nach der Aristokratie der Geburt herrschte jetzt die Aristokratie des Geldes, das Kalifat der Kontore, der Despotismus der Rue du Sentier, die Tyrannei der Krämer mit engen und käuflichen Gedanken, eitlen und betrügerischen Instinkten. Verbrecherischer, verächtlicher als der verarmte Adel und die heruntergekommene Geistlichkeit nahm die Bourgeoisie noch deren frivoles Protzentum und hinfällige Großsprecherei an; (...) autoritativ und verschlagen, feige und niedrig ging die Bourgeoisie mitleidlos auf ihr ewiges Opfer, die Proletarier, los, denen sie selbst den Maulkorb abgenommen und die sie dazu abgerichtet hatte, den alten Kasten an die Gurgel zu springen! Jetzt war es soweit. Das Volk hatte seine Schuldigkeit getan und sich aus hygienischen Gründen weißgeblutet; der wieder sicher gewordene Bürger saß dank seinem Gelde und der Ansteckungskraft seiner Dummheit als jovialer Herrscher auf dem Thron."[1304] Offenbar spielt Huysmans auf die Niederschlagung der Pariser Commune an, betrachtet den Kampf zwischen der Arbeiterklasse und der Bourgeoisie sowie den „alten Kasten" jedoch ironisch unter dem Gesichtspunkt der „Volkshygiene". Wichtiger als die Unterdrückung des Volkes erscheint ihm das Ergebnis der Thronbesteigung des Bürgers: „die Unterdrückung jeder Intelligenz, die Verneinung jeder Ehrlichkeit, der Tod jeder Kunst."[1305] Der Autor fährt fort: „Das große amerikanische Bagno war auf unseren Kontinent verpflanzt; es war letzten Endes die ungeheure, die tiefe, die unvergleichliche Gemeinheit des Geldmannes und Emporkömmlings, die gleich einer verworfenen Sonne über der götzendienerischen Stadt strahlte, die, vor dem verruchten Tabernakel der Banken auf dem Bauch liegend, unreine Gesänge ausstieß. 'Stürze ein, Gesellschaft, stirb, alte Welt!' – rief Des Esseintes außer sich über die Schändlichkeit des von ihm heraufbeschworenen Schauspiels; dieser Schrei zerbrach den Alpdruck, der auf ihm lastete."[1306] Im Protest gegen die Warenverwertung der Dinge, des Lebens, des Geistes, gegen erstarrte Konventionen, gegen die Zwänge gesellschaftlicher Repräsentation und Moralgesetze, gegen die Prosa des arbeitsteiligen Alltags vermag der Ästhetizismus – weniger der religiöse als der profane – gewiß emanzipatorische Tendenzen zu zeigen[1307], und gewiß ist die Art, in der Goebbels die Begriffe Ästhetizismus, Dekadenz, Esoterik, elfenbeinerner Turm, l'art pour l'art als Schimpfworte gebrauchte, Ausdruck des nationalsozialistischen Ungeistes.[1308] Dennoch muß gesehen werden, daß die ästhetizistische Emanzipation ihre aristokratische Attitüde nicht verleugnen kann, daß sie letztlich in den Grenzen des Idealismus gefangen bleibt und von jener Emanzipation übertrumpft wird, die in proletarischer Parteilichkeit die Klassenschranken der bürgerlichen Ideologie durchbricht (und übrigens dabei alle religiösen Schibboleths abzustreifen vermag). Als Kunstrichtung ist der Ästhetizismus zwar in seiner Verachtung der schlechten Wirklichkeit zur *Negation* fähig, nicht jedoch wie sein Gegner, der *Realismus*, zu einer wirklichkeitsadäquaten Bestandsaufnahme, die sich mit *Negation und Antizipation* verbindet.[1309]

Mit dem Begriff der *Neuromantik* („Neuro-Mantik") bezeichneten Hamann und Hermand in ihren *Epochen deutscher Kultur von 1870 bis zur Gegenwart* (DDR 1967-1976, BRD 1971-1976) eine künstlerische Strömung, die mit Hilfe von Gestaltungsunschärfen, Fleckauflösungen, Flächigkeit, farblichen Nuancierungen und Lichteffekten „lyrische" Stimmungen erzeugt; zumeist bilden nach Hamann/Hermand vage gehaltene Naturmotive, jedoch auch Märchenhaftes und Symbolisches den Stoff einer spätimpressionistischen Romantisierung, eines „inhaltlosen Stimmungskultus".[1310] Udo Köster hob in seinem Buch *Die Überwindung des Naturalismus* (1979) die überbewußte, kalkulierte Künstlichkeit der Neuromantik hervor: „(...) ihr Zweck war nicht neue Erkenntnis, sondern neue Empfindung."[1311] – Es sind drei Richtungen der Neuromantik zu unterscheiden, eine „nüchterne" Richtung, die dem Impressionismus verbunden bleibt, eine „phantastische" Richtung, die literarische, symbolische, mythologische und religiöse Motive verwendet und eine „dekorative" Richtung, die starke ornamentale Abstraktionen benutzt. Tendenzen aller drei Richtungen können sich innerhalb eines einzigen Bildwerkes verbinden. Den drei Richtungen gemeinsam ist eine entmaterialisierende, poetisierende, mystifizierende Lichtführung und die bewußte Negation realistischer Gestaltungsmöglichkeiten. Der gleichsam „verzweifelte" Kampf gegen die Errungenschaften der positivistisch und materialistisch eingestellten Moderne macht die wirklichkeitsentrückte „Artistik" (Köster) der Neuromantik aus und trennt sie von der ursprünglichen Romantik um 1800. In Hans Thomas Gemälde *Ruhe auf der Flucht nach Ägypten* (1907, Abb. 537), Teilbild der Ausmalung der Thomakapelle in der Karlsruher Kunsthalle, erzeugt die „lyrische" Hellmalerei in allerdings gebrochenen Farbnuancen eine heitere Atmosphäre der dargestellten Frühlingslandschaft; im Vordergrund des malerischen Wiesentals mit blühenden Obstbäumen, einer Ziegenherde, einem sich schlängelnden Bächlein, einer kleinen Holzbrücke und einem pflügenden Bauern an der Horizontlinie ruhen sich Maria mit dem Christuskind und Joseph auf einem Felsblock am Bachufer aus. Hinter Joseph steht der Esel. Ganz vorn sitzt ein Mädchen, das wie andächtig eine Pusteblume hält. Der Oberteil des Gemäldes ist abgegrenzt und stellt den Ringeltanz fliegender nackter Putten vor einem tiefblauen Himmel mit leichten Wolkenschleiern dar. An beiden Seiten sitzen dort je ein musizierender Kleinkindengel auf einem Wolkenballen.

Ein zartliniger, ornamentaler Formrhythmus durchwirkt stilisierend, vergeistigend die idyllische Landschaftsszenerie des unteren Hauptbildes. Die Personengruppe des Vordergrundes ist in schwereren Farben gehalten und hebt sich montagehaft gegen das Tal ab. Die Mariafigur folgt traditionellen Mustern. Die Falten ihres und des Gewandes von Jo-

Abb. 537 Hans Thoma: Ruhe auf der Flucht nach Ägypten, 1907

seph bilden eine zeichnerische informelle Ornamentstruktur. Christus ist als Kleinkind mit krummen Beinchen dargestellt, das von der Mutter stehend gehalten wird. Er breitet die Ärmchen wie zu einer Segens- und Herrscherhaltung aus und blickt mit großen Augen, die bereits das göttliche Bewußtsein andeuten, nach oben. Joseph sitzt seitlich auf dem Stein neben Maria, hat jedoch den Oberkörper nach vorn gedreht und hält den aufrecht gestellten Stab in der Linken. Diese repräsentativen Haltungsmomente kontrastieren zum Abstützen des zusammengesunkenen Oberkörpers mit der Rechten auf dem Stein und zum sinnenden Blick; Joseph ist der patriarchalische Beschützer der Familie, ahnt sich selber jedoch demütig als Werkzeug eines höheren Willens. Das Mädchen mit der Pusteblume sticht wegen ihrer strengen Profilstellung und der zeitgenössischen Kleidung gegen die heilige Familie ab. Es bildet eine Symbolfigur des kindhaftreinen Glaubens. Die Samen der Pusteblume können durch das Blasen mit dem Mund in alle Richtungen verstreut werden und an verschiedenen Orten keimen; die Pusteblume symbolisiert den christlichen Glauben, der durch kindhafte Herzenseinfalt gleichsam spielerisch verbreitet wird. Der sprudelnde Bach ist ein Lebenssymbol.

Die Künstlichkeit dieser neuromantischen Komposition erweist sich einerseits durch das eskapistische Rahmenthema der durchstilisierten landschaftlichen Paradiesidylle, zu der auch das agrarisch-ursprüngliche Motiv des pflügenden Bauern am Horizont gehört. Andererseits deuten die Gestaltungsbrüche, die die Einheitlichkeit der szenischen Illusion stören, auf den Eingriff übergeordneter „transzendentaler Reflexionen". die auf den ersten Blick „realistisch" wirkende Figur des Mädchens mit der Pusteblume ist wegen ihrer fast hieratischen Haltung und ihrer Symbolfunktion in sich gebrochen. Ein Bruch der Gestaltungsebenen trennt diese „moderne Symbolfigur" von der heiligen Familie; insbesondere die Madonna erscheint als Heilige der traditionellen Malerei. Dagegen zeigt der Kleinkind-Christus eine innere Diskrepanz zwischen modern-realistischer Beobachtung und religiösem Anspruch. Die gesamte Gruppe der dichter, dunkler gemalten Vordergrundfiguren wirkt wie künstlich zur lichterfüllten Landschaft hinzumontiert. Dieser Bruch bringt wechselseitig die Übertreibung der Paradiesidylle und die religiöse Fremdartigkeit der heiligen Familie zum Bewußtsein. Der unvermittelte Bruch zwischen dem „himmlischen" Puttenoberteil und dem Hauptbild betont gleichsam *explizit* die übersinnliche Dimension der Gesamtgestaltung. Die Engelchen wirken allerdings wie karikierte Putten der traditionell-idealistischen Malerei oder wie karikierte Kleinkinder. Dieser „romantische" Humor offenbart die Problematik einer Bilderfindung, die, anders als beispielsweise die Genien- und Kleinkinddarstellung Runges am Beginn des 19. Jahrhunderts, weder revolutionäre ideologische Tendenzen zu formulieren, noch zeitgenössische Realitätserfahrungen mit einem Gewinn an Erkenntnis ins Bild zu übersetzen vermag.[1312]

Eine nächtliche Szene auf dem Nil bietet das Ölgemälde *Flucht nach Ägypten* (Abb. 538) von Kaspar Schleibner, das auf der Ausstellung für christliche Kunst in Düsseldorf 1909 gezeigt wurde. In einem Kahn sitzt vorn Maria mit dem Kind, hinten stakt der orientalisch gekleidete Joseph mit einer langen Stange das Fahrzeug vorwärts. Die Sterne funkeln am Himmel. Am Ufer sieht man Palmen und in der Ferne Pyramiden. Der neuromantische Lichteffekt besteht in dem hellen, beinahe gespenstischen Leuchten des Christuskindes und der Madonna; der Widerschein spiegelt sich auf den Wellen. Diese Lichtsymbolik drückt aus, daß in der Nacht der alten Welt das Licht des Christentums erstrahlt, das Licht einer neuen Zeit. Allerdings wirkt die Darstellung mit dem abenteuerlichen Joseph und der leuchtenden Mutter-Kind-Idylle in der nächtlichen Flußeinsamkeit Ägyptens wie ein orientalisch-exotisches Märchen.

Die religiöse Bildkunst des *Expressionismus* brach formästhetisch entschieden mit den künstlerischen Gestaltungsmitteln des 19. Jahrhunderts und bediente sich extremer primitivistisch-informeller und harter geometrischer Abstraktionen. Durch radikale Zerstörung, radikale Reduktion, radikale Neukonstruktion aus freigelegten Grundbausteinen sollte eine elementare Religiosität zurückgewonnen werden. Zwei Richtungen des religiösen Expressionismus sind zu unterscheiden, eine protestierende, apokalyptische Richtung, die Entfremdung, fortschreitende Technisierung und Rationalisierung, Konflikte des modernen Großstadtlebens und

Abb. 538 Kaspar Schleibner: Flucht nach Ägypten

Abb. 539 César Klein: Ruhe auf der Flucht, 1918

Vorahnungen kommender Katastrophen gestaltete oder in der Darstellung bewußt mitreflektierte und eine Richtung, die illusionäre Utopien einer durch das Christentum von der Entfremdung befreiten, befriedeten, glücklich gemachten Welt konstruierte. Beide Richtungen des religiösen Expressionismus entsprangen einer bewußten oder unbewußten Oppositionshaltung gegen die imperialistische Kultur des Wilhelminismus. Als Beispiele der protestierenden, apokalyptischen Richtung seien die behandelten Bildwerke *Pietà* (1908, Abb. 344) von Oskar Kokoschka, *Kreuzigung* (1913, Abb. 341) von Max Ernst und *Abendmahl* (1915, Abb. 221) von César Klein angeführt, als Beispiele der illusionär-utopischen Richtung *Abendmahl* (1909, Abb. 220) von Emil Nolde und *Ruhe auf der Flucht* (1918, Abb. 539) von César Klein. Das letztgenannte Ölgemälde zeigt eine orientalische Idylle an einem Flußufer unterhalb einer Palme. Hier sitzt die Madonna mit dem Christuskind auf dem Schoß. Beide haben Heiligenscheine und sind von einer Lichtaura umgeben. Die Gruppe wirkt trotz der modernen Abstraktionen konventionell. Weiter hinten sitzt Joseph vor einem Zelt; dort grast an der Seite der Esel. Eine malerische Bogenbrücke überquert den Fluß, im Hintergrund türmen sich pittoreske Gebirge der Felswüste. Der zunehmende Mond, ein Marien- und Hoffnungssymbol, strahlt als Sichel vom Himmel. Die expressionistischen Gestaltungsmittel verstärken den Ausdruck märchenhafter Exotik, Irrealität. Im Revolutionsjahr 1918 wurde auf diese Weise eine bürgerlich-christliche, keine revolutionäre Utopie verbildlicht.

Der *Vitalismus* verherrlicht die menschliche Lebenskraft, die ursprüngliche Nacktheit des menschlichen Körpers in seiner sinnlichen Ausstrahlungs- und Anziehungskraft, die lebenskräftige Einheit des nackten Menschen mit der Natur. Der Vitalismus ist insofern eine *idealistische* Strömung der Kunst, als er dazu neigt, Vitalität und Erotik als treibende Kräfte des menschlichen Daseins zu verabsolutieren, zu mystifizieren und die realen Bedingungen des gesellschaftlichen Zusammenlebens zu vernachlässigen, ja völlig außer acht zu lassen. Ein Hauptthema des Vitalismus und der Epoche zwischen 1890 und 1910 bildeten Paradiesdarstellungen[1313], die sich enger an die biblische Geschichte der Genesis von Adam und Eva anschließen oder freier eine Art goldenes Zeitalter veranschaulichen konnten.

Das triptychonartige Wandbild *Der Garten Eden* (1891, Abb. 540) von Albert Lang zeigt eine hainartige Wald- und Wiesenlandschaft mit schönen Baumgruppen, in der ohne moralische Rücksichten Nackte und Bekleidete, Erwachsene und Kinder lustwandeln, spielen, ruhen oder in einem von Wald umgebenen See baden. In der Mitte des langrechteckigen Hauptbildteils sitzt ein Schäfer unter einem Apfelbaum nicht fern von seinen grasenden oder liegenden Schafen, ein bukolisch-arkadisches Motiv. Die schmalen Seitenteile stellen links ein sitzendes Liebespaar, rechts einen alten Mann dar, der auf dem See in einem Boot dahintreibt. Alle Lebensalter sind in Gruppen oder Einzelfiguren versammelt. Gestaltungen dieser Art drücken nach Werner Hofmann eine „statische Menschheitsvision" aus, die folgende Merkmale umfaßt: „vegetabiles Dasein, sinnliche Wärme, Stillstand der Zeit, unvergängliche Dauer, seßhafter Naturzustand, handlungs- und konfliktlose Geselligkeit, Gleichgewicht".[1314] Hofmann schrieb (1960): „Kein Zweifel, daß das irdische Paradies einen vom Historismus herausgeforderten Besin-

Abb. 540 Albert Lang: Der Garten Eden, 1891

nungsakt auf den natürlichen Menschen darstellt. In ihm versammeln sich die unreflektierten Lebens- und Gestaltungskräfte, denn es postuliert zweierlei: einen elementaren, wissenlosen Menschen ohne historische Verkleidung und eine elementare, unabgeleitete Ausdrucksweise ohne Stilkorsett. Die Frage nach dem Woher und Wohin des Menschen bleibt unausgesprochen."[1315] Der Malerei des „irdischen Paradieses" stellte Hofmann die Historienmalerei gegenüber, die es sich zur Aufgabe macht, aus der Folge gesellschaftlicher Entwicklungen und Veränderungen einzelne bedeutsame Momente herauszugreifen und in ihrer historischen Besonderheit darzustellen.[1316]

Im Garten-Eden-Gemälde von Lang erscheint wie auch in anderen Paradiesdarstellungen die Natur als geschichtslosüppige Umwelt; Behausungen und andere Zeichen des menschlichen Eingriffs in die Landschaft fehlen; diese befindet sich mit allen Lebewesen, die sie ernährt, in einem Zustand „ewiger Dauer" oder „ewig gleicher Reproduktion". Ignoriert wird der geschichtliche Umwandlungsprozeß der Natur durch gesellschaftliche Aneignungstätigkeit, die sich innerhalb bestimmter ökonomischer, politischer kultureller Systeme entfaltet, differenziert und die damit auch das Abhängigkeits- und das Beherrschungsverhältnis des Menschen gegenüber der Natur historisch verändert. Die Menschen erscheinen nicht als geschichtliche Personen, geprägt durch unterschiedliche konkrete Tätigkeits- und Herrschaftsverhältnisse, sondern als abstrakte, gleichsam biologisch mystifizierte Gattungswesen, nur bestimmt durch ein elementares, naturhaft-glückseliges Existieren bar aller komplizierteren Arbeits- und Kommunikationsprozesse.

Das Ölgemälde *Im Paradies* (1891, Abb. 541) von Hans Thoma, das eine Paradiesdarstellung des Künstlers aus dem Jahre 1876 variiert[1317], zeigt das erste Menschenpaar innerhalb einer vielgestaltigen, weiträumigen, von Kultur unberührten Landschaft, in der sich viele Tiere tummeln, Pflanzenfresser und Fleischfresser. Sie alle leben harmonisch zusammen. Eva krault einen Löwen am Kopf, daneben steht eine Ziege. Die Darwinschen Gesetze des Kampfes ums Dasein und der natürlichen Auslese gelten nicht; es ist eine biblische Idylle jenseits aller biologischen Naturgesetzlichkeit. Die Nacktheit des Menschen wirkt so natürlich wie das Haar- oder Federkleid der Tiere. Der jugendliche menschliche Körper in seiner Frische und Vitalität wird hier zum Paradigma eines naturhaften Zustandes erhoben. Die individualgeschichtliche Entwicklung von Persönlichkeiten und der Kampf des Menschen mit Entbehrungen, Krankheiten und Alter interessieren nicht. Postuliert wird ein gleichsam unbewußtes, unbeschwertes Dasein ohne Widrigkeiten und Konflikte.

Ähnlich wie Thoma stellte Lovis Corinth in seinem großformatigen Ölbild *Das Paradies* (1912, Abb. 542) Adam und Eva in friedlicher Gemeinschaft mit einem Raubtier dar; Eva streichelt einen Wolf an ihrer Seite und liebkost zugleich ein vor ihr stehendes Reh. Die nackten Körper der „ersten Menschen" sind in üppiger Fleischlichkeit mit einer vitalen Pinselstruktur gegeben. Die Geschlechter und „naturwüchsigen" Rollen der beiden sind klar unterschieden: der dunklere, athletisch gebaute Adam richtet als tatkräftiger Entdecker seinen Blick unter der abschirmenden Hand in die Ferne. Die heller und glatter gemalte Eva mit den vollen Brüsten und ausladenden Formen verhält sich mütterlich-gefühlvoll; die Tiere kommen zuerst zu ihr. Eine klischeehafte Vorstellung vom erotisch und emotional geprägten Geschlechtscharakter der Frau und vom vernunftgelenkten, aktiv-kraftvollen Geschlechtscharakter des Mannes wird hier gleichsam biologisch als ursprüngliche Wesensbestimmung der „ersten Menschen" ins Bild übertragen. – Der von der Schlange umwundene Paradiesapfelbaum im Hintergrund deutet auf den Sündenfall einer durch „Erkenntnis", durch Wissenschaft und Technik differenzierten Lebensform, die das paradiesische Stadium der naturhaften „Nacktheit" des Menschen überwindet.

Das Thema eines ursprünglichen, glückseligen Menschheitszustandes konnte auch mit Hilfe von Ideen bildkünstlerisch gestaltet werden, die dem Bereich der Antike entstammten. So zeigte beispielsweise Hans Thomas Bildwerk *Gefilde der Seligen* (1879, Abb. 543) eine feiernde Sommergesellschaft von leger gekleideten Griechen, die mit Segelbooten ausgefahren sind und in einem Hain am Flußufer lustwandeln.[1318] Nackte Putten tanzen mit einer jungen Frau. Exotische Vögel und Säugetiere lassen sich nicht stören. Paradieshaft wirkt das Spiel zweier Putten mit zwei Tigern im Vordergrund. Ähnlich wie im Garten-Eden-Gemälde von Hermann Lang (1891, Abb. 540) herrscht unter den Menschen festliche Harmonie.

Im Gegensatz zur „apollinischen" Antikeauffassung des Neoklassizismus gestaltete Lovis Corinth *Die Kindheit des Zeus* (Ölgemälde, 1905-1906, Abb. 544) als „dionysisch" rauschhaftes Fest. Nach der Sage wurde Zeus von seiner Mutter Rhea vor dem seine Kinder verschlingenden Kronos in Arkadien oder auf Kreta verborgen, dort von Nymphen und Korybanten beschützt und mit der Milch der Ziege Amaltheia ernährt.[1319] Die Szene Corinths spielt vor Bäumen am Ufer eines Flusses. Der nackte, singende oder schreiende junge Zeus sitzt übermütig zurückgelehnt auf dem Schoß einer bekränzten Nymphe, die ein hellviolettes Kleid trägt. Sie hebt lächelnd und mahnend die Hand. Links bietet ein nur mit einem Schurz aus Blättern bekleideter, sich herabbeu-

Abb. 541 Hans Thoma: Im Paradies, 1891

Abb. 542 Lovis Corinth: Das Paradies, 1912

Abb. 543 Hans Thoma: Gefilde der Seligen, 1879

Abb. 544 Lovis Corinth: Die Kindheit des Zeus, 1905/1906

gender Korybant dem Jungen Weintrauben an, die dieser mit der Hand zurückweist. Ein zweiter bekränzter und gleichfalls mit einem Blätterschurz bekleideter Korybant schlägt auf der anderen Seite in wildem Tanz ein Becken. Eine nackte Nymphe mit einer Zymbel wälzt sich auf dem Boden. Eine andere sitzt daneben und hält sich lachend die Ohren zu. Hinter der schwarzen Ziege Amaltheia links erblickt man den blumenbekränzten Kopf einer weiteren Nymphe. Vorn hocken Kaninchen im Gras. Im Hintergrund fliegen Tauben und andere Vögel. Ein Pfau sitzt auf einem Ast. Das Bild ist mit hellen Farben in erregtem Schwung gemalt und veranschaulicht ein ekstatisches Leben inmitten einer üppigen Natur und in enger Gemeinschaft mit Tieren.

Ein expressiver Ausdruck „dionysischer" Vitalität bestimmt auch Corinths *Paradies* (1912, Abb. 542) und andere Werke des Künstlers. In Nietzsches Schrift *Die Geburt der Tragödie oder Griechentum und Pessimismus* (1886) lautete eine Definition des Dionysischen: „Unter dem Zauber des Dionysischen schließt sich nicht nur der Bund zwischen Mensch und Mensch wieder zusammen: auch die entfremdete, feindliche oder unterjochte Natur feiert wieder ihr Versöhnungsfest mit ihrem verlorenen Sohne, dem Menschen. Freiwillig beut die Erde ihre Gaben, und friedlich nahen die Raubtiere der Felsen und der Wüste. Mit Blumen und Kränzen ist der Wagen des Dionysus überschüttet: unter seinem Joche schreiten Panther und Tiger. (...) Jetzt ist der Sklave ein freier Mann, jetzt zerbrechen alle die starren, feindseligen Abgrenzungen, die Not, Willkür oder 'freche Mode' zwischen den Menschen festgesetzt haben. (...) Singend und tanzend äußert sich der Mensch als Mitglied einer höheren Gemeinsamkeit: er hat das Gehen und das Sprechen verlernt und ist auf dem Wege, tanzend in die Lüfte emporzufliegen. Aus seinen Gebärden spricht die Verzauberung. Wie jetzt die Tiere reden, und die Erde Milch und Honig gibt, so tönt auch aus ihm etwas Übernatürliches: als Gott fühlt er sich, er selbst wandelt jetzt so verzückt und erhoben, wie er die Götter im Traume wandeln sah. Der Mensch ist nicht mehr Künstler, er ist Kunstwerk geworden: die Kunstgestalt der ganzen Natur, zur höchsten Wonnebefriedigung des Ur-Einen, offenbart sich hier unter den Schauern des Rausches."[1320] Züge der ersehnten rauschhaften Einheit mit der ursprünglichen Natur bestimmten nicht nur die Darstellungen des Paradieses und des Goldenen Zeitalters, sondern ebenfalls Böcklins, Thomas, Stucks, Ludwig von Hofmanns Bilder von Panen, Faunen, Kentauren, Tritonen und Nixen. Auch die erotischen Darstellungen des „Jugendstils"[1321] und das häufig behandelte Thema des Nacktbadens in der freien Natur folgten vielfach der Vorstellung eines „dionysischen" Lebens.[1322] Das Zurück zu naturnahen, freien Daseinsformen war eine verbreitete Zielvorstellung in der neuidealistischen Epoche. Die Wiedergewinnung eines gesunden und schönen Lebens durch den Kontakt des unbekleideten menschlichen Körpers mit Licht, Luft, Sonne und dem Wasser der Natur trat um 1900 als zentrale Bestrebung der Lebensreformbewegung hervor (Körperkulturbewegung).[1323] Das „Leben" als nie ruhender Prozeß mit unermüdlicher Schöpferkraft, als freie Bewegung und ganzheitlicher vitaler Drang bildete das Grundprinzip der Lebensphilosophie[1324], die sich gegen die positivistischen, mechanistischen Erklärungsmethoden der Naturwissenschaft wendete, gegen die wissenschaftlichen Verfahren der exakten Beobachtung und des Experimentes, gegen das diskursive, rationale Denken überhaupt und sich auf die innere Erfahrung, die Intuition (Bergson), das einfühlsame Verstehen (Dilthey) berief; der lebensphilosophische Begriff des „Lebens" folgte letztlich irrationalistischen Vorstellungen. Dies trifft auch für den „physiologisch" und damit scheinbar naturwissenschaftlich begründeten Lebensbegriff Nietzsches zu; das „starke Leben" beruhe auf der Durchsetzungsfähigkeit, der selektiven Kraft gesunder, daseinserhaltender „Instinkte" und „tonischer Affekte" und biete die Möglichkeit zur „Züchtung" eines höherwertigen Typus Mensch, der vom „Willen zur Macht" angetrieben werde und die schwächeren Individuen beherrsche.[1325] Aus der biologischen und medizinischen Fachsprache entlehnte Begriffe benutzte Nietzsche zur Konstruktion eines rein spekulativen, nicht durch naturwissenschaftliche Forschungen fundierten „Systems", dessen tragender „vitalistischer" Begriff des „Willens zur Macht" die imperialistische Ideologie unterstützen konnte. Der Irrationalismus dieses Systems kommt in der Behauptung zum Ausdruck, daß die menschliche „machina" nicht vorrangig durch Verstand und Vernunft, sondern durch die „Instinkte" gesteuert werde und daß das „Dionysische" das bestimmende Grundprinzip des Lebens sei. Alles, was von der Wirksamkeit des Dionysischen ablenkt, also auch das „apollinische Kunstprinzip" der logischen Kausalität, der Klarheit, Schönheit, der Individuation durch Selbsterkenntnis und Einhaltung des Maßes deutete Nietzsche als „Illusion". Mit Entschiedenheit wandte er sich gegen die „alexandrinisch-sokratische" Kultur der zeitgenössischen Gegenwart: „Unsere ganze moderne Welt ist in dem Netz der alexandrinischen Kultur befangen und kennt als Ideal den mit höchsten Erkenntniskräften ausgerüsteten, im Dienste der Wissenschaft arbeitenden *theoretischen Menschen*, dessen Urbild und Stammvater Sokrates ist. Alle unsere Erziehungsmittel haben ursprünglich dieses Ideal im Auge: jede andere Existenz hat sich mühsam nebenbei emporzuringen, als erlaubte, nicht als beabsichtigte Existenz. In einem fast erschreckenden Sinne ist hier eine lange Zeit der Gebildete allein in der Form des Gelehrten gefunden worden (...)".[1326] Mochte diese Kritik auch gewisse Auswüchse der spezialisierten Wissenschaften in der kapitalistischen Industriegesellschaft treffen, so bekämpfte sie doch letztlich die fortschrittliche Tradition der bürgerlichen Aufklärung, die in der allgemeinen Anwendung und Verbreitung von Wissenschaft und Bildung ein Mittel zur demokratischen Egalisierung der Gesellschaft sah; Nietzsche schrieb: „Und nun soll man sich nicht verbergen, was im Schoße dieser sokratischen Kultur verborgen liegt! Der unumschränkt sich wähnende Optimismus! Nun soll man nicht erschrecken, wenn die Früchte dieses Optimismus reifen, wenn die von einer derartigen Kultur bis in die niedrigsten Schichten hinein durchsäuerte Gesellschaft allmählich unter üppigen Wallungen und Begehrungen erzittert, wenn der Glaube an das Erdenglück aller, wenn der Glaube an die Möglichkeit einer solchen allgemeinen Wissenskultur allmählich in die drohende Forderung eines solchen alexandrinischen Erdenglückes, in die Beschwörung eines euripideischen *deus ex machina* umschlägt! Man soll es merken: die alexandrinische Kultur braucht einen Sklavenstand, um auf die Dauer existieren zu können: aber sie leugnet, in ihrer optimistischen Betrachtung des Daseins, die Notwendigkeit eines solchen Standes und geht deshalb, wenn der Effekt ihrer schönen Verführungs- und Beruhigungsworte von der 'Würde des Menschen' und der 'Würde der Arbeit' verbraucht ist, allmählich einer grauenvollen Vernichtung entgegen. Es gibt nichts Furchtbareres als einen barbarischen Sklavenstand, der seine Existenz als ein Unrecht zu betrachten gelernt hat und sich anschickt, nicht nur für sich, sondern für alle Generationen Rache zu nehmen."[1327] Nietzsches Angriff auf die „allgemeine Wissenskultur" richtete sich gegen die „optimistischen" Bestrebungen des Liberalismus und Sozialismus zur Emanzipation der unteren Schichten und Klassen. Das bourgeoise Schreckbild eines die „alexandrinisch-sokratische" Kultur zerstörenden, ressentimentgeladenen „Sklavenaufstandes" trug dazu bei, diesem Angriff Schärfe zu verleihen. – Nietzsche propagierte demgegenüber die dionysisch begründete und mit ihrem notwendigen „Illusions"-Komplement des Apollinischen versehene Kultur einer lebensstarken Elite, die im Sinne einer „höheren" Moral unumschränkt über Sklavenmassen herrscht; das Zurück zum dionysischen Leben galt ausschließlich für die „Übermenschen".[1328] Ähnlich gehörte die bildkünstlerische Welt des Paradieses und Goldenen Zeitalters den dargestellten wohlgestalteten Menschen eines „höheren Typus", die ein Leben ohne Arbeit, Not und Kampf inmitten einer üppigen Natur führten. Die Diskrepanz zwischen dieser „glückseligen Welt" und der realen, miserablen Welt der Industriearbeiter-Sklaven war schlechthin nicht überbrückbar. Diese irreal-utopische Bildwelt konnte die Illusionen von Bildungsbürgern und reichen Müßiggängern nähren, keineswegs jedoch die sozialen Emanzipationsbestrebungen des Proletariats in irgendeiner Hinsicht ideologisch fördern.

In ihrer Irrealität verwiesen jedoch die Darstellungen des Paradieses und Goldenen Zeitalters umso eindringlicher auf jene Defizite der bürgerlichen Industrie- und Klassengesellschaft, die den Charakter der „glückseligen" Bildphantasien sozusagen komplementär prägten. Eine freiere Sinnlichkeit des nackten menschlichen Körpers, wie sie vor allen Dingen die genannten Gemälde Corinths veranschaulichen, war im realen Leben des kaiserzeitlichen Bürgertums generell verpönt; Familie und öffentliche Meinung wurden von einer häufig christlich-moralisch gefärbten Prüderie beherrscht, die letztlich aus dem Zwang der sozialpsychologischen Verhältnisse innerhalb der bürgerlichen Kleinfamilie resultierte. Die ökonomisch fundierte und im kaiserzeitlichen Obrigkeitsstaat juristisch und ideologisch abgesicherte Machtstellung des Familienvaters schlug sich in einer strengen Kanalisierung von Sexualität und Sinnlichkeit nieder; der Mann unterlag einem seiner Rolle entsprechenden monogamen Besitzdenken, so daß die abhängige Frau generell in die Position eines männlichen Sexualobjektes gedrängt wurde. Beide Eltern waren deshalb unfähig, den Kindern ein freieres sexuelles, erotisches, sinnlich-lustvolles Verhalten mitzuteilen. Auch wirkte das Verwertungsdenken des Kapitalismus bis in die Familienstruktur hinein und erzeugte eine berechnende Kontrolle des Verhaltens, eine asketische Restriktion des Strebens nach Lust.[1329] Die zweckrationale Verfügung insbesondere des Vaters über die Lebensform und die Zukunft (Ausbildung, Eheschließung) der Kinder engte deren Selbstverwirklichung durch Eigenaktivitäten erheblich ein. Generell wurden die Kinder im Sinne einer „vernünftigen" Anpassung an die bestehenden gesellschaftlichen Funktionen, Konventionen und Normen erzogen, freie Entfaltungsmöglichkeiten der sinnlich-sexuellen Bedürfnisse insbesondere während und nach der Pubertät gab es für sie nicht. Sexuelle Themen waren in den bürgerlichen Familien der Kaiserzeit nahezu tabu, es erfolgte keinerlei Sexualaufklärung durch die Eltern.[1330] Max Horkheimer schrieb (1936): „Die Monogamie in der bürgerlichen Männergesellschaft setzt die Entwertung des Genusses aus reiner Sinnlichkeit voraus. Es wird daher nicht nur das Geschlechtsleben der Gatten den Kindern gegenüber mit Geheimnis umgeben, sondern von aller der Mutter zugewandten Zärtlichkeit des Sohnes muß aufs strengste jedes sinnliche Moment gebannt werden. Sie und die Schwester haben auf reine Gefühle, unbefleckte Verehrung und Werthaltung Anspruch. Die erzwungene, vom Weibe selbst und erst recht vom Vater nachdrücklich vertretene Scheidung von idealistischer Hingabe und sexueller Begierde, von zärtlichem Gedenken und bloßem Interesse, von himmlischer Innerlichkeit und irdischer Leidenschaft bildet eine psychische Wurzel des in Widersprüchen aufgespaltenen Daseins. Indem das Individuum unter dem Druck der Familienverhältnisse die Mutter nicht in ihrer konkreten Existenz, das heißt nicht als dieses bestimmte soziale und geschlechtliche Wesen begreifen und achten lernt, wird es nicht bloß dazu erzogen, mit seinen gesellschaftlich schädlichen Regungen fertig zu werden, was eine ungeheure kulturelle Bedeutung hat, sondern weil diese Erziehung in der problematisch verhüllenden Weise geschieht, geht in der Regel dem Einzelnen die Verfügung über einen Teil seiner psychischen Kräfte dauernd verloren."[1331]

Die gesellschaftlichen Zwänge wurden als „moralische Prinzipien" verinnerlicht; Kindern und Erwachsenen waren gewaltige Verdrängungs- und Sublimierungsleistungen aufgebürdet. In diesem Klima der Prüderie, die nur allzu oft krankhafte Formen annahm, konnte die Neurosentheorie Freuds entstehen. Den Schutz der Familie und der „Sittlichkeit" verteidigten vor allen Dingen die einflußreichen Konservativen. Die konservative christliche Ästhetik war durch einen tiefen horror nudi geprägt und verlangte selbst bei Darstellungen von Adam und Eva eine sittsame Keuschheit der Figuren, ein Vermeiden und Verdecken alles Anstößigen.[1332] Bezeichnend für die bürgerlich-konservative Prüderie war das Konzept des Theater- und des Kunstparagraphen der sogenannten Lex Heinze, die zu Beginn des Jahres 1900 abschließend im Reichstag diskutiert wurde und eine heftige Reaktion der Sozialdemokraten, der Freisinnigen, vieler Schriftsteller, bildender Künstler, Universitätsprofessoren, Zeitungen und Zeitschriften auslöste. Der Theaterparagraph richtete sich gegen Theatervorstellungen, die „durch gröbliche Verletzung des Scham- und Sittlichkeitsgefühls Ärgernis zu erregen geeignet sind"; der Kunstparagraph bedrohte den Verkauf solcher Schriften und Bilder an Jugendliche unter achtzehn Jahren mit Strafe, „die ohne unzüchtig zu sein, das Schamgefühl gröblich verletzen" und verbot die Ausstellung und den öffentlichen Anschlag dieser Bilder und Schriften zu geschäftlichen Zwecken.[1333] Die Lex Heinze ging auf Gesetzentwüfe zurück, die im Zusammenhang mit dem Prozeß gegen einen Zuhälter namens Heinze entstanden waren; dieser Prozeß, der 1891 stattfand, hatte üble Seiten des Berliner Nachtlebens aufgedeckt und eine gesetzgeberische Initiative des Kaisers zum Schutz der öffentlichen Sittlichkeit und Ordnung ausgelöst. Die Konservativen und das Zentrum wollten mit der Lex Heinze einige Ursachen des „sittlichen Verfalls" treffen. Vertreter einer liberalen Auffassung der künstlerischen Darstellung des Sexuellen, Erotischen, Sinnlichen griffen vor allen Dingen die mißverständlichen, dehnbaren Formulierungen des Kunstparagraphen an, wendeten sich gegen ästhetische Prüderie, die bereits Max Klinger in seiner Schrift *Malerei und Zeichnung* (1891) exemplarisch und mit Schärfe kritisiert hatte, betonten das prinzipielle

Recht der Kunst, im Einklang mit dem „stärksten Instinkt des Menschengeschlechtes" die Freude, „die Mann und Weib an einander haben, an einander zu haben bestimmt sind", in der Darstellung des Nackten zu veranschaulichen[1334], verwiesen auf die Unfähigkeit der Juristen, das Künstlerische oder Unkünstlerische, das mehr oder weniger Schamlose, beziehungsweise das mehr oder weniger Sittliche in der Darstellung des Nackten beurteilen zu können. So schrieb Karl Voll in der Zeitschrift *Die Kunst* (1900): „In dem Umstand aber, dass man die Richter in eine Lage versetzt, in der sie entweder gegen ihr besseres Wissen oder aber ohne genügende Kenntnis urteilen müssen, darf ein höchst beunruhigendes Moment erblickt werden. Die Ehre des Volkes ist bedroht, wenn man seine Justiz zu einem frevlen Gaukelspiele zwingen will. Wenn nun aber diese Vergewaltigung der Justiz gar dazu dienen soll, die wichtigsten Aeusserungen der Kultur zu unterdrücken, wenn sie zugleich sich als Demütigung jener Eigenschaften erweist, in deren Pflege alle gebildeten Völker ihren Ruhmestitel erblicken, dann bedeutet die lex Heinze einen gefährlichen Angriff auf die Ehre unseres Volkes. Darum wird sie bekämpft nicht allein von Künstlern und Schriftstellern, sondern von überhaupt allen, die einen lebendigen Sinn für die Ehre unserer Nation besitzen."[1335] Mit Hilfe verschiedener Obstruktionstaktiken der Sozialdemokraten und Freisinnigen im Reichstag wurden schließlich der Theaterparagraph der Lex Heinze zu Fall gebracht und der Kunstparagraph wenigstens abgeschwächt.[1336] Die heftige, sich über Monate hinziehende Diskussion dieser Paragraphen in der Öffentlichkeit bewies einerseits die breite Wirksamkeit konservativer sittlicher und ästhetischer Vorstellungen, andererseits die komplementäre Kraft einer freieren Auffassung von den sinnlichen Möglichkeiten der Kunst und des Menschen innerhalb der Gesellschaft. – Der Ästhetiker Konrad Lange hob in einem Vortrag über *Das Nackte in der Kunst* (1908), in dem er auch die Lex Heinze berührte, die sozialen Restriktionen der Sinnlichkeit hervor: „Denn wir müssen doch bei dieser ganzen Frage bedenken, daß der Mensch nun einmal sinnlich ist, daß er die Sinnlichkeit zur Fortpflanzung, also zur Erhaltung der Gattung braucht. Nun ist es aber eine Tatsache, daß die meisten Menschen teils dauernd, teils zu gewissen Zeiten keine Gelegenheit haben, ihre Sinnlichkeit in normaler Weise zu befriedigen. Ein großer Prozentsatz der Menschen kommt niemals oder wenigstens gerade in der Zeit der kräftigsten körperlichen Entwicklung nicht zur Betätigung derjenigen Funktionen, auf denen der Fortbestand der Menschheit beruht. Denken Sie an alle Junggesellen vor dem heiratsfähigen Alter, an alle unverheirateten Frauen, alle Hagestolze, alle keusch lebenden Witwer und Witwen. Gerade die anständigsten unter ihnen müssen das Bedürfnis nach einem feinen Surrogat der Liebe, einem harmlosen Mittel der sexuellen Phantasietätigkeit stark empfinden."[1337] Lange unterstrich in einem Abriß der „Ergänzungstheorie", die er bereits in seiner Ästhetik (1907[2]) entwickelt hatte, die *notwendige Kompensationsfunktion* der Kunst: „Ist das aber richtig, so fällt damit auf das sexuelle Stoffgebiet der Kunst ein ganz besonders helles Licht. Die Kunst stellt sexuelle Verhältnisse und den nackten menschlichen Körper deshalb so gern dar, weil die Wirklichkeit mit ihrem gesellschaftlichen Zwang, ihrer strengen Sitte dem Menschen die Anschauung dieser Dinge vorenthält. Und sie wirkt, indem sie das tut, im Sinne einer Lebendigerhaltung der natürlichen Beziehungen der Geschlechter zueinander, d.h. im Sinne der Erhaltung und Beglückung des Menschengeschlechts."[1338]

Diese Kompensationstheorie Langes verteidigte zwar die sinnliche Freizügigkeit der Kunst, analysierte jedoch nicht die *Ursachen* jener gesellschaftlichen Zwänge, die einen Ausgleich der von ihnen bewirkten sinnlichen Defizite notwendig machten. Demgegenüber leistete die Lebensphilosophie immerhin eine Kritik der rationellen, technisierten, spezialisierten und in leeren Konventionen erstarrten urbanen Zivilisation, verkannte und ignorierte jedoch die inhumanen sozialen Herrschaftsverhältnisse, die diese Zivilisation recht eigentlich depravierten und Sinnlichkeit einengten oder sogar zerstörten und konnte gerade aufgrund dieser Erkenntnisbeschränkung einen spekulativen, irrationalistischen Lebens- und Freiheitsbegriff entwickeln, der jenseits aller gesellschaftlichen Determinationen an die Spontaneität des Individuums appellierte (Bergson). Hingegen lieferte Nietzsche sogar eine Apologie des Prinzips der sozialen Herrschaft im Namen einer lebensstarken „Übermenschen"-Elite, die alle vitalen Freiheiten jenseits gesellschaftlicher Konventionen, jenseits von Gut und Böse, jenseits der „alexandrinisch-sokratischen" Gelehrtenbeschränktheiten genießen sollte. Die Körperkulturbewegung wiederum setzte bei der Reform des individuellen Verhaltens an, ohne die allgemeinen Zwänge zu reflektieren, die von den gesellschaftlichen Verhältnissen im Kapitalismus erzeugt wurden. Die Darstellungen des Paradieses und Goldenen Zeitalters zeigten enthistorisierte, entpersönlichte Menschen, deren nackte Körper weder konkret als Mittel der haptisch-lustvollen Kommunikation noch als Ausdruck der Selbstverwirklichung durch physische Arbeit aufgefaßt waren; in irrealer, irrationalistischer „Freiheit" führten sie gleichsam voyeuristisch eine völlig abstrakte Sinnlichkeit, „Natürlichkeit" vor. Den neuidealistischen Bestrebungen zur Rückgewinnung freier Natürlichkeit des Lebens fehlte eine realistische, *politische* Motivation und Theorie wie beispielsweise in der Art jener fortschrittlichen „Emancipation des Fleisches" im Vormärz, die der Befreiung, Demokratisierung der Gesellschaft hatte dienen sollen.[1339]

Eine melodramatische Szene aus der „Urzeit der Zivilisation" entwarf Frank Kirchbach in seinem Gemälde *Menschenlos (Adam und Eva)*: Nach der Vertreibung aus dem Paradies pflügt das erste Menschenpaar unweit eines Seeufers; der nur mit einem sparsamen Fellschurz bekleidete Adam drückt den Stamm einer Astgabel in den Boden; die nackte Eva zieht am Querast und an einem Strick, der um den Astgabelstamm geknotet ist (Abb. 545). Mehrere tiefe Furchen und dicke Häufelreihen durchqueren bereits den Boden. Veranschaulicht ist die Erfüllung des Fluches: „– verflucht sei der Acker um deinetwillen, mit Kummer sollst du dich darauf nähren dein Leben lang" (1. Mose 3, 17). Die „Ursituation" des mit der Natur ringenden Paares kommt durch die Schilderung der wabernden Wolken, der gischtsprühenden Uferbrandung und der aufgeworfenen Erdbrocken, auf denen sich ein nahrungssuchender Rabe niederläßt, zum Ausdruck.

Der Künstler benutzt zur effektvoll-theatralischen Kennzeichnung des „Menschenloses" die traditionelle Vorstellung vom aktiven, vorausdenkenden Mann und der dienenden, sich anpassenden Frau: der jugendliche Athlet Adam,

Abb. 545 Frank Kirchbach: Menschenlos (Adam und Eva)

der herrisch über den Horizont hinausragt, bewährt seine Kraft und vermag sogar bei der Arbeit mit erhobenem Kopf das Ziel der Tätigkeit im Auge zu behalten, dagegen leidet die gebückte Eva unter der physischen Anstrenung des Ziehens und blickt dumpf zu Boden; ihr Oberkörper wirkt durch das Einbeugen und die perspektivischen Verkürzungen wie deformiert.

Dem bürgerlichen Publikum, das generell den Bereich der zeitgenössischen körperlichen Berufsarbeit kaum kannte, ja als „niedrig" verachtete, wurde hier körperliche Arbeit in mythischer Verfremdung als „Sensation" vor Augen geführt. Die Bodenbearbeitung, von einem monogamen, nackten „Urpaar" geleistet, erschien als primitive Urform von Arbeit überhaupt. Dieses fiktive Zurück zu den „biblischen Ursprüngen" jenseits aller modernen Spezialisierung, Entfremdung, Ausbeutung bekümmerte sich nicht im geringsten um die zeitgenössische Diskussion der J.J. Bachofen, L.H. Morgan, F. Engels, A. Bebel, H. Cunow, H.H. Ellis über die kollektive Organisation der Urgesellschaft, über die kulturhistorische Urform des Matriarchats, über die relativ späte Entwicklung von Ackerbau und Viehzucht nach einer langen Periode des Jäger- und Sammlertums, über den Zusammenhang von patriarchalischer Herrschaft in der Familie und Klassengesellschaft und die Möglichkeiten zur Emanzipation der Frau.[1340] Von historischer Kritik völlig unberührt postulierte Kirchbach in seiner Darstellung, die agrarisch-konservativen Vorstellungen entgegenkam und das Klischee von der Ursprünglichkeit der christlichen Ehe bekräftigte, die Lebens- und Arbeitskraft des pflügenden ersten Menschenpaares als elementare, gottgewollte Gegebenheit.

Ähnlich vitalistisch-abstrakt erscheint die nackte „erste Familie" in dem Gemälde *Adam und Eva* (um 1905/1908, Abb. 546) von Fritz Boehle, das den alten Spruch in Erinnerung ruft: „Als Adam hackt' und Eva spann, / Wo war damals der Edelmann?"[1341] Mit den Mitteln klassizistischer Formenvereinfachung wird hier die agrarische Kleinfamilie mit der spinnenden und ihren Sohn Kain betreuenden Mutter Eva und dem grabenden Vater Adam als konventionelles Urbild menschlicher Kultur dargestellt.

Der biblisch begründeten Veranschaulichung von „ursprünglicher" körperlicher Arbeit verwandt ist eine anachronistische Idylle der menschlichen Selbstverwirklichung durch allerlei Arbeits- und Gewerbstätigkeiten, wie sie Philipp Otto Schäfer in seinem Bildwerk *Das Gewerbe* (1901, Abb. 547) entwarf. Innerhalb einer offenen, altertümlichen Architektur, die den Blick auf einen bewaldeten Burgberg freigibt, symbolisieren und leisten nackte, halbnackte und klassisch gewandete Männer und Frauen verschiedene agrarische, handwerkliche und gewerbliche Tätigkeiten einer früheren, „glücklicheren" Epoche. Eintracht, Solidarität und freie Gespräche kennzeichnen das bürgerlich-humanistisch verklärte Ensemble. Dies „paradiesische" Bild frohen Wirkens konnte zwar den Bildungsbürger eskapistisch befriedigen, jedoch nichts zur ästhetischen Erkenntnis der modernen industriegesellschaftlichen Depravationen von Arbeit beitragen. – Eine „urtümliche" Form körperlicher Arbeit führte Friedrich Klein-Chevalier in einem Kuppelgemälde der Berliner Gewerbeausstellung von 1896 vor Augen (Abb. 548). Zyklopische, nur mit einem Hüfttuch oder Arbeitsschurz bekleidete Männer heben in einem von Menschenhand sonst unberührten Flachland einen Graben aus; sie arbeiten mit einfachen Pickeln. Die riesige untergehende Sonne, deren Lichtgarben hinter Wolkenstreifen emporstrahlen und die den Feierabend ankündigt, verstärkt den Eindruck heroischer Ursprünglichkeit. Ähnlich wie in Frank Kirchbachs *Menschenlos (Adam und Eva)* (Abb. 545) wird hier die menschliche Muskelkraft in ihrer direkten Auseinandersetzung mit dem „Urstoff" der Scholle mythisiert. Da der Nutzen des Grabenaushebens im Bilde nicht konkret anschaulich gemacht ist, erscheint die körperliche Arbeit

Abb. 546 Karl Friedrich Boehle: Adam und Eva, um 1905-1908

Abb. 547 Philipp Otto Schaefer: Das Gewerbe, 1901

Abb. 548 Friedrich Klein-Chevalier: Arbeit ist des Bürgers Zierde, 1896

tendenziell als von allen Zweckbestimmungen abgelöstes „Gut an sich" in vitalistischer Verabsolutierung. – Die Bildunterschrift des in einen gleichsam heiligenden Halbkreis gefaßten Gemäldes, „Arbeit ist des Buergers Zierde ...", entstammt Schillers *Das Lied von der Glocke. Vivos voco. Mortuos plango. Fulgura frango.* Dort heißt es: „Meister rührt sich und Geselle / In der Freiheit heil'gem Schutz, / Jeder freut sich seiner Stelle, / Bietet dem Verächter Trutz. / Arbeit ist des Bürgers Zierde, / Segen ist der Mühe Preis; / Ehrt den König seine Würde, / Ehret *uns* der Hände Fleiß."[1342] Während die Zeile „Arbeit ist des Bürgers Zierde" hier (mit antifeudalistischer Betonung) einer städtischen Kultur galt, in der arbeitsteilig beschäftigte Handwerker als freie Bürger zusammenwirken, mußte sie im Gemälde von Klein-Chevalier zur Kennzeichnung der Tätigkeit von Erdarbeitern dienen, die weder innerhalb der modernen noch einer feudalen Gesellschaft als „Bürger", sondern nur als *Lohnarbeiter* oder Leibeigene existieren konnten. Die „Vergewaltigung" der Schillerschen Zeile verdeutlicht mithin die Absicht des Malers, die dargestellte körperliche Arbeit bildungsmäßig zu „veredeln", ähnlich wie diese Arbeit durch die mythisierende Gestaltungsweise dem Bereich der prosaischen zeitgenössischen Ausbeutungsrealität der Lohnarbeit entrückt war. Der Maler vermied obendrein einen konkreten Wirklichkeitsbezug, indem er als Paradigma der „Arbeit" nicht in der Art Menzels und anderer Meister die zentral wichtige Industriearbeit wählte, sondern eine in ihrer Zweckbestimmung nicht näher definierte, „naturhafte" Erdarbeit.

Ein häufig verwendetes Motiv der neuidealistischen Paradiesbilder war die erotisch-sexuelle Versuchung Adams durch Eva. Diese Darstellungen, in denen die Frau das Prinzip verführerischer Sinnenlust verkörperte, entsprangen der Vorstellungswelt einer von Männern beherrschten Gesellschaft, in der Sexualität primär als Begehren und Genießen des Mannes ihren Ausdruck fand und die jugendliche und noch junge Frau die Rolle des männlichen Lustobjektes spielte. Beispielsweise zeigte Wilhelm Müller-Schönefeld in seinem Ölgemälde *Adam und Eva* (1893, Abb. 549) die einen roten Apfel vom Baum des Lebens pflückende Eva, deren weißer Leib in schöner Frontalposition vor dem dunkelokkerfarbenen Baumstamm schimmert. Der grau verschattete Adam, der an den Stamm gelehnt schläft, scheint im Traum seine lustvolle „Erweckung" durch Eva vorauszuahnen; seine Lippen lächeln erwartungsvoll. Noch liegt auch die Landschaft in mystisches, grünlich-blaues Licht getaucht, doch die Sonne färbt bereits Baumwipfel und Bergrücken sinnlich gelb. Aus dem grünen Rasen sprossen phallische Tulpen, deren weißlich-violette Farben mit denen des weiblichen Fleisches korrespondieren. Das Paradies ist hier ein Lustgarten männlicher Sexualphantasien. – Als Naturwesen des Waldes präsentiert sich eine entkleidete Frau dem begierig aufseufzenden Männerkreis aus der guten Gesellschaft in Otto Friedrichs Gemälde *Eva* (Abb. 550). Die sexuelle „Herrschaft des Weibes", die hier als abstrakte vitalistische Naturkraft erscheint, losgelöst vom Gefüge konkreter Individualität, Persönlichkeit, bedeutet keinesfalls eine kritisch-ironische Aufhebung der Patriarchalität, sondern sie drückt nur die einseitige heterogame Faszination aus, die innerhalb der

Abb. 550 Otto Friedrich: Eva

Abb. 549 Wilhelm Müller-Schönefeld: Adam und Eva, 1883

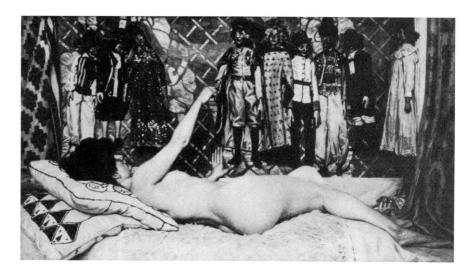

Abb. 551 Maximilian Lenz: Marionetten

von Männern beherrschten Gesellschaft als rätselvoll, weil undurchschaut herrschendes „Trieb"-Produkt beständig erneuert wird. Besonders einprägsam verdeutlicht diese letztlich fiktive „Herrschaft des Weibes", die stets von der Interessenlage des Mannes abhängig blieb, das Gemälde *Marionetten* (Abb. 551) von Maximilian Lenz, das eine nackte, mit Marionettenpuppen spielende „Venus" auf einem komfortablen Ruhelager zeigt. – Die „Nachtseite" der kapitalistischen Männergesellschaft bildete demgegenüber die unverhüllte Ausbeutung der „Eva" aus den unteren Schichten und Klassen in der Prostitution (vgl. Abb. 552, 553).[1343]

Die Aktfiguren der neuidealistischen Paradiesdarstellungen zeigen zugunsten gefühlsbetonter Ausdruckssteigerungen eine oft radikale Abwendung von den antikeorientierten Schönheitsprinzipien. Durch die großzügige Behandlung der Körper, die Verwendung von Proportionsunregelmäßigkeiten, die lebendige Beobachtung spontaner Haltungen und Bewegungen wird der Eindruck sinnlicher Freiheit, Naturnähe erzeugt. Häufig ergibt sich allerdings eine widerspruchsvolle Spannung zwischen veristischen Tendenzen und dem Streben nach vitalistischer Verallgemeinerung. In seinem Diptychon *Der Mensch (Adam und Eva)* (1894, Abb. 554) stellte Max Slevogt die Figuren der Eva und des Adam in prosaischer Frontalsicht ohne veredelnde Ponderationen vor einen dunklen Hintergrund. Der Künstler folgte zwar dem Klischee der keusch zurückhaltenden Frau – Eva steht mit geschlossenen Beinen und verdeckt den Schoß mit zusammengelegten Händen – und des tatkräftigen Mannes – der breitbeinig stehende Adam, der übrigens züchtig einen Laubkranz um die Hüften trägt, stemmt die Arme jovial ein –, arbeitete indessen völlig unvoreingenommen individuelle Besonderheiten gerade auch des weiblichen Körpers und porträthafte, etwas strenge Züge der jugendlichen Eva heraus; Körper und Antlitz drücken hier eine konkret faßbare Persönlichkeit aus, nicht lediglich ein erotisch-sexuelles Aggregat. Demgegenüber wirkt ein stehender weiblicher Akt, wie ihn Georg Papperitz in seinem Gemälde *Idyll* (1888, Abb. 555) zeigte, konventionell und in seiner glatten, idealisierten Üppigkeit süßlich. Dieses „Weib" mit dem weichen Puppengesicht bläst lockend zwei Panflöten und lehnt sich neben ihrer ebenfalls nackten Gefährtin, die einen Fuß in das Wasser des Weihers hängen läßt, an die Herme eines lachenden Fauns. Die Mondsichel leuchtet romantisch in den schattigen Hain. Fast kitschhaft summieren sich die Gestaltungsmomente zum Eindruck wollüstiger „antikischer" Sinnlichkeit. Der harten, desillusionierenden Auffassung Slevogts entspricht dagegen beispielsweise die veristische Beobachtungskraft Menzels, der in einer Aktzeichnung von 1882 (Abb. 556) die individuelle Physis eines weiblichen Körpers, Handgestik und Psychologie des Gesichtes als persönlichkeitsgeformte Einheit zu begreifen sucht. – Zwiespältig erscheint der Frauenakt des behandelten Gemäldes *Adam und Eva* (1893, Abb. 549) von Wilhelm Müller-Schönefeld; die antikeorientierte Schönlinigkeit und Ponderation geben der Figur etwas Geziertes; das perspektivisch verkürzte, ausdrucksvolle Gesicht stimmt nicht recht zu dem traditionell idealisierten Körper. – Die Problematik des Diptychons von Slevogt liegt in der kompositorischen Abstraktion, die den Anspruch auf Allgemeingültigkeit der Darstellung ausdrückt. Die Ansatzstücke einer Bogenarchitektur in den oberen Ecken des Gemäldes verweisen auf einen sakralen

Abb. 552 Max Klinger: In die Gosse!, 1884
Abb. 553 Thomas Theodor Heine: Durchs dunkelste Deutschland 15, 1905

Wertanspruch. Die Tulpen zu Füßen Evas und das Gras, in dem Adam steht, symbolisieren die lebensgesättigte Naturnähe der menschlichen Leiber. Vor dem dunklen Hintergrund erscheinen beide Figuren isoliert, losgelöst aus allen gesellschaftlichen, kommunikativen, historischen Bezügen; gleichsam dokumentarisch wird eine elementare Eigenständigkeit des Individuums behauptet, das allein des gegengeschlechtlichen Partners bedarf. Diese vitalistisch-sexuelle Abstraktion „des Menschen" (Bildtitel) liegt im Widerstreit

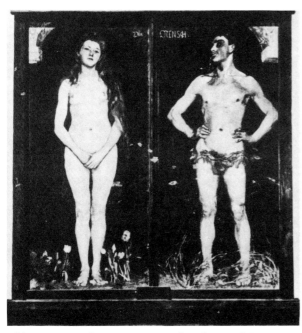

Abb. 556 Adolph von Menzel: Aktstudien, 1882

Abb. 554 Max Slevogt: Der Mensch (Adam und Eva), 1894

Abb. 557 Erich Heckel: Gläserner Tag, 1913

Abb. 555 Georg Papperitz: Idyll, 1888

mit der darstellerischen Differenzierung der individuellen Eigenarten beider Figuren; sinngemäß verlangt der anschauliche Verismus nach einer Konkretion auch der besonderen Lebensumstände dieser *speziellen* Frau und dieses *speziellen* Mannes. Das vitalistische Zurück zu den „Ursprüngen menschlichen Seins" scheint hier das eigene Versagen mitzuthematisieren. Einheitlich wirkt demgegenüber das „neukonstruierte" expressionistische Paradies des Ölgemäldes *Gläserner Tag* (1913, Abb. 557) von Erich Heckel. Informell

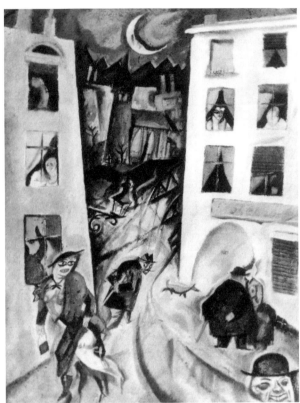

Abb. 559 George Grosz: Die Straße, 1915

Abb. 558 Jakob Steinhardt: Die Stadt, 1913

wuchernde geometrische Grundformen bilden den sich im frischen kristallinen See spiegelnden weiblichen Akt und die exotische Bergwelt. Wie alle Darstellungen des Paradieses und Goldenen Zeitalters versucht dieses Gemälde eine „naturreligiöse" Antithese zur modernen großstädtischen Zivilisation. Gerade deren Prosa, Wirrnis, Depravationen, Kampf ums Dasein, künstlich-wildes Nachtleben wurde von der *realistischen* Richtung des Expressionismus zu einem Hauptthema gemacht: Jakob Steinhardt stellte *Die Stadt* (1913, Abb. 558) mit ihrem nächtlichen, elektrisch bestrahlten Straßengewühl dar; isoliert und verloren sitzt eine nackte Eva in einer Kammer, während draußen ein einsamer Mann abseits der Menge mit dem Leben hadert. George Grosz wiederum malte *Die Straße* (1915, Abb. 559) mit einer Prostituierten im Vordergrund. Die freie Sinnlichkeit und unberührte Natur der Paradiesbilder kontrastierte als Gegenwelt indessen nicht nur zum „Moloch" Großstadt, sondern auch zu der vom Menschen aufgeteilten, gezähmten, durch mechanisierte und chemische Bodenbearbeitung und Tourismus kapitalistisch ausgebeuteten Landschaft.

Die exotische Natur des Gemäldes *Adam und Eva in paradiesischer Landschaft* (Abb. 560) von Ludwig von Hofmann kennzeichnete Oskar Fischel in seiner Monographie über den Künstler (1903): „Oder ein paar rosig blühende Bäume im grünlich hinsprudelnden Wasser geben ihm die Vorstellungen des Paradieses selbst. In den Blumen des Ufers liegt Adam noch in Schlaf versenkt, und in all der Pracht, selbst ein Stück davon, steht Eva, voll rätselhafter Gedanken und Scheu auf ihn starrend, beide so unberührt und so viel verheißend, wie das zauberische Blühen des Landes, das Schwellen und Rauschen des Stromes."[1344] Das Mittelbild des Triptychons *Eingang zum Paradies* (um 1906, Abb. 561) von Wilhelm Bernatzik zeigt eine mystisch verklärte Parklandschaft, durch die sich ein schmaler Pfad zur Eingangslücke in der riesigen Paradiesmauer emporschlängelt. Zwei auf den Seitenflügeln dargestellte, ornamental gegliederte Cherubim mit langen Schwertern halten Wache, scheinen nur Auserwählte passieren zu lassen. Freilich gab es selbst für eine „auserwählte", utopisch humanisierte Gesellschaft keinen Weg zurück zu einer von kultureller Nutzung völlig entblößten „Urlandschaft". Ebensowenig konnte die Zivilisation der menschlichen Natur rückgängig gemacht werden. Und auch die Zeit der Kulturen, die durch eine ursprüngliche Religion ideologisch geeint erschienen, war unwiederbringlich dahin. Der irreale bildkünstlerische Traum vom Paradies drückte Sehnsüchte des bürgerlichen Großstädters aus, wies jedoch keinen *konkret*-utopischen Weg zur Humanisierung der Industriegesellschaft.

Die Zunahme der bildkünstlerischen Verwendung religiöser Motive, Themen, Gestaltungsformen seit dem Ende der achtziger Jahre des neunzehnten Jahrhunderts, das Wachs-

Abb. 560 Ludwig von Hofmann: Adam und Eva in paradiesischer Landschaft
Abb. 561 Wilhelm Bernatzik: Eingang zum Paradies, um 1906

tum der Ausstellungsbeteiligung christlicher Bildwerke und eines eigenständigen christlichen Kunstausstellungswesens, die Konjunktur der christlichen und überhaupt sakral beeinflußten Kunst sind als Teilerscheinungen des Erstarkens neuidealistischer Strömungen in allen kulturellen Bereichen zu betrachten. Entsprechend besteht eine Identität zwischen den historischen Ursachen der intensiven Entfaltung der christlichen Bildkunst von etwa 1890 bis etwa 1910 und denen des allgemeinen neuidealistischen Aufschwungs innerhalb dieser Periode; indessen gelang es dem Neuidealismus keineswegs, die realistischen Kunstrichtungen der „Moderne" zu verdrängen.

Das verwickelte Geflecht historischer Ursachen für das Erstarken des Neuidealismus kann im Rahmen dieser Untersuchung nur ansatzweise erhellt werden. Dabei muß die *irrationalistische*, mystische, religiöse Färbung des Neuidealismus im Auge behalten werden. – Seit der Schaffung eines einheitlichen nationalen Marktes durch die Reichsgründung 1870/1871 verschärften sich rasch die Widersprüche zwischen der fortschreitenden Rationalität, Rationalisierung in allen gesellschaftlichen Teilbereichen und der „irrationalen" Krisenanfälligkeit des kapitalistischen Systems, zwischen der wissenschaftlich-technischen Differenzierung der Zivilisation und der Verelendung der unteren Schichten und Klassen, zwischen der Vervollkommnung, Verfeinerung der Produktions-, Verteilungs-und Organisationsapparate und ihrer Menschenfeindlichkeit, zwischen der Zunahme der Möglichkeiten einer gleichwertigen Mitbestimmung aller durch die stetig wachsende Vergesellschaftung und der Erhaltung obrigkeitsstaatlicher und klassengebundener Herrschaftsverhältnisse, zwischen den Interessen der verstärkt zum Imperialismus neigenden Bourgeoisie und denen des Proletariats. Diese Widersprüche, die sich bis in die individuellen Lebenssphären hinein als konkrete Restriktionen, Unstimmigkeiten, Konflikte bemerkbar machten, konnten ein „Versagen der Vernunft" suggerieren und ideologische Voraussetzungen schaffen, die die Überzeugungskraft irrationalistischer und subjektivistischer Theorien und Künste im Bürgertum förderten.

Die optimistische Wissenschafts- und Fortschrittsgläubigkeit des Liberalismus wurde in der Zeit der Großen Depression zwischen 1873 und etwa 1895 entscheidend diskreditiert. Statt nach Aufklärung und „Liberatio" zu streben, begann man sich nach „Religio" zu sehen (Hamann/Hermand).[1345] Der liberalistische Antiklerikalismus ging seit dem Ende des Kulturkampfes um 1878 ebenso rasch zurück, wie der zumeist christlich fundierte Konservatismus an Boden gewann. Es entstand ein ideologisches Klima, das dem Wachtums neuer Idealismen wesentlich günstiger war als das kritisch-rationale Klima während der vom Liberalismus beherrschten sechziger und siebziger Jahre. Die stark klerikal ausgerichtete offizielle Kulturpolitik des Kaiserreiches erhielt durch die kaiserliche Förderung des Kirchenbaus, der Kirchenmalerei und des sakralen Kunsthandwerks in den neunziger Jahren und zu Beginn des neuen Jahrhunderts kräftige Impulse.[1346] Kompromißbereite, gemäßigte neuidealistische Tendenzen der Kunst fanden hier durchaus einen Nährboden.

Die entscheidende Phase der kapitalistischen Urbanisierung, gekennzeichnet durch einen Höhepunkt des Großstadtwachstums und die Überrundung der landwirtschaftlichen durch die industrielle Produktion, fiel in die neunziger Jahre. Im Zuge des raschen baulichen, industriellen und verkehrstechnischen Fortschritts eskalierten vor allen Dingen in den größeren Städten die gesellschaftlichen und kulturellen Widersprüche, Fehlentwicklungen, Konflikte. Die bürgerliche Ideologie reagierte nicht allein mit einer rückwärtsgewandten Kritik der Technisierung, Industrialisierung, mit ständischen und religiösen Gesellschaftskonzepten, mit agrarischem Konservatismus, sondern auch mit Lebensreform, Lebensphilosophie, Vitalismus in der Kunst und mit einem irrealen Ruf des Zurück zur Natur, zum Elementaren, Originären, zum „Paradies". Das bürgerliche Subjekt sollte aus den determinierenden Zwängen der urbanen Massengesellschaft neuidealistisch befreit werden.

Auch die Revolutionierung der Naturwissenschaften im letzten Drittel des 19. Jahrhunderts, die am Fin de siècle zu einer Situation der „Krise" führte, begünstigte die Ausbreitung neuidealistischer Ideologien. Durch die Forschungen Ernst Machs zur Psychophysik, durch die Entdeckungen in der Thermodynamik, Optik, Elektrizitätslehre und insbesondere durch die Entdeckung und Erforschung der Röntgenstrahlen und Radioaktivität in den neunziger Jahren wurden die Grenzen der klassischen Galilei-Newtonschen Mechanik und ihres Materiebegriffes offenkundig. Mit der Quantentheorie Max Plancks (1900) und der Relativitätstheorie Albert Einsteins (1905) vollzog sich dann der Übergang zur modernen Quanten- und Kernphysik. Die Revolutionierung der Physik förderte neuartige erkenntnistheoretische Bemühungen, die der Kritik des mechanischen Materialismus entsprangen und idealistischen Konsequenzen Vorschub leisteten. So leugnete Mach die „naiven Stoffvorstellungen" der klassischen Physik wie Körper, Masse, Lichtäther, Elektrizität, Atom usw. und ließ nur einfache „Empfindungen" unterschiedlicher Qualitäten (optische, akustische, haptisch Empfindungen) als Grundelemente des „Gegebenen" gelten. Die Physik habe keine andere Aufgabe, als die funktionalen Abhängigkeitsverhältnisse der in unterschiedlichen Zusammensetzungen vorkommenden Grundelemente („Empfindungen") zu beschreiben.[1347] Manfred Diersch wies in seinem Buch *Empiriokritizismus und Impressionismus* (1977) die Übereinstimmungen nach, die zwischen der neopositivistischen Erkenntnislehre Machs und den Prinzipien des subjektiv-idealistischen Impressionismus der Malerei und Literatur um 1900 bestanden.[1348] Der „phänomenologischen Physik" von Mach stand die Energetik nahe, die ebenfalls die Mechanik bekämpfte, den „metaphysischen" Substanzbegriff in seinen verschiedenen Formen angriff und das naturwissenschaftliche Objekt in ein System „energetischer" Relationen und funktionaler Verknüpfungen auflöste.[1349] Die „Krise" des Materiebegriffs des mechanischen Materialismus ließ verschiedene Naturwissenschaftler auf idealistische Positionen übergehen und stimulierte idealistische Philosophien, Weltanschauungen[1350]; Lenin führte in seinem philosophischen Hauptwerk *Materialismus und Empiriokritizismus* (1909) den Neukantianer Hermann Cohen als Zeugen dieser Entwicklung an: „Im Jahre 1896 schrieb der bekannte Kantianer und Idealist Hermann Cohen außergewöhnlich feierlich und frohlockend in der Einleitung zur 5. Auflage der von Fr. Albert Lange falsifizierten 'Geschichte des Materialismus'. 'Der theoretische Idealismus', rief Cohen aus (S. XXVI), 'hat bereits angefangen, den Materialismus der Naturforscher zu erschüttern, und es möchte in diesen Grundfragen nur noch einer kurzen Zeit bedürfen, um das Geheimnis zur Bildungswahrheit zu machen: daß alle echte Wissenschaft von jeher und für immer nichts ist als Idealismus.' 'Wenn wir ... diese Durchwirkung des Idealismus in der neueren Physik betrachten.' 'Der Atomismus mußte der Dynamik weichen.' 'Es ist eine wundersame Wendung, daß das Zurückgehen auf die chemischen Stoffprobleme zur grundsätzlichen Überwindung der materialistischen Ansicht von der Materie führen sollte. Wie Thales die erste Abstraktion des Stoffes vollzog, damit aber Spekulationen über das Elektron verband, so war es der Elektrizitätslehre beschieden, die größte Umwandlung in der Auffassung der Materie und durch die Verwandlung der Materie in die Kraft den Sieg des Idealismus herbeizuführen.' (XXIX.)"[1351] – Innerhalb der Biologie gewann in den neunziger Jahren der Vitalismus entscheidend an Boden. Hans Driesch begründete die Biologie als „selbständige", von den übrigen Naturwissenschaften unterschiedene Wissenschaft, indem er eine dem Lebendigen innewohnende „Ganzheitsqualität" annahm, eine immaterielle, nicht physikalisch-chemisch bestimmbare „Entelechie", die dennoch auf das physikalisch-chemische Geschehen einwirke und qualitative Veränderungen zu erzeugen vermöge. Der biologische Neovitalismus bildete eine Richtung der Lebensphilosophie. Stark vitalistisch beeinflußt wurden alle Bereiche der Kunst („Jugendstil") um 1900. – Übrigens stellt die Philosophie Nietzsches im Gegensatz zur Auffassung von Udo Köster nicht das „metaphysische Prinzip der Kunst" in den Mittelpunkt, sondern das metaphysische Prinzip des „starken, gesunden Lebens" und muß deshalb als vitalistische, kann nicht als „ästhetizistische" Philosophie gelten.[1352] Beispielsweise definierte Nietzsche 1886 die Aufgabe, die seine Schrift *Die Geburt der Tragödie* erfüllen sollte, wie folgt: „ – die Wissenschaft unter der Optik des Künstlers zu sehen, die Kunst aber unter der des Lebens ..."[1353] Das Primat vor Wissenschaft, Moral und Kunst behauptet bei Nietzsche „das Leben". Auch die literarische Form der Nietzscheschen Philosophie, ihre anschauliche, lebendig-assoziative, aphoristische, teilweise hymnische Sprache, die mit kräftigen Ausdrücken nicht spart, gehorcht dem vitalistischen Lebensprinzip, nicht ästhetizistischen Prinzipien der Verfeinerung, des Formalismus und ästhetischen Historismus. – Das Erstarken des Idealismus infolge der Krise des mechanischen Materialismus dokumentierte sich ebenfalls im Rückgang des Einflusses der Naturwissenschaften auf die „Geisteswissenschaften", beispielsweise in der Ablösung der Elementenpsychologie durch die Gestaltpsychologie und Ganzheitstheorie und in Wilhelm Diltheys einflußreicher lebensphilosophischer Theorie einer selbständigen geisteswissenschaftlichen Methode des „Verstehens", die sich prinzipiell von der naturwissenschaftlichen Methode des „Erklärens" unterscheide.

Mit dem Ende der Großen Depression um die Mitte der neunziger Jahre trat der deutsche Imperialismus in das entscheidende Stadium. Eine Phase der Hochkonjunktur, die bis 1913 anhielt und nur durch zwei kurze und schwächere Einbrüche um 1900 und um 1908 unterbrochen wurde, bestimmte die Entwicklung, gekennzeichnet durch eine stürmisch fortschreitende Industrialisierung, außenwirtschaftliche Expansion, ein starkes Bevölkerungswachstum und den Ausbau des militärischen Potentials, insbesondere der Flotte zum Schutz nicht so sehr der Kolonien als des deutschen Handels in den überseeischen Gebieten.[1354] Eine Ideologie des Strebens nach nationaler Konsolidierung und Stärke mit aggressiven, zum Teil sozialdarwinistischen Tendenzen konnte sich im Bürgertum ausbreiten. Der anonyme Verfasser eines Buches mit dem Titel *Der Kaiser, die Kultur und die Kunst. Betrachtungen über die Zukunft des Deutschen Volkes aus den Papieren eines Unverantwortlichen* (1904[2]) drückte die imperialistische Weltsicht exemplarisch aus, wenn er schrieb: „Man kann es wirklich nur mit einer Erschlaffung der natürlichen Rasseninstinkte erklären, daß es viele ernste Männer unter uns gibt, welche sich über die verhängnisvolle Tragweite des *Flottenproblemes* wie des *Kulturproblemes* nicht klar werden wollen. Sie betäuben sich mit Wahnvorstellungen von allgemeiner Abrüstung und dem goldenen Zeitalter ewigen Friedens; und doch ist nichts offenbarer, als daß das Ringen der Völker nie aufhören wird, so lange es Völker gibt, und daß gerade diejenigen Nationen, welche die Kultur der Zukunft in sich tragen, in einer so ungeheuren Weise rüsten zu welterschütternden Kämpfen, wie es noch niemals geschehen ist, seit es Geschichte gibt. *Der Krieg ist der Kaufpreis für die Kultur*. Da die Kulturen der Zukunft, obwohl ihrem inneren Ursprunge nach streng national, räumlich betrachtet, *interkontinentale Kulturen* sein werden, sein müssen, so ist der Kaufpreis für die Kultur der Zukunft der *interkontinentale Krieg*: für uns heute sich darstellend in der *allgemeinen Wehrpflicht*, in den Aufwendungen für Heer und Flotte und für die Konsolidierung unserer Weltmachtstellung in allen Teilen der Erde."[1355] Selbst der weitaus größte Teil des *liberalen* Bürgertums und speziell des Bildungsbürgertums gab sich imperialistischen Ideen hin, unterstützte die „Deutsche Kolonialgesellschaft" (gegründet 1887), den „Deutschen Flottenverein" (gegründet 1898) und die aggressivste imperialistische Interessenorganisation, den „Alldeutschen Verband" (gegründet 1891).[1356] Die konservativer oder liberaler gefärbten imperialistischen Ideologien trugen dazu bei, daß die sozialen Widersprüche und Konflikte des Kapitalismus innerhalb der nichtproletarischen Schichten und Klassen kompensiert, ja sogar verdrängt wurden oder daß neue Illusionen eines klassenversöhnenden Zusammenwirkens *aller* gesellschaftlichen Kräfte entstanden. Vor dem Hintergrund dieses Verschleierns oder sogar Ausblendens der „sozialen Frage" erscheinen die rasche Abnahme des Interesses an sozialen Themen der Bildkunst, an oppositionell-naturalistischen und überhaupt realistischen Gestaltungsweisen und entsprechend die Zunahme idealistisch begründeter künstlerischer Konzepte plausibel. Zur Verminderung des Interesses an der „sozialen Frage" bei Schriftstellern und Künstlern trug die Nichterneuerung des Sozialistengesetzes 1890 bei. Der Neuidealismus wurde auch dadurch begünstigt, daß die imperialistischen Ideologeme zumeist selber idealistisch fundiert waren und den Materialismus und Naturalismus ablehnten. Selbst ein so konservativer Autor wie jener zitierte „Unverantwortliche", der gegen die „künstlerische 'Moderne'" wetterte, „welche ihr Können in die Dienste der rassenvernichtenden, nivellierenden und im Grunde nihilistischen Talmikultur stellten"[1357], erkannte die Malerei eines neuidealistischen „Modernen" wie Böcklin an, die er als Ausdruck „für die geheimnisvolle Erstarkung deutscher Formgewalt" begriff, die „*neben* und *unter* der naturalistischen Allerwelts-Künstelei unkennbar ihre Kreise zog."[1358] Es verwundert, daß der „Unverantwortliche" nicht auch den wie Böcklin am Anfang der neuidealistischen Epoche zu Ruhm gekommenen „christlichen Maler" Hans Thoma nannte, der von den Konservativen und Heimatkunstvertretern seit der zweiten Hälfte der neunziger Jahre als „deutscher Geist" gefeiert wurde. – Einen bildkünstlerischen Ausdruck des imperialistischen Geistes der nationalen Konsolidierung und Stärke bildeten vielfach die harten formvereinfachenden und ornamentalen Abstraktionen des Neuidealismus, die die gegenständlichen Formen zugleich vergewaltigten und brutalisierten.

Der oppositionelle Naturalismus und der Neuidealismus drücken zwei gegensätzliche Reaktionsweisen avantgardistischer Künstler auf die gesellschaftlichen Realitäten im Kapitalismus und auf die herrschende Bildkunst des traditionellen Idealismus und des illusionistischen Verismus und „Akademismus" aus. Im Gegensatz zum oppositionellen Naturalismus, der Menschen der unteren Schichten und Klassen in ihrem Milieu zeigt und moderne Abstraktionen anwendet, behandelt der Neuidealismus die Welt der Seele und des Geistes, die differenzierten, oft esoterischen Empfindungen des Subjektes, religiöse Gefühle, das Wirken eines göttlichen Prinzips im Menschen und in der Natur und wendet stärkste moderne Abstraktionen an, um spirituelle Bereiche zu veranschaulichen. Beide avantgardistischen Kunstrichtungen können als zwei *Innovationsschübe* innerhalb des kapitalistischen Kunstmarktes angesehen werden, deren Wirkungskraft die entsprechenden historischen Umstände begünstigen und die in einer bestimmten Phase (etwa zwischen 1885 und 1895) scharf miteinander konkurrieren, bis der Neuidealismus den oppositionellen Naturalismus „überrundet". Der marktstimulierende *Neuheitswert* des oppositionellen Naturalismus besteht in dessen inhaltlicher und formaler Distanz zur herrschenden Kunst; dieser Neuheitswert vermindert sich mit dem Erstarken des oppositionellen Naturalismus, mit dem erheblichen Einflußrückgang des illusionistischen Verismus und „Akademismus". Der den Markt wiederum stimulierende Neuheitswert des Neuidealismus besteht einerseits in dessen noch verstärkter formaler Distanz zur konventionellen Kunst, andererseits in der inhaltlichen sowie formalen Gegensätzlichkeit zum oppositionellen Naturalismus. Die marktbedingte Konkurrenz zwischen den beiden avantgardistischen bürgerlichen Kunstrichtungen treibt diese nach einer „Anlaufsphase", in der sich noch naturalistische und neuidealistische Tendenzen mischen, in konträre ästhetische Extrempositionen auseinander. Die prinzipielle Möglichkeit dieser ästhetischen und ideologischen Gegensätze als gegensätzliche künstlerische Reaktionsweisen auf Wirklichkeit ist durch die Realitäten der kapitalistischen Industriegesellschaft vorgezeichnet: Während der Naturalismus *oppositionell* das Recht der „objektiven Realität" betont, die akute „soziale Frage" thematisiert, die Kunst in den Dienst des Strebens nach „Naturwahrheit" stellt und die bürgerlichen Kunst-Illusionen zu zerstören trachtet, ohne jedoch die klassenspezifischen Schranken der bourgeoisen Ideologie durchbrechen zu können, negiert der Neuidealismus sowohl die Beschäftigung mit der „sozialen Frage" als auch die Zweckrationalität der bürgerlichen Warengesellschaft, ihre verwertungsorientierte Menschenfeindlichkeit und zieht sich in eine höhere Sphäre des freien Lebens, des Geistes, der Phantasie und Religion zurück. Der „Sieg" des Neuidealismus innerhalb des Kunstmarktes wird durch die starke Verminderung des Neuheitswertes des oppositionellen Naturalismus und durch die bereits aufgeführten, das innovative Auftreten und Wirken des Neuidealismus begünstigenden historischen Ursachen herbeigeführt.[1359]

Ein weiterer Faktor, der die Herausbildung des Neuidealismus förderte, bestand in einem relativen gesellschaftlichen Statusverlust und einer damit verbundenen relativen Orientierungsunsicherheit des wilhelminischen Bildungsbürgertums, dem auch die zumeist akademisch ausgebildeten Künstler angehörten.[1360] Diese sogenannte „Marginalisierung" des Bildungsbürgertums[1361] verursachte bei vielen seiner Vertreter eine ideologische Ausgleichsbewegung: die Führung des *Geistes* in Staat und Gesellschaft wurde verstärkt proklamiert, idealistische Konzepte wurden entwickelt, der Geist sollte über die Natur, die Kunst über das Leben herrschen, Subjektivismus, Ästhetizismus und ein elitärer Kult des Genies, der auch in der neuidealistischen Christusauffassung einen Ausdruck fand[1362], konnten sich ausbreiten. – Die „Marginalisierung" des Bildungsbürgertums beschrieb Klaus Vodung (1976) wie folgt: Mit dem Niedergang des Liberalismus, mit seiner Anpassung an den Bismarckschen Obrigskeitsstaat, wurde die politische Selbständigkeit des Bürgertums und insbesondere des Bildungsbürgertums relativiert. Der Autor fuhr fort: „Gegen Ende des Jahrhunderts zerfiel der ursprünglich relativ homogene Liberalismus des 'Bürgertums von Besitz und Bildung' und mit ihm der Typ der Honoratiorenpartei, in der 1848 und in den Jahrzehnten danach Akademiker noch den Ton angegeben hatten. Das Bürgertum aus Industrie, Handel und Gewerbe wanderte in die 'Ordnungsparteien' ab, die immer stärker den Charakter von Interessenparteien annahmen; seine wirtschaftlich einflußreichsten Teile näherten sich dem Adel, der nicht nur die bestimmende politische Kraft blieb, sondern seine Machtposition sogar noch ausbaute. Auf der Linken formierte sich die Sozialdemokratie als Massenpartei, welche den Liberalismus in der Rolle der fortschrittlichsten politischen Bewegung ablöste. Das Bildungsbürgertum sah sich politisch seiner Funktion und seines Einflusses beraubt."[1363] Im Prozeß der Industrialisierung verlor das Bildungsbürgertum gegenüber dem Handels-, Industrie- und Finanzbürgertum entscheidend an gesellschaftlicher Bedeutung. Ausdruck des Status- und Prestigeverlustes war das mindere Gewicht, das die berufsständischen Interessenverbände des Bildungsbürgertums gegenüber den Wirtschaftsverbänden einerseits und den Vertretungen von Arbeitern und Angestellten andererseits hatten. Die rapide wachsende Schicht technischer und Verwaltungsangestellter, Produkt der Hochindustrialisierung, trug zur weiteren Schwächung der sozialen Stellung und Rolle des Bildungsbürgertums bei. Die Industrialisierung bewirkte eine Aufwertung des naturwissenschaftlich-technischen Wissens, den Aufschwung der Technischen Hochschulen und Realschulen und entsprechend eine Abwertung humanistischer Bildung, der Universitäten, insbesondere der „geisteswissenschaftlichen" Disziplinen, der Gymnasien, der Kunstakademien. „Dies führte zunächst einmal zu Veränderungen in der Rangordnung des sozialen Prestiges: Das alte akademische Bildungsbürgertum, das sich seit Fichtes Zeiten als geistige Führungsschicht der Nation verstand, sah sich inzwischen nicht nur von Industriekapitänen und Verbandsführern überflügelt, sondern zusehends auch von Ingenieuren und Technikern. Der Prestigeverlust war seinerseits Folge und Ausdruck einer – wesentlich schwerwiegenderen – sozialen Umschichtung. Die 'anderen Bildungswege' wurden in zunehmendem Maß zum Vehikel gesellschaftlichen Aufstiegs für Angehörige der unteren Schichten, diese begannen gemeinsam mit den Verwaltungs- und Büro-Angestellten den 'neuen Mittelstand' 'lohnabhängiger Geistes- und Schreibsessel-Arbeiter' zu bilden, von denen das alte Bildungsbürgertum aufgesogen zu werden drohte."[1364]

Der Neuidealismus war insofern in einer günstigen Position, als er der vom oppositionellen Naturalismus eingeleiteten Entwicklung moderner Farb-, Form- und Raumabstraktionen neue Impulse zu geben vermochte. Die Diskussion um die formalästhetische Eigenwertigkeit der bildkünstlerischen Gestaltungsmittel und um neuartige Ausdrucksmöglichkeiten wurde durch „experimentelle" Bildwerke des Neuidealismus, die in ästhetisches Neuland vorstießen, vorangetrieben.

Hans H. Hofstätter begreift den „Symbolismus" als „eines der Phänomene, die das ganze 19. Jahrhundert bedeutungsvoll durchziehen"[1365] und skizziert die „Problemstellungen, welche zu symbolistischer Kunst Anlaß geben", wie folgt: „Es handelt sich in erster Linie immer wieder um Versuche, den positivistischen Realismus der bürgerlichen Weltanschauung und Weltordnung zu durchbrechen, wobei die Künstler – ebenso wie die Dichter und Philosophen – das Dilemma ihres eigenen Eingebundenseins in die bürgerliche Weltanschauung quälend erleben: sie haben seit dem Verlust des Jenseitsglaubens und dem grundsätzlichen Zweifel an allem, was bisher verehrt wurde, nur eine Ahnung, aber keine Gewißheit von dem, was hinter den real anschaubaren Dingen liegt; ihre Ahnung erschöpft sich vielfach in der Vorstellung von einem ungewissen 'au delà'. Um dieses 'Dahinter' begreiflich zu machen, zeichnen sich zwei Wege ab, die mehr oder weniger parallel das ganze Jahrhundert durchziehen: der eine besteht in einer Auflösung oder Zerstörung der ästhetischen und malerisch regelhaften bürgerlichen Wertmaßstäbe, der andere in mehr oder weniger konstruktiven Vorstellungsgebäuden einer hinter dem Diesseits liegenden zweiten Realität."[1366] Da Hofstätter den Begriff der „bürgerlichen Weltanschauung und Weltordnung" nicht aus den Bedingungen des Kapitalismus ableitet und folgerichtig nicht auf die Klassenantagonismen und die entsprechenden ideologischen Gegensätze im 19. Jahrhundert eingeht, bleibt die von ihm festgestellte Antibewegung des „Symbolismus" gegen den „positivistischen Realismus" des Bürgertums letztlich unbestimmt. Hofstätter nennt drei „Hauptphasen, in denen symbolistische Kunst einsetzt und sich entwickelt: zu Beginn des Jahrhunderts als Antithese zur Konstitution des bürgerlichen Rationalismus in Ästhetik, Religion und Moral, getragen von der romantischen Bewegung; nach der Jahrhundertmitte als Antithese zu Realismus, Positivismus und bürgerlicher Spätromantik – die eigentliche Entfaltungszeit des Symbolismus; und gegen die Jahrhundertwende als Antithese zum Naturalismus, Historismus und zur Verwissenschaftlichung des gesamten Denkens."[1367]

Auf eine nähere Analyse der Unterschiede dieser drei Hauptphasen des „Symbolismus" und ihrer historischen Bedingungen, Ursachen verzichtet Hofstätter jedoch. – Der Kunsthistoriker faßt das 19. Jahrhundert als Zeit der „Krise" auf; die „Ausdrucksgebärde allgemeiner Krisenstimmung" verbinde das 19. Jahrhundert mit den Epochen des Spätmittelalters und des Manierismus[1368]; ähnlich wie Sedlmayr sieht Hofstätter die Ursache der „Krise" des 19. Jahrhunderts in dem „Verlust des Jenseitsglaubens und dem grundsätzlichen Zweifel an allem, was bisher verehrt wurde", mithin in dem Verlust einer alle Bereiche des Lebens durchdringenden christlichen Weltordnung; das 19. Jahrhundert erscheint unter diesem Aspekt als dem bloßen Diesseitsglauben, dem „positivistischen Realismus" verfallen, der „Symbolismus" aber versuche im Kampf gegen die Zeitumstände, wieder zu jenseitigen Sphären vorzudringen. Dieses idealistische Deutungsmodell vermag die komplexen historischen und kunsthistorischen Zusammenhänge, in die die Produktion „symbolistischer" Kunst im 19. Jahrhundert eingebettet ist, nur ungenügend zu erhellen.

6. Das Künstler-Genie als Heiland oder Märtyrer

Max Klinger verwendete sowohl auf dem zweiten Blatt des Radierungs-Zyklus *Ein Leben. Opus VIII* (1884) in der Erstausgabe als auch auf der dritten Seite des *Menzelfestblattes* (1884, Abb. 562, 562 a, 563) eine Zinkradierung (Strichätzung), die in Rückenansicht einen mit Lanze und Schild bewaffneten Ritter zu Pferde zeigt, der gegen vier in einer Reihe hockende Gestalten antritt.[1369] Es sind die „Historia", ein fetter, gekrönter Unhold, vor dem Messer und Gabel im Boden stecken, die „Modernitas", eine Gestalt mit Schulterumhang und großem, das Gesicht verbergenden Federhut, die „Pictura sacra", ein Heiliger mit Nimbus und „Homer" mit der Lyra der Dichtkunst. Vor diesen Figuren liegen in einem horizontalen Streifen menschliche Totenschädel und Gebeine; es scheint, als ob zumindest die „Historia" sich kannibalisch betätigt und dabei das Besteck gebraucht hätte.

Den Kopf des Ritters bildet ein flammendes Kreuz. Er ist der Künstler, der sich gegen die herrschenden Mächte der Zeit, gegen die Historienmalerei, die falsche Modernität der Kostümierungen und Effekte, die religiöse Malerei und die traditionell verstandene Antike durchsetzen muß. Das christliche Kreuz bezeichnet die Leidensrolle des Künstlers; in der Auseinandersetzung mit übermächtigen Traditionen und Konventionen sucht er kämpfend und leidend die Wahrheit; die Flammen wecken Assoziationen des Martyriums von „Staatsfeinden", „Ketzern", zugleich aber auch des „feurigen Engagements". Die Metapher des „heilig entbrannten" Ritters, der sich heldenhaft im Kampf mit den Mächten des Bösen und mit starken Feinden bewähren muß, geht auf die christlichen Ritterepen des Mittelalters zurück, die im 19. Jahrhundert neu entdeckt wurden. Die Darstellung erinnert auch an den „irrenden Ritter" Don Quijote, dessen wahrer, an Narretei grenzender Heroismus sich im Angriff auf die vier Windmühlen offenbart. Das Heldentum des Klingerschen Ritters verdeutlichen die Schädel und Knochen der im Kampf bereits Gescheiterten, von denen nicht wenige den Wanst der „Historia" (Historienmalerei) mästen halfen.

Die Sakralisierung des Künstlers als engagierter Heiland, Märtyrer seiner Sache und „christlicher" Held (Ritter) bildet ein Grundthema des 19. Jahrhunderts, das Renate Liebenwein-Krämer in ihrem Buch *Säkularisierung und Sakralisierung. Studien zum Bedeutungswandel christlicher Bildformen in der Kunst des 19. Jahrhunderts* (1977) erstmals eingehend behandelte.[1370] Eine elementare Voraussetzung für die Möglichkeit, über christliche Metaphern im Bereich der profanen Kunst zu verfügen, sah die Autorin mit Recht in der

Abb. 562 Max Klinger: Der Ritter mit dem flammenden Kreuz-Kopf gegen Historia, Modernitas, Pictura Sacra, Homer, 1884

allgemeinen Säkularisierung seit der Großen Französischen Revolution. Die darstellerische Sakralisierung des Künstlers mit Hilfe von Passions- und Märtyrersymbolen, direkten Christusparallelen, Heiligenscheinen, christlichen Sinnbildern aller Art ist als bedeutungs- und wertsteigernde „*Pathosformel*" aufzufassen.

Klinger benennt in seiner Radierung die Momente, die die Bedeutung und den Wert des „echten" Künstlers ausmachen. Dieser muß sich vor allem gegen die Übermacht der *Historienmalerei*, des Historismus insgesamt, behaupten. Lothar Brieger-Wasservogel schrieb in seiner Monographie über Klinger (1902): „Um das zu verstehen, muß man daran denken, daß zur Zeit, da Klinger seinen Kampf aufnahm, vom Künstler vor allen Dingen geschichtliche Bilder gefordert wurden. Die Schule Pilotys stand in voller Blüte, und die Gemälde Kaulbachs im Berliner Museum wurden aufrichtig bewundert und galten als Gipfel und Ziel aller Kunst."[1371] In der Tat bot die illusionistisch-veristische Historienmalerei während der siebziger und noch achtziger Jahre des 19. Jahrhunderts jungen Künstlern die besten Chancen der Profilierung. Vor der Flucht in die Vergangenheit, vor der lebensfeindlichen Verzettelung an die Geschichte warnte Nietzsche in seiner „unzeitgemäßen" Betrachtung *Vom Nutzen und Nachteil der Historie für das Leben* (1874). Der prinzipielle innere Konflikt der illusionistisch-veristischen Historienmalerei bestand darin, daß sie

Abb. 562a Max Klinger: Außenseite des Widmungs-Doppelblattes für die Menzeljubelfeier 1884

den Betrachter sozusagen „hautnah" an die geschichtlichen Ereignisse heranführen wollte, daß sie damit jedoch zugleich den motivierenden, lebendigen Bezug zur Gegenwart weitgehend preisgab. Einerseits mußte die historisch treue Geschichtsmalerei behaupten, daß die dargestellten Situationen und Verhältnisse eine allgemeine, auch den modernen Zeitgenossen verständliche Substanz enthielten, andererseits mußte sie auf der unverwechselbaren historischen Besonderheit dieser Situationen und Verhältnisse bestehen. Die illusionistisch-veristische Vergegenwärtigung, die zeitgemäße künstlerische Innovationen ausschloß, vertiefte die Distanz zur modernen technisierten und kapitalisierten Welt. – Die Krone, die Klingers „Historia" trägt, verweist kritisch auf eine vorherrschende Tendenz der Geschichtsmalerei, „bedeutende Ereignisse" aus dem Leben der Fürsten darzustellen und damit feudalaristokratische Verhältnisse zu glorifizieren. (Die historische Genremalerei wiederum lieferte süßliche oder bürgerlich-moralische Anekdoten und Familiengeschichten in historischer Verkleidung.) Die Figur der „Historia" mag überdies den zeitgenössischen Historismus insbesondere der Architektur und angewandten Kunst anprangern, der die historischen Stilepochen ausbeutete und analog zur Kapitalakkumulation die unterschiedlichsten Repräsentationsformen zusammenraffte und kombinierte. In *Malerei und Zeichnung* schrieb Klinger (1891): „Wir können keiner Kunsterscheinung irgendwelcher Art nahetreten, ohne uns daraus zum Hausgebrauch das Nötigste zusammenzustehlen. Der Lanzknecht ist kaum im japanischen Topf verschwunden, vom Renaissancestil wird der Rokokopuder abgestäubt. Und in dieser Verwirrung schreien wir nach Stil!"[1372]

Den historischen Eklektizismus seiner Zeit kritisierte Edward von Steinle, der allerdings „nazarenisch" die Gotik bevorzugte, in einem Titelblattentwurf (1884, Abb. 564) für die Schrift *Die neuere Profanarchitektur* des katholisch-konservativen „Neugotikers" August Reichensperger.[1373] Die Federzeichnung Steinles zeigt einen Architekten mit dem Zeichenstift zwischen den Lippen, mit Reißschiene und Zeichendreieck; dieser „Konstrukteur" ist im Anklang an die Manier des Guiseppe Arcimboldo aus antiken, romanischen, gotischen, renaissancemäßigen, barocken und neoklassizistischen Architekturteilen zusammengesetzt, die seine Bewegungsfreiheit blockieren; er zieht ein unbehaglich-grimmiges Gesicht. Auf seiner Brust sind zwei tanzende Mischwesen gezeichnet, ein Pan und eine Sirene, die symbolisch auf die groteske Mischung der Stile, auf die weltlich-sinnenverwirrende Häufung der Formen und die Verwendung heidnisch-antiker Elemente in der „neueren Profanarchitektur" hinweisen. Demgegenüber konfrontierte Adolf Oberländer in einer Karikatur (1884, Abb. 565) den christlich-asketischen Gotiker, der inmitten von gotischen Aufrissen und Kirchenmodellen selber eine hochgestreckt-gotische Form angenommen hat, ironisch mit einem kleinen, gedrungenen und geschwungenen Renaissancier, der das Modell eines Schlosses im Renaissancestil mitgebracht hat, also ein mehr weltliches Architekturprinzip vertritt. Klingers und Oberländers Angriffe auf den Stilelektizismus und Stilkampf verdeutlichen, daß der Historismus für viele moderne Maler abgetan war. Sie sahen die Aufgabe des wahren Künstlers darin, aus dem eigenen Vermögen zu schöpfen, eine selbständige, der zeitgenössischen Gegenwart entspre-

Abb. 563 Max Klinger: Innenseite des Widmungs-Doppelblattes für die Menzeljubelfeier 1884

Abb. 564 Edward von Steinle: Die neuere Profanarchitektur, 1884

chende, *moderne* Ausdrucksweise und Thematik zu finden. – Übrigens erhob Klinger den Anspruch, der Spezialisierung, Zersplitterung der Zeit und ihrer stilverwirrten Künste mit einem neuen Totalitätskonzept zu begegnen: in der „Raumkunst" sollten Architektur, Plastik und Malerei zusammenwirken, ein einheitliches, komplexes Gesamtkunstwerk bilden; der Künstler verwies auf das „Gesamtwirken aller bildenden Künste" in den Musikdramen Wagners.[1374] – Als Gegenbild des arrivierten Historienmalers, der den zeitgenössischen Geschmack und die Nachfrage zu nutzen weiß, kann der *Geschichtsschreiber* von Ferdinand Hodler (1886-1887, Abb. 566) angesehen werden. Das Gemälde war als Teil eines Wandbilderzyklus zum Thema des Genfer Stadtfeiertages geplant; die sogenannte „Escalade" erinnerte an einen Sieg der Genfer über die Savoyer, der 1602 die Unabhängigkeit der Stadt gesichert hatte. Die Figur des mit gekreuzten nackten Beinen und Füßen auf dem Boden sitzenden Geschichtsschreibers, der nur ärmlich mit einem Umhang bekleidet ist, in seinen Aufzeichnungen innehält und das zugleich gequälte und angstvolle Gesicht dem Betrachter zuwendet, ist ein Selbstbildnis Hodlers und spiegelt dessen materielle Notsituation und Konkurrenzangst während der Arbeit an dem Wandbilderauftrag.[1375] Allgemein gesehen drückt die Figur des Geschichtsschreibers die Isolation und Existenznot eines um die Erkenntnis historischer Prozesse ringenden Chronisten aus, dessen unbequeme geistige Arbeit von der Gesellschaft nicht honoriert wird. Auch in dieser Hinsicht ist der „Geschichtsschreiber" ein Selbstporträt Hodlers, dem es, wie seine später verwirklichten, heftig bekämpften Historienbilder zeigten, weder um die Verherrlichung der „großen Welt" von Herrschern und Adeligen, noch um das Erzählen zugkräftiger Anekdoten ging, sondern um die Veranschaulichung revolutionärer und demokratischer Bewegungen in der Geschichte, um die Darstellung des Volkslebens.[1376] Die Formgestaltung des *Geschichtsschreibers* mit den „modernen" Abstraktionen, der Formvereinfachung, Flächigkeit, informellen Fleckauflösung, mit desillusionierenden Konturenzügen, unvermittelten Hell-Dunkel-Kontrasten und einer stumpfen, düsteren Farbigkeit opponiert gegen den illusionistischen Verismus und „Akademismus".

Die Figur der „Modernitas" in Klingers Radierung von 1884 verweist auf einen weiteren Bereich der zeitgenössischen Kunst, mit dem sich der „wahre", nämlich der oppositionelle Künstler Klingerscher oder Hodlerscher usw. Prägung in „heiligem" Kampf und Leiden auseinanderzusetzen hat. Die „Modernitas" verkörpert nicht die echte, die antitraditionelle und antikonventionelle Modernität sondern das „Salongeckentum" (Brieger-Wasservogel[1377]), das Haschen nach koloristischen Effekten, publikumswirksamen Novel-

Abb. 565 Adolf Oberländer: Gotiker und Renaissancier, 1884

Abb. 566 Ferdinand Hodler: Der Geschichtschreiber, 1886-1887

Abb. 567 Anton Laupheimer: Der Madonnenmaler, nach 1920

len, prunkenden Kostümen, nach Sensationen im Stile des illusionistischen Verismus und „Akademismus". Auch die den menschlichen Körper „ästhetisch" verhüllende Prüderie, die Klinger in *Malerei und Zeichnung* aufs schärfste angriff[1378], gehört zur falschen, verkünstelten „Modernitas". Der „echte" Künstler muß demgegenüber in der Formgestaltung und der Themenwahl kompromißlos nach Wahrheit suchen, muß um zeitbewegende Innovationen ringen, um einen unverwechselbaren, kraftvollen Ausdruck seiner Persönlichkeit.

Die dritte Figur der „Pictura sacra" in der Radierung Klingers von 1884 symbolisiert die religiöse Malerei, gegen die als ranghöchste, kirchlich und staatlich protegierte und am meisten traditionsverhaftete Gattung sich der „echte" Künstler wenden soll. Die Problematik beispielsweise der traditionellen Madonnendarstellung verdeutlicht das Gemälde *Der Madonnenmaler* (Abb. 567), ein Spätwerk des Münchener Genremalers Anton Laupheimer. In einem klösterlichen dunklen Raum sitzt ein alter Mann vor einer Leinwand, die mit regellosen Flecken bedeckt ist. Ihm erscheint die von Engeln umschwebte, unwirklich verkleinerte Madonna mit dem Kind. In themenverwandten Darstellungen des heiligen Lukas, der die Madonna malt, sieht man diese in voller Gestalt und zumeist einen bereits fertigen Teil der Figur. Hier aber prägt ein Zug der Resignation die Gestaltung. Der Maler, der nur unkenntliche Flecken zustandegebracht hat, läßt die Hand mit dem Pinsel herabhängen und verliert sich im bloßen Schauen der puppenhaft-irrealen Madonna. Das Gemälde, dessen Szenerie durch die gelockerte Malweise gleichsam visionär entstofflicht wirkt, behandelt die Flucht in realitätsentrückte religiöse Phantasien, die nicht mehr glaubhaft darstellbar sind. Bereits im Vormärz wurde beispielsweise von Friedrich Theodor Vischer die prinzipielle Irrealität, Irrationalität und Zeitentfremdung der Madonnenmalerei kritisiert, die jedoch während der katholischen Erneuerung und Befestigung der Mariendogmatik unter Papst Pius IX. einen gewissen Neuaufschwung in den fünfziger bis siebziger Jahren des 19. Jahrhunderts erlebte. – Carl Spitzweg ironisierte in seinem Gemälde *Kunst und Wissenschaft* die sozusagen „abgehobene" Tätigkeit eines Malers, der hoch oben auf einem kaum gesicherten Brett sitzt und eine Madonna mit Kind an eine Hauswand malt. Die große, zwischen zwei Fenster gezwängte Figur wirkt in ihrer Höhe deplaziert; auch paßt der gotische Spitzbogenrahmen nicht zu den Biedermeierschnörkeln der Fensterverzierungen, und die bunten Farben der Malerei, vor allen Dingen das Gelb der Umrahmung und das Blau des Hintergrundes leuchten fremdartig. Die religiöse „*Kunst*" erscheint hier als Wanddekoration eines Wohnhauses entwertet und offenbart zugleich ihre Unvereinbarkeit mit der prosaischen Lebensrealität der Kleinstadtidylle. Der Maler ist ebenso ein Sonderling wie der lange Herr, der sich unten bücherlesend in die „*Wissenschaft*" vertieft. Mit einer ähnlich kritischen Absicht ließ Wilhelm Busch seinen „heiligen Antonius" im Kloster, das den liberalen Kulturkämpfern als Ort katholischer Sinnen- und Menschenfeindlichkeit galt, gleichsam kompensatorisch für den Verlust der weltlichen Liebe zum Madonnenmaler werden (Abb. 569). Ebenfalls humoristisch zeigte der Münchener Genremaler Eduard von Grützner in seinem Gemälde *Im Atelier* (Abb. 570) einen lächelnden Klosterbruder, der eine geschnitzte Madonna bemalt. Die religiöse Kunst ist hier wie auch im Gemälde *Heilige Kunst* (Abb. 571) von Wilhelm Bernatzik, das einen sakrale Plastik anmalenden Mönch darstellt, zum Kunsthandwerk des idyllischen Klosterrefugiums heruntergekommen. – Paul Heyse schilderte in seinem Roman *Im Paradiese* (1874) einen Bildhauer, der in einem stets verschlossen gehaltenen Atelier christliche Plastiken zur finanziellen Sicherung des Lebensunterhaltes herstellt, während er in seinem Hauptatelier, das

Abb. 568 Carl Spitzweg: Kunst und Wissenschaft

Abb. 569 Wilhelm Busch: Der heilige Antonius als Madonnenmalerer, 1870

Abb. 570 Eduard von Grützner: Im Atelier

Abb. 571 Wilhelm Bernatzik: Heilige Kunst

jedermann zugänglich ist, um seine „wahre", jedoch nicht anerkannte Aktfigurenkunst ringt. Trotz der Infragestellung durch den allgemeinen Säkularisierungsprozeß, durch kunsthandwerkliche Massenproduktion, durch das trivialisierende Reproduktionswesen der Öldrucke und billigen Postkarten, durch den freien Kunstmarkt, der bei weitem profane Werke bevorzugte, behauptete die religiöse Kunst mit Hilfe ihrer Stützung durch Thron und Altar ihre Stellung als „höchste Gattung". Keineswegs waren die religiösen Illusionen breiter Schichten des kaiserzeitlichen Bürgertums erledigt. Die starke Attraktion, die religiöse Stoffe auf (gemäßigte und radikale) *oppositionelle* Künstler wie Gebhardt, Thoma, Trübner, Liebermann, Uhde, Firle, Dettmann, Kalckreuth usw. ausübte, läßt sich durch den wirkungsvollen Mechanismus der „*Umkehrungsaneignung*" erklären.[1379] Indem man die christlichen Themen mit Hilfe moderner sozialer Fragestellungen und progressiver Gestaltungsweisen im Sinne einer zeitgemäßen „Wahrheitsfindung" umdeutete, traf man die traditionelle Malerei in ihrem christlich-religiösen Zentralbereich aufs empfindlichste, nahm ihr sozusagen das Heft aus der Hand, provozierte die Kritik, erregte Aufmerksamkeit, erzielte gar den künstlerischen Durchbruch. Gerade der nicht konfessionell gebundene Max Klinger, dem das Christentum als eine bereits historisch abgetane Zeiterscheinung galt, benutzte christliche Motive in neuartigen, völlig säkularen Bedeutungen. Die Umkehrungsaneignung religiöser Stoffe forderte vom Künstler jene Mischung aus Kämpfer- und Märtyrertum, die Klinger in seiner Radierung von 1884 glorifizierte.

Der vierte Feind des Ritter dieser Radierung ist „Homer". Brieger-Wasservogel schrieb (1902): „Zuletzt Homer als Sinnbild des falsch verstandenen Klassizismus, der seinen Winckelmann studierte und sich für große Künstlerschaft hielt, wenn er nur genau dessen Regeln von 'idealer Schönheit' befolgte."[1380] Kritik am Vorbild der Antike formulierte beispielsweise auch eine Karikatur des *Kladderadatsch* (1892, Abb. 572): einem „vernagelten" Christen, dem Zentrumsabgeordneten Freiherrn von Huene, der die Ansicht vertreten hatte, daß eine wirkliche Kultur nur auf dem Boden des christlichen Glaubens aufbauen könne, zieht Hephaistos den Nagel mit einer riesigen Kneifzange aus dem Kopf, während sich die versammelten Götter, die teilweise den überlieferten Statuen entsprechen, köstlich amüsieren. Hermes ist ein spindeldürrer Geselle mit einer Hakennase, neben ihm wälzt sich der fette Bakchos. Auf der anderen Seite steht der hagere Ares und blickt erheitert durch sein Monokel. Einen umgehängten Leierkasten dreht der lachende Apollo. Durch die Übertreibung in der Schilderung unterschiedlichster Konstitutionen und Charaktere, Verzeichnung antiker Posen und Übersetzung verschiedener Handlungen in Alltagstätigkeiten wird die Diskrepanz zwischen der Wirklichkeit und der idealen antiken Vorstellung vom Menschen verdeutlicht.[1381] Besonders in der zweiten Hälfte des 19. Jahrhunderts verstärkte sich die Kritik am Regelkanon der antikeorientierten Ausbildung der Kunstakademien. Die oppositionellen Künstler der Kaiserzeit strebten danach, ein realistisches, von aller Stilisierung und allem antiken Schönheitszwang befreites Menschenbild zu gewinnen, im Kampf gegen die elitäre Sinnlichkeit der antiken Skulpturen eine wirklichkeitsnahe, kommunikative Sinnlichkeit der Körperdarstellung zu erreichen. Die behandelten Gemälde *Die Kreuzigung Christi* (1888-1890, Abb. 144) und *Christus im Olymp* (1893-1897, Abb. 163) von Max Klinger sind Ausdruck dieses Strebens und Kampfes.

Die Tatsache, daß Klinger die Radierung mit dem gegen die vier hockenden Gestalten antretenden Ritter auch im *Menzelfestblatt* (1884) verwendete, deutet darauf hin, daß er Menzel ebenfalls in der Rolle des mit den Mächten der Tradition kämpfenden Ritters sah, den Menzel der unprätentiösen liberalistischen Darstellung Friedrichs des Großen als „Volkskönig", mithin den Menzel einer innovativen deutschen Historienmalerei, den Menzel der rückhaltlosen Naturbeobachtung, die aller seichten Modernität widersprach, den Menzel der frühen, mit Kritik durchsetzten religiösen

Abb. 572 Karikatur: Die sogenannte Cultur. – Eine olypische Heiterkeit, 1892

Abb. 573 Lovis Corinth: Allegorische Zeichnung zu einem Gedicht von Max Halbe, um 1895

Lithographien und des neuartig realistischen Gemäldes *Der Christusknabe im Tempel* (1851), den Menzel, der sich wie kein anderer deutscher Künstler seiner Zeit vom Zwang der antiken Vorbilder befreite.

Den Künstler als Ritter stellte Lovis Corinth in einer allegorischen Dreiviertelfigurenzeichnung (um 1895, Abb. 573) zu einem Gedicht von Max Halbe zwischen eine dunkelgekleidete alte Frau, die ihm eine Dornenkrone reicht und eine junge unbekleidete Frau mit einem bekränzten Weinglas in der Hand. Das Zeichen der Alten ist ein gezackter Stachelkranz, der nimbusartig ihren Kopf umgibt, das der Jungen ein Nimbus in der Form eines Speichenrades. Das Gedicht Max Halbes, dessen Titel *Dir ist bestimmt* und zwei letzten Zeilen Corinth auf die Zeichnung schrieb, lautet:

„Dir ist bestimmt, zu wandern auf Erden.
Der andern ihr Glück soll deines nicht werden.
Sollst suchen und irren in unsteter Hast,
An reichster Tafel friedloser Gast.

Und wie du auch jagst von Westen nach Osten,
Den Jammer der Welt, du sollst ihn durchkosten,
Und wo du nur irrst in Nord oder Süd,
Dein Kräutlein, dein Kräutlein nirgendwo blüht.

Zu suchen bist du verdammt auf Erden,
Der andern ihr Glück soll deines nicht werden,
Der andern ihr Frieden, dir leiht er nicht Ruh'.
Ein flüchtiger Wanderer, ein Kämpfer bist du."[1382]

Das Gedicht bezog sich möglicherweise direkt auf Corinth[1383], mit dem Halbe seit dem Beginn der neunziger Jahre bekannt war und in München seit 1895 freundschaftlich verkehrte.[1384] Der in den Versen als eine Art ruheloser Ahasver charakterisierte Künstler erscheint in Corinths symbolischer Darstellung als fahrender Ritter, als Kämpfer, der im Sinne Halbes seine Existenz in der Auseinandersetzung mit dem „Jammer der Welt" und als „friedloser Gast an reichster Tafel" bewähren muß; so greift der Künstler-Ritter nach der Märtyrerkrone Christi und wird zugleich von der Göttin des Glückes (Radsymbol), der Liebe und des Lebensgenusses umfaßt. Eine beständige Konfliktsituation ist das Los des Künstlers, der sein „Kräutlein" nirgends zu finden hoffen darf; ihm ist der Frieden der *„andern"*, der ruhigen, satten Bürger, verschlossen. Die Pflanze, die die drei Figuren umschlingt, symbolisiert mit ihrem kahlen dornigen Stengel an der unteren Seite des Bildes und dem gewundenen Blätterteil über den Figurenköpfen die enge Verbundenheit, Zusammengehörigkeit von Leiden und Leben. Die Sakralisierung der Darstellung erfolgt nicht allein durch christliche Symbole (Dornenkrone, aureolenhafte Kopfumrahmungen) sondern auch durch die strenge Komposition und den Hintergrund, der die Struktur eines romanischen Mosaiks andeutet. Wie in der Radierung Klingers von 1884 ist der Künstler-Ritter zugleich als Märtyrer und Kämpfer aufgefaßt, ein emphatisches Sinnbild, das nicht auf den arrivierten, der Tradition und Konvention verpflichteten, sondern auf den oppositionellen Künstler verweist.

Der Künstler des Stiches *Genie (Künstler)* (1900, Abb. 574) von Max Klinger wird wie der Ritter Corinths von einer alten und einer jungen Frau beansprucht; auch hier scheint die Thematik des Herakles am Scheidewege berührt. Obgleich die schöne junge Frau an der Seite des Künstler-Genies diesem das Leben und die Zukunft in herrlichen Farben ausmalt, kann es nicht umhin, sich zu der gefesselten Alten in Lumpen zurückzuwenden, die die angeketteten Hände nach ihm ausstreckt; sie steht am Ende der engen Allee, die das Paar gerade verlassen hat. Der Künstler vermag das Elend der Welt, das die Alte verkörpert, nicht zu ignorieren, sich nicht frei der Lebenslust und Phantasie hinzugeben; er ist eine hamletartige Natur, auf die auch seine schwarze Tracht mit dem engen Umhang hindeutet. Als leidempfindender, die schlechte Wirklichkeit bedenkender Problematiker scheint er den behandelten Märtyrer-Kämpfern verwandt.

Die bedeutungssteigernde Sakralisierung des oppositionellen Künstlers ist in ihrem Bedingungsgefüge erst voll zu erfassen, wenn das Verhältnis des oppositionellen wie auch des angepaßt-arrivierten Künstlers und ihrer Kunst zum bürgerlichen Publikum, mithin allgemein die Stellung des Künstlers und die Funktion seiner Kunst innerhalb der bürgerlichen Gesellschaft berücksichtigt werden. Im Unterschied zur feudalistischen Epoche war die soziale Situation des Künstlers im 19. Jahrhundert prinzipiell durch die Mechanismen des Kunstmarktes bestimmt, der sich im Zuge der Ablösung des Merkantilismus durch die freie Marktwirtschaft herausgebildet hatte. Der Kunstmarkt funktionierte über öffentliche und private Ausstellungen, über ein professionelles Kunsthandels- und Verlagswesen, über die im 19. Jahrhundert in großer Anzahl gegründeten bürgerlichen Kunstvereine und Gesellschaften zur Förderung der Kunst, über persönliche Beziehungen der Künstler zu Auftragge-

Abb. 574 Max Klinger: Genie (Künstler), 1900

bern oder zu Vermittlern von Aufträgen. Als „freier" Produzent war der Künstler in seinen Erfindungen und ideologischen Konzepten *grundsätzlich* ungebunden, jedoch mußte er seine Werke als Waren handeln, mußte mit anderen Künstler-Produzenten konkurrieren, mußte sich den warenwirtschaftlichen Mechanismen von Angebot und Nachfrage fügen, die Risiken eines Unternehmers tragen. Im Prinzip konnte der Künstler überhaupt nicht beliebige Ideen verwirklichen, konnte sich nicht ungehemmt in einer freien Produktion ausleben, sondern mußte den Geschmack und die Nachfrage der Käufer in Rechnung stellen; auf der einen Seite bestand die Gefahr, daß er sich vollkommen den Publikumswünschen und herrschenden Ideologien anpaßte, auf der anderen Seite drohte der Verlust der materiellen Existenz, wenn er rücksichtslos seinen Eingebungen, Überzeugungen folgte und in Widerspruch zu den Interessen der Abnehmer geriet. Konrad Farner umriß in seiner Monographie über Gustave Doré (1962, 1975) den Grundkonflikt des Künstlers im Kapitalismus: „Noch krasser ist die Diskrepanz in der bildenden Kunst der Malerei und Graphik. Auch hier wird die Zweiteilung in Wirklichkeit und Schein im direktesten Sinne offensichtlich. Denn es ist ja gerade der Künstler als Maler und Zeichner, dessen Werk als Gemälde oder Illustration dem aufkommenden Warencharakter aller Werte nicht ausweichen kann und somit dem 'freien Markt', dem Grundgesetz des Kapitalismus ausgeliefert ist wie nur irgendein Produkt dieser Gesellschaft. Freier Markt, das bedeutet jedoch Anhängigkeit als Freiheit in der Konkurrenz, also Freiheit in der Unfreiheit; das bedeutet für den Künstler nichts anderes als Auseinandersetzung oder Einordnung, Elend oder falschen Glanz, das bedeutet Unsicherheit oder fragwürdige Verpflichtung, Protest oder Verrat an sich selber, Kampf oder Flucht."[1385] Wie auch im Markt der Gebrauchs- und Konsumgüter bestand im Kunstmarkt der Anreiz, durch innovative Erfindungen die Konkurrenten zu überflügeln und neue Marktbereiche zu erschließen; doch die Möglichkeiten und Bedingungen für künstlerische Innovationen waren generell wiederum vom Verständnis des Publikums abhängig. Mit Ausnahme des Bildungsbürgertums war die Bourgeoisie, die beständig eine Entfremdung und Verdinglichung der Menschen und Verhältnisse erzeugte, mit ihrem Nützlichkeitsdenken, ihrem Krämergeist, ihrer philisterhaft-beschränkten Lebensrealistik kunstfeindlich eingestellt, verkannte und verstieß das um künstlerische Wahrheit ringende Subjekt. Farner schrieb: „Wie die Epoche wirtschaftlich und sozial eine Zäsur im größten Ausmaß darstellt, wie das Menschliche erstmals einer fast vollständigen Versachlichung anheimfällt, wie der Warencharakter allmählich alle Dinge bekleidet und verkleidet und die Abstraktion des Geldes fast jegliches Denken und Handeln verwertet und entwertet, so zerbröckelt auch der Sinngehalt der geistigen, schöpferischen Arbeit, der Sinngehalt der Kunst. Die Künstler als Wegweiser der Gesellschaft, als Sänger und Künder, als Seher und Deuter, sie verlieren an Gewicht und Ansehen wie noch nie in der bisherigen Geschichte der Kultur: sie leben und schaffen nicht mehr im Zentrum der Gemeinschaft, sondern am Rande des Geschehens, sie werden geduldet und sie dulden, sie entsagen und zerbrechen, sie werden zu Vaganten oder Verbannten, zu Einsiedlern oder Bohemiens; ihr vordem mehr oder weniger öffentliches Schicksal wird zum abseitigen, isolierten, persönlichen Erlebnis."[1386] Die Kunst, die sich die Bourgeoisie allenfalls leistete, sollte entweder dem mit materiellen Werten rechnenden Wirklichkeitssinn schmeicheln oder der bürgerlichen Weltsicht poetischen Glanz verleihen und durch die Macht der Phantasie die Brüche der Alltagsrealität heilen, ihre Widersprüche versöhnen. Allerdings gab es einige, jedoch nicht sehr aufnahmefähige Bereiche und Institutionen, die dem Künstler einen gewissen Schutz vor den Unsicherheiten und Zwängen des Kunstmarktes boten, nämlich das öffentliche Auftragswesen, die Kunstakademien, Kunstgewerbeschulen, Gymnasien usw. mit ihren Lehrämtern und sehr vereinzelt noch ein Mäzenatentum (so vergab beispielsweise der Graf Friedrich von Schack Aufträge zur Herstellung von Kopien und tätigte Ankäufe; Conrad Fiedler unterstützte Hans von Marées bis zu dessen Tode usw.).

Der Zugang zu Staatsaufträgen und staatlich besoldeten Lehrämtern wurde indessen durch kulturpolitische Steuerungen, ideologische Auflagen, den Zwang zur Nutzung von Beziehungen erschwert. Konnte die Zeit der institutionalisierten Ausbildung dem angehenden Künstler noch gewisse Absicherungen bieten, so machten sich die gesellschaftlich bedingten Hindernisse beim Verlassen der Ausbildungsstätten doppelt schmerzlich bemerkbar, für oppositionell eingestellte Künstler wesentlich unvermittelter als für anpassungswillige. Selbst ein finanziell unabhängiger Künstler wie Max Klinger, dem das elterlichen Vermögen Rückhalt gab, konnte sich erst nach jahrzehntelangen Kämpfen auf dem Kunstmarkt und in der öffentlichen Diskussion durchsetzen. Vor dem Hintergrund dieser sozialen und ideologischen Bedingungen im Kapitalismus erscheint die darstellerische Sakralisierung des oppositionellen Künstlers als aufwertende Kompensation seines Außenseitertums, seiner Leiden, Selbstverleugnungen, Kämpfe im Dienste der künstlerischen Wahrheit und Erkenntnis.

Die negativen Auswirkungen der marktwirtschaftlichen Mechanismen traten erstmals in den dreißiger und vierziger Jahren des 19. Jahrhunderts in krasser Form in Erscheinung und wurden kritisch reflektiert. Franz Kugler schrieb in seinem Aufsatz *Ueber den Pauperismus auch in der Kunst* (1845): „Die Noth, von der man es gewohnt war, daß sie leise redete und sich scheu zurückgezogen hielt, ist auf den offenen Markt hervorgetreten und hat ihre Stimme laut erhoben (...). Man hat das Symptom einer drohenden Gefahr erkannt. (...) Auch die Künstlerwelt hat dieser allgemeine Schreck ergriffen. Auch hier entfaltet sich plötzlich das Bild beklemmender, peinlicher, düster drohender Zustände. Es sind mehr der Producenten vorhanden als der Abnehmer; der Bildermarkt ist überfüllt, und nur zu häufig kehren die Arbeiten, die man hoffnungsvoll zur Reise durch die Kunstausstellungen hingab, in das leere Haus des Künstlers zurück. Die Kunstvereine haben eine Masse von Künstlern geschaffen, die ihr Geschäft frischweg auf eigene Rechnung gründeten: dem Privatbedarf an Bildern, je nach dem Geschmack daran und nach den vorhandenen Mitteln zu ihrer Erwerbung, ist jetzt zum größeren Theil Genüge gethan. (...) Man muß Künstler in Arbeit und Noth haben hinsiechen und dahinsterben sehen, um das Alles in seiner nackten Wahrheit empfinden zu können. Es ist dies zwar nicht eben ein Zustand, den die Welt erst heute kennen lernt; Künstlers Erdenwallen ist ein altes Kapitel. Aber so ausgebreitet, so häufig und wegen dieser einfachen Wiederholung so schmerzlich wie heut ist dieser Zustand vielleicht noch nicht dagewesen."[1387] Kugler empfahl zur Abwendung der Misere die Gründung von Unterstützungsvereinen, die Schaffung eines breiten Übergangsbereichs zwischen Kunst und Handwerk, der die Künstler aufnehmen konnte und die Gründung von handwerksmäßigen Künstler-Innungen.[1388] Freilich ließ sich die Zeit im Sinne dieses ständischen, am mittelalterlichen Handwerkszunftwesen orientierten Konzeptes nicht zurückdrehen. –

Die in der Kaiserzeit bis zum Ende der achtziger Jahre wirksame Diskrepanz zwischen dem traditionellen Idealismus (Nazarenertum) und dem Realismus (mit dem Hauptbereich der Genremalerei) war durch gegensätzliche Kunstprinzipien und durch gegensätzliche Ansichten über die Rolle des Künstlers bestimmt. Als Kunststreit ist diese Diskrepanz paradigmatisch im Deutschland der dreißiger und vierziger Jahre faßbar. Die Gegenüberstellung der Gemälde *Triumph der Religion in den Künsten* (1832-1840, Abb. 69) von Friedrich Overbeck und *Atelierszene* (1836, Abb. 575) von Johann Peter Hasenclever verdeutlicht sowohl die Kluft zwischen idealistischer und realistischer Bildgestaltung als auch jene zwischen zwei grundverschiedenen Auffassungen von der Aufgabe und sozialen Stellung des Künstlers. (Das Gemälde Overbecks gehört dem hohen Stil, das Hasenclevers dem niederen Stil an).

In ihrer Arbeit über den Bedeutungswandel christlicher Bildformen im 19. Jahrhundert (1977) behandelte Renate Liebenwein-Krämer Overbecks *Triumph der Religion in den Künsten* mit Recht unter dem Thema „Die Sakralisierung von Kunst und Künstlern im 19. Jahrhundert und ihre Vorstufen".[1389] Die Sakralisierung der Künstler und der Kunst, die das Monumentalgemälde formuliert, besteht jedoch nicht in einer kompensatorischen Pathosformel zugunsten oppositioneller Künstler und ihrer Bestrebungen, sondern in einer Erhöhung jener historischen Künstler und Künste, die sich entsprechend der nazarenischen Auffassung dem Dienste der Religion widmeten. Es sind Künstler des 14. bis 16. Jahrhunderts sowie die katholischen Nazarener Philipp Veit, Peter von Cornelius und Friedrich Overbeck (Selbstbildnis) als Vertreter der „neuerstandenen" christlichen Kunst. Die Neuzeit von der Renaissance bis zur Romantik bleibt als Verfallszeit eines „unkirchlichen Naturalismus" und „paganisierten Christentums" ausgespart[1390]; die unvollendete gotische Kirche am rechten Bildrand bedeutet den durch Renaissance und Reformation unterbrochenen Bau der christlichen Kunst.

Architektur, Bildhauerei, Malerei, Musik und Dichtkunst, in der irdischen Bildzone durch entsprechende historische Schöpferpersönlichkeiten vertreten, sind in der himmlischen Bildzone mit Hilfe sakraler Personifikationen auf den Begriff gebracht: Die das Magnificat verfassende Madonna mit dem Christuskind symbolisiert die Dichtkunst. Räumlich davor knien links, die Harfe haltend, König David, Symbol der Musik und rechts der die Madonna porträtierende Evangelist Lukas, Symbol der Malerei. Hinter David steht König Salomo mit dem Modell des Ehernen Meeres in den Händen und verkörpert die Skulptur, hinter Lukas steht der Evangelist Johannes mit dem Grundriß des himmlischen Jerusalem zu seinen Füßen und symbolisiert die Architektur. Durch diese Art der Versinnbildlichung werden die Künste eng an das Christentum gebunden; ihre Aufgabe besteht darin, die christlichen Gehalte zu veranschaulichen, Gott zu preisen (Magnificat) und das Christentum an die Gläubigen zu vermitteln (Malen der Madonna).

Der Lebensbrunnen in der Mitte der irdischen Bildzone drückt das Wesen der christlichen Kunst aus. Ihre himmli-

Abb. 575 Johann Peter Hasenclever: Atelierszene, 1836

sche Ausstrahlung symbolisiert der aus dem Brunnenkranz aufsteigende Strahl. Das obere gefüllte Becken spiegelt den Himmel, das untere irdische Figuren und Formen; mit Hilfe sinnlich-konkreter Erscheinungsbilder soll die christliche Kunst die religiösen Dogmen zur Anschauung bringen.

Im Sinne des nazarenischen Katholizismus aufgefaßt ist die Verbindung von Künstlern des Südens (Fra Angelico, Mantegna usw.) und des Nordens (Brüder van Eyck, Dürer usw.). Die italienischen Künstler haben insgesamt das Übergewicht. Deutlich hervorgehoben sind Dante und Raffael. Die Ideallandschaft des Hintergrundes vereint italienische und deutsche Elemente. Vorbilder für den *Triumph der Religion in den Künsten* waren Raffaels *Disputà* und Dürers *Allerheiligenbild* (1511).[1391]

Die formalen Mittel, die der Bedeutungssteigerung und Sakralisierung der Darstellung dienen, bestehen in der symbolträchtigen Komposition raffaelischer Idealfiguren, in einer harmonisch ordnenden Symmetrie, einer hierarchischen Betonung der oberen spirituellen Bildzone, in der doppelten Zentrierung um die Madonna mit der großen Engelsgloriole und um den Lebensbrunnen der Kunst und Religion sowie in dem oberen Halbkreisabschluß des Gemäldes. Innerhalb dieses visuellen Systems, das den Ausdruck höchster Würde, Erhabenheit erzeugt, sind die durch Religion und Historie sanktionierten Künstler in überzeitlicher Präsenz versammelt, eine elitäre Gesellschaft genialer Persönlichkeiten, gleichgeordnet durch ihre gemeinsame Beziehung auf das Höchste, auf die Sphäre der christlichen Religion. Die dargestellten Künstlergespräche behandeln die der Religion dienende, durch diese erfüllte Kunst.

Im Unterschied zu Overbecks vielfigurigem, idealistischen Gemälde zeigt die genrehafte *Atelierszene* von Hasenclever sechs zeitgenössische Genremaler in ihrem Atelier des Düsseldorfer Akademiegebäudes. Müller von Königswinter betonte die Lebenswahrheit des Bildes: „(...) namentlich interessirte es aus dem Grunde, weil die darauf dargestellten Persönlichkeiten sehr lebendig und naturgetreu wiedergegeben waren; besonders war dies am Orte selbst der Fall, wo Jedermann bekannte Gesichter aus der Leinwand herauslachen sah. Freilich ist dies Interesse mehr an die Localität und Zeit gebunden, es ist vorzüglich das Porträt, das uns anspricht (...)."[1392] Zur Mittelgruppe der Maler gehört auch die wenig ideale Gestalt des kleinen, verwachsenen Anton Greven, der in karikierter Herrscherpose breitbeinig dasteht, als humorvolle Insignien in der Rechten den ihn fast um das Doppelte überragenden Malstock, in der Linken die erhobene Flasche. Der lange Malstock ist ohne sinnvolle Funktion, denn die einzige Leinwand großen Formats, die sich für ein religiöses oder Historienbild eignen könnte, dient als Wandschirm und Wäscheständer, ihre sichtbare Rückseite wird zum Pinselabstreifen benutzt. Der zepterartig gehaltene Malstock wirkt ähnlich komisch wie der lange Malstock-Speer des gegen den Realisten antretenden Idealisten in Daumiers Karikatur von 1855.[1393] Die Künstler sind nicht wie bei Oberbeck als dem Ewigen zugewandte Geistesgrößen, historisch sanktionierte Schöpfer ad maiorem dei gloriam dargestellt, sondern posenfrei als sich vergnügende und arbeitende Menschen der Gegenwart. Die in Düsseldorf üblichen „blauen Malerkittel"[1394] von Greven, dem die Modellpuppe tragenden Hasenclever und dem rechts sitzenden Wilhelm Heine und das Arbeitszeug des links zeichnenden Otto Grashof deuten auf das Prosaisch-Handwerkliche der künstlerischen Tätigkeit. Die Faltenführung der Kittel folgt im Gegensatz zum idealen Gewandfaltenstil Oberbecks realistisch den Stellungen der Körper und Gliedmaßen. Die Künstler befinden sich nicht wie bei Oberbeck in einem landschaftlichen Idealraum, sondern in ihrem Atelier, das als Arbeitsraum mit Staffeleien und Malgeräten charakterisiert ist. Dieser Raum kann ohne weiteres auch dem gemütlichen Kaffeetrinken und dem Feiern dienen (Carl Engel von der Rabenau begrüßt mit großem Hallo die den Kaffee bringende Akademiedienerin links im Hintergrund). Die Genremaler geben sich im Kontrast zu nazarenischer Würde als dem Spaß und irdischen Freuden zugewandte Bohemiens. Der rittlings auf dem Stuhl mit ausgestreckten Beinen sitzende Heine raucht eine lange Pfeife, paradigmatisches Zeichen bohemienhafter Lebensweise. Besonders unbürgerlich wirkt der räuberhaft bärtige und langhaarige Joseph Wilms, Zentralfigur des Gemäldes, der einen zerbeulten Räuberhut, geöffneten Rock und legere Kniehosen mit offenen Bünden trägt und dessen einer Strumpf heruntergerutscht ist. Der bohemienhafte Künstler tritt hier nicht nur glossenhaft und antiromantisch als „Räuber", als Außenseiter der Gesellschaft auf, wie Irene Markowitz in ihrer Interpretation der *Atelierszene* meint (1969)[1395], sondern auch mit einer gewissen positiven Identifikation, die die Opposition zum idealistischen Akademismus und zur wohlgeordneten Bürgerlichkeit verstärkt. Einen Hinweis auf das Boheme-Dasein der Genremaler gibt auch der am Boden liegende Stadtplan, auf dem das Pfandhaus als wichtiger Punkt markiert ist; das Boheme-Dasein korreliert mit einer ungesicherten, nur gelegentlich durch Verkaufserfolge aufgebesserten, dürftigen ökonomischen Existenz.

Die lockere Gruppierung der Figuren der Atelierszene mit ihren spontan wirkenden, lebendigen Haltungen bilden einen starken Gegensatz zu Overbecks streng geordneter Komposition edler Künstler in traditionell-akademischen Posen. Kein gleichmäßiges Ideallicht durchgeistigt die Gestaltung des Genrebildes; das Licht fällt rechts durch das große Fenster ein und erzeugt dieser Richtung entsprechende Schattenzonen, so daß sich eine wirklichkeitsbezogene Verteilung von Hell und Dunkel ergibt. Im Gegensatz zu akademischen Gepflogenheiten sind drei Hauptfiguren (Hasenclever, Wilms, Heine) getreu ihrer Stellung im Raum von hinten beleuchtet. Durch die realistische Lichtgestaltung erhalten die Figuren und Gegenstände eine stoffliche Modellierung, greifbare Materialität.

In Overbecks *Triumph der Religion in den Künsten* erscheinen die dargestellten Künstler durch den Dienst an der Religion erhöht und sakralisiert. Die idealistische Gestaltungsweise unterstützt den Ausdruck der Wert- und Bedeutungssteigerung, der beeindruckenden Repräsentation und der Sakralität. Die Künstler erfüllen als *große historische Schöpferpersönlichkeiten* eine *Vorbildfunktion* für die Künstler der Gegenwart, indem sie in ihrer Gesamtheit und in ihrem Bezug zur spirituellen oberen Bildzone die „höchsten Ideen" von der Aufgabe der Kunst als einer *christlichen Kunst* verkörpern. Der hohe Anspruch, den das Gemälde hinsichtlich der geistigen Position des christlichen Künstlers formuliert, betrifft auch dessen *soziale* Stellung und zwar nicht allein in dem Sinne einer elitehaften Distanzierung des christlichen Künstlers gegenüber der Gesellschaft sondern auch in einem kulturpolitischen Sinne: In der Darstellung erscheinen der Papast (rechte Bildseite) und der Kaiser (linke Bildseite) als Förderer, Beschützer und Oberherren der christlichen Künste, insbesondere der Architektur und Skulptur (die die Grundlagen für das Wirken der übrigen Künste schaffen). Papst und Kaiser sind als jene von Gott designierten Vertreter irdischer Mächte anzusehen, die die konkreten Aufgaben der hohen christlich-künstlerischen Tätigkeiten festlegen. Die dargestellten christlichen Künstler besitzen einen sozusagen feudalklerikal abgesicherten, offiziösen Status. Overbecks Gestaltung setzt im Grunde den Wunsch nach Restauration eines Ämter- und Mäzenatenwesens für Künstler voraus, das entsprechend dem mittelalterlichen Vorbild vom Kaiser- und Papsttum getragen wird. Diese feudalistische Auffassung berührte sich mit den Vorstellungen der Kulturpolitik in den deutschen Königreichen und Fürstentümern der ersten Hälfte des 19. Jahrhunderts: Aufträge des Staates und der Kirche, Lehrämter als Akademieprofessoren und -direktoren waren überwiegend den *Idealisten* (Nazarenern) vorbehalten, die die „höchsten Gattungen" der religiösen und Historienmalerei vertraten und die Ideologie der herrschenden Klassen in ihrer Kunst unterstützten.

Overbecks *Triumph der Religion in den Künsten* richtete sich gegen die Weltzuwendung der Neuzeit und den „aufklärerischen" Liberalismus des 19. Jahrhunderts, widerstrebte wie das Nazarenertum insgesamt dem Strom der Zeit und konnte deshalb auch nur mit dem Interesse konservativ eingestellter Teile des Bürgertums rechnen. Die Misere der Epoche, wie die Nazarener sie sahen, bestand in einem „Triumph der Welt über die Kirche"; so lautet der Titel einer Zeichnung von Philipp Veit (Abb. 576), die ein modisch gekleidetes, prassendes Liebespaar auf einem Thron im Renaissance-Stil zeigt, an dessen Fuß eine faltenreich gewandete, mit einem Nimbus versehene Frauengestalt zu Boden gesunken ist. Der Vorstellung eines furchtbaren „Triumphes der Welt über die Kirche" entsprach im nazarenischen Sinne die Angstvorstellung eines „Triumphes der weltlichen über die christlichen Kunst". Trotz der offiziellen Unterstützung war die Stellung des Nazarenertums als höchste Form der Bildkunst insbesondere seit den späten dreißiger Jahren keineswegs unumstritten. Overbecks Sakralisierung der Kunst und der Künstler besitzt in ihrer forcierten Einsinnigkeit durchaus Züge einer *sich verteidigenden* Antithese zur realistischen Prosa der bürgerlichen Weltsicht, zur Säkularisierung des Lebens und der Kunst, zur säkularisierenden und nivellierenden Wirkung des Kunstmarktgetriebes.

Gegenüber dem kunsthistorischen Bildungsanspruch, der religiösen Weihe und dem elitären, letztlich feudalklerikal bestimmten Statusanspruch des Nazarenertums vertrat Hasenclevers humorvolles Bild der zeitgenössischen Düsseldorfer Genremaler, die mit dem Akademiebetrieb noch nicht abgeschlossen haben und daher noch keine feste Berufsposition als Künstler besitzen, den Standpunkt der realistischen Genremalerei, deren Vertreter zumeist weder Staatsaufträge noch Amt und Würden erhielten und fast ausschließlich auf den „freien" Kunstmarkt angewiesen waren. Erst nach dem Siegeszug des bürgerlichen Realismus wurden viele Genremaler in den sechziger Jahren und im Zweiten Deutschen Kaiserreich Akademieprofessoren.[1396] Die Durchsetzung illusionistisch-veristischer Gestaltungswei-

Abb. 576 Philipp Veit: Triumph der Welt über die Kirche

sen gerade auch innerhalb der religiösen und Historienmalerei und die allgemeine kulturpolitische Anpassung an diese Entwicklung ließen Overbecks Programm der Sakralisierung der Kunst und Künstler bald obsolet erscheinen. – Zwischen dem Nazarener Peter von Cornelius und dessen selbständigem Schüler und Freund Wilhelm von Kaulbach kam es im Verlauf der vierziger Jahre zu einer Entfremdung, weil Kaulbach sich dem Realismus annäherte.[1397] In einer Federzeichnung (Abb. 577) karikierte Kaulbach 1849 Cornelius als Ritter Sankt Lukas, der, bewaffnet mit einem Paletten-Schild und einer geschulterten Pinsel-Lanze, auf einem geflügelten Stier himmelan strebt; ein Nimbus umgibt den Kopf des „Heiligen", eine Strahlenglorie Reiter und evangelistischen Stier. Am Boden kniet der verdoppelte Cornelius und schwingt vor seinem St.-Lukas-Ich ein Rauchfaß. Rechts bückt sich Kaulbach devot mit überkreuzten Armen und hat Pinsel und Palette zu Boden gelegt. Die satirisch gefaßte Verehrung, Selbstverehrung und Sakralisierung des Cornelius trifft den zeit- und weltfremden Statusanspruch dieses christlichen Künstlers, ja des Nazarenertums überhaupt.

Der oppositionelle Künstler konnte sich im Zweiten Deutschen Kaiserreich als von der Gesellschaft angefeindetes, ausgestoßenes Genie darstellerisch mit dem leidenden Christus identifizieren. In Eduard von Gebhardts Gemälde *Pilatus zeigt Christus dem Volk* (1870-1875, Abb. 278) klingt diese Thematik bereits an: auf einem erhöhten Vorbau duldet der lichtverklärte Christus, der statuarisch in die überhöhende Bogenarchitektur einbezogen ist, mit übermenschli-

Abb. 577 Wilhelm von Kaulbach: Satire auf Cornelius, 1849

cher Ruhe, während unten der expressiv gemalte Pöbel entfesselt gegen den Vorbau brandet. Eine ähnliche Kluft des „großen Einzelnen" (Hamann/Hermand) zur verständnislosen, ihren brutalen Instinkten folgenden „Masse" prägt auch die Darstellung *Golgatha* (1883-1884, Abb. 152) von Mihály Munkácsy und *Kreuzigung Christi* (1892, Abb. 146) von Franz Stuck.[1398] In Max Klingers eingehend behandelter *Kreuzigung Christi* (1888-1890, Abb. 144) stehen dem nackten Gekreuzigten der rechten Bildseite links die Vertreter der Kirche und des Staates gegenüber. Paul Kühn schrieb (1907): „In diesen prachtvoll gestimmten Farben, zu denen sich die feine Empfindung für eine geschlossene, in den Einzelformen sorgfältig durchdachte Gruppe gesellt, erscheint uns mit dem bunten Spiel der Welt zugleich die Wucht und Macht der kompakten Majorität, die 'Welt', die sich mit Grausamkeit, aber Größe des Prinzips gegen die revolutionierende Einzelmacht des Genies durchsetzt; im Gegensatz dazu links zwischen der Mittelgruppe und dem einen Schächer und ganz isoliert der gekreuzigte Christus, allein, mit der weit durchscheinenden Landschaft."[1399] Die Christusfigur charakterisierte Kühn wie folgt: „Aber die Züge sind erfüllt von einem ungeheueren Ernst; in den Augen liegt ein eigentümliches, hellsichtiges Staunen, ein Blick wie aus weiter Ferne, der, ganz erfüllt von einer großen Idee und einer Vision der Zukunft, das unmittelbar Gegenwärtige kaum zu sehen scheint. Und doch liegt neben diesem heimlichen Triumph des Genies noch etwas ganz anderes darin: ein tiefer Schmerz, ein wortloses Mitleid mit den Seinen, mit diesen Menschen vor ihm. (...) Neben dem tiefen, klaren Ernst, der ganz Geist ist, dieser Blick voll Wehmut, der ganz Seele ist; in der ganzen Gestalt aber der Triumph des siegenden Gedankens des großen, schöpferischen Einzelmenschen. Das ist Klingers Christusidee."[1400] Diese Christusidee des schöpferischen Einzelmenschen, der als Märtyrer über die kompakte Majorität triumphiert, bezieht sich auch auf den oppositionellen Künstler. Der Begriff der „kompakten Majorität" stammt übrigens aus dem Drama *Ein Volksfeind* (1883, deutsche Übersetzung im gleichen Jahr) von Henrik Ibsen. Die Hauptperson des Stückes, der Kurarzt Doktor Stockmann entdeckt in dem Kurbad, in dem er arbeitet und lebt, die Verseuchung der Badeanstalt und des Wassers. Bei dem Versuch, die Mißstände aufzuklären, macht sich der Arzt die Nutznießer des Kurgeschäftes und schließlich die Stadtbewohner zu Feinden. Ein „geistig freier, vornehmer Mensch", der für Freiheit, Wahrheit und das menschliche Wohl kämpft, wird zum „Volksfeind". Dennoch bleibt Stockmann seinen Ideen treu: „Sollte ich mich vielleicht in die Flucht schlagen lassen durch irgend so eine Teufelei wie die öffentliche Meinung oder die kompakte Majorität?"[1401] In seiner Monographie über Fritz von Uhde gebrauchte Fritz von Ostini ebenfalls den Begriff der kompakten Majorität, um Uhdes Stellung des modernen Malers gegenüber einem verständnislosen Publikum zu charakterisieren: „In allen Schichten des Publikums macht sich das Bestreben breit, das Neue und Unverstandene mit Schimpf und Spott aus der Welt zu jagen und selten der Wille zu ergründen, was das Neue erstrebt und ist. 'Verrückt!' 'Dalldorf!' 'Scheußlich!' – das sind die Schlagworte, mit welchen das süße Sonntagspublikum eine überraschende Erscheinung in der Kunstausstellung begrüßt, die Verlegenheit des Nichtverstehenden wird zum Haß, zum giftigen Hohn. Nur der Künstler, der Maler, Dichter, Musiker u.s.w. bekommt zu fühlen, was die kompakte Majorität des Publikums für ein Konglomerat von Stumpfsinn und Fühllosigkeit darstellt, nur er weiß, wie sie das, was er aus vollem feurigen Herzen unter Schaffenswehen und Seelennot geboten, mit Undankbarkeit und pöbelhafter Nichtachtung annehmen. Wer verfolgt hat, welches Maß von Unverständnis gerade Fritz von Uhde zuerst bei seinen Deutschen gefunden hat, der ist oft auch in tiefster Seele empört gewesen."[1402]

Die „modernen" Gestaltungen des Leidens Christi mit ihrer schroffen, von der Tradition abweichenden Entgegensetzung des „großen Einzelnen" und der „Herdenmenschen" (Nietzsche) waren durch die Selbsterfahrungen der oppositionellen Künstler als „Kämpfer" und „Märtyrer" in der Auseinandersetzung mit der „kompakten Majorität" bestimmt. Zu unterscheiden sind drei Formen der „kompakten Majorität", der „Pöbel", die „feindlichen Institutionen von Staat und Kirche", das „philisterhafte Publikum". Der „Pöbel" wird in den Volksdarstellungen der genannten Gemälde *Pilatus zeigt Christus dem Volk* von Gebhardt, *Golgatha* von Munkácsy und *Die Kreuzigung Christi* von Stuck thematisiert. Auch Carl Gustav Hellqvists *Sancta simplicitas* (1887, Abb. 107), Sascha Schneiders *Eines tut not* (1894, Abb. 276) und Klingers *Christus im Olymp* (1893-1897, Abb. 163) zeigen „niederen Pöbel".[1403] Die Pöbeldarstellungen drücken den Abscheu des bürgerlichen Intellektuellen (Künstlers) vor den unteren Schichten und Klassen aus, die von bürgerlicher Geistes- und Lebensbildung generell ausgeschlossen waren und deshalb „roh", „kulturlos" erscheinen konnten. Zugleich indizieren die Pöbeldarstellungen die angstgeladene Konfrontation des bürgerlichen Künstlers mit den Massen des Industriezeitalters, das die Individualkultur des Bürgertums zunehmend bedrängte, ja teilweise zerstörte. Die bourgeoise Sicht der Volksmassen drückte paradigmatisch Nietzsche aus, der seinen Haß auf die „Viel-zu-Vielen" mit sozialdarwinistischen Argumenten rechtfertigte, in den Menschen der unteren Schichten und Klassen biologisch minderwertige Individuen mit schlechten Instinkten sah.[1404]

Die „feindlichen Institutionen von Staat und Kirche", die in Klingers *Kreuzigung Christi* von der Gruppe des römischen Hauptmanns, der jüdischen Amtsperson und des hohen jüdischen Geistlichen (des „Kardinals") symbolisiert wurden, unterstützten die traditionell eingestellten Künstler und lehnten die „Moderne" ab. Die klerikalen Angriffe auf Klingers *Kreuzigung* bestätigten erneut den Konservatismus der christlichen Ästhetik. Der Obrigkeitsstaat unter Wilhelm I. und Wilhelm II. förderte eine Malerei, die dem Glanz des Herrscherhauses, dem Ruhme des Zweiten Deutschen Kaiserreiches und der Ehre der christlichen Religion zu Diensten war. Die Aufträge von Kaiserbildnissen als Geschenke oder Stiftungen mehrten sich. In einer illusionistisch-veristisch verflachten Nachfolge Menzels wurden auf Anregung und Bestellung Kaiser Wilhelms II. die Taten Friedrichs des Großen und anderer Hohenzollern zumeist auf dem Schlachtfeld verherrlicht.[1405] Die Historienmalerei mit Themen zur mittelalterlichen Kaiser- und Ritterzeit erlebte eine „Blüte"; erinnert sei nur an die Ausmalung des Kaisersaales der Goslarer Kaiserpfalz durch den Düsseldorfer Akademieprofessor Hermann Wislicenus 1879-1897 und die Gemälde des Kasseler Akademieprofessors Hermann Knackfuß für Wilhelm II. (neunziger Jahre).[1406] Museen, Universitäten, Gymnasien, Rathäuser und andere öffentliche Gebäude erhielten einen allegorischen, mythologischen oder historischen Wandbildschmuck im Stil des illusionistischen Verismus und „Akademismus".[1407] Die Geschichte des Zweiten Deutschen Kaiserreiches hielt Anton von Werner zugleich repräsentativ und akribisch fest, beispielsweise in dem Gemälde zur Kaiserproklamation in Versailles (1875-1877, Abb. 173), das als Stiftung der regierenden deutschen Fürsten, der freien Städte, der Prinzen, der Kronprinzessin Victoria und der Großherzogin von Baden an Kaiser Wilhelm I. geschenkt wurde[1408] und in dem Gemälde zur ersten Reichstagseröffnung nach dem Regierungsantritt Wilhelms II. (1893 vollendet, Abb. 504), das als Auftrag des Kaisers entstand. Die Produktion reichspatriotischer Bilder nahm zu. Die Förderung des Kirchenbaus und der künstlerischen Ausstattung der neuerrichteten Kirchen verstärkte sich unter dem „persönlichen Regiment" Wilhelms II. erheblich, nachdem 1888 der „Evangelisch kirchliche Hilfsverein" durch Initiative des Kronprinzen und späteren Kaisers gegründet worden war.[1409] Richard Muther schrieb in seinem Aufsatz *Wilhelm II. und die Kunst* (1914): „Für Thron und Altar, das ist viele Jahrhunderte lang die Devise der Kunst gewesen. Wilhelm II. glaubt nun die Konsequenzen der Geschichte zu ziehen, wenn er die Kunst ebenfalls in den Dienst religiöser und staatserhaltender Gedanken stellt. 'Ich will, daß meinem Volke die Religion erhalten bleibe.' 'Auch den unteren Ständen muß die Möglichkeit gegeben werden, nach harter Mühe und Arbeit sich an den Idealen wiederaufzurichten.' Daher die Fülle von Kirchen, die er allerorten erbaut, die Menge von Statuen, die er überall aufstellt, die Masse von Geschichtsbüchern, die er überall stiftet."[1410] Die moderne Kunst des oppositionellen Naturalismus, Impressionismus, Neuidealismus, die nach Muther „ihr unerschöpfliches Tätigkeitsfeld jenseits von Kirche und Royalismus"[1411] fand, wurde von Wilhelm II. offen bekämpft, da sie sich „in Grenzenlosigkeit, Schrankenlosigkeit, Selbstüberhebung" von dem „Gesetz der Schönheit und Harmonie, die jedes Menschen Brust fühlt", losgelöst und vielfach weiter nichts getan habe, „als das Elend noch scheußlicher hinzustellen, wie es schon ist". Das kaiserliche Wort von der Kunst, „die in den Rinnstein niedersteige", bezog sich auf den oppositionellen Naturalismus.[1412] Den Freilichtmalern versprach Wil-

Abb. 578 Max Klinger: Kreuzigung, 1878

helm II. ein „hartes Leben", er werde sie „unter seiner Knute halten".¹⁴¹³ Der ästhetische Konservatismus der Kulturpolitik und der Kirchen im Zweiten Deutschen Kaiserreich trug zur Entfremdung des Publikums von der modernen Kunst bei.

Die „kompakte Majorität" des „philisterhaften Publikums" (Ostini), der sich der oppositionelle Künstler gegenübersah, bestand aus mehr oder weniger kunstverständigen Laien, die den Auffassungen der traditionellen Ästhetik folgten, von den Diskussionen der künstlerischen Avantgarde erst im nachhinein, niemals aus erster Hand und nur in entstellter Form erfuhren und sich in ihrer Meinungsbildung von der offiziellen Kulturpolitik leiten ließen. Richard Wagner führte das Philistertum des „modernen" Kunstpublikums auf gesellschaftliche Wandlungen zurück, die er in seiner Schrift *Oper und Drama* (1851) umriß: „Dieser Adel, in seiner Stellung nirgends angefochten, Nichts wissend von der Plage des Knechteslebens, das seine Stellung ihm ermöglichte, dem industriellen Erwerbsgeist des bürgerlichen Lebens sich gänzlich fernhaltend, heiter in seinen Palästen und muthig auf den Schlachtfeldern dahinlebend, hatte Auge und Ohr zur Wahrnehmung des Anmuthigen, Schönen, und selbst charakteristischen, Energischen geübt; (...) Der Beherrscher des öffentlichen Kunstgeschmackes ist nun aber Derjenige geworden, der die Künstler jetzt so bezahlt, wie der Adel sie sonst belohnt hatte; der für sein Geld sich das Kunstwerk bestellt, und die Variation des von ihm beliebten Thema's einzig als das Neue haben will, durchaus aber kein neues Thema selbst, – dieser Beherrscher und Besteller ist – der *Philister*. Wie dieser Philister die herzloseste und feigste Geburt unserer Civilisation ist, so ist er der eigenwilligste, grausamste und schmutzigste Kunstbrotgeber. Wohl ist ihm Alles recht, nur verbietet er Alles, was ihn daran erinnern könnte, daß er *Mensch* sein solle, – sowohl nach der Seite der Schönheit, als nach der des Muthes hin: er *will* feig und gemein sein, und diesem Willen hat sich die Kunst zu fügen, – sonst, wie gesagt, ist ihm Alles recht."¹⁴¹⁴ Wagner scheint den Bourgeois des 19. Jahrhunderts im Auge zu haben, dessen prosaisch-beschränkter Wirklichkeitssinn ihm den verständnisvollen Blick auf neuartige ästhetische Problematiken, oppositionelle Gestaltungsweisen, auf eine tieferschürfende künstlerische Auseinandersetzung mit der menschlichen Existenz verstellt.

Die Federzeichnung *Kreuzigung* (1878, Abb. 578) von Max Klinger, siebtes Blatt der Folge *Ratschläge zu einer Konkurrenz über das Thema Christus*¹⁴¹⁵, zeigt das „leidende Genie" (Paul Kühn), das am Kreuzstamm von zwei auf Leitern stehenden Henkersknechten über die „kompakte" Menge emporgezogen wird; der dunkel getuschte Hintergrund hebt die Isolation Christi hervor und verstärkt den Eindruck der Zusammendrängung des Volks. Drohend gereckte Fäuste, Spott, Schaulust, Zank, schreiende und er-

Abb. 579 Otto Greiner: Golgatha, 1900

Abb. 580 Albert Weisgerber: Kreuzigung, 1909

Abb. 581 James Ensor: Der Einzug Christi in Brüssel, 1898

schreckte Kinder, eingekeilte Soldaten, ein Mann, der eine Frau von hinten umfaßt, kennzeichnen das Gewoge. Rechts überragen drei reglose römische Offiziere zu Pferde das „Volkspack", auf das sie mit Verachtung niederstarren.

Otto Greiner hob in seiner Lithographie *Golgatha* (1900, Abb. 579) den gekreuzigten „großen Einzelnen" weit über die Menge und das kulissenhafte Jerusalem hinaus.[1416] Jesus ist ganz als Mensch aufgefaßt und nicht mit dem üblichen Lendentuch bekleidet. Links schwingt der Tod seine Sense, rechts triumphiert Satan. Im Vordergrund belustigt sich die Soldateska mit widerspenstigen oder willigen Frauen; nur ein nackter Henkersknecht mit geschulterter Lanze blickt zum Gekreuzigten. Dahinter drängt sich das Volk, spottet, diskutiert, reckt erregt und drohend Hände und Fäuste.

Auch das expressionistische Ölgemälde *Kreuzigung* (1909, Abb. 580) von Albert Weisgerber zeigt eine Konfrontation des einsamen, völlig nackten Gekreuzigten mit der schaulustigen, teils drohenden, teils spottenden Menge. An der linken Bildseite stützt Johannes die zusammensinkende Maria. Rechts ist ein Mann vorgetreten, der die Hände ausstreckt und mit den Worten des Matthäus-Evangeliums zu höhnen scheint: „Der du den Tempel Gottes zerbrichst und baust ihn in drei Tagen, hilf dir selber! Bist du Gottes Sohn, so steig herab vom Kreuz!" (27, 40). Das Thema des leidenden Genies wird in dieser Darstellung allerdings durch spezifisch religiöse Züge überlagert: der Nimbus kennzeichnet Christus als Sohn Gottes, das durch die Wolken brechende Licht symbolisiert die Verbindung zur jenseitigen Sphäre, und die Vordergrundgruppe von Maria und Johannes stärkt den christlich-ikonographischen Bezug zur Darstellungstradition.

Über die expressionistische, kolorierte Radierung *Der Einzug Christi in Brüssel* (1898, Abb. 581) von James Ensor schrieb Siegmar Holsten in seinem Buch *Das Bild des Künstlers. Selbstdarstellungen* (1978): „Im späten 19. Jahrhundert benutzt der verkannte *James Ensor* den Schimpf des Irren als Waffe: Der aus der bürgerlichen Welt Ausgestoßene wehrt sich, indem er seine Mitmenschen zu Narren erklärt und sich selbst als verspotteten Christus überhöht. Das biblische Thema des 'Einzugs Christi in Jerusalem' münzt er als sarkastische Anklage um in den Einzug des heiligen Ensor in seine Vaterstadt Brüssel. Ensor, dem – anders als Menzel – öffentliche Anerkennung zeitlebens versagt blieb, bäumt sich auf, indem er die verständnislosen Zeitgenossen zu gaffenden, blöde verzerrten Masken, zu einem Karnevalszug der Idiotie karikiert. Kaum bitterer kann die Rache eines künstlerischen Außenseiters ausfallen, der sich als verklärten Ruhepol in den Strudel des Narrentanzes seiner Mitwelt stellt."[1417] In einem Ölgemälde von 1891 (Abb. 582) hatte sich Ensor als gegeißelten und dornengekrönten Christus zwischen zwei Schergen-Kunstkritikern dargestellt.

Das mit modernsten expressiven Abstraktionen gestaltete Ölgemälde *Golgatha* (1900, Abb. 583) des auch im Deutschland der Kaiserzeit heftig umstrittenen Edvard Munch zeigte fast in der Bildmitte einen nackten Gekreuzigten, der weit über eine „kompakte Majorität" von spottenden, zweifelnden, gleichgültigen, grimassierenden, selber einsamen Masken und leeren Köpfen hinausragt. Arme recken sich erregt und drohend zum Christus-Genie auf. Die Diskrepanz zwischen dem isolierten Dulder und der Menge wirkt durch die vereinfachenden Abstraktionen besonders kraß.

Mögen auch Selbstzweifel dem arrivierten Künstler nicht erspart bleiben, so spiegeln sie bei dem nach Anerkennung strebenden, oppositionellen Künstler die grundsätzliche Unsicherheit seiner materiellen und psychischen Situation, drücken die inneren Spannungen aus, die das kämpferische Festhalten an den als wahr erkannten ästhetischen Ideen und das Leiden an den Zurückweisungen der Institutionen, der Kollegen, des Publikums, der Gesellschaft erzeugen. Als Zweifelnden porträtierte sich 1878 der damals noch wenig bekannte und erfolgreiche, zumeist negativ kritisierte Hans

Abb. 582 James Ensor: „Ecce homo" oder „Christus und die Kritiker", 1891

Abb. 583 Edvard Munch: Golgatha, 1900

Abb. 584 Hans Thoma: Christus und Nikodemus, 1878

Thoma in dem Ölgemälde *Christus und Nikodemus* (Abb. 584).[1418] Dem verzagten Nikodemus-Thoma, der den Kopf senkt, die Brauen zusammenzieht, grüblerisch seinen Bart krault, sich wie abweisend zurücklehnt und die Rechte unzufrieden auf dem Tisch zur Faust ballt, sitzt teilnehmend Christus gegenüber und redet ihm mit erhobener Hand zu. Der Fensterausblick in die nächtliche Öde symbolisiert die Verdüsterung des Künstlers. Es ist sozusagen nur der Heiland selber übrig, um Nikodemus-Thoma im Glauben an sich, seine Kunst und die Religion zu bestärken. Cornelius Gurlitt schilderte in seinem Buch über die deutsche Kunst des 19. Jahrhunderts (1899) am Beispiel eines Ausstellungserlebnisses die Situation des Künstlers am Ende der siebziger Jahre: „Vor zwanzig Jahren etwa ging ich einmal durch die akademische Ausstellung zu Dresden und sah dort seine *Flucht nach Ägypten*. Das Bild hatte einen erbärmlichen Platz, so daß ich mich bei einem Mitglied der Hängekommission beklagte. Es war das ein Schüler Schillings, des Schülers Hähnels, des Schülers der Antike, also kein Sohn, sondern ein Ururenkel der Natur. Ich kam übel bei ihm an, denn das Bild war nur aus Mitleid zur Ausstellung angenommen worden. Von Thoma sei ja bekannt, daß er nur Häßliches malen könne oder gar malen wolle. Und wirklich: ich hätte nur in den Ausstellungsberichten nachzulesen brauchen, die Thomas Bilder besprachen, wenn solche wirklich angenommen wurden. Es erging ihm überall erbärmlich; das Urteil war, ausgenommen einem solchen von 1879 von Gustav Flörke, ganz einstimmig. In Karlsruhe traten einmal zahlreiche Kunstfreunde zusammen zu einer Eingabe an den Kunstverein, dieser solle in Zukunft Thoma das Ausstellen verbieten. Er erregte Abscheu, er ärgerte die Menschen wirklich mit seinen Arbeiten. Die Künstler dachten kaum anders."[1419] Thomas Gemälde *Christus und Nikodemus* zeigte allerdings auch Momente des Vertrauens, der Hoffnung: Weinlaub als Symbol des Lebens rankt an beiden Seiten des Fensters empor; von oben scheinen göttliche Strahlen herab und heiligen das Gespräch; die Darstellung des beistandleistenden Christus deutet bereits den Keim der neuen Hoffnung an. Der tief im christlichen Glauben wurzelnde Thoma hatte sich 1877 glücklich verheiratet und zusammen mit seiner Mutter und Schwester im Dezember 1877 in Frankfurt am Main einen bescheidenen Hausstand gegründet. Rückhalt besaß der Künstler auch bei dem mit ihm befreundeten Maler Wilhelm Steinhausen, der ebenfalls in Frankfurt lebte und bei einem kleinen Kreis von Freunden und Gönnern.[1420]

Die besonderen gesellschaftlichen und ideologischen Bedingungen der Kunstproduktion und -rezeption im Zweiten Deutschen Kaiserreich, gekennzeichnet durch die Kunstmarkt-„Freiheit" der Künstler, durch die generelle Kunstfeindlichkeit der bürgerlichen Gesellschaft und durch den ästhetischen Konservatismus des größten Teils der Kunstkritik, des Publikums und der Kulturpolitik, ließen auch die „moderne" Bearbeitung des traditionsreichen Themas

Abb. 586 Arnold Böcklin: Selbstbildnis im Atelier, 1893

Abb. 585 Arnold Böcklin: Selbstbildnis mit fiedelndem Tod, 1872

„Konfrontation des Künstlers mit dem Tod"[1421], das die künstlerische Existenz und Tätigkeit auf eine radikale Weise problematisierte, in einem neuen Licht erscheinen. So kann der Knochenmann in Arnold Böcklins *Selbstbildnis mit fiedelndem Tod* (1872, Abb. 585) nicht als christliches Vanitas-Symbol aufgefaßt werden, das auf das ewige Leben verweist, sondern er verkörpert einen höhnischen Gegenspieler und veranschaulicht auch jene Kräfte, die das Wirken des oppositionellen Künstlers stören, gefährden können. Heinrich Wölfflin verglich das *Selbstbildnis mit fiedelndem Tod* auf der Baseler Böcklinausstellung von 1897 mit dem *Selbstbildnis im Atelier* (1893, Abb. 586), das den nunmehr berühmten Künstler, „der sich durchgesetzt hat", in repräsentativer Pose vor der Staffelei darstellt, und sah im frühen Selbstporträt einen Ausdruck „der Zeit des Ringens".[1422] In der Tat zeigt das *Selbstbildnis mit fiedelndem Tod* (1872) keine ungebrochene Situation selbstgewissen Schaffens; Böcklins Hand mit dem nur locker gefaßten Pinsel hält auf dem Weg von der Palette zum Bild inne; der Künstler stockt, zweifelt, grübelt, horcht auf den schrillen Ton der einzelnen G-Saite, die der grinsende Verneiner des Seins streicht. Die weit geöffneten Augen Böcklins spiegeln das Bewußtsein letzter Fragen, das Erschauern vor dem Nichts. Dieses Moment radikalen Infragestellens ermöglicht jedoch eine besonders tiefgründige künstlerische Inspiration. Im Unterschied zum *Selbstbildnis im Atelier* (1893), das den arrivierten, extravagant gekleideten Künstler vor einem repräsentativen Ateliervorhang und vor einer Leinwand darstellt, auf der ein sicher skizziertes Selbstporträt entsteht, umgibt den mit einer schlichten dunklen Jacke bekleideten Böcklin des *Selbstbildnisses mit fiedelndem Tod* (1872) ein unbestimmtes, isolierendes Dunkel. Hier ist der Künstler auf sich selbst zurückgeworfen, muß unter dem Druck des Anspruchs, etwas Bedeutendes, Erfolgreiches zu leisten, die Phantasie bis zum Äußersten anspannen, kann nicht von der Basis einer gesicherten materiellen Existenz und einer Rückhalt bietenden Berühmtheit ausgehen; die geistige Anstrengung veranschaulicht die extreme Lichtvergeistigung der Stirn. Gleichwohl ist die Selbstinszenierung des Künstlers als Genie mit ihrem pathetischen Anspruch deutlich. Zwischen dem frühen und dem späten Selbstporträt steht das *Selbstbildnis mit Weinglas* (1885, Abb. 587), das eine etwas gekünstelte, herrscherlich-repräsentative Pose des sich selber zutrinkenden Künstlers zeigt, jedoch den inneres Ringen ausdrückenden Licht-Schatten-Kontrast des Gesichtes aus dem *Selbstbildnis mit fiedeldem Tod* (1872) übernimmt.

Möglicherweise von Böcklin beeinflußt ist das *Selbstbildnis mit Amor und Tod* (1875, Abb. 588) von Hans Thoma.[1423] Ein prüfendes, unsicheres Fragen, ja beinahe ein Erschrecken spiegelt das dem Betrachter zugewandte Gesicht; die hochgezogene Schulter und die erhobene Hand mit dem waagerecht gehaltenen Pinsel wirken wie Gesten des Schutzes, der Abwehr. Der mit einem Lorbeerkranz bekrönte Tod hinter dem Künstler deutet auf den erst nach dem Lebensende zu erwartenden Ruhm. Doch Thoma wird von Amor gestreichelt und getröstet; der Künstler hatte zur Zeit der Entstehung des Gemäldes seine spätere Frau Cella kennengelernt.

Die durchdringende Selbsterforschung des oppositionellen Künstlers drückt das *Selbstbildnis mit Skelett* (1896, Abb. 589) von Lovis Corinth aus. Das an einem Hakenge-

Abb. 587 Arnold Böcklin: Selbstbildnis mit Weinglas, 1885

Abb. 588 Hans Thoma: Selbstbildnis mit Amor und Tod, 1875

stell aufgehängte Modellskelett erfüllt keine Symbolfunktion wie die Todes-Figuren Böcklins und Thomas, sondern es läßt durch die Kontrastwirkung die vitale Energie eines Genußmenschen und robusten Kämpfers, aber auch eines scharfen analytischen Beobachters, der Konventionen zu druchbrechen, Illusionen zu zerstören vermag, noch deutlicher hervortreten. – Die Tradition dieses Bildtypus wurde von Adolf Hildebrand in seinem *Selbstbildnis mit Tod* (1930, Abb. 590) fortgesetzt.

Eine kompensatorische Heiligung und zugleich Heroisierung des auf sich selbst zurückgeworfenen oppositionellen Künstlers veranschaulicht das Gemälde *Der Drachentöter* (1880, Abb. 591) von Hans von Marées, das aus Anlaß eines Zerwürfnisses mit Conrad Fiedler, dem Mäzen des Künstlers, entstand.[1424] Der heilige Ritter Georg, der von einem Schimmel herab den Drachen mit einer riesigen Lanze ersticht, ist ein Selbstbildnis von Marées. Der Künstler erscheint hier als siegreicher ritterlicher Held, nicht jedoch zugleich als Märtyrer wie in Klingers Radierung *Der Ritter mit dem flammenden Kreuz-Kopf gegen Historia, Modernitas, Pictura sacra, Homer* (1884, Abb. 562) oder in Lovis Corinths *Allegorischer Zeichnung zu einem Gedicht von Max Halbe* (um 1895, Abb. 573). Der Drache verkörpert die Widrigkeiten, mit denen der ohne äußeren Erfolg und trotz seines Schülerkreises einsam in Rom arbeitende Marées zu kämpfen hatte; im extremen Gegensatz zur herrschenden Historien- und Genremalerei des illusionistischen Verismus und „Akademismus" schuf der Künstler seine neuhumanistischen Visionen eines goldenen Zeitalters, die sich einem verfremdenden System „moderner" Abstraktionen entrangen (Fleckauflösung, Formverzeichnungen und -zerstörungen, Flächigkeit, trüb-schmutzige Farben). Wenn im Drachentöter-Bild ein selbstsicherer Ritter Marées hoch zu Roß den klein und kaum gefährlich wirkenden Drachen ohne größere Kraftanstrenung und in stolzer Haltung erledigt, so

Abb. 589 Lovis Corinth: Selbstbildnis mit Skelett, 1896

Abb. 590 Adolf Hildenbrand: Selbstbildnis mit Tod, 1930

Abb. 591 Hans von Marées: Der Drachentöter, 1880

scheinen die realen, „äußeren" Verhältnisse ins Gegenteil verkehrt: der oppositionelle Künstler triumphiert uneingeschränkt aufgrund seiner genialen Gestaltungskraft und der inneren Wahrheit seiner Kunst als „Heiliger" über die Ignoranz seiner Epoche. Die dargestellte Siegessituation mag in ihrer forcierten Eindeutigkeit allerdings einen Zug von Ironie enthalten.[1425]

Formale und Ausdrucksübereinstimmungen bestehen vielfach zwischen Künstlerselbstbildnissen und den Darstellungen von Propheten- und Christusköpfen. Verbindende inhaltliche Momente bilden die Macht der überragenden Persönlichkeit, die außergewöhnliche Inspiration, die mystische Schöpferkraft, die Einsamkeit des Genies. – Als urwüchsigen „Charakter" zeigte Wilhelm Steinhausen in einer Radierung von 1903 Johannes den Täufer, den Vorläufer Christi (Abb. 592). Der gewaltige Kopf des „Rufers in der Wüste" mit wildem Haar und Bart überragt eine Felslandschaft. Der Künstler erläuterte selber die Darstellung: „Denken Sie an Friedrich Naumanns Andacht: 'Ein Charakter', wo es heißt: 'In der Wüste ist niemand, der ihn loben könnte, der ihm schaden kann. Bedürfnislos verlangt er keine Menschengunst. Er lebt bei dem Getier des Gefildes, zwischen den rötlichen Steinen der Einöde, unter dem weiten, endlosen Himmel, an dem die Lichter Gottes ihre Bahnen ziehen. In solcher Umgebung wird er nicht fein, nicht gebildet, nicht abgeschliffen und glatt poliert, er ist wie einer von den harten, gewaltigen Felsblöcken, die wie einsame Riesen auf dem Felde liegen, ein Mensch, der geistig und körperlich nur in freier Luft lebt, ein Charakter, um dessentwillen sich die Straßen von Jerusalem bis in die Schluchten am toten Meer beleben.'"[1426] Weniger dramatisch ist der *Christus* (vor 1910, Abb. 593) von Emil Seifert gestaltet, ebenfalls jedoch als „einsamer Riese", der weit über ein brandendes Meer in den hellen Himmel ragt. Der edle, dunkelhaarige und dunkelbärtige Kopf mit der klassischen Nase, dessen tiefliegende große Augen ernst empor und in die Weite blicken, über alles Irdische hinaus, wird vom Licht vergeistigt. Das weiße Gewand der bis zum Oberkörper sichtbaren Figur öffnet sich über der Brust. Wie Steinhausens „Johannes" vermag sich diese eindrucksvolle Persönlichkeit in der Einsamkeit der elementaren Natur zu behaupten und nimmt deren ursprüngliche Kraft in sich auf. Diesem Christus fehlt der Nimbus als sakrales Zeichen der Gottsohnschaft, und die Christusauffassung von Emil Seifert mag sich mit der Renans berühren, dessen 1863 erstmals publiziertes, erfolgreiches Buch *Das Leben Jesu* 1892 erneut in deutscher Übersetzung erschien. Ernest Renan sah in Christus ein Genie, das alle positiven Eigenschaften des Menschseins in sich vereint und alle gesellschaftlichen Beschränktheiten zurückläßt: „Die Predigten Jesu, sein freies Wirken in Galiläa treten aus unseren gewohnten socialen Verhältnissen nicht minder heraus. Unbehindert von unserer konventionellen Höflichkeit, frei von einer einförmigen Erziehung, wie sie uns wohl verfeinert, aber auch unsere Individualität so sehr abschwächt, bekundeten die großen Geister eine erstaunliche Energie in ihrem Wirken. Sie erscheinen uns als Riesen eines heroischen Zeitalters, das in Wirklichkeit nie existiert hat. Welch ein Irrtum! Diese Menschen waren unsere Brüder, sie hatten unseren Wuchs, fühlten, dachten wie wir. Aber bei ihnen war der Odem Gottes frei; bei uns liegt er in den ehernen Fesseln einer kleinlichen Gesellschaft und ist zur unverbesserlichen

Abb. 592 Wilhelm Steinhausen: Johannes der Täufer, 1903
Abb. 593 Emil Seifert: Christus

Mittelmäßigkeit verurteilt."[1427] An einer anderen Stelle faßte Renan zusammen: „Die Menschheit zeigt in ihrer Ganzheit ein Gemenge niedriger, egoistischer Wesen, die dem Tiere nur darin überlegen sind, daß ihr Egoismus ein bedachter ist. Doch mitten dieser gleichartigen Gemeinheit ragen Säulen gegen den Himmel und bezeugen eine edlere Bestimmung. Jesus ist die höchste dieser Säulen, die dem Menschen zeigen, woher er kommt, wohin er streben soll. In ihm ist alles ver-

Abb. 594 Wilhelm Steinhausen: Selbstbilddnis

Abb. 595 Leo Samberger: Jesus Christus, 1896

dichtet, was es in der Natur an Gutem und Großem giebt."[1428] Insbesondere der Wesenszug des Naturhaft-Ursprünglichen, des Abstandes zu einer bildenden, verfeinernden, glatt polierenden Zivilisation und kleinlich-egoistischen Gesellschaft verbindet das Christus-Genie Renans mit dem von Emil Seifert und auch mit dem Johannes-Genie Steinhausens, das der Künstler selber mit den Worten Friedrich Naumanns in diesem Sinne charakterisierte. Ähnlich wie die Johannes-Figur der Radierung und der Christus von Seifert stellte sich Wilhelm Steinhausen fern aller menschlichen Gesellschaft in einem vor 1904 entstandenen *Selbstbildnis* (Abb. 594) dar. Einsam ragen Oberkörper und Kopf des Künstlers über die ebenfalls einsame, fast karge Landschaft. Das charaktervolle Antlitz prägen ein durchdringender Blick unter hohen, wenig geschwungenen Brauen, eine markante Bogennase, deren Ansatz eine tiefe Falte teilt, ein breiter, im Bart verborgener Mund. Die Bedeutung der Persönlichkeit wird durch den breitkrempigen runden Hut und großen, offenen Mantelkragen repräsentativ betont. Ein festes Insichruhen drücken die übereinandergelegten Hände aus. Der forschende, suggestiv auf den Betrachter gerichtete Blick erhöht die Distanz des „großen Einzelnen" (Hamann/ Hermand). Bedeutungssteigernde Einsamkeit, Herrschaft über die Natur und zugleich Verbundenheit mit ihrer elementaren Kraft, eine starke Persönlichkeit zeigt ein anderes Selbstbildnis Steinhausens, das den Künstler vor einem See darstellt (*Selbstbildnis vor einem See*, 1908).[1429]

Mit Hilfe der Lichtgestaltung kann die Geistigkeit, Dämonie, Genialität der Christus-, Künstler- und Prophetenköpfe besonders hervorgehoben sein. Das klassische Profil des *Jesus Christus* (1896, Abb. 595) von Leo Samberger scheint durch die psychische Energie im weit umgebenden Dunkel zu leuchten und die Wand zu bestrahlen. Aus der tiefen, verschatteten Augenhöhle schimmert suggestiv das Auge. Den Eindruck durchdringender Geisteskraft ruft zusammen mit der Helligkeit des Gesichtes die Reduktion auf klare Grundformen hervor (Parallelität der Nasen- und der steilen Stirnlinie, horizontale Parallele der Braue und unteren Nasenbegrenzung, Dreieck von fallendem Haar und Bartansatz, gleichlaufende Linie des Schnurrbartansatzes und fallenden Haars).

Im monumentalen halbfigurigen *Selbstbildnis* (1883, Abb. 596) von Hans von Marées wird durch die Lichtführung der Blick auf das Gesicht und die den Pinsel haltende Rechte konzentriert. Die größte Helligkeit strahlt die sehr hohe Stirn aus, gleichsam als Sitz des schöpferischen Bewußtseins. Die dunklen Augen unter den geraden, dulderisch zusammengezogenen Brauen spiegeln die unergründliche Fassungskraft einer großen Seele. Eine außergewöhnliche Willensenergie beherrscht die fast starren Züge, drückt sich in der markanten Stirn, der harten, langen Nasenlinie und dem festen Mund aus. Die den Pinsel haltende Hand erscheint unschärfer, sie ist nur das ausführende Organ des Geistes. Die aufrechte Haltung der Figur wirkt heroisch und betont die Distanz des Künstler-Genies zum Betrachter. Der Sinn jener Lichtführung, die mit einer starken Helligkeitskonzentration arbeitet und die *geistige* Person aus der umgebenden Dunkelheit bedeutungssteigernd heraushebt, liegt darin, daß die absolute Autonomie des „großen Einzelnen" eindringlich bewußt werden soll. Diese Lichtführung bestimmt auch die Gemälde *Der Prophet Jeremias* (1888, Abb. 597) und *Selbstporträt* (1899, Abb. 598) von Leo Samberger. Der Jeremias stützt sich mit der Linken auf einen Tisch und greift mit der Rechten nachdenklich in seinen Bart. Der hell beleuchte-

Abb. 597 Leo Samberger: Der Prophet Jeremias, 1888

Abb. 598 Leo Samberger: Selbstporträt, 1899

Abb. 599 Leo Samberger: Bildnis des Dichters Stefan George, 1915

Abb. 600 Max Klinger: Selbstporträt, 1909

Abbildung linke Seite
Abb. 596 Hans von Marées: Selbstbildnis, 1883

Abb. 601 Max Slevogt: Selbstbildnis, um 1916

Abb. 602 Ludwig Meidner: Selbstbilnis mit Rohrfeder, 1920

te, etwas nach vorn geneigte, mächtige Schädel mit dem ehrwürdigen Kranz weißen Haars deutet auf überragende kognitive Fähigkeiten. Den zusammengezogenen Brauen des Propheten gleichen jene des Künstlers im *Selbstporträt*. Mit stechend-energievollem Blick fixiert die Samberger-Figur den Betrachter. Repräsentativ wirken der über dem Haar nach hinten geschobene Künstlerhut und der weite Umhang mit dem großen Kragen: auf der Brustwölbung glänzt das Hemd. Wie beim „Jeremias" schafft ein auratischer Lichtschimmer eine Atmosphäre des Dämonischen. Lichtvergeistigung, Auratisierung und der Ausdruck eines konzentrierten inneren Schöpfertums kennzeichnen auch das *Bildnis des Dichters Stefan George* (1915, Abb. 599) ebenfalls von Samberger. Gleichsam aus dem Licht der weißen Fläche wächst der Genie-Kopf Klingers im radierten *Selbstporträt* des Künstlers von 1909 (Abb. 600). Die Umrahmungslinie wird oben „aufgesprengt". Der suggestive Blick durch die „Intelligenzbrille" drückt Tiefgründigkeit und Energie aus. Besonders einprägsam zeigen das gemalte *Selbstbildnis* (um 1916, Abb. 601) von Max Slevogt und das gestochene *Selbstbildnis mit Rohrfeder* (1920, Abb. 602) von Ludwig Meidner eine expressive Mimik des Leidens, Kampfes und der außergewöhnlichen psychischen Kraft.

Unter dem Aspekt eines sehr hohen menschlichen und ästhetischen Anspruches parallelisierte Karl May (1906) symbolisch die Lebensstationen des Künstlers mit denen Christi: „Er geht, wie Jesus, der Knabe, in den Tempel, um das Allerheiligste, was es gibt, auf sich einwirken zu lassen, und er wird dann in die Wüste des sinnlichen Lebens geführt, um versucht zu werden. Er erlebt an seinem eignen See Genezareth, der tief in ihm verborgen liegt, die Wunder Christi an der Menschheitsseele und hört in sich die ernsten Stimmen klingen, die vom heiligen 'Berg der Predigt' stammen. Er hat als Künstler sein Jerusalem, wo er ein trügerisches 'Hosianna' findet, und dann gewißlich auch sein Golgatha, wo die Erhöhung Qual und Tod bedeutet. Und hat man ihn gemartert, bis der Vorhang in ihm reißt, so kommt das Grab, das allbekannte Künstler- und Dichtergrab, worin er verfaulen und verwesen soll, obgleich er als Mensch, als Sonderwesen noch weiterlebt. Doch, wenn Gott will, gibt es ein Auferstehn und dann die Himmelfahrt zum Himmel Gottes in der Brust des Menschen. Bei diesem In-sich-selbst-Erleben des christlichen Weihnachts-und Erlösergedankens ist es leider nicht jedem Künstler gegeben, sich bis zur Auferstehung oder gar noch weiter durchzuringen. Der eine bleibt an diesem und der andre an jenem Haltepunkt stehn und kommt nicht weiter, weil seine Kraft erlahmt. Manche bleiben als Kinder im Tempel: sie kommen gar nicht ins Leben und in den Kampf hinaus. Manche überdauern die Versuchung nicht, der sie bald erliegen. Noch andre gehen am 'Hosianna' zugrunde: sie wollen die Kunst beherrschen anstatt ihr zu dienen, und werden totgelobt. Viele gelangen nicht ans Kreuz; sie weichen schon vor Pilatus und vor Kaiphas zurück. Und die am Kreuz sterben, indem sie sich vom Haß, vom Neid, von der Mißgunst überwinden lassen, denen ist der Ruf 'Es ist vollbracht!' versagt, weil sie wohl begonnen, nicht aber vollendet haben. Von den wenigen aber, die ihr Golgatha überdauern, indem sie vom Tod wieder auferstehen, vor denen liegt noch der letzte, höchste Schritt, der übrigbleibt: die Himmelfahrt."[1430] Karl May läßt nur den überdurchschnittlichen Künstler gelten, das Genie, das christushaft die höchste Stufe der inneren „Himmelfahrt" erreicht.

Drei Momente der bildkünstlerischen „Phänomenologie des Genies", die sich aus der Analyse der behandelten Darstellungen von Christus-, Propheten- und Künstlerköpfen ergibt, sind zusammenfassend zu unterscheiden. Erstens verweist die *elementare, einsame Naturlandschaft*, vor der das geniale Individuum in vielen Bildern emporragt, auf dessen Distanz zur Zivilisation mit ihrem Verlust an Unmittelbarkeit, ihren Verfeinerungen, kräfteverschleißenden Komplikationen, aber auch Glättungen, Nivellierungen der Persönlichkeit; entsprechend werden die Ursprünglichkeit, Naturnähe, urwüchsige Schöpferkraft des Genies ebenso suggeriert wie durch das kontraststarke Emporragen seine Macht über die Natur. Die Einsamkeit des Genies vor der Landschaft symbolisiert seine Härte, Bedürfnislosigkeit, seine Absage an den verweichlichenden Luxus, zugleich seine kraftvolle Selbständigkeit, seine Unabhängigkeit von der Gesellschaft mit ihren Konventionen. Auch die im vierten Kapitel behandelten ganzfigurigen Darstellungen des neuidealistisch-einsamen Heilands zeigen diese Übermenschen-Autonomie.[1431] Wegen ihrer mythischen Gegenwarts- und Realitätsferne ist die Christusfigur besonders geeignet, in einem Feuerbachschen Sinne Idealvorstellungen des autonomen „großen Einzelnen" auf sich zu konzentrieren. Doch die Einsamkeit in der elementaren Natur symbolisiert auch das Außenseitertum des Genies, seine schmerzliche Loslösung aus allen „normalen" Tätigkeits- und Kommunikationsverhältnissen.[1432] Besonders deutlich thematisiert wird dieses Leiden an der Einsamkeit in der Lithographie *Des Menschen Sohn* (1898, Abb. 603) von Wilhelm Steinhausen: dargestellt ist der heimatlose Christus in der Wildnis, der keine eigene Behausung besitzt: „Die Füchse haben Gruben, und die Vögel unter dem Himmel haben Nester; aber des Menschen Sohn hat nicht, da er sein Haupt hinlege." (Matth. 8, 20). Sowohl den heroischen als auch den Leidens-Aspekt der Einsamkeit vereint das Bildwerk *Der neue Tag* (vor 1913, Abb. 604) des Stuttgarter Malers Ferdinand Zix; Christus schreitet einen kahlen Abhang der Felswüste hinab und begrüßt mit zum Himmel erhobenem Gesicht und ausgestreckten, zusammengelegten Händen in „verzweiflungsvoller Dankbarkeit" den Morgen des „neuen Tages".

Zweitens romantisiert die *Lichtgestaltung* die dargestellten Christus-, Propheten- und Künstlerköpfe, entrückt sie gleichsam in eine höhere Sphäre dämonischer Freiheit, die nichts mit der Zweckrationalität des Alltagslebens gemein hat. Das die Stirn vergeistigende Licht drückt die außergewöhnlichen kognitiven Fähigkeiten des Genies aus. Häufig schimmern die dunklen Augen aus den verschatteten Augenhöhlen, spiegeln geheimnisvoll die schöpferische Innenwelt und bekunden zugleich eine suggestive psychische Macht. Durch die Lichtführung, die die Figur aus der umgebenden Dunkelheit absondert, wird die Autonomie des „großen Geistes" betont.

Drittens veranschaulichen die *Physiognomie und Mimik* eine außergewöhnliche Kraft der Persönlichkeit. Besonders edle oder markante Züge dienen dem Ausdruck eines hohen Menschentums und einer ausgeprägten Individualität, die

Abb. 603 Wilhelm Steinhausen: Des Menschen Sohn, 1898

Abb. 604 Ferdinad Zix: Der neue Tag

das Genie im Sinne Renans heroisch aus der kleinlich-egoistischen Gesellschaft herausheben. Das Zusammenziehen der Brauen und die Anspannung der Gesichtszüge verweisen auf innere Konflikte, Leiden, ein tiefes Erleben von Extremsituationen, auf den Schmerz des Außenseitertums.

Die Genieauffassung, die diesen drei Momenten der bildkünstlerischen „Phänomenologie des Genies" entspricht, läßt vier Wesensbestimmungen des „großen Einzelnen" erkennen, nämlich eine besondere geistige (kognitive) Kraft, die Fähigkeit eines komplexen Erlebens, das starke innere Spannungen und tiefes Leiden zu bewältigen vermag, ein hohes Maß an Originalität und eine große Eigenständigkeit, Unabhängigkeit (Autonomie) gegenüber der Gesellschaft. Das Genie besitzt mithin ein überdurchschnittliches „Format" der Persönlichkeit und hebt sich weit aus dem „Durchschnittsmenschentum" der „Viel-zu-Vielen" (Nietzsche) heraus.[1433] Diese Genieaufassung wurzelt letztlich in der Vorstellungswelt des bürgerlichen Liberalismus: das Genie ist eine potenzierte Form des freien, schöpferischen Individuums, das sich möglichst unbehelligt von gesellschaftlichen und staatlichen Einflüssen bildet und in vielfältigen Tätigkeiten zwanglos selbst verwirklicht.[1434] Freilich verwies bereits Hegel die Vorstellung einer autonomen Persönlichkeit, die sich ohne Schranken auslebt und selber Gesetze erschafft, in ein „heroisches Zeitalter", durch Jahrhunderte getrennt von der modernen Gesellschaft mit ihren einengenden Gesetzen, Verordnungen, Vorschriften und der Prosa ihrer arbeitsteilig spezialisierten Alltagsverrichtungen. Der bürgerlich-liberalistische Geniebegriff konnte sich vor allen Dingen im Bereich der religiösen und Historienmalerei behaupten, die die „höchsten Gegenstände der Kunst" behandelten und deren Vertreter bis zum Ende des neunzehnten Jahrhunderts zu höchsten gesellschaftlichen und staatlichen Ehren aufstiegen. Relativiert wurde der bürgerlich-liberalistische Geniebegriff durch die Genremalerei, die ihre Gegenstände aus dem Alltagsleben der Bauern, Fischer, Handwerker, Kleinbürger bezog; im Gegensatz zu den religiösen und Historienmalern verringerten die Genremaler die Distanz ihres künstlerischen Lebens und Arbeitens zum Leben und Arbeiten des „Volkes", sie beharrten nicht auf einem Status „heiligster und höchster Künstlerschaft", sondern sie neigten zu einer tendenziell demokratischen Auffassung ihres Berufes. Im Vormärz stellten sich sogar einige Genremaler auf die Seite der unteren Schichten und Klassen („socialistische Tendenzmalerei"). Im Zweiten Deutschen Kaiserreich wenden sich die oppositionellen Naturalisten gegen die gründerzeitlich-großbürgerliche und aristokratisierende Genieattitüde der Piloty, Makart, Ferdinand Keller, Hermann Prell usw. Wenn der naturalistische Künstler danach strebte, die „objektive Realität" unbelastet durch den Bildungsaufwand eines mythologischen, historischen und religionsgeschichtlichen Wissens in ihrer unverfälschten „Naturwahrheit" zu erfassen, so mußte die Phantasie hinter der Analyse gegebener Erscheinungen, das schöpferische Subjekt hinter dem zu behandelnden Gegenstand zurückstehen. Selbst das System der antitraditionellen Abstraktionen, das der oppositionelle Naturalist handhabte, mußte dem Ausdruck strenger „Wirklichkeitstreue" dienen. Und wenn der naturalistische Künstler die Lebenswirklichkeit von Menschen der unteren Schichten und Klassen behandelte, so durfte er den direkten Beobachtungs-, ja Kommunikationskontakt mit dieser proletarischen Welt nicht scheuen, konnte sich keineswegs als „autonomes Schöpfersubjekt" distanzieren. Da insbesondere die literarischen Naturalisten unter dem Einfluß des mechanisch-materialistischen Denkens der zeitgenössischen Naturwissenschaften standen, begriffen sie den Menschen als ein durch Milieu, Vererbung und andere naturwissenschaftliche Faktoren determiniertes Wesen; sie versuchten bei der künstlerischen Arbeit streng wissenschaftlich vorzugehen und den subjektiven Faktor so gering wie möglich zu halten. Auch die religiösen oppositionellen Naturalisten folgten dem künstlerischen Prinzip einer möglichst nüchternen, „objektiven Naturwahrheit", behandelten jedoch die „soziale Frage" unter christlich-ethischen Gesichtspunkten und verwendeten eine „mystische Christusfigur" (van Gogh), die sich indessen durch ihre Schlichtheit, Ärmlichkeit stark von dem idealen Heiland der Nazarener unterschied. Das *Genie* der oppositionellen Naturalisten drückte sich weder in „genialen Erfindungen" und Phantasiereichtum aus, noch in einem elitären Künstlerkult, sondern im entschiedenen Widerspruch zur herrschenden Kunst des traditionellen Idealismus und vor allen Dingen des illusionistischen Verismus und „Akademismus". – Freilich konzentrierten sich in der naturalistischen, christlich-sozialen Heilandsfigur *bürgerliche Illusionen* der Klassenversöhnung, und der oftmals als ländlicher Volksprediger dargestellte Jesus wandelte sich in keinem einzigen Bildwerk zum sozialdemokratischen Agitator; der Gegensatz zwischen den letztlich obrigkeitstreuen Kirchen und der Sozialdemokratie blieb im Zweiten Deutschen Kaiserreich bestehen. So zeigt beispielsweise die Farblithographie *Der Social-Demokrat kommt!* (1892, Abb. 605) aus der Zeitschrift *Der wahre Jacob* einen sozialdemokratischen Versammlungsredner, der auf einem Dorf den Kirchenpredigern – katholischen Pfarrern – den Rang abläuft. – Es gab nicht einen einzigen Maler des religiösen oder profanen oppositionellen Naturalismus, der sich der Sozialdemokratie angenähert hätte. –

Die neuidealistische Wende mit ihrer Absage an soziale Themen und realistische Gestaltungsweisen, an jede Art „heteronomer" Wirklichkeitsorientierung des Künstlers betonte die Rechte des schöpferischen Subjektes, ließ allein die inneren Erlebnisse, Phantasien, mystischen und religiösen Gefühle gelten, die Innenwelt des Bewußtseins, die sich einer transzendenten geistigen Realität öffnen konnte. Nunmehr erschien der Künstler als auserwähltes Wesen, das sich aufgrund seiner Erfindungs- und Gestaltungskraft, seiner kognitiven und imaginativen Fähigkeiten, seines Erlebnisreichtums, seiner Leidensfähigkeit über das Durchschnittsmenschentum der „Herdenmenschen" erhob. Als sensitiver Seelenforscher, begnadeter Seher und Künder spiritueller Wahrheiten stand das autonome Künstler-Genie weit über der bürgerlich-kapitalistischen Gesellschaft mit ihrem „äußerlichen" zweckrationalen Verwertungsdenken und weit über der „grauen Masse". Die starken Abstraktionen der neuidealistischen Formalgestaltung waren Ausdruck der Herrschaft des schöpferischen Subjektes über die Wirklichkeit, des Geistes über die Natur und Ausdruck der schwindelnden Entfernung des Übermenschen von der „gemeinen Alltagsrealität". Durch die Esoterik und Hermetik des Symbolismus und die elitären Verfeinerungen des Ästhetizismus wurde diese Entfernung noch bekräftigt. In der neuidealistischen Genievorstellung erschien der ursprüngliche Persön-

Abb. 605 Der Sozial-Demokrat kommt!, 1892

lichkeits- und Freiheitsbegriff des Liberalismus dämonisiert, mystifiziert, aristokratisiert. Während der naturalistische (proletarische) Jesus, der die Nähe des „Volkes" suchte und sich kommunikativ unter die „Armen und Elenden" mischte, das Streben des oppositionellen Malers nach Erkenntnis der Lebenswirklichkeit unterer Schichten und Klassen spiegeln konnte, offenbarte das neuidealistische Christus-Genie, das seine göttliche Autorität betonte und dem Betrachter als elitäres, aus allen realen Verhältnissen losgelöstes Seelenvorbild gegenübertrat, den Eskapismus des oppositionellen Künstlers, seine ideologische Annäherung an die „höhere" Welt des im Zweiten Deutschen Kaiserreich weithin mächtigen, mit der Großbourgeoisie paktierenden Adels.

Freilich barg die neuidealistische Genie-Vorstellung genug *Illusionen*: sie verschleierte die Kunstmarkt-Abhängigkeit der Künstler, die generelle Kunstfeindlichkeit der bürgerlichen Gesellschaft, die Leiden der avantgardistischen Opposition, den allgemein sinkenden gesellschaftlichen Status der Künstler durch die „Marginalisierung" des Bildungsbürgertums, die Probleme der Relativierung der Malerei durch die Konkurrenz anderer und neuartiger Medien.

Grundsätzliche Kritik am bürgerlichen Künstler- und Geniebegriff ist im Rahmen dieser Untersuchung nicht zu leisten, doch soviel sei bemerkt: Ein subjektivistischer Schöpferkult, eine elitäre Distanzierung des Künstlers von der sinnlich wahrnehmbaren Erscheinungswelt und von der ge-

Abb. 606 Otto Greiner: Ein mit Heiligenschein bekrönter toter Maler im Atelier, 1888

sellschaftlichen Wirklichkeit können innerhalb der klassenlosen Gesellschaft vermieden werden, wenn der Künstler stets auf die konkrete sinnliche Realitätsbeobachtung zurückkommt und wenn er sich in parteilichem Engagement ständig mit den unterschiedlichsten Bevölkerungsgruppen austauscht; auf diese Weise vermag er seine sinnlichen Wahrnehmungsfähigkeiten im Training zu halten und gesellschaftliche Widersprüche sowie historische Entwicklungen zu erkennen und kritisch zu kommentieren.

Abschließend sei auf Darstellungen eingegangen, die die Figur des Künstlers mit Hilfe eines Heiligenscheins sakralisieren. Satirisch behandelte Otto Greiner in einer Malerei aus seinem ersten Münchener Studienjahr 1888 das „tragische Geschick" eines armen Malers, der im Atelier an Entkräftung gestorben ist: *Pahl ist tot, doch starb er für die Kunst* (Abb. 606). Der in seinem Sessel liegende Tote, dessen fromm überkreuzte Beine auf einem Hocker ausgestreckt sind, hält die Hände über der Brust gefaltet; sein dulderisches Kunst-Martyrium des Verhungerns und Verdurstens – (ein geleerter Bierkrug steht neben der Palette auf dem Arbeitstisch) – ist durch einen perspektivischen Reifennimbus geheiligt, der das Künstlerhaupt krönt. Diese Darstellung verweist auf die Misere des „unbekannten Genies", das an seiner Berufung trotz aller Mißerfolge festhält und eher stirbt, als daß es zu Konzessionen auf dem Kunstmarkt bereit wäre. Dagegen geht die Kunst des „Verkannten Genies", wie es eine Illustration der Zeitschrift *Gartenlaube* zeigte (1888, Abb. 607), nach Brot: Ein Maler arbeitet an der Figur eines fetten Schweines für ein Wirthausschild, während er selber kaum etwas zu brechen, zu beißen und zu trinken hat; die „Magenfrage" steht im Mittelpunkt seiner „Kunst". Folgende Bildwerke seien noch angeführt, um das Problem des „unbekannten Genies" zu verdeutlichen: Das *Selbstbildnis im Atelier* (1873, Abb. 608) von Ferdinand Hodler stellt den

Abb. 607 Christian Wilhelm Allers: Ein verkanntes Genie, 1888

Abb. 608 Ferdinand Hodler: Selbstbildnis im Atelier, 1873

Abb. 609 Ferdinand Hodler: Der Studierende, 1874

jungen Maler in ärmlichen Verhältnissen dar, wie er sich bei der Arbeit vor der Staffelei mit einem Schluck Wein und einem Bissen trockenen Brots zu stärken sucht. Das Selbstporträt *Der Studierende* (1874, Abb. 609) ebenfalls von Hodler zeigt den Künstler beim ernsten, „heiligen" Schwur, mit dem er der Malerei Treue und allen materiellen Widrigkeiten, ideellen Krisen und Anfeindungen zu trotzen gelobt. Den Zustand zornig-kämpferischer Verzweiflung, den der mittellose oppositionelle Künstler durchstehen muß, drückt Hodlers Selbstbildnis *Der Zornige* (1881, Abb. 610) aus. Einen ähnlich extremen Gesichtsausdruck zeigen ein frühes Selbstbildnis Wilhelm von Kaulbachs (1828, Abb. 611) und zwei Selbstporträts des jungen Gustave Courbet (Abb. 612, 613), des bedeutenden französischen Realisten, der sich entschieden gegen die traditionelle religiöse und Historienmalerei seines Landes wandte. Courbet wurde als Heiliger und Märtyrer der „Wahrheit" karikiert: seinen Kopf umgibt in einer Zeichnung ein perspektivischer Reifennimbus (Abb. 614), in einer anderen ein Heiligenschein aus „Wahrheitspinseln" (Abb. 615). Von seinem Kollegen Albert Muschweck wurde Carl Johann Becker-Gundahl um 1886 mit einer ironischen Spitze als meditierender „Heiliger" mit Nimbus porträtiert (Abb. 616) Der Heiligenschein mochte einerseits

Abb. 610 Ferdinand Hodler: Der Zornige, 1881

Abb. 612 Gustave Courbet: Der Verzweifelte, um 1843

Abb. 611 Wilhelm von Kaulbach: Selbstbildnis, 1828

Abb. 613 Gustave Courbet: Der Verzweifelte oder Der vor Angst Wahnsinnige. Selbstbildnis, um 1843-1845

Abb. 614 Nadar: St. Courbet, Maler und Märtyrer, 1857

Abb. 616 Albert Muschweck: Carl Johann Becker-Gundahl mit Heiligenschein, um 1886

Abb. 617 Ludwig Herterich/Franz von Stuck: Preen übernimmt das Gut Osternberg, 1888

Abb. 615 Randon: Der Meister. Nur die Wahrheit ist schön, die Wahrheit allein ist liebenswert, 1867

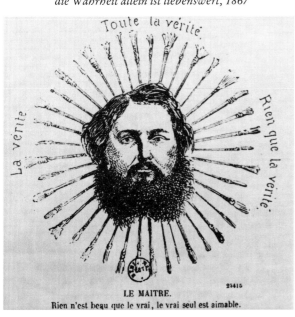

auf Becker-Gundahls Neigungen zur religiösen Malerei deuten, zum anderen auf den künstlerischen Ernst dieses oppositionellen Malers, der lange Zeit unter Armut litt und unter schwierigsten Bedingungen lernen und arbeiten mußte.[1435] – Ludwig Herterich und Franz Stuck stellten in einer Karikatur aus dem Jahr 1888 (Abb. 617) den Maler und Gutsbesitzer Hugo von Preen als bäuerischen Reiter dar, der die Zügel eines Ackergauls hält und in der Rechten eine riesige Mistforke schwingt; den Kopf des reitenden Malers umgibt eine unregelmäßige Strahlenaura. Preen sammelte seit etwa 1877 Studienfreunde der Münchener Akademie auf dem Osternberger Gut bei Braunau am Inn um sich und unterstützte dort verschiedene Kollegen, unter ihnen auch Becker-Gundahl. Die Aura bezieht sich möglicherweise ironisch auf das „heilige Mäzenatentum" Preens, der um 1888 die Bewirtschaftung des Gutes für etwa sieben Jahre selber übernahm und damit seine Verbundenheit mit dem inzwischen entstandenen Osternberger Künstlerkreis noch festigte; die Zeichnung Herterichs und Stucks entstand aus Anlaß der „Gutsübernahme" durch Preen.[1436] Den neuidealistischen Stilkünstler Carl Strathmann, der auch religiöse Themen behandelte, karikierte der robuste Vitalist Lovis Corinth auf einer Postkarte (1896, Abb. 618) als asketisch-strengen Heiligen mit doppeltem Nimbus und wünschte ihm: „Hol Dich der Deiwel!" Corinth titulierte sich selbst als „Sankt Heinrich"

Abb. 618 Lovis Corinth: Auch Affenthaler, 1896

und zeichnete sich, wie er mit einem Glas „Affenthaler" und der Flasche Strathmann zuprostete („Prost Carl!"). Diese Karikaturen zeigen, daß der Heiligenschein nicht nur in pathetischer sondern auch in ironisch-satirischer Ausdrucksabsicht von den oppositionellen Künstlern verwendet wurde.

7. Ideologie und sozialer Bezug von Stillagen

Die Bestimmung der Stillagen von Bildwerken, beispielsweise die Bestimmung einer religiösen Genredarstellung als stillagenniedrig oder eines nazarenischen Passionsgemäldes als stillagenhoch, setzt einerseits eine Analyse des ästhetischen Baus der entsprechenden Bildwerke, ihrer „Stil"-Eigenarten voraus, zum anderen ein *„wertanalytisches"* Charakterisieren der unterschiedlichen Gestaltungssysteme; es ist zu prüfen, ob diese sich an (historisch bedingten) ästhetischen Hoch- oder Niederwerten orientieren und ob der schichten- und klassenspezifische Sozialisierungsbezug der von ihnen getragenen Ideologien eher nach „oben" oder nach „unten" tendiert. Im Folgenden seien zunächst Gestaltungsprinzipien und ästhetische Wertkategorien näher untersucht, die die Stillagen generell bedingen; sodann sei ein Abriß der entgegengesetzten Stillagen des hohen und des niederen Stils insbesondere hinsichtlich der christlichen Malerei versucht; abschließend sei auf die Relativierung des traditionellen Gattungs- und Stillagengefüges im malereihistorischen Entwicklungsprozeß während des Zweiten Deutschen Kaiserreiches eingegangen und auf das Problem der stillagenmäßigen Einschätzung neuidealistischer Gestaltungen.

Stillagenhöhen hängen von dem *Grad der Ikonizität* gegenständlicher Darstellungsdetails und von der Art und Weise der sie bestimmenden Abstraktionen ab. – Mit Hilfe einer feinen Glättung, die alle unschönen Oberflächenstrukturen und -texturen, störenden Formunregelmäßigkeiten austilgt, kann die dicht modellierende Schattierung „idealisiert" werden. Diese *Glättungsabstraktion* kann sich mit einer Steigerung der Formenprägnanz und Veredelung, Harmonisierung der Proportionen verbinden, mit einer *Formenidealisierung* also. Die Formenidealisierung des 19. Jahrhunderts greift zumeist auf historische Gestaltungsweisen zurück. Glättungsabstraktion und Formenidealisierung als elementare Abstraktionsweisen der ikonischen Sichtdarstellung erzeugen im Sinne der traditionellen Ästhetik des 19. Jahrhunderts eine an höchsten ästhetischen Formideen ausgerichtete *„Optimierung"* gegenständlicher Formen; die „Prosa" einer „bloßen Reproduktion" zufälliger und sogar häßlicher Einzelphänomene der sinnlichen Realität scheint zurückgelassen. Durch die idealisierende Verminderung der ikonischen „Wirklichkeitstreue" (Ikonizität) mit Hilfe der Glättungsabstraktion und Formenidealisierung wird der Eindruck synästhetisch-haptischer „Greifbarkeit" der Gestaltungsdetails reduziert; die Schattierung wird vereinfacht, die Formenkomplexität insgesamt zurückgenommen; eine ästhetisch-rationale „Schönheits"-Kontrolle durchdringt in gewisser Weise sinnlich restriktiv die Darstellung.

Im Gegensatz zur Glättungsabstraktion vergröbert die informelle Fleckauflösung die ikonischen Texturen und Strukturen oder setzt eine neuartige informelle Struktur an ihre Stelle; die gesamte Formgestaltung wird unschärfer, deprägnanter. Eine deutlich hervortretende informelle Fleckauflösung erzeugt im Sinne der traditionellen Ästhetik des 19. Jahrhunderts eine minderwertige Unfertigkeit, bloße Skizzenhaftigkeit der Darstellung und betont durch ihre Zerstörung der Formenklarheit den Ausdruck prosaischer Zufälligkeit, häßlicher Irregularität und Unordnung. Allerdings vermag eine nicht zu grobe informelle Fleckauflösung, die die modellierende Schattierung und damit die darstellerische Räumlichkeit der Körper nicht zu stark beeinträchtigt, den Eindruck synästhetisch-haptischer „Greifbarkeit" der gegenständlichen Formen, ihrer stofflichen Präsenz zu verstärken.

Der traditionell-ästhetischen „Optimierung" der Formen durch Glättungsabstraktionen und Formenidealisierung entspricht eine „Optimierung" der Farben und der Komposition: In diesem Sinne herrschen klare, harmonisch abstimmte Farben vor; grelle oder schmutzige Farben und unvermittelte Kontraste treten nicht auf; innerhalb des szenischen Helldunkels werden leuchtende Hauptfarben durch ein Umfeld gebrochener Töne hervorgehoben. Die Komposition ist durch prägnante Anordnungsrichtungen der gegenständlichen Darstellungsdetails gegliedert; abwechslungsreiche und schön geordnete Gruppen erfüllen die Bildszene; harte Spannungen sind ausgeschlossen; häufig beherrschen Symmetrien oder symmetrieartige Entsprechungen die Gestaltung. Die „Optimierung" der Formen, Farben und Komposition wird als *„sinnliche Idealisierung"* bezeichnet. Dem traditionell-ästhetischen Hochwertsystem der sinnlichen Idealisierung verwandt ist das der *„ästhetischen Kultivierung"*; diese umfaßt ein gesteigertes Veredeln, Differenzieren, Verfeinern der formalästhetischen Details und Beziehungen. Ein weiteres ästhetisches Hochwertsystem ist das der *„Vergeistigung"*. Bereits durch die sinnliche Idealisierung und ästhetische Kultivierung wird die „Materialität" der gegenständlichen Gestaltungsdetails zurückgenommen. Diese ästhetisch vergeistigende Tendenz verstärkt sich, wenn der Grad der Abstraktion zunimmt. In dieser Hinsicht sind folgende Arten starker Abstraktionen anzuführen: Die Formen der gegenständlichen Darstellungsdetails nähern sich geometrischen und stereometrischen Grundformen an (Typisierung). Ähnlich werden die kompositorischen Beziehungen der Gestaltung auf einfachste geometrische und stereometrische Prinzipien zurückgeführt, oder sie werden ornamentalisiert. Auch die ikonischen Details können ornamentale Formen annehmen. Das szenische Helldunkel löst sich zugunsten einer klaren, gleichmäßig kräftigen Lokalfarbigkeit auf, sodaß eine ideale Helligkeit die Darstellung bestimmt. Die illusionistische Räumlichkeit wird auf einen Flachraum reduziert oder verschwindet gänzlich zugunsten eines abstrakten Demonstrationsraums, der keinerlei ikonische Raumverhältnisse mehr veranschaulicht sondern nur noch symbolische Beziehungen und Bedeutungen enthält. Phantastische Abstraktionen können auftreten. Schließlich kann die modellierende Schattierung zugunsten einer rein flächigen ikonischen und phantastischen Darstellung aufgehoben sein; die innerhalb der reinen Flächengestaltung noch verbliebene Ikonizität kann durch weitere Abstraktionen bis auf einen „Erinnerungsrest" getilgt werden. Auch eine starke Vergröberung der Fleckauflösung erzeugt extreme Abstraktionen, da die groben Flecken die Gesamtformen der gegenständlichen Darstellungsdetails beeinträchtigen, die Schattierungsmodellierung stark verunklären und die illusionistische Raumwirkung stark vermindern. Freilich gibt es nicht allein die Möglichkeit informeller Fleckauflösungsabstraktionen durch Fleckstrukturen, sondern die ikonischen Formen können auch aus ornamental angeordneten informellen oder formscharfen Partikeln zusammengesetzt sein; dabei kann die modellierende Schattierung durchaus bestehen bleiben. Durch die starken Abstraktionen wird eine „Entkörperlichung" der ikonischen Darstellungsdetails bewirkt, eine starke Verminderung ihrer haptisch-sinnlichen Qualitäten, ihrer konkreten Anschaulichkeit, eine verfremdende Betonung ihres bloßen Zeichencharakters und ihres formalästhetischen Baus (Formalisierung). Diese Wirkung der starken Abstraktionen, die als ästhetische Vergeistigung zu bezeichnen ist, fördert ausdrucksmäßig beispielsweise jene Bedeutungsgehalte des traditionellen Idealismus und des Neuidealismus, die ein Primat des Geistes vor der Materie intendieren, einen erkenntnistheoretischen Idealismus. – Freilich bleibt das Gestaltungssystem des traditionellen Idealismus grundsätzlich an einen höheren Grad der Konkretion gebunden als das des Neuidealismus. So vermag der traditionelle Idealismus nicht das Prinzip der dicht modellierenden Schattierung preiszugeben, obgleich die Schattierungskontraste bis zu einer gewissen Grenze „entsinnlichend" zurückgenommen werden können (Beuroner Kunst). Informelle oder ornamentale Auflösungsabstraktionen, die die anschauliche „Dichte" gegenständlicher Figuren aufheben, kommen für den traditionellen Idealismus nicht in Frage; partielle Flächengestaltungen (Auren, Hintergrundsfelder für Figuren, Goldgrund, Schriftfelder usw.) vermag er einzubeziehen.

Die Hochwertsysteme der sinnlichen Idealisierung, ästhetischen Kultivierung und ästhetischen Vergeistigung, die Gestaltungen des bürgerlichen Realismus und des illusionistischen Verismus und „Akademismus" ebenso bestimmen können wie die des traditionellen Idealismus, besitzen einen Sozialisationsbezug, der auf die oberen Schichten und Klassen verweist. So besteht eine weitgehende Übereinstimmung der bildkünstlerischen Hochwerte der sinnlichen Idealisierung und ästhetischen Kultivierung mit den ästhetischen Wertprinzipien, die die engere Lebenswirklichkeit der Menschen aus den oberen Schichten und Klassen prägen: aufgrund materiellen Reichtums ist deren Umwelt des Wohnens und Arbeitens architektonisch und innenarchitektonisch hochwertig ausgestaltet und enthält wertvolle oder sogar luxuriöse Gebrauchs- und Schmuckgegenstände; diese Umwelt ist „sinnlich idealisiert" und „ästhetisch kultiviert". Das „hohe Gut" der ästhetischen Hochwerte beansprucht zwar künstlerische und soziale Allgemeingültigkeit und allseitige gesellschaftliche Verwirklichung, ist jedoch wegen der ungleichen Lebensbedingungen, die durch die Klassenherrschaft erhalten werden, in seiner realen Geltung auf den Bereich der oberen Schichten und Klassen beschränkt; es sind die ästhetischen Wertprinzipien des gehobenen Bürgertums und des Adels, der im Deutschland des 19. Jahrhunderts ökonomisch und politisch stets mächtig blieb, die innerhalb der Bildkunst in einer ideologisch verklärten Form als ästhetische Hochwerte erscheinen. – Zwischen den bildkünstlerischen Hochwertsystemen der sinnlichen Idealisierung sowie ästhetischen Kultivierung und dem bildkünstlerischen Niederwertsystem, das auf einem Schildern „gemeiner Wirklichkeit", Veranschaulichung „roher Stofflichkeit" und einer „ästhetischen Rustikalisierung" der Gestaltung basiert, besteht eine starke Diskrepanz. Das bildkünstlerische Niederwertsystem stimmt weitgehend mit jenen ästhetischen Niederwertigkeiten überein, die die Wohn- und Arbeitswelt von Menschen unterer Schichten und Klassen prägen; es hängt komplementär von den ästhetischen Hochwertsystemen ab und spiegelt deshalb die Wertperspektive der oberen Schichten und Klassen. Das Gefälle zwischen den sozial determinierten ästhetischen Hoch- und Niederwerten der Bildkunst leistet eine ideologische Bekräftigung der sozialen Diskrepanzen in der bürgerlichen Klassengesellschaft des 19. Jahrhunderts.

Auch das Hochwertsystem der ästhetischen Vergeistigung ist sozial determiniert. Der eine Aspekt dieser gesellschaftlichen Determination besteht darin, daß sich das Hochwertsystem der ästhetischen Vergeistigung an der schicht- und klassenspezifischen Einschätzung geistiger Werte orientiert, die durch geistige Arbeit, beispielsweise durch praktisch-organisatorische, wissenschaftliche und künstlerische Tätigkeiten hervorgebracht werden. Generell gilt die geistige Werte schaffende Arbeit in der bürgerlichen Klassengesellschaft, in der die geistigen Tätigkeiten an die oberen, die Handarbeit dagegen an die unteren Schichten und Klassen gebunden sind, gegenüber der körperlichen Arbeit als höherwertig; diese wird zumeist sogar als „einfach", „roh", „niedrig" verachtet. Entsprechend gelten geistige Werte gegenüber den durch körperliche Arbeit erzeugten sinnlich wahrnehmbaren Werten generell als höherwertig. Das Hochwertsystem der ästhetischen Vergeistigung entspricht dieser Wertperspektive, die an das gesellschaftliche Statusgefälle geknüpft ist und damit als Wertperspektive oberer Schichten und Klassen begriffen werden muß. – Im Deutschland des 19. Jahrhunderts verleiht die ästhetische Vergeistigung als Hochwertsystem in bestimmten Zeitabschnitten den herrschenden, sozial und politisch bedingten religiösen und idealistischen Ideen einen bildkünstlerischen „Hochwertausdruck". Die ästhetische Vergeistigung tritt dabei als Vehikel besonderer Abstraktionssysteme auf. So konnten beispielsweise die oberschichtspezifischen feudal-klerikalen Ideen der Restaurationszeit zwischen 1820 und 1840 in der ästhetischen Vergeistigung der nazarenischen Bildkunst ihren „Hochwertausdruck" finden.

Die Abstraktionen des oppositionellen Naturalismus, des objektiven Impressionismus und die sehr starken Abstraktionen des Neuidealismus besaßen innerhalb der malereihistorischen Entwicklung eine innovative Kraft, die auf die Bildkunstproduktion, den Kunstmarkt, die herkömmlichen ästhetischen Urteils- und Wertkategorien und auf die Kulturpolitik einwirkte. Diese „modernen" Abstraktionen betonten die schöpferische Autonomie des Künstlers und leisteten eine neuartige Ausdruckssteigerung der inhaltlichen Bildaussagen. Sie gewannen elementare Gestaltungsmöglichkeiten zurück, die mit dem Anspruch eines radikalen Wahrheitssinns gegen die traditionelle Bildkunst der „Akademiker" opponieren konnten; sie spiegelten den wissenschaftlich-technischen Fortschritt ebenso wie die sich beständig steigernde Abstraktion der Lebensbedingungen und Verhältnisse innerhalb der urbanen Industriegesellschaft. Indem die „modernen" Abstraktionen die Ikonizität und damit den gegenständlichen „Bekanntheitsgrad" der Darstellungsdetails und Gesamtdarstellungen erheblich reduzierten, brachten sie eine Bildwelt hervor, die dem Betrachter in zurückstoßender *Fremdheit* gegenüberstand; diese verfremdende Wirkung der modernen Abstraktionen spiegelte die Alltagserfahrungen der gesellschaftlichen Entfremdung im Kapitalismus; die immerfort erneuerten Erlebnisse der Entwertung und Zerstörung menschlicher Beziehungen durch „fremde Mächte" konnten sich in der häufig stark deformierenden, ja zerstörerischen Veränderung der ikonischen Formen durch Auflösungs-, Flächigkeits-, Formvereinfachungs- und ornamentale Abstraktionen bildkünstlerisch niederschlagen. Doch das Verlangen nach einer Neukonstruktion der Welt aus elementaren gestalterischen Bausteinen konnte in der Anwendung modernen Abstraktionen ebenfalls seinen Ausdruck finden. Diese allgemeinen Bedeutungsgehalte schwangen sozusagen grundierend auch in den neuidealistischen Abstraktionssystemen mit, die in erster Linie religiöse und spirituelle Ideen zu veranschaulichen hatten.

Der vielfältig innovative Siegeszug stark abstrahierender Gestaltungsweisen seit dem Ende der achtziger Jahre des 19. Jahrhunderts darf nicht darüber hinwegtäuschen, daß unersetzbare bildkünstlerische Ausdrucksmöglichkeiten sinnlicher Konkretion aus dem aktuellen Repertoire der „Moderne" verdrängt wurden. So können mit Hilfe der dicht modellierenden Schattierung, die in jener Zeit obsolet erschien, die informellen Texturen und Strukturen unterschiedlichster Materialien und Körperoberflächen präzise wiedergegeben werden. Die ikonische Sichtdarstellung, bestimmt durch die Prinzipien der dicht modellierenden Schattierung, Zentralprojektion, Kontiguitätsdurchbildung, Farb-, Proportions- und Kompositionstreue, erfaßt nicht nur *optische* Erfahrungen der räumlichen Ortsbestimmung von Körpern und der Entfernungstiefe des Raums sondern auch *haptische* Erfahrungen der Schwere, des Abtastens unterschiedlicher Oberflächen- und Körperformen, der Bewegungsempfindung im „freien" oder „beengten" Raum. Der synästhetische Bedeutungsgehalt stofflicher Gegenständlichkeit, körperlicher Ausdehnung und räumlicher Tiefe kann ausschließlich mit Hilfe der Körper- und Raumillusion der ikonischen Sichtdarstellung und *nicht* durch andere Gestaltungsmittel im Bildkunstwerk veranschaulicht werden. Die ikonische Sichtdarstellung, die eine elementare Erlebnisweise sinnlicher Konkretion vermittelt und zugleich reflektiert, beruht auf einer intensiven Beobachtungsanalyse der optischen und auch haptischen Erscheinungswelt.

Die nicht zu grobe informelle Fleckauflösung als schwächer abstrahierende Art der ikonischen Umsetzungsdarstellung vermindert zwar generell die Körper- und Raumillusion, verleiht jedoch den gegenständlichen Formen eine synästhetisch-haptische „Rauhigkeit", die durch die informelle Reliefwirkung der Farbpaste in der Ölmalerei noch verstärkt erscheint und vermittelt den Eindruck einer nicht an bestimmte Stoffeigenschaften gebundenen „tastbaren" Materialität („materialisierende Fleckabstraktionen"). Freilich kann durch entsprechende materialisierende Fleckabstraktionen insbesondere die sinnliche Konkretion in der Darstellung von Stoffen und Dingstrukturen gesteigert werden, die auch in der Natur eine irreguläre Form besitzen wie Erde, Gestein, Krautbewuchs, Laubgewirr, unruhiges Wasser, Wolken, Dächergewirr, Abfall, Schmutz usw. Grobe informelle Auflösungsabstraktionen fördern dagegen den Eindruck der „Entmaterialisierung" der gegenständlichen Darstellungsdetails und der ästhetischen Verselbständigung der erzeugten Fleckstrukturen.

Die Herstellung einer höchstmöglichen Darstellungskonkretion galt innerhalb der traditionellen Ästhetik des 19. Jahrhunderts als bildkünstlerische Studienvoraussetzung, im übrigen jedoch als niederste Stufe der Bildkunst; ein gewisses Maß an sinnlicher Idealisierung, ästhetischer Kultivierung und ästhetischer Vergeistigung mußte die Gestaltung durchdringen, wenn sie höheren künstlerischen Maßstäben genügen sollte. Materialisierende Fleckabstraktionen wurden generell als minderwertige, die „rohe Sinnlichkeit" fördernde Gestaltungsmittel abgetan. Für die religiöse Malerei als höchste Gattung der Bildkunst bedeutete das Streben nach Darstellungskonkretion mit Hilfe der ikonischen Sichtdarstellung eine verwerfliche Hingabe an den Oberflächenschein weltlicher Dinge, an eine geistverlassene Stofflichkeit, an niedere Sinnesreize. Doch auch starke Abstraktionen, wie sie die Beuroner Kunst des Paters Desiderius Lenz oder der Neuidealismus anwendeten, wurden von der traditionellen Ästhetik abgelehnt, da sie die „Objektivität" der religiösen Bildkunst, die würdige Veranschaulichung zeitlos gültiger Ideen beeinträchtigen und lediglich die rein subjektive Willkür der Künstler zum Ausdruck bringen würden.

Die traditionelle Ästhetik stuft auch die ikonische Abbildungsdarstellung in der Form der Sichtabbildung und sehr schwach abstrahierenden Umsetzungsabbildung als künstlerisch niederwertige Gestaltungsweise ein, da sie nur eine bloße Reproduktion der „gemeinen Wirklichkeit" mit allen ihren Zufälligkeiten, Unzulänglichkeiten, häßlichen Unregelmäßigkeiten leiste. Dagegen wird die ikonische Erfindungsdarstellung in der Form der Sichterfindung und sehr schwach abstrahierenden Umsetzungserfindung von der traditionellen Ästhetik als künstlerisch hochwertiges Gestaltungsmittel eingestuft, da sie die Kraft der Phantasie und geistigen Durchdringung der Welt offenbare. Die traditionell-ästhetische Abwertung der ikonischen Abbildungsdarstellung stimmt mit der traditionell-ästhetischen Abwertung des Strebens nach sinnlicher Konkretion überein. Diese Abwertungshaltung teilt die stark abstrahierende „Moderne".

Folgende Farbgestaltungen werden von der traditionellen Auffassung als ästhetisch niederwertig betrachtet: Es dominieren unbunte Farben wie Schwarz, Braun und Grau sowie Töne, die aus starken Beimischungen dieser Farben hervorgegangen sind; solche Gestaltungen wirkten „schmutzig", „häßlich", weil sie keinen prägnanten, harmonischen Farbeindruck erzeugen könnten. – Unvermittelte Farbton- und Helligkeitsdiskrepanzen zerstörten eine harmonische Stimmung. – Das szenische Helldunkel konzentriert sich nicht in einem Gefälle oder Zentrum, sondern es besteht aus einer wechselhaften, informellen Licht- und Schatten-Verteilung; auf diese Weise werde der Ausdruck einer widerwärtigen Unruhe und Regellosigkeit erzeugt. – Grelle Buntfarben dominieren oder bilden unvermittelte Einzeleffekte; eine solche „rohe" Farbgestaltung verhindere die notwendige ästhetische Ausgeglichenheit.

Die traditionell-ästhetische Nieder- oder Hochwertigkeit eines Bildkunstwerks hängt indessen nicht allein von der Qualität der Formalgestaltung sondern entscheidend auch von der Art der behandelten Gegenstände und Inhalte ab. Folgende Motive, Gegenstände, Themen gelten als künstlerisch niederwertig: Die Darstellung beschäftigt sich mit den kleinen Dingen des Lebens, mit unscheinbaren Winkeln, anspruchslosen Existenzen. Es wird lediglich ein Ausschnitt aus der Wirklichkeit geboten, ein Bruchstück, eine Episode, kein großartiges Panorama und umfassendes Interpretationswerk, das einen repräsentativen Anspruch erheben könnte. Die dargestellten Szenen entspringen der Augenblicksbeobachtung und enthalten alle Unvollkommenheiten des Zufalls; sie drücken keinerlei Paradigma aus. Häßliche Dinge, Personen, Umstände können auftreten. Die Menschen, mit denen sich das „niederwertige" Bildwerk beschäftigt, entstammen den unteren Schichten und Klassen, es sind Bauern, Landarbeiter, Hirten, Fischer, Handwerker, Zigeuner, Bettler, Vagabunden usw.; ihre Sitten, Gebräuche, Verhaltensweisen werden geschildert. Es geht um das tägliche Leben dieser Leute, um ihre Alltagsgeschäfte, ihre Berufsarbeit; gezeigt wird ihre Derbheit, Schlichtheit, ihre Prägung durch die physische Arbeit, die sie im Haus, im Garten, im Beruf verrichten müssen; festgehalten werden auch ihre körperlichen und charakterlichen Deformationen, die von der Anstrengung, Not und Sorge herrühren. Nicht Staatsaktionen sind zu feiern, sondern das Familienleben erscheint in seiner Häuslichkeit, Privatheit der gemeinsamen Mahlzeiten und Beschäftigungen, es erscheinen das Spiel, die Mitarbeit der Kinder, ihre Freuden und Leiden in der Erwachsenenwelt. Keine weltbewegenden Heldentaten, Gedanken, Gefühle, tiefgründigen Auseinandersetzungen werden behandelt, sondern es interessiert nur das Seelenleben einfacher Menschen aus dem „Volk", ihr Kummer, ihre Freude. Häufig sind die Darstellungen voller Gemütlichkeit und voller Humor. Eine große Rolle spielt die Schilderung des Milieus, das wie die Kleidung, der Schmuck oft von Genügsamkeit, ja Armut zeugt. Die Schlichtheit, Ärmlichkeit, nicht selten auch „rohe" Ursprünglichkeit der Lebensumstände und Verhaltensweisen können durch eine formalästhetische Rustikalisierung, beispielsweise durch informelle Fleckauflösungen, durch Formvereinfachungen und „schmutzige" Farben betont sein.

Diese „niederen" Bildgegenstände kennzeichnen im Sinne der traditionellen Ästhetik das *Genre*, das als niedrigste Gattung der Figuren-Bildkunst gilt. Allerdings kann das Genre seltener auch Szenen aus dem Alltagsleben von Menschen darstellen, die den oberen Schichten und Klassen angehören. Zu unterscheiden sind ein profanes und ein religiöses Genre. Da das religiöse Genre die christlichen Kulthandlungen von Laiengläubigen, das religiöse Brauchtum des „Volkes" und das Leben und Tun des Klerus behandelt und damit sozusagen die Ausrichtung der Menschen auf eine „höhere Sphäre" thematisiert, kommt ihm generell nach der traditionellen Auffassung eine höhere ästhetische Wertstufe zu als dem profanen Genre.

Innerhalb des traditionell-ästhetischen Gattungskanons nehmen die profane Historienmalerei, die religionsgeschichtliche Malerei, die literarische, mythologische und philosophisch-symbolische Malerei und die Bibel-Malerei die höchsten Rangstellungen ein. Die Gegenstände und Themen dieser Gattungen berühren sozusagen die höchsten menschlichen Kultur- und Geistesinteressen und sind zumeist durch die Lebenswirklichkeit oberer Schichten und Klassen geprägt.

Zusammenfassend seien inhalts- und formalästhetische Definitionen der beiden gegensätzlichen Bereiche des niederen und des hohen Stils gegeben. – Der *niedere Stil* beruht auf der Behandlung des „prosaischen" Alltagslebens von Menschen der zeitgenössischen Gegenwart aus den unteren Schichten und Klassen; entsprechend verweist der Sozialisationsbezug der stilniederen Darstellungen nach „unten". Die Gattung des Genres deckt den Bereich des niederen Stils ab. Das Genre orientiert sich häufig an der holländischen Genremalerei des 17. Jahrhunderts. Im sorgfältigen Studium der Sitten und Gebräuche verschiedener Bevölkerungsgruppen (beispielsweise Handwerker, Bauern, Kleinstädter, Dorfbewohner) zeigt das Genre des 19. Jahrhunderts szientistische Tendenzen. In den stilniederen Bildwerken wird die Prägung der Menschen durch die allgemeinen sinnlichen Restriktionen ihrer Lebenswirklichkeit, durch die bedrückenden materiellen Verhältnisse, durch Armut und Not, durch die beständig verrichtete körperliche Arbeit nicht verschwiegen.

Profane Themen werden innerhalb des Bereichs des niederen Stils den religiösen vorgezogen. Stilniedere religiöse Darstellungen (religiöse Genredarstellungen) behandeln nicht den Kernbereich der christlichen Lehre, die biblischen Geschichten oder religionsgeschichtliche Themen, sondern vorwiegend die kultische Praxis des Christentums bei Laiengläubigen aus unteren Schichten und Klassen; dabei tritt häufig die zergliedernde Beobachtung „äußerer" Verhaltensweisen, ein volkskundliches Erfassen religiösen Brauchtums in den Vordergrund.

Da die stilniederen Bildwerke die zeitgenössische Lebenswirklichkeit von Menschen aus dem „Volk" behandeln, sind zum Verständnis ihrer Bedeutungsgehalte für die Zeitgenossen keinerlei historische, mythologische, literarische, theologische usw. Bildungsvoraussetzungen nötig; die Bildaussagen sind vielmehr unmittelbar einsichtig. Die geschilderten Szenen und Situationen entsprechend der konkreten Wirklichkeitserfahrung der meisten Betrachter. Diese Nähe zur zeitgenössischen Realität und „Leichtverständlichkeit" sichert den stilniederen Bildwerken einen hohen allgemeinen Kommunikationswert; es sind sozusagen „Kunstwerke für jedermann".

Ein analytisches Beobachten sinnlicher Phänomene, ein Streben nach höchster Darstellungskonkretion kennzeichnet die Herstellung stilniederer Bildwerke. Das Unscheinbare, Zufällige, Häßliche, wie es die Erfahrungswirklichkeit bietet, die informelle Fülle der sensuellen Erscheinungsdetails bestimmen die Gestaltung. Eine große Rolle spielt die Abbildungsdarstellung. Zur Steigerung des Ausdrucks der stilniederen Bildinhalte können allerdings die Formen auch vereinfacht, vergröbert werden, eine nicht zu stark abstrahierende Fleckauflösung, eine ästhetische Rustikalisierung der Formen, Farben und der Kompositionen können angewendet werden. Generell herrschen unbunte Farben und „schmutzige" Mischtöne vor. Stilniedere Darstellungen gehören dem traditionell-ästhetischen Stilbereich des „Naturalismus" (des analytischen Naturalismus) an. Das Streben nach vollkommener sinnlicher Vergegenwärtigung der gegenständlichen Details, ihrer belebten oder unbelebten Materialität, bedeutet ein Hinneigen zum philosophischen Materialismus.

Der *hohe Stil* beruht einerseits auf der Darstellung von Haupt- und Staatsaktionen der Geschichte, von Taten und Leiden bedeutender Fürsten, Staatsmänner, Kriegshelden, von Stationen aus dem Leben der Genies, der Entdecker, Organisatoren, Forscher, Künstler usw. (profane Historienmalerei), von Hauptereignissen und -gestalten der Geschichte des Christentums (religionsgeschichtliche Malerei). In den Werken der profanen Historienmalerei und der religionsgeschichtlichen Malerei spielt zumeist die Lebenswirklichkeit von Oberschichten eine Rolle; der Sozialisationsbezug dieser häufig großformatigen, repräsentativen Gemälde verweist generell nach „oben". Der hohe Stil beruht zum anderen auf der Darstellung von Figuren und Szenen aus Werken der Weltliteratur und berühmter deutscher Autoren, von Themen der antiken Mythologie und Sage, von gedankentiefen allegorischen und symbolischen Themen, von Figuren und Szenen aus dem Alten und dem Neuen Testament (Bibel-Malerei). Diese Bildwelt der Dichtung, Philosophie und Bibel, der Götter, Helden und Ausnahmemenschen, der christlichen Heroenzeit des Neuen Testamentes usw. ist ebenso weit von der prosaischen Alltagswelt zeitgenössischer Durchschnittsbürger entfernt wie die Bildwelt der profanen Historienmalerei und der religionsgeschichtlichen Malerei.

Das Verständnis der stilhohen Bildwerke erfordert generell historische, religionsgeschichtliche, literarische, mythologische, philosophische, theologische, kultur- und kunstgeschichtliche Vorkenntnisse. Da über diese Bildungsvoraussetzungen im 19. Jahrhundert nur das Bildungsbürgertum verfügt, das sich weitgehend aus sich selbst rekrutiert, ist der geistige Zugang zu den stilhohen Darstellungen generell auf die Angehörigen dieser Schicht beschränkt. Die Lebenserfahrungen der Alltagswirklichkeit versagen vor der „höheren Sphäre" der stilhohen Monumentalgemälde, die eine elitäre Distanz gegenüber dem Betrachter behaupten.

Der „Idealismus" (der traditionelle Idealismus), der die höchste Rangstellung im traditionell-ästhetischen Stilkanon („Idealismus", „Realismus", „Naturalismus") innehat, prägt die stilhohen Darstellungen. Die höchste Stufe des traditionellen Idealismus nehmen der Stil der Beuroner Kunst und der Nazarener-Stil ein, letzterer gekennzeichnet durch einen geglätteten Raffaelismus, durch die Orientierung an den antiken Schönheitsprinzipien, durch leuchtende, harmonische Farben, durch phantastische Abstraktionen, die sich im Rahmen der Sichtdarstellung und der von der Malereigeschichte vorgezeichneten Tradition halten. Die Erfindungsgestaltung, die im traditionell-ästhetischen Sinne eine Überlegenheit des schöpferischen Geistes gegenüber der Natur ausdrückt, spielt die entscheidende Rolle. Das Streben nach Darstellungskonkretion ist durch ein Streben nach sinnlicher Idealisierung, ästhetischer Kultivierung und ästhetischer Vergeistigung ersetzt; das Prinzip der gestalterischen Schönheit, Idealität dominiert über das Prinzip der Naturwahrheit. Alle Gestaltungsmomente konzentrieren sich auf eine Bedeutungshebung der Inhalte, Bildaussagen, auf eine Erreichung des höchsten ästhetischen Wertniveaus; eine durchdringende ästhetisch-rationale Kontrolle und Selektion prägen die Darstellung, so daß sie wie von einem Zwangssystem beherrscht erscheint (sinnliche Restriktion). Die Vergegenwärtigung konkreter Stofflichkeit und sinnlich-anschaulicher Vielfalt wird erheblich reduziert, die synästhetisch-haptische Bedeutungsdimension nahezu getilgt. Gedanke und Begriff besitzen einen entschiedenen Vorrang vor der sinnlichen Erscheinung. Nicht selten werden die gegenständlichen Figuren zu bloßen Zeichen für spirituelle Wesenheiten entwertet. Diese Entsinnlichung, Vergeistigung bedeutet ein Hinneigen des hohen Stils zum philosophischen Idealismus.

Niederer und hoher Stil können bestimmte ideologische Grundfunktionen erfüllen. So kann der niedere Stil eine Art Zivilisationskritik üben, indem er der Verfeinerung, Kompliziertheit, Entfremdung, der elaborierten Bildungssphäre der gehobenen urbanen Lebenswelt eine Bildwelt der unmittelbaren, bedürfnisbezogenen Sinnlichkeit, eines schlichten, humanen Verhaltens, einer die Konventionen zurücklassenden Ursprünglichkeit entgegenstellt. In diesem Sinne kann der niedere Stil hochgestochene Ansprüche, den Schein einer glanzvollen Repräsentation zerstören und die ungeschminkte Wirklichkeit einer einfachen Existenzweise in den Blick rücken. Das Streben nach illusionsloser Realitätserkenntis kann sich in philosophisch-materialistischen Tendenzen ausdrücken. Allerdings mag die progressive, wissenschaftlich-positivistische Beobachtung der sinnlichen Erscheinungswelt umschlagen in ein bloßes Reproduzieren des äußeren Scheins und in die Widerspiegelung eines kleinbürgerlichen Dingwert- und Warenwert-Bewußtseins. – Der niedere Stil fordert generell das künstlerische Recht allgemeinverständlicher Bildgegenstände, Bildaussagen, die dem Sanktionsbereich der Historie und höheren Bildung entzogen sind, er fordert die ästhetische Gleichberechtigung des „Niederen" neben dem „Hohen", er wirkt auf eine inhalts- und formal-ästhetische Egalisierung von Bildwerken hin, auf eine „Demokratisierung" der Kunst. Historisch gesehen konnte durch die Anpassung von Themen und Gestaltungsweisen an die Lebenswirklichkeit und Bedürfnisse des mittleren sowie des Kleinbürgertums, ja unterer Klassen, der Rezeptionsbereich der Bildkunst in den zwanziger bis vierziger Jahren des 19. Jahrhunderts erheblich erweitert, „demokratisiert" werden. Der Kampf zwischen großbürgerlich-aristokratischen und kleinbürgerlich-demokratischen Interessen wurde im 19. Jahrhundert auf dem Felde der Bildkunst weitgehend als Widerstreit zwischen dem hohen und dem niederen Stil ausgetragen. – Der niedere Stil kann dazu tendieren, die sinnlichen Restriktionen im Leben der ausgebeuteten Kleinbürger und Proletarier bewußt zu machen, sogar zu kritisieren; der niedere Stil vermag durchaus eine sozialkritische Stoßkraft zu entfalten und die Emanzipation der unteren Schichten und Klassen zu thematisieren (beispielsweise als „sozialistische Tendenzmalerei" des Vormärz oder als analytischer Naturalismus).

Die ideologische Grundfunktion des hohen Stils besteht in einer Bekräftigung, ja Apologie der Weltsicht der herrschenden Klassen. Dies trifft auch für solche nazarenischen Bildwerke zu, die nicht offenkundig feudalklerikale Motive verwenden sondern eine reine Bibel-Malerei zu bieten scheinen. Indem sie beispielsweise Christus als elitäre Autorität, die Jünger als christliche Heroen gestalten und die aristokratische Entrücktheit des neutestamentlichen Geschehens durch sinnliche Idealisierung, ästhetische Kultivierung und ästhetische Vergeistigung betonen, mithin durch eine völlig eindimensionale Anwendung der traditionell-ästhetischen Hochwertsysteme, tragen sie zur Bekräftigung hierarchischer, feudalklerikaler, obrigkeitsstaatlicher Vorstellungen bei.

Da zugleich stilhohe und stilniedere Gestaltungsmomente in unterschiedlicher Intensität und Zusammensetzung Bildwerke bestimmen können, so daß Relativierungen sowohl des hohen als auch des niederen Stils auftreten, sind jeweils unterschiedliche *Stillagen* der betreffenden Bildwerke festzustellen (hohe, mittlere, niedere Stillagen, höhere und niedrigere Stillagen). Stilniedere Bildgegenstände können durch eine sinnliche Idealisierung und ästhetische Kultivierung in verschiedenem Maße „aufgewertet" werden, so daß sich eine höhere Stillage der Gesamtgestaltung ergibt, und stilhohe Bildgegenstände können durch ein Streben nach Darstellungskonkretion und durch ästhetische Rustikalisierung „abgewertet" werden, so daß sich eine niedrigere Stillage der Gesamtgestaltung ergibt. Werke der Beuroner Kunst (die selber unterschiedlichen Stillagen angehören können), haben aufgrund ihrer starken vergeistigenden Abstraktionen generell eine höhere Stillage inne als nazarenische Bildwerke. Orientrealistische Darstellungen aus der Bibel, die prinzipiell eine illusionistisch-veristische Wirklichkeitsschilderung anstreben, nehmen eine niedrigere Stillage ein als nazarenische Bilder des gleichen Themas. Eduard von Gebhardt opponierte gegen den „abgehobenen" Nazarenerstil, indem er in die neutestamentliche Malerei die Gestaltungsweisen des illusionistischen Verismus (des bürgerlichen Realismus) übernahm und Genremotive verwendete.

Als *stillagenhöchster Bereich* der traditionell-ästhetisch bestimmten Bildkunst umfaßt der *traditionelle Idealismus* auf der höchsten Stillagenstufe die Beuroner Kunst und die Malerei der Nazarener; es folgen der Neoklassizismus, dessen späte Werke beispielsweise von Friedrich Preller dem Älteren illusionistisch-veristische Gestaltungsweisen anwenden, der Idealismus Feuerbachs, die symbolische und allegorische Malerei beispielsweise von Ferdinand Keller, Hermann Wislicenus, Hermann Prell und die stilhohe literarische Malerei (zum Beispiel *Venus und Tannhäuser* von Otto Knille). An diesen stillagenhöchsten Bereich grenzt der weite Bereich des *bürgerlichen Realismus* (beziehungsweise des illusionistischen Verismus und „Akademismus"), der hohe und niedere Stillagen umfaßt. (Im Zeitalter des Liberalismus der vierziger bis siebziger Jahre konnten *stillagenhohe* bürgerlich-realistische Werke der religiösen und profanen Historienmalerei eine relativ *fortschrittliche Ideologie* vertreten, eine durchaus emanzipatorische Geschichtsauffassung, so beispielsweise Werke von Emanuel Leutze, Friedrich Lessing, Friedrich Karl Hausmann, Wilhelm von Kaulbach.) Die höchste Stillagenstufe des bürgerlichen Realismus nehmen die nazarenisch beeinflußte romantische Bibelmalerei, die orientrealistische Bibelmalerei, die religionsgeschichtliche Malerei und die profane Historienmalerei ein. Es folgen innerhalb eines mittleren Stillagenbereichs die kleinbürgerlich-genrehafte Bibelmalerei Eduard von Gebhardts, das historische Genre, dem beispielsweise die behandelten Lutherfamilien-Bilder angehören, und die stilniedere (genrehafte) literarische Malerei. Die niedrigste bürgerlich-realistische Stillagenstufe haben das religiöse und das profane Genre inne. Den *stillagenniedrigsten Bereich* der traditionell-ästhetisch bestimmten Bildkunst bildet der *analytische Naturalismus*.

Generell übernehmen die Bildwerke niederer Stillagen die ideologischen Grundfunktionen des niederen Stils, und die Bildwerke hoher Stillagen übernehmen die ideologischen Grundfunktionen des hohen Stils. – In Einzelfällen kann die vergleichende stillagenmäßige Einschätzung und ideologische Deutung von Bildwerken Schwierigkeiten bereiten, wenn die betreffenden formal- und inhaltsästhetischen Gestaltungssysteme sehr komplex oder in sich widerspruchsvoll sind. Die Verbindung stillagenhoher und stillageniederer Momente innerhalb eines und desselben Bildwerks erfüllt zumeist eine ästhetische Vermittlungs-, „Versöhnungs"-Funktion, deren ideologische Konsequenz in die Richtung von sozialen Versöhnungs-, Klassenversöhnungsideen weist. Ein bewußtes Gegeneinander stillagenniederer und stillagenhoher Gestaltungsmomente, das direkt oder indirekt gesellschaftliche Konflikte ausdrückt, tritt innerhalb der traditionell-ästhetischen Bildkunst selten auf.

Das traditionell-ästhetische Gattungs-, Stil- und Stillagensystem wurde im Verlauf der malereigeschichtlichen Entwicklung bis zum Anfang des 20. Jahrhunderts erschüttert und löste sich auf. Der religiöse und profane oppositionelle Naturalismus transzendierten dies System sozusagen „nach unten hin", der Neuidealismus transzendierte es „nach oben hin". Die Genremalerei wurde durch den oppositionellen Naturalismus ersetzt. Die nazarenische Malerei, die traditionell-ästhetische Bibelmalerei, die symbolische und allegorische sowie literarische Malerei des traditionellen Idealismus wurden durch den Neuidealismus abgelöst; Max Klingers Gemälde *Die Kreuzigung Christi* (1890, Abb. 144) und *Christus im Olymp* (1890-1897, Abb. 163) bildeten Marksteine dieses Umbruchs. Die traditionell-ästhetische religiöse und profane Historienmalerei verloren seit der Mitte der achtziger Jahre zunehmend an Boden; an ihre Stelle traten beispielsweise Werke von Ferdinand Hodler und Käthe Kollwitz (*Bauernkrieg*, 1903-1908).

In Opposition zum Gestaltungskanon des illusionistischen Verismus und „Akademismus" entwickelten die Dunkel-, Grau- und Hellmalerei, der objektive und High-life-Impressionismus, der Neuidealismus neuartige Abstraktionen, die diesen Gestaltungskanon relativierten und endlich verdrängten. Auch richtete sich das Augenmerk in einer Zeit verstärkter Medienkonkurrenz auf die Gewinnung *innovativer* formalästhetischer Gestaltungsmittel. Die Kunsttheorie der „Moderne" gab dem „Wie" der Darstellung den Vorrang vor ihrem inhaltlichen „Was" und konnte unter dieser Voraussetzung einerseits die starken Abstraktionen verteidigen, die die gegenständlichen Formen verfremdeten, ja zu zerstören drohten, andererseits konnte sie „stilniedere" Bildgegenstände gegenüber „stilhohen" entscheidend aufwerten, sogar ästhetisch „gleichmachen". Diese Konzentration auf den formalästhetisch-medialen Aspekt der Bildkunst ließ traditionell-ästhetische Gattungs-, Stil-, Stillagen- und künstlerische Wert-Einordnungen überflüssig erscheinen. Freilich stellte Max Liebermann im Unterschied zu dem extrem formalistisch ausgerichteten Wilhelm Trübner die Frage nach der ästhetischen Bedeutung der Bildgegenstände neu. Liebermann schrieb in seinem Aufsatz *Die Phantasie in der Malerei* (1904-1916): „Der Satz, daß die gutgemalte Rübe besser sei als die schlechtgemalte Madonna, gehört bereits zum eisernen Bestand der modernen Ästhetik. Aber der Satz ist falsch; er müßte lauten: Die gutgemalte Rübe ist ebenso gut wie die gutgemalte Madonna. Wohlgemerkt als rein malerisches Produkt, denn, zur Beruhigung frommer Gemüter sei's gesagt, es fällt mir beileibe nicht ein, zwei ästhetisch so ungleichwertige Gemälde miteinander vergleichen zu wollen. Auch weiß ich wohl, daß die Darstellung einer Madonna noch andere als rein malerische Ansprüche an den Künstler stellt und daß sie als künstlerische Aufgabe schwerer zu bewältigen ist als ein Stilleben. Obgleich in einem Vierzeiler das Genie Goethes ebenso sichtbar ist wie im 'Faust', kann als künstlerische Leistung 'Über allen Gipfeln ist Ruh' doch nicht mit dem 'Faust' verglichen werden."[1437] Vorauszusetzen ist, daß Liebermann das „gute Malen" im Sinne eines „Malens mit Phantasie" verstand und den Begriff der malerischen „Phantasie" auch benutzte, um die Anwendung antitraditioneller Abstraktionen zu verteidigen. Das Zitat macht den formalistischen Aspekt der Auffassung Liebermanns deutlich: durch das „gute", nämlich das „phantasievolle" (moderne) Malen können sowohl eine dargestellte Rübe als auch eine dargestellte Madonna als „rein malerisches Produkt" künstlerisch gleichwertig sein. Jedoch unterscheidet der Künstler die Bildgegenstände nach ihrem „Gewicht", nach der Schwierigkeit der künstlerischen Aufgabe, die sie dem Maler stellen. Der Vergleich der beiden Goethe-Dichtungen zeigt, daß Liebermann bei der wertenden Unterscheidung der künstlerischen Gegenstände sowohl ihre Komplexität als auch ihren Stellenwert innerhalb des Systems menschlicher Lebens- und Kulturinteressen berücksichtigt; berühren die künstlerischen Gegenstände zentrale Bereiche dieser Interessen, so nehmen sie eine höhere „*ästhetische Bedeutsamkeitsstufe*" ein, als wenn sie nur periphere Bereiche der humanen Interessen berühren; entsprechend verschieden ist der Schwierigkeitsgrad der formalästhetischen Behandlung, Realisierung: die Madonnenfigur stellt dem Maler eine höhere künstlerische Aufgabe als das Rübenstilleben.

Freilich werden die künstlerischen Gegenstände innerhalb des traditionell-ästhetischen Stillagenkanons ebenfalls ihrer „ästhetischen Bedeutsamkeit" entsprechend eingeordnet. Doch das wertende Bezugssystem der traditionellen Ästhetik unterscheidet sich grundlegend von dem der „Moderne". In der traditionellen Ästhetik ist die Bildgestaltung an die Prinzipien der dicht modellierenden Schattierung, mithin der Sichtdarstellung gebunden; Schönheit, Idealität behaupten einen entschiedenen Vorrang vor der „Naturwahrheit", idealistische Gestaltungstendenzen vor realistischen. Faktisch war die stillagenhohe (traditionell-ästhetische) Malerei der Kaiserzeit weitgehend durch feudalklerikale, reichspatriotische, konservative Auffassungen beherrscht; die religiöse und profane Genremalerei leisteten eine „lügenhaft"-phantasievolle Verklärung des christlichen Volkslebens und der Alltagswirklichkeit. Die leidschaffenden, zerstörerischen Realitäten der kapitalistischen Industriegesellschaft wurden aus dem „idealen" Reich der Kunst ferngehalten. – Indem die „*Moderne*" realistischen Gestaltungsweisen (im Sinne des in dieser Untersuchung entwickelten systematischen Realismusbegriffs) und starken Abstraktionen eine entschiedene Vorrangstellung gab, sprengte sie die idealisierende Normativität und apologetische Ideologie der traditionell-ästhetischen Bildkunst und schuf neuartige, zeitgemäße Möglichkeiten, künstlerische Gegenstände nach ihrer Komplexität und ihrer Position innerhalb des Gesamtbereichs der menschlichen Lebens- und Kulturinteressen in ein System von „ästhetischen Bedeutsamkeitsstufen" einzuordnen. – In den Secessionen, die im Verlauf der neunziger Jahre zahlreich entstanden und für die „moderne Kunst" gut funktionierende Märkte schufen, nahm die realistische Malerei des oppositionellen Naturalismus, objektiven Impressionismus, Highlife-Impressionismus und realistischen Expressionismus eine gleichberechtigte Stellung neben der neuidealistischen Malerei ein. Freilich bedeutete der formalästhetisch äußert innovative, avantgardistische Neuidealismus einen starken inhaltsästhetisch-ideologischen Rückschlag gegenüber dem oppositionellen Naturalismus; insbesondere fiel der realitätsferne und elitäre *christliche* Neuidealismus, „bedeutsamkeitsästhetisch" gesehen, weit hinter den *religiösen* oppositionellen Naturalismus zurück.

Der Begriff der „Stillage" ist streng genommen nur im Sinne der traditionellen Ästhetik anzuwenden. Werden oppositionell-naturalistische Bildwerke als „stillagenniedrig", neuidealistische als „stillagenhoch" bezeichnet, so ist zu bedenken, daß diese Einstufung unter dem Blickwinkel der traditionellen Ästhetik erfolgt und nur relative, „annähernde" Gültigkeit besitzt. Auf die Diskussion eines *systematischen Begriffs* der „ästhetischen Bedeutsamkeitsstufen", der „ästhetischen Bedeutsamkeitseinstufung" künstlerischer Gegenstände muß im Rahmen dieser Untersuchung verzichtet werden.

Schlußteil.
Die Frage des „Endes" der christlichen Bildkunst im neunzehnten Jahrhundert

Die These vom „Ende" der deutschen christlichen Bildkunst im 19. Jahrhundert, die Hermann Beenken in seinem einflußreichen Buch *Das Neunzehnte Jahrhundert in der deutschen Kunst* (1944) vertrat[1438], und die erstmals von Adolf Smitmans (1980) eingehend kritisiert wurde[1439], leugnet keineswegs den Fortbestand der christlichen Bildkunst; vielmehr beruht die „Ende"-These auf dem Versuch, einen historischen Prozeß der zunehmenden „Ausdünnung", ja „Vernichtung" des religiösen Gehaltes in den Werken und unterschiedlichen Ausdrucksformen der deutschen christlichen Malerei und Graphik des 19. Jahrhunderts nachzuweisen; durch diesen Prozeß verliere die christliche Bildkunst sozusagen ihr inneres künstlerisches Kraftpotential und werde in einen kaum noch beachteten Randbereich der Kunst abgedrängt; im 20. Jahrhundert finde sie dann ihr „Ende": „Im 19. Jahrhundert hatte man wenigstens noch nach neuen Bildgehalten suchen zu müssen gemeint. Heute gibt es auch dieses Suchen kaum mehr."[1440]

Beenken sah den Hauptgrund für den Verfall der christlichen Bildkunst im fortschreitenden religiösen Subjektivismus: „Indem das Bild alles heilige Geschehen, alles heilige Gestalten nur im Hinblick auf einen das Seelische der Darstellung miterlebenden Beschauer zu zeigen begann, hörte es notwendig auf, wie bisher wirkliches Zeugnis und Spiegel jener Ereignisse zu sein, die nach dem alten Glauben dem Menschen Gnade und ewiges Leben gesichert hatten."[1441] Während die Bindung der christlichen Kunst an das „Objektive" der biblisch-kirchlichen Heilslehre trotz einer seit dem Spätmittelalter wirksamen künstlerischen Vermenschlichung, Verweltlichung bis zum Barock und Rokoko niemals gänzlich verloren gegangen sei, habe die christliche Bildkunst des 19. Jahrhunderts diese Bindung aufgelöst: „Die Religiosität des romantischen und des nachromantischen Subjektivismus durchdringt alles Schaffen mit der persönlichen Beziehung zum Göttlichen, sie bedarf objektiver religiöser, christlicher Bildgehalte nicht mehr. Wo man aber diese christlichen Bildgehalte dem Volke doch noch vermitteln will, müssen auch sie sich immer mehr einem subjektiven Bedürfnis zuordnen, sie werden erbaulich und verlieren damit im Laufe der Entwicklung ganz ihre spezifische Christlichkeit. Dies sind die beiden Seiten des Vorgangs, der, wenigstens auf deutschem Boden, das Ende der christlichen Bildkunst folgerichtig herbeigeführt hat."[1442]

Beenken lehnte die Annahme säkularisierender Einwirkungen „von außen", die das Vordringen des religiösen Subjektivismus begünstigt haben könnten, entschieden ab: „Die Zersetzung der christlichen Bildkunst geschah nicht von außen her. Nicht der Unglaube etwa des Aufklärungszeitalters hat hier zerstörend gewirkt. Gegen ihn hätte ein innerlich starkes Christentum sich durchaus noch zur Wehr setzen können."[1443] Der Autor berücksichtigte mithin ausdrücklich nicht den Säkularisierungsprozeß des bürgerlichen Zeitalters mit seiner Entwicklung prosaischer kapitalistischer Verhältnisse, mit seiner Abschaffung der weltlichen Kirchenherrschaft, mit seiner Vertiefung und Ausbreitung des positivistisch-wissenschaftlichen Denkens, mit seiner Entfaltung der materialistischen Religionskritik und des liberalistischen Antiklerikalismus; indessen schwächte der Säkularisierungsprozeß[1444] generell die Stellung und den Einfluß der Religion, obgleich die Kirchen und das Christentum weiterhin staatlich unterstützt wurden und bewirkte im Bereich der Kunst eine außerordentlich starke Zunahme rein profaner Gestaltungen. Beenken ignorierte diese Entwicklung und betrachtete das von ihm angenommene Vordringen des religiösen Subjektivismus als einen sozusagen in sich selbst begründeten Prozeß, der nicht von „äußeren" historischen Determinationen abhängig sei. Mit dieser idealistischen Auffassung versperrte und ersparte sich der Autor weiterführende historische Erklärungsversuche.

Beenken pointierte seine These von der Zersetzung der christlichen Bildkunst, indem er den Erneuerungswillen der christlichen Künstler, der eine besondere subjektiv-gefühlshafte Vertiefung der religiösen Darstellungen erstrebt und damit den religiösen Subjektivismus gefördert habe, für verantwortlich erklärte: „In Wahrheit war das Auflösende gerade ein Innerreligiöses und Innerchristliches: man zerstörte, wo man erneuern wollte, und die Gläubigsten, Christlichsten selber waren die Werkzeuge. Die innerlichste christliche Besinnung ist es gewesen, die den Untergrund unterhöhlte, der die alte, christliche Kunst bisher getragen hatte."[1445] Der Autor verschärfte sein Theorem von der Zersetzung der deutschen christlichen Bildkunst im 19. Jahrhundert zu einem Theorem von ihrer *„Selbstzersetzung"*. Doch im Gegensatz zu Beenkens einseitiger, stark vereinfachender und generell unzutreffender Auffassung brachte die malereihistorische Entwicklung sehr unterschiedliche Strömungen der christlichen Bildkunst hervor, die in den Prozeß der gesellschaftlichen und künstlerischen Auseinandersetzungen im Deutschland des 19. Jahrhunderts einbezogen waren und die keineswegs adäquat unter der Vorraussetzung erfaßt werden können, daß sie sich durch die Wirksamkeit eines „romantischen und nachromantischen religiösen Subjektivismus" selber zerstörten.

Das von Beenken eingehend behandelte Gemälde *Das Kreuz im Gebirge* (1807/1808) von Caspar David Friedrich[1446] zeigt nun allerdings Züge eines religiösen Subjektivismus etwa im Sinne der antidogmatischen Schleiermacherschen Lehre vom religiösen Grundgefühl als Sehnsucht nach dem Unendlichen.[1447] Indessen ist zu berücksichtigen, daß sich im „Tetschener Altar" wie ebenfalls in Philipp Otto Runges Bildwerken *Ruhe auf der Flucht nach Ägypten* (1805/1806, Abb. 364), *Der Kleine Morgen* (1807) und *Der Großen Morgen* (1808/1809)[1448] christliche Vorstellungen mit einem rousseauschen Naturgefühl und säkularisierenden Pantheismus verbinden; diese „religiösen" Landschaften drücken den Bruch mit der feudalklerikalen Darstellungstradition des Barock und Rokoko aus, den gleichermaßen im Neoklassizismus um 1800 vollzogenen Bruch der bürgerlichen Bildkunst mit der Kunst der „alten Zeit"[1449].

Die Malerei der Nazarener steigerte gewiß den Ausdruck innerlicher Frömmigkeit im Sinne eines überkonfessionellen Pietismus. Doch die Themen hielten sich trotz der von Beenken mit Recht hervorgehobenen motivischen und ikonographischen Neuschöpfungen streng an die Erzählungen des Alten und Neuen Testaments und das kirchlich sanktionierte Legendengut; im Grunde wichen die Nazarener keinesfalls „subjektivistisch" von den Lehrauffassungen der katholischen und protestantischen Orthodoxie ab, im Gegenteil, sie betonten generell die „objektiven" christlichen Dogmen. Die nazarenische Bildkunst wendete sich scharf gegen den „heidnischen" Neoklassizismus, gegen die liberale religionsphilosophische Romantik und gegen die Säkulairisierungsbestrebungen des Liberalismus. Zwar wollten die Nazarener in bewußter Abhebung zur neoklassizistischen Typisierung der Figuren eine vertiefte psychologische Durchdringung, den Ausdruck höchster christlich-ethischer Empfindsamkeit erreichen; doch zuzgleich waren sie bemüht, die Körperformen, Haltungen, Gestik, Physiognomik und Mimik ihrer Figuren aus der „niederen" Sphäre gemeiner Naturwahrheit, des sündig verformten Fleisches, der prosaisch-disseitigen Alltagsrealität zu „befreien"; durch die Gestaltungsmittel der sinnlichen Idealisierung, ästhetischen Kultivierung und ästhetischen Vergeistigung[1450] sollten die läuternde Wirksamkeit des Göttlichen innerhalb der irdischen Welt und die heilsgeschichtliche Gegenwart Gottes im neutestamentlichen Geschehen verbildlicht werden. Die idealisierenden Abstraktionen des Nazarenertums, die sich an der raffaelischen Renaissance, der Kunst Dürers und der „Altdeutschen" orientierten, zielten auf den Ausdruck einer „Objektivierung" christlich-religiöser Gefühle, Handlungen, Ereignisse. Die Äußerung von Julius Schnorr von Carolsfeld zu seinem Ölgemälde *Verkündigung* (1820)[1451], die Beenken zitiert, widerspricht in einer wesentlichen Passage der These von der dominierenden Wirksamkeit eines religiösen Subjektivismus in der nazarenischen Kunst: „Das Beispiel der alten Kunst (...) schien mir zu lehren, daß in der Darstellung heiliger Gegenstände eine gewisse Auflösung der einzelnen Gefühle in eine heilige Ruhe und Gefaßtheit eintreten müsse, daß besonders Bilder, die für geweihte Orte bestimmt sind, nicht die besonderen Eigenthümlichkeiten der Wirklichkeit, wenigstens nur vermittelt, tragen dürfen; gleichwie wir heiligen, verklärten Menschen nicht die Schärfe der individuellen Gesichtsbildung, den Zuschnitt, den die Materie *gewaltsam* erleiden müssen, sondern eine in seligem Anschauen aufgelöste Charakteristik beilegen."[1452] Das Heilige als zeitlos Gültiges, „Objektives", sollte in der nazarenischen Bildkunst durch die Veredelung der Formen, Farben und Figuren ausgedrückt werden. Auch die Anwendung starker Abstraktionen, die den Bildraum in einen spirituellen Symbol- und Demonstrations-„Raum" umwandeln und die beispielsweise Werke wie *Das jüngste Gericht* (1834-1839, Abb. 474) von Peter von Cornelius, *Der Triumph der Religion in den Künsten* (1831-1840, Abb. 69) von Friedrich Overbeck, *Die Einführung der Künste in Deutschland durch das Christentum* (1834-1836, Abb. 113-115) von Philipp Veit, *Das Wehen des Gerichts. Weckstimmen aus der Heiligen Schrift* (1872-1875, Abb. 513-521) von Carl Gottfried Pfannschmidt prägen, verdeutlichen das Streben des Nazarenertums, die christlich-religiösen Gehalte in einer idealen, subjektiver Willkür entzogenen Form zu versinnlichen.

Wie Adolf Smitsmans mit Recht kritisch anmerkte, erwähnt Beenken überhaupt nicht die Kunst der „Archaisten", insbesondere der Beuroner Schule.[1453] In ihrer Abkehr vom Kult religiöser Empfindsamkeit der Nazarener und von jeder Anregung zur psychischen Einfühlung des Betrachters wollten die Beuroner Malermönche keine „menschendienstliche" sondern eine in erster Linie „gottesdienstliche" Kunst schaffen, die die Dogmen des Katholiszismus, die „objektive" christliche Heilslehre „möglichst rein" vor Augen führen konnte. Diese hieratische, mit stärksten „asketischen" Abstraktionen arbeitende Bildkunst zeigt noch weniger eine Spur des Beenkenschen „nachromantischen religiösen Subjektivismus" als das Nazarenertum.

Wenn Beenken behauptet, das Gemälde *Einzug Christi in Jerusalem* (1863, Abb. 486) von Eduard von Gebhardt entwickele die in Friedrich Overbecks Frühwerk des gleichen Themas (1809-1824, Abb. 619) angelegte erzählerische Psychologisierung der Figuren und „subjektivistische" Einfühlungs-Stimulation des Betrachters „folgerichtig" weiter, so verkennt er den bereits in der älteren Literatur prägnant herausgearbeiteten *prinzipiellen Antagonismus* zwischen dem Nazarenertum und dem Bürgerlichen Realismus[1454], dem Gebhardt mit seiner anti-nazarenischen Bibel-Malerei verpflichtet war. – Bei der Interpretation des *Einzugs Christi in Jerusalem* von Overbeck betont Beenken völlig einseitig die narrative Vielfalt, mit der das seelische Erleben, das Verhalten der Jünger, der Christus begrüßenden Mutter Maria, der Bevölkerung, einiger Christus feindlich gesinnter Menschen geschildert sei und übersieht die abstrahierenden Gestaltungsmomente. Durch ein konsequentes Anwenden der sinnlichen Idealisierung, ästhetischen Kultivierung und ästhetischen Vergeistigung wird die Darstellung „aristokratisiert", sakralisiert, erhält den Ausdruck makelloser religiöser Reinheit, heilsgeschichtlicher Würde. Demgegenüber gehört Gebhardts Gemälde einer wesentlich niedrigeren Stillage an. Im Gegensatz zu Overbeck charakterisiert der Düsseldorfer Meister seine Figuren scharf durch ausgeprägte individuelle Besonderheiten, verwendet Motive der bürgerlich-

Abb. 619 Johann Friedrich Overbeck: Einzug Christi in Jerusalem, 1808-1824

realistischen Genremalerei, läßt „häßliche" Bettler und Krüppel an der Begrüßung Christi teilnehmen, zeigt nicht eine monumentale Stadtarchitektur und eine südliche Ideallandschaft wie Overbeck, sondern schildert illusionistisch-veristisch das Tor einer deutschen Kleinstadt, durch das Jesus einreitet und eine heimatlich-deutsche Berglandschaft. Während Overbecks Edel-Christus eine autoritäre Segensgeste mit der Rechten vollführt, öffnet der „Volksjesus" Gebhardts kommunikativ beide Arme. In der Darstellung Overbecks dominiert das Prinzip der Schönheit über das der Naturwahrheit, in Gebhardts Bild dominiert umgekehrt das Prinzip der individualisierenden Wahrheit über das der Schönheit. Gebhardts kleinbürgerliche Veranschaulichung des neutestamentlichen Geschehens sucht die religiöse Einfühlung des Betrachters, Overbecks edle biblische Szene will den Betrachter läutern, ihn in eine höhere Sphäre der Frömmigkeit, der Bindung an das Göttliche emporheben.

Beenken übersieht ebenfalls den ideologischen Gegensatz, der zwischen dem restaurativen Feudalklerikalismus der Nazarener und der fortschrittlichen bürgerlich-realistischen Luther- und Reformationsmalerei besteht. Das Nazarenertum „zersetzte" sich nicht „selbst", sondern es verlor seine führende Stellung, weil die feudalklerikalen Tendenzen, denen es verpflichtet war, im Verlauf der gesellschaftlichen und politischen Entwicklung besonders des Vormärz und der sechziger Jahre (neues Erstarken des Liberalismus) ins Hintertreffen gerieten und weil sich der antinazarenisch eingestellte Bürgerliche Realismus mit einem breiten Spektrum stillagenniedriger Bildgestaltungen bereits nach 1850 rasch durchsetzte.

Auch die orientrealistische Bibelmalerei, die nach geschichtlicher und ethnographischer Darstellungstreue strebte, nimmt Beenken nicht zur Kenntnis. Diese Strömung der christlichen Bildkunst suchte die biblischen Erzählungen mit dem Geist der zeitgenössischen positivistischen Geschichtswissenschaft zu versöhnen, ihnen eine moderne historisch-wissenschaftliche Wahrheits- und Überzeugungskraft zu verleihen. Die biblische Orientmalerei, die die Gestaltungsmittel des illusionistischen Verismus anwendete, kann in ihren realistischen und nur schwach romantisierenden Formen durchaus als eine Richtung des Bürgerlichen Realismus gelten. Entweder ignoriert Beenken die realistischen Tendenzen der deutschen christlichen Bildkunst des 19. Jahrhunderts, oder er beurteilt sie unter dem Aspekt des „religiösen Subjektivismus" als Verfallserscheinungen, verkennt ihre progressiven gesellschaftlichen und politischen Gehalte. Ein Hauptmangel der Argumentation Beenkens liegt darin, daß sie die Gegensätze zwischen bürgerlich-realistischen und feudalklerikalen, christlich-konservativen, traditionell-ästhetischen Gestaltungsweisen in der deutschen christlichen Bildkunst des 19. Jahrhunderts nicht berücksichtigt. Im Grunde genommen übertrifft Beenken noch den Konservatismus der christlichen Ästhetik des 19. Jahrhunderts, wenn er das Nazarenertum ebenso unter das Verdikt des „religiösen Subjektivismus" stellt wie die Gebhardtsche Bibelmalerei und nur die christliche Malerei der älteren Epochen (Mittelalter bis Spätbarock und Rokoko) als kraftvoll-religiöse Kunst gelten läßt, die stets zwischen der Bildwelt und der Betrachterwelt „unaufhebbare Schranken" gezogen und so die „objektive Bedeutung des im Bild Dargestellten" für den Betrachter „wirklich gesichert" habe.[1455] Daß die christliche Bildkunst der älteren Epochen ebenfalls durch Gegensätze zwischen feudalklerikalen und bürgerlich-realistischen Richtungen zerspalten war, vermag Beenken nicht zu sehen.

Ein weiterer Hauptmangel der Beenkenschen Argumentation liegt darin, daß sie die deutsche christliche Bildkunst des 19. Jahrhunderts gleichsam als „Sonderkunst" auffaßt, die eigenen, religiös geprägten Gesetzen folge; diese „Sonderkunst" wird ohne Rücksicht auf den malereihistorischen Gesamtprozeß untersucht, der die Entwicklungen in religiösen *und* profanen Gestaltungsbereichen *umfaßt* und der im

19. Jahrhundert generell durch die Auseinandersetzung zwischen „Realismus" und „Idealismus", zwischen stillagenniederen und stillagenhohen Gestaltungen, zwischen dem Streben nach verstärkter Darstellungskonkretion und dem nach verstärkter Abstraktion bestimmt ist. Im Zuge der Interpretation einiger Gemälde von Eduard von Gebhardt (Wandgemälde aus dem Loccumer Zyklus: *Bergpredigt, Hochzeit zu Kana, Heilung des Gichtbrüchigen; Der zwölfjährige Jesus im Tempel*, 1895; *Auferweckung des Lazarus*, 1896)[1456] formuliert Beenken erneut seine Hauptthese: „In solchen Bildern ist von Über- und Außermenschlichem nichts, aber auch nichts mehr übriggeblieben, und auch das Interesse des Beschauers kann nur ein menschliches sein, da er mit seinem Sichhineinversetzen das Seelische der Bildsituation restlos durchdringen kann."[1457] Diese abwertende, „christlich-ästhetische" Auffassung geht an der Tatsache vorbei, daß die Bildkunst Gebhardts mit einer besonderen Entschiedenheit Prinzipien des Bürgerlichen Realismus auf die Bibel-Malerei überträgt: es sind Prinzipien einer illusionistisch-veristischen Wirklichkeitserfassung, eines Strebens nach gleichsam positivistisch-wissenschaftlicher Darstellungskonkretion, einer bürgerlich-individualistischen Charakterisierung und verfeinerten psychologischen Durchdringung der Figuren, einer Absage an aristokratisierende Gestaltungsweisen, einer Bevorzugung niederer Stillagen, einer Behandlung der Lebenswirklichkeit unterer Schichten und Klassen, einer bildkünstlerischen „Demokratisierung", die die Schranken des bildungsbürgerlichen Rezeptionsbereichs mit Hilfe einer schlichten „Volkstümlichkeit" der Darstellungen zu durchbrechen sucht. – Gebhardts christliche Malerei verfällt keineswegs einem „religiösen Subjektivismus", sondern sie betont in ihrer individualisierenden Figurengestaltung das protestantische Prinzip des individuellen Weges zu Gott und hält sich im übrigen theologisch orthodox an den Buchstaben und Geist der biblischen Erzählungen. Daß Gebhardt das neutestamentliche Geschehen in die Reformationszeit verlegt, zeigt sein Bestreben, die Bibel entschieden lutherisch zu verstehen, die „Exotik" der biblischen Orientmalerei zu vermeiden und einen objektivierenden historischen Abstand der neutestamentlichen Darstellungen zur zeitgenössischen Gegenwart zu wahren; auch in dieser Hinsicht besitzt die christliche Bildkunst Gebhardts keinerlei „religiös-subjektivistische" Tendenz.

Besonders deutlich wird die Enge des Beenkenschen Argumentationsprinzips bei der Beurteilung der religiösen Malerei Fritz von Uhdes; der Autor erwähnt folgende Gemälde: *Lasset die Kindlein zu mir kommen*, 1884; *Komm, Herr Jesus, sei unser Gast*, 1885; *Die Bergpredigt*, 1887; *Schwerer Gang*, 1890; *Der heilige Abend*, 1890; *Die Flucht nach Ägypten*, 1891. Beenken kritisiert die Aufhebung der Schranken zwischen dem heiligen Geschehen und der profanen Wirklichkeit in den Darstellungen Uhdes: „Kein Maler der älteren Jahrhunderte hatte je die grundsätzliche Grenze zwischen jenem Geschehen und alledem, was in unserer Welt möglich ist, in Frage gestellt. Bei *Uhde*, dem Künstler des 19. Jahrhunderts, geht es dagegen um mehr als die bloße Alltäglichkeit und Wirklichkeitsähnlichkeit der Modelle. Jetzt sind zu allerinnerst keine Schranken mehr da. Schon *Goethe* hatte sie aufgehoben, als er Wilhelm Meister in den Anfangskapiteln der Wanderjahre einer in die Gegenwart verschlagenen heiligen Familie auf der 'Flucht nach Ägypten' begegnen ließ. Jetzt ist es grundsätzlich möglich, in jedem armseligen Menschenpaar auf der Landstraße Maria und Joseph zu sehen. Das Menschliche verzehrt auf solche Weise völlig das Christliche."[1458] – Zwar trifft Beenken Richtiges, wenn er die (bürgerliche) Säkularisierung des Themas der „heiligen Familie" in den Anfangskapiteln von Goethes Roman „Wilhelm Meisters Wanderjahre" betont; bedeutsamer ist jedoch die Kritik, die der Dichter an der „neudeutschen religios-patriotischen" Kunst insbesondere der Nazarener übt, indem er ironisch schildert, wie der rückwärtsgewandte Schaffner und Zimmermann „Sankt Joseph der Zweite", der im Dienst eines Fürsten steht, sich bemüht, das Dasein seiner Familie im Sinne der Darstellungen eines mittelalterlichen Gemäldezyklus über das Leben der heiligen Familie zu formen. – Was die Hauptleistung der religiösen Bildkunst Uhdes betrifft, so besteht sie keineswegs in einer negativ zu bewertenden Säkularisierung des „heiligen Geschehens", sondern darin, daß diese Malerei die realistischen Gestaltungsweisen der antitraditionellen „Moderne" aufnimmt und weiterentwickelt. Beenken erkennt nicht die malereihistorische Bedeutung der Auseinandersetzung zwischen der traditionellen Bildkunst, dem traditionellen Idealismus sowie illusionistischen Verismus und „Akademismus" und dem oppositionellen Naturalismus, dem die Uhdesche christliche Malerei als religiöse Variante angehörte.

Der oppositionelle Naturalismus leistete eine Art grundsätzlicher Zivilisationskritik, indem er die ästhetische Kultivierung der traditionellen Bildkunst negierte und mit Hilfe der Dunkel-, Grau- und Hellmalerei, der Fleckauflösung und anderer Abstraktionen eine rücksichtslose Wahrhaftigkeit der Wirklichkeitsauffassung, eine Rückkehr zu ursprünglichen Sehweisen zu erreichen suchte. Vor allen Dingen thematisierte der oppositionelle Naturalismus die *„soziale Frage"*, die die Entwicklung der Gesellschaft und Kultur im Zweiten Deutschen Kaiserreich entscheidend prägte. „Im Grund geht der Uhdesche Armeleutechristus nicht mehr als nur einen Schritt über schon seit langem Gewohntes hinaus", schreibt Beenken[1459] und verkennt damit die völlig neuartige Qualität der religiösen und profanen „Armeleutemalerei" in den siebziger und achtziger Jahren des 19. Jahrhunderts. Der oppositionelle Naturalismus thematisierte die soziale Frage in einer Zeit, in der die Partei des Industrieproletariats, die seit der Reichsgründung stetig erstarkende Sozialdemokratie von liberalen und konservativen Kräften gleichermaßen scharf bekämpft wurde. Die zeitgenössische deutsche Kunstkritik prangerte den Einfluß sozialdemokratischer Ideen und des sozialen Realismus von Gustave Courbet auf die oppositionell-naturalistische Bildkunst an. Zwar brachten weder der profane, geschweige denn der religiöse oppositionelle Naturaliamus parteilich-klassenkämpferische Werke hervor, dennoch erschlossen sie Möglichkeiten der künstlerischen Darstellung der Lebenswirklichkeit unterer Schichten und Klassen, die selbst über die Möglichkeiten des stillagenniederen analytischen Naturalismus weit hinausgingen.

Die oppositionell-naturalistischen Darstellungen *armer Handwerker* verweisen auf die Problematik des erheblichen gesamtgesellschaftlichen Statusverlusts des Handwerks im Zuge der Hochindustrialisierung; der Konkurrenzkampf der Industrie zerstörte ganze Handwerkszweige, neue entstanden, große Bereiche des Handwerks wurden proletarisiert. Uhdes entwurzelte „heilige" Zimmermannsfamilie auf ihrem *Schweren Gang* oder auf der *Flucht nach Ägypten*, Firles arme Schusterfamilie mit der „gefallenen" Tochter (*Vater unser*, 1893, Abb. 235, 382, 387)[1460], Liebermanns proletarische *Zimmermannswerkstatt* (1875-1877, Abb. 378) oder *Schusterwerkstatt* (1881, Abb. 383) spiegelten die soziale Situation handwerkender Kleinbürger.

Der oppositionelle Naturalismus thematisierte den von der Bourgeoisie verdrängten und verachteten Bereich der „niederen" *körperlichen Arbeit*, die das soziale Dasein der Menschen unterer Schichten und Klassen bestimmte; beispielsweise behandelten oppositionell-naturalistische Bildwerke das Hammern von Radschmieden (christliches Triptychon *Arbeit* von Ludwig Dettmann, 1893-1894, Abb. 446), die Erntearbeit auf dem Lande (Kartoffelerntebilder)[1461], den morgendlichen Arbeitsweg von Bergleuten (*Arbeit*, 1900, Abb. 453, von Adolf Münzer), seltener die Arbeit in Fabriken. Die Ausbeutung physischer Kraft, Deformation des Körpers, die restriktive proletarische Existenzweise der arbeitenden Menschen wurden nicht verschwiegen, die positive Möglichkeit der Selbstverwirklichung durch produktive körperliche Anspannung und Tätigkeit wurde im Auge behalten. Allerdings interpretierten die Arbeitsbilder des religiösen oppositionellen Naturalismus die körperliche Arbeit im Sinne der Bibel als von Gott verhängtes Schicksal, das geduldig und wegen des gottgegebenen existenzsichernden Arbeitsertrages oder -entgelts dankbar hinzunehmen sei.

Oppositionell-naturalistische Darstellungen von *Armen und Elenden*, von verelendeten Arbeitslosen, Bettlern, Krüppeln, mittellosen Kranken, Obdachlosen, die der „proletarische Christus" aufsucht, denen er Trost zuspricht und hilft, Darstellungen des „Armen Lazarus" und des „Verlorenen Sohnes" veranschaulichten ein Evangelium der Mühseligen und Beladenen, das vor dem Hintergrund der Verelendung auf dem Lande, Landflucht und furchtbaren Verelendung in den Großstädten einen Appell an das christliche Mitleid der Besitzenden richten konnte.

Am häufigsten behandelten Bildwerke des oppositionellen Naturalismus die schlichte, jedoch auch proletarischkarge Lebenswirklichkeit der *ärmeren Landbevölkerung*; religiöse Themen waren das ländliche Tischgebet, Christi Berg-, Wald- oder Seepredigt vor Bauern, Landarbeitern, Dorfbewohnern, Fischern, der Gottesdienst in der Dorfkirche, die gottgefällige Landarbeit. Eine ursprüngliche Religiosität sollte jenseits der urbanen Zivilisations-, Entfremdungs- und Konflikträume in der elementaren Naturwelt der Dörfer, Äcker, Wälder gefunden werden. Doch das harte, ausgebeutete Arbeitsleben einer Landarbeiterin stellte desillusionierend das Triptychon *Unser Leben währet siebenzig Jahre* (1898, Abb. 434 von Leopold von Kalckreuth) dar.

Die Gestalt des proletarischen, die „niederen" Bereiche von Mühsal, Armut, Not nicht scheuenden Christus erschien als edle, humane Identifikationsfigur des bürgerlichen Intellektuellen und Künstlers, der sich der sozialen Frage stellt. Doch der christliche Sozialismus der religiösen oppositionell-naturalistischen „Armeleutemalerei" intendierte in der Darstellung der frommen Ausgebeuteten letztlich deren christlich-demütige und gottgläubige Versöhnung mit ihrem „Schicksal" und gleichsam eine Aufforderung an die Angehörigen der herrschenden Klassen, in der Nachfolge Christi Nächstenliebe zu üben. Die bürgerliche Distanz dieser Bilder gegenüber der proletarischen Welt, die mit fleckaufgelöstem Schwarz, Braun, Grau und mit „schmutzigen" Mischfarben als eine Welt „ohne Hoffnung" gemalt wurde, blieb erhalten. Sowohl dem religiösen als auch dem profanen oppositionellen Naturalismus lag das Thema einer kämpferischen Emanzipation der unteren Schichten und Klassen fern; dies verdeutlichte die sozialdemokratische Kunstkritik.

Indessen kann die Bedeutung der malereihistorischen Vorkämpferrolle des *religiösen* oppositionellen Naturalismus im Kaiserreich der siebziger und achtziger Jahre nicht hoch genug eingeschätzt werden; Beenken nimmt diesen Vorkampf des religiösen oppositionellen Naturalismus für die „Moderne" nicht wahr, übrigens ebensowenig wie den Einfluß des Kulturkampfes auf die Bildkunst. In einer Zeit der Herrschaft traditionell-ästhetischer Prinzipien auch in der Kunstkritik konnte die *Umkehrungsaneignung* religiöser Themen durch den oppositionellen Naturalismus eine erhebliche innovative Stoßkraft entfalten. Die ranghöchste Gattung der traditionellen Bildkunst, die christliche Malerei, erschien in ihrer Stellung dadurch erschüttert, daß ihre Inhalte, Ideen vom religiösen oppositionellen Naturalismus übernommen, im Sinne der „Moderne" umgedeutet, sozusagen in einer „*Umkehrung*" vom gegnerischen Lager *angeeignet* wurden. Der oppositionelle Naturalismus traf auf diese Weise die traditionelle Bildkunst in einem zentralen Bereich. Weiter ist zu berücksichtigen, daß sich der religiöse oppositionelle Naturalismus eher durchsetzte als der profane, daß Maler wie Uhde, Firle, Dettmann früher ihren Durchbruch erzielten als beispielsweise Liebermann, der zunächst nur in Paris bekannt war. Dies kann wie folgt erklärt werden: Im Zweiten Deutschen Kaiserreich, das ästhetisch und überhaupt kulturell wesentlich konservativer eingestellt war als beispielsweise Frankreich, Belgien, England, versprach ein bildkünstlerisches Anknüpfen an das überlieferte christliche Gedankengut, das gerade auch vom Staat gefördert wurde, mit großer Wahrscheinlichkeit Beachtung, Erfolg. Die modernen sozialen Ideen des oppositionellen Naturalismus konnten mit Hilfe des christlichen Gedankenguts verklärt werden, so daß sie eine gewisse Duldung fanden ebenso wie die neuartigen formalästhetischen Prinzipien, die diese „religiös gemilderten" sozialen Ideen ausdrücken halfen. Nach einer Anlaufphase intensiver ästhetischer Diskussionen setzte sich der religiöse oppositionelle Naturalismus in der zweiten Hälfte der achtziger Jahre durch und brach der profanen „Moderne" eine Bresche. Es waren Uhde und andere Maler des religiösen oppositionellen Naturalismus, die der Hellmalerei und stärker abstrahierenden Gestaltungsweisen im Deutschland der achtziger und neunziger Jahre den Weg bereiteten.

Den Prozeß der Umkehrungsaneignung christlicher Themen durch die realistische „Moderne" hatte allerdings Eduard von Gebhardt mit seinem *Abendmahl* von 1870 (Abb. 208) eingeleitet. Der baltische Maler wagte es, dem noch immer gültigen Vorbilde der traditionellen Ästhetik, dem *Abendmahl* von Leonardo da Vinci zu trotzen, dem auch Wilhelm von Kaulbach in seinem Monumentalgemälde *Das Zeitalter der Reformation* (1863-1864, Abb. 88) Ehre erwiesen hatte, indem er es als Wandbild hinter der Szene mit der Abendmahlsausteilung und der Zentralfigur Luthers erscheinen ließ. Gebhardt tauchte einen großen Teil seines anspruchsvollen großformatigen *Abendmahls* in schmutziges „Alltagsgrau" und schilderte die Jünger nicht als renaissancistische Heroen des Urchristentums, sondern als schlichte, knorrige Fischer, Bauern, Handwerker. Weitere Stationen des Weges waren Hans Thomas *Christi Predigt am See* (1877, Abb. 254), das stärkere Abstraktionen anwendete und ländliche Arme und Elende als Zuhörerschaft am kargen Ufer zeigte, Max Liebermanns *Der zwölfjährige Jesus im Tempel* (1879, Abb. 471) und Fritz von Uhdes proletarisches Landarbeiter-*Abendmahl* von 1886 (Abb. 214).

Auch die Klingerschen Gemälde *Die Kreuzigung Christi* (1890, Abb. 144) und *Christus im Olymp* (1890-1897), können unter dem Gesichtspunkt der Umkehrungsaneignung christlicher Inhalte betrachtet werden. Da Beenken in seinen Bildinterpretationen generell die gesellschaftlich bedingten malereihistorischen Antagonismen unberücksichtigt läßt, vermag er den Charakter der Modernität der Bildwerke Klingers nicht zu erfassen. Lediglich kritisiert Beenken negativ die Relativierung des Golgathageschehens in der „Kreuzigung Christi" durch verschiedene „Stellungsnahmen" der Glaubenden, Trauernden, Buchstabengerechten, Skeptisch-Gleichgültigen und die Vermenschlichung der nackten Christusfigur am „historisch-archäologisch endlich berichtigten Christuskreuz".[1462] Dem „Christus im Olymp" wirft Beenken das evolutionistische Denken vor, das nivellierend Weltanschauungen im geschichtlichen Entwicklungsprozeß einander ablösen sieht, die „historische Mythologie", das „bis ins Allerletzte widerchristliche Bilddenken", das sich „der Gestalt Christi bemächtigt hatte".[1463] Demgegenüber muß hervorgehoben werden, daß die beiden Klingerschen Monumentalgemälde wichtige Marksteine der deutschen Malerei auf dem Weg in die „Moderne" bildeten. Diese Werke leisteten eine produktive Säkularisierung der Christusfigur, ihre Neuinterpretation als Künstler-Genie; sie vertraten das antitraditionelle Wahrheitsprinzip der Kunst; sie brachen in der Darstellung des nackten menschlichen Körpers mit der elitären neoklassizistischen Tradition und gaben einer ursprünglichen, haptisch-konkreten, kommunikativen Sinnlichkeit Ausdruck; sie wendeten starke kompositorische Abstraktionen an und entwickelten so die medialen Möglichkeiten der Malerei weiter; sie übertrugen die Fleckauflösung und Hellmalerei, die in der traditionellen Ästhetik als „niederwertig" galten, auf die „stillagenhohe", monumentale Bildkunst und gaben ihr damit eine neuartige Unmittelbarkeit, gesteigerte Ausdruckskraft; sie zerstörten durch ihre Deprägnanzen, Deformationen, fleckauflösenden Formunschärfen in der Figurendarstellung den Schein des Idealen und spiegelten auf diese Weise den „historischen Schönheitsverlust" der Bourgeoisie, die Wirksamkeit der Entfremdung, der gesellschaftlichen Zerstörung von Humanität im Kapitalismus. Die Zweiweltenkonzeption Klingers, die auch das Hauptwerk des Künstlers prägte, den *Christus im Olymp*, reflektierte in mythisch verzerrter Form die große „*soziale Frage*" des Klassenantagonismus im 19. Jahrhundert.

Unter dem Zwang seiner These vom geistigen „Ende" der deutschen christlichen Bildkunst des 19. Jahrhunderts müßte Beenken den Aufschwung religiöser Malerei in der Phase des *Neuidealismus* etwa zwischen 1890 und 1910 zur „Scheinblüte" erklären. – Zwar besaß Beenken keine Vorstellung einer neuidealistischen Epoche, stellte jedoch immerhin fest, daß sich zwischen 1900 und 1910 eine „stilisierende" christliche Monumentalmalerei ausbreitete: „In den Beginn des 20. Jahrhunderts fallen jene umfassenden Bestrebungen protestantischer wie auch vor allem katholischer Kreise, aus nazarenischer Gefühlsseligkeit und plattem Naturalismus heraus wieder zu einem eigenen Stil für kirchliche Monumentalmalerei, sei es an Wänden, auf Altären oder im farbigen Glas der Fenster, zu kommen. Man begriff jetzt das Eine, wie in den Zeitaltern einer starken christlichen Kunst das Menschliche und Natürliche hinter dem geistigen Gültigen hatten zurückstehen müssen. Aus einer historischen Erkenntnis zog man die Folgerung. Übersehen aber wurde die völlige Verschiedenheit der einst gültig gewesenen und der heutigen Voraussetzungen. Man glaubte die äußeren Hüllen dessen, was Stil war, erborgen zu können, ohne die Gehalte zu haben. So kam man zum bloß Dekorativen, zum äußerlichen geschmäcklerischen Stilisieren. Stil gibt Halt; Stilisieren aber wird notwendig innerlich haltlos sein müssen."[1464] Vom Standpunkt seiner normativen christlichen Ästhetik her, die sich am Beispiel der religiösen Kunst der älteren Epochen orientierte, beurteilte Beenken den Ausschnitt der christlichen Bildkunst des Neuidealismus, der ihm ins Auge fiel, mithin negativ. Bedeutsamer als dieses idealistische und nicht durch exakte Analysen fundierte Werturteil erscheint eine in dieser Untersuchung angestrebte, genauere phänomenologische Beschreibung der unterschiedlichen Gestaltungsweisen und Strömungen des christlichen und nichtchristlichen Neuidealismus und die Klärung der historischen Ursachen, die zum Erstarken der *anti-realistischen* „Moderne" führten.

Das „Ende" der deutschen christlichen Bildkunst fällt in die Zeit der Vernichtung bürgerlicher und christlicher Illusionen im Ersten Weltkrieg. Die deutsche christliche Bildkunst „endet" mit der Hauptphase des Expressionismus. Beenken sah in der expressionistischen (neuidealistischen) religiösen Malerei eine Depravation der Kunst: „Als seit etwa 1910 in Deutschland der Expressionismus vordrang, hat sich die 'neue kirchliche Kunst' zu immer ausgefalleneren Experimenten hinreißen lassen. Kirchliche Behörden und Pfarrer, die mit der Zeit zu gehen für geboten hielten, verloren jeden Maßstab für das im christlichen Sinne Blasphemische dessen, dem sie jetzt Einlaß in die Kirche gewährten. (...) Dabei waren es weit weniger die eigentlich führenden Künstler der neuen Richtungen, die dem alles Heilige zur Fratze verzerrenden Kirchenexpressionismus die Bahn brachen, als anpassungswillige Mitläufer. Krampfige Aufgeregtheit wurde mit echter religiöse Ekstase verwechselt, und der inneren Leere wurden sich weder die Künstler selber noch die Auftraggeber bewußt."[1465] Beenken verkennt das expressionistische Bemühen, gleichzeitig die alten Formen und Inhalte zu zerschlagen und neue, elementare Ausdrucksweisen zu schaffen, auch das Christentum von Grund auf zu erneuern; er verkennt den formal- und inhaltsästhetischen Einfluß der neuen wissenschaftlich-technischen Entwicklung in den urbanen Zentren auf die profane und religiöse Bildkunst; er verkennt die entfremdende Prägung auch der christlichen Malerei durch die gesellschaftlich-kapitalistischen Zerstörungen im Zweiten Deutschen Kaiserreich, die in die Zerstörungen des imperialistischen Weltkriegs einmündeten.

Adolf Smitmans kritisierte in seinem Buch *Die christliche Malerei im Ausgang des 19. Jahrhunderts – Theorie und Kritik* (1980) Beenkens These vom „Ende" der deutschen christlichen Bildkunst im 19. Jahrhundert durch die Selbstzersetzung, die der „religiöse Subjektivismus" bewirkt habe, in drei Punkten: Erstens sei die deutsche christliche Bildkunst des 19. Jahrhunderts nicht durchweg von religiösem Subjektivismus beherrscht gewesen; mit Recht führte Smitmans als Beispiele die Kunst der Nazarener und der Beuroner Schule an, die eine Veranschaulichung objektiver christlicher Inhalte geleistet hätten. Auch die starken Abstraktionen der „Moderne" erstrebten nach Smitmans als Gestaltungsweise der christlichen Bildkunst den Ausdruck spiritueller Objektivität.[1466] Zweitens leugnet Smitmans nicht, daß es im Deutschland des 19. Jahrhunderts religiöse Bildwerke gab, die „die ganze künstlerische Rechnung auf ein gefühlhaftes subjektives Hineinversetzen in die an sich fremden Situationen" stellten (Beenken).[1467] Dies Phänomen der bildkünstlerischen psychologischen Einfühlung, der gefühlhaften Ausdruckssteigerung habe jedoch nicht ausschließlich die religiöse Kunst des 19. Jahrhunderts bestimmt, sondern auch die früherer Epochen; beispielsweise sei die Ausbildung der Kreuzweg- und Pietà-Darstellungen auf das Streben nach gefühlsmäßiger Vergegenwärtigung zurückzuführen. Drittens dürfe man das Wirken der „freien Subjektivität" in der bildkünstlerischen Darstellung christlicher Gehalte, Ideen nicht im Sinne Beenkens und der christlichen Ästhetik des 19. Jahrhunderts prinzipiell negativ bewerten, sondern man müsse es als positive Möglichkeit begreifen, aus der persönlichen und von der jeweiligen Epoche bedingten Lebenswelt heraus die Glaubensinhalte zu gestalten. Smitmans schreibt: „Ich bin mir des fragmentarischen Charakters der vorgetragenen Gedanken bewußt wie auch ihrer Angreifbarkeit von fast allen Seiten. Aber dies wird doch richtig sein: Wirklichkeit und Begriff christlicher Kunst liegen so wenig fest wie die der Kunst insgesamt; wie auch Gestalt und Aussage der christlichen Existenz nicht festliegen. (Wer beides als fest versteht, mißachtet alle Ergebnisse historischer Forschung *und* beraubt sich jeder Möglichkeit, zu leben in der Zeit. Es bliebe als einzige Tätigkeit die des Archivars. Ein Gespräch ist da nicht möglich.) Deshalb darf man auf der Suche nach der christlichen Kunst keinen Phantomen nachjagen. Der Künstler darf sich auch nicht erdrücken lassen von den Mustern der Geschichte. Vielleicht werden Ort und Gestalt der christlichen Kunst ganz neu. Es könnte eine Kunst sein, die nicht mehr flieht vor der Wirklichkeit, vor dem Konkreten."[1468] Von dieser liberalen Position aus gewinnt Smitmans die Möglichkeit, sogar die am meisten realistischen und „subjektivistischen" Bildwerke der deutschen christlichen Malerei des 19. Jahrhunderts in gewisser Weise „vorurteilsfrei" zu betrachten. Dennoch bleibt auch Smitmans im Zirkel einer spezifisch christlich-religiösen Auseinandersetzung befangen. Er stellt nicht die Frage nach den unterschiedlichen ideologischen Brechungen der zeitgenössischen Lebenswirklichkeit in den unterschiedlichen Werken und Strömungen der deutschen christlichen Bildkunst des 19. Jahrhunderts. Er reflektiert nicht die gesellschaftliche und politische Entwicklung im Deutschland des 19. Jahrhunderts, deren Realitäten sich in der malereihistorischen Entwicklung sowohl der profanen als auch der religiösen Bildkunst – freilich auf unterschiedliche Weise – spiegeln. Er berührt nur peripher die innovativen formal- und inhaltsästhetischen Wirkungen, die die Eskalation der „sozialen Frage" in der profanen und religiösen Bildkunst im Zweiten Deutschen Kaiserreich erzeugte. Er konzentriert den Blick auf die spezifisch „christliche" Bildkunst und unterliegt damit tendenziell dem Fehler, sie als „Sonderkunst" zu behandeln, ihre Einbettung in den malereihistorischen Gesamtprozeß nicht genügend zu beachten. – Das erklärte Ziel dieser Untersuchung besteht darin, alle Beschränkungen, Fehler der *idealistischen* Auffassung der deutschen christlichen Bildkunst des 19. Jahrhunderts zu vermeiden, eine sorgfältige *historisch-kritische Analyse* und Wertung zu leisten.

Anhang

Anmerkungen

1 Alphons M. von Steinle: Edward von Steinle. Des Meisters Gesamtwerk in Abbildungen. Herausgegeben durch Alphons M. von Steinle, Kempten/München 1910, Textteil am Schluß des Buches, S. 12, 1. Sp., Abb. 214. Zur Zeichnung von 1861 vgl. ebd., S. 13, 1. Sp., Abb. 224. Zur Zeichnung von 1858 vgl. auch: Hermann Beenken: Das neunzehnte Jahrhundert in der deutschen Kunst. Aufgaben und Gehalte. Versuch einer Rechenschaft, München 1944, S. 261.
2 Vgl. Gerd Heinz-Mohr: Lexikon der Symbole. Bilder und Zeichen der christlichen Kunst, Düsseldorf/Köln 1976[4], Stichwort: „Regenbogen", S. 245
3 Carl Grüneisen: Vorwort, in: Christliches Kunstblatt, 1. 1858/1859, S. 2
4 Vgl. dazu auch: Sigrid Metken: Nazarener und „nazarenisch". Popularisierung und Trivialisierung eines Kunstideals, in: Kat. Ausst. Die Nazarener. Städel. Städtische Galerie im Städelschen Kunstinstitut Frankfurt am Main 28. April bis 28. August 1977, Frankfurt am Main 1977, S. 365-388, hier Abb. 2 mit Erläuterung, S. 366
5 Ohne Verfasserangabe: Pfannschmidt's Vignette, in: Christliches Kunstblatt, 16. 1874, S. 97 f.
6 Klinger behandelte dies Thema auch in dem Stich: *Integer vitae scelerisque purus*, 1885-1900, 39,4 x 30,2 cm, Singer Nr. 230, Blatt 1 aus dem Graphikzyklus *Opus XIII. Vom Tode II*, 1909. Das unerbittliche Schicksal thront über den Trümmern vergangener menschlicher Kulturen. Es hat Gewalt über den Vulkan, der Städte durch seinen Ausbruch zerstören kann und über die Zeit (Symbol der Sanduhr). Dem Untergang am Rande des Abgrunds unterhalb der Sanduhr sind preisgegeben: Moses, Christus, Brahma, Zeus und das Heidentum (Abb. 5 im Text). Vgl. Paul Kühn: Max Klinger, Leipzig 1907, S. 169-170
7 Hans H. Hofstätter: Das Christliche in der Malerei des 19. Jahrhunderts, in: Das Münster, 31.1978, Heft 1, S. 47-58, hier S. 47, 1. Sp.
8 Dem sprachlich glatteren Ausdruck „Formgestaltung" wäre der Ausdruck „Formalgestaltung" vorzuziehen, der allerdings den Nachteil besitzt, an den des „Formalismus" anzuklingen. Demgegenüber besitzt der Ausdruck „Formgestaltung" folgenden Nachteil: er soll alle Bereiche des Formalen umfassen, mithin die Bereiche der Form (bestimmt durch Ausdehnung eines Areals, Begrenzungsverlauf, Binnengliederung und -struktur), der Farbe, des Raumes und der Komposition; die Gestaltungen innerhalb dieser „formalen" Bereiche werden als Formgestaltung, Farbgestaltung, Raumgestaltung und kompositorische Gestaltung bezeichnet; der allgemeine Begriff der „Formgestaltung" („Formalgestaltung"), der alle Bereiche des Formalen umfassen soll, ist so gesehen identisch mit dem speziellen Begriff der „Formgestaltung", der nur einen einzigen Bereich des Formalen, nämlich den der Form (bestimmt durch Ausdehnung eines Areals, Begrenzungsverlauf, Binnengliederung und -struktur) bezeichnen soll. Dies sprachlich-logische Dilemma betrifft im gleichen Sinn den Begriff der „Formästhetik" („Formalästhetik"). Für die Bildung der entsprechenden Adjektive besteht ebenfalls diese Schwierigkeit.

9 Vgl. Kat. Ausst. Die Nazarener (1977), s. Anm. 4, sowie: Rudolf Bachleitner: Die Nazarener, München 1976 (= Heyne Stilkunde 2)
10 Vgl. Harald Siebenmorgen: Die Beuroner Kunstschule. Peter Lenz (P. Desiderius) und seine Mitarbeiter, in: Das Münster, 30.1977, Heft 1, S. 20-36, hier S. 31, sowie: P. Odilo Wolff O.S.B.: Beuroner Kunst, in: Die christliche Kunst, 7.1910/1911, S. 121-138, hier S. 134, Abb. S. 140-146
11 Vgl. Reinhold Hartmann: Erneuerungsversuche der christlich-religiösen Malerei im 19. Jahrhundert, insbesondere der Bestrebungen auf naturalistischer Basis in der zweiten Jahrhunderthälfte, Diss. Tübingen 1954; Hartmann kritisiert vor allen Dingen die „naturalistischen" Gestaltungstendenzen, die einen adäquaten Ausdruck religiöser Wesenheit verhindern. Ähnlich argumentiert: Klaus Lankheit: Vision, Wundererscheinung und Wundertat in der christlichen Kunst, in: Triviale Zonen in der religiösen Kunst des 19. Jahrhunderts. Mit einem Vorwort von Walter Wiora, Frankfurt am Main 1971 (= Studien zur Philosophie und Literatur des neunzehnten Jahrhunderts Band 15), S. 76-101. Vgl. auch: Hans H. Hofstätter: Das Christliche in der Malerei des 19. Jahrhunderts, in: Das Münster. Zeitschrift für christliche Kunst und Kunstwissenschaft, 31.1978, Heft 1, S. 47-58. Vgl. ebenfalls: Adolf Smitmans: Die christliche Malerei im Ausgang des 19. Jahrhunderts – Theorie und Kritik. Eine Untersuchung deutschpraciger Periodica für christliche Kunst 1870-1914, Sankt Augustin 1980; anders als Reinhold Hartmann läßt Smitmans auch die „naturalistischen" christlichen Kunstwerke als legitime religiöse Bilder gelten. Von einer religiösen Basis in seiner Untersuchung der Kunst des 19. und 20. Jahrhunderts geht aus: Hans Sedlmayr: Verlust der Mitte. Die bildende Kunst des 19. und 20. Jahrhunderts als Symptom und Symbol der Zeit, Salzburg 1948
12 Die Zitate geben die zeitgenössische Schreibweise und Interpunktion wieder. Hervorhebungen innerhalb der Zitate entsprechen den Hervorhebungen der Originaltexte.
13 Vgl. Hermann Beenken 1944, s. Anm. 1, darin: „Das Ende der christlichen Bildkunst", S. 246-278. Vgl. Die Diskussion der „Thesen vom Ende der christlichen Kunst" bei Smitmans 1980, s. Anm. 10, S. 247-254. Vgl. auch: „Schlußteil. Die Frage des 'Endes' der christlichen Bildkunst im neunzehnten Jahrhundert. Ergebnisse und Thesen", in dieser Untersuchung, S. 465-472
14 Vgl. Will und Ariel Durant: Rousseau und die Französische Revolution III. Der protestantische Norden. Johnsons England I. Ins Deutsche übertragen von Leopold Voelker, Lausanne o.J. (= Kulturgeschichte der Menschheit XXXI), S. 84-85. Vgl. auch: Friedrich Engels: Dialektik der Natur (1873-1883), in: MEW 20, S. 305-570, hier S. 316-319
15 Vgl. Artikel: Cours de philosophie positive (frz.; Abhandlung über die Philosophie des Positivismus). Hauptwerk des Philosophen Isidore-Auguste-Marie-Xavier Comte (1798-1857), herausgegeben in Paris in den Jahren 1830-1842, in: Kindlers Literatur Lexikon. Band III. Werke Chi-Dz, Darmstadt 1971, S. 2215
16 Hans Herzfeld: Die moderne Welt 1789-1945. I. Teil. Die Epoche der bürgerlichen Nationalstaaten 1789-1890, Braunschweig

1973⁶ (= Geschichte der Neuzeit. Herausgegeben von Gerhard Ritter), S. 81.
17 Vgl. Kat. Ausst. Weltausstellungen im 19. Jahrhundert. Idee, Auswahl und Texte: Christian Beutler, mit einem Beitrag von Günter Metken. Gestaltung des Kataloges: Klaus-Jürgen Sembach. Die Neue Sammlung, Staatliches Museum für angewandte Kunst München, München 1973
18 Vgl. Geschichte der Erziehung. Zwölfte Auflage. Redaktion: Karl-Heinz Günther, Franz Hofmann, Gerd Hohendorf, Helmut König, Heinz Schuffenhauer, Berlin DDR 1976, S. 289-291.
19 Vgl. Friedhelm Nyssen: Das Sozialisationskonzept der Stiehlschen Regulative und sein historischer Hintergrund. Zur historisch-materialistischen Analyse der Schulpolitik in den fünfziger und sechziger Jahren des 19. Jahrhunderts, in: Klaus L. Hartmann/Friedhelm Nyssen/Hans Waldeyer (Hrsg.): Schule und Staat im 18. und 19. Jahrhundert. Zur Sozialgeschichte der Schule in Deutschland. Beiträge von Ursula Aumüller, Hans Waldeyer, Klaus L. Hartmann, Helga Zander, Gerhard Ketterer, Anne Steiner, Friedhelm Nyssen, Franz Wenzel, Frankfurt am Main 1974 (= edition suhrkamp 694), S. 292-322, hier S. 306 ff.
20 Vgl. Geschichte der Erziehung 1976, s. Anm. 18, S. 360-361
21 Vgl. ebd., S. 358-360. Vgl. auch in dieser Untersuchung S. 40
22 Zum klerikalen Einfluß auf staatliche Aufträge zur Ausmalung von Schulen u.a. vgl. in dieser Untersuchung: „Das Verhältnis von Christentum und Antike an weiteren Beispielen der zeitgenössischen Bildkunst und Literatur", S. 181-195
23 Vgl. Hermann August Korff: „Die philosophische Umbildung der Religion", in: ders.: Geist der Goethezeit. Versuch einer ideellen Entwicklung der klassisch-romantischen Literaturgeschichte. I. Teil. Sturm und Drang, Darmstadt 1974 (= Unveränderter reprographischer Nachdruck der 8., unveränderten Auflage, Leipzig 1966), S. 15-23.
24 Vgl. Hans-Wolf Jäger: Politische Metaphorik im Jakobinismus und im Vormärz, Stuttgart 1971, S. 85-95.
25 Vgl. die These von Wienbarg: „der Pantheismus und Pancivismus wachsen auf einem Stil. Wenn alles Gott ist, so ist das wenigste, daß alles Bürger ist." (1834) Zitiert nach: Hans-Wolf Jäger 1971, S. Anm. 24, S. 93
26 Vgl. Karl Kupisch: Zwischen Idealismus und Massendemokratie. Eine Geschichte der evangelischen Kirche in Deutschland 1815-1945, Berlin 1955, S. 48 f.
27 Vgl. Christian Barth: Von dem Zwecke Jesu und seiner Jünger. Theologische Schrift von Hermann Samuel Reimarus (1694-1768), erschienen 1778, Artikel in: Kindlers Literatur Lexikon. Band XI. Werke Tran-Z, Darmstadt 1973, S. 10057
28 Vgl. Richard Falckenberg: Geschichte der neueren Philosophie von Nikolaus von Kues bis zur Gegenwart im Grundriss dargestellt, Leipzig 1908⁶, S. 553-556. Vgl. auch: Bernd Moeller: Geschichte des Christentums in Grundzügen, Göttingen 1979² (= Uni-Taschenbücher UTB 905), S. 348-349, sowie: Wilhelm Schneemelcher: Das Wesen des Christentums. Philosophisches Hauptwerk von Ludwig Feuerbach (1804-1872), erschienen 1841, Artikel in: Kindlers Literatur Lexikon. Band XI. Werke Tran-Z, Darmstadt 1973, S. 10197-10198
29 Vgl. Karl Kupisch 1955, s. Anm. 26, S. 50 f.
30 Vgl. Richard Falckenberg 1908⁶, s. Anm. 28, S. 560, sowie in dieser Untersuchung S. 105-106
31 Vgl. Karl Kupisch 1955, S. Anm. 26, S. 51 f.
32 Vgl. Kat. Ausst. Kunst der bürgerlichen Revolution von 1830 bis 1848/49. Neue Gesellschaft für Bildende Kunst Berlin 1972, Berlin 1973², Beilage (Katalog der ausgestellten Werke), S. 3, Nr. 22
33 Vgl. in dieser Untersuchung S. 62-63
34 Karl Marx und Friedrich Engels: Manifest der kommunistischen Partei, in: MEW 4, S. 459-493, hier S. 464 f.
35 Hans-Ulrich Wehler: Das Deutsche Kaiserreich 1871-1918, Göttingen 1975² (= Deutsche Geschichte. Herausgegeben von Joachim Leuschner. Band 9. VR. Kleine Vandenhoeck-Reihe 1380), S. 119
36 Vgl. Georg Franz: Kulturkampf, München 1954, S. 66
37 Vgl. Hans-Ulrich Wehler 1975², s. Anm. 35, S. 84
38 Vgl. Joachim Streisand: Deutschland von 1789 bis 1815 (Von der Französischen Revolution bis zu den Befreiungskriegen und dem Wiener Kongreß), Berlin DDR 1977⁴ (=Lehrbuch der deutschen Geschichte. Herausgegeben von einem Autorenkollektiv. Beitrag 5), S. 108-111.
39 Vgl. Leo Balet/E. Gerhard: Die Verbürgerlichung der deutschen Kunst, Literatur und Musik im 18. Jahrhundert. Herausgegeben und eingeleitet von Gert Mattenklott, Frankfurt am Main/Berlin/Wien 1973 (= Ullstein Buch Nr. 2995). Vgl. auch: Peter H. Feist: Überlegungen zur Geschichte der deutschen Kunst des 19. Jahrhunderts, in: ders.: Künstler, Kunstwerk und Gesellschaft. Studien zur Kunstgeschichte und zur Methodologie der Kunstwissenschaft, Dresden 1978 (= Fundus-Bücher 51/52), S. 43-63, hier S. 47 f.
40 Vgl. Ludwig Schreiner: Die Gemälde des neunzehnten und zwanzigsten Jahrhunderts in der Niedersächsischen Landesgalerie Hannover, Textband, München 1973, S. 37
41 Vgl. Hermann Beenken 1944, s. Anm. 1, S. 257-258
42 Vgl. Renate Liebenwein-Krämer: Säkularisierung und Sakralisierung. Studien zum Bedeutungswandel christlicher Bildformen in der Kunst des 19. Jahrhunderts, Diss. Frankfurt am Main 1977, 2 Bde.
43 Vgl. Renate Liebenwein-Krämer: „IV. Die Sakralisierung von Kunst und Künstlern im 19. Jahrhundert und ihre Vorstufen", in: ebd., S. 222-352, Band I
44 Gustav Friedrich Hartlaub: Kunst und Religion. Ein Versuch über die Möglichkeit neuer religiöser Kunst, Leipzig 1919 (= Das neue Bild. Bücher für die Kunst der Gegenwart. Herausgegeben von Carl Georg Heise. Zweiter Band), S. 1
45 Ebd.
46 Vgl. Karl Vorländer: Philosophie des Altertums. Geschichte der Philosophie I. Bearbeitet von Erwin Metzke. Mit einem Anhang 'Quellentexte' ausgewählt von Ernesto Grassi und Eckhard Keßler, Reinbek bei Hamburg 1963 (= rowohlts deutsche enzyklopädie. Herausgegeben von Ernesto Grassi Universität München 183), S. 184-186, sowie Quellentext S. 284-289
47 Gustav Friedrich Hartlaub 1919, s. Anm. 44, S. 6
48 Vgl. Richard Wagner: Religion und Kunst, in: ders.: Gesammelte Schriften und Dichtungen. Vierte Auflage. Zehnter Band, Leipzig o.J. (1907), S. 211-285, hier S. 211, S. 213, S. 231. Vgl. dazu ebenfalls: Werner Wolf: Richard Wagner. Vom Schweizer Exil nach Bayreuth, in: Gustav Seeber (Hrsg.): Gestalten der Bismarckzeit, Berlin DDR 1978, S. 126-152, hier S. 149, 1. Sp.
49 Vgl. Richard Wagner 1907, s. Anm. 48, S. 230
50 Vgl. ebd., S. 253
51 Der Begriff „Pathosformel" stammt von Aby Warburg, vgl. auch: Klaus Lankheit: Das Triptychon als Pathosformel, Heidelberg 1959 (= Abhandlungen der Heidelberger Akademie der Wissenschaften. Philosophisch-historische Klasse. Jahrgang 1959. 4. Abhandlung), S. 13-14
52 Vgl. Gustav Friedrich Hartlaub 1919, s. Anm. 44, S. 8
53 Ebd., S. 10
54 Ebd., S. 13
55 Vgl. ebd., S. 31
56 Ebd., S. 27 f.
57 Ebd., S. 28
58 Ebd., S. 29
59 Vgl. ebd., S. 30
60 Vgl. ebd., S. 32-36
61 Vgl. ebd., S. 38-44

62 Zitiert nach: Josef Kreitmaier S.J.: Beuroner Kunst. Eine Ausdrucksform der christlichen Mystik. Vierte und fünfte, erweiterte Auflage, Freiburg im Breisgau 1923, S. 103, 104
63 Alfred Woltmann: Holbein und seine Zeit. Des Künstlers Familie, Leben und Schaffen. Erster Band. Zweite umgearbeitete Auflage, Leipzig 1874, S. 3
64 Wolfgang Kirchbach: Religiöse Kunst, in: Die Kunst unserer Zeit, 9.1898, S. 97-136, hier S. 104
65 Ebd., S. 136
66 Cornelius Gurlitt: Kirche und Kunst. Rede, gehalten bei der Übernahme des Rektorats der Kgl. Sächsischen Technischen Hochschule am 1. März 1904, in: Monatsschrift für Gottesdienst und kirchliche Kunst, 9.1904, S. 116-122, hier S. 116.
67 Ebd., S. 117
68 Ebd., S. 119
69 Ebd., S. 122
70 Ebd., S. 121
71 Vgl. ebd., S. 121 f.
72 Hans Sedlmayr 1965[8], s. Anm. 11, S. 9. Vgl. Werner Hofmann: Zu einer Theorie der Kunstgeschichte, in: Werner Hofmann: Bruchlinien. Aufsätze zur Kunst des 19. Jahrhunderts, München 1979, S. 11-18. Vgl. auch: Martin Warnke: Drei Deutungen abstrakter Kunst. 1. Gebrochenes Licht: Hans Sedlmayr, in: ders.: Künstler, Kunsthistoriker, Museen. Beiträge zu einer kritischen Kunstgeschichte, Luzern und Frankfurt am Main 1979 (= bucher report 6), S. 52-53
73 Ebd.
74 Vgl. ebd., „1. Kapitel: Neue führende Aufgaben", S. 15-59
75 Vgl. ebd., „7. Kapitel: Verlust der Mitte", S. 143-148
76 Ebd., S. 170
77 Vgl. ebd., S. 205: „Es wird verkannt, daß zum Wesen des Menschen 'Persönlichkeit' gehört, daß aber Persönlichkeit nur als Ebenbild Gottes definiert und festgehalten werden kann." Vgl. auch Sedlmayrs Kritik am Pantheismus und Deismus des 18. Jahrhunderts, die einen persönlichen Gott verneinen, S. 169; S. 170 heißt es: „Die persönliche Beziehung zwischen dem Menschen und Gott – als dem eigentlichen 'Du' des Menschen – geht verloren."
78 Vgl. ebd., S. 218-228
79 Ebd., S. 170
80 Vgl. dazu: Arnold Hauser: Sozialgeschichte der Kunst und Literatur, München 1973, „Teil IV. Mittelalter", S. 127-280, „Teil V. Renaissance, Manierismus, Barock", S. 281-511
81 Hans Sedlmayr 1948, 1965[8], s. Anm. 11, S. 177
82 Ebd., S. 158
83 Ebd., S. 161
84 Friedrich Engels: Ludwig Feuerbach und der Ausgang der klassischen deutschen Philosophie, in: MEW 21, S. 259-307, hier S. 272
85 Ludwig Feuerbach: Das Wesen des Christentums (Leipzig 1841), in: Ludwig Feuerbach. Werke in sechs Bänden. Herausgegeben von Erich Thies 5, Frankfurt am Main 1976, S. 68
86 Ebd., S. 121
87 Ebd., S. 154
88 Vgl. ebd., S. 160
89 Vgl. ebd., S. 323-326
90 Ebd., S. 322
91 Vgl. ebd., S. 14
92 Ebd., S. 322 f.
93 Friedrich Engels: Feuerbach, s. Anm. 84, S. 259-307, hier S. 277 f.
94 Ebd., S. 292 f.
95 Vgl. zur Feuerbachkritik von Marx und Engels auch: Richard Sorg: Marxismus und Protestantismus in Deutschland. Eine religionssoziologisch-sozialgeschichtliche Studie zur Marxismus-Rezeption in der evangelischen Kirche 1848-1948, Köln 1974 (= Kleine Bibliothek. Politik Wissenschaft Zukunft 48), S. 12-16
96 Vgl. Karl Marx: Einleitung zur Kritik der Politischen Ökonomie, in: MEW 13, S. 613-642
97 Karl Marx/Friedrich Engels: Die deutsche Ideologie. Kritik der neuesten deutschen Philosophie in ihren Repräsentanten Feuerbach, B. Bauer und Stirner, und des deutschen Sozialismus in seinen verschiedenen Propheten, in: MEW 3, S. 9-530, hier S. 26 f.
98 Friedrich Engels: Herrn Eugen Dührings Umwälzung der Wissenschaft („Anti-Dühring"), in: MEW 20, S. 1-303, hier S. 294
99 Ebd.
100 Karl Marx: Zur Kritik der Hegelschen Rechtsphilosophie. Einleitung, in: MEW 1, S. 378-391, hier S. 378
101 Friedrich Engels: „Anti-Dühring", s. Anm. 98, S. 295
102 Karl Marx: Der Kommunismus des „Rheinischen Beobachters", in: MEW 4, S. 191-203, hier S. 200
103 Richard Sorg 1974, s. Anm. 95, S. 21
104 Vgl. Karl Marx: Hegelsche Rechtsphilosophie, s. Anm. 100, S. 378
105 Friedrich Engels: Feuerbach, s. Anm. 84, S. 305
106 Friedrich Engels: Flüchtlingsliteratur. II. Programm der blanquistischen Kommuneflüchtlinge, in: MEW 18, S. 528-535, hier S. 530 f.
107 Vgl. dazu: Wolfgang Brückner: Elfenreigen. Hochzeitstraum. Die Öldruckfabrikation 1880-1940. Mit einem Beitrag von Willi Stubenvoll, Köln 1974; Sigrid Metken: Nazarener und „nazarenisch". Popularisierung und Trivialisierung eines Kunstideals, in: Kat. Ausst. Die Nazarener. Städel. Städtische Galerie im Städelschen Kunstinstitut Frankfurt am Main 28. April bis 28. August 1977, Frankfurt am Main 1977, S. 365-388; Triviale Zonen in der religiösen Kunst des 19. Jahrhunderts, s. Anm. 11; Manfred Brauneck: Religiöse Volkskunst. Votivgaben-Andachtsbilder-Hinterglas-Rosenkranz-Amulette, Köln 1978
108 Georg Franz-Willing: Kulturkampf gestern und heute. Eine Säkularbetrachtung 1871-1971, München 1971, S. 29
109 Bismarck: Gedanken und Erinnerungen, München 1952, S. 389
110 Ernst Engelberg: Deutschland von 1871 bis 1897 (Deutschland in der Übergangsperiode zum Imperialismus), Berlin DDR 1979, S. 73
111 Constantin Frantz: Die Religion des Nationalliberalismus, Aalen 1970 (= Neudruck der Ausgabe Leipzig 1872), S. 12
112 Vgl. dazu auch: Georg Franz-Willing 1971, s. Anm. 108, S. 44
113 Zitiert nach: Walter Bußmann: Das Zeitalter Bismarcks, Frankfurt/Main 1968[4], S. 171 (Zitat aus: Bismarck: Gesammelte Werke, Friedrichsruher Ausgabe in fünfzehn Bänden 1924-1935, Bd. 6 c, S. 44 f.)
114 Vgl. Georg Franz-Willing 1971, s. Anm. 108, S. 18 f.
115 Vgl. Walter Bußmann 1968[4], s. Anm. 113, S. 168
116 Georg Franz-Willing 1971, s. Anm. 108, S. 53
117 Vgl. Monika Arndt: Die Goslarer Kaiserpfalz als Nationaldenkmal. Eine ikonographische Untersuchung, Hildesheim 1976, S. 224-227
118 Zitiert nach: Monika Arndt 1976, ebd., S. 40. Das Zitat stammt aus: Carl Ludwig Leimbach: Der Bilderschmuck des restaurierten Kaiserhauses zu Goslar, Wolfenbüttel 1878, S. 27. Leimbach gab nach Arndt die Ideen von Wislicenus wieder, vgl. Monika Arndt 1976, ebd., S. 140, dort Anm. 32
119 Vgl. Monika Arndt 1976, ebd., S. 223, Katalog Nr. 21
120 Vgl. W. Wyl: Franz von Lenbach. Gespräche und Erinnerungen, Stuttgart/Leipzig 1904, S. 96-99. Zum Papst-Porträt vgl. Bayerische Staatsgemäldesammlungen Neue Pinakothek/ München. Malerei der Gründerzeit. Bearbeitet von Horst Ludwig. Vollständiger Katalog, München 1977, S. 184-187, sowie das Lenbach-Gemälde: Papst Leo XIII., 1885, Öl auf Weiden-

holz 84,5 x 68 cm, Köln, Wallraf-Richartz-Museum
121 Vgl. dazu: Kat. Ausst. Luther und die Folgen für die Kunst. Herausgegeben von Werner Hofmann. Hamburger Kunsthalle 11. November 1983-8. Januar 1984, Hamburg/München 1983, Kat.Nr. 406 B („Das schwarz-rothe Turnier des neunzehnten Jahrhunderts"), S. 535 (Friedrich Gross)
122 Friedrich Pecht: Unsere Bilder, in: Die Kunst für Alle, 4.1888/89, S. 186
123 Vgl. Kunstmuseum Düsseldorf. Die Düsseldorfer Malerschule. Bearbeitet von Irene Markowitz, Düsseldorf 1969, S. 324; vgl. auch: Kat. Ausst. Vor hundert Jahren: Dänemark und Deutschland 1864-1900. Gegner und Nachbarn. Kopenhagen-Aarhus-Kiel-Berlin-1981/82, Kiel 1981, Kat.Nr. 41 D, S. 267 mit Abb. (Ingeborg Kähler)
124 Rudolf Virchow: Rede im Preußischen Abgeordnetenhaus, Debatte über das Gesetz über die Vorbildung und Anstellung der Geistlichen, 28. Sitzung, 17. Januar 1873, in: Hans Fenske (Hrsg.): Im Bismarckschen Reich 1871-1890, Darmstadt 1878 (= Quellen zum politischen Denken der Deutschen im 19. und 20. Jahrhundert. Freiherr vom Stein – Gedächtnisausgabe. In Verbindung mit vielen Fachgenossen herausgegeben von Rudolf Buchner und Winfried Baumgart, Band VI), S. 95
125 Ebd., S. 96
126 Vgl. ebd., S. 96 f.
127 Vgl. Monika Arndt 1976, s. Anm. 117, S. 188-194 (*Karl der Große zerstört die Irminsäule*) sowie S. 275-284 (*Luther auf dem Reichstag zu Worms*)
128 Monika Arndt 1976, s. Anm. 117, S. 44 f.
129 Zitiert nach Monika Arndt 1976, s. Anm. 117, S. 27
130 Vgl. Monika Arndt 1976, s. Anm. 117, S. 179-188
131 Vgl. Georg Franz-Willing 1971, s. Anm. 108, S. 18 f.
132 Wann ist der Papst unfehlbar?, in: Kladderadatsch, Nr. 22/23 vom 16. Mai 1875 (28. Jahrgang), S. 87
133 Emanuel Geibels Werke. Vier Teile in einem Bande. Ausgewählt und herausgegeben von Dr. R. Schacht, Leipzig o.J., S. 389
134 Clericalismus und Liberalismus, in: Kladderadatsch, Nr. 5 vom 1. Februar 1874 (27. Jahrgang), S. 18 (4. bis 6. Strophe)
135 Fritz von Ostini: Wilhelm von Kaulbach, Bielefeld und Leipzig 1906 (= Künstler-Monographien, in Verbindung mit Anderen herausgegeben von H. Knackfuß LXXXVI), S. 111
136 Vgl. ebd., Abb. S. 105, Nr. 118
137 Gustav Heil: Zehn Jahre Berliner Kunstgeschichte (1870-1880). Humoristische Extrafahrten nach der Kunstausstellung. Mit einem Vorwort von Ludwig Pietsch, Berlin o.J. (1890), S. 115 f.
138 Vgl. ebd., S. 70
139 Ebd., S. 71
140 Ebd., S. 71 f.
141 Ebd., S. 72
142 Ebd., S. 20
143 Eduard Daelen: Über Wilhelm Busch und seine Bedeutung. Eine lustige Streitschrift, Düsseldorf 1886, S. 67 ff.
144 Vgl. Friedrich Bohne: Wilhelm Busch. Leben. Werk. Schicksal, Zürich/Stuttgart 1958, S. 120
145 Vgl. Eduard Daelen 1886, s. Anm. 143, S. 7 ff.
146 Vgl. Wilhelm Busch. Gesamtausgabe in vier Bänden. Herausgegeben von Friedrich Bohne. Band II, Wiesbaden o.J., S. 548, 549
147 Vgl. Eduard Daelen 1886, s. Anm. 143, S. 80-85
148 Vgl. Wilhelm Busch. Gesamtausgabe, s. Anm. 146, S. 370. Eine gewisse Affinität besteht zu der Figur des „Ratapoil" von Honoré Daumier, die den Bonapartismus karikiert; der Inter-Nazi und der Ratapoil haben ähnliche Hüte und Knüppel, vgl. auch die Bronzefigur von Daumier im Musée des Beaux-Arts in Marseille, vgl. Abb. S. 204 in: Kat.Ausst. Honoré Daumier und die ungelösten Probleme der bürgerlichen Gesellschaft. Neue Gesellschaft für Bildende Kunst, Berlin, Mai/Juni 1974. Württembergischer Kunstverein, Stuttgart, Mai/Juni 1975, Berlin (West) 1974. Während der Inter-Nazi Buschs jedoch die politisch fortschrittlichen Kräfte im Zweiten Deutschen Kaiserreich diffamiert, wendet sich die Ratapoil-Karikatur gegen den reaktionären Bonapartismus von Kaiser Napoleon III.
149 Vgl. Joseph Kraus: Wilhelm Busch in Selbstzeugnissen und Bilddokumenten dargestellt, Reinbek bei Hamburg 1978[5], S. 66
150 Otto von Corvin-Wiersbitzki: Pfaffenspiegel, Hamburg o.J. (1958), S. 11
151 Ebd., S. 10
152 Kindlers Literatur Lexikon. Band VI. Werke Ja-Loi, Darmstadt 1972, S. 5071, r.Sp.
153 Gustav Heil 1890, s. Anm. 137, S. 70 f.
154 Paul Heyse: Kinder der Welt. Roman, Stuttgart/Berlin-Grunewald o.J. (= Paul Heyse: Gesammelte Werke. Erste Reihe Band I), S. 411
155 Ebd., S. 114
156 Ebd., S. 117
157 Ebd., S. 112
158 Ebd.
159 Vgl. ebd., S. 197 f.
160 Vgl. ebd., S. 199 ff.
161 Auch Freud sieht in der rationalistischen Zerstörung religiöser „Illusionen" den einzigen Weg, die Masse mit der Kultur auszusöhnen. Vgl. Sigmund Freud: Die Zukunft einer Illusion (1927), in: Siegmund Freud. Werkausgabe in zwei Bänden, Band 2. Anwendungen der Psychoanalyse. Herausgegeben und mit Kommentaren versehen von Anna Freud und Ilse Grubrich-Simitis, Frankfurt am Main 1978, S. 329-366, hier insbesondere Teile VII bis X, S. 350-366
162 Vgl. Paul Heyse, s. Anm. 154, S. 621 f.
163 Vgl. ebd., S. 92 f.
164 Vgl. ebd., S. 85 f.
165 Die Figur des Hauptpastors Götze erinnert an den Widersacher Lessings in Hamburg, den Theologen Melchior Goeze (1717-1786), der als Vertreter der lutherischen Orthodoxie mehrere Streitschriften gegen den Dichter verfaßte. Vgl. dazu: Aufklärung. Erläuterungen zur deutschen Literatur. Herausgegeben vom Kollektiv für Literaturgeschichte im Volkseigenen Verlag Volk und Wissen, Berlin. Leitung: Dr. Kurt Böttcher, Berlin DDR 1974, S. 496
166 Eduard von Hartmann: Die Selbstzersetzung des Christenthums und die Religion der Zukunft, Berlin 1874, S. 3 (vorhergehendes Zitat), hier S. 10 f.
167 Ebd., S. 15
168 Ebd., S. 11
169 Ebd.
170 Vgl. ebd., S. 12-16
171 Ebd., S. 15
172 Ebd., S. 2
173 Ebd.
174 Vgl. ebd., IX. Die historischen Bausteine der Religion der Zukunft, S. 99-122
175 Friedrich Nietzsche: Unzeitgemäße Betrachtungen Erstes Stück: David Strauß, der Bekenner und der Schriftsteller, in: Friedrich Nietzsche. Werke in drei Bänden. Herausgegeben von Karl Schlechta. Erster Band, München 1973[7], S. 137-207
176 David Friedrich Strauß: Der alte und der neue Glaube. Ein Bekenntniß, Leipzig 1872, vgl. S. 3
177 Ebd., S. 10
178 Vgl. ebd., Kap. 44. Das Bleibende in der Religion. Der Mensch und das All. Schopenhauer und die Religion. Antwort auf die

Frage, S. 138-143
179 Vgl. ebd., Kap. 76. Der Mensch und die Sinnlichkeit, S. 244-247, Kap. 77. Die Sinnlichkeit im Verhältniß der Geschlechter. Ehe und Ehescheidung, S. 247-252, Kap. 83. Der vierte Stand und die Arbeiterfrage, S. 272-277
180 Vgl. ebd., S. 244
181 Vgl. ebd., S. 245
182 Vgl. ebd., S. 246 f.
183 Ebd., S. 251
184 David Friedrich Strauß: Der alte und der neue Glaube. Ein Bekenntnis, Leipzig o.J. (= Kröners Taschenausgabe Band 25), S. 185. Diese Ausgabe gibt den Text der vom Verfasser bearbeiteten vierten Auflage (Ende 1872) wieder. Die zitierte Passage ist nur in dieser Fassung, nicht in der Erstausgabe enthalten.
185 Franz Mehring: Geschichte der deutschen Sozialdemokratie. Zweiter Teil. Von Lassalles „Offenem Antwortschreiben" bis zum Erfurter Programm 1863 bis 1891, Berlin DDR 1976, S. 487. Vgl. auch Franz Mehring: David Friedrich Strauß (1908), in: Franz Mehring: Philosophische Aufsätze, Berlin DDR 1961 (= Franz Mehring. Gesammelte Schriften. Herausgegeben von Prof. Dr. Thomas Höhle, Dr. Hans Koch, Prof. Dr. Josef Schleifstein, Band 13), S. 121 f.
186 David Friedrich Strauß 1872, s. Anm. 176, S. 273
187 Ebd., S. 285
188 Vgl. ebd., S. 279
189 Ebd., S. 276
190 Vgl. ebd., S. 261
191 Vgl. ebd., S. 280
192 Ebd., S. 268
193 Georg Franz-Willing: Kulturkampf gestern und heute. Eine Säkularbetrachtung 1871-1971, München 1971, S. 69
194 Harald Landry: Der Antichrist. Fluch auf das Christentum. Philosophisches Werk von Friedrich Nietzsche (1844-1900), erschienen 1895, Artikel in: Kindlers Literatur Lexikon. Band II Werke Am-Che, Darmstadt 1971, S. 1071, 1. Sp.: „Diese ganze Polemik steht und fällt mit der philosophischen Tragfähigkeit des zugrundeliegenden Begriffs *Leben*; sie hat eine kaum bestreitbare Wucht, wenn und insoweit *Leben* dergestalt als philosophischer Kardinalbegriff taugt, daß jeder Versuch, ihn transzendierend zu relativieren, zu ergänzen oder gar zu überwinden, als verfehlt oder selbst logisch unmöglich erwiesen werden kann. Diesen Erweis hat Nietzsche im strengen Sinn wohl schwerlich erbracht, und sicher nicht in diesem Buch."
195 Friedrich Nietzsche: Der Antichrist. Fluch auf das Christentum, in: Friedrich Nietzsche. Werke in drei Bänden. Herausgegeben von Karl Schlechta. Zweiter Band, München 1973[7], vgl. Abschnitt 14, S. 1174
196 Vgl. ebd., Abschnitt 14, S. 1175
197 Vgl. ebd., S. 1174
198 Ebd., Abschnitt 2, S. 1166
199 Ebd., Abschnitt 5, S. 1167
200 Vgl. ebd., Abschnitt 7, S. 1168
201 Vgl. ebd., Abschnitt 30, S. 1192
202 Vgl. ebd., Abschnitt 31, S. 1193
203 Vgl. ebd., Abschnitt 43, S. 1205
204 Vgl. ebd., Abschnitt 15, S. 1175
205 Vgl. ebd., Abschnitt 54, S. 1220 ff.
206 Ebd., Abschnitt 43, S. 1205
207 Friedrich Nietzsche: Götzen-Dämmerung oder Wie man mit dem Hammer philosophiert (1889), Kapitel: Streifzüge eines Unzeitgemäßen, Abschnitt 40, in: Friedrich Nietzsche, Bd. 2, München 1973[7], s. Anm. 195, S. 1017
208 Friedrich Nietzsche: Der Antichrist, s. Anm. 195, Abschnitt 57, S. 1228
209 Vgl. in dieser Untersuchung, Abschnitte: Realismus, S. 357-379; Der traditionelle Idealismus, S. 379-392
210 Vgl. in dieser Untersuchung, Abschnitt: Das Verhältnis von Christentum und Antike an weiteren Beispielen der zeitgenössischen Bildkunst und Literatur, S. 181-195
211 Vgl. Paul Seidel (Hrsg.): Der Kaiser und die Kunst, Berlin 1907, Kapitel: G. Wiederherstellung alter Kirchen und kirchliche Innenkunst, S. 98-110; Kapitel: F. Der Berliner Dom, S. 86-97; Kapitel: E. Kirchenbau, S. 72-84. Vgl. auch: Georg Malkowsky: Die Kunst im Dienste der Staats-Idee. Hohenzollerische Kunstpolitik vom Großen Kurfürsten bis auf Wilhelm II., Berlin o.J. (1912), S. 212, 234. Zu Eduard von Gebhardts Ausmalung der Düsseldorfer Friedenskirche (1899-1906): Adolf Rosenberg: E. von Gebhardt, Bielefeld/Leipzig 1899 (= Künstler-Monographien, in Verbindung mit Anderen herausgegeben von H. Knackfuß XXXVIII), S. 72-82
212 Ausstellungen vor allen Dingen kunsthandwerklicher Kirchenausstattungsgegenstände, aber auch von Gemälden und Grafik der Kunstvereine für religiöse Kunst. So fand eine größere Ausstellung in Stuttgart vom 26. August bis 6. Oktober 1869 statt, die vom Verein für christliche Kunst in der evangelischen Kirche Württembergs anläßlich einer Generalversammlung des Vereins veranstaltet wurde (vgl. Christliches Kunstblatt, 21.1869, S. 161-166, S. 187-192). Die 1893 in München gegründete, vorwiegend katholische Deutsche Gesellschaft für christliche Kunst veranstaltete jährliche Ausstellungen religiöser Kunst, sowohl der Bildkunst und Plastik als auch kunsthandwerklicher Ausstattungsgegenstände für Kirchen. Die größte und repräsentativste Ausstellung christlich-religiöser Kunst war die Düsseldorfer Exposition von 1909, die unter dem Protektorat des preußisch-königlichen und kaiserlichen Kronprinzen stattfand. – Zum Neuidealismus vgl. in dieser Untersuchung S. 392-423
213 Organ für christliche Kunst. Organ des christlichen Kunstvereins für Deutschland, seit 1851 in Köln erschienen, 1872 Erscheinen eingestellt; Christliches Kunstblatt für Kirche, Schule und Haus, begründet von C. Grüneisen, K. Schnaase und J. Schnorr von Carolsfeld 1858 in Stuttgart (evangelisch); Die christlichen Kunstblätter, Linz an der Donau, seit 1858 (katholisch); Archiv für christliche Kunst. Organ des Rottenburger Diözesanvereins für christliche Kunst, erschien in Ravensburg seit 1882 (katholisch); Zeitschrift für christliche Kunst, erschien in Köln seit 1887 (katholisch); Monatsschrift für Gottesdienst und kirchliche Kunst, erschien in Göttingen seit 1896 (evangelisch); Die christliche Kunst, erschien in München 1904-1937 (katholisch). – Einen Katalog der christlichen Kunstzeitschriften gibt Adolf Smitmans in: ders.: Die christliche Malerei im Ausgang des 19. Jahrhunderts – Theorie und Kritik, Eine Untersuchung der deutschsprachigen Periodica für christliche Kunst 1870-1914, Sankt Augustin 1980 (= Band 2. Kölner Forschungen zu Kunst und Altertum, Abt. B: Kunstgeschichte. Herausgegeben von G. Binding, Ph. Derchain, H. V. Herrmann, H. G. Niedermeyer, H. Ost), S. 269-272
214 Evangelische Kunstvereine: Berliner Verein für religiöse Kunst in der evangelischen Kirche, in Berlin seit 1852; Verein für christliche Kunst in der evangelischen Kirche Württembergs, in Stuttgart seit 1857; Verein für kirchliche Kunst im Königreich Sachsen, in Dresden seit 1865; Verein für christliche Kunst in der evangelischen Kirche Bayerns, in München seit 1885. – Katholisch: Deutsche Gesellschaft für christliche Kunst, in München seit 1893
215 Wilhelm Lübke: Vorschule zum Studium der christlichen Kunst, Leipzig 1866; G. Jacob: Die Kunst im Dienste der Kirche. Ein Handbuch für Freunde der kirchlichen Kunst, Landshut 1880[3]; Erich Frantz: Geschichte der christlichen Malerei. Erster Teil, Freiburg i.B. 1887; Heinrich Detzel: Christliche

Ikonographie. Ein Handbuch zum Verständnis der christlichen Kunst, Bd. 1, Freiburg i.B. 1894; Franz Xaver Kraus: Geschichte der christlichen Kunst, Calw/Stuttgart 1902; Richard Bürkner: Geschichte der kirchlichen Kunst, Freiburg i.B./Leipzig 1903; Walter Rothes: Christus. Des Heilands Leben, Leiden, Sterben und Verherrlichung in der bildenden Kunst aller Jahrhunderte, Köln 1911; Hans Preuß: Das Bild Christi im Wandel der Zeiten. Einhundertunddreizehn Bilder auf 96 Tafeln gesammelt und mit einer Einführung sowie mit Erläuterungen versehen, Leipzig 1915

216 Vgl. in dieser Untersuchung, Abschnitt: Die Frage des „Endes" der christlichen Bildkunst im 19. Jahrhundert, S. 465-472

217 Vgl. Harald Siebenmorgen: Die Beuroner Kunstschule. Peter Lenz (P. Desiderius) und seine Mitarbeiter, in: Das Münster, 30.1977, Heft 1, S. 24 f.

218 Peter Lenz: Skizzen- und Notizbuch 13.1870-1871 (Klosterarchiv Beuron), S. 47, zitiert nach ebd., S. 35, 1. Sp.

219 Harald Siebenmorgen 1977, ebd., S. 35, r. Sp.

220 Am 14. Dezember 1906 wurde Gebhardt das Diplom der Ehrendoktorwürde der theologischen Fakultät der Universität Straßburg in der vom Künstler ausgemalten Düsseldorfer Friedenskirche überreicht. Vgl. Monatsschrift für Gottesdienst und kirchliche Kunst, 11.1906, S. 13-16. – Eine gestraffte Fassung der *Kreuzigung* malte Gebhardt 1884 für die Kirche von Narva in Estland, vgl. dazu: Rudolf Burckhardt: Zum Schauen bestellt. Eduard von Gebhardt der Düsseldorfer Meister der biblischen Historie. Mit 52 Abbildungen, Stuttgart 1928, S. 58 f., Abb. 26 (Abbildungsteil). Eine wohl verkleinerte Fassung als Vorarbeit zur *Kreuzigung* in Narva (um 1884) befindet sich in München, in der Neuen Pinakothek (Öl auf Leinwand, 130 x 73 cm), vgl. dazu: Kat. Ausst. „München leuchtete". Karl Caspar und die Erneuerung christlicher Kunst in München um 1900. Herausgegeben von Peter-Klaus Schuster. Katalog zur Ausstellung der Bayerischen Staatsgemäldesammlungen / Staatsgalerie moderner Kunst und des 88. Deutschen Katholikentages München 1984 e.V. im Haus der Kunst, München, vom 8. Juni bis 22. Juli 1984, München 1984, Kat. Nr. 53, S. 180 f. (Peter-Klaus Schuster), Farbabb. S. 120. – Zur *Kreuzigung* der Hamburger Kunsthalle vgl. Kat. Ausst. Luther und die Folgen für die Kunst, s. Anm. 121, S. 504 (Friedrich Gross)

221 Konrad Weiss stellt in seinem Aufsatz: Fritz von Uhde als religiöser Maler. Zum sechzigsten Geburtstag des Künstlers (22. Mai), in: Die christliche Kunst, 4.1907/08, S. 193-198, als „äußerste Extreme" die katholische Beuroner Schule den protestantischen Bildern Uhdes gegenüber. Auf einer allgemeinen Ebene ist in dieser Gegenüberstellung die evangelische Kunst Uhdes mit der von Gebhardts vertauschbar.

222 Vgl. Peter Lenz: Zur Ästhetik der Beuroner Kunst, Wien 1912[4] (= Allgemeine Bücherei Nr. 11), S. 9 ff.

223 Vgl. ebd., S. 10

224 Vgl. ebd., S. 11 f.

225 Vgl. Harald Siebenmorgen 1977, S. Anm. 217, S. 34, 1. Sp.

226 Vgl. Katalog der Meister des 19. Jahrhunderts in der Hamburger Kunsthalle. Bearbeitet von Eva Maria Krafft und Carl-Wolfgang Schümann, Hamburg 1969, S. 78, Inv.Nr. 1452 („am Kreuzesfuß liegt Magdalena") sowie mit der gleichen Identifizierung: Dietrich Bieber/Ekkehard Mai: Eduard von Gebhardt und Peter Janssen – Religiöse und Monumentalmalerei im späten 19. Jahrhundert, in: Kat.Ausst. Die Düsseldorfer Malerschule. Kunstmuseum Düsseldorf 13. Mai-8. Juli 1979, Mathildenhöhe Darmstadt 22. Juli-9.September 1979. Herausgegeben von Wend von Kalnein, Düsseldorf 1979, S. 169 f. Dagegen mit richtiger Identifizierung: Adolf Rosenberg: E. von Gebhardt, Bielefeld und Leipzig 1899 (= Künstler-Monographien, in Verbindung mit Andern herausgegeben von H. Knackfuß XXXVII), S. 50

227 Vgl. Harald Siebenmorgen 1977, s. Anm. 217, S. 24

228 Lucas Cranach d.Ä. (1472-1553): Kreuzigung, Öl auf Holz 138 x 99 cm, München, Alte Pinakothek

229 Vgl. Adolf Rosenberg 1899, s. Anm. 226, S. 50

230 „Es waren ja nicht nur die lebhaften Gesichter der Menschen in seiner Verwandtschaft, der Nachbarn oder der estnischen Bevölkerung seiner Umgebung, die ihn dann hier beschäftigten, die er mit Pinsel oder Zeichenstift als Studien für spätere Kompositionen festhielt (...)". Reinhold Graubner: Eduard von Gebhardt anläßlich seines 50. Todestages, 6. Februar 1975, in: Jahrbuch des Baltischen Deutschtums 1975 herausgegeben von der Carl-Schirrengesellschaft e.V. im Auftrage der Deutsch-Baltischen Landsmannschaft i.B., Bd. XXII, Lüneburg 1974, S. 37. Graubner bildet eine undatierte Studie *Estnischer Bauernkopf* (Öl/Lwd. auf Holz aufgezogen, 31,5 x 28,5 cm) aus dem Kunstmuseum Düsseldorf ab. Im Katalog des Kunstmuseums Düsseldorf: Die Düsseldorfer Malerschule. Bearbeitet von Irene Markowitz, Düsseldorf 1969, heißt es im Text zum „Studienkopf", Inv.Nr. 4192, S. 100: „Im Zusammenhang mit seinen ersten großen religiösen Historien- und Altarbildern malt Gebhardt nach 1865 Studienköpfe von 'unverbrauchten gesunden Bauerntypen seiner baltischen Heimat'."

231 Vgl. Dietrich Bieber/Ekkehard Mai 1979, s. Anm. 226, S. 169, r. Sp.

232 „Dem strengen Naturalismus hatte er ohnehin genug Opfer in den Körpern der drei Gekreuzigten gebracht." Adolf Rosenberg 1899, s. Anm. 226, S. 50

233 Eduard Karl Franz von Gebhardt (1838-1925): *Christi Einzug in Jerusalem*, 1863, vgl. Abb. 486

234 Friedrich Schaarschmidt: Eduard von Gebhardt, in: Die Kunst für Alle, 13.1897/98, S. 260

235 Ebd.

236 Theodor Fontane: Aufsätze zur bildenden Kunst. Erster Teil, München 1970, S. 403

237 Adolf Rosenberg 1899, s. Anm. 226, S. 50

238 Ebd.

239 Vgl. Herbert Alexander Stützer: Die italienische Renaissance, Köln 1977, Abschnitt „Paolo Uccello erprobt die Möglichkeiten der Perspektive", S. 29-33

240 Zitiert nach: Walter Rothes: Christus. Des Heilands Leben, Leiden, Sterben und Verherrlichung in der bildenden Kunst aller Jahrhunderte, Köln 1911, S. 192

241 Johann Heinrich Carl Koopmann: Zeugniß der Kunst für das biblisch-kirchliche Christenthum, in: Christliches Kunstblatt für Kirche, Schule und Haus, 10.1867, Nr. 12 vom 1. Dezember 1867, S. 183

242 Ebd.

243 Zwischen Lenz und Wüger bestanden künstlerische Meinungsverschiedenheiten. Wüger lehnte den Extremismus der Desiderianischen flächig-ornamentalen Abstraktion ab. Vgl. Harald Siebenmorgen 1977, s. Anm. 217, S. 25 f.

244 Friedrich Theodor Vischer: Overbecks Triumph der Religion, in: Friedrich Theodor Vischer: Kritische Gänge. Fünfter Band. Herausgegeben von Robert Vischer, München 1922[2], S. 29 f.

245 Ebd., S. 30. – Diese Kritik erinnert an die Kritik der griechischen Mythologie von Karl Marx (1857): „Ist die Anschauung der Natur und gesellschaftlichen Verhältnisse, die der griechischen Phantasie und daher der griechischen Mythologie zugrunde liegt, möglich mit Selfaktors und Eisenbahnen und Lokomotiven und elektrischen Telegraphen? Wo bleibt Vulkan gegen Roberts & Co., Jupiter gegen den Blitzableiter und Hermes gegen den Crédit mobilier? Alle Mythologie überwindet und beherrscht und gestaltet die Naturkräfte in der Einbildung und durch die Einbildung: verschwindet also mit der wirkli-

chen Herrschaft über dieselben." (MEW, Band 13, S. 641, aus: Einleitung zur Kritik der Politischen Ökonomie)

246 Kreitmaier berichtet vom „frostigen, vielsagenden Schweigen" Steinles bei einem Besuch der St. Mauruskapelle in Begleitung von Peter Lenz sowie von dessen Enttäuschung, vgl. Josef Kreitmaier S.J.: Beuroner Kunst. Eine Ausdrucksform der christlichen Mystik, Freiburg i.B. 1923[5], S. 14

247 Im Kat. Ausst. Aspekte der Gründerzeit. Ausstellung in der Akademie der Künste vom 8. September bis zm 24. November 1974, Berlin 1974, bildet Eberhard Rothers auf S. 212 eine Fotogravure des Tannhäuser-Gemäldes in Abschnitt „Feind-Bilder" ab, der auch den Kulturkampf behandelt.

248 Vgl. auch den Aufsatz von Karl Rosenkranz: Die Emancipation des Fleisches (1837), in: Alfred Estermann (Hrsg.): Politische Avantgarde 1830-1840. Eine Dokumentation zum „Jungen Deutschland". Band I, Frankfurt am Main 1972, S. 276-282

249 Es fragt sich, ob man diesen Überdruß in Richtung einer spiritualistischen Korrektur interpretieren kann, wie dies in der Geschichte der deutschen Literatur. Von 1830 bis zum Ausgang des 19. Jahrhunderts. Erster Halbband, Berlin DDR 1975, S. 92 geschieht.

250 Heinrich Heine: Werke. Ausgewählt und herausgegeben von Martin Greiner. Erster Band, Köln, Berlin 1969[3], S. 231

251 Vgl. Kat. Ausst. Aspekte der Gründerzeit, Berlin 1974, s. Anm. 247, S. 214

252 Julius Wolff: Tannhäuser. Ein Minnesang, Berlin 1886, Erster Band, S. 154

253 Ebd., Zweiter Band, S. 35

254 Ebd., Erster Band, S. VII

255 Ebd., Zweiter Band, S. 252 f.

256 Vgl. den Abriß der Dichtung bei: Dora Koegel: Die Auswertung der Tannhäuser-Sage in der deutschen Literatur des 19. und 20. Jahrhunderts, Diss., München 1922, S. 40

257 Zitiert nach: Richard Wagner: Die Musikdramen. Vollständige Ausgabe. Mit einem Vorwort von Joachim Kaiser, München 1978, S. 261

258 Adolf Rosenberg: Geschichte der modernen Kunst III. Zweiter Abschnitt 1849-1889, Leipzig 1889, S. 149 f.

259 Vgl. Wilhelm Busch: Gesamtausgabe in vier Bänden. Herausgegeben von Friedrich Bohne. Band II, Wiesbaden o.J., S. 528

260 Vgl. ebd., S. 539

261 Vgl. Constantin Frantz: Die Religion des Nationalliberalismus, Leipzig 1872, S. 1 ff.

262 Wilhelm Busch: Gesamtausgabe, s. Anm. 259, S. 78. Busch hatte sich schon früh und begeistert mit Darwin beschäftigt und naturwissenschaftliche Studien betrieben, so 1854 in Lüthorst bei Pastor Kleine, vgl. Joseph Kraus: Wilhelm Busch in Selbstzeugnissen und Bilddokumenten dargestellt, Reinbek bei Hamburg 1978[5], S. 32 f., S. 165

263 Wilhelm Busch: Gesamtausgabe, s. Anm. 259, S. 80

264 Ebd., S. 97

265 Ebd., S. 104

266 Eduard Daelen: Über Wilhelm Busch und seine Bedeutung. Eine lustige Streitschrift, Düsseldorf 1886, S. 68

267 Zitiert nach: Wilhelm Busch: Gesamtausgabe, s. Anm. 259, S. 538 (Brief vom 12. August 1870)

268 Vgl. Eduard Daelen 1886, s. Anm. 266, S. 69 f.

269 Johann Wolfgang Goethe: Götz von Berlichingen mit der eisernen Hand. Ein Schauspiel. Zweite Fassung, Erster Akt, Jaxthausen Götzens Burg, in: Johann Wolfgang Goethe: Sämtliche Werke, herausgegeben von Ernst Beutler, Zürich 1977, Bd. 4 Der junge Goethe, S. 658. – Die Fassung zum Heiligen Antonius, „Die Versuchung des Heiligen Antonius. Ein Ballett" von 1865 zeigt im ersten Bild den am Pult lesenden Mönch von hinten. Hier sind Strahlenkranz der Aura und Schattenzone des Hintergrundes noch getrennt, ebenso im ähnlichen letzten Bild, vgl. Abbildungen in: Wilhelm Busch: Gesamtausgabe, s. Anm. 259, S. 529, 536. Im Titelbild der Erstausgabe von 1870 handelt es sich demnach um eine bewußte Verdichtung.

270 Eduard Daelen 1886, s. Anm. 266, S. 76

271 Wilhelm Busch: Gesamtausgabe, s. Anm. 259, S. 204

272 Joseph Kraus 1978[5], s. Anm. 262, S. 64

273 Wilhelm Busch: Gesamtausgabe, s. Anm. 259, S. 206

274 Ebd., S. 213

275 Vgl. Josef Ehrlich: Wilhelm Busch der Pessimist. Sein Verhältnis zu Arthur Schopenhauer, München 1962, S. 12 ff. sowie Richard Falckenberg: Geschichte der neueren Philosophie von Nikolaus von Kues bis zur Gegenwart im Grundriss dargestellt, Leipzig 1908[6], S. 480 f.

276 Vgl. Joseph Kraus 1978[5], s. Anm. 259, S. 166 sowie Friedrich Bohne: Wilhelm Busch. Leben. Werk. Schicksal, Zürich/Stuttgart 1958, S. 106 f.

277 Vgl. Gert Sautermeister: Die fromme Helene. Bildergeschichte von Wilhelm Busch (1832-1908), erschienen 1872, Artikel in: Kindlers Literatur Lexikon. Ergänzungsband. Werke A-Z. Gesamtregister, Darmstadt 1974, S. 10664-10665

278 Wilhelm Busch: Gesamtausgabe, s. Anm. 259, S. 282

279 Ebd., S. 293

280 Vgl. Josef Ehrlich 1962, s. Anm. 275, S. 19

281 Ernst Scherenberg: Am Beichtstuhl, in: Die Gartenlaube, 1874, Nr. 9, S. 150

282 Vgl. Janos Frecot / Johann Friedrich Geist / Diethard Kerbs: Fidus 1868-1948. Zur ästhetischen Praxis bürgerlicher Fluchtbewegungen, München 1972, S. 223

283 Vgl. Janos Frecot: Die Lebensreformbewegung, in: Heinz Vodung (Hrsg.): Das wilhelminische Bürgertum. Zur Sozialgeschichte seiner Ideen, Göttingen 1976, S. 138-152, insbesondere S. 144 ff.

284 Hermanns-Denkmal von Ernst von Bandel, begonnen 1838 auf dem Berg 'Grotenburg' im Teutoburger Wald (Gemeinde Hiddesen, Kreis Detmold), Höhe 26 m, Sockelbau (Rundtempel) 30,7 m. Einweihung am 16.08.1875 in Gegenwart Kaiser Wilhelms I. Vgl. Ulrich Schulte-Wülwer: Die Bildenden Künste im Dienste der Nationalen Einigung, Abschnitt: „Mahnmal deutscher Einheit und Gradmesser des deutschen Nationalismus: Das Hermann-Denkmal Ernst von Bandels", in: Jörg Jochen Müller (Hrsg.): Literaturwissenschaft und Sozialwissenschaften 2. Germanistik und deutsche Nation 1806-1848. Zur Konstitution bürgerlichen Bewußtseins, Stuttgart 1974, S. 280-286, Abb. 13, 14

285 Ernst Rietschel (1804-1861): Lutherdenkmal in Worms, 1858-1868, von Schülern zu Ende geführt.

286 Vgl. auch das Titelgedicht „Zum 16. August 1875" im Kladderadatsch, XXVIII. Jahrgang 1875, Nr. 37 und 38, S. 145

287 Herweghs Werke in einem Band. Ausgewählt und eingeleitet von Hans-Georg Werner, Berlin und Weimar 1977 (= Bibliothek Deutscher Klassiker BDK), S. 60

288 „Die Kenntnis der nachhegelianischen Religionskritik bereitete außerdem Herweghs Anschluß an die bürgerlich radikale Opposition vor. Von Strauß führte ein gerader Weg zur linkshegelianischen Schule, zu Ruge, Feuerbach – und von dort zu Marx und Engels; Herwegh ist ihn ein weites Stück gegangen." Ebd., S. VII (Einleitung). Vgl. auch Heinrich Leber: Freiligrath. Herwegh. Weerth, Leipzig 1973, sowie: Wolfgang Büttner: Georg Herwegh. Ein Sänger des Proletariats. Der Weg eines bürgerlich-demokratischen Poeten zum Streiter für die Arbeiterbewegung. Mit einem Anhang ungedruckter Briefe und Dokumente über Herweghs Verhältnis zur Arbeiterbewegung, Berlin DDR 1976

289 Herweghs Werke, s. Anm. 287, S. 61

290 Zitiert nach: Karl Kupisch: Zwischen Idealismus und Massendemokratie. Eine Geschichte der evangelischen Kirche in Deutschland 1815-1945, Berlin 1955, S. 85
291 Zitiert nach: Hans-Joachim Schoeps: Der Weg ins Deutsche Kaiserreich, Berlin (West) 1970, S. 212
292 *Das Zeitalter der Reformation* ist 1867 nach dem Karton Kaulbachs von Eduard Eichens gestochen worden, vgl. dazu: Kat. Ausst. Luther und die Folgen für die Kunst, s. Anm. 121, Kat. Nr. 388, S. 512-514 (Friedrich Gross), Abb. S. 513
293 Das Programm der Ausmalung des Treppenhauses des Neuen Museums umfaßte folgende Teile:
MONUMENTALGEMÄLDE: *Turmbau zu Babel* (1847/48), *Zerstörung Jerusalems* (1849/51), *Die Blüte Griechenlands* (1852), *Hunnenschlacht* (1854/55), *Die Kreuzfahrer vor Jerusalem* (1857/58), *Das Zeitalter der Reformation* (1863/64)
ALLEGORISCHER KINDERFRIES (1853)
ALLEGORISCHE FIGUREN wie Sage, Geschichte, Poesie, Wissenschaft, Künste etc. (1858).
Der Auftrag zur Ausmalung stammte von König Friedrich Wilhelm IV. von Preußen.
294 Vgl. Fritz von Ostini: Wilhelm von Kaulbach, Bielefeld/Leipzig 1906 (= Künstler-Monographien. In Verbindung mit Anderen herausgegeben von H. Knackfuß LXXXIV), S. 120
295 Vgl. Ernst Förster: Deutsche Kunstgeschichte, Bd. V, Leipzig 1860, S. 172 f.
296 Bereits im Vormärz wurden die ideologischen Implikationen des von den deutschen Fürsten unterstützten Kölner Dombaus entlarvt, so von linksliberalen Dichtern wie Heine („Bei des Nachtwächters Ankunft in Paris", 1842), Rudolf Gottschall („Mahnung", 1842), Robert Prutz („Dem Könige von Preußen. Zum Kölner Dombaufest. Den 4. September 1842") u.a.
297 Über seinen Besuch beim ablehnenden Cornelius berichtet Kaulbach in einem Brief an seine Frau 1857, vgl. Josefa Dürck-Kaulbach: Erinnerungen an Wilhelm von Kaulbach und sein Haus mit Briefen und hundertsechzig Abbildungen, München 1917², S. 325 f. In einem Brief (1859) an Ed. Schüller berichtet Kaulbach von einem Schreiben Schnaases, in dem der Plan des Reformationsbildes kritisiert wird, vgl. ebd., S. 338. Der Maler diskutierte den Plan seines Reformationsbildes mit dem alten, immer noch sehr einflußreichen Alexander von Humboldt, der politisch dem Liberalismus zuneigte. Gemeinsam besprachen sie Strategien zur siegreichen Entscheidung des Streites um das Reformationsbild, vgl. ebd., S. 327
298 Karl Frenzel: Die Wandgemälde W. von Kaulbach's im Treppenhaus des Neuen Museums zu Berlin, Berlin 1872 (mit Photogravuren sämtlicher Malereien auf Tafeln)
299 Bernhard Rogge: Illustrierte Geschichte der Reformation in Deutschland. Volkstümlich dargestellt, Hersfeld 1909⁶. Wiedergegeben ist nicht das Wandgemälde, sondern der Karton dafür.
300 Vgl. Karl Frenzel 1872, s. Anm. 298, S. 10-12
301 Wolfgang Müller von Königswinter: Düsseldorfer Künstler aus den letzten fünfundzwanzig Jahren. Kunstgeschichtliche Briefe, Leipzig 1854, S. 129
302 Zu *Lutherus Triumphans* vgl. Kat. Ausst. Luther und die Folgen für die Kunst, s. Anm. 121, Kat.Nr. 30, S. 156 (Peter-Klaus Schuster), Abb. ebd.; zu *Die falsche und die rechte Kirche* vgl. Kat. Ausst. Kunst der Reformationszeit. Staatliche Museen zu Berlin, Hauptstadt der DDR. Ausstellung im Alten Museum vom 26. August bis 13. November 1983, Berlin DDR 1983, Kat.Nr. F 41, S. 420 (Eugen Blume), Abb. S. 421
303 Lenaus Sämtliche Werke in Zwei Bänden, Berlin/Leipzig o.J., Zweiter Band, S. 308
304 Vgl. Geschichte der deutschen Literatur von 1830 bis zum Ausgang des 19. Jahrhunderts. Von einem Autorenkollektiv. Leitung und Gesamtbearbeitung Kurt Böttcher. Erster Halbband in Zusammenarbeit mit Rainer Rosenberg (1830-1848). Helmut Richter (1849-1870). Mitarbeit Kurt Krolop, Berlin DDR 1975 (= Geschichte der Deutschen Literatur von den Anfängen bis zur Gegenwart. Achter Band. Erster Halbband), S. 142-143
305 Vgl. Max Fürst: Historienmaler Ludwig Seitz, in: Die christliche Kunst, 5. 1908/1909, S. 161-166, insbesondere S. 164, Abb. S. 165
306 Vgl. Bilder nach Bildern. Druckgrafik und die Vermittlung von Kunst 21. März-2. Mai 1976. Westfälisches Landesmuseum für Kunst und Kulturgeschichte Münster. Landschaftsverband Westfalen-Lippe, Münster 1976, Abschnitt VI, Die Kunst in der Welt der Bürger, S. 286 ff. (Morghen) sowie S. 300 f. (Stange).
307 Vgl. Johann Wolfgang Goethe: Giuseppe Bossi: Über Leonardo da Vincis Abendmahl zu Mailand (1817), in: Johann Wolfgang Goethe: Sämtliche Werke, s. Anm. 269, Band 13 Schriften zur Kunst, S. 749
308 Vgl. Walter Kluge: Die Kultur der Renaissance in Italien. Kulturgeschichtliches Werk von Jacob Burckhardt (1818-1897), erschienen 1859, in: Kindlers Literatur Lexikon, Band VI Werke Ja-Loi, Darmstadt 1972, S. 5416-5417
309 Zitiert nach: Gerhard Eisfeld: Die Entstehung der liberalen Parteien in Deutschland 1858-1870. Studie zu den Organisationen und Programmen der Liberalen und Demokraten, Hannover 1969, S. 21
310 Vgl. Friedrich Schiller: Geschichte des Abfalls der Vereinigten Niederlande von der Spanischen Regierung (1788); Johann Wolfgang Goethe: Egmont (1788), Georg Wilhelm Friedrich Hegel: Ästhetik (über Genremalerei), Berlin und Weimar 1976, Band I, S. 170
311 Josefa Dürck-Kaulbach: Erinnerungen an Wilhelm von Kaulbach und sein Haus mit Briefen und hundertsechzig Abbildungen, München 1917², S. 342
312 Friedrich Engels: Der deutsche Bauernkrieg (1850), in: MEW 7, S. 327-413, Zitat S. 342
313 Ebd., S. 347
314 Ebd., S. 337
315 Vgl. dazu das Kapitel „Neuer Aufschwung 1860", in: Friedrich C. Sell: Die Trägodie des Deutschen Liberalismus, Stuttgart 1953, S. 184-207
316 Julius Meyer: Zur Geschichte und Kritik der modernen deutschen Kunst. Gesammelte Aufsätze von Julius Meyer. Herausgegeben von Conrad Fiedler, Leipzig 1895, S. 240
317 Friedrich Engels 1850, s. Anm. 312, S. 343
318 Zitiert nach: Fritz von Ostini 1906, s. Anm. 294, S. 89
319 „Die Materialien zu meinem 6ten Bilde sind vollständig gesammelt. Ich war zu diesem Zwecke eigens in Nürnberg und habe dort über Sitten, Gebräuche, Kostüme, Bewaffnung usw. der Reformationszeit umfassende Studien gemacht. Ich habe über den Gang, das Ziel und die Träger der Reformation eine Menge guter Bücher gelesen (...)". Kaulbach an Ed. Schüller (1859), in: Josefa Dürck-Kaulbach, 1917², s. Anm. 311, S. 338
320 Ernst Förster 1860, s. Anm. 295, S. 172-176
321 Fritz von Ostini 1906, s. Anm. 294, S. 120-122
322 Julius Meyer: Die deutsche Kunst, und Kaulbachs Zeitalter der Reformation, in: Julius Meyer: Zur Geschichte und Kritik der modernen deutschen Kunst. Gesammelte Aufsätze von Julius Meyer. Herausgegeben von Conrad Fiedler, Leipzig 1895, S. 244 f.
323 H. von Blomberg: Das sechste Bild im Treppenhause des Berliner Museums, in: Christliches Kunstblatt für Kirche, Schule und Haus, 5.1863, S. 124
324 Eduard Dobbert: Die monumentale Darstellung der Reformation durch Rietschel und Kaulbach, Berlin 1869, S. 24 f.

325 Vgl. Julius Meyer 1863, s. Anm. 322, S. 246
326 H. von Blomberg 1863, s. Anm. 323, S. 124
327 Eduard Dobbert 1869, s. Anm. 324, S. 26
328 Julius Meyer 1863, s. Anm. 322, S. 231
329 H. von Blomberg 1863, s. Anm. 323, S. 122 f.
330 Vgl. Eduard Dobbert 1869, s. Anm. 324, S. 34 f.
331 Vgl. ebd., S. 21 f.
332 Leopold von Ranke: Deutsche Geschichte im Zeitalter der Reformation. Neudruck der von Prof. Dr. Paul Jochimsen historisch-kritisch herausgegebenen Ausgabe. Erster Band, Meersburg und Leipzig 1933, S. 239
333 Friedrich Pecht: Deutsche Künstler des neunzehnten Jahrhunderts. Studien und Erinnerungen. Dritte Reihe, Nördlingen 1881, S. 321/322
334 Vgl. ebd., S. 323
335 Ebd., S. 322
336 Ebd., S. 324
337 Vgl. Eduard Dobbert 1969, s. Anm. 324, S. 37
338 Vgl. Rudolf Redtenbacher: Erinnerungen an Karl Friedrich Lessing, in: Zeitschrift für Bildende Kunst, Bd. 16.1881, S. 39
339 Hier kommen beispielsweise Menzels Holzschnitte zu Franz Kuglers *Geschichte Friedrichs des Großen*, Leipzig 1840, in Betracht. Vgl. Hermann Knackfuß: Menzel, Bielefeld/Leipzig 1895 (= Künstler-Monographien. In Verbindung mit Anderen herausgegeben von H. Knackfuß VII), S. 7 ff.
340 Moritz Blanckarts: Carl Friedrich Lessing, in: Kunst-Chronik. Beiblatt zur Zeitschrift für bildende Kunst, 15.1880, Nr. 38, S. 604
341 Vgl. ebd., S. 603, sowie: Adolf Rosenberg: Geschichte der modernen Kunst II, Leipzig 1894, S. 376
342 Die thematische Vorliebe Lessings für den „Kirchenstreit" mit Bildern wie *Ezzelino da Romano im Kerker* (1838, Frankfurt am Main, Städel), *Gefangennahme des Papstes Paschalis II.* (1840, Wuppertal, Von der Heydt-Museum) und *Heinrich V. vor dem Kloster Prüfening* stellt Franz Reber in seiner *Geschichte der neueren deutschen Kunst vom Ende des vorigen Jahrhunderts bis zur Wiener Ausstellung 1873*, Stuttgart 1876, fest. Vgl. ebd., S. 391
343 Moritz Blanckarts 1880, s. Anm. 340, S. 603
344 Vgl. Karl Kupisch: Zwischen Idealismus und Massendemokratie. Eine Geschichte der evangelischen Kirche in Deutschland 1815-1945, Berlin 1955, S. 39 ff.
345 Carl Friedrich Lessing (1808-1880): *Johann Hus zu Konstanz* (1842), Öl/Lwd., doubliert, 308 x 455 cm, Frankfurt am Main, Städel
346 Moritz Blanckarts 1880, s. Anm. 340, S. 603 f.
347 Adolf Rosenberg: Geschichte der modernen Kunst. Zweiter Band. Die deutsche Kunst. Erster Abschnitt 1795-1848, Leipzig 1889, S. 378
348 Vgl. Josefa Dürck-Kaulbach 1917[2], s. Anm. 311, S. 325
349 Verfasser F.E.: Die Disputation zwischen Luther und Eck am 4. Juli 1519 in Leipzig. Oelgemälde von Lessing, in: Christliches Kunstblatt für Kirche, Schule und Haus, 9.1867, Nr. 10, S. 146 f.
350 Bernhard Rogge 1909[6], s. Anm. 299, Abb. als Kunstbeilage nach S. 176
351 Ebd., im „Vorwort zur neuen Auflage", S. IV
352 Die Kunst für Alle, 13.1897/1898, Abb. Bildbeilage nach S. 72, Zitat S. 72, 1. Sp.
353 Zeitschrift für Bildende Kunst, Bd. 12, 1877, Abb. zweites Blatt nach S. 292, Text S. 292
354 Ebd., S. 292
355 Kunst-Chronik. Beiblatt zur Zeitschrift für Bildende Kunst, 2.1867, S. 86
356 Ebd.

357 Luthers. Leben. Ein Bilderbuch für die Jugend. In 13 Blättern, Berlin 1830 (alle Steindrucke von Adolph von Menzel). Menzel stützte sich in der Komposition seiner Darstellung auf das entsprechende Blatt der lithographischen Lutherlebenfolge von Wilhelm Baron von Löwenstein, die um 1827 in Stuttgart entstand. Das Blatt *Luther als Familienvater* der Löwensteinschen Folge ging seinerseits zurück auf die entsprechende Darstellung einer Folge von acht kolorierten Radierungen zum Leben Luthers, die um 1825 im Verlag von Friedrich Campe in Nürnberg erschien; vgl. zum Blatt der Campeschen Folge: Kat.Ausst. Luthers Leben in Illustrationen des 18. und 19. Jahrhunderts. 23. April bis 5. Oktober 1980. Kunstsammlungen der Veste Coburg, Coburger Landesstiftung, Coburg 1980, Kat.Nr. 33.7. (*Luther musiziert im Kreis seiner Familie*), S. 93 (Abb. ebd.); vgl. zum Blatt der Löwensteinschen Folge: ebd., Kat.Nr. 34.12.1. sowie 34.12.2. und 34.12.3., S. 114 f. (Abb. ebd.); vgl. zum Menzelschen Blatt: ebd., Kat.Nr. 36.9., S. 126 (Abb. ebd.)
358 Vgl. Kat. Ausst. Luthers Leben in Illustrationen des 18. und 19. Jahrhunderts, Coburg 1980, s. Anm. 357, S. 166-171 (mit Abbildungen aller Stiche)
359 Deutsches Kunstblatt. Zeitschrift für bildende Kunst, Baukunst und Kunsthandwerk. Organ der Deutschen Kunstvereine &. &., 9.1858, S. 260, r. Sp. Abb. des Stiches in: Bernhard Rogge 1909[6], s. Anm. 299, S. 295
360 Vgl. Kunst-Chronik. Beiblatt zur Zeitschrift für Bildende Kunst, 2.1867, S. 86, sowie: Zeitschrift für bildende Kunst, Bd. 12, 1877, S. 292
361 Zu den Reformatoren-Bildnissen von Lucas Cranach d.Ä. vgl.: Oskar Thulin: Cranach-Altäre der Reformation, Berlin DDR 1955, sowie: 1472-1553 Lucas Cranach d.Ä. Das gesamte graphische Werk. Mit Exempeln aus dem graphischen Werk Lucas Cranach d.J. und der Cranachwerkstatt. Einleitung Johannes Jahn, München 1972, S. 404, 405, 442, hier auch von Lucas Cranach d.J. S. 665, 666, 686, 687, 694, 695, 696. Zu den Reformatoren-Bildnissen von Dürer vgl.: Wilhelm Waetzoldt: Dürer und seine Zeit, Wien 1935, Abb. 46., 70., 74. – Vgl. auch: Bernhard Rogge 1909[6], s. Anm. 299, Abb. S. 82, 152, 181, 185, Taf. nach S. 192, Taf. nach S. 230, Taf. nach S. 346, S. 347
362 Vgl. auch die Deutung des Schwerdgeburthschen Blattes in: Deutsches Kunstblatt. Zeitschrift für bildende Kunst, Baukunst und Kunsthandwerk. Organ der Deutschen Kunstvereine &.&., 9.1858, S. 260
363 Ernst Troeltsch: Die Bedeutung des Protestantismus für die Entstehung der modernen Welt, München, Berlin 1911, S. 48
364 Vgl. Verfasser C.C.: Lutherbilder, in: Christliches Kunstblatt für Kirche, Schule und Haus, 1. 1858/1859, S. 132-137, das Blatt mit der Darstellung *Luther wird nach Cranach gemalt* wird auf S. 136 erwähnt. Vgl. dazu auch: Kat. Ausst. Luthers Leben in Illustrationen des 18. und 19. Jahrhunderts, Coburg 1980, s. Anm. 357, Kat.Nr. 62.38.1. sowie 62.38.2. und 62.38.3., S. 215 F., Abb. S. 216
365 Zur Identifikation der Cranach-Gemälde und Dürer-Kupferstiche vgl. Bayerische Staatsgemäldesammlungen Neue Pinakothek/München. Malerei der Gründerzeit. Vollständiger Katalog. Bearbeitet von Horst Ludwig, München 1977, S. 296, r. Sp.
366 Vgl. Ernst Engelberg: Deutschland von 1849 bis 1871, in: Deutsche Geschichte Band 2. Von 1789 bis 1917, Berlin DDR 1975 (= Deutsche Geschichte in drei Bänden, Band 2), S. 373
367 Vgl. ebd., S. 371, 373, 374
368 Friedrich Albert Lange: Geschichte des Materialismus und Kritik seiner Bedeutung in der Gegenwart, Leipzig o.J. (1908) (= Kröners Volksausgabe), Zweites Buch. Geschichte des Materialismus seit Kant, S. 41, r.Sp. – 42, 1. Sp.
369 Ebd., S. 42, r. Sp.

370 Zitiert nach: Karl Löwith (Hrsg.): Die Hegelsche Linke, Stuttgart 1962, S. 100 f.
371 Richard Falckenberg: Geschichte der neueren Philosophie von Nikolaus von Kues bis zur Gegenwart im Grundriss dargestellt, Leipzig 1908⁶, S. 559
372 Ebd., S. 560
373 Friedrich C. Sell: Die Tragödie des deutschen Liberalismus, Stuttgart 1953, S. 181 f.
374 Franz Mehring: Ludwig Büchner (1899), in: ders.: Philosophische Aufsätze, Berlin DDR 1961 (= Franz Mehring. Gesammelte Schriften. Herausgegeben von Prof. Dr. Thomas Höhle, Dr. Hans Koch, Prof. Dr. Josef Schleifstein, Band 13), S. 140
375 Vgl. Ernst Engelberg 1975, s. Anm. 366, S. 409 ff.
376 Vgl. Georg Anschütz: Psychologie. Grundlagen, Ergebnisse und Probleme der Forschung, Hamburg 1953, Kapitel „Das exakte Experiment und die Psychophysik", S. 35 ff. sowie: Richard Falckenberg 1908⁶, s. Anm. 371, S. 564 ff.
377 Vgl. Hippolyte Taine: Geschichte der englischen Literatur (1863), dazu: Irene Schwedemann: Histoire de la littérature Anglaise (frz.: Geschichte der englischen Literatur) von Hippolyte Taine (1828-1893), erschienen 1863, in: Kindlers Literatur Lexikon. Band V. Werke Gib-Iz, Darmstadt 1971, S. 4472-4473
378 Vgl. Verfasser H.M.: Lucas Cranach, der Maler der Reformation, in: Christliches Kunstblatt für Kirche, Schule und Haus, 15.1872, S. 113-126, 133-140, 154-160 (der Verfasser gibt in seinem Aufsatz eine Zusammenfassung des Buches von Schuchardt)
379 Ludwig August von Rochau: Grundsätze der Realpolitik. Angewendet auf die staatlichen Zustände Deutschlands. Herausgegeben und eingeleitet von Hans-Ulrich Wehler, Frankfurt am Main/Berlin (West)/Wien 1972, S. 255
380 Ebd., S. 256
381 Ebd., S. 254
382 Helmuth Widhammer: Die Literaturtheorie des deutschen Realismus (1848-1860), Stuttgart 1977, S. 44
383 Vgl. ebd., S. 45
384 Vgl. ebd., S. 51
385 Vgl. Wolfgang Hütt: Ludwig Knaus und die Malerschule in Düsseldorf – Anregungen, Einflüsse, Hintergrund, in: Kat. Ausst. Ludwig Knaus 1829-1910. Museum Wiesbaden 21. Oktober - 30. Dezember 1979. Staatliche Kunstsammlungen Kassel 19. Januar - 16. März 1980. Kunstmuseum Düsseldorf 30. März - 11. Mai 1980, Wiesbaden/Hanau 1979, S. 58-66 sowie: Cornelius Gurlitt: Die deutsche Kunst des Neunzehnten Jahrhunderts. Ihre Ziele und Thaten, Berlin 1900², S. 378 f.
386 Vgl. Helmuth Widhammer 1977, s. Anm. 382, S. 55
387 Vgl. Kunst-Chronik, 21.1886, Rubrik „Sammlungen und Ausstellungen", S. 692
388 Vgl. Kunst-Chronik, 23.1888, Verfasser G.P.: Belgische Ausstellungen Antwerpen, 31. August 1888, S. 701
389 S. Anm. 387, ebd.
390 Adolf Rosenberg: Geschichte der modernen Kunst. Dritter Band. Die Deutsche Kunst. Zweiter Abschnitt 1849-1889, Leipzig 1889, S. 281
391 Vgl. Horst Ludwig: Münchner Malerei im 19. Jahrhundert, München 1978, S. 37 f.
392 Julius Lessing: Hugo Vogel, in: Die Kunst für Alle, 11. 1895/1896, S. 66
393 Vgl. Albrecht Bangert: Gründerzeit. Kunstgewerbe zwischen 1850 und 1900. München 1978², S. 26 f., 108 ff.
394 Im Christlichen Kunstblatt für Kirche, Schule und Haus, 13.1871, heißt es auf S. 48: „Der Maler E. *von Gebhardt* aus Rußland hat den Grundsatz, die biblischen Gegenstände ihres traditionellen Charakters zu entkleiden, sie gleichsam ins Nordische zu übersetzen, wodurch er sich an die altdeutsche und altniederländische Darstellungsweise anschließt, so daß man sich von seinen Bildern in die Tage der van Eyck, Memling und Holbein zurückversetzt wähnt."
395 Zur Stärkung des Protestantismus in der zweiten Hälfte des 19. Jahrhunderts in Deutschland vgl. Karl Kupisch 1955, s. Anm. 344, S. 81 ff.
396 Ebd., S. 162
397 Editoren: E.L. Enders und G. Kawerau, Ausgabe in 19 Bdn., 1884-1932
398 Im Jahre 1895: *Lutherdenkmal* in Eisenach von Prof. A. von Donndorf (Stuttgart), eingeweiht am 04.Mai (vgl. Christliches Kunstblatt für Kirche, Schule und Haus, 37.1895, S. 65-68, S. 81-83). *Lutherdenkmal* in Berlin von Paul Otto und Robert Toberentz, Enthüllung am 11. Juni (vgl. Christliches Kunstblatt für Kirche, Schule und Haus, 37.1895, S. 112)
399 J. Köstlin: Martin Luther, 2 Bde., 1875, 1903⁵, fortgesetzt von G. Kawerau; H. Denifle: Luther und Luthertum, 2 Bde., 2 Ergänzungs-Bände, 1904²-1909
400 Julius Lessing 1895/1896, s. Anm. 392, S. 66; zur Interpretation des Gemäldes von Hugo Vogel vgl. auch: Kat.Ausst. Luther und die Folgen für die Kunst, s. Anm. 121, Kat.Nr. 391, S. 516 (Friedrich Gross), Farbabb. S. 93
401 Ebd. (Julius Lessing)
402 Ebd.
403 Vgl. Friedrich Nietzsche: Unzeitgemäße Betrachtungen. Zweites Stück: Vom Nutzen und Nachteil der Historie für das Leben, in: Friedrich Nietzsche: Werke in drei Bänden. Erster Band, hrsg. von Karl Schlechta, München 1973⁷, S. 209-285
404 Zum Historismus des aufsteigenden Bürgertums um 1800 vgl. Michael Brix/Monika Steinhauser: Geschichte im Dienste der Baukunst. Zur historischen Architektur-Diskussion in Deutschland, in: dies. (Hrsg.): „Geschichte allein ist zeitgemäß". Historismus in Deutschland, Lahn-Gießen 1978, insbesondere S. 233 ff.
405 Vgl. Julius Lessing 1895/1896, s. Anm. 392, S. 66
406 Cornelius Gurlitt 1900², s. Anm. 385, S. 301
407 Zur Identifikation der Reformatoren vgl. Dietrich Bieber: Peter Janssen als Historienmaler. Zur Düsseldorfer Malerei des späten 19. Jahrhunderts. Teil 1 Text, Teil 2 Anmerkungen, Katalog, Abbildungen, Bonn 1979, Teil 1, S. 316 f., dort weitere Hinweise
408 Ebd., S. 434
409 Vgl. Hanna Gagel: Die Düsseldorfer Malerschule in der politischen Situation des Vormärz und 1848, in: Kat.Ausst. Die Düsseldorfer Malerschule, Düsseldorf 1979, s. Anm. 226, S. 68-85
410 Erich Haenel kritisiert in seiner Rezension der Deutsch-nationalen Kunstausstellung Düsseldorf 1902, wo Janssens Wandbilder für die Aula der Alten Universität in Marburg ausgestellt waren, die Vergangenheitsbezogenheit der Bilder (im Sinne einer vergangenen Kunstepoche) und stellt das Fehlen von Werken des Symbolismus und Neu-Idealismus auf der Ausstellung fest. Vgl. Erich Haenel: Die Deutschnationale Kunstausstellung Düsseldorf 1902, in: Kunstchronik, N.F., 13.1901/1902, Sp. 498 f.
411 Vgl. Anton von Werner: Erlebnisse und Eindrücke 1870-1890, Berlin 1913, S. 442
412 Abb. in: Die Kunst für Alle, 3.1887/1888, Taf. nach S. 34, Text S. 41
413 Vgl. dazu: Ludwig Pietsch: Die Malerei auf der Münchener Jubiläums-Kunst-Ausstellung 1888. Photogravüre – Ausgabe mit begleitendem Text, München 1888, S. 70 f., Abbildung des Gemäldes nach S. 70
414 Friedrich Pecht: Unsere Bilder. Vom Herausgeber, in: Die Kunst für Alle, 3.1887/1888, S. 41

415 Cornelius Gurlitt 1900², s. Anm. 385, S. 341 f.
416 Theodor Fontane: Aufsätze zur Bildenden Kunst. Erster Teil. Herausgegeben von Rainer Bachmann und Edgar Gross, München 1970, S. 384 f.
417 Ebd., S. 385
418 Albrecht Dürer: *Eobanus Hessus*, 1526, Silberstift, 16,9 x 11,7 cm, London, British Museum (Winkler 905), vgl. Marianne Bernhard (Hrsg.): Albrecht Dürer 1471 bis 1528. Das gesamte graphische Werk. Handzeichnungen. Einleitung Wolfgang Hütt, München 1971⁵ (= Bd. 1), S. 1051; Albrecht Dürer: *Der lateinische Dichter Eobanus Hessus*, Holzschnitt, erschienen 1526 nach der Zeichnung Dürers, 12,9 x 9,5 cm (Meder 257; Panofsky 346; Knappe 380), vgl. Marianne Bernhard (Hrsg.) 1971⁵, s.o., Bd. 2 Druckgraphik, S. 1744. – Knilles Bildnis des Eobanus Hessus weist darüberhinaus Ähnlichkeiten auf mit dem *Bildnis des Bonifatius Amerbach* (1519) von Hans Holbein d.J. (Öl auf Tannenholz, 28,5 x 27,5 cm, Basel, Kunstmuseum).
419 Der Kopf weist Ähnlichkeiten mit dem *Kopf eines Bauern* (um 1505/1506) im Londoner British Museum von Lucas Cranach d.Ä. auf. Pinselzeichnung in Wasser- und Deckfarben 23,8 x 16,7 cm, Abb. in: 1472-1553 Lucas Cranach d.Ä. Das gesamte graphische Werk, 1972, s. Anm. 361, S. 137
420 Conrad Ferdinand Meyer: Sämtliche Werke. Mit einem Nachwort von Hans Schmeer, München o.J. (1953), S. 990
421 Ebd., S. 967
422 Ebd., S. 996
423 Ebd., S. 985
424 Werner Kohlschmidt: Geschichte der deutschen Literatur vom Jungen Deutschland bis zum Naturalismus, Stuttgart 1975 (= Geschichte der deutschen Literatur von den Anfängen bis zur Gegenwart Bd. IV), S. 641 f.
425 Conrad Ferdinand Meyer: Sämtliche Werke 1953, s. Anm. 420, S. 1019 (Abschnitt LXX Scheiden im Licht)
426 Brief von Marx an Ferdinand Lassalle vom 19. April 1859, in: Karl Marx/Friedrich Engels: Über Kunst und Literatur in zwei Bänden, hrsg. von Manfred Kliem, Erster Band, Berlin DDR 1967, S. 181 (Vgl. die Sickingen-Debatte insgesamt ebd., S. 166-217)
427 Franz Mehring: Aufsätze zur deutschen Literatur von Hebbel bis Schweichel, Berlin DDR 1976 (= Franz Mehring: Gesammelte Schriften. Herausgegeben von Prof. Dr. Thomas Höhle, Prof. Dr. Hans Koch, Prof. Dr. Josef Schleifstein, Band 11), S. 14 (Lassalles Trauerspiel „Franz von Sickingen", 1902)
428 Ebd., S. 15
429 Vgl. das Melanchthon-Porträt des Meienburgschen Epitaphs der beiden Cranach, Abb. 106, S. 85 in: Oskar Thulin 1955, s. Anm. 361, sowie das Melanchthon-Porträt Lucas Cranachs d.J. im Städel, Frankfurt am Main, Inv.Nr. SG 349
430 Lucas Cranach d.Ä.: *Luther mit dem Doktorhut*, 1521, Kupferstich 20,8 x 15 cm (Jahn Tafel 103), vgl. auch Abb. in: 1472-1553 Lucas Cranach d.Ä. Das gesamte graphische Werk 1972, s. Anm. 361, S. 209
431 Albrecht Dürer: Friedrich der Weise, *Kurfürst von Sachsen*, 1524, Kupferstich, 18,8 x 12,2 cm (Meder 102; Panofsky 211; Knappe 103), vgl. Marianne Bernhard (Hrsg.) 1971⁵, s. Anm. 418, Bd. 2, S. 1917
432 Hans Holbein d.J.: *Der schreibende Erasmus von Rotterdam* (1523), Papier auf Holz, 37 x 31 cm, Basel, Kunstmuseum, Abb. in: Kindlers Malerei Lexikon Band III H-K, Zürich 1966, S. 275
433 Zur Lichtbedeutung des Goldgrundes vgl. Hans Jantzen: Über den kunstgeschichtlichen Raumbegriff, Darmstadt 1962², S. 37
434 Vgl. das Kapitel „Der bedeutungssteigernde Hintergrund", in: Richard Hamann/Jost Hermand: Gründerzeit, München 1971 (= Epochen Deutscher Kultur von 1870 bis zur Gegenwart Band 1, sammlung dialog 54), S. 66-72

435 Adolf Rosenberg: Die akademische Kunstausstellung in Berlin. Mit Illustrationen, in: Zeitschrift für Bildende Kunst, 17.1882, S. 55
436 Ebd.
437 Otto Knille: Grübeleien eines Malers über seine Kunst, Berlin 1887, S. 4
438 Ebd., S. 10
439 Ebd.
440 Vgl. ebd., S. 12
441 Ebd., S. 25
442 Giorgione: *Thronende Maria mit den Heiligen Franziskus und Liberale* (1504), Öl auf Holz, 200 x 152 cm, Castelfranco, Dom (S. Liberale)
443 Die Leinwandskizzen für die beiden im Treppenhaus der alten Düsseldorfer Kunsthalle an den Langseiten gegenüberliegenden Fresken *Die Kunst des Altertums* und *Die Kunst der Renaissance* befinden sich im Kunstmuseum Düsseldorf. (*Die Kunst des Altertums*, 1887, Öl/Lwd. 46,5 x 114 cm, Inv.Nr. 4547; *Die Kunst der Renaissance*, 1887, Öl/Lwd. 46,5 x 114 cm, Inv.Nr. 4548). Die endgültigen Bilder weichen von den Skizzen in manchen Punkten ab. Dies ist jedoch für den Gedankengang der Untersuchung unerheblich.
444 Vgl. Städelsches Kunstinstitut Frankfurt am Main. Die Gemälde des 19. Jahrhunderts. Herausgegeben von Ernst Holzinger. Bearbeitet von Hans-Joachim Ziemke. Textband, Frankfurt am Main 1971, S. 449 ff.
445 Franz Pforr: *Sulamith und Maria* (1811), Öl auf Holz, 35 x 32 cm, Schweinfurt, Sammlung Georg Schäfer; Friedrich Overbeck: *Italia und Germania* (1811-1828), Öl/Lwd, 94 x 104 cm, München, Neue Pinakothek. Vgl. Rudolf Bachleitner: Die Nazarener, München 1976 (= Heyne Stilkunde 2), S. 52 ff.
446 Die Fresken von Carl Gehrts in der Düsseldorfer Kunsthalle, in: Die Kunst für Alle, 13.1897/1898, S. 66
447 Vgl. Adolf Rosenberg 1889, s. Anm. 390, S. 150
448 Vgl. Karl Frenzel 1872, s. Anm. 298, S. 6 f.
449 Vgl.: Wilhelm Lübke: Geschichte der deutschen Renaissance, 2 Tle., Stuttgart 1872-1873; Alfred Woltmann: Holbein und seine Zeit. Des Künstlers Familie, Leben und Schaffen. Erster Band. Zweite umgearbeitete Auflage, Leipzig 1874, darin Kapitel: „I. Der künstlerische Umschwung in Deutschland", S. 1-18; Max Semrau: Die Kunst der Renaissance in Italien und im Norden, Esslingen a.N. 1912³ (= Grundriß der Kunstgeschichte von Wilhelm Lübke. Vierzehnte Auflage vollständig neu bearbeitet von Max Semrau. Bd. III), darin: „Erstes Kapitel. Die Grundlagen der Renaissance in Italien und im Norden", S. 1-14
450 Otto Knille 1887, s. Anm. 437, S. 140
451 Ebd., S. 136
452 Ebd., S. 142 f.
453 Vgl. Johannes Widmer: Ferdinand Hodlers Wandgemälde für das Rathaus in Hannover, in: Kunst und Künstler, 11. 1912/1913, S. 524 f.
454 Friedrich Haack: Die Kunst des XIX. Jahrhunderts, Esslingen a.N. 1909³ (= Grundriß der Kunstgeschichte von Wilhelm Lübke. Vierzehnte Auflage, Bd. 5), S. 196
455 Vgl. Horst Ludwig 1978, s. Anm. 391, S. 22 f.
456 Vgl. Cornelius Gurlitt 1900², s. Anm. 385, S. 301 f.
457 Vgl. Friedrich Pecht 1881, s. Anm. 333, XXVII. Karl v. Piloty, S. 202-228, hier S. 209
458 Vgl. Ingrid Jenderko-Sichelschmidt: Die profane Historienmalerei 1826-1860, in: Kat. Ausst. Die Düsseldorfer Malerschule, Düsseldorf 1979, s. Anm. 226, S. 104 f., sowie Christoph Heilmann: Zur französisch-belgischen Historienmalerei und ihre Abgrenzung zur Münchner Schule, in: Kat. Ausst. Die Münchner Schule 1850-1914. Bayerische Stattsgemäldesammlungen und Ausstellungsleitung Haus der Kunst München e.V. 28. Juli

bis 7. Oktober 1979, München 1979, S. 47-59, sowie: Horst Ludwig: Piloty, Diez und Lindenschmit – Münchner Akademielehrer der Gründerzeit, in: ebd., S. 62 f.

459 Karl Raupp: Katechismus der Malerei. Dritte, vermehrte und verbesserte Auflage, Leipzig 1898, darin unter Abschnitt „Mechanisch-technische Hilfsmittel" Kapitel 1. „Der photographische Apparat und seine Anwendung für malerische Zwecke", S. 157-165

460 Johannes Widmer 1912/1913, s. Anm. 453, S. 526

461 Vgl. dazu: Friedrich Gross: Realismus in der deutschen protestantischen Bildkunst des 19. Jahrhunderts, Abschnitt „III. Protestantische Historienmalerei vom Vormärz bis zum Beginn des Ersten Weltkriegs", in: Anstöße. Aus der Arbeit der Evangelischen Akademie Hofgeismar, 30.1983, Heft 3-4, S. 141-151, hier S. 143 f., sowie: Friedrich Gross: Protestantische Historie, in: Kat. Ausst. Luther und die Folgen für die Kunst, s. Anm. 121, S. 506-521, hier S. 507 f., 520 f.

462 Heines Werke in fünf Bänden. Ausgewählt und eingeleitet von Helmut Holtzhauer. Fünfter Band. Zur Geschichte der Religion und Philosophie. Über den Denunzianten. Ludwig Börne. Die Februarrevolution. Geständnisse. Memoiren. Vermächtnis, Berlin DDR/Weimar 1976[14] (= Bibliothek Deutscher Klassiker BDK. Herausgegeben von den Nationalen Forschungs- und Gedenkstätten der Klassischen Deutschen Literatur in Weimar), darin: Zur Geschichte der Religion und Philosophie in Deutschland, S. 5-149, hier S. 37

463 Vgl. Theodor Mundt: Thomas Müntzer. Ein deutscher Roman. Dritter Band. Zweite vermehrte und verbesserte Ausgabe, Altona 1843, darin: „Sechstes Buch. Luther's Frühlingsreise", S. 3-84, hier insbesondere das Gespräch Luthers mit den Bauern in Erfurt, S. 52-60. Vgl. auch: Helmut Kind: Das Zeitalter der Reformation im Roman der Jungdeutschen, Göttingen 1969, S. 112

464 Vgl. Kunstblatt, 25.1844, S. 268, 1. Sp.; Kunstblatt, 26.1845, S. 360, r. Sp.; Deutsches Kunstblatt, 4.1853, S. 409, r. Sp., S. 410, 1. Sp.

465 Vgl. Dr. W. Zimmermann's Großer Deutscher Bauernkrieg. Herausgegeben von Wilhelm Blos. Illustrirt von Victor Schiwert und O.E. Lau, Stuttgart 1891, darin: „Neunzehntes Kapitel. Die Blutrache zu Weinsberg", S. 386-405, hier S. 400-404

466 Vgl. dazu Abb. S. 240 oben, in: Adolf Laube/Max Steinmetz/ Günter Vogler: Illustrierte Geschichte der deutschen frühbürgerlichen Revolution, Berlin DDR 1974

467 Vgl. Johann Wolfgang Goethe: Geschichte Gottfriedens von Berlichingen mit der eisernen Hand dramatisirt, in: Johann Wolfgang Goethe. Sämtliche Werke. Herausgegeben von Ernst Beutler unter Mitarbeit zahlreicher Fachgelehrter. Band 4. Der junge Goethe. Einführung und Textüberwachung von Ernst Beutler, Zürich 1977, S. 515-753, hier S. 615-618

468 Vgl. Zimmermann 1891, s. Anm. 465, S. 386-405, sowie: Max Steinmetz: Deutschland von 1476 bis 1535, in: Deutsche Geschichte. Band 1. Von den Anfängen bis 1789. Mit 16 ein- und mehrfarbigen Karten, 8 Farbbildern, 38 einfarbigen Abbildungen auf Kunstdrucktafeln und 170 Textabbildungen. 3., durchgesehene Auflage, Berlin DDR 1974 (= Deutsche Geschichte in drei Bänden), S. 467-559, hier S. 535

469 Zitiert nach: Ingrid Pepperle: Junghegelianische Geschichtsphilosophie und Kunsttheorie, Berlin DDR 1978 (= Literatur und Gesellschaft. Herausgegeben von der Akademie der Wissenschaften der DDR. Zentralinstitut für Literaturgeschichte), S. 171

470 Zimmermann 1891, s. Anm. 465, S. 632

471 Vgl. zur Komposition von Metz: Friedrich Gross 1983 (Anstösse), s. Anm. 461, S. 143, r. Sp.-144, 1. Sp. – Zur Komposition von Hofmann vgl.: Friedrich Gross: Kat.Nr. 384, S. 507-508, in: Kat. Ausst. Luther und die Folgen für die Kunst, s. Anm. 121

472 Vgl. Kat. Ausst. Luthers Leben in Illustrationen des 18. und 19. Jahrhunderts, Coburg 1980, s. Anm. 357, S. 176-227, hier S. 180

473 Vgl. Wolfgang Müller von Königswinter: Düsseldorfer Künstler aus den letzten fünfundzwanzig Jahren. Kunstgeschichtliche Briefe, Leipzig 1854, darin: „XXII. Ludwig Knaus, C. Böttcher. A. Breitenstein", S. 253-261, hier S. 256 f., sowie: Adolf Rosenberg: Geschichte der Modernen Kunst. Zweite ergänzte Ausgabe. Dritter Band. Die Deutsche Kunst. Zweiter Abschnitt 1849-1893, Leipzig 1894, S. 238

474 Zu dem Gemälde von Hamel vgl. Kat.Ausst. 100 Jahre Historisches Museum Frankfurt am Main 1878 bis 1978. Drei Ausstellungen zum Jubiläum, Frankfurt am Main 1978, S. 229 f. (mit Abb.)

475 Vgl. Werner Timm: Käthe Kollwitz, Berlin DDR 1974, Text zu Abb. 9 *Losbruch*

476 Werner Weisbach: Käthe Kollwitz, in: Zeitschrift für Bildende Kunst, N.F., 16.1905, S. 90. Weisbach bezieht sich auf den vor S. 89 (Tafel) abgebildeten Entwurf zur Radierung *Losbruch*. Dieser unterscheidet sich jedoch in den Grundzügen nicht von der endgültigen Fassung.

477 Vgl. dazu: Hans-Werner Schmidt: Die Förderung des Vaterländischen Geschichtsbildes durch die Verbindung für Historische Kunst 1854-1933, Marburg 1985 (= Studien zur Kunst- und Kulturgeschichte Bd. 1. Herausgegeben von Heinrich Klotz), S. 79, 204 (Anm. 122)

478 Vgl. Adolf Rosenberg: Geschichte der Modernen Kunst. Zweite ergänzte Ausgabe. Erster Band. Geschichte der Französischen Kunst. Von 1789 bis zur Gegenwart, Leipzig 1894, S. 495

479 Martin von Nathusius: Die Christlich-socialen Ideen der Reformationszeit und ihre Herkunft, Gütersloh 1897 (= Beiträge zur Förderung christlicher Theologie. Herausgegeben von D.A. Schlatter und D.H. Cremer. Erster Jahrgang 1897. Zweites Heft), S. 162 f.

480 Ebd., S. 163

481 Gustav Freytag: Bilder aus der deutschen Vergangenheit. Zweiter Band / zweite Abteilung: Aus dem Jahrhundert der Reformation, Leipzig und Berlin-Grunewald o.J. (= Gustav Freytag. Gesammelte Werke. Neue wohlfeile Ausgabe. Zweite Serie Band 5), S. 105

482 Friedrich Bezold: Geschichte der deutschen Reformation, Berlin 1890 (= Allgemeine Geschichte in Einzeldarstellungen herausgegeben von Wilhelm Oncken. Dritte Hauptabtheilung. Erster Theil), S. 500

483 Eine weitere Darstellung des niedrigen Kreuzes gibt es von Pierre-Paul Prud'hon (1758-1823): *Christus am Kreuz*, 1822, Öl auf Leinwand, 278 x 165,5 cm, Paris, Musée du Louvre, Inv.Nr. 7338.

484 Vgl. Hermann Beenken: Das neunzehnte Jahrhundert in der deutschen Kunst, Aufgaben und Gehalte. Versuch einer Rechenschaft, München 1944, S. 273

485 Über Klingers Beziehungen zur Musik schreibt Hans Wolfgang Singer 1894 in seinem Aufsatz: Max Klinger's Gemälde. Mit Abbildungen in der Zeitschrift für Bildende Kunst, N.F., 5.1894: „Für ihn redet auch die Musik eine anregende Sprache. Wie die Farbe und Form ihm ihre Geheimnisse gleich einem Wortgedicht erschließen, so erweckt auch die Verbindung von Tönen in ihm Empfindungen und Gedanken, so stark wie das Wort. Und wie bei allen musikalischen Menschen die Phantasie immer von einer Kunst in die andre spielt, sich die Legende einer Kunst in der anderen fertig erzählt, so setzt sich bei ihm oft die Einwirkung einer Kunst in das Schaffen einer anderen um. Schon äußere Zeichen bekunden seine Beziehungen zur Musik. Dem Andenken Schumann's sind die *Rettungen* gewidmet. Sei-

ner Verehrung für Brahms verlieh er Ausdruck durch die Widmung der Folge 'Amor und Psyche', und dadurch, daß er Titelblätter zu Brahms' Liedern verfertigte. Im Atelier neben dem Klavier liegen Wagner's Musikdramen. Endlich wird sein neuestes Werk eine Folge von radierten Stimmungsbildern zu Brahms' 'Schicksalslied' sein. Doch noch weit tiefere Beziehungen weist seine Kunst auf. Als Klinger sich das Leben und Werk einer der Hauptfiguren der Bibel vorführte, um sich zu vergegenwärtigen, wie der Mann, der solches leistete, wohl ausgesehen haben möchte, da klang es ihm von der Musik herüber. Ein Beethoven, so schien es ihm, hätte er in Worten statt in Tönen geschrieben, würde die Offenbarung Johannis haben schreiben können. Und so wurde des Musikers Totenmaske Modell für den Evangelisten." (S. 51) – Seiner Verehrung für den „Olympier" Beethoven gab Klinger in der Plastik *Beethoven* Ausdruck, die er 1885 in Paris im Entwurf konzipierte und die er 1902 vollendete. Die Idee zum *Beethoven* kam ihm nach seiner eigenen Aussage „eines schönen Abends in Paris am Klavier". Vgl. Stella Wega Mathieu: Max Klinger. Leben und Werk in Daten und Bildern, Frankfurt am Main 1976, S. 70. - Eine Büste des Musikers Franz Liszt entstand 1901 (Leipzig, Gewandhaus), eine Büste Richard Wagners 1903 (Köln, Wallraf-Richartz-Museum). 1915 arbeitete Klinger an einer Porträt-Büste von Richard Strauß, zu der ihm der Komponist Modell saß (vgl. Stella Wega Mathieu 1976, s.o., S. 53). Klinger schuf auch ein Brahmsdenkmal (1905, Hamburg, Musikhalle) und ein Wagnerdenkmal (unausgeführt, Grundsteinlegung 1913 in Leipzig).

486 Vgl. Max Klinger: Malerei und Zeichnung, Leipzig o.J. (= Insel-Bücherei Nr. 263), S. 15-18, S. 39-42
487 Hans Wolfgang Singer: Max Klinger's Gemälde. Mit Abbildungen, in: Zeitschrift für Bildende Kunst, N.F., 5.1894, S. 50
488 Die Identifikation schwankt in der Literatur. Paul Kühn bezeichnet die Frauenfigur als „Griechin (oder römische Kurtisane)". Vgl. Paul Kühn: Max Klinger, Leipzig 1907, S. 319
489 Vgl. Karl Schefold: Die Griechen und ihre Nachbarn, Berlin (West) 1967 (= Propyläen Kunstgeschichte in achtzehn Bänden, Band 1), S. 177 (Nr. 64), Abb. 64
490 Berthold Haendcke: Max Klinger als Künstler. Eine Studie (= Ueber Kunst der Neuzeit, 2. Heft), Straßburg 1899, S. 49
491 Vgl. Stella Wega Mathieu 1976, s. Anm. 485, S. 91
492 Hans Wolfgang Singer 1894, s. Anm. 487, S. 50
493 Max Klinger: Malerei und Zeichnung, Leipzig o.J. (= Insel-Bücherei, Nr. 263), S. 42
494 Ebd.
495 Ebd., S. 43
496 Ebd., S. 43 f.
497 Ebd., S. 46
498 Paul Kühn 1907, s. Anm. 488, S. 324
499 Ebd., S. 326
500 Ebd.
501 Vgl. Julius Vogel: Max Klinger und seine Vaterstadt Leipzig. Ein Kapitel aus dem Kunstleben einer deutschen Stadt, Leipzig 1925³, S. 10 ff. Nach Vogel war Klinger im Jahre 1892 „wieder daheim" (ebd., S. 10). Nach Heyne dauerte die römische Zeit bis 1893, und im gleichen Jahr siedelte Klinger nach Leipzig über (vgl. Hildegard Heyne: Max Klinger im Rahmen der modernen Weltanschauung und Kunst. Leitfaden zum Verständnis Klingerscher Werke, Leipzig 1907, S. 41, S. 50).
502 Vgl. Julius Vogel 1925³, s. Anm. 501, S. 11 ff.
503 Ebd., S. 12
504 Vgl. Stella Wega Mathieu 1976, s. Anm. 485, S. 94 f.
505 Paul Kühn 1907, s. Anm. 488, S. 329
506 Vgl. Cornelius Gurlitt 1900², s. Anm. 385, S. 638 f.
507 Vgl. Julius Vogel 1925³, s. Anm. 501, S. 11
508 Carl Schuchhardt: Max Klinger's „Kreuzigung" in Hannover. Vortrag im Hannoverschen Künstlerverein am 24. April 1899, Hannover 1899, S. 23
509 Vgl. Reinhold Hartmann: Erneuerungsversuche der christlich-religiösen Malerei im 19. Jahrhundert, insbesondere der Bestrebungen auf naturalistischer Basis in der zweiten Jahrhunderthälfte, Diss. Tübingen 1954, S. 60 f.
510 Vgl. Franz Mehring: Moderne Evangelienkritik (1901), in: Franz Mehring 1961, s. Anm. 374, S. 254, 255, sowie: Friedrich Engels: Bruno Bauer und das Urchristentum (1882), in: MEW Bd. 19, S. 297-305
511 Vgl. Cornelius Gurlitt 1900², s. Anm. 385, S. 557 f.
512 Vgl. Richard Muther: Bruno Piglhein, in: Zeitschrift für Bildende Kunst, 22.1887, S. 165-172, hier S. 170
513 Vgl. Max Bernstein: Von einem Panorama. Plauderei, in: Die Kunst für Alle, 2.1886/1887, S. 105-110
514 Richard Muther 1887, s. Anm. 512, S. 171
515 Vgl. R.S.: Panorama „Jerusalem und Kreuzigung Christi". Gemalt von Professor B. Piglhein mit Unterstützung der Maler J. Krieger und A. Heine für das Landschaftliche und des Malers K. Frosch für die Architektur, in: Christliches Kunstblatt für Kirche, Schule und Haus, 31.1889, S. 171-175, hier S. 171 f., S. 173 f.
516 Vgl. J. Benzinger und Johannes Merz: Das Panorama der Kreuzigung Christi, in: Christliches Kunstblatt für Kirche, Schule und Haus, 36.1894, S. 56-58 (Benzinger) sowie S. 58-63 (Merz).
517 Vgl. Sebastian Staudhamer: Vom Panorama in Altötting, in: Die christliche Kunst, 3.1906/1907, S. 56-60, sowie: Reinhold Hartmann 1954, s. Anm. 509, Kapitel „Die wissenschaftlich-historische Orientmalerei", S. 59-102, hier S. 90, 91
518 Paul Kühn 1907, s. Anm. 488, S. 330
519 Hans Wolfgang Singer 1894, s. Anm. 487, S. 50
520 Paul Kühn 1907, s. Anm. 488, S. 318
521 Hildegard Heyne 1907, s. Anm. 501, S. 48
522 Ebd., S. 37
523 Vgl. Oskar Berggruen: Michael von Munkácsy. Ein Lebensbild, in: Die graphischen Künste, 7.1885, S. 32
524 F. Walther Ilges: M. von Munkácsy, Bielefeld/Leipzig 1899 (= Künstler-Monographien, in Verbindung mit Andern herausgegeben von H. Knackfuß XL), S. 88
525 Max Klinger. Gedanken und Bilder aus der Werkstatt des werdenden Meisters. Herausgegeben von Dr. H. Heyne, Leipzig 1925, S. 27
526 Ebd.
527 Ebd., S. 28 f.
528 Auf die Entwicklung der Freilichtmalerei in der ersten Hälfte des 19. Jahrhunderts und bis zum Beginn des Zweiten Deutschen Kaiserreiches kann hier nicht näher eingegangen werden. Vgl. dazu: Siegfried Wichmann: Realismus und Impressionismus in Deutschland, Bemerkungen zur Freilichtmalerei des 19. und beginnenden 20. Jahrhunderts, Stuttgart 1964
529 Vgl. Anton von Werner: Erlebnisse und Eindrücke 1870-1890, Berlin 1913, Fünfunddreißigstes Kapitel: 1886, S. 463 f.
530 R.S.: Die religiöse Kunst in der Berliner Jubiläums-Kunstausstellung, in: Christliches Kunstblatt für Kirche, Schule und Haus, 28.1886, S. 162
531 Gerhard Ramberg: Hellmalerei. Ein Spaziergang durch den Münchener Glaspalast im Sommer 1889, München 1889², S. 2
532 Ebd., S. 3
533 Ebd.
534 Wilhelm Trübner: Das Kunstverständnis von Heute, in: ders.: Personalien und Prinzipien, Berlin o.J. (1907), S. 126
535 Ebd., S. 140
536 Ebd., S. 131
537 Vgl. ebd., S. 127

538 Vgl. ebd., S. 137
539 Vgl. ebd., S. 133
540 Ebd., S. 142
541 Vgl. ebd., S. 134
542 Richard Muther: Geschichte der Malerei im XIX. Jahrhundert. Dritter Band, München 1894, S. 410
543 Carl Neumann: Von moderner Malerei. Betrachtungen über die Münchener Kunstausstellung von 1888, in: ders.: Kampf um die Neue Kunst, Berlin 1896, S. 219
544 Ebd., S. 87 f. – Zum Gemälde: Karl Theodor von Piloty (1824-1886):*Thusnelda im Triumphzug des Germanicus* (1873), Öl/Lwd., 490 x 710 cm, München, Neue Pinakothek
545 Woldemar von Seidlitz: Die Entwicklung der modernen Malerei, Hamburg 1897, S. 7 f.
546 Ebd., S. 9
547 Herman Riegel: Die bildenden Künste. Kurzgefaßte Allgemeine Kunstlehre in ästhetischer, künstlerischer, kunstgeschichtlicher und technischer Hinsicht. Vierte, völlig neu bearbeitete Auflage, Frankfurt am Main 1895, S. 349
548 Ebd., S. 346 f.
549 Ebd., S. 348
550 Ebd., S. 349
551 Vgl. ebd., IX. Abschnitt: Das Darstellbare. C. Die Malerei, S. 268-328
552 Carl Lemcke: Populäre Ästhetik. Vierte vermehrte und verbesserte Auflage, Leipzig 1873
553 Ebd., S. 33
554 Ebd., S. 281
555 Ebd., S. 282
556 Ebd., S. 23
557 Vgl. ebd., S. 40, 41
558 Ebd., S. 60
559 Ebd., S. 79
560 Vgl. ebd., S. 46-58
561 Ebd., S. 399
562 Ebd., S. 410
563 Ebd., S. 412
564 Vgl. ebd., S. 401-402
565 Ebd., S. 422
566 Ebd., S. 405
567 Ebd., S. 273
568 Ebd., S. 25
569 Ebd., S. 451 f.
570 Vgl. ebd., S. 430-449
571 Wilhelm Wyl: Franz von Lenbach. Gespräche und Erinnerungen, Stuttgart und Leipzig 1904, S. 36 f.
572 Vgl. ebd., S. 119
573 Ebd., S. 36
574 Vgl. Otto Knille: Freilicht, in: Die Kunst für Alle, 12.1896/1897, S. 33 ff.
575 Vgl. ebd., S. 50
576 Wilhelm Lübke: Geschichte der Deutschen Kunst von den frühesten Zeiten bis zur Gegenwart, Stuttgart 1890, S. 942
577 Vgl. Ludwig Pietsch: Deutsche Kunst und Künstler der Gegenwart in Bild und Wort, München 1887, S. 44
578 Wilhelm Lübke 1890, s. Anm. 576, S. 942
579 Heinrich Merz: Rückblick, in: Christliches Kunstblatt für Kirche, Schule und Haus, 32.1890, S. 1-5 sowie 17-20, hier S. 2
580 Walter Stengel: Eine Freilicht-Prophezeiung, in: Kunst und Künstler, 4.1905/1906, S. 204-210
581 Heinrich Merz 1890, s. Anm. 579, ebd.
582 Richard Muther: Studien und Kritiken. Band I: 1900, Wien o.J. (1901), S. 233
583 Vgl. Ernst Mach: Die Analyse der Empfindungen und das Verhältnis des Psychischen zum Physischen, Jena 1885, sowie: ders.: Erkenntnis und Irrtum. Skizzen zur Psychologie der Forschung, Leipzig 1905 u.a. Vgl. auch: Manfred Diersch: Empiriokritizismus und Impressionismus. Über Beziehungen zwischen Philosophie, Ästhetik und Literatur um 1900 in Wien, Berlin DDR 1977
584 Vgl. Ernst Mach: Die Analyse der Empfindungen und das Verhältnis des Physischen zum Psychischen, Jena 1903^4, S. 18-20
585 Vgl. Jean Leymarie: Impressionismus. Biographisch-kritische Studie. Zweiter Band, Genf 1955 (= Der Geschmack unserer Zeit. Sammlung, begründet und herausgegeben von Albert Skira), S. 106 ff. – Vgl. auch: Klaus Herding: Egalität und Autorität in Courbets Landschaftsmalerei, in: Städel-Jahrbuch, N.F., 5.1975, S. 159-199, hier S. 186 sowie Anm. 247-258
586 John Mallord William Turner (1755-1851): *Regen, Dampf, Geschwindigkeit: der Zug „Great Western"*, Öl auf Leinwand, 91 x 122 cm, London, National Gallery. Vgl. auch: Wolfgang Schivelbusch: Geschichte des Eisenbahnwesens. Zur Industrialisierung von Raum und Zeit im 19. Jahrhundert, München 1977
587 Otto Knille 1896/1897, s. Anm. 574, S. 52 f.
588 Ebd., S. 53
589 Vgl. Klaus Rohrandt: Wilhelm Trübner (1851-1917). Kritischer und beschreibender Katalog sämtlicher Gemälde, Zeichnungen und Druckgraphik. Biographien und Studien zum Werk. Band 1, Diss. Kiel 1974, Abschnitt: „Die zweite Periode 1877-1888", S. 188-191
590 R.S.: Die internationale Kunstausstellung in Berlin.III., in: Christliches Kunstblatt für Kirche, Schule und Haus, 33.1891, S. 146
591 Otto Julius Bierbaum: Stuck, Bielefeld/Leipzig 1901 (= Künstler-Monographien, in Verbindung mit Andern herausgegeben von H. Knackfuß XLII), S. 74
592 Oskar Berggruen 1885, s. Anm. 523, S. 32
593 Vgl. Reinhold Hartmann 1954, s. Anm. 509, S. 95
594 Heinrich Merz: Rückblick, in: Christliches Kunstblatt für Kirche, Schule und Haus, 22.1880, S. 4
595 Richard Muther: Bruno Piglhein, in: Zeitschrift für Bildende Kunst, 22.1887, S. 167 (Abb. des Gemäldes vor S. 165, Heliogravure-Tafel).
Zum Panorama vgl. Kat. Ausst. „München leuchtete", München 1984, s. Anm. 220, S. 162, 163, mit Abb. (Peter-Klaus Schuster), sowie: Stephan Oettermann: Das Panorama. Die Geschichte eines Massenmediums, Frankfurt am Main 1980, S. 216 ff.
596 Vgl. dazu: Alexander Dückers: Max Klinger, Berlin (West) 1976; Gerhard Winkler: Zur Kunst von Max Klinger, in: Kat. Ausst. Max Klinger 1857-1920. Beeldhouwwerken. Schilderijen. Tekeningen. Grafiek. 30 september - 12 november 1978. Museum Boymans-van Beuningen Rotterdam, Rotterdam 1978, S. 29-32; Dieter Gleisberg: Max Klinger – sein Werk und seine Wirkung, in: Kat.Ausst. Max Klinger. Wege zum Gesamtkunstwerk. Mit Beiträgen von Manfred Boetzkes, Dieter Gleisberg, Ekkehard Mai, Hans-Georg Pfeifer, Ulrike Planner-Steiner, Hellmuth Christian Wolff und einer umfassenden Klinger-Dokumentation. Vollständig abgedruckt: Max Klinger: Malerei und Zeichnung (1891) und Giorgio De Chirico: Max Klinger (1920). Roemer- und Pelizaeus-Museum, Hildesheim. 4. August bis 4. November 1984, Mainz 1984, S. 14-23; Gerhard Winkler: Max Klinger. Leben und Werk, Gütersloh 1984 (Lizenzausgabe des im VEB E.A. Seemann Verlag Leipzig 1984 erschienenen Buches), insbesondere S. 39-47.
597 Vgl. *Stehende Venus*, Marmorstatue (*Aphrodite von Kyrene*); römische Kopie eines Originals aus dem 4. Jahrhundert v. Chr., Museo delle Terme, Rom. Abb. in: Michael Grant (Hrsg.): Die Welt der Antike. Kulturgeschichte Griechenlands und Roms,

München, Zürich 1964, Abb. S. 156, Nr. 83
598 Vgl. Christine M. Havelock: Hellenistische Kunst. Von Alexander dem Großen bis Kaiser Augustus, Wien und München 1971, S. 254, Tafel XIX. – Erwähnt sei auch das Gemälde *Urteil des Paris*, um 1857 von Anton Raphael Mengs, Öl auf Leinwand, 226 x 295,5 cm, Leningrad, Ermitage
599 *Kapitolinische Aphrodite (Aphrodite von Knidos)*, römische Kopie (Original um 250 v. Chr), Rom, Museo Capitolino, vgl. Christine M. Havelock 1971, s. Anm. 598, Abb. 90, Text S. 115, 1. Sp., mittlere Sp. Vgl. auch die Rekonstruktion der Knidischen Aphrodite des Praxiteles, in: Karl Schefold (Hrsg.): Die Griechen und ihre Nachbarn, Berlin 1967, Abb. 107, Text S. 191
600 Vgl. Albert Boime: The Academy and French Painting in the Nineteenth Century, London 1971 (Prinzipiell lassen sich die von Boime beschriebenen Unterrichtsverhältnisse auf die deutschen Akademien übertragen). Vgl. auch: Willy Handrick: Geschichte der sächsischen Kunstakademien Dresden und Leipzig und ihre Unterrichtspraxis, Diss. Leipzig 1957
601 Autorenkollektiv: Ästhetik heute, Berlin DDR 1978, S. 383
602 Ebd.
603 Albert von Keller malte wohl zwischen 1891 und 1905 mehrere Fassungen des Themas *Urteil des Paris*. Vgl.: *Urteil des Paris*, 1891, Öl auf Leinwand, 70,5 x 86 cm, Schweinfurt, Sammlung Georg Schäfer; *Urteil des Paris*, um 1891, Öl auf Leinwand, 150 x 80 cm, Privatbesitz, Farbabb. in: Oskar A. Müller: Albert von Keller. 1844 Gais/Schweiz – 1920 München, München 1981, Nr. 267, S. 213 (in dieser Monographie über Albert von Keller ist auch das Gemälde der Sammlung Georg Schäfer abgebildet: Nr. 128, S. 101); *Das Urteil des Paris*, 1891, Abb. in: Die Kunst unserer Zeit, 17.1908, S. 231; *Das Urteil des Paris*, 1891, Abb. in: Hans Rosenhagen: Albert von Keller, Bielefeld/Leipzig 1912 (= Künstler-Monographien. In Verbindung mit Anderen herausgegeben von H. Knackfuß 104), S. 85; *Parisurteil*, 1905, Abb. in: Hans Rosenhagen 1912, s.o., S. 118.
604 Berthold Haendcke 1899, s. Anm. 490, S. 53
605 Max Klinger: Malerei und Zeichnung, s. Anm. 486, S. 48
606 Heinrich Heine: Werke. Ausgewählt und herausgegeben von Martin Greiner. Zweiter Band, Köln/Berlin 1969³, S. 91
607 Hildegard Heyne 1907, s. Anm. 501, S. 53
608 Heinrich Heine 1969³, s. Anm. 606, S. 91
609 Zitiert nach: Heinrich Heine: Sämtliche Schriften. Herausgegeben von Klaus Briegleb. Band II. Herausgegeben von Günter Häntzschel, München 1969, S. 879
610 Berthold Haendcke 1899, s. Anm. 490, S. 53
611 Paul Kühn 1907, s. Anm. 488, S. 339
612 Paul Schumann: Max Klinger. Christus im Olymp, Dresden o.J., S. 6
613 Ebd., S. 5 f.
614 Ludwig Hevesi: Max Klingers „Christus im Olymp". (Ausstellung der Sezession), in: ders.: Acht Jahre Sezession. (März 1897-Juni 1905). Kritik-Polemik-Chronik, Wien 1906, S. 110 f.
615 Max Schmid: Max Klinger, Bielefeld/Leipzig 1899, 1906³ (= Künstler-Monographien, in Verbindung mit Andern herausgegeben von H. Knackfuß XLI), S. 122
616 „Der Triumph des Geistwesens Christi über die der Diesseitigkeit verfallene Antike ist das offizielle Bildthema." Alexander Dückers 1976, s. Anm. 596, S. 114
617 Ebd., S. 114
618 Hans Merian: Max Klingers „Christus im Olymp", in: Die Gesellschaft, 13.1897, 2. Bd., S. 88
619 Heyne nennt Stellen aus „Die Götter im Exil" und den Zyklus „Nordsee" von Heine; vgl. Hildegard Heyne 1907, s. Anm. 501, S. 54. Auf Schillers Gedicht „Die Götter Griechenlands" verweist Paul Schumann in: s. Anm. 612, S. 10
620 Paul Kühn 1907, s. Anm. 488, S. 5
621 Georg Brandes: Moderne Geister. Literarische Bildnisse aus dem neunzehnten Jahrhundert, Frankfurt am Main 1901⁴, S. 71. – Zum Begriff der „Nervosität" vgl: Hermann Glaser: Die Kultur der Wilhelminischen Zeit. Topographie einer Epoche, Frankfurt am Main 1984, S. 124-128
622 Hermann Bahr: Zur Überwindung des Naturalismus. Theoretische Schriften 1887-1904. Ausgewählt, eingeleitet und erläutert von Gotthard Wunberg, Stuttgart/Berlin/Köln/Mainz 1968, S. 88 f.
623 Die Interpretation der Götter des Gemäldes *Christus im Olymp* als Individuen der zeitgenössischen Gesellschaft des höhergestellten Bürgertums wird gestützt durch die frühe Zeichnung Klingers *Soiree*, 1877, Abb. in: Franz Hermann Meissner: Max Klinger. Radierungen, Zeichnungen, Bilder und Skulpturen, München 1914, S. 47
624 Richard Dehmel: Aber die Liebe. Zwei Folgen Gedichte. Zweite, völlig veränderte Auflage, Berlin 1907, S. 23-30
625 Ebd., S. 24
626 *Beethoven*, Buntplastik aus verschiedenen Materialien, 1902 vollendet. Höhe der Beethovenfigur (sitzend) von der Plinthe bis zum Scheitel 150 cm, Höhe der Rückwand des Thrones 155,5 cm, Höhe des würfelförmigen Sockels 150 cm, Gesamthöhe 310 cm, Leipzig, Museum der bildenden Künste, Inv.-Nr. 28
627 Richard Dehmel 1907, s. Anm. 624, S. 24
628 Ebd., S. 29
629 Ebd., S. 28
630 Ebd., S. 29
631 Ebd., s. 30
632 Alexander Dückers 1976, s. Anm. 596, S. 117
633 Vgl. Rainer Schoch: Das Herrscherbild in der Malerei des 19. Jahrhunderts, München 1975 (= Studien zur Kunst des neunzehnten Jahrhunderts, Band 23), S. 179-181, sowie: Michael Koch: Ferdinand Keller (1842-1922). Leben und Werk, Karlsruhe 1978, S. 29-31
634 Gerbert Frodl: Hans Makart. Monographie und Werkverzeichnis. Mit einem Beitrag von Renate Mikula, Salzburg 1974, S. 41, 1. Sp.
635 Hans Merian 1897, s. Anm. 618, Bd. 2, S. 88
636 Ebd.
637 Max Schmid 1899, s. Anm. 615, S. 12
638 Ebd., S. 12 f.
639 Vgl. Franz Mehring: Geschichte der deutschen Sozialdemokratie. Erster Teil. Von der Julirevoltuion bis zum preußischen Verfassungsstreite 1830 bis 1863, Berlin DDR 1976 (= Franz Mehring, Gesammelte Schriften. Herausgegeben von Prof. Dr. Thomas Höhle, Prof. Dr. Hans Koch. Prof. Dr. Josef Schleifstein. Mit einem Vorwort von Wilhelm Pieck, Band 1), S. 419
640 Vgl. Franz Servaes: Max Klinger, Berlin o.J. (um 1902 erste Auflage), vierte veränderte Auflage (= Die Kunst. Sammlung illustrierter Monographien. Herausgegeben von Richard Muther, Band IV), S. 29
641 Vgl. Max Schmid 1899, s. Anm. 615, S. 12
642 Ebd., S. 13
643 Hans Wolfgang Singer (Hrsg.): Briefe von Max Klinger aus den Jahren 1874-1919, Leipzig 1924, S. 208 (Brief an Max Lehrs vom 1.03.1916)
644 Friedrich Haack zitiert in: ders.: Die Kunst des XIX. Jahrhunderts, Esslingen 1909 (= Grundriß der Kunstgeschichte von Wilhelm Lübke. Vierzehnte Auflage. V.) die Unterschrift des letzten Blattes der Folge: „Der sie geführt – es war der Tod! / Er hat gehalten, was er bot./ Die ihm gefolgt, sie liegen bleich/ Als Brüder alle, frei und gleich. –/ Seht hin! Die Maske tat er fort; / Als Sieger, hoch zu Rosse dort, / Zieht der Verwesung Hohn im

Blick, / Der Held der roten Republik." (S. 150). Vgl. dazu: Kat. Ausst. Luther und die Folgen für die Kunst, s. Anm. 121, Kat. Nr. 401, S. 526-529 (Friedrich Gross)
645 Bernd Growe: „Beobachten, aber nichts mittun" (Materialien zum Opus „Dramen") in: Kat. Ausst. Max Klinger. Kunsthalle Bielefeld. 10. Oktober-11.November 1976, Bielefeld 1976, S. 22, r.Sp.
646 Herweghs Werke in einem Band. Ausgewählt und eingeleitet von Hans-Georg Werner, Berlin und Weimar 1977 (= Bibliothek Deutscher Klassiker. Herausgegeben von den Nationalen Forschungs- und Gedenkstätten der klassischen deutschen Literatur in Weimar), S. 283, 284
647 Lothar Brieger-Wasservogel: Max Klinger, Leipzig 1902 (= Männer der Zeit. Lebensbilder hervorragender Persönlichkeiten der Gegenwart und jüngsten Vergangenheit. Neue Folge. Herausgegeben von Dr. Julius Zeitler. Zwölfter Band), S. 147
648 Vgl. zu Klingers *Christus und die Sünderinnen* Kat. Ausst. Luther und die Folgen für die Kunst, s. Anm. 121, Kat.Nr. 432, S. 560 (Friedrich Gross)
649 Willy Pastor: Max Klinger, Berlin 1918, S. 114 f.
650 Ferdinand Avenarius: Klinger als Poet, München 1921[5] (1917), S. 94
651 Emil Höhne: Zu Klingers „Christus im Olymp", in: Beweis des Glaubens, N.F., 35.1899, S. 401
652 Ebd., S. 409
653 Ebd., S. 411
654 Ebd., S. 412
655 Richard Bürkner: Religiöse Malerei, in: Monatsschrift für Gottesdienst und kirchliche Kunst, 6.1901, S. 78-84, hier vgl. S. 80
656 Emil Höhne: Zu Klingers „Christus im Olymp", Gütersloh 1900 (= Separatdruck aus: Beweis des Glaubens, N.F., 35.1899, S. 401-422)
657 Emil Höhne 1899, s. Anm. 651, S. 401
658 Ebd., S. 422
659 Vgl. Richard Bürkner 1901, s. Anm. 655, S. 81
660 Ebd., S. 79
661 Vgl. Rubrik: Chronik. Malerei, in: Christliches Kunstblatt, 19.1877, S. 128, sowie Thieme-Becker Künstlerlexikon, Bd. 10, Leipzig 1914, S. 397. Die Malereien wurden mit Wachsfarben auf Leinwand ausgeführt. Auf der Dresdener Kunstausstellung von 1874 wurde das Wandbild *Die Griechen lauschen den Gesängen Homers* gesondert gezeigt; vgl. Artikel *Die Dresdener Kunstausstellung*, in: Kunstchronik, 9.1874, Sp. 810
662 Vgl. David Koch: Wilhelm Steinhausen. Ein deutscher Künstler, Heilbronn 1902, S. 76
663 Ebd., S. 77
664 Vgl. dazu: Richard Foerster: Kaiser Julian in der Dichtung alter und neuer Zeit, Berlin 1905 (= Studien zur vergleichenden Literaturgeschichte herausgegeben von M. Koch, Bd. V), sowie: Käte Philip: Julianus Apostata in der deutschen Literatur, Berlin und Leipzig 1929 (= Stoff- und Motivgeschichte der deutschen Literatur. Herausgegeben von Paul Merker und Gerhard Lüdtke 3)
665 Felix Dahn: Julian der Abtrünnige, 3 Bde., Leipzig 1894, Dritter Band. Der Imperator
666 Henrik Ibsen: Kaiser und Galiläer. Aus dem Norwegischen übertragen von Ernst Brausewetter, in: Henrik Ibsen's Gesammelte Werke, Erster Band, Leipzig o.J. (1888), eigene Seitenzählung. Vgl. dazu: Franz J. Keutler: Kejser og Galilaer (Norw.: Ü.: Kaiser und Galiläer), „Welthistorisches Schauspiel" von Henrik Ibsen (1828-1906), erschienen 1873, Artikel in: Kindlers Literatur Lexikon. Band VI Werke Ja-Lio, Darmstadt 1972, S. 5216-5218
667 Dmitrij Sergeevic Merezkovskij: Julian Apostata der letzte Hellene auf dem Throne der Cäsaren. Historischer Roman, Leipzig 1912. Vgl. dazu Artikel: Julian Otstupnik. Smert' Bogov (russ.: Ü: Julian Apostata). Historischer Roman von Dmitrij S. Merezkovskij (1865-1941), erschienen 1896, in: Kindlers Literatur Lexikon. Band VI. Werke Ja-Loi, Darmstadt 1972, S. 5074-6075
668 Ohne Verfasser: Vom Stuttgarter Kunstverein, in: Christliches Kunstblatt, 32.1890, S. 81
669 Verfasser A.R. in der Rubrik Sammlungen und Ausstellungen, in: Kunstchronik, N.F., 3.1892, Sp. 120 f.
670 S. Anm. 668, S. 82
671 In der Rubrik „Chronik" des Christlichen Kunstblattes, 22.1880, S. 111, wird berichtet, daß in Dresden die Polizei ein Verbot des Verkaufs von Fotos des Makartschen Gemäldes „Einzug Karls V. in Antwerpen" nach Beschwerde mehrerer Kunsthandlungen wieder aufheben mußte. Das Verbot für Reproduktionen einzelner Frauengruppen des Gemäldes wurde jedoch aufrecht erhalten, da diese das sittliche Gefühl verletzen und öffentlichen Ärger erregen würden.
672 S. Anm. 668, S. 84
673 Ebd.
674 Max Klingers Beethoven im Museum der bildenden Künste zu Leipzig. Eine Denkschrift herausgegeben von der Leitung des Museums, Leipzig 1925, S. 8f.
675 Paul Kühn: Max Klinger, Leipzig 1907, S. 462
676 Adolf Rosenberg: Hermann Prell's neueste Wandgemälde, in: Zeitschrift für Bildende Kunst, N.F. 7. 1896, S. 159-163, hier S. 161, 1. Sp.
677 Ebd., r. Sp.
678 Zur Gestaltung von Dante-Themen vgl. Kat.Ausst. Dante. Vergil. Geryon. Der 17. Höllengesang der Göttlichen Komödie in der bildenden Kunst. Staatsgalerie Stuttgart 27. September bis 23. November 1980, Stuttgart 1980
679 Hermann Prell. Fresken im Treppenhause des Schlesischen Museums der bildenden Künste zu Breslau. IX Tafeln in Photogravüre. Text von Julius Janitsch, Berlin 1895 (Verlag der Vereinigten Kunstfreunde für Amtliche Publikationen der Königlichen National-Galerie), S. 7
680 Rosenberg 1896, s. Anm. 676, S. 163, 1. Sp.
681 Janitsch 1895, s. Anm. 679, S. 7
682 Hermann Prell: Brief an Max Klinger vom 16.06.1891, in: Anneliese Hübscher: Betrachtungen zu den beiden zentralen Problemkomplexen Tod und Liebe in der Grafik Max Klingers in Verbindung mit seinen Theorien über Grafik. Mit einem Anhang von 23 Briefen Max Klingers an den Maler Hermann Prell aus den Jahren 1884-1893 und einer Erwiderung Prells auf Klingers Schrift „Malerei und Zeichnung" (Konzept von 1891), Diss., Halle 1969, S. 223
683 Vgl. Fritz Schumacher: Das Dekorative in Klingers Schaffen, in: Zeitschrift für Bildende Kunst, N.F. IX. 1898, S. 290-293
684 Ebd., S. 293
685 Vgl. Max Jordan: Geselschap, Bielefeld/Leipzig 1906 (= Künstler-Monographien, in Verbindung mit Anderen herausgegeben von H. Knackfuß LXXXVI), S. 15-36
686 David Koch: Wilhelm Steinhausen. Ein deutscher Künstler, Heilbronn 1904[2], S. 113
687 Heinrich Weizsäcker: Wilhelm Steinhausens Wandgemälde in Frankfurt am Main, in: Die Kunst, 9. 1904, S. 369-376, hier S. 376, r. Sp.
688 Ludwig Wiese: Renaissance und Wiedergeburt. Ein Vortrag, Berlin 1880, S. 10
689 Vgl. ebd., S. 13
690 Ebd., S. 18, 19
691 Ebd., S. 18
692 Ebd., S. 20f.
693 Ebd., S. 27

694 Ebd., S. 34f.
695 Ebd., S. 39, 40
696 Ebd., S. 41f.
697 Ebd., S. 45
698 Friedrich Nietzsche: Der Antichrist. Fluch auf das Christentum, in: Friedrich Nietzsche: Werke in drei Bänden. Zweiter Band, München 1973[7], S. 1229
699 Ebd., S. 1231
700 Ebd.
701 Ebd.
702 Ebd.
703 Ebd., S. 1234
704 Ebd., S. 1233
705 Ebd., S. 1234
706 Friedrich Engels: Zur Geschichte des Urchristentums (1894), in: MEW 22, S. 449-473, hier S. 463
707 Ebd., S. 464
708 Karl Kautsky: Der Ursprung des Christentums. Eine historische Untersuchung, Stuttgart 1908, vgl. insbesondere den Abschnitt „Die Sklavenwirtschaft", S. 26-70
709 Franz Mehring: Der Ursprung des Christentums (20. November 1908), in: Franz Mehring: Philosophische Aufsätze, Berlin DDR 1961 (= Franz Mehring. Gesammelte Schriften. Herausgegeben von Prof. Dr. Thomas Höhle, Dr. Hans Koch, Prof. Dr. Josef Schleifstein, Band 13), S. 270-295, hier S. 278f.
710 Ebd., S. 279
711 Karl Kautsky: Der Ursprung des Christentums. Eine historische Untersuchung, Stuttgart 1908, vgl. S. 102-183
712 Ebd., S. 433
713 Ebd., S. 496
714 Henryk Sienkiewicz: Quo vadis. Roman, München/Zürich 1959, S. 345
715 Vgl. Ahlrich Meyer: Nachwort. I Garantien der Harmonie und Freiheit, 1842: Wirkung und Einflüsse, in: Wilhelm Weitling: Garantien der Harmonie und Freiheit. Mit einem Nachwort herausgegeben von Ahlrich Meyer, Stuttgart 1974 (= Reclam Universal-Bibliothek Nr. 9739-43), S. 293-302
716 Vgl. dazu: Jörg Raubaum: Für Gott und die Freiheit. Von Meslier bis Lamennais – französische Christen zwischen Reform und Revolution, Berlin DDR 1976, S. 255
717 Wilhelm Weitling: Das Evangelium eines armen Sünders, in: Wilhelm Weitling: Das Evangelium des armen Sünders. Die Menschheit, wie sie ist und wie sie sein sollte. Mit einem Essay 'Wilhelm Weitling im Spiegel der wissenschaftlichen Auseinandersetzung' herausgegeben von Wolf Schäfer, Reinbek bei Hamburg 1971 (= Rowohlts Klassiker der Literatur und Wissenschaft. Herausgegeben von Ernesto Grassi unter Mitarbeit von Walter Hess. 274, 275, 276. Texte des Sozialismus und Anarchismus. – Philosophie der Neuzeit. Politik und Gesellschaft, Band 22), S. 8-141, vgl. Kapitel: VI Die reine Lehre Jesu, S. 61-99
718 Ebd., S. 134
719 Ebd., S. 140
720 Karl Marx: Kritische Randglossen zu dem Artikel „Der König von Preußen und die Sozialreform. Von einem Preußen" („Vorwärts!" Nr. 60), in: MEW 1, S. 392-409 (Artikel des „Vorwärts"! Nr. 63 vom 7. August 1844 sowie Nr. 64 vom 10. August 1844), hier S.405: „Wo hätte die Bourgeoisie – ihre Philosophen und Schriftgelehrten eingerechnet – ein ähnliches Werk wie Weitlings 'Garantien der Harmonie und Freiheit' in bezug auf die Emanzipation der Bourgeoisie – die *politische* Emanzipation – aufzuweisen? Vergleicht man die nüchterne, kleinlaute Mittelmäßigkeit der deutschen politischen Literatur mit diesem maßlosen und brillanten literarischen Debut der deutschen Arbeiter; vergleicht man diese riesenhaften *Kinderschuhe* des Proletariats mit der Zwerghaftigkeit der ausgetretenen politischen Schule der deutschen Bourgeoisie, so muß man dem *deutschen Aschenbrödel* eine *Athletengestalt* prophezeien."
721 Vgl. Richard Wagner: Jesus von Nazareth. Ein dichterischer Entwurf, in: Richard Wagner: Sämtliche Schriften und Dichtungen. Fünfte Auflage. Elfter Band, Leipzig o.J. (1911), S. 273-324, hier S. 287-291, S. 299-303
722 Ebd., S 285
723 Erläuterung zur Abbildung des Gemäldes S. 35, in: Kat.Ausst. Kunst der bürgerlichen Revolution von 1830 bis 1848. Neue Gesellschaft für Bildende Kunst Berlin. Dezember 1972, Berlin (West) 1973[3]. – Zur antiklerikalen Graphik des Vormärz vgl. Kat. Ausst. Luther und die Folgen für die Kunst, Hamburg/München 1983, s. Anm. 754, Abteilung „Antiklerikalismus und Kulturkampf. Julikönigtum und Vormärz", Kat.Nr. 395-403, S. 522-532 (Friedrich Gross)
724 Den Begriff des „proletarischen Christus" verwendet Timothy J. Clark in seinem Buch „The Absolute Bourgeois. Artists and Politics in France 1848-1851. With 109 illustrations, 10 in colour", London 1973, S. 112f. Clark unterstreicht, daß religiöse Ausdrucksweisen in der Revolution von 1848/1849 in Frankreich als politische Kommunikationsmittel üblich waren. Im Zusammenhang mit dem Gemälde „Wir wollen Barrabas...", um 1850, von Honoré Daumier schreibt Clark: „By 1849, it was safest to clothe those meanings in Biblical garb; better to speak of Barrabas than Napoleon, since everyone knew that Christ *was* the Republic, the Great Proletarian, the prophet betrayed by his people." Vgl. dazu auch die Rezension von Klaus Herding: Timothy J. Clark: The Absolute Bourgeois. Artists and Politics in France 1848-1851, London 1973, in: Kritische Berichte, 6. 1978, Heft 3, S. 39-50, hier: S. 45. Ein revolutionärer proletarischer Christus ist nach Herding auch der ermordete Marat des Gemäldes von David, vgl. Klaus Herding: Davids „Marat" als dernier appel à l'unité révolutionnaire, in: Idea. Jahrbuch der Hamburger Kunsthalle. II/1983. Kunst um 1800. Herausgegeben von Werner Hofmann und Martin Warnke, Hamburg 1983, S. 89-112, hier S. 99ff. – Eine vergleichbare bildkünstlerische Darstellungstradition des proletarisch-revolutionären Christus (von David bis Daumier) gibt es im Deutschland des 19. Jahrhunderts nicht.
725 David Koch (Hrsg.): Album religiöser Kunst I. Eduard von Gebhardt, Stuttgart 1910, S. 3
726 Bruno Meyer: Eduard von Gebhardt, in: Zeitschrift für Bildende Kunst, 7. 1872, S. 361-365, hier S. 361f.
727 Ebd., S. 361
728 Ebd., S. 362
729 Adolf Rosenberg: E. von Gebhardt, Bielefeld/Leipzig 1899 (= Künstler-Monographien, in Verbindung mit Andern herausgegeben von H. Knackfuß XXXVIII), S. 34, 1. Sp.
730 Vgl. Kat. Ausst. Bilder nach Bildern. Druckgrafik und die Vermittlung von Kunst. 21. März - 2. Mai 1976. Westfälisches Landesmuseum für Kunst und Kulturgeschichte Münster. Landschaftsverband Lippe, Münster 1976, S. 286-292, S. 300, 301, S. 306-309
731 Meyer 1872, s. Anm. 726, S. 361
732 Ebd., S. 362
733 Rosenberg 1899, s. Anm. 729, S. 40f.
734 M.: Eduard von Gebhardt, in: Christliches Kunstblatt, 20. 1878, S. 2
735 R.v. Eitelberger: Wiener Weltausstellung. Was wir von der französischen Kunstpflege zu lernen haben, in: Zeitschrift für Bildende Kunst, 8. 1873, S. 332-339, hier S. 332
736 Vgl. Anton von Werner: Erlebnisse und Eindrücke 1870-1890, Berlin 1913, S. 213

737 M.: Eduard von Gebhardt, in: Christliches Kunstblatt, 20. 1878, S. 1-7, hier S. 4
738 Erklärung von Professor C. G. Pfannschmidt, in: Christliches Kunstblatt, 20. 1878, S. 145-148, hier S. 146
739 Ebd.
740 S. Anm. 737, ebd.
741 S. Anm. 738, S. 147f.
742 R. S.: Die religiöse Kunst in der Berliner Jubiläums-Kunstausstellung. I. von Uhde, in: Christliches Kunstblatt, 28. 1886, S. 161-169, hier S. 166
743 Ebd., S. 166f.
744 Ebd., S. 164f.
745 Ludwig Pietsch: Deutsche Kunst und Künstler der Gegenwart in Bild und Wort, München 1887, S. 17
746 Hermann Lücke: Fritz von Uhde, in: Zeitschrift für Bildende Kunst, 22. 1887, S. 348-358, hier S. 356f.
747 Ebd., S. 356
748 S. Anm. 745, S. 17f.
749 Vgl. Eduard Daelen: Ueber Wilhelm Busch und seine Bedeutung. Eine lustige Streitschrift. Mit bisher ungedruckten Dichtungen, Illustrationen und Briefen von Wilh. Busch, Düsseldorf 1886, S. 14
750 Fritz von Ostini: Uhde, Bielefeld/Leipzig 1902 (= Künstler-Monographien, in Verbindung mit Andern herausgegeben von H. Knackfuß LXI), S. 51, 1. Sp.
751 R.S. 1886, s. Anm. 742, S. 162
752 Kat.Ausst. Max Liebermann in seiner Zeit. Eine Ausstellung der Nationalgalerie Berlin mit Unterstützung der Berliner Festspiele GmbH, der Akademie der Künste, Berlin und der Ausstellungsleitung Haus der Kunst München e.V. und unter der Mitwirkung des Kupferstichkabinetts Berlin. Nationalgalerie Berlin. Staatliche Museen Preußischer Kulturbesitz 6. September - 4. November 1979. Haus der Kunst München 14. Dezember 1979 - 17. Februar 1980, Berlin (West)/München 1979, S. 402, r. Sp.
753 Vgl. dazu: Kat. Ausst. Weltkunst und Kunst der Welt. Kunstwerke aus den Museen der Freien und Hansestadt Hamburg. 40. Ruhrfestspiele Recklinghausen 1986. 3. Mai - 29. Juni 1986. Städtische Kunsthalle Recklinghausen, Recklinghausen 1986, Kat. Nr. 128, Abb. im Tafelteil, sowie Friedrich Gross: Fritz von Uhde. L'arrivée du joueur d'orgue de Barbarie. 1883, in: Kat. Ausst. Symboles et Réalités. La peinture allemande 1848-1905. Musée du Petit Palais 12 octobre 1984 - 13 janvier 1985, Paris 1984, S. 299f., mit Abb., Farbabb. S. 84, sowie Bettina Brand: Fritz von Uhde. Das religiöse Werk zwischen künstlerischer Intention und Öffentlichkeit, Heidelberg 1983, S. 34f., Abb. 6 (Tafelteil), sowie Kat. Ausst. Max Liebermann in seiner Zeit. Eine Ausstelung der Nationalgalerie Berlin mit Unterstützung der Berliner Festspiele GmbH, der Akademie der Künste, Berlin und der Ausstellungsleitung Haus der Kunst München e.V. und unter der Mitwirkung des Kupferstichkabinetts Berlin. Nationalgalerie Berlin Staatliche Museen Preußischer Kulturbesitz 6. September - 4. November 1979. Haus der Kunst München 14. Dezember 1979 - 17. Februar 1980. Ausstellung und Katalog: Sigrid Achenbach und Matthias Eberle, Berlin (West)/München 1979, Kat. Nr. 149, S. 402 (Matthias Eberle), Farbabb. S. 403
754 Vgl. Peter-Klaus Schuster: Fritz von Uhde (1848-1911). Lasset die Kindlein zu mir kommen. 1885, in: Peter-Klaus Schuster (Hrsg.): „München leuchtete". Karl Caspar und die Erneuerung christlicher Kunst in München um 1900, München 1984, Kat.Nr. 59, S.186f. mit Abb., Farbtafel 15, sowie Brand 1983, s. Anm. 753, S. 79-81 (Fassung von 1884 im Museum der bildenden Künste, Leipzig). Auch zur Fassung von 1885 vgl. Friedrich Gross: Fritz von Uhde. Lasset die Kindlein zu mir kommen. 1885, in: Kat. Ausst. Luther und die Folgen für die Kunst. Herausgegeben von Werner Hofmann. Hamburger Kunsthalle 11. November 1983 - 8. Januar 1984, Hamburg/München 1983, Kat. Nr. 428, S. 554 mit Abb., Farbtafel 24, sowie Ekkehard Mai: Programmalerei oder Kunstprogrammkunst? Protestantismus und bildende Kunst am Beispiel religiöser Malerei im späten 19. Jahrhundert, in: Ekkehard Mai/Stephan Waetzoldt/Gert Wolandt (Hrsg.): Ideengeschichte und Kunstwissenschaft. Philosophie und bildende Kunst im Kaiserreich, Berlin (West) 1983 (= Kunst, Kultur und Politik im Deutschen Kaiserreich. Schriften eines Projekt-Kreises der Fritz-Thyssen-Stiftung. Leitung: Stephan Waetzoldt. Band 3), S. 431-459, hier S. 435, Abb. 2, S. 434, sowie Renate Paczkowski: Stiftung Pommern. Katalog der Gemälde. Kieler Schloß. Rantzaubau, Kiel 1982, S. 221-223 mit Abb., Farbtafel 24
755 Vgl. dazu: Peter-Klaus Schuster: Gebhard Fugel (1863-1939). Die Krankenheilung. 1885, in: Schuster 1984, s. Anm. 754, Kat. Nr. 28, S. 158 mit Abb.
756 Fried Lübbecke: Wilhelm Steinhausen, Bielefeld/Leipzig 1914 (= Künstler-Monographien, in Verbindung mit Andern herausgegeben von H. Knackfuß 109), S. 58
757 Ebd., S. 54f.
758 Steinhausen war stark von Ludwig Richter beeinflußt, vgl. Lübbecke 1914, s. Anm. 756, S. 18
759 Karl Kautsky: Der Ursprung des Christentums. Eine historische Untersuchung, Stuttgart 1908, S. 443
760 Wilhelm Weitling: Das Evangeliums des armen Sünders. Die Menschheit, wie sie ist und wie sie sein sollte. Mit einem Essay 'Wilhelm Weitling im Spiegel der wissenschaftlichen Auseinandersetzung' herausgegeben von Wolf Schäfer, Reinbek bei Hamburg 1971, S. 72
761 Karl Kupisch: Kirche und soziale Frage im 19. Jahrhundert, Zürich 1963 (= Theologische Studien. Herausgegeben von Karl Barth und Max Geiger, Heft 73), S. 13
762 Vgl. dazu: Friedrich Gross: Fritz von Uhde. „Viens, Seigneur Jésus, sois notre hôte" (Le Bénédicté). 1885, in: Kat. Ausst. Symboles et Réalités, Paris 1984, s. Anm. 753, S. 300f. mit Abb., Farbabb. S. 87, sowie Mai 1983, s. Anm. 754, S. 433-435, Abb. 1, S. 434, sowie Brand 1983, s. Anm. 753, S. 42-44, Abb. 14, S. 233 (Tafelteil), sowie Kat. Ausst. Luther und die Folgen für die Kunst, Hamburg/München 1983, s. Anm. 754, S. 555 mit Abb. (Friedrich Gross), sowie Kat. Ausst. Bilder sind nicht verboten. Städtische Kunsthalle Düsseldorf und Kunstverein für die Rheinlande und Westfalen. Kunstwerke seit der Mitte des 19. Jahrhunderts mit ausgewählten Kultgeräten aus dem Zeitalter der Aufklärung. Eine Ausstellung vom 28.8. - 24.10 zur Vertiefung des Dialogs zwischen Christen und Juden anläßlich des 87. Deutschen Katholikentages in Düsseldorf 1982, Düsseldorf 1982, Kat. Nr. 190, S. 266 (Angelika Schyma), Abb. S. 160
763 Vgl. Anne Mochon: Fritz von Uhde and plain-air-painting in Munich 1880-1900, Diss. Yale University 1973, S. 155. Zum Ankauf des Bildes durch die Nationalgalerie in Berlin vgl.: Nationalgalerie Berlin. Staatliche Museen Preußischer Kulturbesitz. Verzeichnis der Gemälde und Skulpturen des 19. Jahrhunderts. Katalogbearbeitung: Barbara Dieterich, Peter Krieger, Elisabeth Krimmel-Decker, Berlin (West) 1976, S. 425, r. Sp.
764 Vgl. Fritz von Ostini: Uhde, Bielefeld/Leipzig 1902 (= Künstler-Monographien, in Verbindung mit Andern herausgegeben von H. Knackfuß LXI), S. 46, r. Sp.
765 R.S. 1886, s. Anm. 742, S. 163
766 Otto Julius Bierbaum: Fritz von Uhde, München 1893, S. 51
767 Hermann Lücke: Fritz von Uhde, in: Zeitschrift für Bildende Kunst, 22. 1887, S. 348-358, hier S. 356
768 Bierbaum 1893, s. Anm. 766, S. 52
769 R. S. 1886, s. Anm. 765, S. 163f.

770 Ebd., S. 163
771 ohne Verfasser: Zur Jubiläumsausstellung in Berlin, Preußische Jahrbücher, 58. 1886, S. 317-338, hier S. 337
772 Ebd., S. 338
773 Franz Reber: Fritz von Uhde, in: Die Kunst für Alle, 1. 1885/1886, S. 207-211 sowie S. 219-223, hier S. 222
774 Ostini 1902, s. Anm. 764, S. 46
775 Fritz Erpel (Hrsg.): Vincent van Gogh. Sämtliche Briefe. In der Neuübersetzung von Eva Schumann. Band 3. An den Bruder Theo, Zürich 1965, S. 281. Vgl. dazu auch: Mochon 1973, s. Anm. 763, S. 149-153
776 Adolf Rosenberg. Die Jubiläumskunstausstellung in Berlin. Mit Illustrationen. III. Die Münchener Schule. (Schluß), in: Zeitschrift für Bildende Kunst, 22. 1887, S. 10-16, hier S. 10
777 Wolfgang Brückner: Elfenreigen – Hochzeitstraum. Die Öldruckfabrikation 1880-1940. Mit einem Beitrag von Willi Stubenvoll, Köln 1974, vgl. S. 85-88
778 Hermann Helferich (Emil Heilbut): Die Jubiläumsausstellung in Berlin (1886), in: ders.: Neue Kunst, Berlin 1887, S. 31
779 Vgl. dazu: Kat. Ausst. Bilder sind nicht verboten, Düsseldorf 1982, s. Anm. 762, Kat.Nr. 70, S. 244f. (Angelika Schyma), Abb. S. 162
780 Vgl. zur Freundschaft Liebermanns mit Jozef Israëls: Max Liebermann: Jozef Israëls, in: Günter Busch (Hrsg.): Max Liebermann. Die Phantasie in der Malerei. Schriften und Reden. Herausgegeben und eingeleitet von Günter Busch, Frankfurt am Main 1978, S. 75-85
781 Vgl. zu Defreggers Tischgebets-Gemälde: Friedrich Gross: Realisten des 19. Jahrhunderts als „Idylliker"? Auch ein Beitrag zur Realismusdebatte, in: Kritische Berichte, 11. 1983, Heft 2, S. 58-80, hier S. 70 mit Abb.
782 Kat. Ausst. Max Liebermann in seiner Zeit, Berlin (West)/München 1979, s. Anm. 752, S. 263
783 Helferich (Emil Heilbut) 1887, s. Anm. 778, S. 31f.
784 Weitere Tischgebets-Darstellungen der niederländischen Bildkunst des 17. Jahrhunderts sind beispielsweise: Jan Steen: Gebet vor dem Essen, Öl/Lwd., 44,8 x 37,5 cm, London, National Gallery. – Jan Steen: Das Tischgebet, 1660, Öl auf Holz, 52,7 x 44,5cm, Gloucestershire, Sudely Castle, The Walter Morrison Collection. – Cornelis Bega: Das Tischgebet, 1663, Öl/Lwd. 37,5 x 30 cm, Amsterdam, Rijksmuseum. – Gerard Dou: Das Tischgebet der Spinnerin, um 1645, Öl auf Holz, 27,2 x 28,3 cm, München, Alte Pinakothek. – Nicolaes Maes: Alte Frau beim Gebet, um 1655, Öl/Lwd. 134 x 113 cm, Amsterdam, Rijksmuseum. – Adriaen van Ostade: Das Tischgebet, 1653, Radierung, 15,5 x 13,1 cm
785 Carl Kricheldorf (geb. 1853): Das Tischgebet 1888, Abb. in: Ludwig Pietsch: Die Malerei auf der Münchener Jubiläums-Kunst-Ausstellung 1888. Photogravüre-Ausgabe mit begleitendem Text, München 1888, Abb. S. 54
786 Ebd., S. 55
787 Ebd., S. 54f.
788 Ebd., S. 54
789 R. S.: Von der großen Berliner Kunst-Ausstellung, in: Christliches Kunstblatt, 36. 1894, Teil I. S. 109-112, Teil II. S. 126-128, Teil III. S. 154-159, hier S. 156. – Abbildungen der drei Bilder in: Die Kunst unserer Zeit, 12. 1901, S. 125, 126, 127
790 Vgl. dazu: Schuster 1984, s. Anm. 754, Kat. Nr. 65, S. 191 mit Abb. Schuster hebt die Hellmalerei des Tischgebets-Bildes der Trilogie hervor und konstruiert zwei Prinzipien der Trilogie: zum einen handle es sich um einen konservativ gemeinten Gegensatz des freundlichen-hellen Landes (Tischgebets-Darstellung) zur verderberischen Großstadt (Schusterwerkstatt-Szene, Sterbeszene) und zum anderen um die Lebensgeschichte einer „gefallenen Frau" in der Reihenfolge „Kindheit" (Tischgebets-Bild), „Erwachsensein" (Schusterwerkstatt-Szene mit der „gefallenen Tochter") und „Alter" (Sterbeszene). Eine solche Stringenz scheint kaum wahrscheinlich, da der Vater des Tischgebets-Bildes (Landmann) nicht der Schuster des Schusterwerkstatt-Bildes sein kann, gerade auch nach Schusters Interpretationsvorstellung des Gegensatzes von Land und Stadt. – Zur Trilogie vgl. Kat. Ausst. Luther und die Folgen für die Kunst, Hamburg/München 1983, s. Anm. 754, Kat. Nr. 435, S. 563f. (Friedrich Gross), Abbildungen S. 564
791 Vgl. W. O.: Berlin. Von der Ausstellung (Rubrik „Ausstellungen und Sammlungen"), in: Die Kunst für Alle, 10. 1894/1895, S. 78
792 Vgl. Kat. Ausst. Luther und die Folgen für die Kunst, Hamburg/München 1983, s. Anm. 754, Kat. Nr. 436, S. 565 mit Abb., sowie Kat. Ausst. Von Liebermann zu Kollwitz. Von der Heydt-Museum Wuppertal 23. Oktober - 18. Dezember 1977. Konzeption der Ausstellung: Günter Aust und Hans Günter Wachtmann. Katalog: Hans Günter Wachtmann, Wuppertal 1977, Kat. Nr. 21 mit Abb. im Abbildungsteil
793 Vgl. dazu: Friedrich Gross: Wilhelm Leibl. La vieille Parisienne, 1869-1870, in: Kat. Ausst. Symboles et Réalités, Paris 1984, s. Anm. 753, S. 166f. mit Abb., sowie Götz Czymmek: Wilhelm Leibl. Die alte Pariserin (1869/70), in: Kat. Ausst. Zur Kunst des 19. Jahrhunderts. 24 Bildwerke im Wallraf-Richartz-Museum. Gerhard Bott zum 30. November 1980. Text- und Bildredaktion: Götz Czymmek. Herausgegeben vom Wallraf-Richartz-Museum Köln 1980, S. 64-67, Farbabb. S. 65. Auf die Darstellungstradition des Tischgebets geht Czymmek nicht ein.
794 Leibl schätzte die Niederländer des 17. Jahrhunderts ähnlich wie Gustave Courbet, den er bei seinem Paris-Aufenthalt (November 1869 bis Juli 1870) besuchte. Im Louvre könnte Leibl das Tischgebets-Bild von Quiringh van Brekelenkam aus der Sammlung La Caze gesehen haben, ebenso wie Courbet. Zu den Bildern der Sammlung La Caze im Louvre vgl.: Arnauld Brejon de Lavergnée / Jacques Foucart / Nicole Reynaud: Catalogue sommaire illustré des peintures du Musée du Louvre. I. Ecoles flamande et hollandaise, Paris 1979, S. 196
795 Zum Tischgebets-Bild von Charles de Groux vgl. Kat. Ausst. Bilder sind nicht verboten, Düsseldorf 1982, s. Anm. 762, Kat. Nr. 55, S. 240 (G. P. Weisberg. Übersetzung aus dem Englischen von Claudia Tönnesmann), Abb. S. 160
796 Bettina Brand: Belgische Kunt der zweiten Hälfte des 19. Jahrhunderts in der Auseinandersetzung mit Religion und Kirche, in: Kat. Ausst. Arbeit und Alltag. Soziale Wirklichkeit in der Belgischen Kunst 1830-1914. Neue Gesellschaft für Bildende Kunst Berlin, Berlin (West) 1979, S. 201-210, hier S. 206. – Vgl. zu dem Tischgebets-Bild von de Groux auch: Brand 1983, s. Anm. 753, S. 91, Abb. 19 (Abbildungsteil)
797 Vgl. zum Problem der Furcht der Städter vor proletarisch-ländlicher Energie: Timothy J. Clark: Ein bürgerlicher Totentanz. Max Buchon über Courbet, in: Klaus Herding (Hrsg.): Realismus als Widerspruch. Die Wirklichkeit in Courbets Malerei, Frankfurt am Main 1978 (= suhrkamp taschenbuch 493), S. 194-211
798 Alfred Koeppen: Die moderne Malerei in Deutschland, Bielefeld/Leipzig 1914, S. 113
799 Das Gemälde wurde nach einer Schwarz-Weiß-Reproduktion untersucht. Es wäre eine romantisierende Farbigkeit denkbar, die das Werk in die Nähe des Neuidealismus bringen würde.
800 In der „Kunstchronik" heißt es (Rubrik „Korrespondenz"): „(...) ebenso hat eine unbegrenzte Anhänglichkeit und ein bedingungsloses Vertrauen wohl selten aus menschlichen Augen herausgeleuchtet als aus den auf den Heiland gerichteten Blicken dieser schlichten Landleute." Kunstchronik, 22. 1886/

1887, Sp. 546. Fritz von Ostini schreibt: „Mühselige und Beladene, harte Arbeitsmenschen vernehmen hier, in Andacht versunken, die milde Weisheit der neuen Lehre (...). Wie fromm und kindergläubig kniet das eine Mädchen zu des heiligen Mannes Füßen, wie träumerisch bewegt steht die schlanke Magd mit ihren sehnigen Arbeitsarmen neben ihr! Innigere Andacht drückt sich auch in den Betergestalten unserer naiven alten Meister nicht aus, die selber noch so kindergläubig und so hoffnungsfroh die Worte des Evangeliums vernahmen." Ostini 1902, s. Anm. 764, S. 57f.
801 Georg Malkowsky: Aus der Hauptstadt. Die akademische Kunstausstellung, in: Die Gegenwart, 32. 1887, S. 110-111, hier S. 111, 1. Sp.
802 Vgl. Johannes Merz: Fritz von Uhde: Die Predigt am See, in: Christliches Kunstblatt, 39. 1897, S. 28, Fußnote 1, sowie: Friedrich Jeremias: Von der Dresdener Kunstausstellung, in: Christliches Kunstblatt, 39. 1897, S. 136-143, hier S. 137, 138. – Angaben zu dem Gemälde: Fritz von Uhde (1848-1911): Christi Predigt am See, 1896, Öl/Lwd. 220 x 290 cm
803 Merz 1897, s. Anm. 802, S. 28-30 und S. 42-44, hier S. 43
804 Ebd., S. 43f.
805 Merz 1897, s. Anm. 802, S. 43
806 Adolf Rosenberg: Geschichte der modernen Kunst. Dritter Band. Die deutsche Kunst. Zweiter Abschnitt 1849-1889, Leipzig 1889, S. 320
807 Vgl. Max Schmid: Max Klinger. Fünfte Auflage bearbeitet von Julius Vogel, Bielefeld/Leipzig 1926 (= Künstler-Monographien, Begründet von H. Knackfuß 41), S. 16ff., sowie: Theodor Lewin: Die 52. Ausstellung der königlichen Akademie der Künste zu Berlin, in: Die Gegenwart, 14. 1878, S. 156-157, sowie S. 238
808 Paul Kühn: Max Klinger, Leipzig 1907, S. 53
809 Ebd., S. 55f.
810 Vgl. Kap. „Die großen Einzelnen und der neue Staat", in: Richard Hamann/Jost Hermand: Gründerzeit, München 1971 (= Epochen deutscher Kultur von 1870 bis zur Gegenwart. Band 1, sammlung dialog 54), S. 156-171
811 Die Bilderfindung eines den Kreuzschatten werfenden Christus könnte von William Holman Hunt (1827-1910) stammen, vgl. dessen „Der Schatten des Todes" 1870-1873, Öl/Lwd. 212 x 167,5 cm, Manchester, City Art Gallery (Nr. 229), vgl. Abb. in: Renato Barilli: I Preraffaelliti, Milano 1967, Farbtafel VII, S. 33
812 Fritz Bley: Kloster Loccum, in: Die Kunst für Alle, 2. 1886/1887, S. 195-201, hier S. 198
813 Vgl. ebd.
814 Vgl. Adolf Rosenberg: E. von Gebhardt, Bielefeld/Leipzig 1899 (= Künstler-Monographien, in Verbindung mit Andern herausgegeben von H. Knackfuß XXXVIII), S. 77
815 Ebd., S. 76, r.Sp.
816 David Koch: Eduard von Gebhardt. Album religiöser Kunst, München 1910, S. 4, 1. Sp. – Zu Darstellungen der Johannes-Predigt und anderer Predigten im Freien im Reformationszeitalter vgl.: Lucas Cranach d.Ä.: Predigt Johannes des Täufers, 1516, Holzschnitt, vgl. dazu Kat. Ausst. Luther und die Folgen für die Kunst, Hamburg/München 1983, s. Anm. 754, S. 231f. (Peter-Klaus Schuster). – Flämischer Maler um 1600: Predigt Johannes des Täufers, Öl auf Kupfer, vgl. dazu ebd., S. 356 (Eckhard Schaar). – Franz Hogenberg: Heckenpredigt bei Antwerpen am 14. Juni 1566, 1588, Radierung, vgl. dazu ebd., S. 232f. (Peter-Klaus Schuster). – Jan Luyken: Die Heckenpredigten vor Antwerpen im Jahre 1566, um 1680, Radierung, vgl. dazu ebd., S. 233 (Peter-Klaus Schuster). – Zum Thema der Predigt der Hussiten im Freien vgl.: Johann Baptist Sonderland: Die Hussitenpredigt, nach 1835, vor 1838, Zeichnung nach Carl Friedrich Lessing, vgl. dazu ebd., S. 506 (Friedrich Gross)
817 Vgl. Rosenberg 1899, s. Anm. 814, S. 77, r. Sp.
818 Vgl. Karl Bone: Prof. Dr. Eduard von Gebhardt und seine Gemälde in der Friedenskirche zu Düsseldorf, in: Die christliche Kunst, 4. 1907/1908, S. 201-218, hier S. 210-212
819 Abb. in: Koch 1910, s. Anm. 816, S. 17
820 Das Bild wurde auf der Großen Berliner Kunstausstellung von 1895 erstmals gezeigt, vgl. R. S.: Die große Berliner Kunstausstellung, in: Christliches Kunstblatt, 37. 1895, S. 132-136 sowie S. 148-151, hier S. 134. – Vgl. auch: Friedrich Pecht: Die VII. Internationale Kunstausstellung in München. II. Die Münchener Künstlergenossenschaft, die Luitpoldgruppe etc., in: Die Kunst für Alle, 12. 1896/1897, S. 333-338, hier S. 335
821 Vgl. Hans Wohltmann: Worpswede. Die ersten Maler und ihre Bedeutung für die deutsche Kunst, Stade 1951, S. 14f. – Zu zeitgenössischen Darstellungen der Predigt im Freien vgl.: Adolph von Menzel: Missionsgottesdienst in der Buchenhalle bei Kösen, 1868, Öl/Lwd., vgl. dazu: Kat. Ausst. Luther und die Folgen für die Kunst, Hamburg/München 1983, s. Anm. 754, S. 548f. (Friedrich Gross). – Max Liebermann: Gedächtnisfeier für Kaiser Friedrich III. in Kösen, 1888/1889, Öl/Lwd., vgl. ebd., S. 549 (Friedrich Gross)
822 Ulrike Hamm: Studien zur Künstlerkolonie Worpswede 1889-1908. Unter besonderer Berücksichtigung von Fritz Mackensen, Diss., München 1978, S. 106
823 Vgl. ebd.
824 Rainer Maria Rilke: Worpswede, Bielefeld/Leipzig 1903, S. 42, r. Sp.
825 Paul Schultze-Naumburg: Die Worpsweder, in: Die Kunst für Alle, 12. 1896/1897, S. 116
826 Rilke 1903, s. Anm. 824, S. 42, r. Sp.
827 Ebd.
828 Ebd.
829 Albert Freihofer: Die Malerei auf den Münchener Ausstellungen von 1895, in: Die Kunst unserer Zeit, 6. 1895, Bd. 2, S. 74
830 Robert Minder: Dichter in der Gesellschaft. Erfahrungen mit deutscher und französischer Literatur, Frankfurt/Main 1966, Kap. Lüneburger Heide, Worpswede und andere Heide- und Moorlandschaften, S. 265-286, über Worpswede S. 272-278, hier S. 275
831 Der Bildtitel „Worpsweder Madonna" wurde von Mackensens Freunden gebraucht. Vgl. Hans Bethge: Worpswede. (Hans am Ende. Fritz Mackensen. Otto Modersohn. Fritz Overbeck. Carl Vinnen. Heinrich Vogeler) Umschlagzeichnung und Buchschmuck von Heinrich Vogeler. Mit einem Lichtdruck und dreizehn Vollbildern in Tonätzung, Berlin 1904 (= Die Kunst. Sammlung illustrierter Monographien. Herausgegeben von Richard Muther. Zweiunddreißigster Band), S. 21
832 Gustav Lasch: Bildende Kunst in einer elsässischen Dorfkirche, in: Christliches Kunstblatt, 51. 1909, S. 232-236, hier S. 233. Abb. des Chorwandgemäldes ebd., Taf. vor S. 225
833 Vgl. Adolf Smitmans: Die christliche Malerei im Ausgang des 19. Jahrhunderts – Theorie und Kritik. Eine Untersuchung der deutschsprachigen Periodica für christliche Kunst 1870-1914, Sankt Augustin 1980 (= Kölner Forschungen zu Kunst und Altertum; Band 2), S. 115-117
834 David Koch: Die religiöse Kunst in München 1902, in: Christliches Kunstblatt, 45. 1903, S. 26-29, S. 40-46, hier S. 42
835 Die Szene mit dem Fußfall der Sünderin Maria Magdalena vor Christus zeigte Béraud im Salon einer eleganten Abendgesellschaft. – Jean Béraud (1850-1936): Die heilige Maria Magdalena vor Christus 1891, Öl/Lwd., 97 x 130 cm, Paris, Sammlung Walker (Nr. 244), Abb. in: Aleksa Celebonovic: Bürgerlicher Realismus. Die Meisterwerke der Salonmalerei, Berlin 1974, Abb. Farbdruck S. 56

836 Gustav Pauli: Neues aus Dresden, in: Die Kunst für Alle, 10. 1894/1895, S. 116-119, hier S. 117
837 Zur Datierung vgl.: Rosenberg 1899, s. Anm. 814, S. 82, sowie: Kat.Ausst. Die Düsseldorfer Malerschule. Kunstmuseum Düsseldorf 13. Mai - 8. Juli 1979. Mathildenhöhe Darmstadt 22. Juli - 9. September 1979, Düsseldorf 1979, S. 310, sowie: Kunstmuseum Düsseldorf. Die Düsseldorfer Malerschule. Bearbeitet von Irene Markowitz, Düsseldorf 1969 (= Kataloge des Kunstmuseums Düsseldorf IV, 2. Malerei Band 2), S. 102
838 Vgl. Bone, 1907/1908, s. Anm. 818, S. 201-218, hier S. 215-216. Abb. in: Die Wandgemälde Eduard von Gebhardts in der Friedenskirche zu Düsseldorf. Zwölf Blätter mit begleitenden Worten von Rudolf Burckhardt, Düsseldorf o.J. (um 1908), S. 19
839 Vgl. Kat.Ausst. Courbet und Deutschland. Hamburger Kunsthalle 19. Oktober - 17. Dezember 1978. Städtische Galerie im Städelschen Kunstinstitut Frankfurt am Main 17. Januar - 18. März 1979. Herausgegeben von Werner Hofmann in Verbindung mit Klaus Herding, Hamburg 1978, S. 401. – An das Gemälde „Der tote Christus, von zwei Engeln gehalten" von Giovanni Bellini (etwa 1465-1470, Tempera auf Pappelholz, 82 x 66 cm, Berlin/West, Staatliche Museen Preußischer Kulturbesitz, Gemäldegalerie, Museum Dahlem) schließen sich ein Gemälde und eine Lithographie von Hans Thoma eng an: Hans Thoma: Leichnam Christi, von zwei Engeln gehalten (Pietà), 1885, Öl/Lwd., 113 x 88 cm, Abb. in: Walter Rothes: Christus. Des Heilands Leben, Leiden, Sterben und Verherrlichung in der bildenden Kunst aller Jahrhunderte, Köln 1911, S. 247. – Hans Thoma: Pietà, 1894, Lithographie, Abb. in: Fritz von Ostini: Thoma, Bielefeld/Leipzig 1910 (= Künstler-Monographien, in Verbindung mit Anderen herausgegeben von H. Knackfuß 46), Nr. 85, S. 84
840 Vgl. Städelsches Kunstinsitut Frankfurt am Main. Die Gemälde des 19. Jahrhunderts. Herausgegeben von Ernst Holzinger. Bearbeitet von Hans-Joachim Ziemke, Textband, Frankfurt/Main 1972, S. 406
841 Vgl. Horst Ludwig: Münchner Malerei im 19. Jahrhundert, München 1978, S. 45
842 Johannes Merz: Die religiöse bildende Kunst der Gegenwart, in: Gotthilf Schenkel (Hrsg.): Der Protestantismus der Gegenwart. Unter Mitwirkung führender Persönlichkeiten des kirchlichen und theologisch-wissenschaftlichen Lebens, Stuttgart 1926, S. 557-582, hier S. 580. – Rudolf Yelin (1864-1940): Bergpredigt, Abb. in: Schenkel 1926, s.o. Tafel nach S. 448
843 R. S.: Von der großen Berliner Kunst-Ausstellung, in: Christliches Kunstblatt, 36. 1894, S. 109-112, S. 126-128, S. 154-159, hier S. 110
844 Pfundheller: Fritz von Uhde und die religiöse Malerei, in: Monatsschrift für Gottesdienst und kirchliche Kunst, 14. 1909, S. 232-237, hier S. 235
845 Ostini 1902, s. Anm. 764, S. 82, r. Sp.
846 Vgl. Dr. Hasenclever: Moderne religiöse Malerei, in: Monatsschrift für Gottesdienst und kirchliche Kunst, 1. 1896/1897, S. 133-139, hier S. 136, 138, 139. – Zu den Gemälden Uhdes *Die Verkündigung an die Hirten* und *Noli me tangere* sei die bezeichnende Charakterisierung durch Johannes Merz angeführt: „Ein neues Stoffgebiet betritt Uhde mit den beiden zuletzt ausgestellten Bildern, der Verkündigung an die Hirten (München 1893) und dem noli me tangere (1894): beides Erscheinungen in der evangelischen Geschichte selbst. Ein wärmerer Ton geht durch diese Bilder, es ist weniger kühle psychologische Analyse darin, sie sind mehr aus dem Glauben heraus gemalt, daß diese biblischen Personen ein solches Erlebnis, wie diese Erscheinungen sind, wirklich gehabt haben. Besonders gilt dies von dem noli me tangere (der Auferstandene giebt sich der Maria Magdalena zu erkennen) der 94er Ausstellung. Schon der Ausdruck der Gesichter ist ein anderer. Christus ist nicht wie auf der Bergpredigt der geistig beschränkte Winkelprediger, sondern der durch Leiden verklärte Freund, Maria Magdalena zwar ein einfaches deutsches Bauernmädchen, aber nicht stupid, wie die Jünger auf dem Abendmahl, sondern mit geistesklarem und gemütstiefem Ausdruck. Die Tönung des Bildes ist nicht leicht richtig zu sehen, mancher, der sonst für Uhde und Freilicht schwärmt, ist daran irre geworden; aber sie spricht, wenn man sich in sie hineingesehen hat, wenigstens die Wahrheit des dargestellten Erlebnisses aus. So wirkt dies Bild ernst und wahrhaftig, wenn auch noch der Hauch der Diesseitigkeit darüber schwebt." Johannes Merz: Religiöse Stoffe in moderner Behandlung auf der Ausstellung der 'Sezession', München 1894, in: Christliches Kunstblatt, 37. 1895, S. 17-23, hier S. 22
847 Walter Rothes: Christus. Des Heilands Leben, Leiden, Sterben und Verherrlichung in der bildenden Kunst aller Jahrhunderte, Köln 1911, S. 14f. – Vgl. zur Bierckschen Christusausstellung auch: Adolf Smitmans: Die christliche Malerei im Ausgang des 19. Jahrhunderts – Theorie und Kritik. Eine Untersuchung der deutschsprachigen Periodica für christliche Kunst 1870-1914, Sankt Augustin 1980, S. 104-105
848 R.S.: Berliner Kunstberichte. I. Ausstellung „Christus", in: Christliches Kunstblatt, 38. 1896, S. 122-126, hier S. 122
849 Anonym: Die Biercksche Christus-Ausstellung, in: Die Kunst für Alle, 13. 1897/1898, S. 305-309, hier S. 305
850 R. S. 1896, s. Anm. 848, S. 125
851 Vgl. Richard Muther: Das Wesen des Neuidealismus, in: ders.: Geschichte der Malerei im XIX. Jahrhundert. Dritter Band, München 1894, S. 444-460. – Vgl. zu den Bierckschen Christus-Bildern auch Brand 1983, s. Anm. 753, S. 185-188, Abb. 79-87 (S. 371-373)
852 Vgl. W. Nicolai: Die Ausstellung der Christusbilder im alten Reichstagsgebäude zu Berlin, in: Monatsschrift für Gottesdienst und kirchliche Kunst, 1. 1896/1897, S. 179-181, hier S. 180, sowie R. S. 1896, s. Anm. 848, S.125
853 Anonym 1897/1898, s. Anm. 849, S. 306f.
854 R.S. 1896, s. Anm. 848, S. 125
855 Anonym 1897/1898, s. Anm. 849, S. 306
856 Vgl. R.S. 1896, s. Anm. 848, S. 124
857 Anonym 1897/1898, s. Anm. 849, S. 307
858 Nicolai 1896/1897, s. Anm. 852, S. 180
859 Anonym 1897/1898, s. Anm. 849, S. 306
860 Ebd., S. 307
861 Ebd., S. 308
862 Ebd., S. 307f.
863 Ebd., S. 308
864 Ebd.
865 R.S.: Die religiöse Kunst in der Berliner Jubiläums-Kunstausstellung II., in: Christliches Kunstblatt, 29. 1887, S. 58f.
866 J. Adolf Schmoll gen. Eisenwerth: Zur Christus-Darstellung um 1900, in: Roger Bauer / Eckhard Heftrich / Helmut Koopmann / Wolfdietrich Rasch / Willibald Sauerländer / J. Adolf Schmoll gen. Eisenwerth (Hrsg.): Fin de siècle. Zur Literatur und Kunst der Jahrhundertwende, Frankfurt am Main 1977 (= Studien zur Philosophie und Literatur des neunzehnten Jahrhunderts, Band 35), S. 405
867 Weitere Darstellungen des ausgestreckt liegenden Leichnams Christi im letzten Drittel des 19. Jahrhunderts und zu Beginn des 20. Jahrhunderts sind: Arnold Böcklin: Trauer der Maria Magdalena an der Leiche Christi, 1867/1868, Öl/Lwd., 84 x 149 cm, Basel, Kunstmuseum. – Arnold Böcklin: Pietà, 1873-1885, Öl/Lwd., 166 x 208 cm, Berlin, Nationalgalerie (verschollen seit 1945). – Beuroner Schule: Jesus Christus im Grabe ruhend, zweite Hälfte der achtziger Jahre des 19. Jahrhunderts, XIV.

Kreuzwegstation in der Marienkirche zu Stuttgart, vgl. Tafel 20, in: Josef Kreitmaier S.J.: Beuroner Kunst. Eine Ausdrucksform der christlichen Mystik. Mit 37 Tafeln. Dritte, vermehrte und verbesserte Auflage, Freiburg im Breisgau 1921. – Mihály von Munkácsy: Der tote Christus, 1881, Öl/Lwd., 48 x 121 cm, früher Chaton, Sammlung Realier-Dumas, vgl. Abb. in: L. Végváry (Hrsg.): Katalog der Gemälde und Zeichnungen Mihály Munkácsys, Budapest 1959, Tafel CXII, Nr. 314. – Ludwig von Löfftz: Die Beweinung Christi durch Magdalena, 1883, Öl/Lwd., 114 x 191 cm, München, Neue Pinakothek. – Käthe Kollwitz: Zertretene, 1900, Radierung, 23,9 x 83,6 cm, Klipstein Nr. 48. – Eduard Lebiedski: Pietá, 1905 (gezeigt auf der 66. Jahresausstellung im Rudolfinum zu Prag 1905), Abb. in: Die christliche Kunst, 1. 1904/1905, S. 255. – Franz Hofstötter: Christus im Grabe, um 1911, Abb. in: Die christliche Kunst, 9. 1912/1913, Tafel nach S. 8 (Kreuzwegstation der St. Maximilianskirche, München). – Heinrich Seufferheld: Die Grablegung Christi, Abb. in: Das Heilandsleben in deutscher Bilderkunst. 5. Tod und Verklärung Christi. Aus der Deutschen Hausbildnerei des Kunstwarts. München bei Georg D. Callwey im Kunstverlage, München o.J., Blatt 4. – Heinrich Nauen: Beweinung Christi, 1913, Öl/Lwd., 210 x 320 cm (Wandbild für Burg Drove), Krefeld, Kaiser-Wilhelm-Museum

868 Nationalgalerie Berlin. Staatliche Museen Preußischer Kulturbesitz. Verzeichnis der Gemälde und Skulpturen des 19. Jahrhunderts. Katalogbearbeitung: Barbara Dieterich, Peter Krieger, Elisabeth Krimmel-Decker, Berlin (West) 1976, S. 70

869 Hans H. Hofstätter: Symbolisus und die Kunst der Jahrhundertwende, Voraussetzungen, Erscheinungsformen, Bedeutungen, Köln 1973[2], S. 108

870 vgl. Klaus Herding: Courbets Modernität im Spiegel der Karikatur, in: Kat. Ausst. Courbet und Deutschland. Hamburger Kunsthalle 19. Oktober - 17. Dezember 1978. Städtische Galerie im Städelschen Kunstinstitut Frankfurt am Main 17. Januar - 18. März 1979, Hamburg 1978, S. 502-521, insbesondere Abschnitt „Lebkuchen, Kinderspielzeug, Holzfiguren", S. 503-507

871 Johannes Merz: Religiöse Stoffe in moderner Behandlung auf der Ausstellung der „Sezession", München 1894, in: Christliches Kunstblatt, 37. 1895, S. 21

872 Joseph Popp: Albert von Keller, in: Die Kunst unserer Zeit, 19. 1908, S. 137-168, hier S. 161

873 Vgl. dazu: Oskar A. Müller: Albert von Keller 1844 Gais/Schweiz - 1920 München, München 1981, S. 51f., Abbildung 81, S. 74. Zu Vorstudien und weiteren Fassungen des Gemäldes vgl. ebd., Abb. 82-96, sowie Farbabbildungen 254, 255. – Vgl. auch Horst Ludwig: Malerei der Gründerzeit. Bearbeitet von Horst Ludwig. Vollständiger Katalog. Bayerische Staatsgemäldesammlungen. Neue Pinakothek/München, München 1977 (= Gemäldekataloge. Herausgegeben von den Bayerischen Staatsgemäldesammlungen. Band VI), S. 129-133. – Zu den Vorarbeiten und weiteren Fassungen vgl. ebd., S. 118f., S. 120-121, 127-129

874 Über Albert von Kellers Beziehung zur Hypnose schreibt Joseph Popp in seinem Aufsatz „Albert von Keller", in: Die Kunst unserer Zeit, 9. 1908, S. 155: „Anfangs der achtziger Jahre stellten die Experimente von Charcot und Richet den Hypnotismus als psychologisches Erkenntnis- und Heilmittel aufs neue in den Kreis der Erörterung. Bayersdorfer, du Prel und Schrenk-Notzing, mit denen Keller befreundet war, interessierten sich, jeder unter anderen Gesichtspunkten, mächtig für die Sache. Auch Albert von Keller gab sich ihr ganz hin". – Vgl. dazu auch: Müller 1981, s. Anm. 873, S. 49-51. – Zu Kellers Gemälde Hexenschlaf (1888) vgl. ebd., S. 52f., Abb. 110-112. – Zu Die glückliche Schwester (1893) vgl. ebd., S. 54, Abb. 126, sowie Farbabb. 265. – Zu Vision einer Kreuzigung III (1903) vgl. ebd., S. 53, Abb. 116, 117, sowie Farbabb. 259-263

875 Vgl. den Bericht des Künstlers, in: H. E. von Berlepsch: Albert von Keller, in: Die Kunst für Alle, 12. 1896/1897, S. 193-201, hier S. 197

876 Vgl. dazu Müller 1981, s. Anm. 873, S. 52, Abb. 103-106a, sowie Ludwig 1979, s. Anm. 873, S. 142-144 (Gemälde Die Traumtänzerin Madeleine, um 1904). – Zum Gemälde Mutter und Sohn (1909) vgl. Müller 1981, S. 53, Abb. 109

877 Hofstätter 1973[2], s. Anm. 869, S. 91

878 Vgl. Hans Hirtz (nachweisbar seit 1421 in Straßburg, gest. 1462 in Straßburg): Kreuztragung Christi (von einem Passionsaltar), um 1440, Öl auf Holz, 67 x 47 cm, Karlsruhe, Staatliche Kunsthalle, vgl. auch weitere Tafeln dieses Altars

879 Edward von Steinle (1810-1886): Kartons (Aquarellfarben) für die Wandgemälde im Kaiserdom zu Frankfurt am Main 1880-1885, vgl. Alphons M. von Steinle: Edward von Steinle. Des Meisters Gesamtwerk in Abbildungen, Kempten/München 1910, Abbildungen 667-706, Textteil am Schluß des Buches S. 30-31

880 Vgl. Hofstätter 1973[2], s. Anm. 869, Abschnitt „Historismus", S. 71-77

881 Auf Hofstätters Krisenzeiten-These wird noch einzugehen sein (vgl. Kapitel: „Naturalismus, Realismus, Idealismus", Abschnitt: „Der Neuidealismus", dort S. 423)

882 Ostini 1902, s. Anm. 764, S. 66f.

883 Ebd., S. 67

884 Otto Julius Bierbaum: Fritz von Uhde, München 1893, S. 63. Vgl. auch: Herweghs Werke in einem Band. Ausgewählt und eingeleitet von Hans-Georg Werner, Berlin und Weimar 1977[3] (= Bibliothek Deutscher Klassiker BDK. Herausgegeben von den Nationalen Forschungs- und Gedenkstätten der klassischen Deutschen Literatur in Weimar), Abschnitt „Aus den 'Gedichten eines Lebendigen' Erster Band", Teil „Sonette", Sonett „Unsern Künstlern", S. 77. Der erste Vers muß danach richtig heißen: „Das Leben hat am Ende doch gewonnen, / Und all die überhimmlischen Gestalten, / Verklärter Leiber und verklärter Falten, / Die schattenhaft durchsichtigen Madonnen,"

885 Friedrich Theodor Vischer: Overbecks Triumph der Religion (1841), in: ders.: Kritische Gänge. Fünfter Band. Herausgegeben von Robert Vischer. Zweite, vermehrte Auflage, München 1922, S. 3-34

886 Herweghs Werke in einem Band 1977[3], s. Anm. 884, S. 77

887 Um Uhdes Gegenwartsnähe zu verdeutlichen, zitiert Bierbaum den Herwegh-Vers: „Die Zeit ist die Madonna der Poeten, / Die Mater dolorosa, die gebären / Den Heiland soll. Drum halt die Zeit in Ehren: / Du kannst nichts Höheres denn sie vertreten." Vgl. Herweghs Werke in einem Band 1977[3], s. Anm. 884, S. 109. Es handelt sich um den ersten Vers des Sonetts „Unseren Künstlern quand meme noch zwei Sonette. I Bei einem Gemälde von Cornelius", aus: Gedichte eines Lebendigen. Zweiter Band, Zürich und Winterthur 1843. Bierbaum zitiert den Vers auf S. 63 seiner Uhde-Monographie von 1893 (s. Anm. 884)

888 Bierbaum 1893, s. Anm. 884, S. 64

889 Ebd., S. 64

890 Ebd.

891 Ebd.: „Diese Auffassung steht im denkbar schärfsten Gegensatz zu der katholischen Madonnenmalerei. Mehr noch: sie bedeutet das germanische Gegenbild zu der romanischen Mariaauffassung, sie ist protestantisch-germanisch, – rembrandtisch."

892 Vgl. zu dieser Tradition: Gregor Martin Lechner OSB: Maria Gravida. Zum Schwangerschaftsmotiv in der bildenden Kunst,

Zürich 1981 (= Münchner Kunsthistorische Abhandlungen Band IX. Herausgegeben vom Kunsthistorischen Seminar der Universität München. Wolfgang Braunfels, Norbert Lieb)

893 Vgl. zum Bildnis der Frau Gedon von Leibl: Kat. Ausst. Symboles et Réalités, Paris 1984, s. Anm. 753, Kat. Nr. 50, S. 164f. (Friedrich Gross). Vgl. ebenfalls Eberhard Ruhmer: Der Leibl-Kreis und die Reine Malerei, Rosenheim 1984, S. 15, 353, Farbabb. 28 (S. 142)

894 Ostini 1902, s. Anm. 764, S. 68f.

895 Ebd., S. 69f.

896 Ebd., S. 71

897 Zu weiteren Fassungen des Themas „Schwerer Gang" vgl.: Schwerer Gang, um 1890/1895, Öl auf Holz, 29,5 x 15 cm, Schweinfurt, Sammlung Georg Schäfer (dazu Brand 1983, s. Anm. 753, Abb. 45, S. 355). – Der Gang nach Bethlehem, 1890, Öl/Lwd., 91,5 x 110 cm (Abb. in: Hans Rosenhagen: Uhde. Des Meisters Gemälde in 285 Abbildungen, Stuttgart/Leipzig 1908, Klassiker der Kunst in Gesamtausgaben, Bd. 12, S. 107). – Der heilige Abend, 1890, Öl/Lwd., 115 x 150 cm (Abb. in: Rosenhagen 1908, s.o., S. 104, vgl. dazu Brand 1983, s. Anm. 753, Abb. 36, S. 349). – Nach kurzer Rast (Schwerer Gang bzw. Gang nach Bethlehem), 1894, Öl/Lwd., 130,6 x 168,8 cm, Stuttgart, Staatsgalerie (Farbtafel, in: G. Schenkel, Hrsg.: Der Protestantismus der Gegenwart, Stuttgart 1926, Tafel nach S. 48, vgl. Brand 1983, s. Anm. 753, Abb. 39, S. 351). – Schwerer Gang, 1902, ehemals Sammlung Giesecke, vgl. Brand 1983, s. Anm. 753, Abb. 46, S. 355 (Foto: Leipzig, Museum der bildenden Künste). – Schwerer Gang, Öl auf Karton, 34 x 45,5 cm, Schweinfurt, Sammlung Georg Schäfer, vgl. Brand 1983, s. Anm. 753, Abb. 47, S. 356. – Zum Motiv der müden Proletarierin in rein profanen Gemälden Uhdes vgl.: Winterabend (Der heilige Abend), 1891, Abb. in: Rosenhagen 1908, s.o., S. 115 (vgl. Brand 1983, s. Anm. 753, Abb. 38, S. 350). – Heimkehr, 1890, Öl auf Pappe, 30 x 22 cm, Abb. in: Rosenhagen 1908, s.o., S. 106. – Auf dem Heimweg, Mitte der 90er Jahre, Öl/Lwd., 112 x 85 cm, Abb. in: Rosenhagen 1908, s.o., S. 151. – Im Schnee, Mitte der 90er Jahre, Pastell, 47,5 x 31 cm, Abb. in: Rosenhagen 1908, s.o., S. 168. – Im Herbst, 1890, Öl/Lwd., 70 x 90 cm, Abb. in: Rosenhagen 1908, s.o., S. 102. – Zum Thema des „Schweren Ganges" von Uhde insgesamt vgl. Brand 1983, s. Anm. 753, S. 121-135. Vgl. auch: Friedrich Gross: Fritz von Uhde. Le chemin douloureux (Le chemin de Béthléem). 1890, in: Kat. Ausst. Symboles et Réalités, Paris 1984, s. Anm. 753, S. 302-304, Abb. S. 303

898 Vgl. Bierbaum 1893, s. Anm. 884, Interpretationsteil: VI. „Der heilige Abend", S. 65. – Vgl. auch Brand 1983, s. Anm. 753, Abb. 37, S. 350, im Text S. 127

899 Paul Keppler: Gedanken über die moderne Malerei, in: Zeitschrift für christliche Kunst, 5. 1892, Sp. 177-188, 209-220, 241-252, hier Sp. 244

900 Vgl. ebd., Sp. 245

901 Vgl. Brand 1983, s. Anm. 753, S. 124

902 Herbert Sinz: Das Handwerk. Geschichte, Bedeutung und Zukunft, Düsseldorf/Wien 1977, S. 197

903 Vgl. ebd., S. 199

904 Vgl. Hans Mottek / Walter Becker / Alfred Schröter: Wirtschaftsgeschichte Deutschlands. Ein Grundriß. Band III. Von der Zeit der Bismarckschen Reichsgründung 1871 bis zur Niederlage des faschistischen deutschen Imperialismus 1945, Berlin DDR 1977³, S. 179, sowie S. 162-180. Zur Theorie der Großen Depression vgl. Hans Rosenberg: Große Depression und Bismarckzeit. Wirtschaftsablauf, Gesellschaft und Politik in Mitteleuropa, Berlin DDR 1967, 1976²

905 Vgl. Hermann Aubin/Wolfgang Zorn (Hrsg.): Handbuch der deutschen Wirtschafts- und Sozialgeschichte. Band 2, Stuttgart 1976, S. 561f. Vgl. auch: Karl Friedrich Wernet: Handwerksgeschichtliche Perspektiven, München 1963 (= Forschungsberichte aus dem Handwerk Band 10. Herausgegeben vom Handwerkswissenschaftlichen Institut Münster. Westfalen. Forschungsinstitut im Deutschen Handwerksinstitut)

906 Vgl. Das Handwerk in der modernen Wirtschaft und Gesellschaft. Mit Beiträgen von W. Abel, Th. Beckermann, W. Durchardt, E. Fritz, L. Fröhler, E. Hotz, H. Kaufmann, K. Laub, K. Mellerowicz, Fr. Schlieper und W. Wernet. Herausgegeben vom Deutschen Handwerksinstitut e.V. München, Bad Wörishofen 1966, S. 75

907 Vgl. Aubin / Zorn (Hrsg.) 1976, s. Anm. 905f, S. 560 (Tabelle 14b)

908 Gerhard A. Ritter / Jürgen Kocka (Hrsg.): Deutsche Sozialgeschichte, Dokumente und Skizzen, Band II: 1870-1914, München 1974, S. 289f.

909 Vgl. Sinz 1977, s. Anm. 902, S. 201

910 Zitiert nach: Julius Erich Kloss: Max Kretzer, Leipzig und Wien 1896, S. 37

911 Max Kretzer: Meister Timpe. Sozialer Roman. Mit einem Nachwort von Götz Müller, Stuttgart 1976 (= Reclam Universal-Bibliothek Nr. 9829), S. 183

912 Götz Müller: Nachwort zu: Max Kretzer: Meister Timpe. Sozialer Roman, Stuttgart 1976, s.o., S. 309

913 Weitere Fassungen Uhdes der „Flucht nach Ägypten" sind: Die Flucht nach Ägypten, 1891, Abb. in: Rosenhagen 1908, s. Anm. 897, S. 112 oben. – Die Flucht nach Ägypten 1891, Abb. in: ebd., S. 112 unten

914 Vgl. Städelsches Kunstinstitut Frankfurt am Main 1972, s. Anm. 840, S. 418

915 Zu weiteren Fassungen des Themas „Flucht nach Ägypten" von Steinhausen vgl.: Farbtafel nach S. 192, in: G. Schenkel (Hrsg.): Der Protestantismus der Gegenwart, Stuttgart 1926. – Flucht nach Ägypten, 90er Jahre des 19. Jahrhunderts, Abb. VIII, in: Oskar Beyer: Wilhelm Steinhausen. Eine Einführung zum Verständnis der geistigen Grundlagen und eine Auswahl von Hauptdokumenten seines Schaffens. Mit sechunddreißig ein- und mehrfarbigen Bildtafeln nach teilweise bisher unveröffentlichten Gemälden, Berlin 1921

916 Ostini 1902, s. Anm. 764, S. 79

917 Vgl. Autorenkollektiv: Waltraud Brodersen / Martin Deppner / Friedrich Gross / Klaus Haubner / Rosemarie Huhn / Margarete Jarchow / Claus Mewes / Peter Rautmann / Hein T. Schulze-Altcappenberg / Dagmar Voigt: Philipp Otto Runge. Historisch-kritische Analysen zu seinem Werk, Lahn-Gießen 1978, S. 16. – Zu einer umfassenden Analyse des Gemälde vgl. ebd., Kapitel III. 1. Die Ruhe auf der Flucht. Das Geschichtsverständnis Runges, S. 11-16

918 Zur Handwerker-Kleidung der Josephsfigur vgl. Hanna Hohl: Abend des Abendlandes und Morgen des Morgenlandes. Die 'Ruhe auf der Flucht' und das Problem der religiösen Landschaft, in: Kat. Ausst. Runge in seiner Zeit. Hamburger Kunsthalle 21. Oktober 1977 bis 8. Januar 1978, Hamburg 1977, S. 164-178, hier S. 174, mittlere Sp.

919 Vgl. Autorenkollektiv 1978, s. Anm. 917, S. 32

920 Vgl. ebd., S. 35, sowie ebd. Anm. 110, S. 72

921 Brief an Goethe vom 19. April 1808, vgl. Hellmuth Freiherr von Maltzahn (Hrsg.): Philipp Otto Runges Briefwechsel mit Goethe, Weimar 1940 (= Schriften der Goethe-Gesellschaft, Bd. 51), S. 87

922 Geschichte der deutschen Literatur 1789 bis 1830. Von Autorenkollektiven. Leitung und Gesamtbearbeitung Hans-Dietrich Dahnke (1789-1806) und Thomas Höhle in Zusammenarbeit mit Hans-Georg Werner (1806-1830), Berlin DDR 1978 (= Geschichte der deutschen Literatur von den Anfängen bis

zur Gegenwart. Siebenter Band. Herausgegeben von Hans-Günter Thalheim (Vorsitzender), Günter Albrecht, Kurt Böttcher, Hans Jürgen Geerdts, Horst Haase, Hans Kaufmann, Paul Günter Krohn, Dieter Schiller. Sekretär: Georg Wenzel), S. 704

923 Steinle 1910, s. Anm. 879, Textteil am Schluß des Buches, S. 20, Text zu Abb. 390

924 Runge arbeitete auch an einem Programm der ästhetischen Erziehung für jene bloß praktisch Tätigen. Er wollte seine künstlerischen Ideen in Zimmertapetenmuster einfließen lassen, um so unmerklich die Bewohner dieser Räume zu bilden. Vgl. Brief an den Vater aus Dresden vom 13. Januar 1803, in: Philipp Otto Runge: Hinterlassene Schriften. Herausgegeben von dessem ältesten Bruder. Erster Teil. Mit 7 Bildern. Faksimiledruck nach der Ausgabe von 1840-1841, Göttingen 1965, S. 28-31

925 Vgl. Kat. Ausst. „München leuchtete", München 1984, s. Anm. 754, Kat.Nr. 33, S. 162 mit Abb. (Peter-Klaus Schuster)

926 Vgl. Günter Metken: Die Präraffaeliten. Ethischer Realismus und Elfenbeinturm im 19. Jahrhundert, Köln 1974, S. 67-68 (Abschnitt: „Im Kreuzfeuer der Kritik")

927 Vgl. Richard Muther: Geschichte der Malerei im XIX. Jahrhundert. Zweiter Band, München 1893, S. 503f.

928 Vgl. dazu die Abschnitte: 3.52 Volksschulen, sowie 3.53 Gymnasien, in: Hans-Ulrich Wehler: Das Deutsche Kaiserreich 1871-1918, Göttingen 1975^2, S. 124-131

929 Vgl. Karl-Heinz Günther / Franz Hofmann / Gerd Hohendorf / Helmut König / Heinz Schuffenhauer: Geschichte der Erziehung. Zwölfte Auflge, Berlin DDR 1976, Abschnitt: „Die Lage an den Volksschulen", S. 235ff. – Die allgemeine Schulpflicht wurde im Gothaer Programm der Sozialdemokratie von 1875 gefordert. Marx kritisierte diese Forderung, da sie überflüssig sei, denn die allgemeine Schulpflicht war in den wichtigsten kapitalistischen Ländern verwirklicht. Die Arbeiterklasse müsse jedoch auf die strikte Durchführung und Einhaltung der gesetzlichen Schulpflicht dringen, vgl.: ebd., S. 339

930 Vgl. Kat.Ausst. Max Liebermann in seiner Zeit, Berlin (West)/ München 1979, s. Anm. 752, S. 178

931 Vgl. ebd.

932 Gustav Heil: Zehn Jahre Berliner Kunstgeschichte (1870-1880). Humoristische Extrafahrten nach der Kunstausstellung. Mit einem Vorwort von Ludwig Pietsch, Berlin o.J. (1890), S. 87

933 Vgl. dazu das Gemälde: Wilhelm von Schadow: Heilige Familie unter dem Portikus, Öl/Lwd., 142 x 102 cm, München, Neue Pinakothek. Hier arbeitet Joseph an einem Werkbalken, auf dem die Madonna mit dem Kind sitzt.

934 Vgl. dazu Wolfgang Brückner: Elfenreigen. Hochzeitstraum. Die Öldruckfabrikation 1880-1940. Mit einem Beitrag von Willi Stubenvoll, Köln 1974, S. 85. Brückner sieht als Ausgangspunkt für die „katholischen Hobelbankidyllen" das Gemälde von Millais „Christus im Hause seiner Eltern" (1850). – Vgl. auch: Augustin Müller-Warth: Die Heilige Familie, Öl/ Lwd., Verbleib unbekannt, Abb. in: Horst Ludwig u.a.: Münchner Maler im 19. Jahrhundert. Dritter Band. Lacher - Ruprecht, München 1982 (= Bruckmanns Lexikon der Münchner Kunst. Münchner Maler im 19. Jahrhundert in vier Bänden), S. 203

935 Eine zweite Fassung des Themas „Vergib uns unsere Schuld" von Firle befindet sich im Wallraf-Richartz-Museum in Köln: Walther Firle: Vergib uns unsere Schuld, 1898, Öl/Lwd., 185 x 293 cm, Inv. Nr. WRM 1464 (Geschenk des Museumsvereins 1898), vgl. dazu: Götz Czymmek: Aus Alltag und Geschichte. Genre- und Historienmalerei des 19. Jahrhunderts aus dem Besitz des Wallraf-Richartz-Museums. Eine Ausstellung im Wallraf-Richartz-Museum vom 27. April bis 26. Juni 1983. Herausgeber: Stadt Köln. Wallraf-Richartz-Museum, Köln 1983, Kat. Nr. 14, S. 14 mit Abb.

936 Eduard Engels: Walther Firle, in: Die Kunst unserer Zeit, 12. 1901, II. Halbband, S. 113-142, hier S. 136

937 Vgl. Uta Ottmüller: Die Dienstbotenfrage. Zur Sozialgeschichte der doppelten Ausnutzung von Dienstmädchen im deutschen Kaiserreich, Münster 1978, S. 66

938 Vgl. ebd., S. 79f.

939 Zu Darstellungen der Schusterwerkstatt im Holland des 17. Jahrhunderts vgl.: Egbert van Heemskerck d.Ä.: Schusterwerkstatt, Öl auf Holz, 42 x 35 cm, Österreich, Privatbesitz, Abb. S. 117 in: Herman Bauer: Niederländische Malerei des 17. Jahrhunderts, München 1982. – Jan Victors: Dorfszene mit Flickschuster, um 1650, Öl/Lwd., 63 x 78,5 cm, London, National Gallery, Abb. S. 93 oben, in: Christopher Brown: Holländische Genremalerei im 17. Jahrhundert, München 1984

940 Ludwig Pietsch: Die Malerei auf der Münchener Jubiläums-Kunst-Ausstellung 1888. Photogravüre-Ausgabe mit begleitendem Text, München 1888, Tafel vor S. 115. Das Gemälde, das der Autor im Magazin des Museums für bildende Künste im September 1980 (zusammen mit anderen Bildern) betrachten konnte, ist im Bestandskatalog von 1979 verzeichnet, vgl.: Museum der bildenden Künste Leipzig. Katalog der Gemälde 1979 von Susanne Heiland, Leipzig 1979, S. 266, Inv. Nr. 696

941 Ebd., S. 115

942 R.S.: Die religiöse Malerei in der Berliner akademischen Ausstellung 1889, in: Christliches Kunstblatt, 32. 1890, S. 20-24, hier S. 21

943 Gerhard A. Ritter und Jürgen Kocka: Deutsche Sozialgeschichte, Dokumente und Skizzen. Band II: 1870-1914, München 1974, S. 244

944 Fritz von Ostini: Ernst Zimmermann, in: Die Kunst unserer Zeit, 13. 1902, S. 113-132, hier S. 122f.

945 Hans-Ulrich Wehler: Bismarck und der Imperialismus, Köln/ Berlin (West) 1969, S. 363

946 Zimmermann machte wie auch Firle Reisen nach Holland. Ostini schreibt: „Reisen nach dem Norden und Süden erweiterten inzwischen immer wieder seinen Gesichtskreis; er sah Norddeutschland und damit Berlin und, was er nach den Venetianer Eindrücken für seine künstlerische Entwicklung selbst am höchsten schätzte, Holland und Belgien." Ostini 1902, s. Anm. 764, S. 118

947 Vgl. dazu: Kat. Ausst. „München leuchtete", München 1984, s. Anm. 754, Kat. Nr. 65 b), S. 191 mit Abb. (Peter-Klaus Schuster). – Vgl. auch: Kat. Ausst. Luther und die Folgen für die Kunst, Hamburg/München 1983, s. Anm. 754, Kat. Nr. 435A, S. 563 (Friedrich Gross), Abb. S. 564

948 Engels 1901, s. Anm. 936, S. 136

949 Vgl. Ingeborg Kähler: Carl Johann Becker-Gundahl (1856-1925). „Tod der Austräglerin". 1884, in: Kat. Ausst. Vor hundert Jahren: Dänemark und Deutschland 1864-1900. Gegner und Nachbarn. Kopenhagen – Aarhus – Kiel – Berlin – 1981/82. Deutsche Ausgabe herausgegeben von Jens Christian Jensen, Kiel 1981, Kat. Nr. 67 D, S. 293 mit Abb.

950 Franz Wolter: Karl Johann Becker-Gundahl, in: Die christliche Kunst, 2. 1905/1906, S. 173-177, hier S. 174

951 Adolf Rosenberg: Die Jubiläumskunstausstellung in Berlin. Mit Illustrationen. Schluß. V. Düsseldorf, Karlsruhe, Dresden und Königsberg, in: Zeitschrift für Bildende Kunst, 22. 1887, S. 97 - 110, hier S. 99

952 Rubrik „Atelier-Notizen", in: Die Kunst für Alle, 1. 1885/ 1886, S. 203. – Vgl. zum Gemälde: Die Düsseldorfer Malerschule. Bearbeitet von Irene Markowitz, Düsseldorf 1969 (= Kataloge des Kunstmuseums Düsseldorf IV, 2. Malerei Band 2), S. 168f.

953 Vgl. David Friedrich Strauß: Der alte und der neue Glaube. Ein Bekenntnis, Leipzig o.J. (= Kröners Taschenausgabe Band 25), S. 180
954 Friedrich Pecht: Die Münchener Ausstellungen von 1888. Die deutsche Malerei. I. Religiöse und Profangeschichte, in: Die Kunst für Alle, 3. 1887/1888, S. 275-283, hier S. 280
955 Richard Muther: Die internationale Kunstausstellung in München I., in: Zeitschrift für Bildende Kunst, 23. 1888, S. 284-292, hier S. 291
956 Die Jahresausstellung der Düsseldorfer Künstler, in: Die Kunst für Alle, 8. 1892/1893, S. 214-217, hier S. 214
957 Vgl. auch Irene Markowitz: „Der kostümliche Aufputz und theaterhafte Aufzug wirken jedoch im Motivlichen wie im Kompositionellen zu manieriert, um ein echtes 'Volksstück' zu sein. Der Eindruck verschärft sich durch die Perfektion der farblich überlegten stofflichen Malerei." Die Düsseldorfer Malerschule. Bearbeitet von Irene Markowitz, Düsseldorf 1969 (= Kataloge des Kunstmuseums Düsseldorf. IV., 2. Malerei Band 2), S. 344
958 Fritz von Ostini: Ernst Zimmermann, in: Die Kunst unserer Zeit, 13. 1902, I. Halbband, S. 120
959 Vgl. Adolf Rosenberg: Geschichte der modernen Kunst. Dritter Band. Die deutsche Kunst. Zweiter Abschnitt 1849-1889, Leipzig 1889, S. 118, sowie: Bayerische Staatsgemäldesammlungen Neue Pinakothek/München. Malerei der Gründerzeit. Bearbeitet von Horst Ludwig. Vollständiger Katalog, München 1977 (= Bayerische Staatsgemäldesammlungen Neue Pinakothek/München. Gemäldekataloge. Herausgegeben von den Bayerischen Staatsgemäldesammlungen Band VI), S. 314, r. Sp.
960 Vgl. Johannes Kalckreuth: Wesen und Werk meines Vaters. Lebensbild des Malers Graf Leopold von Kalckreuth, Hamburg 1967, S. 174
961 Ebd.
962 Ebd., S. 174, 175
963 Ludwig Pietsch: Die Malerei auf der Münchener Jubiläums-Kunst-Ausstellung 1888. Photogravüre-Ausgabe mit begleitendem Text, München 1888, S. 79f.
964 Ebd., S. 80
965 Im Matthäus-Evangelium (19, 13-29) und Markus-Evangelium (10, 13-30) sind beide Szenen örtlich getrennt. Dennoch führen Adolf Rosenberg („E. von Gebhardt", Bielefeld und Leipzig 1899, S. 84, 1. Sp.) und Irene Markowitz („Die Düsseldorfer Malerschule. Bearbeitet von Irene Markowitz", Düsseldorf 1969 / = Kataloge des Kunstmuseums Düsseldorf IV., 2. Malerei Band 2/, S. 103) die Erzählung des Matthäus-Evangeliums als Quelle an.
966 Eugène Sue: Die Geheimnisse von Paris. Roman. Aus dem Französischen übersetzt und bearbeitet von Bernhard Jolles. Mit einem Nachwort von Norbert Miller und Karl Riha, München 1970 (= Bibliothek der Abenteuer, Geheimnisse und Entdeckungen. Herausgegeben von Karl Heinz Ramberg und Norbert Miller), S. 594
967 Vgl. Karl Marx: VIII. Kapitel. Weltgang und Verklärung der „kritischen Kritik" oder „die kritische Kritik" als Rudolph, Fürst von Geroldstein, insbesondere Abschnitt 7. Enthüllung der nationalökonomischen Geheimnisse, in: Friedrich Engels/Karl Marx: Die heilige Familie oder Kritik der kritischen Kritik. Gegen Bruno Bauer und Konsorten, in: MEW 2, S. 3-223, VIII. Kapitel: S. 172-221, Abschnitt 7.: S. 208-212
968 Rudolf Burckhardt: Eduard von Gebhardt. Zu seinem siebzigsten Geburtstag, am 13. Juni 1908, in: Monatsschrift für Gottesdienst und kirchliche Kunst, 13. 1908, S. 175-185, hier S. 183f.
969 Der protestantische Schweizer Künstler wurde in Deutschland während des ersten Jahrzehnts des 20. Jahrhunderts bekannt.
970 Wilhelm Busch: Gesamtausgabe in vier Bänden. Herausgegeben von Friedrich Bohne, Band II, Wiesbaden o.J., S. 262f.
971 Vgl. Herbert Voßberg: Kirchliche Motive bei Adolph Menzel, Berlin 1964, S. 79
972 Ein wichtiges Werk der belgischen Malerei, das Arm und Reich als soziale Gegensätze miteinander konfrontiert, ist das Gemälde „Im Morgengrauen" (1875) von Charles Hermans (Öl/Lwd., 248 x 317 cm, Brüssel, Musées Royaux des Beaux-Arts de Belgique); gezeigt werden Handwerker und Arbeiter im Morgengrauen, die ihren Arbeitstag beginnen und eine Gruppe reicher Nachtschwärmer im Luxus, die sich zu ihrer Kutsche begeben, vgl. die Farbabb. in: Kat. Ausst. Arbeit und Alltag. Soziale Wirklichkeit in der Belgischen Kunst 1830-1914. Neue Gesellschaft für Bildende Kunst, Berlin, September 1979, Berlin (West) 1979, S. 109
973 Friedrich Fuchs: Arthur Kampf, in: Velhagen & Klasings Monatshefte, 20. 1905/1906, Bd. 2, S. 1-17, hier S. 4f
974 Die freien Arbeiter der städtischen Industrien kamen vielfach aus ländlichen Gebieten, die keine ausreichenden Verdienstmöglichkeiten mehr boten (Landflucht).
975 Vgl. Gerhard A. Ritter und Jürgen Kocka (Hrsg.): Deutsche Sozialgeschichte. Dokumente und Skizzen. Band II: 1870-1914, München 1974, Teil I. Grundzüge der Zeit, Zweites Kapitel: Bevölkerungsentwicklung und Verstädterung, Abschnitt 10. Wohnprobleme im Stadtkern und in der Vorstadt: eine Kritik von 1899, S. 56-61
976 Vgl. Otto-Ernst Schüddekopf: Herrliche Kaiserzeit. Deutschland 1871-1914. Mit einer Einführung von Hans Joachim Schoeps, Berlin/Frankfurt am Main/Wien 1973, S. 60
977 Vgl. Ritter/Kocka (Hrsg.) 1974, s. Anm. 975, Abschnitt: Ein Armenarzt berichtet aus Berlin um 1890, S. 248-250
978 Vgl. Schüddekopf 1973, s. Anm. 976, S. 60
979 Zitiert nach: Ritter/Kocka (Hrsg.) 1974, s. Anm. 975, S. 254
980 Ebd., S. 255
981 Vgl. Gert Richter: Die gute alte Zeit im Bild. Alltag im Kaiserreich 1871-1914 in Bildern und Zeugnissen, Gütersloh/Berlin/München/Wien 1974, S. 140, r. Sp.
982 Vgl. dazu: Kat. Museum der Ausländischen Kunst der Lettischen Sozialistischen Sowjetrepublik. Malerei deutscher, baltischer, österreichischer, englischer Künstler. Katalog, Riga 1974 (dieses aus dem Russischen übersetzt), S. 13
983 Arthur Weese: Die Secessionsausstellung in München, in: Kunstchronik, N.F. 12. 1901, Sp. 24-27, hier Sp. 24
984 R. S.: Große Berliner Kunstausstellung, in: Christliches Kunstblatt, 41. 1899, S. 151-157, hier S. 152f.
985 Hans Thoma (1839-1924): Der verlorene Sohn, 1885, Öl/Lwd. 87 x 111 cm, Abb. in: Gustav Keyssner: Thoma. Eine Auswahl aus dem Lebenswerk des Meisters. In 117 Abbildungen. Herausgegeben von Gustav Keyssner, Stuttgart und Berlin 1922, S. 45
986 R. S.: Akademische Kunstausstellung in Berlin, in: Christliches Kunstblatt, 34. 1892, S. 129-134, hier S. 132
987 Vgl. Herbert Buhr / Walther Neye: Die Kartoffel, Wittenberg 1958, S. 11, sowie: Günther Franz: Landwirtschaft 1800-1850, 7. Kapitel in: Hermann Aubin / Wolfgang Zorn (Hrsg.): Handbuch der deutschen Wirtschafts- und Sozialgeschichte. Band 2. Das 19. und 20. Jahrhundert. Herausgegeben von Wolfgang Zorn. Verfaßt von Knut Borchardt, Alois Brusatti, Werner Conze, Wolfram Fischer, Günther Franz, Karl-Heinrich Kaufhold, Hermann Kellenbenz, Wolfgang Köllmann, Max Rolfes, Richard H. Tilly, Wilhelm Treue, Eckart Schremmer, Wolfgang Zorn, Stuttgart 1976, S. 286f.
988 Vgl. Wilhelm Völksen: Auf den Spuren der Kartoffel in Kunst und Literatur, Hildesheim o.J. (1964), S. 38

989 Schüddekopf 1973, s. Anm. 976, S. 60
990 Aus diesem Grund bildete die Kartoffel auch ein Hauptnahrungsmittel der Chausseearbeiterfamilie in einem Taunusdorf, über deren „Not und Leben" ein Abschnitt berichtet, in: Ritter/Kocka (Hrsg.) 1974, s. Anm. 975, S. 264-267, hier S. 266f.
991 Folgende Darstellungen des Kartoffelschälens, der Kartoffelernte und des Kartoffelessens der Armen sind darüberhinaus aufzuzählen (Auswahl): Johann Wilhelm Tischbein: Innenraum (Die Kartoffel), um 1816, Öl auf Eichenholz 31,4 x 29,1 cm, Hamburg, Hamburger Kunsthalle, vgl. dazu: Kat. Ausst. Eva und die Zukunft. Das Bild der Frau seit der Französischen Revolution. Herausgegeben von Werner Hofmann. Konzept und Katalog: Sigrun Paas und Friedrich Gross, München 1986, Kat. Nr. 325, S. 392f. mit Abb. (Friedrich Gross). Vgl. ebenfalls: Kat. Ausst. Luther und die Folgen für die Kunst, Hamburg/München 1983, s. Anm. 754, Kat. Nr. 440 A, S. 569 mit Abb. (Friedrich Gross). – Gustave Brion: Récolte des pommes de terre pendant l'inondation du Rhin en 1852, 1852, Öl/Lwd., 98 x 132 cm, Nantes, Musée des Beaux-Arts de Nantes, vgl. dazu: Gabriel P. Weisberg: The Realist Tradition. French Painting and Drawing 1830-1900. Published by The Cleveland Museum of Art in cooperation with Indiana University Press, Cleveland, Ohio, 1980, Kat. Nr. 94, S. 129, Abb. S. 128. – Jean-François Millet: Die Kartoffelernte, 1854-1857, Öl/Lwd., 54 x 65,2 cm, Baltimore, The Walters Art Gallery, vgl. Farbabb. in: Caroline B. Bretell / Richard R. Brettell: Bäuerliches Leben. Seine Darstellung in der Malerei des 19. Jahrhunderts. Aus dem Englischen von Eva Gärtner, Genf 1984, S. 36. – Jean-François Millet: Angelusläuten, 1857-1859, Öl/Lwd., 55,5 x 66 cm, Paris, Musée du Louvre. – Jozef Israëls: Das kärglich Mahl, um 1876, Öl/Lwd., 88,9 x 138,7 cm, Glasgow, Art Gallery and Museum, vgl. Farbabb. in: Brettell/Brettell 1984, s.o., S. 94. – William D. McKay: Feldarbeit im Frühling: Die Kartoffelmieten, 1878, Öl/Lwd., 64,2 x 97,5 cm, Edinburgh, National Gallery of Scotland, vgl. Farbabb. in: Brettell/Brettell 1984, s.o., S. 41. – Vincent van Gogh: Kartoffelsetzen, 1884, Öl/Lwd., 70,5 x 170 cm, Wuppertal, Von der Heydt-Museum, vgl. dazu: Dagmar Schlapeit-Beck: Frauenarbeit in der Malerei 1870-1900. Das Arbeitsbild im deutschen Naturalismus, Berlin (West) 1985 (= VAS 24 in der Elefanten Press), S. 257f., Abb. S. 258. – Franz Zelger: Kartoffelernte bei Ins, 1885, Öl/Lwd., auf Karton aufgezogen, 21 x 32,1 cm, Winterthur, Stiftung Oskar Reinhart. – Fritz von Uhde: Mädchen, Kartoffeln schälend, um 1885, Öl auf Mahagoniholz, 45,5 x 33,5 cm, Köln, Wallraf-Richartz-Museum. – Vincent van Gogh: Die Kartoffelesser, 1885, Öl/Lwd., 81,1 x 114,5 cm, Amsterdam, Rijksmuseum Vincent van Gogh. – Leopold von Kalckreuth: Kartoffelernte, Öl/Lwd., 64 x 80 cm, Weimar, Kunstsammlungen zu Weimar, vgl. Farbabb. in: Kat. Ausst. Die Weimarer Kunstschule 1860-1919. Kunsthalle am Theaterplatz 3.7. - 21.9.1980. Kunstsammlungen zu Weimar, Weimar 1980, im Tafelteil ohne Paginierung, verzeichnet als Nr. 144 im Werkverzeichnis der Gemälde.
992 Vgl. Abb. 5: Anteile der Wirtschaftsbereiche am Nettoinlandsprodukt 1850-1934 (zu Preisen von 1913), in: Aubin/Zorn (Hrsg.) 1976, s. Anm. 987, S. 213
993 Adolf Rosenberg: Die Akademische Kunstausstellung in Berlin III., in: Kunstchronik, N.F. 3. 1891/1892, Sp. 522-523, hier Sp. 522
994 Zum „sozialen König- oder Kaisertum" vgl. Helmut Scheuer: Zwischen Sozialismus und Individualismus – Zwischen Marx und Nietzsche, in: Helmut Scheuer (Hrsg.): Naturalismus. Bürgerliche Dichtung und soziales Engagement, Stuttgart/Berlin/Köln/Mainz 1974 (= Sprache und Literatur 91), S. 161f.
995 Vgl. Annemarie Lange: Berlin zur Zeit Bebels und Bismarcks. Zwischen Reichsgründung und Jahrhundertwende, Berlin DDR 1972, S. 664
996 Vgl. Max Halbe: Eisgang (1892), in: Max Halbe: Sämtliche Werke. Vierter Band, Salzburg 1945, S. 131-205, hier: Dritter Aufzug, S. 182. Der abgesetzte Lehrer Spirck will direkt an den Kaiser appellieren. Die Landarbeiter stimmen ihm zu und bringen ein Hoch auf den Kaiser aus.
997 R. S.: Akademische Kunstausstellung in Berlin, in: Christliches Kunstblatt, 34. 1892, S. 132f.
998 Vgl. Thieme/Becker, Künstlerlexikon Bd. 9, Leipzig 1913, S. 165, sowie: Richard Muther: Geschichte der Malerei im XIX. Jahrhundert. Dritter Band, München 1894, S. 425
999 Vgl. dazu noch folgende Gemälde: Max Liebermann (1847-1935): Die Kartoffelernte, 1875, Öl/Lwd. doubliert, 108,5 x 172 cm, Düsseldorf, Kunstmuseum; Max Liebermann (1847-1935): Das Tischgebet, 1886, Öl/Lwd., 136 x 176 cm, ehemals Hadersleben, Katharinenheim (auf dem Tisch der Bauernfamilie steht eine Schüssel mit Kartoffeln); Fritz Boehle (1873-1916): Kartoffelernte, 1899, Ölgemälde, Abb. in: Rudolf Schrey: Fritz Boehle. Leben und Schaffen eines deutschen Künstlers, Frankfurt am Main 1925, Nr. 56; Constantin Meunier (1831-1905): Frauen bei der Kartoffelernte, 1885, Öl/Lwd., 70,5 x 89 cm, Brüssel, Museé Constantin Meunier; Léon Frédéric (1856-1940): Die Kartoffelschälerin, 1891, Öl/Lwd., 145 x 93 cm, Brüssel, Sammlung Thys. Vgl. dazu auch: Wilhelm Völksen: Auf den Spuren der Kartoffel in Kunst und Literatur, Hildesheim o.J. (1964), S. 25-35. In Thomas Theodor Heines (1867-1948) satirischer Zeitung „Ein Märchen" (1898) mit der Bildunterschrift „Du, Vater, ist es wahr, daß es Leute gibt, die alle Tage Fleisch essen?" werden von der ausgehungerten Arbeiterfamilie Pellkartoffeln mit den Schalen verzehrt. Vgl. Lothar Lang (Hrsg.): Thomas Theodor Heine, München 1970, Abb. 31. – Vgl. auch die bereits behandelten Kartoffelerntebilder, s. Abb. Nr. 426-432.
1000 Vgl. dazu Ellen Spickernagel: Zur Beharrlichkeit von Frauenbildern. „Weibliche Lebensalter" im späten 19. Jahrhundert, in: Cordula Bischoff / Brigitte Dinger / Irene Ewinkel / Ulla Merle (Hrsg.): Frauen Kunst Geschichte. Zur Korrektur des herrschenden Blicks, Gießen 1984 (= Kunstwissenschaftliche Unternehmungen des Ulmer Vereins, Verband für Kunst- und Kulturwissenschaften herausgegeben von Michael Brix. Band XIII), S. 125-139, hier S. 129-131, Abb. S. 130/131, sowie Kat. Ausst. „München leuchtete", München 1984, s. Anm. 754, Kat.Nr. 66, S. 192 mit Abb. (Peter-Klaus Schuster), sowie Kat. Ausst. Luther und die Folgen für die Kunst, Hamburg/München 1983, s. Anm. 754, Kat. Nr. 440 (Friedrich Gross)
1001 Jean-François Millet (1814-1875): Die Ährenleserinnen, Öl/Lwd., 84 x 111 cm, Paris, Musée National du Louvre, vgl. Johannes Kalckreuth: Wesen und Werk meines Vaters. Lebensbild des Malers Graf Leopold von Kalckreuth, Hamburg 1967, S. 195
1002 Kalckreuth 1967, s. Anm. 1001, S. 198
1003 Vgl. folgende Gemälde von Max Liebermann: Die Gänserupferinnen, 1871-1872, Öl/Lwd., 118 x 172 cm, Berlin DDR, Nationalgalerie; Die Gemüseputzerinnen, 1872, Öl auf Holz, 45 x 60 cm, Winterthur, Privatbesitz; Näherin, 1875, Öl auf Holz, 60,6 x 45,5 cm, Schweinfurt, Sammlung Georg Schäfer; Arbeiter im Rübenfeld, 1874-1876, Öl/Lwd., 98,8 x 209 cm, Hannover, Niedersächsisches Landesmuseum; Die Konservenmacherinnen, 1880, Öl auf Holz, 49 x 65,3 cm, Leipzig, Museum der bildenden Künste; Holländische Klöpplerin, 1881, Öl/Lwd., 62,5 x 47,5 cm, Hamburg, Hamburger Kunsthalle; Holländische Dorfstraße, 1885, Öl/Lwd., 90 x 117 cm, Hannover, Niedersächsisches Landesmuseum; Flachsscheuer in Laren, 1887, Öl/Lwd., 135 x 232 cm, Berlin DDR, Natio-

nalgalerie; Die Netzflickerinnen, 1889, Öl/Lwd., 180,5 x 226 cm, Hamburg, Hamburger Kunsthalle
1004 Paul Schumann: Leopold Graf Kalckreuth, in: Kunst und Kunsthandwerk, 3.1900, S. 365-379, hier S. 374
1005 Richard Muther: Studien und Kritiken. Band I: 1900, Wien 1901, S. 73
1006 Gustav Pauli: Graf Leopold von Kalckreuth, in: Die Kunst, 9. 1904, S. 105-117, hier S. 111, 1. Sp.
1007 Vgl. ebd. – Eine differenzierte Sicht der historischen Epochen des „großen organischen Stils" im Sinne Paulis wird alsbald in der Antike, Gotik, dem Barock und Rokoko *antagonistische* Gestaltungsweisen feststellen. Eine „Stileinheit" bestand in diesen Epochen im Grunde kaum.
1008 Klaus Lankheit: Das Triptychon als Pathosformel, Heidelberg 1959 (= Abhandlungen der Heidelberger Akademie der Wissenschaften. Philosophisch-historische Klasse. Jahrgang 1959. 4. Abhandlung), S. 49
1009 Ebd., S. 42
1010 Ebd., S. 12
1011 Ebd., S. 13
1012 Vgl. ebd., S. 43
1013 Constantin Meunier (1831-1905): Triptychon vom Bergwerk: Die Einfahrt (La descente), Öl/Lwd., 140 x 85 cm; Der Kalvarienberg (Le calvaire), Öl/Lwd., 140 x 170 cm; Die Ausfahrt (La remonte), Öl/Lwd., 140 x 85 cm, Brüssel, Musées Royaux des Beaux-Arts de Belgique. Vgl. Lankheit 1959, s. Anm. 1008, S. 46
1014 Léon Frédéric (1856-1940): Der Kreidehändler, 1882-1883, Triptychon, Öl/Lwd., l. Flügel: 200 x 115 cm; Mittelbild: 200 x 267,5 cm; r. Flügel: 200 x 115 cm, Brüssel, Musées Royaux des Beaux-Arts de Belgique. Vgl. Lankheit 1959, s. Anm. 1008, S. 47f.
1015 Léon Frédéric (1856-1940): Die Lebensalter des Arbeiters, 1893-1897, Triptychon, Paris, Musée Jeu de Peaume. Vgl. Lankheit 1959, s. Anm. 1008, S. 48f.
1016 Richard Kabisch: Das neue Geschlecht. Ein Erziehungsbuch, Göttingen 1913, 1918[3]
1017 Abb. in: Christliches Kunstblatt, 58. 1916, S. 21 (Abb. dort als Illustration zu dem Text: „Wahrheit und Sinnbild in der religiösen Erziehung", S. 19-23, der dem in Anm. 1016 angegebenen Buch von R. Kabisch entnommen ist.)
1018 Vgl. zur Analyse dieser Ideologie: Peter Zimmermann: Der Bauernroman. Antifeudalismus – Konservativismus – Faschismus, Stuttgart 1975, Kapitel: II. Der Bauernroman in der Phase seiner agrarisch-konservativen Profilierung (1871-1918), insbesondere S. 48-60
1019 Johann Wolfgang von Goethe: Sämtliche Werke. Herausgegeben von Ernst Beutler. Band 1. Sämtliche Gedichte. Erster Teil: Die Gedichte der Ausgabe letzter Hand. Einführung und Textüberwachung von Emil Staiger, Zürich/München 1977, S. 126
1020 Paul Kühn: Maler Walther Georgi, in: Deutsche Kunst und Dekoration, 21. 1907/1908, S. 283-299, hier S. 287. – Zu Walther Georgi als Mitglied der Künstlergruppe „Scholle" in München vgl. Bernd Dürr: Die Münchener Künstlergemeinschaft „Scholle", in: Kat. Ausst. Leo Putz 1869-1940. Gedächtnisausstellung zum 40. Todestag. Eine Ausstellung des Meraner Museums in Zusammenarbeit mit der Kurverwaltung Meran und dem Rotary Club Meran, Bozen 1980, S. 23-45, insbesondere S. 38
1021 Walter Rothes: Gebhard Fugel. Eine Einführung in des Meisters Werk und Leben, München 1925, S. 44f.
1022 Vgl. Otto von Leixner: Die Moderne Kunst und die Ausstellungen der Berliner Akademie. Erster Band: Die Ausstellung von 1877, Berlin 1878, S. 53f. (Viertes Kapitel. Der Gegenkampf. Naturalisten und Trivialisten, S. 40-58)
1023 Adelbert von Chamisso: Deutsche Volkssagen. 1. Das Riesenspielzeug, in: Chamissos Werke in einem Band. Ausgewählt und eingeleitet von Peter Wersig, Berlin und Weimar 1977 (= Bibliothek Deutscher Klassiker BDK. Herausgegeben von den Nationalen Forschungs- und Gedenkstätten der klassischen deutschen Literatur in Weimar), S. 98-99, hier S. 99
1024 Dr. Ayrer: Textabschnitt über das Wandgemälde von Otto Dieterle im Konfirmandensaal in Feuerbach, in: Christliches Kunstblatt, 55. 1913, S. 278-282, hier S. 278f.
1025 Ebd., S. 279, r. Sp.
1026 Ebd., 1. Sp. f.
1027 Vgl. Adolf Rosenberg: Die große Berliner Kunstausstellung I., in: Kunstchronik, N.F. 5. 1893/1894, Sp. 393-397, hier Sp. 396
1028 Dr. Relling: Die Große Berliner Kunstausstellung 1894, III. in: Die Kunst für Alle, 9. 1893/1894, S. 312-315, hier S. 313
1029 Rosenberg 1893/1894, s. Anm. 1027, Sp. 396
1030 Wilhelm Schölermann: Die XXIV. Jahresausstellung im Wiener Künstlerhause II., in: Kunstchronik, 7. 1895/1896, Sp. 377-383, hier Sp. 377
1031 Ebd.
1032 Karin Gafert: Die Soziale Frage in Literatur und Kunst des 19. Jahrhunderts. Ästhetische Politisierung des Weberstoffes. Diss. Kronberg/Taunus 1973, S. 139
1033 Paul Weber: Kunst und Religion. Eine Frage für die Gegenwart erläutert an einem Gange durch die Geschichte der christlichen Kunst, Heilbronn 1911, S. 79f.
1034 H.T.: Münchens Kunstausstellungen 1894. Zugleich ein Rückblick auf die letzten zehn Jahre deutscher Malerei. Von einem Maler, in: Die Neue Zeit, 13. 1894/1895, 1. Bd., S. 164-170, hier S. 169. Zitiert nach: Gafert (1973), s. Anm. 1032, S. 141
1035 Johannes Merz: Die Münchener Kunstausstellungen von 1894, in: Christliches Kunstblatt, 36. 1894, S. 170
1036 Vgl. Andorfs Gespräch mit dem Sozialdemokraten Lüdicke, insbesondere S. 110-116, in: Max Kretzer: Das Gesicht Christi. Roman aus dem Ende des Jahrhunderts, Dresden/Leipzig/Wien 1897
1037 Helmut Scheuer: Zur Christus-Figur in der Literatur um 1900, in: Roger Bauer / Eckhard Heftrich / Helmut Koopmann / Wolfdietrich Rasch / Willibald Sauerländer / J. Adolf Schmoll gen. Eisenwerth: Fin de siècle. Zur Literatur und Kunst der Jahrhundertwende, Frankfurt am Main 1977 (= Studien zur Philosophie und Literatur des neunzehnten Jahrhunderts Band 35), S. 387-402, hier S. 385
1038 Kretzer 1897, s. Anm. 1036, S. 328
1039 Ebd., S. 329
1040 Ebd., S. 329
1041 Alfred Koeppen: Die moderne Malerei in Deutschland, Bielefeld und Leipzig 1902 (= Kulturgeschichte Monographien. In Verbindung mit Anderen herausgegeben von Hanns v. Zobeltitz 7), S. 40
1042 Vgl. den Kinderfries von Wilhelm Kaulbach über den Wandbildern des Neuen Museums in Berlin, vgl. Karl Frenzel: Die Wandgemälde W. von Kaulbach's im Treppenhaus des Neuen Museums zu Berlin, Berlin 1872, S. 13-15, Tafeln 860-865
1043 Gafert 1973, s. Anm. 1032, S. 135
1044 Kaiser Wilhelm II.: Die wahre Kunst, Rede zur Fertigstellung der Siegesallee-Denkmäler am 18. Dezember 1901, in: Ernst Johann (Hrsg.): Reden des Kaisers. Ansprachen, Predigten und Trinksprüche Wilhelms II., München 1977[2], S.99-103, hier S. 102
1045 Vgl. O. Baltzer: Ein christlich-soziales Kunstwerk, in: Monatsschrift für Gottesdienst und kirchliche Kunst, 1. 1896/

1897, S.236-238, hier S. 236
1046 Ebd., S. 236ff.
1047 Vgl. Karl Kupisch: Kirche und soziale Frage im 19. Jahrhundert, Zürich 1963 (= Theologische Studien. Herausgegeben von Karl Barth und Max Geiger. Heft 73), S. 20-25; Karl Kupisch: Zwischen Idealismus und Massendemokratie. Eine Geschichte der evangelischen Kirche in Deutschland 1815-1945, Berlin 1955, S. 102-106; Annemarie Lange: Berlin zur Zeit Bebels und Bismarcks. Zwischen Reichsgründung und Jahrhundertwende, Berlin DDR 1972, S. 381-385
1048 Vgl. Adolf Stoecker: Zur Begründung einer christlich-sozialen Arbeiterpartei. Rede in der Volksversammlung vom 3. Januar 1878 im Eiskeller zu Berlin, in: Adolf Stoecker: Christlich-Sozial. Reden und Aufsätze, Berlin 1890^2, S. 3-6; abgedruckt in: Hans Fenske (Hrsg.): Im Bismarckschen Reich 1871-1890, Darmstadt 1978 (= Quellen zum politischen Denken der Deutschen im 19. und 20. Jahrhundert. Freiherr vom Stein-Gedächtnisausgabe. In Verbindung mit vielen Fachgenossen herausgegeben von Rudolf Buchner und Winfried Baumgart. Band VI), S. 181-184, hier vgl. S. 182f.
1049 Franz Mehring: Geschichte der deutschen Sozialdemokratie. Zweiter Teil. Von Lassalles „Offenem Antwortschreiben" bis zum Erfurter Programm. 1863 bis 1891, Berlin DDR 1976 (= Franz Mehring. Gesammelte Schriften. Herausgegeben von Prof. Dr. Thomas Höhle, Prof. Dr. Hans Koch, Prof. Dr. Josef Schleifstein. Band 2), S. 490
1050 Bei der Arbeiterschaft hießen die Reichstagswahlen vom 30. Juli 1878 „Attentatswahlen". Bismarck hatte nach zwei Attentaten auf Kaiser Wilhelm I. eine antisozialdemokratische Hetze entfacht und die Auflösung des Reichstages sowie die Ausschreibung von Neuwahlen herbeigeführt. Der Reichskanzler hoffte auf eine Schwächung der bürgerlichen Linken und eine entscheidende Niederlage der Sozialdemokratie, jedoch war der Verlust der Sozialdemokraten nicht allzu groß. Kurze Zeit nach den Wahlen nahm der Reichstag das Sozialistengesetz an, das nach dem ersten Attentat im Mai 1878 in einer allzu flüchtigen Fassung abgelehnt worden war. Vgl. Lange 1972, s. Anm. 1047, S. 388-415 („Attentatswahlen"), hier S. 411
1051 Vgl. Kupisch 1963, s. Anm. 1047, S. 22
1052 Ebd.
1053 Vgl. Fritz Stern: Gold und Eisen. Bismarck und sein Bankier Bleichröder, Frankfurt am Main/Berlin 1978, S. 619ff.
1054 Kupisch 1963, s. Anm. 1047, S. 23
1055 Vgl. Richard Sorg: Marxismus und Protestantismus in Deutschland. Eine religionssoziologisch-sozialgeschichtliche Studie zur Marxismus-Rezeption in der evangelischen Kirche 1848-1948, Köln 1974 (= Kleine Bibliothek. Politik. Wissenschaft. Zukunft 48), S. 87
1056 Kupisch 1963, s. Anm. 1047, S. 29
1057 Vgl. zur imperialistischen Phase: Hans-Ulrich Wehler: Das Deutsche Kaiserreich 1871-1918, Göttingen 1975^2 (= Deutsche Geschichte. Herausgegeben von Joachim Leuscher. Band 9. Kleine Vandenhoeck-Reihe 1380), S. 48-59. Wehler gebraucht den Begriff des „Organisierten Kapitalismus" S. 48. Vgl. auch: Imanuel Geiss: Das Deutsche Reich und die Vorgeschichte des Ersten Weltkriegs, München/Wien 1978 (= Reihe Hanser 248), S. 28-52. Zur imperialistischen Ideologie in der Malerei vgl. in dieser Untersuchung: Kapitel „Der Neuidealismus", S. 392-423, insbesondere S. 421.
1058 Vgl. Kupisch 1963, s. Anm. 1047, S. 29, sowie Kupisch 1955, s. Anm. 1047, S. 110f. Zum christlichen Sozialismus vgl. auch: Sorg 1974, s. Anm. 1055, S. 87-88
1059 Mehring 1976, s. Anm. 1049, S. 486
1060 Max Kretzer: Die Bergpredigt. Roman, Leipzig o.J. (1920^7), S. 321
1061 Fried Lübbecke: Wilhelm Steinhausen, Bielefeld/Leipzig 1914 (= Künstler-Monographien. In Verbindung mit Andern herausgegeben von H. Knackfuß 109), S. 51f. Vgl. dazu auch: Wilhelm Reiner: Wilhelm Steinhausen der Künstler und Freund, Stuttgart 1926, S. 88-93
1062 Vgl. die Interpretation in dieser Untersuchung, S. 207-210
1063 Friedrich Naumann: Jesus als Volksmann, Göttingen 1894 (= Göttinger Arbeiterbibliothek, herausgegeben von Friedrich Naumann in Verbindung mit Paul Göhre, O. Lorenz, E.J. Lehmann, M. Wenck, Ebert, Fr. Müller, 1. Band, 1. Heft), S. 13f.
1064 Vgl. dazu: Grundlinien für ein evangelisch-soziales Programm als Anhalt für Vorträge und Diskussionen in den Evangelischen Arbeitervereinen, in: Friedrich Naumann: Jesus als Volksmann, Göttingen 1894, s. Anm. 1063, hintere Umschlagseiten des Heftes
1065 Walter Rothes: Christus. Des Heilands Leben, Leiden, Sterben und Verherrlichung in der bildenden Kunst aller Jahrhunderte, Köln 1911, S. 324
1066 Naumann 1894, s. Anm. 1063, S. 8f.
1067 Ebd., S. 9f
1068 Vgl. Richard Hoffmann: Leonhard Thoma. Zum fünfzigsten Geburtstage des Künstlers, in: Die christliche Kunst, 10. 1913/1914, S. 257-278, hier S. 268
1069 J. Adolf Schmoll gen. Eisenwerth: Naturalismus und Realismus: Versuch zur Formulierung verbindlicher Begriffe, in: Städel Jahrbuch, N.F. 5. 1975, S. 247-266
1070 Georg Schmidt: Naturalismus und Reaismus (1959), in: ders.: Umgang mit Kunst. Ausgewählte Schriften 1940-1963. Mit einem Nachwort von Professor Adolf Max Vogt, Freiburg i.Br. 1966, S. 27-36
1071 Schmoll gen. Eisenwerth 1975, s. Anm. 1069, S. 252, r. Sp.
1072 Helmut Scheuer (Hrsg.): Naturalismus. Bürgerliche Dichtung und soziales Engagement, Stuttgart/Berlin/Köln/Mainz 1974 (= Sprache und Literatur 91)
1073 Schmoll gen. Eisenwerth 1975, s. Anm. 1069, S. 252, l. Sp.
1074 Zur literaturwissenschaftlichen Diskussion des systematischen Realismusbegriffs: Richard Brinkmann (Hrsg.): Begriffsbestimmung des literarischen Realismus, Darmstadt 1974 (= Wege der Forschung Band CCXII). Zur literaturwissenschaftlichen Diskussion des historischen Realismusbegriffs: Helmut Kreuzer: Zur Theorie des deutschen Realismus zwischen Märzrevolution und Naturalismus, in: Reinhold Grimm/Jost Hermand (Hrsg.): Realismustheorien in Literatur, Malerei, Musik und Politik. Mit Beiträgen von Klaus L. Berghahn, Theodore S. Hamerow, Helmut Kreuzer, Frank Trommler, einem studentischen Autorenkollektiv, Steven Paul Scher und Jost Hermand, Stuttgart/Berlin/Köln/Mainz 1975 (= Kohlhammer Urban-Taschenbücher Reihe 80, Band 871), S. 48-67. Zur literaturwissenschaftlichen Diskussion des historischen Naturalismusbegriffs: Günther Mahal: Naturalismus, München 1975 (= Uni-Taschenbücher UTB 363). Zur neueren literaturwissenschaftlichen Diskussion des historischen Naturalismusbegriffs: Roy C. Cowen: Der Naturalismus. Kommentar zu einer Epoche, München 1977^2. Zur neueren literaturwissenschaftlichen Diskussion des historischen Realismusbegriffs: Hans-Joachim Ruckhäberle/Helmut Widhammer: Roman und Romantheorie des deutschen Realismus. Darstellung und Dokumente, Kronberg 1977 (= Athenäum Taschenbücher AT 2125) u.a. Zur neueren Diskussion des systematischen Realismusbegriffs: Stephan Kohl: Realismus. Theorie und Geschichte, München 1977 (= Uni-Taschenbücher UTB 643)
1075 Eberhard Ruhmer: Naturalismus, Impressionismus und malerische Phantasie, in: Kat. Ausst. Max Liebermann in seiner

Zeit. Eine Ausstellung der Nationalgalerie Berlin mit Unterstützung der Berliner Festspiele GmbH, der Akademie der Künste, Berlin und der Ausstellungsleitung Haus der Kunst München e.V. und unter der Mitwirkung des Kupferstichkabinetts Berlin. Nationalgalerie Berlin Staatliche Museen Preußischer Kulturbesitz 6. September - 4. November 1979. Haus der Kunst München 14. Dezember - 17. Februar 1980, Berlin (West)/München 1979, S. 55, r. Sp.

1076 Max Deri: Naturalismus, Idealismus, Expressionismus, Leipzig 1919, S. 13
1077 Ebd., S. 18
1078 Richard Hamann/Jost Hermand: Naturalismus, Berlin DDR 1959 (= Epochen Deutscher Kultur von 1870 bis zur Gegenwart Band 2); Neuausgabe (Lizenz): München 1972, 1973² (= sammlung dialog 55)
1079 Diesen historischen Naturalismusbegriff verwendet auch – fußend auf Hamann/Hermand – Dagmar Schlapeit-Beck in ihrem Buch „Frauenarbeit in der Malerei 1870-1900. Das Arbeitsbild im deutsche Naturalismus", Berlin (West) 1985 (= VSA 24 in der Elefanten Press), hier S. 10-14 (Kapitel: 2. Die Malerei des deutschen Naturalismus).
1080 Otto von Leixner: Die Moderne Kunst und die Ausstellungen der Berliner Akademie. Erster Band. Die Ausstellung von 1877, Berlin 1878, S. 41f.
1081 Vgl. Schmidt 1966, s. Anm. 1070, S. 27-36, hier S. 30-32
1082 Ebd., S. 31
1083 Ebd.
1084 Ebd.
1085 Ebd.
1086 Ebd., S. 32
1087 Der Begriff der „ikonischen" Darstellung ist aus der Zeichentheorie entlehnt. Vgl. Charles W. Morris: Ästhetik und Zeichentheorie, in: Wolfhart Henckmann (Hrsg.): Ästhetik, Darmstadt 1979 (= Wege der Forschung Band XXXI), S. 269-293, hier S. 274
1088 Vgl. Kat. Ausst. Max Liebermann in seiner Zeit, Berlin (West)/München 1979, s. Anm. 1075, S. 188
1089 Leixner 1878, s. Anm. 1080, S. 51
1090 Ebd., S. 46
1091 Otto Knille: Grübeleien eines Malers über seine Kunst, Berlin 1887, S. 142f.
1092 Conrad Fiedler: Moderner Naturalismus und künstlerische Wahrheit (1881), in: ders.: Schriften über Kunst. Mit einer Einleitung von Hans Eckstein, Köln 1977, S. 101-130, hier S. 102
1093 Ebd., S. 115f.
1094 Ebd., S. 119
1095 Ebd., S. 128f.
1096 Vgl. Conrad Fiedler: Der Ursprung der künstlerischen Tätigkeit (1887), ebd., S. 131-240
1097 Vgl. Thieme-Becker Künstlerlexikon, Bd. 15, Leipzig 1922, S. 352
1098 Vgl. Leixner 1878, s. Anm. 1080, S. 44
1099 Ebd., S. 49
1100 Reinhold Hartmann: Erneuerungsversuche der christlich-religiösen Malerei im 19. Jahrhundert, insbesondere der Bestrebungen auf naturalistischer Basis in der zweiten Jahrhunderthälfte, Diss. Tübingen 1954, S. 165
1101 Vgl. ebd., Teil B: Religiöse Malerei des 19. Jahrhunderts auf naturalistischer Grundlge, 1.-5. Kapitel, S. 35-179
1102 H.B.: Die internationale Kunst-Ausstellung zu München II., in: Kunst-Chronik, 14. 1879, Sp. 713-719, hier Sp. 718
1103 Adolf Rosenberg: Der gegenwärtige Stand der deutschen Kunst nach den Ausstellungen in Berlin und München, in: Zeitschrift für Bildende Kunst, 15. 1880, S. 41-48, hier S. 43
1104 Vgl. das Protokoll der Sitzung des bayerischen Landtages vom 15. Januar 1880 (Kultusetat, Kunstausstellungen), abgedruckt in: Erich Hancke: Max Liebermann. Sein Leben und seine Werke, Berlin 1923, S. 139-142, hier der Beitrag von Dr. Daller, S. 139f. Vgl. dazu auch: Max Liebermann: Brief an Alfred Lichtwark, Wannsee 5.6.1911, in: Else Cassirer: Künstlerbriefe aus dem neunzehnten Jahrhundert. Herausgegeben von Else Cassirer, Berlin 1923, S. 407-410, hier S. 408-409
1105 Zitiert nach Hancke 1923, s. Anm. 1104, S. 133
1106 Adolf Rosenberg: Die religiöse Malerei der Gegenwart. 1. Wereschagin und die Berliner Jubiläumsausstellung, in: Die Grenzboten, 45. 1886, S. 463-471, hier S. 466f.
1107 Vgl. Kat. Ausst. Max Liebermann in seiner Zeit, Berlin (West)/München 1979, s. Anm. 1070, vgl. Zeittafel, S. 119
1108 Vgl. ebd.
1109 Vgl. ebd., S. 402
1110 Vgl. Gerd Heinz-Mohr: Lexikon der Symbole. Bilder und Zeichen der christlichen Kunst, Düsseldorf/Köln 1976⁴, S. 101
1111 Vgl. ebd., S. 102
1112 Walther Firle (1859-1929): Vater unser, 1893. Trilogie: Dein Wille geschehe, Öl/Lwd., 95 x 155 cm, Nr. 387, vgl. S. 292; Unser täglich Brot gib uns heute, Öl/Lwd., 95 x 155 cm, Nr. 235, vgl. S. 218f.; Vergib uns unsere Schuld, Öl/Lwd., 95 x 155 cm, Nr. 382, vgl. S. 286-288, alle München, Neue Pinakothek
1113 Spektralfarbenkreis

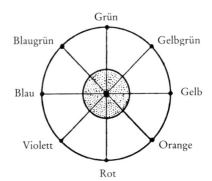

Mittelpunkt = Neutralgrau
gepunktete Zone = Grautonzone

Zur Deutung der unbunten Farben Schwarz, Braun, Grau vgl. u.a.: Johannes Pawlik: Theorie der Farbe. Eine Einführung in begriffliche Gebiete der ästhetischen Farbenlehre, Köln 1971², Kapitel XIV Die Braun- und Olivfarben. Die graubunten Farben, S. 73-78

1114 Vgl. Klaus Herding: Farbe und Weltbild. Thesen zu Courbets Malerei, in: Kat. Ausst. Courbet und Deutschland. Herausgegeben von Werner Hofmann in Verbindung mit Klaus Herding. Hamburger Kunsthalle 19. Oktober - 17. Dezember 1978. Städtische Galerie im Städelschen Kunstinstitut Frankfurt am Main 17. Januar - 18. März 1979. Hamburg 1978, S. 477-480, hier S. 480, l. Sp. Dem Aufsatz verdanke ich viele Anregungen.
1115 Gustave Courbet (1819-1877): Ein Begräbnis in Ornans, ausgestellt im Salon von 1850, Öl/Lwd., 314 x 663 cm, Paris, Musée du Louvre
1116 Eine politische Interpretation der Fleckauflösung des Impressionismus gehen vom Standpunkt einer bürgerlichen Ablehnung aus Kunstkritiker wie Boubée, Houssaye, Paul Mantz, F. Chevalier in den siebziger und achtziger Jahren des 19. Jahrhunderts, vgl. Jean Leymarie: Impressionismus. Biographisch-kritische Studie. Zweiter Band. Übersetzt von Karl Georg Hemmerich, Genf 1955, S. 106

1117 Leixner 1878, s. Anm. 1080, S. 53f.
1118 Ebd.
1119 Ebd., S. 51f.
1120 Vgl. Exkurs zur Opposition gegen die traditionelle Bildkunst und zur Hellmalerei-Debatte, in dieser Untersuchung S. 146-161
1121 Vgl. Gustav Seeber: Zwischen Bebel und Bismarck. Zur Geschichte des Linksliberalismus in Deutschland 1871-1893, Berlin DDR 1965
1122 Die Schönheitstrias Raffael, Correggio, Tizian geht auf Anton Raphael Mengs zurück, vgl.: Anton Raphael Mengs: Gedanken über die Schönheit und über den Geschmack in der Mahlerey, in: M.C.F. Prange (Hrsg.): Des Ritters Anton Raphael Mengs, ersten Mahlers Karl III. Königs in Spanien hinterlaßne Werke zweiter Band, Halle 1786, S. 13-98
1123 Leixner 1878, s. Anm. 1080, S. 52
1124 Adolf Rosenberg: Die religiöse Malerei der Gegenwart. 2. Munkacsy und Uhde. Naturalismus und Stil, in: Die Grenzboten, 45. 1886, S. 559-566, hier S. 563
1125 Wilhelm Lübke: Neueste Kunst. Betrachtungen auf der Münchener Jubiläums-Ausstellung von 1888, in: ders.: Altes und Neues. Studien und Kritiken, Breslau 1891, S. 408-432, hier S. 416
1126 Wilhelm Lübke: Geschichte der Deutschen Kunst von den frühesten Zeiten bis zur Gegenwart, Stuttgart 1890, S. 943
1127 Vgl. in dieser Untersuchung S. 216
1128 Zitiert nach: Karin Gafert: Die soziale Frage in Literatur und Kunst des 19. Jahrhunderts. Ästhetische Politisierung des Weberstoffes, Kronberg/Taunus 1973, S. 141
1129 Vgl. Herman Helferich (Emil Heilbut): Studie über den Naturalismus und Max Liebermann, in: Die Kunst für Alle, 2. 1886/1887, Teil I S. 209-214, S. 225-229, Teil II in: Die Kunst für Alle, 12. 1896/1897, S. 225-228, hier: Teil I, S. 209, r. Sp., 210f., 212
1130 Ebd., Teil I, S. 226, l. Sp.
1131 Ebd., Teil I, S. 226, r. Sp.
1132 Helmut Scheuer: Der deutsche Naturalismus, in: Helmut Kreuzer (Hrsg.): Jahrhundertende – Jahrhundertwende (I. Teil), Wiesbaden 1976 (= Neues Handbuch der Literaturwissenschaft herausgegeben von Klaus von See. Bd. 18), S. 153-188, hier S. 153
1133 Vgl. Günther Mahal: Naturalismus, München 1975 (= Uni-Taschenbücher UTB 363), S. 81
1134 Buchtitel: Max Nordau: Die konventionellen Lügen der Kulturmenschheit, Leipzig 1884. Die Naturalisten bewunderten dieses Buch, vgl. Helmut Scheuer 1976, s. Anm. 1132, S. 157
1135 Vgl. Kapitel II, 4.3. Zur nationalliterarischen Tradition, in: Mahal 1975, s. Anm. 1133, S. 81-91
1136 Arno Holz: Die Kunst. Ihr Wesen und ihre Gesetze, in: Theo Meyer (Hrsg.): Theorie des Naturalismus, Stuttgart 1973 (= Reclam Universal-Bibliothek Nr. 9475-78), S. 168-174, hier S. 171
1137 Ebd., S. 174
1138 Otto Julius Bierbaum: Fritz von Uhde, München 1893, vgl. S. 8f.
1139 Vgl. Mahal 1975, s. Amm. 1133, Kapitel II. 4.2. Ausländische Vorbilder, S. 58-81, hier S. 58ff., S. 62-67
1140 Conrad Fiedler: Moderner Naturalismus und künstlerische Wahrheit (1881), in: ders.: Schriften über Kunst. Mit einer Einleitung von Hans Eckstein, Köln 1977 (= dumont kunsttaschenbücher 50), S. 101-130, hier S. 103
1141 Vgl. Mahal 1975, s. Amm. 1133, Kapitel II. 4.1. Theorie, S. 42-58, hier S. 46
1142 Ebd., S. 48
1143 Vgl. Otto Brahm: Bairische Kammer und Naturalismus, in: Freie Bühne, 1. 1890, S. 295-299
1144 Vgl. Max Friedländer: Zola und die Hellmalerei, in: Die Gesellschaft, 4. 1888, 1. Bd., S. 227-232
1145 Conrad Alberti: Natur und Kunst. Beiträge zur Untersuchung ihres gegenseitige Verhältnisses, in: Theo Meyer (Hrsg.): Theorie des Naturalismus, Stuttgart 1973 (= Reclam Universal-Bibliothek 9475-78), S. 152-166, hier S. 164
1146 Zitiert nach: Horst Claus: Studien zur Geschichte des deutschen Frühnaturalismus. Die deutsche Literatur von 1880-1890. Diss. Greifswald 1933, S. 35
1147 Vgl. Kapitel „Schmutz und Schlamm", in: Klaus-Michael Bogdal: „Schaurige Bilder". Der Arbeiter im Blick des Bürgers am Beispiel des Naturalismus, Frankfurt/Main 1978, S. 85-116
1148 Franz Mehring: Der heutige Naturalismus (Januar 1893), in: ders.: Aufsätze zur deutschen Literatur von Hebbel bis Schweichel, Berlin DDR 1976 (= Franz Mehring. Gesammelte Schriften. Herausgegeben von Prof.Dr. Thomas Höhle, Prof.Dr. Hans Koch, Prof.Dr. Josef Schleifstein Band 11), S. 127-129, hier S. 127
1149 Vgl. Franz Mehring: Ästhetische Streifzüge (1898). X (Naturalismus und proletarischer Klassenkampf), in: s. Anm. 1148, S. 214-219, hier S. 217
1150 Für die Entwicklung der französischen Malerei datiert Gabriel P. Weisberg das Aufkommen des Realismus im 19. Jahrhundert in die Zeit nach der Juli-Revolution von 1830, vgl. Gabriel P. Weisberg: The Realist Tradition. French Painting and Drawing 1830-1900. Published by The Cleveland Museum of Art in cooperation with Indiana University Press, Cleveland, Ohio, 1980, S. 1f. – Der Umbruch von der Romantik zum Realismus ist in der französischen Malerei im Frühwerk von Gustave Courbet der Jahre 1839 bis zur Revolution von 1848/1849 paradigmatisch faßbar.
1151 Hermann Uhde-Bernays: Die Münchner Malerei im neunzehnten Jahrhundert. II. Teil 1850-1900, München o.J. (1927), vgl. S. 142. Der Autor fußt auf Friedrich Pechts „Deutsche Künstler des 19. Jahrhunderts. Studien und Erinnerungen", 4 Bde., Nördlingen 1877-1881
1152 Richard Muther: Geschichte der Malerei im XIX. Jahrhundert. Erster Band, München 1893, S. 399. Vgl. dazu auch S. 184. – Ebenfalls vgl. Friedrich Pecht: XXVII. Carl v. Piloty, in: Friedrich Pecht: Deutsche Künstler des neunzehnten Jahrhunderts. Studien und Erinnerungen. Dritte Reihe, Nördlingen 1881, S. 202ff. (über die Entwicklung des Realismus), sowie S. 209 (über die Wirkung der „Abdankung Karls V." von Gallait)
1153 Vgl. Margret Kampfmeyer: Peinture Nationale. Die belgische Historienmalerei von 1830 bis 1850, in: Kat.Auss. Arbeit und Alltag. Soziale Wirklichkeit in der Belgischen Kunst 1830-1914. Neue Gesellschaft für Bildende Kunst. Berlin, September 1979, Berlin (West) 1979², S. 178-190, hier Anm. 49, S. 191f. Vgl. auch: Ingrid Jenderko-Sichelschmidt: Die profane Historienmalerei 1826-1860, in: Kat. Ausst. Die Düsseldorfer Malerschule. Kunstmuseum Düsseldorf 13. Mai - 8. Juli 1979. Mathildenhöhe Darmstadt 22. Juli - 9. September 1979, S. 98-111, hier S. 103-105
1154 Muther 1983, s. Anm. 1152, S. 399, 400
1155 Ebd., S. 400
1156 Wolfgang Müller von Königswinter: Düsseldorfer Künstler aus den letzten fünfundzwanzig Jahren. Kunstgeschichtliche Briefe, Leipzig 1854, S. 89
1157 Carl Lemcke: Populäre Ästhetik. Vierte vermehrte und verbesserte Auflage, Leipzig 1873, S. 25
1158 Vgl. Kapitel: XV. Der coloristische Umschwung in Deutschland, in: Muther 1893, s. Anm. 1152, S. 401-446

1159 Vgl. in dieser Untersuchung S. 73f., 93, 118f.
1160 Müller von Königswinter 1854, s. Anm. 1156, S. 89f.
1161 Vgl. in dieser Untersuchung S. 92, 98-100
1162 Vgl. Müller von Königswinter 1854, s. Anm. 1156, S. 89f.
1163 Vgl. ebd., S. 137-139
1164 Vgl. Kat. Ausst. Die Düsseldorfer Malerschule, Düsseldorf 1979, s. Anm. 1153, S. 399
1165 Vgl. in dieser Untersuchung S. 90, 93, 95
1166 Wie bereits im Kapitel über Luther- und Reformationsdarstellungen erwähnt, sah Friedrich Haack in seinem Buch „Die Kunst des XIX. Jahrhunderts" (1909³) die „idealistisch-klassizistisch-romantische" Kunstrichtung von einer „realistisch-koloristisch-renaissancistischen" abgelöst. Vgl. das betreffende Zitat in dieser Untersuchung S. 122. Der „Renaissancismus" dauerte nach Haack bis zum Anbruch der „Moderne", die der Kunsthistoriker in Deutschland etwa mit dem Beginn des Zweiten Deutschen Kaiserreiches anbrechen läßt, mit Marées, Böcklin, Thoma, Leibl, Trübner, Slevogt, Corinth, Klinger usw. Vgl. Friedrich Haack: Die Kunst des XIX. Jahrhunderts. Dritte stark vermehrte und verbesserte Auflage, Esslingen 1909 (= Grundriss der Kunstgeschichte von Wilhelm Lübke. Vierzehnte Auflage V.), Drittes Kapitel: Renaissancismus, S. 195-314, Viertes Kapitel: Die Moderne, S. 315-474
1167 Vgl. Müller von Königswinter 1984, s. Anm. 1156, S. 87 (Das „Princip" der Düsseldorfer Schule ist ein „wesentlich naturalistisches".)
1168 Vgl. Robert Scholz: Volk. Nation. Geschichte. Deutsche historische Kunst im 19. Jahrhundert, Rosenheim o.J. (1981), S. 20-21
1169 Vgl. ebd., S. 21
1170 Vgl. Ulrich Schulte Wülwer: Das Nibelungenlied in der deutschen Kunst des 19. und 20. Jahrhunderts, Gießen 1980, S. 90-98
1171 Vgl. Herbert von Einem: Deutsche Malerei des Klassizismus und der Romantik 1760 bis 1840, München 1978, S. 139-149
1172 Vgl. in dieser Untersuchung S. 98-100
1173 Vgl. Kapitel: „Das socialistische Tendenzbild", in: Richard Muther: Geschichte der Malerei im XIX. Jahrhundert. Zweiter Band, München 1893, S. 186-211
1174 Karl Raupp: Katechismus der Malerei. Dritte, vermehrte und verbesserte Auflage, Leipzig 1898, S. 157
1175 Ebd., S. 158
1176 Vgl. Thieme-Becker Künstlerlexikon Bd. 13, Leipzig 1920, S. 417
1177 Vgl. ebd.
1178 Vgl. Adolf Rosenberg: Geschichte der Modernen Kunst. Dritter Band. Die deutsche Kunst. Zweiter Abschnitt 1849-1889, Leipzig 1889, S. 172
1179 Vgl. dazu: ebd., S. 118
1180 Vgl. in dieser Untersuchung S. 142f.
1181 Adolf Rosenberg: E. von Gebhardt, Bielefeld/Leipzig 1899 (= Künstler-Monographien. In Verbindung mit Andern herausgegeben von H. Knackfuß XXXVIII), S. 16, r. Sp.
1182 Richard Muther: Geschichte der Malerei im XIX. Jahrhundert. Dritter Band, München 1894, S. 635
1183 Vgl. Rosenberg 1889, s. Anm. 1178, S. 236, sowie Friedrich Pecht: Paul Thumann, in: Die Kunst für Alle, 6. 1890/1891, S. 289-292
1184 Vgl. Harry Nündel: Käthe Kollwitz. Blätter über den Bauernkrieg, Leipzig 1975
1185 Vgl. Klaus Herding (Hrsg.): Realismus als Widerspruch. Die Wirklichkeit in Courbets Malerei, Frankfurt/Main 1978
1186 Vgl. in dieser Untersuchung S. 342
1187 J. Adolf Schmoll gen. Eisenwerth: Naturalismus und Realismus: Versuch zur Formulierung verbindlicher Begriffe, in: Städel-Jahrbuch, N.F. 5. 1975, S. 247-266, hier S. 253, l. Sp.
1188 Ebd., S. 263, r. Sp., 264, l. Sp.
1189 Vgl. Georg Lukács: Tendenz oder Parteilichkeit? (1932), in: Peter Stein (Hrsg.): Theorie der Politischen Dichtung. Neunzehn Aufsätze, München 1973 (= ntw nymphenburger texte zur wissenschaft modelluniversität 13), S. 226-239
1190 Schmoll gen. Eisenwerth 1975, s. Anm. 1187, S. 258, r. Sp.
1191 Vgl. in dieser Untersuchung S. 96f.
1192 Klaus Herding kritisierte die „undialektische Sicht" eines Gegensatzes von Realismus als „kritische Schilderung der sozialen Wirklichkeit (Auswahl von Inhalten)" und Naturalismus als „quasi wertneutraler Naturwiedergabe (Darstellungsart)". Vgl. Klaus Herding: Realismus – Eine Frage des Ziels, in: Kat. Ausst. Als guter Realist muß ich alles erfinden. Internationaler Realismus heute. Kunstverein und Kunsthaus Hamburg 4. Nov. 1978 bis 7. Jan. 1979, Hamburg 1978, S. 21f. (Anm. 2). Herdings Kritik ist insofern nicht ganz korrekt, als Schmoll gen. Eisenwerth zugesteht, daß der „Realismus" auch naturalistische Methoden anwenden kann. Vgl. in dieser Untersuchung S. 370
1193 Vgl. Schmoll gen. Eisenwerth 1975, s. Anm. 1187, S. 258, r. Sp.
1194 Zum Realismusbegriff von Thomas Metscher vgl. ders.: Ästhetik als Abbildtheorie. Erkenntnistheoretische Grundlagen materialistischer Kunsttheorie und das Realismusproblem in den Literaturwissenschaften, in: ders.: Kunst und sozialer Prozeß. Studien zu einer Theorie der ästhetischen Erkenntnis, Köln 1977, S. 150-220. Über den Begriff der „Parteilichkeit" vgl. Thomas Metscher: Ästhetishe Erkenntnis und realistische Kunst, in: ders.: Kunst und sozialer Prozeß. Studien zu einer Theorie der ästhetischen Erkenntnis, Köln 1977, S. 221-257, hier S. 235-236
1195 Vgl. Thomas Metscher: Ästhetik als Abbildtheorie. Erkenntnistheoretische Grundlagen materialistischer Kunsttheorie und das Realismusproblem in den Literaturwissenschaften, in: s. Anm. 1194, S. 213 (zum Begriff der mimetischen Affirmation vgl. ebd., S. 211-213)
1196 Paul Heyse: Kinder der Welt. Roman, Stuttgart/Berlin-Grunewald o.J. (1924), erschienen in: Paul Heyse: Gesammelte Werke. Erste Reihe. Band I, S. 53
1197 Vgl. Ludwig Pietsch: Die Malerei auf der Münchener Jubiläums-Kunst-Ausstellung 1888. Photogravüre-Ausgabe mit begleitendem Text, München 1888
1198 Cornelius Gurlitt: Die deutsche Kunst des Neunzehnten Jahrhunderts. Ihre Ziele und Thaten, Berlin 1899, S. 378
1199 Vgl. Dietrich Bieber: Peter Janssen als Historienmaler. Zur Düsseldorfer Malerei des späten 19. Jahrhunderts. Teil 1. Text, Bonn 1979, S. 23-50
1200 Vgl. Wilhelm Rein: Hermann Wislicenus. Ein Künstlerleben aus der Gegenwart, in: Preußische Jahrbücher, 44. 1879, S. 246-267, hier s. 262-267; Eduard Daelen: Unsere Bilder, in: Die Kunst für Alle, 4. 1888/1889, S. 265-267, Abbildungen: Tafel nach S. 264, Abb. S. 266, 267; Monika Arndt: Die Goslarer Kaiserpfalz als Nationaldenkmal – Eine ikonographische Untersuchung, Hildesheim 1976
1201 Vgl. Adolf Rosenberg: A. von Werner, Bielefeld/Leipzig 1895 (= Künstler-Monographien. In Verbindung mit Andern herausgegeben von H. Knackfuß IX), S. 106, l. Sp., sowie S. 110, r. Sp. - 112, r. Sp. sowie: Scholz 1981, s. Anm. 1168, Abb. S. 141
1202 Zur zeitgenössischen kunstkritischen und theoretisch-ästhetischen Diskussion der Gestaltungsweisen der traditionellen Bildkunst (der des illusionistischen Verismus und „Akademismus") vgl.: Exkurs zur Opposition gegen den illusionistischen Verismus und „Akademismus" (Hellmalerei-Debatte), in dieser Untersuchung S. 146-161

1203 Vgl. dazu: Kat. Ausst. Ludwig Knaus 1829-1910. Museum Wiesbaden 21. Oktober - 30. Dezember 1979, Staatliche Kunstsammlungen Kassel 19. Januar - 16. März 1980. Kunstmuseum Düsseldorf 30. März - 11. Mai 1980, Hanau 1979, S. 168, Text zu Kat. Nr. 95
1204 Thomas Metscher: Ästhetik als Abbildtheorie, in: s. Anm. 1194, S. 211f.
1205 Vgl. in dieser Untersuchung S. 278-282
1206 Thomas Metscher: Ästhetik als Abbildtheorie, s. Anm. 1194, S. 215
1207 Otto von Leixner: Die Moderne Kunst und die Ausstellungen der Berliner Akademie. Erster Band. Die Ausstellung von 1877, Berlin 1878, S. 19f.
1208 Ebd., S. 20
1209 Vgl. Carl Lemcke: Populäre Ästhetik, Leipzig 1873[4], S. 25
1210 Vgl. ebd., S. 273. Vgl. auch. S. 152 in dieser Untersuchung
1211 Vgl. Martin Pfannschmidt: D. Carl Gottfried Pfannschmidt. Ein Deutsches Künstlerleben, Stuttgart 1896, S. 347
1212 Vgl. Herman Riegel: Die bildenden Kuenste. Kurzgefaßte allgemeine Kunstlehre in ästhetischer, künstlerischer, kunstgeschichtlicher und technischer Hinsicht, Frankfurt am Main 1895[4], S. 346f. Vgl. auch in dieser Untersuchung S. 150
1213 Paul Keppler: Gedanken über die moderne Malerei I., in: Zeitschrift für christliche Kunst, 5. 1892, Sp. 177-188, hier Sp. 187
1214 Ebd., Sp. 185
1215 Paul Keppler: Gedanken über die moderne Malerei II., in: Zeitschrift für christliche Kunst, 5. 1892, Sp. 209-220, hier Sp. 209f.
1216 Vgl. Keppler 1892 I., S. Anm. 1213, Sp. 188
1217 Vgl. Paul Keppler: Gedanken über die moderne Malerei III., in: Zeitschrift für christliche Kunst, 5. 1892, Sp. 241-252, hier Sp. 243. Zur Uhde-Kritik vgl. Sp,. 244-245, zur Gebhardt-Kritik Sp. 246
1218 Ebd., Sp. 241
1219 Verfasser „Opitz": Sätze über Kunst und christliche Kunst im besonderen, in: Christliches Kunstblatt, 33. 1891, S. 33-38, hier S. 33f.
1220 Keppler 1892, s. Anm. 1215, Sp. 210f.
1221 C.C.: Neue Erwerbungen der Dresdener Gemäldegalerie, in: Kunstchronik, 17. 1882, Sp. 379-381, hier Sp. 381
1222 Vgl. Rosenberg 1889, s. Anm. 1178, S. 320
1223 Martin Pfannschmidt: D. Carl Gottfried Pfannschmidt. Ein deutsches Künstlerleben, Stuttgart 1896, S. 346
1224 Vgl. ebd., S. 347; vgl. auch: Heinrich Brauer: Carl Gottfried Pfannschmidt 1819-1887, in: Sitzungsberichte. Kunstgeschichtliche Gesellschaft zu Berlin, N.F. 23. 1974/1975, S. 13-15, hier S. 15
1225 Carl Meyer: Die Darstellung des Heiligen in der Kunst, in: Preußische Jahrbücher, 65. 1890, S. 361-390, hier vgl. S. 364-373
1226 Carus Sterne: Natur und Kunst. Studien zur Entwicklungsgeschichte der Kunst, Berlin 1891, vgl. Kapitel: 22. Fabelwesen, S. 320-340; 25. Der Heiligenschein, S. 359-372; 26. Die Entwicklungsgeschichte der Engelsgestalt, S. 372-395
1227 Deri 1919, s. Anm. 1076, S. 19
1228 Ebd., S. 45
1229 Keppler 1892, s. Anm. 1217, Sp. 241-252, hier Sp. 243
1230 Deri 1919, s. Anm. 1076, ebd.
1231 Lemcke 1873[4], s. Anm. 1209, S. 25
1232 Leixner 1878, s. Anm. 1207, S. 21
1233 Otto von Leixner: Die Moderne Kunst und die Ausstellungen der Berlin Akademie. Zweiter Band. Die Ausstellung von 1878, Berlin 1879, S. 84f.
1234 Keppler 1892, s. Anm. 1215, Sp. 209-220, hier Sp. 210
1235 Ebd., Sp. 212
1236 Vgl. in dieser Untersuchung S. 201
1237 Vgl. Jörg Traeger: Philipp Otto Runge und sein Werk. Monographie und kritischer Katalog, München 1975; Kat. Ausst. Runge in seiner Zeit. Herausgegeben von Werner Hofmann. Hamburger Kunsthalle 21. Oktober 1977 bis 8. Januar 1978, München 1977; Peter Betthausen: Philipp Otto Runge, Leipzig 1980 usw.
1238 Philipp Otto Runge: Hinterlassene Schriften. Herausgegeben von dessen ältestem Bruder. Erster Teil. Mit 7 Bildern. Faksimiledruck nach der Ausgabe von 1840-1841, Göttingen 1965, S. 6; vgl. auch: Walther Scheidig: Goethes Preisaufgaben für bildende Künstler 1799-1805, Weimar 1958 (= Schriften der Goethe-Gesellschaft 57. Band), S. 243
1239 Vgl. dazu auch das interessante Werk: Wilhelm Walther: Die Moderne Kunst. Zeit- und Streitlieder wider die Moderne, Wien 1899. Walther führt gegen den „Naturalismus", den „Kult der Häßlichkeit" und die „erotische Depravation der Moderne" die „Schönheit", die „Klassik Goethes" und die „Gottesfurcht" des Volkes ins Treffen.
1240 Vgl. in dieser Untersuchung S. 161-174. – Vgl. zu Klingers „Christus im Olymp": Gerhard Winkler: Max Klinger, Gütersloh (Leipzig) 1984, S. 274-282, sowie Renate Hartleb: Max Klinger. Mit siebzehn farbigen Tafeln und vierundfünfzig einfarbigen Abbildungen, Berlin DDR 1985 (= Welt der Kunst), Nr. 13 mit Abb.
1241 Leixner 1879, s. Anm. 1233, S. 86
1242 Leixner 1878, s. Anm. 1207, S. 85f.
1243 Vgl. Hanns-Conon von der Gabelentz: Der Naturalismus. Seine Deutung und Bedeutung in der Malerei des 19. Jahrhunderts, Altenburg 1966 (= Veröffentlichungen des Lindenau-Museums Altenburg), S. 26f., S. 81f. usw.
1244 Herman Helferich (Emil Heilbut): Etwas über Neu-Idealisten, in: Die Kunst für Alle, 7. 1891/1892, S. 70-72, S. 85-87, hier S. 72
1245 Ebd., S. 86, r. Sp.
1246 Ebd., S. 86, l. Sp.
1247 Richard Muther: Geschichte der Malerei im XIX. Jahrhundert. Dritter Band, München 1894, S. 444
1248 Vgl. Robert L. Delevoy: Symbolists and Symbolism, Genf 1978, S. 90
1249 Muther 1894, s. Anm. 1247, S. 447
1250 Vgl. ebd., S. 447f.
1251 Ebd., S. 448
1252 Ebd., S. 449
1253 Johannes Merz: Das Problem der modernen religiösen Kunst, mit besonderer Rücksicht auf die Malerei. (Max Klinger, v. Gebhardt, v. Uhde), in: Christliches Kunstblatt, 38. 1896, vgl. S. 25
1254 Carl Neumann: Die gegenwärtige Lage, in: ders.: Der Kampf um die Neue Kunst, Berlin 1896, S. 123-139, hier S. 125f.
1255 Berthold Daun: Die Kunst des 19. Jahrhunderts und der Gegenwart. Ein Grundriß der modernen Plastik und Malerei, Berlin 1909, S. 717
1256 Richard Hamann: Die deutsche Malerei im 19. Jahrhundert, Leipzig/Berlin 1914, S. 326
1257 Muther 1894, s. Anm. 1247, S. 453f.
1258 Ebd., S. 456
1259 Paul Keppler: Gedanken über die moderne Malerei. Dritte Folge. II., in: Zeitschrift für christliche Kunst, 10. 1897, Sp. 299-318, hier Sp. 310
1260 Muther 1894, s. Anm. 1247, S. 454f.
1261 Vgl. ebd., S. 448
1262 Josef Engelhart: Ein Wiener Maler erzählt. Mein Leben und meine Modelle, Wien 1943, S. 88f.

1263 Ebd., S. 88
1264 Vgl. in dieser Untersuchung S. 253-270
1265 Keppler 1892, s. Anm. 1217, Sp. 241-252, hier Sp. 244f.
1266 R.S.: Die religiöse Malerei in der Berliner akademischen Ausstellung 1889, in: Christliches Kunstblatt, 32. 1890, S. 20-24, hier S. 22
1267 Vgl. Verfasser „Opitz": Modernste Malerei. I. Die heilige Nacht von Fritz von Uhde. II. Drei Fragen an die modernsten unter den Modernen, in: Christliches Kunstblatt, 35. 1893, S. 113-118, hier S. 114
1268 Vgl. ebd., S. 115-118; vgl. auch: Die religiöse Kunst in der „internationalen" Kunstausstellung in Stuttgart, in: Christliches Kunstblatt, 33. 1891, S. 65-70, zu Uhdes „Heiliger Nacht" S. 69f. (zur zweiten Fassung des Gemäldes)
1269 Vgl. Otto Julius Bierbaum: Fritz von Uhde, München 1893, S. 56, S. 62
1270 Franz Hermann Meissner: Fritz von Uhde, Berlin und Leipzig 1900 (= Das Künstlerbuch. Eine kleine ausgewählte Reihe von Künstlermonographien von Franz Hermann Meissner. Band V), S. 74
1271 Fritz von Ostini: Uhde, Bielefeld/Leipzig 1902 (= Künstler-Monographien. In Verbindung mit Andern herausgegeben von H. Knackfuß. LXI), vgl. S. 60f.
1272 Helmut Scheuer: Zwischen Sozialismus und Individualismus – Zwischen Marx und Nietzsche, in: Helmut Scheuer (Hrsg.): Naturalismus. Bürgerliche Dichtung und soziales Engagement, Stuttgart/Berlin/Köln/Mainz 1974 (= Sprache und Literatur 91), S. 150-174, hier S. 156
1273 Vgl. ebd., S. 159
1274 Vgl. Herbert Scherer: Bürgerlich-oppositionelle Literaten und sozialdemokratische Arbeiterbewegung nach 1890. Die 'Friedrichshagener' und ihr Einfluß auf die sozialdemokratische Kulturpolitik, Stuttgart 1974
1275 Vgl. Janos Frecot/Johann Friedrich Geist/Diethart Kerbs: Fidus 1868-1948. Zur ästhetischen Praxis bürgerlicher Fluchtbewegungen, München 1972, S. 93
1276 Onno Frels: Zum Verhältnis von Wirklichkeit und künstlerischer Form bei Arno Holz, in: Christa Bürger/Peter Bürger/Jochen Schulte-Sasse (Hrsg.): Naturalismus / Ästhetizismus. Beiträge von Peter Bürger, Hans Sanders, Onno Frels, Lothar Paul, Wilfried Grauert, Gerhard Goebel, Inge Degenhardt, Gert Sautermeister, Andreas Huyssen, Frankfurt am Main 1979 (= edition suhrkamp 992), S. 103-138, hier S. 104f.
1277 Vgl. in dieser Untersuchung S. 355
1278 Arno Holz: Die Kunst. Ihr Wesen und ihre Gesetze (Berlin 1891), in: Theo Meyer (Hrsg.): Theorie des Naturalismus, Stuttgart 1974 (= Reclams Universal-Bibliothek 9475-78), S. 168-174 (Auszüge), hier S. 174
1279 Frels 1979, s. Anm. 1276, S. 115
1280 Vgl. ebd., S. 123
1281 Paul Keppler: Gedanken über die moderne Malerei. Neue Folge. II., in: Zeitschrift für christliche Kunst, 8. 1895, Sp. 81-94, hier Sp. 86
1282 Otto Julius Bierbaum: Fritz von Uhde, in: Die Gesellschaft, 9. 1893, Bd. 1, S. 67-76, hier S. 67
1283 Joris-Karl Huysmans: Gegen den Strich. Roman. Aus dem Französischen übersetzt von Hans Jacob. Mit einer Einführung von Robert Baldick und einem Essay von Paul Valéry, Zürich 1965, S. 29f. (aus: „Vorwort. Zwanzig Jahre nach dem Roman geschrieben")
1284 Vgl. ebd., S. 44f.
1285 Vgl. dazu auch: Philippe Jullian: Der Symbolismus, Köln 1974, S. 29
1286 Else Cassirer (Hrsg.): Künstlerbriefe aus dem neunzehnten Jahrhundert, Berlin 1923, Brief an Woldemar von Seidlitz, Berlin d. 1./4. 94., S. 401
1287 Zitiert nach: Josef Theisen: Geschichte der französischen Literatur, Stuttgart/Berlin/Köln/Mainz 1974[4] (= Sprache und Literatur 11), S. 244
1288 Max Liebermann: Siebzig Briefe. Herausgegeben von Franz Landsberger, Berlin 1937, Brief an Franz Servaes, Berlin 14.10.1900, S. 28
1289 Rudolf Palgen: Die Weltanschauung Henri Bergsons, Breslau 1929, S. 12ff.
1290 Zitiert nach: Palgen 1929, s. Anm. 1289, S. 16
1291 Hermann Bahr: Die Überwindung des Naturalismus, in: Hermann Bahr: Zur Überwindung des Naturalismus. Theoretische Schriften 1887-1904. Ausgewählt, eingeleitet und erläutert von Gotthart Wunberg, Stuttgart/Berlin/Köln/Mainz 1968 (= Sprache und Literatur 46), S. 85-89, hier S. 88f.
1292 Hermann Bahr: Maurice Maeterlinck, in: s. Anm. 1291, S. 96-102, hier S. 100
1293 Hermann Bahr: Die Überwindung des Naturalismus, s. Anm. 1291, S. 89
1294 Maurice Maeterlinck: Der Schatz der Armen. In die deutsche Sprache übertragen durch Friedrich von Oppeln-Bronikowski, Florenz/Leipzig 1898, Neudruck: Düsseldorf/Köln 1965, S. 51
1295 Vgl. ebd., S. 51
1296 Ebd., S. 17
1297 Henri Bergson: „Geistererscheinungen" und „Psychische Forschung". Vortrag in der „Gesellschaft für psychische Forschung" zu London am 28. Mai 1913, in: Hans Bender (Hrsg.): Parapsychologie. Entwicklung, Ergebnisse, Probleme, Darmstadt 1966 (= Wege der Forschung IV), S. 61-81, hier S. 73
1298 Udo Köster: Die Überwindung des Naturalismus. Begriffe, Theorien und Interpretationen zur deutschen Literatur um 1900, Hollfeld 1979 (= Analysen und Reflexionen. Band 35), S. 50
1299 Vgl. in dieser Untersuchung S. 257f.
1300 Huysmans 1965, s. Anm. 1283, S. 143f.
1301 Vgl. ebd., S. 194-196 (Goya, Rembrandt), S. 130-143 (Moreau, Bresdin, Redon)
1302 Zum neuidealistischen Historismus vgl. in dieser Untersuchung S. 404
1303 Vgl. dazu: Ralph-Rainer Wuthenow: Zur Theorie des Ästhetizismus, in: ders.: Muse, Maske, Meduse. Europäischer Ästhetiszisus, Frankfurt am Main 1978 (= edition suhrkamp 897), S. 103-130 (Kapitel III)
1304 Huysmans 1965, s. Anm. 1283, S. 365f.
1305 Ebd., S. 366
1306 Ebd., S. 367
1307 Vgl. dazu: Köster 1979, s. Anm. 1298, S. 54-57
1308 Vgl. dazu: Eckhard Heftrich: Was heißt l'art pour l'art, in: Roger Bauer / Eckhard Heftrich / Helmut Koopmann / Wolfdietrich Rasch / Willibald Sauerländer / J. Adolf Schmoll gen. Eisenwerth: Fin de siècle. Zur Literatur und Kunst der Jahrhundertwende, Frankfurt am Main 1977 (= Studien zur Philosophie und Literatur des neunzehnten Jahrhunderts. Band 35), S. 16-29, hier S. 17
1309 Zu den Kategorien der Negation und Antizipation vgl. in dieser Untersuchung S. 378f.
1310 Vgl. Richard Hamann / Jost Hermand: Neuro-Mantische Stimmungskunst, in: Impressionismus. Epochen deutscher Kultur von 1870 bis zur Gegenwart. Band 3, München 1974[2] (= sammlung dialog 56), S. 308-332; vgl. auch: Richard Hamann / Jost Hermand: Stimmungslyrismus, in: Richard Hamann / Jost Hermand: Stilkunst um 1900. Epochen deutscher Kultur von 1870 bis zur Gegenwart. Band 4, München 1973

(= sammlung dialog 52), S. 275-288
1311 Köster 1979, s. Anm. 1298, S. 76 (Kapitel IV. Neuromantik, S. 72-76)
1312 Zur Genien- und Kinderdarstellung Runges vgl.: Autorenkollektiv: Philipp Otto Runge. Historisch-kritische Analysen zu seinem Werk, Lahn-Gießen 1978, Teil III Interpretation. Werke und Hinterlassene Schriften, S. 10-50
1313 Als weitere, nicht im folgenden Text behandelte Paradiesdarstellungen der Kaiserzeit sind aufzuzählen: Edward von Steinle (1810-1886), Adam und Eva nach dem Sündenfall, 1867, Kreide und Aquarell auf Karton, 215,5 x 137 cm, Hamburg, Hamburger Kunsthalle; Max Klinger (1857-1920), Adam und Eva (speculum primum), 1875, Federzeichnung, Dresden, Kupferstichkabinett; Max Klinger (1857-1920), Vertreibung aus dem Paradies, 1875, Federzeichnung, Dresden, Kupferstichkabinett. Abb. der beiden Federzeichnungen Klingers in: Max Schmid: Max Klinger, Bielefeld/Leipzig 1906³ (= Künstler-Monographien. In Verbindung mit Andern herausgegeben von H. Knackfuß XLI), S. 2, Nr. 2, S. 3, Nr. 3; Hans Thoma (1839-1924), Das Paradies, 1876, Öl/Lwd., 152 x 113 cm, Abb. in: Fritz von Ostini: Thoma, Bielefeld/Leipzig 1910 (= Künstler-Monographien. In Verbindung mit Anderen herausgegeben von H. Knackfuß 46), S. 25, Nr. 21; Max Klinger (1857-1920), Opus III. Eva und die Zukunft, Radierzyklus, 1880; Arnold Böcklin (1827-1901), Gottvater zeigt Adam das Paradies, um 1884, Öl auf Holz, parkettiert, 87 x 121 cm, Schloß Cappenberg, Museum; Hans Thoma (1839-1924), Adam und Eva, 1886, Öl auf Papier, auf Holz aufgezogen, 108,5 x 79 cm, Berlin (West), Nationalgalerie; Franz von Stuck (1863-1928), Der Wächter des Paradieses, 1889, Öl/Lwd., 250 x 167 cm, Privatbesitz, Abb. in: Otto Julius Bierbaum: Stuck, Bielefeld/Leipzig 1901 (= Künstler-Monographien. In Verbindung mit Andern herausgegeben von H. Knackfuß XLII), S. 19, Nr. 18; Franz von Stuck (1863-1928), Versuchung, 1891, Abb. in: Otto Julius Bierbaum: Stuck, Bielefeld/Leipzig 1901 (= Künstler-Monographien. In Verbindung mit Andern herausgegeben von H. Knackfuß XLII), S. 58, Nr. 62; Hans Thoma (1839-1924), Das Paradies, 1892, Lithographie, Abb. in: Fritz von Ostini: Thoma, Bielefeld/Leipzig 1910 (= Künstler-Monographien. In Verbindung mit Anderen herausgegeben von H. Knackfuß 46), S. 62, Nr. 56; Franz von Stuck (1863-1928), Das verlorene Paradies, 1897, Öl/Lwd., 200 x 290 cm, Dresden, Gemäldegalerie Neue Meister; Ludwig von Hofmann (1861-1945), Adam und Eva, 1897, Farblithographie, 25,4 x 19,5 cm, Illustration in: Pan 3. 1897/1898, Blatt vor S. 17; Ludwig von Hofmann (1861-1945), Paradies, um 1900, Ölgemälde, Abb. in: Oskar Fischel: Ludwig von Hofmann, Bielefeld/Leipzig 1903 (= Künstler-Monographien. In Verbindung mit Andern herausgegeben von H. Knackfuß LXIII), S. 51, Nr. 54; Albert von Keller (1844-1920), Adam und Eva, 1900, Abb. in: Hans Rosenhagen: Albert von Keller, Bielefeld/Leipzig 1912 (= Künstler-Monographien. In Verbindung mit Anderen herausgegeben von H. Knackfuß 104), S. 112, Nr. 103; Ferdinand Max Bredt (geb. 1860), Wollen und Verzichten (Eva und Maria), um 1900, Abb. in: Die Kunst unserer Zeit, 11. 1900, 2. Halbband, Tafel nach S. 132; Wilhelm Steinhausen (1846-1924), Die Vertreibung aus dem Paradies, 1903, Federzeichnung, Abb. in: David Koch: Wilhelm Steinhausen. Ein Deutscher Künstler, Heilbronn 1904, S. 125, Nr. 114; Fritz Endell (1873-1955), Das verlorene Paradies, 1900/1905, Farbholzschnitt, 21,9 x 18 cm, München, Staatliche Graphische Sammlung; Otto Rauth (1862-1922), Adam und Eva. Die Versuchung, 1906, Öl/Lwd., 199 x 120 cm, Hannover, Niedersächsische Landesgalerie; Adolf Oberländer (1845-1923), Das Paradies, 1906, Abb. in: Die Kunst, 33. 1916, S. 62; Franz von Stuck (1863-1928), Adam und Eva, später als 1906, Tempera auf Holz, 98 x 93,7 cm, Frankfurt am Main, Städel

1314 Werner Hofmann: Das irdische Paradies, München 1960, S. 350
1315 Ebd., S. 351f.
1316 Vgl. ebd., S. 352
1317 Hans Thoma (1839-1924), Paradies, 1876, Abb. in: Franz von Ostini: Thoma, Bielefeld/Leipzig 1910 (= Künstler-Monographien. In Verbindung mit Anderen herausgegeben von H. Knackfuß 46), S. 15, Nr. 12
1318 Der Bildtitel „Gefilde der Seligen" geht auf Hesiods „Werke und Tage", Verse 159ff. zurück
1319 Vgl. Karl Kerényi: Die Mythologie der Griechen. Band 1. Die Götter- und Menschheitsgeschichten, München 1966 (= dtv 392), S. 75-77
1320 Friedrich Nietzsche: Die Geburt der Tragödie oder Griechentum und Pessimismus (1886), in: Friedrich Nietzsche: Werke in drei Bänden. Herausgegeben von Karl Schlechta. Erster Band, München 1973⁷, S. 7-134, hier S. 24f.
1321 Vgl. dazu: Jens Malte Fischer: Erotik und Sexualität, in: ders.: Fin de siècle. Kommentare zu einer Epoche, München 1978, S. 53-65; Heinrich Voss: Der Mensch als sinnliches und triebhaftes Wesen, in: ders.: Franz von Stuck 1863-1928. Werkkatalog der Gemälde mit einer Einführung in seinen Symbolismus, München 1973 (= Materialien zur Kunst des 19. Jahrhunderts Band 1), S. 20-30; Hans H. Hofstätter: Tod und Eros, in: ders.: Symbolismus und die Kunst der Jahrhundertwende. Voraussetzungen. Erscheinungsformen. Bedeutungen, Köln 1973² (= DuMont Dokumente), S. 177-180, vgl. auch: Symbolgestalten des Weibes, S. 187-200; Richard Hamann/Jost Hermand: Natur, Erotik, leuchtendes Ich, in: dieselben: Expressionismus. Epochen deutscher Kultur von 1870 bis zur Gegenwart. Band 5, München 1976 (= sammlung dialog 57), S. 95-114; Dolf Sternberger: Sinnlichkeit um die Jahrhundertwende, in: Jost Hermand (Hrsg.): Jugendstil, Darmstadt 1971 (= Wege der Forschung. Band CX), S. 100-106
1322 Vgl. dazu folgende Bildwerke der deutschen Malerei: A) badende Jungen: Wilhelm Trübner (1851-1917), Badender Junge, am Ufer sitzend, 1871, Öl/Lwd., 77 x 56 cm, Abb. in: Joseph August von Beringer: Trübner. Eine Auswahl aus dem Lebenswerk des Meisters in 101 Abbildungen, Stuttgart/Berlin 1921, S. 5; Hans Thoma (1839-1924), Badende Knaben, 1875, Öl/Lwd., 154 x 114 cm, Abb. in: Gustav Keyssner: Thoma. Eine Auswahl aus dem Lebenswerk des Meisters in 117 Abbildungen, Stuttgart/Berlin 1922, S. 16; Arnold Böcklin (1827-1901), Der Sommertag, 1881, Öl auf Mahagoniholz, 61 x 50 cm, Dresden, Gemäldegalerie Neue Meister; Max Liebermann (1847-1935), Badende Knaben, 1900, Öl/Lwd., 113 x 152 cm, Privatbesitz, Abb. in: Kat. Ausst. Max Liebermann in seiner Zeit. Nationalgalerie Berlin. Staatliche Museen Preußischer Kulturbesitz 6. September - 4. November 1979. Haus der Kunst München 14. Dezember - 17. Februar 1980, Berlin (West)/München 1979, S. 287 (Farbtafel); Christian Landenberger (1862-1927), Sommerabend am See, 1904, Öl/Lwd., 115 x 141 cm, München, Neue Pinakothek; Philipp Franck (1860-1944), Badende Knaben an der Havel, 1911, Öl/Lwd., 117 x 139 cm, Berlin (West), Bezirksamt Charlottenburg. B) badende Frauen: Ludwig von Hofmann (1861-1945), Idyllische Landschaft mit Badenden, um 1900, Öl/Lwd., 65 x 96 cm, Schweinfurt, Sammlung Georg Schäfer; Otto Mueller (1874-1930), Die großen Badenden, etwa 1910-1914, Leimfarbe auf Lwd., 183,5 x 128 cm, Bielefeld, Kunsthalle; Fritz Erler (1868-1941), Mädchen am Strand, 1912, Abb. in: Fritz von Ostini: Fritz Erler, Bielefeld/Leipzig 1921 (= Künstler-Monographien. Begründet von H. Knackfuß 111), S. 54; Albert

Weisgerber (1878-1915), Rast der Amazonen, 1913, Öl/Lwd., 161,5 x 199 cm, Stuttgart, Staatsgalerie; Karl Schmidt-Rottluff (1884-1976), Vier Badende am Strand, 1913, Öl/Lwd., 88 x 101 cm, Hannover, Sammlung Sprengel; Leo Putz (1869-1940), Die beiden Badenden I, 1914, Öl/Lwd., 75 x 70 cm, Privatbesitz, Abb. in: Ruth Stein: Leo Putz. Mit einem Verzeichnis der Gemälde und bildartigen Entwürfe, Wien 1974, Nr. 14, Kat.-Nr. 321

1323 Vgl. dazu: Janos Frecot: Die Lebensreformbewegung, in: Klaus Vodung (Hrsg.): Das wilhelminische Bildungsbürgertum. Zur Sozialgeschichte seiner Ideen. Mit Beiträgen von Gerhard Dilcher, Janos Frecot, Peter Hampe, Thomas Hollweck, Eike-Wolfgang Kornhass, Ulrich Linse, Michael Naumann, Peter J. Opitz, Klaus Vodung, Göttingen 1976 (= Kleine Vandenhoeck-Reihe 1420), S. 138-152

1324 Zur Lebensphilosophie vgl.: Hans-Joachim Lieber: Kulturkritik und Lebensphilosophie. Studien zur Deutschen Philosophie der Jahrhundertwende, Darmstadt 1974; Hermann Noack: Die Philosophie Westeuropas, Darmstadt 1976[4] (= Die philosophischen Bemühungen des 20. Jahrhunderts), Kapitel B.I. Friedrich Nietzsche, S. 28-60, Kapitel B.II. Von der metaphysischen zur hermeneutischen Lebensphilosophie, S. 61-123; Robert Steigerwald: Bürgerliche Philosophie und Revisionismus im imperialistischen Deutschland, Frankfurt am Main 1980, Kapitel 2. Zur Begründung der Lebensphilosophie, S. 56-97

1325 Vgl. dazu in dieser Untersuchung die Kritik Nietzsches: „Der Antichrist. Fluch auf das Christentum", S. 62-63

1326 Friedrich Nietzsche: Die Geburt der Tragödie oder Griechentum und Pessimismus, in: Friedrich Nietzsche: Werke in drei Bänden. Herausgegeben von Karl Schlechta. Erster Band München 1973[7], S. 7-134, hier S. 99

1327 Ebd., S. 100

1328 In diesem Konzept Nietzsches liegt ein gewisser Widerspruch zur „sklavenbefreienden" Macht des Dionysischen, die Nietzsche zu Beginn der „Geburt der Tragödie" behauptet hatte, vgl. ebd., S. 25, vgl. auch in dieser Untersuchung S. 410. Zu diesem Widerspruch vgl.: Gert Sautermeister: Zur Grundlegung des Ästhetizismus bei Nietzsche. Dialektik, Metaphysik und Politik in der „Geburt der Tragödie", in: Christa Bürger / Peter Bürger / Jochen Schulte-Sasse (Hrsg.): Naturalismus / Ästhetizismus. Beiträge von Peter Bürger, Hans Sanders, Onno Frels, Lothar Paul, Wilfried Grauert, Gerhard Goebel, Inge Degenhardt, Gert Sautermeister, Andreas Huyssen, Frankfurt am Main 1979 (= edition suhrkamp 992), S. 224-243, hier S. 241

1329 Von der Affinität des kapitalistischen Geistes und der protestantischen Askese handelte die Schrift „Die protestantische Ethik und der Geist des Kapitalismus" (1904/1905) von Max Weber, vgl.: Max Weber: Die protestantische Ethik. Herausgegeben von Professor Dr. Johannes Winckelmann. I. Eine Aufsatzsammlung, Gütersloh 1979[5] (= Gütersloher Taschenbücher/Siebenstern 53), S. 27-277

1330 Vgl. dazu: Ingeborg Weber-Kellermann: Die Familie. Geschichte, Geschichten und Bilder, Frankfurt am Main 1977[2], S. 101f.; Gert Richter: Die gute alte Zeit im Bild. Alltag im Kaiserreich 1871-1914 in Bildern und Zeugnissen präsentiert, Gütersloh/Berlin/München/Wien 1974, Kapitel: Sittliche Werte und andere, S. 168-177

1331 Max Horkheimer: Die Erziehungsleistung der bürgerlichen Familie, in: Heidi Rosenbaum (Hrsg.): Seminar: Familie und Gesellschaftsstruktur. Materialien zu den sozioökonomischen Bedingungen von Familienformen. Herausgegeben und eingeleitet von Heidi Rosenbaum, Frankfurt am Main 1978 (= suhrkamp taschenbuch wissenschaft 244), S. 425-434, hier S. 432f.

1332 Zum horror nudi der christlichen Ästhetik vgl.: Adolf Smitmans: Die christliche Malerei im Ausgang des 19. Jahrhunderts – Theorie und Kritik. Eine Untersuchung der deutschsprachigen Periodica für christliche Kunst 1870-1914, Sankt Augustin 1980 (= Band 2. Kölner Forschungen zu Kunst und Altertum. Abtl. B: Kunstgeschichte. Herausgegeben von G. Binding, Ph. Derchain, H.V. Herrmann, H.G. Niedermeyer, H. Ost), Abschnitt. „Horror nudi", S. 26-28

1333 Zitiert nach: Werner Frauendienst: Das deutsche Reich von 1890 bis 1914, in: Werner Frauendienst/Wolfgang J. Mommsen/Walther Hubatsch/Albert Schwarz: Deutsche Geschichte der neuesten Zeit von Bismarcks Entlassung bis zur Gegenwart. 1. Teil. Von 1890 bis 1933, Frankfurt am Main 1973 (= Handbuch der Deutschen Geschichte. Begründet von Professor Dr. Otto Brandt. Fortgeführt von Professor Dr. Leo Just. Band IV, 1. Teil), Abschnitt: „Der Streit um die sog. Lex Heinze", S. 90-91, hier S. 90

1334 Zitiert aus: Karl Voll: Die Kunst und die Lex Heinze, in: Die Kunst, 1. 1900, S. 313-316, hier S. 314, r. Sp.

1335 Ebd., S. 316. Vgl. zur Lex-Heinze-Diskussion auch: Max Georg Zimmermann: Die Darstellung des Nackten und das Sittlichkeitsgefühl in der Kunst, in: Kunstchronik, N.F. XI. 1899/1900, Sp. 289-294

1336 Vgl. Werner Frauendienst: Der Streit um die sog. Lex Heinze, in: s. Anm. 1333, S. 90

1337 Konrad Lange: Das Nackte in der Kunst. Vortrag, Berlin 1908, S. 25f.

1338 Ebd., S. 27

1339 Vgl. dazu in dieser Untersuchung S. 74-76

1340 Vgl. Johann Jakob Bachofen: Das Mutterrecht. Eine Untersuchung über die Gynaikokratie der alten Welt nach ihrer religiösen und rechtlichen Natur, Stuttgart 1861; Lewis Henry Morgan: Ancient Society, or: Researches in the Lines of Human Progress from Savagery through Barbarism to Civilisation, London 1877 (deutsch: Die Urgesellschaft, übersetzt von W. Eichoff und K. Kautsky, Stuttgart 1891, Stuttgart/Berlin 1921[4]); Friedrich Engels: Der Ursprung der Familie, des Privateigentums und des Staats. Im Anschluß an Lewis H. Morgans Forschungen, Hottingen/Zürich 1884, Stuttgart 1892[4]; August Bebel: Die Frau und der Sozialismus, Leipzig 1879, Stuttgart 1895[25], Berlin DDR 1979[65]; Heinrich Cunow: Die Verwandtschaftsorganisationen der Australneger. Ein Beitrag zur Entwicklungsgeschichte der Familie, Stuttgart 1894; Henry Havelock Ellis: Studien in the Psychology of Sex, London/Philadelphia 1894-1928 (deutsch: Mann und Weib, übersetzt von H. Kurella, Leipzig 1894, 1909[2]; Geschlechtstrieb und Schamgefühl, übersetzt von J.E. Krötscher, Leipzig 1900, Würzburg 1907[3]; Das Geschlechtsgefühl, übersetzt von H. Kurella, Würzburg 1903, 1909[2]; Die Gattenwahl beim Menschen, übersetzt von H. Kurella, Würzburg 1906, 1919[3]; Die krankhaften Geschlechts-Empfindungen, übersetzt von E. Jentsch, Würzburg 1907, 1920[3]; Geschlecht und Gesellschaft, 2 Tle., übersetzt von H. Kurella, Würzburg 1910/1911; Sexualpsychologische Studien, übersetzt von M. und J.E. Kötscher, E. Jentsch, H. Kurella, H. Müller, 7 Bde., Leipzig 1922-1924)

1341 Vgl. Richard Zoozmann: Zitatenschatz der Weltliteratur. Eine Sammlung von Zitaten, Sentenzen, Aphorismen, Epigrammen, Sprichwörtern, Redensarten und Aussprüchen nach Schlagwörtern geordnet, Berlin 1960, S. 12, r. Sp.

1342 Schillers Werke in fünf Bänden. Ausgewählt und eingeleitet von Joachim Müller. Erster Band. Gedichte. Prosaschriften, Berlin/Weimar 1976 (= Bibliothek Deutscher Klassiker. Herausgegeben von den Nationalen Forschungs- und Gedenk-

stätten der klassischen deutschen Literatur in Weimar. BDK), S. 179
1343 Zur Prostitution vgl.: Gerhard A. Ritter / Jürgen Kocka (Hrsg.): Deutsche Sozialgeschichte. Dokumente und Skizzen. Band II: 1870-1914, München 1974, S. 244f., S. 252-253; August Bebel: Die Frau und der Sozialismus, Berlin DDR 1979⁶⁵, Zwölftes Kapitel. Die Prostitution – eine notwendige soziale Institution der bürgerlichen Welt, S. 207-242. Zum Thema der Frauenfrage und Prostitution, das auch in der Literatur des Naturalismus eine bedeutende Rolle spielte, vgl.: Günther Mahal: Naturalismus, München 1975 (= Uni-Taschenbücher UTB 363), Abschnitt II.6.2. Exkurs: Frauenfrage, S. 131-135. – Klingers Radierzyklus „Opus VIII. Ein Leben", 1884, vgl. daraus Abb. Nr. 179, 181, 182, 552, behandelt die Lebensgeschichte einer Prostituierten. – Die äußerst umfangreiche Literatur zum Problem der Prostitution und Frauenemanzipation kann hier im Einzelnen nicht aufgeführt werden.
1344 Oskar Fischel: Ludwig von Hofmann, Bielefeld/Leipzig 1903 (= Künstler-Monographien. In Verbindung mit Andern herausgegeben von H. Knackfuß LXIII), S. 51
1345 Vgl. Abschnitt „Religio statt Liberatio", in: Richard Hamann / Jost Hermand: Stilkunst um 1900. Epochen Deutscher Kultur von 1870 bis zur Gegenwart. Band 4, München 1973 (= sammlung dialog 52), S. 121-149
1346 Vgl. in dieser Untersuchung S. 437f.
1347 Vgl. dazu auch in dieser Untersuchung S. 156. Vgl. ebenfalls: Ernst Cassirer: Das Erkenntnisproblem in der Philosophie und Wissenschaft der neueren Zeit. Vierter Band. Von Hegels Tod bis zur Gegenwart (1832-1932), Darmstadt 1973, S. 98-102
1348 Manfred Diersch: Empiriokritizismus und Impressionismus. Über Beziehungen zwischen Philosophie, Ästhetik und Literatur um 1900 in Wien, Berlin DDR 1977² (= Neue Beiträge zur Literaturwissenschaft. Herausgegeben von Prof. Dr. Werner Krauss und Prof. Dr. Walter Dietze. Band 36). Vgl. die Abschnitte: „Der Impressionismus in der Malerei", S. 63-66; „Der Empiriokritizismus als Philosophie des Impressionismus – Wandlung und Identität der ästhetischen Positionen Hermann Bahrs", S. 66-82
1349 Vgl. Cassirer 1973, s. Anm. 1347, S. 107. Zur Energetik insgesamt: ebd., S. 102-108
1350 Zur „Krise" der Naturwissenschaft vgl. auch: Joseph Maria Bochenski: Europäische Philosophie der Gegenwart, Bern 1947 (= Sammlung Dalp. Band 50), Kapitel: „Die Krise", S. 22-31
1351 Wladimir Iljitsch Lenin: Materialismus und Empiriokritizismus, Berlin DDR 1975⁷ (= Institut für Marxismus-Leninismus beim ZK der KPdSU. W. I. Lenin. Werke. Ins Deutsche übertragen nach der vierten russischen Ausgabe. Die deutsche Ausgabe wird vom Institut für Marxismus-Leninismus beim Zentralkomitee der SED besorgt. Band 14), S. 283f.
1352 Vgl. Udo Köster: Die Überwindung des Naturalismus. Begriffe, Theorien und Interpretationen zur deutschen Literatur um 1900, Hollfeld (Oberfranken) 1979 (= Analysen und Reflexionen Band 35), S. 49f. Die Zitate, die Köster anführt, lassen Nietzsches Auffassung vom Primat der Kunst gegenüber der Moral, nicht jedoch der Kunst gegenüber dem Leben deutlich werden.
1353 Friedrich Nietzsche: Werke in drei Bänden. Herausgegeben von Karl Schlechta. Erster Band, München 1973⁷, S. 11
1354 Vgl. dazu: Hans Mottek / Walter Becker / Alfred Schröter: Wirtschaftsgeschichte Deutschlands. Ein Grundriß. Band III. Von der Zeit der Bismarckschen Reichsgründung 1871 bis zur Niederlage des faschistischen deutschen Imperialismus 1945, Berlin DDR 1977³, Kapitel V. Die Zeit von 1895-1914 - vom Ende der sogenannten Großen Depression bis zum 1. Weltkrieg, S. 181-197; Peter Hampe: Sozioökonomische und psychische Hintergründe der bildungsbürgerlichen Imperialbegeisterung, in: Klaus Vodung (Hrsg.): Das wilhelminische Bildungsbürgertum. Zur Sozialgeschichte seiner Ideen. Mit Beiträgen von Gerhard Dilcher, Janos Frecot, Peter Hampe, Thomas Hollweck, Eike-Wolfgang Kornhass, Ulrich Linse, Michael Naumann, Peter J. Opitz, Klaus Vodung, Göttingen 1976 (= Kleine Vandenhoeck-Reihe 1420), S. 67-79, hier S. 72-73
1355 Der Kaiser, die Kultur und die Kunst. Betrachtungen über die Zukunft des Deutschen Volkes aus den Papieren eines Unverantwortlichen. Zweite Auflage 1904, S. 13f.
1356 Vgl. dazu: Peter Hampe: Sozioökonomische und psychische Hintergründe der bildungsbürgerlichen Imperialbegeisterung, in: Vodung (Hrsg.) 1976, s. Anm. 1354, S. 67-79, hier S. 68-70; vgl. auch: Wolfgang J. Mommsen: Wandlungen der liberalen Idee im Zeitalter des Imperialismus, in: Karl Holl/ Günther List (Hrsg.): Liberalismus und imperialistischer Staat. Der Imperialismus als Problem liberalen Parteien in Deutschland 1890-1914. Mit Beiträgen von Lothar Albertin, Lothar Gall, Imanuel Geiss, Karl Holl, Günther List, Peter Menke-Glückert, Wolfgang J. Mommsen, Peter-Christian Witt, Hans-Günter Zmarzlik, Göttingen 1975 (= Kleine Vandenhoeck-Reihe 1415), S. 109-147
1357 Siehe Anm. 1355, S. 121
1358 Ebd., S. 107
1359 Diese die Gegebenheiten des kapitalistischen Kunstmarktes einbeziehende Deutung orientiert sich an einem Erklärungsmodell von Peter Bürger, das einen Beitrag zur Aufhellung der Wende vom literarischen Naturalismus zum Ästhetizismus in Frankreich leistet. Vgl.: Peter Bürger: Naturalismus – Ästhetizismus und das Problem der Subjektivität, in: Christa Bürger/Peter Bürger/Jochen Schulte-Sasse: Naturalismus/Ästhetizismus. Beiträge von Peter Bürger, Hans Sanders, Onno Frels, Lothar Paul, Wilfried Grauert, Gerhard Goebel, Inge Degenhardt, Gert Sautermeister, Andreas Huyssen, Frankfurt am Main 1979 (= edition suhrkamp 992), S. 18-55
1360 Vgl. zur Definition des Bildungsbürgertums: Klaus Vodung: Zur Lage der Gebildeten in der wilhelminischen Zeit, in: Vodung (Hrsg.) 1976, s. Anm. 1354, S. 20-33, hier S. 25-28
1361 Der Begriff „Marginalisierung" des Bildungsbürgertums wird in der Literaturwissenschaft verwendet, vgl. beispielsweise: Köster 1979, s. Anm. 1352, Kapitel VI. Überlegungen zur Soziologie des „Jungen Wien", S. 89-102, hier S. 97 z.B.
1362 Vgl. in dieser Untersuchung S. 246-253
1363 Vodung 1976, s. Anm. 1354, S. 29
1364 Ebd., S. 30
1365 Hans H. Hofstätter: Symbolismus und die Kunst der Jahrhundertwende. Voraussetzungen. Erscheinungsformen. Bedeutungen, Köln 1973² (= DuMont Dokumente), S. 16
1366 Ebd., S. 23f.
1367 Ebd., S. 22f.
1368 Ebd., S. 77
1369 Vgl. Hans Wolfgang Singer: Max Klingers Radierungen, Stiche und Steindrucke. Wissenschaftliches Verzeichnis, Berlin 1909, S. 47, S. 106. Vgl. auch: Lothar Brieger-Wasservogel, Max Klinger, Leipzig 1902, S. 149f.
1370 Vgl. Renate Liebenwein-Krämer: Säkularisierung und Sakralisierung. Studien zum Bedeutungswandel christlicher Bildformen in der Kunst des 19. Jahrhunderts, Diss. Frankfurt am Main 1977, Teil IV. Die Sakralisierung von Kunst und Künstlern im 19. Jahrhundert und ihre Vorstufen, S. 222-352
1371 Brieger-Wasservogel 1902, s. Anm. 1369, S. 149f.
1372 Max Klinger: Malerei und Zeichnung, Leipzig o.J. (= Insel-

Bücherei Nr. 263), S. 42
1373 Vgl. Alphons M. von Steinle (Hrsg.): Edward von Steinle. Des Meisters Gesamtwerk in Abbildungen, Kempten/München 1910, Textteil am Schluß des Buches, S. 26 (zu Abb. 530, 531)
1374 Vgl. Klinger o.J., s. Anm. 1372, S. 17f.
1375 Vgl. Kat. Ausst. Jura Brüschweiler: Ferdinand Hodler. Selbstbildnisse als Selbstbiographie. Kunstmuseum Basel 17. Juni bis 16. September 1979, Basel 1979, S. 4/60-4/62
1376 Vgl. folgende Historienbilder Hodlers: Rückzug von Marignano, 1898-1900, Fresko, ca. 320 x 470 cm, Zürich, Schweizer Landesmuseum; Tell, 1903, Öl/Lwd., 255 x 195 cm, Solothurn, Museum der Stadt; Auszug der Jenenser Studenten in den Freiheitskrieg 1813, 1908-1909, Öl/Lwd., 358 x 546 cm, Jena, Friedrich-Schiller-Universität; Einmütigkeit, 1913-1914, Öl/Lwd., 475 x 1517 cm, Hannover, Rathaus (vgl. dazu in dieser Untersuchung, S. 121-125)
1377 Vgl. Brieger-Wasservogel 1902, s. Anm. 1369, S. 150
1378 Vgl. Klinger o.J., s. Anm. 1372, S. 42-48
1379 Der Begriff der Umkehrungsaneignung berührt sich mit der Inversion von Aby Warburg. Auf den Begriff Warburgs greift auch Klaus Herding in seinem Aufsatz „'Inversionen'. Antikenkritik in der Karikatur des 19. Jahrhunderts" zurück, vgl. Klaus Herding / Gunter Otto (Hrsg.): „Nervöse Auffangsorgane des inneren und äußeren Lebens". Karikaturen, Gießen 1980 (= Kunstwissenschaftliche Untersuchungen des Ulmer Vereins, Verband für Kunst- und Kulturwissenschaften, herausgegeben von Michael Brix, Klaus Herding, Berthold Hinz. Band X), S. 131-171, hier S. 131f., sowie dort Anmerkung 1, S. 161
1380 Brieger-Wasservogel 1902, s. Anm. 1369, ebd.
1381 Vgl. zur Antikekritik im 19. Jahrhundert: Herding 1980, s. Anm. 1379, S. 131-171
1382 Kat. Ausst. Lovis Corinth 1858-1925. Gemälde und Druckgraphik. Städtische Galerie im Lenbachhaus München. 12. September bis 16. November 1975, München 1975, S. 36. – Max Halbe: Sämtliche Werke. Dritter Band, Salzburg 1945, S. 9
1383 Vgl. ebd.
1384 Vgl. Max Halbe: Jahrhundertwende. Erinnerungen an eine Epoche, München/Wien 1976, S. 114, 159, sowie: Kat. Ausst. Lovis Corinth 1975, s. Anm. 1382, S. 36
1385 Konrad Farner: Gustave Doré der industrialisierte Romantiker, München 1975, S. 107f.
1386 Ebd., S. 91
1387 Franz Kugler: Ueber den Pauperismus auch in der Kunst, in: Kunstblatt, 26. 1845, No. 71, S. 297-299; No. 72, S. 303-304, hier S. 297
1388 Vgl. ebd., S. 298, S. 303f. Vgl. dazu auch: Michael Brix/Monika Steinhauser: Geschichte im Dienste der Baukunst. Zur historistischen Architektur-Diskussion in Deutschland, in: Michael Brix/Monika Steinhauser (Hrsg.): „Geschichte allein ist zeitgemäss". Historismus in Deutschland, Lahn-Gießen 1978, S. 199-327, hier S. 308f.
1389 Vgl. Anm. 1369
1390 Vgl. Margaret Howitt: Friedrich Overbeck. Sein Leben und Schaffen. Nach seinen Briefen und andern Documenten des handschriftlichen Nachlasses geschildert von Margaret Howitt. Herausgegeben von Franz Binder. In zwei Bänden. Zweiter Band: 1833-1869, Freiburg im Breisgau 1886, S. 56
1391 Vgl. Liebenwein-Krämer 1977, s. Anm. 1370, S. 246
1392 Wolfgang Müller von Königswinter: Düsseldorfer Künstler aus den letzten fünfundzwanzig Jahren. Kunstgeschichtliche Briefe, Leipzig 1854, S. 235
1393 Honoré Daumier (1808-1879): Kampf der Schulen. Der Idealismus und der Realismus, 1855, Lithographie aus der Serie „Phantasien", Abb. in: Kat. Ausst. Honoré Daumier und die ungelösten Probleme der bürgerlichen Gesellschaft. Neue Gesellschaft für Bildende Kunst, Berlin 1974³, S. 210, Nr. D. 2629
1394 Vgl. Irene Markowitz: Die Düsseldorfer Malerschule. Kunstmuseum Düsseldorf, Düsseldorf 1969 (= Kataloge des Kunstmuseums Düsseldorf IV, 2. Malerei Band 2), S. 117
1395 Ebd.
1396 Folgende Genremaler wurden Professoren: Benjamin Vautier (1829-1898) 1865 (Berliner Akademie); Carl Raupp (1837-1918) 1866-1879 (Kunstgewerbeschule Nürnberg), 1880-1914 (Münchener Akademie); Johann Georg Meyer von Bremen (1813-1886) um 1867 Professorentitel und Mitglied der Berliner Akademie; Ludwig Knaus (1829-1910) 1874-1900 Leitung eines Meisterateliers an der Berliner Akademie; Franz von Defregger (1835-1921) 1887 Berliner Akademie; Mathias Schmid (1835-1923) 1888-1896 (Münchner Akademie).
1397 Vgl. Evelyn Lehmann / Elke Riemer: Die Kaulbachs. Eine Künstlerfamilie aus Arolsen, Arolsen 1978, S. 37
1398 Vgl. in dieser Untersuchung S. 158, r. Sp. (Munkácsy), S. 158 l. Sp. (Stuck)
1399 Paul Kühn: Max Klinger, Leipzig 1907, S. 323f.
1400 Ebd., S. 328
1401 Henrik Ibsen: Ein Volksfeind (1883), in: Henrik Ibsen: Schauspiele in einem Band. Übertragen von Hans Egon Gerlach. Mit einem Vorwort von Joachim Kaiser, Hamburg 1977³, S. 395-492, hier S. 489f.
1402 Fritz von Ostini: Uhde, Bielefeld/Leipzig 1902 (= Künstler-Monographien. In Verbindung mit Andern herausgegeben von H. Knackfuß LXI), S. 6, l. Sp.
1403 Vgl. in dieser Untersuchung S. 111-113 (Hellqvist), S. 238-240 (Sascha Schneider), S. 161-174 (Klinger).
1404 Vgl. in dieser Untersuchung S. 62-63
1405 Vgl. Paul Seidel: Der Kaiser und die Kunst, Berlin 1907, S. 204-209
1406 Vgl. ebd., S. 198-200
1407 Vgl. Adolf Rosenberg: Die Pflege der Monumentalmalerei in Preußen, in: Die Grenzboten, 42. 1883, S. 24-28, S. 90-96, S. 199-206. Zu den Wandbildern von Hermann Prell vgl.: Adolf Rosenberg: Prell, Bielefeld/Leipzig 1901 (= Künstler-Monographien. In Verbindung mit Andern herausgegeben von H. Knackfuß LIII). Zur Ausmalung der Ruhmeshalle im Berliner Zeughaus vgl.: Max Jordan: Geselschap, Bielefeld/Leipzig 1906 (= Künstler-Monographien. In Verbindung mit Anderen herausgegeben von H. Knackfuß LXXXVI), S. 15-36
1408 Vgl. Anton von Werner: Erlebnisse und Eindrücke 1870-1890, Berlin 1913, S. 184
1409 Vgl. Seidel 1907, s. Anm. 1405, S. 74ff.
1410 Richard Muther: Wilhelm II. und die Kunst, in: ders.: Aufsätze über bildende Kunst. Zweiter Band: Betrachtungen und Eindrücke, Berlin 1914 (Hans Rosenhagen (Hrsg.): Richard Muther. Aufsätze über bildende Kunst in drei Bänden), S. 195-206, hier S. 203f.
1411 Ebd., S. 205
1412 Vgl. Rede Kaiser Wilhelms II. zur Einweihung der Denkmäler der Siegesallee am 18. Dezember 1901, in: Ernst Johann (Hrsg.): Reden des Kaisers. Ansprachen, Predigten und Trinksprüche Wilhelms II., München 1977², S. 99-103, hier S. 102
1413 Vgl. Richard Hamann/Jost Hermand: Impressionismus. Epochen deutscher Kultur von 1870 bis zur Gegenwart Band 3, München 1974² (= sammlung dialog 56), S. 117
1414 Richard Wagner: Oper und Drama (1851), in: Richard Wagner: Gesammelte Schriften und Dichtungen. Vierte Auflage. Vierter Band, Leipzig 1907 (Oper und Drama, zweiter und dritter Theil), S. 1-229, hier S. 226f.

1415 Vgl. in dieser Untersuchung S. 229-230
1416 Vgl. Birgit Götting: Otto Greiner (1869-1916). Die Entstehung eines Künstlers. Zu den Aufstiegsbedingungen eines begabten Handwerkslithographen zu anerkannter Künstlergröße, Diss. Hamburg 1982
1417 Siegmar Holsten: Das Bild des Künstlers. Selbstdarstellungen, Hamburg 1978, S. 67
1418 Vgl. Städelsches Kunstinstitut Frankfurt am Main. Die Gemälde des 19. Jahrhunderts. Herausgegeben von Ernst Holzinger. Bearbeitet von Hans-Joachim Ziemke. Textband, Frankfurt am Main 1972 (= Kataloge der Gemälde im Städelschen Kunstinstitut Frankfurt am Main I), S. 417
1419 Cornelius Gurlitt: Die deutsche Kunst des Neunzehnten Jahrhunderts. Ihre Ziele und Thaten, Berlin 1900², S. 657f. Zu dem Gemälde Thomas „Die Flucht nach Ägypten" (1879, Nr. 358) vgl. in dieser Untersuchung S. 276
1420 Vgl. Werner Zimmermann: Das Hans Thomamuseum in der Staatlichen Kunsthalle Karlsruhe. Eine Einführung, Karlsruhe 1979, S. 18. Vgl. auch: Fried Lübbecke: Wilhelm Steinhausen, Bielefeld/Leipzig 1914 (= Künstler-Monographien. In Verbindung mit Anderen herausgegeben von H. Knackfuß 109), S. 33ff.
1421 Vgl. zu dieser Tradition: Holsten 1978, s. Anm. 1417, S. 34-37
1422 Vgl. Heinrich Wölfflin: Die Böcklinausstellung zu Basel. 20. September bis 24. Oktober 1897, in: Kunstchronik, N.F. 9. 1897/1898, Sp. 33f.
1423 Vgl. dazu Zimmermann 1979, s. Anm.1420, S. 16
1424 Vgl. dazu: Kurt Liebmann: Hans von Marées, Dresden 1972, S. 30; Renate Liebenwein-Krämer: Säkularisierung und Sakralisierung. Studien zum Bedeutungswandel christlicher Bildformen in der Kunst des 19. Jahrhunderts, Diss. Frankfurt am Main 1977, S. 324-325
1425 Vgl. dazu Liebenwein-Krämer 1977, s. Anm. 1424, S. 325
1426 Wilhelm Reiner: Wilhelm Steinhausen der Künstler und Freund, Stuttgart 1926 (= Aus klaren Quellen. Band 17), S. 105
1427 Ernest Renan: Das Leben Jesu, Leipzig 1892, S. 313
1428 Ebd., S. 319
1429 Wilhelm Steinhausen (1846-1924): Selbstbildnis vor einem See, 1908, Öl auf Pappe, 67,5 x 84 cm, Frankfurt am Main, Städel, vgl.: Gemäldekatalog des Städelschen Kunstinstitutes, s. Anm. 1418, S. 392-393, Abb. im Tafelband, Tafel 195
1430 Lichte Höhen. Aus Karl May's Nachlaß. Herausgegeben von Roland Schmid, Bamberg 1965 (= Karl May's gesammelte Werke. Band 49), Betrachtung und Besinnung. Briefe über Kunst, S. 303-334, hier: 2. Brief, S. 311f.
1431 Vgl. in dieser Untersuchung S. 252f.
1432 Vgl. dazu in dieser Untersuchung S. 251f.
1433 Vgl. in dieser Untersuchung die Interpretation des Dehmelschen Gedichtes zu Klingers „Christus im Olymp", S. 170-171
1434 Vgl. dazu das Kapitel: „Geschichte und Religion zum Nutzen der Gegenwart? Luther und die Reformation im Historienbild", in dieser Untersuchung S. 88-135
1435 Vgl. Franz Wolter: Karl Johann Becker-Gundahl, in: Die christliche Kunst, 2. 1905/1906, S. 173-177, hier S. 174-175
1436 Vgl. J. Adolf Schmoll gen. Eisenwerth: Osternberg im Innviertel, in: Gerhard Wietek (Hrsg.): Deutsche Künstlerkolonien und Künstlerorte, München 1976, S. 82-89
1437 Max Liebermann: Die Phantasie in der Malerei. Schriften und Reden. Herausgegeben und eingeleitet von Günter Busch, Frankfurt am Main 1978, S. 40-66, hier S. 49
1438 Hermann Beenken: Das Neunzehnte Jahrhundert in der deutschen Kunst. Aufgaben und Gehalte. Versuch einer Rechenschaft, München 1944
1439 Adolf Smitmans: Die christliche Malerei im Ausgang des 19. Jahrhunderts – Theorie und Kritik. Eine Untersuchung der deutschsprachigen Periodica für christliche Kunst 1870-1914, Sankt Augustin 1980
1440 Beenken 1944, s. Anm. 1438, S. 278
1441 Ebd., S. 248
1442 Ebd., S. 278
1443 Ebd., S. 248
1444 Zum Säkularisierungsprozeß seit dem Ende des 18. Jahrhunderts vgl. in dieser Untersuchung S. 14-26
1445 Beenken 1944, s. Anm. 1438, S. 248f.
1446 Caspar David Friedrich (1774-1840): Das Kreuz im Gebirge („Tetschener Altar"), 1807/1808, Öl/Lwd., 115 x 110 cm, Dresden, Gemäldegalerie Neue Meister
1447 Vgl. Jens Christian Jensen: Caspar David Friedrich. Leben und Werk, Köln 1974 (= dumont kunst-taschenbücher 14), S. 99f.
1448 Philipp Otto Runge (1777-1810): Ruhe auf der Flucht nach Ägypten, 1805/1806, s. Nr. 364, vgl. in dieser Untersuchung S. 278f.; Der Kleine Morgen, 1807, Öl/Lwd., 109 x 85,5 cm, Hamburg, Hamburger Kunsthalle; Der Große Morgen, 1808/1809, Öl/Lwd., 152 x 113 cm, Hamburg, Hamburger Kunsthalle. Zu den Gemälden Runges vgl.: Autorenkollektiv: Philipp Otto Runge. Historisch-kritische Analysen zu seinem Werk, Lahn-Gießen 1978. Zum „Tetschener Altar" vgl.: Norbert Schneider: Natur und Religiosität in der deutschen Frühromantik – zu Caspar David Friedrichs „Tetschener Altar", in: Berthold Hinz / Hans-Joachim Kunst / Peter Märker / Peter Rautmann / Norbert Schneider: Bürgerliche Revolution und Romantik. Natur und Gesellschaft bei Caspar David Friedrich, Gießen 1976 (= Kunstwissenschaftliche Untersuchungen des Ulmer Vereins, Verband für Kunst- und Kulturwissenschaften. Band VI. Herausgegeben von Horst Bredekamp, Klaus Herding, Lutz Heusinger, Berthold Hinz, Wolfgang Kemp), S. 111-143
1449 Vgl. Konrad Kaiser: Deutsche Malerei um 1800. Veröffentlichung der Deutschen Akademie der Künste, Leipzig 1959, Kapitel: „Die Lösung von der feudalistischen Kunst", S. 1-24; „Klassizismus und Romantik", S. 25-39; „Landschaftsmalerei", S. 123-139; zum „Tetschener Altar" vgl. ebd., S. 131-134
1450 Vgl. in dieser Untersuchung S. 457-459
1451 Julius Schnorr von Carolsfeld (1794-1872): Verkündigung, 1820, Öl/Lwd., 120 x 92 cm, Berlin (West), Nationalgalerie
1452 Zitiert nach: Beenken 1944, s. Anm. 1438, S. 259
1453 Vgl. Smitmans 1980, s. Anm. 1439, S. 249
1454 Vgl. Beenken 1944, s. Anm. 1438, S. 255. Zum Antagonismus von Nazarenertum und bürgerlichem Realismus vgl. in dieser Untersuchung S. 358-367. Zu Overbecks „Einzug Christi in Jerusalem" vgl.: Gustav Lindkte: Overbecks „Einzug Christi im Jerusalem". Zur Geschichte eines Bildes. Sonderdruck aus dem St.-Marien-Jahrbuch 1961 des St.-Marien-Bauvereins, Lübeck 1961
1455 Vgl. Beenken 1944, s. Anm. 1438, S. 248
1456 Zu Gebhardts Wandbildzyklus in Loccum vgl. in dieser Untersuchung. S. 230-232 („Bergpredigt", Nr. 264); S. 24 („Hochzeit zu Kana", Nr. 29); zur „Heilung des Gichtbrüchigen" vgl.: Adolf Rosenberg: E. von Gebhardt, Bielefeld/Leipzig 1899 (= Künstler-Monographien. In Verbindung mit Andern herausgegeben von H. Knackfuß XXXVIII), S. 78, r. Sp. - 80, l. Sp., Abb. S. 70. Zu „Der zwölfjährige Jesus im Tempel" (1895, Nr. 487) vgl. in dieser Untersuchung S. 367. Zur „Auferweckung des Lazarus" vgl. Rosenberg (1899), s.o., S. 90, r. Sp. - 92, l. Sp., vgl. auch: R.S.: Berliner Kunstberichte. II. Internationale Kunstausstellung, in: Christliches Kunstblatt, 38. 1896, S. 154-159, hier S. 156, vgl. auch: David Koch: Album

religiöser Kunst. Eduard von Gebhardt, Stuttgart 1910, S. 4, Abb. S. 13, vgl. ebenfalls: Kat. Ausst. Die Düsseldorfer Malerschule. Kunstmuseum Düsseldorf 13. Mai - 8. Juli 1979. Mathildenhöhe Darmstadt 22. Juli - 9. September 1979, Düsseldorf 1979, S. 312, Abb. 77

1457 Beenken 1944, s. Anm. 1438, S. 291
1458 Beenken 1944, s. Anm. 1438, S. 269f.
1459 Beenken 1944, s. Anm. 1438, S. 269. – Vgl. auch: Kat. Ausst. „München leuchtete", München 1984, s. Anm. 754, Kat. Nr. 65, S. 191 mit Abb. (Peter-Klaus Schuster)
1460 Vgl. in dieser Untersuchung S. 292 („Dein Wille geschehe", erstes Bild der „Vater-unser"-Trilogie), S. 218-219 („Unser täglich Brot gib uns heute", zweites Bild der „Vaterunser"-Trilogie), S. 286-288 („Vergib uns unsere Schuld", drittes Bild der „Vater unser"-Trilogie)
1461 Vgl. dazu in dieser Untersuchung S. 312-314
1462 Vgl. Beenken 1944, s. Anm. 1438, S. 272, 273
1463 Ebd., S. 274
1464 Beenken 1944, s. Anm. 1438, S. 276f.
1465 Beenken 1944, s. Anm. 1438, S. 277
1466 Vgl. Smitmans 1980, s. Anm. 1439, S. 248f.
1467 Vgl. ebd., S. 249f. Das Beenken-Zitat siehe: Beenken 1944, s. Anm. 1438, S. 248
1468 Smitmans 1980, s. Anm. 1439, S. 263f.

Verzeichnis der Bildkunstwerke

1 Edward von Steinle (1810-1886), Schaukelengel, 1861, lavierte Bleistiftzeichnung, weiß gehöht, Abb. in: Alphons M. von Steinle: Edward von Steinle. Des Meisters Gesamtwerk in Abbildungen. Herausgegeben durch Alphons M. von Steinle, Kempten/München 1910, Nr. 224

2 Julius Schnorr von Carolsfeld (1794-1872), Die Kunst realisiert die christliche Idee im Spiegel der Natur, 1858, Holzschschnitt, ca. 10,7 x 10 cm, Heft- und Jahrgangstitelvignette des „Christlichen Kunstblattes für Kirche, Schule und Haus" von Jahrgang 1. 1858/1859 bis Jahrgang 16. 1874, Nr. 6; von 17. 1875 bis 45. 1903 nur noch Jahrgangstitelvignette

3 Carl Gottfried Pfannschmidt (1819-1887), Bund von Religion und Kunst am Altar des Christentums, 1874, Holzschnitt 9,3 x 11,9 cm, Hefttitelvignette des „Christlichen Kunstblattes für Kirche, Schule und Haus" von Jahrgang 16. 1874, Heft 7 bis Jahrgang 45. 1903

4 Max Georg Klinger (1857-1920), Christus unter dem Fuß der Zeit, 1879, Federzeichnung, Abb. in: Die graphischen Künste 44. 1921, S. 20

5 Max Georg Klinger (1857-1920), Integer vitae scelerisque purus, 1885-1900, Stich 39,4 x 30,2 cm, Blatt 1 (Singer Nr. 230) aus: Opus XIII. Vom Tode II, 1909

6 Edward vom Steinle (1810-1886), Madonna mit den Heiligen Adolf, Ida und Johannes, 1871, Aquarell, Abb. in: Alphons M. von Steinle: Edward von Steinle. Des Meisters Gesamtwerk in Abbildungen. Herausgegeben durch Alphons M. von Steinle, Kempten/München 1910, Nr. 150

7 Beuroner Schule, Madonna mit dem hl. Benedikt und der hl. Scholastika, Wandgemälde, Kloster Montecassino, Torretta (Räumlichkeiten des Gründers des Kloster Benedikt von Nursia), Gesamtausmalung 1876-1880, Abb. des Kartons zum Wandgemälde, in: Josef Kreitmaier S.J.: Beuroner Kunst. Eine Ausdrucksform der christlichen Mystik, Freiburg im Breisgau 1921³, Tafel 12

8 Friedrich Georg Papperitz (1846-1918), Madonna, 1886, Zeichnung, Abb. in: Die christliche Kunst, 2. 1905/1906, S. 280

9 Erich Heckel (1883-1970), Ostender Madonna, 1916, farbiger Holzschnitt, Abb. in: Gustav Friedrich Hartlaub: Kunst und Religion. Ein Versuch über die Möglichkeit neuer religiöser Kunst, Leipzig 1919 (= Das neue Bild. Bücher für die Kunst der Gegenwart. Herausgegeben von Carl Georg Heise. Zweiter Band), Tafel 51

10 Der antiklerikale Kampf von Bruno Bauer, David Friedrich Strauß und Ludwig Feuerbach, Anfang der vierziger Jahre des 19. Jahrhunderts, kolorierte Lithographie, Abb. in: Kat. Ausst.: Kunst der bürgerlichen Revolution von 1830 bis 1848/49. Neue Gesellschaft für Bildende Kunst Berlin 1972, Berlin 1973², Katalogheft, Rückseite hinterer Umschlag (Kat. Nr. 22)

11 Louis Ammy Blanc (1810-1885), Die Kirchgängerin, 1834, Öl/Lwd. 112 x 78 cm, Hannover, Niedersächsische Landesgalerie

12 Benjamin Vautier (1829-1898), Kartenspielende Bauern, während des Gottesdienstes von ihren Frauen im Wirtshaus überrascht, 1862, Öl/Lwd. 62 x 90 cm, Leipzig, Museum der bildenden Künste

13 Johann Sperl (1840-1914), Kirchgang am Sonntag, 1890, Öl/Lwd. 53 x 46 cm, Schweinfurt, Sammlung Georg Schäfer

14 Hans Thoma (1839-1924), Adam und Eva, 1897, Öl auf Leinwand, Abb. in: Fritz von Ostini: Thoma, Bielefeld und Leipzig 1910 (= Künstler-Monographien, in Verbindung mit Anderen herausgegeben von H. Knackfuß 46), Nr. 41, S. 47

15 Eduard von Gebhardt (1838-1925), Christus am Kreuz, 1866, Öl/Lwd., Reval, Dom, Abb. in: Adolf Rosenberg: E. von Gebhardt, Bielefeld und Leipzig 1899 (= Künstler-Monographien, in Verbindung mit Andern herausgegeben von H. Knackfuß XXXVIII), Nr. 10, S. 13

16 Matthäus Schiestl (1869-1939), Der Heilige Georg, 1904, Kohlezeichnung, Abb. in: Die christliche, Kunst 3. 1906/1907, S. 138

17 Fritz Kunz (1886-1947), Der Heilige Fridolin, um 1908, Öl auf Leinwand, Abb. in: Die christliche Kunst, 5. 1908/1909, Farbtafel vor S. 97

18 Albert Weisgerber (1878-1915), St. Sebastian, 1910, Öl/Lwd. 122,8 x 104,5 cm, München, Neue Pinakothek

19 Gustav Spangenberg (1828-1891), Luther, die Bibel übersetzend, 1870, Öl/Lwd. 189 x 253 cm, Berlin DDR, Nationalgalerie

20a 20b Edward von Steinle (1810-1886), Konzil unter Karl dem Großen, Karton (Aquarell) für ein historisches Wandbild im Querschiff des Doms zu Frankfurt am Main, Produktion der Kartons 1880-1885, Abb. in: Alphons Maria von Steinle: Edward von Steinle. Des Meisters Gesamtwerk in Abbildungen, Kempten/München 1910, Nr. 695 (linke Hälfte), Nr. 695a (rechte Hälfte)

21 Ernst Karl Georg Zimmermann (1852-1901), Geistliches Konzil, neunziger Jahre des 19. Jahrhunderts, Öl auf Laubholz 54,8 x 75 cm, München, Neue Pinakothek

22 Gabriel von Max (1840-1915), Die Nonne im Klostergarten, 1869, Öl/Lwd. 86,5 x 98 cm, Hamburg, Hamburger Kunsthalle

23 Mathias Schmid (1835-1923), Abgabe der Beichtzettel, 1874, Holzstich 26,5 x 18,7 cm, nach einer Federzeichnung von 1873 von Schmid in: Die Gartenlaube 1874, Nr. 11, S. 175

24 Carl Bantzer (1857-1941), Abendmahl in einer hessischen Dorfkirche, 1889-1892, Öl/Lwd. 161 x 251 cm, Marburg, Universitätsmuseum für Kunst und Kulturgeschichte

25 Arthur Kampf (1864-1950), Einsegnung von Lützows Schwarzen Freiwilligen in der Kirche zu Rogau bei Zobten in Schlesien im Jahre 1813, 1891, Öl/Lwd. 149 x 215 cm, Karlsruhe, Staatliche Kunsthalle

26 Max Liebermann (1847-1935), Leo XIII. erteilt in der Sixtinischen Kapelle den Pilgern den Segen, 1906, Abb. in: Karl Scheffler: Max Liebermann, München 1922, S. 154

27 Franz Hofstötter (geb. 1871), Christus vor Pilatus, um 1912, Wandbild (I. Kreuzwegstation), München, St. Maximilianskirche, Abb. in: Die christliche Kunst, 9. 1912/1913, S. 5

28 Mihály von Munkácsy (1844-1900), Christus vor Pilatus, 1881, Öl/Lwd. 417 x 636 cm, Philadelphia, Sammlung J. Wanamaker

29 Eduard von Gebhardt (1838-1925), Die Hochzeit zu Kana, Wandgemälde in Kaseinfarben im Kloster Loccum, Gesamtausmalung 1884-1891, Abb. in: Adolf Rosenberg: E. von Gebhardt, Bielefeld und Leipzig 1899 (= Künstler-Monographien, in Ver-

bindung mit Andern herausgegeben von H. Knackfuß XXXVIII), Nr. 60, S. 61
30 Fritz von Uhde (1848-1911), Lasset die Kindlein zu mir kommen, 1885, Öl/Lwd. 70 x 93,5 cm, Kiel, Gemäldegalerie der Stiftung Pommern
31 Eugène Burnand (1850-1921), Jesus auf dem Weg nach Golgatha, 1904, Abb. in: David Koch: Eugène Burnand. Album religiöser Kunst, Stuttgart 1910, S. 19
32 Friedrich Georg Papperitz (1846-1918), Kreuztragung, 1883, Abb. in: Die christliche Kunst, 2. 1905/1906, S. 279
33 Lovis Corinth (1858-1925), Kreuztragung, 1909, Öl/Lwd. 140 x 195 cm, Frankfurt am Main, Städel
34 Fritz von Uhde (1848-1911), Das Abendmahl, 1886, Öl/Lwd. 206 x 325 cm, Stuttgart, Staatsgalerie
35 Fritz von Uhde (1848-1911), Tischgebet, 1897, Öl/Lwd. 74 x 60 cm, Darmstadt, Hessisches Landesmuseum
36 Adolph von Menzel (1815-1905), Vor der Kirchentür, 1890, Deckfarbenmalerei 20 x 15 cm, Abb. in: Herbert Voßberg: Kirchliche Motive bei Adolph Menzel, Berlin 1964, S. 77, Nr. 51
37 Fritz von Uhde (1848-1911), Um Christi Rock, 1895, Öl/Lwd. 210 x 315 cm, Abb. in: Hans Rosenhagen: Uhde. Des Meisters Gemälde in 285 Abbildungen, Stuttgart und Leipzig 1908 (= Klassiker der Kunst in Gesamtausgaben, Zwölfter Band), S. 157
38 Peter Janssen (1844-1908), Kommet alle zu mir, Ölgemälde um 1904, Abb. in: Die christliche Kunst, 5. 1908/1909, Tafel vor S. 289
39 Wilhelm von Kaulbach (1805-1874), Der deutsche Michel gewidmet dem tapferen deutschen Volke, 1873, Karton, Kohlezeichnung 205 x 157 cm, Abb. in: Fritz von Ostini: Wilhelm von Kaulbach, Bielefeld und Leipzig 1906 (= Künstler-Monographien, in Verbindung mit Anderen herausgegeben von H. Knackfuß LXXXIV), Nr. 130, S. 115
40 „Auf dem Tanz-Boden der Maigesetze", in: „Kladderadatsch", Nr. 23/24 vom 24. Mai 1874 (27. Jahrgang), S. 96
41 „Die erste Civil-Ehe", in: „Kladderadatsch", Nr. 47/48 vom 11. Oktober 1874 (27. Jahrgang), S. 192
42 „Zwischen Berlin und Rom", in: „Kladderadatsch", Nr. 22/23 vom 16. Mai 1875 (28. Jahrgang), S. 92 oben
43 „In Liebe und Güte", in: „Kladderadatsch", Nr. 47 vom 13. Oktober 1878 (31. Jahrgang), S. 188
44a Herman Wislicenus (1825-1899), Heinrich IV. in Canossa, undatiert, gelbliches Papier auf Leinwand, Kohlezeichnung 147 x 91 cm, Entwurf zur Ausmalung des Kaisersaales in der Goslarer Kaiserpfalz, Abb. in: Monika Arndt: Die Goslarer Kaiserpfalz als Nationaldenkmal. Eine ikonographische Untersuchung, Hildesheim 1976, Nr. 48 (Abbildungsteil)
44b Hermann Freihold Plüddemann (1809-1868), Heinrich IV. in Canossa, 1863, Abb. in: Monika Arndt: Die Goslarer Kaiserpfalz als Nationaldenkmal. Eine ikonographische Untersuchung, Hildesheim 1976, Nr. 76 (Abbildungsteil; es handelt sich um eine Holzschnittproduktion der „Gartenlaube" 1877, Nr. 2, S. 25)
44c August von Heyden (1827-1897), Heinrich IV. in Canossa, Abb. in: Monika Arndt: Die Goslarer Kaiserpfalz als Nationaldenkmal. Eine ikonographische Untersuchung, Hildesheim 1976, Nr. 77 (Abbildungsteil; es handelt sich um eine Abbildung aus: Johannes Scherr: Germania. Zwei Jahrtausende deutschen Lebens, Stuttgart 1876, S. 95)
44d Otto Friedrich (1862-1938), Kaiser Heinrich IV. vor Canossa, 1890, Abb. in: Georg Buchwald/Karl Stockmeyer: Die Geschichte der deutschen Kirche und kirchlichen Kunst im Wandel der Jahrhunderte, Köln o.J., S. 64
45 „Der Mai-Gesetz-Entwurf", in: „Kladderadatsch", Nr. 25 vom 30. Mai 1880 (33. Jahrgang), S. 100 unten
46 Friedrich August von Kaulbach (1850-1920), Lenbach als Maler von Papst Leo XIII., um 1885, Lithographie, zweifarbig, 27,5 x 23,3 cm, Arolsen, Kaulbachmuseum
47 „Das schwarz-rothe Turnier des neunzehnten Jahrhunderts", in: „Kladderadatsch", Nr. 14/15, vom 29. März 1874 (27. Jahrgang), S. 60
48 „Jesuit und Socialdemokrat", in: „Kladderadatsch", Nr. 31 vom 7. Juli 1878 (31. Jahrgang), Erstes Beiblatt, 1. Seite
49a Hermann Wislicenus (1825-1899), Karl der Große zerstört die Irminsäule, 1894-1896, Wandgemälde (Kasein-Farben auf getrocknetem Putz) im Kaisersaal der Goslarer Kaiserpfalz, 340 x 605 cm, Abb. in: Monika Arndt: Die Goslarer Kaiserpfalz als Nationaldenkmal. Eine ikonographische Untersuchung, Hildesheim 1976, Nr. 4 des Tafelteils
49b Hermann Wislicenus (1825-1899), Luther auf dem Reichstag zu Worms 1521, 1894-um 1896, Wandgemälde (Kasein-Farben auf getrocknetem Putz) im Kaisersaal der Goslarer Kaiserpfalz, 340 x 605 cm, Abb. in: Monika Arndt: Die Goslarer Kaiserpfalz als Nationaldenkmal. Eine ikonographische Untersuchung, Hildesheim 1976, Nr. 11 des Tafelteils
49c Hermann Wislicenus (1825-1899), Wiedererstehung des Deutschen Reiches, 1880-1882, Wandgemälde (Kasein-Farben auf getrocknetem Putz) im Kaisersaal der Goslarer Kaiserpfalz, 720 x 710 cm, Abb. in: Monika Arndt: Die Goslarer Kaiserpfalz als Nationaldenkmal. Eine ikonographische Untersuchung, Hildesheim 1976, Nr. 38 des Tafelteils
50 Emil Schwabe (1859- ?), Ungelöste Fragen, 1887, Öl/Lwd. 75 x 120 cm, Düsseldorf, Kunstmuseum
51 „Der neue Sündenfall", in: „Kladderadatsch", Nr. 29/30 vom 26. Juni 1870 (23. Jahrgang), S. 117
52 „Schreckliche Folgen", in: „Kladderadatsch", Nr. 22 vom 17. Mai 1874 (27. Jahrgang), S. 88 oben
53 „Schach-Turnier zwischen Berlin und Rom", in: „Kladderadatsch", Nr. 2 vom 11. Januar 1874 (27. Jahrgang), S. 8 oben
54 Wilhelm von Kaulbach (1805-1874), Tempelaustreibung, um 1869, gezeichneter Karton, Abb. in: Fritz von Ostini: Wilhelm von Kaulbach, Bielefeld und Leipzig 1906 (= Künstler-Monographien, in Verbindung mit Anderen herausgegeben von H. Knackfuß LXXXIV), Nr. 117, S. 104
55 Friedrich Geselschap (1835-1898), Der Kardinal, 1868, Federzeichnung, laviert, Abb. in: Max Jordan: Geselschap, Bielefeld und Leipzig 1906 (= Künstler-Monographien, in Verbindung mit Anderen herausgegeben von H. Knackfuß LXXXVI), Nr. 1, S. 4
56 Wilhelm von Kaulbach (1805-1874), Christenverfolgung unter Nero, 1872, Grisaille, Abb. in: Fritz von Ostini: Wilhelm von Kaulbach, Bielefeld und Leipzig 1906 (= Künstler-Monographien, in Verbindung mit Anderen herausgegeben von H. Knackfuß LXXXIV), Nr. 135
57 Heinrich Stelzner (1833-1910), Verfolgte Protestanten halten in einem unterirdischen Gewölbe Gottesdienst ab, um 1880, Abb. in: Georg Buchwald/Karl Stockmeyer: Die Geschichte der deutschen Kirche und kirchlichen Kunst im Wandel der Jahrhunderte, Köln o.J., S. 192
58a Fritz Neuhaus (geb. 1852), König Friedrich Wilhelm I. begegnet Salzburger Emigranten, 1882, Abb. in: C. Werckshagen (Hrsg.): Der Protestantismus in seiner Gesamtgeschichte bis zur Gegenwart in Wort und Bild. Zweite verbesserte Auflage. II. Band, Kassel/Reutlingen o.J., Tafel nach S. 732
58b Adolph von Menzel (1815-1905), Die einwandernden Salzburger Protestanten 1732, 1836, Lithographie 28,8 x 36,5 cm, aus: Denkwürdigkeiten aus der Brandenburgisch-Preußischen Geschichte. In sechzehn Blättern. Komponiert und lithographiert von Adolph von Menzel. Mit erläuterndem Text von Dr. Friedländer. Herausgegeben von Sachse & Co., Kunst-Verlagshandlung in Berlin, Berlin 1836

59 Hugo Vogel (1855-1934), Der große Kurfürst empfängt französische Refugiés, 1885, Abb. in: Georg Buchwald/Karl Stockmeyer: Die Geschichte der deutschen Kirche und kirchlichen Kunst im Wandel der Jahrhunderte, Köln o.J., S. 207
60 Albert Anker (1831-1910), Protestantische Flüchtlinge, 1886, Öl/Lwd. 81 x 65 cm, Privatbesitz, Abb. in: Franz Zelger: Heldenstreit und Heldentod. Schweizerische Historienmalerei im 19. Jahrhundert, Zürich/Freiburg im Breisgau 1973, Nr. 57, S. 159
61 Wilhelm Busch (1832-1908), Pater Filuzius, Illustration (Strichzeichnung) aus: Pater Filuzius, 1872, Abb. in: Wilhelm Busch. Gesamtausgabe in vier Bänden. Herausgegeben von Friedrich Bohne. Band II, Wiesbaden o.J., S. 366
62 Wilhelm Busch (1832-1908), Inter-Nazi und Jean Lecaq, Illustration (Strichzeichnung) aus: Pater Filuzius, 1872, Abb. in: Wilhelm Busch. Gesamtausgabe in vier Bänden. Herausgegeben von Friedrich Bohne. Band II, Wiesbaden o.J., S. 370
63 Wilhelm von Lindenschmit d.J. (1829-1895), Gründung der Gesellschaft Jesu, siebziger Jahre (?), Abb. in: Georg Buchwald/Karl Stockmeyer: Die Geschichte der deutschen Kirche und kirchlichen Kunst im Wandel der Jahrhunderte, Köln o.J., S. 173
64 Beuroner Schule, Kreuzigung in der St. Mauruskapelle beim Kloster Beuron, Gesamtgestaltung der Kapelle 1868-1870. Entwürfe: P. Desderius Lenz. Ausführung: P. Desiderius Lenz, P. Gabriel Wüger, P. Lucas Steiner
65 Eduard Karl Franz von Gebhardt (1838-1925), Die Kreuzigung Christi 1873, Öl/Lwd. 178,5 x 122,5 cm, Hamburg, Hamburger Kunsthalle
66 Beuroner Schule, Madonna über dem Eingang der St. Mauruskapelle beim Kloster Beuron, Gesamtgestaltung der Kapelle 1868-1870, Entwürfe: P. Desiderius Lenz. Ausführung: P. Desiderius Lenz, P. Gabriel Wüger, P. Lucas Steiner
67 Ernst Deger (1809-1885), Madonna, Abb. 35 in: Kat. Ausst.: Ausstellung für Christliche Kunst Düsseldorf 1909. Unter dem Protektorat Seiner Kaiserlichen und Königlichen Hoheit des Kronprinzen des Deutschen Reiches und von Preussen, Düsseldorf 1909
68 Wilhelm Busch (1832-1908), Mariae Bildnis, aus der Bildgeschichte „Der heilige Antonius von Padua", Fassung des „Hl. Antonius" als kolorierte Mönchshandschrift, Frankfurt/Main 1871 (für Johanna Keßler), Frankfurt/Main, Städel. Abb. in: Wilhelm Busch: Was beliebt ist auch erlaubt. Herausgegeben von Rolf Hochhuth, Gütersloh o.J. (1959), (= Wilhelm Busch. Sämtliche Werke und eine Auswahl der Skizzen und Gemälde in zwei Bänden. Zweiter Band), S. 47
69 Johann Friedrich Overbeck (1789-1869), Der Triumph der Religion in den Künsten (1832-1840), Öl/Lwd. 389 x 390 cm, Frankfurt/Main, Städel
70 Johann Friedrich Overbeck (1789-1869), Die Religion, Ausschnitt aus dem Gemälde Nr. 69
71 Edward Jakob von Steinle (1810-1886), Madonna an der Mauer, 1878, Aquarell, abgebildet in: Alphons Maria von Steinle: Edward von Steinle. Des Meisters Gesamtwerk in Abbildungen, Kempten/München 1910, Abb. 157
72 Eduard Kaempffer (1859-?) Tannhäuser vom Papste verflucht, 1859, vgl. Angabe in: Thieme-Becker Künstlerlexikon, Band 19. Leipzig 1926, S. 416, l. Sp.
73 Otto Knille (1832-1908), Venus und Tannhäuser, 1873, Öl/Lwd. 269 x 283 cm, Berlin DDR, Nationalgalerie
74 Wilhelm Busch (1832-1908), Mariä Bildnis, aus der Bildgeschichte „Der heilige Antonius von Padua" (1870), Abb. in: Wilhelm Busch. Gesamtausgabe in vier Bänden. Herausgegeben von Friedrich Bohne, Band II, Wiesbaden o.J., S. 88
75 Wilhelm Busch (1832-1908), Doktor Alopecius und das Bauernmädchen, aus der Bildgeschichte „Der heilige Antonius von Padua" (1870), Abb. in: Wilhelm Busch. Gesamtausgabe in vier Bänden. Herausgegeben von Friedrich Bohne. Band II, Wiesbaden o.J., S. 97
76 Wilhelm Busch (1832-1908), Bestrafung des Doktor Alopecius, aus der Bildgeschichte „Der heilige Antonius von Padua" (1870), Abb. in: Wilhelm Busch. Gesamtausgabe in vier Bänden. Herausgegeben von Friedrich Bohne. Band II, Wiesbaden o.J., S. 101
77 Wilhelm Busch (1832-1908), Trinkende Mönche, aus der Bildgeschichte „Der heilige Antonius von Padua" (1870), Abb. in: Wilhelm Busch. Gesamtausgabe in vier Bänden. Herausgegeben von Friedrich Bohne. Band II, Wiesbaden o.J., S. 105
78 „Goldklar", von Eduard von Grützner (1846-1925), Abb. in: Fritz von Ostini: Grützner, Bielefeld und Leipzig 1902, Abb. 13, S. 18
79 Caspar David Friedrich (1774-1840), Der Mönch am Meer, um 1810, Öl/Lwd. 110 x 171,5 cm, Berlin (West), Verwaltung der Staatlichen Schlösser und Gärten, Schloß Charlottenburg
80 Wilhelm Busch (1832-1908), Der heilige Antonius als Eremit, aus der Bildgeschichte „Der heilige Antonius von Padua" (1870), Abb. in: Wilhelm Busch. Gesamtausgabe in vier Bänden. Herausgegeben von Friedrich Bohne. Band II, Wiesbaden o.J., S. 132
81 Wilhelm Busch (1832-1908), Titelbild der Erstausgabe des „Heiligen Antonius von Padua" (1870), Abb. in: Wilhelm Busch. Gesamtausgabe in vier Bänden. Herausgegeben von Friedrich Bohne. Band II, Wiesbaden o.J., S. 75
82 Wilhelm Busch (1832-1908), Die Zwillinge, aus der Bildgeschichte „Die fromme Helene" (1872), Abb. in: Wilhelm Busch. Gesamtausgabe in vier Bänden. Herausgegeben von Friedrich Bohne. Band II, Wiesbaden o.J., S. 272
83 Wilhelm Busch (1832-1908), Morgentoilette des Vetters Franz, aus der Bildgeschichte „Die fromme Helene" (1872), Abb. in: Wilhelm Busch. Gesamtausgabe in vier Bänden. Herausgegeben von Friedrich Bohne. Band II, Wiesbaden o.J., S. 216
84 „Am Beichtstuhl" (1874), Holzstich 25,1 x 18,6 cm, nach einem Ölgemälde von Heinrich von Angeli (1840-1925), Illustration in: Die Gartenlaube 1874, Nr. 9, S. 151
85 Alexander Bertrand (geb. 1877), Diener des Herrn, Abb. 54 in: Kat. Ausst.: Ausstellung für Christiche Kunst Düsseldorf 1909. Unter dem Protektorat Seiner Kaiserlichen und Königlichen Hoheit des Kronprinzen des Deutschen Reiches und von Preussen, Düsseldorf 1909
86 Fidus (Hugo Höppener, 1868-1948), Pax vobiscum, 1910, Aquarell, Abb. in: Janos Frecot / Johann Friedrich Geist / Diethard Kerbs: Fidus 1868-1948. Zur ästhetischen Praxis bürgerlicher Fluchtbewegungen, München 1972, Abb. 36, S. 454
87 „Zur Enthüllungsfeier des Hermanns-Denkmals am 16. August 1875. Gegen Rom". Karikatur in: Kladderadatsch, 28. 1875, Nr. 37/38 vom 15. August, S. 152
88 Wilhelm von Kaulbach (1805-1874), Das Zeitalter der Reformation, 1863-1864, Wadgemälde im Treppenhaus des Neuen Museums in Berlin (Kriegsverlust), Abb. in: Karl Frenzel: Die Wandgemälde W. von Kaulbach's im Treppenhaus des Neuen Museums zu Berlin, Berlin 1872, Tafel 859. Hier: Radierung von Eduard Eichens, 1867, 54,2 x 68,4 cm
89 Carl Friedrich Lessing (1808-1880), Disputation zwischen Luther und Eck auf der Pleißenburg zu Leipzig 1519, 1867, Öl/Lwd. 308 x 438 cm, Karlsruhe, Staatliche Kunsthalle
90 Carl Friedrich Lessing (1808-1880), Hussitenpredigt, 1836, Öl/Lwd. 230 x 290 cm, Berlin (West), Nationalgalerie
91 Anonym: Lutherus Triumphans, 1568, Holzschnitt, 21,9 x 33,2 cm, Coburg, Kunstsammlungen der Veste Coburg
92 Lucas Cranach d.J. (1515-1586), Die falsche und die rechte Kirche, um 1546 (Unikat), 27,8 x 38,8 cm, Dresden, Staatliche Kunstsammlungen, Kupferstich-Kabinett
93 Ludwig Seitz (1844-1908), Thomas von Aquin und die Kirche,

achtziger Jahres des 19. Jahrhunderts, Deckengemälde im Vatikan, Abb. in: Die christliche Kunst, 5. 1908/1909, S. 165

94 Raffael Morghen (1758-1833), Kupferstich nach dem „Abendmahl" von Leonardo da Vinci, 1800, 54,5 x 95,5 cm, Düsseldorf, Kunstmuseum

95 Albrecht Dürer (1471-1528), Die Heiligen Johannes und Petrus, 1526, Öl auf Holz 216 x 76 cm; Die Heiligen Markus und Paulus, 1526, Öl auf Holz 215 x 76 cm (genannt: „Die vier Apostel"), München, Alte Pinakothek

96 Raffaello Santi (1483-1520), Die Schule von Athen, 1511, Fresko, Rom, Vatikan, Musei Vaticani, Stanza della Segnatura

97 Gustav Adolph Spangenberg (1828-1891), Luther im Kreise seiner Familie, 1866, Öl/Lwd. 125 x 179 cm, Leipzig, Museum der bildenden Künste

98 Adolph von Menzel (1815-1905), Luther als Familienvater, Lithographie 27 x 34,5 cm, aus: Luthers Leben. Ein Bilderbuch für die Jugend. In 13 Blättern (Steindrucke). Erschienen bei S. Sachse & Co., Berlin 1830

99 Carl August Schwerdgeburth (1785-1878), Luther im Kreise seiner Familie am Christabend 1536, 1843, Stahlstich, Bildgröße: 17,05 x 24,4 cm, Veste Coburg, Kunstsammlungen

100 Gustav Spangenberg (1828-1891), Frau Cotta nimmt den jungen Martin Luther in ihr Haus auf, 1872. Abb. nach einer Fotografie, in: Bernhard Rogge (1909[6]), s. Anm. 299, Taf. nach S. 52

101 Konrad Weigand (1842-1897), Luthers Hochzeitsfeier zu Wittenberg, Abb. in: Bernhard Rogge (1909[6]), s. Anm. 299, Taf. nach S. 168 (Holzstich) sowie als fotografische Reproduktion in: Die Kunst unserer Zeit, 8. 1897, zweite Taf. nach S. 72

102 Carl August Schwerdgeburth (1785-1878), Dr. Martin Luther's Vermählung am 13. Juni 1525 zu Wittenberg, 1849, Stahlstich, Bildgröße: 16,9 x 23,9 cm, Veste Coburg, Kunstsammlungen

103 Heinrich Stelzner (1833-1910), Cranach malt Luther, ca. 1880, Öl/Lwd. 138 x 187 cm, München, Neue Pinakothek

104 Wilhelm Beckmann (geb. 1852), Luther nach seiner Rede auf dem Reichstag zu Worms, um 1885/1886, Öl/Lwd. 248 x 354 cm, Berlin DDR, Nationalgalerie, Abb. in: Bernhard Rogge: Illustrierte Geschichte der Reformation in Deutschland. Volkstümlich dargestellt, Hersfeld 1909[6], Tafel nach S. 114 (Holzstichreproduktion)

105 Hugo Vogel (1855-1934), Luther predigt auf der Wartburg, 1882, Öl/Lwd. 182,5 x 236,5 cm, Hamburg, Hamburger Kunsthalle

106 Peter Janssen (1844-1908), Die Reformatoren ziehen zum Religionsgespräch ein, empfangen von Philipp dem Großmütigen. 1529 (Titel nach dem Schriftzug am unteren Rand des Wandbildes), Gesamtausmalung 1895-1903, Kaseinfarben auf Leinwand 505 x 730 cm, Marburg, Aula der Alten Universität

107 Carl Gustav Hellqvist (1851-1890), Sancta simplicitas, 1887, Abb. in: Ludwig Pietsch: Die Malerei auf der Münchener Jubiläums-Kunst-Ausstellung 1888. Photogravüre-Ausgabe mit begleitendem Text, München 1888, Tafel nach S. 70.

108 Carl Friedrich Lessing (1808-1880), Huß vor dem Scheiterhaufen, 1850, Öl/Lwd. 360 x 553 cm, ehemals Berlin, Nationalgalerie, Verlust im Zweiten Weltkrieg

109 Otto Knille (1832-1908), Das Reformationszeitalter, Öl/Lwd. 153 x 558 cm, 1882, Berlin (West), Nationalgalerie (Fries für die Berliner Universitätsbibliothek, Ausführung der vier Friese 1875-1884)

110 Carl Gehrts (1853-1898), Die Kunst der Renaissance, 1887, Öl/Lwd. 46,5 x 114 cm, Düsseldorf, Kunstmuseum

111 Karl Hoff nach Franz Pforr (1788-1812), Dürer und Raffael vor dem Thron der Kunst, Stich, 13,7 x 21,4 cm, Frankfurt/Main, Städel (Inv.-Nr. 13690)

112 Dürers Verklärung, Kupferstich, handkoloriert 33 x 24 cm von Philipp Walter nach einem Transparent „Dürers Verklärung" von Adam Eberle zum Dürerfest 1828 in Nürnberg (Todesjahr Dürers), Nürnberg, Stadtgeschichtliches Museum, Inv.-Nr. St.B. o.Nr.

113 Philipp Veit (1793-1877), Die Einführung der Künste in Deutschland durch das Christentum, Mittelbild eines dreiteiligen Gemäldes, 1834-1836 ausgeführt, Fresko, auf Leinwand übertragen 284 x 611,5 cm, Frankfurt/Main, Städel

114 Philipp Veit (1793-1877), Allegorische Figur der Italia, linkes Teilbild der „Einführung der Künste in Deutschland durch das Christentum", Fresko, auf Leinwand übertragen 284,5 x 191 cm, Frankfurt/Main, Städel

115 Philipp Veit (1793-1877), Allegorische Figur der Germania, rechtes Teilbild der „Einführung der Künste in Deutschland durch das Christentum", Fresko, auf Leinwand übertragen 285 x 192 cm, Frankfurt/Main, Städel

116 Carl Gehrts (1853-1898), Die Kunst des Altertums, 1887, Öl/Lwd. 46,5 x 114 cm, Düsseldorf, Kunstmuseum

117 Otto Knille (1832-1908), Athenische Jugendbildung, Öl/Lwd. 151,5 x 634 cm (Fries für die Berliner Universitätsbibliothek, Ausführung der vier Friese 1875-1884, vgl. Nr. 109). Die Maße nennt von Donop in seiner Rezension der Friese: „Knille's Gemälde in der Universitäts-Bibliothek", in: Henry Thode (Hrsg.): Der Kunstfreund, Berlin 1885 (1. 1885, No. 1), S. 101-102, hier S. 101. – Abb. in: Die Kunst für Alle, 2. 1886/1887, S. 135.

118 Wilhelm von Kaulbach (1804-1874), Die Blüte Griechenlands, Wandgemälde im Treppenhaus des Neuen Museums in Berlin (Kriegsverlust), 1852, Abb. in: Karl Frenzel: Die Wandgemälde W. von Kaulbach's im Treppenhaus des Neuen Museums zu Berlin, Berlin 1872, Tafel 855

119 Ferdinand Hodler (1853-1918), Der Reformationsschwur der Hannoveraner Bürger am 26. Juni 1533, 1913-1914, Öl/Lwd. 475 x 1517 cm, Hannover, Rathaus

120 Louis Gallait (1810-1887), Die Abdankung Kaiser Karls V. 1555, 1841, Öl/Lwd. 485 x 683 cm, Brüssel, Koninklijk Instituut voor het Kunstpatrimonium

121 Edouard de Biève (1808-1882), Kompromiß der niederländischen Edlen 1566, 1841, Öl/Lwd. 482 x 680 cm, Brüssel Koninklijk Instituut voor het Kunstpatrimonium

122 Karl Theodor von Piloty (1824-1886), Die Gründung der katholischen Liga 1609, 1853, Öl/Lwd. 378 x 522 cm, München, Maximilaneum

123 Karl Theodor von Piloty (1824-1886), Seni an der Leiche Wallensteins, 1855, Öl/Lwd. 312 x 364 cm, München, Neue Pinakothek

124 Ferdinand Hodler (1853-1918), Der Rütlischwur, 1896/1897, Bleistift, Tusche und Sepia, auf Papier, auf Karton aufgezogen, 14,2 x 24,9 cm, Zürich, Kunsthaus; vgl. auch: Ferdinand Hodler, Der Rütlischwur, 1896. Bleistift und Pinsel mit Sepia und China-Tusche auf Papier, 14,2 x 24,9 cm, Genf, Musée d'Art et d'Histoire

125 Heinrich Füßli (1741-1825), Der Rütlischwur, 1779-1781, Öl/Lwd., 267 x 178 cm, Zürich, Rathaus

126 Jacques Louis David (1748-1825), Der Schwur im Ballhaus, 1791, Federzeichnung, mit Bister laviert, 65 x 105 cm, Paris, Musée National du Louvre

127 Gustav Metz (1817-1853), Der Graf Helfenstein wird im Bauernkrieg gefangen und gefesselt aus seiner Burg weggeführt, 1844, Öl/Lwd., 200 x 241 cm, ehemals Hannover, Provinzialmuseum, Standort unbekannt, Abb. in: Julius von Pflugk-Harttung (Hrsg.): Im Morgenrot der Reformation, Hersfeld 1912, Tafel nach S. 200

128 Raffael (Raffaello Santi, 1483-1520), Der Brand im Borgo, 1514/1515, Fresko, an der Basis 697 cm, Rom, Palazzo Vaticano, Stanza dell'Incendio

129 Peter Paul Rubens (1577-1640), Kreuzaufrichtungs-Triptychon, 1610-1611, Öl auf Holz, Mitteltafel 462 x 341 cm, Flügel je 462 x 150 cm, Antwerpen, Onze Lieve Frouwe-Kerk (Kathedrale)
130 Eugène Delacroix (1798-1863), Die Freiheit führt das Volk an (Der 28. Juli 1830), 1830, Öl/Lwd., 260 x 325 cm, Paris, Musée National du Louvre
131 Matthäus Merian d. Ä. (1593-1650), Die Gräfin Helfenstein bittet die aufständischen Bauern vergeblich um das Leben ihres Gatten, 1633, Handzeichnung, Feder, dunkelbraun, grau laviert, ca. 10,6 x 14 cm, Berlin DDR, Staatliche Museen, Kupferstichkabinett. – Abb. in: Lucas Heinrich Wüthrich: Die Handzeichnungen von Matthaeus Merian d.Ae. Unter Berücksichtigung der fraglichen und falschen Zuschreibungen sowie der Gemälde, nebst einem Exkurs über die Werke der Monogrammisten MM um 1610 (Michael Müller II oder Matthaeus Merian?). Mit 150 Abbildungen, Basel 1963, Abb. 66 (Tafelteil)
132 Rudolf Hofmann (1820-1882), Die Gräfin Helfenstein bittet um das Leben ihres Gatten, 1850, Öl/Lwd., 152 x 159 cm, Darmstadt, Hessisches Landesmuseum
133 Gustav König (1808- 1869), Luther predigt in Seeburg gegen den Bauernkrieg, 1851, Stahlradierung, 11 x 12,2 cm (Bild), Coburg, Kunstsammlungen der Veste Coburg
134 Julius Hamel (1834-1907), Die Gräfin Helfenstein fleht Jäcklein Rohrbach um Gnade für ihren Mann, den Grafen Ludwig Helferich von Helfenstein, 1878, Öl/Lwd., 146 x 201 cm, Frankfurt am Main, Städelsches Kunstinsitut
135 Fritz Neuhaus (1852-1922), Die Gräfin Helfenstein versucht den Tod durch das Spieß-Laufen von ihrem Gatten abzuwenden, 1879, Öl/Lwd., 163 x 239 cm, Düsseldorf, Kunstmuseum
136 Käthe Kollwitz (1867-1945), Losbruch, 1903, Blatt 5 des Zyklus „Bauernkrieg", Radierung mit Ausspreng-Verfahren, Stoffdruchdruck und Aquatinta 50,7 x 59,2 cm, Klipstein 66
137 Käthe Kollwitz (1867-1945), Die Pflüger, 1906, Blatt 1 des Zyklus „Bauernkrieg" (1903-1908), Radierung (Strichätzung und Aquatinta), 31,4 x 45,3 cm (Klipstein-Verzeichnis Nr. 94)
138 Käthe Kollwitz (1867-1945), Pflugzieher, um 1902, Kohlezeichnung, 46 x 34 cm (Bild), 61,5 x 47,5 cm (Blatt), Stuttgart, Staatsgalerie Stuttgart, Graphische Sammlung
139 Max Klinger (1857-1920), Elend (1892), Blatt 7 aus: „Opus XIII. Vom Tode II", 1909, Radierung und Stich, Platte 39,8 x 31,5 cm (Singer-Verzeichnis Nr. 236)
140 Théophile Steinlen (1859-1923), Heute! (Ausbeutung), 1894, Lithographie, 34 x 32 cm (als Buchdruck-Illustration reproduziert auf der Titelseite von „Le Chambart Socialiste", 2. 1894, Nr. 16 vom 31. März), Genf, Petit Palais
141 Käthe Kollwitz (1867-1945), Bewaffnung in einem Gewölbe, 1906, Blatt 4 des Zyklus „Bauernkrieg" (1903-1908), Radierung (Strichätzung und Druchdruckverfahren), 49,7 x 32,9 cm (Klipstein-Verzeichnis Nr. 95)
142 Georges Rochegrosse (1859-1938), Jacquerie der Monate Mai und Juni 1358, 1885, Öl/Lwd., Standort unbekanant, Abb. in: Die Kunst für Alle, 1. 1885/1886, Doppeltafel nach S. 40.
143 Käthe Kollwitz (1867-1945), Die Gefangenen, 1908, Blatt 7 des Zyklus „Bauerkrieg" (1903-1908), Radierung (Strichätzung und Stoffdurchdruckverfahren), 32,7 x 42,3 cm (Klipstein-Verzeichnis Nr. 98)
144 Max Klinger (1857-1920), Die Kreuzigung Christi, 1890, Öl/Lwd., 215 x 465 cm, Leipzig, Museum der bildenden Künste
145 Julius Schnorr von Carolsfeld (1794-1872), Jesu Tod am Kreuze, 1860, Holzschnitt, 21,9 x 26 cm, aus: Die Bibel in Bildern. 240 Darstellungen, erfunden und auf Holz gezeichnet von Julius Schnorr von Carolsfeld, Leipzig 1860, Blatt 216 (Neudruck als Reproduktionen Zürich 1972)
146 Franz von Stuck (1863-1928), Kreuzigung Christi, 1892, Tempera auf Lwd. 253 x 282 cm, Stuttgart, Staatsgalerie
147 Edward von Steinle (1810-1886), Longinus, die Seite des Gekreuzigten durchstechend, 1885, Aquarell, Abbildung in: Alphons M. von Steinle (Hrsg.): Edward von Steinle. Des Meisters Gesamtwerk in Abbildungen, Kempten/München 1910, Abb. 87
148 Gottlieb Schick (1776-1812), Christus erblickt im Traum das Kreuz, 1810, Öl/Lwd. 29 x 35 cm, Privatbesitz. Vgl. Kat. Ausst.: Gottlieb Schick. Ein Maler des Klassizismus. Staatsgalerie Stuttgart, Stuttgart 1976, S. 166, Abb. S. 167
149 Max Klinger (1857-1920), Aktstudie zur Maria Magdalena der „Kreuzigung Christi", schwarze Kreide, um 1889, Dresden, Staatliche Kunstsammlungen, Kupferstichkabinett
150 Max Klinger (1857-1920), Magdalena (Kopf), 1889, Kohle, Deckfarbe 48 x 32 cm, Dresden, Staatliche Kunstsammlungen, Kupferstichkabinett
151 Max Klinger (1857-1920), Urteil des Paris, 1885-1887, Öl/Lwd., Skulpturen in der Sockelzone aus bemaltem Gips, Rahmung aus Holz, 320 x 720 cm, Wien, Neue Galerie des Kunsthistorischen Museums
152 Mihály Munkácsy (1844-1900), Golgatha, 1883/84, Öl/Lwd. 460 x 712 cm, Philadelphia, Sammlung Wanamaker
153 Adolph von Menzel (1815-1905), Der Christusknabe im Tempel, 1851, Pastell und Gouache auf Papier 43 x 58 cm, Hamburg, Hamburger Kunsthalle
154 Bruno Piglhein (1848-1894), Panorama der Kreuzigung Christi, 1885-1886 (Ausschnitt), Abb. in: Richard Muther: Geschichte der Malerei im XIX. Jahrhundert. Dritter Band, München 1894, S. 427
155 Gebhard Fugel (1893-1939), Der Kreuzestod Christi, Hauptteil des Panoramas in Altötting, vollendet 1903, Abb. in: Die christliche Kunst, 3. 1906/1907, Tafel zwischen S. 56 und 57
156 Max Klinger (1857-1920), Pietà, 1890, Öl/Lwd. 150 x 205 cm, Dresden, Gemäldegalerie Neue Meister (Kriegsverlust)
157 Karl von Piloty (1824-1886), Thusnelda im Triumphzug des Germanicus, 1873, Öl/Lwd. 490 x 710 cm, München, Neue Pinakothek
158 Wilhelm Trübner (1851-1917), Kreuzigung, 1878, Öl/Lwd. 110 x 96 cm, Abb. in: Josef August Beringer: Trübner. Des Meisters Gemälde in 450 Abbildungen, Stuttgart/Berlin 1917 (= Klassiker der Kunst in Gesamtausgaben, sechsundzwanzigster Band), S. 115
159 Beuroner Schule, Kreuzigung, XII. Kreuzwegstation in der Marienkirche zu Stuttgart, achtziger Jahre des 19. Jahrhunderts, Abb. in: Josef Kreitmaier S.J.: Beuroner Kunst. Eine Ausdrucksform der christlichen Mystik, Freiburg i.Br. 1923[5], Tafel 18
160 Eduard Karl Franz von Gebhardt (1839-1925), Kreuzigung Christi, um 1884, Öl/Lwd. 130 x 73 cm, München, Neue Pinakothek
161 Bruno Piglhein (1848-1894), Moritur in Deo, 1879, Öl/Lwd. 340 x 240 cm, Berlin DDR, Nationalgalerie
162 Ludwig Glötzle (geb. 1847), Golgatha, 1893, Abb. in: Die christliche Kunst, 8. 1911/1912, Farbtafel vor S. 121; Die Kunst für Alle, 9. 1893/1984, Tafel nach S. 196
163 Max Klinger (1857-1920), Christus im Olymp, 1890-1897, Öl/Lwd., verschiedene Arten Marmor für den Sockel und die beiden Skulpturen, Rahmung und die Bildfelder teilenden Palmstämme aus Holz 550 x 900 cm, als Leihgabe der Neuen Galerie des Kunsthistorischen Museums Wien im Museum der bildenden Künste Leipzig (im Krieg stark beschädigt)
164 Joseph Hauber (1766-1834), Parisurteil, 1819, Öl auf Holz 61,2 x 79,3 cm, München, Neue Pinakothek
165 Anselm Feuerbach (1829-1880), Das Urteil des Paris, 1870, Öl/Lwd. 228 x 443 cm, Hamburg, Hamburger Kunsthalle

166 Hans von Marées (1837-1887), Urteil des Paris, 1880-1881, Öl auf Holz, Mittelbild („Die drei Frauen") 138 x 180 cm, rechter Flügel „Entführung der Helena") 105 x 180 cm, linker Flügel („Paris und Merkur") 105 x 180 cm, Berlin DDR, Nationalgalerie

167 Otto Greiner (1869-1916), Das Parisurteil, 1892, Lithographie, Abb. in: Julius Vogel: Otto Greiner, Bielefeld und Leipzig 1925 (= Künstler-Monographien. Begründet von H. Knackfuß 114), Nr. 24, S. 17

168 Wilhelm Trübner (1851-1917), Das Paris-Urteil, 1899, Öl/Lwd. 78 x 92 cm, Abb. in: Alfred Koeppen: Die moderne Malerei in Deutschland, Bielefeld und Leipzig 1924 (= Kulturgeschichtliche Monographien. In Verbindung mit Anderen herausgegeben von Hanns v. Zobeltitz 7), Nr. 15, S. 16

169 Lovis Corinth (1858-1925), Urteil des Paris, 1907, Öl/Lwd. 120 x 140 cm, Dresden, Gemäldegalerie Neue Meister

170 Thomas Theodor Heine (1867-1948), Im Berliner Verein für Nacktkultur. Das Urteil des Paris, Abb. in: Richard Christ (Hrsg.): Simplicissimus 1896-1914, Berlin DDR 1978[2], S. 155

171 Otto Friedrich Theodor von Moeller (1812-1874), Johannes predigt auf Patmos den Bacchosdienern, um 1856, Abb. in: Wilhelm Neumann: Baltische Maler und Bildhauer des XIX. Jahrhunderts. Biographische Skizzen mit den Bildnissen der Künstler und Reproduktionen nach ihren Werken, Riga 1902, S. 60; das Gemälde wurde 1856 der Akademie von St. Petersburg eingesandt

172 Ferdinand Keller (1842-1922), Kaiser Wilhelm, der siegreiche Begründer des Deutschen Reiches, 1888, Öl/Lwd. 500 x 700 cm, Berlin DDR, Nationalgalerie

173 Anton Alexander von Werner (1843-1915), Die Kaiserproklamation am 18. Januar 1871 im Spiegelsaal des Schlosses zu Versailles, erste Fassung 1877, Öl/Lwd. ehemals Berlin, Schloß; zweite Fassung 1885, Öl/Lwd. 167 x 202 cm, Friedrichsruh, Bismarckmuseum

174 Hans Makart (1840-1884), Einzug Karls V. in Antwerpen, 1878, Öl/Lwd. 520 x 952 cm, Hamburg, Hamburger Kunsthalle

175 Arthur Kampf (1864-1950), Einzug Ottos I. des Großen in Magdeburg nach Niederwerfung der Slawen und Wenden, 1906, Wandgemälde, Magdeburg, Kaiser-Friedrich-Museum, Abb. in: Hans Rosenhagen: Arthur Kampf, Bielefeld/Leipzig 1922 (= Künstler-Monographien. Begründet von H. Knackfuß 112), S. 63, Nr. 64

176 Max Klinger (1857-1920), Überfall an der Mauer, 1877, Öl auf Holz, 37,7 x 86 cm, Berlin DDR, Nationalgalerie

177 Max Klinger (1857-1920), Narcissus und Echo I, Blatt 7 des Zyklus „Opus II. Rettungen Ovidischer Opfer", 1878, Radierung (Strichätzung und Aquatinta), Platte 29,7 x 41,2 cm (Singer 31 VI)

178 Max Klinger (1857-1920), Märztage III, 1882, Blatt 10 aus: „Opus IX. Dramen", 1883, Radierung (Strichätzung und Aquatinta), Platte 45,2 x 31,9 cm (Singer 156)

179 Max Klinger (1857-1920), Christus und die Sünderinnen, Blatt 13 des Zyklus „Opus VIII. Ein Leben", 1884, Radierung und Stich, Platte 29,7 x 40,8 cm (Singer 139 VII)

180 Max Klinger (1857-1920), Ein Schritt, Blatt 2 aus: „Opus IX. Dramen", 1883, Radierung, Platte 45,1 x 28 cm (Singer 148)

181 Max Klinger (1857-1920), Auf der Straße, Blatt 9 von: „Opus VIII. Ein Leben", 1884, Radierung (Strichätzung und Aquatinta), Platte 29,3 x 17,7 cm (Singer 135)

182 Max Klinger (1857-1920), Gefesselt, Blatt 11 von: „Opus VIII. Ein Leben", 1884, Radierung (Strichätzung und Aquatinta), Platte 29,4 x 20,7 cm (Singer 137)

183 Max Klinger (1857-1920), Titanen, Blatt 20 aus: „Opus XII. Brahmsphantasie", 1894, Radierung, Stich, Schabtechnik, Platte 27,3 x 36,5 cm (Singer 202)

184 Anselm Feuerbach (1829-1880), Titanensturz, 1879, Deckengemälde, Mittelbild (Oval), Öl/Lwd., 830 x 640 cm, Wien, Neue Akademie der bildenden Künste, Aula

185 Wilhelm Trübner (1851-1917), Gigantenschlacht, 1877, Öl/Lwd. 61 x 49 cm, Leipzig, Museum der bildenden Künste

186 Adolph von Menzel (1815-1905), Besuch im Eisenwalzwerk, 1900, Deckfarben 22 x 29 cm (Tschudi 680), Privatsammlung in der Schweiz, vgl. Nationalgalerie. Gemälde. Zeichnungen. Ausstellung 1980. Adolph Menzel, Berlin DDR 1980, Abb. S. 233, Kat.Nr. 111, S. 331

187 Wilhelm Steinhausen (1846-1924), Christus und die Griechen, Abb. in: David Koch: Wilhelm Steinhausen. Ein deutscher Künstler, Heilbronn 1904, Nr. 68, S. 70

188 Max Klinger (1857-1920), Rückansicht des Thrones des „Beethoven", vollendet 1901, Bronze, Höhe: 155 cm. – Beethoven, Plastik, vollendet 1902, Leipzig, Museum der bildenden Künste, nach Klinger stammt der erste Entwurf aus dem Jahre 1885, verschiedene Arten Marmor für Figur, Gewand, Felssockel und Adler, Thron und Krallen des Adlers aus Bronze, Augen des Adlers aus Bernstein, Engelsköpfe aus Elfenbein, Mosaikstreifen aus antiken Glasflüssen, Achaten, Jaspis, Perlmutter, unterlegt mit Goldfolie; Höhe der Figur: 150 cm; Höhe des Thrones: 155 cm; Gesamthöhe: 310 cm (Angaben nach: Alexander Dückers: Max Klinger, Berlin (West) 1976, S. 162, 163, Nr. 49, 50

189 Max Klinger (1857-1920), Die Blüte Griechenlands, 1909, Öl/Lwd. (Wandgemälde, linke Hälfte), Leipzig, Aula der Universität (Kriegsverlust), Abb. in: Max Schmid: Max Klinger. Fünfte Auflage bearbeitet von Julius Vogel, Bielefeld und Leipzig 1926 (= Künstlermonographien. Begründet von H. Knackfuß 41), S. 170, Nr. 158

190 Max Klinger (1857-1920), Die Blüte Griechenlands, 1909, Öl/Lwd. (Wandgemälde, rechte Hälfte), Leipzig, Aula der Universität (Kriegsverlust), Abb. in: Max Schmid: Max Klinger. Fünfte Auflage bearbeitet von Julius Vogel, Bielefeld und Leipzig 1926 (= Künstlermonographien. Begründet von H. Knackfuß 41), S. 171, Nr. 159

191 Hermann Prell (1854-1922), Die antike Welt, 1893-1894, dreiteiliges Fresko, Breslau, Schlesisches Museum der Bildenden Künste, Treppenhaus, Abb. in: Hermann Prell: Fresken im Treppenhause des Schlesischen Museums der Bildenden Künste zu Breslau. IX Tafeln in Photogravüre. Text von Julius Janitsch, Berlin 1895 (Verlag der Vereinigten Kunstfreunde für Amtliche Publikationen der Könglichen National-Galerie), Tafel 1

192 Hermann Prell (1854-1922), Die christliche Welt, 1893-1894, dreiteiliges Fresko, Breslau, Schlesisches Museum der Bildenden Künste, Treppenhaus, Abb. in: s. Nr. 191, Tafel 5

193 Hermann Prell (1854-1922), Das Parisurteil, 1893-1894, Fresko, linker Teil des Gesamtbildes „Die antike Welt" (s. Nr. 191), Breslau, Schlesisches Museum der Bildenden Künste, Treppenhaus, Abb. in: s. Nr. 191, Tafel 2

194 Hermann Prell (1854-1922), Apollo, 1893-1894, Fresko, Mittelteil des Gesamtbildes „Die antike Welt" (s. Nr. 191), Breslau, Schlesisches Museum der Bildenden Künste, Treppenhaus, Abb. in: s. Nr. 191, Tafel 3

195 Hermann Prell (1854-1922), Die Musen und der Dichter, 1893-1894, Fresko, rechter Teil des Gesamtbildes „Die antike Welt", Breslau, Schlesisches Museum der Bildenden Künste, Treppenhaus, Abb. in: s. Nr. 191, Tafel 4

196 Hermann Prell (1854-1922), Kampf des christlichen Ritters gegen die Mächte der Finsternis, 1893-1894, Fresko, linker Teil des Gesamtbildes „Die christliche Welt", Breslau, Schlesisches Museum der Bildenden Künste, Treppenhaus, Abb. in: s. Nr.

191, Tafel 6
197 Hermann Prell (1854-1922), Christus und der Brunnen des Lebens, 1894, Fresko, Mittelteil des Gesamtbildes „Die christliche Welt", Breslau, Schlesisches Museum der Bildenden Künste, Treppenhaus, Abb. in: s. Nr. 191, Tafel 7
198 Hermann Prell (1854-1922), Beatrice und Dante, 1893-1894, Fresko, rechter Teil des Gesamtbildes „Die christliche Welt", Breslau, Schlesisches Museum der Bildenden Künste, Treppenhaus, Abb. in: s. Nr. 191, Tafel 8
199 Friedrich Geselschap (1835-1898), Der Friede, Wandgemälde, Berlin, Zeughaus, Ruhmeshalle (Gesamtausmalung 1880-1890), Abb. in: Max Jordan: Geselschap, Bielefeld und Leipzig 1906 (= Künstler-Monographien. In Verbindung mit Anderen herausgegeben von H.Knackfuß LXXXVI), S. 39, Nr. 37
200 Wilhelm Steinhausen (1846-1924), Bergpredigt 1899-1902, Wandgemälde, Frankfurt/Main, Kaiser-Friedrich-Gymnasium, Aula, Abb. in: David Koch: Wilhelm Steinhausen. Ein deutscher Künstler, Heilbronn 1904, Tafel zwischen S. 112 und 113. Zu den Hauptbildern vgl. Nr. 201-205. Predellenbilder: Geschichte des barmherzigen Samariters (linkes Langbild), Sturm auf dem See Genezareth (Mittelbild), Geschichte vom verlorenen Sohn (rechtes Langbild). Auf den Mittelstreifen, die die Hauptbilder trennen, sind Figuren vom Gleichnis vom Sämann dargestellt, von links nach rechts: a) ein Mädchen zertritt achtlos die Körner, die auf den Weg fielen; b) ein in Dorngestrüpp verstricktes Mädchen („etliches fiel unter die Dornen"); c) ein durstiges Mädchen, das auf dem Boden nach Wasser sucht („etliches fiel in das Steinige"); d) die hundertfache Frucht: eine junge Frau streckt dankbar eine volle Garbe zum Himmel. Am Kopfende der vier Seitenstreifen sind dargestellt (von links nach rechts): a) der gute Schächer am Kreuz; b) das kananäische Weib; c) der Zöllner Zachäus; d) Maria Magdalena
201 Wilhelm Steinhausen (1846-1924), Und er lehrte sie (Christus predigt auf dem Berge), Mittelbild der „Bergpredigt" (1899-1902), Frankfurt/Main, Kaiser-Friedrich-Gymnasium, Abb. in: David Koch: Wilhelm Steinhausen. Ein deutscher Künstler, Heilbronn 1904, S. 114, Nr. 106
202 Wilhelm Steinhausen (1846-1924), Sehet euch vor, vor den falschen Propheten..., linkes Seitenbild der „Bergpredigt" (1899-1902), Frankfurt/Main, Kaiser-Friedrich-Gymnasium, Abb. in: Die christliche Kunst, 6. 1909/1910, S. 222
203 Wilhelm Steinhausen (1846-1924), Darum sorget nicht für den kommenden Tag..., Seitenbild links vom Mittelbild der „Bergpredigt" (1899-1902), Frankfurt/Main, Kaiser-Friedrich-Gymnasium, Abb. in: Die christliche Kunst, 6. 1909/1910, S. 223
204 Wilhelm Steinhausen (1846-1924), An ihren Früchten sollt ihr sie erkennen..., Seitenbild rechts vom Mittelbild der „Bergpredigt" (1899-1902), Frankfurt/Main, Kaiser-Friedrich-Gymnasium, Abb. in: David Koch: Wilhelm Steinhausen. Ein deutscher Künstler, Heilbronn 1904, S. 117, Nr. 108
205 Wilhelm Steinhausen (1846-1924), Lasset eure Lenden umgürtet sein und eure Lichter brennen/ Gehet ein in die enge Pforte, rechtes Seitenbild der „Bergpredigt" (1899-1902), Frankfurt/Main, Kaiser-Friedrich-Gymnasium, Abb. in: David Koch: Wilhelm Steinhausen. Ein deutscher Künstler, Heilbronn 1904, S. 116, Nr. 107
206 Wilhelm Steinhausen (1846-1924), Orest von den Erinnyen verfolgt (linkes Bild); Die Argonauten (Mittelbild); Iphigenie (rechtes Bild), 1904, Wandgemälde, Frankfurt/Main, Kaiser-Friedrich-Gymnasium, Aula, Abb. in: Die Kunst, 9. 1904, S. 273
207 Wilhelm Steinhausen (1846-1924), Die Asphodeloswiese, 1904, Wandgemälde, Frankfurt/Main, Kaiser-Friedrich-Gymnasium, Aula, Abb. in: Fried Lübbecke: Wilhelm Steinhausen, Bielefeld und Leipzig 1914 (= Künstler-Monographien. In Verbindung mit Anderen herausgegeben von H. Knackfuß 109), S. 43, Nr. 56
208 Eduard von Gebhardt (1838-1925), Abendmahl, 1870, Öl/Lwd. 194 x 305 cm, Berlin DDR, Nationalgalerie
209 Wilhelm von Lindenschmit d.J. (1829-1895), Ulrich von Hutten 1516 zu Viterbo, 1869, Öl/Lwd. 119 x 177 cm, Leipzig, Museum der bildenden Künste
210 Eduard von Gebhardt (1839-1925), Abendmahl, Wandgemälde, Düsseldorf, Friedenskirche (Kriegsverlust), Nordwand zwischen dem 2. und 3. Fenster (Zählung von Osten), Gesamtausmalung 1899-1906, Abb. in: Rudolf Burckhardt: Die Wandgemälde Eduard von Gebhardts in der Friedenskirche zu Düsseldorf. Zwölf Blätter mit begleitenden Worten, Düsseldorf o.J. (um 1908), S. 21
211 Eduard von Gebhardt (1838-1925), Das Abendmahl, 1905, Öl/Lwd. 164 x 180 cm, Hannover, Niedersächsische Landesgalerie, vgl. Die Gemälde des neunzehnten und zwanzigsten Jahrhunderts in der Niedersächsischen Landesgalerie Hannover. Textband von Ludwig Schreiner, München 1973, S. 150-151
212 Eduard von Gebhardt (1838-1925), Abendmahl, Zeichnung, Skizze zum „Abendmahl" von 1870, Abb. in: Die Kunst für Alle, 13. 1897/1898, S. 265
213 Albrecht Dürer (1471-1528), Die kleine Holzschnittpassion, 1509-1511, erschienen 1511 (37 Blätter), hier: Das Abendmahl, um 1509, 12,7 x 9,7 cm (Meder 133, Panofsky 244, Knappe 262), Abb. S. 1600, in: Albrecht Dürer 1471 bis 1528. Das gesamte graphische Werk. Druckgraphik. Einleitung von Wolfgang Hütt, Bd. 2, München 1970
214 Fritz von Uhde (1848-1911), Das Abendmahl, 1886, Öl/Lwd. 206 x 325 cm, Stuttgart, Staatsgalerie
215 Fritz von Uhde (1848-1911), Die Trommelübung (Bayrische Trommler), 1883, Öl auf Holz 72 x 95 cm, Dresden, Gemäldegalerie Neue Meister
216 Fritz von Uhde (1848-1911), Der Leierkastenmann kommt, 1883, Öl/Lwd. 90 x 151 cm, Hamburg, Hamburger Kunsthalle
217 Fritz von Uhde (1848-1911), Lasset die Kindlein zu mir kommen, 1884, Öl/Lwd. 183 x 280 cm, Leipzig, Museum der bildenden Künste
218 Gebhard Fugel (1863-1939), Das Hl. Abendmahl, 1908, Abb. in: Die christliche Kunst, 4. 1907/1908, S. 293
219 Gebhard Fugel (1863-1939), Christus heilt Kranke, 1885, Öl/Lwd., 160 x 220 cm, Altötting, Provinzhaus Heilig Kreuz, Abb. in: Die christliche Kunst, 6. 1909/1910, S. 135
220 Emil Nolde (1867-1956), Abendmahl, 1909, Öl/Lwd. 88 x 108 cm, Neukirchen über Niebüll bei Flensburg, Sammlung Ada und Emil Nolde
221 César Klein (1876-1954), Abendmahl, 1915, Öl/Lwd. 190 x 160 cm, Travemünde, Privatbesitz, Abb. in: Werner Doede: Berlin. Kunst und Künstler seit 1870. Anfänge und Entwicklungen, Recklinghausen 1961, Farbtafel S. 135
222 Wilhelm Steinhausen (1846-1924), Dieser nimmt die Sünder an und isset mit ihnen, 1890-1892, unterer Teil des Wandbildes „Kommet her zu mir alle, die ihr mühselig und beladen seid, ich will euch erquicken", Wernigerode, Missionshaus zu St. Theobald, Saal, Abb. in: Fried Lübbecke: Wilhelm Steinhausen, Bielefeld und Leipzig 1914 (= Künstler-Monographien. In Verbindung mit Anderen herausgegeben von H. Knackfuß 109), S. 53, Nr. 67
223 Wilhelm Steinhausen (1846-1924), Kommet her zu mir alle, die ihr mühselig seid und beladen, ich will euch erquicken, 1890-1892, Wandgemälde, Wernigerode, Missionshaus zu St. Theobald, Saal, Abb. in: David Koch: Wilhelm Steinhausen. Ein deutscher Künstler, Heilbronn 1904, S. 75, Nr. 72 (als Nachzeichnung S. 77, Nr. 73)

224 Wilhelm Steinhausen (1846-1924), Dieser nimmt die Sünder auf und isset mit ihnen, 1892, Lithographie nach dem Wandgemälde im Missionshaus St. Theobald in Wernigerode, Abb. in: David Koch: Wilhelm Steinhausen. Ein deutscher Künstler, Heilbronn 1904, S. 79, Nr. 74

225 Fritz von Uhde (1848-1911), Komm, Herr Jesus, sei unser Gast, 1885, Öl/Lwd. 130 x 165 cm, Berlin (West), Nationalgalerie

226 Julius Schnorr von Carolsfeld (1794-1872), Die Einsetzung des heiligen Abendmahls, Holzschnitt 21,7 x 25,6 cm, Abb. in: Die Bibel in Bildern. 240 Darstellungen, erfunden und auf Holz gezeichnet von Julius Schnorr von Carolsfeld (Leipzig 1860), Neudruck Zürich 1972, S. 207

227 Komm, Herr Jesu, sei unser Gast, vor 1892, Chromolithographie, nicht farbig (A. May, Dresden), Frankfurt/Main, Historisches Museum (Sammlung Maas)

228 Max Liebermann (1847-1935), Das Tischgebet, 1886, Öl/Lwd. 136 x 176 cm, ehemals Hadersleben, Katharinenheim, Abb. in: Die Kunst für Alle, 2. 1886/1887, S. 213

229 Jozef Israëls (1824-1911), Mittagessen in einer Bauernstube zu Karlshaven bei Delden, 1885, Öl/Lwd. 173 x 212 cm, Dordrecht, Dordrechts Museum

230 Franz von Defregger (1835-1921), Tischgebet, 1875, Öl/Lwd. 59 x 73,4 cm, Leipzig, Museum der bildenden Künste

231 Max Liebermann (1847-1935), Ostfriesische Bauern beim Tischgebet, 1890, Öl/Lwd. 93 x 120 cm, Privatbesitz

232 Claus Meyer (1856-1919), Die Würfelspieler, 1886, Abb. in: Ludwig Pietsch: Deutsche Kunst und Künstler der Gegenwart in Bild und Wort, München 1887, S. 43

233 Egbert van Heemskerck (1634/1635-1704), Tischgebet, 1667, Öl auf Holz, 48 x 62 cm, Frankfurt am Main, Städelsches Kunstinstitut

234 Carl Kricheldorf (geb. 1835), Das Tischgebet, 1888, Abb. in: Ludwig Pietsch: Die Malerei auf der Münchener Jubiläums-Kunst-Ausstellung 1888. Photogravüre-Ausgabe mit begleitendem Text, München 1888, Abb. S. 54

235 Walther Firle (1859-1929), Unter täglich Brot gib uns heute, 1893, Öl/Lwd. 95 x 155 cm, zweites Bild der Trilogie „Vater unser", München, Neue Pinakothek

236 Wilhelm Leibl (1844-1900), Die alte Pariserin, 1869/1870, Öl auf Holz, 81,5 x 64,5 cm, Köln, Wallraff-Richartz-Museum

237 Gerard Dou (1613-1675), Das Tischgebet der Spinnerin, um 1645, Öl auf Holz, 27,7 x 28,3 cm, München, Alte Pinakothek

238 Quiringh Gerritsz. van Brekelenkam (1620-1668), Das Tischgebet, 1648, Öl auf Holz, 54,5 x 41 cm, Paris, Musée du Louvre

239 Charles de Groux (1825-1870), Das Tischgebet, 1861, Öl/Lwd. 80 x 154 cm, Brüssel, Musées Royaux des Beaux-Arts

240 Antoine Le Nain (1588-1648) / Louis Le Nain (um 1593-1648) / Mathieu Le Nain (1607-1677), Bauernmahlzeit, 1642, Öl/Lwd. 97 x 122 cm, Paris, Musée du Louvre

241 Antoine Le Nain (1588-1648) / Louis Le Nain (um 1593-1648) / Mathieu Le Nain (1607-1677), Bauernfamilie, Öl/Lwd. 113,3 x 159,5 cm, Paris, Musée du Louvre

242 Gustave Courbet (1819-1877), Nach dem Essen in Ornans, Salon von 1849, Öl/Lwd., 195 x 257 cm, Lille, Musée des Beaux-Arts

243 Jean Honoré Fragonard (1732-1806), Eine arme Familie, um 1760, Öl/Lwd. 47 x 61 cm, Moskau, Staatliches Puschkin-Museum

244 Jean Baptiste Siméon Chardin (1699-1779), Das Tischgebet, 1739/1740, Öl/Lwd. 49 x 39 cm, Paris, Musée du Louvre

245 Jean Baptiste Greuze (1725-1805), Der Dreikönigskuchen, 1774, Öl/Lwd. 72 x 91 cm, Montpellier, Musée Fabre

246 Honoré Daumier (1808-1879), Die Suppe, um 1860, aquarellierte Tuschzeichnung, 28 x 40 cm, Paris, Musée du Louvre

247 Alphonse Legros (1837-1911), Die Mahlzeit der Armen, 1872, Öl/Lwd. 113 x 143 cm, London, Tate Gallery

248 Otto Günther (1838-1884), Tagelöhner in Thüringen, 1875, Öl/Lwd. auf Pappe, 30,5 x 45 cm, Wiesbaden, Museum Wiesbaden

249 Jozef Israëls (1824-1911), Das kärgliche Mahl, 1876, Öl/Lwd., 88,9 x 138,7 cm, Glasgow, Art Gallery and Museum

250 Walther Firle (1859-1929), Tiroler Bauern beim Mittagsmahl, um 1900, Abb. in: Die Kunst unserer Zeit, 12. 1901. 2. Halbband, S. 116

251 Albin Egger-Lienz (1868-1926), Das Mittagessen I., 1908, Öl/Lwd. 82 x 125 cm (erste Ausstellung: XXXIII. Frühjahrsausstellung der Wiener Secession 1909). Vgl. Ulrich Schmid: Albin Egger-Lienz, in: Die christliche Kunst, 7. 1910/1911, S. 23-27, Abb. S. 26

252 Thomas Theodor Heine (1867-1948), Ein Märchen, 1898 (satirische Illustration), Simplicissimus, 3. 1898/1899, Nr. 23, S. 177, Abb. in: Lothar Lang: Thomas Theodor Heine, München 1970 (= Klassiker der Karikatur 1), S. 31

253 Carl Johann Becker-Gundahl (1856-1925), Die Laune, 1899, Federzeichnung, Abb. in: Die christliche Kunst, 2. 1905/1906, S. 182

254 Hans Thoma (1839-1924), Christi Predigt am See, 1877, Öl auf Pappe 80 x 110 cm, Abb. in: Henry Thode: Thoma. Des Meisters Gemälde in 874 Abbildungen, Stuttgart/Leipzig 1909 (= Klassiker der Kunst in Gesamtausgaben, Fünfzehnter Band), S. 106, sowie in: Alfred Koeppen: Die moderne Malerei in Deutschland, Bielefeld und Leipzig 1914, S. 107, Nr. 100

255 Fritz von Uhde (1848-1911), Die Bergpredigt, 1887, Öl/Lwd. 261 x 228 cm, Budapest, Museum der bildenden Künste, Abb. in: Hans Rosenhagen: Uhde. Des Meisters Gemälde in 285 Abbildungen, Stuttgart und Leipzig 1908 (= Klassiker der Kunst in Gesamtausgaben, Zwölfter Band), S. 75

256 Julius Schnorr von Carolsfeld (1794-1872), Die Bergpredigt Jesu, 1860, Holzschnitt 21,7 x 25,7 cm, Illustration in: Die Bibel in Bildern. 240 Darstellungen, erfunden und auf Holz gezeichnet von Julius Schnorr von Carolsfeld (Leipzig 1860), Neudruck Zürich 1972, Abb. S. 186

257 Fritz von Uhde (1848-1911), Jesus predigt am See, 1896, Öl/Lwd. 218 x 287 cm, Schweinfurt, Sammlung Schäfer, Abb. in: Georg Buchwald/Karl Stockmeyer: Die Geschichte der deutschen Kirche und kirchlichen Kunst im Wandel der Jahrhunderte, Köln o.J., S.73 (zweiter Teil)

258 Heinrich Hofmann (1824-1911), Christus predigt am See, 1876, Öl/Lwd. 215 x 333 cm, Berlin, Nationalgalerie (Kriegsverlust)

259 Max Klinger (1857-1920), Der Gang zur Bergpredigt, 1877, Feder und Pinsel 38,5 x 26,3 cm, Berlin DDR, Staatliche Museen zu Berlin, Kupferstichkabinett und Sammlung der Zeichnungen

260 Max Klinger (1857-1920), Rückkehr von der Bergpredigt, 1877, Feder und Pinsel 38,5 x 26,3 cm, Berlin DDR, Staatliche Museen zu Berlin, Kupferstichkabinett und Sammlung der Zeichnungen

261 Max Klinger (1857-1920), Christi Bergpredigt, um 1877, Federzeichnung, Abb. in: Willy Pastor: Max Klinger mit einer eigenhändigen Deckelzeichnung des Künstlers, Berlin 1922³, Tafel 6 (Tafelteil)

262 Eduard von Gebhardt (1838-1925), Die Bergpredigt, um 1886, Wandgemälde im Kloster Loccum, Abb. in: Adolf Rosenberg: E. von Gebhardt, Bielefeld und Leipzig 1899 (= Künstler-Monographien, in Verbindung mit Andern herausgegeben von H. Knackfuß XXXVIII), S. 48, Nr. 46

263 Eduard von Gebhardt (1838-1925), Die Bergpredigt, 1893, Abb. in: David Koch: Eduard von Gebhardt. Album religiöser Kunst, Stuttgart 1910, S. 7

264 Eduard von Gebhardt (1838-1925), Die Bergpredigt, Wandmalerei in der Friedenskirche zu Düsseldorf, linker Teil der Ostwand, Gesamtausmalung 1899-1906, Abb. in: Rudolf Burckhardt: Die Wandgemälde Eduard von Gebhardts in der Friedenskirche zu Düsseldorf. Zwölf Blätter mit begleitenden Worten, Düsseldorf o.J. (um 1908), Faltblatt I, S. 11

265 Eduard von Gebhardt (1838-1925), Die Bergpredigt, Wandmalerei in der Friedenskirche zu Düsseldorf, rechter Teil der Ostwand, Gesamtausmalung 1899-1906, Abb. in: Rudolf Burckhardt: Die Wandgemälde Eduard von Gebhardts in der Friedenskirche zu Düsseldorf. Zwölf Blätter mit begleitenden Worten, Düsseldorf o.J. (um 1908), Faltblatt II, S. 12

266 Eduard von Gebhardt (1838-1925), Die Bergpredigt, 1903, Abb. in: David Koch: Eduard von Gebhardt. Album religiöser Kunst, Stuttgart 1910, S. 17

267 Ernst Christian Pfannschmidt (1868-1949), Christus predigt in Bethanien, 1895, Öl auf Holz 160 x 225 cm, Berlin (West), Nationalgalerie

268 Gebhard Fugel (1863-1939), Die Bergpredigt, Darstellung für eine Bilderbibel, um 1924, Abb. nach einer Farbpostkarte des Volkskunstverlages Richard Keutel, Stuttgart, im Archiv der Nationalgalerie Berlin DDR

269 Gebhard Fugel (1863-1939), Die Seepredigt, Darstellung für eine Bilderbibel, um 1924, Abb. nach einer Farbpostkarte des Volkskunstverlages Richard Keutel, Stuttgart, im Archiv der Nationalgalerie Berlin DDR

270 Fritz Mackensen (1866-1953), Die Bergpredigt, 1903-1907, Öl/Lwd. 285 x 405 cm, Heidelberg, Universitätskapelle der Peterskirche (Geschenk des Künstlers an die Universitätsbibliothek Heidelberg 1911, seit 1954 als Leihgabe in der Peterskirche)

271 Fritz Mackensen (1866-1953), Der Gottesdienst im Freien, 1895, Öl/Lwd. 270 x 410 cm, Hannover, Historisches Museum am Hohen Ufer

272 Fritz Mackensen (1866-1953), Der Säugling, 1892, Öl/Lwd. 180 x 140 cm, Bremen, Kunsthalle

273 Walther Firle (1859-1929), Torfarbeiter, neunziger Jahre, Abb. in: Die Kunst unserer Zeit, 12. 1901, II. Halbband, S. 136

274 Karl Jordan (geb. 1863), Bergpredigt, Obersulzbach, Dorfkirche (Elsaß), Abb. in: Christliches Kunstblatt für Kirche, Schule und Haus, 51. 1909, Tafel vor S. 225

275 Ludwig Fahrenkrog (1867-1952), Jesus von Nazareth predigend, 1901, Abb. in: Walther Rothes: Christus. Des Heilands Leben, Leiden, Sterben und Verherrlichung in der bildenden Kunst aller Jahrhunderte, Köln 1911, Abb. S. 55

276 Alexander (Sascha) Schneider (1870-1927), Eines tut not, 1894, gezeichneter Karton, Abb. in: Die Kunst für Alle, 10. 1894/1895, S. 119

277 Carl Gottfried Pfannschmidt (1819-1887), Friede sei mit euch, 1887, Altarbild in der Friedenskirche zu Bremen, Abb. in: Die Kunst für Alle, 2. 1886/1887, S. 347

278 Eduard Karl Franz von Gebhardt (1838-1925), Pilatus zeigt Christus dem Volk, 1870-1875 (1889), Öl/Lwd. 97 x 123 cm, Düsseldorf, Kunstmuseum

279 Rembrandt Harmensz van Rijn (1606-1669), Christus wird dem Volk vorgestellt, 1655, Radierung 38,8 x 45,5 cm (Bartsch 77)

280 Eduard Karl Franz von Gebhardt (1838-1925), Tempelreinigung, Wandbild in der Friedenskirche zu Düsseldorf (Gesamtausmalung 1899-1906), vgl. Karl Bone: Prof. Dr. Eduard von Gebhardt und seine Gemälde in der Friedenskirche zu Düsseldorf, in: Die christliche Kunst, 4. 1907/1908, S. 201-218, hier S. 215-216. Abb. in: Die Wandgemälde Eduard von Gebhardts in der Friedenskirche zu Düsseldorf. Zwölf Blätter mit begleitenden Worten von Rudolf Burckhardt, Düsseldorf o.J. (um 1908), S. 19

281 Hans Thoma (1839-1924), Christus als Lehrer, 1908, Öl/Lwd. 312,8 x 157 cm, Karlsruhe, Thomakapelle in der Kunsthalle

282 Rudolf Yelin (1864-1940), Bergpredigt, Abb. in: G. Schenkel (Hrsg.): Der Protestantismus der Gegenwart, Stuttgart 1926, Farbtafel nach S. 448

283 Fritz von Uhde (1848-1911), Die Bergpredigt Christi, 1904, Öl auf Holz 93 x 69 cm, Hannover, Niedersächsische Landesgalerie; Fritz von Uhde, Die Predigt Christi, Altarbild der Lutherkirche in Zwickau, 1906, Öl/Lwd. 400 x 250 cm, vgl. Hans Rosenhagen: Uhde. Des Meisters Gemälde in 285 Abbildungen, Stuttgart und Leipzig 1908 (= Klassiker der Kunst in Gesamtausgabe. Zwölfter Band), Abb. S. 257

284 Fritz von Uhde (1848-1911), Die Verkündigung an die Hirten, 1892, Öl/Lwd. 257,5 x 239,5 cm, Budapest, Museum der bildenden Künste, Abb. in: Hans Rosenhagen: Uhde. Des Meisters Gemälde in 285 Abbildungen, Stuttgart/Leipzig 1908 (= Klassiker der Kunst in Gesamtausgaben, Zwölfter Band), S. 120

285 Fritz von Uhde (1848-1911), Noli me tangere, 1894, Öl/Lwd. 145 x 168 cm, München, Neue Pinakothek

286 Fritz von Uhde (1848-1911), Der Ritt der heiligen drei Könige nach Bethlehem, 1895, Öl/Lwd. 95 x 158 cm, Abb. in: Hans Rosenhagen: Uhde. Des Meisters Gemälde in 285 Abbildungen, Stuttgart/Leipzig 1908 (= Klassiker der Kunst in Gesamtausgaben. Zwölfter Band), S. 175

287 Fritz von Uhde (1848-1911), Die Himmelfahrt, 1897, Öl/Lwd. 319 x 276 cm, München, Neue Pinakothek

288 Fritz von Uhde (1848-1911), Das Heilige Abendmahl, 1898, Öl/Lwd. 280 x 249,5 cm, Stuttgart, Staatsgalerie

289 Eduard von Gebhardt (1838-1925), Die Himmelfahrt Christi, 1881, Öl/Lwd. 338 x 228 cm, Berlin DDR, Nationalgalerie

290 Eduard von Gebhardt (1838-1925), Christus auf dem Meere, 1881, Öl/Lwd., Altarbild, Kirche in Ziegenhals, Schlesien, Abb. in: Adolf Rosenberg: E. von Gebhardt, Bielefeld und Leipzig 1899 (= Künstler-Monographien. In Verbindung mit Andern herausgegeben von H. Knackfuß XXXVIII), Abb. 39, S. 41

291 Eduard von Gebhardt (1838-1925), Der Kampf Jakobs mit dem Engel, 1894, Abb.: Farbdruck von 1894

292 Arthur Kampf (1864-1950), Christus, 1896, Abb. in: Die Kunst für Alle, 13. 1897/1898, S. 307

293 Eduard von Gebhardt (1838-1925), Segnender Christus, 1886, Abb. in: David Koch: Eduard von Gebhardt. Album religiöser Kunst, Stuttgart 1910, S. 18

294 Fritz von Uhde (1848-1911), Christus, 1896, Öl/Lwd. 140 x 120 cm, Abb. in: Die Kunst für Alle, 13. 1897/1898, S. 306

295 Ferdinand Brütt (1848-1911), Christus, 1896, Abb. in: Die Kunst für Alle, 13. 1897/1898, S. 310

296 Franz von Stuck (1863-1928), Christus, 1896, Abb. in: Die Kunst für Alle, 13. 1897/1898, S. 305

297 Gabriel von Max (1840-1915), Christus, 1896, Abb. in: Die Kunst für Alle, 13. 1897/1898, S. 309

298 Karl von Marr (1858-1936), Christus, 1896, Abb. in: Die Kunst für Alle, 13. 1897/1898, S. 308

299 Hans Thoma (1839-1924), Christus, 1896, Öl/Lwd., ohne Rahmen 120 x 80 cm, Abb. in: Gustav Keyssner (Hrsg.): Thoma. Eine Auswahl aus dem Lebenswerk des Meisters. In 117 Abbildungen, Stuttgart/Berlin 1922, S. 74

300 Ernst Karl Georg Zimmermann (1852-1901), Christus, 1896, Abb. in: Die Kunst für Alle, 13. 1897/1898, S. 308

301 Franz Skarbina (1849-1910), Christus, 1896, Abb. in: Die Kunst für Alle, 13. 1897/1898, S. 311

302 Wilhelm Steinhausen (1846-1924), Der predigende Christus im Kahn, 1875, Federzeichnung, Abb. in: Fried Lübbecke: Wilhelm Steinhausen, Bielefeld/Leipzig 1914 (= Künstler-Monographien. In Verbindung mit Anderen herausgegeben von H.

Knackfuß 109), Abb. 16, S. 14, Text dazu S. 23

303 Wilhelm Steinhausen (1846-1924), Christus lehrend, 1902, Farblithographie 100 x 70 cm, Abb. in: Hans Preuß: Das Bild Christi im Wandel der Zeiten. Einhundertundfünfzehn Bilder aus 96 Tafeln gesammelt und mit einer Einführung sowie mit Erläuterungen versehen. Zweite, neubearbeitete Auflage, Leipzig 1921, Tafel 110, S. 205

304 Georg Müller-Breslau (1856-1911), Christus in der Einsamkeit, 1886, Öl/Lwd. 297 x 197 cm, ehemals Breslau, Schlesisches Museum der bildenden Künste, Abb. in: Die Kunst, 9. 1904, S. 510

305 Otto Gußmann (geb 1869), Lehrender Christus, um 1912 (?), Wiener-Neustadt, protestantische Kirche (Altargemälde), Abb. in: Hans Preuß: Das Bild Christi im Wandel der Zeiten. Einhundertundfünfzehn Bilder auf 96 Tafeln gesammelt und mit einer Einführung sowie mit Erläuterungen versehen. Zweite, neubearbeitete Auflage, Leipzig 1921, Tafel 115, S. 214

306 Hans Thoma (1839-1924), Kreuzigung, um 1890, Farblithographie, Abb. in: Fritz von Ostini: Thoma, Bielefeld/Leipzig 1910 (= Künstler-Monographien. In Verbindung mit Anderen herausgegeben von H. Knackfuß 46), Nr. 84, S. 83

307 Carl Johann Becker-Gundahl (1856-1925), Christus am Kreuz, Öl/Lwd., ausgestellt auf der Düsseldorfer Ausstellung für christliche Kunst 1909, Abb. in: Die christliche Kunst, 5. 1908/1909, S. 330

308 Ludwig Schmidt-Reutte (1863-1909), Consumatum est, 1904, Öl/Lwd. 140,5 x 113 cm, Karlsruhe, Staatliche Kunsthalle

309 Franz Hofstötter (geb. 1871), Kreuzigung Christi, um 1911, XII. Kreuzwegstation in der St. Maximilianskirche, München, Abb. in: Die christliche Kunst, 9. 1912/1913, S. 7

310 Franz von Stuck (1863-1928), Pietà, 1891, Öl/Lwd. 95 x 178,5 cm, Frankfurt/Main, Städtische Galerie im Städelschen Kunstinstitut

311 Hans Holbein d.J. (1497-1543), Der tote Christus im Grabe, 1521-1522, Öl auf Holz 31 x 200 cm, Basel, Kunstmuseum

312 Nicolas Poussin (1594-1665), Die Grablegung Christi, Öl/Lwd. 94 x 130 cm, Dublin, National Gallery of Ireland

313 Arnold Böcklin (1827-1901), Beweinung unter dem Kreuz (Kreuzabnahme), 1876, Tempera und Firnisfarbe auf Holz 164 x 250 cm, Berlin (West), Nationalgalerie

314 Friedrich August von Kaulbach (1850-1920), Grablegung Christi, 1891, Öl/Lwd. 211 x 300 cm, München, Neue Pinakothek

315 Anselm Feuerbach (1829-1880), Pietà, 1863, Öl/Lwd. 133 x 266 cm, München, Schack-Galerie

316 Emil Nolde (1867-1956), Grablegung, 1915, Öl/Lwd. 86 x 117 cm, Seebüll, Stiftung Ada und Emil Nolde

317 Otto Grassl (geb. 1891), Karfreitag, 1912, Temperazeichnung, Abb. in: Die christliche Kunst, 18. 1921/1922, S. 22

318 Otto Grassl (geb. 1891), Mystischer Tod, 1919, Kohlezeichnung, Abb. in: Die christliche Kunst, 18. 1921/1922, S. 26 unten

319 Johan Thorn Prikker (1868-1932), Die Braut, 1892-1893, Öl/Lwd. 146 x 89 cm, Otterlo, Rijksmuseum Kröller-Müller

320 Max Klinger (1857-1920), Leide, 1884 (Blatt 14 des Zyklus „Opus VII. Ein Leben"), Radierung (Strichätzung und Aquatinta), Plattengröße 29,2 x 20,8 cm, Singer 140

321 Arthur Kampf (1864-1950), Golgatha, 1897, Abb. in: Bruno Kroll: Arthur Kampf, Bielefeld/Leipzig 1944, Abb. 14

322 Louis Feldmann (1856-1928), Crucifixus, Abb. in: Die christliche Kunst, 8. 1911/1912, S. 328

323 Franz von Stuck (1863-1928), Kreuzigung Christi, 1913, Tempera auf Leinwand 190 x 165 cm, Leipzig, Museum der bildenden Künste

324 Wilhelm Steinhausen (1846-1924), Kreuzigung und Abendmahl, Bremer Altargemälde, Abb. in: Die christliche Kunst, 6. 1909/1910, S. 217

325 Wilhelm Steinhausen (1846-1924), Der Gekreuzigte, 1902, Farblithographie, Abb. in: David Koch: Wilhelm Steinhausen. Ein deutscher Künstler, Heilbronn 1904, Farbtafel nach S. 80

326 Albert von Keller (1844-1920), Die Kreuzigung, 1894, Abb. in: Hans Rosenhagen: Albert von Keller, Bielefeld/Leipzig 1912 (= Künstler-Monographien. In Verbindung mit Anderen herausgegeben von H. Knackfuß 104), Nr. 87, S. 95

327 Albert von Keller (1844-1920), Vision einer Kreuzigung III, 1903, Abb. in: Hans Rosenhagen: Albert von Keller, Bielefeld/Leipzig 1912 (= Künstler-Monographien. In Verbindung mit Anderen herausgegeben von H. Knackfuß 104), Abb. Nr. 104, S. 113

328 Albert von Keller (1844-1920), Auferweckung von Jairi Töchterlein, 1886, Öl/Lwd. 210 x 353 cm, München, Neue Pinakothek

329 Albert von Keller (1844-1920), Hexenschlaf, 1888, Abb. in: Hans Rosenhagen: Albert von Keller, Bielefeld/Leipzig 1912 (= Künstler-Monographien. In Verbindung mit Anderen herausgegeben von H. Knackfuß 104), Nr. 64, S. 71

330 Albert von Keller (1844-1920), Die glückliche Schwester, 1893, Abb. in: Hans Rosenhagen: Albert von Keller, Bielefeld/Leipzig 1912 (= Künstler-Monographien. In Verbindung mit Anderen herausgegeben von H. Knackfuß 104), Nr. 82, S. 90

331 Albert von Keller (1844-1920), Große Christus-Studie. Anatomie, 1893, Abb. in: Hans Rosenhagen: Albert von Keller, Bielefeld/Leipzig 1912 (= Künstler-Monographien. In Verbindung mit Anderen herausgegeben von H. Knackfuß 104), Nr. 86, S. 93

332 Albert von Keller (1844-1920), Kreuzigungsstudie, 1893/1894, Abb. in: Hans Rosenhagen: Albert von Keller, Bielefeld/Leipzig 1912 (= Künstler-Monographien. In Verbindung mit Anderen herausgegeben von H. Knackfuß 104), Nr. 85, S. 92

333 Albert von Keller (1844-1920), Mutter und Sohn, 1909, Abb. in: Hans Rosenhagen: Albert von Keller, Bielefeld/Leipzig 1912 (=Künstler-Monographien. In Verbindung mit Anderen herausgegeben von H. Knackfuß 104), Nr. 124, S. 137

334 Albert von Keller (1844-1920), Die Traumtänzerin Madeleine, um 1904/1905, Öl auf Eichenholz 41 x 23,7 cm, München, Neue Pinakothek

335 Lovis Corinth (1858-1925), Kreuzigung, 1897, Öl/Lwd. 229 x 176 cm, Bad Tölz, Evangelische Kirche, Abb. in: Alfred Rohde: Der junge Corinth, Berlin 1941 (= Die Kunstbücher des Volkes Band 36), Nr. 100, S. 137

336 Lovis Corinth (1858-1925), Die Kreuzigung Christi, 1909-1910, Öl/Lwd. 282 x 206 cm, Tapiau, evangelische Kirche, Mittelbild eines Triptychons (Altargemälde, vgl. Nr. 337), Abb. in: Alfred Kuhn: Lovis Corinth, Berlin 1925, Nr. 97, S. 173

337 Lovis Corinth (1858-1925), Kreuzigung, 1909-1910, Triptychon, Mittelteil: Die Kreuzigung Christi, vgl. Nr. 336; l. Flügel: Der Apostel Paulus, Öl/Lwd. 240 x 115 cm; r. Flügel: Der Evangelist Matthäus, Öl/Lwd. 240 x 115 cm, Tapiau, evangelische Kirche (Gemälde des Golgatha-Altars), Abb. in: Georg Biermann: Lovis Corinth, Bielefeld/Leipzig 1913 (= Künstler-Monographien. In Verbindung mit Anderen herausgegeben von H. Knackfuß 107), Nr. 100, S. 95

338 Ludwig Herterich (1856-1932), Hutten, 1900, Öl/Lwd. 183,5 x 108 cm, Dresden, Gemäldegalerie Neue Meister, Abb. in: Eduard Engels (Hrsg.): Hausbuch deutscher Kunst. Ein Familien-Bilderbuch in 375 Abbildungen, Stuttgart/Leipzig 1907, Abb. S. 367

339 Lovis Corinth (1858-1925), Das große Martyrium, 1907, Öl/Lwd. 250 x 190 cm, New York, Privatbesitz Thomas Corinth

340 Lovis Corinth (1858-1925), Golgatha (Kreuzigung), 1905, Tempera auf Leinwand 180 x 120 cm, Verbleib unbekannt,

Abb. in: Alfred Kuhn: Lovis Corinth, Berlin 1925, Nr. 38, S. 85
341 Max Ernst (1891-1976), Kreuzigung, 1913, Öl auf Pappe 50,5 x 43 cm, Köln, Wallraf-Richartz-Museum
342 Ewald Dülberg (geb. 1888), Christus am Kreuz, Holzschnitt, Abb. in: G.F. Hartlaub: Kunst und Religion. Ein Versuch über die Möglichkeit neuer religiöser Kunst, Leipzig 1919, Tafel 15
243 Emil Nolde (1867-1956), Kreuzigung Christi, 1912, Öl/Lwd. 220 x 191 cm (aus: Das Leben Christi 1911-1912), Neukirchen über Niebüll bei Flensburg, Stiftung Seebüll Ada und Emil Nolde
344 Oskar Kokoschka (geb. 1886), Pietà, 1908, Farblithographie 118 x 76 cm, Plakat für den Sommerspielplan des Theaters auf der Kunstausstellung Wien 1908, München, Sammlung Wolfgang Gurlitt
345 Joseph Guntermann (geb. 1856), Kreuzigung, Teil der Ausmalung der Kirche in Schloßberg bei Rosenheim 1902-1905 (Wand zum Chor, links), Abb. in: Die christliche Kunst, 2. 1905/1906, S. 42
346 Joseph Guntermann (geb. 1856), Christus in der Mandorla, Karton zum Wandgemälde im Chor der Kirche in Schloßberg bei Rosenheim, Gesamtausmalung 1902-1905, Abb. in: Die christliche Kunst, 2. 1905/1906, S. 43
347 Ludwig Seitz (1844-1908), Gang nach Golgatha, Wandgemälde im Dom von Loreto, Ausmalung 1892-1902, Abb. in: Die christliche Kunst, 5. 1908/1909, Tafel vor S. 161
348 Gebhard Fugel (1863-1939), Allerheiligenbild, 1899 (Karton) für den Chorbogen der Pfarrkirche in Wangen (Allgäu), Abb. in: Die christliche Kunst, 6. 1909/1910, S. 141
349 Felix Baumhauer (geb. 1876), Jesus am Kreuz, um 1913, Abb. in: Die christliche Kunst, 11. 1914/1915, S. 320
350 Waldemar Kolmsperger (geb. 1858), Pietà, 1896 (Entwurf für ein Gemälde an einer Kirchenfassade), Abb. in: Die christliche Kunst, 2. 1905/1906, S. 91
351 Fritz von Uhde (1848-1911), Schwerer Gang, 1890, Öl/Lwd. 117,1 x 126 cm, München, Neue Pinakothek
352 Edward von Steinle (1810-1886), Hausaltärchen in Form eines Triptychons, 1876, Aquarell, Abb. in: Alphons M. von Steinle: Edward von Steinle. Des Meisters Gesamtwerk in Abbildungen, Kempten/München 1910, S. 154
353 Wilhelm Leibl (1844-1900), Frau Gedon, 1868/1869, Öl/Lwd., 120 x 100 cm, München, Neue Pinakothek
354 Leopold von Kalckreuth (1855-1928), Sommer, 1890, Öl/Lwd. 356 x 294 cm, Bremen, Kunsthalle
355 Gustav Klimt (1862-1918), Die Hoffnung, 1903, Öl/Lwd. 181 x 67 cm, Turin, Galleria Galatea
356 Fritz von Uhde (1848-1911), Die Flucht nach Ägypten, 1891, Öl/Lwd. 110 x 140 cm, Abb. in: Hans Rosenhagen: Uhde. Des Meisters Gemälde in 285 Abbildungen, Stuttgart/Leipzig 1908 (= Klassiker der Kunst in Gesamtausgaben. Zwölfter Band), S. 113
357 P. Gabriel Wüger (1829-1892), Flucht nach Ägypten, sechziger Jahre (vgl. Abb. in: Die christliche Kunst, 7. 1910/1911, S. 123) und Flucht nach Ägypten des Zyklus „Marienleben" in der Abteikirche Emaus zu Prag (Ausmalung 1880-1885), die beide nebeneinander abgebildet sind in: Josef Kreitmaier S.J.: Beuroner Kunst. Eine Ausdrucksform der christlichen Mystik, Freiburg im Breisgau 1923[5], Tafel 9 (Tafelteil)
358 Hans Thoma (1839-1924), Die Flucht nach Ägypten, 1879, Öl/Lwd. 115,8 x 160,5 cm, Frankfurt/Main, Städelsches Kunstinstitut
359 Hans Thoma (1839-1924), Unter dem Flieder, 1871, Öl/Lwd. 74,5 x 62,5 cm, Frankfurt/Main, Städelsches Kunstinstitut
360 Wilhelm Steinhausen (1846-1924), Flucht nach Ägypten, 1874, Öl/Lwd. 35,5 x 43,5 cm, Berlin (West), Nationalgalerie
361 Fritz von Uhde (1848-1911), Ruhe auf der Flucht, 1895, Öl/Lwd. 125 x 100 cm, Schweinfurt, Sammlung Schäfer, Abb. in: Hans Rosenhagen: Uhde. Des Meisters Gemälde in 285 Abbildungen, Stuttgart/Leipzig 1908 (= Klassiker der Kunst in Gesamtausgaben. Zwölfter Band), S. 153
362 Ludwig Richter (1803-1884), Ruhe auf der Flucht, 1873, Aquarell, Berlin DDR, Nationalgalerie
363 Fritz von Uhde (1848-1911), Die heilige Familie, 1892, Pastell auf Pappe, Abb. in: Hans Rosenhagen: Uhde. Des Meisters Gemälde in 285 Abbildungen, Stuttgart/Leipzig 1908 (= Klassiker der Kunst in Gesamtausgaben. Zwölfter Band), S. 122
364 Philipp Otto Runge (1777-1810), Ruhe auf der Flucht nach Ägypten, 1805/1806, Öl/Lwd. 96,5 x 129,5 cm, Hamburg, Hamburger Kunsthalle
365 Philipp Otto Runge (1777-1810), Die Eltern des Künstlers, 1806, Öl/Lwd. 196 x 131 cm, Hamburg, Hamburger Kunsthalle
366 Julius Schnorr von Carolsfeld (1794-1872), Die Flucht nach Ägypten, 1828, Öl/Lwd. 116 x 112 cm, Düsseldorf, Kunstmuseum
367 Edward von Steinle (1810-1886), Veit, Overbeck und Cornelius schauen die Flucht nach Ägypten, 1878, Sepiazeichnung, Abb. in: Alphons M. von Steinle (Hrsg.): Edward von Steinle. Des Meisters Gesamtwerk in Abbildungen, Kempten/München 1910, Nr. 390
368 Ludwig Knaus (1829-1910), Heilige Familie, 1876, Öl/Lwd., New York, Metropolitan Museum
369 Carl von Marr (1858-1936), Madonna mit Kind, Öl/Lwd. 160 x 230 cm, München, Neue Pinakothek
370 Maximilian Dasio (geb. 1865), Rast auf der Flucht, Abb. in: Die christliche Kunst, 7. 1910/1911, S. 323
371 Theodor Winter (geb. 1872), Ruhe auf der Flucht, um 1913 (gezeigt auf der XI. Internationalen Kunstausstellung im Glaspalast München 1913), Abb. in: Die christliche Kunst, 10. 1913/1914, S. 23
372 Hans Thoma (1839-1924), Ruhe auf der Flucht nach Ägypten, 1908, Abb. in: Friedrich Haack: Die Kunst des XIX. Jahrhunderts. Dritte, stark vermehrte und verbesserte Auflage, Esslingen 1909 (= Grundriß der Kunstgeschichte von Wilhelm Lübke. Vierzehnte Auflage. V), Tafel nach S. 404 (Studie zum Christus-Zyklus in der Thoma-Kapaelle der Kunsthalle Karlsruhe)
373 Fritz von Uhde (1848-1911), Die Flucht nach Ägypten, 1893, Öl/Lwd. 48 x 60,5 cm, Abb. in: Hans Rosenhagen: Uhde. Des Meisters Gemälde in 285 Abbildungen, Stuttgart/Leipzig 1908 (=Klassiker der Kunst in Gesamtausgaben. Zwölfter Band), S. 128
374 Bruno Piglhein (1848-1894), Ruhe auf der Flucht nach Ägypten, um 1890, Öl/Lwd. 146,3 x 220,5 cm, Hamburg, Hamburger Kunsthalle
375 Max Klinger (1857-1920), Ruhe auf der Flucht, 1912, Öl/Lwd., Hamburg, Galerie Brockstedt (1978)
376 Louis Feldmann (1856-1928), Heilig ist die Jugendzeit, Abb. in: Christliches Kunstblatt, 51. 1909, Tafel vor S. 321
377 John Everett Millais (1829-1896), Christus im Hause seiner Eltern, 1850, Öl/Lwd. 86 x 139,7 cm, London, Tate Gallery. Zur Rezeption des Gemäldes vgl. Kat. Ausst.: Die Präraffaeliten. Staatliche Kunsthalle Baden-Baden 23.11.1973-24.2.1974, Baden-Baden 1974 (Ausstellung: Klaus Gallwitz, Katalog: Günter Metken), S. 113
378 Max Liebermann (1847-1935), Zimmermannswerkstatt (Die Familie des Holzhackers), 1875-1877, Öl/Lwd. 85 x 113 cm, Privatbesitz Dr. Eduard von Schwartzkoppen
379 Joseph Albrecht, Hl. Familie, Abb. in: Die christliche Kunst, 3. 1906/1907, Farbtafel vor S. 49
380 Joseph Albrecht, Die Hl. Familie, Altarbild der katholischen

Kirche in Zuchering bei Ingolstadt, Abb. in: Die christliche Kunst, 13. 1916/1917, S. 198

381 Hans Huber-Sulzemoos (geb. 1873), St. Joseph als Zimmermann, 1916, Triptychon, Malerei für einen Flügelaltar in der Pfarrkirche von Köln-Zollstock, Abb. in: Die christliche Kunst, 12. 1915/1916, Abb. nach S. 312

382 Walther Firle (1859-1929), Vergib uns unsere Schuld, drittes Bild der Trilogie „Vater unser", 1893, Öl/Lwd. 95 x 155 cm, München, Neue Pinakothek, Abb. in: Die Kunst unserer Zeit, 12. 1901, II. Halbband, S. 127; Abb. der Trilogie in: Hugo von Reininghaus: Entwicklungserscheinungen der Modernen Malerei, München 1907, S. 99

383 Max Liebermann (1847-1935), Die Schusterwerkstatt, 1881, Öl/Lwd. 64 x 80 cm, Berlin DDR, Nationalgalerie

384 Ernst Karl Georg Zimmermann (1852-1901), Christus consolator, 1888, Öl/Lwd. 250,5 x 190 cm, Leipzig, Museum der bildenden Künste, Foto (des Museums) im heutigen Zustand (1981)

385 Ernst Karl Georg Zimmermann (1852-1901), Christus consolator, 1888, Öl/Lwd. 250,5 x 190 cm, Leipzig, Museum der bildenden Künste, Abb. in: Ludwig Pietsch: Die Malerei auf der Münchner Jubiläums-Kunst-Ausstellung 1888. Photogravüre-Ausgabe mit begleitendem Text, München 1888, Tafel vor S. 115

386 Ernst Karl Georg Zimmermann (1852-1901), Kommet zu mir, die ihr mühselig seid und beladen, denn ich will euch erquicken, 1895, Öl/Lwd. 250 x 190 cm, Abb. in: Die Kunst unserer Zeit, 6. 1895, II. Bd., Tafel nach S. 98

387 Walther Firle (1859-1929), Dein Wille geschehe, Öl/Lwd. 95 x 155 cm, erstes Bild der Trilogie „Vater unser", 1893, München, Neue Pinakothek, Abb. in: Die Kunst unserer Zeit, 12. 1901, II. Halbband, S. 126; Abb. der Trilogie in: Hugo Reininghaus: Entwicklungserscheinungen der Modernen Malerei, München 1907, S. 99

388 Carl Johann Becker-Gundahl (1856-1925), Der Austräglerin Ende, 1885, Abb. in: Die christliche Kunst, 2. 1905/1906, S. 173

389 Arthur Kampf (1864-1950), Die letzte Aussage, 1886, Öl/Lwd. 285 x 362 cm, Düsseldorf, Kunstmuseum

390 Wilhelm Clemens (1847-1934), Wilderers Ende, 1886, Öl/Lwd. 108 x 148 cm, Berlin (West), Nationalgalerie

391 Otto Friedrich Wolf (1855-1940), Bange Stunde, 1890, Abb. in: Die Kunst unserer Zeit, 1. 1890, Tafel nach S. 140

392 Adolf Maennchen (1860-1920), Todesstunde, 1895, Abb. in: Die Kunst, 3. 1901, S. 548

393 Fritz Fleischer (geb. 1861), Not, 1890, Öl/Lwd. 198 x 278 cm, Hannover, Niedersächsische Landesgalerie

394 Heinrich Breling (1849-1914), Der Witwer, ca. 1906, Öl/Lwd. 147 x 198 cm, Hannover, Niedersächsische Landesgalerie

395 Otto Heichert (geb. 1868), Trauernde an einem Sterbebett (Totenandacht), 1898, Öl auf Holz 66 x 54 cm, Düsseldorf, Kunstmuseum

396 Oswald von Sass (geb. 1856), Totenwache, 1890, Abb. in: Wilhelm Neumann: Baltische Maler und Bildhauer des XIX. Jahrhunderts. Biographische Skizzen mit den Bildnissen der Künstler und Reproduktionen nach ihren Werken, Riga 1902, S. 135

397 Walther Firle (1859-1929), Im Trauerhaus, 1888, Öl/Lwd. 254 x 472 cm, ehemals: Breslau, Schlesisches Museum der bildenden Künste, Abb. in: Die Kunst unserer Zeit, 12. 1901, II. Halbband, Tafel nach S. 128

398 Willy Spatz (1861-1931), Der Gang zur heiligen Familie, 1892, Öl/Lwd. 84 x 147 cm, Düsseldorf, Kunstmuseum

399 Ernst Karl Georg Zimmermann (1852-1901), Anbetung der Hirten, 1883, Öl/Lwd. 300 x 202 cm, München, Neue Pinakothek

400 Franz Xaver Dietrich (geb. 1882), Huldigung elsässischer Landleute vor der Madonna, 1909, Abb. in: Die christliche Kunst, 8. 1911/1912, Tafel vor S. 128

401 Meta Voigt (geb. 1866), Jerusalem du hochgebaute Stadt, wollt Gott, ich wär in dir!, 1916, Illustration in: Rudolf Eckart: Das Sonntagsbuch, Stuttgart 1916, Abb. in: Christliches Kunstblatt, 58. 1916, S. 152

402 Leopold von Kalckreuth (1855-1928), Kann nicht mehr mit, 1888, Öl/Lwd. 250 x 168 cm, Weimar, Staatliche Kunstsammlungen, Abb. in: Ludwig Pietsch: Die Malerei auf der Münchener Jubiläums-Kunst-Ausstellung 1888. Photogravüre-Ausgabe mit begleitendem Text, München 1888, S. 80

403 Eduard Karl Franz von Gebhardt (1838-1925), Der reiche Jüngling, 1892, Öl auf Holz 105 x 135 cm, Düsseldorf, Kunstmuseum

404 Wilhelm August Theodor Steinhausen (1846-1924), Christus und der reiche Jüngling, Abb. in: Fried Lübbecke: Wilhelm Steinhausen, Bielefeld und Leipzig 1914, Farbtafel nach S. 80 (Abb. Nr. 101)

405 Wilhelm August Theodor Steinhausen (1846-1924), Christus und der reiche Jüngling, Lithographie, Abb. in: David Koch: Wilhelm Steinhausen. Ein deutscher Künstler, Heilbronn 1904, S. 124, Nr. 113

406 Eduard Karl Franz von Gebhardt (1838-1925), Der arme Lazarus, 1907, Abb. in: G. Schenkel (Hrsg.): Der Protestantismus der Gegenwart. Unter Mitwirkung führender Persönlichkeiten des kirchlichen und theologisch-wissenschaftlichen Lebens, Stuttgart 1926, Tafel nach S. 32

407 Eugène Burnand (1850-1921), Der reiche Mann und der arme Lazarus, Kreidezeichnung, Blatt aus der Serie „Die zweiundsiebzig Gleichnisse des Herrn", 1907-1908, ausgestellt im Pariser Salon 1908, wo sie Aufsehen erregte. Abb. in: David Koch: Eugene Burnand. Album religiöser Kunst, Stuttgart 1910, S. 14. Vgl. auch: Rudolf Burckhardt: Eugène Burnands „Gleichnisse Jesu", in: Christliches Kunstblatt, 51. 1909, S. 65-73; David Koch: Die Gleichnisse Jesu Christi. Von Eugene Burnand. Den Freunden des Buches, in: Christliches Kunstblatt, 51. 1910, S. 289-299

408 Wilhelm Busch (1832-1908), Weintränkung der Bettler und Krüppel, Holzschnitt aus: Die fromme Helene, 1872, Abb. in: Wilhelm Busch. Gesamtausgabe in vier Bänden. Herausgegeben von Friedrich Bohne. Band II, Wiesbaden o.J., S. 263

409 Matthäus Schiestl (1869 geb.), Almosen des Armen, 1903, Farblithographie, Jahresmappe 1903 des Verlages für vervielfältigende Kunst, Wien, Abb. in: Die christliche Kunst, 3. 1906/1907, S. 133

410 Adolph Erdmann von Menzel (1815-1905), Vor der Kirchentür, 1890, Deckfarbenmalerei 20 x 15 cm, Abb. in: Herbert Voßberg: Kirchliche Motive bei Adolph Menzel, Berlin 1964, S. 77, Nr. 51

411 Arthur Kampf (1864-1950), Vor dem Theater, 1896, Abb. in: Velhagen & Klasings Monatshefte, 20. 1905/1906, Bd. 2, S. 3. Vgl. auch Abb. in: Hans Rosenhagen: Arthur Kampf, Bielefeld und Leipzig 1922 (= Künstler-Monographien. Begründet von H. Knackfuß 112), S. 27

412 Ludwig von Zumbusch (1861-1927), Vor der Stadt, Abb. in: Die Kunst, 7. 1903, S. 158

413 G. Krickel, Obdachlose, um 1890, Grisaille-Vorlage für den Holzstich, Abb. in: Werner Doede: Berlin. Kunst und Künstler seit 1870. Anfänge und Entwicklungen, Recklinghausen 1961, S. 49 oben

414 Eugène Burnand (1850-1921), Heimkehr des verlorenen Sohnes, 1896, Abb. in: David Koch: Eugène Burnand. Album religiöser Kunst, Stuttgart 1910, S. 9

415 Joseph Hansen (geb. 1871), Der verlorene Sohn, 1900, Abb. in: Die christiche Kunst, 1. 1904/1905, S. 165

416 Eduard Karl Franz von Gebhardt (1838-1925), Heimkehr des verlorenen Sohnes, 1908, Abb. in: Georg Buchwald/Karl Stockmeyer: Die Geschichte der deutschen Kirche und kirchlichen Kunst im Wandel der Jahrhunderte, Köln o.J., Farbtafel nach S. 76

417 Max Slevogt (1868-1932), Der verlorene Sohn, 1898-1899, Öl/Lwd. Triptychon, Mittelbild: Rückkehr des verlorenen Sohnes 111 x 98 cm, l. Flügel: Die Orgie des verlorenen Sohnes 111 x 50 cm, r.Flügel: Der verlorene Sohn im Elend 111 x 50 cm, Stuttgart, Staatsgalerie

418 Lovis Corinth (1858-1925), Der verlorene Sohn, 1891, Öl/Lwd. 112 x 154 cm, Abb. in: Alfed Rohde: Der junge Corinth, Berlin 1914 (= Die Kunstbücher des Volkes. Band 36), S. 85

419 Maximilian Dasio (geb. 1865), Der verlorene Sohn. Abb. in: Die christliche Kunst, 7. 1910/1911, Tafel nach S. 328

420 Eugène Burnand (1850-1921), Der verlorene Sohn II. Ich will mich aufmachen und zu meinem Vater gehen, Blatt aus der Serie „Die zweiundsiebzig Gleichnisse des Herrn", 1907-1908, Kreidezeichnung, Abb. in: Monatsschrift für Gottesdienst und kirchliche Kunst, 14. 1909, S. 83

421 Maximilian Liebenwein (1869-1926), Der verlorene Sohn, 1909, gezeigt auf der Frühjahrs-Ausstellung der Wiener Secession 1909, Abb. in: Die Kunst, 19. 1909, S. 398

422 Adolf Oberländer (1845-1923), Der verlorene Sohn, 1910, Abb. in: Die Kunst, 33. 1916, S. 61

423 Ludwig Dettmann (1865-1944), Heimkehr des verlorenen Sohnes, 1892, Abb. in: Die Kunst für Alle, 10. 1894/1895, S. 75

424 Ludwig Dettmann (1865-1944), Rückkehr des verlorenen Sohnes, 1892, ausgestellt auf der VI. internationalen Kunstausstellung 1892 in München, Abb. in: Die Kunst für Alle, 7. 1891/1892, S. 356

425 Klaus Richter (geb. 1887), Der verlorene Sohn, 1914, Abb. in: Christliches Kunstblatt, 57. 1915, Tafel vor S. 29

426 Ludwig Dettmann (1865-1944), 1. Mose 3, 1892, Triptychon, Abb. (Radierung von F. Kostewitz), in: Zeitschrift für Bildende Kunst, N.F. 7. 1896, Taf. vor S. 241 (Mittelbild); Abb. der Seitenflügel (ebenfalls als Radierung von F. Kostewitz), in: Zeitschrift für Bildende Kunst, N.F. 8. 1897, S. 48

427 Max Liebermann (1847-1935), Die Kartoffelernte, 1875, Öl/Lwd. doubliert 108,5 x 172 cm, Düsseldorf, Kunstmuseum

428 Ludwig Knaus (1829-1910), Die Kartoffelernte, 1879, Abb. in: Lothar Brieger: Das Genrebild. Die Entwicklung der bürgerlichen Malerei, München 1922, Abb. 119 nach S. 78. Abb. ebenfalls, in: Die Kunst unserer Zeit, 1. 1890, Tafel nach S. 8 (Datierung hier: 1889)

429 Ludwig Munthe (1841-1896), Kartoffelernte, 1896, Öl/Lwd. 83 x 144,5 cm, Düsseldorf, Kunstmuseum

430 Walter Georgi (1871-1924), Kartoffelernte, 1901, Abb. in: Deutsche Kunst und Dekoration, 3. 1898/1899, S. 77

431 Albert Haueisen (1872-1954), Kartoffelernte, Abb. in: Deutsche Kunst und Dekoration, 3. 1898/1899, S. 77

432 Hugo Finkbeiner (geb. 1879), Kartoffelernte, 1910, Abb. in: Julius Baum (Hrsg.): Die Stuttgarter Kunst der Gegenwart, Stuttgart 1913, S. 61

433 Ludwig Dettmann (1865-1944), Heilige Nacht, 1893, Öl/Lwd. Triptychon, Abb. in: Alfred Koeppen: Die moderne Malerei in Deutschland, Bielefeld und Leipzig 1914[2], S. 23

434 Karl Walter Leopold Graf Kalckreuth (1855-1928), Unser Leben währet siebenzig Jahre, 1898, Triptychon, Öl/Lwd., Mittelbild: „Das Greisenalter" 163 x 148 cm, linker Flügel: „Jugend" 163 x 74 cm, rechter Flügel: „Reife (Kraft)" 163 x 74 cm, München, Neue Pinakothek

435 Karl Walter Leopold Graf Kalckreuth (1855-1928), Die Ährenleserinnen, 1894, Öl/Lwd. 178 x 167 cm, Stuttgart, Staatsgalerie

436 Hans Thoma (1839-1924), Mutter und Schwester des Künstlers, in der Bibel lesend, 1866, Öl auf Pappe 58,5 x 85 cm, Karlsruhe, Staatliche Kunsthalle

437 Wilhelm Maria Hubert Leibl (1844-1900), Drei Frauen in der Kirche, 1882, Öl auf Mahagoni 113 x 77 cm, Hamburg, Hamburger Kunsthalle

438 Hans Kohlschein (geb. 1879), Arbeit und Luxus, 1914, Federzeichnung, Illustration in: R. Kabisch: Das neue Geschlecht, Göttingen, 1915, Abb. in: Christliches Kunstblatt, 58. 1916, S. 21

439 Fritz Mackensen (1866-1953), Die Scholle, 1898, Öl/Lwd. 215 x 375 cm, Weimar, Schloßmuseum (Staatliche Kunstsammlungen, Inv.-Nr. G 644)

440 Walter Georgi (1871-1924), Saure Wochen – Frohe Feste, 1901, Triptychon, Abb. in: Die Kunst, 5. 1902, S. 475, sowie in: Deutsche Kunst und Dekoration, 21. 1907/1908, S. 291, 292, 293. Die Abbildung des linken Flügels des Triptychons (S. 292) zeigt hier verschiedene Abweichungen gegenüber der Abbildung in „Die Kunst".

441 Georg Winkler (geb 1879), Der hl. Isidor (ausgestellt auf der Ausstellung für christliche Kunst 1909 in Düsseldorf), Abb. in: Die christliche Kunst, 5. 1908/1909, S. 318

442 Gebhard Fugel (1863-1939), Landarbeiter, Abb. in: Walter Rothes: Gebhard Fugel. Eine Einführung in des Meisters Werk und Leben, München 1925, S. 59 (Nr. 55)

443 Max Liebermann (1847-1935), Arbeiter im Rübenfeld, 1874-1876, Öl/Lwd. 98 x 209 cm, Hannover, Niedersächsische Landesgalerie

444 Hermann Knopf (geb. 1870), Das Riesenspielzeug, 1901, Öl/Lwd. 168 x 261 cm, Münster, Westfälisches Landesmuseum für Kunst und Kulturgeschichte, Abb. in: Die Kunst unserer Zeit, 12. 1901, 2. Halbband, zweite Tafel nach S. 130

445 Otto Dieterle (geb. 1891), Die Gefolgschaft Christi, 1913, Wandgemälde in dem Konfirmationssaal von Feuerbach (heute Stadtteil von Stuttgart), 140 x 260 cm, Abb. in: Christliches Kunstblatt, 55. 1913, S. 236

446a Ludwig Dettmann (1865-1944), Arbeit, 1893, Mittelbild des gleichnamigen Triptychons, Öl/Lwd. 168 x 181 cm, Wuppertal, Von der Heydt-Museum

446b Ludwig Dettmann (1865-1944), Unser täglich Brot gib uns heute, 1894, linker Flügel des Triptychons „Arbeit" (vgl. Nr. 446a, 446c), Öl/Lwd. 143 x 68 cm, Wuppertal, Von der Heydt-Museum

446c Ludwig Dettmann (1865-1944), Unser Leben währet siebzig Jahre und wenn's köstlich gewesen ist, so ist es Mühe und Arbeit gewesen, 1894, rechter Flügel des Triptychons „Arbeit" (vgl. Nr. 446a, 446b), Öl/Lwd. 144 x 68 cm, Wuppertal, Von der Heydt-Museum

447 Aloys Eckardt (1845-1906), Hammerschmiede, 1888 (gezeigt auf der Münchener Jubiläums-Ausstellung von 1888), Abb. in: Die Kunst für Alle, 3. 1887/1888, S. 301

448 Friedrich Keller (1840-1914), Im Eisenhammer, 1888, Öl/Lwd. 212,5 x 162 cm, Stuttgart, Staatsgalerie, Abb. in: Ludwig Pietsch: Die Malerei auf der Münchener Jubiläums-Kunst-Ausstellung 1888. Photogravüre-Ausgabe mit begleitendem Text, München 1888, Tafel nach S. 76

449 Adolph Friedrich Erdmann von Menzel (1815-1905), Das Eisenwalzwerk, 1875, Öl/Lwd. 153 x 253 cm, Berlin DDR, Nationalgalerie

450 Carl Hochhaus (geb. 1852), S.M. Panzer Corvette „Oldenburg". Auf der Werft des „Vulcan", 1886, Öl/Lwd. 134 x 315 cm, Berlin DDR, Nationalgalerie

451 Franz Skarbina (1849-1910), Christus hinter dem Leichenwagen, 1898, Illustration zu dem Roman „Das Gesicht Christi" (1897), Abb. in: Albert Soergel: Dichtung und Dichter der Zeit. Eine Schilderung der deutschen Literatur der letzten Jahrzehn-

te, Leipzig 1922[16], S. 115
452 453 Adolf Münzer (1870-1953), Luxus uns Arbeit, 1900, zwei Pendants, Dekorationsentwürfe, gezeigt auf der Münchener Jahresausstellung im Glaspalast innerhalb der Sonderausstellung der „Scholle" 1900, Abb. in: Die Kunst, 1. 1900, S. 530, 531
454 Gotthard Kuehl (1850-1915), Vor der Schicht, neunziger Jahre des 19. Jahrhunderts, Öl/Lwd. 130 x 101 cm, München, Neue Pinakothek
455 Carl Gehrts (1853-1898), Industrie, 1886, Wandgemälde, Düsseldorf, Café Central, Abb. in: Die Kunst für Alle, 3. 1887/1888, S. 110
456 Carl Gehrts (1853-1898), Handel, 1886, Wandgemälde, Düsseldorf, Café Central, Abb. in: Die Kunst für Alle, 3. 1887/1888, S. 111
457 Hugo Vogel (1855-1934), Die Industrie unter dem Schutze der Krone, 1894, Wandbild, Berlin, Vestibül der Darmstädter Bank, Abb. in: Die Kunst für Alle, 11. 1895/1896, S. 67
458 Ferdinand Keller (1842-1922), Neuzeit, Fresko, Stuttgart, Landes-Gewerbemuseum, König-Karl-Halle, Gesamtausmalung durch Keller 1894-1896, Abb. in: F. W. Gaertner: Ferdinand Keller, Karlsruhe 1912, Nr. 45, S. 79
459 Ferdinand Keller (1842-1922), Mittelalter, Fresko, Stuttgart, Landes-Gewerbemuseum, König-Karl-Halle, Gesamtausmalung durch Keller 1894-1896, Abb. in: F.W. Gaertner: Ferdinand Keller, Karlsruhe 1912, Nr. 44, S. 78
460 Ernst Pasqual Jordan (1858-1924), Vorhang des Bielefelder Stadttheaters, 1904, Abb. in: Die Kunst, 9. 1904, S. 387
461 Georg Gröne (geb. 1864), Kreuzigungsgruppe mit knieendem Bergmann und Hüttenarbeiter, 1896, Holzstichreproduktion nach dem Modell der Lindenholzgruppe in der Kirche zu Cainsdorf bei Zwickau (Sachsen) von Gröne, Abb. in: Monatsschrift für Gottesdienst und kirchliche Kunst, 1. 1896/1897, S. 237
462 Julius Exter (1863-1939), Charfreitag, 1895, Triptychon, Öl/Lwd., Mittelbild 160 x 180 cm, Seitenbilder 160 x 61 cm, München, Neue Pinakothek, Abb. in: Alfred Koeppen: Die moderne Malerei in Deutschland, Bielefeld und Leipzig 1914[2], S. 111
463 Albin Egger-Lienz (1868-1926), Die Wallfahrer, 1900-1905, Öl/Lwd. 190 x 398 cm, Mannheim, Kunsthalle
464 Wilhelm August Theodor Steinhausen (1846-1924), Kommet her zu mir alle, die ihr mühselig und beladen seid, ich will euch erquicken, 1890-1892, Wandgemälde, Wernigerode, Missionshaus zu St. Theobald, Saal, Abb. in: Fried Lübbecke: Wilhelm Steinhausen, Bielefeld/Leipzig 1914 (= Künstler-Monographien, in Verbindung mit Anderen herausgegeben von H. Knackfuß 109), S. 48, Nr. 62
465 Leonhard Thoma (1864-1921), Kommet alle zu mir!, 1905, Altarbild, Ursberg (Schwaben), Hauskapelle der St. Josephs-Schwestern-Kongregation, Abb. in: Die christliche Kunst, 10. 1913/1914, S. 270
466 Karl Friedrich Boehle (1873-1916), Madonna mit Heiligen, um 1906, Abb. in: Rudolf Klein: Fritz Boehle, Berlin o.J. (1909), S. 26 unten
467 Matthäus Schiestl (1869-1939), Die Königin aller Heiligen, 1905, Triptychon, Kaiserslautern katholische Marienkirche, Abb. in: Die christliche Kunst, 3. 1906/1907, S. 142
468 Bruno Piglhein (1848-1894), Die Grablegung Christi, 1888, Öl/Lwd. 380 x 290 cm, München, Neue Pinakothek, Abb. in: Ludwig Pietsch: Die Malerei auf der Münchener Jubiläums-Kunst-Ausstellung 1888. Photogravüre-Ausgabe mit begleitendem Text, München 1888, Tafel vor S. 85
469 Heinrich Told (1861-1924), Grablegung, Abb. in: Die christliche Kunst, 2. 1905/1906, Farbtafel vor S. 29
470 Gebhard Fugel (1863-1939), Flucht nach Ägypten, 1905, Fresko, München, Josephskirche, Abb.in: Die christliche Kunst, 6. 1909/1910, Tafel nach S. 148
471 Max Liebermann (1847-1935), Der zwölfjährige Jesus im Tempel, 1879, Öl/Lwd. 151 x 131 cm, Hamburg, Hamburger Kunsthalle, Leihgabe aus Privatbesitz
472 Max Liebermann (1847-1935), Die Gänserupferinnen, 1871, Öl/Lwd. 118 x 172 cm, Berlin DDR, Nationalgalerie
473 Karikatur „Freie Bühne", 1890, Holzschnitt 10,8 x 16,8 cm, in: Kladderadatsch, 43. 1890, Nr. 7, Beiblatt zum Kladderadatsch, Zweites Beiblatt, S. 2
474 Peter Joseph von Cornelius (1873-1867), Das Jüngste Gericht, 1836-1839 (Karton 1834-1835 in Rom entstanden), Fresko, 1830 x 1130 cm, München, Ludwigskirche, Chorwand
475 Wilhelm von Schadow (1788-1862), Die Parabel von den klugen und törichten Jungfrauen, 1835-1842, Öl/Lwd. 271,5 x 391 cm, Zwickel: Öl auf Holz 83,5 x 83,5 bzw. 81,5 x 83,5 cm, Frankfurt/Main, Städel
476 Emanuel Leutze (1816-1868), König Ferdinand nimmt Kolumbus die Ketten ab, 1843, Öl/Lwd. 99,6 x 129,45 cm, New York, Brooklyn Museum
477 Hermann Freihold Plüddemann (1809-1868), Der Tod Friedrich Barbarossas, 1841, Fresko, Schloß Heltorf, Abb. in: Friedrich Schaarschmidt: Zur Geschichte der Düsseldorfer Kunst insbesondere im XIX. Jahrhundert, Düsseldorf 1902, S. 100
478 Hermann Stilke (1803-1860), Die Gerechtigkeit. Rudolf von Habsburg hält über die Raubritter Gericht, Fresko, Schloß Stolzenfels, Kleiner Rittersaal, Gesamtausmalung 1843-1846, Abb. in: Robert Scholz: Volk, Nation, Geschichte. Deutsche historische Kunst im 19. Jahrhundert, Rosenheim o.J. (1981), S. 86
479 Julius Schnorr von Carolsfeld (1794-1872), Kriemhild nennt im Dom zu Worms Hagen den Mörder Siegfrieds, Fresko, München, Residenz, Nibelungensaal des Verrats, Nibelungenzyklus insgesamt 1831-1862, Abb. in: 19. Jahrhundert, Rosenheim o.J. (1981), S. 101
480 Peter Joseph von Cornelius (1783-1867), Der Kampf um den Leichnam des Patrosklos, 1829 vollendet, Fresko, München, Glyptothek (zerstört), ehemals Wandlünette zum dritten Gewölbeviertel des Heldensaales gehörig, Abb. in: Herbert von Einem: Deutsche Malerei des Klassizismus und der Romantik 1760 bis 1840, München 1978, Nr. 150
481 Bonaventura Genelli (1798-1868), Herakles Musagetes bei Omphale, 1862, Öl/Lwd. 195,5 x 310 cm, München, Schackgalerie
482 Friedrich Preller d.Ä. (1804-1878), Die Tötung der Rinder des Helios, 1865-1868, Fresko in Wachsfarben, Weimar, Staatliche Kunstsammlungen, Graphische Sammlung
483 Friedrich Karl Hausmann (1825-1886), Galilei vor dem Konzil, 1861, Öl/Lwd. 282 x 429 cm, Hamburg, Hamburger Kunsthalle
484 Julius Schnoor von Carolsfeld (1794-1872), Luther auf dem Reichstag zu Worms 1521, 1869, Öl/Lwd. ca. 350 x 450 cm, München, Bayerische Staatsgemäldesammlungen
485 Ernst Karl Georg Zimmermann (1852-1901), Der zwölfjährige Christus im Tempel, 1879, Abb. in: Zeitschrift für Bildende Kunst, 15. 1880, Tafel vor S. 191 (Radierung von W. Krauskopf)
486 Eduard Karl Franz von Gebhardt (1838-1925), Einzug Christi in Jerusalem, 1863, Öl/Lwd. 85 x 95 cm, Wuppertal, Von der Heydt-Museum
487 Eduard Karl Franz von Gebhardt (1838-1925), Der zwölfjährige Jesus im Tempel, 1895 (ausgestellt erstmals auf der Internationalen Berliner Jubiläumsausstellung 1896), Abb. in: Die Kunst für Alle, 11. 1895/1896, Tafel nach S. 272
488 Paul Thumann (1834-1908), Luther verbrennt die päpstliche

Bulle, 1872, Abb. in: Die Kunst für Alle, 6. 1890/1891, S. 295
489 Paul Thumann (1834-1908), Luther auf dem Reichstage zu Worms, 1872, Abb. in: Die Kunst für Alle, 6. 1890/1891, S. 297
490 Paul Thumann (1834-1908), Luthers Einbringung in die Wartburg, 1873, Abb. in: Die Kunst für Alle, 6. 1890/1891, Tafel nach S. 300
491 Paul Thumann (1834-1908), Luther als Junker Jörg mit zwei Schweizer Studenten im Gasthaus zum Schwarzen Bären in Jena, 1873, Abb. in: Die Kunst für Alle, 6. 1890/1891, S. 294
492 Eduard Karl Franz von Gebhardt (1838-1925), Der Reformator, 1877, Öl/Lwd. 74,5 x 63,5 cm, Leipzig, Museum der bildenden Künste
493 494 495 Otto Brausewetter (1835-1904), Das Zeitalter der Antike, Das Zeitalter der Reformation, Das Zeitalter der Humanisten, Wandgemälde (Öl/Lwd.) für das Gymnasium in Bromberg (Aula), gemalt 1883. Vgl. Thieme-Becker Künstlerlexikon, Bd. 4, Leipzig 1910, S. 553. Abb.: Fotos nach Großreproduktionen der Vereinigung der Kunstfreunde für amtliche Publikationen der Königlichen National-Galerie Berlin, Fotos: Nationalgalerie, Berlin DDR
496 Josef Sattler (1867-1931), Aus dem Bauerkrieg, 1907 (gezeigt auf der Deutschen Kunstausstellung Köln 1907), Abb. in: Die Kunst, 17. 1908, S. 99
497 Wilhelm von Diez (1837-1907), Anno 1525, 1906, Abb. in: Die Kunst, 17. 1908, S. 61
498 Cuno von Bodenhausen (geb. 1852), Die Hoffnung, um 1887, Abb. in: Ludwig Pietsch: Deutsche Kunst und Künstler der Gegenwart in Bild und Wort, München 1887, S. 1
499 Friedrich Heyser (1857-1921), Fischer und Nixe, um 1887, Abb. in: Ludwig Pietsch (1887), s. Nr. 498, S. 15
500 Hubert Salentin (1822-1910), Der Storch, 1886, Abb. in: Ludwig Pietsch (1887), s. Nr. 498, S. 13
501 Peter Johann Theodor Janssen (1844-1908), Untergang der Legionen, Teilbild des Arminius-Zyklus, insgesamt 1871-1873, Wachsfarben auf Leinwand, ehemals Krefeld, Sitzungssaal des Rathauses (Wandbild), heute: Krefeld, Kaiser-Wilhelm-Museum
502 Hermann Wislicenus (1825-1899), Krönung Heinrichs II. in Rom 1014, 1885-1887, Wandbild, Kaseinfarben auf getrocknetem Putz 340 x 229 cm, Goslar, Kaiserpfalz, Kaisersaal
503 Hermann Wislicenus (1825-1899), Barbarossa in der Schlacht bei Ikonium, 1883-1884, Wandbild, Kaseinfarben auf getrocknetem Putz 340 x 547 cm, Goslar, Kaiserpfalz, Kaisersaal
504 Anton Alexander von Werner (1843-1915), Eröffnung des Reichstages am 25.06.1888 durch Wilhelm II., 1893, Öl/Lwd. 450 x 750 cm, Abb. in: Adolf Rosenberg: A. von Werner, Bielefeld/Leipzig 1895 (= Künstler-Monographien. In Verbindung mit Andern herausgegeben von H. Knackfuß IX), S. 107
505 Ludwig Knaus (1829-1910), Hessisches Leichenbegängnis im Winter, 1871, Öl/Lwd 131 x 100 cm, Marburg, Marburger Universitätsmuseum für Kunst und Kulturgeschichte
506 Ludwig Knaus (1829-1910), Der Unzufriedene, 1877, Öl auf Holz 82 x 62 cm, Privatbesitz Dr. E.H. Velbert
507 Ludwig Knaus (1829-1910), Die Dorfhexe, 1885, Öl/Lwd. 63,7 x 105,7 cm, Wiesbaden, Museum, Leihgabe der Permanent Collection of the Arnot Art Museum, Elmira/New York
508 Julius Schnoor von Carolsfeld (1794-1872), Jesus, als zwölfjähriger Knabe, unter den Lehrern im Tempel, Holzschnitt 21,8 x 25,8 cm, aus: Die Bibel in Bildern. 240 Darstellungen, erfunden und auf Holz gezeichnet von Julius Schnorr von Carolsfeld, Leipzig 1860, Neudruck: Zürich 1972, S. 173
509 Heinrich Hofmann (1824-1911), Der Jesusknabe im Tempel, 1882, Öl/Lwd. 152 x 204 cm, Dresden, Gemäldegalerie Neue Meister
510 Heinrich Nüttgens (geb. 1866), Der Knabe Jesus im Tempel, 1905, Altarbild, Lins am Rhein, Progymnasialkirche, Abb. in: Die christliche Kunst, 4, 1907/1908, S. 197
511 Ludwig Seitz (1844-1908), Mariä Verkündigung, Fresko, Loreto, Dom, Gesamtausmalung 1892-1902, Abb. in: Die christliche Kunst, 5. 1908/1909, S. 161
512 Carl Gottfried Pfannschmidt (1819-1887), Anbetung der Weisen aus dem Morgenlande, 1885, Altarbild in der Domstiftskapelle zu Berlin, Stiftung Kaiser Wilhelm I., Abb. in: Martin Pfannschmidt: D. Carl Gottfried Pfannschmidt. Ein deutsches Künstlerleben, Stuttgart 1896, Tafel nach S. 408
513 Carl Gottfried Pfannschmidt (1819-1887), Zierdeckel der Kupferdruckausgabe des Zyklus „Das Wehen des Gerichts. Weckstimmen aus der Heiligen Schrift", erschienen 1887, vgl. Nr. 514-521
514 Carl Gottfried Pfannschmidt (1819-1887), Der arme Lazarus und der reiche Mann I (Die Tage deines Leides sollen ein Ende haben.), Kupferdruck, 1887, 41 x 31 cm, nach einer Federzeichnung von 1872, Blatt 1 des Zyklus „Das Wehen des Gerichts. Weckstimmen aus der Heiligen Schrift", vgl. Nr. 513, 515-521
515 Carl Gottfried Pfannschmidt (1819-1887), Der arme Lazarus und der reiche Mann II (Du hast dein Gutes empfangen in deinem Leben.), Kupferdruck, 1887, 41 x 31 cm, nach einer Federzeichnung von 1872, Blatt 2 des Zyklus „Das Wehen des Gerichts. Weckstimmen aus der Heiligen Schrift", vgl. Nr. 513, 515, 516-521
516 Carl Gottfried Pfannschmidt (1819-1887), Die Verspottung Christi, Kupferdruck, 1887, 41 x 31 cm, nach einer Federzeichnung von 1874, Blatt 3 des Zyklus „Das Wehen des Gerichts. Weckstimmen aus der Heiligen Schrift", vgl. Nr. 513-515, 517-521
517 Carl Gottfried Pfannschmidt (1819-1887), Die Kreuzigung, Kupferdruck, 1887, 41 x 31 cm, nach einer Federzeichnung von 1875, Blatt 4 des Zyklus „Das Wehen des Gerichts. Weckstimmen aus der Heiligen Schrift", vgl. Nr. 513-516, 518-521
518 Carl Gottfried Pfannschmidt (1819-1887), Die Erhöhung Christi, Kupferdruck, 1887, 41 x 31 cm, nach einer Federzeichnung von 1874, Blatt 5 des Zyklus „Das Wehen des Gerichts. Weckstimmen aus der Heiligen Schrift", vgl. Nr. 513-517, 519-521
519 Carl Gottfried Pfannschmidt (1819-1887), Der anklopfende Erlöser, Kupferdruck, 1887, 41 x 31 cm, nach einer Federzeichnung von 1872, Blatt 6 des Zyklus „Das Wehen des Gerichts. Weckstimmen aus der Heiligen Schrift", vgl. Nr. 513-518, 520, 521
520 Carl Gottfried Pfannschmidt (1819-1887), Die fünf klugen und fünf törichten Jungfrauen I (Siehe, der Bräutigam kommt; gehet aus, ihm entgegen!), Kupferdruck, 1887, 41 x 31 cm, nach einer Federzeichnung von 1875, Blatt 7 des Zyklus „Das Wehen des Gerichts. Weckstimmen aus der Heiligen Schrift", vgl. Nr. 513-519, 521
521 Carl Gottfried Pfannschmidt (1819-1887), Die fünf klugen und fünf törichten Jungfrauen II (Darum wachet; denn ihr wisset weder Tag noch Stunde, in welcher des Menschen Sohn kommen wird), Kupferdruck, 1887, 41 x 31 cm, nach einer Federzeichnung von 1875, Blatt 8 des Zyklus „Das Wehen des Gerichts. Weckstimmen aus der Heiligen Schrift", vgl. Nr. 513-520
522 Edward von Steinle (1810-1886), Maria im brennenden Dornbusch, 1885, Aquarell, Abb. in: Alfons Maria von Steinle: Edward von Steinle. Des Meisters Gesamtwerk in Abbildungen, Kempten/München 1910, Nr. 164
523 Wilhelm Bernatzik (1853-1906), Vision des Hl. Bernhard, 1882, Öl/Lwd., Wien Österreichische Galerie, Abb. in: Paul Vogt: Was sie liebten ... Salonmalerei im XIX. Jahrhundert, Köln 1969, Nr. 55
524 Louis Feldmann (1856-1928), Stigmatisation des hl. Franzis-

kus, Abb. in: Die christliche Kunst, 8. 1911/1912, S. 329
525 Gustav Spangenberg (1828-1891), Hans Sachs, 1874, Foto nach einer Reproduktion (Fotografie) der Nationalgalerie Berlin DDR
526 Fritz von Uhde (1848-1911), Die heilige Nacht, 1888-1889, Öl/Lwd., Mittelbild: Die Geburt Christi, 134 x 117 cm; linker Flügel: Der Zug der Hirten durch die Nacht, 133,5 x 49 cm; rechter Flügel: Gesang der Engel, 133,5 x 49 cm, Dresden, Gemäldegalerie Neue Meister
527 Julius Schnorr von Carolsfeld (1794-1872), Christi Geburt, Holzschnitt 21,7 x 25,6 cm, aus: Die Bibel in Bildern. 240 Darstellungen, erfunden und auf Holz gezeichnet von Julius Schnorr von Carolsfeld, Leipzig 1860, Neudruck: Zürich 1972, S. 166
528a Walther Firle (1859-1929), Anbetung der Hirten, 1894, Mittelteil des Triptychons „Der Glaube", Öl/Lwd. 96 x 190,5 cm, Leipzig, Museum der bildenden Künste
528b Walther Firle (1859-1929), Verkündigung der Maria, 1894, linker Flügel des Triptychons „Der Glaube", 196 x 116 cm, Leipzig, Museum der bildenden Künste
528c Walther Firle (1859-1929), Gebet der Maria am verlassenen Kreuz, rechter Flügel des Triptychons „Der Glaube", 196 x 116 cm, Leipzig, Museum der bildenden Künste
529 Walther Firle (1859-1929), Die heilige Nacht, 1897, Triptychon, Öl/Lwd., Mittelbild: 164 x 160 cm, Seitenbilder: 164 x 94 cm, Bremen, Kunsthalle Bremen
530 Adolf Münzer (1870-1953), Die Monate (Mittelkreis), Rhein und Phantasie mit Poesie und bildender Kunst (linke Seite), Germania mit Rhein und Mosel (rechte Seite), um 1915, Deckengemälde, Düsseldorf, Düsseldorfer Königliche Regierung, Sitzungssaal, Abb. in: Die Kunst, 33. 1916, S. 248/249
531 Walther Georgi (1871-1924), Christus und Engel, Maria und Apostel, um 1914, Fresko (Kuppelgemälde) ⌀ 35 m, St. Blasien, Abteikirche, Abb. in: Die Kunst, 30. 1914, S. 171
532 Franz Adolf Wilhelm Mutzenbecher (geb. 1880), Christus unter den Schriftgelehrten, um 1910, Wandgemälde, Ulm, Evangelische Garnisonkirche, Abb. in: Julius Baum: Die Stuttgarter Kunst der Gegenwart, Stuttgart 1913, Tafel nach S. 148
533 Carlos Schwabe (1866-1926), Madonna mit Lilien, 1898, Aquarell auf Papier 57 x 31,5 cm, Paris, Sammlung Jean-Claude Brugnot, Abb. in: Kat. Ausst.: Symbolismus in Europa. Rotterdam Museum Boymans-van Beuningen 14. November 1975 - 11. Januar 1976. Brüssel Musées Royaux des Beaux-Arts de Belgique 23. Januar - 7. März 1976. Baden-Baden Staatliche Kunsthalle 20. März - 9. Mai 1976. Paris Grand Palais 21. Mai - 19 Juli 1976, Baden-Baden 1976, S. 204
534 Carl Strathmann (1866-1939), Maria, um 1897, Öl/Lwd. 111,5 x 157 cm, Weimar, Schloßmuseum
535 Leo Samberger (1861-1949), Madonna, 1896, Abb. in: Die christliche Kunst, 2. 1905/1906, München 1906
536 Ernst Christian Pfannschmidt (1868-1949), Anbetung der Hl. Drei Könige, ausgestellt auf der Ausstellung für christliche Kunst, Düsseldorf 1909, Kaseinbild, als Glasmosaik ausgeführt in der Kaiser-Wilhelm-Gedächtnis-Kirche, Berlin, Abb. in: Die christliche Kunst, 6. 1909/1910, S. 88
537 Hans Thoma (1839-1924), Ruhe auf der Flucht nach Ägypten, 1907, Öl/Lwd. 298 x 157,5 cm insgesamt, oberer Teil: 78 x 157,5 cm, Karlsruhe, Staatliche Kunsthalle, Thomakapelle, mittlere Wand
540 Kaspar Schleibner (1863-1931), Flucht nach Ägypten, ausgestellt auf der Ausstellung für christliche Kunst 1909 in Düsseldorf, Ölgemälde, Abb. in: Die christliche Kunst, 5. 1908/1909, S. 335
539 César Klein (1876-1954), Ruhe auf der Flucht, 1918, Öl/Lwd. 166 x 137 cm, Lübeck, Sammlung Paula Klein

540 Albert Lang (1847-1933), Der Garten Eden, 1891, Öl/Lwd., dreiteiliges Wandbild, 83 x 270 cm, Karlsruhe, Staatliche Kunsthalle
541 Hans Thoma (1849-1924), Im Paradies, 1891, Öl auf Pappe 98,5 x 75,5 cm, Karlsruhe, Staatliche Kunsthalle
542 Lovis Corinth (1858-1925), Das Paradies, 1912, Öl/Lwd. 270 x 195 cm, Los Angeles, Privatbesitz. Abb. in: Georg Biermann: Lovis Corinth, Bielefeld/Leipzig 1913 (= Künstler-Monographien. In Verbindung mit Anderen herausgegeben von H. Knackfuß 107), Nr.118, S. 111
543 Hans Thoma (1839-1924), Gefilde der Seligen, 1879, Öl/Lwd. 152 x 113 cm, Abb. in: Henry Thode (Hrsg.): Thoma. Des Meisters Gemälde in 874 Abbildungen, Stuttgart/Leipzig 1909 (= Klassiker der Kunst in Gesamtausgaben. Fünfzehnter Band), S. 129
544 Lovis Corinth (1858-1925), Die Kindheit des Zeus, 1905/1906, Öl/Lwd. 120 x 150 cm, Bremen, Kunsthalle
545 Frank Kirchbach (1859-1912), Menschenlos (Adam und Eva), Abb. in: Anton Sailer: Goldene Zeiten, München 1975, S. 56
546 Karl Friedrich Boehle (1873-1916), Adam und Eva, um 1905-1908, Öl auf Malpappe 82 x 68 cm, Frankfurt am Main, Städel
547 Philipp Otto Schaefer (geb. 1868), Das Gewerbe, 1901, Abb. in: Die Kunst unserer Zeit, 12. 1901, II. Halbband, S. 157
548 Friedrich Klein-Chevalier (geb. 1862), Arbeit ist des Bürgers Zierde, 1896, Kuppelgemälde in der Berliner Gewerbeausstellung 1896, Abb. in: Die Kunst unserer Zeit, 9. 1898, I. Halbband, S. 89
549 Wilhelm Müller-Schönefeld (1867-1944), Adam und Eva, 1883, Öl/Lwd. 84 x 54 cm, Leipzig, Museum der bildenden Künste
550 Otto Friedrich (1862-1938), Eva, Abb. in: Paul Vogt: Was sie liebten ... Salonmalerei im XIX. Jahrhundert, Köln 1969, Nr. 13
551 Maximilian Lenz (1860-1929), Marionetten, Abb. in: Paul Vogt: Was sie liebten ... Salonmalerei im XIX. Jahrhundert, Köln 1969, Nr. 8
552 Max Klinger (1857-1920), In die Gosse!, Radierung (Strichätzung und Aquatinta) 20,7 x 18,9 cm, Blatt 10 aus: Opus VIII. Ein Leben, 1884
553 Thomas Theodor Heine (1867-1948), Durchs dunkelste Deutschland, 15: Berlin: „Karline, du oller Kesekopp, jeh doch mit den feinen Herrn mit! Vatern seine Leiche liegt nu schon vierzehn Tage uffen Sofa. Da jibts Moneten. Dann kenn mer'n inbuddeln lassen.", 1905, Simplicissimus, 9. 1905, Nr. 41, S. 409
554 Max Slevogt (1868-1932), Der Mensch (Adam und Eva), 1894, Diptychon, Öl/Lwd. 161,5 x 149 cm, Berlin (West), Galerie des 20. Jahrhunderts
555 Georg Papperitz (1846-1918), Idyll, 1888, Abb. in: Paul Vogt: Was sie liebten ... Salonmalerei im XIX. Jahrhundert, Köln 1969, Nr. 37
556 Adolph von Menzel (1815-1905), Aktstudien, 1882, Bleistift, gewischt 22,6 x 29,2 cm, Berlin DDR, Staatliche Museen, Kupferstichkabinett und Sammlung der Zeichnungen
557 Erich Heckel (1883-1970), Gläserner Tag, 1913, Öl/Lwd. 138 x 114 cm, München, Neue Pinakothek
558 Jakob Steinhardt (1887-1968), Die Stadt, 1913, Öl/Lwd. 61 x 40 cm, Berlin (West), Nationalgalerie
559 George Grosz (1893-1959), Die Straße, 1915, Öl/Lwd. 45,5 x 35,5 cm, Stuttgart, Staatsgalerie
560 Ludwig von Hofmann (1861-1945), Adam und Eva in paradiesischer Landschaft, Öl/Lwd. 91,5 x 209,5 cm, Leipzig, Museum der bildenden Künste
561 Wilhelm Bernatzik (1853-1906), Eingang zum Paradies, um 1906, Triptychon, Öl/Lwd., Mittelteil: Der Eingang 147 x 150 cm; Seitenteile: Die Wächter, je 147 x 38 cm, Mödling, Sammlung Maria-Hilde Max
562 Max Klinger (1857-1920), Der Ritter mit dem flammenden

Kreuz – Kopf gegen Historia, Modernias, Pictura Sacra, Homer, 1884, oberer Teil der Außenseite (1. Seite) des Widmungs-Doppelblattes für die Menzeljubelfeier 1884, Radierung (Strichätzung), Abb. in: Ferdinand Avenarius: Max Klinger als Poet, München o.J., S. 52

562a Max Klinger (1857-1920), Außenseite (1. Seite) des Widmungs-Doppelblattes für die Menzeljubelfeier 1884, Radierung, Platte 44,5 x 31,5 cm, Singer 168, Abb. in: Max Schmid: Max Klinger. Fünfte Auflage bearbeitet von Julius Vogel, Bielefeld/Leipzig 1926 (= Künstler-Monographien. Begründet von H. Knackfuß 41), Nr. 79, S. 76

563 Max Klinger (1857-1920), Innenseite (3. Seite) des Widmungs-Doppelblattes für die Menzeljubelfeier 1884, Radierung, Platte 44,5 x 31,5 cm, Singer 268, Abb. in: Max Schmid: Max Klinger. Fünfte Auflage bearbeitet von Julius Vogel, Bielefeld/Leipzig 1926 (= Künstler-Monographien. Begründet von H. Knackfuß 41), Nr. 80, S. 77

564 Edward Jakob von Steinle (1810-1886), Die neuere Profanarchitektur, 1884, Federzeichnung, Titelblattentwurf zu Tagesschrift „Die neuere Profanarchitektur" von August Reichensperger, Abb. in: Alphons Maria von Steinle: Edward von Steinle. Des Meisters Gesamtwerk in Abbildungen, Kempten/München 1910, Nr. 531

565 Adolf Oberländer (1845-1923), Gotiker und Renaissancier. Eine stilistische Studie, 1884, Federzeichnung, aus: Oberländer-Album. 5. Teil. Verlag Braun & Schneider, München, Abb. in: Die Kunst unserer Zeit, 12. 1901, II. Halbband, S. 225

566 Ferdinand Hodler (1853-1918), Der Geschichtsschreiber, 1886-1887, Öl/Lwd. 63 x 60,5 cm, Basel, Sammlung Schwarz von Spreckelsen

567 Anton Laupheimer (1848-1928), Der Madonnenmaler, nach 1920?, Öl/Lwd., doubliert 87,5 x 59,7 cm, München, Neue Pinakothek

568 Carl Spitzweg (1808-1885), Kunst und Wissenschaft, Öl/Lwd. 56 x 33 cm, Essen, Museum Folkwang

569 Wilhelm Busch (1832-1908), Der heilige Antonius als Madonnenmaler, Holzschnitt aus: Der heilige Antonius von Padua, 1870, in: Wilhelm Busch. Gesamtausgabe in vier Bänden. Herausgegeben von Friedrich Bohne, Band II, Wiesbaden o.J., S. 87

570 Eduard von Grützner (1846-1925), Im Atelier, Abb. in: Die Kunst unserer Zeit, 1.1890, Tafel nach S. 32

571 Wilhelm Bernatzik (1853-1906), Heilige Kunst, Abb. in: Die christliche Kunst, 4. 1907/1908, S. 17

572 Karikatur: Die sogenannte Cultur. – Eine olympische Heiterkeit, 1892, aus: Kladderadatsch, 45. 1892, Nr. 19, Beiblatt zum Kladderadatsch, Erstes Beiblatt, S. 1, Abb. in: Die Kunst unserer Zeit, 12. 1901, II. Halbband, S. 222

573 Lovis Corinth (1858-1925), Allegorische Zeichnung zu einem Gedicht von Max Halbe, um 1895, München, Städtische Galerie im Lenbachhaus

574 Max Klinger (1857-1920), Genie (Künstler), 1900, Stich 41,6 x 31,8 cm, Singer 233, aus: Opus XIII. Vom Tode II, 1909, Blatt 4

575 Johann Peter Hasenclever (1810-1853), Atelierszene, 1836, Öl/Lwd. 72 x 88 cm, Düsseldorf, Kunstmuseum

576 Philipp Veit (1793-1877), Triumph der Welt über die Kirche, Bleistift und lavierte Feder 34 x 23,7 cm, Darmstadt, Hessisches Landesmuseum

577 Wilhelm von Kaulbach (1805-1874), Satire auf Cornelius, 1849, Feder 22,3 x 34,5 cm, Berlin DDR, Staatliche Museen, Kupferstichkabinett und Sammlung der Zeichnungen

578 Max Klinger (1857-1920), Kreuzigung, 1878, Federzeichnung, Abb. in: C. Werckshagen (Hrsg.): Der Protestantismus in seiner Gesamtgeschichte bis zur Gegenwart in Wort und Bild. Auswahl der Illustrationen von Prediger Dr. Julius Kurth. Buchschmuck von Hans Schulze. Zweite verbesserte Auflage. II. Band, Kassel/Reutlingen o.J., S. 830 unten

579 Otto Greiner (1869-1916), Golgatha, Große Kreuzigung Christi, 1900, Lithographie, Blatt V des Zyklus „Vom Weibe", Abb. in: Julius Vogel: Otto Greiner, Bielefeld und Leipzig 1925 (= Künstler-Monographien. Begründet von H. Knackfuß 114), Nr. 71, S. 59

580 Albert Weisgerber (1878-1915), Kreuzigung, 1909, Öl/Lwd. 88 x 100 cm, Wuppertal, Von-der-Heydt-Museum

581 James Ensor (1860-1949), Der Einzug Christi in Brüssel, 1898, kolorierte Radierung 24,8 x 35,5 cm, Hamburg, Hamburger Kunsthalle, Kupferstichkabinett

582 James Ensor (1860-1949), „Ecce homo" oder „Christus und die Kritiker", 1891, Öl auf Holz, 12 x 16 cm, Brüssel, Sammlung Mme. Marteau

583 Edvard Munch (1863-1944), Golgatha, 1900, Öl/Lwd. 80 x 120 cm, Oslo, Munch-Museet

584 Hans Thoma (1839-1924), Christus und Nikodemus, 1878, Öl/Lwd., doubliert 68 x 86 cm, Frankfurt am Main, Städel

585 Arnold Böcklin (1827-1901), Selbstbildnis mit fiedelndem Tod, 1872, Öl/Lwd. 75 x 61 cm, Berlin (West), Nationalgalerie

586 Arnold Böcklin (1827-1901), Selbstbildnis mit Atelier, 1893, Öl/Lwd. 120,5 x 80,5 cm, Basel, Kunstmuseum

587 Arnold Böcklin (1827-1901), Selbstbildnis mit Weinglas, 1885, Öl auf Holz 98 x 77 cm, Berlin DDR, Nationalgalerie

588 Hans Thoma (1839-1924), Selbstbildnis mit Amor und Tod, 1875, Öl/Lwd. 72,5 x 58,5 cm, Karlsruhe, Staatliche Kunsthalle

589 Lovis Corinth (1858-1925), Selbstbildnis mit Skelett, 1896, Öl/Lwd., 66 x 86 cm, München, Städtische Galerie im Lenbachhaus

590 Adolf Hildenbrand (1881-1944), Selbstbildnis mit Tod, 1930, Öl auf Holz 45 x 28,5 cm, Karlsruhe, Staatliche Kunsthalle

591 Hans von Marées (1837-1887), Der Drachentöter, 1880, Tempera und Öl auf Holz 65 x 45 cm, Berlin (West), Nationalgalerie

592 Wilhelm Steinhausen (1846-1924), Johannes der Täufer, 1903, Radierung, Abb. in: Das Heilandsleben in deutscher Bilderkunst. 1. Des Heilands Verkündigung und Geburt. Aus der Deutschen Hausbildnerei des Kunstwarts. München bei Georg D.W. Callwey im Kunstwartverlag, München o.J., Blatt 2. Vgl. auch: Wilhelm Reiner: Wilhelm Steinhausen der Künstler und Freund, Stuttgart 1926, Abb. S. 95

593 Emil Seifert, Christus, Abb. in: Die christliche Kunst, 6. 1909/1910, Farbtafel vor S. 317

594 Wilhelm Steinhausen (1946-1924), Selbstbildnis, Abb. in: David Koch: Wilhelm Steinhausen. Ein deutscher Künstler, Heilbronn 1904, Nr. 110, S. 121

595 Leo Samberger (1861-1949), Jesus Christus, 1896, Abb. in: Die christliche Kunst, 2. 1905/1906, S. 136

596 Hans von Marées (1837-1887), Selbstbildnis, 1883, Öl auf Holz 96,5 x 61 cm, München, Neue Pinakothek

597 Leo Samberger (1861-1949), Der Prophet Jeremias, 1888, Öl/Lwd. 129,5 x 110 cm, Bremen, Kunsthalle Bremen

598 Leo Samberger (1861-1949), Selbstporträt, 1899, Öl auf Holz 78 x 63 cm, München, Neue Pinakothek

599 Leo Samberger (1861-1949), Bildnis des Dichters Stefan George, 1915, Kohlezeichnung, Abb. in: Die christliche Kunst, 13. 1916/1917, S. 48

600 Max Klinger (1857-1920), Selbstporträt, 1909, Radierung, Abb. in: Kat. Ausst.: Max Klinger 1857-1920. Beeldhouwwerken, Schilderijen, Tekeningen, Grafiek. 30 september - 12 november 1978, Museum Boymans van Beuningen Rotterdam, Rotterdam 1978, S. 4

601 Max Slevogt (1868-1932), Selbstbildnis, um 1916, Öl auf Holz 46 x 38 cm, Bremen, Kunsthalle Bremen

602 Ludwig Meidner (1884-1966), Selbstbildnis mit Rohrfeder, 1920, Zinkstich 19,3 x 15,3 cm, Berlin DDR, Staatliche Museen,

Kupferstichkabinett und Sammlung Zeichnungen

603 Wilhelm Steinhausen (1846-1924), Des Menschen Sohn (Math. 8,20), 1898, Lithographie, Abb. in: David Koch: Wilhelm Steinhausen. Ein deutscher Künstler, Heilbronn 1904, Nr. 102, S. 109

604 Ferdinand Zix (geb. 1864), Der neue Tag, Abb. in: Julius Baum: Die Stuttgarter Kunst der Gegenwart, Stuttgart 1913, S. 48

605 Der Sozial-Demokrat kommt!, 1892, farbige Lithographie, in: Der wahre Jacob 1892, Nr. 162, S. 1364, Abb. in: Hans J. Schütz (Hrsg.): Der wahre Jacob. Ein halbes Jahrhundert in Faksimiles, Berlin/Bonn Bad Godesberg 1977, Nr. 1, nach S. 52

606 Otto Greiner (1869-1916), Ein mit Heiligenschein bekrönter toter Maler im Atelier: „Pahl ist tot, doch starb er für die Kunst", 1888, Pinsel in Grau und Schwarz über Blei, mehrere Kolonnen Verse in Blei 30 x 22,8 cm, Abb. in: Kat. Ausst.: Der Künstler. Sein Bildnis – seine Welt. C.G. Boerner (Antiquar), Düsseldorf 1979, Nr. 68, Tafel 13

607 Christian Wilhelm Allers (geb. 1857), Ein verkanntes Genie, 1888, Holzstich ca. 10 x 11,5 cm, Illustration in: Die Gartenlaube 1888, No. 33, S. 549

608 Ferdinand Hodler (1853-1918), Selbstbildnis im Atelier, 1873, Öl auf Papier, auf Leinwand aufgezogen 43 x 32,5 cm, Privatbesitz, Abb. in: Kat. Ausst.: Jura Brüschweiler: Ferdinand Hodler. Selbstbildnisse als Selbstbiographie. Kunstmuseum Basel 17. Juni bis 16. September 1979, Basel 1979, S. 2/33, Nr. 4

609 Ferdinand Hodler (1853-1918), Der Studierende, 1874, Öl/Lwd. 113 x 73 cm, Zürich, Kunsthaus

610 Ferdinand Hodler (1853-1918), Der Zornige, 1881, Öl/Lwd. 72 x 52 cm, Bern, Kunstmuseum

611 Wilhelm von Kaulbach (1805-1874), Selbstbildnis. Ausdrucksstudie, 1828, Öl/Lwd. 37,5 x 31,5 cm, Arolsen, Kaulbachmuseum

612 Gustave Courbet (1819-1877), Der Verzweifelte, um 1843, Öl/Lwd. 45 x 54 cm, Luxeuil, Privatsammlung, Abb. in: Sandra Pinto: Courbet, Paris 1970, Nr. 2 (Farbtafel)

613 Gustave Courbet (1819-1877), Der Verzweifelte oder Der vor Angst Wahnsinnige. Selbstbildnis, um 1843-1945, Öl auf Papier, aufgeklebt auf Lwd. 60,5 x 50,5 cm, Oslo, Nasjonalgalleriet

614 Karikatur Courbets aus dem „Journal pour rire" 1857: Nadar: St. Courbet, Maler und Märtyrer, Abb. in: Kat. Ausst.: Courbet und Deutschland. Hamburger Kunsthalle 19. Oktober - 17. Dezember 1978. Städtische Galerie im Städelschen Kunstinstitut Frankfurt am Main 17. Januar - 18. März 1979. Herausgegeben von Werner Hofmann in Verbindung mit Klaus Herding, Hamburg 1978, S. 496, Kat.-Nr. 411

615 Karikatur Courbets aus „Le journal amusant", 15.06.1867: Randon: Der Meister. Nur die Wahrheit ist schön, die Wahrheit allein ist liebenswert, Abb. in: Kat. Ausst.: Courbet und Deutschland. Hamburger Kunsthalle 19. Oktober - 17. Dezember 1978. Städtische Galerie im Städelschen Kunstinstitut Frankfurt am Main 17. Januar - 18. März 1979. Herausgegeben von Werner Hofmann in Verbindung mit Klaus Herding, Hamburg 1978, S. 497, Kat.-Nr. 414

616 Albert Muschweck (1857-1919), Carl Johann Becker-Gundahl mit Heiligenschein, um 1886, Federzeichnung, Abb. in: Gerhard Wietek (Hrsg.): Deutsche Künstlerkolonien und Künstlerorte, München 1976, Nr. 78, S. 84

617 Ludwig Herterich (1856-1932) / Franz Stuck (1863-1928), Preen übernimmt das Gut Osternberg, 1888, Bleistift und Feder, Osternberger Karikaturenbuch, Abb. in: Gerhard Wietek (Hrsg.): Deutsche Künstlerkolonien und Künstlerorte, München 1976, Nr. 82, S. 89

618 Lovis Corinth (1858-1925), Auch Affenthaler, 1896, Federzeichnung, Postkarte Corinths an Carl Strathmann vom 28.09.1896, Abb. in: Kat. Ausst.: Lovis Corinth 1858-1925. Gemälde und Druckgraphik. Städtische Galerie im Lenbachhaus München 12. September bis 16. November 1975, München 1975, S. 36, unten links

619 Johann Friedrich Overbeck (1789-1869), Einzug Christi in Jerusalem, 1808-1824, Öl/Lwd. 155 x 228 cm, ehemals Lübeck, Marienkirche (im Weltkrieg verbrannt 1942), Abb. in: Carl Georg Heise: Overbeck und sein Kreis. Hundert Bildertafeln mit dem Festvortrag „Kunst und Kunstgeist der Nazarener" von Kurt Karl Eberlein zur Erinnerung an die Ausstellung in Lübeck im Sommer 1926 mit Unterstützung eines Hohen Senats im Auftrage der Overbeck-Gesellschaft herausgegeben von Carl Georg Heise, München 1928, Tafel 5

Literaturverzeichnis nach Sachgebieten

Allgemeine Geschichte christlicher Kunst 531	Bildgattungen und Stillagen 549
Geschichte der christlichen Kunst im 19. Jahrhundert 532	Gründerzeit / „Salon"-Kunst 550
Christliche Kunst 1871-1918 533	„Moderne Kunst" 550
Nazarener 535	Naturalismus 552
Beuroner Schule 535	Realismus 553
Religiöse Trivial- und Volkskunst 536	Impressionismus 554
Religion und Kunst 536	Neuidealismus 555
Theorie christlicher Kunst 537	Expressionismus 556
Über die Darstellung des Heilands 538	Kaiser, Staat und Kunst 560
Deutsche Malerei im 19. Jahrhundert 538	Künstler/innen-Problematik 561
Deutsche Malerei 1871-1918 542	Künstler/innen-Äußerungen 562
Genremalerei 544	Historie des Zweiten Deutschen Kaisserreiches 564
Historienmalerei/Historismus 545	Kulturkampf 565

Allgemeine Geschichte christlicher Kunst

Oskar Beyer: Die unendliche Landschaft. Über religiöse Naturmalerei und ihre Meister, Berlin 1922

H. Bergner: Eine katholische Geschichte der christlichen Kunst, in: Monatsschrift für Gottesdienst und kirchliche Kunst, 3.1898, S. 89-96

Hugo Freiherr von Blomberg: Der Teufel und seine Gesellen in der bildenden Kunst, Berlin 1867

Eva Börsch-Supan: Garten-, Landschafts- und Paradiesmotive im Innenraum. Eine ikonographische Untersuchung, Berlin 1967

Georg Buchwald/Karl Stockmeyer: Die Geschichte der deutschen Kirche und kirchlichen Kunst im Wandel der Jahrhunderte, Köln o.J.

Richard Bürkner: Geschichte der Kirchlichen Kunst, Freiburg i.B./Leipzig 1903

Christus, Artikel in: Kindlers Malerei Lexikon. Band VI. Begriffe und Register Sachwörterbuch der Weltmalerei. Herausgegeben von Karl Fassmann. Bearbeitet von Wilhelm Rüdiger, Zürich 1971, S. 220-227

Hugo Daffner: Salome. Ihre Gestalt in Geschichte und Kunst. Dichtung, Bildende Kunst, Musik, München 1912

Der neue Bund in hundert Darstellungen alter und neuer Meister, Leipzig 1903

Heinrich Detzel: Christliche Ikonographie. Handbuch zum Verständnis der christlichen Kunst, Bd. 1, Freiburg i.B. 1894; Bd. 2, Freiburg i.B. 1896

P. Doncœur: Le Christ dans l'art français, 2 Bde., Paris 1948

Erich Frantz: Geschichte der christlichen Malerei. Erster Theil, Freiburg i.B. 1887; Zweiter Theil. Von Giotto bis zum Tode Raffaels, Freiburg i.B. 1891/1892

Eugen Gradmann: Geschichte der Christlichen Kunst. Herausgegeben vom Calwer Verlagsverein, Calw/Stuttgart 1902

Eugen Gradmann: Die Geschichte der christlichen Kunst von Franz Xaver Kraus, in: Christliches Kunstblatt, 38. 1896, S. 161-183; 39. 1897, S. 36-41

Adolf Hasenclever: Aus Geschichte und Kunst des Christentums. Abhandlungen zur Belehrung für gebildete Gemeindeglieder, 1. Reihe, Braunschweig 1890; 2. Reihe, Braunschweig 1898

Heinrich Julius Holtzmann: Zur Entwicklung des Christusbildes der Kunst, in: Jahrbücher für protestantische Theologie. Herausgegeben von Karl August Hase, Richard Adelbert Lipsius u.a., 10.1884, S. 71-136

Georg Jakob: Die Kunst im Dienste der Kirche. Ein Handbuch für Freunde der kirchlichen Kunst, Landshut 1880[3]

Hanna Jursch: Das Christusbild in seinen Wandlungen, in: Helmut Ristow/Karl Matthiae (Hrsg.): Der historische Jesus und der kerygmatische Christus, Berlin 1964[3], S. 647-674

Wolfgang Kirchbach: Religiöse Malerei, in: Die Kunst unserer Zeit, 9.1898, 1. Halbband, S. 97-136

Josef Kirchner: Die Darstellung des ersten Menschenpaares in der bildenden Kunst von der ältesten Zeit bis auf unsere Tage, Stuttgart 1903

Beda Kleinschmidt O.F.M.: Lehrbuch der christlichen Kunstgeschichte, Paderborn 1910

Franz Xaver Kraus: Geschichte der christlichen Kunst, 2. Bde., Freiburg i.Br. 1895-1908

Klaus Lankheit: Das Triptychon als Pathosformel, Heidelberg 1959 (=Abhandlungen der Heidelberger Akademie der Wissenschaften, Philosophisch-historische Klasse. Jahrgang 1959, 4. Abhandlung)

Gregor Martin Lechner OSB: Maria Gravida. Zum Schwangerschaftsmotiv in der bildenden Kunst, München/Zürich 1981 (=Münchner Kunsthistorische Abhandlungen Band IX. Herausgeben vom Kunsthistorischen Seminar der Universität München. Wolfgang Braunfels. Norbert Lieb)

Wilhelm Lübke: Vorschule zum Studium der Kirchlichen Kunst, Leipzig 1866

Heinrich Lützeler: Die Christliche Kunst des Abendlandes, Bonn 1950[6] (=Belehrende Schriftenreihe der Buchgemeinde)

Nikolaus Müller: Christusbilder, in: Realencyklopädie für protestantische Theologie und Kirche. Begründet von Johann Jakob Herzog. Unter Mitwirkung vieler Theologen und Gelehrten herausge-

geben von Albert Hauck, Bd. 4 1898³ Christiani - Dorothea, S. 63-82, Bd. 23. 1913 Ergänzungen und Nachträge, S. 308
Nithack-Stahn: Der Gekreuzigte in der Kunst, in: Der Kunstwart, 20. 1907, zweite Hälfte, S. 48-51
ohne Verfasser: Die Geburt Christi in der bildenden Kunst, in: Christliches Kunstblatt, 33. 1891, S. 122-125
ohne Verfasser: Die Kunstgeschichte von Superintendent Rich. Bürkner in Ostheim (Rhön), in: Monatsschrit für Gottesdienst und Kirchliche Kunst, 7. 1902, S. 365-367
Eberhard Orthbrand/Dietrich Hans Teufen: Ein Kreuz und tausend Wege. Die Geschichte des Christentums im Bild, Konstanz 1962
Gustav Pfannmüller: Jesus im Urteil der Jahrhunderte. Die bedeutendsten Auffassungen Jesu in Theologie, Philosophie, Literatur und Kunst bis zur Gegenwart, Berlin 1939²
Wilhelm Pinder: Die Pietà, Leipzig 1922 (=Bibliothek der Kunstgeschichte Bd. 29)
Hans Preuß: Das Bild Christi im Wandel der Zeiten. Einhundertunddreizehn Bilder auf 96 Tafeln gesammelt und mit einer Einführung sowie mit Erläuterungen versehen, Leipzig 1915, 1921²
Walter Rothes: Christus. Des Heilands Leben, Leiden Sterben und Verherrlichung in der bildenden Kunst aller Jahrhunderte, Köln 1911
Walther Rothes: Die Madonna in ihrer Verherrlichung durch die bildende Kunst aller Jahrhunderte, Köln 1909
Martin Scharfe: Evangelische Andachtsbilder. Studien zu Intention und Funktion des Bildes in der Frömmigkeitsgeschichte vornehmlich des schwäbischen Raumes, Stuttgart 1968 (=Veröffentlichungen des Staatlichen Amtes für Denkmalpflege Stuttgart. Reihe C. Volkskunde. Bd. 5)
Max Schmid: Die Geburt Christi in der bildenden Kunst, Stuttgart 1890
Wolfgang Schöne: Die Bildgeschichte der abendländischen Kunst, in: Wolfgang Schöne/Johannes Kollwitz/Hans Freiherr von Campenhausen: Das Gottesbild im Abendland, Witten/Berlin 1959 (=Glaube und Forschung. Forschungen und Berichte der Evangelischen Studiengemeinschaft. Im Auftrag des Wissenschaftlichen Kuratoriums in Verbindung mit Georg Picht und Hans Adolf Dombois herausgegeben von Günter Howe. Bd. 15), S. 7-56
Gustav Schönermark: Der Kruzifix in der bildenden Kunst, Straßburg 1908 (=Zur Kunstgeschichte des Auslandes. 62. Heft)
Hubert Schrade: Die romantische Idee von der Landschaft als höchstem Gegenstande christlicher Kunst, in: Neue Heidelberger Jahrbücher. Herausgegeben von der Gesellcaft der Freunde der Universität und vom Historisch-philosophischen Verein in Heidelberg, N.F. 1931, S. 1-94
Gerd Tolzien: Christliche Malerei, Artikel in: Kindlers Malerei Lexikon. Band VI. Begriffe und Register. Sachwörterbuch der Weltmalerei. Herausgegeben von Kurt Fassmann. Bearbeitet von Wilhelm Rüdiger, Zürich 1971, S. 210-220
Georg Graf Vitzthum: Christliche Kunst im Bilde, Leipzig 1925² (=Wissenschaft und Bildung. Einzeldarstellungen aus allen Gebieten des Wissens 89)
J. E. Weis-Liebersdorf: Christus und Apostelbilder. Einfluß der Apokryphen auf die älteren Kunsttypen, Freiburg i.B. 1902

Geschichte der christlichen Kunst im 19. Jahrhundert

Hermann Beenken: Das Ende der christlichen Bildkunst, in: Hermann Beenken: Das Neunzehnte Jahrhundert in der deutschen Kunst. Aufgaben und Gehalte. Versuch einer Rechenschaft, München 1944, S. 246-278
Christian Beutler: Parlament und Religionen, in: Kat.Auss. Weltausstellungen im 19. Jahrhundert. Idee, Auswahl und Texte: Christian Beutler mit einem Beitrag von Günter Metken. Gestaltung des Kataloges: Klaus-Jürgen Sembach. Die Neue Sammlung, Staatliches Museum für angewandte Kunst München, München 1973, S. IX
Günter Busch: Über einige Darstellungen des Gebets in der Bildkunst des neunzehnten Jahrhunderts, in: Triviale Zonen in der religiösen Kunst des 19. Jahrhunderts. Mit einem Vorwort von Walter Wiora, Frankfurt/Main 1971 (=Studien zur Philosophie und Literatur des neunzehnten Jahrhunderts Band 15), S. 131-147
Friedrich Gross: Wahrheit und Wirklichkeit. Protestantische Bildkunst und Realismus im weltanschualichen Widerstreit des 19. Jahrhunderts, in: Luther und die Folgen für die Kunst. Herausgegeben von Werner Hofmann. Hamburger Kunsthalle 11. November 1983 - 8. Januar 1984, München 1983, S. 476-481, S. 482-571
Friedrich Gross: Realismus in der deutschen protestantischen Bildkunst des 19. Jahrhunderts, in: Anstösse. Aus der Arbeit der Evangelischen Akademie Hofgeismar, 30. 1983, Heft 3-4, S. 106-158
Werner Hofmann: Caspar David Friedrichs „Tetschener Altar" und die Tradition der protestantischen Frömmigkeit, in: Idea. Jahrbuch der Hamburger Kunsthalle. Herausgegeben von Werner Hofmann und Martin Warnke, 1. 1982, S. 135-162
Hans H. Hofstätter: Das Christliche in der Malerei des 19. Jahrhunderts, in: Das Münster. Zeitschrift für christliche Kunst und Kunstwissenschaft, 31. 1978, Heft 1, S. 47-58
James Joll: Die Struktur des Wandels (1848-1900), in: Asa Briggs (Hrsg.): Das neunzehnte Jahrhundert. Politik, Wirtschaft, Wissenschaft und Kunst im Zeitalter des Imperialismus, München/Zürich 1972 (Besonders: Kap. Der Papst und die Liberalen, S. 89, 90; Der Glaube und die Krise des Bewußtseins, S. 92; Bildteil S. 74/75)
Kat. Ausst. Luther und die Folgen für die Kunst. Herausgegeben von Werner Hofmann. Hamburger Kunsthalle 11. November 1983 - 8. Januar 1984, München 1983
Kat. Ausst. Christus und Maria. Menschensohn und Gottesmutter. Ausstellung anläßlich des 86. Deutschen Katholikentages 1980 im Zusammenhang mit der Ausstellung „Bilder vom Menschen in der Kunst des Abendlandes" zum 150jährigen Jubiläum der Preußischen Museen Berlin 1830-1980. Sonderausstellung der Staatlichen Museen Preußischer Kulturbesitz. Ausstellungsdauer: vom 3. Juni bis zum 5. August 1980, Berlin (West) 1980
Kat. Ausst. Der Kölner Dom im Jahrhundert seiner Vollendung. Herausgegeben von Hugo Borger. Köln, Museen der Stadt 1980, Köln 1980, 1. Bd. Katalog zur Ausstellung der Historischen Museen in der Josef-Haubrich-Kunsthalle 16.10.1980 - 11.1.1891, 2. Bd. Essays zur Ausstellung, 3. Bd. Mein Kölner Dom: zeitgenössische Künstler sehen den Kölner Dom. Katalog der Ausstellung des Kölner Kunstvereins und Museums Ludwig 16.10. - 23.11.1980
Kat. Ausst. Der Kölner Dom. Bau- und Geistesgeschichte. Historisches Museum Köln, Köln 1956
Theodor Kauffmann: Die Entwicklung der Gottesidee. Mit einem Vorwort: Die Kunst und die Aesthetik. Mit acht nach großen Cartons ausgeführten Kupferstichen, Düsseldorf 1850
Kühner-Waldkirch: Von Overbeck bis Fahrenkrog. Eine Christusbild-Studie, in: Christliches Kunstblatt, 6. 1909, S. 161-172
Klaus Lankheit: Vision, Wundererscheinung und Wundertat in der Christlichen Kunst, in: Triviale Zonen in der religiösen Kunst des 19. Jahrhunderts. Mit einem Vorwort von Walter Wiora, Frankfurt am Main 1971 (=Studien zur Philosophie und Literatur des neunzehnten Jahrhunderts. Band 15), S. 76-101
Gustav Lasch: Das Christusbild in der Malerei des neunzehnten Jahrhunderts, in: Monatsschrift für Gottesdienst und kirchliche Kunst, 9. 1904, S. 348-354, S. 375-383
Renate Liebenwein-Kraemer: Säkularisation und Sakralisierung in der Kunst des 19. Jahrhunderts. Studien zum Bedeutungswandel christlicher Bildformen in der Kunst des 19. Jahrhunderts, Diss. Frankfurt am Main 1977 (2 Bde)
Richard Muther: Religiöse Kunst, in: ders.: Aufsätze über bildende

Kunst. Zweiter Band: Betrachtungen und Eindrücke, Berlin 1914 (=Richard Muther: Aufsätze über bildende Kunst. In drei Bänden herausgegeben von Hans Rosenhagen), S. 132-138
Hans Ost: Einsiedler und Mönche in der deutschen Malerei des 19. Jahrhunderts, Düsseldorf 1971 (=Bonner Beiträge zur Kunstwissenschaft Bd. 11)
Hans Ost: Einsiedler und Mönche in der deutschen Malerei des 19. Jahrhunderts, in: Beiträge zur Motivkunde des 19. Jahrhunderts, München 1970 (=Studien zur Kunst des neunzehnten Jahrhunderts Band 6), S. 199-209
Hermann Priebe: Das Christusbild in der Kunst des 19. und 20. Jahrhunderts, Berlin/Grunewald 1932 (Diss. Halle-Saale 1932)
Paul Schubring: Die protestantische Malerei im XIX. Jahrhundert, in: C. Werckshagen (Hrsg.): Der Protestantismus in seiner Gesamtgeschichte bis zur Gegenwart in Wort und Bild. Auswahl der Illustrationen von Prediger Dr. Julius Kurth, Buchschmuck von Hans Schulze. Zweite verbesserte Auflage, 2. Bde., Kassel/Reutlingen o.J., II. Band, S. 809-841
V.A.H.: Zur neusten christlichen Kunst in England, in: Christliches Kunstblatt, 3. 1861, S. 140-144, S. 152-157

Christliche Kunst 1871-1918

O. Baltzer: Ein christlich-soziales Kunstwerk, in: Monatsschrift für Gottesdienst und kirchliche Kunst, 1. 1896/1897, S. 236-238
B.-D.: Die I. Ausstellung der Deutschen Gesellscaft für christliche Kunst zu München 1895, in: Die Kunst für Alle, 10. 1894/95, S. 373-374
J. Benzinger: Das Panorama der Kreuzigung Christi, in: Christliches Kunstblatt für Kirche, Schule und Haus, 36. 1894, Stuttgart 1894, S. 56-58
Stephan Beissel: Der Entwicklungsgang der neuern religiösen Malerei in Deutschland, in: Stimmen aus Maria-Laach, Bd. 42, 1892, S. 51-172
Max Bernstein: Von einem Panorama. Plauderei, in: Die Kunst für Alle, 2. 1886/87, S. 105-110
Karl Bone: Die Grossen Kunstausstellungen in Düsseldorf 1909, in: Die christliche Kunst, 5. 1908/1909, S. 277-280, S. 314-326, S. 358-364; 6. 1909/1910, S. 33-44
Bettina Brand: Fritz von Uhde. Das religiöse Werk zwischen künstlerischer Intention und Öffentlichkeit, Heidelberg 1983 (=Hefte des Kunstgeschichtlichen Instituts der Universität Mainz. Herausgegeben von Richard Hamann-Mac Lean. 7)
E. W. Bredt: Die Bilder der Salome, in: Die Kunst, Bd. 7. 1903, S. 249-254, Abb. bis S. 267
Karl Budde: Voigtländers religiöse Wandbilder für Haus, Schulen und Anstalten, in: Monatsschrift für Gottesdienst und kirchliche Kunst, 8. 1903, S. 134-142
R. Burckhardt: Auf dem Schauplatz christlicher Kunst Düsseldorf 1909, in: Christliches Kunstblatt, 51. 1909, S. 193-205
Max Fischer: Josef Eberz und der neue Weg zur religiösen Malerei, München 1919
Albert Fuhrmanns: Die religiöse Malerei auf der internationalen Kunstausstellung in München, in: Zeitschrift für christliche Kunst, 1. 1888, S. 387-398
Freie Lehrervereinigung für Kunstpflege (Hrsg.): Vom Heiland. Ein Buch deutscher Kunst. Herausgegeben von der Freien Lehrervereinigung für Kunstpflege, Mainz 1907
Friedrich Gross: Gesellschaftliche Realität im Spiegel christlicher Darstellungen 1871 bis 1914. Zur Malereigeschichte der Kaiserzeit. Abriß der wichtigsten Ergebnisse der Dissertation, Hamburg 1982, in: Das Münster, 37. 1984, Heft 3, S. 238-242
Cornelius Gurlitt: Die realistische religiöse Malerei, in: Cornelius Gurlitt: Die deutsche Kunst des neunzehnten Jahrhunderts. Ihre Ziele und Thaten, Berlin 1900², S. 555-575

A. H.: Die Berliner Kunstausstellung von 1881, in: Christliches Kunstblatt, 24. 1882, S. 6-16, S. 17-19
A. H.: Die 53. Ausstellung der Königl. Akademie der Künste zu Berlin 1879, in: Christliches Kunstblatt, 22. 1880, S. 17-20, S. 36-39
A. H.: Die fünfzigste Kunstausstellung der königlichen Akademie der Künste zu Berlin, in: Christliches Kunstblatt, 19. 1877, S. 4-9
Th. H.: Religiöse Kunst in Berlin, in: Christliches Kunstblatt, 50. 1908, S. 128
Richard Hamann/Jost Hermand: Religio statt Liberatio, in: Richard Hamann/Jost Hermand: Stilkunst um 1900. Epochen deutscher Kultur von 1870 bis zur Gegenwart. Band 4, München 1973 (=sammlung dialog 52), S. 121-149
Gustav Friedrich Hartlaub: Kunst und Religion. Ein Versuch über die Möglichkeit neuer religiöser Kunst, Leipzig 1919 (=Das neue Bild. Bücher für die Kunst der Gegenwart. Herausgegeben von Carl Georg Heise, Zweiter Band)
Reinhold Hartmann: Erneuerungsversuche der christlich-religiösen Malerei im 19. Jahrhundert, insbesondere der Bestrebungen auf naturalistischer Basis in der zweiten Jahrhunderthälfte, Diss. Tübingen 1954
Dr. Hasenclever: Deutsche Gesellschaft für christliche Kunst, Jahresmappe für 1902, in: Monatsschrift für Gottesdienst und kirchliche Kunst, 8. 1903, S. 257-260
Dr. Hasenclever: Deutsche Gesellschaft für christliche Kunst, in: Monatsschrift für Gottesdienst und kirchliche Kunst, 7. 1902, S. 305-310
Dr. Hasenclever: Deutsche Gesellschaft für christliche Kunst, in: Monatsschrift für Gottesdienst und kirchliche Kunst, 6.1901, S. 191-197
Dr. Hasenclever: Moderne religiöse Malerei, in: Monatsschrift für Gottesdienst und kirchliche Kunst, 1. 1896/1897, S. 133-139
Hans Hinterhäuser: Doppelgänger Christi, in: Hans Hinterhäuser: Fin de siècle. Gestalten und Mythen, München 1977, S, 13-43
Friedrich Jeremias: Deutsche Kunstausstellung. Dresden 1899, in: Christliches Kunstblatt, 41. 1899, S. 132-139
Friedrich Jeremias: Von der Dresdener Kunstausstellung, in: Christliches Kunstblatt, 39. 1897, S. 136-143
Kat. Ausst. „München leuchtete". Karl Caspar und die Erneuerung christlicher Kunst in München um 1900. Herausgegeben von Peter-Klaus Schuster. Katalog zur Ausstellung der Bayerischen Staatsgemäldesammlungen / Staatsgalerie moderner Kunst und des 88. Deutschen Katholikentages München 1984 e.V. im Haus der Kunst, München, vom 8. Juni bis 22. Juli 1984, München 1984
Kat. Ausst. Bilder sind nicht verboten. Städtische Kunsthalle Düsseldorf und Kunstverein für die Rheinlande und Westfalen. Kunstwerke seit der Mitte des 19. Jahrhunderts mit ausgewählten Kultgeräten aus dem Zeitalter der Aufklärung. Eine Ausstellung vom 28.8. - 24.10. zur Vertiefung des Dialogs zwischen Christen und Juden anläßlich des 87. Deutschen Katholikentages in Düsseldorf 1982, Düsseldorf 1982
Kat. Ausst. Ausstellung für Christliche Kunst 15.5. - 3.10. Düsseldorf 1909. Unter dem Protektorat Seiner Kaiserlichen und Königlichen Hoheit des Kronprinzen des Deutschen Reiches und von Preussen, Düsseldorf 1909
David Koch: Große Kunstausstellung und Kunstleben in Stuttgart 1913. Mit 5 Abbildungen, in: Christliches Kunstblatt, 55. 1913, S. 237-250
David Koch: Das Ausstellungsjahr 1908, in: Christliches Kunstblatt, 50. 1908, S. 225-232
David Koch: Die christliche Kunst im Jahre 1904. Mit 2 Abbildungen, in: Christliches Kunstblatt, 47. 1905, S. 1-5
David Koch: Christliche Kunst aus dem Jahre 1903, in: Christliches Kunstblatt, 46. 1904, S. 40-51, S. 85-90
David Koch: Die religiöse Kunst in München 1902, in: Christliches

Kunstblatt, 45. 1903, S. 26-29, S. 40-46

David Koch: Die Kunstausstellungen in Düsseldorf und Karlsruhe 1902, in: Christliches Kunstblatt, 44. 1902, S. 135-144, S. 145-158, S. 171-175

Karl Kühner: Die Mannheimer Jubiläumsausstellung, in: Christliches Kunstblatt, 49. 1907, S. 328-330

Karl Kühner: Die IX. internationale Kunstausstellung im Glaspalast zu München, in: Christliches Kunstblatt, 47. 1905, S. 330-335, S. 373-375

Kunst und Kirche. Vorträge aus dem im Mai 1913 zu Dresden abgehaltenen Kursus für kirchliche Kunst und Denkmalpflege, Leipzig 1914

W. Mader: Die moderne religiöse Malerei, in: Deutsch-evangelische Blätter, Bd. 25. 1900, S. 129-132

Ekkehard Mai: Programmkunst oder Kunstprogramm? Protestantismus und bildende Kunst am Beispiel religiöser Malerei im späten 19. Jahrhundert, in: Ideengeschichte und Kunstwissenschaft. Philosophie und bildende Kunst im Kaiserreich. Herausgegeben von Ekkehard Mai, Stephan Waetzoldt und Gerhard Wolandt, Berlin 1983 (=Kunst, Kultur und Politik im Deutschen Kaiserreich. Schriften eines Projekt-Kreises der Fritz-Thyssen-Stiftung. Leitung: Stephan Waetzoldt. Band 3), S. 431-459

Johannes Manskopf: Böcklins Kunst und die Religion, München 1905

Johannes Merz: Die religiöse bildende Kunst der Gegenwart, in: Gotthilf Schenkel (Hrsg.): Der Protestantismus der Gegenwart. Unter Mitwirkung führender Persönlichkeiten des kirchlichen und theologisch-wissenschaftlichen Lebens herausgegeben von Stadtpfarrer Dr. theol. G. Schenkel, Stuttgart 1929, S. 557-582

Johannes Merz: Eindrücke von der Pariser Weltausstellung, in: Christliches Kunstblatt 42. 1900, S. 145-150, S. 161-170, S. 177-180

Johannes Merz: Das Problem der modernen religiösen Kunst, mit besonderer Rücksicht auf die Malerei. (Max Klinger, v. Gebhardt, v. Uhde.), in: Christliches Kunstblatt, 38. 1896, S. 24-28

Johannes Merz: Religiöse Stoffe in moderner Behandlung auf der Ausstellung der 'Sezession', München 1894, in: Christliches Kunstblatt für Kirche, Schule und Haus, 37. 1895, S. 17-23

J. M. (Johannes Merz): Das Panorama der Kreuzigung Christi, in: Christliches Kunstblatt für Kirche, Schule und Haus, 36. 1894, S. 58-63

Johannes Merz: Die Münchener Kunstausstellung von 1894, in: Christliches Kunstblatt für Kirche, Schule und Haus, 36. 1894, S. 159-160, S. 166-171

O. Mothes: Streifblicke auf die kirchliche Kunst der Gegenwart, in: Monatsschrift für Gottesdienst und kirchliche Kunst, 1. 1896/1897; I. Bildende Kunst im allgemeinen, S. 47-50; II. Kirchliche Baukunst, S. 162-171

ohne Verfasser: Ausstellung kirchlicher Kunst- und Ausstattungs-Gegenstände für evangelische Kirchen, in Braunschweig, in: Christliches Kunstblatt, 40. 1898, S. 140-144, S. 149-153, S. 161-163

ohne Verfasser: Die LII. Ausstellung der Königlichen Akademie der Künste zu Berlin 1878, in: Christliches Kunstblatt, 21. 1879, S. 33-40, S. 55-58

ohne Verfasser: Eine neue Zeitschrift für christliche Kunst, in: Christliches Kunstblatt, 30. 1888, S. 84-86

ohne Verfasser: Kunst in München 1919, in: Christliches Kunstblatt, 61. 1919, S. 193-208

ohne Verfasser: Die religiöse Kunst in der „internationalen" Kunstausstellung in Stuttgart, in: Christliches Kunstblatt, 33. 1891, S. 65-70

ohne Verfasser: Rubrik „Chronik": Die Ausstellung für christliche Kunst zu Aachen, in: Christliches Kunstblatt, 49. 1907, S. 319-320

Pfarrer Pfundheller: Die religiöse Kunst auf der großen Berliner Kunstausstellung 1908, in: Monatsschrift für Gottesdienst und kirchliche Kunst, 13. 1908, S. 316-320

Josef Popp: Die Ausstellung der Deutschen Gesellschaft für christliche Kunst, München 1899, in: Die Kunst, Bd. 1.1900, S. 121-127

Kurt Reinhardt: Neue religiöse Malerei, in: Die Kunst, Bd. 37. 1918, S. 270-274

Maurice Rheims: Religiöse Kunst und Grabmalskunst, in: Maurice Rheims: Kunst um 1900, Wien/München 1965, S. 404-424

Adolf Rosenberg: Wereschagin und die Berliner Jubiläumsausstellung (Die religiöse Malerei der Gegenwart I), in: Die Grenzboten, 45. 1886, S. 463-471

Adolf Rosenberg: Munkacsy und Uhde. Naturalismus und Stil (Die religiöse Malerei der Gegenwart II), in: Die Grenzboten, 45. 1886, S. 559-566

R. S.: Große Berliner Kunstausstellung, in: Christliches Kunstblatt, 41.1899, S. 151-157

R. S.: Große Berliner Kunstausstellung I., II., in: Christliches Kunstblatt, 40.1898, S. 132-136 (I.), S. 145-149 (II.)

R. S.: Berliner Kunstbericht. Große Berliner Kunstausstellung, in: Christliches Kunstblatt, 39. 1897, S. 145-150

R. S.: Berliner Kunstberichte. II. Internationale Kunstausstellung, in: Christliches Kunstblatt, 38. 1896, S. 154-159

R. S.: Die große Berliner Kunstausstellung, in: Christliches Kunstblatt für Kirche, Schule und Haus, 37. 1895, S. 132-136, S. 148-151

R. S.: Von der großen Berliner Kunst-Ausstellung, in: Christliches Kunstblatt für Kirche, Schule und Haus, 36. 1894, I., S. 109-112; Fortsetzung, S. 126-128; III., S. 154-159

R. S.: Große Berliner Kunstausstellung 1893, in: Christliches Kunstblatt, 35. 1893, S. 129-133, S. 45-149

R. S.: Akademische Kunstausstellung in Berlin, in: Christliches Kunstblatt, 34. 1892, S. 129-134

R. S.: Die internationale Kunstausstellung in Berlin, in: Christliches Kunstblatt, 33. 1891, S. 129-136, S. 145-147, S. 173-175

R. S.: Die LXII. Kunstausstellung in Berlin; in: Christliches Kunstblatt, 32. 1890, S. 145-149

R. S.: Die religiöse Malerei in der Berliner akademischen Ausstellung 1889, in: Christliches Kunstblatt, 32. 1890, S. 20-24

R. S. Die religiöse Kunst in der Berliner Jubiläums-Kunstausstellung, in: Christliches Kunstblatt, 28. 1886, S. 161-169; 29. 1887, S. 58-61, S. 92-95

Helmut Scheuer: Zur Christus-Figur in der Literatur um 1900, in: Roger Bauer / Eckhard Heftrich / Helmut Koopmann / Wolfdietrich Rasch / Willibald Sauerländer / J. Adolf Schmoll gen. Eisenwerth: Fin de siècle. Zur Literatur und Kunst der Jahrhundertwende, Frankfurt am Main 1977 (=Studien zur Philosophie und Literatur des neunzehnten Jahrhunderts Band 35), S. 387-402

J. Adolf Schmoll gen. Eisenwerth: Zur Christus-Darstellung um 1900, in: Roger Bauer / Eckhard Heftrich / Helmut Koopmann / Wolfdietrich Rasch / Willibald Sauerländer / J. Adolf Schmoll gen. Eisenwerth: Fin de Siècle. Zur Literatur und Kunst der Jahrhundertwende, Frankfurt am Main 1977 (=Studien zur Philosophie und Literatur des neunzehnten Jahrhunderts Band 35), S. 403-420

Paul Schubring: Die retrospektive Ausstellung in Dresden, in: Christliches Kunstblatt, 46. 1904, S. 234-238

Wilhelm Schubring: Die Große Berliner Kunstausstellung, in: Christliches Kunstblatt, 58. 1916, S. 17-18

Wilhelm Schubring: Von der Großen Berliner Kunstausstellung, in: Christliches Kunstblatt, 58. 1916, S. 264-266

Wilhelm Schubring: Die Düsseldorfer Kunstausstellungen 1904, in: Christliches Kunstblatt, 46. 1904, S. 225-234

Hans Schulz: Max Klinger als religiöser Künstler, Leipzig 1927

Robert Schwann: Die neuesten Werke religiöser Malerei, in: Christliches Kunstblatt, 28. 1886, S. 36-39

Adolf Smitmans: Das Christusbild Gebhard Fugels, in: Heilige Kunst, 1978, S. 45-62

Friedrich Spitta: Bilder zu Weihnachten, in: Monatsschrift für Gottesdienst und kirchliche Kunst, 10. 1905, S. 371-371

Sebastian Staudhamer: Vom Panorama in Altötting, in: Die christliche Kunst, 3.1906/07, S. 56-60
H. Steindorff: Die christliche Kunst auf der bayerischen Landesausstellung zu Nürnberg 1896, in: Christliches Kunstblatt, 38. 1896, S. 110-118
Heinrich Steinhausen/Wilhelm Steinhausen: Die Geschichte von der Geburt unseres Herrn Jesus Christus in Bild und Wort. Neu herausgegeben von David Koch, München 1909 (=Volksausgabe des Christlichen Kunstblattes)
Herbert Voßberg: Kirchliche Motive bei Adolph Menzel, Berlin 1964
Stephan Waetzoldt: Bemerkungen zur christlich-religiösen Malerei in der zweiten Hälfte des 19. Jahrhunderts, in: Triviale Zonen in der religiösen Kunst des 19. Jahrhunderts. Mit einem Vorwort von Walter Wiora, Frankfurt am Main 1971 (= Studien zur Philosophie und Literatur des neunzehnten Jahrhunderts Band 15), S. 36-49
Paul Weber: Bilderbücher christlicher Kunst, in: Monatsschrift für Gottesdienst und kirchliche Kunst, 13. 1908, S. 390-391
Wilhelm Weber: Die religiösen Werke von Max Slevogt, Kaiserslautern 1966
Konrad Weiss: Die christliche Kunst der Gegenwart, in: Hochland, VI. 1908/09, Bd. 2, S. 668-684
E. Welk: Religiöse Malerei auf den Berliner Ausstellungen, in: Der alte Glaube, Bd. 4. 1903, Sp. 878-884
Theodor Wieschebrink: Die kirchliche Kunstbewegung in der Zeit des Expressionismus 1917-1927, Diss. Münster 1932

Nazarener

Keith Andrews: The Nazarenes. A Brotherhood of German Painters in Rome, Oxford 1964
Keith Andrews: I Nazareni, Milano 1967
Rudolf Bachleitner: Die Nazarener, München 1976 (= Heyne Stilkunde 2)
Frank Büttner: Die klugen und die törichten Jungfrauen im 19. Jahrhundert. Zur religiösen Bildkunst der Nazarener, in: Städel-Jahrbuch, N.F., 7. 1979, S. 207-230
Kurt Karl Eberlein: Die Malerei der deutschen Romantiker und Nazarener, im besonderen Overbecks und seines Kreises. Einleitung von Georg Heise, München 1928
Friedrich Gross: Nazarenertum im Widerspruch der Zeit, in: Kat. Ausst. Luther und die Folgen für die Kunst. Herausgegeben von Werner Hofmann. Hamburger Kunsthalle 11. November 1983 - 8. Januar 1984, München 1983, S. 482-489
Ludwig Grote: Joseph Sutter und der nazarenische Gedanke, München 1972 (= Studien zur Kunst des 19. Jahrhunderts, Band 14)
Kat. Ausst. Julius Schnorr von Carolsfeld. Die Bibel in Bildern und andere biblische Bilderfolgen der Nazarener. Clemens-Sels-Museum Neuss 28.11.1982 - 27.2.1983, Neuss 1982
Kat. Ausst. Klassizisten – Nazarener. Kunst im Oberland 1800-1850. Schlossmuseum Landeck 13. Juni - 25. Juli 1982. Tiroler Landesmuseum Ferdinandeum Innsbruck 4. August - 19. September 1982, Innsbruck 1982
Kat. Ausst. Die Nazarener in Rom. Ein deutscher Künstlerbund der Romantik. Deutsche Ausgabe des Ausstellungs-Kataloges 'I Nazareni a Roma', herausgegeben von Klaus Gallwitz, übersetzt aus dem Italienischen von Ingrid Sattel, Elfriede Storm und Marianne Ufer. Ausstellung: Klaus Gallwitz in Zusammenarbeit mit Judith Huber, Gianna Piantoni und Stefano Susinno, in der Galleria Nazionale d'Arte Moderna, Rom, 22.1. bis 22.3.1981, München 1981
Kat. Ausst. Die Nazarener. Städel. Städtische Galerie im Städelschen Kunstinstitut Frankfurt am Main 28. April bis 28. August 1977, Frankfurt am Main 1977
Angelico Adolf Koller: Das nazarenische Kunstideal der Meister der Apollinariskirche, Emsdetten 1935 (Diss. Bonn 1935)
Ulrike Krenzlin: Zu einigen Problemen nazarenischer Kunst. Goethe und die nazarenische Kunst, in: Städel-Jahrbuch, N.F., 7. 1979, S. 231-250
Michael Leja: Die Nazarener, Wackenroder und das Motiv der „zärtlichen Begegnung", in: Idea. Jahrbuch der Hamburger Kunsthalle. Herausgegeben von Werner Hofmann und Martin Warnke, 1. 1982, S. 163-177
Peter Märker: „Selig sind die nicht sehen und doch glauben". Zur nazarenischen Landschaftsauffassung Ferdinand Oliviers, in: Städel-Jahrbuch, N.F., 7. 1979, S. 187-206
Johann David Passavant: Ansichten über die bildenden Künste und Darstellung des Ganges derselben in Toscana; zur Bestimmung des Gesichtspunctes, aus welchem die neudeutsche Malerschule zu betrachten ist. Von einem deutschen Künstler in Rom, Heidelberg & Speyer 1820
Gerhard Ringshausen: Zur Rezeptionsgeschichte der Nazarener-Kunst. Bildwerke für den Religionsunterricht, in: Städel-Jahrbuch, N.F., 7. 1979, S. 251-270
Herbert Schindler: Nazarener. Romantischer Geist und christliche Kunst im 19. Jahrhundert, Regensburg 1982
Paul Ferdinand Schmidt: Die Lukasbrüder. Der Overbecksche Kreis und seine Erneuerung der religiösen Malerei, Berlin 1924
Albert Verbeek: Zur spätnazarenischen Ausmalung des Speyrer Domes 1846-1854, in: Ludwig Stamer (Hrsg.): 900 Jahre Speyrer Dom – Festschrift zum Jahrestag der Domweihe 1061-1961, Speyer 1961, S. 138ff.

Beuroner Schule

Martha Dreesbach: Pater Desiderius Lenz OSB von Beuron. Theorie und Werk (Zur Wesensbestimmung der Beuroner Kunst), in: Studien und Mitteilungen zur Geschichte des Benediktiner-Ordens und seiner Zweige, Bd. 68, 1957, S. 95-183; Bd. 69, 1958, S. 5-59 (= Diss. München 1956)
P. Ansgar Dreher: Zur Beuroner Kunst, in: Beuron 1863-1963. Festschrift zum hundertjährigen Bestehen der Erzabtei St. Martin, Beuron 1963, S. 358-394
P. Virgil Fiala: Die Mauruskapelle im Spiegel des Briefwechsels zwischen dem Abt Prosper Guéranger von Solesmes und der Fürstin Katharina von Hohenzollern, in: Erbe und Auftrag, 47. 1971, S. 291-297
P. Virgil Fiala: Ein Jahrhundert Beuroner Geschichte, in: Beuron 1863-1963, Festschrift zum hundertjährigen Bestehen der Erzabtei St. Martin, Beuron 1963, S. 39-230
Theodor Hubmann: P. Gabriel Wüger von Steckborn. Ein Malermönch, in: Thurgauische Beiträge zur vaterländischen Geschichte, 1935, Heft 72, S. 41-69
Josef Kreitmaier S.J.: Beuroner Kunst. Eine Ausdrucksform der christlichen Mystik, Freiburg im Breisgau 1923[5]
P. Desiderius Lenz: Zur Ästhetik der Beuroner Schule, Wien 1898 (= Allgemeine Bücherei 11)
P. Desiderius Lenz: Ein Künstlerleben: P. Gabriel Wüger aus der Beuroner Kunstschule, in: Historisch-politische Blätter für das Katholische Deutschland, Bd. 116, 1895, II, S. 473-489, S. 549-562
ohne Verfasser: Die Beuroner Kunstschule, in: Die Kunst 17. 1908, S. 241-250, Abb. bis S. 263
P. Ansgar Pöllmann: Maurus Wolters Anteil an der Stilbildung der Beuroner Kunst, in: Maurus Wolter, dem Gründer Beurons zum 100. Geburtstag, Beuron 1925, S. 111-142
P. Ansgar Pöllmann: Aufrisse und Querschnitte aus der Beuroner Kunst, in: Benediktinische Monatsschrift, 1. 1919, 1: Ein erratischer Block, S. 84-113; 2: Der triumphierende David, S. 175-194; 3: Eines Künstlers Heimat und Geschlecht, S. 268-277, S. 420-433

Peter-Klaus Schuster / Harald Siebenmorgen: Spätnazarener, Beuron und Nabis, in: Kat.Ausst. „München leuchtete". Karl Caspar und die Erneuerung christlicher Kunst in München um 1900. Herausgegeben von Peter-Klaus Schuster. Katalog zur Ausstellung der Bayerischen Staatsgemäldesammlungen / Staatsgalerie moderner Kunst und des 88. Deutschen Katholikentages München 1984 e.V. im Haus der Kunst, München, vom 8. Juni bis 22. Juli 1984, München 1984, S. 134-136
P. Gallus Schwind: P. Desiderius Lenz. Biographische Gedenkblätter zu seinem 100. Geburtstag, Beuron 1932
Harald Siebenmorgen: „Ein richtiger Beuroner werd ich nie werden." Karl Caspar als Wandmaler und die 'Beuroner Kunstschule', in: Kat. Ausst. „München leuchtete". Karl Caspar und die Erneuerung christlicher Kunst in München um 1900. Herausgegeben von Peter-Klaus Schuster. Katalog zur Ausstellung der Bayerischen Staatsgemäldesammlungen / Staatsgalerie moderner Kunst und des 88. Deutschen Katholikentages München 1984 e.V. im Haus der Kunst, München, vom 8 Juni bis 22. Juli 1984, München 1984, S. 254-267
Harald Siebenmorgen: Die Anfänge der „Beuroner Kunstschule". Peter Lenz und Jakob Wüger 1850-1875. Ein Beitrag zur Genese der Formabstraktion in der Moderne, Siegmaringen 1981
Harald Siebenmorgen: Die Beuroner Kunstschule – Peter Lenz (P. Desiderius) und seine Mitarbeiter, in: Das Münster. Zeitschrift für christliche Kunst und Kunstwissenschaft, 30. 1977, Heft 1, S. 20-36
Harald Siebenmorgen: Die Beuroner Kunstschule. Peter Lenz (P. Desiderius) und seine Mitarbeiter. Eine einleitende Skizze zur Freiburger Ausstellung, Freiburg 1976
P. Willibrord Verkade O.S.B.: Malerbrief II, in: Die Christliche Kunst, 8.1911/12, S. 97-104
P. Willibrord Verkade O.S.B.: Ein Malerbrief, in: Die Christliche Kunst, 7. 1910/11, S. 336-338
Leo Woerl: Das Kloster Beuron im Donauthale, Würzburg/Wien o.J. (1888) (= Woerl's Reisehandbücher)
P. Bonifaz Wolff: St. Maurus und sein Heiligthum im Donauthal, Freiburg 1871
P. Odilo Wolff O.S.B.: Beuroner Kunst, in: Die christliche Kunst, 7. 1910/11, S. 121-138
P. Odilo Wolff: Beuron. Bilder und Erinnerungen aus dem Mönchsleben der Jetztzeit, Stuttgart 1889

Religiöse Trivial- und Volkskunst

Manfred Brauneck: Religiöse Volkskunst. Votivgaben – Andachtsbilder – Hinterglas – Rosenkranz – Amulette, Köln 1978
Wolfgang Brückner: Elfenreigen Hochzeitstraum. Die Öldruckfabrikation 1880-1940. Mit einem Beitrag von Willi Stubenvoll, Köln 1974
Elke Hilscher: Die Bilderbogen im 19. Jahrhundert, München 1977 (= Studien zur Publizistik. Bremer Reihe. Deutsche Presseforschung. Herausgegeben von Elger Blühm, Band 22)
Sigrid Metken: Nazarener und „nazarenisch" – Popularisierung und Trivialisierung eines Kunstideals, in: Kat. Ausst. Die Nazarener. Städel, Städtische Galerie im Städelschen Kunstinstitut Frankfurt am Main 28. April bis 28. August 1977, Frankfurt am Main 1977, S. 365-388
Triviale Zonen in der religiösen Kunst des 19. Jahrhunderts. Mit einem Vorwort von Walter Wiora, Frankfurt am Main 1971 (= Studien zur Philosophie und Literatur des neunzehnten Jahrhunderts Band 15)

Religion und Kunst

Hans-Eckehard Bahr: Theologische Untersuchung der Kunst, München/Hamburg 1965
Albert Edward Bailey (Hrsg.) / Kenneth John Conant / Henry Augustine Smith / Fred Eastman: The arts and religion, New York 1944
W. H. Capitan / D. D. Merrill (Hrsg.): Art, Mind and Religion, Pittsburgh, Pennsylvania, USA, 1967
Bertha Bertholdt: Christus und die Kunst. Ein Gespräch. (im Atelier eines Malers), in: Christliches Kunstblatt, 46. 1904, S. 129-134
Paul Clemen: Kirche und Kunst (Vortrag), Dresden 1907
Feldweg: Christus und die Kunst, in: Christliches Kunstblatt, 47. 1905, S. 13-19
W. Frommel: Christenthum und bildende Kunst, Heidelberg 1880 (= Sammlung von Vorträgen, herausgegeben von W. Frommel und Friedr. Pfaff. 4. Bd. Heft 1)
Finley Eversole (Hrsg.): Christian Faith and the contemporary Arts, New York/Nashville 1962
Allie M. Frazier: The Problem of Psychic Distance in Religious Art, in: The Journal of Aesthetics and Art Criticism, 31. 1972/1973, S. 389-393
Johannes Gaulke: Religion und Kunst, Esslingen 1907
Cornelius Gurlitt: Kirche und Kunst. Rede, gehalten bei der Übernahme des Rektorats der Kgl. Sächsischen Technischen Hochschule am 1. März 1904, in: Monatsschrift für Gottesdienst und Kirchliche Kunst, 9. 1904, S. 116-122
Georg Friedrich Hartlaub: Der „Ungläubige" und die christliche Kunst, in: Georg Friedrich Hartlaub: Fragen an die Kunst. Studien zu Grenzproblemen, Stuttgart 1950, S. 77-90
Friedrich Hochstetter: Die katholische Kirche und die moderne Kunst, in: Christliches Kunstblatt, 47. 1905, S. 383-385
Moissej Kagan: Das künstlerische und das religiöse Bewußtsein, in: ders.: Vorlesungen zur marxistisch-leninistischen Ästhetik, München 1974, S. 249-253
Vytautas Karolis: Abstract Expressionism and Puritanism, in: The Journal of Aesthetics and Art Criticism, 21. 1962, S. 315-319
C. M. Kaufmann: Der Frankfurter Kaiserdom seine Denkmäler und seine Geschichte. Ein Führer von C. M. Kaufmann, Kempten und München 1914
David Koch: Kunst und Religion in ihren internationalen Beziehungen, in: Christliches Kunstblatt, 52. 1910, S. 224-233
Samuel Laeuchli: Religion and Art in Conflict, Philadelphia 1980
Pfarrer Lic.Dr. Lasch: Religion und Kunst, in: Monatsschrift für Gottesdienst und Kirchliche Kunst, 11. 1906, S. 245-251, S. 280-284
Karl Ledergerber: Kunst und Religion in der Verwandlung, Köln 1961 (= DuMont Dokumente. Reihe 2.)
Gerardus van der Leeuw: Vom Heiligen in der Kunst. Übersetzt aus dem Holländischen nach der von E. L. Smelik durchgesehenen 3. Auflage von Anne Piper, Gütersloh 1957
Arno Lehmann: Christian Art, St. Louis/London 1969
Georg Lukács: Alltagsleben, partikulare Person und religiöses Bedürfnis (= Dreizehntes Kapitel. III), in: Ästhetik in vier Teilen. Vierter Teil, Neuwied und Darmstadt 1972 (= Sammlung Luchterhand 71), S. 177-209
F. David Martin: Art and the Religious Experience, Bucknell University Press 1972
F. David Martin: The Aesthetic in Religious Experience, in: Religious Studies, 4. 1968, S. 1-24
T. R. Martland: An Analogy between Art and Religion, in: Journal of Philosophy, 63. 1966, S. 509-517
Otto Mauer: Kunst und Christentum, Wien 1946
Friso Melzer: Die Kunst in der neueren Theologie. Teildruck aus der Arbeit: Die Kunst als theologisches Problem. Inaugural-Dissertation zur Erlangung der Doktorwürde einer Hohen Evangelisch-theologischen Fakultät der Eberhard-Karls-Universität zu Tübin-

gen, Tübingen 1935
Carl Meyer: Die Darstellung des Heiligen in der Kunst, in: Preußische Jahrbücher, 65. 1890, S. 361-390
Johannes Nagel: Religion und Kunst. Von ihrem Wesen und Verhältnis zueinander, Hamburg 1930
Walter L. Nathan: Art and the message of the Church, Philadelphia 1961
Todor Pawlow: Kunst und Religion, in: ders.: Aufsätze zur Ästhetik. Herausgegeben von Erhard John, Berlin DDR 1975, S. 199-227
Nicolas J. Perella: The Kiss Sacred and Profane. An Interpretative History of Kiss Symbolism and Related Religio-Erotic Themes, Berkely, California, USA, 1969
Rudolf Pfleiderer: Kunst und Christentum, in: Christliches Kunstblatt, 57. 1915, S. 140-146
Gustav Portig: Religion und Kunst in ihrem gegenseitigen Verhältniß, 2. Bde. Iserlohn 1879
Dr. R.: Ueber das Verhältniß des Christenthums zu den bildenden Künsten, in: Christliches Kunstblatt 8. 1866, S. 24-28, S. 43-47, S. 58-63, S. 90-94
F. I. G. Rawlings: Religion and Aesthetics, in: British Journal of Aesthetics. 6. 1966, S. 375-384
Alec Robertson: Contrasts: the arts and religion, London 1947
Dekan Schwarzkopf: Rezension in der Rubrik „Literatur" von: Religion und Kunst in ihrem gegenseitigen Verhältniß. Dargestellt von Dr. Gustav Portig. 2 Bände. Iserlohn, J. Bädeker 1879, in: Christliches Kunstblatt, 22. 1880, S. 172-176
Calvin Seerveld: A Christian Critique of Art and Literature, Ontario, Canada, 1968
Friedrich Spitta: Das evangelische Gotteshaus und die Kunst, in: Monantsschrift für Gottesdienst und kirchliche Kunst, 4. 1899, S. 1-5
Sebastian Staudhamer: Kirche und christliche Kunst, in: Die christliche Kunst, 17. 1920/21, S. 10-26
Heinrich Steinhausen: Über christliche Malerei. Ein Beitrag zur Verständigung, Stuttgart 1894
Rainer Volp: Das Kunstwerk als Symbol. Ein theologischer Beitrag zur Interpretation der bildenden Kunst, Gütersloh 1966 (= Schriftenreihe des Institutes für Kirchenbau und Kirchliche Kunst der Gegenwart Marburg, Bd. 2)
Theodor Wahl: Glaube und Kunst, Essen 1907
Pfarrer Lic Weber (Hrsg.): Die Wissenschaften und Künste der Gegenwart in ihrer Stellung zum biblischen Christentum, Gütersloh 1898
Paul Weber: Kunst und Religion. Eine Frage für die Gegenwart erläutert an einem Gange durch die Geschichte der christlichen Kunst, Heilbronn 1911
Winfried Wendland: Kunst im Zeichen des Kreuzes. Die künstlerische Welt des Protestantismus in unserer Zeit, Berlin/Leipzig 1934
Ludwig Wiese: Über das Verhältniß der Kunst zur Religion, Berlin 1878
Leopold Witte: Aus Kirche und Kunst, Halle a.S. 1913
Felix Witting: Von Kunst und Christentum. Plastik und Selbstgefühl. Von antikem und christlichem Raumgefühl. Raumbildung und Perspektive. Historisch-ästhetische Abhandlungen von Felix Witting, Straßburg (Elsaß) 1903
Nicholas Wolterstorff: Art in Action. Toward a Christian Aesthetic, Grand Rapids, Michigan, USA, 1980
Alois Wurm: Moral und bildende Kunst, München 1909

Theorie christlicher Kunst

Ernst Bender: Die Heimkehr des verlorenen Sohnes und die Malerei, in: Monatsschrift für Gottesdienst und kirchliche Kunst, 12. 1907, S. 278-289
A. Blum-Erhard: Kunstverirrung, in: Die christliche Kunst, 11. 1914/1915, S. 249-252
C. C.: Ein Streifzug in die Bilderwelt. Von F. Oldenberg, in: Christliches Kunstblatt, 2. 1860, S. 28-31, S. 38-46, S. 56-63
Pfarrer Göhler: Christliche Kunst in den Unterredungen mit der konfirmierten Jugend, in: Monatsschrift für Gottesdienst und kirchliche Kunst, 9. 1904, S. 299-300
Carl Grüneisen: Vorwort, in: Christliches Kunstblatt, 1. 1858/59, S. 1-5
Hans Carl von Haebler: Das Bild in der evangelischen Kirche, Berlin 1957
David Koch: Und die Kunst – die deutsche Kunst?, in: Christliches Kunstblatt, 58. 1916, S. 2-8
David Koch: Kampf gegen die sentimentalen Kunstverderber!, in: Christliches Kunstblatt, 51. 1909, S. 1-4
David Koch: Unser Ziel: Kunst für die deutsche Christenheit, in: Christliche Kunst, 50. 1908, S. 1-7
David Koch: Unser Eingang, in: Christliches Kunstblatt, 46. 1904, S. 1-6
David Koch: Der christliche „Wandschmuck", in: Monatsschrift für Gottesdienst und kirchliche Kunst, 8. 1903, S. 334-336, S. 367-369, S. 400-404; 9. 1904, S. 21-25, S. 131-136, S. 251-260, S. 290-296
David Koch: Kritiker und Künstler, in: Monatsschrift für Gottesdienst und kirchliche Kunst, 8. 1903, S. 156-158
Heinrich Merz: Die neue „realistische" Schule und Herr von Uhde, in: Christliches Kunstblatt, 31. 1889, S. 33-38
Johannes Merz: Das Problem der modernen religiösen Kunst, mit besonderer Rücksicht auf die Malerei. (Max Klinger, v. Gebhardt, v. Uhde), in: Christliches Kunstblatt, 38. 1896, S. 24-28
Bruno Meyer: Ueber die Monumentalisirung der jüngsten nationalen Ereignisse, in: Christliches Kunstblatt, 15. 1873, S. 65-70
Opitz: Sätze über Kunst und christliche Kunst im besonderen, in: Christliches Kunstblatt, 33. 1891, S. 33-38
ohne Verfasser: Die Kunstgeschichte von Superintendent Rich. Bürkner in Ostheim (Rhön), in: Monatsschrift für Gottesdienst und kirchliche Kunst, 7. 1902, S. 365-367
ohne Verfasser: Die künstlerische Ausstattung der bürgerlichen Wohnung, in: Christliches Kunstblatt, 26. 1884, S. 141-143
ohne Verfasser: Pfannschmidt's Vignette, in: Christliches Kunstblatt, 16. 1874, S. 97-98
ohne Verfasser: Rembrandt als Erzieher, in: Christliches Kunstblatt, 33. 1891, S. 115-119
ohne Verfasser: Die Umwälzung in der bildenden Kunst, in: Christliches Kunstblatt, 33. 1891, S. 120-122
ohne Verfasser: Wahrheit und Schein in der kirchlichen Kunst, in: Christiches Kunstblatt, 23. 1881, S.33-35
D. R.: Das Abendmahl des Leonardo da Vinci und dasjenige des Fritz von Uhde. Eine vergleichende Studie, in: Christliches Kunstblatt 31. 1889, S. 49-50
S.: Biblische Landschaften, in: Christliches Kunstblatt, 4. 1862, S. 13-16
Joseph Sauer: Wesen und Wollen der christlichen Kunst. Rede, gehalten bei der feierlichen Übernahme des Rektorats der Universität Freiburg i.Br. am 9. Mai 1925, Freiburg i.B. 1926
Max Schasler: Liegen in der religiösen Kunst die Keime eines höheren Aufschwungs und einer Fortbildung der Kunst überhaupt?, in: Die Dioskuren, 10. 1865, S. 169-171, S. 189-190, S. 197-198
Franz Schmid-Breitenbach: Der Stil in der modernen Malerei, in: Christliche Kunst, 1. 1904/05, S. 155-163
Viktor Schultze: Über volkstümliche Kunst, in: Christliches Kunstblatt, 28. 1886, S. 177-180
Julius Smend: Zum Deutschtum in der Kunst, in: Monatsschrift für Gottesdienst und kirchliche Kunst, 15. 1908, S. 194-197
Adolf Smitmans: Die christliche Malerei im Ausgang des 19. Jahrhunderts – Theorie und Kritik. Eine Untersuchung der deutschspra-

chigen Periodica für christliche Kunst 1870-1914, Sankt Augustin 1980
Sebastian Staudhamer: Kirchliche Bestimmungen über die Bilder im Gotteshause, in: Die christliche Kunst, 13. 1916/1917, S. 1-7
Sebastian Staudhamer: Zum Geleite, in: Die christliche Kunst, 1. 1904/05, S. 1-7

Über die Darstellung des Heilands

Hugo von Blomberg: Ueber die malerische Darstellung der Person Christi, in: Christliches Kunstblatt, 8. 1866, S. 1-7, S. 86-91, S. 97-102, S. 120-125, S. 133-136, S. 151-155
Eduard Daelen: Die Biercksche Christusausstellung, in: Die Kunst für Alle, 13. 1897/98, S. 305-309
M.: Das wahre Ebenbild Jesu Christi, in: Christliches Kunstblatt, 5. 1864, S. 49-70, S. 71-76
W. Mader: Der deutsche Christus, in: Monatsschrift für Gottesdienst und kirchliche Kunst, 12. 1907, S. 289-290
W. Nicolai: Die Ausstellung der Christusbilder im alten Reichstagsgebäude zu Berlin, in: Monatsschrift für Gottesdienst und kirchliche Kunst, 1. 1896/1897, S. 179-181
R. S.: Berliner Kunstberichte. I. Ausstellung „Christus", in: Christliches Kunstblatt, 38. 1896, S. 122-126
R. S.: Ueber die Darstellung des Heilands, in: Christliches Kunstblatt, 3. 1861, S. 113-119
R. Schmid: Ein bartloser Christustyp. Mit 2 Bildern, in: Christliches Kunstblatt, 50. 1908, S. 7-12
Karl Schnaase: Ueber die Darstellung des Heilandes, in: Christliches Kunstblatt, 3. 1861, S. 113-119
Julius Smend: Zur Frage nach dem deutschen Christus in unsrer Malerei, in: Monatsschrift für Gottesdienst und kirchliche Kunst, 11. 1906, S. 85-89
Wilhelm Steinhausen: Das Bild Christi in der Kunst, in: Christliches Kunstblatt, 51. 1909, S. 36-40
W. (= Konrad Weiss?): Um einen neuen Jesustyp in der Malerei, in: Hochland, VI. 1908/1909, Bd. 1, S. 237-239

Deutsche Malerei im 19. Jahrhundert

Suse Barth: Lebensalterdarstellungen im 19. und 20. Jahrhundert, Diss. Bamberg 1971
Julius Baum: Die Stuttgarter Kunst der Gegenwart, in Gemeinschaft mit Max Diez, Eugen Gradmann, Gustav Keyssner, Gustav E. Pazaurek, Heinrich Weizsäcker, bearbeitet von Julius Baum, Stuttgart 1913
Carl Becker: Die Malerei des 19. Jahrhunderts, erläutert an Bildern im Wallraf-Richartz-Museum zu Köln, Köln 1925
Hermann Becker: Deutsche Maler. Von Asmus Carstens an bis auf die neuere Zeit in einzelnen Werken. Kritisch geschildert von Hermann Becker, Leipzig 1888
Hermann Beenken: Das Neunzehnte Jahrhundert in der deutschen Kunst. Aufgaben und Gehalte. Versuch einer Rechenschaft, München 1944
Joseph August Beringer: Badische Malerei 1770-1920, Karlsruhe 1922
Moritz Blanckarts: Düsseldorfer Künstler. Nekrologe aus den letzten zehn Jahren, Stuttgart 1877
Jochen Boberg / Tilman Fichter / Eckhart Gillen (Hrsg.): Exerzierfeld der Moderne. Industriekultur in Berlin im 19. Jahrhundert. Unter Beteiligung zahlreicher Autoren herausgegeben von Jochen Boberg, Tilman Fichter und Eckhart Gillen, München 1984 (= Industriekultur deutscher Städte und Regionen. Herausgegeben von Hermann Glaser. Berlin I)

Helmut Börsch-Supan: Die Deutsche Malerei von Anton Graff bis Hans von Marées 1760-1870, München 1988
Heinz Buddemeier: Panorama, Diorama, Photographie. Entstehung und Wirkung neuer Medien im 19. Jahrhundert, München 1970 (= Theorie. Geschichte. Literatur 7)
Hermann Bünemann: Deutsche Malerei des 19. Jahrhunderts. Deutschland. Österreich. Schweiz. Zwei Teile in einem Band, Königstein im Taunus 1961
Werner Busch: Die notwendige Arabeske. Wirklichkeitsaneignung und Stilisierung in der deutschen Kunst des 19. Jahrhunderts, Berlin (West) 1985
Ulrich Christoffel: Deutsche Malerei des 19. Jahrunderts, Leipzig 1925
Walter Cohen: Meister mittelrheinischer Malerei vor hundert Jahren, Köln 1960
Walter Cohen: Hundert Jahre Rheinische Malerei, Bonn 1924
Deutsche Malerei des 19. Jahrhunderts. 60 Meisterwerke aus der Nationalgalerie Berlin Staatliche Museen Preußischer Kulturbesitz. Auswahl der Werke: Dieter Honisch, Peter Krieger. Katalogredaktion und Übersetzung aus dem Französischen: Peter Krieger, Berlin (West) o.J. (1980)
Mathias Eberle: Individuum und Landschaft. Zur Entstehung und Entwicklung der Landschaftsmalerei, Gießen 1980 (= Kunstwissenschaftliche Untersuchungen des Ulmer Vereins, Verband für Kunst- und Kulturwissenschaften. Band VIII. Herausgegeben von Michael Brix, Klaus Herding, Berthold Hinz)
Kurt Karl Eberlein: Geschichte des Kunstvereins für die Rheinlande und Westfahlen 1829-1929, Düsseldorf 1929
Heidi C. Ebertshäuser: Malerei im 19. Jahrhundert. Münchner Schule. Gesamtdarstellung und Künstler-Lexikon, München 1979
Eduard Engels: Hausbuch deutscher Kunst. Neue Ausgabe besorgt von Gustav Keyßner, Stuttgart und Berlin 1919[3]
Anton Fahne: Die Düsseldorfer Maler-Schule in den Jahren 1834, 1835 und 1836, Düsseldorf 1837
Ulrich Finke: German Painting from Romanticism to Expressionism, London 1974
Otto Fischer: Schwäbische Malerei des 19. Jahrhunderts, Stuttgart/Berlin/Leipzig 1925
W. Fleischhauer / I. Baum / S. Kobell: Die schwäbische Kunst im 19. und 20. Jahrhundert, Stuttgart 1952
Ernst Förster: Geschichte der deutschen Kunst. Bd. 5. Von 1820 bis zur Gegenwart, Leipzig 1860
Ernst A. Franke: Publikum und Malerei in Deutschland vom Biedermeier zum Impressionismus, Diss. Heidelberg 1934
Die Frankfurter Malerfamilie Morgenstern in fünf Generationen. Herausgegeben von der Museumsgesellschaft Kronberg e.V., Frankfurt am Main 1982
Heinrich Fuchs: Die Österreichischen Maler des 19. Jahrhunderts, 4 Bde., Wien 1972-1974
Arthur Fürst: Das Reich der Kraft. Mit 85 Bildern namhafter Künstler (2 farbigen Wiedergaben), davon 69 Bilder aus der Ausstellung 'Stätten der Arbeit' aus der Galerie Arnold in Dresden und ein Anhang mit 16 Bildern: Die Poesie der Eisenbahn von Hans Baluschek, Berlin 1912 (= Reihe: Leuchtende Stunden)
Walter Geese / Willi Geismeier: Deutsche Malerei des 19. Jahrhunderts, Leipzig 1966
Walter Geese: Die heroische Landschaft von Koch bis Böcklin, Straßburg 1930 (= Studien zur deutschen Kunstgeschichte. Heft 271)
Hans Geller: Deutsche Künstler in Rom. Von Raphael Mengs bis Hans von Marées (1741-1887). Werke und Erinnerungsstätten, Rom 1961
Hans Geller: 150 Jahre deutsche Landschaftsmalerei, ihre Entwicklung von 1800 bis zur Gegenwart. Herausgegeben von Erhard Bunkowsky, Erfurt 1951

Hermann Glaser: Maschinenwelt und Alltagsleben. Industriekultur in Deutschland vom Biedermeier bis zur Weimarer Republik, Frankfurt am Main 1981
Hermann Glaser / Wolfgang Ruppert / Norbert Neudecker (Hrsg.): Industriekultur in Nürnberg. Eine deutsche Stadt im Maschinenzeitalter. Unter Mitwirkung zahlreicher Autoren herausgegeben von Hermann Glaser, Wolfgang Ruppert, Norbert Neudecker. Mit 299 Abbildungen im Text und 29 Abbildungen auf 15 Tafeln. Zweite, durchgesehene Auflage, München 1983 (= Industriekultur deutscher Städte und Regionen. Herausgegeben von Hermann Glaser. Nürnberg)
Mathias Goeritz: Ferdinand von Rayski und die Kunst des neunzehnten Jahrhunerts, Berlin 1942
Hermann Grimm: Fünfzehn Essays. Neue Folge, Berlin 1875
Friedrich Gross: Catalogue. Bibliographie, in: Kat. Ausst. Symboles et Réalités. La peinture allemande 1848-1905. Musée du Petit Palais 12 octobre 1984 - 13 janvier 1985, Paris 1984, S. 94-319
Julius Große: Die deutsche allgemeine und historische Kunst-Ausstellung zu München im Jahre 1858. Studien zur Kunstgeschichte des XIX. Jahrhunderts, München 1859
Cornelius Gurlitt: Die deutsche Kunst des Neunzehnten Jahrhunderts. Ihre Ziele und Thaten, Berlin 1900² (= Das Neunzehnte Jahrhundert in Deutschlands Entwicklung. Unter Mitwirkung von Siegmund Günther, Cornelius Gurlitt, Fritz Hoenig, Georg Kaufmann, Richard M. Meyer, Franz Carl Müller, Franz Reuleaux, Werner Sombart, Heinrich Welti, Theobald Ziegler. Herausgegeben von Paul Schlenther. Band II)
Friedrich Haack: Die Kunst des XIX. Jahrhunderts, Esslingen a.N. 1909³ (= Grundriss der Kunstgeschichte von Wilhelm Lübke. Vierzehnte Auflage. V.)
Anton Hagen: Die Deutsche Kunst in unserem Jahrhundert. Eine Reihe von Vorlesungen mit erläuternden Beischriften, Berlin 1857
Kasimir Hagen: Aus Kunst und Leben. Meine 50jährigen Erfahrungen als Kunstsammler. Erster Band, Gemälde des 19. und 20. Jahrhunderts, Köln o.J.
Richard Hamann: Die deutsche Malerei im 19. Jahrhundert, Leipzig/Berlin 1914
Richard Hamann: Die deutsche Malerei vom Rokoko bis zum Expressionismus, Leipzig 1925
Werner Hofmann: Bruchlinien. Aufsätze zur Kunst des 19. Jahrhunderts, München 1979
Werner Hofmann: Das irdische Paradies. Kunst im neunzehnten Jahrhundert, München 1960
Heinrich Höhn: Studien zur Entwicklung der Münchner Landschaftsmalerei vom Ende des 18. und vom Anfang des 19. Jahrhunderts, München 1909 (= Studien zur deutschen Kunstgeschichte. 11. Heft)
Wolfgang Hütt: Die Düsseldorfer Malerschule 1819-1869, Leipzig 1964
Karl Immermann: Düsseldorfer Anfänge. Maskengespräche (1839/40), in: Karl Immermann: Werke in fünf Bänden. Unter Mitarbeit von Hans Asbeck, Helga-Malee Gerresheim, Helmut J. Schneider, Hartmut Steinecke, herausgegeben von Benno von Wiese. Vierter Band, Frankfurt/Main 1973, S. 549-651
Adolf Jungjohann: Beiträge zur Geschichte der Koblenzer Malerei in der ersten Hälfte des neunzehnten Jahrhunderts, Koblenz 1929
Ludwig Justi: Deutsche Malkunst im 19. und 20. Jahrhundert. Ein Gang durch die Nationalgalerie. Von Corinth bis Klee, Berlin 1931
Ludwig Justi: Deutsche Malkunst im 19. und 20. Jahrhundert. Ein Gang durch die Nationalgalerie. Von Runge bis Thoma, Berlin 1932
Judwig Justi: Deutsche Malkunst im 19. Jahrhundert. Ein Führer durch die National-Galerie, Berlin 1920/21
Hans Karlinger: München und die Deutsche Kunst des XIX. Jahrhunderts, München 1933 (= Bayerische Heimatbücher Band VI)
Kat.Ausst. Spitzweg. Schwind. Schleich. 14. April bis 24. Juni 1984. Städtische Galerie im Prinz-Max-Palais, Karlsruhe, Karlsruhe 1984 (= Europäische Kulturtage Karlsruhe 1984. Biedermeier und Vormärz. Gesichter einer Epoche)
Kat. Ausst. Künstlerinsel Sylt. 27. November 1983 bis 5. Februar 1984. Schleswig-Holsteinisches Landesmuseum auf Schloß Gottorf in Schleswig, Schleswig 1983
Kat. Ausst. German Masters of the Nineteenth Century. Paintings and Drawings from the Federal Republic of Germany. The Metropolitan Museum of New York, New York 1981
Kat. Ausst. Die Künstlerkolonie Willingshausen. Ausstellung vom 5. Juli bis 7. September 1980 in der Orangerie Kassel, Kassel/Köln 1980
Kat. Ausst. Aus Schacht und Hütte. Ein Jahrhundert Industriearbeit im Bild 1830-1930. 4. Mai - 18. Juni 1980. Ruhrfestspiele Recklinghausen '80. Städtische Kunsthalle Recklinghausen, Recklinghausen 1980
Kat. Ausst. Die Münchner Schule 1850-1914. Bayerische Staatsgemäldesammlungen und Ausstellungsleitung Haus der Kunst e.V. 28. Juli bis 7. Oktober 1979, München 1979
Kat. Ausst. Die Düsseldorfer Malerschule. Kunstmuseum Düsseldorf 13. Mai - 8. Juli 1979. Mathildenhöhe Darmstadt 22. Juli - 9. September 1979, hrsg. von Wend von Kalnein, Düsseldorf 1979
Kat. Ausst. Die Industrialisierung der Stadt. Neuer Berliner Kunstverein, Berlin (West) 1979
Kat. Ausst. Industriebilder aus Westfalen. Landesmuseum für Kunst und Kulturgeschichte Münster, Münster 1979
Kat. Ausst. Stiftung Pommern, Kiel. Verwaltung der Staatlichen Schlosser und Gärten, Berlin. Zeichnungen und Aquarelle deutscher Meister 1750 bis 1900. Aus den Sammlungen der Stiftung Pommern, Kiel. Ausstellung im Schloß Charlottenburg in Berlin, 16. September bis 31. Oktober 1978, im Hause der Landesvertretung Schleswig-Holstein in Bonn, 15. Januar bis 28. Februar 1979, im Schloß, Rantzaubau, in Kiel, 17. März bis 29. April 1979, Kiel 1978
Kat. Ausst. Naturbetrachtung – Naturverfremdung. Trilogie I. Württembergischer Kunstverein Stuttgart 7. April bis 5. Juni 1977. Haus Deutscher Ring Hamburg 13. September bis 23. Oktober 1977, Stuttgart 1977
Kat. Ausst. Sammlung Georg Schäfer, Schweinfurt. Deutsche Malerei im 19. Jahrhundert. Germanisches Nationalmuseum Nürnberg, Schweinfurt 1977
Kat. Ausst. The Hudson and the Rhine. Die amerikanische Malerkolonie in Düsseldorf im 19. Jahrhundert. Ausstellung 4. April bis 16. Mai 1976. Kunstmuseum Düsseldorf. Herausgegeben: Wend von Kalnein. Katalogbearbeitung: Rolf Andree, Ute Ricke-Immel, Düsseldorf 1976
Kat. Ausst. Düsseldorf und der Norden. Ausstellung 20. Juni bis 15. August 1976. Kunstmuseum Düsseldorf. Herausgegeben: Wend von Kalnein. Katalogbearbeiter: Jan Askeland. Übersetzung: Brigitte Naesse, Düsseldorf 1976
Kat. Ausst. Deutsche Malerei im 19. Jahrhundert. Eine Ausstellung für Moskau und Leningrad. Städtische Galerie im Städelschen Kunstinstitut Frankfurt am Main 14.2. - 20.4.1975, Frankfurt am Main 1975
Kat. Ausst. Deutsche Malerei des 19. Jahrhunderts. Kunsthalle Köln 29. April bis 13. Juni 1971, Köln 1971 (als deutsche Bearbeitung von C. W. Schümann des Ausstellungskataloges: German Painting of the 19th Century. Yale Art Gallery, The Cleveland Museum of Art, The Art institute of Chicago 1970)
Kat. Ausst. Przemysl i technika w malarstwie niemieckim od romantyzmu do wspólczesnósci. Wystawa przygotowand przez Muzeum miejskie im. Wilhelma Lehmbrucka w Duisburgu – NRF. Muzeum Narodowe w Warszawie. Maj - czerwiec 1970, Warszawa 1970
Kat. Ausst. Malerei nach Fotografie. Stadtmuseum München, München 1970
Kat. Ausst. Industrie und Technik in der deutschen Malerei von der

Romantik bis zur Gegenwart. Wilhelm-Lehmbruck-Museum der Stadt Duisburg. Eine Ausstellung aus Anlaß des 150jährigen Jubiläums der DEMAG Aktiengesellschaft, Duisburg. 7. Mai bis 7. Juli 1969, Duisburg 1969

Kat. Ausst. Industriebauten 1830-1930. Eine photographische Dokumentation von Bernd und Hilla Becher, München 1967

Kat. Ausst. Deutsche Kunst 19./20. Jahrhundert. Staatliche Museen zu Berlin DDR. Altes Museum. Nationalgalerie. Bearbeitet von V. Ruthenberg, W. Geismeier, G. Meißner u.a., 2 Bde., Berlin DDR 1966

Kat. Ausst. Neue Möglichkeiten in der Münchener Malerei des 19. Jahrhunderts. Kunstverein München, München 1963

Kat. Ausst. Berliner Panorama. Ausstellung von Gemälden aus dem 19. und 20. Jahrhundert veranstaltet vom Senat Berlin im Kunsthaus Zürich. April 1959, Berlin (West) 1959

Kat. Ausst. Das Bild der deutschen Industrie 1800-1850. Ausstellung veranstaltet mit Unterstützung des Bundesverbandes der deutschen Industrie e.V. Museum für Kunst und Kulturgeschichte Dortmund Schloß Cappenberg 15. Mai - 20 Juli 1958, Dortmund 1958

Kat. Ausst. Hundred Years of German Painting 1850-1950. The Tate Gallery London, London 1956

Kat. Ausst. Deutsche Malerei in den letzten fünfzig Jahren. Neue Staatsgalerie München 1950, München 1950

Kat. Ausst. 100 Jahre Düsseldorfer Malerei. Kunstsammlungen der Stadt Düsseldorf, Düsseldorf 1948

Kat. Ausst. Deutsche Malerei im 19. Jahrhundert. Kunsthalle Bern 1936, Bern 1936

Kat. Ausst. Deutsche Malerei 19. und 20. Jahrhundert. Kunsthaus Zürich, Zürich 1922

Kat. Ausst. Deutsche Malerei des 19. Jahrhunderts. Kunsthalle Basel, Basel 1917

Kat. Ausst. Ausstellung deutscher Kunst aus der Zeit von 1775-1875 in der Königlichen Nationalgalerie Berlin 1906. Katalog der Gemälde mit 1137 Abbildungen, München 1906

Kat. Ausst. Hugo von Tschudi: Ausstellung deutscher Kunst aus der Zeit von 1775-1875 in der Königlichen Nationalgalerie Berlin 1906. Auswahl der hervorragendsten Bilder mit einleitendem Text, München 1906

Kat. Ausst. Kunstausstellung von Werken Nürnberger Künstler der neueren Zeit. Veranstaltet von der Gesellschaft Künstlerklause vom 1. Juni bis 31. Oktober 1891 im Ausstellungsgebäude des Bayerischen Gewerbemuseums am Marienthorgraben Nürnberg. Unter dem Ehrenpräsidium des Kgl. Regierungspräsidenten von Mittelfranken Julius Ritter von Zenetti. Illustrirter Katalog, Nürnberg 1891

Kat. Ausst. Katalog zur zweiten allgemeinen deutschen und historischen Kunstausstellung im neuen Museum Wallraf-Richartz zu Köln, Köln 1861

Horst Keller: Deutsche Maler des 19. Jahrhunderts, München 1979

Rudolf Klein: Ein Jahrhundert deutscher Malerei, Berlin 1906

Karl Koetschau: Die Anfänge der städtischen Kunstsammlungen zu Düsseldorf, Düsseldorf 1916

Udo Kultermann: Geschichte der deutschen Kunstgeschichte, Wien/Düsseldorf 1966

Willy Kurth: Berliner Landschaftsmalerei von Chodowiecki bis Liebermann, Berlin 1958

Willy Kurth: Deutsche Maler im 19. Jahrhundert. An Hand von 96 Tafeln in historischem Zusammenhang erläutert, Berlin 1926

York Langenstein: Der Münchner Kunstverein im 19. Jahrhundert. Ein Beitrag zur Entwicklung des Kunstmarkts und des Ausstellungswesens, München 1983 (= Miscellanea Bavarica Monacensia. Dissertationen zur Bayerischen Landes- und Münchner Stadtgeschichte herausgegeben von Karl Bosl und Richard Bauer. - Heft 122 – Neue Schriftenreihe des Stadtarchivs München)

Klaus Lankheit: Revolution und Restauration, Baden-Baden 1965 (= Kunst der Welt. Ihre geschichtlichen, soziologischen und religiösen Grundlagen. 'Die Kulturen des Abendlandes')

Michail Liebmann: Deutsche Malerei in den Museen der Sowjetunion. Auswahl und Text von M. Liebmann. Deutsch von M. Schatz, Leningrad 1972

Horst Ludwig u.a.: Bruckmanns Lexikon der Münchner Kunst. Münchner Maler im 19. Jahrhundert in vier Bänden. Die Autoren: Horst Ludwig, Sonja Baranow, Rainer Beck, Hans-Peter Bühler, Birgit Dreyer-Eimbcke, Florian Hufnagl, Edith Prochatzka, Alexander Rauch, Christiane Sterndorf-Hauck, Ludwig Tavernier, Christine Thomas. Erster Band. Adam - Gaupp, München 1981, Zweiter Band. Gebhardt - Küstner, München 1982, Dritter Band. Lacher - Ruprecht, München 1982, Vierter Band. Saffer - Zwengauer, München 1983

Horst Ludwig: Münchner Malerei im 19. Jahrhundert, München 1978

Irene Markowitz: Die Düsseldorfer Malerschule. Kataloge des Kunstmuseum Düsseldorf. Malerei Band 2, Düsseldorf 1969

Irene Markowitz: Die Monumentalmalerei der Düsseldorfer Malerschule, in: Festschrift. Zweihundert Jahre Kunstakademie Düsseldorf, Düsseldorf 1973, S. 47ff.

Lilli Martius: Die schleswig-holsteinische Malerei im 19. Jahrhundert, Neumünster 1956, 1978² (= Studien zur schleswig-holsteinischen Kunstgeschichte. Herausgegeben vom Landesamt für Denkmalpflege und der Gesellschaft für Schleswig-Holsteinische Geschichte. Band 6)

Lilli Martius: Die Villa Borsig in Berlin Moabit. Über ihren Architekten Johann Heinrich Strack und den Maler Paul Meyerheim, in: Der Bär von Berlin. Jahrbuch des Vereins für die Geschichte Berlins, 14. Folge 1965 (= Festschrift zum 100jährigen Bestehen), S. 261-280

Günther Meißner: Arbeiterbewegung und Bildende Kunst. Soziale Tendenzen in der deutschen bildenden Kunst der 2. Hälfte des 19. Jahrhunderts, in: Bildende Kunst, 14. 1966, S. 244-249

Sigrid-Jutta Motz: Fabrikdarstellungen in der deutschen Malerei von 1800 bis 1850, Frankfurt am Main 1980

Wolfgang Müller von Königswinter: Düsseldorfer Künstler aus den letzten fünfundzwanzig Jahren. Kunstgeschichtliche Briefe, Leipzig 1854

Wilhem Neumann: Baltische Maler und Bildhauer des XIX. Jahrhunderts. Biographische Skizzen mit den Bildnissen der Künstler und Reproduktionen nach ihren Werken. Bearbeitet von Dr. Wilh. Neumann, Riga 1902

Friedrich Noack: Das Deutschtum in Rom seit dem Ausgang des Mittelalters, 2 Bde., Berlin/Leipzig 1927²

Adolf von Oechelhaeuser: Geschichte der badischen Akademie der bildenden Künste Karlsruhe. Festschrift zum 50jährigen Stiftungsfeste, Karlsruhe 1904

Stephan Oettermann: Das Panorama. Die Geschichte eines Massenmediums, Frankfurt am Main 1980

Rudolf Oldenbourg: Die Münchner Malerei im 19. Jahrhundert. 1. Teil: Die Epoche Max Josephs und Ludwigs I. Neu herausgegeben von Eberhard Ruhmer, München 1983 (= Die Münchner Malerei im neunzehnten Jahrhundert von Rudolf Oldenbourg und Hermann Uhde-Bernays. Pantheon Colleg)

Rudolf Oldenbourg: Die Münchner Malerei im 19. Jahrhundert. Teil 1. Die Epoche Max Josephs und Ludwigs I. Vorwort: Waldemar Lessing, München 1922 (= Rudolf Oldenbourg /Hermann Uhde-Bernays: Die Münchner Malerei im 19. Jahrhundert. 2 Tle.)

Franz Ottmann: Von Füger bis Klimt. Die Malerei des 19. Jahrhunderts in Werken aus Wiener Privatbesitz, Wien 1923

Gustav Pauli: Das neunzehnte Jahrhundert, 2 Bde: Textband, Die Abbildungen, Berlin 1934 (= G. Dehio: Geschichte der deutschen Kunst Bd. IV)

Gustav Pauli: Die Hamburger Meister der guten alten Zeit, München 1925

Friedrich Pecht: Geschichte der Münchener Kunst im neunzehnten Jahrhundert, München 1888
Friedrich Pecht: Deutsche Künstler des 19. Jahrhunderts, Studien und Erinnerungen, 1. Reihe Nördlingen 1877; 2. Reihe, Nördlingen 1879, 1887[2]; 3. Reihe Nördlingen 1881; 4. Reihe, Nördlingen 1885
Volker Plagemann (Hrsg.): Industriekultur in Hamburg. Des Deutschen Reiches Tor zur Welt. Unter Mitwirkung zahlreicher Autoren herausgegeben von Volker Plagemann, München 1984 (= Industriekultur deutscher Städte und Regionen. Herausgegeben von Hermann Glaser. Hamburg)
P. W. Pölnitz: Münchener Kunst und Münchener Kunstkämpfe, in: Oberbayerisches Archiv für vaterländische Geschichte 72. 1936, S. 1-117
Hermann Püttmann: Die Düsseldorfer Malerschule und ihre Leistungen seit der Errichtung des Kunstvereins im Jahre 1829. Ein Beitrag zur modernen Kunstgeschichte, Leipzig 1839
Athanasius Graf Raczynski: Geschichte der neueren deutschen Kunst, 3 Bde., Berlin 1836-1841
Paul Ortwin Rave: Die Malerei des XIX. Jahrhunderts. 240 Bilder nach Gemälden der National-Galerie, Berlin 1945
Franz Reber: Geschichte der neueren deutschen Kunst vom Ende des vorigen Jahrhunderts bis zur Wiener Ausstellung 1873, Stuttgart 1876
H. Reidelbach: König Ludwig I. von Bayern und seine Kunstschöpfungen, München 1888
Hermann Riegel: Geschichte der deutschen Kunst seit Carstens und Gottfried Schadow. Teil 1. Geschichte des Wiederauflebens der deutschen Kunst seit Carstens und Gottfried Schadow, Hannover 1876
Walter Riezler: Berlin und München, in: Süddeutsche Monatshefte 11. 1913/1914, S. 108-116
Adolf Rosenberg: Aus der Düsseldorfer Malerschule. Studien und Skizzen, Leipzig 1889
Adolf Rosenberg: Die Berliner Malerschule, Berlin 1879
Karl Friedrich von Rumohr: Italienische Forschungen, T. 1-3, Berlin/Stettin 1827-1831
Max Sauerlandt: Der stille Garten. Deutsche Maler der 1. Hälfte des 19. Jahrhunderts, Leipzig 1909
Adolf Friedrich Graf von Schack: Die Gemälde Galerie des Grafen Adolf Friedrich von Schack in München, München 1896
Adolf Friedrich Graf von Schack: Meine Gemäldesammlung, Stuttgart 1881
Karl Scheffler: Deutsche Maler und Zeichner im 19. Jahrhundert, Leipzig 1920
Wolfgang Schivelbusch: Lichtblicke. Zur Geschichte der künstlichen Helligkeit im 19. Jahrhundert, München/Wien 1983 (= Hanser Anthropologie herausgegeben von Wolf Lepenies)
Wolfgang Schivelbusch: Geschichte der Eisenbahnreise. Zur Industrialisierung von Raum und Zeit im 19. Jahrhundert, München/Wien 1977 (= Hanser Anthropologie herausgegeben von Wolf Lepenies)
Max Schmid: Kunstgeschichte des XIX. Jahrhunderts, 2 Bde., Leipzig 1904/1906
J. Adolf Schmoll gen. Eisenwerth: Die Stadt im Bild, in: Die deutsche Stadt im 19. Jahrhundert. Stadtplanung und Baugestaltung im industriellen Zeitalter. Herausgegeben von Ludwig Grote, München 1974 (= Studien zur Kunst des 19. Jahrhunderts. Band 24), S. 295-309
Hedwig Schmücker: Das Industriemotiv in der deutschen Malerei des 19. und 20. Jahrhunderts, Emsdetten 1930
Arthur von Schneider: Badische Malerei des 19. Jahrhunderts, Berlin 1935
Ulrich Schulte-Wülwer: Schleswig-Holstein in der Malerei des 19. Jahrhunderts, Heide in Holstein 1980
Gabriele Seitz: Die Brüder Grimm. Leben – Werk – Zeit, München 1984
Ludwig Speidel: Persönlichkeiten. Biographisch-Literarische Essays, Berlin 1911
Anton Springer: Die Kunst von 1800 bis zur Gegenwart. 9. verbesserte und ergänzte Auflage. Bearbeitet von Max Osborn, Leipzig 1925[9] (= Handbuch der Kunstgeschichte V)
Anton Springer: Das 19. Jahrhundert. Bearbeitet und ergänzt von Max Osborn, Leipzig 1909[5] (= Handbuch der Kunstgeschichte V)
Anton Springer: Geschichte der bildenden Künste im neunzehnten Jahrhundert, Leipzig 1858
Anton Springer: Bilder aus der neueren Kunstgeschichte, Bonn 1867
Städelschule Frankfurt am Main. Aus der Geschichte einer deutschen Kunsthochschule. Herausgegeben vom Verein Freunde der Städelschule e.V. Frankfurt, Frankfurt am Main 1982
Rudolf Theilmann: Johann Wilhelm Schirmers Karlsruher Schule, Diss. Heidelberg 1971
Günther Thiersch: Deutsche Maler im 19. Jahrhundert. Zwanzig Meisterwerke aus dem Besitz der Nationalgalerie Berlin Staatliche Museen Preußischer Kulturbesitz, Stuttgart 1979 (= Lehrerhilfen für die Klett-Schulgalerie. 7. Band)
Eduard Trier / Willy Weyres (Hrsg.): Die Kunst des 19. Jahrhunderts im Rheinland. Malerei. Mit Beiträgen von Rolf Andree, Helmut Börsch-Supan, Siegfried Gohr, Ingrid Jenderko-Sichelschmidt, Ekkehard Mai, Irene Markowitz, Werner Neite, Herbert Rode und Gerhard Rudolph, Düsseldorf 1979 (= Die Kunst des 19. Jahrhunderts im Rheinland in fünf Bänden. Herausgegeben von Eduard Trier und Willy Weyres. Band 3)
Karl Ude: Malerpoeten. Die romantische Welt des 19. Jahrhunderts. Mit einem Essay von Karl Ude, München 1976
Karl Ude: Maleridyllen. Die heile Welt des 19. Jahrhunderts. Mit einem Essay von Karl Ude, München 1975
Friedrich von Uechtritz: Blicke in das Düsseldorfer Kunst- und Künstlerleben, 1. Bd., Düsseldorf 1839, 2. Bd., Düsseldorf 1840
Hermann Uhde-Bernays: Die Münchner Malerei im 19. Jahrhundert. 2. Teil: 1850-1900. Neu herausgegeben von Eberhard Ruhmer, München 1983 (= Die Münchner Malerei im neunzehnten Jahrhundert von Rudolf Oldenbourg und Hermann Uhde-Bernays. Pantheon Colleg)
Hermann Uhde-Bernays: Die Münchner Malerei im 19. Jahrhundert. Teil 2. 1850-1900, München 1927 (= Rudolf Oldenbourg / Hermann Uhde-Bernays: Die Münchner Malerei im 19. Jahrhundert, 2 Tle.)
Hermann Uhde-Bernays: Münchner Landschaften im 19. Jahrhundert, München 1921
Stephand Waetzoldt (Hrsg.): Meisterwerke Deutscher Malerei des 19. Jahrhunderts. Herausgegeben von Stephan Waetzoldt, Stuttgart 1981 (= Eine Veröffentlichung des Metropolitan Museum of Art New York und der „Kunstbuch Berlin" HWS Verlagsgesellschaft Berlin-West)
Wilhelm Waetzoldt: Deutsche Kunsthistoriker, 2 Bde., Leipzig 1921-1924
Rolf Wedewer: Landschaftsmalerei zwischen Traum und Wirklichkeit. Idylle und Konflikt, Köln 1978 (= DuMont Dokumente)
Heinrich Weizsäcker / Albert Dessoff: Kunst und Künstler in Frankfurt am Main im neunzehnten Jahrhundert. Herausgegeben auf Veranlassung des Frankfurter Kunstvereins. Bearbeitet von Heinrich Weizsäcker und Albert Dessoff, Frankfurt am Main 1907, 1. Bd.; Frankfurt am Main 1909, 2. Bd.
Siegfried Wichmann: Meister. Schüler. Themen. Münchner Landschaftsmaler im 19. Jahrhundert, Herrsching 1981
Karl Widmer: Die bildende Kunst der Haupt- und Residenzstadt Karlsruhe bis zum Jahre 1914, Karlsruhe 1915
August Wiederspahn / Helmut Bode: Die Kronberger Malerkolonie. Ein Beitrag zur Frankfurter Kunstgeschichte des 19. Jahrhunderts. Mit dokumentarischen Beiträgen von Änne Rumpf-Demmer, Julius

Neubronner und Philipp Franck. Dritte, wesentlich erweiterte Auflage, Frankfurt am Main 1982
Rudolf Wiegmann: Die Königliche Kunstakademie zu Düsseldorf. Ihre Geschichte, Einrichtung und Wirksamkeit, Düsseldorf 1856
Gerhard Wietek (Hrsg.): Deutsche Künstlerkolonien und Künstlerorte. Mit Beiträgen von Richard Bellm, Herbert Berner, Gerhard Bott, Josef Giesen, Rosel Gollek, Günther Grundmann, Konrad Kaiser, Gerhard Kaufmann, Christine Knupp, Günter Krüger, Ellen Redlefsen, Karl Veit Riedel, Anton Sailer, J.A. Schmoll gen. Eisenwerth, Erich Venzmer, Wolfgang Venzmer, München 1976
Georg Jakob Wolf: Deutsche Malerpoeten, München 1910
Georg Jakob Wolf: Kunst und Künstler in München, Straßburg 1908

Deutsche Malerei 1871-1918

Hermann Bahr: Sezession, Wien 1900
Hans Bethge: Worpswede. (Hans am Ende. Fritz Mackensen. Otto Modersohn. Fritz Overbeck. Carl Vinnen. Heinrich Vogeler) Umschlagzeichnung und Buchschmuck von Heinrich Vogeler. Mit einem Lichtdruck und dreizehn Vollbildern in Tonätzung, Berlin 1904 (= DieKunst. Sammlung illustrierter Monographien. Herausgegeben von Richard Muther. Zweiunddreißigster Band)
Esther Betz: Kunstausstellungswesen in der Tagespresse in München um 1900, Diss. München 1953
Hans-Peter Bühler: Anton Braith. Christian Mali. Tiermaler der Münchner Schule, Mainz 1981
Hermann Bünemann: Von Menzel bis Hodler. Deutsche, Österreichische und Schweizer Malerei der zweiten Hälfte des 19. Jahrhunderts, Königstein im Taunus 1960 (= Die Blauen Bücher)
Fritz Burger: Gedanken über die Darmstädter Kunst, Leipzig o.J. (1901)
Thérèse Burollet: Petit Palais. Exposition Symboles et Réalités. La Peinture allemande 1848-1905, Paris 1984
Klaus Dede / Wolf-Dietmar Stock / Fritz Westphal: Kleiner Worpsweder Führer. Titelzeichnung von Hans am Ende, Fischerhude 1982
Marion Fishel Deshmukh: Gutter Art: German Naturalist and Impressionist Painting and Politics, 1870-1911, Diss. Columbia University 1975
Wernder Doede: Die Berliner Secession. Berlin als Zentrum der deutschen Kunst von der Jahrhundertwende bis zum Ersten Weltkrieg, Berlin 1977
Werner Doede: Berlin. Kunst und Künstler seit 1870. Anfänge und Entwicklungen, Recklinghausen 1961
Franz Dülberg: Die deutsche Jahrhundertausstellung Berlin 1906, in: Zeitschrift für bildende Kunst N.F. 17. 1906, S. 161-178, 197-212, 231-244, 293-314
Eduard Engels: Münchens Niedergang als Kunststadt. Eine Rundfrage, München 1902
Hermann Faltus: Worpswede. Urteil und Vorurteil, Bremen 1972
Rupert Feuchtmüller / Wilhelm Mrazek: Kunst in Österreich 1860-1918, Wien/Hannover/Bern 1964
Das geistige Deutschland am Ende des XIX. Jahrhunderts. Enzyklopädie des deutschen Geisteslebens in biographischen Skizzen. 1. Bd. Die bildenden Künstler. Deutsches Künstler-Lexikon, Leipzig 1898
Andreas Gildemeister: Worpswede, in: Die Kunst Bd. 1. 1900, S. 267-280
Curt Glaser: „Die Geschichte der Berliner Secession", in: Kunst und Künstler, 26. 1927/1928, S. 14-20, S. 66-70
Hermann Glaser: Die Kultur der Wilhelminischen Zeit. Topographie einer Epoche, Frankfurt am Main 1984
Paul Grabein: Dachau, in: Velhagen & Klasings Monatshefte, XXI. 1906/1907, Bd. 1, S. 145-157
Friedrich Haack: Bismarck und die Kunst, in: Die Kunst für Alle 10. 1894/95, S. 217-219
Richard Hamann / Jost Hermand: Stilkunst um 1900. Epochen deutscher Kultur von 1870 bis zur Gegenwart. Band 4, München 1973 (= sammlung dialog 52)
Richard Hamann: Ein Gang durch die Jahrhundertausstellung (1775-1875), Berlin 1906
Gustav Heil: Zehn Jahre Berliner Kunstgeschichte, Berlin 1878
Hermann Helferich: Die Jubiläumsausstellung in Berlin, in: Die Nation, 3. 1885/1886, S. 526-546, S. 558-574, S. 588-593
Erich Herzog: Kurhessische Maler 1850-1900, Kassel 1972
Ludwig Hevesi: Acht Jahre Sezession 1897-1905, Wien 1906
Karl Holl: Der Wandel des deutschen Lebensgefühls im Spiegel der deutschen Kunst seit der Reichsgründung, in: Deutsche Vierteljahresschrift für Literaturwissenschaft und Geistesgeschichte, 4. 1926, S. 548-563
Siegmar Holsten: Allegorische Darstellungen des Krieges 1870-1918. Ikonologische und ideologiekritische Studien, München 1976 (= Studien zur Kunst des 19. Jahrhunderts Bd. 26)
Eugen Kalkschmidt: Die Groszstadt, das Naturgefühl und die Landschaftskunst, in: Die Kunst, 11. 1905, S. 524-529, S. 548-553
Kat. Ausst. Berlin um 1900. Ausstellung der Berlinischen Galerie in Verbindung mit der Akademie der Künste zu den Berliner Festwochen 1984. Akademie der Künste 9. September bis 28. Oktober 1984. Idee, Konzeption und Organisation: Berlinische Galerie – Janos Frecot, Helmut Geisert, Eberhard Roters. Sekretariat: Katharina Ziebura. Redaktion und Gestaltung des Kataloges: Gesine Asmus, Berlin (West) 1984
Kat. Ausst. Symboles et Réalités. La peinture allemande 1848-1905. Musée du Petit Palais 12 octobre 1984 - 13 janvier 1985, Paris 1984
Kat. Ausst. Berliner Secession. Neuer Berliner Kunstverein e.V., Berlin (West) o.J. (1981)
Kat. Ausst. Die Weimarer Kunstschule 1860-1919. Kunsthalle am Theaterplatz 3.7. - 21.9.1980. Kunstsammlungen zu Weimar, Weimar 1980
Kat. Ausst. Worpswede. Eine deutsche Künstlerkolonie um 1900. 150 Werke aus dem Besitz der Kunsthalle Bremen. Ausstellung Kunsthalle Bremen 1. Juni - 31. August 1980, Bremen 1980
Kat. Ausst. Darmstadt. Ein Dokument deutscher Kunst 1901-1976. Mathildenhöhe, Hessisches Landesmuseum, Kunsthalle. 22. Oktober 1976 bis 30. Januar 1977, Darmstadt 1976. Band 1: Ein Dokument Deutscher Kunst. Band 2: Kunst und Dekoration 1851-1914. Band 3: Akademie – Sezession – Avantgarde um 1900. Band 4: Die Künstler der Mathildenhöhe. Band 5: Die Stadt der Künstlerkolonie Darmstadt 1900-1914. Künstlerkolonie Mathildenhöhe 1899-1914. Die Buchkunst der Darmstädter Künstler-Kolonie
Kat. Ausst. Wilhelm Leibl und sein Kreis. Herausgegeben von Michael Petzet. Städtische Galerie im Lenbachhaus München 25. Juli bis 29. September 1974, München 1974
Kat. Ausst. König Ludwig II. und die Kunst. Ausstellung im Festsaalbau der Münchner Residenz vom 20. Juni bis 15. Oktober 1968 veranstaltet von der Bayerischen Verwaltung der Staatlichen Schlösser, Gärten und Seen und dem Studienprogramm des Bayerischen Rundfunks, München 1968
Kat. Ausst. München 1869-1958. Aufbruch zur modernen Kunst. Haus der Kunst München, München 1958
Kat. Ausst. Deutsche Malerei in den letzten fünfzig Jahren. Neue Staatsgalerie München, München 1924
Kat. Ausst. Unter dem Allerhöchsten Protektorate Sr. Majestät des Kaisers und Königs und unter dem Ehrenpräsidium Sr. Kaiserl. und Königl. Hoheit des Kronprinzen. Jubiläums-Ausstellung der Kgl. Akademie der Künste im Landes-Ausstellungsgebäude zu Berlin von Mai bis October 1886. Illustrirter Katalog. Mit ca. 200 Illustrationen in Facsimile-Reproduktionen nach Photographien der ausgestellten Werke sowie nach Originalzeichnungen der Künstler, Berlin 1886

Rudolf Klein: Die Sezession, Berlin o.J.
Richard Valentin Knab: Die Grötzinger Künstlerkolonie, in: Mein Heimatland, 12. 1925, Heft 4, S. 82-83
Richard Valentin Knab: Grötzingen und die Kunst, in: H. Dietrich: Grötzingen. Ein Beitrag zur Heimatgeschichte, Grötzingen 1923, S. 118-124
Jürgen Krause: „Märtyrer" und „Prophet". Studien zum Nietzsche-Kult in der bildenden Kunst der Jahrhundertwende, Berlin (West)/ New York 1984 (= Monographien und Texte zur Nietzsche-Forschung. 14)
Wolfgang Freiherr von Löhneysen: Der Einfluß der Reichsgründung von 1871 auf Kunst und Kunstgeschmack in Deutschland, in: Zeitschrift für Religions- und Geistesgeschichte. Herausgegeben von E. Benz und J. J. Schoeps unter Mitwirkung von W. F. Albright, G. Mensching, M. Simon, G. Widengren, Bd. XII. 1960, S. 17-44
Ekkehard Mai / Jürgen Paul / Stephan Waetzoldt (Hrsg.): Das Rathaus im Deutschen Kaiserreich. Zum kunstpolitischen Programm einer Bauaufgabe, Berlin (West) 1982 (= Kunst, Kultur und Politik im Deutschen Kaiserreich. Schriften eines Projekt-Kreises der Fritz-Thyssen-Stiftung. Leitung: Stephan Waetzoldt. Band 4)
Ekkehard Mai / Hans Pohl / Stephan Waetzoldt (Hrsg.): Kunstpolitik und Kunstförderung im Kaiserreich. Kunst im Wandel der Sozial- und Wirtschaftsgeschichte, Berlin (West) 1982 (= Kunst, Kultur und Politik im Deutschen Kaiserreich. Schriften eines Projekt-Kreises der Fritz-Thyssen-Stiftung. Leitung: Stephan Waetzoldt. Band 2)
Ekkehard Mai / Stephan Waetzoldt (Hrsg.): Kunstverwaltung, Bau- und Denkmal-Politik im Kaiserreich, Berlin (West) 1981 (= Kunst, Kultur und Politik im Deutschen Kaiserreich. Schriften eines Projekt-Kreises der Fritz-Thyssen-Stiftung. Leitung: Stephan Waetzoldt. Band 1)
Ekkehard Mai / Stephan Waetzoldt / Gerd Wolandt (Hrsg.): Ideengeschichte und Kunstwissenschaft. Philosophie und bildende Kunst im Kaiserreich, Berlin (West) 1983 (= Kunst, Kultur und Politik im Deutschen Kaiserreich. Schriften eines Projekt-Kreises der Fritz-Thyssen-Stiftung. Leitung: Stephan Waetzoldt. Band 3)
Georg Malkowsky: Die akademische Kunstausstellung (= Rubrik: Aus der Hauptstadt), in: Gegenwart, Bd. 32, 1887, S. 111
Franz Hermann Meissner: Die Münchener Jahres-Ausstellungen von 1898, in: Die Kunst unserer Zeit, IX. 1898, II. Halbband, S. 47-88
Carsten Meyer-Tönnesmann: Der Hamburgische Künstlerclub von 1897, Hamburg 1985 (= Hamburger Künstlermonographien. Band 23/24)
Robert Minder: Lüneburger Heide, Worpswede und andere Heide- und Moorlandschaften, in: Robert Minder: Dichter in der Gesellschaft. Erfahrungen mit deutscher und französischer Literatur, Frankfurt am Main 1966, S. 265-286, über Worpswede: S. 272-278
Hans-Ernst Mittig: Funktionen des Landschaftsbildes. Zu der Ausstellung „Schweiz im Bild – Bild der Schweiz"? Landschaften von 1800 bis heute", in: Kritische Berichte, 2. 1974, Heft 3/4, S. 12-32
Wilhelm Mössinger: Grötzingen, Grötzingen 1965
Kenworth Moffett: Meier-Graefe as Art Critic, München 1973
Karl Alexander von Müller: Aus Gärten der Vergangenheit. Erinnerungen 1882-1914, Stuttgart 1958
Richard Muther: Worpswede, in: ders.: Studien und Kritiken. Band II: 1901, Wien o.J. (1901), S. 280-290
Stephan Nachtsheim: Kunstphilosophie und empirische Kunstforschung 1870-1920, Berlin (West) 1986 (= Kunst, Kultur und Politik im Deutschen Kaiserreich. Schriften eines Projekt-Kreises der Fritz-Thyssen-Stiftung. Leitung: Stephan Waetzoldt. Band 7)
Klaus Nohlen: Baupolitik im Reichsland Elsaß-Lothringen 1871-1918, Berlin (West) 1982 (= Kunst, Kultur und Politik im Deutschen Kaiserreich. Schriften eines Projekt-Kreises der Fritz-Thyssen-Stiftung. Leitung: Stephan Waetzoldt. Band 5)

ohne Verfasser: Die Berliner Kunstausstellung, in: Preußische Jahrbücher, 67. 1891, S. 522-529
ohne Verfasser: Zur Jubiläumsausstellung in Berlin, in: Preußische Jahrbücher, 58. 1886, S. 317-338
Fritz Overbeck: Ein Brief aus Worpswede, in: Die Kunst für Alle 11. 1895/1896, S. 20-24
Ludwig Pallat: Richard Schöne. Generaldirektor der Staatlichen Museen zu Berlin. Ein Beitrag zur preußischen Kunstverwaltung 1872-1905. Nach den hinterlassenen Handschriften des Verfassers herausgegeben von Paul Ortwin Rave, Berlin 1959
Peter Paret: Die Berliner Secession. Moderne Kunst und ihre Feinde im Kaiserlichen Deutschland, Berlin (West) 1981
Ludwig Pfau: Deutsche Malerei, in: ders.: Maler und Gemälde. Artistische Studien, Stuttgart/Leipzig/Berlin 1888 (= Ludwig Pfau: Kunst und Kritik. Aesthetische Schriften. Erster Band), S. 447-535. Richtung der Gegenwart, S. 447-465; Historie. Piloty. Feuerbach. Gebhardt. Max. Lindenschmit. Henneberg. v. Müller. Böcklin. Makart. Werner. Leighton, S. 466-501; Genre. Knaus Defregger. Grützner. Ramberg. Hagn. Becker. Dietz. Menzel. Fagerlin. Hildebrand, S. 502-518; Porträt. Lenbach. Leibl. F. A. Kaulbach. Petersen. Richter. Gussow, S. 519-521; Tierstück. Brendel. Schreyer. Meyerheim. Baisch. Braith. Gebler. Zügel, S. 522-526; Landschaft. A. Achenbach. O. Achenbach. Schleich. Lier. Schönleber. Munthe. Dücker. Willroider, S. 527-532; Schluß, S. 533-535)
Rudolf Pfefferkorn: Die Berliner Secession. Eine Epoche deutscher Kunstgeschichte, Berlin 1972
Ludwig Pietsch: Von Berlin bis Paris. Kriegsbilder, Berlin 1904
Ludwig Pietsch: Internationale Kunstausstellung Berlin, München 1896
Ludwig Pietsch: Die Malerei auf der Münchener Jubiläums-Kunst-Ausstellung 1888. Photogravüre-Ausgabe mit begleitendem Text, München 1888
Ludwig Pietsch: Louis Gallait und die Berliner Kunst, in: Die Kunst für Alle, 3. 1887/88, S. 163-167, S. 179-184
Carl Pietschker: Die München'er Secession und die „neue Kunst", Kapitel VII., in: ders.: Carl Gussow und der Naturalismus in Deutschland. Kunstgeschichtliche Streitschrift, Berlin 1898, S. 102-143
Carl Pietschker: Auf dem Siegeszuge von Berlin nach Paris. Schlachtenbilder und biographische Silhouetten, Potsdam 1896
Gerhard Ramberg: Heutige Kunst. Ein Rundgang durch die Internationale Jubiläums-Kunst-Ausstellung zu München, München 1888
Rainer Maria Rilke: Worpswede. Fritz Mackensen, Otto Modersohn, Fritz Overbeck, Hans am Ende, Bielefeld/Leipzig 1910 (= Künstler-Monographien 64)
Arthur Roeßler: Neu-Dachau. Ludwig Dill, Adolf Hölzel, Arthur Langhammer. Mit 158 Abbildungen nach Gemälden und Zeichnungen. Bielefeld und Leipzig 1905. Dachauer Bibliothek. Bayerland-Reprint. Neu-Dachau. Neudruck 1982. Vorzugsausgabe limitiert und numeriert, Dachau 1982
Arthur Roessler: Neu-Dachau, München 1902
Klaus Rohrandt: Secessionen, Kapitel IV, 2. Exkurs, in: ders.: Wilhelm Trübner (1851-1917). Kritischer und beschreibender Katalog sämtlicher Gemälde, Zeichnungen und Druckgraphik. Biographie und Studien zum Werk. Band I, Diss. Kiel 1974, S. 111-134
Adolf Rosenberg: Die Münchener Malerschule in ihrer Entwicklung seit 1871, Hannover 1887
Eberhard Ruhmer: Der Leibl-Kreis und die Reine Malerei, Rosenheim 1984 (= Rosenheimer Raritäten)
Friedrich Schaarschmidt: Zur Geschichte der Düsseldorfer Kunst insbesondere im XIX. Jahrhundert, Düsseldorf 1902
Karl Scheffler: Deutsche Kunst, Berlin 1915 (= Sammlung von Schriften zur Zeitgeschichte. Bd. 12)
Karl Scheffler: Der Deutsche und seine Kunst. Eine notgedrungene

Streitschrift, München 1907
Walther Scheidig: Die Geschichte der Weimarer Malerschule 1860-1900, Weimar 1971
Elisabeth Schick-Abels / Wilhelm Mössinger: Grötzingen, das badische Malerdorf, Heidelberg 1934
Jürgen Schultze: Worpswede, Ramerding 1981
Paul Schultze-Naumburg: Die Worpsweder, in: Die Kunst für Alle, 12. 1896/97, S. 116-119
Wilhelm von Seidlitz: Die Münchener Kunstausstellung, in: Preußische Jahrbücher, 68. 1891, S. 396-403
Ottilie Thiemann-Stoedtner: Dachauer Maler. Der Künstlerort Dachau von 1801-1946. Herausgegeben von Klaus Kiermeier, Dachau 1981
Hermann Uhde-Bernays: Im Lichte der Freiheit. Erinnerungen an die Jahre 1880/1914, Wiesbaden 1947
Wilhelm Waetzoldt: Deutsche Malerei seit 1870, Leipzig 1918 (= Bände Wissenschaft und Bildung)
Robert Waissenberger: Die Wiener Sezession, Wien/München 1971
Emil Waldmann: Die Leiblzeit, Berlin 1923
Rolf Wedewer: Der lebensreformerische Traum Worpswedes von der Übereinstimmung zwischen Mensch und Natur, in: ders.: Landschaftsmalerei zwischen Traum und Wirklichkeit. Idylle und Konflikt, Köln 1978 (= DuMont Dokumente), S. 177-190
Christopher With: The Prussian Landeskunstkommission 1862-1911. A Study in State Subvention of the Arts, Berlin (West) 1986 (= Kunst, Kultur und Politik im Deutschen Kaiserreich. Schriften eines Projekt-Kreises der Fritz-Thyssen-Stiftung. Leitung: Stephan Waetzoldt. Band 6)
Hans Wohltmann: Worpswede. Die ersten Maler und ihre Bedeutung für die deutsche Kunst, Stade 1951
Georg Jacob Wolf: Leibl und sein Kreis, Hannover 1924
Georg Jacob Wolf: Leibl und sein Kreis, München 1923

Genremalerei

Fr. W. Alexander: Johann Georg Meyer von Bremen. Das Lebensbild eines deutschen Genremalers, Leipzig 1910
Odette Aubrat: La peinture de genre en Anleterre de la mort de Hogarth (1764) au Préraphaélisme (1850), Diss., Paris 1934
John Barrel: The dark side of the landscape. The rural poor in English painting 1730-1840, London/New York/New Rochelle/Melbourne/Sidney 1980
Adolf Bartels: Der Bauer in der deutschen Vergangenheit. Mit einhundert acht und sechzig Abbildungen und Beilagen nach den Originalen aus dem 15. - 18. Jahrhundert, Leipzig 1900 (= Monographien zur deutschen Kulturgeschichte herausgegeben von Georg Steinhausen. VI. Band)
Hermann Becker: Die deutsche Genremalerei bis zum Jahre 1861, in: Hermann Becker: Deutsche Maler von Asmus Jakob Carstens an bis auf die neuere Zeit in einzelnen Werken kritisch geschildert von Hermann Becker, weiland Historienmaler und Kunstschriftsteller. Bearbeitet und herausgegeben von Hermann Becker dem Jüngeren, Leipzig 1888, S. 240-310
Rudolf M. Bisanz: The René von Schleinitz Collection of the Milwaukee Art Center. Major Schools of German Nineteenth-Century Popular Painting, Milwaukee 1980
Jerome Blum (Hrsg.): Die bäuerliche Welt. Geschichte und Kultur in sieben Jahrhunderten. Mit Beiträgen von Jerome Blum, Joan Thirsk, Diedrich Saalfeld, Yves-Marie Bercé, Jacqueline Simpson, William N. Parker, Harvey Franklin. Übersetzungen aus dem Englischen von Karl Heinz Siber, aus dem Französischen von Ursula Irsigler, München 1982
Henning Bock / Thomas W. Gaehtgens (Hrsg.): Holländische Genremalerei im 17. Jahrhundert. Symposion Berlin 1984, Berlin (West) 1987 (= Jahrbuch Preußischer Kulturbesitz. Sonderband 4)
Franz J. Böhm: Begriff und Wesen des Genre, in: Zeitschrift für Ästhetik und allgemeine Kunstwissenschaft, 22. 1928, S. 166-191
Richard R. Brettell / Caroline B. Brettell: Bäuerliches Leben. Seine Darstellung in der Malerei des neunzehnten Jahrhunderts. Aus dem Englischen von Eva Gärtner, Genf 1984
Lothar Brieger: Das Genrebild. Die Entwicklung der bürgerlichen Malerei, München 1922
Christopher Brown: Holländische Genremalerei im 17. Jahrhundert. Aus dem Englischen von Johannes Erichsen und Kathrin Blohm, München 1984
Rudolf Eitelberger: Das Wiener Genrebild vor dem Jahre 1848, in: Zeitschrift für Bildende Kunst, 12. 1877, S. 135-142
Ernst Förster: Untersuchungen über den Unterschied zwischen Genre und Historie in der bildenden Kunst, in: Kunst-Blatt, 11. 1830, Nr. 68, S. 269-271; Nr. 69, S. 273-274; Nr. 70, S. 278-280; Nr. 71, S. 282-284
Max Julius Friedländer: Das Genre, in: Max Julius Friedländer: Essays über die Landschaftsmalerei und andere Bildgattungen, Den Haag/Oxford 1947, S. 191-286
Peter Furth: Die Darstellung des bäuerlichen Menschen in der deutschen Malerei und Graphik des 19. Jahrhunderts, Diss. Münster 1941
Genrekunst, Artikel in: Lexikon der Kunst. Architektur. Bildende Kunst. Angewandte Kunst. Industrieformgestaltung. Kunsttheorie. Band II: G - Lh, Berlin (West) 1981 (= Nachdruck der 1968 bis 1978 in Leipzig erschienenen Ausgabe, Lizenzausgabe), S. 39, 1. Sp. - 40, 1. Sp.
Siegfried Gohr: Themen und Tendenzen rheinischer Genremalerei, in: Eduard Trier / Willy Weyres (Hrsg.): Die Kunst des 19. Jahrhunderts im Rheinland. Malerei. Mit Beiträgen von Rolf Andree, Helmut Börsch-Supan, Siegfried Gohr, Ingrid Jenderko-Sichelschmidt, Ekkehard Mai, Irene Markowitz, Werner Neite, Herbert Rode und Gerhard Rudolph, Düsseldorf 1979 (= Die Kunst des 19. Jahrhunderts im Rheinland in fünf Bänden. Herausgegeben von Eduard Trier und Willy Weyres. Band 3), S. 191-208
Paul L. Grigaut: An Exhibition of Genre Painting at the Carnegie Institute, in: The Art Quarterly, XVII. 1954, S. 399-401
Annemarie Hahn: Die Darstellung der bäuerlichen Geselligkeit in der abendländischen Kunst, Diss., Greifswald 1952
Richard Hamann: VI. Das Lebensbild und das Zusehen. 5. Das Genrebild, in: Richard Hamann: Theorie der Bildenden Künste, Berlin DDR 1980, S. 84-89
Jürgen Hein: Dorfgeschichte, Stuttgart 1976 (= Sammlung Metzler 145)
Olga von Hippel: Die pädagogische Dorf-Utopie der Aufklärung, Diss., Greifswald 1939, Langensalza 1939 (= Göttinger Studien zur Pädagogik. 31. Heft)
Siegmar Holsten: Erntedarstellungen im 19. und frühen 20. Jahrhundert. Zum Gedenken an Günter Bandmann, in: Jahrbuch der Hamburger Kunstsammlungen, 23. 1978, S. 107-140
Wolfgang Hütt: Das Genrebild, Leipzig 1955
Ute Immel: Die deutsche Genremalerei im 19. Jahrhundert, Diss., Heidelberg 1967
Kat. Ausst. Von Franz Hals bis Vermeer. Meisterwerke Holländischer Genremalerei. Gemäldegalerie Staatliche Museen Preussischer Kulturbesitz Berlin (Dahlem) 8. Juni bis 12. August 1984. Ausstellung und Katalog: Peter C. Sutton (Philadelphia Museum of Art) mit Beiträgen von Christopher Brown (National Gallery London), Jan Kelch (Gemäldegalerie SMPK Berlin), Otto Naumann (New York) und William Robinson (Harvard University Cambridge/Mass.), Berlin (West) 1984
Kat. Ausst. Heitere Gefühle bei der Ankunft auf dem Lande. Bilder schwäbischen Landlebens im 19. Jahrhundert. Katalog zur gleichnamigen Ausstellung im Württembergischen Landesmuseum Stuttgart

vom 13. April bis 5. Juni 1983. Ludwig-Uhland-Institut für empirische Kulturwissenschaft der Universität Tübingen in Zusammenarbeit mit dem Württembergischen Landesmuseum Stuttgart, Tübingen 1983
Kat. Ausst. Aus Alltag und Geschichte. Genre- und Historienmalerei des 19. Jahrhunderts aus dem Besitz des Wallraf-Richartz-Museums. Eine Ausstellung im Wallraf-Richartz-Museum vom 27. April bis 26. Juni 1983. Ausstellung und Text: Götz Czymmek, Köln 1983
Kat. Ausst. Umkreis Familie. Bilder aus fünf Jahrhunderten zu einem Thema aus den Beständen des Augustinermuseums Freiburg i.Br. Katalog: Maria Schüly, Jochen Ludwig, Freiburg 1982
Kat. Ausst. De Kunst van het moederschap. Leven en werk van Nederlandse vrouwen in de 19e eeuw. Frans Halsmuseum. De Hallen, Haarlem 17 oktober 1981 t - m 10 januari 1982, Haarlem 1982
Kat. Ausst. Volksleben in Baden und Württemberg gesehen mit Künstleraugen des 19. Jahrhunderts. Städtische Museen Heilbronn 8. September bis 4. Oktober 1981. Herausgeber: Land Baden-Württemberg – Arbeitskreis „Heimattage Baden-Württemberg." Katalog und Ausstellung: Arnulf M. Wynen und Andreas Pfeiffer, Heilbronn 1981 (= Heilbronner Museumskatalog Nr. 17 im Auftrag der Stadt Heilbronn a.N. herausgegeben von Andreas Pfeiffer)
Kat. Ausst. Die gesellschaftliche Wirklichkeit der Kinder in der bildenden Kunst. Neue Gesellschaft für Bildende Kunst. Staatliche Kunsthalle Berlin, Berlin (West) 1980
Kat. Ausst. Das Bild vom Bauern. Vorstellungen und Wirklichkeit vom 16. Jahrhundert bis zur Gegenwart. Museum für Deutsche Volkskunde Berlin, Berlin (West) 1978 (= Staatliche Museen Preußischer Kulturbesitz. Schriften des Museums für Volkskunde. Band 3)
Kat. Ausst. Der Bauer und seine Befreiung. Kunst vom 15. Jahrhundert bis zur Gegenwart. Ministerium für Kultur. Staatliche Kunstsammlungen Dresden. Ausstellung aus Anlaß des 450. Jahrestages des deutschen Bauernkrieges und des 30. Jahrestages der Bodenreform. Ausstellung im Albertinum September 1975 bis Januar 1976, Dresden 1975
Kat. Ausst. Familien-Bilder. Eine Ausstellung für Schüler, Lehrer, Eltern. Veranstaltet vom Hessischen Museumsverband unter der Mitwirkung des Kulturdezernats der Stadt Frankfurt am Main. Städelsches Kunstinstitut/Städtische Galerie, Frankfurt am Main 1974
Kat. Ausst. Berliner Biedermeier – von Blechen bis Menzel. Kunsthalle Bremen, Bremen 1967
Kat. Ausst. Pictures of Everyday Life. Genre Painting in Europe 1500-1900. Introduced by Gordon Bailey Wasthburn. Department of Fine Arts Carnegie Institute. October 14 to December 12, 1954, Pittsburgh 1954
Kat. Ausst. Das österreichische Sittenbild im 19. Jahrhundert. Österreichische Galerie Wien, Wien 1939
Hanna Kronberger-Frentzen: Das deutsche Familienbildnis. 80 Bildtafeln. Mit einem Gedicht von Hermann Claudius, Leipzig 1940
David A. Levine: The Art of the Bamboccianti. Bd. I: Text, Diss. Princeton University, Princeton 1984
Angelika Lorenz: Das deutsche Familienbild in der Malerei des 19. Jahrhunderts, Darmstadt 1985
Edward Lucie-Smith / Celestine Dars: Work and Struggle. The Painter as Witness 1870-1914, New York/London 1977
Petra Michel: Genre, in: Petra Michel: Christian Wilhelm Ernst Dietrich (1712-1774) und die Problematik des Eklektizismus, München 1984, S. 143-153, S. 187-193
Konrad Renger: Lockere Gesellschaft. Zur Ikonographie des Verlorenen Sohnes und von Wirtshausszenen in der niederländischen Malerei, Berlin (West) 1970
Berthold Riehl: Geschichte des Sittenbildes in der deutschen Kunst bis zum Tode Pieter Brueghel des Aelteren, Berlin/Stuttgart 1884
Hans Schmidkunz: Kunst und Familie, in: Christliches Kunstblatt, 54. 1912, S. 89-94
Eberhard Seybold: Das Genrebild in der deutschen Literatur. Vom Sturm und Drang bis zum Realismus, Stuttgart/Berlin/Köln/Mainz 1967 (= Studien zur Poetik und Geschichte der Literatur. Band 3)
Magdolna B. Supka: Genrebilder in der Ungarischen Nationalgalerie, Budapest 1974
Eugen Skasa-Weiß: Bergromantik in der Malerei des 19. Jahrhunderts. Mit einem Essay von Eugen Skasa-Weiß, München 1977
Reinhard Teske: Studien zur Genremalerei im Vormärz, Diss. Stuttgart 1976
Gerd Tolzien: Genremalerei, Artikel in: Kindlers Malerei Lexikon, Band VI. Begriffe und Register, Zürich 1971, S. 314, r. Sp. - 322, 1. Sp.
Karl Ude: Bauernromantik in der Malerei des 19. Jahrhunderts. Mit einem Essay von Karl Ude, München 1978
Karl Ude: Alltagsidylle in der Malerei des 19. Jahrhunderts. Mit einer Einführung von Karl Ude, München 1978
Karl Ude: Maleridyllen. Die heile Welt des 19. Jahrhunderts. Mit einem Essay von Karl Ude, München 1975
Friedrich Theodor Vischer: Das Sittenbild, in: Friedrich Theodor Vischer: Aesthetik oder Wissenschaft des Schönen. Zum Gebrauche für Vorlesungen. Dritter Band. Dritter Theil. Die subjectiv-objective Wirklichkeit des Schönen oder die Kunst. Zweiter Abschnitt. Die Künste. Drittes Heft: Die Malerei, Stuttgart 1854, S. 657-674
Ingeborg Weber-Kellermann: Landleben im 19. Jahrhundert, München 1987
Ingeborg Weber-Kellermann: Die Kindheit. Kleidung und Wohnen. Arbeit und Spiel. Eine Kulturgeschichte, Frankfurt am Main 1979
Ingeborg Weber-Kellermann: Die Familie. Geschichte, Geschichten und Bilder, Frankfurt am Main 1977[2]
Ingeborg Weber-Kellermann: Erntebrauch in der ländlichen Arbeitswelt des 19. Jahrhunderts auf Grund der Mannhardtbefragung in Deutschland von 1865, Marburg 1965
Peter Zimmermann: Der Bauernroman. Antifeudalismus, Konservativismus, Faschismus, Stuttgart 1975

Historienmalerei/Historismus

Monika Arndt: Die Goslarer Kaiserpfalz als Nationaldenkmal. Eine ikonographische Untersuchung, Hildesheim 1976
Peter-Bernhard Bach: Der Luther-Zyklus von Lovis Corinth. Die Luther-Zeichnungen von Wilhelm von Kaulbach. Ausstellung anläßlich der Tagung Luthers Folgen für die Kunst 29.-31. Oktober 1982. Evangelische Akademie Hofgeismar. Herausgegeben von der Evangelischen Akademie von Kurhessen-Waldeck, Schlößchen Schönburg, Hofgeismar, Hofgeismar 1982
Dominik Bartmann: Anton von Werner. Zur Kunst und Kunstpolitik im Deutschen Kaiserreich, Berlin (West) 1985
Dietrich Bieber: Peter Janssen als Historienmaler. Zur Düsseldorfer Malerei des späten 19. Jahrhunderts, 2 Teile, Bonn 1979
Ulrich Bischoff / Jørn Otto Hansen / Jens Christian Jensen / Ingeborg Kähler / Lise Skjøth / Jens Erik Sørensen / Annette Stabell: Nationale Geschichte und Leitbilder. Heroismus und Wunsch nach Gemeinschaft, in: Kat. Ausst. Vor hundert Jahren. Dänemark und Deutschland 1864-1900. Gegner und Nachbarn. Kopenhagen – Aarhus – Kiel – Berlin 1981/82. Kunsthalle zu Kiel der Christian-Albrechts-Universität 8. November - 27. Dezember 1981. Deutsche Ausgabe des Kataloges herausgegeben von Jens Christian Jensen. Textredaktion: Ute Pätzold, Kiel 1981, S. 225-243
Horst Bredekamp: Monumentale Theologie: Kunstgeschichte als Geistesgeschichte, in: Einleitung in die Monumentale Theologie. Eine Geschichte der christlichen Kunstarchäologie und Epigraphik von Ferdinand Piper. Nachdruck der Ausgabe Gotha 1867 mit einer

Einleitung von Horst Bredekamp und neuen Registern, Mittenwald 1978 (= Kunstwissenschaftliche Studientexte. Herausgegeben von Friedrich Piel. Band IV), S. E1-E47
Peter Brieger: Die deutsche Geschichtsmalerei des 19. Jahrhunderts, Berlin 1930 (= Kunstwissenschaftliche Studien. Band VII)
Michael Brix / Monika Steinhauser (Hrsg.): „Geschichte allein ist zeitgemäß". Historismus in Deutschland, Lahn-Gießen 1978
Friedrich Bülau: Die Deutsche Geschichte in Bildern, nach Originalzeichnungen deutscher Künstler, mit erklärendem Texte. Fortgesetzt von H. B. Chr. Brandes und Th. Flathe, 3 Bde., Dresden 1859-1862
Frank Büttner: Peter Cornelius. Fresken und Freskenprojekte. Band 1, Wiesbaden 1980
Thérèse Burollet: Le vertige du mur. Du 'Cycle des Nibelungen' au 'Christ dans l'Olymp', in: Kat.Ausst. Symboles et Réalités. La peinture allemande 1848-1905. Musée du Petit Palais 12 octobre 1984 - 13 janvier 1985, Paris 1984, S. 50-60
Werner Busch: Realismus und Historienmalerei, in: Werner Busch / Wolfgang Beyrodt (Hrsg.): Kunsttheorie und Malerei. Kunstwissenschaft. Band 1, Stuttgart 1982 (= Kunsttheorie und Kunstgeschichte des 19. Jahrhunderts in Deutschland. Texte und Dokumente. Herausgegeben von Wolfgang Beyrodt, Ulrich Bischoff, Werner Busch und Harold Hammer-Schenk. Reclam Universal-Bibliothek Nr. 7888), S. 158-234
Ernst Cassirer: Grundformen und Grundrichtungen der historischen Erkenntnis, in: Ernst Cassirer: Das Erkenntnisproblem in der Philosophie und Wissenschaft der neueren Zeit. Vierter Band. Von Hegels Tod bis zur Gegenwart (1832-1932), Darmstadt 1973, S. 225-328
Donat de Chapeaurouge: Die deutsche Geschichtsmalerei von 1800 bis 1850 und ihre politische Signifikanz, in: Zeitschrift des deutschen Vereins für Kunstwissenschaft, Bd. XXXI. 1977, S. 115-142
Otto von Corvin / Fr. Wilhelm Held: Illustrirte Weltgeschichte für das Volk. Begründet von Otto von Corvin und Fr. Wilhelm Held. Prachtausgabe. 2., bis zur Gegenwart fortgeführte Auflage, 8 Bde., Leipzig 1878-1882
Deutsche Gedenkhalle. Bilder aus der vaterlaendischen Geschichte. Schriftleitung: Professor Dr. Julius von Pflugk-Harttung. Leitung des illustrativen Teiles: Professor Dr. Hugo von Tschudi. Veranstaltet von Max Herzig. Buchschmuck von: Heinrich Lefler, Joseph Urban, Joh. Jos. Tautenhayn, Rudolf von Larisch, Ludwig Hujer, Berlin/Leipzig o.J. (1907)
Magdalene Droste: Das Fresko als Idee. Zur Geschichte öffentlicher Kunst im 19. Jahrhundert, Münster 1980 (= Kunstgeschichte: Form und Interesse, hrsg. von M. Droste Band 2)
Eduard Duller: Die Geschichte des deutschen Volkes. Mit 100 Holzschnitten nach Originalzeichnungen von Ludwig Richter und J. Kirchhoff, Leipzig 1840
Rudolf von Eitelberger: Geschichte und Geschichtsmalerei, in: Mitteilungen des kaiserlich-königlichen österreichischen Museums für Kunst und Industrie. Monatsschrift für Kunst und Kunstgewerbe, Bd. 9. 1883, Nr. 208, S. 285-295
Hans Gerhard Evers: Vom Historismus zum Funktionalismus, Baden-Baden 1967 (= Kunst der Welt. Die Kulturen des Abendlandes. 21)
Otto Fischer: Wilhelm von Lindenschmit und die deutsche Historienmalerei, in: Kunst und Künstler, 8. 1909/1910, S. 611-614
R. Fischer: Zur Hebung der Historienmalerei in Deutschland, in: Die Dioskuren, 2. 1857, Nr. 1, S. 2, 3, Nr. 2, S. 9, 10; Nr. 4, S. 29, 30; Nr. 5, S. 37, 38
Francoise Forster-Hahn: Adolph Menzel's 'Daguerreotypical' Image of Frederick the Great: A Liberal Bourgeois Interpretation of German History, in: The Art Bulletin, Bd. LIX. 1977, S. 242-261
Gerbert Frodl: Hans Makart. Monographie und Werkverzeichnis. Mit einem Beitrag von Renata Mikula. 105 Tafeln und 505 Abbildungen, Salzburg 1974
Gerhard Gerkens: Die 'literarischen' Themen im Werk Corinths, in: Kat. Ausst. Zdenek Felix (Hrsg.): Lovis Corinth 1858-1925. Mit Beiträgen von Gerhard Gerkens, Friedrich Gross und Jachim Heusinger von Waldegg, Köln 1985, S. 23-38
Gerhard Gerkens / Richard Hoppe-Sailer: Bilder erzählen Geschichten. Das Historienbild. Bearbeitet von Gerhard Gerkens und Richard Hoppe-Sailer. Die Kunsthalle Bremen 1982. Arbeitsmappe Schule und Kunsthalle Nr. 2, Bremen 1982
Hermann Glaser: Geschichte als Umzug oder: Die Vergänglichkeit des Erbes, in: Hermann Glaser: Die Kultur der Wilhelminischen Zeit. Topographie einer Epoche, Frankfurt am Main 1984, S. 215-261
Wolfgang Götz: Historismus. Ein Versuch zur Definition des Begriffes, in: Zeitschrift des deutschen Vereins für Kunstwissenschaft, XXIV. 1970, S. 196-212
Dieter Graf: Die Fresken von Schloß Heltorf, in: Kat. Ausst. Die Düsseldorfer Malerschule. Kunstmuseum Düsseldorf 13. Mai - 8. Juli 1979. Mathildenhöhe Darmstadt 22. Juli - 9. September 1979. Herausgegeben von Wend von Kalnein. Redaktion: Dieter Graf, Mainz 1979, S. 112-121
Dieter Graf: Die Düsseldorfer Spätnazarener in Remagen und Stolzenfels, in: Kat. Ausst. Die Düsseldorfer Malerschule. Kunstmuseum Düsseldorf 13. Mai - 8. Juli 1979. Mathildenhöhe Darmstadt 22. Juli - 9. September 1979. Herausgegeben von Wend von Kalnein. Redaktion: Dieter Graf, Mainz 1979, S. 121-129
Lucius Grisebach: Historienbilder, in: Kat. Ausst. Ferdinand Hodler. Nationalgalerie Berlin Staatliche Museen Preußischer Kulturbesitz Berlin 2. März - 24. April 1983. Musée du Petit Palais 11. Mai - 24. Juli 1983. Kunsthaus Zürich 19. August - 23 Oktober 1983, Zürich 1983, S. 257-284
Friedrich Gross: III. Protestantische Historienmalerei vom Vormärz bis zum Beginn des Ersten Weltkriegs, in: Friedrich Gross: Realismus in der deutschen protestantischen Bildkunst des 19. Jahrhunderts, in: Anstösse. Aus der Arbeit der Evangelischen Akademie Hofgeismar, 30. 1983, Heft 3-4, S. 106-158, hier S. 141-151
Friedrich Gross: Protestantische Historie (Katalognummern 383-394), in: Kat. Ausst. Luther und die Folgen für die Kunst. Herausgegeben von Werner Hofmann. Hamburger Kunsthalle 11. November 1983 - 8. Januar 1984, München 1983, S. 506-521
Ludwig Grote (Hrsg.): Historismus und bildende Kunst. Vier Vorträge mit Diskussionen von Nikolaus Pevsner, Hans Gerhard Evers, Maurice Besset und Ludwig Grote sowie einem Vorwort von Helmut Coing. Herausgegeben von Ludwig Grote, München 1965 (= Studien zur Kunst des 19. Jahrhunderts. Band 1)
Ernst Guhl: Die neuere geschichtliche Malerei und die Akademien. Mit einer Einleitung von Franz Kugler, Stuttgart 1848
Werner Hager: Vier Historienbilder, in: Werner Hager / Norbert Knopp (Hrsg.): Beiträge zum Problem des Stilpluralismus, München 1977 (= Studien zur Kunst des 19. Jahrhunderts. Band 38), S. 134-140
Werner Hager: Das geschichtliche Ereignisbild. Beitrag zu einer Typologie des weltlichen Geschichtsbildes bis zur Aufklärung, München 1939
Peter Hahn: Das literarische Figurenbild, in: Kat. Ausst. Lovis Corinth 1858-1925. Gemälde und Druckgraphik. Eine Ausstellung der Städtischen Galerie im Lenbachhaus in Zusammenarbeit mit den Bayerischen Staatsgemäldesammlungen München. Städtische Galerie im Lenbachhaus 12. September bis 16. November 1975. Herausgeber: Armin Zweite. Redaktion: Rosel Gollek und Armin Zweite, München 1975, S. 76-92
Richard Hamann: VI. Das Lebensbild und das Zusehen. 4. Das Geschichtsbild (Historienbild), in: Richard Hamann: Theorie der Bildenden Künste, Berlin DDR 1980, S. 80-84
Wolfgang Hartmann: Der historische Festzug. Seine Entstehung

und Entwicklung im 19. und 20. Jahrhundert, München 1976 (= Studien zur Kunst des 19. Jahrhunderts. Band 35)
Arnold Hauser: Geschichtsphilosophie der Kunst: „Kunstgeschichte ohne Namen", in: Arnold Hauser: Philosophie der Kunstgeschichte, München 1958, S. 127-306
Christoph Heilmann: Zur französisch-belgischen Historienmalerei und ihre Abgrenzung zur Münchner Schule, in: Kat. Ausst. Die Münchner Schule 1850-1914. Bayerische Staatsgemäldesammlungen und Ausstellungsleitung Haus der Kunst München e.V. 28. Juli bis 7.Oktober 1979, München 1979, S. 47-59
Jost Hermand: Das Flötenkonzert in Sanssouci. Ein realistisch geträumtes Preußenbild, Frankfurt am Main 1985 (= Kunststück. Herausgegeben von Klaus Herding)
Karl Heussi: Die Krise des Historismus, Tübingen 1932
Hermann Hettner: Zur Charakteristik der neueren Historienmalerei, in: A. Schwegler (Hrsg.): Jahrbücher der Gegenwart, Tübingen 1847, S. 32-41
Berthold Hinz: Friede den Fakultäten. Zur Programmatik des Verhältnisses von Kunst und Wissenschaft zwischen Aufklärung und Vormärz – Die Fakultätenbilder in Bonn, in: Michael Brix / Monika Steinhauser (Hrsg.): „Geschichte allein ist zeitgemäß". Historismus in Deutschland, Lahn-Gießen 1978, S. 53-72
Franz Hirsch: Illustrirte Geschichte des deutschen Volkes. Für die deutsche Familie erzählt, Leipzig 1875, 1878²
Historienbild, Artikel in: Lexikon der Kunst. Architektur. Bildende Kunst. Angewandte Kunst. Industrieformgestaltung. Kunsttheorie. Band II: G - Lh, Berlin (West) 1981 (= Nachdruck der 1968 bis 1978 in Leipzig erschienenen Ausgabe), S. 292-294
Historienmalerei, Artikel in: Hermann Bauer (Hrsg.): Die Große Enzyklopädie der Malerei. Maler, Grafiker, Epochen, Stile, Museen der Welt. Vierter Band. Gri - Kal, Freiburg/Basel/Wien 1976, S. 1248-1253
Historismus, Artikel in: Hermann Bauer (Hrsg.): Die Große Enzyklopädie der Malerei. Maler, Grafiker, Epochen, Stile, Museen der Welt. Vierter Band. Gri - Kal, Freiburg/Basel/Wien 1976, S. 1253-1255
Historismus, Artikel in: Lexikon der Kunst. Architektur. Bildende Kunst. Angewandte Kunst. Industrieformgestaltung. Kunsttheorie. Band II: G - Lh, Berlin (West) 1981 (= Nachdruck der 1968 bis 1978 in Leipzig erschienenen Ausgabe), S. 294-295
Detlef Hoffmann: Germania zwischen Kaisersaal und Paulskirche. Der Kampf zwischen Vergangenheit und Gegenwart (1830-1848), in: Kat. Ausst. 100 Jahre Historisches Museum Frankfurt am Main 1878 bis 1978. Drei Ausstellungen zum Jubiläum, Frankfurt am Main 1978, S. 85-133 (= I. Trophäe oder Leichenstein? Kulturgeschichtliche Aspekte des Geschichtsbewußtseins in Frankfurt im 19. Jahrhundert, S. 1-384)
Siegmar Holsten: Allegorische Darstellungen des Krieges 1870-1918. Ikonologische und ideologiekritische Studien, München 1976 (= Studien zur Kunst des 19. Jahrhunderts Bd. 26)
Erik Hornung: Geschichte als Fest. 2 Vorträge zum Geschichtsbild der frühen Menschheit, Darmstadt 1966 (= Reihe Libelli. Bd. 246)
Wolfgang Hütt: Profane und religiöse Historienmalerei, in: Wolfgang Hütt: Die Düsseldorfer Malerschule 1819-1869, Leipzig 1984, S. 19-23
Georg G. Iggers: Deutsche Geschichtswissenschaft. Eine Kritik der traditionellen Geschichtsauffassung von Herder bis zur Gegenwart, München 1976³ (= dtv Wissenschaftliche Reihe 4059)
Ingrid Jenderko-Sichelschmidt: Die Düsseldorfer Historienmalerei 1826 bis 1860, in: Kat. Ausst. Die Düsseldorfer Malerschule. Kunstmuseum Düsseldorf 13. Mai - 8. Juli 1979. Mathildenhöhe Darmstadt 22. Juli - 9. September 1979. Herausgegeben von Wend von Kalnein. Redaktion: Dieter Graf, Mainz 1979, S. 98-111
Ingrid Jenderko-Sichelschmidt: Profane Historienmalerei, in: Eduard Trier / Willy Weyres (Hrsg.): Die Kunst des 19. Jahrhunderts im Rheinland. Malerei. Mit Beiträgen von Rolf Andree, Helmut Börsch-Supan, Siegfried Gohr, Ingrid Jenderko-Sichelschmidt, Ekkehard Mai, Irene Markowitz, Werner Neite, Herbert Rode und Gerhard Rudolph, Düsseldorf 1979 (= Die Kunst des 19. Jahrhunderts im Rheinland in fünf Bänden. Herausgegeben von Eduard Trier und Willy Weyres. Band 3), S. 145-190
Ingrid Jenderko-Sichelschmidt: Die Historienbilder Carl Friedrich Lessings, Diss. Köln 1973
Karl Jörger: Sagen der Trinkhalle Baden-Baden, Baden-Baden o.J.
Max Jordan: Geselschap. Mit 92 Abbildungen nach Gemälden und Zeichnungen, Bielefeld/Leipzig 1906 (= Künstler-Monographien. In Verbindung mit Anderen herausgegeben von H. Knackfuß. LXXXVI)
Otto Kaemmel: Illustrirte Geschichte der neuesten Zeit von der Begründung des zweiten Napoleonischen Kaiserreichs bis zur Gegenwart, Leipzig 1898
Margret Kampmeyer: Peinture Nationale. Die Belgische Historienmalerei von 1830 bis 1850, in: Kat. Ausst. Arbeit und Alltag. Soziale Wirklichkeit in der Belgischen Kunst 1830-1914. Neue Gesellschaft für Bildende Kunst, Berlin, September 1979, Berlin (West) 1979, S. 178-192
Kat. Ausst. Das weltliche Ereignisbild in Berlin und Brandenburg-Preußen im 18. Jahrhundert. Staatliche Museen zu Berlin. Gemäldegalerie, Berlin DDR 1987
Kat. Ausst. Aus Alltag und Geschichte. Genre- und Historienmalerei des 19. Jahrhunderts aus dem Besitz des Wallraf-Richartz-Museums. Eine Ausstellung im Wallraf-Richartz-Museum vom 27. April bis 26. Juni 1983. Ausstellung und Text: Götz Czymmek, Köln 1983
Kat. Ausst. Luthers Leben in Illustrationen des 18. und 19. Jahrhunderts. 23. April bis 5. Oktober 1980. Kunstsammlung der Veste Coburg. Coburger Landesstiftung, Coburg 1980 (= Kataloge der Kunstsammlungen der Veste Coburg. Herausgegeben von Joachim Kruse)
Kat. Ausst. Dante. Vergil. Geryon. Der 17. Höllengesang der Göttlichen Komödie in der bildenden Kunst. Staatsgalerie Stuttgart 27. September bis 23. November 1980, Stuttgart 1980
Kat. Ausst. 100 Jahre Historisches Museum Frankfurt am Main 1878 bis 1978. Drei Ausstellungen zum Jubiläum, Frankfurt am Main 1978 (Darin: I Trophäe oder Leichenstein? Kulturgeschichtliche Aspekte des Geschichtsbewußtseins in Frankfurt im 19. Jahrhundert, S. 1-384)
Erich Keyser: Das Bild als Geschichtsquelle, in: Walter Goetz (Hrsg.): Historische Bildkunde, Hamburg 1935, Heft 2, S. 5-32
Michael Koch: Ferdinand Keller (1842-1922). Leben und Werk, Karlsruhe 1978
Karl Koetschau: Alfred Rethels Kunst vor dem Hintergrund der Historienmalerei seiner Zeit dargestellt von Karl Koetschau, Düsseldorf 1929 (= Schriften des Städtischen Kunstmuseums Düsseldorf. Band IV)
Franz Theodor Kugler: Ueber geschichtliche Kompositionen, in: Museum. Blätter für bildende Kunst, 5. 1837, Nr. 10, S. 75-77; Nr. 11, S. 85-88; Nr. 12, S. 94, 95
Carl Langhammer: Die Freiheitskriege in der Kunst, in: Die Kunstwelt, 2. 1913, Heft 7, S. 417-437
Vera Leuscher: Der Landschafts- und Historienmaler Carl Friedrich Lessing (1808-1880), in: Kat.Ausst. Die Düsseldorfer Malerschule. Kunstmuseum Düsseldorf 13. Mai - 8. Juli 1979. Mathildenhöhe Darmstadt 22. Juli - 9. September 1979. Herausgegeben von Wend von Kalnein. Redaktion: Dieter Graf, Mainz 1979, S. 86-97
Ekkehard Mai / Anke Repp-Eckert (Hrsg.): Triumph und Tod des Helden. Europäische Historienmalerei von Rubens bis Manet. Herausgegeben von Ekkehard Mai und Anke Repp-Eckert. Eine Ausstellung des Wallraf-Richartz-Museums der Stadt Köln, des Kunsthauses Zürich und des Musée des Beaux-Arts Lyon, Köln 1987

Patricia Mainardi: The Death of History Painting in France, 1867, in: Gazette des Beaux-Arts, 124. 1982, S. 219-226

Irene Markowitz: Die Monumentalmalerei der Düsseldorfer Malerschule, in: Zweihundert Jahre Kunstakademie Düsseldorf. Anläßlich der zweihundertsten Wiederkehr der Gründung der Kurfürstlichen Akademie in Düsseldorf im Jahre 1773 herausgegeben für die Ernst-Forberg-Stiftung von Eduard Trier unter Mitwirkung von Paul Böhringer, M. T. Engels, Graf Wend von Kalnein und Heinrich Theissing, Düsseldorf 1973, S. 47-84

Friedrich Meinecke: Die Entstehung des Historismus, München 1959 (= Gesammelte Werke, Bd. 3)

Petra Michel: Historie, in: Petra Michel: Christian Wilhelm Ernst Dietrich (1712-1774) und die Problematik des Eklektizismus, München 1984, S. 89-105, 177-180

Albert Mundt (Hrsg.): Die Freiheitskriege in Bildern. Eine zeitgenössische Bilderschau der Kriegsjahre 1806 bis 1815, München/Leipzig 1913

Thomas Nipperdey: Historismus und Historismuskritik heute, in: Eberhard Jäckel / Ernst Weymar (Hrsg.): Die Funktion der Geschichte in unserer Zeit, Stuttgart 1975, S. 82-95

Friedrich Nietzsche: Unzeitgemäße Betrachtungen. Zweites Stück: Vom Nutzen und Nachteil der Historie für das Leben, in: Friedrich Nietzsche. Werke in drei Bänden. Erster Band, hrsg. von Karl Schlechta, München 1973[7], S. 209-285

Friedrich Oehninger: Geschichte des Christentums in seinem Gang durch die Jahrhunderte. Mit Abbildungen und Kunstbeilagen. Pracht-Ausgabe, Konstanz o.J. (1930)

Johann David Passavant: Ueber die jetzige Historienmalerei in Belgien und Deutschland, in: Kunstblatt, 25. 1844, Nr. 65, S. 274, 275; Nr. 66, S. 279, 280; Nr. 67, S. 282, 283; Nr. 68, S. 286, 287; Nr. 69, S. 291

Friedrich Pecht: Die modernen Stoffe in der Historienmalerei, in: Die Kunst für Alle. 1. 1885/86, S. 163-165

Ingrid Pepperle: Junghegelianische Geschichtsphilosophie und Kunsttheorie, Berlin DDR 1978

Hermann Peters: Zum Historienbild oder zum Geschichtlichen in der Bildkunst, in: Bildende Kunst, 20. 1972, Nr. 9, S. 454-457

Ernst Petrasch: Ferdinand Kellers Türkenlouis-Gemälde in der Karlsruher Kunsthalle. Marginalien zum geschichtlichen Wirklichkeitssinn in der Historienmalerei des späten 19. Jahrhunderts, in: Zeitschrift für die Geschichte des Oberrheins, hrsg. vom Badischen General-Landesarchiv, 102. Band, Karlsruhe 1954, S. 791ff.

Otto Pfleiderer: Theologie und Geschichtswissenschaft. Rede bei Antritt des Rektorats gehalten in der Aula der Königlichen Friedrich-Wilhelms-Universität am 15. Oktober 1894, Berlin 1894

Volker Plagemann: Zur Kunst-Historienmalerei, in: alte und moderne kunst, 14. 1969, Nr. 103, S. 2-12

Walter Rehm: Das Werden des Renaissancebildes in der deutschen Dichtung vom Rationalismus bis zum Realismus, München 1924

Theodor von Rehtewisch: Die große Zeit (1813-1815). Ein Jahrhundertbuch. Mit 271 Abbildungen nach zeitgenössischen Vorlagen von Alb. Adam, Bellangé, Campe u.a., deutschen, englischen und französischen Karikaturisten u.a.m., Leipzig 1912

Ursula Reyher: Zum deutschen Historienbild im 19. Jahrhundert, in: Kat. Ausst.: Deutsche Kunst des 19./20. Jahrhunderts. Staatliche Museen zu Berlin DDR/Nationalgalerie, Berlin 1966, S. 59ff.

Adolf Rosenberg: Prell. Mit 115 Abbildungen nach Gemälden, Zeichnungen und Skulpturen, Bielefeld/Leipzig 1901 (= Künstler-Monographien. In Verbindung mit Anderen herausgegeben von H. Knackfuß. LIII)

Adolf Rosenberg: Neue Monumentalmalereien in Preußen, in: Zeitschrift für Bildende Kunst, N.F., VII. 1896, S. 17-24

Adolf Rosenberg: Düsseldorfer Kriegs- und Militärmaler, in: Zeitschrift für Bildende Kunst, 24. 1889, S. 220-226

Donald A. Rosenthal: La Grande Manière. Historical and Religious Paintings in France 1700-1800. Memorial Art Gallery of the University of Rochester, New York May 2 - July 26, 1987. The Jane Voorhees Zimmerli Art Museum, Rutgers University New Brunswick, New Jersey September 6 - November 8, 1987. The High Museum of Art at Georgia-Pacific Center Atlanta, Georgia December 7, 1987 - January 22, 1988, Rochester 1987

Karl von Rotteck: Allgemeine Geschichte vom Anfang der historischen Kenntniß bis auf unsere Zeiten. Fortgesetzt bis auf unsere Tage. Mit 24 Stahlstichen und dem Porträt Rotteck's, 11 Bde., Braunschweig 1861[23]

Wilhelm Rüdiger: Historismus, Artikel in: Kindlers Malerei Lexikon. Band VI. Begriffe und Register, Zürich 1971, S. 357

Jörn Rüsen: Ästhetik und Geschichte. Geschichtstheoretische Untersuchungen zum Begründungszusammenhang von Kunst, Gesellschaft und Wissenschaft, Stuttgart 1976

Jörn Rüsen: Historismus und Ästhetik – Geschichtstheoretische Voraussetzungen der Kunstgeschichte, in: Kritische Berichte, 3. 1975, Heft 2/3, S. 5-11

W. Schäfer: Theodor Rocholl. Ein deutscher Schlachtenmaler, in: Die Rheinlande, 4. 1903/1904, S. 1-11

Horst Schallenberger: Untersuchungen zum Geschichtsbild der wilhelminischen Ära und der Weimarer Zeit. Eine vergleichende Schulbuchanalyse deutscher Schulgeschichtsbücher aus der Zeit von 1888 bis 1933, Ratingen 1964

Max Schasler: Welche Sujets eignen sich am meisten für die heutige Hitorienmalerei?, in: Die Dioskuren, 10. 1865, S. 77-79, S. 89-91

Max Schasler: Was thut der deutschen Historienmalerei Noth? Randglossen zu dem Protokoll der siebten Hauptversammlung der „Verbindung für historische Kunst", in: Die Dioskuren, 7. 1862, S. 17-19, 25-27, 41-43, 49-51, 57-58, 65-66, 75, 97-99, 105-106

Max Schasler: Ueber Idealismus und Realismus in der Historienmalerei. Eine Parallele zwischen M. v. Schwind's „Kaiser Rudolph, der gen Speyer reitet" und Ad. Menzel's „Friedrich's II. und Joseph's Zusammenkunft in Neisse", in: Die Dioskuren, 3. 1858, S.143-146

Max Schasler: Was thut der deutschen Historienmalerei Noth? Randglossen zu den Verhandlungen der „Verbindung für historische Kunst", in: Die Dioskuren, 1. 1856, S. 143-145

Johannes Scherr: Germania. Zwei Jahrtausende deutschen Lebens. Kulturgeschichtlich geschildert von Johannes Scherr. Fünfte, neu durchgesehene Auflage, Stuttgart 1885

Hannelore Schlaffer / Heinz Schlaffer: Studien zum ästhetischen Historismus, Frankfurt am Main 1975 (= edition suhrkamp 756)

Johann Schlick: Menzels Frideriziana, in: Kat.Ausst. Adolph Menzel. Realist – Historist – Maler des Hofes. Gemälde, Gouachen, Aquarelle, Zeichnungen, Druckgraphik aus der Sammlung Georg Schäfer, Schweinfurt und aus der Kunsthalle Bremen, ergänzt durch die Bestände der Kunsthalle zu Kiel, des Museums für Kunst und Kulturgeschichte in Lübeck. Ausstellungskonzeption, Katalogredaktion, Bearbeitung der Gemälde, Gouachen und Zeichnungen: Jens Christian Jensen. Bearbeitung der Druckgraphik: Jürgen Schultze, Schweinfurt 1981, S. 13-16

Ferdinand Schmidt: Die Weltgeschichte in übersichtlicher Darstellung erzählt. Mit Illustrationen von Georg Bleibtreu, Berlin 1882

Hans-Werner Schmidt: Die Förderung des Vaterländischen Geschichtsbildes durch die Vereinigung für Historische Kunst 1854-1933, Marburg 1985 (= Studien zur Kunst- und Kulturgeschichte Bd. 1. Herausgegeben von Heinrich Klotz)

Herbert Schnädelbach: Geschichtsphilosophie nach Hegel. Die Probleme des Historismus, Freiburg/München 1974

Rainer Schoch: Die belgischen Bilder. Ein Beitrag zum deutschen Geschichtsbild des Vormärz. Klaus Lankheit zum 65. Geburtstag, in: Städel-Jahrbuch, N.F., 7. 1979, S. 171-186

Gunter Scholz: Historismus, Historizismus, Artikel in: Historisches Wörterbuch der Philosophie. Herausgegeben von Joachim Ritter. Völlig neubearbeitete Ausgabe des 'Wörterbuchs der philo-

sophischen Begriffe' von Rudolf Eisler. Band 3: G-H, Darmstadt/ Basel 1974, Sp. 1141-1147
Robert Scholz: Volk. Nation. Geschichte. Deutsche historische Kunst im 19. Jahrhundert, Rosenheim o.J. (1981)
Arthur Schopenhauer: § 48 (über Historienmalerei), in: Arthur Schopenhauer: Die Welt als Wille und Vorstellung I, Darmstadt 1974 (= Arthur Schopenhauer: Sämtliche Werke. Textkritisch bearbeitet und herausgegeben von Wolfgang Freiherr von Löhneysen. Band I – Non multa –), darin: Drittes Buch. Der Welt als Vorstellung zweite Betrachtung: Die Vorstellung, unabhängig vom Satze des Grundes: Die Platonische Idee: Das Objekt der Kunst, § 48, S. 323-328
Ulrich Schulte-Wülwer: Das Nibelungenlied in der deutschen Kunst des 19. und 20. Jahrhunderts, Gießen 1980 (= Kunstwissenschaftliche Untersuchungen des Ulmer Vereins für Kunst- und Kulturwissenschaften Band IX. Herausgegeben von Michael Brix, Klaus Herding, Berthold Hinz)
Bernhard Seyfert: Bilder zur Geschichte mit besonderer Betonung der Kunstgeschichte herausgegeben von Bernhard Seyfert. Bilderanhang zu Neubauers Lehrbuch der Geschichte. Dritte Auflage. 497 Abbildungen mit erläuterndem Text und einem ausführlichen Schlagwortregister, Halle 1911
Ellen Spickernagel: Aspekte zum Historienbild im 19. Jahrhundert, in: Kat. Ausst. Victor Müller. Gemälde und Zeichnungen. Städelsches Kunstinstitut und Städtische Galerie Frankfurt am Main 15. November 1973 - 6. Januar 1974, Frankfurt am Main 1973, S. 13ff.
Gabriele Sprigath: Themen aus der Geschichte der römischen Republik in der französischen Malerei des 18. Jahrhunderts, Diss. München 1968
Traugott Stephanowitz: Plädoyer für das Historienbild, in: Bildende Kunst, 16. 1968, S. 563-568
Conrad Fr. Strahlheim: Das Welttheater, oder die allgemeine Weltgeschichte von der Schöpfung bis zum Jahr 1840. Mit 240 historischen Stahlstichen und 300 Bildnissen der berühmtesten Menschen aller Zeiten, Frankfurt am Main 1834-1841
Peter G. Thielen: Zur Historienmalerei der Bismarckzeit, in: Konrad Repgen / Stephan Skalweit (Hrsg.): Spiegel der Geschichte. Festgabe für Max Braubach zum 10. April 1964, Münster (Westf.) 1964, S. 816-827
Ernst Troeltsch: Der Historismus und seine Probleme, Tübingen 1922 (= Gesammelte Schriften, Bd. III, Neudruck: Aachen 1961)
Eckart Vancsa: Überlegungen zur politischen Rolle der Historienmalerei des 19. Jahrhunderts, in: Wiener Jahrbuch für Kunstgeschichte, Bd. 28. 1975, S. 145-158
Eckart Vancsa: Zu den „Vaterländischen Historien" Peter Kraffts, in: Wiener Jahrbuch für Kunstgeschichte, Bd. 27. 1974, S. 158-176
Eckart Vancsa: Aspekte der Historienmalerei des 19. Jahrhunderts in Wien, Diss. Wien 1973
Friedrich Theodor Vischer: Das geschichtliche Bild, in: Friedrich Theodor Vischer: Aesthetik oder Wissenschaft des Schönen. Zum Gebrauche für Vorlesungen. Dritter Band. Dritter Theil. Die subjectiv-objective Wirklichkeit des Schönen oder die Kunst. Zweiter Abschnitt. Die Künste. Drittes Heft: Die Malerei, Stuttgart 1854, S. 674-691
Curt Wagner: Kompositionsgesetze in den Bilderzyklen deutscher Maler des 19. Jahrhunderts, Diss. Leipzig 1910
Heinz-Toni Wappenschmidt: Allegorie, Symbol und Historienbild im späten 19. Jahrhundert. Zum Problem von Schein und Sein, München 1984
Edgar Wind: The Revolution of History Painting, in: Journal of the Warburg Institute, Bd. II, London/Brügge 1938/1939, S. 116-127
Franz Zelger: Heldenstreit und Heldentod. Schweizerische Historienmalerei im 19. Jahrhundert, Zürich 1973
Norman D. Ziff: Paul Delaroche. A Study in Nineteenth-Century French History Painting, New York/London 1977

Wilhelm Zimmermann: Illustrirte Geschichte des deutschen Volkes, Stuttgart 1871-1876
Wilhelm Zimmermann: Der deutsche Kaisersaal. Vaterländische Gemälde. 2., berichtigte und ergänzte Auflage. Mit 31 Original-Stahlstichen gezeichnet von Geisler & Ofterdinger, gestochen von Mayer & Dertinger, Stuttgart 1856

Bildgattungen und Stillagen

Jan Bialostocki: Das Modusproblem in den bildenden Künsten (1961), in: Jan Bialostocki: Stil und Ikonographie. Studien zur Kunstwissenschaft, Köln 1981 (= dumont taschenbücher 113), S. 12-41
Max Julius Friedländer: Essays über die Landschaftsmalerei und andere Bildgattungen, Den Haag 1947
Johann Wolfgang Goethe: Einfache Nachahmung der Natur, Manier, Stil (1789), in: Johann Wolfgang Goethe: Sämtliche Werke. Band 13. Schriften zur Kunst. Einführung, Anordnung und Textüberwachung von Christian Beutler, Zürich 1977 (= Unveränderter Nachdruck der Bände 1-17 der Artemis-Gedenkausgabe zu Goethes 200. Geburtstag am 28. August 1949, herausgegeben von Ernst Beutler unter Mitarbeit zahlreicher Fachgelehrter; zweite Auflage Zürich 1961-1966), S. 66-71
Friedrich Gross: Zwischen niederem Stil und klassischem Ausdruck. Die Revolte des Malers Müller, in: IDEA. Werke. Theorien. Dokumente. Jahrbuch der Hamburger Kunsthalle. IV/1985. Herausgegeben von Werner Hofmann und Martin Warnke, S. 83-106
Richard Hamann: VI. Das Lebensbild und das Zusehen, in: Richard Hamann: Theorie der Bildenden Künste, Berlin DDR 1980, S. 63-102
Georg Wilhelm Friedrich Hegel: Das Verhältnis des Ideals zur Natur, in: Georg Wilhelm Friedrich Hegel: Ästhetik. Nach der zweiten Ausgabe Heinrich Gustav Hothos (1842) redigiert und mit einem ausführlichen Register versehen von Friedrich Bassenge. Band I, Berlin DDR/Weimar 1976³, S. 162-175 (= Erster Teil: Die Idee des Kunstschönen oder das Ideal. Drittes Kapitel: Das Kunstschöne oder das Ideal. A. Das Ideal als solches. 2. Das Verhältnis des Ideals zur Natur).
Werner Hofmann: Poesie und Prosa. Rangfragen in der neueren Kunst, in: Werner Hofmann: Bruchlinien. Aufsätze zur Kunst des 19. Jahrhunderts, München 1979, S. 180-200
Linda Nochlin: Realism and Tradition in Art 1848-1900. Sources and Documents, Englewood Cliffs, New Jersey 1966 (= Sources and Documents in the History of Art Series. H.W. Janson, Editor)
Hermann Popp: Stellung der Künstler zu den einzelnen Stoffgebieten der Malerei, in: Hermann Popp: Maler-Ästhetik, Strassburg 1902, S. 216-246 (Historienmalerei, S. 216-222; Das historische Genre, S. 223-224; Genre, S. 224-228; Portrait, S. 228-241; Landschaft, S. 241-246)
Karl Rosenkranz: Die Eintheilung der Malerei nach ihren Gegenständen, in: Deutsches Museum. Zeitschrift für Literatur, Kunst und öffentliches Leben. Herausgegeben von Robert Prutz, 3. 1853, S. 857-876
Arthur Schopenhauer: Über Gattungen der Malerei, in: Arthur Schopenhauer: Die Welt als Wille und Vorstellung I, Darmstadt 1974 (= Arthur Schopenhauer: Sämtliche Werke. Textkritisch bearbeitet und herausgegeben von Wolfgang Freiherr von Löhneysen. Band I – Non multa –), S. 308-328 (Drittes Buch, § 44: über Landschafts-, Stilleben- und Tiermalerei, S. 308 - 311; § 45: über die Darstellung des Menschen, s. 311-319; § 47: über die Darstellung des Nackten, S. 322-323; § 48: Historien- und Genremalerei, S. 323-328
Karl Wilhlem Ferdinand Solger: Über Gegenstände und Gegensätze der Malerei, in: Karl Wilhelm Ferdinand Solger: Vorlesungen über Ästhetik. Herausgegeben von Karl Wilhelm Ludwig Heyse. Unver-

änderter reprografischer Nachdruck der Ausgabe Leipzig 1829, Darmstadt 1973, S. 330-333
Adam Weise: Grundlage zu der Lehre von den verschiedenen Gattungen der Malerei, Halle/Leipzig 1823

Gründerzeit / „Salon"-Kunst

Albrecht Bangert: Gründerzeit. Kunstgewerbe zwischen 1850 und 1900, München 1978[2]
Bayerische Staatsgemäldesammlungen Neue Pinakothek/München. Malerei der Gründerzeit. Bearbeitet von Horst Ludwig. Vollständiger Katalog, München 1977
Wolfgang Brückner: Elfenreigen. Hochzeitstraum. Die Öldruckfabrikation 1880-1940. Mit einem Beitrag von Willi Stubenvoll, Köln 1974 (= dumont kunst-taschenbücher 22)
Aleksa Čelebonović: Bürgerlicher Realismus. Die Meisterwerke der Salonmalerei, Berlin 1974
Richard Hamann / Jost Hermand: Gründerzeit. Epochen deutscher Kultur von 1870 bis zur Gegenwart. Band 1, München 1971 (= sammlung dialog 54)
Hans Jürgen Hansen (Hrsg.): Das pompöse Zeitalter. Zwischen Biedermeier und Jugendstil. Kunst, Architektur und Kunsthandwerk in der zweiten Hälfte des 19. Jahrhunderts, Oldenburg/Hamburg 1970
James Harding: Artistes Pompiers. French Academic Art in the 19th Century, London 1979
Karl Holl: Der Wandel des deutschen Lebensgefühls im Spiegel der deutschen Kunst seit der Reichsgründung, in: Deutsche Vierteljahrsschrift für Literatur und Geistesgeschichte, Bd. 4. 1926 (Heft III), S. 548-563
Kat. Ausst. Ein Hamburger sammelt in London. Die Freiherr J. H. von Schröder-Stiftung 1910. Hamburger Kunsthalle 11. Mai bis 29. Juli 1984. Redaktion: Helmut R. Leppien, Hamburg 1984
Kat. Ausst. Verschollener Ruhm. Bilder aus dem Depot der Landesgalerie Hannover zeigen den Kunstgeschmack des 19. Jahrhunderts. Kunstverein Hannover 22. März bis 19. Mai 1975, Hannover 1975
Kat. Ausst. Aspekte der Gründerzeit. Ausstellung in der Akademie der Künste vom 8. September bis zum 24. November 1974. Zusammenstellung, Organisation und Katalog: Peter Hahlbrock, Herta Elisabeth Killy, Eberhard Roters, Barbara Volkmann. Katalogtexte: Eberhard Roters, Berlin (West) 1974
Kat. Ausst. Le Musée du Luxembourg en 1874. Peintures. Catalogue rédigé par Geneviève Lacambre avec la collaboration de Jacqueline de Rohan-Chabot. Grand Palais 31 mai - 18 novembre 1974. Ministère des Affaires Culturelles. Editions des Musées Nationaux, Paris 1974
Kat. Ausst. „Equivoques". Peintures françaises du XIXe siècle. Musée des Arts Décoratifs 9 mars - 14 mai 1973. Exposition réalisée par l'Union Centrale des Arts Décoratifs. Catalogue compilé et présenté par Olivier Lépine. Préface de François Mathey, Paris 1973
Kat. Ausst. Ein Geschmack wird untersucht. Die G. C. Schwabe Stiftung. Gustav Christian Schwabe. Eine Dokumentation herausgegeben von Werner Hofmann und Tilman Osterwold. Hamburger Kunsthalle, Hamburg 1970
Kat. Ausst. Le salon imaginaire. Bilder aus den großen Kunstausstellungen der zweiten Hälfte des 19. Jahrhunderts. Ausstellung der Deutschen Gesellschaft für Bildende Kunst 'Kunstverein Berlin' und der Akademie der Künste vom 6.10. - 24.11.1968, Berlin (West) 1968
Rolf Linnenkamp: Die Gründerzeit 1835-1918, München 1976 (= Heyne Stilkunde 4)
Gert Mattenklott / Klaus R. Scherpe (Hrsg.): Positionen der literarischen Intelligenz zwischen bürgerlicher Reaktion und Imperialismus (Reihe: Literatur im historischen Prozeß, Ansätze materialistischer Literaturwissenschaft, Analysen, Materialien, Studienmodelle, Bd. 2), Kronberg/Taunus 1973 (= Scriptor Taschenbücher Literaturwissenschaft S 3)
Hans Otto: Gründerzeit. Aufbruch einer Nation, Bonn 1984
Ludwig Pietsch: Deutsche Kunst und Künstler der Gegenwart in Bild und Wort. Text von Ludwig Pietsch, München 1887
Anton Sailer: Goldene Zeiten, München 1975
Anton Sailer: Das private Kunstkabinett, München 1967
Das Schönste aus der Gartenlaube. Liebreizendes, Ergötzliches und Herzerfrischendes aus der Gartenlaube. Wohltuende und sinnreiche Geschichten, gefälligst illustriert, allen Empfindenden wärmstens anzuraten. Mit einem Vorwort von Amelie Cimber, Wien 1978
Paul Vogt: Was sie liebten ... Salonmalerei im XIX. Jahrhundert, Köln 1969

„Moderne" Kunst

Otto Julius Bierbaum: Aus beiden Lagern. Betrachtungen, Karakteristiken und Stimmungen aus dem ersten Doppel-Ausstellungsjahr in München 1893, München 1893
Joseph August Beringer: Deutsche Kunstnote, in: Süddeutsche Monatshefte, 11. 1913/1914, S. 199-208
Wilhelm Bode: Moderne Kunst und Kunsthandwerk an der Wende des Jahrhunderts, Berlin 1901
Fritz Burger: Einführung in die moderne Kunst. Mit Nachwort von A. E. Brinckmann, Berlin 1917 (= Die Kunst des 19. und 20. Jahrhunderts von Fritz Burger, Georg Swarzenski, August Grisebach I.)
Paul Clemen: Von neuer deutscher Kunst, in: Die Kunst, Bd. 19. 1909, S. 351-358
Max Deri / Max Dessoir / Alwin Kronacher / Max Martersteig / Arnold Schering / Oskar Walzel: Einführung in die Kunst der Gegenwart, Leipzig 1922[3]
Berthold Daun: Die Kunst des 19. Jahrhunderts und der Gegenwart. Ein Grundriß der modernen Plastik und Malerei, Berlin 1909
Alfred Freihofer: Die VI. Internationale Kunstausstellung in München 1892. Separatdruck des Staatsanzeigers für Württemberg, Stuttgart 1892
Theodor von Frimmel: Modernste Kunst, München 1904
Georg Fuchs: Richard Wagner und die moderne Malerei, in: Die Kunst für Alle, 10. 1894/95, S. 97-98, S. 114-116
Walther Gensel: Die moderne Kunst seit dem Zeitalter der französischen Revolution, in: Hermann Knackfuß / Max Georg Zimmermann / Walther Gensel: Allgemeine Kunstgeschichte. Dritter Band: Kunstgeschichte des Barock, Rokoko und der Neuzeit, Bielefeld/Leipzig 1903, S. 417-702
Wilhelm Hausenstein: Die bildende Kunst der Gegenwart. Malerei, Plastik, Zeichnung, Stuttgart/Berlin 1914
Hermann Helferich: Neue Kunst, Berlin 1887
Jarno Jessen: Moderne Präraffaeliten, in: Die Kunst, 9. 1904, S. 83-92
Kat. Ausst. Dreimal Deutschland. Lenbach. Liebermann. Kollwitz. Eine Ausstellung aus eigenen Beständen. Hamburger Kunsthalle 23. Oktober 1981 - 28. Februar 1982, Hamburg 1981
Kat. Ausst. Experiment Weltuntergang. Wien um 1900. Hamburger Kunsthalle. Vom 10. April bis 31. Mai 1981, München 1981
Kat. Ausst. Von Liebermann zu Kollwitz. Von der Heydt-Museum Wuppertal 23. Oktober - 18. Dezember 1977, Wuppertal 1977
Kat. Ausst. Kunst in Deutschland 1898 - 1973. Hamburger Kunsthalle 10.11.1973 bis 6.1.1974. Städtische Galerie im Lenbachhaus, München 1.2.1974 bis 11.3.1974, Hamburg 1973
Kat. Ausst. München 1869-1958. Aufbruch zur Modernen Kunst. Rekonstruktion der ersten Internationalen Kunstausstellung 1869. Leibl und sein Kreis. Vom Jugendstil zum Blauen Reiter. Gegenwart. Haus der Kunst 21. Juni bis 5. Oktober 1958, München 1958
Paul Keppler: Gedanken über die moderne Malerei, in: Zeitschrift

für christliche Kunst, 5. 1892, S. 177-188, S. 209-220, S. 241-252
Paul Keppler: Gedanken über die moderne Malerei. Neue Folge, in: Zeitschrift für christliche Kunst, 8. 1895, S. 17-30, S. 81-94, S. 109-124
Paul Keppler: Gedanken über die moderne Malerei. Dritte Folge, in: Zeitschrift für christliche Kunst, 10. 1897, S. 259-274, S. 299-318, S. 325-342
Otto Knille: Freilicht, in: Die Kunst für Alle, 12. 1896/97, S. 33-38, S. 49-53
Alfred Koeppen: Die moderne Malerei in Deutschland. Mit 135 Abbildungen, darunter 33 mehrfarbige Textbilder und 8 mehrfarbige Einschalttafeln. Zweite, völlig umgearbeitete Auflage, Bielefeld/Leipzig 1914 (= Kulturgeschichtliche Monographien. In Verbindung mit Anderen herausgegeben von Hanns von Zobeltitz. 7)
H. Konsbrück: Über Naturstudium, in: Die Kunst Bd. 19. 1909, S. 423-433, S. 450-457
Richard von Kralik, Ritter von Meyerswalden: Die ästhetischen und historischen Grundlagen der modernen Kunst. 3 Vorträge, Wien 1904
Fritz Kunert: Aus unserem modernen Kunstleben, in: Neue Zeit, 12. 1893/94, Bd. 1, S. 388-396, S. 428-436
Rom Landau: Der unbestechliche Minos. Kritik an der Zeitkunst, Hamburg 1925
Konrad Lange: Die Grenzboten und die moderne Kunst, in: Die Kunst, 5. 1902, S. 327-330
Konrad Lange: Primitivismus, in: Die Kunst für Alle, 13. 1897/98, S. 161-164, S. 177-180
Otto von Leixner: Die moderne Kunst und die Ausstellungen der Berliner Akademie. Erster Band. Die Ausstellung von 1877, Berlin 1878; Zweiter Band. Die Ausstellung von 1878, Berlin 1879
Julius Lessing: Das Moderne in der Kunst. Vortrag gehalten in der volkswirtschaftlichen Gesellschaft zu Berlin, Berlin 1898
Reinhold Freiherr von Lichtenberg: Einige Fragen der modernen Malerei hauptsächlich an Werken badischer Künstler aus deutschem Empfinden beantwortet, o.O. 1902
Wilhelm Lübke: Neueste Kunst. Betrachtungen auf der Münchner Jubiläumsausstellung, in: Westermanns illustrierte deutsche Monatshefte, Bd. 65. 1888/89, S. 498-512
Samuel Lublinski: Bilanz der Moderne, Dresden 1904
Julius Meier-Graefe: Entwicklungsgeschichte der modernen Kunst, 3 Bde., Stuttgart 1904/1905
Julius Meyer: Zur Geschichte und Kritik der modernen deutschen Kunst. Gesammelte Aufsätze von Julius Meyer. Herausgegeben von Conrad Fiedler, Leipzig 1895
Julius Meyer: Die gemeinsamen Züge der neuesten Malerei (= Die Malerei auf der Weltausstellung von 1867 und das internationale Preisgericht. I.), in: Zeitschrift für Bildende Kunst, 3. 1868, S. 176-179
Robert Mielke: Die Revolution in der bildenden Kunst, Berlin 1891
Martin Minden: Aufstieg oder Abstieg? Beitrag zur Deutung der modernen Kunst, Dresden 1920
Richard Muther: Studien und Kritiken. Band I: 1900; Band II: 1901, Wien o.J. (1901)
Richard Muther: Was ist Freilichtmalerei?, in: ders., Studien und Kritiken. Band I: 1900, Wien o.J. (1901), S. 231-240
Richard Muther: Die internationale Kunstausstellung in München, in: Zeitschrift für Bildende Kunst, 23. 1888, S. 284-292, 308-314, 329-339
Friedrich Naumann: Form und Farbe, Berlin 1909
Carl Neumann: Der Kampf um die Neue Kunst, Berlin 1896
Momme Nissen: Berliner Konservative Malerei (Grosse Ausstellung 1902), in: Die Kunst, 5. 1902, S. 505-507
ohne Verfasser: Bode gegen modernste Kunst, in: Christliches Kunstblatt, 58. 1916, S. 286 r. Sp. - 288
Opitz: Modernste Malerei. I. Die heilige Nacht von Fritz von Uhde. II. Drei Fragen an die modernsten unter den Modernen, in: Christliches Kunstblatt, 35. 1893, S. 113-118
Friedrich Pecht: Über die deutsche Malerei der Gegenwart, in: Die Kunst für Alle, 1. 1885/86, S. 1-5
Friedrich Pecht: Moderne Kunst, in: Die Kunst für Alle, 1. 1885/86, S. 116-118, S. 127-129
Nikolaus Pevsner: Wegbereiter modernen Formgebung, Hamburg 1957
Anna L. Plehn: Der Kampf gegen den Bildinhalt, in: Die Kunst, Bd. 13. 1906, S. 229-233
Anna L. Plehn: Der moderne Kolorismus und seine Ankläger, in: Die Kunst, Bd. 1. 1900, S. 243-248, vgl. dazu: Antwort von Karl Woermann (Direktor der Gemäldegalerie Dresden), S. 248
Gerhard Ramberg: Hellmalerei. Ein Spaziergang durch den Münchener Glaspalast im Sommer 1889, München 1889
Hugo von Reiningshaus: Entwicklungserscheinungen der modernen Malerei, München 1907
Alois Riegl: Die Stimmung als Inhalt der modernen Kunst, in: Gesammelte Aufsätze, hrsg. von K.M. Swoboda, Augsburg/Wien 1929
Arthur Roessler: Neu Dachau, Leipzig 1905
Adolf Rosenberg: Geschichte der modernen Kunst, Erster Band. Geschichte der französischen Kunst, Zweiter Band. Die deutsche Kunst. Erster Abschnitt 1795-1848, Dritter Band. Die deutsche Kunst, Zweiter Abschnitt 1849-1889, Leipzig 1889, 1894[2]
Adolf Rosenberg: Der gegenwärtige Stand der deutschen Kunst nach den Ausstellungen in Berlin und München, in: Zeitschrift für Bildende Kunst, 15. 1880, S. 41-48
Benno Ruettenauer: Der Kampf um den Stil. Aussichten und Rückblicke, Stuttgart 1905
P. Sch.: Die Entwicklung der modernen Malerei, in: Die Kunst für Alle, 12. 1896/97, S. 395-396
Erich Schlaikjer: Die Befreiung der Kunst, in: Neue Zeit, 14. 1895/1896, Bd. 1, S. 69-77
Franz Schmid-Breitenbach: Der Stil in der modernen Malerei, in: Die christliche Kunst, 1. 1904/1905, S. 155-163
Paul Ferdinand Schmidt: Geschichte der modernen Malerei, Stuttgart 1957[8]
Wilhelm Schölermann: Freilicht! Eine Plein-air-Studie, Düsseldorf o.J.
Walther Schulte von Brühl: Reflexionen über die deutsche Malerei der Gegenwart, Leipzig 1882 (= Sammlung kunstgewerblicher und kunsthistorischer Vorträge Nr. 6)
Paul Schultze-Naumburg: Ideen über den Studiengang des modernen Malers, in: Zeitschrift für Bildende Kunst, N.F., 7. 1896, S. 27-40
Woldemar von Seidlitz: Die Entwicklung der modernen Malerei, Hamburg 1897 (= Sammlung gemeinverständlicher wiss. Vorträge, Heft 265 – N.F., Serie XII)
Christoph Spengemann: Kunst. Künstler. Publikum. Fünf Kapitel als Einführung in die heutige Kunst, Hannover 1919
Anton Springer: Die bildenden Künste der Gegenwart, Braunschweig 1874
W. Stengel: Eine Freilicht-Prophezeiung, in: Kunst und Künstler, 4. 1905/1906, S. 204-210
Josef Strzygowski: Die bildende Kunst der Gegenwart. Ein Büchlein für jedermann, Leipzig 1907
Wolfgang Tenzler (Hrsg.): Über die Schönheit häßlicher Bilder. Dichter und Schriftsteller über Maler und Malerei (1880-1933). Herausgegeben und mit einem Nachwort von Wolfgang Tenzler, Berlin DDR 1982
H. Th.: Münchens Kunstausstellungen 1984. Zugleich ein Rückblick auf die letzten zehn Jahre deutscher Malerei. Von einem Maler, in: Neue Zeit, 13. 1894/1895, Bd. 1, S. 164-170
Konstantin Umanskij: Neue Kunst in Rußland 1914-1919. Vorwort von Leopold Zahn, Potsdam/München 1920

Carl Vinnen: Ein Protest deutscher Künstler. Mit Einleitung von Carl Vinnen, Jena 1911
Emil Waldmann: Die Moderne im Wallraf-Richartz-Museum, in: Kunst und Künstler, 13. 1915, S. 15-24, S. 61-71
Franz Wickhoff: Über moderne Malerei, in: Franz Wickhoff: Abhandlungen, Vorträge und Anzeigen, Berlin 1913 (= Die Schriften Franz Wickhoffs herausgegeben von Max Dvořák. Zweiter Band), S. 21-65
Karl Woermann: Die deutsche Malerei der jüngstvergangenen Zeit, in: ders.: Was uns die Kunstgeschichte lehrt. Einige Bemerkungen über alte, neue und neueste Malerei, Dresden 1894², S. 150-161 (Siebzehntes Kapitel)
Karl Woermann: Die neue deutsche Malerei der unmittelbaren Naturanschauung, in: ders.: Was uns die Kunstgeschichte lehrt. Einige Bemerkungen über alte, neue und neueste Malerei, Dresden 1894², S. 162-175 (Achtzehntes Kapitel)
Karl Woermann: Die neue deutsche Phantasiekunst, in: ders.: Was uns die Kunstgeschichte lehrt. Einige Bemerkungen über alte, neue und neueste Malerei, Dresden 1894², S. 176-189 (Neunzehntes Kapitel)
Oskar Wulff: Die neurussische Kunst im Rahmen der Kulturentwicklung Russlands von Peter dem Großen bis zur Revolution. Textband, Tafelband, Brünn 1933

Naturalismus

Leo Berg: Der Naturalismus. Zur Psychologie der modernen Kunst, München 1892
Ida Berger: La description du prolétariat dans le roman naturaliste allemand, Paris 1935
Karl von Binder-Krieglstein: Realismus und Naturalismus in der Dichtung. Ihre Ursachen und ihr Werth, Leipzig 1892
Klaus-Michael Bogdal: „Schaurige Bilder". Der Arbeiter im Blick des Bürgers am Beispiel des Naturalismus, Frankfurt am Main 1978
Otto Brahm: Bairische Kammer und Naturalismus, in: Freie Bühne, 1. 1890, S. 295-299
Otto Brahm: Naturalismus und Sozialismus, in: Freie Bühne, 2. 1891, S. 241-243
Bettina Brand: Uhdes Werk unter dem Aspekt des Naturalismus, in: Bettina Brand: Fritz von Uhde. Das religiöse Werk zwischen künstlerischer Intention und Öffentlichkeit, Heidelberg 1983 (= Hefte des Kunstgeschichtlichen Instituts der Universität Mainz. Herausgegeben von Richard Hamann-Mac Lean. 7), S. 136-160
Manfred Brauneck: Literatur und Öffentlichkeit im ausgehenden 19. Jahrhundert. Studien zur Rezeption des naturalistischen Theaters in Deutschland, Stuttgart 1974
Maria Buchsbaum: Deutsche Malerei im 19. Jahrhundert. Realismus und Naturalismus, Wien / München 1967
Michael Georg Conrad: Von Emile Zola bis Gerhart Hauptmann. Erinnerungen zur Geschichte der Moderne, Leipzig 1902
August Dorner: Pessimismus, Nietzsche und Naturalismus mit besonderer Beziehung auf die Religion, Leipzig 1911
Paul Ernst: Die neueste literarische Dichtung in Deutschland, in: Neue Zeit, 9. 1890/1891, S. 509-519
Conrad Fiedler: Moderner Naturalismus und künstlerische Wahrheit (1881), in: ders.: Schriften über Kunst. Mit einer Einleitung von Hans Eckstein, Köln 1977 (= dumont kunst-taschenbücher 50), S. 101-130
Arthur Fitger: Der Naturalismus in der Malerei. (Ein Brief an den Herausgeber.), in: Freie Bühne, 1. 1890, S.393-395
Max Friedländer: Zola und die Hellmalerei, in: Die Gesellschaft, 4. 1888, 1. Bd., S. 227-232
Hanns-Conon von der Gabelentz: Der Naturalismus. Seine Deutung und Bedeutung in der Malerei des 19. Jahrhunderts, Altenburg 1966 (= Veröffentlichungen des Lindenau-Museums Altenburg)
Hanns-Conon von der Gabelentz: Zum Begriff 'Naturalismus' in der bildenden Kunst – Versuch einer Klärung, in: Anschauung und Deutung. Willy Kurth zum 80. Geburtstag, Berlin DDR 1964 (= Studien zur Architektur und Kunstwissenschaft Bd. 2), S. 77-84
Karin Gafert: Die soziale Frage in der Literatur und Kunst des 19. Jahrhunderts. Ästhetische Politisierung des Weberstoffes, 2 Bde., Kronberg/Taunus 1973 (= Theorie – Kritik – Geschichte. Herausgegeben von Helmut Kreuzer, Band 5/1, Band 5/2)
Reinhold Grimm / Jost Hermand (Hrsg.): Realismustheorien in Literatur, Malerei, Musik und Politik. Mit Beiträgen von Klaus L. Berghahn, Theodore S. Hamerow, Helmut Kreuzer, Frank Trommler, einem studentischen Autorenkollektiv, Steven Paul Scher und Jost Hermand, Stuttgart/Berlin/Köln/Mainz 1975 (= Urban-Taschenbücher, Reihe 80, Band 871)
Max Günther: Die soziologischen Grundlagen des naturalistischen Dramas der jüngsten deutschen Vergangenheit, Diss. Leipzig 1912
Adalbert von Hanstein: Das jüngste Deutschland. Zwei Jahrzehnte miterlebter Literaturgeschichte. Zweiter unveränderter Abdruck, Leipzig 1901
Richard Hamann / Jost Hermand: Naturalismus. Epochen deutscher Kultur von 1870 bis zur Gegenwart. Band 2, München 1972 (= sammlung dialog 55)
Hermann Helferich: Studie über den Naturalismus und Max Liebermann, in: Die Kunst für Alle, 2. 1886/87, S. 209-214, S. 225-229
Hermann Helferich: Studie über den Naturalismus und Max Liebermann II, in: Die Kunst für Alle, 12. 1896/97, S. 225-228
Siegfried Hoefert: Das Drama des Naturalismus, Stuttgart 1973² (= Sammlung Metzler Band 75)
Josef Hundt: Das Proletariat und die soziale Frage im Spiegel der naturalistischen Dichtung (1884-1890), Diss. Rostock 1931
Wolfgang Kirchbach: Über das Sehen der Maler, in: Die Kunst für Alle, 3. 1887/88, S. 131-140
Ernst Ludwig Krause: Natur und Kunst. Studien zur Entwicklungsgeschichte der Kunst. Von Carus Sterne (Pseudonym des Verf.), Berlin 1891
Konrad Lange: Die Naturnachahmung, in: ders.: Das Wesen der Kunst. Grundzüge einer realistischen Kunstlehre. Zweiter Band, Berlin 1901, S. 200-250 (Einundzwanzigstes Kapitel)
Konrad Lange: Der Stil, in: ders.: Das Wesen der Kunst. Grundzüge einer realistischen Kunstlehre. Zweiter Band, Berlin 1901, S. 250-280 (Zweiundzwanzigstes Kapitel)
Konrad Lange: Das Illusionsprinzip als Gesetz der Kunstentwicklung, in: ders.: Das Wesen der Kunst. Grundzüge einer realistischen Kunstlehre. Zweiter Band, Berlin 1901, S. 281-324 (Dreiundzwanzigstes Kapitel)
Günther Mahal: Naturalismus, München 1975 (= Uni-Taschenbücher UTB 363)
Franz Mehring: Ästhetische Streifzüge (1898). X (Naturalismus und proletarischer Klassenkampf), in: ders.: Aufsätze zur deutschen Literatur von Hebbel bis Schweichel, Berlin DDR 1976 (= Franz Mehring: Gesammelte Schriften. Herausgegeben von Prof. Dr. Thomas Höhle, Prof. Dr. Hans Koch, Prof. Dr. Josef Schleifstein, Band 11), S. 214-219
Franz Mehring: Der heutige Naturalismus (1893), in: ders.: Aufsätze zur deutschen Literatur von Hebbel bis Schweichel, Berlin DDR 1976 (= Franz Mehring: Gesammelte Schriften. Herausgegeben von Prof. Dr. Thomas Höhle, Prof. Dr. Hans Koch, Prof. Dr. Josef Schleifstein, Band 11), S. 127-129
Theo Meyer (Hrsg.): Theorie des Naturalismus, Stuttgart 1973 (= Universal-Bibliothek Nr. 9475-78)
Hans Miehle: Der Münchener Pseudonaturalismus der achtziger Jahre, Diss. München 1947
Ursula Münchow: Deutscher Naturalismus, Berlin DDR 1968
Ludwig Niemann: Soziologie des naturalistischen Romans, Diss.

Berlin 1932

Fritz Novotny: Die „grosse" und die „kleine" Form in der Malerei des Naturalismus. Bermerkungen zur Kunst Wilhelm Leibls, in: Wiener Jahrbuch für Kunstgeschichte, 25. 1972, S. 276-284

Friedrich Pecht: Über die Nachahmung in den bildenden Künsten, in: Die Kunst für Alle, 1. 1885/1886, S. 133-134

Ludwig Pfau: „Emile Zola" (1880), in: ders.: Literarische und historische Skizzen, Stuttgart/Leipzig/Berlin 1882[2] (= Ludwig Pfau: Kunst und Kritik. Ästhetische Schriften. Sechster Band), S. 3-106

Peter Philipp: Der Naturalismus in kritischer Beleuchtung, Leipzig 1892

Karl Pietschker: Karl Gussow und der Naturalismus in Deutschland, Berlin 1898

August Reißmann: Der Naturalismus in der Kunst, Hamburg 1891 (= Deutsche Zeit- und Streitfragen, Heft 88/89)

Norman Rosenthal / Gillian Perry: Germany, Norway and Switzerland. Idealism and Naturalism in Painting, in: Kat. Ausst. Post-Impressionism. Cross-Currents in European Painting. Royal Academy of Arts London 1979-80, London 1979, S. 150-153

Eberhard Ruhmer: Naturalismus, Impressionismus und malerische Phantasie, in: Kat. Ausst. Max Liebermann in seiner Zeit. Eine Ausstellung der Nationalgalerie Berlin mit Unterstützung der Berliner Festspiele GmbH, der Akademie der Künste, Berlin und der Ausstellungsleitung Haus der Kunst München e.V. und unter der Mitwirkung des Kupferstichkabinetts Berlin. Nationalgalerie Berlin Staatliche Museen Preußischer Kulturbesitz 6. September - 4. November 1979, Haus der Kunst München 14. Dezember - 17. Februar 1980, München 1979, S. 53-59

Helmut Scheuer (Hrsg.): Naturalismus. Bürgerliche Dichtung und soziales Engagement, Stuttgart/Berlin/Köln/Mainz 1974

Dagmar Schlapeit-Beck: Frauenarbeit in der Malerei 1870-1900. Das Arbeitsbild im deutschen Naturalismus, Berlin (West) 1985

Hans Schmidkunz: Helmholtz über Kunst, in: Die Kunst für Alle, 10. 1894/95, S. 21-24

Georg Schmidt: Naturalismus und Realismus. Ein Beitrag zur kunstgeschichtlichen Begriffsbildung, in: ders.: Umgang mit Kunst. Ausgewählte Schriften 1940-1963. Mit einem Nachwort von Adolf Max Vogt, Freiburg i.Br. 1966, S. 27-36

J. Adolf Schmoll gen. Eisenwerth: Naturalismus und Realismus: Versuch zur Formulierung verbindlicher Begriffe, in: Städel-Jahrbuch, N.F., 5. 1975, S. 247-266

Albert Soergel: Dichtung und Dichter der Zeit. Eine Schilderung der deutschen Literatur der letzten Jahrzehnte, Leipzig 1922[16]

Sebastian Staudhamer: Vom Verhältnis zwischen Natur und Kunst, in: Die christliche Kunst, 11. 1914/1915, S. 240-242

Emil Utitz: Naturalistische Kunsttheorien, in: Zeitschrift für Aesthetik, 5. 1910, S. 87-91

Veit Valentin: Der Naturalismus und seine Stellung in der Kunstentwicklung, Kiel/Leipzig 1891 (= Deutsche Schriften für Literatur und Kunst. 1. Reihe, Heft 4)

Karl Woermann: Die Natur und die Künstler, in: Die Kunst für Alle, 10. 1894/95, S. 101-104

Julie Zadeck: Emile Zola. Eine literarische Studie, in: Neue Zeit, 1. 1883, S. 496-505

Emile Zola: Ein Wort in Sachen der Kunst von Emile Zola. Verdeutscht von H. E. v. Berleptsch, in: Die Kunst für Alle, 12. 1896/97, S. 5-9, S. 22-27

Realismus

Erich Auerbach: Mimesis. Dargestellte Wirklichkeit in der abendländischen Literatur, Bern/München 1964[3]

Günter Aust: Realisten im Kaiserreich, in: Kat. Ausst. Von Liebermann zu Kollwitz. Von der Heydt-Museum Wuppertal 23. Oktober - 18. Dezember 1977. Konzeption der Ausstellung: Günter Aust und Hans Günter Wachtmann, Wuppertal 1977, S. 11-17 (ohne Paginierung)

Hugo Aust: Literatur des Realismus, Stuttgart 1977 (= Sammlung Metzler. Realien zur Literatur M 157)

Autorenkollektiv: Zur Theorie des sozialistischen Realismus, Berlin DDR 1974

Dieter Barth: Das Familienblatt. – Ein Phänomen der Unterhaltungspresse des 19. Jahrhunderts, Frankfurt am Main 1976

Richard Brinkmann: Wirklichkeit und Illusion. Studien über Gehalt und Grenzen des Begriffs Realismus für die erzählende Dichtung des 19. Jahrhunderts, Tübingen 1966[2]

Richard Brinkmann: Begriffsbestimmung des literarischen Realismus, Darmstadt 1969, 1974[2] (= Wege der Forschung Band CCXII)

Max Bucher / Werner Hahl / Georg Jäger / Reinhard Wittmann (Hrsg.): Realismus und Gründerzeit. Manifeste und Dokumente zur deutschen Literatur 1848-1880. Bd. 1 Einführung in den Problemkreis, Stuttgart 1976, Bd. 2 Manifeste und Dokumente, Stuttgart 1975

Friedrich Christian Delius: Der Held und sein Wetter. Ein Kunstmittel und sein ideologischer Gebrauch im Roman des bürgerlichen Realismus, München 1971

Petra ten Doesschate Chu: French Realism and the Dutch Masters. The Influence of Dutch Seventeenth-Century Painting on the Development of French Painting between 1830 and 1870, Utrecht 1974

Ulf Eisele: Realismus und Ideologie. Zur Kritik der Literarischen Theorie nach 1848 am Beispiel des „Deutschen Museums", Stuttgart 1976

Marie-Luise Gausberg: Der Prosawortschatz des deutschen Realismus. Unter besonderer Berücksichtigung des vorausgehenden Sprachwandels 1835-1855, Bonn 1966[2]

Friedrich Gross: Realismus, Materialismus und nichtrealistische Gestaltungsweisen der Bildkunst, in: Hephaistos. Kritische Zeitschrift zu Theorie und Praxis der Archäologie, Kunstwissenschaft und angrenzender Gebiete. Herausgegeben von Burkhard Fehr, Klaus-Heinrich Meyer, Hans-Joachim Schalles, Lambert Schneider, 9 - 1988, S. 61-110, sowie Tafeln 1-6

Friedrich Gross: Die Sinnlichkeit in der Malerei Corinths, in: Zdenek Felix (Hrsg.): Lovis Corinth 1858-1925. Mit Beiträgen von Gerhard Gerkens, Friedrich Gross und Joachim Heusinger von Waldegg, Köln 1985, S. 39-54

Friedrich Gross: Realisten des 19. Jahrhunderts als „Idylliker"? Auch ein Beitrag zur Realismusdebatte, in: kritische berichte, 11. 1983, Heft 2, S. 58-80

Friedrich Gross: Realismus in der deutschen protestantischen Bildkunst des 19. Jahrhunderts, in: Anstösse. Aus der Arbeit der Evangelischen Akademie Hofgeismar, 30. 1983, Heft 3-4, S. 106-158

Friedrich Gross: Über die Wirklichkeit. Ein sokratischer Dialog, in: Hephaistos, 3 - 1981, S. 11-15

Werner Hahl: Reflexion und Erzählung. Ein Problem der Romantheorie von der Spätaufklärung bis zum programmatischen Realismus, Stuttgart 1971

Heinrich Hahne: Wie weit reicht die Erweiterung des Realismus-Begriffs? Das „Ludwig-Institut für Kunst der DDR" in Oberhausen, in: Frankfurter Allgemeine Zeitung, Nr. 161, Dienstag, 24. Juli 1984, S. 23

Werner Hecht (Hrsg.): Bertolt Brecht über Realismus, Frankfurt am Main 1975[3] (= edition suhrkamp 485)

Klaus Herding: Realismus, in: Werner Busch / Peter Schmoock (Hrsg.): Kunst. Die Geschichte ihrer Funktionen. Herausgegeben von Werner Busch und Peter Schmoock, Weinheim/Berlin (West) 1987, S. 674-713

Klaus Herding: Mimesis und Innovation. Überlegungen zum Begriff des Realismus in der bildenden Kunst, in: Klaus Oehler (Hrsg.): Zeichen und Realität. Akten des 3. Semiotischen Kollo-

quiums der Deutschen Gesellschaft für Semiotik e.V. Hamburg 1981. Band I, Tübingen 1984 (= Probleme der Semiotik. Band 1/I. Herausgegeben von Roland Posner), S. 83-113
Klaus Herding: Realismus – Eine Frage des Ziels, in: Kat. Ausst. Als guter Realist muß ich alles erfinden. Internationaler Realismus heute. Kunstverein und Kunsthaus Hamburg. 4. Nov. 1978 bis 7. Jan. 1979, Hamburg 1978, S. 12-23
Klaus Herding (Hrsg.): Realismus als Widerspruch. Die Wirklichkeit in Courbets Malerei, Frankfurt am Main 1978 (= suhrkamp taschenbuch 493)
Hans H. Hofstätter: Stichwort: Realismus, in: Das Münster, 26. 1973, S. 162-166
Georg Jäger: Der Realismusbegriff in der Kunstkritik, in: Max Bucher / Werner Hahl / Georg Jäger / Reinhard Wittmann (Hrsg.): Realismus und Gründerzeit. Manifeste und Dokumente zur deutschen Literatur 1848-1880, Bd. 2: Manifeste und Dokumente, Stuttgart 1975, S. 9-31
Klaus Jarmatz: Forschungsfeld Realismus. Theorie. Geschichte. Gegenwart, Berlin und Weimar 1975
Hans Robert Jauß (Hrsg.): Nachahmung und Illusion, München 1969²
Kat. Ausst. Vom Realismus zum Expressionismus. Norddeutsche Malerei 1870 bis um 1930. Aus dem Bestand der Kunsthalle zu Kiel der Christian-Albrechts-Universität. Herausgegeben von Jens Christian Jensen, Kiel 1984
Kat. Ausst. Marianne Doezema: American Realism and the Industrial Age. Cleveland Museum of Art, Cleveland, Ohio 1980 (= Themes in Art Series. Published by the Cleveland Museum of Art in cooperation with Indiana University Press)
Kat. Ausst. Als guter Realist muß ich alles erfinden. Internationaler Realismus heute. Kunstverein und Kunsthaus Hamburg. 4. Nov. 1978 bis 7. Jan. 1979, Hamburg 1978
Kat. Ausst. Prinzip Realismus. Malerei, Plastik, Graphik. Akademie der Künste, Berlin. Januar-Februar 1973, Berlin (West) 1972
Kat. Ausst. Triumph of Realism. An Exhibition of European and American Realist Paintings 1850-1910. The Brooklyn Museum October 3 - November 19, 1967. Virginia Museum of Fine Arts December 11, 1967 - January 14, 1968. California Palace of the Legion of Honour February 17 - March 31, 1968, New York 1967
Kat. Ausst. Der frühe Realismus in Deutschland 1800-1850. Gemälde und Zeichnungen aus der Sammlung Georg Schäfer, Schweinfurt. Ausstellung im Germanischen Nationalmuseum Nürnberg. 23. Juni - 1. Oktober 1967, Schweinfurt 1967
Hermann-Josef Keyenburg: Realismus. Formen der Wirklichkeitsdarstellung in der Kunst des 19. und 20. Jahrhunderts, Hannover/Dortmund/Darmstadt/Berlin 1978 (= Materialien für die Sekundarstufe II Arbeitstexte für den Kunstunterricht)
Michael Kienzle: Der Erfolgsroman. Zur Kritik seiner poetischen Ökonomie bei G. Freytag und E. Marlitt, Stuttgart 1975
Hermann Kinder: Poesie als Synthese. Ausbreitung eines deutschen Realismusverständnisses in der Mitte des 19. Jahrhunderts, Frankfurt am Main 1973
Stephan Kohl: Realismus: Theorie und Geschichte, München 1977 (= Uni Taschenbücher 643)
Wolf Dieter Kühnel: Ferdinand Kürnberger als Literaturtheoretiker im Zeitalter des Realismus, Göppingen 1970
Otto von Leixner: Berechtigung und Grenzen des Realismus, in: Die Kunst für Alle, 2. 1886/87, S. 161-164
Georg Lukács: Die Theorie des Romans. Ein geschichtsphilosophischer Versuch über die Formen der großen Epik, Berlin 1920, Neudruck: Neuwied und Berlin 1974² (= Sammlung Luchterhand 36)
Fritz Martini: Deutsche Literatur im bürgerlichen Realismus 1848-1898, Stuttgart 1974³ (3. mit einem ergänzenden Nachwort versehene Auflage)
Werner Mittenzwei: Der Realismus-Streit um Brecht. Grundriß der Brecht-Rezeption in der DDR 1945-1975, Berlin und Weimar 1978
Walter Müller-Seidel: Theodor Fontane. Soziale Romankunst in Deutschland, Stuttgart 1975
Winfried Nerdinger: Zur Entstehung des Realismus-Begriffs in Frankreich und zu seiner Anwendung im Bereich der ungegenständlichen Kunst, in: Städel-Jahrbuch, N.F., 5. 1975, S. 227-246
Linda Nochlin: Realism, Harmondsworth 1971
Hubert Ohl: Bild und Wirklichkeit. Studien zur Romankunst Raabes und Fontanes, Heidelberg 1968
Bernd Peschken / Claus D. Krohn (Hrsg.): Der liberale Roman und der preußische Verfassungskonflikt, Stuttgart 1976 (= Literaturwissenschaft und Sozialwissenschaften Bd. 7)
Heinrich Reinhardt: Die Dichtungstheorie der sogenannten Poetischen Realisten, Würzburg 1939
Charles Rosen / Henri Zerner: Romanticism and Realism. The Mythology of Nineteenth Century Art, London/Boston 1984
Hans-Joachim Ruckhäberle / Helmut Widhammer: Roman und Romantheorie des deutschen Realismus. Darstellung und Dokumente, Kronberg 1977
Peter Sager: Neue Formen des Realismus. Kunst zwischen Illusion und Wirklichkeit, Köln 1974² (= DuMont Dokumente)
Ludwig Salomon: Geschichte des deutschen Zeitungswesens von den ersten Anfängen bis zur Wiederaufrichtung des deutschen Reiches, 3 Bde., Leipzig 1902/06
Hartmut Steinecke: Romantheorie und Romankritik in Deutschland. die Entwicklung des Gattungsverständnisses von der Scott-Rezeption bis zum programmatischen Realismus, Bd. I, Stuttgart 1975; Bd. II, Quellentexte, Stuttgart 1976
Friedrich Tomberg: Mimesis der Praxis und abstrakte Kunst. Ein Versuch über die Mimesistheorie, Neuwied und Berlin 1968
Emil Waldmann: Die Kunst des Realismus und des Impressionismus im 19. Jahrhundert, Berlin 1942³
Gabriel P. Weisberg (Hrsg.): The European Realist Tradition, Bloomington, Indiana, 1982
Gabriel P. Weisberg: The Realist Tradition. French Painting and Drawing 1830-1900. A special exhibition organized by the Cleveland Museum of Art 12 November 1980 through 18 January 1981. The Brooklyn Museum 7 March through 10 May 1981. The St. Louis Art Museum 23 July through 20 September 1981. Glasgow Art Gallery and Museum Kelvingrove 5 November 1981 through 4 January 1982, Cleveland, Ohio, 1980
Helmuth Widhammer: Die Literaturtheorie des deutschen Realismus (1848-1860), Stuttgart 1977 (= Sammlung Metzler, Realien zur Literatur M 152)
Helmuth Widhammer: Realismus und klassizistische Tradition. Zur Theorie der Literatur in Deutschland 1848-1860, Tübingen 1972

Impressionismus

Thomas Alt: Die Herabwertung der deutschen Kunst durch die Parteigänger des Impressionismus, Mannheim 1911
Karl Bone: Gedanken zum Prinzip des Impressionismus. (Anläßlich der letzten Sonderbundausstellung in Düsseldorf 1910), in: Die christliche Kunst, 7. 1910/11, S. 256-263
Otto Brandes: Die Impressionisten in der Ausstellung der „indépendants", in: Die Kunst für Alle, 2. 1886/1887, S. 238
Kurt Breysig: Eindruckskunst und Ausdruckskunst, Berlin 1927
Ludwig Coellen: Die neue Malerei. Der Impressionismus. Von Gogh und Cézanne. Die Romantik der neuen Malerei. Hodler. Gauguin und Matisse. Picasso und der Kubismus. Die Expressionisten, München 1912, 1913²
Manfred Diersch: Empiriokritizismus und Impressionismus. Über Beziehungen zwischen Philosophie, Ästhetik und Literatur um 1900 in Wien, Berlin DDR 1977

Max Foth: Die Raumillusion und die Unschärfe moderner Bilder, in: Zeitschrift für Aesthetik und allgemeine Kunstwissenschaft. Herausgegeben von Max Dessoir, 4. 1909, S. 456-463
Richard Hamann: Der Impressionismus in Leben und Kunst, Marburg 1923
Richard Hamann / Jost Hermand: Impressionismus. Epochen deutscher Kultur von 1870 bis zur Gegenwart. Band 3, München 1972 (= sammlung dialog 56)
Erich Rudolf Jaensch: Über impressionistisches Sehen und impressionistische Weltansicht, in: Erich Rudolf Jaensch und Mitarbeiter: Über Grundfragen der Farbenpsychologie, Leipzig 1930, S. 310-317
Carl Justi: Der Amorphismus in der Kunst, Bonn 1902
Kat. Ausst. Liebermann. Slevogt. Corinth. Le tournant du siècle en Allemagne. Maison de la Culture de Bourges 16 juin - 15 septembre 1967, Bourges 1967
Kat. Ausst. Deutsche Impressionisten. Liebermann. Corinth. Slevogt. Museum zu Allerheiligen Schaffhausen, Schaffhausen 1955
Jean Leymarie: Impressionismus. Biographisch-kritische Studie. Erster Band: Der Impressionismus vor 1873, Zweiter Band: Der Impressionismus nach 1873, Genf 1955 (= Der Geschmack unserer Zeit, Sammlung, begründet und herausgegeben von Albert Skira)
Richard Muther: Impressionismus, in: ders.: Aufsätze über bildende Kunst. Zweiter Band: Betrachtungen und Eindrücke, Berlin 1914 (= Richard Muther: Aufsätze über bildende Kunst in drei Bänden herausgegeben von Hans Rosenhagen), S. 107-110
Wilhelm Niemeyer: Malerische Impression und koloristischer Rhythmus. Beobachtungen über die Malerei der Gegenwart. Denkschrift des Sonderbundes auf die Ausstellung 1910, Düsseldorf 1911
Friedrich Pecht: Über den heutigen französischen Impressionismus, in: Die Kunst für Alle, 2. 1886/1887, S. 337-339
Max Picard: Das Ende des Impressionismus, in: Christliches Kunstblatt, 59. 1917, S. 248-250
Max Picard: Das Ende des Impressionismus, München 1916
Hans Platte: Deutsche Impressionisten, Gütersloh/Berlin/München/Wien 1971
Anna L. Plehn: Vom Wert des Neoimpressionismus, in: Die Kunst, 9. 1904, S. 514-522
Anna L. Plehn: Der Impressionismus und sein Ausgang, in: Die Kunst, 5. 1902, S. 121-126, S. 154-159
John Rewald: Die Geschichte des Impressionismus. Schicksal und Werk der Maler einer großen Epoche der Kunst, Köln 1979 (= DuMont Dokumente)
Klaus Rohrandt: Die Diskussion um den deutschen Impressionismus, in: Klaus Rohrandt: Wilhelm Trübner (1851-1917). Kritischer und beschreibender Katalog sämtlicher Gemälde, Zeichnungen und Druckgraphik. Biographie und Studien zum Werk. Band I, Diss. Kiel 1974, Kap. III, 2. Exkurs, S. 67-73
Karl Römpler: Der deutsche Impressionismus, Dresden 1958
Bruno Schneider: Der Impressionismus im Urteil der deutschen Kunstliteratur, Diss. Bonn 1950
Jean Selz: DuMont's kleines Lexikon des Impressionismus, Köln 1977² (= DuMont Kunst-Taschenbücher 31)
Hermann Thomas: Impressionismus und Expressionismus. Eine typenpsychologische Untersuchung impressionistischer und expressionistischer Schaffensvorgänge in der Malerei, Diss. Marburg 1932
Louise Thon: Die Sprache des deutschen Impressionismus, München 1926
Emil Waldmann: Die Kunst des Realismus und des Impressionismus im 19. Jahrhundert, Berlin 1927, 1942³ (= Propyläen Kunstgeschichte 15)
Oskar Walzel: Impressionismus und ästhetische Rubriken, in: ders.: Das Wortkunstwerk. Mittel seiner Erforschung, Leipzig 1926, S. 36-44
Werner Weisbach: Vom Impressionismus bis zur Gegenwart, Berlin 1927

Werner Weisbach: Impressionismus. Ein Problem der Malerei in der Antike und der Neuzeit. 2 Bde., Berlin 1910-1911 (= Antike und Neuzeit Bd. 2)
Alfred Werner: Impressionismus und Expressionismus, Leipzig/Frankfurt am Main 1917
Siegfried Wichmann: Realismus und Impressionismus in Deutschland. Bemerkungen zur Freilichtmalerei des 19. und beginnenden 20. Jahrhunderts, Stuttgart 1964

Neuidealismus

Fedor Augustovic: Mystische Weltschau. Fünf Gestalten des russischen Symbolismus, München 1964
Hermann Bahr: Zur Überwindung des Naturalismus. Theoretische Schriften 1887-1904. Ausgewählt, eingeleitet und erläutert von Gotthard Wunberg, Stuttgart/Berlin/Köln/Mainz 1968 (= Sprache und Literatur 46)
Anna Balakian: The Symbolist Movement, New York 1967
Renato Barilli: Symbolismus, München 1975
Renato Barilli: Il simbolismo. parte prima, Milano 1967 (= L'arte moderna 4)
Renato Barilli: Il simbolismo. parte seconda, Milano 1967 (= L'arte moderna 5)
Renato Barilli: Il simbolismo. parte terza, Milano 1967 (= L'arte moderna 6)
Roger Bauer / Eckhard Heftrich / Helmut Koopmann / Wolfdietrich Rasch / Willibald Sauerländer / J. Adolf Schmoll gen. Eisenwerth (Hrsg.): Fin de siècle. Zur Literatur und Kunst der Jahrhundertwende, Frankfurt am Main 1977 (= Studien zur Philosophie und Literatur des neunzehnten Jahrhunderts. Band 35)
Christa Bürger / Peter Bürger / Jochen Schulte-Sasse: Naturalismus / Ästhetizismus. Beiträge von Peter Bürger, Hans Sanders, Onno Frels, Lothar Paul, Wilfried Grauert, Gerhard Goebel, Inge Degenhardt, Gerd Sautermeister, Andreas Huyssen, Frankfurt am Main 1979 (= edition suhrkamp 992)
Peter Bürger: Ästhetisierende Wirklichkeitsdarstellung bei Proust, Valéry und Sartre, in: Peter Bürger: Aktualität und Geschichtlichkeit. Studien zum gesellschaftlichen Funktionswandel der Literatur, Frankfurt am Main 1977 (= edition suhrkamp 879), S. 160-194
Alfred Edward Carter: The Idea of Decadence in French Literature 1830-1900, Toronto 1958
Albert Cassagne: La théorie de l'art pour l'art en France, Paris 1906
Ulrich Christoffel: Malerei und Poesie. Die symbolistische Kunst des 19. Jahrhunderts, Wien 1948
Robert L. Delevoy: Symbolists and Symbolism. Translated from the French by Barbara Bray, Elizabeth Wrightson und Bernard C. Swift, Genf 1978
Robert L. Delevoy: Der Symbolismus in Wort und Bild. Text von Robert L. Delevoy. Aus dem Französischen von Knud Lambrecht und Cornelia Niebler, Genf 1979
Jens Malte Fischer: Fin de siècle. Kommentar zu einer Epoche, München 1978
Georg Fuchs: Friedrich Nietzsche und die bildende Kunst, in: Die Kunst für Alle, 11. 1895/96, S. 33-38, S. 71-73, S. 85-88
Manfred Gsteiger: Französische Symbolisten in der deutschen Literatur der Jahrhundertwende, München 1971
Jelena Hahl-Koch: Marianne Werefkin und der russische Symbolismus, München 1967
Hermann Helferich: Etwas über Neu-Idealisten, in: Die Kunst für Alle, 7. 1891/1892, S. 70-72, S. 85-87
Hermann Helferich: Etwas über die symbolistische Bewegung, in: Die Kunst für Alle, 10. 1894/1895, S. 33-37
Jost Hermand: Der Schein des schönen Lebens. Studien zur Jahrhundertwende, Frankfurt am Main 1972 (= Athenäum Paperbacks

Germanistik)
Hans Hinterhäuser: Fin de siècle. Gestalten und Mythen, München 1977
Hans H. Hofstätter: Symbolismus und die Kunst der Jahrhundertwende. Voraussetzungen, Erscheinungsformen, Bedeutungen, Köln 1973²
Johann Holthusen: Studien zur Ästhetik und Poetik des russischen Symbolismus, Göttingen 1957
Lothar Hönnighausen: Präraphaeliten und Fin de siècle. Symbolistische Tendenzen in der Englischen Spätromantik, München 1971
Kornel Jaskulski: Der Symbolismus Böcklins, Czernowitz 1909
Philippe Jullian: Mythen und Phantasmen in der Kunst des fin de siècle, Berlin (West) 1971
Philippe Jullian: Der Symbolismus, Köln 1974
Kat. Ausst. Experiment Weltuntergang. Wien um 1900. Hamburger Kunsthalle vom 10. April bis 31. Mai 1981. Herausgeber: Werner Hofmann. Katalogredaktion: Günter Hartmann, Peter-Klaus Schuster, München/Hamburg 1981
Kat. Ausst. Post-Impressionism. Cross-Currents in European and American Painting 1880-1906. National Gallery of Art, Washington, Washington D.C. 1980
Kat. Ausst. Symbolismus in Europa. Staatliche Kunsthalle Baden-Baden 20. März - 9. Mai 1976, Baden-Baden 1976
Kat. Ausst. Het geheim. Duitse schilderkunst van allegorie en symboliek 1870-1900. Tentoonstelling ter gelegenheid van 300jaar Groningens Ontzet. Groningen, Museum voor Stad en Lande 21 oktober - 3 december, Groningen 1972
Erwin Koppen: Dekadenter Wagnerismus. Studien zur europäischen Literatur des Fin de Siècle, Berlin (West)/New York 1973
Udo Köster: Die Überwindung des Naturalismus. Begriffe, Theorien und Interpretationen zur deutschen Literatur um 1900, Hollfeld/Ofr. 1979 (= Analysen und Reflexionen Bd. 35)
Rafael Koskimies: Der Nordische Dekadent, Helsinki 1968
Arthur George Lehmann: The Symbolist Aesthetic in France 1885-1895, Oxford 1968
Walter Linden: Eindrucks- und Symbolkunst, Leipzig 1940
Maurice Maeterlinck: Der Schatz der Armen, in die deutsche Sprache übertragen durch Friedrich von Oppeln-Bronikowski. Autorisierte Ausgabe. (Buchschmuck von Melchior Lechter), Florenz/Leipzig 1898, Neudruck: Düsseldorf/Köln 1965
Gert Mattenklott: Bilderdienst. Ästhetische Opposition bei Beardsley und George, München 1970
Oskar Mothes: Neoterismus und Eklekticismus in der evangelisch-kirchlichen Kunst à la fin du siècle, in: Christliches Kunstblatt, 39. 1897, S. 150-156
Richart Muther: Die Neuidealisten, in: ders.: Geschichte der Malerei im XIX. Jahrhundert. Dritter Band, München 1894, S. 444-658 (V.)
Maximilian Nutz: Werte und Wertungen im George-Kreis. Zur Soziologie literarischer Kritik, Bonn 1976 (= Abhandlungen zur Kunst-, Musik- und Literaturwissenschaft Bd. 199)
Alfred Pfabigan (Hrsg.): Ornament und Askese im Zeitgeist des Wien der Jahrhundertwende, Wien 1985
Mario Praz: Liebe, Tod und Teufel. Die schwarze Romantik, 2 Bde., München 1970
Noel Richard: Le mouvement décadent. Dandys, ésthètes et quintessents, Paris 1968
Noel Richard: A l'aube du Symbolisme, Paris 1961
Philippe Roberts-Jones: Irrealismus. Das Visionäre in der Malerei des 19. Jahrhunderts, München 1978
Jean Roman: Paris. Fin de siècle, Paris 1958
B. Rommel: Transformationen des Ästhetizismus, in: Friedrich A. Kittler / Horst Turk (Hrsg.): Urszenen. Literaturwissenschaft als Diskursanalyse und Diskurskritik, Frankfurt am Main 1977, S. 323-354

Benno Ruettenauer: Symbolische Kunst. Félicien Rops. Die Romantik und der Praeraphaelismus. John Ruskin. Dante Gabriel Rossetti, Straßburg 1900
Erich Ruprecht / Dieter Bänsch (Hrsg.): Literarische Manifeste der Jahrhundertwende, Stuttgart 1970
Hannelore Schlaffer / Heinz Schlaffer: Studien zum ästhetischen Historismus, Frankfurt am Main 1975 (= edition suhrkamp 756)
Albert-Marie Schmidt: La littératur symboliste, Paris 1969
Carl E. Schorske: Wien. Geist und Gesellschaft im Fin de siècle. Deutsch von Horst Günther, Frankfurt am Main 1982
Peter-Klaus Schuster: Neuidealismus, in: Kat. Ausst. „München leuchtete". Karl Caspar und die Erneuerung christlicher Kunst in München um 1900. Herausgegeben von Peter-Klaus Schuster. Katalog zur Ausstellung der Bayerischen Staatsgemäldesammlungen/Staatsgalerie moderner Kunst und des 88. Deutschen Katholikentages München 1984 e.V. im Haus der Kunst, München, vom 8. Juni bis 22. Juli 1984, München 1984, S. 147-157
Bengt Algot Sørensen: Der „Dilettantismus" des fin de siècle und der junge Heinrich Mann, in: Orbis Litterarum XXIV, 1969, S. 251-270
Peter Szondi: Theorie des modernen Dramas (1956), Frankfurt am Main 1977 (= edition suhrkamp 27)
Josef Theisen: Die Dichtung des französischen Symbolismus, Darmstadt 1974 (= Erträge der Forschung Band 31)
Werner Vordtriede: Novalis und die französischen Symbolisten. Zur Entstehungsgeschichte des dichterischen Symbols, Stuttgart 1963 (= Sprache und Literatur 8)
Robert Waissenberger: Wien 1890-1920, Wien/Heidelberg 1984
Robert Waissenberger (Hrsg.): Wien 1870-1930. Traum und Wirklichkeit. Mit 225 Abbildungen, davon 71 in Farbe. Herausgegeben vom Historischen Museum der Stadt Wien unter Leitung von Robert Waissenberger, Wien 1984
Anne Armstrong Wallis: Fin de siècle, London 1947
Gotthard Wunberg / Johannes J. Braakenburg (Hrsg.): Die Wiener Moderne. Literatur, Kunst und Musik zwischen 1890 und 1910. Mit 25 Abbildungen. Herausgegeben von Gotthard Wunberg unter Mitarbeit von Johannes J. Braakenburg, Stuttgart 1982 (= Reclam Universal-Bibliothek Nr. 7742)
Ralph-Rainer Wuthenow: Muse, Maske, Meduse. Europäischer Ästhetiszismus, Frankfurt/Main 1978 (= edition suhrkamp 879)

Expressionismus

Roy F. Allen: Literary Life in German Expressionism and the Berlin Circles, Ann Arbor, Michigan 1983
Werner Altmeier: Die Bildende Kunst des deutschen Expressionismus im Spiegel der Buch- und Zeitschriftenpublikationen zwischen 1910 und 1925 – Zur Debatte um ihre Ziele, Theorien und Utopien, Diss. Saarbrücken 1972
Thomas Anz / Michael Stark (Hrsg.): Expressionismus. Manifeste und Dokumente zur deutschen Literatur 1910-1920. Mit Einleitungen und Kommentaren von Thomas Anz und Michael Stark, Stuttgart 1982 (= Manifeste und Dokumente zur deutschen Literatur)
Hermann Bahr: Expressionismus, München 1920
Stephanie Barron (Hrsg.): Skulptur des Expressionismus. Katalogbuch zur Ausstellung der Josef-Haubrich-Kunsthalle Köln, München 1984
Gertrud Bauer Pickar (Hrsg.): Expressionism reconsidered. Relationships and affinities, München 1979
Adolf Behne: Die Wiederkehr der Kunst, München o.J. (1920)
Adolf Behne: Zur neuen Kunst, Berlin 1915
Gerd Betz: Wie erkenne ich Expressionistische Kunst?, Stuttgart/Zürich 1982
Hans Bodensieck: Zur Kritik des Expressionismus, in: Christliches Kunstblatt, 61. 1919, S. 21-25

Hans Bodensieck: Matthias Grünewald und der Expressionismus, in: Christliches Kunstblatt, 61. 1919, S. 154-159
William S. Bradley: Emil Nolde and German expressionism. A prophet in his own land, Ann Arbor, Michigan, 1986 (= Studies in the fine arts. The avant-garde. No. 52)
Richard Brinkmann: Expressionismus. Internationale Forschung zu einem internationalen Phänomen, Stuttgart 1980
Richard Brinkmann: Expressionismus-Forschungsprobleme, Stuttgart 1961
Lothar-Günther Buchheim: Graphik des deutschen Expressionismus, Feldafing 1959
Lothar-Günther Buchheim: Die Künstlergemeinschaft Brücke, Feldafing 1956
Ludger Busch: Georg Muche. Dokumentation zum malerischen Werk der Jahre 1915 bis 1920. Ein Diskussionsbeitrag zum Expressionismus. Mit zum Teil farbigen Illustrationen, Tübingen 1984
Frances Carey / Anthony Griffiths: The Print in Germany 1880-1933. The age of expressionism. Prints from the Department of Prints and Drawings in the British Museum. David Paisey: A section of illustrated books from the British Library, London 1984
Ludwig Coellen: Die neue Malerei. Der Impressionismus. Van Gogh und Cézanne. Die Romantik der neuen Malerei. Hodler, Gauguin und Matisse. Picasso und der Kubismus. Die Expressionisten, München 1912, 1913²
Jean Paul Crespelle: Fauves und Expressionisten, Münchend 1963
Rudolf Czapek: Die neue Malerei, Stuttgart 1909
Theodor Däubler: Der neue Standpunkt, Dresden-Hellerau 1916
Theodor Däubler: Im Kampf um die moderne Kunst, Berlin 1919 (= Tribüne der Kunst und Zeit. Heft 3)
Bernard Denvir: Fauvismus und Expressionismus, München/Zürich 1976
Max Deri: Naturalismus. Idealismus. Expressionismus, Leipzig 1919
Wolf-Dieter Dube: Der Expressionismus in Wort und Bild, Genf/Stuttgart 1983
Wolf-Dieter Dube: Die Expressionisten, Frankfurt am Main/Berlin (West)/Wien 1973
Kasimir Edschmidt: Über den Expressionismus in der Literatur und die neue Dichtung, Dresden 1918
Carl Einstein: Negerplastik, Leipzig 1915
Expressionismus – sozialer Wandel und künstlerische Erfahrung. Mannheimer Kolloquium, München 1982
Christoph Eyckman: Denk- und Stilformen des Expressionismus, München 1974
Paul Fechter: Der Expressionismus, München 1914
Ferdinand Fellmann: Phänomenologie und Expressionismus, Freiburg 1982
Otto Fischer: Das neue Bild. Veröffentlichungen der Neuen Künstlervereinigung München, München 1912
Christian Geelhaar / Monica Stucky: Expressionistische Malerei in Basel um den Ersten Weltkrieg, Basel 1983
Waldemar George: Meisterwerke expressionistischer Malerei, Paris/Hamburg 1960
Maly Gerhardus / Dietfried Gerhardus: Expressionismus. Vom bildnerischen Engagement zur Kunstwende, Freiburg/Basel/Wien 1976
Marcel Giry: Der Fauvismus. Ursprünge und Entwicklung, Würzburg 1981
Rosel Gollek: Der Blaue Reiter im Lenbachhaus München. Katalog der Sammlung in der Städtischen Gallerie. Bearbeitet von Rosel Gollek, München 1982
Donald E. Gordon: On the Origin of the Word 'Expressionism', in: Journal of the Warburg and Courauld Institutes, XXIX. 1966, S. 368-385
Otto Grautoff: Formzertrümmerung und Formaufbau in der bildenden Kunst, Berlin 1919
Will Grohmann: Expressionisten, München/Wien/Basel 1956 (= Welt in Farbe)
Richard Hamann: Krieg, Kunst und Gegenwart. Aufsätze, Marburg 1917
Richard Hamann / Jost Hermand: Expressionismus. Epochen deutscher Kultur von 1870 bis zur Gegenwart. Band 5, München 1976 (= sammlung dialog 57)
Georg Friedrich Hartlaub: Die Graphik des Expressionismus in Deutschland, Stuttgart/Calw 1947
Georg Friedrich Hartlaub: Die neue deutsche Graphik, Berlin 1920 (= Tribüne der Kunst und Zeit. Heft 14)
Georg Friedrich Hartlaub: Kunst und Religion. Ein Versuch über die Möglichkeit neuer religiöser Kunst, Leipzig 1919 (= Das neue Bild. Bücher für die Kunst der Gegenwart. Herausgegeben von Carl Georg Heise. Zweiter Band)
Wilhelm Hausenstein: Über Expressionismus in der Malerei, Berlin 1919 (= Tribüne der Kunst und Zeit. Heft 2)
Barry Herbert: German Expressionism. Die Brücke and Der Blaue Reiter, London 1983
Oswald Herzog: Der Rhythmus in Kunst und Natur, Steglitz 1914
Hans Hildebrandt: Expressionismus in der Malerei. Ein Vortrag zur Einführung in das Schaffen der Gegenwart, Stuttgart/Berlin 1919
Robert Carleton Hobbs / Gail Levin: Abstract Expressionism. The Formative Years, Ithaca/London 1978
Waltraud Hodurek: Die Selbstbildnisse der nord- und mitteldeutschen Expressionisten, München 1976
Heinz Hoefchen: Graphik des deutschen Expressionismus. Bearbeitet von Heinz Hoefchen, Kaiserslautern 1986 (= Pfalzgalerie Kaiserslautern. Bestandskataloge der Graphischen Sammlung. 2)
Egon Hofmann: Über den Expressionismus als Zeiterscheinung, in: Die Kunst, Bd. 39. 1919, S. 419-428
Werner Hofmann: Aquarelle des Expressionismus, Köln 1966
Horst Jähner: Künstlergruppe Brücke. Geschichte – Leben und Werk ihrer Maler, Stuttgart/Berlin (West)/Köln/Mainz 1984 (= Lizenzausgabe Berlin DDR 1984)
Ludwig Justi: Von Corinth bis Klee, Berlin 1931
Ludwig Justi: Neue Kunst. Ein Führer zu den Gemälden der sogenannten Expressionisten in der National-Galerie, Berlin 1921
Wassily Kandinsky / Franz Marc: Der Blaue Reiter, München 1912. Dokumentarische Neuausgabe von Klaus Lankheit, München 1965
Wassily Kandinsky: 1901. 1913, Berlin 1913
Wassily Kandinsky: Über das Geistige in der Kunst, München 1912
Kat. Ausst. Schwerpunkte. 30 Neuerwerbungen aus der Sammlung Hanna Bekker vom Rath. Museum Wiesbaden 19.3. - 18.9.1988. Mit 30 farbigen Abbildungen, Wiesbaden 1988
Kat. Ausst. Deutsche Expressionisten. Beckmann, Campendonk, Dix u.a. Galerie Welz, Salzburg 23.7. - 30.8.1987, Salzburg 1987
Kat. Ausst. German Expressionist Art. The Ludwig and Rosy Fischer Collection. Organized by Frederick R. Brandt. Virginia Museum of Fine Arts, Richmond 13.1. - 8.3.1987, Richmond 1987
Kat. Ausst. Sammlung Rudolf und Bertha Frank. Gemälde, Skulpturen, Aquarelle, Graphiken. Hessisches Landesmuseum Darmstadt 5.12.1986 - 1.3.1987, Darmstadt 1986
Kat. Ausst. Expressionisten. Die Avantgarde in Deutschland 1905-1920. Staatliche Museen zu Berlin. Nationalgalerie & Kupferstichkabinett. 125 Jahre Sammlung der Nationalgalerie 1861-1986. 3.9. - 16.11.1986. Nebst: 1. Ein Rundgang durch die Ausstellung. 2. Die neue Abteilung der Nationalgalerie im ehemaligen Kronprinzen-Palais. Das Schicksal einer Sammlung, Berlin DDR 1986
Kat. Ausst. Grafik des deutschen Expressionismus. Institut für Auslandsbeziehungen Stuttgart. Wanderausstellung. Mit 121 zum Teil farbigen Abbildungen, Stuttgart 1986
Kat. Ausst. German Expressionist Prints from the Collection of Ruth and Jacob Kainen. Organized by Andrew Robinson. National

Gallery of Art, Washington 22.9.1985 - 9.2.1986. Mit 90 farbigen Abbildungen, Washington 1985

Kat. Ausst. Schenkung Ernst und Hanneliese Beyersdorff. Eine Oldenburger Sammlung. Landesmuseum Oldenburg. Augusteum 17.3. - 21.4.1985, Oldenburg 1985 (= Kataloge des Landesmuseums Oldenburg. Band 3)

Kat. Ausst. Die Aktion. Sprachrohr der expressionistischen Kunst. Sammlung Dr. Kurt Hirche, Bonn-Bad Godesberg. Eine Ausstellung des Städtischen Kunstmuseums Bonn im Haus an der Redoute, Bonn-Bad Godesberg 7. Dezember 1984 - 13. Januar 1985. Herausgeber: Städtisches Kunstmuseum Bonn. Ausstellung und Katalog: Alfred M. Fischer, Bonn 1984

Kat. Ausst. Hanna Bekker vom Rath und die Künstler des Blauen Hauses in Hofheim am Taunus. Magistrat der Stadt Hofheim am Taunus. Rathaus: Werke bis 1945. Haindl-Hof: Werke nach 1945. 27.10 - 21.11.1984, Hofheim am Taunus 1984

Kat. Ausst. Skulptur des Expressionismus. Herausgegeben von Stephanie Barron. Mit Beiträgen von: Stephanie Barron, Karin Breuer, Peter W. Guenther, Wolfgang Henze, Joachim Heusinger von Waldegg, Stephan Lackner, Stella Paul, Dietrich Schubert, Martin Urban, Gerhard Wietek. Josef-Haubrich-Kunsthalle Köln 12. Juli 1984 - 26. August 1984, München 1984

Kat. Ausst. Abbild und Emotion. Österreichischer Realismus 1914-1944. Österreichisches Museum für angewandte Kunst, Wien 6.6. - 8.7.1984. Mit 208 zum Teil farbigen Abbildungen, Wien 1984

Kat. Ausst. The Blue Four. Feininger, Jawlensky, Kandinsky, Paul Klee. Leonard Hutton Galleries, New York 30.3. - 24.5.1984, New York 1984

Kat. Ausst. Stiftung Günther und Carola Peill Köln 1983. Deutsche Zeichnungen und Druckgraphik des Expressionismus und der Kunst bis 1945. Arbeiten auf Papier von Ernst Wilhelm Nay 1936-1966. Internationale Zeichnungen und Druckgraphik der Kunst nach 1945. Museum Ludwig Köln 23.2. - 10.4.1983, Köln 1983

Kat. Ausst. Die Künstlergruppe „Brücke". Ernst Ludwig Kirchner, Erich Heckel, Karl Schmidt-Rottluff, Max Pechstein, Otto Mueller. Gemälde. Aquarelle. Zeichnungen und Druckgraphik. Verzeichnis der Bestände. Kunstmuseum mit Sammlung Sprengel Hannover 19.12.1982 - 6.3.1983, Hannover 1982

Kat. Ausst. Kandinsky und München. Begegnungen und Wandlungen 1896-1914. Herausgegeben von Armin Zweite. Mit Beiträgen von Peter Jelavich, Johannes Langner, Sixten Ringbom, Carl E. Schorske, Peg Weiss und Armin Zweite. Städtische Galerie im Lenbachhaus, München 18. August bis 17. Oktober 1982, München 1982

Kat. Ausst. German Expressionist Paintings. Beckmann. Campendon. Dix. Felixmüller. Grosz. Heckel. Jawlensky. Kandinsky. Kirchner. Klee. Kokoschka. Macke. Marc. Meidner. Modersohn-Becker. Morgner. Mueller. Nolde. Pechstein. Rohlfs. Schmidt-Rottluff. Tappert. National Gallery of Modern Art. Jaipur House, India Gate, New Delhi. February 11th till March 14th, 1982. An Exhibition from the Federal Republic of Germany. This Exhibition is arranged under the Indo-German Cultural Exchange Programme, Neu-Delhi 1982

Kat. Ausst. Berlin expressiv. Ausstellung aus eigenen Beständen. Berlinische Galerie 10.12.1981 - 24.1.1982, Berlin (West) 1981

Kat. Ausst. The Human Image in German Expressionist Graphic Art from the Robert Gore Rifkind Foundation. Exhibition and essay by Herschel B. Chipp. Catalogue entries by Karin Breuer. Exhibition orgaized by the University Art Museum, Berkeley. University Art Museum, Berkeley January 28 - March 22, 1981. Los Angeles County Museum of Art October 22, 1981 - January 3, 1982, Berkeley 1981

Kat. Ausst. Expressionisten. Sammlung Buchheim. Eine Ausstellung der Museen der Stadt Köln im Kölnischen Stadtmuseum vom 2. April bis 31. Mai 1981. Katalogbearbeitung: Wolf-Dieter Dube (Gemälde), Herbert Pée (Aquarelle und Zeichnungen), Herbert Pée und Katja Laske (Holzschnitte, Radierungen, Lithographien), Feldafing 1981

Kat. Ausst. Expressionistische Graphik. Aquarelle, Handzeichnungen und Druckgraphik von Künstlern der „Brücke" und des „Blauen Reiter" aus den Beständen der graphischen Sammlung. Staatliche Galerie Moritzburg 21.9.1980 - 15.2.1981, Halle 1980

Kat. Ausst. Die rheinischen Expressionisten. August Macke und seine Malerfreunde. Städtisches Kunstmuseum Bonn 30. Mai - 29.Juli 1979. Kaiser Wilhelm Museum Krefeld 26. August - 14. Oktober 1979. Von der Heydt-Museum Wuppertal 30. Oktober - 16. Dezember 1979. Herausgeber: Städtisches Kunstmuseum Bonn. Redaktion: Aurel Bongers, Joachim Heusinger von Waldegg, Dierk Stemmler, Recklinghausen 1979

Kat. Ausst. Die Künstlergruppe „Brücke" und der deutsche Expressionismus. Sammlung Buchheim. Ausstellung vom 18. Juli bis 30. September 1973 in der Städtischen Galerie im Lenbachhaus in München. Veranstaltet von der Staatsgalerie moderner Kunst, der Staatlichen Graphischen Sammlung und der städtischen Galerie. Katalog I. Gemälde, Aquarelle, farbige Zeichnungen. Katalogbearbeitung von Wolf-Dieter Dube (Gemälde) und Herbert Pée (Aquarelle und Zeichnungen). Katalog II. Handzeichnungen und Graphik. Bearbeitet von Herbert Pée und Katja Laske, Feldafing 1973

Kat. Ausst. Künstler der Brücke. Gemälde der Dresdener Jahre 1905-1910. Brücke-Museum Berlin, Berlin (West) 1973

Kat. Ausst. Künstler der Brücke in Berlin 1908-1914. Ein Beitrag zur Geschichte der Künstlergruppe Brücke. Brücke-Museum Berlin, Berlin (West) 1972

Kat. Ausst. Meisterwerke des Expressionismus. Gemälde und Graphik. Eine Ausstellung der Staatsgalerie Stuttgart mit Leihgaben von Gemälden aus Museen und Privatsammlungen der Bundesrepublik Deutschland. Oktober bis November 1972. Bukarest. Kunstmuseum der Sozialistischen Republik Rumänien, Stuttgart/Bukarest 1972

Kat. Ausst. Der Deutsche Expressionismus vom 15. Januar bis 14. März 1971. Ausstellung, veranstaltet von dem Nationalmuseum für Westliche Kunst, Tokyo mit der Unterstützung des Auswärtigen Amtes der Bundesrepublik Deutschland. Nationalmuseum für Westliche Kunst, Tokyo. Zusammenstellung der Ausstellung im Auftrage der Kulturabteilung des Auswärtigen Amtes der Bundesrepublik Deutschland von Horst Keller, Tokio 1971

Kat. Ausst. L'Expressionisme Européen. Haus der Kunst, Munich 7 mars - 10 mai 1970. Musée National d'Art Moderne Paris 26 mai - 27 juillet 1970. Catalogue: Rédaction: Paul Vogt, Ingrid Krause. Partie française: Michel Hoog, München/Paris 1970

Kat. Ausst. L'Expressionisme Allemand. Museum voor Schone Kunsten - Gent 13 September - 3 November. Palais des Beaux-Arts de Charleroi 9 Novembre - 8 Decembre 1968. Exposition organisée en collaboration avec le Landesmuseum für Kunst und Kulturgeschichte Münster/Westfalen et la Foire Internationale de Gand sous les auspices des Accords Culturels belgo-allemands, Gent 1968

Kat. Ausst. Der späte Expressionismus 1918-1922. Bücher, Bilder, Zeitschriften, Dokumente. Eine Ausstellung der Veranstaltungsreihe 'Wege und Gestalten' in der Kleinen Galerie Biberach an der Riss vom 19. November bis 8. Dezember 1966 zusammengestellt von Paul Raabe, Biberach 1966

Kat. Ausst. Le Fauvisme français et les débuts de l'Expressionisme allemand. Der französische Fauvismus und der deutsche Frühexpressionismus. Musée National d'Art Moderne Paris 15 Janvier - 6 Mars 1966. Haus der Kunst München 26. März - 15. Mai 1966. Redaction du Catalogue. Redaktion des Kataloges: Fauvisme français: Michel Hoog. Deutscher Frühexpressionismus: Leopold Reidemeister, München/Paris 1966

Kat. Ausst. Expressionnisme allemand 1900-1920. Musée Cantini - Marseille 17 mai - 15 août 1965, Marseille 1965

Kat. Ausst. Expressionismus 1910-1923, Marbach 1960
Kat. Ausst. Meisterwerke des deutschen Expressionismus. E.L. Kirchner. E. Heckel. Schmidt-Rottluff. M. Pechstein. Otto Mueller. Ausstellung 1960. Kunsthalle Bremen 20. März - 1. Mai. Kunstverein Hannover 15. Mai - 26. Juni. Wallraf-Richartz-Museum, Köln,18. September - 20. November, Stuttgart 1960
Kat. Ausst. Brücke 1905 - 1913 eine Künstlergemeinschaft des Expressionismus. Museum Folkwang Essen 12. Oktober bis 14. Dezember 1958. Mit einer Einführung von H. Köhn und dem Beitrag „Zur Geschichte der 'Brücke'" von Martin Urban, Essen 1958
Helga Kliemann: Die Novembergruppe, Berlin (West) 1969
Gerhard P. Knapp: Die Literatur des deutschen Expressionismus. Einführung, Bestandsaufnahme, Kritik, München 1979
David Koch: Der Expressionismus auf der Kunstausstellung 1914, in: Christliches Kunstblatt, 56. 1914, S. 273-275
Eva Kolinsky: Engagierter Expressionismus. Politik und Literatur zwischen Weltkrieg und Weimarer Republik, Stuttgart 1970
Herbert Kraft: Kunst und Wirklichkeit im Expressionismus. Mit einer Dokumentation zu Carl Einstein, Bebenhausen 1972
Josef Kreitmaier: Der Kampf um die neue Kunst, Freiburg i.B. 1920
Heimo Kuchling: Expressionismus, Ramerding 1980
Rudolf Kurtz: Expressionismus und Film. Mit 73 Abbildungen und 5 Tafeln, Berlin 1926 (Neudruck Zürich 1965. = Filmwissenschaftliche Studientexte Band 1)
Albert Lamm: Ultra-Malerei. Herausgegeben vom Dürerbund, o.O., o.J.
Franz Landsberger: Impressionismus und Expressionismus. Eine Einführung in das Wesen der neuen Kunst, Leipzig 1920[4]
Lothar Lang: Expressionistische Buchillustration in Deutschland 1907-1927, Leipzig 1975
Le Fauconnier: Die Auffassung unserer Zeit und das Gemälde. Zur Ausstellung im Museum Folkwang. Übersetzt von Gertrud Osthaus, Hagen i.W. 1912, München 1913
Gerhard Leistner: Idee und Wirklichkeit. Gehalt und Bedeutung des urbanen Expressionismus in Deutschland, dargestellt am Werk Ludwig Meidners. Mit 75 Schwarz-Weiß-Abbildungen, Frankfurt am Main/Bern 1986 (= Europäische Hochschulschriften. Reihe 28. Kunstgeschichte. Band 66)
Frederick S. Levine: The apocalyptic Vision. The art of Franz Marc as German expressionism, New York u.a. 1979
Jean Leymarie: Fauvismus. Biographisch-kritische Studie, Genf 1959
Heinz Lüdecke: Die Tragödie des Expressionismus. Notizen zu seiner Soziologie, in: Bildende Kunst, 3. 1949, S. 109-115
Georg Marzynski: Die Methode des Expressionismus. Studien zu seiner Psychologie. Mit 24 Abbildungen, Leipzig 1920
August L. Mayer: Expressionistische Miniaturen des deutschen Mittelalters, München 1918
Julius Meier-Graefe: Wohin treiben wir?, Berlin 1915
Jennifer E. Michaels: Anarchy and eros, Frankfurt am Main 1983
Georg Muche: Dokumentation zum malerischen Werk der Jahre 1915 bis 1920. Ein Diskussionsbeitrag zum Expressionismus, Tübingen 1984
Joseph-Emile Muller: DuMont's kleines Lexikon des Expressionismus, Köln 1977[2] (= dumont taschenbücher 13)
Bernard Samuel Myers: Malerei des Expressionismus. Eine Generation im Aufbruch. Aus dem Amerikanischen üersetzt von Elke Kaspar, Köln 1957
G.A. Nedoschiwin: Das Problem des Expressionismus, in: Kunst und Literatur, 16. 1968, S. 73-90
Waltraud Neuerburg: Der graphische Zyklus im deutschen Expressionismus und seine Typen 1905-1925, 2 Teile, Bonn 1976
Heinrich Neumayer: Expressionismus, Wien 1956
Wilhelm Niemeyer: Malerische Impression und koloristischer Rhythmus. Beobachtungen über Malerei der Gegenwart. Denkschrift des Sonderbundes auf der Ausstellung 1910, Düsseldorf 1911
ohne Verfasser: Was will der Expressionismus?, in: Christliches Kunstblatt, 61. 1919, S. 123-125
Jean-Michel Palmier: L'Expressionisme et les arts, 2 Bde., Paris 1979-1980 (Bd. 1: Portrait d'une génération; Bd. 2: Peinture, théâtre, cinéma. = Bibliothèque historique)
Geoffrey C. Perkins: Contemporary Theory of Expressionism, Bern/Frankfurt am Main 1974
Geoffrey C. Perkins: Expressionismus. Der Kampf um die neue Kunst 1910-1925. Eine Bibliographie der zeitgenössischen Dokumente, Zürich 1971
Volker Pfirsich: Der „Sturm" und seine Beziehungen zu Hamburg und zu Hamburger Künstlern. Begleitheft zur Ausstellung der „Sturm" 1910-1932 in der Staats- und Universitätsbibliothek Hamburg - Carl von Ossietzky - 20.12.1981 - 15.2.1982, Göttingen 1981
Kurt Pfister: Deutsche Graphik der Gegenwart, Leipzig 1920
Max Picard: Expressionistische Bauernmalerei, München 1918
Hans Plank: Expressionismus in Österreich. Klimt – Schiele – Kokoschka, Ramerding 1981
Robert Probst: Das Gestaltungsproblem der deutschen expressionistischen Malerei. Ein Beitrag zur Kritik der expressionistischen Bewegung, Diss. Erlangen 1922
Paul Raabe (Hrsg.): Index Expressionismus. Bibliographie der Beiträge in den Zeitschriften und Jahrbüchern des literarischen Expressionismus, Nendeln 1972
Paul Raabe (Hrsg.): Expressionismus. Der Kampf um eine literarische Bewegung, München 1965
Paul Raabe: Die Zeitschriften und Sammlungen des literarischen Expressionismus. Repertorium der Zeitschriften, Jahrbücher, Anthologien, Sammelwerke, Schriftenreihen und Almanache 1910 - 1921, Stuttgart 1964
Max Raphael: Von Monet zu Picasso. Grundzüge einer Ästhetik und Entwicklung der modernen Malerei, München/Leipzig 1913
Maurice Raynal: Geschichte der modernen Malerei. Band 2. Fauvismus und Expressionismus, Genf 1950
Orrel P. Reed Jr.: The Robert Gore Rifkind Collection. Prints. Drawings. Illustrated Books. Periodicals. Posters. German Expressionist Art. Frederich S. Wight Art Gallery. University of California, Los Angeles, Los Angeles 1977
Lionel Richard: Phaidon Enzyklopedia of Expressionism. Painting and the Graphic Arts – Sculpture – Architecture – Literature – the Expressionist stage – Cinema – Music, Oxford 1978
Eberhard Roters (Hrsg.): Berlin 1910-1933. Die visuellen Künste. Mit 302 zum Teil farbigen Abbildungen, Berlin (West) 1983
Eberhard Roters: Europäische Expressionisten, Gütersloh/Berlin (West)/München/Wien 1971
Wolfgang Rothe: Der Expressionismus. Theologische, soziologische und anthropologische Aspekte einer Literatur, Frankfurt am Main 1977 (= Das Abendland, N.F. 9)
Richard Samuel / Richard Hinton Thomas: Expressionism in German Life, Literature and the Theatre 1910-1924. Studies by Richard Samuel and Richard Hinton Thomas, Cambridge 1939
Max Sauerlandt: Die Kunst der letzten 30 Jahre, Berlin 1935
Karl Scheffler: Geschichte der europäischen Malerei vom Impressionismus bis zur Gegenwart, Berlin 1927
Fritz Schmalenbach: Grundlinien des Frühexpressionismus, in: Fritz Schmalenbach: Kunsthistorische Studien, Basel 1941, S. 49-99
Hans-Jürgen Schmitt: die Expressionismusdebatte. Materialien zu einer marxistischen Realismuskonzeption, Frankfurt am Main 1976[2] (= edition suhrkamp 646)
Peter Selz: German Expressionist Painting, Berkeley/Los Angeles/London 1957
Fritz Solomonski: Entwicklung und Begriff des Expressionismus in der Malerei des 20. Jahrhunderts, nebst kritischer Erörterung über das Problem der Naturferne, Diss. Berlin 1923

Kristian Sotriffer: Expressionismus und Fauvismus, Wien/München 1971
Michael Stark: Für und wider den Expressionismus, Stuttgart 1982
Hans Steffen (Hrsg.): Der deutsche Expressionismus. Formen und Gestalten, Göttingen 1965 (= Kleine Vandenhoeck-Reihe. 208)
Dirk Stemmler (Hrsg.): Die rheinischen Expressionisten. August Macke und seine Malerfreunde, Recklinghausen 1980
Eckart von Sydow: Die deutsche expressionistische Kultur und Malerei, Berlin 1920 (= Furche-Kunstausgaben: Zweite Veröffentlichung)
Horst Uhr: Masterpieces of German Expressionism at the Detroit Institutes of Art, Detroit 1982
Emil Utitz: Die Überwindung des Expressionismus. Charakterologische Studien zur Kultur der Gegenwart, Stuttgart 1927
Emil Utitz: Die Grundlagen der jüngsten Kunstbewegung, Stuttgart 1913
Silvio Vietta / Hans Georg Kemper: Expressionismus, München 1975
Heinrich Vogeler: Expressionismus. Eine Zeitstudie, Hamburg o.J.
Paul Vogt (Hrsg.): Deutscher Expressionismus 1905-1920. Erweiterte deutsche Ausgabe des Kataloges der Ausstellung in New York und San Francisco 1980/81. Herausgegeben von Paul Vogt. Mit Beiträgen von Wolf-Dieter Dube, Horst Keller, Eberhard Roters, Martin Urban, Paul Vogt. Ausstellungsleitung: Thomas Messer, Harry Hopkins, Paul Vogt, München 1981
Paul Vogt: Expressionismus. Deutsche Malerei zwischen 1905 und 1920, Köln 1978
Herwarth Walden: Die neue Malerei, Berlin 1919
Herwarth Walden (Hrsg.): Expressionismus. Die Kunstwende, Berlin 1918
Herwarth Walden: Einblick in die Kunst. Expressionismus, Kubismus, Futurismus, Berlin 1917
Nell Walden / Lothar Schreyer (Hrsg.): Der Sturm. Ein Erinnerungsbuch an Herwarth Walden und die Künstler aus dem Sturmkreis, Baden-Baden 1954
Hans von Wedderkop (Hrsg.): Deutsche Graphik des Westens, Weimar/Dresden 1922 (= Feuerbücherei. Bd. 2)
Marit Werenskiold: The Concept of Expressionism. Origin and Metamorphoses, Oslo 1984
Marit Werenskiold: Die Brücke und Edvard Munch, in: Zeitschrift des deutschen Vereins für Kunstwissenschaft, Bd. XXVIII. 1974, S. 140-152
Patrick Werkner: Physis und Psyche. Der österreichische Frühexpressionismus, Wien u.a. 1986
Alfred Werner: Impressionismus und Expressionismus, Frankfurt am Main 1917
Paul Westheim: Die Welt als Vorstellung, Berlin-Potsdam 1919
Stephan von Wiese: Graphik des Expressionismus, Stuttgart 1976
John Willet: Expressionismus. Aus dem Englischen von Helma Drews. Mit 112 teils farbigen Abbildungen, München 1970 (= Kindler Universitäts Bibliothek)
Karl Woermann: Die Kunst der neuesten Zeit. Auszug aus der Geschichte der Kunst aller Zeiten und Völker, Leipzig 1923
Georg Jacob Wolf: Kunst und Revolution. Glossen zu einem aktuellen Thema, in: Die Kunst, Bd. 39. 1919, S. 217-220
Wilhelm Worringer: Künstlerische Zeitfragen, München 1921
Nikolaus Zaske: Expressionismus und antifaschistische Kunst, in: Wissenschaftliche Zeitschrift der Ernst-Moritz-Arndt-Universität Greifswald, XV. 1966, Gesellschafts- und sprachwissenschaftliche Reihe, Nr. 4, S. 407-430
Kurt Zisché: Vom Expressionismus. Eine Gewissensforschung, Warendorf 1919

Kaiser, Staat und Kunst

Adolf Behne: Der Kaiser und die Kunst, in: Die Tat, 5. 1913/1914, Bd. 1, S. 576-587
Otto Brahm: Bairische Kammer und Naturalismus, in: Freie Bühne, 1. 1890, S. 295-299
Gustav von Goßler: Wilhelm der Große in seinen Beziehungen zur Kunst, Berlin 1897
Arno Holz: Die neue Kunst und die neue Regierung, in: Freie Bühne, 1. 1890, S. 165-168
Heinrich Hubert Houben: Verbotene Literatur von der klassischen Zeit bis zur Gegenwart. Ein kritisch-historisches Lexikon über verbotene Bücher, Zeitschriften und Theaterstücke, Schriftsteller und Verleger, Bd. 1. Berlin 1924, Bd. 2. Bremen 1928
Wolfgang Hütt: Der Einfluß des preußischen Staates auf Inhalt und Form der bildenden Kunst im 19. Jahrhundert. – Studienmaterial für die künstlerischen Lehranstalten. Reihe: Bildende Kunst, Heft 1., Dresden 1955
Der Kaiser, die Kultur und die Kunst. Betrachtungen über die Zukunft des Deutschen Volkes. Aus den Papieren eines Unverantwortlichen, München, Leipzig 1904[2]
David Koch: Die Kunst und der Staatsanwalt, in: Christliches Kunstblatt 56. 1914, S. 58-61
Rubrik „Chronik": *Kunst im Reichstag,* in: Christliches Kunstblatt, 46. 1904, S. 95-96
Georg Malkowsky: Die Kunst im Dienste der Staats-Idee. Hohenzollerische Kunstpolitik vom Großen Kurfürsten bis auf Wilhelm II., Berlin 1913
Wolfgang Müller von Königswinter: Das Verhältnis des Staates zu den bildenden Künsten. Zur Reform der Kunstangelegenheiten in Preußen, Berlin 1861
Richard Muther: Wilhelm II. und die Kunst, in: Richard Muther: Aufsätze über bildende Kunst. Zweiter Band: Betrachtungen und Eindrücke, Berlin 1914 (= Richard Muther: Aufsätze über bildende Kunst. In drei Bänden herausgegeben von Hans Rosenhagen), S. 195-206
Wolfgang von Oettingen: Die Pflege der Kunst, in: Die Kunst, 5. 1902, S. 36-42
Sieghart Ott: Kunst und Staat. Der Künstler zwischen Freiheit und Zensur, München 1968 (= sonderreihe dtv 67)
Friedrich Pecht: Über die staatliche Kunstpflege in Bayern, in: Kunst für Alle, 1. 1885/1886, S. 109-111
Adolf Rosenberg: Die Pflege der Monumentalmalerei in Preußen, in: Die Grenzboten, 42. 1883, S. 24-28, S. 90-96, S. 199-206
Hans Rosenhagen: Die Zukunft der Kunstausstellungen, in: Die Kunst, 11. 1905, S. 354-361
Hans Rosenhagen: Deutsche Kunstzustände, in: Die Kunst, 9. 1904, S. 65-67
Karl Scheffler: Kunstgefühl und Staatsgefühl, in: Karl Scheffler: Gesammelte Essays, Leipzig 1912, S. 179-183
Rainer Schoch: Das Herrscherbild in der Malerei des 19. Jahrhunderts, München 1975 (= Studien zur Kunst des neunzehnten Jahrhunderts, Band 23)
Paul Seidel: Der Kaiser und die Kunst, Berlin 1907
Stephan Waetzoldt: Kunst, Kultur und Politik im Deutschen Kaiserreich. Schriften eines Projekt-Kreises der Fritz-Thyssen-Stiftung. Leitung: Stephan Waetzoldt, Bde. 1-8, Berlin (West) 1981-1986
Wilhelm Wygodzinski: Die Kunst im preußischen Etat, in: Die Kunst, 9. 1904, S. 281-285
Gebhard Zernin: Kaiser Wilhelm als Freund der Künstler. Ein Gedenkblatt, in: Kunst für Alle, 3. 1887/1888, S. 220-223

Künstler/innen-Problematik

Julius Bab: Die Berliner Bohème, Berlin und Leipzig 1904 (= Großstadt-Dokumente, hrsg. von Hans Ostwald, Bd. 2)
Renate Berger: Malerinnen auf dem Weg ins 20. Jahrhundert. Kunstgeschichte als Sozialgeschichte, Köln 1982 (= dumont taschenbücher 121)
Erika Billeter (Hrsg.): Das Selbstportrait im Zeitalter der Photographie. Maler und Photographen im Dialog mit sich selbst. Herausgeben von Erika Billeter mit einem Vorwort von Michel Tournier. Textbeiträge von Erika Billeter, William Hauptmann, Philippe Junod, Roger Marcel Mayou und Tilman Osterwold. Musée cantonal des Beaux-Arts Lausanne 18. Januar - 24. März 1985. Württembergischer Kunstverein Stuttgart 19. April - 9. Juni 1985. Akademie der Künste Berlin 1. September - 6. Oktober 1985, Bern 1985
Pascal Bonafoux: Der Maler im Selbstbildnis. Aus dem Französischen übertragen von Hanna Wulf, Genf 1985
Joachim von Bülow: Künstler-Elend und -Proletariat, Stettin 1911
Else Cassirer (Hrsg.): Künstlerbriefe aus dem neunzehnten Jahrhundert, Berlin 1923
Deutsche und französische Kunst, eine Auseinandersetzung deutscher Künstler, Gallerieleiter, Sammler und Schriftsteller, München 1913[3]
Paul Drey: Die wirtschaftlichen Grundlagen der Malkunst, Stuttgart 1910
Hans Eckstein (Hrsg.): Künstler über Kunst. Briefe, Berichte, Aufzeichnungen deutscher Maler, Bildhauer und Architekten, Ebenhausen bei München 1941[2]
Paul Ernst: Produktion und Publikum (Arne Garborg), in: Freie Bühne, 1. 1890, S. 138-142
W. Ernst: Künstler, die schreiben, in: Die Kunst, 11. 1905, S. 227-233
Kurt Fassmann (Hrsg.): Briefe der Weltliteratur. 19. Jahrhundert. Künstler, München 1964 (= Kindler Taschenbücher 3025/26)
Konrad Fiedler: Conrad Fiedlers Schriften über Kunst. Herausgeben von Hermann Konnerth, 2 Bde., München 1913-1914
Max Fürst: Die gesellschaftliche und soziale Stellung der Künstler in ihrer geschichtlichen Entwicklung, in: Die christliche Kunst, 1. 1904/1905, S. 46-47, S. 60-69, S. 80-89, S. 106-114
Axel Gehring: Genie und Verehrergemeinde. Eine soziologische Analyse des Genieproblems, Bonn 1968 (= Abhandlungen zur Philosophie, Psychologie und Pädagogik Bd. 46)
Siegfried Gohr: Der Kult des Künstlers und der Kunst. Zum Bildtyp des Hommage, Köln/Wien 1975
Germaine Greer: Das unterdrückte Talent. Die Rolle der Frauen in der bildenden Kunst. Aus dem Englischen von Rainer Redies und Ingrid Krüger, Berlin (West)/Frankfurt am Main 1980
Walter Hess: Dokumente zum Verständnis der modernen Malerei, Hamburg 1956 (= rowohlts deutsche enzyklopädie 19)
Walter Hess: Das Farbenproblem in den Selbstzeugnissen französischer und deutscher Maler im Ausgang des 19. und im ersten Viertel des 20. Jahrhunderts, Diss. München 1950
Christine Hoh-Slodczyk: Das Künstlerhaus im 19. Jahrhundert. Studien zu den Wohn- und Arbeitsstätten bildender Künstler, Diss. München 1977
Siegmar Holsten: Das Bild des Künstlers. Selbstdarstellungen. Zur Ausstellung in der Hamburger Kunsthalle vom 16. Juni bis 27. August 1978, Hamburg 1978
Konrad Huschke: Musiker, Maler und Dichter, als Freunde und Gegner, Leipzig 1939
Kat. Ausst. Künstler sehen sich selbst. Graphische Selbstbildnisse unseres Jahrhunderts. Privatsammlung. Städtisches Museum Braunschweig, Braunschweig 1976
Helmut Kreuzer: Die Boheme. Analyse und Dokumentation der intellektuellen Subkultur vom 19. Jahrhundert bis zur Gegenwart, Stuttgart 1971
Ernst Kris / Otto Kurz: Die Legende vom Künstler. Ein geschichtlicher Versuch, Wien 1934
Edith Krull: Kunst von Frauen. Das Berufsbild der Bildenden Künstlerinnen in vier Jahrhunderten, Frankfurt am Main 1984 (Leipzig 1984)
Kaete Laserstein: Die Gestalt des bildenden Künstlers in der Dichtung, Berlin/Leipzig 1931
Ludwig Leiss: Kunst im Konflikt. Kunst und Künstler im Widerstreit mit der 'Obrigkeit', Berlin (West) 1971
Alexander Libermann: Künstler im Atelier, Hannover 1960
Irene Markowitz: Armer Maler – Malerfürst. Künstler und Gesellschaft Düsseldorf 1819-1918. Stadtmuseum Düsseldorf 10.9. - 26.10.1980, Düsseldorf 1980
Hans Mayer: Außenseiter, Frankfurt am Main 1975
Franz Mehring: Der Kapitalismus und die Kunst, I. und II., in: Neue Zeit, 9. 1890/91, Bd. 2, S. 649-653, S. 686-690
Robert Minder: Dichter in der Gesellschaft. Erfahrungen mit deutscher und französischer Literatur, Frankfurt am Main 1966
Paul Möbius: Über Kunst und Künstler, Leipzig 1901
Karlheinz Nowald: Die Selbstdarstellung des Künstlers im Atelier im 19. Jahrhundert, Diss. Heidelberg 1971
ohne Verfasser: Die Kapitalisierung von Kunst und Wissenschaft, in: Neue Zeit, 6. 1888, Heft 10, S. 463-470
ohne Verfasser: Vom deutschen Schriftstellertum, in: Neue Zeit, 1. 1883, Heft 7, S. 319-326
Max Osborn: Das Volk und die bildende Kunst, in: Soziale Praxis. Centralblatt für Sozialpolitik, 10. 1901, Sp. 1033-1038
Peter Pütz: Kunst und Künstlerexistenz bei Nietzsche und bei Thomas Mann. Zum Problem des ästhetischen Perspektivismus in der Moderne, Bonn 1963
Lotte Rausch: Die Gestalt des Künstlers in der Dichtung des Naturalismus, Diss. Gießen 1931
Walter Rehm: Der Renaissancekult um 1900 und seine Überwindung, in: Zeitschrift für deutsche Philologie, 54. 1929, S. 296-328
Fritz Ried: Das Selbstbildnis von Dr. Fritz Ried. Mit 119 Abbildungen, Berlin 1931
Franz Roh: Der verkannte Künstler. Studien zur Geschichte und Theorie des kulturellen Mißverstehens, München 1948
Hans Wilhelm Rosenhaupt: Der deutsche Dichter um die Hahrhundertwende und seine Abgelöstheit von der Gesellschaft, Diss. Bern/Leipzig 1939 (= Sprache und Dichtung 6)
Susanne Rudolph (Hrsg.): Die Krise der Kunst in Malerbriefen aus dem XIX. Jahrhundert, Lorch (bei Schwäbisch Gmünd) 1948
Ferdinand Runkel (Hrsg.): Böcklin Memoiren. Tagebuchblätter von Böcklins Gattin Angela. Mit dem gesamten brieflichen Nachlaß herausgegeben von Ferdinand Runkel, Berlin 1910
Diether Schmidt (Hrsg.): Schriften deutscher Künstler des zwanzigsten Jahrhunderts. Gesammelt und herausgegeben von Diether Schmidt. Bd. 1. Manifeste, Manifeste. 1905-1933, Dresden 1965 (= Fundus-Bücher 15/16/17)
Hermann Uhde-Bernays (Hrsg.): Künstlerbriefe über Kunst. Bekenntnisse von Malern, Architekten und Bildhauern aus fünf Jahrhunderten. Mit sechzig Selbstbildnissen und den Künstler-Unterschriften, Dresden 1926
Klaus Vodung (Hrsg.): Das wilhelminische Bildungsbürgertum. Zur Sozialgeschichte seiner Ideen. Mit Beiträgen von Gerhard Dilcher, Janos Frecot, Peter Hampe, Thomas Hollweck, Eike-Wolfgang Kornhass, Ulrich Linse, Michael Naumann, Peter J. Opitz, Klaus Vodung, Göttingen 1976
Richard Wagner: Publikum und Popularität (1878), in: Richard Wagner: Sämtliche Schriften und Dichtungen. Fünfte Auflage. Zehnter Band, Leipzig o.J. (1907), S. 61-90
Richard Wagner: Das Publikum in Zeit und Raum (1878), in: Richard Wagner: Sämtliche Schriften und Dichtungen. Fünfte Auf-

lage. Zwölfter Band, Leipzig o.J. (1907), S. 91-102
Richard Wagner: Das Künstlerthum der Zukunft (1849), in: Richard Wagner: Sämtliche Schriften und Dichtungen. Fünfte Auflage. Zwölfter Band, Leipzig o.J. (1907), S. 252-263
Richard Wagner: Der Künstler und die Öffentlichkeit (1841), in: Richard Wagner: Schriften eines revolutionären Genies. Ausgewählt und kommentiert von Egon Voss, München/Wien 1976, S. 90-98
Adeline Walter: Die Einsamkeit des Künstlers als Bildthema 1770-1900, Hofheim/Taunus 1983
Bruce A. Watson: Kunst, Künstler und soziale Kontrolle. Übersetzt von Hans Gerd Schütte, Köln/Opladen 1961
Paul Westheim (Hrsg.): Künstlerbekenntnisse, Berlin o.J. (1924)
Fritz Widmann: Erinnerungen an Ferdinand Hodler, Biel 1981
Irmgard Wirth (Hrsg.): Berliner Maler. Menzel – Liebermann – Slevogt – Corinth. Selbstzeugnisse, Berlin 1964
Rudolf Wittkower / Margot Wittkower: Künstler. Außenseiter der Gesellschaft, Berlin/Köln/Mainz 1965
Franzsepp Württemberger: Das Maleratelier als Kultraum im 19. Jahrhundert. Festschrift Bruhns, in: Miscellanea Bibliothecae Hertzianae, Wien 1961, S. 502-509

Künstler/innen-Äußerungen

Arnold Böcklin: Neben meiner Kunst, Berlin 1909
Lovis Corinth: Meine frühen Jahre, Hamburg 1954²
Lovis Corinth: Selbstbiographie, Leipzig 1926
Lovis Corinth: Gesammelte Schriften, Berlin 1920
Lovis Corinth: Das Erlernen der Malerei, Berlin o.J. (1908)
Ludwig Fahrenkrog: Die Gleichnisse Jesu und ihre Darstellung, in: Christliches Kunstblatt, 51. 1909, S. 42-44
Josef Engelhart: Ein Wiener Maler erzählt. Mein Leben und meine Modelle, Wien 1943
Anselm Feuerbach: Ein Vermächtnis von Anselm Feuerbach. Herausgegeben von Henriette Feuerbach, Wien 1882, 1885²
G. J. Kern / Hermann Uhde-Bernays (Hrsg.): Anselm Feuerbachs Briefe an seine Mutter. Erster Band, Zweiter Band, Berlin 1911
Theodor Fontane: Aufsätze zur Bildenden Kunst. Erster Teil, München 1970 (= Theodor Fontane: Sämtliche Werke. Band XXIII/1)
Theodor Fontane: Aufsätze zur Bildenden Kunst. Zweiter Teil, München 1970 (= Theodor Fontane: Sämtliche Werke. Band XXIII/2)
Karl Gehrts: Von damals bis heute. Eine wortreiche Bilder-Selbstgeschichte, in: Die Kunst für Alle, 3. 1887/88, S. 99-104, S. 115-119
Eduard von Gebhardt: Gespräche eines Düsseldorfers Meisters, in: Christliches Kunstblatt, 51. 1909, S. 206-209; 52. 1910, S. 136-141, S. 242-247
Eduard von Gebhardt: Über die Aussichten der kirchlichen Malerei, in: Monatsschrift für Gottesdienst und Kirchliche Kunst, 1. 1896/1897, S. 62
Hugo Schmidt (Hrsg.): Eduard von Grützner. Eine Selbstbiographie mit 136 Abbildungen, München 1922
Hans Gude: Karlsruher Künstlerinnerungen. Aus dem Norwegischen übersetzt von Carèn Lessing, Karlsruhe 1920
Max Halbe: Jahrhundertwende. Erinnerungen an eine Epoche (1935), Neudruck München 1976
Franz Hein: Wille und Weg. Lebenserinnerungen eines deutschen Malers, Leipzig 1924
Adolf von Hildebrand: Gesammelte Schriften zur Kunst. Bearbeitet von Henning Bock, Köln/Opladen 1969 (= Wissenschaftliche Abhandlungen der Arbeitsgemeinschaft für Forschung des Landes Nordrhein-Westfalen. Band 39)
Bernhard Sattler: Adolf von Hildebrand und seine Welt. Briefe und Erinnerungen. Besorgt von Bernhard Sattler. Herausgegeben von der Bayerischen Akademie der Schönen Künste, München 1962

Adolf Hölzel: Gedanken und Lehren. Zusammengestellt und mit einer biographischen Einleitung herausgegeben von Marie Lemmé, Stuttgart 1933
Adolf Hölzel: Über künstlerische Ausdrucksmittel und deren Verhältnis zu Natur und Bild, in: Die Kunst, 11. 1905, S. 81-88, S. 106-113, S. 121-142
Adolf Hölzel: Probleme der Malerei, in: Christliches Kunstblatt, 55. 1913, S. 357-363
Johannes Kalckreuth: Wesen und Werk meines Vaters. Lebensbild des Malers Graf Leopold von Kalckreuth, Hamburg 1967
Arthur Kampf: Aus meinem Leben, Aachen 1950
O. Kampf: Erinnerungen aus dem Leben meines Vaters, in: Kat. Ausst. Arthur Kampf zum 100. Geburtstag. Galerie Paffrath, Düsseldorf, Düsseldorf 1964
Wassily Kandinsky: Über das Geistige in der Kunst. 10. Auflage mit einer Einführung von Max Bill, Bern 1952 (Erstausgabe 1912)
Wassily Kandinsky: Punkt und Linie zu Fläche. Beitrag zur Analyse der malerischen Elemente. 7. Auflage, mit einer Einführung von Max Bill, Bern 1973 (Erstausgabe 1926 als Band 9 der „Bauhaus-Bücher")
Wassily Kandinsky: Essays über Kunst und Künstler herausgegeben und kommentiert von Max Bill. 3. Auflage, Bern 1973
Klaus Lankheit: Der Blaue Reiter. Herausgegeben von Wassily Kandinsky und Franz Marc. Dokumentarische Neuausgabe von Klaus Lankheit. Mit 161 Abbildungen, München/Zürich 1987 (= Serie Piper. Band 300. – 6., erneut überarbeitete Auflage)
Jelena Hahl-Koch (Hrsg.): Arnold Schönberg. Wassily Kandinsky. Briefe, Bilder und Dokumente einer außergewöhnlichen Begegnung herausgegeben von Jelena Hahl-Koch mit einem Essay von Hartmut Zelinsky, Salzburg/Wien 1980
Josefa Dürck-Kaulbach: Erinnerungen an Wilhelm von Kaulbach und sein Haus mit Briefen und hundertsechzig Abbildungen gesammelt von Josefa Dürck-Kaulbach, München 1917²
Hildegard Heyne (Hrsg.): Max Klinger. Gedanken und Bilder, Leipzig 1925
Max Klinger: Malerei und Zeichnung, Leipzig o.J. (1919) (= Insel-Bücherei Nr. 263)
Hans Wolfgang Singer (Hrsg.): Briefe von Max Klinger aus den Jahren 1874-1919, Leipzig 1924
Otto Knille: Grübeleien eines Malers über seine Kunst, Berlin 1887
Oskar Kokoschka: Mein Leben, München 1971
Hans Maria Wingler (Hrsg.): Oskar Kokoschka. Schriften 1907-1955, München 1956
Oskar Kokoschka: Dramen und Bilder, Leipzig 1913
Hans Kollwitz (Hrsg.): Ich sah die Welt mit liebevollen Blicken. Käthe Kollwitz. Ein Leben in Selbstzeugnissen, Hannover 1968, 1970
Käthe Kollwitz: Aus Tagebüchern und Briefen. Auswahl von Horst Wandrey, Berlin DDR 1959, 1964
Käthe Kollwitz: Ich will wirken in dieser Zeit. Auswahl aus den Tagebüchern und Briefen, aus Graphik, Zeichnungen und Plastik. Einführung von Friedrich Ahlers-Hestermann. Herausgegeben von Dr. Hans Kollwitz, Berlin (West) 1952
Johann Heinrich Carl Koopmann: Zeugniß der Kunst für das biblisch-kirchliche Christenthum, in: Christliches Kunstblatt, 9. 1867, S. 165-169, S. 182-191
Wilhelm von Kügelgen: Jugenderinnerungen eines alten Mannes 1802-1820. Nach dem Original-Manuskript mit reichem, zumeist noch unveröffentlichtem Bilderschmuck herausgegeben von Professor Dr. Johannes Werner, Leipzig 1924 (= Wilhelm von Kügelgen: Erinnerungen 1802-1867. Erster Band)
Wilhelm von Kügelgen: Zwischen Jugend und Reife des Alten Mannes 1820-1840. Aus Briefen, Tagebüchern und Gedichten gestaltet und mit reichem, zumeist noch nicht veröffentlichtem Bildschmuck herausgegeben von Professor Dr. Johannes Werner, Leipzig 1925 (= Wilhelm von Kügelgen: Erinnerungen 1802-1867, Zweiter Band)

Wilhelm von Kügelgen: Lebenserinnerungen des Alten Mannes in Briefen an seinen Bruder Gerhard 1840-1867. Bearbeitet und herausgegeben von Paul Siegwart v. Kügelgen und Professor Dr. Johannes Werner, Leipzig 1925 (= Wilhelm von Kügelgen: Erinnerungen 1802-1867. Dritter Band)
Franz von Lenbach: Gespräche und Erinnerungen. Mitgeteilt von W. Wyl, Stuttgart/Leipzig 1904
Chronik. Über Kunstausstellungen (= Franz von Lenbach über das Ausstellungswesen), in: Christliches Kunstblatt, 39. 1897, S. 14, 15
Max Liebermann: Die Phantasie in der Malerei. Schriften und Reden. Herausgegeben und eingeleitet von Günter Busch, Frankfurt am Main 1978
Max Liebermann: Siebzig Briefe. Herausgegeben von Franz Landsberger, Berlin 1937
Max Liebermann: Gesammelte Schriften, Berlin 1922
Wilhelm Lindenschmit: Gedanken über Reform der deutschen Kunstschulen, in: Die Kunst für Alle, 2. 1886/87, S. 129-138
Franz Marc: Briefe. Aufzeichnungen. Aphorismen. Mit 20 farbigen Tafeln. Herausgegeben von Günther Meißner, Leipzig/Weimar 1980
Klaus Lankheit: Franz Marc. Schriften, Köln 1978
Hans von Marees: Briefe. Mit 4 Lichtdrucken nach Zeichnungen, München 1923
Karl May: „ICH". Karl Mays Leben und Werk, Bamberg 1976[30] (= Karl May's gesammelte Werke Band 34)
Karl May: Lichte Höhen. Aus Karl May's Nachlaß, Bamberg 1965 (= Karl May's gesammelte Werke Band 49)
Ludwig Meidner: Eine autobiographische Plauderei, Leipzig 1923 (= Junge Kunst, Bd 4)
Ludwig Meidner: Septemberschrei. Hymnen, Gebete, Lästerungen, Berlin 1920
Ludwig Meidner: Im Nacken das Sternenmeer, München 1918
Hans Wolff (Hrsg.): Adolph von Menzel. Briefe, Berlin 1914
Friedrich Eduard Meyerheim: Eine Selbstbiographie des Meisters, ergänzt von Paul Meyerheim, eingeleitet von Ludwig Pietsch. Vorwort von Berthold Auerbach, Berlin 1880
Paula Modersohn-Becker: Briefe und Aufzeichnungen. Einführung, Zusammenstellung der Texte, der Anmerkungen und des Anhangs sowie Bildauswahl von Beate Jahn, Leipzig/Weimar 1982
Emil Nolde: Mein Leben. Mit einem Nachwort von Martin Urban. Hrsg. von der Stiftung Seebüll Ada und Emil Nolde, Köln 1977
Emil Nolde: Reisen, Ächtung, Befreiung (1919-1946), Köln 1967
Emil Nolde: Welt und Heimat (1913-1918), Köln 1965
Emil Nolde: Jahre der Kämpfe, Berlin 1934, Flensburg 1957[2]
Emil Nolde: Das eigene Leben, Berlin 1931, Flensburg 1949[2]
Max Sauerlandt (Hrsg.): Emil Nolde. Briefe aus den Jahren 1894-1926. Herausgegeben und mit einem Vorwort versehen von Max Sauerlandt, Berlin 1927
Fritz Overbeck: Ein Brief aus Worpswede, in: Kunst für Alle, 11. 1895/96, S. 20-24
Leopold von Pezold: Vor vierzig Jahren. Erinnerungen eines ehemaligen Karlsruher Kunstschülers, Karlsruhe 1903
Max Jordan: Friedrich Preller der Jüngere. Tagebücher des Künstlers herausgegeben und biographisch vervollständigt von Max Jordan. Mit 36 Abbildungen in Lichtdruck, Heliogravüre und Dreifarbendruck, München/Kaufbeuren 1904
Karl Raupp: Katechismus der Malerei, Leipzig 1898[3]
Ludwig Richter: Lebenserinnerungen eines deutschen Malers. Nebst Tagebuchaufzeichnungen und Briefen. Mit Anmerkungen herausgegeben von Erich Marx, Leipzig 1950
Wilhelm von Schadow: Der moderne Vasari. Erinnerungen aus dem Künstlerleben, Berlin 1854
Rudolf Schick: Tagebuch-Aufzeichnungen aus den Jahren 1866, 1868, 1869 über A. Böcklin, Berlin 1901
Paul Kauhausen (Hrsg.): Die Lebenserinnerungen des Johann Wilhelm Schirmer, bearbeitet von Paul Kauhausen, Krefeld 1956 (= Niederrheinische Landeskunde. Schriften zur Natur und Geschichte des Niederrheins. 1. Bd.)
Hermann Schlittgen: Erinnerungen, Berlin 1926
Julius Schnorr von Carolsfeld: Künstlerische Wege und Ziele. Schriftstücke aus der Feder des Malers Julius Schnorr von Carolsfeld. Herausgegeben von Franz Schnorr von Carolsfeld, Leipzig 1909
Julius Schnorr von Carolsfeld: Briefe aus Italien 1817-1827, hrsg. von F. Schnorr von Carolsfeld, Gotha 1886
Walter Schott: Ein Künstler-Leben und gesellschaftliche Erinnerungen aus kaiserlicher Zeit. Mit 32 Bildtafeln, Dresden 1930
Paul Adolf Seehaus: Briefe und Aufzeichnungen, Bonn 1930
Hans Speckter: Briefe aus Italien. Hrsg. von R. Schapire, Hamburg und Leipzig 1910
Wilhelm Steinhausen: Die Wandbilder von W. Steinhausen in der Lukaskirche zu Frankfurt a.M., in: Christliches Kunstblatt, 56. 1914, S. 202-206
David Koch: Aus meinem Leben. Erinnerungen und Betrachtungen von Wilhelm Steinhausen, in: Christliches Kunstblatt, 55. 1913, S. 161-171
Wilhelm Steinhausen: Aus meinem Leben. Erinnerungen und Betrachtungen, Berlin 1912
Wilhelm Steinhausen: Segen und Gefahr der Kunst, in: Christliches Kunstblatt, 54. 1912, S. 161-167
Wilhelm Steinhausen: Schwind, in: Christliches Kunstblatt, 47. 1905, S. 20-22
Wilhelm Steinhausen: In der Gemäldegalerie. Eine Passions- und Osterbetrachtung, in: Christliches Kunstblatt, 47. 1905, S. 102-103
David Koch: Wilhelm Steinhausens Reden über christliche Kunst. Ein Künstler über das Kapitel Kirchliche Heimatkunst, in: Christliches Kunstblatt, 47. 1905, S. 181-185
Wilhelm Steinhausen: Wilhelm Steinhausen über Kunst und Künstler. II., in: Christliches Kunstblatt, 46. 1904, S. 135-136
Wilhelm Steinhausen: Segantini. Ein Vortrag von W. Steinhausen, Frankfurt am Main 1903
Arthur von Schneider: Künstler und Kunstfreund. Briefwechsel zwischen Hans Thoma und Conrad Fiedler, bearbeitet von Arthur von Schneider, Karlsruhe 1939
Hans Thoma: Briefwechsel mit Henry Thode. Hrsg. von Josef August Behringer, Leipzig 1928
Hans Thoma: Im Herbste des Lebens. Gesammelte Erinnerungsblätter, München 1909
Hans Thoma: Im Winter des Lebens. Aus acht Jahrzehnten gesammelte Erinnerungen, Jena 1919
Wilhelm Trübner: Personalien und Prinzipien, Berlin 1907
Fritz von Uhde: Erinnerungen an Munkácsy, in: Kunstchronik, N.F., 14. 1903, S. 73-76
P. Willibrord Verkade OSB: Erinnerungen eines Malermönchs, Freiburg 1954
P. Willibrord Verkade OSB: Ein Malerbrief, in: Die christliche Kunst, 7. 1910/1911, S. 336-338
P. Willibrord Verkade OSB: Malerbrief II, in: Die christliche Kunst, 8. 1911/1912, S. 97-104
Heinrich Vogeler: Erinnerungen. Hrsg. von E. Weinert, Berlin 1952
Heinrich Vogeler: Expressionismus. Eine Zeitstudie, Hamburg o.J. (= Kulturfragen Nr. 2)
Richard Wagner: Gesammelte Schriften und Dichtungen (1871-1883), 12 Bde., Leipzig 1907[5]
Richard Wagner: Mein Leben. Vollständige, kommentierte Ausgabe. Herausgegeben von Martin Gregor-Dellin, München 1977[2]
Richard Wagner: Schriften eines revolutionären Genies. Ausgewählt und kommentiert von Egon Voss, München 1976
Richard Wagner: Ausgewählte Schriften, Frankfurt am Main 1974 (= insel taschenbuch 66)

Richard Wagner: Oper und Drama, hrsg. von Felix Groß, Berlin o.J. (ca. 1916)
Bernd Grönvold: Friedrich Wasmann. Ein deutsches Künstlerleben von ihm selbst geschildert, Leipzig 1915
Adolf Frey (Hrsg.): Briefe Albert Weltis, Zürich/Leipzig 1916
Anton von Werner: Erlebnisse und Eindrücke 1870-1890, Berlin 1913
Anton von Werner (Hrsg.): Briefe von Josef Victor von Scheffel an Anton von Werner. 1863-1886. Mit Anmerkungen versehen und herausgegeben von dem Empfänger, Stuttgart 1915

Historie des Zweiten Deutschen Kaiserreiches

Hermann Aubin / Wolfgang Zorn (Hrsg.): Handbuch der deutschen Wirtschafts- und Sozialgeschichte. Band 2. Das 19. und 20. Jahrhundert. Herausgegeben von Wolfgang Zorn. Verfaßt von Knut Borchardt, Alois Brusatti, Werner Conze, Wolfram Fischer, Günther Franz, Karl-Heinrich Kaufhold, Hermann Kellenbenz, Wolfgang Köllmann, Max Rolfes, Richard H. Tilly, Wilhelm Treue, Eckart Schremmer, Wolfgang Zorn, Stuttgart 1976
Bismarck: Gedanken und Erinnerungen (Bde. 1,2: 1898; Bd. 3: 1919), München 1952
David Blackbourn: Class, Religion and Local Politics in Wilhelmine Germany. The Centre Party in Württemberg before 1914, Wiesbaden 1980 (= Veröffentlichungen des Instituts für Europäische Geschichte Mainz – Abtl. Universalgeschichte, Beiheft 9)
Walter Bußmann: Das Zeitalter Bismarcks, Frankfurt am Main 1968[4] (= Handbuch der Deutschen Geschichte. Begründet von Professor Dr. Otto Brandt. Fortgeführt von Professor Dr. Arnold Oskar Meyer. Neu herausgegeben von Professor Dr. Leo Just. Band 3, II. Teil)
Ernst Deuerlein (Hrsg.): Die Gründung des Deutschen Reiches 1870/71 in Augenzeugenberichten, München 1977 (= dtv „... in Augenzeugenberichten" 1262)
Adolph Donat: Berlins Aufstieg zur Weltstadt, Berlin 1929
Gerhard Eisfeld: Die Entstehung der liberalen Parteien in Deutschland 1858-1870, Hannover 1969
Ludwig Elm: Zwischen Fortschritt und Reaktion. Geschichte der Parteien der Liberalen Bourgeoisie in Deutschland 1893-1918, Berlin 1968
Ernst Engelbert: Deutschland von 1871-1897, in: Deutsche Geschichte in drei Bänden. Band 2 von 1789 bis 1917, Berlin DDR 1975, S. 489-695
Hans Fenske (Hrsg.): Der Weg zur Reichsgründung 1850-1870, Darmstadt 1977 (= Quellen zum politischen Denken der Deutschen im 19. und 20. Jahrhundert. Freiherr vom Stein-Gedächtnisausgabe, in Verbindung mit vielen Fachgenossen herausgegeben von Rudolf Buchner und Winfried Baumgart. Band V)
Hans Fenske (Hrsg.): Im Bismarckschen Reich 1871-1890, Darmstadt 1978 (= Quellen zum politischen Denken der Deutschen im 19. und 20. Jahrhundert. Freiherr vom Stein-Gedächtnisausgabe, in Verbindung mit vielen Fachgenossen herausgegeben von Rudolf Buchner und Winfried Baumgart. Band VI)
Wolfram Fischer / Georg Bajor (Hrsg.): Die soziale Frage. Neuere Studien zur Lage der Fabrikarbeiter in den Frühphasen der Industrialisierung, Stuttgart 1967
Constantin Frantz: Die Religion des Nationalliberalismus. Neudruck der Ausgabe 1872, Aalen 1970
Dieter Fricke: Die deutsche Arbeiterbewegung 1869-1914. Ein Handbuch über ihre Organisation und Tätigkeit im Klassenkampf, Berlin DDR 1976
Werner Frauendienst / Wolfgang J. Mommsen / Walter Hubatsch / Albert Schwarz: Deutsche Geschichte der neuesten Zeit von Bismarcks Entlassung bis zur Gegenwart. 1. Teil. Von 1890 bis 1933, Frankfurt am Main 1973 (= Handbuch der Deutschen Geschichte. Begründet von Professor Dr. Otto Brandt. Fortgeführt von Professor Dr. Arnold Oskar Meyer. Neu herausgegeben von Professor Dr. Leo Just, Band IV, 1. Teil)
Imanuel Geiss: Das Deutsche Reich und die Vorgeschichte des Ersten Weltkriegs, München/Wien 1978 (= Reihe Hanser 248)
Imanuel Geiss: Das Deutsche Reich und der Erste Weltkrieg, München/Wien 1978 (= Reihe Hanser 249)
Friedrich Hartau: Wilhelm II. in Selbstzeugnissen und Bilddokumenten, Hamburg 1978 (= rowohlts monographien 264)
Helga Herting: Der Aufschwung der Arbeiterbewegung um 1890 und ihr Einfluß auf die Literatur, Diss. am Institut für Gesellschaftswissenschaften beim ZK der SED, Berlin DDR 1961
Hans Herzfeld: Die moderne Welt 1789-1945. I. Teil. Die Epoche der bürgerlichen Nationalstaaten 1789-1890, Braunschweig 1973 (= Geschichte der Neuzeit. Herausgegeben von Gerhard Ritter)
Hans Herzfeld: Die moderne Welt 1789-1945. II. Teil. Weltmächte und Weltkriege. Die Geschichte unserer Epoche 1890-1945, Braunschweig 1976[5] (= Geschichte der Neuzeit. Herausgegeben von Gerhard Ritter)
Ed. Heyck: Bismarck, Bielefeld und Leipzig 1910 (= Monographien zur Weltgeschichte. In Verbindung mit Anderen herausgegeben von Ed. Heyck 4)
Heinz Joachim Heydorn / Gernot Koneffke: Studien zur Sozialgeschichte und Philosophie der Bildung II Aspekte des 19. Jahrhunderts in Deutschland, München 1973 (= List Taschenbücher der Wissenschaft. Erziehungswissenschaft. Band 1667)
Rolf Hochhuth / Hans-Heinrich Koch: Kaisers Zeiten. Bilder einer Epoche. Aus dem Archiv der Hofphotographen Oscar und Gustav Tellgmann, München 1973
Karl Heinrich Höfele: Geist und Gesellschaft der Bismarckzeit (1870-1890), Göttingen/Zürich/Berlin/Frankfurt am Main 1967 (= Quellensammlung zur Kulturgeschichte. Hrsg. von Wilhelm Treue, Bd. 18)
Werner Hofmann: Ideengeschichte der sozialen Bewegung des 19. und 20. Jahrhundert, Berlin 1970 (= Sammlung Göschen, Bd. 1205/1205a)
Richard Hofstadter: Social Darwinism in American Thought 1860-1915, Philadelphia 1948[3]
Karl Holl / Günther List: Liberalismus und imperialistischer Staat. Der Imperialismus als Problem liberaler Parteien 1890-1914. Mit Beiträgen von Lothar Albertin, Lothar Gall, Imanuel Geiss, Karl Holl, Günther List, Peter Menke-Glückert, Wolfgang J. Mommsen, Peter-Christian Witt, Hans-Günter Zmarzlik, Göttingen 1975 (= Kleine Vandenhoeck-Reihe 1415)
Carl Jantke: Der vierte Stand. Die gestaltenden Kräfte der deutschen Arbeiterbewegung im 19. Jahrhundert, Freiburg 1955
Ernst Johann (Hrsg.): Redes des Kaisers. Ansprachen, Predigten und Trinksprüche Wilhelms II., München 1966, 1977[2]
Kat. Ausst. 1871 – Fragen an die deutsche Geschichte. Historische Ausstellungen im Reichstagsgebäude in Berlin und in der Paulskirche in Frankfurt am Main aus Anlaß der hundertsten Wiederkehr der Reichsgründung 1871, Berlin (West) 1971
Fritz Klein: Deutschland von 1897/98 bis 1917. (Deutschland in der Periode des Imperialismus bis zur Großen Sozialistischen Oktoberrevolution), Berlin DDR 1977[4] [= Lehrbuch der deutschen Geschichte (Beiträge) 9]
Jürgen Kocka: Unternehmer in der deutschen Industrialisierung, Göttingen 1975
Bernhard von Kugler: Kaiser Wilhelm und seine Zeit. Illustriert von den ersten deutschen Künstlern, München 1888
Karl Kupisch: Kirche und soziale Frage im 19. Jahrhundert, Zürich 1963 (= Theologische Studien. Herausgegeben von Karl Barth und Max Geiger, Heft 73)
Karl Kupisch: Zwischen Idealismus und Massendemokratie. Eine

Geschichte der evangelischen Kirche in Deutschland 1815-1945, Berlin (West) 1955
Annemarie Lange: Berlin zur Zeit Bebels und Bismarcks. Zwischen Reichsgründung und Jahrhundertwende, Berlin DDR 1972, Berlin (West) o.J.
Annemarie Lange: Das Wilhelminische Berlin. Zwischen Jahrhundertwende und Novemberrevolution, Berlin DDR 1967
Friedrich Albert Lange: Die Arbeiterfrage in ihrer Bedeutung für Gegenwart und Zukunft, Duisburg 1865
Franz Mehring: Geschichte der deutschen Sozialdemokratie. Erster Teil. Von der Julirevolution bis zum preußischen Verfassungsstreite. 1830-1963. Hrsg. von Prof. Dr. Thomas Höhle, Berlin DDR 1976² (= Franz Mehring: Gesammelte Schriften. Hrsg. von Prof. Dr. Thomas Höhle, Prof. Dr. Hans Koch, Prof. Dr. Josef Schleifstein. Mit einem Vorwort von Wilhelm Pieck. Band 1)
Franz Mehring: Geschichte der deutschen Sozialdemokratie. Zweiter Teil. Von Lassalles „Offenem Antwortschreiben" bis zum Erfurter Programm. 1863 bis 1891. Hrsg. von Prof. Dr. Thomas Höhle, Berlin DDR 1976² (= Franz Mehring: Gesammelte Schriften. Hrsg. von Prof. Dr. Thomas Höhle, Prof. Dr. Hans Koch, Prof. Dr. Josef Schleifstein. Band 2)
Manfred Messerschmidt: Militär und Politik in der Bismarckzeit und im Wilhelminischen Deutschland, Darmstadt 1975 (= Erträge der Forschung Band 43)
Wilhelm Mommsen: Otto von Bismarck in Selbstzeugnissen und Bilddokumenten, Hamburg 1977¹⁰ (= rowohlts monographien 122)
Hans Mottek / Walter Becker / Alfred Schröter: Wirtschaftsgeschichte Deutschlands. Ein Grundriß. Band III. Von der Zeit der Bismarckschen Reichsgründung 1871 bis zur Niederlage des faschistischen deutschen Imperialismus 1945, Berlin DDR 1977³
Albert Pfister: Kaiser Wilhelm I. und seine Zeit, Bielefeld und Leipzig 1906
Gert Richter: Die gute alte Zeit im Bild. Alltag im Kaiserreich 1871-1914 in Bildern und Zeugnissen präsentiert von Gert Richter, Gütersloh/Berlin/München/Wien 1974
Gerhard A. Ritter (Hrsg.): Das deutsche Kaiserreich 1871-1914. Ein historisches Lesebuch. Herausgegeben und eingeleitet von Gerhard A. Ritter, Göttingen 1977³
Gerhard A. Ritter / Jürgen Kocka (Hrsg.): Deutsche Sozialgeschichte. Dokumente und Skizzen. Band II: 1870-1914, München 1974
Ludwig August von Rochau: Grundsätze der Realpolitik angewandt auf die staatlichen Zustände Deutschlands (1853). Herausgegeben und eingeleitet von Hans-Ulrich Wehler, Frankfurt am Main/Berlin/Wien 1972
Erwin Roth: Preußen Gloria im Heiligen Land. Die Deutschen und Jerusalem, München 1973
Hans-Joachim Schoeps: Der Weg ins Deutsche Kaiserreich, Berlin (West) 1970
Otto-Ernst Schüddekopf: Herrliche Kaiserzeit. Deutschland 1871-1914. Mit einer Einführung von Hans Joachim Schoeps, Berlin/Frankfurt am Main/Wien 1973
Gustav Seeber (Hrsg.): Gestalten der Bismarckzeit, Berlin DDR 1978
Gustav Seeber: Zwischen Bebel und Bismarck. Zur Geschichte des Linksliberalismus in Deutschland 1871-1893, Berlin DDR 1965
Friedrich C. Sell: Die Tragödie des deutschen Liberalismus (1789-1950), Stuttgart 1953
Richard Sorg: Marxismus und Protestantismus in Deutschland. Eine religionssoziologisch-sozialgeschichtliche Studie zur Marxismus-Rezeption in der evangelischen Kirche 1848-1918, Köln 1974 (= Kleine Bibliothek. Politik. Wissenschaft. Zukunft 48)
Fritz Stern: Gold und Eisen. Bismarck und sein Bankier Bleichröder, Frankfurt am Main/Berlin 1978
Michael Stürmer (Hrsg.): Bismarck und die preußisch-deutsche Politik 1871-1890, München 1978³ (= dtv dokumente 2907)
Michael Stürmer (Hrsg.): Das Kaiserliche Deutschland. Politik und Gesellschaft 1870-1918. Mit Beiträgen von Josef Becker, Volker R. Berghahn, Helmut Böhme, Hans Boldt, Wilhelm Deist, Klaus Hildebrand, Andreas Hillgruber, Friedrich Peter Kahlenberg, Jürgen Kocka, Manfred Messerschmidt, Hans-Jürgen Puhle, John C.G. Röhl, Gustav Schmidt, Fritz Stern, Michael Stürmer und Hans-Ulrich Wehler, Kronberg/Ts. 1977
Hans-Ulrich Wehler: Krisenherde des Kaiserreichs 1871-1918. Studien zur deutschen Sozial- und Verfassungsgeschichte, Göttingen 1979²
Hans-Ulrich Wehler: Bismarck und der Imperialismus, München 1976⁴ (= dtv Wissenschaftliche Reihe 4187)
Hans-Ulrich Wehler: Das Deutsche Kaiserreich 1871-1918, Göttingen 1975² (Deutsche Geschichte. Herausgegeben von Joachim Leuschner. Band 9 = Kleine Vandenhoeck-Reihe 1380)

Kulturkampf

Michael Baumgarten: Auf dem Wege nach Kanossa. Eine christliche Ansprache an das deutsche Gewissen, Berlin 1881
Arthur Boehtlingk: Bismarck und das päpstliche Rom. Genetische Darstellung an Hand der Quellen, Berlin 1911
Adelheid Constabel: Die Vorgeschichte des Kulturkampfes. Quellenveröffentlichung aus dem Deutschen Zentralarchiv. Bearbeitet von Adelheid Constabel mit einer Einleitung von Fritz Hartung. Herausgegeben von der Staatlichen Archivverwaltung im Ministerium des Innern, Berlin (West) 1956 (= Schriftenreihe der Staatlichen Archivverwaltung. Nr. 6)
Adolphe Dechamps: Fürst Bismarck und die Drei-Kaiser-Zusammenkunft. Deutsch von Adolphe Dechamps, Mainz 1872
Georg Franz: Kulturkampf. Staat und katholische Kirche in Mitteleuropa von der Säkularisierung bis zum Abschluß des preußischen Kulturkampfes, München 1954
Georg Franz-Willing: Kulturkampf gestern und heute. Eine Säkularbetrachtung 1871-1971, München 1971
Georges Goyau: Bismarck et l'église. Le Culturkampf 1870-1878, 4 Teile, Paris 1911-1913 (Teile 1,2: 1911; Teile 3,4: 1913)
Ludwig Hahn: Geschichte des Kulturkampfes in Preussen. In Aktenstücken dargestellt von Ludwig Hahn. Mit einer Uebersicht, Berlin 1881
Guenther Hirschmann: Kulturkampf im historischen Roman der Gründerzeit 1859-1878, München 1978
Friedhelm Jürgensmeier: Die katholische Kirche im Spiegel der Karikatur der deutschen satirischen Tendenzzeitschriften von 1848 bis 1900, Trier 1969
Josef Lange: Die Stellung der überregionalen katholischen deutschen Tagespresse zum Kulturkampf in Preußen (1871-1878), Bern 1974
Edouard Comte Lefebvre de Béhaine: Léon XIII et le Prince de Bismarck. Fragments d'histoire diplomatique. Avec pièces justficatives. Munich 1872-1879. Rome 1882-1887. Introduction par Georges Goyau, Paris o.J. (1898)
Louis Lescoeur: M. de Bismarck et la persécution religieuse en Allemagne, Paris 1879
Friedrich Michaelis: Das Eine, was Bismarck nicht kann. Ein kirchlich-politisches Plädoyer zur gegenwärtigen Lage Deutschlands und der Welt, Strassburg 1878
Renate Ruthenstroth-Bauer: Bismarck und Falk im Kulturkampf, Heidelberg 1944 (= Heidelberger Abhandlungen zur mittleren und neueren Geschichte. Heft 70)
Charles A. Salmond: Fürst Bismarck und die Ultramontanen. Erläuterung der römischen Frage in ihrer gegenwärtigen Bedeutung für

Deutschland und Grossbritannien. Gekrönte Preisschrift, Berlin 1876

Erich Schmidt-Volkmar: Der Kulturkampf in Deutschland 1871-1890, Göttingen/Berlin (West)/Frankfurt am Main 1962

Harald Siebenmorgen: „Kulturkampfkunst". Das Verhältnis von Peter Lenz und der Beuroner Kunstschule zum Wilhelminischen Staat, in: Ekkehard Mai / Stephan Waetzold / Gerd Wolandt (Hrsg.): Ideengeschichte und Kunstwissenschaft. Philosophie und bildende Kunst im Kaiserreich, Berlin (West) 1983 (= Kunst, Kultur und Politik im Deutschen Kaiserreich. Schriften eines Projekt-Kreises der Fritz-Thyssen-Stiftung. Leitung: Stephan Waetzoldt. Band 3), S. 409-430

Nikolaus Siegfried: Actenstücke betreffend den preussischen Culturkampf nebst einer geschichtlichen Einleitung, Freiburg 1882

Christa Stache: Bürgerlicher Liberalismus und katholischer Konservativismus in Bayern 1867-1871, Frankfurt am Main 1981

Christoph Weber: Kirchliche Politik zwischen Rom, Berlin und Trier 1876-1888. Die Beilegung des preußischen Kulturkampfes, Mainz 1970 (= Veröffentlichungen der Kommission für Zeitgeschichte bei der Katholischen Akademie in Bayern. Reihe B, Band 7)

Karl Zuchardt: Der Kulturkampf und Bismarck, Halle 1912

Personenregister

Abel, W. Anm. 906
Achenbach, Andreas 148, 199, 152
Achenbach, Oswald 147, 199, 152
Achenbach, Sigrid Anm. 753
Adam, Julius 371
Adorno, Theodor Wiesengrund 77
Agricola 114
Aischylos (Äschylos) 180
Alberti, Conrad 355.- Anm. 1145
Albertin, Lothar Anm. 1356
Albrecht, Günter Anm. 922
Albrecht, Joseph 286
Alexander 182, 183, 193
Alt, Theodor 146
Amerbach, Bonifatius Anm. 418
Andreas (Jünger Christi) 181, 198, 204
Angeli, Heinrich von 85
Angelico (Fra Angelico) 434
Anker, Albert 56
Anna, schwarze, s. Hofmännin, schwarze
Anschütz, Georg Anm. 376
Antonius von Padua, Heiliger 78-81, 82, 83
Anzengruber, Ludwig 16
Arbués, Pedro 52
Arcimboldo, Giuseppe 425
Arensborck, Dirck 122, 124
Aristoteles 93, 119
Arminius (Cheruskerfürst Hermann) 53, 88, 89
Arndt, Monika 43, 49.- Anm. 117-119, 127-130, 1200
Artz, David Adolf Constant 213
Attila 96
Aubin, Hermann Anm. 905, 907, 987
Auerbach, Berthold 96, 106, 364
Aumüller, Ursula Anm. 19
Aust, Günter Anm. 792
Avenarius, Ferdinand 178.- Anm. 650
Ayrer Anm. 1024

Bachleitner, Rudolf Anm. 9, 445
Bachmann, Rainer Anm. 416
Bachofen, Johann Jakob 413.- Anm. 1340
Baco von Verulam (Francis Bacon) 91, 93
Bahr, Hermann 170, 394, 401.- Anm. 622, 1291-1293, 1348
Bailly, Jean Sylvain 124
Baldick, Robert Anm. 1283
Baldus, Jacob 92, 93
Balet, Leo Anm. 39
Baltzer, O. Anm. 1045
Baluschek, Hans 371
Bandel, Ernst von Anm. 284

Bangert, Albrecht Anm. 393
Bantzer, Carl 22
Barbarossa (Friedrich I., Deutscher Kaiser) 361
Barilli, Renato Anm. 811
Barnim von Pommern, Herzog 98
Barth, Christian Anm. 27
Barth, Karl Anm. 761, 1047
Bassermann, Friedrich Daniel 174
Bassermann, Otto 56, 57
Bauer, Bruno 15, 16, 33, 105, 142.- Anm. 97, 510, 967
Bauer, Herman Anm. 939
Bauer, Roger Anm. 866, 1037, 1308
Baumgart, Winfried Anm. 124, 1048
Baumhauer, Felix 269
Bayersdorfer Anm. 874
Beatrice 186, 188
Bebel, August 129, 369, 371, 413.- Anm. 1340, 1343
Becker, Jakob 99
Becker, Walter Anm. 904, 1354
Becker-Gundahl, Carl Johann 225, 255, 292f., 453, 456.- Anm. 949, 950, 1435
Beckermann, Th. Anm. 906
Beckmann, Wilhelm 107-108
Beenken, Hermann 26, 137, 466-471, 472.- Anm. 1, 41, 484, 1438, 1440, 1445, 1452, 1454, 1455, 1457-1459, 1462, 1464-1465, 1467
Beethoven, Ludwig van 137, 144, 161, 167, 170, 183.- Anm. 485, 626, 674
Bega, Cornelis Anm. 784
Behaim, Martin 90, 93
Bellini, Giovanni 242.- Anm. 839
Bendemann, Eduard 125
Bender, Hans Anm. 1297
Benedikt XIII., Papst 50
Benzinger, J. Anm. 516
Béraud, Jean 238.- Anm. 835
Berggruen, Oskar 158.- Anm. 523, 592
Berghahn, Klaus L. Anm. 1074
Bergson, Henri 400-401, 402, 410, 412.- Anm. 1289, 1297
Beringer, August von Anm. 1322
Berlepsch, H. E. von Anm. 875
Berlichingen, Götz von 127.- Anm. 269
Bernatzik, Wilhelm 386, 418, 428
Bernhard, Marianne Anm. 418, 431
Bernini, Gian Lorenzo 166
Bernstein, Max 142.- Anm. 513
Bertrand, Alexander 86
Besnard, Paul Albert 392

Bethge, Hans Anm. 831
Betthausen, Peter Anm. 1237
Beutler, Christian Anm. 17
Beutler, Ernst Anm. 269, 467, 1019
Beyer, Oskar Anm. 915
Bezold, Friedrich von 135.- Anm. 482
Bieber, Dietrich 111.- Anm. 226, 231, 407, 1199
Bifve, Edouard 123, 148, 357, 358, 359
Bierbaum, Otto Julius 158, 210, 211, 271, 272, 273, 355, 395, 399.- Anm. 591, 766, 768, 884, 887-888, 898, 1138, 1269, 1282, 1313
Bierck Anm. 847, 849, 851
Bierck, Theodor 246-251
Binder, Franz Anm. 1390
Binding, G. Anm. 213, 1332
Bischoff, Cordula Anm. 1000
Bismarck 38, 39, 40, 41, 42, 43, 44, 45, 56, 62, 88, 114, 176, 291, 307, 335, 336.- Anm. 109, 113, 124, 904, 945, 1047, 1050, 1053, 1333
Bizet 401
Blanc, Louis Ammy 18, 19
Blanckartz, Moritz 99.- Anm. 340, 343, 346
Bleichröder Anm. 1053
Bley, Fritz 231.- Anm. 812
Blomberg, H. von 97, 98.- Anm. 323, 326, 329
Blos, Wilhelm Anm. 465
Blume, Eugen Anm. 302
Bochenski, Joseph Maria Anm. 1350
Böcklin, Arnold 147, 240, 256, 257, 264, 324, 387, 393, 410, 421, 442, 443.- Anm. 867, 1166, 1322, 1422
Bodenhausen, Cuno von 372
Boehle, Fritz 340, 413.- Anm. 999
Boetzkes, Manfred Anm. 596
Bogdal, Klaus Michael Anm. 1147
Bohne, Friedrich Anm. 144, 146.- Anm. 259, 276, 970
Boime, Albert Anm. 600
Bölsche, Wilhelm 398
Bone Anm. 818, 838
Bonifatius 118
Borchardt, Knut Anm. 987
Börne, Ludwig 16.- Anm. 462
Bossi, Guiseppe Anm. 307
Bott, Gerhard Anm. 793
Böttcher, C. Anm. 473
Böttcher, Kurt Anm. 165, 304, 922
Botticelli, Sandro 187, 188, 241
Boubée Anm. 1116

Bracht, Eugen 312
Brahe, Tycho de 91
Brahm, Otto Anm. 1143
Brahma Anm. 6
Brahms Anm. 485
Bramante (Donato d'Angelo) 118
Brand, Bettina 221, 274.- Anm. 753-754, 796, 851, 897-898, 901
Brandes, Georg 170.- Anm. 621
Brandt, Otto Anm. 1333
Brauer, Heinrich Anm. 1224
Brauneck, Manfred Anm. 107
Braunfels, Wolfgang Anm. 892
Brausewetter, Ernst Anm. 666
Brausewetter, Otto 367f.
Bredekamp, Horst Anm. 1448
Bredt, Ferdinand Max Anm. 1313
Breitenstein, A. Anm. 473
Brejon de Lavergnée, Arnauld Anm. 794
Brekelenkam, Quiringh Gerritsz. van 220.- Anm. 794
Breling, Heinrich 295, 397
Bresdin, Rodolphe 404.- Anm. 1301
Bretell, Caroline B. Anm. 991
Bretell, Richard R. Anm. 991
Brieger-Wasservogel, Lothar 177, 425, 426.- Anm. 647, 1369, 1371, 1377, 1380
Briegleb, Klaus Anm. 609
Brinkmann, Richard Anm. 1074
Brion, Gustave Anm. 991
Brix, Michael Anm. 404, 1379, 1388
Brodersen, Waltraud Anm. 917
Brouwer, Adriaen 217
Brown, Christopher Anm. 939
Brückner, Wolfgang 213.- Anm. 107, 777, 934
Brueghel, Pieter d.Ä. (Bauernbrueghel) 230
Bruno, Giordano 91
Brusatti, Alois Anm. 987
Brüschweiler, Jura Anm. 1375
Brütt, Ferdinand 246, 248, 329
Brutus 88
Büchner, Georg 342
Büchner, Ludwig 51, 105, 364.- Anm. 374
Buchner, Rudolf Anm. 124, 1048
Buchon, Max Anm. 797
Bugenhagen, Johannes 90, 98, 103
Buhr, Herbert Anm. 987
Burckhardt, Jacob 95, 115, 116.- Anm. 308
Burckhardt, Rudolf 301f., 303.- Anm. 220, 838, 968
Bürger, Christa Anm. 1276, 1328, 1359
Bürger, Peter Anm. 1276, 1328, 1359
Bürkner, Richard 180.- Anm. 215, 655, 659
Burnaud, Eugne 25, 303, 307, 308, 311
Burne-Jones, Edward 392
Busch, Günter Anm. 780, 1437
Busch, Otto 84
Busch, Wilhelm 56-57, 72, 78-85, 203, 303, 428.- Anm. 143-144, 146, 148-149, 259, 262-263, 266-267, 269, 271, 273, 276-278, 749, 970
Busenbaum, Hermann 57
Bußmann, Walter Anm. 113, 115
Büttner, Wolfgang Anm. 288

Cäcilia, Heilige 65, 70
Callot, Jacques 404
Callwey, Georg D. Anm. 867
Calvin, Jean (Johann) 90, 114
Campanella, Thomas 92
Campe, Friedrich Anm. 357
Caravaggio, Michelangelo da 160
Cardanus, Hieronymus (Geronimo Cardano) 91
Carstens, Jakob Asmus 140
Caspar, Karl Anm. 220, 754
Cassatt, Mary 146
Cassirer, Else Anm. 1104, 1286
Cassirer, Ernst Anm. 1347, 1349
Caterine von Hohenzollern, Fürstin 64
Catilina, Lucius Sergius 181
Cazin, Jean-Charles 392, 393
Celebonovic, Aleksa Anm. 835
Cellini, Benvenuto 53
Cervantes, Saavedra, Miguel de 91, 96
Chamisso, Adelbert von 16, 321, 324.- Anm. 1023
Charcot Anm. 874
Chardin, Jean Baptiste Siméon 221
Chevalier, F. Anm. 1116
Chirico, Giorgio de Anm. 596
Christus (Jesus Christus) 8, 13, 15, 16, 22, 24, 25, 29, 51, 58, 60, 61, 64, 70, 71, 72, 73, 74, 80, 97, 115, 126, 136, 137, 140, 141, 142, 144, 145, 157, 158, 159, 161, 162, 166, 167, 168, 170, 171, 172, 173, 176, 177, 179, 180, 181, 182, 183, 185, 186, 187, 188, 189, 191, 196, 197, 198, 199, 202, 203, 204, 206, 207, 208, 209, 210, 211, 212, 213, 214, 225, 226, 227, 228, 229, 230, 231, 232, 234, 235, 237, 238, 239, 240, 242, 244, 246, 247, 248, 250, 251, 252, 253-270, 273, 281, 283, 285, 286, 289, 290, 291, 292, 296, 298, 299, 301, 311, 312, 314, 315, 324f., 329, 330, 334, 335, 336, 338, 339, 341, 347-350, 365, 367, 378, 380, 382, 383, 395, 396, 400, 402, 403, 404, 405f., 407, 431, 435f., 437, 438f., 440, 441, 444, 445, 448, 449, 450, 451, 462, 467, 468, 470.- Anm. 6, 240, 721, 724, 835, 846-849, 866-867, 934
Cicero, Marcus Tullius 181
Clark, Timothy J. Anm. 724, 797
Claus, Horst Anm. 1146
Clemens, Wilhelm 294
Cohen, Hermann 420
Cola, Rienzi 88
Coligny, Gaspard de, Admiral 90, 92, 96
Columbus (Kolumbus) 90, 93, 95, 359
Comte, Auguste 11, 14, 97, 106, 355, 372, 392.- Anm. 15
Constable, John 154
Conze, Werner Anm. 987
Corinth, Lovis 25, 26, 164, 264, 311, 346, 408, 410, 411, 431, 442f., 456.- Anm. 1166, 1382, 1384
Cornelius, Peter von 90, 99, 110, 122, 140, 148, 151, 279, 358, 359, 362, 371, 433, 435, 467

Cornicelius, Georg 53
Corot, Camille 146
Correggio, Antonio Allegri 298, 252, 253, 376.- Anm. 1122
Corvin-Wiersbitzki, Otto von 57.- Anm. 150
Cotta, Patrizierfamilie in Eisenach 103
Courbet, Gustave 145, 146, 221, 242, 256, 261, 272, 320, 323, 350, 351, 352, 370, 400, 453.- Anm. 585, 794, 797, 839, 870, 1114-1115, 1150, 1185
Couture, Thomas 365
Cowen, Roy C. Anm. 1074
Cranach, Lucas Anm. 378
Cranach d.Ä., Lucas 68, 102, 103, 104, 106, 107, 116, 119.- Anm. 228, 361, 364-365, 419, 429-430, 816
Cranach d.J., Lucas 92, 102, 116.- Anm. 361, 429
Cranmer, Erzbischof 90
Cremer, D. H. Anm. 479
Crotus, Rubianus 114
Cunow 413.- Anm. 1340
Czymmek, Götz Anm. 793, 935

Daelen, Eduard 56, 80, 82, 85, 203.- Anm. 143, 145, 147, 266, 268, 270, 749, 1200
Dahn, Felix 16, 76f., 182, 665
Dahnke, Hans-Dietrich Anm. 922
Daller Anm. 1104
Dalou, Jules 371
Dante Alighieri 186, 188, 434.- Anm. 678
Darwin, Charles 14, 62, 105, 167, 191, 355, 408.- Anm. 262
Dasio, Maximilian 282, 311
Daubigny, Charles-Francois 146
Daumier, Honoré 222, 371.- Anm. 148, 724, 1393
Daun, Berthold 393.- Anm. 1255
David (König des Alten Testaments) 433
David, Jacques Louis 124.- Anm. 724
Defregger, Franz von 112, 148, 199, 215f.- Anm. 781, 1396
Degas, Edgar 146, 401
Degenhardt, Inge Anm. 1276, 1328, 1359
Deger, Ernst 71f. 74
Dehmel, Richard 170-171.- Anm. 624, 627
Delacroix, Eugne 127, 365
Delaroche, Paul 148
Delbrück, Hans 336
Delevoy, Robert L. Anm. 1248
Dempwolff, K. A. 96
Denifle, H. Anm. 399
Deppner, Martin Anm. 917
Derchain, Ph. Anm. 213, 1332
Deri, Max 342, 343, 344, 387, 389.- Anm. 1076, 1227, 1230
Dettmann, Ludwig 219, 311, 312-316, 318, 322, 326-329, 346, 350, 354, 379, 395, 396, 429, 470
Detzel, Heinrich Anm. 215
Diederichs, Eugen 398
Diersch, Manfred 420.- Anm. 583, 1348
Dieterich, Barbara Anm. 763, 868
Dieterle, Otto 324-326.- Anm. 1024

Dietrich, Franz Xaver 298
Dietze, Walter Anm. 1348
Diez Anm. 458
Diez, Wilhelm von 369
Dilcher, Gerhard Anm. 1323, 1354
Dilthey, Wilhelm 410, 421
Dinger, Brigitte Anm. 1000
Diodor 182
Dobbert, Eduard 97, 98.- Anm. 324, 327, 330, 337
Donndorf, A. von Anm. 398
Doré, Gustave 432.- Anm. 1385
Dostojewski, Fjodor Michajlowitsch 63
Dou, Gerard 220.- Anm. 784
Drake, Francis 90
Driesch, Hans 420f.
Droste zu Vischering, Clemens August 99
Dückers, Alexander 168, 169, 171, 174.- Anm. 596, 616, 632
Dühring, Eugen Anm. 98
Dülberg, Ewald 265
Durant, Will und Ariel Anm. 14
Durchardt, W. Anm. 906
Dürck-Kaulbach, Josefa Anm. 297, 311, 319, 348
Dürer, Albrecht 11, 91, 97, 102, 104, 109, 114, 115, 116, 118, 119, 199, 235, 359, 434, 467.- Anm. 361, 365, 418, 431
Dürr, Bernd Anm. 1020
Dyckmans, Joseph Laurens 362

Ebbinghaus, Hermann 106
Eberle, Adam 118
Eberle, Mathias 216
Eberle, Matthias Anm. 753
Ebert Anm. 1063
Eck, Johannes 89, 98, 99, 100, 102, 103, 108, 363
Eckhardt, Aloys 326, 328
Eckstein, Hans Anm. 1092, 1140
Egger-Lienz, Albin 222, 337f.
Egmont, Lamoral, Graf von 357
Ehrhardt, Adolf 181, 186
Ehrlich, Josef Anm. 275, 280
Eichens, Eduard Anm. 292
Eichoff, W. Anm. 1340
Einem, Herbert von Anm. 1171
Einstein, Albert 420
Eisfeld, Gerhard Anm. 309
Eitelberger von Edelberg, Rudolf 199.- Anm. 735
Elisabeth I., Königin von England 90, 96
Ellis, Henry Havelock 413.- Anm. 1340
Ende, Hans am 236.- Anm. 831
Endell, Fritz Anm. 1313
Enders, E. L. Anm. 397
Engel von der Rabenau, Carl 434
Engelberg, Ernst Anm. 110, 366, 375
Engelhart, Josef 394.- Anm. 1262
Engels, Eduard 287, 292.- Anm. 936
Engels, Friedrich 14, 16, 32, 33, 34, 35, 61, 96, 115, 116, 127, 128, 129, 132, 193, 194, 300f., 369, 371, 413.- Anm. 14, 34, 84, 93, 95, 97, 98, 101, 105, 106, 288, 312, 317, 426, 510, 706, 967, 1340

Ensor, James 439f.
Erasmus von Rotterdam 91, 93, 96, 114, 115, 116, 368.- Anm. 432
Erler, Fritz Anm. 1322
Ernst, Max 265, 407
Erpel, Fritz Anm. 775
Essex, Lord 90
Estermann, Alfred Anm. 248
Ewinkel, Irene Anm. 1000
Exter, Julius 312, 337, 338
Eyck, van Anm. 394
Eyck, Hubert van 434
Eyck, Jan van 434

Fahrenkrog, Ludwig 237f., 240
Falckenberg, Richard 105.- Anm. 28, 30, 275, 371, 376
Falk, Adalbert 40, 41, 42
Farner, Konrad 432.- Anm. 1385
Fechner, Gustav Theodor 106
Feist, Peter H. Anm. 39
Feldmann, Louis 258, 283-285, 287, 378, 386
Fenske, Hans Anm. 124.- Anm. 1048
Ferdinand V., König von Spanien 359
Feuerbach, Anselm 151, 163, 164, 166, 178, 256, 462
Feuerbach, Ludwig 15, 16, 27, 32, 33, 35, 59, 63, 79, 80, 97, 182.- Anm. 28, 84-85, 93, 97, 105, 288
Fichte, Johann Gottlieb 422
Fidus (Hugo Höppener) 86, 87.- Anm. 282, 1275
Fiedler, Conrad (Konrad) 345f., 352, 355, 432, 443.- Anm. 316, 322, 1092, 1096, 1140
Finkbeiner, Hugo 313
Firle, Walther 212, 218-219, 223f., 236, 286-288, 292, 296, 304, 312, 318, 346, 350, 353, 354, 377, 378, 395-397, 429, 470.- Anm. 935-936, 946, 1112
Fischel, Oskar 418.- Anm. 1313, 1344
Fischer, Jens Malte Anm. 1321
Fischer, Wolfram Anm. 987
Flandrin, Hippolyte 392
Fleischer, Fritz 295
Flörke, Gustav 441
Foerster, Richard Anm. 664
Fontane, Theodor 69, 113, 114.- Anm. 236, 416
Förster, Ernst 97.- Anm. 295, 320
Forster, Georg 15
Foucart, Jacques Anm. 794
Fragonard, Jean Honorè 221
Franck, Philipp Anm. 1322
Franck, Sebastian 91
Frantz, Constantin 39.- Anm. 111, 261
Frantz, Erich Anm. 215
Franz, Georg Anm. 36
Franz, Günther Anm. 987
Franz-Willing, Georg 41, 49, 62.- Anm. 108, 112, 114, 116, 131, 193
Frauendienst, Werner Anm. 1333, 1336
Frecot, Janos Anm. 282, 283.- Anm. 1275, 1323, 1354
Frédéric, Léon 315, 318.- Anm. 999, 1014, 1015

Freihofer, Albert 236.- Anm. 829
Freiligrath, Friedrich Anm. 288
Frels, Onno 398f.- Anm. 1276, 1279, 1328, 1359
Frenzel, Karl 90.- Anm. 298, 300, 448, 1042
Freud, Anna Anm. 161
Freud, Sigmund 59, 411.- Anm. 161
Freytag, Gustav 106, 364, 373.- Anm. 481
Friedländer, Max 355.- Anm. 1144
Friedrich II., König von Preußen (Friedrich der Große) 99, 146, 363, 429, 437.- Anm. 339
Friedrich III. Anm. 821
Friedrich, Caspar David 82, 253, 467.- Anm. 1446-1448
Friedrich, Otto 44, 415f.
Friedrich, Waldemar 312
Friedrich Roger II., Deutscher Kaiser 48
Friedrich der Weise, Kurfürst von Sachsen 114, 116.- Anm. 431
Friedrich Wilhelm von Brandenburg (Der Große Kurfürst) 55f.- Anm. 211
Friedrich Wilhelm I., König von Preußen 55
Friedrich Wilhelm IV., König von Preußen Anm. 293
Fritz, E. Anm. 906
Frodl, Gerbert Anm. 634
Fröhler, L. Anm. 906
Frosch, Karl 142.- Anm. 515
Fuchs, Friedrich 304f.- Anm. 973
Fuchs, Leonhard 90, 93
Fugel, Gebhard 144, 149, 206-207, 210, 232, 268f., 321-324, 346.- Anm. 755, 1021
Fürst, Max Anm. 305
Füßli, Johann Heinrich 124

Gabelentz, Hanns-Conon von der Anm. 1243
Gafert, Karin 329, 332.- Anm. 1032, 1034, 1043, 1128
Gagel, Hanna Anm. 409
Galilei, Galileo 91, 93, 362, 420
Gall, Lothar Anm. 1356
Gallait Louis 122, 123, 148, 357, 358, 359.- Anm. 1152
Gärtner, Eva Anm. 991
Gaupp, Gustav 53, 54
Gebhardt, Eduard Karl Franz von 19, 24, 64, 66-71, 109, 110, 111, 122, 137, 145, 157, 159, 161, 197-201, 202, 203, 204, 210, 213, 229, 230-232, 234, 239, 240, 242, 244-246, 247, 250, 258, 283, 299-303, 304, 307f., 311, 339, 346, 350, 366f., 367, 371, 376f. 378, 380, 381, 391, 392, 404, 429, 435, 437, 467f., 469, 470, 471.- Anm. 211, 220, 226, 230, 233, 234, 394, 725-726, 729, 734, 737, 814, 816, 818, 838, 965 968, 1181, 1271, 1253, 1456
Geerdts, Hans Jürgen Anm. 922
Gehrts, Carl 118, 119, 121, 124, 186, 331f.- Anm. 446
Geibel, Emanuel 50.- Anm. 133
Geiger, Max Anm. 761, 1047
Geiss, Imanuel Anm. 1057, 1356

Geist, Johann Friedrich Anm. 282, 1275
Genelli, Bonaventura 362
Gentz, Karl Wilhelm 365f.
Georg von Sachsen, Herzog 98
George, Stefan 448
Georgi, Walter (Walther) 313, 320-321, 397.- Anm. 1020
Gerhard, E. Anm. 39
Géricault, Théodore 371
Gerlach, Hans Egon Anm. 1401
Germanicus, Gaius Iulius Caesar 147
Geselschap, Friedrich 51, 189, 391.- Anm. 685, 1407
Giesecke Anm. 897
Giorgone (Giorgio da Castelfranco) 118.- Anm. 442
Giotto di Bondone 29
Glaser, Hermann Anm. 621
Gleisberg, Dieter Anm. 596
Gleyre, Charles 365
Glötzle, Ludwig 160, 161 382, 387
Goebbels, Joseph 405
Goebel, Gerhard Anm. 1276, 1328, 1359
Goethe, Johann Wolfgang von 15, 80, 93, 96, 127, 279, 281, 302, 320, 368, 400, 463, 469.- Anm. 269, 307, 310, 467, 921, 1019, 1238
Goeze, Melchior Anm. 165
Gogh, Vincent Willem van 213, 315, 371, 450.- Anm. 775, 991
Göhre, Paul Anm. 1063
Gonzales, Johannes 54
Görres, Ida Friederike 31
Gottfried, Johann Ludwig 127
Götting, Birgit Anm. 1416
Gottschall, Rudolf Anm. 296
Goya, Francisco de 371, 404.- Anm. 1301
Grant, Michael Anm. 597
Grashof, Otto 434
Grassi, Ernesto Anm. 46, 717
Grassl, Otto 257
Graubner, Reinhold Anm. 230
Grauert, Wilfried Anm. 1276, 1328, 1359
El Greco (Domenikos Theotokópulos) 29, 158, 404
Gregor VII., Papst 44
Greiner, Martin Anm. 250, 606
Greiner, Otto 164, 439, 452.- Anm. 1416
Greuze, Jean Baptiste 221
Greven, Anton 434
Griesebach, Eduard Rudolf 76
Grimm, Reinhold Anm. 1074
Gröne, Georg 334, 336
Gross, Edgar Anm. 416
Gross, Friedrich Anm. 121, 220, 292, 400, 461, 471, 644, 648, 723, 753-754, 762, 781, 790, 793, 816, 821, 893, 897, 917, 947, 991, 1000
Grosz, George 418
Groux, Charles de 221.- Anm. 795, 796
Growe, Bernd 176.- Anm. 645
Grubrich-Simitis Anm. 161
Grüneisen, Carl 201, 380.- Anm. 3, 213
Grünewald, Mathis Neithart Gothart 264
Grünfeld, Isidor 346

Grützner, Eduard von 82, 147, 371, 428
Guntermann, Joseph 267
Günther, Karl-Heinz Anm. 18, 929
Günther, Otto 222, 346
Gurlitt, Cornelius 30, 110, 113, 122, 140, 142, 373, 441.- Anm. 66, 385, 406, 415, 456, 506, 511, 1198, 1419
Gußmann, Otto 253, 256
Gussow, Karl 174, 344, 345, 346
Gustav Adolf, König von Schweden 90, 92, 96, 114
Gutenberg, Johannes 91, 181, 368

Haack, Friedrich 122.- Anm. 454, 644, 1166
Haase, Horst Anm. 922
Haeckel, Ernst 14, 16, 167, 355
Haendcke, Berthold 138, 166.- Anm. 490, 604, 610
Haenel, Erich Anm. 410
Hagenbach, Karl Rudolf 106
Halbe, Max 315, 398, 431, 443.- Anm. 996, 1382, 1384
Halder, Joseph 142
Hamann, Richard 158, 230, 343, 393, 405, 420, 436, 445.- Anm. 434, 810, 1078-1079, 1256, 1310, 1321, 1345, 1413
Hamel Anm. 474
Hamel, Julius 129
Hamerow, Theodore S. Anm. 1074
Hamm, Ulrike 234.- Anm. 822
Hampe, Peter Anm. 1323, 1354, 1356
Hancke, Erich Anm. 1104-1105
Handrick, Willy Anm. 600
Hansen, Joseph 307f.
Häntzschel, Günter Anm. 609
Harleß, Adolf von 57
Harnack, Adolf von 336
Hart, Julius 398
Hartlaub, Gustav Friedrich 27-30, 35.- Anm. 44, 47, 52
Hartleb, Renate Anm. 1240
Hartmann, Eduard von 60-61.- Anm. 166
Hartmann, Klaus L. Anm. 19
Hartmann, Reinhold 158, 346-347.- Anm. 11, 509, 517, 593, 1100
Harvey, Wilhelm 91, 93
Hasenclever Anm. 846
Hasenclever (Stadtpfarrer) 244
Hasenclever, Johann Peter 433, 434-435
Hauber, Joseph 163, 164
Haubner, Klaus Anm. 917
Haueisen, Albert 313
Hauptmann, Gerhart 274, 342, 356, 398
Hauser, Arnold Anm. 80
Hausmann, Friedrich Karl 362, 363, 462
Havelock, Christine M. Anm. 598-599
Heckel, Erich 12, 417f.
Heemskerck, Egbert van 216
Heemskerck d.Ä., Egbert van Anm. 939
Heftrich, Eckhard Anm. 866, 1037, 1308
Hegel, Georg Wilhelm Friedrich 11, 14, 32, 33, 96, 97, 105, 106, 150, 151, 163, 355, 364, 390.- Anm. 100, 310, 370, 1347
Heichert, Otto 295f.
Heil, Gustav 52, 53, 54, 58, 285f.- Anm. 137, 153, 932
Heiland, Susanne Anm. 940
Heilbut, Emil (Herman Helferich) 213, 214, 216, 354, 392.- Anm. 778, 783, 1129, 1244
Heilmann, Christoph Anm. 458
Heine, A. Anm. 515
Heine, Heinrich 16, 75, 77, 125, 167, 169.- Anm. 250, 296, 462, 606, 608-609
Heine, Thomas Theodor 164, 224, 315.- Anm. 999
Heine, Wilhelm Joseph 196, 434
Heinrich IV., Deutscher Kaiser 43, 44
Heinz-Mohr, Gerd Anm. 2, 1110
Heise, Carl Georg Anm. 44
Helfenstein, Graf Ludwig von 125, 126, 129
Helfenstein, Gräfin Margarethe von 125, 126, 129
Helferich, Herman, s. Heilbut, Emil
Hellqvist, Carl Gustav 111-113, 132, 437.- Anm. 1403
Helmholtz, Hermann Ludwig Ferdinand 106
Henckell, Karl 271f., 273
Henckmann, Wolfhart Anm. 1087
Herder, Johann Gottfried 368
Herding, Klaus Anm. 585, 724, 797, 839, 870, 114, 1185, 1192, 1379, 1448
Hering, Ewald 106
Hermand, Jost 158, 230, 343, 405, 420, 436, 445.- Anm. 434, 810, 1074, 1078-1079, 1310, 1321, 1345, 1413
Hermann der Cherusker, s. Arminius (Cheruskerfürst Hermann)
Hermans, Charles Anm. 972
Hermes, Georg 99
Herodes der Große 143, 383
Herodot 180
Herrmann, H. V. Anm. 213, 1332
Herterich, Ludwig 264, 456
Herwegh, Georg 16, 88, 176, 271.- Anm. 287-289, 646, 884, 886-887
Herzfeld, Hans 14.- Anm. 16
Hesiod, Anm. 1318
Hess, Walter Anm. 712
Hessus, Eobanus 114, 116.- Anm. 418
Heusinger, Lutz Anm. 1448
Hevesi, Ludwig 168.- Anm. 614
Heyden, August von 44
Heyne, Hildegard 145, 167, 169.- Anm. 501, 521, 525, 607, 619
Heyse, Paul 58-60, 61, 62, 75f., 372, 428f.- Anm. 154, 162, 1196
Heyser, Friedrich 372
Hildenbrand, Adolf 443
Hinz, Berthold Anm. 1379, 1448
Hirschberg, Ernst 307
Hirtz, Hans 268.- Anm. 878
Hochhaus, Carl 328
Hodler, Ferdinand 121-125, 132, 426, 452f., 462.- Anm. 453, 1375-1376
Hodler, Hector 124
Hoecker (Höcker), Paul 216, 354
Hoffmann, Richard Anm. 1068
Hofmann Anm. 471

Hofmann, Franz Anm. 18, 929
Hofmann, Heinrich 229, 236, 242, 378, 380, 381, 382, 389, 400
Hofmann, Ludwig von 410, 418.- Anm. 1313, 1322, 1344
Hofmann, Rudolf 128-129
Hofmann, Werner 407f.- Anm. 72, 121, 724, 839, 991, 1114, 1237, 1314
Hofmännin, schwarze (schwarze Anna) 126, 130, 132
Hofstätter, Hans Hellmut 11, 256, 260, 261, 263f., 270, 423.- Anm. 7, 11, 869, 877, 880-881, 1321, 1365
Hofstötter, Franz 22, 255.- Anm. 867
Hogarth, William 371
Hohendorf, Gerd Anm. 18, 929
Hohl, Hanna Anm. 918
Höhle, Thomas Anm. 185, 374, 427, 639, 709, 922, 1049, 1148
Höhne, Emil 180.- Anm. 651, 656-657
Holbein Anm. 394, 449
Holbein, Hans d.J. 29, 68, 114, 255.- Anm. 63, 418, 432
Hölderlin, Friedrich 15
Holl, Karl Anm. 1356
Hollweck, Thomas Anm. 1323, 1354
Hölscher, Pastor 140
Holsten, Siegmar 439.- Anm. 1417, 1421
Holz, Arno 355, 356, 398f.- Anm. 1136, 1276, 1278
Holzinger, Ernst Anm. 444, 840, 1418
Homer/homerisch 91, 121, 164, 167, 169, 181, 186, 424, 429.- Anm. 661
Hoorn, Philipp II. Graf von Montmorency-Nivelle 357
Horkheimer, Max 411.- Anm. 1331
Hotop, Franz Joseph 142
Hotz, E. Anm. 906
Houssaye Anm. 1116
Howitt, Margaret Anm. 1390
Hubatsch, Walther Anm. 1333
Huber-Sulzemoos, Hans 286
Hübscher, Anneliese Anm. 682
Huene, Freiherr von 429
Huhn, Rosemarie Anm. 917
Humboldt, Alexander von 97.- Anm. 297
Humboldt, Wilhelm von 368
Hunt, William Holman Anm. 811
Huß, Johannes 60, 90, 92, 98, 99, 100, 111, 112, 113, 359, 371.- Anm. 345
Hütt, Wolfgang 376.- Anm. 385, 418
Hutten, Ulrich von 91, 92, 114, 115, 198, 264
Huysmans, Joris-Karl 400, 404, 405.- Anm. 1283, 1300, 1304
Huyssen, Andreas Anm. 1276, 1328, 1359

Ibsen Henrik, 182, 183, 377, 436.- Anm. 666, 1401
Ilges, Walther F. Anm. 524
Innozenz III., Papst 76, 92
Isabella von Kastilien, Königin von Spanien 359
Israëls, Jozef 213, 214, 221, 222, 354.- Anm. 780

Jacob, G. Anm. 215
Jacob, Hans Anm. 1283
Jäger, Hans-Wolf Anm. 24
Jahn, Johannes Anm. 361
Jakobus d.Ä. 66, 68, 198
Jakobus d.J. 66, 68
Janitsch, Julius 188.- Anm. 679, 681
Janssen, Peter 26, 110-111, 113, 122, 293, 339, 374, 391.- Anm. 226, 407, 410, 1199
Jantzen, Hans Anm. 433
Jarchow, Margarete Anm. 917
Jean Paul 73
Jenderko-Sichelschmidt, Ingrid 357.- Anm. 458, 1153
Jenny, Heinrich 113
Jensen, Jens Christian Anm. 949, 1447
Jentsch, E. Anm. 1340
Jeremias, Friedrich Anm. 802
Jesus, s. Christus
Jochimsen, Paul Anm. 332
Johann der Beständige (Kurfürst von Sachsen) 90
Johann, Ernst Anm. 1044, 1412
Johann Friedrich der Großmütige (Kurfürst von Sachsen) 90
Johannes Anm. 485
Johannes (Jünger Christi, Evangelist) 66, 70, 137, 144, 145, 158, 181, 183, 198, 199, 202, 204, 256, 268, 433, 439
Johannes (Verfasser der „Offenbarung") 168, 183
Johannes der Täufer 65, 444, 445
Johnson, Samuel Anm. 14
Jolles, Bernhard Anm. 966
Jonas, Justus 90, 103, 114
Jordan, Carl 236f., 239
Jordan, Ernst Pasqual 333
Jordan, Max Anm. 685, 1407
Joseph (Ziehvater Christi) 8, 64, 65, 70, 273, 277, 279, 281, 282, 283, 284, 286, 395, 405f., 407, 469.- Anm. 933
Jovianus, Flavius (römischer Kaiser) 182
Judas (Jünger Christi) 198, 199, 201, 204, 206, 207, 383
Julian Anm. 664-665
Julian Apostata (römischer Kaiser) 182.- Anm. 664, 667
Julius II., Papst 118
Jullian, Philippe Anm. 1285
Just, Leo Anm. 1333

Kabisch, R. 319
Kabisch, Richard Anm. 1016-1017
Kaempffer, Eduard 74
Kähler, Ingeborg Anm. 123, 949
Kaiphas 448
Kaiser, Joachim Anm. 257, 1401
Kaiser, Konrad Anm. 1449
Kalckreuth, Johannes 299, 317.- Anm. 960
Kalckreuth, Leopold von 272, 298f., 316-317, 318f., 320, 346, 395, 397, 429, 470.- Anm. 960, 991, 1001-1002, 1004, 1006
Kalthoff, Albert 16
Kampf, Arthur 22, 172f., 246, 247, 248, 253, 258, 293, 304f.- Anm. 973

Kampfmeyer, Margret Anm. 1153
Kant, Immanuel 14, 193, 368
Karl V., Deutscher Kaiser 49, 122, 172, 182, 357.- Anm. 671, 1152
Karl der Große, Deutscher Kaiser 21, 48, 49, 118.- Anm. 127
Karl Alexander, Großherzog von Sachsen-Weimar-Eisenach 367
Karlstadt, Andreas Bodenstein 98
Katharina, Heilige 65, 70
Katharina von Bora (Katharina Luther) 100, 103
Kaufhold, Karl-Heinrich Anm. 987
Kaufmann, H. Anm. 906
Kaufmann, Hans Anm. 922
Kaulbach Anm. 1397
Kaulbach, Friedrich August von 44, 256
Kaulbach, Wilhelm von 38, 51, 52, 60, 89-98, 99, 100, 108, 111, 113, 114, 115, 116, 121, 122, 123, 124, 151, 186, 188, 358, 359, 362, 363, 425, 435, 453, 462, 470.- Anm. 135, 292, 294, 297-298, 311, 319, 324, 1042
Kautsky, Karl 134, 193-194, 209.- Anm. 708, 711, 759, 1340
Kawerau, G. Anm. 397, 399
Kellenbenz, Hermann Anm. 987
Keller, Albert von 164, 259, 260, 346.- Anm. 603, 872-875, 1313
Keller, Ferdinand 171-172, 332, 374, 378, 391, 450, 462.- Anm. 633
Keller, Friedrich von 204, 326, 328, 354
Keller, Gottfried 16, 342, 364
Kemp, Wolfgang Anm. 1448
Kepler, Johannes 66, 91, 93
Keppler, Paul 273f., 380, 388, 389, 393, 395, 399.- Anm. 899, 1213, 1215-1217, 1220, 1229, 1234, 1259, 1265, 1281
Kerbs, Diethard Anm. 282, 1275
Kerényi, Karl Anm. 1319
Ketterer, Gerhard Anm. 19
Keßler, Eckhard Anm. 46
Keutler, Franz J. Anm. 666
Keyssner, Gustav Anm. 985, 1322
Khnopff, Fernand 394
Kind, Helmut Anm. 463
Kirchbach, Frank 412f., 413
Kirchbach, Wolfgang 29.- Anm. 64
Klein, César 207, 407
Klein-Chevalier, Friedrich 413f.
Kleine, Pastor Anm. 262
Kleutgen, Joseph, S. J. 66
Kliem, Manfred Anm. 426
Klimt, Gustav 272
Klinger, Max 11, 13, 132, 136-146, 156, 157, 158, 161-181, 185, 186, 188, 189,192, 229-230, 236, 240, 242, 257, 258, 282, 318, 344, 391, 392, 393, 411f., 424-425, 426, 427, 429, 431, 432, 436, 437, 438f., 443, 448, 462, 471.- Anm. 6, 485-488, 490, 493, 501, 508, 525, 596, 605, 612, 614-615, 618, 623, 640, 643, 645, 647-651, 656, 674-675, 682-683, 807-808, 1166, 1240, 1313, 1343, 1369-1370, 1372, 1378, 1399, 1403, 1433

Kloss, Julius Erich Anm. 910
Klotz, Heinrich Anm. 477
Kluge, Walter Anm. 308
Knackfuß, Hermann 437.- Anm. 226, 294, 339, 524, 591, 603, 729, 750, 756, 764, 807, 814, 839, 1061, 1181, 1201, 1271, 1313, 1317, 1322, 1344, 1402, 1407, 1420, 1456
Knappe Anm. 418, 431
Knaus, Ludwig 71, 106, 112, 129, 148, 152, 199, 282, 313, 346, 373, 374, 376, 387.- Anm. 385, 473, 1203, 1396
Knille, Otto 77, 114-118, 121, 122, 124, 132, 153f., 156, 157, 186, 199, 345, 462.- Anm. 418, 437, 450, 574, 587, 1091
Knopf, Hermann 324
Knox, John 114
Koch, David 181, 197, 232, 237, 238.- Anm. 662, 686, 725, 816, 819, 834, 1313, 1456
Koch, Hans Anm. 185, 374, 427, 639, 709, 1049, 1148
Koch, M. Anm. 664
Koch, Michael Anm. 633
Kocka, Jürgen 274, 290.- Anm. 908, 943, 975, 977, 979, 990, 1343
Koegel, Dora Anm. 256
Koeppen, Adolf 225, 226
Koeppen, Alfred Anm. 798, 1041
Koeppen, Walter 330
Kohl, Stephan Anm. 1074
Kohlschein, Hans 319, 320
Kohlschmidt, Werner 115.- Anm. 424
Kokoschka, Oskar 266, 407
Köllmann, Wolfgang Anm. 987
Kollwitz, Käthe 129-135, 179, 274, 369, 370, 371, 462.- Anm. 475-476, 792, 867, 1184
Kollwitz, Peter 133
Kolmsperger, Waldemar 269
Kolumbus, s. Columbus
König, Gustav („Luther-König")
König, Helmut Anm. 18, 929
Koopmann, Helmut Anm. 866, 1037, 1308
Koopmann, Johann Heinrich Carl 71.- Anm. 241
Kopernikus, Nikolaus 91, 93
Koppe, Leonhard 103
Korff, Hermann August Anm. 23
Kornhass, Eike-Wolfgang Anm. 1323, 1354
Koster, Lorenz 91
Köster, Udo 402, 404, 405, 421.- Anm. 1298, 1307, 1311, 1352
Köstlin, J. Anm. 399
Kötscher, J. E. Anm. 1340
Kötscher, M. Anm. 1340
Krafft, Eva Maria Anm. 226
Kraus, Franz Xaver Anm. 215
Kraus, Joseph 57, 83.- Anm. 149, 262, 272, 276
Krauss, Werner Anm. 1348
Kreitmaier, Josef, S. J. Anm. 62, 246, 867
Kretzer, Max 275f., 281, 329f., 336-337, 339.- Anm. 910-912, 1036, 1038, 1060
Kreuzer, Helmut Anm. 1074
Kricheldorf, Carl 217-218, 219.- Anm. 785
Krickel, G. 307

Krieger, J. Anm. 515
Krieger, Joseph 142
Krieger, Peter Anm. 763, 868
Krimmel-Decker, Elisabeth Anm. 763, 868
Krohn, Paul Günter Anm. 922
Krolop, Kurt Anm. 304
Kuehl, Gotthard 212, 330f., 397
Kues, Nikolaus von Anm. 28, 275, 371
Kugler, Franz 432f.- Anm. 339, 1387
Kühn, Paul 140, 144, 145, 167, 170, 183, 230, 320, 321, 436, 438.- Anm. 6, 488, 498, 505, 518, 520, 611, 620, 675, 808, 1020, 1399
Kunst, Hans-Joachim Anm. 1448
Kunz, Fritz 21
Kupisch, Karl 88, 109, 210, 335, 336.- Anm. 26, 29, 31, 290, 341, 395, 761, 1047, 1051, 1054, 1056, 1058
Kurella, H. Anm. 1340

La Caze, Louis 220
Lamennais, Hugues-Félicité-Robert 196.- Anm. 716
Landenberger, Christian Anm. 1322
Landry, Harald 62.- Anm. 194
Landsberger, Franz Anm. 1288
Lang, Albert 407, 408
Lang, Hermann 182
Lang, Lothar Anm. 999
Langbehn, Julius 272
Lange, Annemarie Anm. 995, 1047, 1050
Lange, Friedrich Albert 105, 364, 420.- Anm. 368
Lange, Konrad 412.- Anm. 1337
Lankheit, Klaus 318.- Anm. 11, 51, 1008, 1013-1015
Laplace, Pierre Simon 14
Lasch, Gustav 237.- Anm. 832
Lassalle, Ferdinand 115, 116.- Anm. 185, 426-427, 1049
Lau, O. E. Anm. 465
Laub, K. Anm. 906
Laube, Adolf Anm. 465
Laupheimer, Anton 427f.
Lavigerie, Charles Martial Allemand 291
Leber, Heinrich Anm. 288
Lebiedski, Eduard Anm. 867
Lechner, Gregor Martin Anm. 892
Legros, Alphonse 222
Lehmann, Evelyn Anm. 1397
Lehmann, E. J. Anm. 1063
Lehrs, Max 132.- Anm. 643
Leibl, Wilhelm 111, 199, 204, 219-221, 242, 256, 261, 272, 300, 317, 320, 350, 354.- Anm. 793-794, 893, 1166
Leibniz, Gottfried Wilhelm 193, 368
Leimbach, Carl Ludwig 57.- Anm. 118
Leixner, Otto von 323f., 343, 344f., 346, 350, 352, 353, 379, 389, 391.- Anm. 1022, 1080, 1089, 1098, 1117, 1123, 1207, 1232-1233, 1241-1242
Lemcke, Carl 150-153, 163, 353, 358, 379, 389.- Anm. 552, 1157, 1209, 1231
Le Nain, Antoine, Louis, Mathieu 221
Lenau, Nikolaus 92.- Anm. 303

Lenbach, Franz von 44, 153, 199, 251.- Anm. 120, 571
Lenin, Wladimir Iljitsch 420.- Anm. 1351
Lenz, Maximilian 416
Lenz, Peter (Pater Desiderius) 29, 64-66, 69, 71, 74, 158, 387, 459.- Anm. 10, 217-218, 222, 243, 246
Leo X., Papst 118
Leo XIII., Papst 42, 44, 93, 382.- Anm. 120
Leonardo da Vinci 65, 90, 91, 93, 117, 118, 197, 198, 199, 202, 209, 210, 221, 470.- Anm. 307
Lessing Anm. 165
Lessing, Carl Friedrich 89, 92, 98-100, 102, 108, 111, 112, 113, 122, 124, 196, 359, 363, 371, 462.- Anm. 338, 340, 345, 349, 816
Lessing, Gotthold Ephraim 15, 57.- Anm. 165
Lessing, Julius 108-109, 110.- Anm. 392, 400-401, 405
Leuscher, Joachim Anm. 1057
Leuschner, Joachim Anm. 35
Leutze, Emanuel 359, 462
Lewin, Theodor Anm. 807
Leymarie, Jean Anm. 585, 1116
Lhermitte, Léon 146
Lichtenberg (Dresdener Kunsthändler) 238
Lichtwark, Alfred Anm. 1104
Lieb, Norbert Anm. 892
Liebenwein, Maximilian 311
Liebenwein-Krämer, Renate 26, 424f., 433.- Anm. 42-43, 1370, 1391, 1424-1425
Lieber, Hans-Joachim Anm. 1324
Liebermann, Max 22, 111, 204, 205, 212, 213, 214, 215, 216, 217, 218, 221, 242, 261, 285f., 288, 292, 296, 313, 315, 318, 320, 322f., 335, 346, 347-350, 351, 352, 353, 354, 357, 366, 371, 378, 380, 400, 429, 462, 470, 471.- Anm. 752-753, 780, 782, 792, 821, 930, 999, 1003, 1075, 1088, 1104, 1107, 1129, 1288, 1322, 1437
Liebig, Justus 15
Liebmann, Kurt Anm. 1424
Lindenschmit Anm. 458
Lindenschmit, Wilhelm von, d.J. 44, 58, 198
Lindkte, Gustav Anm. 1454
Linse, Ulrich Anm. 1323, 1354
List, Günther Anm. 1356
Liszt, Franz Anm. 485
Löfftz, Ludwig von Anm. 867
Longinus 137, 145, 158
Lorenus, O. Anm. 1063
Löwenstein, Wilhelm Baron von Anm. 357
Löwenthal, Emil 53
Löwith, Karl Anm. 370
Loyola, Ignatius von 58, 88, 115
Lübbecke, Fried 207, 208, 209, 210, 338.- Anm. 756, 758, 1061, 1420
Lübke, Wilhelm 121, 154, 353, 354.- Anm. 215, 449, 454, 576, 578, 644, 1125-1126
Lücke, Hermann 202, 203, 210.- Anm. 746, 767
Lüdtke, Gerhard Anm. 664
Ludwig, Horst 107.- Anm. 120, 365, 391,

455, 458, 841, 873, 876, 934, 959
Lukács, Georg 370.- Anm. 1189
Lukas (Evangelist) 433, 435
Luther, Katharina, geb. von Bora 100, 103
Luther, Martin 21, 48, 49, 56, 88, 89, 90, 92, 93, 95, 96, 98, 99, 100, 101, 102, 103, 104, 106, 107, 108, 109, 110, 113, 114, 115, 116, 118, 122, 124, 125, 128, 129, 133, 148, 149, 192, 193, 359, 363, 364, 367, 368, 369, 371, 470.- Anm. 127, 349, 357, 364, 399, 430, 463
Luyken, Jan Anm. 816
Lysippos 180

Macchiavelli, Niccolo 92
Mach, Ernst 156, 170, 420.- Anm. 583-584
Mackensen, Fritz 234-236, 237, 239, 253, 318, 320, 346, 347, 354, 378.- Anm. 822, 831
Maennchen, Adolf 295
Maes, Nicolaes Anm. 784
Maeterlinck, Maurice 401-402.- Anm. 1292, 1294
Magdalena (Maria Magdalena) 65, 66, 68, 137, 144, 158, 183, 244, 256, 338.- Anm. 835
Mahal, Günther Anm. 1074, 1133, 1135, 1139, 1141, 1343
Mai, Ekkehard Anm. 226, 231, 596, 754
Maier, Otto 276
Makart, Hans 109, 146, 151, 172, 182, 358, 450.- Anm. 634, 671
Malkowsky, Georg 227.- Anm. 211, 801
Maltzahn, Hellmuth, Freiherr von Anm. 921
Manet, Edouard 146
Mantegna, Andrea 434
Mantz, Paul Anm. 1116
Marat Anm. 724
Marées, Hans von 164, 432, 443f., 445.- Anm. 1166, 1424
Maria (Mutter Christi) 13, 64, 65, 66, 68, 70, 71, 72, 73, 74, 76, 78, 79, 80, 86, 97, 115, 137, 144, 145, 158, 183, 196, 255, 259, 268, 270-273, 276, 277, 279, 283, 284, 285, 386, 395, 396, 402, 403, 405f., 439, 467, 469
Maria (Schwester von Martha, Lukasevangelium) 238
Maria Kleophas 66, 68, 158, 183
Maria Magdalena, s. Magdalena (Maria Magdalena)
Maria Salome (Mutter des Johannes Evangelista) 66, 69, 137, 144, 145, 158
Märker, Peter Anm. 1448
Markowitz, Irene 47, 434.- Anm. 123, 230, 837, 952, 957, 965, 1394
Markus, Evangelist 95
Marr, Carl (Karl) von 246, 248f., 251, 282
Martha (Lukasevangelium) 238
Marx, Karl 14, 16, 32, 33, 34, 61, 115, 116, 127, 194, 196, 300f., 398.- Anm. 34, 95-97, 100, 102, 104, 245, 288, 426, 720, 929, 967, 994, 1272
Masella, Aloisia 43

Mathieu, Stella Wega Anm. 485, 491, 504
Mathilde von Tuszien 44
Mattenklott, Gert Anm. 39
Matthäus (Jünger Christi, Evangelist) 198, 199, 202, 204, 439
Max, Gabriel von 21, 246, 248, 259, 346
Maximilian I., Deutscher Kaiser 90, 114, 118
May, Karl 448.- Anm. 1430
McKay, William Anm. 991
Meder Anm. 418, 431
Mehring, Franz 62, 105, 115, 116, 193, 194, 335, 336, 356.- Anm. 185, 374, 427, 510, 639, 709, 1049, 1059, 1148-1149
Meidner, Ludwig 448
Meissner, Franz Hermann 395.- Anm. 623, 1270
Melanchthon, Philipp 90, 92, 98, 100, 101, 102, 103, 104, 110, 114, 116.- Anm. 429
Mellerowicz, K. Anm. 906
Memling Anm. 394
Menge, Anton Raphael 163, 390.- Anm. 598, 1122
Menke-Glückert, Peter Anm. 1356
Menzel, Adolph von 25, 55, 99, 142, 179, 199, 204, 304, 326, 349, 363, 365, 414, 416, 429, 231, 437, 439.- Anm. 339, 357, 821, 971
Menzel, Wolfgang 99
Mereschkowskij, Dmitrij Sergejewitsch 182, 183.- Anm. 667
Merian, Hans 168, 169, 173.- Anm. 618, 635
Merian, Matthäus d. Ä. 127
Merker, Paul Anm. 664
Merle, Ulla Anm. 1000
Merz, Heinrich 154, 155, 159, 357.- Anm. 579, 581, 594
Merz, Johannes 227, 229, 242, 259, 392.- Anm. 516, 802-803, 805, 842, 846, 871, 1035, 1253
Meslier Anm. 716
Metken, Günter Anm. 17, 926
Metken, Sigrid Anm. 4, 107
Metscher, Thomas 371, 377-378.- Anm. 1194-1195, 1204, 1206
Metz Anm. 471
Metz, Gustav 125-127, 128, 129
Metzke, Erwin Anm. 46
Metzler, Georg 127
Meunier, Constantin 315, 318, 371.- Anm. 999, 1013
Mewes, Claus Anm. 917
Meyer, Ahlrich Anm. 715
Meyer, Bruno 197, 198.- Anm. 726, 731
Meyer, Carl 383f., 386.- Anm. 1225
Meyer, Claus 154, 216, 354, 371
Meyer, Conrad Ferdinand 114, 115.- Anm. 420, 425
Meyer, Heinrich 279
Meyer, Julius 96, 97.- Anm. 316, 322, 325, 328
Meyer, Theo Anm. 1136, 1145, 1278
Meyer von Bremen, Johann Georg Anm. 1396
Michelangelo Buonarroti 91, 117, 118, 119, 140, 359

Mikula, Renate Anm. 634
Mill, John Stuart 355
Millais, John Everett 284
Miller, Norbert Anm. 966
Millet, Jean-Francois 146, 315, 350, 371.- Anm. 991, 1001
Minder, Robert 236.- Anm. 830
Mochon, Anne Anm. 763, 775
Modersohn, Otto 236.- Anm. 831
Moeller, Bernd Anm. 28
Moeller, Friedrich Theodor von (von Möller) 168
Moleschott, Jakob 105, 364
Moltke, Helmut von 62
Mommsen, Wolfgang J. Anm. 1333, 1356
Monet, Claude 146
Moreau, Gustave 392, 393, 404.- Anm. 1301
Morgan, Lewis Henry Anm. 1340
Morgan, Thomas Hunt 413
Morghen, Raffael 93, 198.- Anm. 306
Morris, Charles W. Anm. 1087
Morus, Thomas 90
Moses Anm. 6
Mottek, Hans Anm. 904, 1354
Mueller, Otto Anm. 1322
Mühler, Heinrich von 89, 99
Müller, Fr. Anm. 1063
Müller, Götz 276.- Anm. 911-912
Müller, H. Anm. 1340
Müller, Joachim Anm. 1342
Müller, Jörg Jochen Anm. 284
Müller, Oskar A. Anm. 603, 873-874, 876
Müller-Breslau, Georg 252 f., 256
Müller von Königswinter, Wolfgang 92, 358, 359, 434.- Anm. 301, 473, 1156, 1160, 1162, 1167, 1392
Müller-Schönefeld, Wilhelm 415, 416
Müller-Warth, Augustin Anm. 934
Munch, Edvard 440
Mundt, Theodor 125.- Anm. 463
Munkácsy, Mihály von 22, 142, 144, 145, 158, 349, 350, 436, 437.- Anm. 523-524, 867, 1124
Münster, Sebastian 91, 93
Munthe, Ludwig 313
Münzer, Adolf 330, 397, 470
Münzer, Thomas (Thomas Müntzer) 96, 125, 128.- Anm. 463
Muschweck, Albert 453
Muther, Richard 142, 143, 147, 155, 159, 247, 284, 296, 318, 357, 358, 364, 367, 392, 393f., 437.- Anm. 512, 514, 542, 582, 595, 640, 831, 851, 927, 955, 998, 1005, 1152, 1154, 1158, 1173, 1182, 1247, 1249, 1257, 1260, 1410
Mutzenbecher, Adolf 400

Napoleon Bonaparte 193.- Anm. 724
Napoléon III., Kaiser der Franzosen 38.- Anm. 149
Napoléon, Eugène Louis, Prinz 38
Nathanael (Jünger Christi) 204
Nathusius, Martin von 133.- Anm. 479
Nauen, Heinrich Anm. 867
Naumann, Friedrich 335f., 339, 340, 444,

445.- Anm. 1063-1064, 1066
Naumann, Michael Anm. 1323, 1354
Nero, römischer Kaiser 52, 53, 194, 195
Neuhaus, Fritz 55, 129
Neumann, Carl 147, 393.- Anm. 543, 1254
Newton, Isaac 14, 420
Neye, Walther Anm. 987
Nicolai, W. Anm. 852
Niedermeyer, H. G. Anm. 213, 1332
Nietzsche, Friedrich 16, 60, 62-63, 109, 144, 170, 185, 192-193, 230, 246, 248, 398, 410-411, 412, 421, 425, 437, 450.- Anm. 175, 194-195, 207-208, 403, 698, 994, 1272, 1320, 1324-1326, 1328, 1353
Nikodemus 441
Noack, Hermann Anm. 1324
Nolde, Emil 207, 256, 265, 407
Nonnenmacher, Melchior 126, 139
Nordau, Max Anm. 1134
Nündel, Harry Anm. 1184
Nüttgens, Heinrich 380, 382
Nyssen, Friedhelm Anm. 19

Oberländer, Adolf 311, 425.- Anm. 1313
Oettermann, Stephan Anm. 595
Oldenbarneveld, Jan van 90, 96
Oncken, Wilhelm Anm. 482
Opitz 380.- Anm. 1219, 1267
Opitz, Peter J. Anm. 1323, 1354
Oppeln-Bronikowski, Friedrich von Anm. 1294
Oranien, Wilhelm von 90, 96, 357
Ost, H. Anm. 213, 1332
Ostade, Adriaen van 217.- Anm. 784
Ostini, Franz von Anm. 1317
Ostini, Fritz von 52, 97, 204, 213, 244, 270, 271, 272, 273, 274, 277, 278, 291, 297f., 395, 436.- Anm. 135, 294, 318, 321, 750, 764, 774, 800, 839, 845, 882, 894, 916, 944, 946, 958, 1271, 1313, 1322, 1402
Ottmüller, Uta Anm. 937
Otto I. (römischer Kaiser) 172
Otto, Gunter Anm. 1379
Otto, Paul Anm. 398
Overbeck Anm. 885, 1454
Overbeck, Friedrich 73, 74, 93, 96, 99, 118, 119, 212, 271, 279, 358, 359, 433-435, 467, 468.- Anm. 244, 445, 1390
Overbeck, Fritz 236.- Anm. 831
Ovid, Publius Ovidius 174

Paas, Sigrun Anm. 991
Paczkowski, Renate Anm. 754
Palgen, Rudolf 400.- Anm. 1289, 1290
Panofsky Anm. 418, 431
Papperitz, Georg 12, 13, 25, 26, 416
Paracelsus (Theophrast von Hohenheim) 90f., 93, 115
Pastor, Willy 177f.- Anm. 649
Paul III., Papst 53
Paul, Lothar Anm. 1276, 1328, 1359
Pauli, Gustav 238, 318.- Anm. 836, 1006
Paulus (Apostel) 61, 95, 192, 229
Pawlik, Johannes Anm. 1113
Pecht, Friedrich 46, 47, 98, 111, 112, 296, 348f.- Anm. 122, 333, 414, 457, 820, 954, 1151-1152
Péladan, Joséphin 392, 404
Pepperle, Ingrid Anm. 469
Perugino, Pietro 118
Petrarca, Francesco 91, 93, 96
Petrus (Jünger Christi) 198, 204, 246
Pfannschmidt, Carl Gottfried 8, 11, 199-201, 203, 232, 236, 239, 291, 379f., 382, 383-386, 387, 389, 390, 467.- Anm. 5, 738, 1211, 1223-1224
Pfannschmidt, Ernst Christian 232, 234, 404
Pfannschmidt, Martin 383.- Anm. 1211, 1223
Pfeifer, Hans-Georg Anm. 596
Pforr, Franz 118, 119.- Anm. 445
Pfundheller 243.- Anm. 844
Pheidias (Phidias) 121, 150, 180
Philip, Käte Anm. 664
Philipp II., König von Spanien 357
Philipp der Großmütige 110
Philipp von Makedonien 193
Philippus (Jünger Christi) 181, 198
Pico della Mirandola, Giovanni 91, 93
Pieck, Wilhelm Anm. 639
Pietsch, Ludwig 154, 202, 203, 216, 217, 218, 289, 290, 299, 372, 373.- Anm. 137, 413, 577, 745, 785, 932, 940, 963, 1197
Piglhein, Bruno 142-143, 144, 159, 282, 346, 366.- Anm. 512, 515, 595
Pilatus 22, 383, 448
Pindar 180
Piloty, Carl von Anm. 1152
Piloty, Karl Theodor von 123, 147, 148, 151, 152, 268, 296, 358, 371, 425, 450.- Anm. 458, 544
Pirckheimer, Willibald 118
Pius IX., Papst 17, 41, 42, 49, 52, 64, 66, 69, 87, 93, 428
Pius X., Papst 87
Planck, Max 420
Planner-Steiner, Ulrike Anm. 596
Plato 92, 180
Plockhorst, Bernhard 236, 382
Plotin 27
Plüddemann, Hermann Freihold 44
Pöllmann, Pater 70, 71
Polyklet 65, 180
Popp, Joseph 259.- Anm. 872, 874
Poussin, Nicolas 160, 255, 383
Prange, M. C. F. Anm. 1122
Praxiteles 163, 180.- Anm. 599
Preen, Hugo von 456
Prel, du Anm. 874
Prell, Hermann 185-189, 190, 391, 450, 462.- Anm. 676, 679, 682, 1407
Preller, Friedrich d.Ä. 362, 462
Preuß, Hans Anm. 215
Proudhon, Pierre-Joseph 370
Prud'hon, Pierre-Paul Anm. 483
Prutz, Robert Anm. 296
Puttkammer, Robert von 44
Putz, Leo Anm. 1020, 1322
Puvis de Chavannes, Pierre 146, 392, 393, 401

Raabe, Wilhelm 364
Raffael (Raffaello Santi) 11, 28, 91, 93, 97, 117, 118, 119, 151, 152, 229, 272, 352, 353, 359, 376, 381, 382, 383, 434.- Anm. 1122
Raleigh, Walter 90
Ramberg, Gerhard 146, 147.- Anm. 531
Ramberg, Karl Heinz Anm. 966
Ranke, Leopold von 98, 106.- Anm. 332
Rasch, Wolfdietrich Anm. 866, 1037, 1308
Raubaum, Jörg Anm. 716
Raupp, Karl 123, 365, 371.- Anm. 459, 1174, 1396
Rauth, Otto Anm. 1313
Rautmann, Peter Anm. 917, 1448
Reber, Franz 212.- Anm. 342, 773
Redon, Odilon 404.- Anm. 1301
Redtenbacher, Rudolf 98.- Anm. 338
Reichensperger, August 425
Reimarus, Hermann Samuel 15.- Anm. 27
Rein, Wilhelm Anm. 1200
Reiner, Wilhelm Anm. 1061, 1426
Relling Anm. 1028
Rembrandt Harmensz van Rijn 145, 150, 160, 212, 217, 230, 240, 272, 289, 292, 298, 354, 404.- Anm. 1301
Renan, Ernest 15, 24, 197, 444, 445, 450.- Anm. 1427
Renoir, Auguste 146
Rethel, Alfred 113, 176
Reuchlin, Johannes 91, 93, 96
Reynaud, Nicole Anm. 794
Richet Anm. 874
Richter, Gert Anm. 981, 1330
Richter, Helmut Anm. 304
Richter, Henry 154
Richter, Klaus 311
Riegel, Hermann (Herman) 149-150, 152, 153, 163, 379f.- Anm. 547, 1212
Riemer, Elke Anm. 1397
Rietschel, Ernst 88, 97, 98,.- Anm. 285, 324
Riha, Karl Anm. 966
Rilke, Rainer Maria 235.- Anm. 824, 826
Ritter, Gerhard A. 274, 290.- Anm. 16, 908, 943, 975, 977, 979, 990, 1343
Rochau, Ludwig August von 106, 364.- Anm. 379
Rochegrosse, Georges 132
Rogge, Bernhard 90, 100, 103.- Anm. 299, 350, 361
Rohrandt, Klaus Anm. 589
Rohrbach, Jäcklein 125, 127, 128, 129
Rolfes, Max Anm. 987
Rosenbaum, Heidi Anm. 1331
Rosenberg, Adolf 66, 68, 69, 77, 99, 107, 116, 185, 187, 188, 198, 199, 213, 229, 232, 240, 293f., 314, 326, 347, 349, 353, 366, 367, 381.- Anm. 211, 226, 229, 232, 237, 258, 341, 347, 390, 435, 447, 473, 478, 676, 680, 729, 733, 776, 806, 814, 817, 837, 951, 959, 965, 993, 1027, 1029, 1103, 1106, 1124, 1178, 1181, 1183, 1201, 1222, 1407, 1456
Rosenberg, Hans Anm. 904
Rosenberg, Rainer Anm. 304

Rosenhagen, Hans Anm. 603, 897, 913, 1313, 1410
Rosenkranz, Karl Anm. 248
Rothers, Eberhard Anm. 247
Rothes, Walter 321, 322, 324, 339.- Anm. 215, 240, 839, 847, 1021, 1065
Rousseau, Jean Jacques 164, 179.- Anm. 14
Rubens, Peter Paul 125, 150, 198
Ruckhäberle, Hans-Joachim Anm. 1074
Ruge, Arnold 127.- Anm. 288
Ruhmer, Eberhard 342.- Anm. 1075
Runge, Philipp Otto 278f. 281, 379, 390, 406, 467.- Anm. 917-918, 921, 924, 1237-1238, 1312, 1448

Sachs, Hans 92, 95, 98, 109
Saint-Simon, Henri de 14
Salentin, Hubert 372f.
Salomo (König des Alten Testaments) 433
Samberger, Leo 251, 403f., 445, 448
Sanders, Hans Anm. 1276, 1328, 1359
Sarto, Andrea del 352
Sass, Oswald von 296
Sattler, Josef 369
Sauerländer, Willibald Anm. 866, 1037, 1308
Sautermeister, Gert Anm. 277, 1276, 1328, 1359
Savonarola, Girolamo 60, 90
Schaar, Eckhard Anm. 816
Schaarschmidt, Friedrich 69, 199.- Anm. 234
Schacht, R. Anm. 133
Schack, Friedrich von 432
Schadow, Wilhelm von 99, 122, 359.- Anm. 933
Schäfer, Georg Anm. 445, 603, 897, 1003, 1322
Schäfer, Philipp Otto 413
Schäfer, Wolf Anm. 717, 760
Schauenburg, Moritz 78, 80
Schefold, Karl Anm. 489, 599
Scheidig, Walther Anm. 1238
Schelling, Friedrich Wilhelm Joseph von 105
Schenkel Anm. 842
Schenkel (Ortspfarrer) 334
Schenkel, G. Anm. 897, 915
Scher, Steven Paul Anm. 1074
Scherenberg, Ernst 85.- Anm. 281
Scherer, Herbert Anm. 1274
Scheuer, Helmut 330, 342, 398.- Anm. 994, 1037, 1072, 1132, 1134, 1272
Schick, Gottlieb 139
Schiestl, Matthäus 21, 303f., 341
Schiller, Dieter Anm. 922
Schiller, Friedrich 15, 96, 163, 169, 368, 414.- Anm. 310, 619, 1342
Schivelbusch, Wolfgang Anm. 586
Schiwert, Victor Anm. 465
Schlaf, Johannes 356
Schlapeit-Beck, Dagmar Anm. 991, 1079
Schlatter, D. A. Anm. 479
Schlechta, Karl Anm. 175, 195, 403, 1320, 1326, 1353

Schlegel, Friedrich 276
Schleibner, Kaspar 406
Schleiermacher 96, 467
Schleifstein, Joseph Anm. 185, 374, 427, 639, 709, 1049, 1148
Schlieper, Fr. Anm. 906
Schmeer, Hans Anm. 420
Schmid, Mathias 21.- Anm. 1396
Schmid, Max 168, 174.- Anm. 615, 637, 641, 807, 1313
Schmid, Roland Anm. 1430
Schmidt, Erich 275
Schmidt, Georg 342, 343, 344.- Anm. 1070, 1081
Schmidt, Hans-Werner Anm. 477
Schmidt, Julian 106
Schmidt-Reutte, Ludwig 255
Schmidt-Rottluff, Karl Anm. 1322
Schmoll gen. Eisenwerth, J. Adolf 253f., 342, 343, 344, 370, 371.- Anm. 866, 1037, 1069, 1071, 1073, 1187, 1190, 1193, 1308, 1436
Schnaase, Karl 90, 380.- Anm. 213, 297
Schneider, Alexander (Sascha) 238-240, 437.- Anm. 1403
Schneider, Norbert Anm. 1448
Schnorr von Carolsfeld, Julius 8, 11, 136, 159, 210, 227, 279, 361f., 362f., 380, 381f., 387, 395, 467.- Anm. 213, 1451
Schoch, Rainer Anm. 633
Schoeps, Hans-Joachim Anm. 291, 976
Schölermann, Wilhelm 327.- Anm. 1030
Scholz, Robert Anm. 1168, 1201
Schopenhauer, Arthur 83, 84, 168, 178.- Anm. 275
Schreiner, Ludwig Anm. 40
Schremmer, Eckart Anm. 987
Schrenk-Notzing Anm. 874
Schrey, Rudolf Anm. 999
Schröter, Alfred Anm. 904, 1354
Schuchardt, Carl 140.- Anm. 508
Schuchardt, Christian 106
Schüddekopf, Otto-Ernst Anm. 976, 978, 989
Schuffenhauer, Heinz Anm. 18, 929
Schüller, Eduard Anm. 297, 319
Schulte-Sasse, Jochen Anm. 1276, 1328, 1359
Schulte-Wülwer, Ulrich Anm. 284, 1170
Schultze-Naumburg, Paul 235.- Anm. 825
Schulze-Altcappenberg, Hein T. Anm. 917
Schumacher, Fritz 188.- Anm. 683
Schumann Anm. 485
Schümann, Carl-Wolfgang Anm. 226
Schumann, Eva Anm. 775
Schumann, Paul 168, 318.- Anm. 612, 619, 1004
Schumann, Theo Anm. 775
Schuster, Peter-Klaus Anm. 220, 302, 595, 754-755, 790, 816, 925, 947, 1000, 1459
Schwabe, Carlos 402, 403
Schwabe, Emil 46
Schwarz, Albert Anm. 1333
Schwedemann, Irene Anm. 377
Schwerdgeburth, Carl August 101, 103.-

Anm. 362
Schwind, Moritz von 393
Schyma, Angelika Anm. 762, 779
Sedlmayr, Hans 30-32.- Anm. 11, 72, 81
See, Klaus von Anm. 1132
Seeber, Gustav Anm. 48, 1121
Segantini, Giovanni 318
Seidel, Paul Anm. 211, 1405
Seidlitz, Woldemar von 147, 148, 400.- Anm. 545, 1286
Seifert, Emil 444, 445
Seitz, Ludwig 93, 119, 267f., 382.- Anm. 305
Sell, Friedrich C. 105.- Anm. 315, 373
Sembach, Klaus-Jürgen Anm. 17
Semrau, Max 121.- Anm. 449
Seneca, Lucius Annaeus 194
Seni (Astrologe) 123
Servaes, Franz 174, 400.- Anm. 639, 1288
Seufferheld, Heinrich Anm. 867
Seurat, Georges 156
Shakespeare, William 91, 96, 368
Sickingen, Franz von 114, 115f., 116.- Anm. 426-427
Siebenmorgen, Harald 64.- Anm. 10 217, 219, 225, 227, 243
Siemieradzki, Henryk 52
Sienkiewicz, Henryk 194.- Anm. 714
Sigismund, Deutscher Kaiser 50
Signorelli, Luca 188, 241
Simoni, Gustavo 182, 183
Singer, Hans Wolfgang 137, 145.- Anm. 6, 485, 487, 492, 519, 543, 1369
Sinz, Herbert 274.- Anm. 902, 909
Skarbina, Franz 246, 250f. 251, 253, 312, 329, 330, 353
Skira, Albert Anm. 585
Skopas 180
Slevogt, Max 308-311, 346, 416, 448.- Anm. 1166
Smith, Adam 17
Smitmans, Adolf 466, 467, 471, 472.- Anm. 11, 213, 833, 847, 1332, 1439, 1453, 1466, 1468
Sohm, Rudolf 336
Sohn, Wilhelm 109
Sokrates 410
Sonderland, Johann Baptist Anm. 816
Sophokles 180
Sorg, Richard 34.- Anm. 95, 103, 1055, 1058
Spalatin, Georg 114, 116
Spangenberg, Gustav 21, 100-103, 199, 387
Spatz, Willy 296f.
Spencer, Herbert 355
Sperl, Johann 19
Spickernagel, Ellen Anm. 1000
Spinoza, Baruch de 96
Spitzweg, Carl 428
Staiger, Emil Anm. 1019
Stange, Rudolf 93.- Anm. 306
Staudhammer, Sebastian Anm. 517
Steen, Jan Anm. 784
Steigerwald, Robert Anm. 1324
Stein, Freiherr vom Anm. 1048
Stein, Peter Anm. 1189
Stein, Ruth Anm. 1322

Steiner, Anne Anm. 19
Steiner, Fridolin 64
Steinhardt, Jakob 418
Steinhausen, Wilhelm 181, 189-190, 192, 207-210, 251f. 259, 276, 301, 338f. 340, 441, 444, 445, 449.- Anm. 662, 686-687, 756, 758, 915, 1061, 1313, 1420, 1426, 1429
Steinhauser, Monika Anm. 404, 1388
Steinle, Alphons M. von Anm. 1, 879, 923, 1373
Steinle, Edward von 8, 11, 21, 74, 137, 269, 271, 279-281, 382, 386, 425.- Anm. 1, 879, 1313, 1373
Steinlen, Théophile 132, 371
Steinmetz, Max Anm. 466, 468
Stelzner, Heinrich (Historiker) 104
Stelzner, Heinrich (Maler) 55, 104, 107
Stengel, Walter 154.- Anm. 580
Stern, Fritz Anm. 1053
Sterne, Carus 387.- Anm. 1226
Stifter, Adalbert 342
Stilke, Hermann 361
Stirner, Max 33, 398.- Anm. 97
Stoecker, Adolf 52, 53, 89, 335, 336.- Anm. 1048
Storm, Theodor 16
Strathmann, Carl 402, 456
Strauß, David Friedrich 15, 16, 60, 61, 62, 75, 97, 175, 197, 294.- Anm. 175-176, 184-186, 288, 953
Strauß, Richard Anm. 485
Streisand, Joachim Anm. 38
Strindberg, August, 356
Struys, Alexander 58
Stubenvoll, Willi Anm. 777, 934
Stuck, Franz von 136, 158, 173, 246, 248, 253, 255, 258, 410, 436, 437, 456.- Anm. 591, 1313, 1321
Stürmer, Karl 54
Stützer, Herbert Alexander Anm. 239
Sue, Eugne 57f., 300f.- Anm. 966

Taine, Hippolyte 106, 285, 355.- Anm. 377
Tann, Eberhard von der 90
Tannhäuser 74-78
Thaer, Albrecht Daniel 15
Thais 182
Thales 420
Thalheim, Hans-Günter Anm. 922
Theisen, Josef Anm. 1287
Thieme-Becker Anm. 661, 998, 1097, 1176
Thies, Erich Anm. 85
Thoma Anm. 1166, 1419
Thoma, Agathe 276
Thoma, Cella 442
Thoma, Hans 19, 225, 226, 236, 240-242, 246, 250, 251, 253, 255, 257, 276, 282, 311, 317, 350, 351, 354, 378, 393, 405, 408, 410, 421, 429, 440f., 442, 443, 471.- Anm. 839, 985, 1313, 1317, 1322
Thoma, Leonhard 340.- Anm. 1068
Thomas (Jünger Christi) 198
Thomas von Aquin 93, 119
Thorn Prikker, Johan (Jan) 257, 402

Thulin, Oskar Anm. 361, 429
Thumann, Paul 367.- Anm. 1183
Thusnelda 147
Thyssen, Fritz Anm. 754
Tieck, Ludwig 276
Tilly, Richard H. Anm. 987
Timm, Werner Anm. 475
Tintoretto, Jacopo 158
Tischbein, Johann Wilhelm Anm. 991
Tizian (Tiziano Vecellio) 118, 119, 228, 244, 252, 253, 376, 404.- Anm. 1122
Toberentz, Robert Anm. 398
Told, Heinrich 346
Tolstoi, Lew 63, 356
Tönnismann, Claudia Anm. 795
Traeger, Jörg Anm. 1237
Treue, Wilhelm Anm. 987
Troeltsch, Ernst 104.- Anm. 363
Trommler, Frank Anm. 1074
Trübner Anm. 1166
Trübner, Wilhelm 147, 154, 156, 157-158, 164, 178, 242, 257, 254, 351, 429, 463.- Anm. 534, 589, 1322
Turner, John Mallord William Anm. 586
Turner, William 154, 156

Uccello, Paolo (Paolo di Dono) 70.- Anm. 239
Uechtritz, Friedrich von 99
Uhde, Fritz von 24, 25, 26, 145, 201-205, 208, 209, 210, 211, 212, 213, 214, 215, 216, 217, 218, 219, 221, 226-229, 237, 238, 239, 242-244, 246, 247f., 253, 261, 270-274, 276, 277, 278, 282, 285, 288, 289, 292, 296, 298, 312, 318, 339, 340, 346, 350, 353, 354, 355, 371, 374, 378, 380, 392, 395, 429, 436, 469, 470, 471.- Anm. 221, 742, 746, 750, 753-754, 762-764, 766-767, 773, 802, 844, 846, 884, 887, 897, 913, 991, 1124, 1138, 1217, 1253, 1267, 1269-1271, 1281
Uhde-Bernays, Hermann 357.- Anm. 1151

Valéry, Paul Anm. 1283
Varnhagen von Ense, Karl August 167
Varus, Publius Quintilius 88
Vautier, Benjamin 19, 71, 106, 112.- Anm. 1396
Veit, Philipp 99, 118, 119, 212, 279, 358, 433, 435, 467
Vergil Anm. 678
Vernet, Horace 366
Vesalius, Andreas 91, 93
Victors, Jan Anm. 939
Viktor Emanuel II., König von Italien 38
Viktoria (Victoria), Kronprinzessin, Gemahlin des späteren Kaisers Friedrich III. 437
Vinnen, Carl 236.- Anm. 831
Virchow, Rudolf 47, 48.- Anm. 124
Vischer, Friedrich Theodor 73, 74, 271, 428.- Anm. 244, 885
Vischer, Peter 91
Vischer, Robert Anm. 244, 995
Vitruv, Vitruvius Pollio 65

Vodung, Klaus 422.- Anm. 283, 1323, 1354, 1356, 1360
Voelker, Leopold Anm. 14
Vogel, Hugo 55f., 108-110, 111, 122, 149, 198, 332.- Anm. 392, 400
Vogel, Julius 140.- Anm. 501-502, 507
Vogeler, Heinrich 236.- Anm.- 831
Vogler, Günter Anm. 466
Vogt, Adolf Max Anm. 1070
Vogt, Karl 51, 105, 364
Voigt, Dagmar Anm. 917
Voigt, Meta 298
Völksen, Wilhelm Anm. 988-999
Voll, Karl 412.- Anm. 1334
Vorländer, Karl Anm. 46
Voß, Johann Heinrich 167
Voßberg, Herbert 304.- Anm. 971

Wachtmann, Hans Günter Anm. 792
Waetzoldt, Stephan Anm. 754
Waetzoldt, Wilhelm Anm. 361
Wagner, Adolph 336
Wagner, Richard 27, 28, 76, 77, 109, 196, 318, 426, 438.- Anm. 48-49, 257, 485, 721, 1414
Wagner, Rudolf 105
Waldeyer, Hans Anm. 19
Waldus, Petrus (Petrus Waldensius) 90, 92
Wallenstein 123
Walther, J. P. 118
Walther, Wilhelm Anm. 1239
Walther von der Vogelweide 76
Wappers, Gustav 362
Warburg, Aby Anm. 51, 1379
Warnke, Martin Anm. 72, 724
Watts, George Frederick 392
Weber, Ernst Heinrich 106
Weber, Ludwig 336
Weber, Max 336.- Anm. 1329
Weber, Paul 329.- Anm. 1033
Weber-Kellermann, Ingeborg Anm. 1330
Weese, Arthur 308.- Anm. 983
Wehler, Hans-Ulrich 17, 291.- Anm. 35, 37, 379, 927, 945, 1057
Weigand, Konrad 103
Weisbach, Werner 130, 131.- Anm. 476
Weisberg, Gabriel P. Anm. 795, 991, 1150
Weisgerber, Albert 21, 439.- Anm. 1322
Weiss, Konrad Anm. 221
Weitling, Wilhelm 196, 204, 209.- Anm. 715, 717, 720, 760
Weizsäcker, Heinrich 189.- Anm. 687
Wenck, M. Anm. 1063
Wenzel, Franz Anm. 19
Wenzel, Georg Anm. 922
Werner, Anton von 111, 172, 328, 374, 437.- Anm. 411, 529, 736, 1201, 1408
Werner, Hans-Georg Anm. 287, 646, 884, 922
Wernet, Karl Friedrich Anm. 905-906
Wersig, Peter Anm. 1023
Weyden, Rogier van der 367
Wichern, Johann Heinrich 210, 335
Wichmann, Siegfried Anm. 528
Wiclif, John 90, 92

Widhammer, Helmuth 106.- Anm. 382, 386, 1074
Widmer, Johannes 125.- Anm. 453, 460
Wienbarg Anm. 25
Wiese, Ludwig 190-192, 193, 194.- Anm. 688
Wietek, Gerhard Anm. 1436
Wilhelm I., Deutscher Kaiser, König von Preußen 48, 49, 171, 172, 374, 378, 437.- Anm. 1050
Wilhelm II., Deutscher Kaiser, König von Preußen 132, 251, 315, 332, 333, 335, 336, 340, 366, 374, 437.- Anm. 211, 1044, 1410, 1412
Wille, Bruno 398
Wilms, Joseph 434
Winckelmann, Johann Joachim 164, 390
Winckelmann, Johannes Anm. 1329
Windthorst, Ludwig 41, 44
Winkler, Georg 321
Winkler, Gerhard Anm. 596, 1240
Winter, Theodor 282
Wislicenus, Hermann 43, 48, 49, 374, 437, 462.- Anm. 118, 1200
Witt, Peter-Christian Anm. 1356
Wohlgemut, Michael 118
Wohltmann, Hans Anm. 821
Wolandt, Gert Anm. 754
Wolf, Otto 294f.
Wolf, Werner Anm. 48
Wolff, Hellmuth Christian Anm. 596
Wolff, Julius 76, 77.- Anm. 252
Wolff, P. Odilo Anm. 10
Wölfflin, Heinrich 442.- Anm. 1422
Wolfram von Eschenbach 76
Wolter, Franz 292.- Anm. 950, 1435
Woltmann, Alfred 29, 114, 121.- Anm. 63, 449
Wüger, Jakob (Pater Gabriel) 64, 71, 158, 276.- Anm. 243
Wunberg, Gotthard Anm. 622, 1291
Wundt, Wilhelm 106
Wuthenow, Ralph-Rainer Anm. 1303
Wyl, W. Anm. 120, 571

Xenophon 180

Yelin, Rudolf 242.- Anm. 842

Zandler, Helga Anm. 19
Zasius, Ulrich 90
Zebedäus 66, 68, 69
Zeitler, Julius Anm. 647
Zelger, Franz Anm. 991
Ziemke, Hans-Joachim Anm. 444, 840, 1417
Zille, Heinrich 371
Zimmermann, Ernst Karl Georg 21, 246, 250, 251, 289-292, 297f., 346, 366, 377, 378, 380.- Anm. 944, 946
Zimmermann, Peter Anm. 1018
Zimmermann, Werner Anm. 1420, 1423
Zimmermann, Wilhelm 96, 125, 126, 127, 128, 130, 369, 371.- Anm. 465, 468, 470
Ziska 92
Zix, Ferdinand 449
Zmarzlik, Hans-Günter Anm. 1356
Zobeltitz, Hanns von Anm. 1041
Zola, Emile 147, 285, 353, 355, 356, 392, 400
Zoozmann, Richard Anm. 1341
Zorn, Wolfgang Anm. 905, 907, 987
Zumbusch, Ludwig 305f.
Zwingli 90, 110, 114

Begriffs- und Sachregister

Abbild/Abbilder/abbilden/abbildlich/ abbildhaft 33, 155, 163, 343
Abbildungsdarstellung (Abbildung) 344, 346
Abendmahl 21, 32, 69, 90, 92, 93, 96, 98, 197-207, 210, 221, 337
Abendmahlslehre 27
Absolutismus/absolutistisch 49, 106, 172
Abstammung (Phylogenese) 50, 51, 62
Abstammungslehre, s. Deszendenztheorie
Abstraktion/Abstraktionen/abstrahiert/ abstrakt 8, 11, 12, 28, 36, 64, 65, 70, 71, 81, 114, 121, 122, 124, 150, 156, 159, 162, 170, 189, 207, 234, 236, 242, 253, 276, 318, 340, 341, 344, 347, 369, 370, 375, 378, 382, 383, 387, 389, 421, 422, 426, 440, 443, 450, 457, 458, 459, 462, 463, 467, 469, 471, 472
Abstraktionen, formale 387
Abstraktionen, phantastische 387, 458
Adam und Eva, s. Eva und Adam
Adel, s. Aristokratie
Agrarbereich/agrarisch/, s. Land/ländlich
Ägyptische Kunst (Kunst der Ägypter) 28, 29, 66, 150, 178
Akademie/akademisch/Akademismus/ Akademiker 145, 146, 148, 154, 156, 157, 158, 159, 163, 167, 284, 353, 434, 435
Akt/Aktgestaltung/Aktstudium 139, 140, 149, 161, 162, 163, 164, 166, 167, 168, 169, 182, 185, 416-418
Aktualisierung/aktualisierend 24, 108, 137, 144, 149, 158
Albigenser 16
Allegorie/Allegoriesystem 49, 172, 331, 374
Allseitige Mimesis 344, 345, 346
Alltag (Lebensalltag)/das Alltägliche/alltäglich 26, 85, 152, 331, 352, 372, 376
Alltagscharakter 47
Alltagsdarstellung 18
Alltagsfarbigkeit (Alltagsgrau) 47, 145, 198, 289, 300, 471
Alltagsleben 51, 78, 85, 111, 149, 221, 318, 364
Alltagswirklichkeit (Alltagsrealität) 26, 74, 85, 152, 153, 207, 374, 377, 450, 467
Alte Meister (die Alten), s. Meister, alte
Altertum, s. Antike
Altes Testament/alttestamentlich 19, 467
Altkatholiken 41
Anklage, soziale/sozial anklägerisch 295, 302, 315, 319, 379

Anorganische, das (anorganisch) 32
Antagonismus, gesellschaftlicher (soziale Antagonismen), s. Gegensatz, sozialer/ Antagonismus, gesellschaftlicher
Antichrist/antichristlich 60, 61, 62, 63, 192
„Antifarben", unbunte 351
Antikapitalismus/antikapitalistisch 121, 355
Antikatholizismus 60
Antike/antik (Altertum) 61, 62, 93, 95, 97, 99, 118, 121, 136, 137, 138, 139, 142, 144, 149, 163, 164, 166, 167, 168, 169, 173, 181-195, 270, 318, 358, 362, 383, 424, 425, 429
Antiklerikalismus/antiklerikal 58, 59, 80, 167, 271, 420
Antisemitismus 335
Antisozialismus 63
Antizipation 378, 379
Apollinisch 408
Apologie/apologetisch 153, 154, 156, 334, 378, 462
Apostelgeschichte 15, 21
Arbeit/Arbeitstätigkeit 101, 178, 180, 194, 216, 278, 288, 318, 319, 326, 327, 330, 331, 352, 364
Arbeit, geistige 34, 281, 458
Arbeit, körperliche (physische) 34, 71, 124, 178, 180, 186, 208, 209, 234, 281, 113, 114, 317, 318, 319, 320, 321, 323, 328, 412-414, 458, 470
Arbeiter/Arbeiterin 26, 34, 35, 59, 61, 62, 63, 113, 124, 175f., 178, 193, 196, 238, 294, 305, 306, 315, 323, 325, 326, 327, 329, 332, 334, 339, 355
Arbeiterbewegung 17, 44, 196, 281, 307, 335
Arbeiterfrage 61
Arbeiterklasse 335
Arbeiterschaft 17, 59, 63, 335
Arbeitshaus 307
Arbeitslosigkeit 34, 274, 291, 307, 470
Arbeitsteilung (Teilung der Arbeit) 34, 109, 251, 279, 281, 318, 328
Arbeitswelt, industrielle (großstädtische) 32, 236
Aristokrat/Aristokratie/aristokratisch 63, 106, 113, 116, 125, 132, 166, 172, 203, 248f., 253, 299, 335, 451, 458
Armenmalerei (Elendsmalerei) 178, 219, 224f., 228, 232, 236, 242, 286f., 289, 292, 296, 297, 298, 314, 331, 354, 356, 378, 379, 390, 469
Armer Lazarus (und reicher Mann) 289, 301-303

Arme und Elende (Enterbte) 162, 173, 174, 179, 196, 208, 209, 210, 212, 218, 226, 253, 289, 291, 300, 307, 336, 339, 353, 355, 378, 451, 470, 471
Askese/asketisch 11, 19, 30, 36, 58, 60, 61, 62, 64, 65, 69, 70, 72, 75, 77-80, 82, 84, 87, 161, 166, 167, 168, 172, 173, 180, 181, 194
Ästhetik 149, 150, 151, 423
Ästhetik, antike 151
Ästhetik, bürgerliche 163
Ästhetik, christliche 29, 30, 31, 32, 35 36
Ästhetik, idealistische 28, 30, 32, 35, 150, 345
Ästhetik, neoklassizistische 164
Ästhetik, neuhumanistische 164
Ästhetik, normative 29, 354, 355
Ästhetik, protestantische 29
Ästhetik, religiöse 27, 29
Ästhetik, theologische 30
Ästhetik, traditionelle 345, 354, 459, 460, 463
Ästhetische Bedeutsamkeit/ästhetische Bedeutsamkeitsstufen 463
Ästhetische Kultivierung 457, 458, 459, 467
Ästhetische Vergeistigung 457, 458, 459, 467
Ästhetisierung 388
Ästhetizismus 31, 154, 270, 398, 399, 400, 402-405, 421, 450
Atheismus 16, 35, 61, 62, 357
Aufbau (Bildgestaltung), s. Komposition
Auferstehung 21, 32
Aufklärung 28, 36, 46, 49, 50, 57, 105, 114, 118, 155, 336, 362, 420
Augsburgische Konfession (Confessio Augustana) 90
Augsburger Religionsfriede 90, 98
Ausbeuter 179
Ausbeutung/Ausgebeutete/ausbeuterisch 17, 34, 114, 115, 125, 131, 155, 164, 177, 194, 328, 339
Außenseiter/Außenseitertum 138, 170, 174, 177, 178, 180, 251, 432, 439, 440, 450
Autorität/Autoritätsgefälle 227, 229, 235, 236, 237, 240, 378
Avantgarde/avantgardistisch 157, 164, 166, 169, 179, 172, 421f.

Barock 26, 30, 31, 34, 66, 72, 138, 164, 172, 187, 188, 244, 167, 168, 269, 272, 279, 332, 374, 376, 425, 466, 467, 468
Bauer/Bäuerin/bäuerlich 199, 204, 209, 214, 215, 216, 221-224, 232, 234f., 253, 298,

301, 303f., 312, 320, 337, 378
Bauernkrieg/Bauernkrieg in der Bildkunst 34, 96, 125-135, 369
Bedürfnisse (materielle, geistige) 33, 80, 85
Befreiungskriege/Freiheitskriege (Napoleonzeit) 88, 193
Beichte 21, 57, 79, 85, 114, 364
Bekräftigung 378, 462
Beleuchtung (in der Bildgestaltung) 99, 105, 107, 110, 122, 145, 149, 161, 197, 205, 216, 359
Beobachtung, empirische 110, 149, 153, 174, 202, 205
Bergpredigt 21, 190, 225, 230-235, 236-237, 252
Berlin 38, 99, 114, 164, 174
Berliner Kongreß (1878) 43
Bettler/Bettelei 302, 303-306, 470
Beuroner Kunstschule 11, 12, 13, 29, 64-66, 70, 71f., 74, 99, 121, 158, 159, 161, 269f. 276, 347, 378, 388, 459, 462, 467, 472
Bewußtsein, gesellschaftliches 33
Bibel 11, 142, 167
Bibelglaube 51
Bibelmalerei 201, 364, 460
Biblizismus 190
Biedermeier/biedermeierlich 74
Bilderbibel 136, 159
Bildgestaltung, christliche 148
Bildgestaltung, protestantische (evangelische) 69
Bildgestaltung, katholische 69, 74
Bildgestaltung, veristische 71
Bildkunst 63
Bildkunst, bürgerliche 106
Bildkunst, christliche 11, 13, 14, 21, 26, 35, 36, 51, 64, 146, 161, 199, 218, 289, 339, 341, 472
Bildkunst, katholische 71
Bildkunst, profane 13, 22, 26, 35, 36, 64
Bildkunst, protestantische (evangelische) 341
Bildkunst, religiöse 8, 18, 27, 29, 71
Bildkunst, traditionelle 146-161
Bildkunstwerk 51
Bildkunstwerk, christliches 13, 14, 35, 36, 307, 379
Bildkunstwerk, katholisches 17
Bildkunstwerk, protestantisches 17
Bildkunstwerk, religiöses 64, 174
Bildnis, s. Porträt
Bildung/Bildungswelt 59, 60, 62, 71, 84, 85, 164, 181, 182, 189, 191, 192, 194, 201, 232, 285, 289
Bildungsbürgertum/Bildungsbürger/bildungsbürgerlich 49, 59, 60, 61, 104, 145, 154, 166, 169, 180, 190, 202, 204, 284, 285, 320, 332, 411, 421, 432
Bildungsbürgertum, Marginalisierung, s. Marginalisierung des Bildungsbürgertums
Bildungsmalerei (Bildungskunst) 111, 145, 154, 156, 157, 188, 199, 302, 320, 333, 353, 362
Bildungswesen 49

Bildwerk, s. Bildkunstwerk
Biologismus 63, 158
Bischof/Bischöfe 38, 40, 42, 51, 79
Blumenmalerei 150, 153
Bodelschwinghsche Arbeiterkolonien 17
Bohme/Bohémien 434
Bourgeois 35, 57, 61, 302, 438
Bourgeoisie/bourgeois 16, 17, 49, 96, 106, 109, 167, 196, 307, 364, 432, 451, 470
Brücke (Künstler/innen-Gemeinschaft) 12
Bürgertum/bürgerlich 47, 59, 63, 74, 75, 105, 106, 111, 113, 132, 139, 145, 155, 156, 157, 164, 169, 172, 174, 175, 201, 278, 279, 288, 294, 326, 390, 411, 435, 458
Byzantinische Kunst 66

Canossa/Gang nach Canossa 42, 43, 44
Cäsaro-Papismus (Cäsaropapismus) 17, 63
Charakter/e 81, 95, 99, 108, 111, 132, 144, 202, 231
Charakterisierung, psychologische/Charakteristik/das Charakteristische 81, 95, 98, 137, 145, 150, 152, 232, 299, 352, 358, 360, 361, 376
Christentum 11, 13, 16, 21, 22, 26, 27, 31, 34, 35, 51, 60, 61, 62, 63, 71, 78, 87, 105, 134, 137, 167, 168, 169, 173, 180, 181-195, 196, 207, 238, 288, 291, 320, 325
Christentumskritik 16, 32, 60, 61, 167
Christenverfolgung 52, 53
Christlicher Sozialismus 210, 238, 276, 288, 325, 330, 334-341, 354, 371, 470
Christliches Kunstblatt (Zeitschrift) 8, 11, 100, 143, 146, 154, 155, 157, 159, 182, 201, 202, 203, 308f., 312, 314, 315, 329, 392
Christlich-Soziale Arbeiterpartei 335
Christlich-soziale Partei 89, 335
Christus, proletarischer (der Armen und Elenden, Mühseligen und Beladenen) 196, 339, 340, 470
Commune (Paris 1871) 44, 57, 61, 62, 174, 323, 352

Darstellungskonkretion, s. Konkretion (Naturtreue)
Darwinismus/darwinistisch 14, 51, 64, 66, 78, 106, 108, 158
Decadence (Dekadenz)/dekadent 60, 62, 167, 169, 180, 192
Deismus 31
Dekadenz, s. Decadence
Demokratisierung der Kunst 111, 154, 461f., 469
Denken 33, 49, 61, 65, 106, 175
Deprägnanz/deprägnant (Bildgestaltung) 141-142, 162, 164, 170, 190, 230, 331, 382, 388
Depression, große 42, 274, 420, 421
Deszendenztheorie 14, 51, 105
Determinismus (Willensunfreiheit) 355f.
Deutsche Gesellschaft für christliche Kunst 206, 286
Deutsch-Konservative Partei 42

Deutsch-Ostafrika-Krise 291
Deutsch-Ostafrikanische Gesellschaft 291
Die christliche Kunst (Zeitschrift) 206
Dicht modellierende Schattierung 343, 382, 458, 459
Didaktik/Propaganda/Agitation 378, 379
Dionysisch 185, 408-410
Diorama 318
Distribution 33
Dogma/Dogmen 27, 64, 467
Dogma von der Unbefleckten Empfängnis (1854) 41, 72
Dogma von der Unfehlbarkeit des Papstes bei Sprüchen ex cathedra, 1870 41, 49f., 53
Dogmatik/dogmatisch 22, 27, 36, 60, 64, 74, 159
Dogmatisierung 48
Dreißigjähriger Krieg 96, 114
Dreistadienlehre 14
Drittes Reich (als Vermittlung zwischen Antike und Christentum) 182, 183
Dunkelmalerei/dunkelmalerisch 132, 285, 300, 308, 323, 328, 349-350, 351, 352, 353, 354, 355, 462
Durchgeistigung, s. Vergeistigung
Düsseldorf 72, 86, 99, 109, 118, 148, 202, 204
Düsseldorfer Malerschule 71, 99, 103, 129, 198

Eckperspektive, s. Zentralperspektive (Zentralprojektion)
Egalität/egalitär 116, 134, 156, 173, 196
Ehe/Eheleben 59, 62, 74, 75, 76, 84, 103, 191, 288
Einsame, der, s. Großer Einzelner
Einsamkeit 82, 145, 230, 251, 253
Einzelner, der große, s. Großer Einzelner
Eklektizismus 425
Elementarpsychologie 156, 402, 421
Elend 34, 62, 294, 295, 304, 305, 311, 337
Elite/elitär/Elitemensch 124, 158, 166, 170, 174, 175, 193, 203, 226, 238, 248, 253, 394, 435, 471
Emanzipation/emanzipatorisch 31, 48, 60, 75, 92, 95, 96, 97, 98, 108, 114, 116f., 121, 124, 125, 151, 164, 167, 168, 173, 193, 196, 225, 226, 276, 285, 330, 336, 353, 356, 359, 380, 388, 462, 470
Emanzipation der Frau 766, 78, 131, 356
Emanzipation des Fleisches 75, 167, 412
Emanzipation, erotisch-sexuelle (der Sinnlichkeit) 76, 78, 179
Emanzipationslehre 29
Empfindungen (neopositivistische Erkenntnistheorie) 156, 170
Empirie 49, 106, 144, 156, 205, 345
Empiriokritizismus 156, 420
Empirismus (der Beobachtung) 149
Ende, der christlichen Bildkunst 13, 64, 466-472
Entchristlichung 17, 51, 63, 218, 236, 240
Entfremdung/entfremden 34, 107, 145, 164, 170, 221, 291, 328, 377, 432, 459
Entfremdung, religiöse 35

Enthüllungsdramatik (Ibsen) 377
Entklerikalisierung/Entkirchlichung 15, 38, 117
Entkörperlichung 65
Entsakralisierung/entsakralisierend 26, 86, 271, 276
Entwicklung (der Produktivkräfte) 33
Entwicklung (historischer Prozeß)/Evolution 13, 93, 110, 364
Enzyklika „Quanta cura" (1864) 41, 49, 60
Epoche, bürgerliche, s. Zeitalter, bürgerliches
Eremit 80, 82, 252, 253
Erfahrungswirklichkeit 8, 70, 153
Erfindung/Erfindungskraft 150
Erfindung, ikonische, s. ikonische Erfindungsdarstellung (ikonische Erfindung)
Erfindung, phantastische, s. phantastische Erfindungsdarstellung (phantastische Erfindung)
Erkenntnis 50, 63, 95, 193, 432
Erlösung 63, 170, 171
Erotik/erotisch 80, 81, 140, 164, 168
Erscheinung (äußere, sinnliche) 150, 151
Eskapismus/eskapistisch 179, 298, 372, 389, 451
Ethik 36, 58, 84, 85, 150
Ethnographie/ethnographisch 142, 144
Eucharistie 207
Evangelienkritik 61, 366
Evangelisch-sozialer Kongreß 336
Evangelist/Evangelisten 16, 181
Evangelium/Evangelien 15, 24, 51, 62f., 90, 92, 99, 114, 134, 142, 183, 201, 202, 203, 204
Evangelium der Armen und Elenden (der Mühseligen und Beladenen) 60, 64, 196
Evasion (Eskapismus) 378, 379
Evangelisch kirchlicher Hilfsverein 437
Eva und Adam 51, 87, 408, 412-413, 415-416, 418
Evolution (der Lebewesen) 14, 167
Existenzkampf/Lebenskampf, s. Kampf ums Dasein
Experimentalpsychologie 106
Expressionismus/expressionistisch 12, 27, 28, 29, 64, 158, 162, 400, 406-407, 471
Expressivität 264-267, 295

Fabrik/Fabriken 30, 32, 274, 306, 324
Familie/Großfamilie/Kleinfamilie 61, 85, 100, 101, 103, 104, 191, 196, 215, 217, 277, 278, 285, 286-288, 379
Familie, bürgerliche 59, 276, 282-288, 411
Familie, proletarische 25, 214-215, 219, 274, 282, 283, 295, 296, 297, 319, 326, 327
Fanatismus, religiöser 57
Farbauftrag, s. Malweise
Farbe (in der Bildgestaltung) 19, 71, 119, 122, 129, 141, 145, 146, 147, 148, 149, 151, 153, 154, 155, 156, 157, 158, 162, 170, 182, 190, 197, 198, 207, 240, 242, 273, 289, 301, 308, 311, 349, 382, 386, 460
Farbabstraktionen 386, 422, 443

Farbgebung, unbunte (Schwarz, Braun, Grau) 349, 352
Farbtreue 343, 459
Feldarbeit, s. Landarbeit
Feudalismus/feudal/feudalaristokratisch 34, 72, 74, 96, 151
Feudalklerikalismus/feudalklerikal 15, 31, 57, 73, 88, 93, 97, 99, 105, 106, 114, 164, 167, 187, 341, 359, 374, 390, 435, 468
Film 318
Fin de siècle 168, 169, 318
Finanzkapitalismus 15
Finis (Bildgestaltung) 141, 163
Fläche/Flächigkeit/Flächengrund/flächig 64, 116, 132, 152, 157, 162, 207, 209, 230, 251, 253, 256-257, 330, 347, 351, 352, 386, 394, 426, 443, 458
Fleckenauflösung/fleckaufgelöst 25, 156, 162, 164, 166, 170, 273, 289, 300, 304, 323, 332, 344, 349, 351, 352, 353, 382, 426, 443, 457, 458, 459, 471
Flecken/Fleckenelemente/Fleckflächen/ Fleckdifferenzierung/Fleckstruktur 28, 69, 103, 122, 132, 141, 154, 156, 157, 158, 162, 170, 198, 207, 209, 251, 323
Form/Formen (in der Bildgestaltung) 71, 80, 86f., 132, 142, 145, 147, 148, 149, 150, 151, 154, 156, 157, 158, 162, 167, 170, 181, 190, 242, 271, 304, 382, 383, 388, 458
Formabstraktionen 387, 422, 426, 443
Formale, das/formal/Formgestaltung 147, 159, 190, 253, 326, 388, 394, 450
Formalismus 154, 156, 270, 346, 402-404, 421, 463
Formenidealisierung 457
Fortschritt 46, 74, 89, 156, 190, 192
Fortschritt, historischer (geschichtlicher) 95, 97, 181, 194
Fortschritt, industrieller 15, 49
Fortschritt, kultureller (der Kultur) 60
Fortschritt, technischer 31, 49, 59, 193
Fortschritt, wissenschaftlicher 15, 49, 59
Fortschrittsdenken/Fortschrittsoptimismus 49, 107, 150, 155, 420
Fortschrittspartei 38, 45, 46, 47, 59, 62
Fotografie/fotografisch 65, 98, 112, 121, 123f., 142, 143, 155, 172, 204, 318, 365
Frankreich 17, 38, 40, 62, 124, 152, 156
Französische Revolution (1789) 11, 31, 35, 92, 109, 124, 132, 238, 318, 425
Frauenemanzipation, s. Emanzipation der Frau
Freidenker/Freidenkertum/freidenkerisch 62, 80
Freigeist/Freigeister/freigeistig 35, 59-60, 62, 75, 85, 182
Freiheit (auch christliche Freiheit) 57, 82, 88, 92, 113, 125, 127, 134, 168, 196, 231
Freiheit/Freiheiten, bürgerliche 44, 46, 49, 95, 125
Freiheit des Denkens, des Gedankens (freies Denken) 99, 100, 150
Freiheit, erotische, s. Freizügigkeit, sinnliche

Freiheit der Kunst 30
Freiheit der Sinne 179
Freiheitskampf der Niederlande 96
Freiheitskriege, s. Befreiungskriege/Freiheitskriege (Napoleonzeit)
Freikörperkulturbewegung 164
Freilicht/Pleinair (Bildgestaltung) 111, 112, 122, 145, 146, 147, 150, 151, 153, 154, 155, 156, 157, 158, 161, 162, 170, 172, 205, 253, 353, 437f.
Freizügigkeit, sinnliche (erotische) 70, 74-78, 85, 100, 140, 144, 168, 209, 412
Frontalperspektive, s. Zentralperspektive
Fundamentaltheologie/fundamentaltheologisch 36, 64

Gartenlaube (Zeitschrift) 44, 132
Gattungen (der traditionellen Bildkunst)/ Gattungsgefüge und -hierarchie/Gattungsästhetik 111, 147, 148, 150, 152, 153, 154, 158, 377, 462-463
Gefühl/gefühlsmäßig/Fühlen 28, 31, 33, 51, 62, 69, 71
Gefühl, religiöses 11
Gegenlicht/Gegenlichtgestaltung 141, 204, 205, 212, 218, 219, 288, 353
Gegenreformation 58, 60
Gegensatz, sozialer/Antagonismus, gesellschaftlicher (soziale Gegensätze/gesellschaftliche Antagonismen) 25, 51, 59, 63, 111, 113, 164, 175, 180, 193, 224, 281
Gegenwart/Gegenwartsbezug 96, 109, 111, 122, 137, 149, 154, 172, 178, 179, 180, 181, 182, 188, 195, 227, 238, 271, 425, 469
Gegenwartszuwendung 28, 109
Geist 28, 30, 31, 33, 62, 63, 64, 65, 71, 78, 89, 105, 115, 149, 150, 152, 388, 391
Geist, göttlicher (Geist Gottes) 8, 28, 31, 50, 96
Geist, Heiliger 8, 58, 73, 201
Geist, menschlicher 50
Geist, objektiver 28
Geisteswissenschaft/Geisteswissenschaften 14, 15, 49, 106, 364, 421
Geistliche/Geistlichkeit, s. Kleriker, Klerus
Genesis 14, 188
Genie/Künstler-Genie 170, 171, 178, 180, 229, 230, 248, 435, 438, 439, 440, 442, 444, 445, 449, 450, 452, 471
Genre/Genremalerei/genrehaft 18, 64, 65, 71, 97, 106, 110, 111, 112, 124, 147, 148, 150, 153, 174, 213, 216, 221, 294, 318, 327, 347, 354, 371, 373, 377, 433, 443, 450, 460, 462, 468
Genre, historisches 100-104, 110, 149, 364
Genre, religiöses 18, 21, 22, 26, 457
Genremaler/Genremalerin 99, 129, 157, 434, 435, 450
Genremalerei, niederländische des 17. Jahrhunderts 82, 216
Genremotiv 100
Genuß, s. Sinnengenuß
Geometrie, ästhetische 65, 80
Gesamtkunstwerk 31, 137, 189, 318, 426

Geschichte/geschichtlich, s. Historie/historisch
Geschichtsmalerei, s. Historienmalerei
Geschichtsphilosophie/geschichtsphilosophisch/Geschichtslehre/Geschichtsauffassung 96, 98, 100, 122, 134, 181
Geschichtswissenschaft/geschichtswissenschaftlich/Geschichtswissenschaftler 50, 97, 98, 106, 135, 364
Geschlecht/Geschlechtlichkeit/Geschlechtsverhältnisse, s. Sexualität/Sexualverhältnisse
Gesellschaft 13, 14, 38, 51, 61, 62, 145, 158
Gesellschaft, bürgerliche 16, 26, 34, 85, 105, 164, 171, 390, 441, 450
Gesellschaft, höhere 155, 170, 174, 305
Gesellschaft, kapitalistische 26, 107
Gesellschaft, moderne 170, 171
Gestaltpsychologie 421
Gewalt 28, 50
Gewalt, proletarische 352
Gewalt, revolutionäre 131, 132
Gewalt der Sinne 61, 77
Gewalt (von Staat und Polizei) 61, 62
Gewerkschaft/Gewerkschaftsbewegung 17
Glätte, akademische (der Malweise) 69, 142, 156, 158, 159, 163, 164, 166, 382, 387, 388
Glättungsabstraktion 382, 457
Glaube 31, 57, 59, 61, 62, 63, 64, 105, 125, 161, 169, 181, 201, 246, 252, 253
Gleichnisse, soziale, s. soziale Gleichnisse Christi
Goldenes Zeitalter 185, 186, 188, 409, 411
Goslarer Kaiserpfalz 43, 48, 49
Gothaer Programm der Sozialdemokratie, 1875 63
Gotik/gotisch 31, 97, 98, 267, 268, 269, 270, 318, 341, 404, 425, 433
Gott 32, 34, 35, 58, 59, 63, 66, 80, 82, 96, 150, 159, 166, 192
Götterdämmerung 164, 169
Gottesdienst 21, 234, 337, 364
Gottesglauben 16, 35
Gottesvorstellung, christliche 32, 59
Göttliche, das 29, 62, 65, 150
Graumalerei 155, 350, 351, 352, 353, 355, 462
Griechen, Kunst der 29
Großer Einzelner (Herrenmensch) 113, 158, 230, 240, 246, 248, 251, 436, 439
Großgrundbesitzer (Großagrarier) 42, 320
Großstadt/großstädtisch 82, 124, 155, 156, 164, 177, 207, 236, 238, 289, 290f., 306, 307, 315, 339, 418, 420
Grundbedürfnisse 32, 224
Gründerzeit 109, 172
Grundformen 207, 253-255, 347, 386, 387, 394, 458
Gutes/Wahres/Schönes 345, 376, 388, 390

Handarbeit 281, 318, 458
Handwerk/handwerklich 193, 270-288, 314, 328f., 335, 340, 469
Handwerker/Handwerkermilieu 59, 62, 145, 198, 199, 201, 204, 270-288, 326-328, 469
Handwerkerschutzgesetz 275
Harmonie/harmonisch 151, 153, 164, 229, 376, 388
Häßlichkeit/das Häßliche/häßlich 112, 146, 151, 154, 158, 161, 164, 166, 168, 178, 180, 182, 198, 204, 299, 300, 352, 353, 354, 376, 380, 388
Heide/Heiden 119, 168, 181
Heidenchristen 194
Heidentum/heidnisch 62, 71, 78, 93, 118, 139, 168, 180, 182, 192, 194, 195
Heilige/Heiliger/Heiligenleben 21, 64, 65, 71, 78-80, 97, 99, 157, 158, 186, 188
Heilige, das 29, 140, 271, 467
Heiliger Stuhl 38
Heiliger Vater, s. Papst
Heiliges Römisches Reich Deutscher Nation 48
Heilsgeschehen 22, 24, 65, 69, 144
Heilsgeschichte 21, 24
Heilslehre 22, 134
Helldunkel (Hell-Dunkel-Verteilung) 29, 103, 111, 122, 132, 145, 149, 151, 153, 154, 160, 197, 198, 204, 212, 216, 217, 218, 289, 358, 359, 376, 382
Hell-Dunkel-Kontraste, s. Licht (in der Bildgestaltung)
Hellenismus/hellenistisch 162, 163
Helligkeit/Dunkelheit (in der Bildgestaltung), s. Licht
Hellmalerei (Pleinairmalerei) 145, 146-161, 164, 204, 205, 207, 212, 218, 219, 230, 236, 244, 273, 322, 323, 327, 328, 345, 349, 351, 352, 353, 354, 355, 378, 393f., 462, 470, 471
Hellmalerei, neuidealistische 394
Herde/Herdenmenschen/Menschen als Vieh 170, 178, 436, 450
Herrenmensch, s. Großer Einzelner
Herrschaft, feudalklerikale 57
Herrschaft des Klerus 125
Herrschenden, die 113
Herrschereinzüge 171-173
Heteronomie (des Bewußtseins) 33
Hierarchie der Gestaltungsweisen (der Modi) 150
Hierarchie, katholische 48, 92, 114
Hierarchie, klerikale (kirchliche) 48, 76, 92, 114
High-life-Impressionismus 394, 462
Historie/historisch 26, 97, 98, 99, 104, 107, 108, 109, 110, 111, 122, 135, 146, 149, 150, 153, 156, 168, 172, 188, 289
Historienbild (Historiengemälde) 98, 132, 152, 174, 268, 296, 358, 426, 434
Historienmaler/Historienmalerin 99, 116, 128, 129, 153, 156, 185
Historienmalerei 19, 63f., 65, 89, 96, 98, 106, 109, 110, 111, 112, 121, 122, 124, 125, 132, 138, 142, 145, 147, 148, 150, 153, 156, 157, 158, 188, 198, 204, 236, 242, 357-359, 361-363f. 364, 374, 377, 424, 425-426, 429, 435, 437, 443, 460, 462
Historische, das 25
Historisierung 24, 142, 366
Historismus/historistisch 28, 35, 98, 109, 111, 123, 135, 137, 188, 267-270, 358, 395, 404, 421, 423, 425
Hochwerte, ästhetische 457, 458
Hochwertsystem, ästhetisches 388, 389, 390, 458
Hohenstaufen 48
Hohenzollern 48, 49, 62
Holland/holländisch/Hollandisieren 216, 218, 354
Holländische Kunst des 17. Jahrhunderts 292
Hugenotten 55f., 57, 96
Humanisierung 30, 35
Humanismus/humanistisch 62, 93, 96, 121, 190, 191, 192, 193, 281
Humanist/en 79, 93, 95, 96, 97, 114, 116, 118
Humanität 29, 76, 164, 190, 191, 192, 339
Humor/Humorist/humorvoll/humoristisch 19, 146, 147, 148
Hussiten 16, 92, 98, 99

Ideal/das Ideale 379, 382, 388
Idealisieren/Idealisierung 112, 115, 145, 149
Idealismus/idealistisch 27, 28, 29, 61, 62, 66, 96, 98, 99, 105, 106, 110, 111, 114, 116, 122, 134, 150, 197, 207, 236, 391, 420, 423, 458
Idealismus, bildkünstlerischer 64, 110, 111, 122, 148, 149, 150, 152, 155, 159, 198, 199, 202, 203, 204, 227, 299, 370, 379, 391, 462, 469
Idealismus, objektiver (objektiv-idealistisch) 29, 30, 31, 32, 35, 391, 393
Idealismus, religiöser 32, 134, 159, 391
Idealismus, subjektiver (subjektiv-idealistisch) 170, 246, 393
Idealismus, traditioneller, s. traditioneller Idealismus
Idealist 28, 140, 203, 434
Idealität 70, 81, 106, 145, 150, 152, 164, 389
Idee/Ideen (Urbild) 60, 65, 106, 134, 149, 150, 152, 202, 379, 380
Idee, absolute 32, 33
Idee/Ideen, christliche 35, 60, 65, 71, 88
Ideologie 33, 35, 36, 96
Ideologie, bürgerliche 63, 107, 164, 423
Ideologie, bürgerlich-christliche 51
Ideologie, religiöse 17, 35
Ideologie, revolutionäre 34
Ideologiekritik/ideologiekritisch 25, 148, 158
Idylle/idyllisch 101, 103, 174, 215, 276, 277, 278, 282, 286, 298, 322, 379
Ikonische Darstellungen 344, 391
Ikonische Abbildungsdarstellung 344, 459, 460
Ikonische Erfindungsdarstellung (ikonische Erfindung) 344, 346, 387
Ikonische Sichtdarstellung 346, 347, 349, 370, 374, 378, 459
Ikonische Sichterfindung 344, 459

Ikonische Umsetzungsdarstellung 346
Ikonische Umsetzungserfindung 344, 459
Ikonizität/ikonisch 86, 104, 300, 457, 459
Illusion (auch Wirklichkeitsillusion) 32, 33, 85, 143, 152, 156, 187, 188, 351, 360, 372, 374, 376, 378, 411, 421
Illusion, christliche 18, 35
Illusion, ideologische 63
Illusion, religiöse 60, 339
Illusion, veristische (der Darstellung)/illusionistisch-veristisch 66, 69, 104, 122, 148, 159, 164, 232, 375, 425
Illusionismus (Bildgestaltung)/illusionistisch 107, 149, 153, 155, 190
Illusionistischer Verismus (und „Akademismus") 124, 132, 138, 142, 145, 146, 148-153, 154, 155, 156, 157, 160, 166, 169, 172, 188, 190, 204, 207, 209, 216, 230, 242, 253, 266, 276, 285, 300, 323, 346, 347, 351, 352, 353, 364, 371, 372, 373, 374, 375, 377, 378f., 391, 421, 422, 426, 427, 435, 437, 443, 450, 462, 468, 469
Illusionskunst/Illusionismus, ästhetischer 19, 72, 74
Imperialismus/imperialistisch 124, 207, 291, 336, 421, 471
Impressionismus/Impressionisten/impressionistisch 28, 29, 30, 31, 146, 154, 156, 158, 170, 242, 323, 326, 346, 353, 388, 393, 394, 398, 399, 420, 437
Impressionismus, objektiver 394, 459, 462
Indeterminismus, s. Willensfreiheit
Individualisierung/Individualisieren 71, 95, 111, 144, 152, 170, 231, 358, 360, 361, 363, 367, 376
Individualismus (bürgerlicher Individualismus)/individualistisch (bürgerlich-individualistisch) 65, 95, 108, 110, 113, 116, 124, 137, 144, 156, 170, 246, 251, 253, 352, 398
Individuum, bürgerliches 145, 156, 158, 174
Industrie 30, 106, 193, 306, 314, 332, 390, 469
Industrialisierung 32, 63, 83, 105, 109, 155, 274, 276, 281, 288, 320, 372, 420, 421, 469
Industriearbeit/Industriearbeiter 174, 314, 322, 326-334, 340, 411, 414
Industriegebiet 17
Industriegesellschaft 251, 278, 303, 318, 374, 378, 379, 389, 411, 459
Industriestadt 17
Industriezeitalter 285
Informalität/informell (Bildgestaltung) 86, 132, 141, 142, 156, 158, 162, 166, 170, 190, 230, 258-264, 351, 352, 382, 395
Innere Mission 17, 210, 290, 335f., 337, 338, 339
Inquisition 52, 54, 55, 114
Instinkt 62, 63
Internationale Arbeiterassoziation, Erste 62
Irrationalität/Irrationalismus 49, 70, 393, 401
Irrealität/irreal 33
Irreligiosität 59

Jerusalem 142, 143, 144, 157, 160, 181
Jesuit/Jesuiten/Jesuitismus/jesuitisch 35, 38, 39, 40, 41, 43, 45, 51, 56-60, 62, 63, 115
Jude/Juden/Judentum/jüdisch 142, 144, 145, 335
Judenchristentum 194
Jugendstil 169
Julikönigtum/Julimonarchie 58
Julirevolution (Frankreich, 1830) 111, 148
Junges Deutschland/die Jungdeutschen 75, 125, 180, 271
Junghegelianismus/Junghegelianer/junghegelianisch, s. Linkshegelianismus/Linkshegelianer/linkshegelianisch
Jüngstes Gericht 63, 187

Kaiser (Mittelalter) 359, 435, 437
Kaiserproklamation in Versailles 89
Kaiserreich, evangelisches 15, 64, 89, 109
Kaisertum, evangelisches (protestantisches) 48
Kaisertum, katholisches 49
Kaisertum, soziales, s. soziales Kaisertum
Kaiserzeit, s. Zweites Deutsches Reich
Kaiserzeit, römische 16
Kampf/Kämpfe, soziale 128, 295
Kampf/kämpfe, revolutionäre 116
Kampf ums Dasein 84, 85, 299, 392
Kämpfertum des oppositionellen Künstlers 429, 431, 432, 436-438, 448
Kanon (Beuroner Schule) 29, 65
Kanzelparagraph 39
Kapital 174, 180
Kapitalisierung 63, 109, 113, 164, 321, 372
Kapitalismus/kapitalistisch 34, 132, 145, 155, 164, 194, 279, 281, 282, 291, 300, 301, 303, 320, 420, 421, 423, 432, 459, 471
Kardinal 48, 51, 137, 144
Kartellparteien 291
Kartoffel/Kartoffelernte/Kartoffelmahlzeit 215, 312-317
Katholik/Katholiken 53, 74
Katholische Abteilung im preußischen Kultusministerium 38, 39
Katholizismus/katholisch 8, 17, 38, 51, 54, 60, 61, 64, 74, 78, 87, 93, 97, 99, 108, 113, 114, 121, 167, 190, 196
Katholizismuskritik 60, 167
Ketzer/Ketzerin 50, 111, 112, 114
Ketzerei 51
Ketzerverbrennung 52
Kirche/Kirchen 34, 36, 40, 47, 56, 73, 93, 97, 101, 127, 145, 167, 177, 192, 193, 194, 196, 203, 307, 326, 450
Kirche, evangelische 17
Kirche, katholische 17, 29, 38, 40, 49, 56, 60, 79, 125
Kirche, protestantische 24, 29, 56
Kirchengesetze (1874) 41
Kirchenmalerei 36, 64
Kirchenstaat 38
Kirche und Staat, s. Staat und Kirche
Kladderadatsch (Zeitschrift) 40, 41, 42f., 44, 45, 49, 50, 51, 57, 88, 89
Klasse/Klassen, herrschende 17, 34, 35, 51, 61, 107, 109, 314, 318, 333, 370, 390, 462
Klassen, obere, s. Schichten und Klassen, obere
Klasse/Klassen, progressive 35
Klassen, untere, s. Schichten und Klassen, untere
Klasse/Klassen, unterdrückte (ausgebeutete) 34, 314, 318
Klassengegensatz/Klassengegensätze 179, 330, 337, 423, 471
Klassengesellschaft 34, 278, 314, 374, 378, 379, 411, 458
Klassenherrschaft 35, 76, 292, 339, 458
Klasseninteressen 60, 116
Klassenkampf/Klassenkämpfe/Klassenantagonismus 83, 96, 116, 132, 175, 178, 318, 325, 330, 335, 336, 339
Klassenschranken 115, 334, 356
Klassenversöhnung/klassenversöhnend 59f., 62, 111, 130, 195, 218, 291, 314f., 316, 320, 339, 354, 371, 421, 450
Klassik, griechische, römische/klassisch 138, 162, 164, 180
Klassik, bürgerliche 164, 279
Klassische Moderne 13, 124
Klassizismus/klassizistisch/Neoklassizismus/neoklassizistisch 18, 71, 95, 122, 138, 139, 140, 141, 142, 148, 150, 151, 155, 160, 163, 164, 166, 167, 168, 170, 270, 279, 357, 358, 362, 370, 371, 390, 425, 462, 467, 471
Kleinbürgertum/Kleinbürger/kleinbürgerlich 85, 204, 232, 279, 285, 288, 355, 461, 470
Kleindeutsches Reich (kleindeutsche Lösung) 48, 49, 88
Klerikalismus/klerikal/Klerikale 40, 44, 50, 51, 60, 99, 150
Klerus/Kleriker 21, 108, 112, 194
Klerus, katholischer 38, 40, 51, 86
Klerus, protestantischer 140
Kloster/Klöster 41, 60, 78, 79
Kloster Beuron 64
Klostergesetz (1875) 41, 54
Kollektiv/kollektiv 145, 158
Kollektivismus, proletarischer 352
Kölner Dom 16, 18, 19, 90
Kolonialherrschaft 291
Kolorismus/koloristisch 69, 99, 109, 110, 122, 123, 145, 147, 149, 151, 153, 154, 160, 358, 359, 376
Kolorit 47, 122, 132, 160
Komik/das Komische/komisch 149
Kommune, s. Commune
Kommunikation/kommunikativ 36, 71, 80, 95, 116, 144, 166, 167, 170, 209, 227, 248, 251, 153, 379
Kommunismus/kommunistisch 17, 38, 41, 196, 204, 209, 210, 336
Kompakte Majorität, s. Majorität/kompakte Majorität
Kompensationsfunktion (der Religion) 34
Kompensation, religiöse 34, 35

Komposition/kompositorisch (Bildgestaltung) 138, 140, 141, 142, 145, 146, 149, 152, 154, 157, 158, 159, 166, 170, 227, 238, 279, 304, 383
Kompositionstreue 344, 459
Konkretion, Darstellungskonkretion (Naturtreue) 344, 345, 346, 347, 352, 354, 359f., 370, 459, 460, 469
Konservatismus/konservativ 42, 83, 111, 114, 153, 181, 320, 324, 335, 353, 420, 438, 441
Konstitutionalismus 50
Konsumtion 33, 196, 209
Kontiguitätsdurchbildung 343, 459
Konturen (in der Bildgestaltung) 132, 141, 142, 159, 163
Konvention/konventionell 117, 154, 168, 169, 424
Kopie/kopieren 150
Körper/Leib des Menschen/Körpergestaltung 138, 139, 140, 141, 142, 164, 166, 167, 180
Körper, nackter, s. Nacktheit/das Nackte/nackt
Körperkulturbewegung 412
Körperschattierung, s. Schattierung
Kostüm, historisches/Kostümwesen 22, 97, 99, 101, 109, 110, 142, 144, 159, 299, 424, 427
Kreuz 11, 136, 140, 142, 144, 145, 157, 159, 161, 166, 167, 182, 183, 201, 230, 424
Kreuzigung 64-71, 136-146, 156, 157f., 158, 161, 198, 207
Krieg 28, 207
Krieg, deutsch-französischer 1870/71 38
Krise/Krisen/Krisenzeit 34, 155, 278, 318, 423
Kultur/kulturell 32, 47, 63, 74, 85, 153, 157, 318
Kultur, moderne, s. Kulturwelt, moderne
Kulturkampf/kulturkämpferisch 8, 15, 38, 40, 41, 42, 44, 45, 47, 48, 51, 52, 53, 56, 57-60, 61, 62, 63, 65, 66, 72, 74, 75, 76, 82, 85, 86, 88, 99, 100, 104, 108, 109, 113, 114, 118, 137, 144, 168, 182, 272, 420, 470
Kulturprotestantismus 41
Kulturwelt, moderne (Kultur, moderne) 51, 169, 179
Kunst 29, 30, 32, 33, 51, 59, 60, 61, 62, 64, 93, 96, 106, 111, 117, 121, 138, 147, 148, 149, 150, 151, 157, 164, 169, 190
Kunst, alte/Kunst der Alten, s. Meister, alte (die Alten)
Kunst, antike 139, 163, 181
Kunst, christliche 8, 11, 32, 35, 64, 72, 86, 93, 145, 253, 433, 434
Kunst für Alle (Zeitschrift) 46, 100, 111
Kunst, geistige 29
Kunst, hieratische 29
Kunst, höfische 32, 71
Kunst, moderne (Gestaltung, moderne) 121, 146, 158, 219, 318
Kunst, neue, s. Kunst, moderne
Kunst, profane 8, 26, 30, 35

Kunst, religiöse 13, 27, 28, 29, 30, 118, 146, 157, 202, 204, 274, 429
Kunstfeindlichkeit des Bürgertums im Kapitalismus 441
Künstler/Künstlerexistenz 13, 164, 170, 171, 172, 253, 279, 281, 424-456
Kunstmarkt 36, 151, 422, 431-433, 441
Kunsttheorie, christliche 29
Kunsttheorie, positivistische 355
Kunst und Kirche (Kirche und Kunst) 30
Kunst und Künstler (Zeitschrift) 154
Kunst und Religion 8, 11, 13, 27, 99, 434
Kunstwerk, religiöses 35
Kunstwerk als Ware 432-433

Land (Agrarbereich)/Landleben/ländlich (agrarisch) 85, 155, 215, 222-223f., 227, 296, 337, 378, 470
Landarbeit 312-326, 337
Landarbeiter/Landarbeiterin 17, 209, 218f., 226, 312, 318, 320, 321, 325
Landflucht 83, 320
Landleute 227, 229, 338
Landmann 232
Landschaftsmalerei 65, 148, 149, 150, 153
Landwirtschaft/landwirtschaftlich 15, 155, 314, 320, 321, 332, 340, 420
Leben 62, 93, 105, 106, 109, 115, 148, 150, 155, 193
Leben, alltägliches 18
Leben, christliches 80
Leben, ewiges 63, 64
Leben, gesellschaftliches 33
Leben Jesu (Leben-Jesu-Forschung) 15, 21, 24, 51, 366
Lebensprozeß, wirklicher 33
Lebensfeindlichkeit 19
Lebenskampf 108
Lebensphilosophie 400-401, 410-411, 420, 421
Lebensreform/Lebensreformbewegung 87, 410, 420
Lebensverhältnisse, materielle 33
Lehrstand 56, 57
Leibeigenschaft, mittelalterliche 34
Leiden 32, 62, 64, 145, 158, 159, 160f., 161, 168, 172, 182, 207, 230, 424
Leiden des oppositionellen Künstlers, s. Märtyrertum des oppositionellen Künstlers
Leidensweg Christi (Passion) 25
Lex Heinze 411-412
Liberaler/Liberale 40, 41, 42, 44, 45, 46, 49, 56, 83, 96
Liberalismus/liberal/liberalistisch 8, 15, 17, 38, 40, 42, 44, 45, 46, 49, 50, 60, 64, 83, 85, 89, 93, 95, 96, 99, 100, 105, 106, 107, 108, 111, 113, 114, 130, 145, 150, 151, 152, 155, 196, 201, 335, 362, 373, 378, 389, 390, 420, 435, 450, 451, 467, 468
Licht (in der Bildgestaltung) 64f., 71, 72, 80, 86, 99, 101, 103, 111, 112, 116, 122, 131, 138, 139, 141, 143, 145, 146, 147, 149, 151, 152, 153, 154, 155, 156, 157, 158, 159, 162, 170, 178, 181, 182, 198, 204, 206, 212, 217, 218, 240, 244, 248, 250, 253, 258-264, 278, 290, 293, 294, 316, 323, 331, 358, 386, 395, 434, 449
Liebe/lieben 32, 62, 75, 76, 77, 78, 79, 80, 83, 85, 134, 139, 151, 158, 168, 169, 171, 174, 177, 196, 201, 203, 207
Liebesmahl 208-209
Linie/Linien/Linienzüge/Strichzüge/linear (Bildgestaltung) 132, 141, 148, 154, 158, 159, 162, 178, 190, 197, 209, 241, 382
Linkshegelianismus/Linkshegelianer/linkshegelianisch (Junghegelianismus) 127
Linksliberalismus/linksliberal 46, 61, 88, 167, 353
Loccum, Kloster (evangelisch) 230-231
Lohnarbeiter (Geldlohnarbeiter)/Lohnarbeit 83, 320, 322, 337, 414
Lumpenproletarier/Lumpenproletariat 174, 175, 178, 180, 289, 303-306, 355
Luther- und Reformationsdarstellungen 88-135, 367-369, 371, 374, 468

Macht/Mächte 62, 89, 114, 134, 172
Macht/Mächte, fremde 34
Macht/Mächte, geschichtliche 34
Macht/Mächte, gesellschaftliche 34
Macht/Mächte, katholische 38
Macht/Mächte der Natur 33
Macht des Staates 137
Macht/Mächte, transzendente 80
Macht/Mächte, weltliche 60, 114
Machtinstrument, ideologisches 34
Madonna 12, 13, 51, 71-74, 93, 271, 272, 304, 305, 428
Maigesetze (1873) 40, 41, 44
Maigesetze (1874) 41, 44
Majorität/kompakte Majorität 108, 436, 438, 440
Malerei, christliche 11, 158, 161, 282, 326, 337, 470
Malerei, idealistische 110
Malerei, moderne 98, 147, 216, 318
Malerei, mythologische 150
Malerei, profane 11
Malerei, protestantische 36
Malerei, religiöse 63f., 98, 110, 132, 147, 150, 157, 158, 180, 216, 236, 242, 271, 318, 364, 377, 424, 427-429, 435
Malerei, traditionelle 158
Malweise/Maltechnik (rauh, glatt, fein, flockig usw.) 69, 82, 86, 129, 141, 146, 149, 153, 154, 157, 219, 226, 240, 288, 289, 293, 294, 299, 300, 308, 311, 315, 349
Manierismus 34, 270, 318, 423
Marginalisierung des Bildungsbürgertums 422, 451
Marienleben 21
Marienkult (Marienverehrung) 64, 72, 73, 80
Marktgesellschaft, bürgerliche 389
Marktwirtschaft, freie (Markt) 44, 155, 164, 299, 339, 431, 432
Märtyrer/Martyrium 21, 54, 97, 240, 424
Mätyrertum des oppositionellen Künstlers 424f., 426, 431, 432, 436-441, 448

Marxismus/marxistisch 134, 196, 336
Maschine/Maschinen 32
Maschinenzeitalter 30f.
Masse/Massen/Menge 31, 59, 60, 63, 108, 111, 113, 124, 131, 132, 135, 145, 156, 157, 158, 173, 175, 178, 194, 201, 225, 226, 227, 229, 232, 238, 305, 315, 329, 336, 436, 438, 439, 450
Massenarmut 339
Massengesellschaft 121, 156, 251, 352, 378, 420
Massenherrschaft 392
Massenzeitalter 155
Materie/Materien 33, 65, 105, 157, 170, 201, 391, 420
Materialisierende Fleckabstraktionen 459
Materialismus/materialistisch 11, 15, 16, 29, 31, 32, 59, 64, 66, 105, 106, 117, 181, 192, 201, 335, 357, 359, 364, 391, 420, 421
Materialismus, dialektischer 14
Materialismus, historischer 14
Materialismus, mechanischer 420, 421, 450
Materialismusstreit 16, 105
Materialist/Materialisten 35, 51, 80, 134
Materie 71
Mechanisierung, Motorisierung der Landwirtschaft 320, 321
Meditation/meditativ 65
Mehrfeldbild 318
Meister, alte (die Alten) 146, 147, 153, 154
Menge, s. Masse sowie Volk
Menschenrecht/Menschenrechte 116, 117, 131
Merkantilismus 17, 431
Metaphysik/metaphysisch 11, 33, 34, 105
Methode der kritischen Formen 30
Milderungsgesetz (1880) 44
Milieu/Milieuschilderung/Milieutheorie 25, 209, 213, 215, 216, 219, 226, 285, 288, 294, 295, 296, 355, 421, 450
Mimesis/mimetisch 164
Mimesis, allseitige, s. allseitige Mimesis
Mimetische Affirmation 371, 377, 378, 379
Mitleid 62, 63, 126, 311
Mittagessen, proletarisches 221-225
Mittelalter/mittelalterlich 18, 29, 34, 49, 60, 72, 74, 93, 95, 97, 108, 116, 118, 119, 121, 130, 139, 172, 187, 188, 279, 339, 341, 358, 359,361f., 423, 424, 466, 468
Modell (in der Bildkunst) 78, 109, 149, 163, 167, 201, 202
Modellierung/modellieren (in der Bildgestaltung) 80, 103, 122, 132, 140, 141, 142, 149, 154, 159, 160, 163, 182, 187, 234, 251, 344
Modellrealismus 149, 153
Moderne/Modernität/modern 13, 31, 60, 81, 109, 122, 137, 138, 144, 145, 146, 147, 149, 150, 154, 155, 157, 158, 162, 163, 164, 167, 168, 169, 172, 179, 180, 182, 185, 187, 190, 192, 201, 204, 209, 213, 246, 252, 271, 335, 351, 354, 363, 378, 421, 424, 429, 437, 438, 460, 470, 471, 472

Modernismus 87
Monarchie/monarchisch 62, 88, 145
Monarchie, konstitutionelle 49
Monatsschrift für Gottesdienst und kirchliche Kunst (Zeitschrift) 334
Mönch/Mönche/Mönchsleben 21, 40, 48, 50, 51, 78-80, 81, 82, 108, 110, 112, 114, 116
Mönchstum 57, 61, 80, 92, 103
Monismus 14
Monistenbund 16
Moral/moralisch (Sittlichkeit, sittlich) 33, 34, 36, 60, 61, 74-87, 168, 288, 294, 302, 404, 423
Mühselige und Beladene 51, 193, 194f., 202, 209, 210, 212, 218, 226, 242, 291, 300, 315, 325, 338, 340
München 38, 99, 138, 144, 148
Münchener Secession 291
Mutter/Kind 13, 72, 74, 100, 101, 103, 276, 277, 284, 330, 404
Muttergottes, s. Madonna
Mystik/mystisch/Mystizismus 58, 65, 244, 298, 337
Mythologie/Mythologisierung/mythologisch 26, 98, 179, 362
Mythos/Mythen/mystisch 27, 28, 97

Nachahmung 149, 180
Nächstenliebe 25, 62, 63, 84, 103, 166, 212, 218, 238, 289, 291, 302, 303, 304, 307, 336f., 339, 379, 470
Nacktheit/das Nackte/nackt/Nacktkultur 138, 139, 140, 144, 164, 166, 168, 169, 177, 182
Nahbildlichkeit, gründerzeitliche (Horst Ludwig) 107
Nahsicht (Bildgestaltung) 107, 158
Nationalliberale/Nationalliberalismus/nationalliberal 38, 42, 44, 47, 62, 115, 134, 155
Nationalsozialer Verein 336
Natur (freie Natur) 8, 13, 14, 28, 29, 31, 32, 33, 65, 79, 80, 84, 112, 118, 121, 146, 147, 149, 150, 153, 164, 167, 177, 191, 226, 234, 235, 250, 251, 252, 253, 277, 279, 339, 379, 388
Natur, anorganische 33
Natur, organische 33
Naturalismus/naturalistisch 17, 41, 65, 69, 74, 98, 109, 111, 121, 149, 150, 151, 153, 159, 170, 181, 191, 192, 201, 219, 227, 229, 236, 242, 244, 246, 253, 271, 285, 299, 312, 315, 318, 328, 334, 342-356, 379, 380, 421, 423, 450
Naturalismus, analytischer 346, 347, 376, 378, 462
Naturalismus, „braver" 344, 345, 346
Naturalismus, konsequenter 355, 399
Naturalismus, literarischer 271, 272, 329-330, 342, 354-355, 397-399
Naturalismus, oppositioneller, s. oppositioneller Naturalismus
Naturauffassung 138

Naturbeobachtung 69, 147, 153, 156
Naturbezogenheit 33
Naturgesetze/Naturgesetzlichkeit/naturgesetzlich 50, 63, 149
Naturkraft/Naturkräfte 30, 32, 33, 34, 178
Naturnachahmung/Naturnachbildung 164
Natürlichkeit 33, 149, 155, 168, 169
Naturmacht/Naturmächte 34
Naturschilderung 74
Naturschönheit/das Naturschöne 147
Naturstudium/Naturstudie 98, 144, 147, 148, 149, 163, 294
Naturtreue 36, 80, 148, 343, 344, 346
Naturwahrheit/naturwahr 70, 111, 150, 153, 164, 205, 353, 422, 450, 468
Naturwirklichkeit 19
Naturwissenschaft/Naturwissenschaften/naturwissenschaftlich 14, 49, 50, 70, 92f., 93, 96, 105, 106, 147, 155, 156, 192, 355, 364, 378, 420, 421, 450
Naturzuwendung 29, 119
Nazarener/Nazarenertum/nazarenisch/nazarenische Tradition 8, 11, 12, 13, 28, 29, 53, 66, 71, 72, 73, 74, 93, 95, 99, 118, 119, 122, 145, 150, 155, 158, 159, 168, 198, 199, 204, 207, 208, 210, 213, 227, 247, 250, 267, 268, 271, 279, 357, 358-359, 362, 366, 367, 371, 378, 383, 389, 433-435, 457, 462, 467, 468, 469, 472
Nebularhypothese 14
Negation 378, 379
Neoimpressionismus 156
Neoklassizismus/neoklassizistisch, s. Klassizismus
Neopositivismus/neopositivistisch 156
Nervosität (moderne)/Nerven 170
Neudeutsche, religiös-patriotische Kunst 279, 469
Neuer Bund 19
Neues Testament/neutestamentlich 19, 21, 24, 137, 196, 197, 366, 467
Neuheitswert, ästhetischer (Kunstmarkt) 422
Neuhumanismus/neuhumanistisch 162, 163, 164, 168, 169, 181, 186, 190, 192
Neuidealismus/neuidealistisch 8, 64, 111, 121, 170, 179, 207, 219, 236, 338, 240, 242, 244, 246, 247, 251, 253-270, 312, 315, 316, 318, 326, 337, 339, 346, 379, 392-423, 437, 450, 456, 457, 458, 459, 462, 471
Neuidealismus, Ursachenforschung 418-423
Neuprotestantismus 335
Neuromantik/neuromantisch 158, 253, 258-264, 321, 397, 400, 405-406
Neuscholastik 66, 347
Neuzeit 12, 89, 93, 96, 98, 121, 181, 332, 359, 362, 435
Neuzeit, Kunst der 29, 66, 149, 433
Niederländer, alte (niederländische Kunst des 15. und 16. Jahrhunderts) 28, 68, 69, 71
Niederländer des 17. Jahrhunderts (niederländische Kunst des 17. Jahrhunderts)

354, 376
Niederwerte, ästhetische 457, 460
Niederwertsystem, ästhetisches 458
Nonne/Nonnen 21, 78
Norm/Normen/Normativität (ästhetische) 28, 29, 150, 153, 164, 390
Norm/Normen (soziale, kulturelle, religiöse) 207, 333, 390
Normvorstellungen 34, 151

Obdachlosigkeit 274, 302, 307, 470
Objektivität, ästhetische 388, 467
Obrigkeit 134
Obrigkeitsgehorsam 96
Obrigkeitslehre, lutherische 17
Obrigkeitsstaat/obrigkeitsstaatlich 132, 155, 172, 176, 251, 294, 306, 333, 353, 378, 437
Obskurantismus 50
Offenbarung des Johannes 21
Ökonomie, bürgerliche 34
Öldruckfabrikation 213
Opium des Volks 34
Oppositioneller Naturalismus 8, 64, 221, 347, 349, 350, 351, 352, 353, 355, 356, 370, 371, 374, 377, 378, 379, 391, 394, 395, 400, 421, 437, 450, 459, 462, 469, 470
Oppositoneller Naturalismus, religiöser 350, 354, 356, 377f., 378, 450, 462, 470
Orient/orientalisch 142, 145
Orientalismus, bildkünstlerischer/Orientrealismus 230, 307, 308
Orientalistik (wissenschaftliche) 366
Orientmalerei/biblische Orientmalerei 142, 144, 157, 160, 212, 346, 349, 365-366, 378, 462, 468, 469
Originalität 69, 74
Ornament/Ornamentgestaltung/Ornamentalismus/ornamental 150, 234, 241, 242, 253, 257-258, 347, 386, 394, 402
Orthodoxie, christliche 51, 59
Orthodoxie, protestantische (protestantisch-orthodox) 35, 59, 140, 180, 201
Österreich 17, 38, 40, 61, 78, 109

Panmonotheismus 61
Panoptikum 318
Panorama (Rundbild) 142-144, 149, 318
Pantheismus 15, 17, 31, 41, 279
Papst/Päpste/päpstlich 26, 38, 41, 44, 45, 48, 50, 51, 53, 61, 74, 75, 76, 83, 88, 92, 93, 114, 118, 193, 291, 435
Papsttum 47, 57, 93, 114, 118, 193
Paradiesdarstellungen 407-408, 412-418
Parallelprojektion 386
Parlamentarismus 50, 193
Parteilichkeit 370
Passion 21, 199, 207
Pathosformel 28
Patriarchat/patriarchalisch 215, 415f.
Persönlichkeit/Einzelpersönlichkeit 95, 100, 108, 110, 111, 113, 115, 116, 124, 132, 145, 149, 191, 251, 340, 449, 450
Perspektive (Raumdarstellung)/perspektivisch 29, 70, 97, 99, 103, 107, 122, 141, 148, 152, 157, 158, 202
Pétroleuse/Pétroleur 45, 175
Pfaffenspiegel 57
Phantasie/Phantastik/Phantasterei/phantastisch 27, 33, 64, 97, 147, 149, 159, 240, 345, 372, 378, 379, 391, 459, 463
Phantasie, religiöse 32, 33
Phantastische Erfindungsdarstellung (phantastische Erfindung) 33, 383, 386-387
Phantastische Sichtdarstellung (phantastische Sichterfindung) 387
Phantastische Umsetzungsdarstellung (phantastische Umsetzungserfindung) 387
Philosophie/philosophisch 14, 16, 32, 49, 59, 84, 93, 95, 96, 97, 105, 164, 180, 190, 192, 193
Photographie/photographisch, s. Fotografie/fotografisch
Physische, das 28
Pinselführung/Pinselstrich, s. Malweise
Pleinairmalerei, s. Hellmalerei
Politik 33, 38, 63, 106, 134
Politik, klerikale 38
Politik, partikularistische 38
Porträt 148, 150, 153
Positivismus/positivistisch 14, 62, 106, 122, 153, 155, 156, 359f., 371, 392, 423
Prägnanz/prägnant (Bildgestaltung) 141, 142, 382
Präraffaeliten/präraffaelitisch 28, 393
Preußen 16, 17, 38, 39, 40, 42, 49, 55, 96, 109, 146, 151
Preußische Jahrbücher (Zeitschrift) 56
Priester 34
Prinzipien, soziale, des Christentums 34
Produktion 33, 196, 209
Produktion, geistige 33
Produktion, materielle 33
Produktionsmittel 34, 194
Produktionsweise, kapitalistische 34, 193
Produktionsverhältnisse 33
Produktivkräfte 33
Proletariat/proletarisch 17, 34, 57, 59, 106, 109, 132, 135, 155, 157, 164, 177, 194, 201, 202, 211, 213, 281, 285, 325, 329, 330, 336, 337, 352, 353, 354, 356, 377
Proletarierin/Proletarier/proletarisch 17, 25, 130, 132, 176, 179, 195, 202, 204, 210, 211, 212, 213, 219, 225, 271, 304, 305, 306
Proletarisierung 113
Proportion/Proportionen/Proportionssystem 65, 138
Proportionstreue 343, 459
Prostituierte/Prostitution 177, 288, 416
Protestant/Protestanten 35, 54, 55, 56, 74, 80, 88
Protestantismus/protestantisch 15, 17, 24, 34, 60, 61, 80, 92, 97, 109, 113, 114, 117, 122, 127, 167, 180, 190, 232, 336
Protestantismus, liberaler/liberal-protestantisch 51, 59, 180
Prüderie/prüde 84, 138, 139, 166, 167, 168, 169, 182, 272, 411-412
Psychologie/psychologisch 63, 98, 102, 103, 106, 132, 137, 149, 170
Psychologische, das 25
Psychologisierung/Psychologismus 71, 95, 107, 145, 170
Psychophysik 106, 420

Quellenforschung/Quellenkritik 50

Raffaelismus/raffaelisch 72, 119, 159, 168, 229, 273, 383, 434, 467
Rationalismus 17, 18, 35, 41, 49, 92, 246, 423
Rationalisierung 164, 419f.
Rationalität 70, 132, 153, 155, 159, 388, 419f.
Rauhes Haus 17
Raum (in der Bildgestaltung) 65, 66-68, 70, 80, 97, 100, 103, 104, 107, 110, 111, 122, 138, 144, 145, 148, 149, 152, 159, 198, 202, 209, 234, 308, 358, 359, 360, 383, 396, 458, 459
Raumabstraktionen 422
Raumkunst (Klinger) 188, 426
Realismus/realistisch/Realistik 28, 29, 30, 31, 64, 69, 71, 74, 86, 98, 99, 105, 106, 107, 110, 111, 112, 123, 143, 145, 148, 149, 150, 152, 155, 159, 174, 197, 198, 199, 203, 209, 229, 246, 253, 276, 279, 285, 289, 298, 299, 300, 315, 318, 322, 334, 337, 357-379, 380, 391, 392, 423, 433, 435, 469
Realismus (Scholastik) 66, 201
Realismus, bürgerlicher (Bürgerlicher Realismus)/bürgerlich-realistisch 13, 16, 32, 364, 365, 370, 371, 372, 389, 435, 462, 467, 468, 469
Realismus, Poetischer (Literatur) 152, 364
Realist/Realisten 28, 69, 112, 145, 242, 434
Realität/Realitäten 35, 51, 152, 153, 155, 156, 160, 166, 179, 186, 193
Realität, geistige 13
Realität, gesellschaftliche 36
Realität, historische 101
Realität, metaphysische 35
Realitätsadäquanz 35
Realitätsbezug 36
Realitätsnähe 12
Realpolitik/realpolitisch 106, 115, 134
Reform/reformerisch/reformistisch 96, 114
Reformation/Reformationszeit/Reformationszeitalter 24, 48, 49, 56, 60, 62, 89, 90, 92, 95, 96, 98, 99, 100, 102, 104, 106, 109, 110, 111, 113, 114, 115, 116, 117, 118, 121, 122, 125, 127, 128, 129, 132, 134, 135, 191, 193, 232, 433, 469
Reichsdeputationshauptschluß 17
Reichsgründung (Gründung des Kaiserreiches) 17, 38, 44, 45, 88, 150, 155, 164
Reichspatriotismus/Reichspatrioten/reichspatriotisch 61, 62, 89, 109, 114, 176, 232, 374, 437
Reichstag zu Worms, 1521 48, 107
Reine Malerei/das rein Malerische/rein malerisch/reinkünstlerische Prinzip 146, 147, 154, 157

Rekonstruktion, historische 22
Religion 29, 32, 33, 34, 35, 40, 49, 57, 59, 60, 61, 63, 78, 81, 83, 93, 96, 97, 99, 104, 110, 118, 121, 155, 167, 173, 181, 236, 274, 289, 307, 335, 336, 358, 423, 433, 434,
Religion, christliche 13, 19, 62, 85, 118, 119, 196, 434
Religion und Kunst, s. Kunst und Religion
Religionsauffassung, materialistische 33
Religionsfeindlichkeit 11, 224
Religionsgeschichte 21, 100
Religionskritik/Religionskritiker/religionskritisch 15, 16, 27, 32, 33, 35, 60, 61, 62, 63, 73, 97, 142, 182, 196, 366
Religiosität 19, 32, 99, 109, 214, 235, 338
Renaissance (mit Frührenaissance) 12, 29, 30, 31, 34, 70, 74, 93, 95, 98, 115, 116, 118, 119, 121, 140, 168, 188, 190, 191, 192, 193, 203, 232, 267, 269, 270, 341, 376, 382, 383, 404, 425, 433, 435, 467
Renaissancismus/renaissancistisch 109, 115, 122, 189, 232, 340
Restriktion, sinnliche (restriktive Sinnlichkeit) 70, 71, 74-87, 179, 462
Revolution/revolutionär 116, 125, 127, 129, 130, 135, 175, 176, 179, 193, 238, 364, 371
Revolution (1830, Belgien) 357
Revolution (1848/1849) 15, 49, 96, 105, 106, 115, 125, 129, 167, 176
Revolution, frühbürgerliche 34, 134
Revolution, Große Französische, s. Französische Revolution (1789)
Revolution, industrielle 14, 15, 337
Revolution der Kunst 121
Ritter/Rittertum 114, 115, 116, 118, 424, 429, 437, 443f.
Rokoko 26, 30, 34, 73, 138, 164, 279, 318, 319, 466, 467, 468
Rom 39, 56, 75, 76, 85, 88, 89, 99, 118, 272
Romanik/romanisch 31, 64, 66, 72, 187, 267, 341, 404, 425
Romantik (mit Spätromantik) 18, 28, 97, 99, 122, 155, 279, 357, 359, 362, 364, 370, 423, 433, 467
Römerzeit, Republik/Kaiserzeit 22, 61

Sakralisierung 13, 26
Sakralisierung (des Künstlers) 26, 171, 424f., 431, 433-435, 443
Sakralität 26
Säkularabstufung 19, 21, 213
Säkularisierung (Säkularisation) 11, 14, 15, 17, 18, 26, 35, 41, 64, 74, 93, 99, 106, 155, 158, 172, 181, 192, 196, 213, 218, 253, 270, 277, 291, 318, 339, 425, 429, 466, 467, 469, 471
Salzburger Emigranten (Protestanten) 55
Schattierung/Schatten 29, 64, 103, 122, 138, 141, 149, 162, 178, 190, 209, 234, 251
Schattierung, dicht modellierende, s. dicht modellierende Schattierung
Schichten und Klassen, herrschende 51, 155, 378

Schichten und Klassen, obere (höhere, gehobene) 71, 138, 335, 458, 460
Schichten und Klassen, unterdrückte 373
Schichten und Klassen, untere (niedere) 17, 26, 35, 36, 51, 63, 71, 74, 96, 111, 113, 125, 137, 138, 145, 155, 175, 193, 194, 195, 202, 218, 219, 224, 240, 281, 285, 288, 289, 292, 307, 314, 316, 318, 327, 328, 335, 337, 352, 355, 364, 371, 374, 377, 390, 416, 420, 421, 450, 451, 458, 461, 462, 470
Schlesische Weber, Erhebung der, 1844 132
Scholastik 66, 93
Schönheit/das Schöne 8, 64, 72, 74, 79, 119, 121, 138, 139, 140, 142, 144, 146, 147, 149, 150, 151, 152, 153, 154, 157, 160, 163, 164, 166, 168, 180, 182, 186, 201, 204, 229, 271, 273, 299, 352, 353, 356, 376, 379, 380, 390, 391, 468
Schönlinigkeit 388
Schranken, klassenspezifische, s. Klassenschranken
Schule/Schulwesen 15, 38, 64, 285
Schulaufsicht 15, 17
Schulaufsichtsgesetz 39
Schwache, sozial 290, 291, 292, 307, 338
Schwangerschaft 270-273
Schwerindustrie 42
Selbstbewußtsein, gattungsmäßiges 32
Selbstbewußtsein, menschliches 34
Selbstentfremdung 33
Selbstverwirklichung 35, 61, 71, 85, 113
Selbstzersetzung des Christentums 60f., 466
Selektion (natürliche) 62
Sensualismus/sensualistisch 125, 167
Sexualität/Sexualverhältnisse (Geschlecht/Geschlechtlichkeit/Geschlechtsverhältnisse) 61, 80, 139, 288, 411-412, 414-418
Sichtabbildung 344, 459
Sichtdarstellung 344
Sichtdarstellung, ikonische, s. ikonische Sichtdarstellung
Sichtdarstellung, phantastische, s. phantastische Sichtdarstellung (phantastische Sichterfindung)
Sichterfindung, ikonische, s. ikonische Sichterfindung
Sichterfindung, phantasische, s. phantastische Sichtdarstellung (phantastische Sichterfindung)
Sinne 30, 64, 139
Sinnenfeindlichkeit 86, 166, 411-412
Sinnengenuß/Sinnenlust/Sinnenfreudigkeit 59, 61, 76, 77, 82, 83, 125, 166, 168, 173, 183, 209, 414
Sinnliche, das 28, 30, 62
Sinnliche Idealisierung 457, 458, 459, 467
Sinnlichkeit 28, 30, 31, 51, 61, 63, 64, 65, 74, 78, 87, 119, 139, 154, 159, 166, 167, 168, 169, 175, 179, 181, 182, 183, 186, 191, 294, 359, 459
Sinnlichkeit, freizügige, s. Freizügigkeit, sinnliche
Sinnlichkeit, restriktive, s. Restruktion, sinnliche

Sittlichkeit/sittlich, s. Moral
Sklave/Sklavin/Sklaverei/sklavisch 63, 88, 132, 178, 191, 193, 194, 195, 291
Sklaverei, antike/Sklavenhaltergesellschaft 34, 186, 194
Societas Jesu 39, 41, 45, 57, 58
Solidarität/solidarisch 116, 125, 131, 158, 175, 179
Solipsismus 170
Sonderkunst 8, 13, 468, 472
Sozialdarwinismus/sozialdarwinistisch 121, 299
Sozialdemokrat/sozialdemokratisch 45, 56, 62, 175
Sozialdemokratie/sozialdemokratisch 17, 42, 44, 45, 47, 56, 61, 75, 109, 111, 132, 193, 213, 238, 274, 275, 281, 334, 335, 336, 337, 352, 353, 354, 390, 450, 469
Soziale Frage 17, 32, 51, 121, 173, 174, 196, 201, 218, 242, 307, 328, 373, 390, 421, 422, 450, 469, 471, 472
Soziale Gleichnisse Christi 301-303, 307-311
Soziales Kaisertum 315, 336
Sozialisation/sozialisationsmäßig/Sozialisationsbezug 47, 71, 76, 145
Sozialismus/sozialistisch 17, 35, 41, 44, 51, 62, 63, 106, 156, 196, 197, 329, 336, 370
Sozialistengesetz 44, 46, 47, 175, 176, 274, 336, 421
Sozial Schwache, s. Schwache, sozial
Sozialtheologie 16
Spannungen, soziale (Konflikte, soziale) 155, 227
Sperrgesetze (Brotkorbgesetz, 1875) 41, 54
Spinozismus 15
Spiritualismus/spiritualistisch 125, 167
Staat 34, 40, 48, 51, 56, 61, 101, 145, 151, 158, 174
Staatskirche 40, 56, 60
Staat und Kirche 30, 40, 47, 56, 192, 436, 437
Stadt/urbaner Bereich 82, 155, 238, 290, 324f.
Stadt-Land-Gegensatz (Stadt-Land-Antagonismus) 83, 234-236, 305, 306, 324,-325, 337, 339
Sterbe- und Todesszenen 292-296
Stiehlsche Regulative 15
Stil 65, 152, 189, 388
Stil, hoher 25f., 357, 433, 461f., 462
Stil, niederer 26, 433, 460-461f., 462
Stilebene, s. Stillage
Stilgemisch/Stildissoziation 188
Stilisierung/Stilisieren 150, 207
Stillagen (hohe, gehobene, mittlere, niedere) 25, 26, 47, 51, 69, 70, 71, 74, 81f., 85, 100, 102, 104, 107, 110, 111, 121, 123, 137, 152, 155, 158, 159, 160, 180, 199, 213, 227, 229, 236, 353, 358, 364, 389, 457-463, 467f., 479
Stilleben/Stillebenmalerei 153, 377
Stoff/stofflich/das Stoffliche, s. Inhalt, der/Inhaltliche, das/inhaltlich 147, 150
Stofflichkeit/stofflich (das Materielle) 36, 82, 98

Streik 329
Strichzüge, s. Linie
Struktur (Bildgestaltung) 103, 141, 156, 162, 170, 230, 240, 242, 251, 351, 352, 382
Studium der Natur, s. Naturstudium
Stuhl Petri 42
Sturm und Drang 354
Subjektivismus 346, 399, 466, 472
Subjektivität, ästhetische 388
Sünde/Sünder 34, 58, 63, 80, 170, 171, 177, 201, 207, 208, 210, 288
Sündenfall 50
Supranaturale, das 36
Surrealismus 31
Syllabus Errorum (1864) 17, 41, 49, 60, 64, 69
Symbol/Symbole/symbolisch 11, 49, 71, 97, 98, 99, 164
Symbolik/Symbolisierung 98, 240
Symbolismus/symbolisch 86, 150, 244, 250, 253, 400-402, 423, 450
Symbolum, apostolisches 61
Symmetrie/Asymmetrie 64, 65, 80, 151, 164, 198, 207, 358, 386, 394f., 434
Szenik, veristische (rationale, einfühlsame)/ szenisch 66, 100, 148, 149, 153, 158, 359, 360, 375, 376

Technik 14, 50, 85, 155, 390
Technisierung 63, 105, 109, 164, 420
Teilung der Arbeit, s. Arbeitsteilung
Tendenzmalerei, sozialistische (sozialistische Tendenzbilder) 111, 364, 373, 462
Textur (Bildgestaltung) 382
Theologie/Theologe 14, 15, 16, 28, 34
Thron und Altar (Throne und Altäre) 63, 114, 333, 437
Tiefenraum, s. Raum (in der Bildgestaltung)
Tiermalerei/Tierdarstellung 148, 150, 153
Tischgebet/Sündermahl 207-221, 337, 364
Tradition/traditionell 99, 144, 153, 154, 155, 156, 157, 158, 169, 197f., 424
Traditioneller Idealismus (Bildkunst)/tradi- tionell-idealistisch 159, 161, 199, 212, 242, 244, 247, 273, 299, 340, 371, 378, 379-392, 421, 433, 450, 458, 462, 469
Traditioneller Idealismus, „reicher" 387
Traditioneller Idealismus, „strenger" 387
Traditionsbruch 26, 198
Transsubstantiation 92
Transzendenz/transzendent/transzendental 8, 65, 98, 116
Traum/träumen 28, 31, 33, 63
Treue (in der Bildgestaltung gegenüber Vorgegebenem) 149, 150, 153
Treue, geschichtliche (Treue der Porträts, Kostüme, Ausstattung) 137, 144, 359, 361
Triebverdrängung/Triebverzicht 84, 85
Trinität 65
Triptychon/Triptychonform 86, 312-321, 354
Tugend, s. Moral

Übermensch 62, 144, 178, 238, 450

Übernatur 31
Überschneidung (Raumgestaltung, Komposition in der Bildkunst) 141, 142, 162
Ultramontanismus/ultramontan 48, 56, 61, 62, 80, 106, 113
Umkehrungsaneignung 158, 166, 168, 181, 188, 199, 242, 429, 470, 471
Umsetzungsabbildung 344, 459
Umsetzungsdarstellung 344
Umsetzungsdarstellung, ikonische, s. ikonische Umsetzungsdarstellung
Umsetzungsdarstellung, phantastische, s. phantastische Umsetzungsdarstellung (phantastische Umsetzungserfindung)
Umsetzungserfindung, ikonische, s. ikonische Umsetzungserfindung
Umsetzungserfindung, phantastische, s. phantastische Umsetzungsdarstellung (phantastische Umsetzungserfindung)
Unbestimmtheit (Bildgestaltung), s. Informalität
Uneinheitlichkeitsprinzip (Bildgestaltung) 141, 162, 170
Unfehlbarkeitsdogma, s. Dogma von der Unfehlbarkeit des Papstes bei Sprüchen ex cathedra, 1870
Unterdrücker 34, 130, 132
Unterdrückte 34, 129, 193, 196
Unterdrückung 34, 194
Unterschichten, s. Schichten und Klassen, untere
Urbild, s. Idee/Ideen
Urchristentum/urchristlich 34, 60, 121, 134, 209, 336, 471
Utopie/utopisch 179, 251, 281, 285, 379

Vatikan 38, 43, 44, 88
Vatikanisches Konzil (1870) 41
Verbindung für historische Kunst 132
Verbürgerlichung (der Kunst) 31
Verdinglichung/verdinglichen 34, 107, 164, 377, 432
Veredelung (ästhetisch) 290, 300
Verelendung 289, 290, 291, 301, 302, 303, 307, 308, 339, 377, 389, 420
Vererbung/Vererbungslehre 106, 356, 450
Verfolgung (von Protestanten) 54-56
Vergeistigung 36, 64, 65, 457, 458, 459
Vergegenwärtigung 108f.
Vergrößerung (Perspektive) 107
Verhalten, menschliches 34, 81, 84
Verhalten, soziales 36
Verhältnisse, gesellschaftliche (soziale) 35, 149
Verhältnisse, herrschende 34
Verhältnisse, ökonomische 34
Verismus (Streben nach Naturwahrheit)/ veristisch 29, 47, 68, 69, 74, 102, 103, 104, 106, 109, 122, 123, 151, 152, 153, 155
Verismus, illusionärer und „Akademismus", s. Illusionistischer Verismus und „Akademismus"
Verklärung, ästhetische (poetische) 345, 354
Verkleinerung (Perspektive) 70, 122, 148,

234
Verkürzung (Perspektive) 29, 68, 70, 141, 148, 162, 234
Verlorener Sohn 208, 289, 301, 307-311
Verlust der Mitte (des Glaubens) 31, 32, 423
Verlust von (an) Schönheit 164, 167, 168,, 390, 391, 471
Vermenschlichung 24, 466
Vernunft 32, 50, 51, 63, 64, 80, 93, 95, 164, 192, 420
Versöhnung, s. Klassenversöhnung
Versöhnung, ästhetische 118, 119, 169, 201, 204, 212, 218, 219, 237, 289, 308, 331, 351, 373
Verweltlichung 24, 29, 48, 59, 60, 74, 117, 181, 466
Verwertung/Verwertungsmechanismen 164
Verzeichnung (in der Bildgestaltung) 158, 162, 164, 170
Vitalismus 185, 400, 407-418, 420, 421
Volk/Volksmenge/Volksnähe/Volksverbundenheit/Volkstümlichkeit/Volkstypen 57, 61, 77, 97, 110, 111, 112, 113, 114, 116, 124, 125, 128, 130, 142, 144, 145, 151, 155, 157, 158, 159, 161, 173, 181, 192, 194, 198, 199, 202, 203, 226, 227, 232, 237, 240, 247, 253, 299, 301, 321, 339, 438f.
Volksaufstand, badischer (1848) 57
Volksbewegung 125, 128
Volkspredigt 225-241, 337
Vormärz/vormärzlich 15, 27, 31, 57, 73, 74, 75, 88, 92, 105, 106, 111, 113, 122, 125, 129, 167, 180, 196, 271, 281, 354, 357, 359, 364, 366, 373, 389, 412, 450, 462, 468

Wahrheit/Wahrheitsstreben/Wahrheitsprinzip 33, 50, 59, 63, 98, 103, 110, 111, 112, 113, 119, 122, 144, 146, 147, 150, 151, 153, 154, 155, 160, 164, 166, 168, 169, 172, 180, 181, 192, 198, 201, 202, 203, 207, 209, 211, 218, 304, 318, 345, 351, 352, 354, 380, 388, 390, 424, 427, 432, 434, 459, 471
Wahrheitssucher 138
Wandmalerei/Wandgemälde 11, 89-98, 181, 183, 185-190, 192, 194, 199, 207-210, 230-231
Warengesellschaft, bürgerliche 109
Wehrstand 56, 57
Welt, bürgerliche 174, 439
Welt, sinnlich wahrnehmbare 33
Welt, wirkliche 33
Weltanschauung, bürgerliche 63, 423
Weltanschauung, moderne 61
Weltanschauung, nichtchristliche 60
Weltanschauung, religiöse 51
Weltausstellung 15, 30, 154, 182, 199
Weltbewußtsein, verkehrtes 34
Weltchristentum, exoterisches 60
Weltkrieg, Erster 207, 471
Weltlichkeit 58-60, 271
Weltsicht, s. Weltanschauung oder Ideologie

Weltverneinung 51, 65
Weltzuwendung 11, 28, 29, 64, 93, 183, 435
Wert/Werte, hohe, niedrige 151, 201, 457
Wertgefüge/Wertordnung/Wertekanon/ Rangfolge von Werten/Wertstufen 150, 153, 158, 164
Wertvorstellungen/Wertperspektiven 34, 458
Wesen (im Gegensatz zu äußerer Erscheinung) 150, 151
Widerspiegelung 35
Widerspiegelung, phantastische 33
Wilhelminische Zeit (Wilhelminismus) 100, 145
Wille 62, 63, 78, 83, 84
Willensfreiheit (Indeterminismus) 355
Wille zum Leben 84, 168
Wille zur Macht 62
Wirklichkeit/das Wirkliche 13, 27, 28, 33, 35, 63, 95, 106, 143, 149, 150, 151, 154, 155, 156, 164, 174, 180, 203, 209, 345, 357, 376, 378, 379, 380, 389, 392, 459
Wirklichkeit, sinnliche 65
Wirklichkeit, soziale 8, 236, 334
Wirklichkeit, visuelle (sichtbare) 12, 28, 68
Wirklichkeit, weltliche 13

Wirklichkeitsauffassung/Wirklichkeitsbegriff/Wirklichkeitsverständnis 35, 106, 153, 155
Wirklichkeitsbezug/wirklichkeitsbezogen 13, 35, 36, 159, 377, 379
Wirklichkeitserfahrung 13, 156
Wirklichkeitsgehalt 13
Wirklichkeitssinn 106, 364, 438
Wirtschaftsliberalismus 49, 274, 364
Wissen 31, 47, 59, 181
Wissenschaft/Wissenschaften/wissenschaftlich 33, 35, 38, 50, 60, 61, 62, 63, 64, 78, 85, 93, 95, 98, 143, 146, 150, 153, 155, 160, 164, 192, 371, 420
Wissenschaft, empirische 11, 33
Wissenschaft, materialistische 11
Wissenschaftsfeindlichkeit 60
Worpswede (Malerkolonie) 234-236, 253
Wunderglaube 50, 63, 74, 80, 84, 88, 226

Zeitalter, bürgerliches 109
Zeitalter, heroisches (Hegel) 251, 444, 450
Zeitschrift für Bildende Kunst (Zeitschrift) 100, 142, 199
Zeitschrift für christliche Kunst (Zeitschrift) 399

Zentralperspektive (Zentralprojektion, Frontal- und Eckperspektive) 110, 148, 202, 219, 234, 244, 343, 459
Zentrumspartei/Zentrum 17, 38, 40, 41, 42, 44, 45, 46, 47, 291
Zerstörung von Schönheit 162, 164
Zivilehe 40
Zivilisationskritik 179, 461
Zölibat 61, 79, 80, 92, 103
Zufall/Zufälligkeit/zufällig (in der Bildgestaltung) 112f., 149, 151, 152, 164, 382
Zunft/Zunftwesen 17
Zurück zur Natur 18, 85, 251
Zweites Deutsches Kaiserreich (Zweites Kaiserreich, Kaiserzeit) 11, 17, 35, 38, 40, 51, 59, 60, 61, 64, 75, 86, 88, 89, 90, 98, 99, 104, 109, 111, 114, 115, 129, 135, 148, 155, 172, 178, 182, 186, 188, 193, 196, 197, 207, 224, 225, 242, 253, 278, 279, 281, 285, 288, 290, 291, 298, 301, 307, 313, 314, 337, 339, 366, 367, 371, 373, 374, 378, 379, 391, 420, 433, 437, 438, 441, 450, 451, 457, 469, 470, 471, 472
Zweiweltenkonzeption (Max Klinger) 174-181, 471

Der Druck dieses Buches wurde im März 1989 fertiggestellt.
Der Text folgt dem der Dissertation von Friedrich Gross,
Hamburg 1982.